"十三五"国家重点出版物出版规划项目

◉ 杨立新 著

中国人格权法研究

上 卷

中国当代法学家文库
杨立新法学研究系列

Contemporary Chinese Jurists' Library

中国人民大学出版社
·北京·

作者经历

现任

广东财经大学法治与经济研究所研究员、广东财经大学法学院特聘教授

教育部人文社会科学重点研究基地中国人民大学民商事法律科学研究中心学术委员会副主席、研究员

中国人民大学法学院教授

全国人民代表大会常务委员会法制工作委员会立法专家委员会立法专家委员

最高人民检察院专家咨询委员会专家咨询委员

最高人民法院案例指导工作专家委员会委员

国家卫生健康委员会公共政策专家咨询委员会专家委员

中国大百科全书第三版法学卷民法学分卷主编

中国法学会民法学研究会副会长

中国法学会婚姻法学研究会常务理事

北京市消费者权益保护法学会名誉会长

世界侵权法学会主席

东亚侵权法学会理事长

兼任

北京大学法学院兼职教授

福建师范大学特聘教授

西北大学兼职教授

澳门大学法学院兼职教授

国家法官学院兼职教授

国家检察官学院兼职教授

通化师范学院客座教授

吉首大学客座教授

曾任

最高人民法院检察委员会委员、民事行政检察厅厅长、检察员

最高人民法院民事审判庭审判员、审判组长

吉林省通化市中级人民法院常务副院长、刑事审判庭副庭长、审判员

天津大学卓越教授

烟台大学法学院副教授

荣誉

国务院政府特殊津贴享受者

北京市师德标兵

吉林省劳动模范

吉林省振兴中华一等功荣立者

著述

《中国侵权责任法研究》《中国民法总则研究》《中国物权法研究》等学术专著数十部

《民法总则》《物权法》《合同法》《人格权法》《婚姻家庭继承法》《侵权责任法》等教材数十部

在《中国社会科学》《法学研究》《中国法学》等刊物发表学术论文 500 篇

前　言

　　《中华人民共和国民法典》（以下简称《民法典》）经过五年编纂，于2020年5月28日通过立法程序，于2021年1月1日生效实施，开启了我国民法的法典化时代。作为亲自参与民法典编纂的立法专家委员，我见证了《民法典》诞生的每一个脚印，看到了《民法典》所具有的中国特色、中国风格、中国气派的形成过程，也体验到了人民群众对《民法典》的热情和渴求。

　　《民法典》最具中国特色、中国风格、中国气派的部分，是人格权编。《民法典》人格权编也就是中国的人格权法，凝聚了中国民法的立法者、理论研究者和司法实践者的数十年心血，涵括着数十年立法、司法和理论研究的经验和成果，负载着十几亿人对人格尊严、人格自由、人格平等的孜孜不倦的追求，终于实现了我国人格权确认和保护规范的法典化。回首人格权立法中国经验创立和发展的一个个里程碑，我们能够看到社会文明的进步，看到国家法治的进展，看到我国人权保障事业的光辉未来。相信"保护人民人格权"这一主题，不仅保障了《民法典》人格权立法的成功，而且能够继续保障人民的人格尊严获得更好的尊重，人格权得到更好、更全面的保护。

　　《民法典》人格权编虽然只有51个条文，但是，其内容和理论博大精深。进入20世纪以来，在民法领域发展最为迅速、与人最密切相关的部分，就是人格权法。自从《民法通则》创立了人格权立法的中国经验，中国的人格权立法和人格权保护就赶上了世界潮流，并且有所超越，形成风格独具、特色鲜明、能够独领风骚的人格权法。在编纂《民法典》的五年中，就是这共 51 个条文的人格权编，经历了激烈的争论和交锋，最终被立法所接受、被人民所接受。作为这一历史的见证者，我体验到法律进步之于人民、之于国家的重要价值，并庆幸《民法典》选择并创设了人格权编，使人格权的确认和保护规范得以法典化，能够更好地保护人民的人格尊严和人格权。

作为人格权立法的亲历者和见证者，我有责任把我国人格权法的中国特色、中国风格和中国气派用法学学理的语言表达出来，将人格权编的 51 个条文蕴含的深刻理论、规则要点揭示出来，不仅要使司法官员准确掌握，更要使其成为广大人民群众手中保护自己人格尊严和人格权的法律武器，因而就有了这部《中国人格权法研究》的问世。

人格权法的法理和实践经验蕴含丰富，即使我尽亲自参加立法的经历，以四十年的研究积累和百万余字的篇幅，也很难将其阐释完整、准确，只能尽我所能，勾画我国人格权法的概况和基础。今后还要继续研究，不断补充，使我国人格权法的法理不断完善，司法水平不断提高，对人民人格权的保护越来越好。

感谢中国人民大学出版社法律分社的各位编辑对本书的精心编辑和加工。

对于本书表达中的不足和不当，敬请读者和同行批评指正。

杨立新

2022 年 8 月 28 日 · 北京世纪城

总目录

上　卷

第一编　人格权立法的中国经验

第二编　人格权法总论

下　卷

第三编　具体人格权

目　录

上　卷

第一编　人格权立法的中国经验

第二编 人格权法总论

第一编

人格权立法的中国经验

第一章
人格权立法中国经验的三个里程碑

2020 年 5 月 28 日,第十三届全国人民代表大会第三次会议审议通过《中华人民共和国民法典》(以下简称《民法典》),其中,第四编为人格权编。这标志着我国的人格权法成为我国《民法典》的组成部分,实现了人格权立法从"中国模式"到法典化的跨越。从《中华人民共和国民法通则》(以下简称《民法通则》)开始规定人格权,到《民法典》人格权编的诞生,我国的人格权立法走过了三十多年的发展过程,历经《民法通则》、《最高人民法院关于确定民事侵权精神损害赔偿责任若干问题的解释》①和《民法典》人格权编三个里程碑,使中国人格权法从无到有,具有鲜明的特色,在确认和保护人民的人格权、保护人民当家作主的地位以及尊重人格尊严等方面,取得了重大的立法成果。

第一节 《民法通则》:创立人格权立法中国
经验的第一个里程碑

一、人格权法在民法中的重要意义

人格权是民法赋予民事主体的民事权利。这种与民事主体的人身密切相关、

---

① 本书简称《精神损害赔偿司法解释》。

保护民事主体人格完整性的民事权利，是民事主体享有的基本民事权利之一。

人格权作为民事主体的基本民事权利，民法在对其重视程度上有一个渐进的过程。在罗马法中，法律赋予自由人以独立的人格，享有完整的人格，尽管立法强调对民事主体人格权的保护，但是并未普遍受到立法的重视。资产阶级革命初期的近代民法，一方面过于强调财产权利的重要性，宣称私有财产神圣不可侵犯，契约观念广泛扩张；另一方面承认人格权的重要性，但是却重视不够，认为人格平等乃是交易和占有财产要求的产物，甚至主张"人格权在本质上就是物权"①。随着历史的发展，人们终于认识了人格权的重要性，发现了人格权本身固有的价值，提出了普遍人权观念，引导人们重新认识人格权，发现人格尊严、人格独立、人格自由的价值，以及生命、身体、健康、自由、姓名、肖像、名誉、隐私、信用等人格权是人之所以为人应当享有的基本权利，是须臾不可离开的人格完整的保障。如果民事主体丧失人格权，就丧失了做人的资格和人的基本价值，不仅没有资格进入社会成为社会成员，而且无法享有其他民事权利。在这样的认识基础上，特别是经过第二次世界大战之后，立法对人格权越来越重视，确立了人格权在民法中的重要地位，人格权日益受到重视，得到飞速发展。②

二、当代各国民法规定人格权的立法体例

然而，与在观念上和理论上重视人格权的状况不同，在世界各国现行民事立法中，很难找到关于人格权的专门的、集中的、详细的规定，呈现的是人格权立法形式的"碎片化"③。绝大多数国家民法典沿袭传统的体例，按照人法、物法、债法的格局或者按照总则、分则体例编纂，没有专设人格权法一编。20世纪各国民法典规定人格权法，主要有四种体例。

---

① ［德］黑格尔：《法哲学原理》，北京，商务印书馆1982年版，第46页。
② ［日］五十岚清：《人格权法》，铃木贤、葛敏译，北京，北京大学出版社2009年版，第1页。
③ 邹海林：《人格权为何不能在民法典中独立成编》，中国法学网微信公众号，2018年1月24日发布。

（一）法国法

《法国民法典》非常重视人的地位和保护，第一卷专门规定人法，对人进行了详细规定，其中第 16 条规定："法律确保人的首要地位，禁止任何侵犯人之尊严的行为，并保证每一个人自生命一开始即受到尊重。"不过，由于时代的限制，该法并没有专门规定人格权。《法国民法典》最初公布时，仅在第 9 条规定："所有法国人都享有民事权利。"在随后的历次修改中，陆续增加了有关人格权的若干规定，但仍然不够完善。在二百多年中，该法几经修订，这一基本的立法体例没有改变。可以说，人格权法在《法国民法典》中没有独立的法律地位。在司法实践中，法国十分重视人格权的保护，其法律依据在于《人权宣言》和《宪法》关于人格权的规定①，以及《法国民法典》第 16 条规定。

（二）德国法

人格权一语，系德国学者所创设。② 在立法中，《德国民法典》关于人格权的规定分为两部分。一是在总则中专门规定姓名权及其保护，即第 12 条："有权使用某一姓名的人，因他人争夺该姓名的使用权，或者因无权使用同一姓名的人使用此姓名，以致其利益受到损害的，可以要求消除此侵害。如果有继续受到侵害之虞时，权利人可以提起停止侵害之诉。"二是规定在债法的侵权行为法中，第 823 条规定生命权、身体权、健康权和自由权，第 824 条规定信用权，第 825 条规定贞操权，把这些人格权作为侵权行为的客体加以规定，确定了对人格权的法律保护，当这些权利受到侵害时，侵权法提供法律保护。有的学者批评《德国民法典》是一部"物文主义"的民法而不是人文主义的民法③，难说没有道理，这种立法体例使人格权法在民法中没有独立的地位。与法国法相比，德国法从法国法的人格权法依附于人法，改变成人格权法依附于侵权法。

《日本民法》关于人格权的立法体例与德国法相近，只在"侵权行为"一章中规定身体权、自由权和名誉权等人格权。

---

① 王利明主编：《民法典·人格权法重大疑难问题研究》，北京，中国法制出版社 2007 年版，第 4 页。

② 梅仲协：《民法要义》，北京，中国政法大学出版社 2000 年版，第 61 页。

③ 徐国栋：《两种民法典起草思路：新人文主义对物文主义》，http://www.1488.com/china/consultation/successcase/default.asp?ProgramID=22&pkNo=961，2011 年 3 月 13 日访问。

（三）瑞士法

《瑞士民法典》改变了《法国民法典》《德国民法典》关于人格权法规定的立法例，采用了新的方法，即在总则编把人格权作为最主要的民事权利加以规定，形成了当时最具鲜明特色的人格权法立法例。《瑞士民法典》从总则第1条开始就规定自然人的一般人格权，规定防止对人格权的过度约束，防止侵害，并且规定人格权的具体保护方法。同时，《瑞士债法》在关于侵权法的规定中，又专门规定了对生命、身体、名誉等具体人格权的保护。其中最具特色的是《瑞士民法典》第28条第1款，规定："任何人在其人格受到不法侵害时，可诉请排除侵害。"创立了一般人格权的法律保护制度，揭开了人格权立法新的一页，对保护人格权具有重要意义，在民法史上具有里程碑的性质，标志着现代人格权法立法已经进入了完善时期[①]，开启了人格权法在民法体系中具有相对独立地位的进程。

这种立法体例为我国民国政府制定民国民法时所效仿。该法第18条规定："人格权受侵害时，得请求法院除去其侵害；有受侵害之虞时，得请求防止之。"在第17条规定自由权，第19条规定姓名权。在债法的侵权法中，第192条规定了生命权，第193条规定了身体健康权，第195条规定了名誉权和自由权。

（四）加拿大魁北克法

1991年12月18日通过、1994年1月1日生效实施的加拿大《魁北克民法典》，一改世界各国民法典规定人格权法的上述三种模式，采用了新的方法规定人格权。该法首先在第一编第一题中规定第3条，明确规定一般人格权以及对人格权的保护："任何人均为人格权的享有者，诸如生命权、人身不可侵犯和完整权、姓名、名誉和私生活受尊重权。""上述权利不可转让。"其后，该法典在第一编第二题专门规定"某些人格权"，其中，专门规定人身完整权、子女权利的尊重、名誉及私生活的尊重、死后身体的尊重。第三题还专门规定了姓名权，第五题规定了法人的人格权。事实上，《魁北克民法典》第一编就是规定人格和人格权，其意义在于，使人格权与其他民事权利诸如物权、债权等具有平等地位，

---

① 王利明主编：《民法典·人格权法重大疑难问题研究》，北京，中国法制出版社2007年版，第547页。

突出了人格权法的重要地位，是当时人格权法的最佳立法例，代表了民法对人格权法的认识。

进入 21 世纪，《乌克兰民法典》于 2003 年通过立法，为乌克兰的新民法典，立法者特别重视人格权的地位和作用，在民法典中专设第二卷，从第 269 条至第 316 条共 47 个条文，规定"自然人的非财产权"，主要规定的是自然人的人格权，成为世界上第一部单独规定人格权编的民法典，突出了人格权法在民法典中的地位，强调保护自然人的人格权的重要性，具有重要的立法价值。

三、《民法通则》开创人格权立法中国经验的重要意义

（一）《民法通则》规定人格权、创立人格权立法的中国经验

在民法典中将人格权法独立成编的立法模式并非始于《乌克兰民法典》，而是始于我国《民法通则》关于人格权的规定。这是在民法发展史上第一次将人格权的地位提升到其应有地位的开创性立法，是我国当代人格权立法的第一个里程碑。

《民法通则》第五章规定的是"民事权利"，共有四节：第一节规定财产所有权以及与财产所有权有关的财产权（即物权），第二节规定债权，第三节规定知识产权，第四节规定人身权。第四节的名称虽然是"人身权"，但主要内容是规定生命健康权、姓名权、名称权、肖像权、名誉权、荣誉权和婚姻自主权等人格权。

《民法通则》只是一个通则性的民法，并没有规定民法分则，其第五章"民事权利"可以看作是民法分则的简编版，是对民法分则的浓缩。如果将《民法通则》第五章规定的内容展开，几乎就是民法分则的全部内容。因此，《民法通则》关于人格权的规定，是世界各国人格权立法的最新体例，是具有中国特色的人格权立法，是以往的民法典从来没有采用过的人格权法立法例，是人格权立法的中国经验，是对世界民法发展的开创性贡献。

《民法通则》对人格权立法开创的中国经验，是中国民事立法的创举，具体

表现是：首先，它的体例和内容不同于中国古代、近现代的民事立法。中国古代社会立法刑民不分，重刑轻民，其中虽然不乏保护人格权的某些规定，但一是强调人格权是统治阶级的特权，否定被统治者的人格权，二是缺乏肖像权、名誉权、荣誉权这些现代人格权的基本概念。民国政府的民法吸收了现代人格权法发展的观念，对人格权及保护作了重要规定，但是，在立法体例上，还是沿袭德国法系的基本模式，对于人格权立法没有创造性的规定。《民法通则》关于人格权的立法，不仅与中国古代中华法系的传统划清了界限，而且与中国近现代民法立法的做法相区别。其次，它的体例与国外民事立法相区别。《民法通则》关于人格权的立法，既不是法国法模式、德国法模式、瑞士法模式，也不同于在《民法通则》立法之后的加拿大魁北克法模式，完全改变了传统民法以人法、物法、债法为结构的基本立法格局，开创了当代关于人格权立法的新模式，历史意义不可估量。

（二）《民法通则》创立人格权立法中国经验的重要意义

《民法通则》创立的人格权立法中国经验的重要意义在于以下三个方面。

1. 突出了人格权法在民法中的地位

民法是权利法。民法规定的各项民事权利都是重要的，但人格权具有更重要的地位。在人权体系中，人格权具有最重要的地位，是当代人权的主要内容。然而，各国民法典对人格权的规定却没有给予特别重视。沿着上述四种有关人格权立法例发展的脉络观察，可以看到人格权在民法中的地位越来越重要，直至《魁北克民法典》将人格权作为人法的基本内容加以规定，代表了当时民法对人格权法的最新认识。我国《民法通则》将人格权法规定在可以作为民法分则对待的第五章中，具有相对独立的重要地位，表达了人格权在民法中具有重要地位的立法思想。

2. 突出了人格权保护人及其人格尊严的重要作用

人格权是保护人及其人格尊严的民事权利。长期以来，我国并没有对人格权加以特别重视。"文化大革命"之后，人们痛定思痛，接受了历史的教训，认识了人格权对保护人及其人格的重要作用，出现了特别强调人格权保护的观念。

《民法通则》重视人格权的立法和保护，用法律的形式肯定这个反思的结果。这与二战之后，各国在经历了二战屠杀惨剧之后掀起人权和人格权运动一样。《民法通则》对人格权单独作出规定，表明了中国民法保护人格权的决心，体现了人格权的重要作用。

3. 表达了人格权与物权、债权、身份权、继承权等之间具有平等地位的正当诉求

《民法典》规定的诸种基本民事权利，各国民法典绝大多数都在分则中作出专门规定，只有人格权被规定在债法的侵权法中，或者被规定在民法总则中，没有独立的民事权利地位。而知识产权按照各国的立法惯例，多数都作特别法规定，直到俄罗斯、乌克兰制定民法典，才在民法典中实现知识产权法的法典化。[①]《民法通则》将人格权规定在第五章中，与物权、债权、知识产权并列在一起，确立了人格权与这些民事权利的平等地位，具有世界领先意义。

第二节　《精神损害赔偿司法解释》：发展人格权立法中国经验的第二个里程碑

一、《精神损害赔偿司法解释》对发展我国人格权法的重大意义

《民法通则》公布实施以后，各级法院在司法实践中全面适用关于人格权法的规范，不断总结审判经验，在对民事主体人格权的保护中，发展《民法通则》关于人格权法律保护的立法精神，取得全面进展。最高人民法院总结司法实践经验，用人格权法理论研究成果指导司法实践，就人格权的法律保护做出积极努力，通过司法解释统一适用法律的尺度，采取科学的人格权保护方法，贯彻立法精神，扩大保护范围，对于完善我国人格权法，保护好人民的人格权，发挥了重

---

① 《俄罗斯联邦民法典》和《乌克兰民法典》都在分则中专设了知识产权编或者卷。

要作用。

这些司法解释包括：最高人民法院《关于贯彻执行〈中华人民共和国民法通则〉若干问题的意见（试行）》，关于审理名誉权案件有关问题的解答和解释，有关人格权法律保护的单行司法解释，以及 2001 年 3 月 8 日《精神损害赔偿司法解释》和 2003 年 12 月 23 日《关于审理人身损害赔偿案件适用法律若干问题的解释》。① 其中，《精神损害赔偿司法解释》总结了《民法通则》实施以来保护人格权的法律适用经验，对如何进一步完善中国的人格权体系，保护好人民的人格权，对中国人格权法建设作出了重大贡献，是完善我国人格权立法的第二个里程碑。

《精神损害赔偿司法解释》是有关人格权确认和保护中最重要的司法解释，其重要意义在于它对人格权以及身份权方面的司法保护做出的重大突破。

《民法通则》规定了公民、法人享有人格权，可以适用精神损害赔偿的方法进行法律保护，不过，还有很多不完善之处。一方面，关于具体人格权的类型规定不完全，没有规定隐私权、人身自由权、性自主权等，特别是没有规定一般人格权，而是将"人格尊严"这个一般人格权的核心内容规定在名誉权之中。另一方面，对于人格权的民法保护措施规定不够具体，虽然规定了精神损害赔偿的民事责任方式，但是对于应当怎样运用不够明确，没有规定具体的适用办法。在司法实践中，这些问题急需解决。

我国人格权民法保护的第二个里程碑，是最高人民法院运用司法解释的手段，阐发《民法通则》规定的人格权保护原则，补充立法不足，作出的《精神损害赔偿司法解释》，使我国司法对人格权的保护更加充分，使中国司法对人格权和人格利益的保护基本完备。

在英美法系，法官造法是其立法的基本方式，自不必言。运用司法解释和判例对立法不足进行补充，也是大陆法系国家的惯常做法。在德国，国家基本法规定了人的尊严的宪法原则，但民法典却缺乏具体规定。德国最高法院通过"读者投书案""犯罪纪录片案"等具体案件，援引联邦基本法的规定，确定其判例效

---

① 本书简称《人身损害赔偿司法解释》。

力，对一般人格权进行保护，确立了这一司法原则。[1] 在我国，尽管人们对最高人民法院作出大量司法解释颇有异议，指责这有代行立法权的嫌疑，但是，其对民法的适用进行司法解释是确有法律根据的，是国家制定法之外的法官法。《精神损害赔偿司法解释》是对《民法通则》以及其他法律规定的人格权保护规范的继续阐发，使中国对人格权的法律保护有了一次质的飞跃。可以说，最高人民法院《精神损害赔偿司法解释》对我国人格权立法的法典化奠定了基础。从这个意义上说，确认《精神损害赔偿司法解释》是我国人格权立法的第二个里程碑，并没有夸张。

二、《精神损害赔偿司法解释》对我国人格权立法的重大贡献

《精神损害赔偿司法解释》对于人格权保护的重大进展，可以概括为"六大突破，一个核心"。这是认定该司法解释为我国人格权法发展第二个里程碑的原因。[2] 经过整理，该司法解释在我国人格权立法中作为第二个里程碑，将上述概括综述整理为以下八大贡献。

（一）确认一般人格权及其客体为"其他人格利益"

《民法通则》规定了人格尊严，但是却存在较大问题，即没有确认其一般人格权的地位，而是规定在名誉权的内容中，使人们误认为人格尊严是名誉权的具体内容。[3]《精神损害赔偿司法解释》确认的人格尊严，就是确认一般人格权，是概括其他人格利益的抽象人格权，不仅对具体人格权具有解释和创造的作用，而且具有补充法律对具体人格权保护立法不足的重要作用。任何不能被具体人格权保护的人格利益，如果有进行法律保护的必要，都可以适用对一般人格权保护的规定进行保护。人格尊严是一般人格权的核心内容，对人格尊严权的保护，就

---

① 王泽鉴：《人格权、慰抚金与法院造法》，《法令月刊》第 44 卷第 12 期。

② 杨立新等：《最高人民法院〈关于确定民事侵权精神损害赔偿责任若干问题的解释〉释评》，《法学家》2002 年第 5 期。

③ 杨立新：《民法判解研究与适用》，第 3 辑，北京，中国检察出版社 1997 年版，第 255 页。

是对一般人格权的保护。只要有了这一规定，对任何侵害人格利益的行为，如果立法规定不足并且有进行法律保护的必要，都可以认定为是对人格尊严的侵害而进行法律保护。具体处理案件应当优先适用具体人格权的规定，而将一般人格权作为补充适用的条款。①《民法典》第990条第2款规定一般人格权，就是以这一司法解释条文作为渊源。

《精神损害赔偿司法解释》还有一个引人注目的条款，其第1条第2款规定："违反社会公共利益、社会公德侵害他人隐私或者其他人格利益，受害人以侵权为由向人民法院起诉请求赔偿精神损害的，人民法院应当依法予以受理。"这个"其他人格利益"条款，就是一般人格权的客体，也是该司法解释最具伸展性、包容性的弹性条款，是司法保护人格利益的核心问题。

从立法技术上讲，在法律、法规、司法解释的制定中，要运用好弹性条款，使立法的条文具有包容性，使之不能有所遗漏。法律总是从不同的角度规范社会生活现象。正是由于社会生活现象的复杂性、丰富性，而人们对社会生活的认识和了解有限，任何法律要想做到穷尽生活现象都是不可能的。因此，立法要规定弹性条款，把尚未认识的、尚不了解的社会生活现象以及立法者还不愿意公开指出的某些内容概括在弹性条款中。"其他人格利益"的规定就是运用这种立法技术，使应当依法予以保护的人格利益全部包容在其中。

从立法内容上讲，这个弹性条款的基本作用，是概括对人格利益保护的任何未尽事宜。任何人格利益，凡是没有明文规定的，只要需要依法保护，都可以概括在这个概念中。例如，法律没有规定，这个司法解释也没有提到的性自主权、知情权等没有成为具体人格权的人格利益，都可以概括在这里。因而可以说，有了司法解释的这一弹性条款的规定，就使中国法律对人格利益的保护扩展到了从来没有过的新范围。从这个意义上说，这一弹性条款是保护人格利益的核心内容，可以概括为以下三个方面。

第一，有一些在立法上没有规定，但是在理论上认为已经具有具体人格权性质的人格权益，可以概括在这一弹性条款里予以保护。例如，性自主权等在其他

---

① 陈现杰：《人格权司法保护的重大进步和发展》，《人民法院报》2001年3月28日。

法律中已经规定为人格权并受到刑法和行政法的保护，对其进行民法的保护就可以引用这一规定适用精神损害赔偿责任予以保护。

第二，对于一些有可能上升为具体人格权的人格利益，例如知情权等，能够概括在其中。关于知情权的讨论很多，很多人认为它是一个最有可能成为具体人格权的人格利益。有了这个"其他人格利益"的弹性条款，就都能概括进去，对这样的诉讼法院应予受理，对受害人予以司法保护。

第三，对于其他人格权和上述人格利益无法包括的人格利益，也概括在"其他人格利益"中，依法予以司法保护。

可以说，根据这个"其他人格利益"弹性条款，从理论上说，中国司法对于人格利益的保护几乎是无所不包的。这正是该司法解释对人格权和人格利益保护的重大贡献。

应当看到的是，《精神损害赔偿司法解释》在规定人格尊严权和其他人格利益两个概念时，还存在不协调的问题，没有在一个条文中规定，并没有自觉地把一般人格权与其他人格利益的客体结合起来，存在一定的缺陷。《民法典》第990条第2款纠正了这个问题。但是，这并不能否认《精神损害赔偿司法解释》确认一般人格权及其客体所作出的重大贡献。

（二）确认身体权是独立的具体人格权

《民法通则》第98条规定的是生命健康权，对身体权的规定并不明确。在实践中和理论上，对身体权是不是一个具体人格权也存在不同看法，法律也没有明确规定如何进行保护。对于身体权的民法保护，主要方式就是精神损害赔偿，法律中没有作出特别规定，就使对身体权的法律保护没有可操作性。[①]《精神损害赔偿司法解释》规定对身体权的侵害可以请求抚慰金赔偿，确认了身体权是一种具体人格权，肯定了学说上的主张，确认身体权包括在"生命健康权"的概念之中，可以适用精神损害赔偿的方法对侵害身体权造成的损害进行救济，对侵权人的行为进行制裁。这对理论和实践都具有特别重要价值，是对人格权法的一大贡献，并且为《民法典》第1003条所确认，其规定了诸多的身体权行使的具体规则。

---

① 杨立新：《公民身体权及其民法保护》，《法律科学》1994年第6期。

（三）确认用精神损害抚慰金保护生命权、身体权和健康权

确定侵害生命权、身体权、健康权造成被侵权人精神痛苦损害的，可以请求赔偿精神损害抚慰金，是该司法解释的另一个重大贡献，具有特别的意义。

《民法通则》关于生命健康权保护的规定是第 119 条，其中没有关于赔偿精神损害抚慰金的内容，其不足很快就在实践中显露出来。在其后的法律和行政法规中，陆续规定了赔偿死亡补偿费或者死亡赔偿金、残疾赔偿金这些具有精神损害赔偿性质的赔偿项目，在实践中发挥了很好的作用。但是，一方面，这些规定的适用都有一定的限制，因为这些法律和行政法规都在适用领域上有所限制；另一方面，在侵害健康权没有造成死亡和残疾结果以及侵害身体权，都没有规定可以请求精神损害赔偿。在《精神损害赔偿司法解释》中，最高人民法院总结实践经验，依循这些法律和行政法规的立法精神，确定侵害物质性人格权造成损害的，除了应当赔偿死亡赔偿金或者残疾赔偿金之外，应当赔偿精神损害抚慰金，这对于保护自然人的物质性人格权具有重要意义，不仅为《侵权责任法》第 16 条、第 17 条规定奠定了基础，而且为《民法典》第 1179 条和第 1180 条规定做好了立法准备。

（四）确认人身自由权是具体人格权

《精神损害赔偿司法解释》规定对人身自由权进行法律保护，被侵权人可以请求赔偿精神损害，也是对人格权立法的一个重大贡献。

《民法通则》"民事权利"一章没有规定人身自由权，在理论上和实践上都有问题。人身自由权是一种具体人格权，立法没有规定是一个漏洞，在实践中对侵害人身自由权的行为就没有办法进行民事制裁。[1]《民法通则》存在的这些问题，是与当时刚刚开始改革开放，立法机关对一些重大法律问题在理论上认识还不清楚有关。《国家赔偿法》规定了对人身自由权损害的赔偿，《消费者权益保护法》也规定了对人身自由权的保护，在实践中产生了很好的效果，是一种很好的补救措施，不过还都有立法上的局限性，不能广泛适用。精神损害赔偿责任司法解释将上述立法精神扩展到了普遍适用的范围，具有重要意义。凡是侵害人身自由权

---

[1]　杨立新：《侵害自由权及其民法救济》，《法学研究》1994 年第 4 期。

的，进行司法保护时就不必类推适用这些单行法的规定，可以直接按照司法解释的规定作出判决。

《精神损害赔偿司法解释》确认人身自由权为具体人格权，是对我国人格权立法作出的巨大贡献，应当予以特别肯定。相比之下，《民法典》第 109 条、第 990 条第 2 款和第 1011 条对人身自由权的规定还是相形见绌的，相对《精神损害赔偿司法解释》的规定还有了倒退。

（五）规定采用直接保护方式保护隐私利益

《民法通则》没有规定隐私权。最高人民法院在适用《民法通则》的司法解释和以后的单行司法解释中，曾经几次对隐私权保护的必要性作了提示，并且规定了一定的保护措施，但都有局限性，在学理上称为间接保护方式，即对侵害隐私权的行为要比照侵害名誉权的法律规定处理，对隐私权的保护不周到。

《精神损害赔偿司法解释》规定对隐私利益采取直接保护方式进行，不仅是对隐私权保护的一个重大改革，而且确认隐私具有独立的具体人格权的价值，虽然没有直接规定隐私权为具体人格权，但是在具体保护方法上已经比较适当。这在人格权法的理论和实践上都是重大贡献。① 《侵权责任法》和《民法典》确认隐私权，都是在此基础上进一步采取的立法措施，目的是保护好自然人的隐私权。

（六）全面扩展对死者人格利益的保护范围

《民法通则》对死者人格利益的保护没有规定，而对死者的某些人格利益确有保护的必要。实施《民法通则》中遇到这个问题，在审理"荷花女案件"的过程中，最高人民法院通过司法解释规定对死者的名誉进行法律保护，在司法实践中贯彻实施，取得了很好的效果，对保护死者人格利益发挥了重要作用。对于死者其他人格利益如肖像、姓名、隐私等的保护，在实践上和理论上都认为确有保护的必要，但是在操作上没有依据。因而，除了对死者的肖像利益和遗体有的法院作出过探索性的判决以外，涉及对死者其他人格利益的保护，没有办法进行法律救济。

---

① 对此，有不同的看法。司法解释条文中的措辞也是很谨慎的，没有直接称之为隐私权，而是称之为"隐私"，回避了其是不是人格权的问题。

《精神损害赔偿司法解释》把对死者名誉利益进行司法保护的做法，扩展到对死者的姓名、肖像、荣誉、隐私以及遗体和遗骨等人格利益的保护，是非常重要的规定，填补了立法的缺陷，对于维护死者的人格利益，维护正常的人际关系和社会秩序稳定，具有重要意义。《民法典》第 994 条关于对死者人格利益的保护的规定，就是对这一司法解释的法典化。

（七）对亲权和亲属权的司法保护作出明确规定

《精神损害赔偿司法解释》第 2 条规定，对非法诱使被监护人脱离监护，侵害亲权和亲属权的，可以请求精神损害赔偿。这是以前的立法和司法解释从来没有过的规定，对于保护身份权具有重要意义。[①] 一些专家认为，这种规定是对监护权的司法保护[②]，实际上，它保护的是亲权或者亲属权。这一司法解释对于以往不承认或者不全面承认身份权的做法，是一个重要贡献。《民法典》第 112 条承认身份权，第 1001 条规定身份权请求权，以及第 1183 条规定精神损害赔偿保护的是人身权益（包含身份权益），都是在此基础上进一步采取的立法措施，目的在于保护好自然人的身份权。

（八）将精神损害赔偿扩展到具有人格因素的某些财产损害场合

《精神损害赔偿司法解释》规定，受害人对侵害具有特殊的人格象征意义的特定纪念物品造成损害可以请求精神损害赔偿，突破了精神损害赔偿限于人格权遭受损害的界限，有条件地扩展到侵害财产权造成人格利益损害的场合。这对人格权立法是一个很大的贡献，因为只有少数国家才有这样的精神损害赔偿适用方法。侵害特定纪念物品，不是对人格权的侵害，而是对财产权的侵害。各国立法一般都将精神损害赔偿限制在侵害人格权和身份权的场合之中，对侵害财产权不适用精神损害赔偿的救济方法。在日本等国，对于有特定纪念意义的物品进行侵害造成损害的，也可以请求精神损害赔偿。这种做法虽然受到理论上的肯定，但在实践中，采纳的国家不多。具有重要人格象征意义的特定纪念物品包含了人格

---

① 在《精神损害赔偿司法解释》中，规定的是对亲子关系或者近亲属间的亲属关系的侵害，这实际上就是关于亲权和亲属权这两种身份权。

② 陈现杰：《人格权司法保护的重大进步和发展》，《人民法院报》2001 年 3 月 28 日。

利益的内容，对其侵害，会损害财产所有人的人格利益，造成其精神痛苦。《精神损害赔偿司法解释》采纳这种司法经验，对侵害具有人格象征意义的特定纪念物品财产权的行为，如果受害人"以侵权为由"起诉请求精神损害赔偿，可以确定加害人承担精神损害赔偿责任，对民事主体的人格利益提供更周到的权利保护。①《民法典》第1183条第2款关于"因故意或者重大过失侵害自然人具有人身意义的特定物造成严重精神损害的，被侵权人有权请求精神损害赔偿"的规定，就是在这一司法解释的基础上的进一步提升，使之法典化。

第三节 《民法典》人格权编：
人格权立法中国经验法典化的第三个里程碑

一、2002年《民法（草案）》人格权立法法典化的奠基作用

1999年完成统一合同法立法后，立法机关开始进行民法典的编纂工作，在2002年完成了《民法（草案）》，于2002年12月提交全国人大常委会审议。这是我国人格权立法法典化的前奏，是在《民法通则》和最高人民法院《精神损害赔偿司法解释》发展人格权立法的基础上进行的。

立法机关认为，《民法通则》关于人格权的立法，为我国人格权立法的发展开创了良好开端，确立了基础，不仅表现在立法体例上创造了人格权相对独立的地位，同时也表现在由于《民法通则》的"通则"性质，还需要通过具体的立法使它完善起来，要在民法典的立法上专门设立人格权法，继续坚持《民法通则》确立的人格权立法的中国经验。编纂民法典制定人格权编，应当坚持这个最具中国特色、具有世界领先意义的中国经验，使其发扬光大。因此，起草《民法（草案）》时，借鉴《民法通则》立法和《精神损害赔偿司法解释》的实践经验，规

---

① 陈现杰：《人格权司法保护的重大进步和发展》，《人民法院报》2001年3月28日。

定了第四编即"人格权编"，分别规定了一般人格权和最重要的具体人格权。《民法（草案）》规定人格权编，尽管还不是正式法律，但是它已经经过了立法机关的"一读"，是确定的民法草案，规定人格权编不仅是时代的要求，也是我国社会发展的实际需要，是社会进步的重要体现，应当成为我国未来民法典最具特色的一部分。①

立法机关在 2002 年《民法（草案）》设置人格权编具有以下重要意义。

第一，突出人的地位，突出人格权的地位，真正使人成为名副其实的权利主体。21 世纪的民法应当突出其新世纪的特征，其中最重要的特征就是坚持人文主义立法思想，突出人的地位和对人格尊严的保护。这是世界各国民法发展的方向。在我国民法典中，突出人的地位和人格权的地位，更有利于防止历史的重演，使人得到最好的尊重和保护。

第二，继承和发扬《民法通则》的传统，保持立法思想的连续性和制度的一贯性。《民法通则》关于人格权立法的"中国模式"在实践中的操作是行之有效的。此后，我国的立法和司法不断进步，对《民法通则》有关人格权的规定进行补充和完善，使我国民事主体的民事权利得到了历史上最好的尊重，我国人格权的法律保护已经进入最好的时期。将《民法通则》人格权立法的传统保持下来，做好法律制度的传承，就能使我国民事立法保持在这一领域中的先进地位。

第三，扩展人格权立法的空间，更好地发挥人格权保护人的权利的作用。如果改变《民法通则》的传统，将人格权放在民法总则中规定，则空间过于狭小，不利于人格权的发展。将人格权规定为一编，就使其具有更大的法律空间，可以清楚、明确、详细地规定人格权的一般规则和各种具体人格权，不仅有助于帮助人们掌握自己究竟享有哪些人格权，他人应当如何尊重人格权，而且能使法官裁判案件有明确的依据，防止出现人格权规定不足而导致滥用或者"向一般条款逃逸"现象的发生。②

第四，完善人格权的民法保护方法。首先，应对侵害物质性人格权的民法扩

---

① 马俊驹：《关于人格权基础理论问题的探讨》，《法学杂志》2007 年第 5 期。
② 王利明主编：《民法典·人格权法重大疑难问题研究》，北京，中国法制出版社 2007 年版，第 4 页。

大救济内容和赔偿范围，使其财产损害得到有效的补偿。其次，建立人格利益损害赔偿制度和精神痛苦损害的抚慰金赔偿制度，统称精神损害赔偿，前者适用于人格利益的财产损害和非财产损害，后者适用于侵害人格权所造成的精神痛苦损害；前者既适用于自然人也适用于法人，后者只适用于自然人。最后，对自然人人格权的延伸保护问题作出规定。特别重要的是，对人格权请求权进行具体的规定，使之成为完善的法律制度，以更好地保护人格权。

第五，规定具体人格权的完备内容。首先，应当对尚未在《民法通则》中规定的具体人格权作出具体规定，如身体权、人身自由权、性自主权、信用权等均应有法律明文规定，不能再采取司法解释或者类推等方式予以保护。其次，应规定具体人格权的概念、客体范围、侵权行为方式、保护方法等具体内容。

2002 年《民法（草案）》规定人格权编，虽然没有通过立法程序，没有成为正式的立法，但是这一立法过程却给我国编纂《民法典》中的人格权立法，实现立法的法典化奠定了基础。面对反对人格权立法单独成编的意见，立法机关在《民法（草案）》规定第四编"人格权"，贯彻了《民法通则》"民事权利"一章规定人格权一节的立法初衷。这次立法虽然没有成功，立法草案也有太多的问题需要进一步解决，但是，有了这次立法的过程，就有了编纂《民法典》单独规定人格权编的经验和基础。《民法（草案）》的这个立法经验，是给编纂《民法典》实现人格权立法法典化举行的奠基礼。

二、2002 年《民法（草案）》人格权编存在的不足及改进

2002 年《民法（草案）》人格权编还存在较多不足，诸如，立法体系不够明确，人格权的一般规则规定不够明确，对具体人格权的规定不完备，内容不具体等，需要进行改进。

根据 2002 年《民法（草案）》人格权编的内容，从理论上分析，我国人格权立法实现法典化，应当着重解决以下问题。

（一）应当理顺人格权体系的逻辑关系

我国民法通说对人格权体系的认识并不准确。其理由是，第一，将一般人格

权与具体人格权相对应，存在逻辑的不合理性。"一般"与"具体"两个概念不对应，"一般"对应的是"特别"，"具体"对应的是"抽象"。第二，按照一般人格权与具体人格权相对应的立场出发，无法处理公开权和自我决定权的关系。例如，有的学者将公开权作为特殊人格权对待①，有的学者将"公开权和人格权商品化"放在人格权总论中阐释②，都无法确定其确切的法律地位。

应当设立抽象人格权制度，使其与具体人格权相对应，构建完整的、逻辑合理、通畅的人格权体系。在人格权立法中，应当将一般人格权等放在抽象人格权体系中，规定在人格权编的总则部分，将各种具体人格权放在分则部分规定，就能够明确人格权法和人格权的严密逻辑关系。

（二）应当规定抽象人格权的内容

在人格权立法中，抽象人格权应当在总则性部分规定。

首先，应当规定好一般人格权，因为一般人格权是具体人格权的母权，是对各项具体人格权具有指导价值的基本权利，决定各项具体人格权的基本性质、具体内容，以及与其他具体人格权的区分界限。同时，一般人格权还是具体人格权的"渊源权"，是具有高度弹性的权利，具有高度的包容性，既可以概括现有的具体人格权，又可以创造新的人格权，还可以对尚未被具体人格权确认保护的其他人格利益发挥其补充功能，将这些人格利益概括在一般人格利益中，以一般人格权进行法律保护。当那些没有被具体人格权所概括的人格利益受到侵害时，即可依侵害一般人格权确认其为侵权行为，追究行为人的责任，救济人格利益损害。

其次，应当规定好自我决定权和公开权。前者是民事主体自主行使权利的决定不受他人干涉的权利，后者是民事主体将自己的人格利益进行商业化利用，其支配和利用应当由自己享有的权利。这两个抽象人格权都关乎民事主体的人格权和人格利益的支配和保护，都必须作出科学、准确的规定。

---

① 马俊驹：《人格和人格权理论讲稿》，北京，法律出版社2009年版，目录第6页。
② 王利明：《人格权法研究》，北京，中国人民大学出版社2005年版，第259页以下。

（三）应当规定比较完备的具体人格权类型

编纂《民法典》规定人格权编，应当重点完成以下 15 项具体人格权的立法工作。

（1）应当规定"自然人享有生命权"。规定自然人的生命神圣不可侵犯，禁止非法剥夺，以及生命权的具体内容。

（2）应当规定"自然人享有身体权"，禁止侵害自然人身体、破坏身体的完整性。规定自然人有权决定将自己身体的血液、骨髓等体液和器官捐献给医学科研、教学、医疗机构或者需要救助的他人；无行为能力人、限制行为能力人所作的捐献应由法定代理人同意。自然人有权决定自己遗体的捐献、解剖、安葬或进行其他合法的处分。自然人生前未对其遗体的处分作出明确表示的，其近亲属可以作出决定。还应当规定对自然人进行医疗检查、手术、人体试验、施行新的治疗方法等，必须经当事人或者其法定代理人同意。自然人对与其身体分离部分的支配受法律保护。他人对该分离部分的处分应经当事人或其法定代理人同意。应当规定禁止买卖人体组织、器官，禁止买卖死者遗体及其组成部分。

（3）应当规定"自然人享有健康权"，禁止任何人侵害自然人的身心健康。应当规定由于灾害、事故、疾病等原因，使自然人生命、健康权受到威胁时，医疗机构及医护人员不得拒绝救治。

（4）应当规定"自然人享有姓名权"，规定姓名包括姓和名。规定禁止他人盗用、假冒自然人的姓名，禁止干涉自然人依法行使姓名权的行为。

（5）应当规定"法人及非法人组织享有名称权"。法人及非法人组织有权决定、使用和依照法律规定变更自己的名称。禁止盗用、假冒法人和非法人组织的名称。企业法人或者非法人组织的名称可以依法转让，但法律另有规定的除外。

（6）应当规定"自然人享有肖像权"。规定肖像是指通过绘画、照相、雕塑、录像、电影等造型艺术方式所反映的自然人的面部形象，对此，权利人享有制作、使用和准许他人部分使用的权利。自然人有权通过造型艺术方式及其他形式再现自己的形象，制作他人的肖像，应当征得本人同意。自然人有权自己利用或者许可他人利用本人的肖像。利用他人的肖像，应当征得本人同意，并以协议方式约定使用范围等有关事项。非经本人同意，任何人不得非法使用他人的肖像。

（7）应当规定"自然人的声音标识受法律保护"，未经同意，不得私自录制他人的声音，但法律另有规定的除外。禁止歪曲、模仿、剪接他人的声音，自然人可以同他人签订有偿的声音使用许可合同。

（8）应当规定"自然人享有形象权"，对于个人除了以面部为主体的肖像以外的其他身体形象，自然人享有权利，禁止他人非法侵害。应当规定，对指纹、掌纹等其他视觉上能够辨别的个人身体标识，准用形象权保护规则进行保护。

（9）应当规定"自然人、法人和非法人组织享有名誉权"。自然人、法人和非法人组织有权保持、维护自己的名誉，并享有名誉所体现的利益。禁止以侮辱、诽谤等方式损害自然人、法人和非法人组织的名誉。规定禁止利用严重失实的新闻报道损害他人名誉，禁止利用内容不当的文学作品损害他人名誉，禁止借检举、控告之名，侮辱、诽谤他人。

（10）应当规定"自然人、法人和非法人组织享有信用权"。应当界定，信用是指自然人、法人和非法人组织就其经济能力和履约意愿所获得的社会评价与信赖。自然人、法人和非法人组织有权保持自己的信用，享有信用利益，维护其信用权不受非法侵害。应当特别鼓励征信机构建设，征信机构应当客观、公正地调查、收集、整理、提供自然人、法人和非法人组织的信用信息，确保该信息准确、完整、及时。征信机构应当按照独立、公正、审慎的原则，依据科学的评估办法，对自然人、法人和非法人组织作出正确、客观的信用评级，服务社会。

（11）应当规定"自然人、法人和非法人组织享有荣誉权"，禁止非法剥夺、诋毁、侵占自然人、法人或者非法人组织的荣誉称号。

（12）应当规定"自然人享有人身自由权，自然人的人身自由不受侵犯"，禁止非法拘禁或者以其他方法剥夺、限制自然人的身体自由，禁止以欺诈、胁迫等手段侵害自然人的意志自由。非经正当程序，任何组织和个人不得对自然人非法进行强制性治疗。任何人不得仅仅由于无力履行约定义务而被监禁。禁止强制劳动和奴隶制。

（13）应当规定"自然人享有隐私权"。应当明确规定，未经合法授权，任何

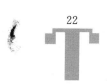

单位和个人不得侵害自然人与社会公共利益无关的隐私。隐私权保护的隐私范围，应当包括私人信息、私人活动、私人空间以及私人生活安宁。自然人的私人空间不受外界侵扰，自然人的生活安宁受法律保护，禁止以窥视、窃听、跟踪、侵入、信件或电话骚扰等方式侵犯私人空间，破坏自然人的生活安宁。

（14）应当规定自然人就其个人信息依法享有权利，不得预先抛弃或以特别约定进行限制。信息使用者不得作出违反收集信息原则的行为，但如果该行为是依法进行的除外。

（15）应当规定"自然人享有性自主权"。规定性自主权是指自然人自主保持其性纯洁、支配其性利益的人格权。禁止以强迫卖淫、强奸、奸淫幼女、鸡奸、猥亵等方式侵害他人性自主权。禁止以任何方式对自然人实行性骚扰。用人单位应当采取合理措施避免工作场所的性骚扰，未尽到注意义务的，应当就受害人受到的侵害承担相应的责任。

三、《民法典》人格权编是实现人格权立法法典化的第三个里程碑

2014 年我国确定了五年完成编纂《民法典》的立法任务，至 2020 年 5 月 28 日，颁布了我国第一部《民法典》。其中，人格权编作为我国人格权法，承继《民法通则》规定人格权、创立人格权立法的中国经验，借鉴最高司法机关全面推进人格权司法保护的司法解释经验，实现了我国人格权立法的法典化，成为我国人格权立法的第三个里程碑。

编纂民法典，如何规定人格权，几经辩论，最后终于坚持以 2002 年《民法（草案）》为立法基础，确定人格权在民法典分则中独立成编，成功制定人格权编，实现了中国人格权立法的法典化，使《民法通则》创立的人格权立法的中国经验成为法典化现实。对此，有人强调《乌克兰民法典》的人格权立法是世界"第一次"，否定我国《民法典》人格权编立法的开创性价值。这是不正确的。理由是，我国的人格权立法的中国经验源于《民法通则》，2002 年《民法（草案）》坚持了这个立法模式，可以说我国民法对人格权立法的立法模式是一以贯

之，从未改弦易辙，最终在《民法典》将其实现法典化，成为《民法典》的重要组成部分，成为《民法典》的立法亮点和制度优势。

我国民法典实现人格权立法法典化的主要表现如下。

（一）《民法典》确定了人格权法鲜明的"总—分"结构

《民法典》人格权编在实现法典化的过程中，确定了科学的结构，总则性规定和分则性规定界限分明，体例适当。民法典分则各编实际都有总则性规定（即一般规定）和分则性规定（具体规定）。2017 年 11 月的人格权编草案（室内稿）采取"总—分—总"的结构，首先是人格权的一般规定，接着几章规定具体人格权，最后一章规定"人格权的保护"。这样的逻辑关系也是成立的，但是，从体例、结构上看，层次不够清晰，《民法典》人格权编最终确定采用"总—分"结构，第一章是人格权的一般规定，把人格权保护的内容移到第一章中规定；第二章至第六章分别规定具体人格权。这一立法结构方法是成功的。

（二）《民法典》人格权编的总则内容翔实，具有鲜明的时代感

《民法典》人格权编第一章关于人格权总则性规定的内容丰富，具有鲜明的时代感。在历史上，人格权立法的发展从弱到强，中间经历了第二次世界大战后的突变，在全世界范围内全面加强保护人格权。当代网络技术的迅猛发展，使人格权受到侵害变得更加容易，因而各国对人格权的保护更加重视，人格权在民法中的地位变得越来越重要。制定《民法典》时，我国立法机关总结了三十多年的人格权司法保护经验和当代社会特点，于第 2 条规定民法调整的对象是人身关系和财产关系，强调人身关系重于财产关系，在总则编第五章"民事权利"宣示性规定七种基本民事权利类型时，把人格权放在首要位置，即第 109 条至第 111 条，特别强调确认和保护人格权。

与此相对应，人格权编在"一般规定"中制定了具有强烈时代感的一般性规则：第一，规定具体人格权的类型，规定一般人格权，将所有的人格权益均纳入民法典保护范围中。第二，规定了人格权受法律保护，人格权具有固有性，不得放弃、转让或者继承。第三，规定公开权，确认民事主体对其姓名、名称、肖像等具有经济利益内容的人格权益可以许可他人使用，但根据其性质或者依照法律

规定不得许可的除外，体现了时代的特征。第四，规定了对死者人格利益的保护，将我国《精神损害赔偿司法解释》确定的实践经验上升为民法典的法律规范。第五，规定人格权请求权，侵害他人人格权益的，应当依照本法和其他法律的规定，承担停止侵害、排除妨碍、消除危险、赔偿损失、消除影响、恢复名誉、赔礼道歉民事责任，并且行使人格权请求权不受诉讼时效的限制。第六，规定违约造成人格利益损害的精神损害赔偿责任，因当事人一方的违约行为，损害对方人格权益造成严重精神损害，受损害方选择请求其承担违约责任的，有权要求精神损害赔偿，改变了现行司法解释规定的做法，打破了我国精神损害赔偿责任救济的局限性，更有利于救济合同当事人人格利益由违约行为造成的损害。第七，规定了人格权保护禁令，规定民事主体有证据证明行为人正在实施或者即将实施侵害其人格权的违法行为，不及时制止将使其合法权益受到难以弥补的损害的，有权依法向人民法院申请采取责令行为人停止有关行为的措施。第八，规定了其他有关人格权保护的一般规则。这些经过抽象的人格权法的一般性规则，既有高度的理论作为基础，也有丰富的实践经验作为支撑，概括了人格权立法的基本内容，具有强烈的时代感。

（三）《民法典》人格权编的分则性规定可操作性强

《民法典》人格权编的分则性规定，对列举的具体人格权都作了明确的、具有可操作性的规定。2002 年《民法（草案）》第四编规定人格权只有 24 个条文，而《民法典》人格权编有 51 个条文，其中后五章把具人格权的规则写得很好。例如，物质性人格权中的生命权最重要，但是最复杂、内容最丰富的是身体权，因而人格权编对身体权的规定最具体，规定了捐献人体器官、人体组织须遵守的规则；进行人体试验的具体要求；对性骚扰行为的制裁方法，规定任何人不得以言语、行动等方式对他人实施性骚扰等性侵害行为，解决了对性骚扰行为的法律规制问题，能够更好地保护自然人的人格权。对肖像权的规定也是富有特色的成功之作，不仅规定了什么是肖像，什么是肖像权，而且特别规定了权利人怎样转让自己肖像利益的使用权，规定对肖像利益的许可转让的规定可以适用于名称利益等的转让使用。

《民法典》人格权编上述的成功立法，实现了我国人格权立法的第三次飞跃，成为第三个里程碑。其立法内容丰富，具有时代特征，具有重要价值，对于保护好人民的人格权具有特别的重要意义，成为我国《民法典》最为闪亮的部分，鲜明地体现了《民法典》的中国特色。

第四节　对人格权立法中国经验的正确解读

《民法通则》形成了人格权立法的中国经验，编纂《民法典》人格权编实现了人格权立法的法典化，创造了人格权立法的中国经验。人格权立法中国经验不仅在我国继续发扬光大，保护好人民的人格权，而且在世界范围内都将产生重大影响。总结我国人格权立法三次飞跃发展的经验，将人格权立法的中国经验理论化、系统化，是十分有意义的。

一、人格权立法中国经验的形成和发展

（一）人格权立法中国经验概念的提出

人格权立法的中国经验也称为人格权立法中国模式[1]，或者人格权保护的中国经验。[2] 这三个概念基本上是一回事，但是侧重点有所不同。

与人格权立法中国经验、中国模式相关的概念，笔者在较早时把它概括为"中国民事立法的一个创举，是对世界民法发展的开创性贡献"[3]。2002 年春，中国人民大学民商事法律科学研究中心在完成《中国民法典人格权编草案建议稿》起草任务后，在云南丽江召开的中日人格权法研讨会上，笔者提出了用"中国模式"来概括《民法通则》人格权立法的经验，受到最高人民法院副院长唐德华以

---

① 杨立新：《我国制定〈人格权法〉的必要性与现实性》，《光明日报》2012 年 5 月 15 日第 11 版。
② 梁慧星：《中国民法典中不能设置人格权编》，《中州学刊》2016 年第 2 期。
③ 杨立新：《人身权法论》，北京，中国检察出版社 1996 年版，第 2 页。

及其他与会者的肯定，认为这个概念准确地概括了中国人格权法的立法经验。

认真分析，人格权立法中国模式与人格权立法中国经验这两个概念没有实质的差别，属于同一概念，而与人格权保护中国经验这个概念却不完全相同。虽然人格权立法中国经验与人格权保护中国经验都是在强调中国民法人格权立法表现形式的与众不同，以及在世界民法发展史上的重要地位，但是，前者着重表现的是中国人格权法立法整体的与众不同和重要地位，而后者着重表达的却仅仅是中国立法对人格权保护的与众不同和重要地位。前者着眼于全局，后者着眼于局部，其差别显而易见。

笔者坚持使用人格权立法中国经验的概念，并非只强调中国人格权法在保护人格权方面的与众不同，而是全部的人格权立法的与众不同，避免的是"人格权保护中国经验"概念存在的局限性。使用人格权保护中国经验概念的用意，强调的是中国人格权立法的经验在于对人格权的保护，而不在于全部立法的先进性。

（二）人格权立法中国经验的形成

人格权立法中国经验形成于 1986 年 4 月，《民法通则》不仅规定了人格权，而且在"民事权利"一章，将人格权与物权、债权和知识产权并列在一起，使其在民法中具有同等地位；同时还规定了比较完整的人格权类型体系、具体内容以及人格权保护的法律规范体系。

我国人格权立法的这一开创性的贡献，是基于以下三个主要原因形成的。

1. 总结教训，采取立法措施防止历史重演

在自 1949 年以来的一段时间里，我国不重视法治建设，由于清理旧法思想和旧法人员，正确的民法思想和规则被废除，清末变律为法、西学东渐所取得的立法成果和法律思想被扫地出门，人格权当然未受到重视。

在 20 世纪五六十年代的民事立法准备上，最初起草的民法草案只强调民法的任务是调整经济关系，对人格权几乎只字不提。1966 年之前的民法教科书没有论述人格权的内容，也没有专门研究人格权的理论著作。

在"文化大革命"时期，没有人格权立法，也没有比较全面的人格权保护制度。在司法实践中，对打架斗殴致伤、致死等侵害物质性人格权的行为，依照

《刑法》定为伤害罪、杀人罪，予以刑罚制裁；在民法上责令侵权人承担人身损害赔偿责任，如：1963 年，最高人民法院在给黑龙江省高级人民法院关于交通事故损害赔偿的请示答复中指出："交通事故发生后，加害方应当给予受害方一定数额的抚恤费用，包括抚养（扶养）费用，但不限于抚养（扶养）费用。"1965 年 5 月 26 日，最高人民法院办公厅、公安部办公厅、中华全国总工会劳动保险部《关于交通事故的补偿和抚恤问题的函》指出："职工因交通事故死亡……肇事单位给家属经济上的补偿，是表示对死者负责，也是精神上的安慰。"这种不严格区分财产损害赔偿和精神损害赔偿的答复，体现了那时对人格权以及人格权保护的基本认识，同时也体现出那个时代人格权立法不健全。

"文化大革命"结束后，党和国家痛定思痛，深刻认识到人格权立法及其法律保护的极端重要性。首先，1979 年《刑法》中专设"侵犯人身权利、民主权利罪"的规定，继之，《宪法》中创设了保护人格尊严和人格权的原则性条文。在这样的立法原则指导下，当时的民法草案设置若干条文规定人格权。

1986 年《民法通则》专门设置"人身权"一节规定人格权。人格权的这种立法方法，其实不在于写了多少条文，而在于强调了当时认识到的人格权立法和保护的极端重要性。同时，将人格权与物权、债权、知识产权同等地位规定，等于说，人格权与物权、债权和知识产权的民事权利类型都是一样的，都是要在民法分则中单独规定的民事权利。这才是中国经验最重要的内容。所以，《民法通则》规定人格权法，首先是总结了"文化大革命"的教训，深刻认识到人格权立法及其法律保护的极端重要性，开始重视人格权立法，加强人格权保护。《民法通则》实现了我国人格权立法的创举，具有重大的理论意义和实践价值，对世界各国的人格权立法具有重要的影响。2003 年《乌克兰民法典》单独规定人格权卷，比我国《民法通则》单独规定人格权的中国经验晚了 17 年。

2. 借鉴国外民事立法经验，顺应人格权立法的发展趋势

人格权立法的立法趋势，是随着社会发展和文明进步而不断变动和扩张的，具体表现在人格权愈来愈受立法者的重视，具体人格权的范围不断扩大，法律对人格权的保护愈加周密。前述各国人格权立法的四种模式，鲜明地表达了人格权

法越来越发达，在民法体系中的地位越来越重要的发展趋势。及至第二次世界大战结束以后，各国立法者纷纷总结法西斯主义发动战争，疯狂残害、蹂躏被侵略国家的人民，将人民的权利踏在脚下这样血的教训，特别加强对人格权的研究，特别加强对人格权的保护。战败国也总结经验教训，从法律上保障不再出现奴役、蹂躏他国人民的悲剧重演，联邦德国基本法和日本宪法都规定了"个人尊严不得侵犯"的宪法条款，创设一般人格权。其他各国立法陆续增加肖像权、隐私权、名誉权等具体人格权，使人格权体系越来越壮大。在人格权的民法保护方法上，除了对损害的财产损失可以请求损害赔偿之外，对于人格利益损害和精神痛苦损害都可以请求抚慰金或精神损害赔偿责任予以救济，使人格权的法律保护方法也越来越完备。

中国民事立法迎合时代潮流，吸收先进立法，作出了开创性的立法举措，具有远见卓识，实属借鉴外国经验而又别具新意的重大创举。

3. 立法者敢于创新和变革的智慧和胆略

在《民法通则》立法中，既有立法机关的领导和工作人员，又有民法学者和司法机关的工作人员参与。这些具有智慧的专家、学者聚集在一起，总结历史的经验教训，在《民法通则》156 个条文中，拿出了 8 个条文规定人格权，是特别有胆略、特别有气魄的一个重大立法举措。当时世界各国的民法立法还从来没有过一部民法典把人格权与物权、债权和知识产权并列在一起的立法例，而我国立法机关就这样做了，单独规定了人格权法，并且将其与物权、债权和知识产权相并列。这种前所未有的立法例为《民法典》人格权编的编纂奠定了立法基础。《民法通则》确立的这种人格权法的立法例，是其他国家民法典都没有实现的立法构想，是已经被实践证明了的先进立法经验，也是为民法学者普遍认可的科学体系。[①] 正因为如此，《民法通则》在人格权立法上创造了中国经验。

归结起来，人格权立法的中国经验就是自《民法通则》独立规定人格权到《民法典》实现人格权立法法典化创立的人格权立法经验，其核心价值就在于对

---

① 王利明：《我国未来民法典中人格权编的完善——2002 年〈民法典草案〉第四编评述》，《中国政法大学学报》2013 年第 1 期。

人格权作了体系化的规定，开创了人格权在民事权利体系中重要地位的立法先河。在制定《民法通则》的 1986 年，并不存在《乌克兰民法典》，即使加拿大《魁北克民法典》在"人法编"中专章规定了"某些人格权"，既不是对人格权法的体系化规定，其修订完成也晚于《民法通则》。① 因此，这是一个重大的体系突破②，无论是在中国的人格权立法中，还是在世界的民法立法史上，都是一个具有极大影响力的民事立法。这就是人格权立法中国经验的价值所在。

（三）人格权立法中国经验的发展

总结人格权立法中国经验的发展，主要表现在以下四个方面。

1. 有关人格权的立法不断完善发展

《民法通则》规定了人格权法之后，一方面确立了我国人格权法的基本制度，另一方面也看到了人格权立法中存在的问题，因而在其后的立法中，对人格权的规范不断完善。在《消费者权益保护法》《未成年人保护法》《妇女权益保障法》《残疾人权益保护法》《老年人权益保障法》《国家赔偿法》等法律中，对于隐私、人身自由、死亡赔偿金、残疾赔偿金等人格权及其保护方法，都不断予以补充。特别是在《侵权责任法》以及修订的《消费者权益保护法》《食品安全法》等法律中，规定了隐私权、个人信息权等更多的人格权及其保护制度，使我国的人格权法不断丰满起来，中国经验不断发展，形成了今天的立法规模。

2. 人格权保护的司法经验不断总结升华

在《民法通则》人格权立法的基础上，中国的司法不断推动人格权立法中国经验的发展。我国司法实践在《民法通则》实施之前仅仅保护生命权和健康权的基础上，继续加强对物质性人格权保护的同时，对精神性人格权加强保护，在国内形成了强大的维权潮流。司法机关敢于担当，不断总结经验，不断深化人格权法理论，在人格权的法律适用方面，不仅在《关于贯彻执行〈中华人民共和国民法通则〉若干问题的意见（试行）》中规定了"以书面、口头等形式宣扬

---

① 徐国栋：《〈魁北克民法典〉导读》，载孙建江等译：《魁北克民法典》，北京，中国人民大学出版社 2005 年版，导读第 27 页。

② 王利明：《我国未来民法典中人格权编的完善——2002 年〈民法典草案〉第四编评述》，《中国政法大学学报》2013 年第 1 期。

他人的隐私，或者捏造事实，公然丑化他人人格，以及用侮辱、诽谤等方式损害他人名誉，造成一定影响的，应当认定为侵害公民名誉权的行为"等具体解释，还作出了《关于审理名誉权案件若干问题的解答》《关于审理名誉权案件若干问题的解释》《关于确定民事侵权精神损害赔偿责任若干问题的解释》《关于审理人身损害赔偿案件适用法律若干问题的解释》等一系列司法解释，对于人格权法的内容和保护的法律适用规则形成了比较完整的体系。特别是《精神损害赔偿司法解释》形成了比较完善的人格权司法保护体系，成为我国人格权立法的第二个里程碑。

3. 人格权法理论研究的不断深化发展

由于《民法通则》确立了人格权立法中国经验，中国民法理论界深入研究人格权法学理论，形成了研究人格权法理论的高潮。其间，研究人格权法的文章和著作比比皆是，形成了研究人格权法的高潮。在《民法通则》以前，我国基本上没有人格权法的理论研究，根据知网的数据，1985 年之前我国的人格权法研究的文章几乎为零，但是，1986 年一年就发表 5 篇，以后逐年增加，2020 年一年发表 690 余篇。自 1986 年至今发表的人格权法论文已经超过了数千篇。目前出版的人格权法专著和教材有数十部之多。《民法通则》确立人格权立法中国经验之后的三十多年中，我国人格权法理论已经发展到了相当的程度，推动了我国人格权立法和司法的进步，在人格权立法中国经验的发展中发挥了重要作用。人格权法理论研究的不断深入，提升了人格权立法中国经验的理论基础和价值，成为人格权立法中国经验的重要组成部分。

4. 进一步借鉴外国人格权立法、司法经验

《民法通则》确立了人格权立法中国经验，但是，立法体例和体系的先进性并不意味着立法内容的必然完美，在理论上和实践上都需要广泛借鉴，以便解决中国的实际问题，发展中国经验。对国外的人格权立法、司法经验和理论研究成果不断消化吸收，形成中国的东西，完善和发展人格权立法的中国经验。对于德国的一般人格权①、

---

① 姚辉：《论一般人格权》，《法学家》1995 年第 5 期。

日本的自我决定权①、美国的公开权等②，都借鉴过来，使之成为人格权立法中国经验的组成部分。《民法典》人格权编第一章把这些重要内容都写了进去，形成了人格权立法中国经验的新的、体系化的一般规则。广泛借鉴国外经验，对人格权立法中国经验的发展发挥了重大作用，世界上出现的新的人格权保护方法都能很快借鉴过来，作出相应的反应。例如，欧洲人权法院创造了"被遗忘权"的概念，不仅很快被我国借鉴过来③，而且很快就具体应用到审判实践中。④

人格权立法中国经验经我国立法不断补充、司法经验总结、理论研究升华和国外经验借鉴这四个办法，形成了比较完善的人格权立法体系和内容，并在《民法典》人格权编予以定型。

二、对人格权立法中国经验的正确解读

（一）如何解读人格权立法的中国经验

对人格权立法中国经验究竟应当怎样解读，有不同看法。

有的学者认为，中国编纂民法典一定要肯定和尊重保护人格权的中国经验，将侵权责任法作为民法典的一编，对其内容不做实质改动，并将民法总则编的"自然人"一章专设一节，列举规定《民法通则》中的人格权类型，加上最高人民法院司法解释认可的人格权类型，充其量再按照学者们的建议，增加关于一般人格权的规定，就足够了。因此，人格权保护中国经验的主要表现，一是适用侵权法保护人格权；二是将人格权类型化，由法律明文规定人格权的各种类型，再由最高人民法院通过司法解释认可新的人格权类型，以此解决人格权保护的范围问题；三是通过《侵权责任法》第20条解决人格权商品化问题。⑤

---

① 杨立新、刘召成：《论作为抽象人格权的自我决定权》，《学海》2010 年第 5 期。

② 蒋继菲、王胜利：《公开权对我国人格权立法的启示》，《前沿》2010 年第 22 期。

③ 杨立新、韩煦：《被遗忘权的中国本土化及其法律适用》，《法律适用》2015 年第 2 期。

④ 段卫利：《论被遗忘权的司法救济——以国内被遗忘权第一案的判决书为切入点》，《法律适用》2017 年第 16 期。

⑤ 梁慧星：《中国民法典不能设置人格权编》，《中州学刊》2016 年第 2 期。

对人格权立法中国经验做这样的解读，问题较多，主要表现在以下几个方面。

　　第一，不能把人格权立法中国经验解读为人格权保护的中国经验。人格权立法的中国经验，是中国《民法通则》确立起来的、与其他国家不同的中国人格权立法经验，而不只是表现为中国民法对人格权保护的经验。当代人格权法并非只着重于对人格权的保护，更着重于对人格权的类型、内容、支配、行使以及人格权的保护进行全面规范。即使在《民法通则》的人格权立法中，也不只有对人格权保护的规定，还包括人格权的内容和具体行使方法的规范。例如其第99条规定，公民享有姓名权，这是赋权性规定；有权决定使用和依照规定改变自己的姓名，这是关于权利内容的规定；禁止他人干涉、盗用、冒用，这是人格权保护的规范。将人格权立法中国经验仅仅解读为在人格权保护方面的中国经验，是不正确的，因为人格权立法中国经验是对人格权全面规范的立法经验。

　　第二，对人格权立法中国经验也不能只理解为人格权的类型化规定。所谓的人格权类型化规定，只是将人格权的具体权利进行类型化，规定民事主体享有哪些具体人格权。更重要的，是对每一个具体人格权的内容、行使方法、支配规则、保护方法、具体人格权相互之间的权利界限，以及人格权行使和保护等的一般性规则，进行详细规定。只有这样，才能把人格权法叫作权利法。把人格权法仅仅理解为或者规定为人格权保护法，或者只是对人格权进行简单的类型化，都不是人格权立法中国经验的本来意旨。

　　第三，《民法通则》确立的人格权立法中国经验的基本点，在于人格权立法的体系化，表现为《民法通则》第五章第四节的"人身权"和《民法典》的人格权编，而不是将人格权法分解为"民法总则＋侵权责任法＋司法解释"的模式。以往之所以形成了"民法通则＋侵权责任法＋司法解释"的人格权法律体系，是因为《民法通则》立法时对人格权的规定不完善所致。在改革开放初期，在民法理论没有充分准备之前，《民法通则》规定人格权的内容是不完备的，但是人格权的立法体系和地位则是确定了的。因此，《侵权责任法》才作出了保护人格权的规定，最高人民法院根据《民法通则》和《侵权责任法》的规定作了一系列完善人格权立法的补充性解释。不论是《侵权责任法》的规定，还是司法解释对保护人格权的规定，都是对《民法通则》人格权规范体系的补充，而不是在《民法通则》之外另行规定新的制度。

第四，即使规范对人格权的全面保护方法，也并非《侵权责任法》或者《民法典》侵权责任编所能独立完成的任务。对于民事权利的保护历来有两个不同的请求权系统：一是侵权请求权，二是绝对权请求权，两种请求权构成对民事权利保护的完善体系。人格权同样如此，《民法典》对人格权的保护，首先规定的是侵权请求权，即《民法典》第118条；第1165条第1款是侵权请求权保护人格权的一般条款，第1179、1180、1182、1183条是对侵权损害赔偿请求权的具体规定。这些保护性规范都是重要的，但它们都不能代替人格权请求权对人格权的保护。其次规定的是人格权请求权，尽管《民法通则》没有规定人格权请求权，但是在随后的研究中，理论认可人格权需要人格权请求权和侵权请求权的双重保护，人格权请求权对人格权的保护极为重要。[1]《民法典》第995条规定："人格权受到侵害的，受害人有权依照本法和其他法律的规定请求行为人承担民事责任。""受害人的停止侵害、排除妨碍、消除危险、消除影响、恢复名誉、赔礼道歉请求权，不适用诉讼时效的规定。"其中第2款规定的不受诉讼时效限制的人格权请求权，对于保护人格权具有更重要的意义。这些人格权保护的内容，都必须在人格权法中规定，不能在侵权责任法中规定。如果只适用侵权责任法对人格权进行保护，而不再另行规定人格权编，并在其中规定人格权请求权，对人格权的保护就是不完善的，也不是人格权立法中国经验的特点。

（二）正确解读人格权立法中国经验的主要方面

对人格权立法中国经验必须进行正确解读，其着重点在以下几个方面。

1. 人格权立法中国经验的立法形式

对人格权立法中国经验的第一个解读，是人格权立法中国经验的立法形式。这是人格权立法中国经验的着重点。

---

① 杨立新、袁雪石：《论人格权请求权》，《法学研究》2003年第6期。

《民法通则》将人格权规定在"民事权利"一章第四节。其立法价值，正如学者所言，人格权法独立成编是对我国既有民事立法经验的总结，是对我国优良立法传统的继承。《民法通则》在"民事权利"一章单设了"人身权利"一节（第四节），是一个重大的体系突破。尤其值得注意的是，《民法通则》将人身权与物权、债权、知识产权相并列作出规定，这在各国民事立法中也是前所未有的，此种体系本身意味着我国民事立法已经将人格权制度与其他法律制度相并列，从而为人格权法在民法典中的独立成编提供了足够的历史根据。① 《民法通则》这种立法形式，确立了人格权法在中国民法中的独立地位，是人格权立法中国经验的核心内容。对这一立法经验视而不见，而硬说对人格权法单独设编绝不是中国学者的首创，而是乌克兰的首创②，是不尊重客观事实的。

　　需要说明的是，《民法通则》将人格权内容排在第四节这样一个靠后的位置，是由于当时存在的不正确认识所致，即认为民法主要调整的社会关系是财产关系。《民法通则》第 2 条规定，民法调整平等主体之间的财产关系和人身关系，就是把财产关系放在前边的。相对应的，《民法通则》在第五章规定民事权利时，先规定物权、债权和知识产权，把人身权放到最后，就是基于这样的认识基础。不过，不管怎样，《民法通则》单独用一节规定人格权，与物权、债权和知识产权并列在一起的人格权立法形式，就不是一个碎片化的立法方式，而是一个体系化的立法方式，是对人格权作了完整的、体系化的规定，而不是散见在《民法通则》的各个不同部分。人格权立法的碎片化表达③，主要是《德国民法典》采取的立法方法，那是基于历史的原因形成的。可见，人格权立法中国经验从开始时起，就不是碎片化的表达方式。这是一个不争的事实。中国从《民法通则》开始，对于人格权立法就进行了体系化的规范，此后，中国经验的发展也是在体系化的基础上进行的。所以，人格权立法中国经验的立法形式就是体系化。同样，《民法通则》对于人格权的体系化规定，还表现在将人格权与物权、债权和知识

───────────────

① 王利明：《我国未来民法典中人格权编的完善》，《中国政法大学学报》2013 年第 1 期。
② 梁慧星：《中国民法典中不能设置人格权编》，《中州学刊》2016 年第 2 期。
③ 邹海林：《再论人格权的民法表达》，《比较法研究》2016 年第 4 期。

产权做到地位平列，都进行了体系化的规定。可以说，《民法通则》的民事权利一章，就是一个"迷你型"的民法分则，人格权法正是其中的一个组成部分。这一立法体系是其他国家民法典难以比拟的立法成果，是已经被实践所证明了的先进立法经验，也是为民法学者普遍认可的科学体系。既然《民法通则》关于民事权利的规定已经构建了一种前所未有的新体系，并已经对我国民事司法实践与民法理论都产生了深远影响，我们没有任何理由抛弃这种宝贵的经验。① 在《民法通则》体系化规定人格权的基础上，把它进一步展开，就成为民法典分则的人格权编，与物权编、合同编、侵权责任编等各编处于同等地位。

2. 人格权法是权利法而不是单纯的权利保护法

解读人格权立法中国经验还有一个重要问题，即人格权法究竟是权利法还是权利保护法。如前所说，这是人格权立法中国经验与人格权保护中国经验两个概念之间的基本差异。

人格权法究竟是一部权利保护法，还是一部权利法，涉及对人格权法性质的基本认识问题。这应当从《民法通则》规定人格权的基本内容出发来确认。如果《民法通则》规定人格权的内容是权利保护法，而不是权利法，界定人格权法的性质为权利保护法就是有根据的。但是，《民法通则》规定人格权保护措施是在"民事责任"一章规定的，即第119、120条，在"人身权"一节只规定了人格权的体系和内容，保护规范并不在这里规定。因此，认为人格权法中国经验就是认定人格权法是权利保护法，对人格权只要提供保护就行了，不存在赋权、权利行使规则等内容，就是不正确的。中国的人格权法是当代人格权法，当代人格权正在从消极防御功能向积极行使功能转化，人格权的积极功能在不断的发展变化中，权利人能够主动行使人格权，支配自己的具体人格利益，使自己获得更大的经济利益。我国的人格权立法从《民法通则》开始，经过不断发展、完善，人格权的积极功能越来越广泛，越来越强大。因此，人格权法不只是一个权利保护法，更重要的是规定人格权行使、对人格利益支配的民事权利法，进行人格权的赋权、规定人格权行使规则的法律，当然也包括对人格权的保护，例如规定人格

_____

① 王利明：《我国未来民法典中人格权编的完善》，《中国政法大学学报》2013 年第 1 期。

权请求权。对人格权的保护只是人格权法的部分内容。所以，不能将人格权立法的中国经验解读为人格权法是权利保护法，而是权利法。

3. 对人格权法与侵权责任法关系的正确解读

解读人格权立法中国经验，还必须认识我国人格权法与侵权责任法之间的关系。把人格权立法中国经验解读成人格权法与侵权责任法的一体化，也是不正确的。

对此，应当从《民法通则》的立法体系上去观察。《民法通则》规定人格权是在"民事权利"一章规定的，而侵权责任规定在"民事责任"一章。可见，《民法通则》规定人格权法与侵权责任法，二者完全是两种不同的地位。《民法通则》将侵权责任法作为权利保护法，使其脱离债法，规定到民事责任之中，采民事责任单独规定的体例。① 按照这样的立法体系安排，才能够正确解读人格权法和侵权责任法的关系，侵权责任法脱离债法成为民法的独立部分，具有独立地位。在《民法通则》看来，人格权法是民事权利法，侵权责任法是权利保护法，二者并非为一体。

侵权责任法对于人格权的保护，主要表现在以下几个方面：第一，《民法典》第1164条把人格权规定在侵权责任保护范围的"民事权益"之内；第二，第118条规定的侵权请求权包括保护人格权的侵权请求权；第三，第1165条第1款规定的侵权责任一般条款，包括对侵害人格权的过错责任；第四，第1179条和第1180条规定的人身损害赔偿、第1182条规定的侵害人格权益的财产损害赔偿，以及第1183条规定的精神损害赔偿，都适用于对人格权的保护。这些对人格权保护的规定，都是侵权责任法提供的侵权请求权的保护，不能代替人格权请求权对人格权的保护，更不能代替人格权法对人格权的赋权、内容、行使、支配等规则的完整体系。将人格权法与侵权责任法一体化解读为人格权立法中国经验的主要内容，显然不是对人格权立法中国经验的正确解读。

4. 对人格权双重保护模式的正确解读

正确解读人格权立法中国经验，还要正确看待对人格权的双重保护问题。

---

① 魏振瀛：《民事责任与债分离研究》，北京，北京大学出版社2016年版，第32页以下。

对人格权的保护确实实行双重保护方式，即人格权既需要人格权请求权的保护，也需要侵权请求权的保护。人格权立法的中国经验也包括这个问题。这其实既是人格权保护的优势，也是所有民事权利保护的一般规则，因为差不多对所有的民事权利都是实行双重保护的。最典型的事例，就是《物权法》规定了物权请求权，难道《侵权责任法》不保护物权吗？依照《民法典》的规定，对物权也是既有物权请求权的保护，也有侵权请求权的保护，并不是物权有了物权请求权的保护，就没有必要再用侵权法保护。《民法典》物权编通则第三章专门规定"物权请求权"，详细规定了确认物权请求权，返还原物请求权，排除妨碍、消除危险的物权请求权，又规定了恢复原状、损害赔偿的侵权请求权，构成完整的物权保护体系。[①]《民法典》对于物权的这种保护模式，既规定物权请求权，又规定侵权请求权，也形成了双重保护模式，是完全正常的法律规范。在具体适用上，根据实际情况和当事人的选择，决定采用哪种方法保护。既然对物权实行双重保护是正当的，那么，对人格权的保护为什么就不能实行双重保护呢？中国人格权的立法经验证明，对于人格权的保护，既要有人格权请求权的保护，也要有侵权请求权的保护。认为在人格权编中规定了人格权请求权，就是与侵权责任编的规定相重复，其实质是未厘清人格权请求权与侵权请求权之间的界限。《民法典》人格权编的"一般规定"明确规定人格权请求权，既有理论价值，又有实践意义。

对民事权利设置双重保护模式，几乎是民事权利保护的基本方式，对于任何一个权利的保护，都既要有绝对权请求权的保护，又要有侵权请求权的保护，以此实现对民事权利的完善保护。[②]人格权同样是这样的，不采取双重保护模式反倒是不正确的。

5. 对人格立法与司法解释关系的正确解读

正确解读人格权立法的中国经验，还涉及人格权立法与司法解释的关系问

---

① 梁慧星主编：《中国民法典草案建议稿》，北京，法律出版社 2003 年版，第 52－53 页。

② 唐昭红：《论人格权请求权与知识产权请求权的确立——对侵权的民事责任制度的再次诘难》，《法商研究》2002 年第 2 期。

题。有学者认为，中国保护人格权的特点是将人格权类型化，即由法律明文规定人格权的各种类型，再由最高人民法院通过司法解释，认可新的人格权类型，以此解决人格权保护的范围问题。[1] 在《民法通则》实施以后，这确实是我国当时的实际做法，但这并不是人格权立法中国经验的表现，而是由于《民法通则》规定人格权种类和内容的欠缺所致，是不得已的做法。正如学者所言，从中国的实际状况来看，很显然，与其将这些规则留给未来的司法解释或者指导性案例来解决，还不如纳入民法典；显而易见，司法解释或指导性案例由于其零散性和碎片化，难以形成完整的体系，给相关主体找法和法院的法律适用造成困难；不同时间起草的司法解释之间还可能出现矛盾与抵触；较之于立法程序而言，司法解释的制定过程较为随意和不透明，其草案事前往往也不公开征求意见。因此，将有价值的规则纳入法典，比留给司法机关自身去总结和创造，显然是更优的选择。[2] 这些意见说明，司法解释毕竟是司法解释，虽然可以叫作"法官法"，却不能代替立法。将司法解释作为人格权立法中国经验并且长期保持下去，是不明智的做法。

综上，正确解读人格权立法中国经验，是指《民法通则》确定的人格权立法的中国模式，即人格权立法中国经验的1.0版，而不是"民法通则＋侵权责任法＋司法解释"形成的人格权保护经验。在《民法通则》关于人格权的规定之后的法律、司法解释对人格权规定的规范，都是对人格权立法中国经验的继续发展，而不是对《民法通则》的人格权立法经验的改变。真正的人格权立法中国经验的2.0版，则是《民法典》的人格权编。

三、编纂民法典对人格权立法中国经验的法典化

编纂《民法典》，在中国民事立法的历史中，是百年一遇的立法良机。在这

---

[1] 梁慧星：《中国民法典中不能设置人格权编》，《中州学刊》2016年第2期。

[2] 石佳友：《守成与创新的务实结合：〈中华人民共和国《民法典》人格权编（草案）〉评析》，《比较法研究》2018年第2期。

个立法良机中，能不能把人格权立法中国经验进一步发展、升华，将其固定成为中国《民法典》的主要内容之一，是一个特别重大的问题。《民法典》把握住了这个立法机会，实现了这个立法计划，使人格权立法的中国经验不仅造福于中国人民，保护好人民的人格权，而且会影响世界民法的发展。《民法典》将人格权立法中国经验1.0版定型化、法典化，升级为人格权立法中国经验的2.0版，主要有以下几个重要问题。

（一）升华人格权立法中国经验

编纂《民法典》，把三十多年前通过《民法通则》形成、经过三十多年不断发展、完善的人格权立法中国经验，在我国《民法典》实现法典化，升级为2.0版，既是实现保护人民人格权的政治要求，也是让中国民法，特别是人格权立法经验走向世界的历史要求。所以，在《民法通则》创立的人格权立法中国经验1.0版的基础上，吸纳人格权理论研究成果，总结人格权保护的司法经验，制定好《民法典》人格权编，形成了具有中国特色、中国风格、中国气派的人格权法，使人格权立法中国经验最终法典化。

《民法通则》关于民事权利的规定，已经构建了一种前所未有的新体系，并已经对我国民事司法实践与民法理论都产生了深远的影响。[①] 无论是2002年的《民法（草案）》规定的人格权编，还是《民法典》人格权编，都是对《民法通则》创造的人格权立法中国经验的发扬光大，而不是学习《乌克兰民法典》人格权法独立成编的做法。在继承和发扬人格权立法中国经验方面，究竟是促进还是"促退"，就个人的主张而言，都是可以自由选择的；但是，就国家和民族而言，则必须慎重、理性地进行选择，绝不可以掉以轻心。全国人大常委会坚持制定《民法典》人格权编，正是对人格权立法中国经验的继承和发扬，是通过编纂民法典的机会使人格权立法中国经验实现法典化。

应当看到的是，将人格权编独立规定在民法典分则之中，还只是人格权立法中国经验2.0版的内容之一，并非这一版本的全部。实现真正的人格权立法中国经验2.0版，还必须将人格权编列为民法典分则的第一编，即排列在总则编之

---

① 王利明：《我国未来民法典中人格权编的完善》，《中国政法大学学报》2013年第1期。

后。这既由人格权之于人的重要性所决定，更是《民法典》第2条规定的民法调整范围将人身关系置于财产关系之前，以及《民法典》总则编第五章规定民事权利的顺序使然。民法典分则各编的顺序应当是：人格权编、婚姻家庭编、物权编、合同编、侵权责任编、继承编等，而不是物权编、合同编、人格权编、婚姻家庭编、继承、侵权责任编的顺序。不过，这只能是立法遗憾了，因为立法者没有采纳这个意见，仍然按照《民法（草案）》的编排顺序，把人格权编规定在了《民法典》第四编。

（二）规定人格权的权利体系

《民法典》规定人格权编，使人格权立法中国经验法典化，坚持了《民法通则》确定的体系化方法规定人格权，而不是采取所谓的"碎片化"的表达方式。《民法典》人格权编的内容，既有抽象人格权的规定，又有具体人格权的规定，形成了抽象人格权与具体人格权的完整的权利体系。这样的规定，正是《民法通则》规定的人格权立法中国经验的升级版，是对人格权立法中国经验的升华和定型化。那种认为有了《侵权责任法》第20条规定的侵害人格权益造成财产损失赔偿方法的规定，中国可以通过判例或学说来承认人格权具有财产价值或者创设商品化权，是不正确的看法。只有《民法典》第993条（人格权编）在规定了公开权之后，再与第1182条（侵权责任编）规定相结合，才能构成完整的公开权及其侵权请求权保护的完整体系。仅有其中之一，还不能构成完整的公开权保护规范。这是人格权立法中国经验将人格权法实现法典化的体现。

（三）规定人格权的权利内容

《民法典》人格权编对人格权立法中国经验的法典化，还体现在全面规定抽象人格权、具体人格权的具体内容。每一个抽象人格权和具体人格权究竟包括哪些内容，应当如何行使，人格权编都规定得比较完备，能够使权利人知道每一个人格权的权利内容和边界，如何行使权利和支配相关的人格利益。作出这样的具体规定，就能让每一个权利人不但知道自己享有何种人格权，还能够知道每一种人格权究竟有何内容，具体应当怎样行使；否则，人格权就会除了具有消极防御功能之外，权利人无法实现其积极功能而使自己获得利益。人格权的消极防御功能只有在人格权受到侵害时，才能够发挥救济权利损害的作用。而当代人格权不仅具有消极功能，而且具有更多积极功能，不仅姓名权、名称权、肖像权、个人信息权具有强大的积极功能，即使生命权、身体权也具有一定的积极功能，例如安乐死，就是生命权积极功能的体现。即使人格权法不规定积极安乐死的功能，权利人也可以选择消极安乐死，或者自己采取积极安乐死，支配自己的生命利益。1984 年 10 月，王明成的母亲夏素文患有肝硬化腹水，1986 年 6 月 23 日病危，王明成与其姐妹将其母送往汉中市传染病医院治疗，医院于其入院当日就发了病危通知书。其母疼痛难忍，喊叫想死，王明成和其姐妹在确认其母无治好希望的情况下，找到主治医生蒲连升要求实施安乐死，并表示愿意承担一切责任。蒲连升给夏素文开了一百毫克复方冬眠灵的处方，在处方上注明"家属要求安乐死"，王明成亦在处方上签了名。注射后，夏素文在 6 月 29 日凌晨 5 时死亡。王明成与蒲连升被检察机关以故意杀人罪提起公诉，1992 年被法院宣告无罪。2000 年 11 月，王明成被查出患有胃癌，做了手术，2002 年 11 月，癌细胞扩散到身体其他部位。2003 年 1 月 7 日他再次住院治疗，6 月 7 日要求给自己实施安乐死，但没有医生敢做。在绝望中，王明成于 7 月 4 日出院回家，实施消极安乐死，于 8 月 3 日凌晨在痛苦中离开人世，无法维护自己的生命尊严。[①] 如果在人格权编中确认安乐死合法化，就不会出现这种实施安乐死的医生和子女被关进监狱的悲剧。在当代，人格权法应当明确规定人格权的积极功能，使权利人知道如何行使自己的人格权。有人说，人格权编关于身体权的规则是七拼八凑弄到一起的其他法律、规章的规定，其实，这恰好是将身体权的所有规范都统一规定为民法的规范，使其实现体系化、定型化。这是人格权立法中国经验法典化的必然途径。人格权编在身体权的规定中，将器官移植、人体实验等内容归纳到一起，上升为民法典的规范，是完全有必要的。利用编纂民法典的机会，把有关人格权的规范全部集中起来，统一规定在一起，上升为民法最高规范，是实现法典化的最好选择。

---

① 杨立新：《民法思维与司法对策》（上），北京，北京大学出版社 2017 年版，第 606 - 607 页。

（四）规定人格权的权利客体及支配规则

我国《民法典》总则编在"民事权利"一章中没有规定人格权的客体。将人格权立法中国经验定型化，《民法典》人格权编不仅规定了人格权的具体客体，而且规定了权利人支配人格权客体的具体规则。

人格权的客体是人格利益，是构成人格的各种物质的和精神的要素。在当代，具体人格权都有自己的客体，权利人对于其中的多数客体都可以进行支配。如生命权、身体权、个人信息权、姓名权、肖像权、隐私权、名称权等，作为其客体的生命、身体、个人信息、姓名、肖像、隐私、名称等，都可以依照权利人自己的意志进行适当的支配。抽象人格权中的自我决定权和公开权，是支配这些权利客体的规则，《民法典》人格权编的规定体现了这样的内容。人格权编在规定具体人格权的内容中，还规定了对具体的人格利益进行支配的规范。例如，在肖像权的规定中就规定了肖像许可使用合同，第1021条规定："当事人对肖像许可使用合同中关于肖像使用条款的理解有争议的，应当作出有利于肖像权人的解释。"第1022条规定："当事人对肖像许可使用期限没有约定或者约定不明确的，任何一方当事人可以随时解除肖像许可使用合同，但是应当在合理期限之前通知对方。""当事人对肖像许可使用期限有明确约定，肖像权人有正当理由的，可以解除肖像许可使用合同，但是应当在合理期限之前通知对方。因解除合同造成对方损失的，除不可归责于肖像权人的事由外，应当赔偿损失。"这些规则，都是肖像权的行使规则，肖像权人行使权利应当遵守这样的规则；他人经过权利人的许可而使用肖像权人的肖像，也必须遵守这样的规则。人格权编不规定这些人格权的行使规则，就无法对肖像权等进行切实保护。这就是具有当代特点的人格权人支配其权利客体的具体规则。不仅如此，在肖像权的规则中，还规定了在其他人格权益的许可使用中可以参照肖像许可使用合同的规定。当代人格权确认权利人可以在法律规定的范围内支配具体人格权的客体，是为权利人谋取更大的利益。《民法典》人格权编将人格权立法中国经验定型化为2.0版，绝不是只要规定了人格权的保护就能够完成的，而是要规定好复杂的人格权的权利法体系。

（五）规定人格权请求权及相应规则

实现人格权立法中国经验的法典化，《民法典》人格权编规定了人格权请求权及其相应规则。通过人格权请求权的保护，与侵权请求权相互配合，使人格权得到最完善的保护。人格权请求权是指民事主体在其人格权的圆满状态受到妨害或者有妨害之虞时，得向加害人或者人民法院请求加害人为一定行为或者不为一定行为，以恢复人格权的圆满状态或者防止妨害的权利。①《民法典》第995条规定了人格权请求权，第996条规定了违约行为损害对方人格权并造成严重精神损害的精神损害赔偿请求权，第997条规定了民事主体有证据证明他人正在实施或者即将实施侵犯其人格权的行为的禁令，第998条规定了救济精神性人格权损害的民事责任方式，第999条规定了公共利益作为侵害人格权益阻却违法事由的要件，第1000条规定了承担消除影响、恢复名誉、赔礼道歉责任方式的具体规则。这些人格权请求权的具体内容都规定得非常好，具有先进性和时代感，体现了人格权请求权在保护人格权方面的优势，便于法官在司法实践中正确适用。

四、人格权立法中国经验发展三个里程碑的历史性价值

从1986年至2020年的三十多年里，中国立法经过艰辛的探索和不断的努力，《民法典》将人格权立法中国经验1.0版完善化、法典化，升级为人格权立法中国经验的2.0版，成为具有世界意义的创新立法。其中经历的1986年、2001年和2020年的三次飞跃，出现了《民法通则》、《精神损害赔偿司法解释》和《民法典》人格权编这三个具有历史意义的里程碑。人格权立法中国经验三个里程碑的历史价值如下。

（一）《民法通则》创立人格权立法中国经验，使我国人格权法从无到有

从1949年到1986年，不能说我国法律对人格权没有保护，但主要是刑法的保护，且1979年之前是习惯法保护，1980年之后才有了制定法的保护。民法对人格权也并非完全没有保护，只不过着重保护的是生命健康权，对其他人格权都缺少规定，难以通过私法救济方法保护好生命健康权之外的其他人格权。

《民法通则》规定人格权，是我国民事立法第一次比较全面地规定人格权，

---

① 杨立新、袁雪石：《论人格权请求权》，《法学研究》2003年第6期。

是自 1949 年以来人格权立法具有开天辟地意义的里程碑式的立法，展开了我国人格权立法的开创性历史。将《民法通则》称为民事权利的宣言书①，不是夸张，而是写实。《民法通则》关于人格权立法作为我国人格权立法的第一个里程碑，标志着我国人格权立法的从无到有。

更重要的是，《民法通则》创立了人格权立法中国经验，开创了民法典规定人格权新的立法模式，表达了人格权作为民事权利基本类型，寻求在民法典中相对独立地位的诉求，并且在立法中初步实现。经过三十多年的历史检验，证明这种开风气之先的中国特色立法是正确的。就此而言，《民法通则》创立人格权立法中国经验不仅是中国民法的特色，而且在世界民法发展史上具有开创性的历史意义。

（二）《精神损害赔偿司法解释》发展人格权立法中国经验，使我国人格权法基本完备

最高人民法院的司法解释虽然不是制定法，却是我国广义法律的组成部分，是与制定法相对应的"法官法"。在三十多年的人格权立法中，"法官法"全面发展人格权立法中国经验，确认和保护更多的人格权，具有重要的法律价值。

《民法通则》规定的人格权存在不足，主要是保护方法不够完善，规定的人格权类型不足，缺少重要的人格权，如果没有司法解释的补充，对人格权的全面保护是难以实现的。各地法院在适用《民法通则》关于人格权的司法实践中不断积累，最高人民法院不断总结，在人格权的确认和保护上积累了丰富的实践经验，不断作出有针对性的司法解释，其中，《精神损害赔偿司法解释》以其宽广的视野和创新的勇气，确认新的人格权，广泛适用精神损害赔偿的法律规定，保护人格权益，将我国的人格权立法提高到前所未有的水平，使人格权立法中国经验吸取实践经验和理论营养，形成比较丰满、完备的人格权法体系。如果没有《精神损害赔偿司法解释》全面确认和保护人格权的突破性发展，就不会有《民法典》对人格权立法的完善和实现法典化。

从这个意义上说，《精神损害赔偿司法解释》作为人格权立法中国经验的第

---

① 王泽鉴：《民法学说与判例研究》（重排合订本），北京，北京大学出版社 2015 年版，第 189 页。

二个里程碑，主要价值在于对中国人格权立法的全面发展且实现基本完备，而其作为人格权立法中国经验的组成部分，也具有推动人格权立法的世界性历史价值。

（三）《民法典》完善人格权立法中国经验，使我国人格权法实现法典化

中国编纂民法典坚持人格权立法中国经验，规定人格权编，不仅在国内存在争论，而且其他国家和地区的民法学者也有质疑的声音，表现出消极的观望态度。但是，中国立法不改初衷，坚持《民法通则》开创的人格权立法中国经验毫不动摇，终于在编纂《民法典》中实现了人格权立法的法典化。

编纂《民法典》，把三十多年前通过《民法通则》创立，经过三十多年不断发展、完善的人格权立法中国经验，在《民法典》中实现法典化，既是实现保护人民人格权的政治要求，也是实现人格权立法中国经验走向世界的历史要求。所以，在《民法通则》创造的人格权立法中国经验1.0版的基础上，进一步吸纳人格权理论研究成果，总结人格权保护的司法经验，使《民法典》人格权编成为具有中国特色、中国风格、中国气派的人格权法，使人格权立法中国经验升级为2.0版，最终实现完善化、法典化。

应当看到的是，进入21世纪以来，世界上编纂完成的民法典只有两部：一是《乌克兰民法典》，二是我国《民法典》。无独有偶，这两部民法典都在分则中规定了人格权编。尽管《乌克兰民法典》编纂完成于2003年，早于我国《民法典》的编纂完成，但是，人格权立法中国经验并非产生于我国《民法典》，而是肇始于1986年的《民法通则》。从这个意义上说，人格权立法中国经验的创立和发展，对乌克兰编纂民法典也会产生相当的影响。

就此而言，我国《民法典》完善人格权立法中国经验的立法实践，作为我国人格权立法的第三个里程碑，将会在世界民法发展史上具有重要地位，对成文法民法典的立法会发生重大影响。自此之后，编纂民法典都在分则中设立人格权编，当有较大的可能性。

人格权立法中国经验，是自1986年制定《民法通则》规定人格权法时创立的，具有与其他国家和地区民法典规定人格权的做法截然不同的立法特点，与法

国模式、德国模式、瑞士模式、加拿大魁北克模式相比较，具有独特的优势。这一中国经验的 1.0 版，绝不是仅在对人格权保护方面有所不同，而是在人格权法的表现形式、权利体系、权利内容、权利支配以及权利行使等的规范上，都有与众不同的特色。我国人格权立法经过三次飞跃，出现了《民法通则》、《精神损害赔偿司法解释》和《民法典》人格权编这三个标志着人格权立法中国经验不断发展的里程碑，实现了人格权立法的法典化和完善化。人格权立法中国经验的 2.0 版更加具有中国特点、中国风格和中国气派，能够更好地保护人民人格权，在影响世界的人格权立法中将会发挥更大的作用。

第二章
《民法典》人格权编的立法重心、
逻辑结构与创新发展

第一节　《民法典》人格权编的立法重心是
保护人民人格权

一、《民法典》人格权编的立法是制定新法

《民法典》人格权编的立法，在编纂《民法典》中是立新法。这是因为在《民法典》编纂中，物权编、合同编、婚姻家庭编、继承编和侵权责任编都有现行法律作为基础，即使总则编也有《民法通则》作为基础，因而是修订、编纂，即在现行法律的基础上，修订编纂为《民法典》分则的相应分编，只有人格权编没有现行立法作为基础，需要新编。因而，人格权编是编纂《民法典》工作的重中之重。

编纂《民法典》人格权编当然也有一定的基础：一是《民法通则》第五章第四节规定的人格权的条文，包括生命健康权、姓名权、肖像权、名誉权、荣誉

权，内容比较简单，主要是对权利的宣示，缺少具体规则。二是2002年《民法（草案）》第四编"人格权编"，只审议过一次后就没有下文，且内容过于简单，只有二十几个条文。三是不仅所依据的现行法和有关法律草案过于简单，且与时代发展还有一定的距离。在这种情况下，制定一部新法即人格权编，无论是从立法体例的设计上，还是在具体内容的规范上，都要另起炉灶，重新搭架子、编条文，设定规范。在立法时间紧、任务重、难度大的情况下，《民法典》人格权编的立法质量得到保障，具体表现在以下方面。

首先，人格权编的总体设计是科学的、合理的，符合保护好人格权的要求。人格权编共有51个条文，分为总则性规定和分则性规定。其中，总则性规定13条，分则性规定38条。总则性规定的内容是人格权的一般规则，即规定人格权赋权、权利行使和权利保护的一般性规范。分则性规定包括具体人格权及其内容，包括生命权、身体权、健康权、姓名权、名称权、肖像权、名誉权、荣誉权、隐私权和个人信息等权利，规定的具体人格权比较完整，体系完备、逻辑顺畅。

其次，人格权编的总则性规定把人格权的一般规则规定得比较完备。例如，规定了具体人格权和一般人格权、人格权依法保护原则和人格权的固有性原则，禁止对人格权的非法转让、继承、处分；规定了公开权，对死者人格利益的保护、人格权请求权、违约行为造成人格权损害的精神损害赔偿、侵害人格权的禁令以及侵害精神性人格权的精神损害赔偿计算方法等。规则比较完备，具有可操作性。

最后，对具体人格权的行使规定了具体的规范。例如，规定了对身体器官、组织的捐赠规则，对人身自由的保护规则，对性骚扰行为的法律制裁方法，对隐私的保护、对个人信息的保护要求，特别是在名誉权的内容中，还规定了对媒体监督、文学作品侵害名誉权责任的认定等具体规则。这些人格权的具体内容都具有时代的特征，对于保护人格权具有重要价值。

二、《民法典》人格权编实现了保护好人民人格权的要求

经过三年的努力，可以看到，作为新法，《民法典》人格权编的内容完全符

合中央关于"保护人民人身权、财产权、人格权"和"针对'重人身权财产权保护、轻人格权保护'的问题，要从法律、技术、管理上采取措施，有效保护公民个人信息特别是隐私、名誉等人格权"的要求的。

中国共产党十九大报告指出："保护人民人身权、财产权、人格权。"① 这是中国共产党十九大提出的保护好人民权利的重要精神，是统一《民法典》人格权编立法的指导思想②，也是《民法典》人格权编的立法重心。有学者认为，这不是编纂《民法典》的立法指导思想，而是在学术上存在的不当，因为从对民法概念的解释上看，人格权是人身权的下属概念，即人身权包括人格权和身份权，将人格权与人身权并列，在学术上是不正确的。

中国共产党十九大报告之所以提出这样的要求，是因为国家要保护好人民的人身权、财产权，特别要保护好人格权，突出强调在保护人民的人身权和财产权时，要重点保护好人格权。

《中共中央社会主义核心价值观融入法治建设立法修法规划》指出："加快推进民法典各分编的编纂工作，用社会主义核心价值观塑造民法典的精神灵魂，推动民事主体自觉践行社会主义核心价值观。"③ 2018 年 5 月 7 日，在中央组织部、中央政法委和中央党校联合举办首次全国政法领导干部"集训"中，中央政法委特别强调指出："针对'重人身权财产权保护、轻人格权保护'的问题，要从法律、技术、管理上采取措施，有效保护公民个人信息特别是隐私、名誉等人格权。"④ 中央政法委的这个重要指示，是对十九大报告前述内容的正确阐释。

十九大报告强调保护好人民的人身权、财产权、人格权，首先针对的是"重人身权财产权保护、轻人格权保护"的问题。在这个意义上理解，这里所说的

---

① 习近平：《决胜全面建成小康社会 夺取新时代中国特色社会主义伟大胜利——在中国共产党第十九次全国代表大会上的报告》，北京，人民出版社 2018 年版，第 49 页。

② 杨立新：《以十九大精神统一编纂民法典人格权法立法思想》，载中国人民大学民商事法律科学研究中心：《编纂民法典参阅》（内参）2017 年第 20 期。

③ 《中共中央印发〈社会主义核心价值观融入法治建设理发修法规划〉》，《人民日报》2018 年 5 月 8 日第 1 版。

④ 熊丰：《十九后首次全国政法领导干部"集训"释放出哪些信号？》，《新华社每日电讯》2018 年 5 月 8 日第 3 版。

"人身权"，实际上指的是生命健康权，即纯粹的"人身"性质的物质性人格权，不是包含人格权和身份权的广义人身权概念，是狭义的"人身权"概念。在民法理论上，很少有这样使用"人身权"概念的，但是，在这个意义上使用"人身"的概念却是常态，例如广泛使用的人身损害赔偿中的"人身"，就是指的生命健康权。因此，将中央文件和中央政法委使用的人身权概念，理解为生命健康权的狭义概念，是符合实际情况的，这就是，我国目前存在的问题是重生命健康权的保护，轻视精神性人格权的保护。要改变这种局面，纠正这个问题，就"要从法律、技术、管理上采取措施，有效保护公民个人信息特别是隐私、名誉等人格权"。这样理解，就可以看到，从十九大报告到中央政法委的指示是一以贯之的，就是从问题意识出发，要保护好人民的权利，就要针对重人身权财产权保护，轻视对人格权保护的问题，通过立法等措施，有效保护好人民的个人信息权、隐私权、名誉权等人格权。这就是完整的十九大保护人民人身权、财产权、人格权的要求，逻辑完整、清晰、顺畅，符合十九大报告的精神。

为了实现这个要求，《民法典》从三个方面采取了立法措施。

第一，在法律上采取措施。在法律上采取措施保护好自然人的人格权，最直接的体现就是制定好人格权编，在其中不仅规定自然人享有何种人格权，各种人格权应当如何行使，如何进行保护，规定出完善的规则，才能够确认自然人享有的人格权，包括个人信息权、隐私权、名誉权、姓名权、肖像权、人身自由权、荣誉权等人格权，使这些人格权在受到侵害时能够及时得到法律救济，使人格权有法律上的充分保障。

第二，在技术上采取措施。当代社会最典型的特征，就是互联网和大数据以及人工智能的迅猛发展，也正是因为如此，才使个人信息、隐私、名誉等人格权受到侵害的可能性大大增加。因此，《民法典》在技术上采取措施，保护网络社会和大数据时代民事主体享有的人格权，也是保护人民人格权的重要措施。

第三，在管理上采取措施。这个管理是广义的管理，不仅包括行政管理，例如对相关企业进行监管，堵塞侵害人民人格权的漏洞，纠正违法行为，对侵害人格权的违法进行群防群治；还应当包括其他方面的管理，例如在司法上的管理，对于侵害公民人格权的案件，检察机关在符合条件时依法行使公诉权，法院对侵害人格权的行为依法行使审判权，通过司法权的行使，保护好人民的人格权。

《民法典》在上述三个方面解决重人身权财产权保护、轻视对人格权保护的问题，重中之重就是采取法律措施，实现了制定好人格权编，为人格权保护提出充分法律依据的立法目的。

第二节 《民法典》人格权编的逻辑结构

《民法典》人格权编在全国人大会议审议中获得了很高的评价，被认为是《民法典》最大的立法亮点，表达了《民法典》人文主义立法思想的立场和精神。有人也提出一些负面评价，认为《民法典》人格权编的逻辑性不强，内容不够好等。笔者认为，《民法典》人格权编有严格的逻辑结构。

一、《民法典》人格权编的外部逻辑结构

逻辑是作品的生命，作品的逻辑结构犹如支撑整个人体的骨骼。[1] 强烈的、严格的逻辑性会使作品形成一个整体，能够抓住阅读者的心灵，产生巨大的感染力，这就是"准确地运用思维形式就为准确地思维提供了必要前提"[2] 的逻辑力量。一部法律也是这样，必须具有强大的、严格的逻辑结构，否则，就没有强大的感染力，不可能成为一部成功的法律。《民法典》人格权编做到了逻辑严谨，具有强烈的逻辑感染力量。

研究《民法典》人格权编的逻辑结构须从两个方面分析：一方面是人格权编的外部逻辑结构，是它作为《民法典》的一部分，与总则及分则其他各编之间的

---

[1] 中国人民大学哲学系逻辑教研室：《形式逻辑》，北京，中国人民大学出版社 1979 年版，第 355 页。
[2] 苏天辅主编：《形式逻辑学》，成都，四川人民出版社 1981 年版，第 7 页。

逻辑关系是否和谐、顺畅；另一方面是人格权编本身的逻辑关系是否做到圆满、自洽。

《民法典》人格权编是分则各编的一部分，一方面是《民法典》的组成部分，与《民法典》构成一个整体；另一方面又是相对独立的部分，是我国的人格权法。《民法典》人格权编基于这样的特点，决定了它首先必须是《民法典》整体的组成部分，服从于《民法典》的总体逻辑结构，要求自己与法典的总则和分则各编有严密的逻辑关系，成为法典逻辑结构的有机组成部分。《民法典》人格权编在这方面是成功的，实现了这样的立法设想。

（一）人格权编与总则编之间的逻辑关系

总则编是《民法典》的开篇，起统领法典全篇的作用。总则编规定民事活动必须遵循的基本原则和一般性规则，统领民法典各分编；各分编将在总则的基础上对各项民事制度作出具体规定。① 正因为如此，《民法典》的分则各编都必须服从于总则编设定的逻辑结构，作为其整体逻辑结构中的一个环节，人格权编亦须如此。通过《民法典》人格权编的具体内容可以看出，其与总则编之间的逻辑关系是稳妥的、融洽的、顺畅的，与总则编相互协调、构成一体。这主要表现在以下五个方面。

1. 人格权编与总则编规定的民事权利相衔接

《民法典》总则编第五章规定民事权利分为七个类型，分别是人格权、身份权、物权、债权、知识产权、继承权、股权及其他投资性权利。在这个民事权利体系中，人格权是其中之一。分则各编作为总则编的展开，人格权编须与民事权利体系互相衔接，成为一体，才能实现总则与分则的协调一致。总则编规定的身份权对应的是婚姻家庭编，物权对应的是物权编，债权对应的是合同编与侵权责任编，继承权对应的是继承编，知识产权有单独的知识产权单行法，股权等权利有《公司法》等法律作规定。上述六种权利类型都有分则相应的一编或者单行法

---

① 李建国：《关于〈中华人民共和国民法总则（草案）〉的说明——2017 年 3 月 8 日在第十二届全国人民代表大会第五次会议上》，载《中华人民共和国民法总则·含草案说明》，北京，中国法制出版社2017 年版，第 51 页。

律来规定。如果《民法典》分则不规定人格权编，总则与分则之间的逻辑结构就不完整、不圆满。人格权编放在《民法典》的分则之中，就使总则对民事权利体系的规定与分则的规定之间，构成圆满、完整的逻辑结构，相互协调、衔接，不存在逻辑上的残缺和不足。

2. 人格权编规定的抽象人格权与总则编的规定相衔接

抽象人格权包括一般人格权、自我决定权和公开权，是人格权体系中具有权能性的权利。[①] 在《民法典》中，总则编对一般人格权和自我决定权的规定，与人格权编规定的一般人格权、公开权相互照应，形成了抽象人格权的体系。

(1) 一般人格权

《民法典》第 109 条规定的人格尊严是对一般人格权的规定。德国基于对具体人格权的立法规定不足，因而引用基本法的人的尊严概念，创造了一般人格权。[②]《德国民法典》明文规定了六种人格权，分别是生命权、身体权、健康权、自由权、姓名权、贞操权。二战结束之后，民法观念发生重大变革，人格权的地位越来越重要。德国司法面对保护人格权的急迫需要，用一般人格权来保护《民法典》没有规定而又必须保护的具体人格利益。《民法典》在总则编规定人格尊严的基础上，第 990 条第 1 款进一步规定："除前款规定的人格权外，自然人享有基于人身自由、人格尊严产生的其他人格权益。"这样的规定，使总则编的规定与人格权编的规定构成整体。

(2) 公开权

公开权是美国法的概念，是指当自然人的人格权客体即人格利益有财产化的可能，如果公开使用，形成的利益应该归属于权利人本人的权利，属于抽象人格权。例如姓名、名称、肖像等作为人格权的客体，一经他人使用，就会产生财产利益，被他人侵害，也是对人格权的侵害。《民法典》第 993 条规定："民事主体可以将自己的姓名、名称、肖像等许可他人使用，但是依照法律规定或者根据其性质不得许可的除外。"这一条文确认了我国人格权的公开权。

---

① 杨立新、刘召成：《抽象人格权与人格权体系之构建》，《法学研究》2011 年第 1 期。
② 杨立新、刘召成：《论作为抽象人格权的一般人格权》，《广东社会科学》2010 年第 6 期。

（3）自我决定权

自我决定权原本是人格权的自我决定权①，《民法典》将其进一步扩展，成为全部民事权利的自我决定权②，即第 130 条："民事主体按照自己的意愿依法行使民事权利，不受干涉。"人格权编草案原本也规定了自我决定权的条文③，但是，因与《民法典》第 130 条重复而删掉，民事权利的自我决定权包括了人格权的自我决定权，人格权编不作规定，反而使逻辑关系更清晰，不存在逻辑上的矛盾。

人格权编关于上述三个抽象人格权的规定，与总则编的规定协调统一，相互配合，构成了逻辑上的整体，使人格权编规定的抽象人格权体系的逻辑结构圆满。

3. 人格权编规定死者人格利益保护与总则编规定胎儿利益保护相衔接

对自然人的人格权保护，从自然人出生时始，至死亡时止，这是因为自然人在出生后享有民事权利能力，死亡后其民事权利能力消灭。由于自然人在出生前存在孕育的过程，因而胎儿的人格利益应当得到向前延伸的保护；自然人死亡后，他的一些人格利益也须得到一定时间的保护，因而死者的人格利益须向后延伸予以保护一定的期间。笔者把对胎儿的人格利益保护和死者的人格利益保护统合起来，称为自然人人格利益的延伸保护，把自然人的胎儿、生存期间和死亡后这三个阶段连成一个整体，构成了对自然人人格利益的完整保护。④

《民法典》采纳了这个意见。对胎儿人格利益延伸保护，第 16 条规定："涉及遗产继承、接受赠与等胎儿利益保护的，胎儿视为具有民事权利能力。但是，胎儿娩出时为死体的，其民事权利能力自始不存在。"这就确定了对胎儿利益的保护，其中"等"字中，就包括了对胎儿人格利益的保护。例如，胎儿在母体中身体受到他人侵害，娩出后有权请求赔偿。对于死者的人格利益保护，《民法典》

---

① 杨立新、刘召成：《论作为抽象人格权的自我决定权》，《学海》2010 年第 5 期。
② 杨立新：《民法总则条文背后的故事与难题》，北京，法律出版社 2017 年版，第 335 页。
③ 《民法典分则各编（草案）·人格权编（征求意见稿）》第 3 条规定："民事主体对与其人格利益有关的事务享有决定权，任何组织和个人不得干涉，但行使决定权不得违反法律，不得违背公序良俗。"
④ 杨立新：《人身权的延伸法律保护》，《法学研究》1995 年第 2 期。

第 994 条规定："死者的姓名、肖像、名誉、荣誉、隐私、遗体等受到侵害的，其配偶、子女、父母有权依法请求行为人承担民事责任；死者没有配偶、子女且父母已经死亡的，其他近亲属有权依法请求行为人承担民事责任。"《民法典》在对人格权益的延伸保护上，总则编与人格权编互相配合，形成了一个整体，逻辑结构清晰、完整。

4. 人格权编规定人格权请求权与总则编规定侵权请求权相衔接

人格权请求权与侵权请求权是两种不同的权利保护请求权，需要相互配合、共同保护好人格权益。《民法典》第 120 条规定了侵权请求权，即"民事权益受到侵害的，被侵权人有权请求侵权人承担侵权责任"。人格权请求权与侵权请求权不同，而与物权请求权的性质相同，是民事权利本身包含的固有请求权，而侵权请求权是新生的权利。《民法典》第 995 条规定："人格权受到侵害的，受害人有权依照本法和其他法律的规定请求行为人承担民事责任。受害人的停止侵害、排除妨碍、消除危险、消除影响、恢复名誉、赔礼道歉请求权，不适用诉讼时效的规定。"第 997 条还规定了人格权请求权的侵权禁令，以更有效地保护民事主体的人格权益。

有人对人格权编规定人格权请求权提出批评，认为这些规定与侵权责任编的规定完全重合，是违反法律逻辑的。[1] 这种看法不对。将人格权请求权与侵权请求权相混淆，属于立法层面上的错误。[2] 保护一个民事权利，须用两种请求权体系进行保护。[3] 《民法典》划清了人格权请求权与侵权请求权的界限，使人格权编规定人格权请求权与总则编规定侵权请求权实现了逻辑自洽与和谐。

5. 人格权请求权的责任方式与总则编规定的民事责任方式体系相衔接

《民法典》第 995 条规定的人格权请求权对应的民事责任方式，为停止侵害、

---

① 梁慧星：《民法典编纂中的重大争论——兼评全国人大常委会法工委两个民法典人格权编草案》，《甘肃政法学院学报》2018 年第 3 期。

② 这种立法层面的错误，是从《民法通则》规定统一的民事责任制度开始的，继而在《物权法》中规定了物权请求权，造成了请求权规定的重合。但是从理论上分析，物权请求权与侵权请求权是完全可以划清界限的。

③ 杨立新、曹艳春：《论民事权利保护的请求权体系及其内部关系》，《河南省政法管理干部学院学报》2005 年第 4 期。

排除妨碍、消除危险、消除影响、恢复名誉、赔礼道歉，与《民法典》第 179 条规定的 11 种方式相衔接，构建在该逻辑结构之内，相互之间的关系和谐。

从以上五个方面来看，可以得出结论，《民法典》人格权编与总则编（包括侵权责任编）对民事主体、民事权利、保护方法等方面的规定逻辑关系顺畅，相互衔接，构成完整的逻辑整体，没有明显的冲突，逻辑结构清晰、明确。

（二）《民法典》人格权编与分则其他各编的逻辑关系

《民法典》人格权编与分则其他各编之间最基本的逻辑关系，主要是对人格权请求权与侵权责任编规定侵权请求权之间的要求，至于其他内容，各有不同，不相冲突即符合逻辑的要求。

1. 人格权编规定人格权请求权与侵权责任编规定的侵权请求权

《民法典》第 995 条规定了人格权请求权的一般规则。这与侵权责任编规定的侵权请求权相互配合、协调一致。在类法典化时期，我国民法单行法规定侵权请求权与固有请求权的关系比较混乱，无法分清什么是固有请求权，什么是侵权请求权。《民法典》对此作了特别的努力，划清了固有请求权与侵权请求权的界限。侵权责任编规定，损害赔偿请求权是最基本、最主要的侵权请求权，而《民法典》第 995 条规定的其他责任方式为人格权请求权的主要内容。这样构建起来的对人格权保护的请求权体系，逻辑结构严谨，不再有混乱之感。

2. 人格权编规定的人格权请求权与合同编规定的违约责任请求权

《民法典》人格权编规定人格权与合同编规定的合同法规则，本为不相同的法律关系，但是，在合同当事人一方违约损害对方权益时，违约损害赔偿是否包括精神损害赔偿，始终不无疑问。最高人民法院对此态度鲜明，通过《关于确定民事侵权精神损害赔偿责任若干问题的解释》这个标题，确认违约责任不可以请求精神损害赔偿，限制了精神损害赔偿的适用范围，违约责任不得请求精神损害赔偿。[①]

在司法实践中，违约行为造成对方当事人精神损害时，对方当事人如果寻求司法保护，须依照《合同法》第 122 条规定的民事责任竞合规则，提起侵权诉

---

① 王利明：《侵权责任法研究》，北京，中国人民大学出版社 2018 年版，第 711 页。

讼，如果按照违约责任请求精神损害赔偿，不能得到法院的支持。这对保护合同违约的相对人的合法权益显然不利。精神损害赔偿救济的主要是人格利益的损害，如果违约行为造成了债权人的人格利益损害，当然可以主张精神损害赔偿。《民法典》第996条规定："因当事人一方的违约行为，损害对方人格权并造成严重精神损害，受损害方选择请求其承担违约责任的，不影响受损害方请求精神损害赔偿。"这就使人格权编与合同编在这个问题上形成了顺畅的逻辑关系，不仅补充了合同编存在的问题，而且符合世界民法立法潮流，简化了诉讼关系，更有利于保护债权人的民事权益。

3. 人格权请求权与不当得利返还请求权

人格权请求权是《民法典》人格权编规定的救济方法，不当得利请求权是由合同编规定的救济方法。当权利人的人格利益被不当公开而获得利益，就会使不当得利之债与因侵害公开权而产生的人格权请求权形成责任竞合关系。例如，未经本人同意而使用他人肖像获得利益，肖像权人受到损害，利用肖像的一方获得非法利益，就形成了不当得利请求权与人格权请求权、侵权请求权之间的竞合关系。对此，《民法典》第995条不仅与《民法典》第987条规定相互衔接，而且与《民法典》第1182条规定相衔接，构成完整的逻辑关系。

4. 人格权请求权与离婚过错损害赔偿请求权

《民法典》人格权编规定的人格权请求权，与《民法典》第1091条规定的离婚过错损害赔偿之间的关系也是和谐的。离婚一方因另一方过错离婚，符合法定事由的，可以寻求法律保护。损害赔偿请求权是侵权请求权，如果只请求停止侵害、排除妨碍等民事责任方式的，为人格权请求权。因此，在这个问题上，人格权请求权与侵权请求权以及离婚过错损害赔偿请求权三者之间关系清晰，调整范围分明，相互之间协调，形成顺畅的逻辑关系。

5. 人格权编规定的人格权请求权与物权编规定的物权请求权

《民法典》第995条规定的人格权请求权，与《民法典》第235～238条规定的物权请求权的相互关系和谐，都是绝对权请求权，构成绝对权保护自身权利的请求权体系。其中第237、238条关于侵害物权的恢复原状和损害赔偿请求权，通过"依法"二字的修饰，界定为侵权请求权，也不与人格权请求权相冲突，关系和谐。

从上述这些方面来看，人格权编与其外部的逻辑结构，包括民法典总则和分则各编的关系，是融洽的、圆满的，在逻辑上没有不当问题。

二、《民法典》人格权编的内部逻辑结构

（一）人格权编的"总—分"逻辑体系完整、结构分明

我国现行民事立法主要借鉴德国法立法传统，即潘得克吞体系，特点是总则、分则关系分明，在对具体规则进行详细规定的基础上，对于共通的规则按照"抽取公因式"的方式，抽象出来规定在总则中，因而形成了一般规则与具体规则相结合的立法方式。《民法典》的逻辑结构有总则和分则之分，在其分则各编的内部也存在总则（即通则）与分则的逻辑对应关系，形成分则各编各自的鲜明逻辑结构。

《民法典》人格权编的内部逻辑结构分明。第一章"一般规定"就是人格权编的总则性规定，应当是人格权法的通则。第二章至第六章是人格权编的分则性规定。前者规定的是人格权的一般规则，后者规定的是具体人格权的具体规则，这样的规定使《民法典》人格权编总则部分和分则部分之间的体系完整、结构分明、关系顺畅，是典型的"总—分"式的逻辑结构。

（二）人格权编"一般规定"的逻辑结构

《民法典》人格权编的第一章"一般规定"即总则部分的逻辑结构，分为以下几个层次。

第一，规定人格权的范围及属性。第990条第1款规定的是具体人格权的类型，第2款规定的是一般人格权。第991条和第992条规定的是人格权的属性，前者规定人格权的义务主体是任何组织或者个人，包括自然人、法人和非法人组织。第992条规定的是人格权的固有性，规定人格权不得放弃、转让或者继承。

第二，规定人格权行使的规则。其中第993条规定的是公开权，民事主体可以将自己的姓名、名称、肖像等许可他人使用。第994条规定的是对死者人格利益的保护，死者的姓名、肖像、名誉、荣誉、隐私、遗体等受到侵害的，其配偶、子女、父母有权依法请求行为人承担民事责任；没有配偶、子女且父母已经死亡的，其他近亲属有权依法请求行为人承担民事责任。

第三，规定人格权请求权。第995条是对人格权请求权作的一般规定，即人格权受到侵害的，受害人有权依照法律的规定请求行为人承担民事责任，且不适用诉讼时效的规定。第996条规定的是违约行为损害对方人格权并造成严重精神损害的，可以请求承担违约精神损害赔偿责任，以救济损害。第997条规定的是侵害人格权的禁令，第998条规定的是精神损害赔偿的计算方法，第999条和第1000条规定的是人格权请求权的具体责任承担规则。

第四，规定身份权请求权。有学者认为，在人格权编不应当规定身份权请求权。不过，《民法典》在规定人格权请求权时，由于身份权请求权与人格权请求权的内容相似，因而放到一起规定也没有不当之处。

从以上四个方面看，《民法典》人格权编的"一般规定"内容完整，措施具体，逻辑关系清晰、明白。

（三）人格权编分则规定的逻辑结构

人格权编的分则部分对具体人格权的规定，规则比较完备、内容很充实。

人格权编的内部逻辑关系主要体现在分则规定具体人格权的内容上。从第二章开始规定，人格权编的总体逻辑结构是先规定物质性人格权，后规定精神人格权，即首先规定生命权、身体权、健康权，之后规定姓名、名称权、肖像权、名誉权、荣誉权、隐私权和个人信息。有几个问题需要特别说明。

1. 身体权的排列顺位前置

在自然人的具体人格权中，最重要的当然是物质性人格权。因此，人格权编第二章就规定了物质性人格权，确定了它们的法律地位。

值得注意的是，人格权编规定物质性人格权有一个特别的做法，就是将身体权的位置前移。《民法通则》第98条只笼统规定了"生命健康权"，最高人民法院的司法解释规定的顺序是生命权、健康权、身体权。① 通常认为，这三个人格权中最重要的是生命权，因为没有生命，其他两个权利也不可能存在。其次是健康权，因为侵害健康权会造成人的重大损失。而身体权中显然不如生命权和健康权重要，因此被放到最后的位置。人格权编调整了健康权和身体权的顺序，采纳了德国法的排列顺序，把身体权移到健康权的前边。其意义是，在当今社会生活中，身体权的地位越来越重要，主要体现在它的支配性质。随着医学科学技术的高度发展，自然人可以将自己的身体组成部分捐赠给他人，以救助他人、挽救生命。即使是死者，也可以在生前捐赠自己的身体和器官造福于他人或者社会。因此，身体权的重要性就越来越明显。② 如果未经本人同意，直接侵夺他人的身体组成部分，构成侵害身体权。人格权编把身体权的位置前移，体现了时代的特点和对身体权重要性的认识，完全符合物质性人格权的逻辑结构要求。③

2. 具体规定个人信息权益的内容和保护

人格权编把个人信息规定在第六章，并不是因为它不重要，而是由于它出现较晚，且与隐私权具有千丝万缕的联系。《民法典》第 111 条第一次规定了个人信息（权），确立了个人信息（权）的法律地位。不过，由于在个人信息的后边没有加一个"权"字，因而出现了个人信息是不是人格权的争论。之所以如此，是因为某些科技企业施加压力，认为个人信息一旦被规定为个人信息权，成为一种人格权，将会对科技发展形成巨大压力。事实上，这种担心完全没有必要，因为隐私权也是权利，个人信息也是人格权，不加以保护是不行的。尽管《民法典》总则编和人格权编都没有写成"个人信息权"，但是，个人信息不可能不是人格权④，《个人信息保护法》使用"个人信息权益"的概念，显然可以说明个人信息是权利，为具体人格权。⑤

---

① 《最高人民法院关于审理人身损害赔偿案件适用法律若干问题的解释》第 1 条规定："因生命、健康、身体遭受侵害，赔偿权利人起诉请求赔偿义务人赔偿财产损失和精神损害的，人民法院应予受理。"
② 杨立新、曹艳春：《脱离人体的器官或组织的法律属性及其支配规则》，《中国法学》2006 年第 1 期。
③ 杨立新：《从生命健康权到生命权、身体权、健康权》，《扬州大学学报》2020 年第 3 期。
④ 杨立新：《个人信息：法益抑或民事权利》，《法学论坛》2018 年第 1 期。
⑤ 杨立新：《个人信息保护法规定的侵权责任》，《检察官学院学报》2021 年第 5 期。

3. 增加规定声音权、性骚扰、人身自由、信用权等内容

在人格权编对具体人格权的规定中，特别值得一提的是，增加规定了四个内容，即声音权、性骚扰、人身自由和信用权。虽然具体内容不够完善，但增加规定本身就是值得肯定的。

声音权，是新兴的人格权，以保护自然人的声音利益为客体。长期以来，我国对这种人格权只是在理论上进行了探讨①，并没有立法的规制。《民法典》对此作出积极响应，于第 1023 条第 2 款明确规定"对自然人声音的保护，参照适用肖像权保护的有关规定"，确立了声音权为具体人格权。

长期以来，我国立法和司法都没有规制性骚扰行为的规范，使制裁性骚扰行为没有法律依据。人格权编规定了规制性骚扰行为的条文，即《民法典》第 1010 条规定："违背他人意愿，以言语、文字、图像、肢体行为等方式对他人实施性骚扰的，受害人有权依法请求行为人承担民事责任。""机关、企业、学校等单位应当采取合理的预防、受理投诉、调查处置等措施，防止和制止利用职权、从属关系等实施性骚扰。"规定的内容合理，规制性骚扰行为的规制基本适当，虽然没有明确规定自然人享有性自主权，但是也实现了对规制性骚扰行为以权利保护主义为主，以职场保护主义为辅的立法思想②，逻辑关系清晰。

对于人身自由权和信用权，人格权编虽然没有规定的更为妥当，但是也还是作了基本的规定。

这些对具体人格权的规定，使我国的具体人格权类型的逻辑体系基本完备，适应我国保护人民人格权的要求。

（四）人格权编的总则部分与分则部分的逻辑照应

人格权编的总则和分则在逻辑关系上相互照应，构成一体。例如，人格权编第一章规定了公开权，即《民法典》第 993 条。至于人格权的公开权究竟应当怎样行使，还必须有具体规则，故《民法典》第 1021 条规定："当事人对肖像许可

---

① 杨立新、袁雪石：《论声音权的独立及其民事责任》，《法商研究》2005 年第 4 期。

② 杨立新、张国宏：《论构建以私权利保护为中心的性骚扰法律规制体系》，《福建师范大学学报（哲学社会科学版）》2005 年第 1 期。

使用合同中关于肖像使用条款的理解有争议的，应当作出有利于肖像权人的解释。"第1022条对肖像许可使用合同的解除权也作出了具体规定。不仅如此，第1023条第1款还专门规定："对姓名等的许可使用，参照适用肖像许可使用的有关规定。"这就把通过肖像许可使用合同行使公开权的方法推而广之，确定其他人格利益的许可使用方法参照肖像使用许可合同的相关规定，可以确定姓名许可使用合同、名称许可使用合同、隐私许可使用合同以及个人信息许可使用合同的基本内容。人格权编总则性规定与分则性规定相互结合，形成了完整的逻辑关系。

三、《民法典》人格权编逻辑结构的主要特点

经过以上分析，可以看出，《民法典》人格权编在逻辑结构上，有四个主要特点。

（一）人格权编与总则编规定的逻辑关系顺畅

人格权编与总则编的规定相互一致，逻辑关系顺畅，不存在矛盾。如果两者之间相互矛盾，不能形成自洽，就无法使《民法典》的整体逻辑结构和谐一致。在这方面，人格权编作为民法典分则的一编，与总则编的关系和谐，使《民法典》的基本逻辑结构完整。

例如，《民法典》总则编规定了七种民事权利类型，如果分则没有规定人格权编，有关人格权的部分就敞着口，没有与总则编规定的人格权类型有相对应的分则部分。人格权是一种民事权利类型，与身份权、物权、债权等权利类型一样，都是基本民事权利，人格权编设置在民法分则中，就保证了民法分则与总则关于民事权利类型的逻辑结构的严整性，否则就会出现逻辑结构的残缺。

又如，有关自然人的人格利益延伸保护问题，《民法典》总则编规定了对胎儿人格利益的保护，而对死者的人格利益保护只规定了对英雄烈士等相关权益的保护，尽管对这里的"等"字可以进行解释，但是，在逻辑结构上仍然还是存在缺陷的。①《民法典》第994条明确规定了对死者的人格利益的保护，在逻辑体系

---

① 杨立新：《民法总则条文背后的故事与难题》，北京，法律出版社2017年版，第482－483页。

上形成一致，使之对自然人人格利益延伸保护形成严密的逻辑整体，没有残缺。

（二）人格权编与分则其他各编之间的逻辑关系和谐

人格权编与民法典分则其他各编之间的逻辑关系通畅，形成了完整的结构。以往在各部民法单行法中存在的某些冲突，都有了较好的改进，使之逻辑顺畅，关系融洽。例如，《民法通则》规定统一的民事责任并不成功，及至《物权法》规定了物权请求权，《侵权责任法》规定了侵权请求权，绝对权请求权与侵权请求权之间的关系不融洽，形成冲突。《民法典》改变了这种错误，人格权编规定的人格权请求权与物权编规定的物权请求权、与合同编规定的损害赔偿请求权、婚姻家庭编规定的离婚过错损害赔偿请求权相互协调，而且均与侵权责任编的关系有了明显的改善，使侵权责任主司损害赔偿责任，人格权请求权主要包括的是停止侵害请求权，排除妨碍请求权，赔礼道歉请求权，消除影响、恢复名誉等请求权等，实现了人格权请求权与侵权请求权之间的关系和谐、顺畅，使人格权编和民法分则其他各编之间没有明显的逻辑关系不和谐的问题。

（三）人格权编的内部逻辑比较完整

人格权编自身逻辑结构基本上符合自洽性的要求。在抽象人格权中，规定了一般人格权、公开权，还详细规定了人格权请求权。在具体人格权方面，规定了生命权、身体权、健康权、姓名权、名称权、肖像权、名誉权、荣誉权、隐私权和个人信息权，同时还采取变通办法，规定了声音权、性自主权、人身自由权、信用权和形象权。在每一种具体人格权的规定中，都规定了详细的规则，形成了有机的整体。可以认为，人格权编的自身逻辑体系符合要求。

（四）人格权编规定的逻辑重点突出

人格权编从整体上看，逻辑重点突出，对主要问题规定得比较详细，具有可操作性。例如，对肖像权的规定最详细，因为对肖像权的保护在对具体人格的保护中最具有特点，是最重要的部分，具有引领性、示范性。换言之，当人格利益中包含有财产利益因素时，这种财产利益因素被开发使用，会产生财产价值。这种情况下，可以通过许可使用合同，对人格利益开发进行交易。人格权编对肖像权的公开，详细规定了肖像许可使用合同的内容、期限、方法等具体规则，重点突出，因此在使用他人姓名、名称等人格利益的时候，准用肖像许可使用合同的规定，不仅突出了逻辑重点，具有举一反三的引领性，而且避免了不必要的重复。对于身体权的规定，也是如此，逻辑重点突出，便于掌握。

总之，从这四个方面来看，《民法典》人格权编的逻辑结构应当充分肯定，具有鲜明的特点。

四、《民法典》人格权编仍然存在的逻辑结构欠缺

《民法典》人格权编还存在一些需要进一步克服的逻辑结构欠缺，主要表现在以下几个方面。

（一）人格权编在民法典分则各编中的地位不适当

《民法典》人格权编仍然依照 2002 年《民法（草案）》的编排方法，排在第四编，即在总则编、物权编、合同编之后，这与《民法典》总则编第五章"民事权利"规定的顺序是不一致的。因为总则编规定的基本民事权利类型的顺序是人格权、身份权、物权、债权、知识产权、继承权和股权以及其他投资性权利，与第 2 条规定的民法调整的法律关系的顺序是一致的，体现的是《民法典》的人文主义立法思想，而与《民法通则》规定的调整顺序为财产关系与人身关系不同。① 《民法典》之所以将人格权编置于第四编，主要基于两个因素。一是借鉴了 2002 年《民法（草案）》的编排顺序，二是考虑有些反对人格权法独立成编的意见，放在第四编的位置不显眼，效果可能会好一些。其实，这些都是不必要的担心。

21 世纪的民法突出的是人法，人格权和身份权是《民法典》人法的主干，因此，总则编才应当把人格权和身份权排在第一位和第二位的位置。将人格权编放在分则第四编是不正确的，应该放在第二编，置于婚姻家庭编、物权编、合同

---

① 《民法通则》第 2 条规定："中华人民共和国民法调整平等主体的公民之间、法人之间、公民和法人之间的财产关系和人身关系。"《民法典》第 2 条规定："民法调整平等主体的自然人、法人和非法人组织之间的人身关系和财产关系。"对于人身关系和财产关系的规范顺序完全不同。

（债权）编、继承编以及侵权责任编之前，才是正确的逻辑关系。只有这样，才能与《民法典》第 2 条规定的内容和总则编第五章规定的民事权利顺序相一致。① 在这一点上，《民法典》的做法与《乌克兰民法典》将"人格非财产权"排在总则卷之后作为第二卷的做法，显然是有差别的。

（二）将人身自由规定为一般人格权的内容显然不当

《民法典》规定人身自由权用了两个条文。一是第 109 条，将人身自由和人格尊严规定在一个条文之中，这是有道理的，因为人身自由和人格尊严都是宪法规定的权利，将其引入民法成为私权利，需要有一个明确的规定。② 二是第 990 条第 2 款，将人身自由和人格尊严都规定为一般人格权的内容，在逻辑关系上是错误的。人格尊严是抽象的权利，是概括一般人格利益的权利，而人身自由是具体权利，是具体人格权③，"是指自然人在法律规定的范围内，按照自己的意志和利益进行行动和思维，不受约束、控制或者妨碍的具体人格权"④。与人格尊严可以并列的抽象权利是人格自由，而不是人身自由。⑤ 将人身自由这个具体人格权规定在抽象人格权中，与人格尊严并列在一起，不符合逻辑要求。

（三）规定制裁性骚扰与保护行动自由缺少权利基础

性自主权、人身自由权都是具体人格权。《民法典》人格权编为了回避学术上不同见解的矛盾，采用不直接规定这些权利，使用变通办法，将制裁性骚扰和保护行动自由都规定在保护身体权的范围之中，虽然也有相应的效果，但是在逻辑关系上是不妥当的。

性自主权是独立的具体人格权。有些性骚扰行为确实涉及受害人的身体，但是，这些行为的目的并不是侵害身体权，且更多的性骚扰行为并不针对受害人的身体。将规制性骚扰行为的规范规定在身体权的内容中，不能概括全部的性骚扰

---

① 《民法典》第 2 条规定的民法调整对象是人身关系和财产关系，人身关系放在第一位。该法第一编第五章关于人格权的规定放在第 109 条，是该章的第一条。

② 杨立新：《自由权之侵害及其民法救济》，《法学研究》1994 年第 4 期；杨立新等：《论一般人格权及其民法保护》，《河北法学》1995 年第 2 期。

③ 杨立新：《人格权法》，北京，法律出版社 2020 年版，第 164 页。

④ 王利明：《人格权法研究》，北京，中国人民大学出版社 2018 年版，第 342 页。

⑤ 姚辉：《论一般人格权》，《法学家》1995 年第 5 期。

行为，在逻辑关系上也是不适当的。

人身自由权是具体人格权。由于人格权编将人格自由与人身自由概念相混淆，把人身自由作为一般人格权的内容规定，因而使保护作为具体人格权的人身自由权的规定找不到合适的位置，只能放在身体权的规定中进行规范，否认了人身自由权独立的具体人格权地位。

（四）规定个人信息却未明确其为一种具体人格权

《民法典》对个人信息的法律属性比较暧昧。从《民法总则》开始，到《民法典》人格权编，最终都没有规定"个人信息权"，只规定为"个人信息"，却又规定在隐私权之后，将二者并列在一起。《个人信息保护法》将个人信息规定为"个人信息权益"，既包括"权"，也包括"益"，究竟是权，还是权益，也是一个很难掌握和界定的概念。其间的逻辑关系比较费解。这种对个人信息权益的概念定位不明确的做法，将会对个人信息的保护造成影响。在学理上，应当坚持个人信息权的具体人格权的法律地位，以便更好地保护自然人的个人信息权。

（五）对信用权进行间接保护不妥

信用权作为具体人格权，已经不存在很大的争论，2002 年《民法（草案）》就将信用权规定为具体人格权。[①] 学说上也都确认信用权是指民事主体享有并支配其信用及其利益的人格权。[②] 《民法典》没有坚持《民法（草案）》的立场，将信用权仍然作为名誉权的内容进行间接保护，将两个不同的权利置于同一个权利的内涵之下，逻辑不严谨，也会对信用权的保护形成一定的障碍。

"理性是真实秩序的渊源，并且相应地，具有理性的存在物（人的灵魂和深的智力）要比秩序的被动接受者（肉体和物质）更崇高更权威。"[③] 这是柏拉图在《法义》和相关对话中表达的观点。从总体上看，《民法典》人格权编是具有理性的存在物，因而表现了它的逻辑结构是清晰地、圆满的、自洽的。这不仅表现在人格权编与《民法典》总则编之间的逻辑关系通畅，与民法分则其他各编的

---

① 何勤华等：《新中国民法典草案汇览》，北京，北京大学出版社 2017 年版，第 1491 页。
② 王利明：《人格权法研究》，北京，中国人民大学出版社 2018 年版，第 525 页。
③ 刘小枫、甘阳主编：《柏拉图注疏集·哲人与立法》，上海，华东师范大学出版社 2013 年版，第 154－155 页。

逻辑关系融洽、和谐，而且表现在自身的逻辑结构分明，层次清楚，内容比较丰满，具有强烈的时代感。对于其存在的一些逻辑上的瑕疵，在法律适用中应当采取相应的办法，进行准确的立法解释、司法解释和学理解释，使其进一步完善，成为保护民事主体人格权益的利器。

第三节　《民法典》人格权编对人格权立法的创新发展

《民法典》人格权编究竟有哪些创新规则，这些创新规则对人格权立法的发展具有哪些重要作用，特别值得研究，本节对此作出说明。

一、《民法典》人格权编在人格权法发展中的创新

《民法典》人格权编在世界人格权法的发展历史上，具有重要的创新意义。归纳起来，主要表现在以下几个方面。

（一）《民法典》人格权编对人格权法立法体例的创新

我国《民法典》人格权编的立法在世界各国的民法立法传统中都具有创新性。

《民法典》单设人格权编，将人格权与其他民事权益并列在一起，构成分则的体系，始于 1986 年《民法通则》。尽管 2003 年《乌克兰民法典》规定了第二卷"人格非财产权"，规定了独立的人格权卷，但是，一方面，《乌克兰民法典》的这一编并非专门规定人格权，还规定了大量的公法权利，与专门的人格权编有所区别；另一方面，《民法典》对人格权的独立规定并非自《民法典》始，1986年《民法通则》就实现了这个立法意图，将人身权①与财产所有权以及与财产所有权有关的财产权（物权）、债权和知识产权并列，构成民事权利体系，预设了民法典分则的基本框架；之后，在 2002 年《民法（草案）》第四编专门规定了

---

① 《民法通则》第五章第四节规定的人身权，其实只包括人格权，没有规定身份权。

人格权编。可以说，我国《民法典》单独规定人格权编，是对《民法通则》立法体例的继承和发展，也是自 1980 年代开始的我国民事立法的传统，并且最终使这个立法传统实现了法典化。尽管在立法的过程中经历了诸多争论，但是，最终立法机关还是坚持和实现了这个立法体例的创新。

在《民法典》编纂过程中，对分则是否规定人格权编，人格权编应当置于何种地位，各方进行了尖锐、激烈的争论，面对人格权不是民事权利、人格权不是与物权、债权等民事权利对等的权利、人格权不应当单独成编的反对意见①，立法机关采纳肯定说的意见，坚定地规定好人格权编，保护好人民的人格权，使我国《民法典》具有了这样鲜明的创新性。

（二）《民法典》人格权编对人格权权利性质的创新

人格权的权利性质，解决的是人格权究竟是总则性权利还是分则性权利的问题，归结起来，解决的是人格权与其他民事权利类型是否有区别的问题。

以往各国民法典规定人格权的做法不一。通常认为，人格权是基于民事主体产生的民事权利，而不是像物权、债权那样可以通过法律行为或者事实行为取得的权利，因而人格权与其他民事权利不同，应当被规定在民法典总则编中。

这样的立法方法和理论背景，使人们对人格权的性质产生了错觉，认为人格权并不是一般的、普通的民事权利类型，而是民事主体特别是自然人对有关自己资格的权利，不能用潘得克吞的民法典编纂方法在分则中规定人格权。这也是我国学者在对人格权立法是否在民法典中独立成编问题上争论不休的主要原因之一。

事实上，人格权与物权、债权、身份权、继承权等民事权利的性质是一致的，都是以民事利益作为客体的民事权利，只不过，物权的客体是物或者某种财产权利②，债权的客体是权利人请求特定义务人为或者不为一定的行为③，身份权的客体是特定亲属之间的亲属利益，继承权的客体是自然人生前所有的合法财

---

① 邹海林：《再论人格权的民法表达》，《比较法研究》2016 年第 4 期。

② 《民法典》第 115 条规定："物包括不动产和动产。法律规定权利作为物权客体的，依照其规定。"

③ 《民法典》第 118 条第 2 款规定："债权是因合同、侵权行为、无因管理、不当得利以及法律的其他规定，权利人请求特定义务人为或者不为一定行为的权利。"

产。这些民事权利的客体都是特定的民事利益。与此相同，人格权的客体也是民事利益，只不过人格权客体不是这些通过民事法律行为或者事实行为就能够取得的权利，而是人的构成人格的具体要素，并且这些人格要素大多并非依靠民事法律行为或者事实行为而取得，而是生而固有的。人一经出生，就享有固有的人格；构成人格并非只有一种要素，而是由不同的、诸多的如生命、身体、健康、姓名、肖像、名誉、隐私、人身自由等具体要素构成的。正因为人的这种人格是由一个一个的、具体的人格利益要素构成的，因而在民法的保护上，就不能由一个笼统的人格权来保护，而是要将这些具体的人格要素设置成具体的人格权，通过这些不同的具体人格权，对一个一个的人格要素进行保护，才能够对完整的人格进行保护，就此形成了具体人格权的不同类型，并且构成具体人格权的体系。

人格权虽然与物权、债权、身份权和继承权等民事权利有所不同，但是，从其性质上看，仍然是民事权利，其权利客体都可以概括为民事利益，只不过分成物权利益、债权利益、身份利益、人格利益等而已。

在这样的理论基础上，我国《民法典》将人格权规定在分则中，与物权、债权、身份权、继承权等民事权利并列在一起，而不是将人格权只是作为民事主体自身的权利，与其他民事权利的性质分割开，成为地位特殊的民事权利类型，使之回归民事权利体系之中。这样的做法，无疑是正确的，是对人格权性质的正确定性。

（三）《民法典》人格权编对人格权权利体系的创新

我国《民法典》将人格权法独立成编，给详细规定人格权的类型及体系留下了足够的立法空间，使对人格权的规定能够展开进行，作出详细规定。在这样的立法空间里，人格权编基本接受了抽象人格权和具体人格权的体系结构[1]，按照这样的人格权类型划分，进一步展开其权利体系。

首先，在人格权编的"一般规定"中规定了一般人格权和公开权，再加上《民法典》第 130 条规定的自我决定权包含的人格权自我决定权，形成了完整的抽象人格权体系。一是，在《民法典》第 990 条第 2 款规定了一般人格权，使具

---

[1] 杨立新、刘召成：《抽象人格权与人格权体系之构建》，《法学研究》2011 年第 1 期。

体人格权无法保护的其他人格利益都能够得到保护。二是，在第993条规定了公开权，规定了民事主体可以将自己的姓名、名称、肖像等人格利益许可他人使用的规则。三是，民事主体根据第130条规定，能够自主决定自己人格权的行使和利用。这是人格权中的自我决定权。这三个权利都是人格权的抽象性权利，是具有权能性质的人格权，对于具体人格权的行使具有指导意义。[①]

其次，具体人格利益要素作为权利客体的具体人格权，是典型的民事权利。这些民事权利分为物质性人格权和精神性人格权。物质性人格权是以自然人的物质性人格利益要素为客体的人格权，如生命权、身体权和健康权，其客体分别是生命利益、身体利益和健康利益。精神性人格权则是以民事主体的精神性人格利益要素为客体的人格权，其客体是姓名利益、名称利益、肖像利益、名誉利益、荣誉利益、人身自由利益、隐私利益、个人信息利益等。在人格权的体系中，这些是民事主体享有的真实的权利，侵害这些人格权，就破坏了民事主体人格的完整性，造成民事主体人格的损害，因而权利人产生人格权请求权和侵权请求权，行使这些请求权才能保护好自己人格利益的完整性，保护自己人格的完整性。

最后，将一般规定中的抽象人格权与具体规定中的具体人格权相对应，形成了我国人格权的抽象人格权与具体人格权的基本体系架构，使我国的人格权法既有一般的权利规则，又有具体的权利内容。其中，抽象人格权是方法性、权能性的权利，具体人格权才是真实的民事权利，前者指导后者的行使和保护，后者被前者所指导和保护，由此构成我国人格权的基本权利体系。《民法典》人格权编确立的人格权体系，既有逻辑基础，又有现实权利的具体构成，展现了新时代人格权体系的魅力。

(四)《民法典》人格权编对人格权权利类型的创新

《民法通则》只规定了生命健康权和姓名权、名称权、肖像权、名誉权、荣誉权，《侵权责任法》在此基础上增加规定了隐私权。这些法律规定的人格权种类都不够完整，对保护民事主体的人格利益和人格完整存在不足，《民法典》人格权编尽量补足人格权的类型，全面保护民事主体的人格权。

---

① 杨立新、刘召成：《抽象人格权与人格权体系之构建》，《法学研究》2011年第1期。

首先，明确规定物质性人格权，将《民法通则》规定的生命健康权展开，分别规定为生命权、身体权和健康权。与以往对这三个物质性人格权的排列顺序有所不同的是，将生命权、健康权和身体权的顺序[1]，改变为生命权、身体权和健康权，突出了身体权的地位。以往之所以将健康权放在身体权之前，是认为健康权重于身体权。将身体权置于健康权之前，是因为在当代社会中，身体权包含了更重要的价值，例如对遗体的支配，对身体组成部分即器官和组织的支配，都是身体权的支配职能，维护身体组成部分的完整远比维护健康更为重要，因此才作了这样的调整。

其次，明确规定姓名权、名称权、肖像权、名誉权、荣誉权、隐私权和个人信息权。在具体的规定中，一一明确规定上述精神性人格权，明确规定其内容和具体保护方法。特别是在有关肖像权的规定中，突出规定了公开权的行使方法，补充了《民法典》第 993 条没有规定的具体规则。

最后，通过相关条文还特别规定了性自主权、人身自由权、声音权、信用权。

一是，《民法典》第 1010 条关于"违背他人意愿，以言语、行为等方式对他人实施性骚扰的，受害人有权依法请求行为人承担民事责任"的规定，对自然人享有的性自主权作了规定。性自主权是自然人保持其性纯洁的良好品行，依照自己的意志支配其性利益的具体人格权。[2] 未成年人尚未性成熟，不能行使性自主权，自 18 周岁起方可行使该权利，支配自己的性利益。性自主权不是身体权的组成部分，而是独立的具体人格权。性骚扰行为是行为人违背权利人的意愿，与权利人强制进行性交之外的性行为，侵害权利人性自主权的行为。[3] 对他人实施侵害性自主权的性骚扰行为，应当承担侵权责任。对性骚扰予以法律规制的中心

---

① 2003 年《最高人民法院关于审理人身损害赔偿案件适用法律若干问题的解释》第 1 条第 1 款规定："因生命、健康、身体遭受侵害，赔偿权利人起诉请求赔偿义务人赔偿财产损失和精神损害的，人民法院应予受理。"

② 杨立新：《人格权法》，北京，法律出版社 2011 年版，第 626 页。

③ 杨立新、张国宏：《论构建以私权利保护为中心的性骚扰法律规制体系》，《福建师范大学学报（哲学社会科学版）》2005 年第 1 期，第 19 - 20 页。

价值，就是保护性自主权的权利。

二是，《民法典》第 1011 条关于"以非法拘禁等方式剥夺、限制他人的行动自由，或者非法搜查他人身体的，受害人有权依法请求行为人承担民事责任"的规定，是对人身自由权的规定。《民法通则》没有规定人身自由权，在司法解释中规定了这一人格权。① 《民法典》将人身自由权规定在一般人格权的内容中，是不正确的做法。② 这一条文在具体人格权的意义上，规定了人身自由权的基本内容。人身自由权是指自然人在法律规定的范围内，按照自己的意志和利益进行行动和思维，不受约束、控制和妨碍的具体人格权。③ 人身自由权是自然人享有的具体人格权，权利人之外的其他任何人，包括自然人、法人和非法人组织，都对权利人的人身自由权负有不可侵义务。

三是，《民法典》第 1023 条第 2 款关于"对自然人声音的保护，参照适用肖像权保护的有关规定"的规定，确认了声音权。在所有的人格利益中，与肖像权的客体——肖像利益最相似的就是声音。声音能够标表特定自然人的人格特征，不仅便于识别，而且具有相当的财产利益。在人格权编立法过程中，作者一直主张应当规定声音权，并且提出了比照适用肖像权保护规则的准用条款。立法者在草案的二审稿开始采用这个建议，最终增加了这个准用条款，确立了声音权是具体人格权。自然人的声音利益是声音权的客体，声音权是指自然人自主支配自己的声音利益，决定对自己的声音进行使用和许可他人使用的具体人格权。④ 声音权的主要内容包括录制专有权、自我使用权、许可他人使用权。

四是，《民法典》第 1029 条对信用权作出了变通性的规定。《民法通则》没有规定信用权，对其采取保护名誉权的方式进行间接保护。2002 年《民法（草

---

① 2001 年《最高人民法院关于确定民事侵权精神损害赔偿责任若干问题的解释》第 1 条规定："自然人因下列人格权利遭受非法侵害，向人民法院起诉请求赔偿精神损害的，人民法院应当依法予以受理：（一）生命权、健康权、身体权；（二）姓名权、肖像权、名誉权、荣誉权；（三）人格尊严权、人身自由权。"

② 杨立新、李怡雯：《人格自由与人身自由的区别及价值——〈民法典人格权编草案〉第 774 条第 2 款、第 784 条及第 791 条的规范分工》，《财经法学》2019 年第 4 期。

③ 杨立新：《人格权法》，北京，法律出版社 2011 年版，第 578 页。

④ 杨立新、袁雪石：《论声音权的独立及其民法保护》，《法商研究》2005 年第 4 期。

案）》规定了信用权。《民法典》没有直接规定信用权，采用这一条文的立法方式，对信用权作了规定。信用与名誉不同，虽然都是一种社会评价，广义的名誉包括信用在内，但是信用也有名誉不能包含的内容，其中不含侮辱或贬损人格之意者，不能一律以名誉律之。① 信用权是独立的具体人格权，与名誉权不仅基本内容不完全相同，保护的程度和方法也有不同，原因是信用权包含明显的财产利益因素，应当单独予以保护。

《民法典》人格权编规定了 14 种具体人格权，几乎包括了我国目前确认的所有具体人格权，其范围之大、种类之详细，是以往的立法所不及的，使我国的具体人格权有了全新的阵容。

（五）《民法典》人格权编对人格权权利内容的创新

人格权的权利内容本来就非常丰富，人格权编作了更重要的创新规定。

1. 生命权、身体权和健康权

生命权、身体权和健康权是自然人最重要的人格权，人格权编对此下了最大的功夫，全面规定这三种人格权的具体内容。

对生命权，《民法典》第 1002 条不仅规定包括维护自己生命安全的内容，而且包括维护生命尊严的内容。对生命尊严的规定，不仅包含维护生的尊严，而且包括维护死的尊严的权利，给生前预嘱、临终关怀以及安乐死等制度的建立和实施，提供了基本的立法依据。②

对于人体的组成部分以及遗体的支配权，《民法典》第 1006 条规定，完全民事行为能力人有权依法自主决定无偿捐献其人体细胞、人体组织、人体器官、遗体，任何组织或者个人不得强迫、欺骗、利诱其捐献。完全民事行为能力人同意捐献的，应当采用书面形式或者有效的遗嘱形式进行。自然人生前未表示不同意捐献的，该自然人死亡后，其配偶、成年子女、父母可以采用书面形式共同决定捐献。第 1007 条规定，禁止以任何形式买卖人体细胞、人体组织、人体器官、

① 史尚宽：《债法总论》，台北，荣泰印书馆 1978 年版，第 147 页。
② 杨立新、李怡雯：《论〈民法典〉规定生命尊严的重要价值》，《新疆师范大学学报》2020 年第6 期。

遗体。这样的规定，既尊重了权利人的权利，又能够使自然人自愿捐献，既有利于社会，又有利于他人，法律予以支持。同样，为研制新药、医疗器械或者发展新的预防和治疗方法，需要进行临床试验的，第1008条规定，应当依法经相关主管部门批准并经伦理委员会审查同意，向受试者或者受试者的监护人告知试验目的、用途和可能产生的风险等详细情况，并经其书面同意；进行临床试验不得向受试者收取试验费用。第1009条还特别规定，从事与人体基因、人体胚胎等有关的医学和科研活动的，应当遵守法律、行政法规和国家有关规定，不得危害人体健康，不得违背伦理道德，不得损害公共利益。人格权编规定了生命权、身体权和健康权的权利人享有的权利中包含这些明确的内容，有利于权利人正确行使权利，保护权利人的合法权益。

2. 姓名权、名称权

姓名权和名称权，分别是自然人和法人、非法人组织对其文字标表其具体人格标识享有的权利，人格权编保护好姓名权和名称权，不仅保护其文字的人格标识，更重要的是保护姓名权和名称权不被他人侵害。《民法典》第1015条规定了自然人姓氏的确定原则，即应当随父姓或者母姓，但是有法律规定的特别情形的，可以在父姓和母姓之外选取姓氏。第1016条规定，民事主体决定、变更自己的姓名、名称，或者转让自己的名称的，应当依法向有关机关办理登记手续，但是法律另有规定的除外。民事主体变更姓名、名称的，变更前实施的民事法律行为对其具有法律约束力。第1017条还规定，对那些具有一定社会知名度的自然人的笔名、艺名、网名、字号、姓名和名称的简称如"鲁迅""北大""人大"等，如果被他人使用足以致使公众混淆的，则与姓名和名称受同等保护。

3. 肖像权

肖像权的客体即肖像具有美学价值，在市场经济中使用会发生财产利益。因此，《民法典》第1019条规定，任何组织或者个人不得以丑化、污损，或者利用信息技术手段伪造等方式侵害他人的肖像权。未经肖像权人同意，不得制作、使用、公开肖像权人的肖像。其中，利用信息技术手段伪造，就是"深度伪造""换脸"等，禁止实施这种侵害肖像权的行为。同时规定，未经肖像权人同意，肖像作品权利人不得以发表、复制、发行、出租、展览等方式使用或者公开肖像权人的肖像。为了平衡权利人与社会公益、合法利用人之间的利益平衡，第1020条规定合理实施的肖像利用行为可以不经肖像权人同意，例如为个人学习、艺术欣赏、课堂教学或者科学研究，在必要范围内使用肖像权人已经公开的肖像；为实施新闻报道，不可避免地制作、使用、公开肖像权人的肖像；为依法履行职责，国家机关在必要范围内制作、使用、公开肖像权人的肖像；为展示特定公共环境，不可避免地制作、使用、公开肖像权人的肖像；为维护公共利益或者肖像权人合法权益，制作、使用、公开肖像权人的肖像的其他行为。

肖像许可使用行为是肖像权人行使公开权的方法，法律必须进行规范，因此，《民法典》第1021条规定，当事人对肖像许可使用合同中关于肖像使用条款的理解有争议的，应当作出有利于肖像权人的解释；第1022条规定，当事人对肖像许可使用期限没有约定或者约定不明确的，任何一方当事人可以随时解除肖像许可使用合同，但是应当在合理期限之前通知对方。当事人对肖像许可使用期限有明确约定，肖像权人有正当理由的，可以解除肖像许可使用合同，但是应当在合理期限之前通知对方。因解除合同造成对方损失的，除不可归责于肖像权人的事由外，应当赔偿损失。

对肖像权的内容作出的这些具体规定，能够使权利人知道自己对肖像权享有哪些权利，怎样行使权利，进而支配好自己的权利，保护好自己的肖像权。

4. 名誉权和荣誉权

在现实社会生活中，名誉权是最容易受到侵害的人格权，也是发生侵权行为最多的人格权[1]，不论自然人还是法人、非法人组织都享有这个权利，因而必须妥善规定。为保护好名誉权，《民法典》第1025条规定，行为人实施新闻报道、舆论监督等行为，影响他人名誉的，不承担民事责任，但是，捏造事实、歪曲事实，对他人提供的失实内容未尽到合理审查义务，使用侮辱性言辞等贬损他人名

---

[1] 为了规范对侵害名誉权案件的法律适用，最高人民法院曾发布两部司法解释，保护名誉权，即1993年《最高人民法院关于审理名誉权案件若干问题的解答》和1998年《最高人民法院关于审理名誉权案件若干问题的解释》。

誉的行为，构成侵害名誉权。第 1027 条还规定，行为人发表的文学、艺术作品以真人真事或者特定人为描述对象，包含侮辱、诽谤内容，侵害他人名誉权的，受害人有权依法请求该行为人承担民事责任。行为人发表的文学、艺术作品不以特定人为描述对象，仅其中的情节与该特定人的情况相似的，不承担民事责任。第 1028 条规定，报刊、网络等媒体报道的内容失实，侵害他人名誉权的，受害人有权请求该媒体及时采取更正或者删除等必要措施；媒体不及时采取措施的，受害人有权请求人民法院责令该媒体在一定期限内履行。

5. 隐私权和个人信息

对于隐私权，《民法典》第 1032 条第 2 款明确规定，隐私是自然人的私人生活安宁和不愿为他人知晓的私密空间、私密活动、私密信息。隐私权就是保护这些内容的人格权。第 1033 条规定，以短信、电话、即时通讯工具、电子邮件、传单等方式侵扰他人的私人生活安宁，进入、窥视、拍摄他人的住宅、宾馆房间等私密空间，拍摄、录制、公开、窥视、窃听他人的私密活动，拍摄、窥视他人身体的私密部位，处理他人的私密信息，以其他方式侵害他人的隐私权的行为，都属于侵害隐私权的行为，除非权利人明确同意。

对于个人信息权，《民法典》第 1034 条规定，个人信息是以电子或者其他方式记录的能够单独或者与其他信息结合识别特定自然人的各种信息，包括自然人的姓名、出生日期、身份证件号码、生物识别信息、住址、电话号码、电子邮箱地址、行踪信息等。第 1035 条规定，处理自然人个人信息的，应当遵循合法、正当、必要原则，并应当符合：（1）征得该自然人或者其监护人同意，但是法律、行政法规另有规定的除外；（2）公开处理信息的规则；（3）明示处理信息的目的、方式和范围；（4）不违反法律、行政法规的规定和双方的约定。对于处理个人信息，第 1037 条规定，处理自然人个人信息，如果是在该自然人或者其监护人同意的范围内实施的行为，或者处理该自然人自行公开的或者其他已经合法公开的信息，但是该自然人明确拒绝或者处理该信息侵害其重大利益的除外，或者为维护公共利益或者该自然人合法权益，合理实施的其他行为，则不属于侵害个人信息权的行为。第 1038 条规定，信息处理者不得泄露、篡改其收集、存储的个人信息；未经自然人同意，不得向他人非法提供个人信息，但是经过加工无法识别特定个人且不能复原的除外。信息处理者应当采取技术措施和其他必要措施，确保其收集、存储的个人信息安全，防止信息泄露、篡改、丢失。发生或者可能发生个人信息泄露、篡改、丢失的情况的，应当及时采取补救措施，依照规定告知自然人并向有关主管部门报告。对于国家机关及其工作人员，第1039条特别规定，对于履行职责过程中知悉的自然人的隐私和个人信息，应当予以保密，不得泄露或者向他人非法提供。通过这些对个人信息权的内容的规定，能够妥善地保护个人信息权不受侵害。

（六）《民法典》人格权编对人格权行使规则的创新

人格权的行使规则相对比较简单，并不像财产权行使规则那样复杂。这是因为，人格权的行使多数可以消极方式为之，无须积极作为。不过，当代人格权的行使越来越向着积极方式发展，特别是对公开权的行使，更是须以积极方式进行，为自己获得应得的利益。人格权编针对具体情况，规定了比较详细的人格权行使规则，使我国的人格权行使更具有可操作性，更能使权利人行使权利，并获得利益和得到保护。

例如，《民法典》第1006条关于完全民事行为能力人无偿捐献其人体细胞、人体组织、人体器官、遗体等的规定，具有可操作性。自然人捐献自己身体组成部分或者遗体，是行使身体权的行为，受第130条规定的自我决定权的约束，须自主决定。捐献自己身体组成部分的行为，是有利于他人的高尚行为，在不影响或者不严重影响自己健康的情况下，依照权利人自己的意志进行。捐献行为不得有偿进行，但是，并不妨碍受益人给予一定的补偿或者营养费等费用，以弥补权利人健康受到的损害。捐献的对象既可以是身体的组成部分，也可以是自己死亡后的遗体，只是不得捐献影响生命或者会造成严重健康损害的人体组成部分。

又如，《民法典》第1021条关于对肖像许可使用合同解释的规定。肖像许可使用合同，是肖像权人行使公开权，与授权使用人签订的对肖像使用范围、方式、期限、报酬等进行约定的合同。对此，双方当事人应当遵守约定，行使约定的权利和履行约定的义务，实现各自的利益。因此，肖像许可使用合同是肖像权人行使肖像权的公开权的基本方式,是积极行使肖像权的行为。[1] 肖像许可使用合同可以对肖像使用的范围、方式、报酬等进行约定,规定的就是肖像权人积极行使权利的规则。由于肖像许可使用合同是支配人格利益的合同,因此,在解释时,应当作出有利于肖像权人的解释,以保护肖像权人的合法权益。此外,第1023条第1款规定:"对姓名等的许可使用,参照适用肖像许可使用的有关规定。"这对公开权的行使规则作出了准用规定。

此外,《民法典》第1036条关于自然人可以向信息控制者依法查阅、抄录或者复制其个人信息的规定,第1031条关于获得的荣誉称号应当记载而没有记载的,民事主体可以要求记载等行使权利规则,都既详细且具体。

(七)《民法典》人格权编对人格权保护方式的创新

《民法典》规定人格权请求权,是其最主要的创新规定。人格权请求权的立法始于《瑞士民法典》,其第28条和第29条明确规定了人格权请求权。[2] 我国《民法典》人格权编规定了人格权请求权。首先,第995条第1款规定"人格权受到侵害的,受害人有权依照本法和其他法律的规定请求行为人承担民事责任",确认人格权请求权的概念及作用;其次,该条第2款规定"依照前款规定提出的停止侵害、排除妨碍、消除危险、消除影响、恢复名誉请求权,不适用诉讼时效的规定",确认人格权请求权与侵权请求权的区别;再次,通过第997条规定人格权请求权的禁令,进一步丰富人格权请求权的具体内容和作用;最后,通过第998条规定确定民事责任应当考虑的因素,第1000条规定承担消除影响、恢复名誉、赔礼道歉民事责任的确定办法,进一步完善人格权请求权的具体内容以及相应民事责任的确定方法。

人格权请求权与物权请求权以及《民法典》第1001条规定的身份权请求权,其性质和作用是一致的,都是民事权利本身具有的保护自己的功能性权利,即通过自己的权利保护请求权保护自己,救济自己的损害,使之平复权利创伤。这些

---

[1] 对于肖像许可使用合同,笔者曾经使用"肖像使用合同"的概念进行表述,参见杨立新、尹艳:《侵害肖像权及其民事责任》,《法学研究》1994年第1期。

[2] 《瑞士民法典》,于海涌、赵希璇译,唐伟玲校,北京,法律出版社2016年版,第14-15页。

民事权利自身的保护请求权与侵权请求权是不一样的，虽然两种请求权都是保护权利的方法，但是，侵权请求权是新生的民事权利保护请求权，主要的救济方法是损害赔偿；而民事权利自身的保护请求权，是自己保护自己的请求权，主要通过非损害赔偿的方法进行保护①；前者受到诉讼时效的限制，而后者不受诉讼时效的限制，是具有永久性的权利救济方法。对此，《民法典》第 118 条和第 120 条将侵权责任规定为债的性质，侵权责任编将其第二章的题目改为"损害赔偿"，都与规定物权请求权、人格权请求权和身份权请求权相关并且相互呼应，构成一体的立法决策。

对侵权请求权和物权请求权、人格权请求权等权利保护请求权性质的混淆，始于《民法通则》对民事责任的规定，该法第 134 条规定了 10 种民事责任方式，将侵权请求权与物权请求权、人格权请求权等混淆在一起，在《物权法》《侵权责任法》立法时将错就错，一直拖延下来。《民法典》将侵权请求权与物权请求权、人格权请求权和身份权请求权分别规定，划清了两种不同的权利保护请求权的界限和具体方法，是一个非常重要的创新规定。

（八）《民法典》人格权编对人格权具体保护方法的创新

人格权的具体保护方法，是人格权请求权的具体内容，即权利人在人格权受到侵害时，依据人格权请求权究竟可以提出哪些请求，让行为人承担民事责任。

以往的人格权保护方法主要是侵权责任方式，即《侵权责任法》第 15 条规定的停止侵害、排除妨碍、消除危险、返还财产、恢复原状、赔偿损失、赔礼道歉、消除影响、恢复名誉。这些民事责任方式在人格权请求权和侵权请求权中继续适用。人格权编将其作了分工，分别与人格权请求权和侵权请求权相对应。

人格权编在人格权具体保护方法上，主要是规定了三种创新性规则。

1. 人格权请求权的禁令

人格权请求权的禁令，包括诉前禁令和诉中禁令。诉前禁令，是指民事主体面临正在实施或有侵害人格权之虞的行为，有权在起诉前依法向人民法院申请采

① 杨立新、曹艳春：《民事权利保护的请求权体系及其内部关系》，《河南省政法管理干部学院学报》2005 年第 4 期。

取责令停止有关行为的措施，以防止损害的实际发生或扩大。诉中禁令是在诉讼过程中，在最终判决作出之前，法官可以作出预先裁决，责令行为人停止侵害。对于人格权的保护，预防损害比救济损害更重要。因此，《民法典》第997条规定："民事主体有证据证明他人正在实施或者即将实施侵害其人格权的违法行为，不及时制止将使其合法权益受到难以弥补的损害的，有权依法向人民法院申请采取责令行为人停止有关行为的措施。"这一规定既包括诉前禁令，也包括诉中禁令。诉中禁令在《民事诉讼法》中已经规定，并且在实践中广泛采用。对于诉前禁令，《民事诉讼法》第103条只是从程序上规定了诉前行为保全，还缺少实体法的规定。在人格权遭受侵害威胁或者侵害在持续的情形下，适用禁令不可避免，以防止损害后果的扩大，保护好权利人的人格权。

2. **违约精神损害赔偿**

对违约精神损害赔偿请求权的含义，《民法典》第996条作出了规定。一个违约行为造成两种损害的形成机制是，债务人未履行合同债务，造成了债权人的可得利益损害，而该合同履行利益对债权人而言，不仅具有财产利益，而且具有人身意义，该人身意义又包含着精神利益。当违约行为发生时，一方面造成了债权人的预期财产利益损害，另一方面又造成了债权人的精神利益损害，发生了一个违约行为造成两种损害的后果。长期以来，我国采取违约行为不得请求精神损害赔偿责任的做法，当事人如果坚持主张，则应通过责任竞合的方法，选择侵权诉讼可以获得支持。这个规则是2001年《最高人民法院关于确定民事侵权精神损害赔偿责任若干问题的解释》确立的，并为司法实践一直坚持下来。① 这样的做法虽然有一定道理，却给当事人形成讼累，一个违约行为既造成债权人的财产利益损害，又造成精神利益的损害，却须提起两个诉讼，并且可能还不是由一个法院管辖。规定因违约造成严重精神损害的，受害人可以直接起诉精神损害赔偿责任，就解决了这个问题，有利于受害人方便、及时地行使权利，保护自己。

---

① 最高人民法院该司法解释确定的这个规则，是通过该司法解释的标题体现出来的，即"确定民事侵权精神损害赔偿责任"，不适用于违约责任范围。

3. 请求承担民事责任应当与其行为方式和影响范围相当

《民法典》第 1000 条第 1 款规定："行为人因侵害人格权承担消除影响、恢复名誉、赔礼道歉等民事责任的，应当与行为的具体方式和造成的影响范围相当。"这是对行为人依照人格权请求权人请求承担的民事责任，应当与其行为方式和影响范围相适应的新规则。与人格权请求权相对应的是民事责任，包括消除影响、恢复名誉、赔礼道歉等，都是人格权请求权的内容。当精神性人格权受到侵害后，救济该种精神损害的民事责任，就是侵害精神性人格权请求权的具体内容。

二、《民法典》人格权编对人格权创新规定的原因及效果评估

（一）《民法典》规定人格权实现规范创新的主要原因

毫无疑问，我国《民法典》人格权编的编纂是成功的，实现了我国人格权立法的创新。探究我国《民法典》人格权编立法成功的主要原因，有以下几点。

1. 全面贯彻编纂《民法典》的人文主义立法立场

《民法典》编纂之初，就确立了人文主义立法立场，这在《民法典》第 2 条和总则编第五章"民事权利"中关于民事权利排列顺序中就已经体现出来了。更重要的是，中央关于保护好人民人格权的要求，更是人格权立法成功的保证。坚持以人为本，坚持保护好人民的民事权利，坚持保护好人民的人格权，是我国民法典的基本价值和值得大书特书的中国特色，同时也是我国人格权立法实现创新、取得成功的最重要保障。可以说，人格权编通篇体现了我国《民法典》人文主义立法思想的光辉。

2. 敢于应对时代进步和科学技术发展对人格权立法的挑战

21 世纪民法最主要的特点，就是从重视财产关系向重视人身关系特别是人格关系调整的转变。曾经有学者断言，21 世纪民法的主要发展方向，就是人格权法。这不仅是人文主义立法思想的要求，同时也是时代进步和科技发展的结果。《民法典》的人格权立法，一方面紧跟时代进步的脚步，因应时代的呼唤，

响应社会现实变化的需要，在人格权的行使规则和保护方法上进行创新；另一方面，迎接科学技术对人格权立法的挑战，在科技发展的新形势下保护好人格权和人格利益，保护人的人格完整和人格尊严。在这方面，人格权编不仅对生命尊严、人体细胞、人体组织、人体器官、人体基因、人体胚胎、临床试验等新的科学技术之于人格权保护面临的问题，而且对保护人格权面临的最新技术的人脸识别、深度伪造等，都一一作出回应，规定了相应的保护人格权的规则。正因为这样，我国的人格权立法标志着我国《民法典》紧跟时代发展和科学技术进步的水平，站在时代的前列。

3. 敢于解决中国社会对保护人格权现实需要解决的重大问题

我国正在处于社会发展的关键时期，其中最重要的，就是要解决人格尊严、人的地位和人的发展问题，这些都集中地反映在人格权的立法和法律保护方面。维护人的人格尊严、人的地位和人的发展，不仅是我国当前面临的实际问题，而且关系民族和国家发展的长远目标。人格权在这方面，不仅关注宏观问题，确立人的地位和尊严，更注重保护民事主体人格权的微观问题。基于这样的立法思想，人格权编特别注重对人格权和人格利益的细节保护，例如规制性骚扰行为以保护性自主权，通过规定新闻和文学作品侵害名誉权等行为而保护好名誉权，规定肖像许可使用合同的规则保护好人格权的公开权等，都回应了我国社会的实际需要，对保护人格权具有重要价值。

4. 传承我国当代民事立法的特色和传统

《民法典》规定人格权编，源于《民法通则》对人格权的规定。在1986年之前，我国民事立法没有关于人格权的规定，直至经历了"文化大革命"，实行改革开放之后，才开始制定《民法通则》并且在民事权利一章规定了人格权，且将其与物权、债权和知识产权并列在一起，创立了民法规定人格权的新的立法例。2002年《民法（草案）》在分则专设人格权编，坚持了《民法通则》的立法传统。在编纂民法典中，虽然几经争论，最终还是认为《民法通则》规定人格权的立法体例是正确的，是最有利于张扬人格权、保护好人民人格权的做法，因此，才有了人格权编，有了《民法典》最亮丽的一编。这正是民法典编纂的基本经验之一。

5. 保护人格权的司法实践经验和理论研究创新

《民法典》人格权编能够取得今天这样的立法创新成果，当然不只是立法的传承，更是中国司法实践经验和理论研究创新的结果。《民法通则》生效之后，各级人民法院在司法实践中适用人格权的规定，不断总结经验，上升到司法解释的高度。最高人民法院出台了《关于贯彻执行〈中华人民共和国民法通则〉若干问题的意见（试行）》《关于确定民事侵权责任精神损害赔偿若干问题的解释》《关于审理人身损害赔偿案件适用法律若干问题的解释》等一系列司法解释，对人格权保护的法律适用提升到新的水平发挥了重要作用。人格权法理论研究也给人格权编制定提供了丰富的营养。民法理论研究在人格权立法中也发挥了重要作用，不仅研究立法的经验和理论基础，而且为人格权编的立法保驾护航、奠定基础，才迎来了我国人格权立法创新发展的今天。因此，可以说，《民法典》人格权编是司法实践经验和理论研究成果的结晶。

6. 敢于突破大陆法系民法对人格权立法的传统

《民法典》主要采纳的是德国法系的立法体例，坚持德国法系的立法传统，但是，在人格权的立法上并没有走《德国民法典》在总则和侵权法的规定中分别规定人格权的道路，也没有依照《瑞士民法典》《魁北克民法典》在总则中规定人格权的先例。我国《民法典》不仅在分则中单设一编规定人格权，而且在人格权编中规定了比较详细、具体的人格权的行使规则和保护方法，都创造了世界民法历史上人格权立法的新体例，具有重要的引领作用。

（二）《民法典》人格权编立法创新的效果评估

1. 开创大陆法系民法的人格权立法方法

在民法典中规定完整的、具有纯粹意义的人格权编，我国《民法典》是第一次。我国的人格权立法不仅有《民法通则》规定人格权的基础，还有 2002 年立法草案的经验，最终形成了《民法典》人格权编。与规定"自然人的人格非财产权"卷的《乌克兰民法典》相比较，不仅权利性质单纯，而且内容更丰富，更具体，更有价值。同时，我国《民法典》不仅是在人格权概念与"自然人的人格非财产权"概念上有所区别，更重要的是，《乌克兰民法典》在该编中规定的居所权、自由选择职业权、创作自由权、迁徙自由权、结社自由权及和平集会权，都不是民法意义上的人格权，而是宪法上的公权利。在这一点上，我国《民法典》人格权编在规定人格权的体例、内容和具体规则上，都具有相当的优势。

应当看到的是，进入 21 世纪以来，在世界范围内出现了两部民法典，都规定了人格权编，但内容有所不同。这说明一个重要问题，就是 21 世纪的民法典，人格权编是民法典立法的"新增长点"，是新的立法体例。这种立法体例的创新，将会引领世界民法立法的潮流，也是对潘得克吞民法立法传统的重要改革，不仅对德国法系的民法立法发生重要影响，也会对法国法系民法的立法发生重要影响。特别是我国《民法典》人格权编对人格权法律规范的规定紧跟时代发展，应对科学技术的发展带来的挑战，更具有世界性的意义。

2. 引导建设尊重人格尊严和保护人格权的良好社会风气

经历了"文化大革命"后，从《民法通则》开始倡导和尊重人格尊严和保护人格权，历经三十多年的理论发展和司法实践，尊重和保护人格权已经成为社会风气的主流。在加强依法治国的今天，有了百科全书式的《民法典》，全面规定尊重人格尊严和保护人民的人格权，会全面推进我国社会成员的人格权意识，更好地尊重人格尊严，保护好人格权。例如，长期以来，我国社会成员对身体权的意识并不明确，不知道自己是否享有这样的人格权，更不知道应当怎样保护自己的身体权。人格权编在规定物质性人格权中，将身体权列在健康权之前，地位仅次于生命权，这与以往的规定是完全不同的。在立法条文中，规定了身体权的具体行使规则和保护方法，将使我国社会成员更好地认识身体权，珍惜自己的身体权，尊重他人的身体权。在其他人格权方面，都有很好的规定，都会发生这样的作用。

立法的示范作用将会是巨大的。人格权编全面昭示人格权，展示人格权的具体内容，公示人格权的保护方法，将会在社会生活中为民事主体树立行为标杆，确立行为规范，因而会发挥巨大的示范作用，建立和谐的人际关系和社会秩序。

3. 为保护好民事主体的人格权提供裁判依据

《民法典》人格权编规定的规则，既是行为规范，也是裁判规范。特别是人格权编规定了人格权保护请求权，详细规定了具体规则，与侵权责任请求权一道，为法官处理人格权纠纷提供具有可操作性的裁判准则。人格权编规定的那些保护名誉权、信用权、肖像权、隐私权的裁判规则，都是在实践中总结出来的，经过深入的理论论证和实践检验，对解决人格权纠纷具有重要价值，能够解决好纠纷，保护好人格权。可以想象，在《民法通则》对人格权只规定了7个条文的基础上，在三十年的实践和理论研究中就积累了那么多的经验和研究成果，形成了今天由51个条文构成的人格权编。在有数倍于《民法通则》关于人格权规定的人格权编的指引下，对保护人格权的司法实践将会发挥多大的作用，是可想而知的。因此，可以预测到，在人格权编的指引下，我国的人格权民事审判工作将会出现重大进展，通过法院依据人格权编的司法实践，将使我国人格权保护上升到一个新的水平，使保护民事主体的人格尊严和地位达到前所未有的水平。

4. 鼓励和推动人格权法理论的深入发展

我国《民法典》人格权编立法的创新发展，也会对中国的人格权法理论研究以及对中国民法理论的研究产生重大的影响。中国《民法典》人格权编立法的成功，不仅是立法和司法实践的成功，也是理论研究的成功。在《民法典》编纂过程中，不仅涉及人格权法的宏观结构，而且对每一个具体问题的具体规定，都离不开民法理论的创新。人格权理论对人格权编创新的推动，一是在三十余年的研究中对人格权法理论有了深厚的积累，使我国有能力制定好人格权编；二是在编纂人格权编中，广泛深入的人格权理论上的论争，丰富了我国民法理论宝库，也给人格权编的立法提供了支持；三是对人格权编规定每一个人格权，以及每一个人格权的具体规则，都有丰富的理论支撑。例如，对肖像许可使用合同，在几十年前就提出了肖像使用合同的理论研究成果。[1] 对于身体权，也都作出了准确的论证。[2] 正是有了这些人格权理论的支撑，我国人格权的立法创新才有了深厚的理论基础。

---

① 杨立新、尹艳：《侵害肖像权及其民事责任》，《法学研究》1994年第1期。该文认为，合法的肖像使用行为，除去具有阻却违法事由的肖像使用之外，其性质是肖像使用合同。

② 杨立新：《论公民的身体权及其民法保护》，《法律科学》1994年第4期。

在对《民法典》人格权编创新规定进行解读和阐释的基础上，我国人格权法理论的研究将会更快地发展，会有更加深入和精准的理论不断出现，使我国人格权法理论研究出现一个新高潮，形成百花齐放的局面，进而把我国民事主体人格权保护得更好，使维护人格尊严成为全社会的共识和共同行为准则。

三、《民法典》人格权编规定人格权还应继续研究的问题

《民法典》人格权编的立法选择和立法的主要内容无疑是正确的，不过，也存在一些应当进一步研究的问题。

（一）人身自由究竟是一般人格权的内容还是具体人格权

关于人身自由权，人格权编有三处相关规定。一是《民法典》第 990 条第 2款规定："自然人享有基于人身自由、人格尊严产生的其他人格权益。"二是第 1003 条规定："自然人享有身体权。自然人的身体完整和行动自由受法律保护。任何组织或者个人不得侵害他人的身体权。"三是第 1011 条规定："以非法拘禁等方式剥夺、限制他人的行动自由，或者非法搜查他人身体的，受害人有权依法请求行为承担民事责任。"这三个条文，与第 109 条关于"自然人的人身自由、人格尊严受法律保护"的规定相衔接，似乎使人身自由成了一般人格权的组成部分，而行动自由却成了身体权的内容。这样的规定值得斟酌。

人身自由最早被规定为宪法权利。《宪法》第 37 条规定："中华人民共和国公民的人身自由不受侵犯。任何公民，非经人民检察院批准或者决定或者人民法院决定，并由公安机关执行，不受逮捕。禁止非法拘禁和以其他方法非法剥夺或者限制公民的人身自由，禁止非法搜查公民身体。"宪法规定的人身自由权，主要是身体自由权即行动自由，《民法典》第 1011 条规定的以非法拘禁等方式剥夺、限制他人的人身自由，非法搜查他人身体，都是对人身自由的侵犯，而不是对身体权的侵害。《宪法》规定的人身自由是宪法权利，其义务主体是国家和政府；《民法典》规定的人身自由的具体人格权性质和内容没有改变，改变的仅仅是义务主体，即作为人格权的人身自由权，其权利主体是自然人，而义务主体是

其他所有的自然人、法人和非法人组织。宪法上的人格权与私法上的人格权，其区别在于义务主体的不同，而不是人格权的性质和权利内容有别。不能因为将人身自由权规定在私法中，就使其由具体的权利变为抽象的权利[①]，由具体人格权变为一般人格权。

正因为如此，涉及保护自然人行动自由的不得以非法拘禁等方式剥夺、限制行动自由，非法搜查他人身体的侵害权利的行为，侵害的是人身自由权，而不是身体权。将人身自由权规定在一般人格权之内，而将人身自由权内容之一的行动自由权规定在身体权之内，混淆了人身自由权的权利属性。

事实上，作为一般人格权的自由权是人格自由。人格自由是抽象的自由权，是保持人格、发展人格的权利，它所解决的刚好是一般人格权要解决的问题。而人身自由权是具体人格权，包括行动自由权和意志自由权，解决的是人身不受非法限制和剥夺的权利保障，并不是基于人身自由、人格尊严产生的其他人格权益。

对此，应当正确解读人格权关于人身自由和行动自由的规定，将作为一般人格权内容的人身自由解读为人格自由，而将行动自由作为人身自由权的内容，确认为人身自由权，否则，人格权的法理中将会出现错误。[②]

（二）性骚扰侵害的是身体权还是性自主权

性骚扰是一种侵害人格权的侵权行为，人格权编对此作出规制是完全正确的。但是，性骚扰行为侵害的客体却不是身体权。将规制性骚扰行为责任的条款规定在身体权的内容中是不合适的，但是，又没有更好的办法。

研究性骚扰行为有几个问题需要厘清：第一，性骚扰行为确实有非法接触被骚扰人的身体的问题，但是，性骚扰行为确实也有不需要接触身体的行为，例如以语言的方式对他人进行性骚扰，肯定不接触对方身体。可见，性骚扰规定在身体权的内容中，不能涵盖所有的性骚扰行为。第二，性骚扰行为虽然与非法接触

---

① 这种权利性质的转化，请参见杨立新：《人身自由与人格尊严：从公权利到私权利的转变》，《现代法学》2018 年第 3 期。

② 杨立新、李怡雯：《人格自由与人身自由的区别及价值——〈民法典人格权编草案〉第 774 条第 2 款、第 784 条及第 791 条的规范分工》，《财经法学》2019 年第 4 期。

对方身体有关，但是，性骚扰的目的不是侵害身体权，而是行为人在主观上具有性意图，是故意实施性骚扰行为，其动机是达到性心理的满足，目的是非法侵害对方性利益，结果是使受害人的性权利受到损害，而不是仅仅使受害人的身体被非法接触。这与侵害身体权的故意或者过失的内容完全不同。第三，侵害身体权的行为人在主观上既可以是故意，例如故意侵扰对方身体，破坏其身体组成部分的实质完整性或者形式完整性，也包括过失侵扰对方身体，破坏权利人身体组成部分的完整性；但是，过失不能构成性骚扰行为，例如过失接触对方身体敏感部位，甚至造成受害人的性羞耻感，只要不是故意所为，就只能认定为侵害身体权而不能认定为性骚扰行为。因而，性骚扰行为不是侵害身体权的行为，而是侵害性权利的行为。

我国存在一个很特别的现象，即在刑法领域保护性自主权（性的决定权）是完全正常的[1]，将其解释为强奸罪的客体没有问题；但是，在民法领域讲性骚扰侵害客体是性自主权，就不被接受，这也正是人格权编不能明确规定性自主权的原因，因而才不得不把规制性骚扰的规则放在身体权的条文中规定。这其实是对性自主权的一种偏见，既然违反被害人的意志利用暴力或者以暴力相威胁，强行与他人发生性行为的强奸行为是侵害性自主权的犯罪行为，那么，为什么违背他人意愿，以言语、行为等方式对他人实施性骚扰行为，就会变成侵害身体权的行为呢？与强奸罪相比，只不过是性骚扰行为的情节较轻而已。既然强奸行为的侵害客体是性自主权，性骚扰行为的侵害客体当然也是性自主权。

既然《民法典》已经作了这样的规定，在司法实践中的操作方法是，对第1010条规定应当采取就事论事的原则，不去强调其与身体权的关系，就解释为性自主权，因为既然法律规定了性骚扰行为应当得到法律规制，那么，就按照这一规定确定责任即可。

《民法典》第1010条还有两个问题：一是，第1款和第2款规定的关系问题。这一条文本来的立法意图，第1款是采取权利保护主义立场制裁性骚扰行为，即追究性骚扰行为人的责任，第2款规定采取职场保护主义制裁性骚扰行

---

① 张明楷：《刑法学》，北京，法律出版社2011年版，第777页。

为，追究的是职场负责人对性骚扰行为的不作为责任。但是，目前第 2 款的内容只是规定了职场即机关、企业、学校等单位应当采取措施防止性骚扰的义务，并没有规定责任。不过，只要规定了用人单位的义务，对于违反义务的用人单位就能够确定其责任，对此应当正确理解。二是，在职场发生性骚扰行为，究竟怎样由行为人和职场分担责任？笔者的意见是，采取不真正连带责任的补充责任模式，以行为人承担责任为主，以职场承担责任为辅，即行为人承担全部责任，职场承担补充责任即可。[①]

（三）肖像权的定义中是否包含形象权

在人格权体系中，涉及标表自然人的人格特征的人格权有姓名权、肖像权、声音权和形象权[②]，人格权编已经规定了姓名权、肖像权和声音权，只是没有规定形象权。对此，究竟应当怎样理解，需要深入探讨。

通常理解，肖像是以人的面部形象为主体的人的外在形象在载体上的再现。除了人的面部形象以外的其他形象，例如后背、胳膊、腿、手和脚等再现的形象的利益保护，应当通过形象权保护。[③] 这是因为，非法利用他人的手、脚或者后背等身体外部形象做广告，总不能说这是侵害肖像权。

《民法典》第 1018 条第 2 款规定肖像权的定义很值得研究，即"肖像是通过影像、雕塑、绘画等方式在一定载体上所反映的特定自然人可以被识别的外部形象"。这一定义并没有强调肖像要以自然人的面部形象为主体，而是"可以被识别的外部形象"就是肖像。根据这样的定义，可以对肖像进行广义解释，不仅以自然人的面部形象为主体的再现形象是肖像，对那些非以面部形象为主体的自然人的其他部位再现的外部形象，也可以认定为肖像，必要条件是"被识别"。只要能够被识别的自然人的外部形象在载体上再现，就可以认定为肖像权的客体即肖像。

因此，可以得出一个结论，即人格权编规定的肖像权中的肖像，其实是一个

---

① 对这个意见，请参见杨立新、马桦：《性骚扰行为的侵权责任形态分析》，《法学杂志》2005 年第 11 期。

② 杨立新：《人格权法》，北京，法律出版社 2011 年版，第 405、440、474、488 页。

③ 杨立新、林旭霞：《论形象权的独立地位及其基本内容》，《吉林大学社会科学学报》2006 年第 2 期。

广义的概念，如同第 1018 条第 2 款所规定的那样：狭义的肖像，是通过影像、雕塑、绘画等方式在一定载体上所反映的特定自然人以面部为主体的可被识别的外部形象①；在狭义的肖像之外，还包括自然人的形象，即通过影像、雕塑、绘画等方式在一定载体上所反映的特定自然人可以被识别的非以面部为主体的外部形象。

据此可以认为，人格权编规定的肖像权中包含着形象权。确认这个结论是很重要的，那就是，对那些未经本人同意而使用其面部形象以外的其他外部形象，例如，利用他人手、脚、臂、腿等身体其他部分的形象进行商业使用的行为，只要能够被识别，就可以认定为侵害形象权而追究其民事责任，使权利人的权益得到保护。

（四）荣誉权的性质究竟是人格权还是身份权

荣誉权是不是人格权，很多人都对其持有怀疑态度。② 例如，有的认为荣誉权是身份权，有的认为荣誉权是具有身份性质的人格权，有的认为荣誉权是具有人格权性质的身份权。我在以往的著述中也不认为荣誉权是人格权，而是身份权，反映的是人与特定荣誉的身份关系，理由是，荣誉权没有固有性的特征，而是随着荣誉的获得而取得的保持和维护的权利，一个人没有荣誉，其人格并不会受到影响。③

为什么要将一个缺少人格权特征的权利定性为人格权，并且规定在人格权编中的原因，一是由于《民法通则》就规定了荣誉权，且与姓名权、肖像权和名誉权规定在一起，因而使其取得了人格权的地位；二是在某些国家的民法中，确实也有将其规定为人格权的，有立法例的参照④；三是既然《民法通则》已经规定了荣誉权为人格权，且适用了三十多年，人们已经基本上接受了这个观念，删掉

---

① 笔者在有关文章中一直强调肖像须以面部形象为主体，否则不为肖像。见杨立新、尹艳：《侵害肖像权及其民事责任》，《法学研究》1994 年第 1 期。

② 张新宝：《我国人格权立法：体系、边界和保护》，《法商研究》2012 年第 1 期；温世扬：《民法典人格权编草案评议》，《政治与法律》2019 年第 3 期。

③ 杨立新：《人身权法论》，北京，人民法院出版社 2006 年版，第 639－640 页。

④ 对此的分析意见，可以参见满洪杰：《荣誉权——一个巴别塔式的谬误？——"Right to Honour"的比较法考察》，《法律科学》2012 年第 4 期。

也不妥当。因此，《民法典》仍然将荣誉权规定为人格权。

总的来看，荣誉权缺少人格权的特征是现实存在的问题，但是，将其规定为人格权也不会出太大的错误。因为在现实生活和司法实践中，将荣誉权作为人格权进行保护，有一定的必要性。所应注意的是，荣誉权不是荣誉的获得权，而是获得了荣誉后的保持权、维护权，当主体获得荣誉后，被其他民事主体贬损、剥夺其荣誉，甚至侵害其荣誉中的财产性荣誉如奖金、津贴等，为侵害荣誉权的行为，应当承担民事责任。

（五）个人信息究竟是权利还是利益

个人信息是一个独立的人格权，这是毫无疑问的。[1] 立法机关在对待个人信息的性质上，一直处于犹豫不定的状态，在《民法总则（草案）》中，开始规定为个人信息权，在最终的法律文本中，第 111 条采用了个人信息的表述，而不将其称为权利。在编纂人格权编中，最初的草案也采用过个人信息权的表述，但是在后来的文本中仍然称为个人信息。

将个人信息单独列于具体人格权之中，就已经表明了立法者的态度，如果个人信息仅仅是一种民事利益，其实在第 126 条关于"民事主体享有法律规定的其他民事权利和利益"的规定中就可以涵盖，没有必要在与具体人格权的同等序列中规定。事实上，个人信息不加"权"字，并非认为个人信息就不是人格权，而是有相当的反对意见，因为个人信息加上权利的属性可能会对某些行业的发展有所影响。

其实，这些顾虑都是没有必要的，是权利就是权利，没有必要遮遮掩掩。既然法律这样规定，即使没有将个人信息直接规定为人格权，其实它也是人格权，在司法实务中，对个人信息的保护应当与其他具体人格权的保护采取同样的态度，才能更好地保护好个人信息，改变目前个人信息屡受侵害而救济不足的现状，况且，《个人信息保护法》已经对此作出了规定。

---

① 杨立新：《个人信息：法益抑或民事权利——对〈民法总则〉第 111 条规定的"个人信息"之解读》，《法学论坛》2018 年第 1 期，第 34－45 页。

（六）人格权编为什么没有规定婚姻自主权

《民法典》第 110 条在具体人格权的列举中规定了婚姻自主权，但是在人格权编却没有规定这个人格权，婚姻家庭编也没有相关规定。

婚姻自主权是《民法通则》第 110 条规定的人格权。一般认为，将婚姻自主权规定为人格权，没有太大的必要，因为在婚姻家庭编中规定了婚姻自由原则，人格权编再规定婚姻自主权不仅是重复，而且没有必要。笔者论证过婚姻自主权作为人格权的必要性，是因为婚姻自由是一个原则，而不是具体权利，婚姻自主权是自然人具有了婚姻行为能力，结婚还是不结婚、离婚还是不离婚，是自己的人格权，应自我决定。①

立法机关的基本想法是，婚姻自主权是婚姻家庭编的内容，且在婚姻自由原则中可以概括进去，不必再规定婚姻自主权。笔者认为，在总则编规定了《民法典》第 130 条，概括"民事主体按照自己的意愿依法行使民事权利，不受干涉"的自我决定权，就没有必要再规定婚姻自主权，因而，总则编就应当删除这个权利，问题是现在没有删除，形成矛盾，只能将其解释为婚姻家庭编规定的婚姻自由的组成部分。

---

① 杨立新：《人格权法》，北京，法律出版社 2011 年版，第 649 - 650 页。

第三章
《民法典》人格权编立法的主要争论

第一节　对《民法典》人格权编立法提出的不同见解

《民法通则》首次规定人格权制度以后，在《民法典》中如何制定人格权法，始终存在不同意见的争论。在编纂《民法典》过程中，这一争论发展到最激烈的程度，有的学者还提出了人格权法单独成编将会引发政治风险的论断①，产生了很大的影响。最终，立法机关不辱使命，当机立断，作出了《民法典》单独设置人格权编的决策，完成了《民法典》的立法任务，使人格权编成为《民法典》的最大亮点。温故而知新，总结《民法典》人格权编立法争论，对准确掌握《民法典》人格权编的立法意旨，更好地保护人民的人格权，进一步推动我国人格权法立法、司法和理论研究的发展，都具有重要意义。

---

① 梁慧星：《中国民法典不能设置人格权编》，《中州学刊》2016年第2期。本文以下引用不注明出处者，均引自该文。

一、《民法典》人格权编立法发生重大争论的背景

我国编纂《民法典》应当怎样制定人格权法，发生重大争论的背景如下。

1. 《民法通则》强化人格权立法的背景

《民法通则》虽然只有 156 个条文，但是，却把民法的基本内容都作了概括，适应了我国当时社会发展对民事法律制度的急需。《民法通则》规定的特别重要的内容是关于人格权的规范，规定了生命健康权、姓名权、肖像权、名誉权、荣誉权、婚姻自主权等，是特别重要的、具有历史意义和现实价值的规定。这是因为在"文化大革命"中，发生了侵害人格权的历史悲剧。改革开放之后制定《民法通则》，立法机关、民法学家与民众痛定思痛，认为法律必须加强对人格权的保护，因而在《民法通则》中对人格权作了比较全面的规定，对重要的人格权基本上都作了规定。[①]

2. 我国司法加强人格权保护的背景

《民法通则》实施以后，全国司法机关依据该法的规定，加强对人格权的司法保护，做出了重大努力。从那时起，人民的人格权意识陡然增强起来，继而发生了大量的向法院起诉寻求人格权保护的案件。笔者亲身经历了这段汹涌的维权潮流，深有感触。法院最先遇到的诉讼高潮是"告记者热"，媒体侵害人格权的诉讼案大批起诉到法院，受害人主张维护自己的名誉权。第二个高潮是"告作家热"，起诉作家在文学作品中侵害人格权，主张权利保护。法院在人格权保护的司法实践中不断积累司法经验，形成了最高人民法院关于名誉权保护的两个司法解释，后来又在 2001 年出台了《精神损害赔偿司法解释》，在精神性人格权的保护上作了全面总结，把对人格权的保护特别是对精神性人格权的保护提到了一个前所未有的高度。[②] 在关于人格权立法的重大争论中，最高人民法院之所以积极赞同、坚决支持人格权法独立成编，就是因为全国法院积累了大量的保护人格权

---

① 杨立新：《人身权法论》，北京，人民法院出版社 2002 年版，第 6 页。

② 最高人民法院的三个司法解释分别是：《关于审理名誉权案件若干问题的解答》（1993 年 8 月 7 日）、《关于审理名誉权案件若干问题的解释》（1998 年 7 月 14 日）和《关于确定民事侵权精神损害赔偿责任若干问题的解释》（2001 年 3 月 8 日）。

的司法实践经验，都憋在"心"里，如果专门制定人格权编，就会给人格权立法提供更大的空间，把这些司法实践经验都写进去，丰富民事立法。试想，仅仅对于名誉权的保护，最高人民法院就出台了两个司法解释，可见司法经验之丰富。如果将多种人格权的司法保护经验都总结出来，写进民法典，就会有一部既丰满、又实用，且特别具有中国特色的人格权编。

3. 我国人格权法的理论不断发展的背景

在《民法通则》规定人格权时，我国民法关于人格权的理论准备并不充分。我国人格权法的理论研究是在有了人格权的立法以后，才根据实践的发展逐步深入，一直发展到今天这样的水平。1987年以后，最早发生的理论讨论，是关于死者人格权保护的问题①，随后经过不断积累，逐渐出现了很多关于人格权研究的文章和专著。1993年，笔者和王利明教授第一次合著出版了《人格权法新论》②，这是最早的人格权理论专著，随后又出版了《人格权与新闻侵权》。③ 继而，王利明出版《人格权法研究》④，笔者出版了《人身权法论》⑤、《人格权法专论》⑥ 和《人格权法》⑦，姚辉出版《人格权法》⑧，张红出版了《人格权总论》。⑨ 至目前，我国已经形成了比较丰满的人格权法理论体系，突出了祖国大陆的人格权法特色，与台湾地区王泽鉴教授《人格权法》⑩ 专著在理论价值上等量齐观，甚至有所发展。我国人格权法的理论发展和研究深度，在国际上具有优势，并不落后于他国和其他地区。

---

① 典型的案件是"荷花女案"，案情参见杨立新：《人身权法论》，北京，人民法院出版社2002年版，第337-338页。

② 王利明、杨立新：《人格权法新论》，长春，吉林人民出版社1993年版。

③ 王利明主编：《人格权与新闻侵权》，中国方正出版社出版两个版本，一是1998年版，二是2010年版。

④ 王利明：《人格权法研究》，北京，中国人民大学出版社2005年初版。

⑤ 杨立新：《人身权法论》，北京，中国检察出版社1994年初版。

⑥ 杨立新：《人格权法专论》，北京，高等教育出版社2005年初版。

⑦ 我的两本同名的书，一是《人格权法》专著，法律出版社2011年版；二是《人格权法》教材，法律出版社2015年版。

⑧ 姚辉：《人格权法论》，北京，中国人民大学出版社2011年版。

⑨ 张红：《人格权总论》，北京，北京大学出版社2012年版。

⑩ 王泽鉴：《人格权法》，台北，三民书局2012年版。

在此期间，我国民法学界和司法界对民事立法是否规定人格权，都没有明显的争论。自 1990 年代中期开始，对民法典应当怎样规定人格权法，民法学界发生了理论上的重大争论。

二、《民法典》人格权编立法重大争论的发展过程

进入 1990 年代，民法学界对我国人格权法立法发生了争论，并且一直在持续发展。

（一）早期的学术争论

1. 讨论高等学校民法系列教材时的分歧意见

根据笔者的记忆，最早关于民法典分则应当包括哪些内容，要不要有单独的侵权责任编和人格权编的争论，是在 1995 年司法部组织专家讨论高等学校法学教材（民商法系列）时发生的。那时，笔者在最高人民检察院工作，没有参加这次专家讨论，根据事后了解和之后发生的事实证明，下述这些事实是真实的：当时多数专家主张，民法学统编教材应当单独编写《侵权行为法》和《人格权法》两本教科书，为将来的民法典编纂做好准备。梁慧星教授等少数专家反对，不同意专门编写这两本教材，理由是不符合传统民法的习惯。多数专家认为，中国的民法要有中国自己的特点，这样安排有《民法通则》的传统和依据，是正确的。

最终按照多数人的意见决定，这套教材编写了《民法总则》《物权法》《债法总则》《合同法》《侵权行为法》《人格权法》《亲属法》《继承法》共八部，作为民法的全国法学统编教材。将《侵权行为法》和《人格权法》两本教科书交由王利明教授负责，王利明和笔者写作了《侵权行为法》[1]，王利明、笔者和姚辉写作了《人格权法》[2]，由法律出版社分别在 1995 年和 1996 年出版。这次争论，是关于民法典分则是否设置人格权编的第一次大争论，争论的结果是没有采纳梁慧星教授的意见。

---

[1] 王利明、杨立新：《侵权责任法》，北京，法律出版社 1995 年版。
[2] 王利明、杨立新、姚辉：《人格权法》，北京，法律出版社 1996 年版。

2. 民法典编纂领导小组讨论《民法（草案）》起草方案的分歧意见

1999 年《合同法》起草完成之后，立法机关成立了编纂民法典领导小组，讨论制定民法典的起草方案。具体方法是由专家分工先起草立法草案的建议稿，之后交由作为立法机关的法工委参阅，提出立法草案。

对于《民法（草案）》究竟应当规定哪些内容，即应当分为几编，是要解决的重大问题。专家们对于规定《民法典》的总则编、物权编、合同编、婚姻家庭编和继承编都没有分歧意见，只是对是否单独规定侵权责任编和人格权编，出现了分歧意见。多数人主张继受《民法通则》的立法经验，单独规定侵权责任编和人格权编；少数人反对这个意见，认为中国民法典应当借鉴《德国民法典》的五编制，将人格权规定在总则中，侵权责任规定在债法中。这次立法的争论，其实是前一次教科书之争的继续。

最终按照多数人的意见，立法机关决定采取分别编纂民法典的总则编、物权编、合同编、人格权编、婚姻家庭编、继承编、侵权责任编和涉外民事关系法律适用编的计划，由民法专家分头起草民法典各编的草案建议稿。其中，中国人民大学民商事法律科学研究中心负责起草人格权编和侵权责任编草案建议稿。其他各编的草案建议稿分别由不同单位的专家负责起草。

王利明作为九人小组成员，主持侵权责任和人格权编草案建议稿的起草任务，笔者协助领导起草工作，最初的第一个草稿是笔者起草的，然后集体进行反复讨论、修改，于 2002 年春节之前完成了两部法律草案的建议稿，提交给全国人大常委会法工委。2002 年 4 月，法工委组织数十位民法专家在全国人大会议中心召开了两天研讨会，专门讨论这两部民法分编即人格权编和侵权责任编的草案建议稿，给予了充分肯定，也提出了应当改进和完善的主要问题。最高人民法院唐德华副院长、王家福教授、江平教授等，都充分肯定这两部民法典分则编草案建议稿的优点，认为比较成熟。《民法（草案）》的人格权编和侵权责任编，就是在这两部建议稿的基础上形成的。

接着，法工委开始进行《民法（草案）》的起草工作，经过努力，形成了《民法（草案）》，分为总则编、物权编、合同编、人格权编、婚姻编、收养编、继承编、侵权责任编和涉外民事关系法律适用编共九编。2002 年 12 月的全国人大常委会会议第一次审议了《民法（草案）》，其中人格权编是第四编，侵权责任编是第八编。

这一次立法审议的《民法（草案）》由于起草的时间比较仓促，不够成熟，例如婚姻法和收养法直接作为第六编和第七编，因此一共是九编。尽管如此，这个法律草案不是废案，有人说它是废案是不正确的。

对《民法（草案）》进行审议后，学者推出几部民法典草案建议稿，形成了"梁稿"①"王稿"② 和"徐稿"③，对于人格权立法各自坚持自己的立场，形成了鲜明的对立意见。"梁稿"坚持在民法总则的自然人部分规定人格权，规定了第46~56 条共 11 个条文，分别规定一般人格权、人格权的保护、生命权、身体权、健康权、姓名权、肖像权、名誉权、隐私权，以及对遗体的保护和对死者人格的保护。④ "王稿"则在建议稿的第二编规定"人格权编"，从第 291~388 条详细规定了人格权的具体内容。⑤ "徐稿"采用法国法模式，在"人法编"规定人格权。⑥ 有关人格权立法方法的争论主要发生在"梁稿"和"王稿"之间，焦点仍然是人格权在民法典中应否独立成编，各自在立法理由中都作了详细说明。

3. 由于意见分歧，人格权法迟迟没有纳入立法计划

在这次人大常委会对其进行审议之后，立法机关决定继续采取类法典化的民法立法计划，制定民法单行法。2003 年，首先以《民法（草案）》第二编物权编为基础，形成了《中华人民共和国物权法（草案）》，先后进行 8 次审议（2002 年 12 月的审议为第一次审议），于 2007 年 3 月通过。随后，以《民法（草案）》第八编侵权责任编为基础，形成了《中华人民共和国侵权责任法（草案）》，进行立法审议，也是以 2002 年 12 月对《民法（草案）》的审议为一读，

---

① 梁慧星主编：《中国民法典草案建议稿》，北京，法律出版社 2003 年版。
② 王利明主编：《中国民法典草案建议稿及说明》，北京，中国法制出版社 2004 年版。
③ 徐国栋主编：《绿色民法典草案》，北京，社会科学文献出版社 2004 年版。
④ 梁慧星主编：《中国民法典草案建议稿》，北京，法律出版社 2003 版，第 9-11 页。
⑤ 王利明主编：《中国民法典草案建议稿及说明》，北京，中国法制出版社 2004 年版，第 41-55 页。
⑥ 徐国栋主编：《绿色民法典草案》，北京，社会科学文献出版社 2004 年版，第 83-95 页。

于 2009 年 12 月通过。《侵权责任法》在侵权责任保护范围的第 2 条第 2 款，增加了隐私权的规定，没有规定身体权、人身自由权、信用权等人格权。在人格权保护方法上规定了第 20 条，是对人格权的积极权能予以保护规定的重要条文，体现了公开权的基本功能。

在《侵权责任法》完成之后，是先制定《人格权法》，还是先制定《涉外民事关系法律适用法》，有过考虑，经过斟酌，立法机关决定先审议后者，并于 2011 年 4 月完成立法。

接下来，本应当开始进行《人格权法》的立法工作，但由于意见分歧较大，先搁置起来，立法机关开始修订《继承法》。笔者参加了一年的修法讨论，由于立法机关决定先修订关系民生的《消费者权益保护法》，《继承法》的修订也被搁置，《消费者权益保护法》于 2013 年 10 月完成修法。至此，除了人格权法之外，2002 年《民法（草案）》确定的各编，都通过单行法的方法制定完成，公布实施，形成了我国松散的、类法典化的民法典，并宣布中国特色社会主义法律体系建设已经形成。[1]

此后的一段时间，对人格权在民法典中是否独立规定的争论，从表面上看，似乎已经偃旗息鼓，没有再形成争论焦点。

（二）编纂《民法总则》引发的人格权立法的争论

2014 年，中央决定编纂民法典，立法实行两步走，首先编纂《民法总则》。2015 年 9 月，立法机关提出了《民法总则（草案）》后，召开专家研讨会，由于制定《民法总则》必然涉及下一步编纂分则各编时是否规定人格权编的问题，本来似乎已经平息的对人格权编立法的争论，突然重新开始，并且愈演愈烈。

自 2015 年 9 月 14 日开始，全国人大常委会法工委在全国人大办公楼会议室召开第一次《民法总则（草案）》专家研讨会，会期三天（实际上是两天半）。

---

[1] 2011 年 3 月 10 日，全国人民代表大会常务委员会委员长吴邦国向十一届全国人民代表大会第四次会议作全国人大常委会工作报告时宣布，一个立足中国国情和实际、适应改革开放和社会主义现代化建设需要、集中体现党和人民意志的，以宪法为统帅，以宪法相关法、民法商法等多个法律部门的法律为主干，由法律、行政法规、地方性法规与自治条例、单行条例等三个层次的法律规范构成的中国特色社会主义法律体系已经形成。

第一天上午会议刚刚开始，法工委民法室主要负责人作为会议主持人致辞，简要说明了会议的开法，然后询问梁慧星教授对会议的开法还有什么看法。梁教授立刻说："我当然有要说的！"接下来，就发表了长篇讲话，主要内容是：第一，人格权不能规定在民法典分则之中，必须在民法总则中规定，否则就是破坏了民法的立法传统。第二，在民法典编纂中，不能说我国民法典规定人格权是世界首创，因为第一次在民法典中规定人格权编的是《乌克兰民法典》。第三，乌克兰民法典中人格权法独立成编以后，就发生了"颜色革命"。第四，人格权法独立成编会引发严重的政治后果。

在他的这一讲话结束后，笔者和其他几位教授立刻进行反驳，阐明民法典是否将人格权法独立成编是立法技术问题，不存在政治风险。《民法典》人格权编与发生"颜色革命"完全没有关系。争论似乎无法终止，这时，有一位教授很不客气地提出，现在仅仅是讨论会议程序问题，还不是讨论具体问题的时候；并建议主持人立即回到会议主题上来。会议主持人打断正在进行的争论，回到会议的开幕阶段，回归正题，又询问王利明教授对这次会议开法的意见。王利明简单说了同意会议的开法之后，会议开幕阶段结束，接下来开始逐条讨论《民法总则（草案）》的具体条文。

在讨论完第二章"自然人"部分的条文后，会议主持人要转入对第三章"法人"条文的讨论。梁教授立刻打断他的话，说：对第二章关于自然人的讨论不能结束，因为这关系到人格权的内容究竟在哪里规定的问题。他要求，应当按照他的意见，把人格权放在自然人一章中规定，规定的是自然人的人格权，所以，必须在讨论自然人的部分来讨论如何规定人格权，否则，就没有机会再对人格权问题进行讨论了。现在就必须在这里说清楚。接着，他就谈了对人格权立法的看法和意见，陈述民法典在总则规定人格权的必要性和在分则规定人格权的恶果。他的这种做法引起多数与会专家的不满，开始了第二次激烈争论。在多人的反对下，会议才按照正常的议程安排，结束了对"自然人"一章的讨论，开始对"法人"一章的条文进行讨论。

在会议的第二天下午，王利明发表了对人格权编立法看法后，梁教授立刻进行反驳，再次进行了激烈的争论。争论的具体内容不再详述，基本上还是重复前述内容。

在这次会议结束之后，民法学界重新开始争论关于民法典人格权法是否独立成编的问题。争论的焦点是，民法典人格权法独立成编究竟是立法技术问题，还是政治问题。我们始终认为，编纂民法典对人格权如何规定，是在私法领域规定民事主体的私权利，肯定不存在政治风险问题，不会因为规定了民事主体享有人格权就要引起"颜色革命"，所谓人格权法独立成编将会引发"颜色革命"的政治风险，是牵强附会的无理性臆测，是为反对人格权法独立成编寻找政治借口，将民法学术问题政治化；民法典是否要将人格权法独立成编，完全是立法技术问题：在民法总则中规定人格权，立法空间过于狭窄，不便于展开规定人格权的正面确权和保护规则，无法容纳三十多年来积累的司法实践经验和理论研究成果；在民法典分则独立规定人格权编，会有比较广阔的立法空间，对人格权进行全面规定，将积累的人格权立法和司法实践经验更多地写进《民法典》，更加突出其人文主义立场，更加突出人格尊严和人格权的地位和作用，更加突出《民法典》的鲜明中国特色。

2015年10月24日，中国法学会民法学研究会在海口市召开年会。会议开幕的前一天晚上，民法学研究会常务理事会召开，在谈到人格权在民法典中独立成编是不是有"颜色革命"政治风险话题时，有些常务理事认为会议应当对此有一个明确态度，一些常务理事建议委托笔者在会议的主题发言中说明这个问题。笔者接受委托，在24日上午开幕式结束后的主题报告阶段，放弃了原来演讲的题目，就此问题做了十分钟的主题发言，说明了笔者的观点，得到了与会大多数学者的赞同，当然也有老朋友对笔者提出了忠告和批评。会议休息期间，《中国法律评论》的编辑希望笔者能把发言的内容理论化，写成一篇文章，在该刊发表。几经斟酌，笔者写了《对民法典规定人格权法重大争论的理性思考》一文，发表在《中国法律评论》2016年第1期上。① 应当说明，笔者的这

---

① 杨立新：《对民法典规定人格权法重大争论的理性思考》，《中国法律评论》2016年第1期，第90-106页。

篇文章不是在专家研讨会上立即写出来的，也不是有人说的《中国不会发生颜色革命》这个题目。

2016 年 8 月 18 日，福建省法学会召开"海峡两岸法学论坛"，我国台湾地区的王泽鉴教授参加会议。晚上，笔者和王泽鉴教授以及福建师范大学法学院的几位教授一起在西湖边上的一家茶楼喝茶。其间，王泽鉴教授跟笔者说起，他在来开会之前，见到了梁教授，听他介绍了有关情况。王泽鉴教授问笔者，关于人格权的问题，不是都达成不再争论的意见了吗？你们怎么又挑起来争论呢？笔者跟王泽鉴教授说，这不是事实，真实的事实是，是梁教授率先引发争论，并且说我们关于人格权法独立成编的主张有引起"颜色革命"的风险。接着，笔者就向他介绍了引发争论的具体情况。王泽鉴教授不再劝笔者，只是说这样的争论不好，民法就是民法，不要说到政治问题上去吧。

2017 年 11 月 18 日，在北京航空航天大学法学院召开"海峡两岸民商法前沿论坛"，有三位教授就民法典规定人格权立法提出了完全不同的意见。[①]

江平教授再次呼吁人格权法在《民法典》中独立成编，认为民法典把人格权法独立出来是历史的必然。现在的《民法总则》并没有解决人格权的问题；应当通过人格权在民法分则中独立成编的方式，来解决人格权保护的相关问题。十九大报告还提出了保障人民人身权、财产权、人格权的重要论述，所以通过人格权法独立成编来解决人格权立法问题，不仅符合一直以来的主干起草想法，而且符合现阶段国家政治上积极倡导加强人格权保障的趋向。[②] 江平教授的这些意见，与他在法学教材讨论会和民法典编纂小组会议发表的意见是一致的。

我国台湾地区的苏永钦教授认为，人格权纳入民法典应无理论的争议，其私权定位与基础性都非常清楚。相较于知识产权，虽同属法定，人格权的特征却正在通过社会认同而自然形成，不待公权力的确认和创设，因此，在规范的数量上不会很多。但独立成编就会有点儿牵强，且以其跨越财产与身份关系的统领性，

① 江平、苏永钦和孙宪忠教授在会议上的发言均公开发表在《北京航空航天大学学报（社会科学版）》2018 年第 1 期。应当说明的是，三位教授在上述口头发言中的内容更为精彩，表述更为直接，在公开发表的文章中删除了一些口头表达的内容。本文引用以实际发表的文章为准。

② 江平：《人格权立法与民法典编纂体例》，《北京航空航天大学学报（社会科学版）》2018 年第 1 期。

其个人觉得最好的摆放位置还是总则，可以视其规范数量，而决定是否独立为一章。①

孙宪忠教授否定人格权在民法典中独立成编，将这个问题归之于立法的科学化，认为民法规则没有办法包含政治性的口号，有学者认为在民法中建立宣告性的规则，但实际上宣告性的规则已在《民法总则》中进行了规定。权利本身应当从法理上进行更多理解，但并非民法本身具有的人格。人格本身是宪法问题，如果我们意识不到这一点，甚至把所有人格问题都交给民法解决，民法（是）无法解决的，人格权问题是负责的领域（似为笔误，应为"宪法的领域"，笔者注），不能仅仅将其纳入民法的范畴里。②

三位学者上述发言的观点鲜明，立场截然不同，反映了当时对人格权编立法的三种不同意见，即赞成派、反对派和折中派。

（三）立法机关最后审议《民法典（草案）》前发生的自卫权争论

《民法总则》完成立法后，立法机关于 2017 年 4 月开始编纂《民法典》分则各编，关于是否制定人格权编，还看不出立法机关的明确态度。在这一期间，专家也在想新的办法解决人格权的立法问题。笔者在侵权责任编的立法建议稿中，试图按照《德国民法典》的方法，将人格权的内容写进去。③ 但是，不论是其他学者还是笔者自己，都认为这不是解决问题的根本之道，真正制定出一部具有中国特色的人格权法，必须坚持人格权在民法典分则中独立成编的立法之路。

就在这时，十九大报告提出了"保护人民的人身权、财产权和人格权"的论断。④ 这是中央对编纂民法典规定好人格权法的明确要求，应当依照这样的规

① 苏永钦：《中国民法典编纂的理由、最佳模式与基本功能》，《北京航空航天大学学报（社会科学版）》2018 年第 1 期。

② 孙宪忠：《十九大科学立法要求与中国民法典编纂》，《北京航空航天大学学报（社会科学版）》2018 年第 1 期。

③ 该建议稿载中国人民大学民商事法律科学研究中心编：《编纂民法典参阅》（内参）2017 年第 1 期。

④ 习近平：《决胜全面建成小康社会 夺取新时代中国特色社会主义伟大胜利——在中国共产党第十九次全国代表大会上的报告》，《人民日报》2017 年 10 月 28 日第 4 版。

定，坚定不移地编纂好人格权编。① 同时，不同意见者也发表意见，认为十九大报告写进人格权，是主张人格权法独立成编的人趁机在十九大报告这个"母亲的饭碗里放进的一只苍蝇"，主张编纂民法典将人格权法独立成编就是与中央的决定相对抗。②

根据十九大报告的精神，人格权编的立法正式纳入民法典分则各编的立法计划，起草了草案，经过专家的几次讨论修改，终于将《民法典分则各编（草案）》于 2018 年 8 月 27 日提交全国人大常委会进行第一次审议，其中包括人格权编。在审议中，人格权编的立法方法和具体内容得到了高度认可。

《民法典分则各编（草案）》公开征求社会各界意见后，有些学者对人格权编草案提出了批评意见，其中不乏否定的意见。③ 笔者也发表论文，进行了正常的学术争论。④ 这些争论的结果，使人格权编草案越改越好。这些可以从人格权编草案的第一稿到合体的《民法典》人格权编的内容对比中看出来。在此期间，对人格权编的批评一直在进行，其中一些正确的看法也被吸收在人格权编的草案中。

在这一次争论中，有四个高潮。

第一个高潮，是在中央十九大报告提出了"保护人民的人身权、财产权、人格权"的意见之后⑤，民法学界再次引发争论，一方认为民法典加强人格权立法是贯彻执行十九大精神的内容，应当以此统一人格权法的立法思想⑥；另一方提出，民法学家不是政治家，人格权是宪法问题，民法只要作出宣示性的规定即可，《民法典》没有必要规定人格权编。⑦ 这次争论更加激烈。

---

① 杨立新：《以十九大精神统一编纂民法典的人格权立法思想》，《盛京法律评论》2017 年第 2 期。
② 梁慧星：《民法典编纂中的重大争论——兼评全国人大常委会法工委两个人格权编草案》，《甘肃政法学院学报》2018 年第 3 期。
③ 例如邹海林的文章等，参见邹海林：《再论人格权的民法表达》，《比较法研究》2016 年第 4 期。
④ 杨立新：《对否定民法典人格权编立法决策意见的不同见解》，《河南财经政法大学学报》2018 年第 4 期。
⑤ 习近平：《决胜全面建成小康社会 夺取新时代中国特色社会主义伟大胜利——在中国共产党第十九次全国代表大会上的报告》，《人民日报》2017 年 10 月 28 日第 4 版。
⑥ 杨立新：《以十九大精神统一编纂民法典的人格权立法思想》，《盛京法律评论》2017 年第 2 期。
⑦ 孙宪忠：《十九大科学立法要求与中国民法典编纂》，《北京航空航天大学学报（社会科学版）》2018 年第 1 期。

第二个高潮，是在 2017 年 11 月法工委起草的《民法典人格权编草案（室内稿）》在部分单位征求意见之后，关于人格权法独立成编的争论又成为焦点，形成了网络争论热点，部分学者不断举行讲座、发表文章①，表达自己的观点，双方的意见截然相反。②

第三个高潮，是在全国人大常委会法工委提出民法典各分编草案的征求意见稿在更大范围内进行内部征求意见之后，由于其中包括人格权编草案的征求意见稿，引发了否定人格权编立法决策学者的"愤怒"，在表达的意见中，直接否定法工委的工作，否定中国法学会的工作，全盘否定民法典人格权编草案的室内稿和征求意见稿，将其称之为《乌克兰民法典》人格权立法的"跟屁虫"，将赞成和支持人格权编学者的意见称为"忽悠"和"勾兑"③。赞成和支持人格权编草案征求意见稿的学者也作了充分的意见表达。④

第四个高潮，是在临近将民法典草案提交全国人大会议审议通过之前，反对者就人格权编规定的生命权和身体权的内容，连续发表文章或者访谈，曲解人格权编中的有关条文，引申出了规定生命维护权和行动自由就是鼓励人民上街实施暴力对抗政府的结论，并严厉谴责，提出"当我们看到自卫权的本质是暴力，并且自卫权本身包含'上街'的时候，你还能够相信民法典规定自卫权仅仅是出于愚蠢吗？"的质疑，并因此得出结论："自卫权就像一柄刀尖淬上了剧毒的匕首，

---

① 邹海林：《再论人格权的民法表达》，《比较法研究》2016 年第 4 期；梁慧星：《中国民法典不能设置人格权编》，《中州学刊》2016 年第 2 期。

② 正方的主要观点有，杨立新：《以十九大精神统一编纂民法典的人格权立法思想》，《盛京法律评论》2017 年第 2 期；王利明：《论人格权独立成编的理由》；杨立新：《对民法典规定人格权法重大争论的理性思考》；马俊驹：《人格与人格权立法模式探讨》；孟勤国：《人格权独立成编是中国民法典的不二选择》；刘凯湘：《人格权立法中的论争与辨析》；刘士国：《论主体地位人格与人格尊严人格》；石佳友：《人权与人格权的关系——从人格权法的独立成编出发》，中国民商法律网公众号，2018 年 1 月 26 日专题发布；王利明：《功在当下，利在千秋——〈中华人民共和国民法典人格权编（草案）〉之我见》，中国民商法律网公众号，2018 年 2 月 5 日发布；王利明：《落实十九大报告，加强人格权立法》，中国民商法律网公众号，2018 年 2 月 11 日发布。

③ 梁慧星：《民法典编纂中的重大争论——兼评全国人大常委会法工委两个人格权编草案》，《甘肃政法学院学报》2018 年第 3 期。

④ 王利明：《乌克兰民法典与我国民法典人格权编有何关系？》，中国民商法律网公众号 5 月 5 日发布。

我们有的人从敌人手中接过它，回身就准准地插在自己的母亲（中国）的胸膛上。"① 把这样没有一点实事求是精神的非理性曲解的结论，强加给在学术争论上和立法中的不同意见者，甚至强加给立法者，不能令人理解。就像有人说的那样："这得有多大的仇恨啊！"这时，一方面是社会舆论对民法典的人格权编不断点赞，另一方面是断言"中国民法典规定自卫权，即使不是别有用心，也是多么愚蠢，多么的不合时宜"！这两种对立的态度十分鲜明。

二十几年来，有关人格权立法争论的主要问题，是在《民法典》中究竟应当将其规定在哪里。笔者和王利明教授是坚定不移地将人格权法在《民法典》中独立成编的倡导者。对此，持不同学术见解的学者针对我们的意见，提出不同的看法，原本都是在学术和立法的层面进行的讨论，没有逾越学术的范围，纯粹是学术观点之争。多数学者都认为人格权立法是非常重要的，但是，在立法上应当怎样表达，则有尖锐的对立意见。随后，这种争论发展到了立法技术之争，焦点是对我国的人格权保护经验、理论、成果，用何种方法才能使其更好地反映到《民法典》中去，体现中国人格权法的特色。概括起来，争论的主要观点有：（1）人格权法单独成编，即在中国民法典中单独规定人格权编，且放在分则第一编②；（2）在民法总则主体的"自然人"部分规定人格权法，因为人格权就是自然人的权利③；（3）在侵权责任法中规定人格权法，采《德国民法典》的立法体例；（4）在《宪法》中规定人格权法，对人格权予以更高规格的保护。④ 这些主张，都是对人格权法的立法技术争论，焦点在于把人格权法放到《民法典》的哪个部分规定效果会更好。笔者和王利明最早提出人格权法应该单独成编的意见和做法，理由是人格权也是民事权利，为什么一定要写在总则编，而不能像其他民事权利那样写到《民法典》的分则中呢？这种主张，与徐国栋教授的民法"人文主

---

① 梁慧星：《民法典编纂中的重大争论——兼评全国人大常委会法工委两个人格权编草案》，《甘肃政法学院学报》2018 年第 3 期。

② 王利明：《论民法总则不宜全面规定人格权制度——兼论人格权独立成编》，《当代法学》2015 年第 3 期。

③ 梁慧星主编：《中国民法典草案建议稿》，北京，法律出版社 2003 年版，第 9 页。

④ 尹田：《论人格权及其在我国民法典中的应有地位》，《人民法院报》2003 年 7 月 11 日第 3 版。

义"立法主张①有相似之处，有较多的逻辑共同点。

2015 年 9 月，关于人格权法立法的争论出现了政治风险之争。首先，争论的是，认为人格权法单独成编会把中国的人权保护提高到前所未有的高度，做这样一个结论的基础是什么；中国民法典如果规定人格权编，是否为世界民法史上的第一次。其次，争论的问题开始升级，认为世界上第一个在民法典中将人格权法独立成编的是《乌克兰民法典》，乌克兰采取这样的民法立法后，引发了两次颜色革命，因而人格权法独立成编存在着巨大的政治风险。最后，认为将人格权法独立成编的原因是因为《侵权责任法》不能很好地保护人格权，因而要不惜彻底贬损和肢解《侵权责任法》而达到人格权法独立成编的目的。很多参加会议的学者都认为，不应该把民法立法的学术问题引到政治领域中去，尤其不能用政治风险的"大帽子"打压不同的学术意见，这不是正常的学术讨论态度。

2019 年年末，由于《民法典（草案）》即将提交第十三届全国人民代表大会第三次会议审议通过，持反对意见的学者利用最后的机会，抓住个别学者在解释生命维护权就是自卫权的观点，引申到美国法的自卫权，认为规定自卫权就是鼓励人民与政府对抗，规定行动自由就是鼓励人民上街。这些望文生义、无中生有的反对意见，核心还是反对《民法典》设置人格权编，并没有新的看法，只是更加离谱而已。

通过对上述事实的回顾，可以证明一件事，就是在编纂《民法典》的过程中，对于是否单独规定人格权编，赞成者始终占据主流，反对规定人格权编的意见始终是少数人的个人主张。按照民主集中制的原则，当然是少数服从多数，个人服从组织。按照多数人的意见，《民法典》应当规定人格权编；少数不同意见可以保留，但是，立法还是应当依照法律规定的程序进行。最终，第十三届全国人民代表大会第三次会议高票通过《民法典》，特别赞扬人格权编在保护人民人格权的成功立法，是对这场长达二十几年争论作出的公断。

①　徐国栋：《两种民法典起草思路：新人文主义对物文主义》，载梁慧星主编：《民商法论丛》，第 21 卷，香港，金桥文化出版（香港）有限公司 2001 年版。

第二节 《民法典》人格权编立法学术观点与
立法技术之争的要点

一、我国《民法典》人格权编立法学术观点之争的主要内容

讨论人格权立法的学术观点，主要集中在人格权法是否独立成编上，争论的焦点是以下几个问题。在这些问题上提出的反对意见，都不能成立。

（一）"基于人格权与人格的本质联系而不能独立成编"及反驳理由

反对人格权法独立成编的学者认为："作为人格权客体的自然人的生命、身体、健康、自由、姓名、肖像、名誉、隐私等，是人格的载体，因此，人格权与人格相始终，不可须臾分离，人格不消灭，人格权不消灭。"① 这是将人格权规定在《民法典》总则编"自然人"一章的法理根据。

这种意见既有正确的一面，也有不正确的一面。人格权与人格相始终的意见是正确的，但是，对人格的正确解读，应当是民事权利能力，而不是人格权的客体。人格权的客体是人格利益，而不是抽象的人格，即不是民事权利能力，而是构成民事权利能力的各种人格要素。人格权确实与人格相始终，但是，人格权和人格权的客体即具体的人格利益之间，并不完全相始终。有的人格利益与人格相始终，例如人的生命、健康和身体等，但是有的人格利益却不是这样，会发生一定程度的分离。最典型的是肖像权，肖像权的客体即肖像，来源于自然人面部的形象，是具体的人格利益；但是，肖像一经形成，就成为自然人的面部形象的再现，总要依附于物质载体而存在，并且要脱离人格本身，甚至可以流转。② 肖像的可流转性，形成了肖像权的易受侵犯性，因而侵害肖像权就变得频繁和容易，

---

① 梁慧星：《中国民法典不能设置人格权编》，《中州学刊》2016年第2期。
② 杨立新：《侵害肖像权及其民事责任》，《法学研究》1994年第1期。

形成多发的侵害精神性人格权纠纷案件。姓名权和姓名也是这样。《德国民法典》特别重视姓名权及其保护，其重要原因之一，就是因为姓名权和人格为一体，然而姓名和主体却可以分离，能够被他人使用，也容易被他人侵害。隐私权也有这样的性质。这些人格权与身体权、健康权、生命权不一样，身体存在，有生命，有健康；生命没有了，健康就没有了，身体也就变成遗体，人格也就不存在了。不过，自然人死亡后，还有很多人格利益仍然存在，仍然需要继续保护，正是因为这个原因，姓名权、肖像权、隐私权等人格权保护的人格要素，是可以与人格本身部分分离的。正因为如此，美国出现公开权的权利概念，我国《侵权责任法》第20条也规定了人身权益受到损害造成财产利益损失的赔偿规则。问题是，一方面坚持说人格权与人格的本质联系，不可分离，但是，另一方面又认为侵害王军霞的肖像应当赔偿其财产利益的损失，认可"该判决承认了人格权具有财产价值并解决了财产损失额的计算问题。该案判决确立的规则，被立法机关上升为法律条文，规定在现行《侵权责任法》第20条"①。这样前后矛盾的表述，不知因何而生，当是学者不应犯的逻辑错误。应当指出的是，《侵权责任法》第20条并非仅依据王军霞案件判决上升为法律条文，只是依据的经验之一，美国法的公开权，德国法的承认人格权具有财产价值，日本法的商业形象权等，与王军霞案等无数案件积累的司法经验和我国公开权的理论研究成果均出自同一法理，都是该法第20条所依据的法理。② 立法借鉴外国法理，结合中国理论研究成果和司法实践经验，是立法必采方法，清末变法修律遵循的"注重世界最普通之法则，原本后出最精确之法理，求最适于中国民情之法则，期于改进上最有利益之法则"③，为立法借鉴的经典之论，不存在"外国的月亮总是比中国圆"的偏见问题。

主张人格权法不能独立成编，因而应当规定在总则编的"自然人"部分，似乎是唯一的选择。不过，人格权不仅自然人享有，法人也享有，例如法人享有名

---

① 梁慧星：《中国民法典不能设置人格权编》，《中州学刊》2016年第2期。
② 杨立新：《人格权法》，北京，法律出版社2011年版，第324-328页。
③ （清）俞廉三、刘若曾：《民律前三编草案告成奏折》。

称权和名誉权等,《民法通则》对此已经作了规定,《民法总则》也予以确认,是成功的。如果仅仅将人格权规定在总则编的"自然人"部分,在法人、非法人组织部分不规定又不行,要规定只能再另行规定在"法人""非法人组织"部分,必然形成《民法典》关于人格权法立法的叠床架屋。

(二)"基于人格权与其他民事权利的本质区别而不能独立成编"及反驳理由

反对人格权法独立成编的主张,还认为基于人格权与其他民事权利的本质区别:"人格权的客体是存在于自然人自身的生命、身体、健康、自由、姓名、肖像、隐私等人格利益。因此,人格权是存在于主体自身的权利,不是存在于人与人之间的关系上的权利。人格权就像权利能力、行为能力、出生、死亡一样,属于主体自身的事项,因此,民法无所谓'人格权'法律关系。只在人格权受侵害时才涉及与他人的关系",故人格权不能作为民法典的分则,不能与物权编、债权编、亲属编、继承编并列。

这样的认识也是不正确的。人格权属于民事权利,而构成民事权利,必然就有民事义务相伴,因而构成人格权法律关系,怎么能说无所谓"人格权"法律关系呢?人格权的权利主体是特定的自然人、法人、非法人组织,而该自然人、法人、非法人组织之外的其他任何人,都是这个法律关系的义务主体,双方之间构成人格权的绝对性法律关系,就支配自己的人格利益而言,是绝对权、支配权,任何其他人都负有不可侵的法定义务。正如王泽鉴教授所言:"人格权人得直接享受其人格利益(支配性),并禁止他人的侵害(排他性),就此点而言,人格权类似于物权。""人格权与物权同具有绝对排他性的结构",因而"人格权是一种具支配性的绝对权。"[①] 人格权法律关系是绝对性法律关系,当人格权受到侵害造成损害时,构成侵权法律关系,性质属于侵权之债这种相对性法律关系。这两个法律关系的性质不同,但都是客观存在的。因此,人格权也是民事权利,与其他民事权利虽然有一定区别,却没有本质区别,特别是没有人格权不能构成法律关系这种所谓的本质区别。

---

① 王泽鉴:《人格权法》,台北,三民书局 2012 年版,第 52 页。

（三）"基于人格权不能依权利人的意思、行为而取得或处分，不适用总则编关于法律行为、代理、时效和期日期间的规定而不能独立成编"及反驳理由

反对意见还认为，人格权因自然人的出生而当然取得，因权利人的死亡而当然消灭，其取得与人的意思、行为无关，原则上不能处分，不能转让，不能赠与，不能抵销，不能抛弃。因此，民法总则的法律行为、代理、时效、期日和期间等制度，对于其他民事权利均有适用的余地，而唯独不能适用于人格权。因此，人格权不能规定在分则与物权、债权、亲属、继承并列，割裂人格权与人格的本质联系，混淆了人格权与其他民事权利的区别，而且破坏了民法典内部的逻辑关系。①

这个意见听起来似乎有道理的，但实际上是不对的。原因在于，尽管人格权的性质确实属于固有权利，不因人的行为而取得，但是，这并不能说明人格权的客体即人格利益不能适用法律行为等民法制度。很多人格权的客体即人格利益是可以通过法律行为而处分、转移、赠与甚至抛弃的。例如，转移肖像权的许可使用权，法律是认可的；法人、非法人组织处分自己的名称权，部分转让甚至全部转让，也为法律所允许。即使自然人对自己身体的组成部分，即器官、组织以及自己的遗体，也可以捐赠他人，治病救人，不仅可行，而且是值得赞许的高尚行为。如果这些权利主体处分自己人格利益没有法律行为等规则的适用，如何能够实现呢？同时，人格权人处分自己的部分人格利益，也适用代理制度，未成年人处分自己的身体组成部分，须由法定代理人代理，即使成年人处分自己的人格利益，也可以适用委托代理制度。所以，说人格权不是支配权，只是一种确认权，是说不通的，人格权具有支配权的当然属性。不过，人格权确实有不适用法律行为等制度的部分，但是，只要有一部分人格权的行使适用法律行为、代理等制度，就不能作出"唯独不能适用于人格权"这样的错误结论。可见，反对人格权法独立成编的这个理论依据，在逻辑上不成立，以此论证"人格权法单独设编，就违反了民法典'总则与分则'的逻辑关系"的论点，就更不能成立。

（四）"法人不享有人格权，因此人格权必须规定在自然人之中"及反驳理由

反对意见认为，人格权是自然人的权利，和法人没有关系，不是所有的民事

---

① 梁慧星：《中国民法典不能设置人格权编》，《中州学刊》2016年第2期。

主体都享受这个权利。① 这种说法也是不正确的。

应当说，自然人享有的人格权是完整的，因为自然人有人格，需要对其人格利益进行全面保护。但是，法人、非法人组织也是民事主体，也有拟制的人格。尽管法人、非法人组织的人格和自然人的人格不一样，但是《民法通则》《民法典》也确认法人、非法人组织享有人格权，法人、非法人组织的名誉权、名称权须依法保护。王泽鉴教授认为，法人得为人格权的主体，但受有二种限制：一为法令限制，二为性质上限制。关于法令的限制多见于法人享有财产权，现行法上并无限制法人人格权的规定。性质上的限制，指法人不得享有专属于自然人的人格权，如生命、身体、健康、自由、肖像。其非专属于自然人的，则得享有之，例如姓名、名誉（商誉）、信用、隐私（商业秘密等）。② 上海法院判了一件法人名誉权保护的典型案例，判决侵权人对受到名誉权侵害的企业法人赔偿 150 万元的损失③，是目前判决侵害名誉权案件赔偿数额最高的典型案件，非常有说服力。④ 法人、非法人组织的名誉权必须保护，认为法人没有人格权，进而将其作为反对人格权法独立成编的一个理由，也不能成立。

以上反对《民法典》人格权法独立成编的学术观点，都存在逻辑上的缺陷和事实上的缺陷，不是充分的论证依据，不足以论证其观点的成立。相反，王利明、刘士国等对人格权法单独成编的论证更充分，更有说服力。王利明认为，人格权与主体制度存在明显区别，人格权规定的具体性和民法总则规定的抽象性并不兼容，人格权的发展趋势表明其无法为民法总则所完全涵盖，人格权置于总则之中将影响对人格权的充分保护和利用。⑤ 刘士国认为，人格尊严关系是人格权

---

① 梁慧星：《中国民法典不能设置人格权编》，《中州学刊》2016 年第 2 期。
② 王泽鉴：《人格权法》，台北，三民书局 2012 年版，第 65 页。
③ 本案的案情参见严耿斌：《新闻媒体的侮辱性评论构成侵犯名誉权》，《人民司法》2015 年第 16 期，第 4 页。
④ 杨立新：《企业法人名誉权侵权责任的界限判定》，《人民司法》2015 年第 16 期；《依法保护企业法人名誉权的典型判决》，《企业与法》2015 年第 4 期。
⑤ 王利明：《论民法总则不宜全面规定人格权制度——兼论人格权独立成编》，《当代法学》2015 年第 3 期。

编独立成编的基础。① 这些意见是正确的。否定人格权法独立成编的论述，无法推翻肯定说的学术根据。

对这些问题的争论，其实都是民法的学术争论。学术界存在这样的争论是正常的，不同的学术见解都可以进行争论，"理直而声婉"才最有说服力，最后自有判断学术是非的标准；"理直而气壮"地宣称他人的意见都是错误的，唯有自己的观点是正确的，都不作数；"理屈而色厉"更为不妥。正常的学术争论是有益的，能够推动学术发展和立法、司法进步，可以继续争论。

二、我国人格权法立法技术之争的主要内容

《民法典》如何规定人格权法的立法技术之争，实际上是学术观点之争在立法形式上的表现。在立法技术上，有关《民法典》如何规定人格权法的主要争论意见表现在以下五个方面。

（一）《民法典》应当在总则编"自然人"部分规定人格权法

有学者主张《民法典》在总则编民事主体的"自然人"部分规定人格权。其基础，主要是自然人才享有人格权，法人没有人格权；其他的依据如前所述。这种立法主张存在的最大问题是，如果在总则编的"自然人"部分规定人格权，就没有办法规定法人、非法人组织的人格权；若规定法人、非法人组织的人格权，须在"法人""非法人组织"的规定中再规定法人、非法人组织的人格权。这种做法，在立法上重复，显然是叠床架屋，不符合立法的精简原则，不如《民法通则》规定人格权的体例好。

（二）《民法典》应当在侵权责任编规定人格权

把人格权规定在侵权责任编，是有些学者的意见。② 这种意见比较落伍，因为这是《德国民法典》1896 年的立法模式。《德国民法典》在侵权责任的规定

---

① 这个观点是刘士国教授 2015 年 10 月 25 日在中国民法学研究会 2015 年年会主题报告中提出的。

② 这是尹田教授的新看法，参见刘续威、高建民：《编纂民法典应当制定一部什么样的人格权法——中国民法学研究会 2015 年年会侧记》，《企业与法》2015 年第 6 期。

中，第 823 条只规定了生命、身体、健康、自由等人格权，第 824 条规定了信用权，第 825 条规定了性自主权，在总则第 12 条规定了姓名权，人格权种类规定较少。应当看到，《德国民法典》是"二战"之前产生的法律，当时对人格权的立法和保护远没有"二战"以后那样重视。在当时的情况下，用侵权法保护人格权，是可以理解的，但是，在 21 世纪的今天，再采取这样的立法方法是不现实的。应当特别强调的是，我国的《侵权责任法》是权利保护法，是权利受到损害的救济法，而不是赋权性的法律，无法规定人格权的体系、种类和具体内容。实际上，《德国民法典》规定人格权其实也是权利救济法，并不是赋权的规定，主要内容仍然是权利受到侵害的救济规则。在当代，用侵权责任法来规定人格权，有重大困难。如果采用《德国民法典》规定人格权法的模式，我国《侵权责任法》已经把人格权规定得够多了，比《德国民法典》的规定要好得多，因为该法第 2 条第 2 款中已经列举了诸多具体人格权，按照这种意见衡量，应当认为我国的人格权立法已经完善了。人格权法主要是赋权的规定，应该规定抽象人格权和具体人格权的种类和具体内容，因此，在侵权责任编中规定人格权法的做法不应当采用。

（三）应当在《宪法》中规定人格权

主张在《宪法》中规定人格权法是较早的意见，主要理由是在《宪法》中规定人格权，使人格权具有更高的地位，能够得到更好的保护。但问题是，如果把人格权规定在《宪法》中，就使人格权这种私权利变成了公权利，改变了人格权的性质，将会使人格权的义务主体从不特定的他人变成国家。因为《宪法》规定的权利是公权利，权利主体是公民，义务主体为国家，国家必须予以保护。而人格权的性质是私权，在民法中规定人格权，就是要用民法的手段来予以保护。如果民法没有规定人格权，而要用《宪法》的规定作为保护人格权的法律基础，就会面临着法院不能适用《宪法》规范作出民事判决的障碍。最高人民法院关于以侵害姓名权的手段侵害受教育权案件的批复作出后[①]，受到广泛批评，已经被撤

① 即《最高人民法院关于以侵犯姓名权的手段侵犯宪法保护的公民受教育的基本权利是否应承担民事责任的批复》，该司法解释已经宣布失效。

销，理由就是违反了上述规则。笔者尽管不赞成这个看法，认为宪法权利如果具有私权利的性质，可以适用宪法规范作出民事判决，且德国引用宪法保护一般人格权的司法模式就是最好的说明。但是，在我国，这样的做法却面临困难和障碍，因为主流立场是不得在民事判决引用宪法规范。因此，将人格权写在《宪法》中不是好的方法。

（四）在民法总则的"民事权利"部分或者单立一章规定人格权法

还有一种解决人格权法立法的方法，是把人格权法规定到民法总则的"民事权利及客体"部分。[1] 这其实就是《民法通则》的立法模式。

认为在总则编单独设立一章规定人格权的意见也有道理，参照的模式是加拿大《魁北克民法典》的做法。不过，这种立法例还是不如在民法典分则中单独规定人格权编的做法更好。

（五）《民法典》单独规定人格权编

人格权是民事权利，尽管与其他民事权利存在一些区别，但是，基本权利性质是相同的，因此，应当在民法典分则中专门规定人格权编，并且放在分则的第一编，充分体现民法典的人文性。笔者和王利明都认为，这是最好的人格权法的立法选择，最能够把人格权的体系规定完整，把具体人格权的内容规定充分，使人的地位和人格受到更好的尊重，为人格权保护规定好权利基础。遗憾的是，尽管赞同这种意见的学者越来越多，却还没有形成普遍的共识，立法机关当机立断编纂了《民法典》人格权编，实现了人格权法独立成编的学术主张和立法计划，只是将其规定在第四编而不是第二编。

第三节 《民法典》人格权编立法政治风险之争的要点

关于《民法典》人格权法单独成编是否有政治风险，主要有以下不同意见

---

[1] 刘续威、高建民：《编纂民法典应当制定一部什么样的人格权法——中国民法学研究会 2015 年年会侧记》，《企业与法》2015 年第 6 期。

的争论。

一、《民法典》单独设置人格权编能否提高我国的人权保护高度

否定所谓"民法典要把人权保护提到前所未有的高度"的意见，是提出《民法典》人格权法单独成编将面临政治风险的主要依据之一。"民法典与人权保护的关系，这个问题在过去没有受到足够的注意"，"拿百度点开输入民法典、人权保护这两个关键词，马上会出来一个口号，民法典要把人权保护提到前所未有的高度"，这是主张人格权法独立成编的基本依据，正是这个主张存在政治风险。王利明否认他这样说过，实际说的是民法典要把对人的保护提到前所未有的高度。对人权的保护和对人的保护这两种不同的说法，虽然有公法和私法的区别，且政治敏感性不同，但并没有本质的区别，都是我国法律所致力于达到的目的。①

对于下面的这些观点，需要特别加以评论。

一是认为："我觉得这个口号将引起思想混乱，引发歧义。虽然不能说民法典与人权没有关系，但是民法教科书上什么时候说过人权保护是民法的目的，民法的功能呢？"

应当明确指出，人格权是人权的重要组成部分，因此，民法典与人权是有关系的。民法典加强了对人格权的保护，势必提高对人权的保护。这是不言而喻的逻辑。但这不是说人权就是民法的保护对象，保护人权是民法的功能。民法是通过对人格权的保护，间接地提高对人权的保护高度。如果民法典在人格权法单独成编上做出了更大的努力，确实能够提高人格权保护的水准，"民法典要把人权保护提到前所未有的高度"的判断，并不存在政治问题。因为我国《宪法》第33条第3款规定了"国家尊重和保障人权"的宪法原则，尊重和保障人权是所有法律部门的职责，民法肩负同样的职责。这样的意见并没有错，王利明教授也不必回避。

二是"'民法典要把人权保护提到前所未有的高度'这个口号，隐含我国当

---

① 梁慧星：《中国民法典不能设置人格权编》，《中州学刊》2016年第2期。

下人权保护的状况'很糟糕'的意思"。

这种推测并不成立，且有一定的恶意。"前所未有的高度"的基础，是已经有了很高的"高度"，在此基础上才存在"提到前所未有的高度"。如果以"很糟糕"作为提高的基础，应当是提高到"较高"的高度或者"不很糟糕"的高度。这样的推测，犯了逻辑上的推不出错误。对"民法典要把人权保护提到前所未有的高度"这句话的正确理解是，我国现在的人权保护已经达到了相当高的高度，民法典进一步强化人格权的保护，就能够把我国的人权保护提到"前所未有"的高度。这完全符合我国《宪法》尊重和保障人权的要求和我国保护人权的实际情况，没有丝毫否定我国人权保护现状的含义。

三是人格权究竟不是人权的内容。

1977 年联合国第 32/130 号决议即《关于人权新概念的决议案》，明文规定了 12 类基本人权，其中确实没有直接规定人格权的内容。但是，这不是否定人格权是人权内容的依据。人权是一个相当大的概念，是人因其为人而应享有的权利，因而把有关人的权利都概括在其中。加强人权保护是基本国策，党的关于加强依法治国的决定通篇说的，都是要加强对人的保护，加强对人格权的保护，加强对人权的保护。编纂民法典要加强对人格权的保护，进而进一步提高我国人权保护水平，是正确的命题，不会引起思想混乱，也不存在任何政治风险，且不违反联合国决议的内容。

二、《民法典》人格权法单独成编是否存在引发"颜色革命"的政治风险

《民法典》将人格权法单独成编可能会引发颜色革命，是反对人格权法单独成编者提出的政治命题。提出这个政治命题者的意见是："现在我们主张学习乌克兰民法，乌克兰民法典正式生效至今十多年过去了，乌克兰是不是变得更加富强，实际情况是乌克兰民法典颁布实行之后，乌克兰国家并没有变得更加富强，而恰好相反。乌克兰 2004 年发生了'颜色革命'，2013 年再次发生'颜色革命'，长期陷于社会动荡、经济崩溃、秩序混乱、民族分裂。乌克兰民法典人格

权法成编与乌克兰的长期动乱究竟有没有关系，是不是导致乌克兰长期动乱不止的诸多原因中的一个原因呢？不难看出乌克兰两次'颜色革命'陷入长期动乱，与乌克兰民法典，特别是乌克兰人格权法编之间有某种因果联系。""虽不能说是主要原因，起码是重要原因中的一个原因。"① 这个问题显然特别重要，对此必须进行认真分析讨论，得出正确的结论，即民法典人格权法单独成编是否存在引发"颜色革命"的政治风险。

（一）乌克兰的社会制度变革发生在 1991 年

乌克兰是苏联 15 个加盟共和国之一，在 1991 年苏联解体后独立，不再实行社会主义制度，实行"三权分立"的政治原则，为主权、独立、民主的法治国家，实行共和制。所谓"颜色革命"（Color revolution），又称花朵革命，是指 20 世纪末期开始的一系列发生在中亚、东欧独联体国家以颜色命名，以和平和非暴力方式进行的政权变更运动，参与者通过非暴力手段来抵制控制着国家的现政权。"颜色革命"在格鲁吉亚、乌克兰和吉尔吉斯斯坦等几个国家取得成功，推翻了原来的政权，建立了民选政府。② 从这个意义上说，乌克兰政治制度的根本性变革发生在 1991 年，那时乌克兰还没有制定新民法典，更没有人格权法独立成编的问题。其后在 2004 年和 2013 年发生的"颜色革命"，仍然是在其现有政治制度基础上的变革。

（二）《乌克兰民法典》第二卷"自然人的非财产权"规定了非人格权的权利

《乌克兰民法典》第二卷规定的是"自然人的非财产权"，共 3 章 46 条。第二十章规定的是"自然人的非财产权的一般规定"，从第 269 条至第 280 条，规定了自然人非财产性权利的类型、自然人非财产性权利的实质、自然人非财产性权利的行使、自然人非财产性权利的限制、自然人非财产性权利的保护、受侵害的自然人非财产性权利的救济、证明虚假信息不实、禁止传播违反自然人非财产权的信息、不履行法院关于保护自然人非财产权利判决的法律后果和被侵权人要求赔偿的权利；第二十一章"非财产性人身权利是个体与生俱来"，从第 281 条

----

① 　梁慧星：《中国民法典不能设置人格权编》，《中州学刊》2016 年第 2 期。
② 　百度百科：颜色革命条，http://baike.baidu.com/view/27567.htm，2015 年 10 月 29 日访问。

至第293条,分别规定了生命权、消除对生命及健康威胁的权利、身体健康保护权、医疗救助权、健康信息知情权、健康信息保密权、住院治疗的自然人的权利、自由权、人身豁免权、捐赠身体组织器官权、家庭权、获得监护或抚养权、获得安全环境权;第二十二章"自然人社会生活的非财产性人身权利的规定",从第294条至第315条规定了姓名权、更改姓名权、使用姓名权、尊严及名誉受尊重的权利、对死者的尊重、商誉不受侵犯权、个性权、个人隐私及秘密权、信息权、私人文件权、私人文件处分权、获知被转移到图书馆档案馆的私人文件内容的权利、通信隐私权、被摄像被摄影被电视播映或者被录像的自然人的利益保护、摄影及其他艺术制品表现人的利益保护、文学艺术科学技术创作权、居所权、住宅不受侵犯权、自由选择职业权、迁徙自由权、结社自由权和集会自由权。①

从《乌克兰民法典》第二卷的上述内容观察,无论是标题还是具体内容,都不是只规定人格权。第一,上述标题已经说得明白,并非规定的全部是人格权,而是自然人的非财产性权利,将其解释为人格权并非不可以,但须明确人格权概念无法涵盖该法规定的自然人的非财产权利的内容。第二,在该编的具体内容中,并非规定的都是人格权,还包括若干身份权和政治性权利即公权利,前者为第291条家庭权、第292条获得监护或抚养权;后者包括第309条规定的文学艺术科学技术创作权、第310条规定的居住权、第313条规定的自由选择职业权、第314条规定的结社自由权和第315条规定的集会自由权。这些内容,起码在我国立法中不属于人格权,特别是自由选择职业权、结社自由权和集会自由权,不具有人格权的性质,而是公民基本权利。

(三)人格权法独立成编与发生颜色革命没有关系

在明确了《乌克兰民法典》第二卷的上述内容之后,应当特别强调指出以下几点。

第一,如果说《乌克兰民法典》有关人格权的规定与其两次颜色革命有联系,是发生颜色革命的重要原因之一,也就是第314~315条规定的结社自由权

---

① 之所以全面介绍《乌克兰民法典》第二编"自然人的非财产性权利"的全内容,一是因为该法对我国读者较为生疏,二是论证该编的内容并非完全是人格权,并不是"人格权法"独立成编的成例。

和集会自由权，而该学者正是这样认为的。但是，这两个权利根本就不是人格权。在我国学者包括我们起草的任何一部民法典建议稿以及人格权法建议稿中，都没有规定这两个权利。如果按照这个逻辑推论，没有规定这两个权利的人格权法，就应当不会有发生颜色革命的政治风险。

第二，更重要的是，我国《宪法》第35条明确规定："中华人民共和国公民有言论、出版、集会、结社、游行、示威的自由。"这是早在1982年就规定了的宪法原则，具有比《民法典》更高的效力，是权利的最高法律效力保障。我国《宪法》规定了公民享有这些政治性权利，并没有发生颜色革命的政治风险。由此可以证明，这样的推测显然是不成立的。

第三，如果人格权法单独成编存在颜色革命的政治风险，那么，把人格权规定在《民法典》的任何部分，这种风险都将存在。《民法典》的人格权法单独成编并不是政治问题，而是立法技术问题。如果说人格权法单独成编就是引发颜色革命政治风险的"重要原因之一"，那就不在于其是否单独成编，即使放在民法的总则、分则以及侵权责任编中，后果也都应当是一样的。如果人格权法单独成编会形成政治风险，放在民法总则的"自然人"部分为什么就不会有政治风险呢？这个意见在逻辑上是根本说不通的。

第四，中亚、东欧以及其他发生颜色革命的国家并没有人格权法独立成编的问题。如果以《乌克兰民法典》人格权法独立成编后发生了两次颜色革命因而证明前者是后者的重要原因之一，但是其他中亚、东欧国家如格鲁吉亚、吉尔吉斯斯坦等，并没有在《民法典》中将人格权法单独成编，为什么也会发生颜色革命呢？这样的事实说明，人格权法单独成编与颜色革命没有关系，这种政治风险的说法，即使不是无中生有，也是牵强附会。

这些事实足以得出结论，认为《民法典》人格权法独立成编是发生颜色革命的"重要原因之一"，是没有逻辑根据和事实依据的，完全是主观臆断。如前所述，我国《民法通则》的突出特色之一，就是专门规定了"人身权"一节，加强了对人格权的保护。三十多年的经验告诉我们，立法、司法加强对人格权立法和保护，大大推进了我国的社会进步，促进了经济发展，提高了人的地位，体现了人的尊严，加强了权利意识，提高了人权保护的程度。这说明，《民法通则》强化对人格权的立法和保护是正确的。民法以人为中心，民法就是人法。只要《民法典》沿着《民法通则》开创的人格权立法方向继续前进，我国的社会就会继续发展，人权保护就会继续提高，人民就会有更加幸福的生活。

三、否定《民法典》人格权法单独成编的其他两个理由及反驳意见

（一）大规模侵害人格权的事件多发生在公法和公权力领域不是否定人格权法单独成编的理由

"大规模侵害人格权多发生在公法和公权力领域。它跟人格权没有关系"，因而人格权法没有必要独立成编①，也是否定人格权法独立成编的一个理由。确实，发生大规模侵害人格权的事件基本上都是发生在公法或者公权力领域，这个结论是对的。例如，我国的"文化大革命"，苏联的大清洗，东德的斯塔西秘密警察的行为等，都发生在公法和公权力的领域。但是要看到，这些大规模的公权力行为侵害的权利都是人格权。苏联的大清洗把一个一个无辜的人都吊在绞刑架上，侵害的都是他们的生命权，是对人的尊严的践踏。《民法典》加强对人格权的立法，加大保护力度，就能够有效地阻止公权力对人的私权利的侵害。主张人格权法独立成编，正是采取的对抗非法公权力行为的措施。中国领导人及时纠正了"文化大革命"的错误，制定了《民法通则》，加强了对人格权的立法和保护，人民才有了今天的地位和尊严。这是应当庆幸的。加强人格权法立法以至于在《民法典》中独立成编，目的就是要阻止历史再回到那样一个公权力大规模侵害私权利特别是人格权的时代。

（二）主张人格权法单独成编并没有贬损、肢解侵权责任法

学者认为，"现今主张人格权单独设编的学者，当年极力主张和强调侵权责任法作为民事权利保护法的性质及其重要性，建议民法单设侵权责任法编，立法机关采纳了此项建议"，"今天为了达到人格权单独设编的目的，却又提出

---

① 梁慧星：《中国民法典不能设置人格权编》，《中州学刊》2016年第2期。

所谓侵权责任法不足以保护人格权，并在关于人格权单独设编的言说中，毫不吝惜地贬损现行侵权责任法、肢解现行侵权责任法，不惜以今日之我，否定昨日之我。"①

前一项说法是真实的，我们在当年确实是极力主张和强调侵权责任法单独制定的，直至 2009 年 12 月 26 日立法机关通过了该法，诞生了世界上第一部以侵权法命名的《侵权责任法》成文法。这一直是我们的骄傲。

但是，后一项说法是不真实的。直至今天，王利明和笔者任何一个都没有对我国的《侵权责任法》进行贬损和肢解。一直以我国《侵权责任法》为骄傲的笔者，在《侵权责任法》通过之后，发起建立了东亚侵权法学会和世界侵权法学会，向国外介绍我国《侵权责任法》的立法经验和理论研究成果，使更多的人了解了我国的《侵权责任法》。指责贬损和肢解我国《侵权责任法》的依据，是王利明在他的人格权立法的论文中提到，《侵权责任法》对于保护人格权有一定的局限，因为《侵权责任法》没有更加细致地规定人格权。② 这是客观事实。指出这个事实，既不存在贬损，也不存在肢解《侵权责任法》的问题。

《侵权责任法》关于保护人格权的直接规定主要是：第一，第 2 条第 2 款规定了生命权、健康权、姓名权、名誉权、肖像权、隐私权和婚姻自主权七个人格权，还有身体权、人身自由权、形象权、声音权、信用权、性自主权等没有规定，不能说这里列举的人格权是完善的。第二，第 6 条第 1 款关于过错责任的规定，是包括侵害精神性人格权在内的侵权过错责任一般条款，是侵害精神性人格权损害赔偿责任的请求权基础；当然也是侵害生命权、健康权、身体权以及其他权利的一般侵权行为的请求权基础，但是，侵害物质性人格权的损害赔偿还适用过错推定原则和无过错责任原则。这些规定都很明确，但是需要解释，还做不到让不熟悉法律的人一目了然。第三，第 22 条关于精神损害赔偿的规定，主要是对侵害精神性人格权的救济方法。第四，第 20 条规定的侵害人格权益造成财产

---

① 梁慧星：《中国民法典不能设置人格权编》，《中州学刊》2016 年第 2 期。

② 王利明：《论民法总则不宜全面规定人格权制度——兼论人格权独立成编》，《当代法学》2015 年第 3 期。

损失的损害赔偿规则，实际上就是关于公开权损害救济的规定。上述这些规定是明确的，也是比较完善的。但是，这些都是关于人格权保护的一般的救济性规定，而不是赋权性的法律规范。每一个民事主体究竟享有哪些人格权，具体人格权都有哪些内容，应当保护哪些方面，《侵权责任法》依照其功能和性质，是不能规定的。这与《德国民法典》在侵权法中规定人格权的缺陷是相同的。对此，王利明的意见并没有错，这没有贬损《侵权责任法》，也没有肢解《侵权责任法》，而只是说了一个客观事实。尽管《侵权责任法》是我们用心血浇灌的一株法律之花，是我们自己亲手培育出来的，但是，对于该法存在的缺陷也不能护短，有缺点就是有缺点，只有正视立法存在的缺点，才有可能纠正这些缺点，让她更加美好。批评一下立法缺点，就说成是贬损法律、肢解法律，是言过其实。笔者和王利明完全没有这种意图和想法，更没有这样的说法。到今天，我们相信，我国《侵权责任法》仍然是当前世界侵权法领域中不能说最好但也是很好、很优秀的法律。《侵权责任法》在赋权方面，对于人格权的规定确实无能为力，那是法律的性质所致。如果有了单独的人格权法，对人格权的张扬会有更好的效果，对正确适用《民法典》侵权责任编更有助力。这样的想法并没有错。

第四节 《民法典》人格权编规定生命维护权为生命权内容的正确性

在《民法典（草案）》即将提交全国人大会议审议的前夕，反对人格权法独立成编的学者连续发表《不赞成规定所谓"自卫权"》[①] 和《"自卫权"再解读——关于民法典草案删除人格权编的再建议》[②] 等文章，提出了民法典人格权

---

① 梁慧星：《不赞成规定所谓"自卫权"》，法律讲坛微信公众号，https://mp.weixin.qq.com/s/gXkniup_yiM8lWA9xrPmrQ，2019 年 12 月 18 日发布。该文后发表在《法治研究》2019 年第 3 期，题目是《关于民法典分则草案的若干问题》。

② 梁慧星：《"自卫权"再解读——关于民法典草案删除人格权编的再建议》，法学茶座微信公众号，https://mp.weixin.qq.com/s/skSZmV0MJjdsW1wNSz8eAA，2020 年 1 月 23 日发布。

编规定生命维护权就是规定了自卫权，自卫权是美国法的权利，包括持枪权，因而就是暴力，而自卫权是对抗国家的权利，因而人格权编规定自卫权，就是鼓励对抗国家，自卫权就像一柄刀尖上淬了剧毒的匕首，我们有的人从敌人手里接过它，回身就准准地插在自己的母亲（中国）的胸膛上，重新提出请重视乌克兰的前车之鉴，再次提出否定人格权编的非理性主张。①

笔者作为积极倡导人格权法独立成编的学者和人格权编起草的参与者和立法专家，鲜明地说明了我国人格权编立法的正确性和科学性，对曲解甚至歪曲人格权编有关内容的非理性主张并将其作为《民法典》应当删除人格权编的理由，提出了自己的看法，指出这种见解的错误之处。

一、关于《民法典》规定生命维护权就是规定自卫权的问题

（一）规定生命维护权就是规定自卫权的逻辑关系

对这种曲解人格权编规定生命权包含生命维护权的见解，应当进行深入分析，指出其逻辑上的非理性。

对这个小标题提出的问题，持反对意见的学者进行论述的逻辑层次比较复杂，包括：（1）民法典草案人格权编第 1002 条规定生命权包含"有权维护自己的生命安全"→（2）有权维护自己生命安全的权利是生命维护权→（3）王利明教授解释生命维护权中包含着自卫权→（4）自卫权是美国法上的概念→（5）美国法的自卫权是针对政府侵害进行自卫的权利→（6）自卫权包含持枪权→（7）自卫权就是暴力→（8）人格权编规定自卫权就是刺向母亲胸膛的毒刀。

在上述表达的逻辑顺序中，包含着多层的判断和推理。

1. 第一个环节和第二个环节判断和推理是没有问题的，维护生命安全的权利就是生命维护权，这个判断没有错误。

2. 第三个环节说生命维护权包含自卫权，这个见解在原则上也没有错。这

---

① 梁慧星：《"自卫权"再解读——关于民法典草案删除人格权编的再建议》，法学茶座微信公众号，https://mp.weixin.qq.com/s/skSZmV0MJjdsW1wNSz8eAA，2020 年 1 月 23 日发布。

不仅是该民法学者的观点①，宪法学者也有着同样的看法。② 不过，笔者在自己的研究中，通常将其称为生命维护权，包括防止非法侵害的权利，不使用"自卫权"的概念。③ 如果说大前提是维护生命安全的权利包含寻求公力救济和必要时的私力救济，小前提是生命维护权包括自卫权，那么，结论为：自卫权在必要时是维护生命安全的私力救济手段，这个推理也是成立的。

3. 这种非理性主张的逻辑问题出在第四个逻辑环节，即自卫权是美国法的概念，且不是民事权利，而是宪法权利。这个判断单纯从文义上说，也不错。但是，问题在于，我国《民法典》人格权编在规定生命权的时候，规定的是"有权维护自己的生命安全"，条文中根本就没有使用"自卫权"的概念，与美国法上的自卫权这种公权利没有关系。

4. 在第五个环节，认为美国的自卫权就是针对国家的权利，是不正确的判断。这个权利来自美国宪法第二修正案的规定，内容是："纪律严明的民兵为保障自由州安全所必须，人民持有和携带武器的权利不得侵犯。"反对人格权法独立成编的学者将这个规定解释为："修正案允许对国家行使自卫权，国家一旦侵害州和人民的利益就可以行使自卫权，但必须采取法律规定的方式，即组成州民兵组织，然后各州再联合起来，就像当年华盛顿率领北美十三州的民兵一样来对抗现在的美国联邦政府。"④

对美国宪法第二修正案的规定作出上述解释，如果是在 2008 年之前，应当是正确的。美国联邦最高法院原来判决认为宪法第二修正案并不禁止各州对武器进行管制。例如，1875 年的"美国诉克鲁克香克案"的判决（United States v. Cruikshank)⑤，最高法院认为第二修正案"除限制联邦政府权力之外别无效果"。

---

① 王利明：《人格权法研究》，北京，中国人民大学出版社 2012 年版，第 279 页。

② 韩大元：《中国宪法学应当关注生命权问题的研究》，《深圳大学学报（人文社会科学版）》2004 年第 1 期。

③ 杨立新：《人格权法》，北京，法律出版社 2011 年版，第 353 页。

④ 梁慧星：《不赞成规定所谓"自卫权"》，法律讲坛微信公众号，https://mp. weixin. qq. com/s/gXkniup_yiM8lWA9xrPmrQ，2019 年 12 月 18 日发布。

⑤ United States v. Cruikshank，92 U. S. 542，553 (1875).

1886 年"普雷瑟诉伊利诺伊州案"（Presser v. Illinois）①，最高法院重申第二修正案"仅仅是对国会和联邦政府权力的限制，而不是对各州权力的限制"。直到 1939 年"美国诉米勒案"（United States v. Miller）②，最高法院判决仍然将第二修正案同美国宪法第 1 条第 8 项中的"民兵条款"结合起来理解，仍然认为"在没有证据表明拥有或使用（锯短枪身的）鸟枪""同一支训练有素的民兵的维护或效率有着合理联系的情况下，我们不能说第二修正案保障拥有和佩带这种器械的权利"。在"美国诉米勒案"之后，大多数涉及第二修正案的联邦法院判决都将其解释为保留各州维持民兵的权力。

但是，到了 2008 年，美国联邦最高法院对第二修正案作出新的解释，是因"帕克诉哥伦比亚特区案"（Parker v. District of Columbia）③，最高法院以 5 : 4 的多数意见，判决宪法第二修正案赋予了个人保有及佩带武器的权利。"训练有素之民兵乃保障自由州安全之所需"条款，仅仅是宣示对个人保有及携带武器之权利予以承认的目的所在，并非操作条款的限制条件。要求合法武器处于拆卸状态或者上扳机锁的规定，使得公民无法基于自卫这一核心合法目的而有效使用武器，因而违反了第二修正案。④

正是最高法院 2008 年的这个判决，使公民合法持枪用于防卫完全符合法律要求。据报道，2012 年新年前夜，在美国俄克拉荷马州布兰查德，18 岁的年轻母亲莎拉·麦金利（Sarah McKinley）带着婴儿独自在家，24 岁的贾斯汀·马丁（Justin Martin）和他的同伙达斯汀·斯图尔特（Dustin Stewart）持带着 12 英寸的猎刀，试图闯入莎拉的家里。莎拉马上拨打紧急报警电话，在 911 向媒体发布的录像带中，莎拉询问接线员："我手里拿着两把枪。如果他们进入这扇门，可以射杀他吗？"911 的接线员回答："你必须尽一切努力保护自己。我不能告诉你，你可以这么做，但是，你必须做你必须做的事，来保护你的婴儿"。于是，

---

①　Presser v. Illinois, 116 U. S. 252, 265 (1886).

②　United States v. Miller, 307 U. S. 174 (1939).

③　Parker v. District of Columbia, 478 F. 3d 370 (D. C. App. 2007).

④　以上介绍见廖凡：《持枪权与美国最高法院》，中国法学网，http://www.iolaw.org.cn/showArticle.aspx?id=2332，2020 年 2 月 15 日访问。

莎拉在两名入侵者破门而入时，果断地开枪打死了其中之一，另一名闯入者逃走后，不久被警方捉获。俄克拉荷马州法律允许对入侵者使用致命武力。地区检察官说：她自卫射击了马丁，"我们对该案的初步审查，并没有表明她以任何方式违反了法律"。而马丁的另一名同伙被指控犯有一级谋杀罪，因为警察说，马丁的死是由于他们企图进行盗窃造成的。莎拉对记者说，歹徒当时正挨家挨户试图闯入，911说，在他进入莎拉的房子之前莎拉不能射击他，所以，莎拉一直等到他进门后才开枪。莎拉说："你必须做出选择，你还是他，我选择了我的儿子，而不是他。"她继续说，"没有什么比抱着婴儿的母亲更危险的了"①。这就是美国人民的持枪权和自卫权，这种权利并不只是针对政府的权利，也是对私人不法侵害的防卫权。这些道理，跟学者上述对美国宪法第二修正案规定的解释并不相同，因为在美国，自卫权和持枪权，包括对私人侵犯进行自卫的权利，而非只是针对政府侵害的权利。

5. 在上述逻辑推理的第六和第七环节，是自卫权包括持枪权，因而自卫权就是暴力。这样的推理也是不错的，用自己持有和携带的武器进行自卫，这种行为当然就是暴力。当侵害生命权的行为正在实施，享有持枪权和自卫权的人民对实施具有暴力性质的侵害实施防卫行为保护自己，完全是有理由的合法行为。在前述案例中，莎拉的最后一句话让人感慨万分。每一位抱着婴儿的母亲，都能为保护自己的孩子而拼命，但是，她们是愤怒的狮子还是待宰的羔羊，不在于她们内心的勇气，而取决于法律是否给予她们以自卫的权利和自卫的能力，二者缺一不可。美国法律和执法者都毫不含糊地支持公民在面对入侵者时，可以使用致命的武力进行自卫，如果稍有动摇，对于处于绝对弱势地位的莎拉母子来说，2012年新年夜就是其生与死的分界。这正是美国法上的自卫权的精髓，也是美国宪法第二修正案为保护人民权利提供的法律保障。可见，学者关于"美国发明了自卫

---

① January 4，2012，ABC News，https://abcnews.go.com/US/okla-woman-shoots-kills-intruder911-operators-shoot/story?id=15285605；January 2012 BBC News，https://www.bbc.com/news/world-us-canada-16434328.

权，并且美国的自卫权是用来对付国家的，并没有说要用自卫权对付私人"的论断①是不正确的。如果美国法律规定的自卫权和持枪权只是人民对付国家侵害可以行使的权利，而不能对付私人的侵害，莎拉不仅不能面对私人侵害开枪射击将其击毙，而且法院还要判她构成谋杀罪而被处以刑罚。但是，实际情况正好相反。笔者曾经在美国广袤的北部自驾车行驶了 4 000 多千米，经常看到茕茕孑立的独立房屋散落在村落之外的原野和山区，心里就不时地为美国人民的生命安全担忧——深更半夜出现一个歹徒即使不是拿着杀人的刀枪，也会把人吓得半死。正是美国法律赋予人民自卫权和持枪权，才使他们的生命安全得到保障。如果美国的持枪权和自卫权仅仅是为了对付国家不法侵害的权利，那么，美国人民为什么要在家里藏着武器，像莎拉那样敢于射杀闯入者保护自己和自己的孩子，而被判断为"并没有表明她以任何方式违反了法律"呢？

6. 该民法学者在上述逻辑推论中得出的最后结论是：民法典人格权编规定自卫权，就是"我们有的人从敌人的手里接过刀尖上淬了剧毒的匕首，目的就是回身就准准地插在自己母亲（中国）的胸膛上"。因而，民法典人格权编规定自然人有权维护自己的生命安全，就是规定了美国法的自卫权，就是伤害自己祖国的毒刀。② 用科学的逻辑推理规则来检验这个推理的过程和结论，任何人能够相信这是正确的、科学的结论吗？这明显是犯了"推不出"的逻辑错误！即使不从上述曲解的逻辑推论中归纳其中的谬误，就是仅仅从上述的语言表述中，能够从在自然人的生命权中包含维护生命安全的权利，这样的权利包含着自卫权，在美国的自卫权是公民针对政府和国家的权利，因而就得出民法典人格权编规定了自然人享有自卫权，就是要向自己的祖国捅刀的结论吗？世界上肯定不会有人相信这样非理性的逻辑推论。

（二）关于自卫权的争论需要说明的问题

第一，生命维护权是正当的民事权利，是生命权的权利内容。维护生命安全

---

① 梁慧星：《不赞成规定所谓"自卫权"》，法律讲坛微信公众号，https://mp. weixin. qq. com/s/gXkniup_yiM8lWA9xrPmrQ，2019 年 12 月 18 日发布。

② 梁慧星：《不赞成规定所谓"自卫权"》，法律讲坛微信公众号，https://mp. weixin. qq. com/s/gXkniup_yiM8lWA9xrPmrQ，2019 年 12 月 18 日发布。

的权利中确实包含着防卫权，或者说就是自卫权。不论是自卫权还是防卫权，都是生命权人维护自己生命安全所必须具备的，否则，我国《刑法》和《民法典》总则编就不会规定正当防卫是免责事由。同时，我国《民法典》人格权编规定生命权的生命维护权，并不是美国法的权利，而是中国法的权利，不能用美国法对自卫权的规定和解释来界定我国民法规定的民事权利。即使《民法典》规定的生命维护权就是自卫权，我国的自然人享有持枪权吗？能够像莎拉那样用两把枪保护自己的孩子和自己不受私人的非法侵犯吗？这一点，是解释法律的常识和基本方法，显然不必过多说明。

第二，应当明确生命维护权与正当防卫的关系。民事主体享有维护生命安全的防卫权。对于不法侵害，不论是来自私人的，还是来自国家的，都可以行使防卫权，只是对于来自国家的、政府的不法侵害很难行使防卫权，大多要依靠受到损害后的司法救济予以保护，制裁违法的政府行为。对于来自私人的侵害行为，正当防卫制度为其提供基本的法律依据，只要在正当范围内，行使防卫权伤害非法行为人是合法行为。即使防卫过当超过必要限度造成不应有的损害构成违法，应当承担民事责任甚至刑事责任，但是，也须减轻处罚或者承担适当的责任。因此，防卫权或者自卫权与正当防卫和防卫过当的法律制度相辅相成、相互配合，完成保护人民生命安全的重任。《民法典》第130条确实规定了行使权利的自我决定权，将这个规定解释为权利自由行使原则，并据此推定自卫权人完全可以按照自己的自由意思（意愿）行使自卫权，其权利行使行为被推定为合法行使、正当行使，其行使自卫权的行为造成他人损害，原则上也不承担法律责任①，显然也是在曲解这一规定，是资深法学家不应当犯的错误。实施行使防卫权行为的后果，或者为正当防卫，或者为防卫过当，都有法律在规范，不会因为对生命权规定生命维护权而使这些法律规定的界限变得模糊不清，甚至连滥用权利都无法判明，否则，《民法典》第132条规定禁止权利滥用规则还有什么用呢？这不是正常解释法律应该得出的结论。

---

① 梁慧星：《不赞成规定所谓"自卫权"》，法律讲坛微信公众号，https://mp.weixin.qq.com/s/gXkniup_yiM8lWA9xrPmrQ，2019年12月18日发布。

第三，自卫权有防卫国家对个人生命权侵害的作用，但是，并不是借此可以对国家进行颠覆活动。国家对个人生命权的侵害行为，都是具体的。例如，1984年在笔者的家乡，火车站站前派出所接到报案，有一个小偷实施盗窃行为。第二天，站前派出所的民警带着举报人，在站前广场的公共汽车站附近守候，有一个青年被举报人指认为疑似盗贼。民警将这位要乘坐火车去省城开会的青年抓回派出所，追问其是否为盗窃人。该人不承认，民警就一直用棍棒拷打其腰部以下至大腿以上的部位，从上午九点一直打到下午四点多，将其身体打得血肉模糊，造成他失血性休克死亡。这不是国家对私人生命权的侵犯吗？在国家暴力机关面前，受害人即使受到国家机关行为的侵害，也无法行使防卫权。假如——笔者说的是假如——即使受害人对民警行使自卫权，难道就是犯了颠覆国家罪吗？显然不是，即使他行使防卫权不当，也顶多是犯了袭警罪，且有受到不法侵害的原因。这个案件的最终结果，是刑讯逼供者被绳之以法，受害人的家属获得国家赔偿。可见，学者关于"民法典规定生命权包含生命维护权就是规定了自卫权，自卫权就是用来对抗国家的，因而形成了自卫权与颠覆国家罪的立法冲突，民法典规定自卫权的后果就是废弃了颠覆国家罪，民法典新创自卫权，就是提倡鼓励人民用自卫权反抗国家"的逻辑推论①，不仅是对人格权编的曲解，而且是有着相当程度的恶意。生命维护权的防卫权绝不是法律政策上予以正面评价、提倡和鼓励的、不受限制和约束的个人暴力，更不是解放了的暴力、放开手脚的暴力。生命维护权根本就没有这样的本质和内容！

综上所述，《民法典》人格权编规定生命权包含生命维护权，并不等同于就有了美国法上的自卫权，民事主体行使生命维护权保护自己的生命安全，可以防卫来自他人的甚至国家的对生命权侵害的行为。这种防卫权的行使受到法律的约束，既不是没有限度，也不是要颠覆国家，而是为保护生命权人的生命安全所必须。国家立法机关既然在民法典中规定自然人有权维护其生命安全，就是相信人民不会向自己的祖国捅上淬有剧毒的匕首，更不是通过规定这项权利而号召人民

---

① 梁慧星：《不赞成规定所谓"自卫权"》，法律讲坛微信公众号，https://mp.weixin.qq.com/s/gXkniup_yiM8lWA9xrPmrQ，2019年12月18日发布。

颠覆自己的国家。

二、《民法典》规定身体权包括行动自由就是鼓励人们"上街"吗？

（一）主张规定行动自由就是鼓励"上街"的逻辑基础

持反对意见的学者对《民法典（草案）》规定身体权包括行动自由就是鼓励人民"上街"的逻辑推论，没有像上述对自卫权的推演那么复杂，而且其中有些说法是对的，但其根本说法是错误的。

对有关规定身体权包括行动自由后果解读的逻辑关系是：（1）身体权就是身体完整→（2）行动自由与身体权之间是八竿子打不住的关系→（3）规定行动自由就是"上街"→（4）自卫权就是"暴力"加"上街"→（5）美国针对中国策动以街头暴力为特征的颜色革命→（6）民法典规定自卫权仅仅是出于愚蠢吗？

（二）这种主张的逻辑错误

1.《民法典》第 1003 条规定了自然人有权维护自己的身体完整和行动自由

该学者认为，任何一本书上讲身体权的时候，都没讲过行动自由，行动自由与身体权之间是八竿子打不住的关系！身体权就是身体完整。[①] 对这两个看法，笔者完全赞成。认为身体权就是维护身体组成部分完整的权利，是完全正确的，笔者也是一直作这样理解的。[②] 虽然学者说："笔者最担心的是将来的子孙后代说，别人不懂，你懂，别人不说，你说，（可是）你不敢说。"[③] 按照这样的说法，我们都是这些不懂的一群中的一员，但是，就身体权是维护身体完整的权利这一点上，幸好笔者还是懂的，是有共同语言的。

问题是，研究和理解《民法典》人格权编，一定要弄清人格权编为什么要在身体权的内容中写上"行动自由"。行动自由是行为自由的另一种表述，表达的

---

　　① 梁慧星：《不赞成规定所谓"自卫权"》，法律讲坛微信公众号，https://mp. weixin. qq. com/s/gXkniup_yiM8lWA9xrPmrQ，2019 年 12 月 18 日发布。

　　② 杨立新：《论公民身体权及其民法保护》，《法律科学》1994 年第 6 期。

　　③ 梁慧星：《国家的事：我尽了我的职责》，瞰法微信公众号，https://mp. weixin. qq. com/s/7evIQZQs4RLe1PfFt-tvWg，2020 年 1 月 24 日发布。

是身体自由，是人身自由权的内容之一。因为历来的民法教科书和民法专著对人身自由权的界定，都认为人身自由权包含身体自由和意志自由，即行动自由和思维自由。① 为什么《民法典》人格权编要将行动自由这个人身自由的概念写进身体权的内容之中，是由于在人格权编规定的人格权中，只有人格尊严和人身自由是《宪法》规定的权利，在将这两个宪法权利即公权利转化为民法的私权利时，立法者将其抽象化，规定在《民法典》第 109 条，使它们都成了一般人格权的内容②，而将具体人格权规定在第 110 条，其中没有人身自由权。这就成了一个先例，在《民法典》的人格权编中仍然依此先例，把人身自由和人格尊严写在第 990 条第 2 款，确定为一般人格权的性质，而将行动自由规定在身体权中，并且在第 1011 条专门规定了侵害行动自由的救济方法。这种立法方法不科学，不符合人格权法的基本原理。与此相似的，是对性骚扰行为的规定，也是规定在身体权的范围之中，即第 1010 条，认定实施性骚扰行为侵害的是身体权。这个规定也不妥当，因为性骚扰行为侵害的不是身体权，而是性自主权。人格权编无意规定更多的具体人格权，因而也权且将其规定在"生命权、身体权和健康权"一章中。实际上，这只是权宜之计，是不得已而为之。对此，笔者也曾经多次提出修改建议，立法机关没有接受。作为个人，只能服从立法机关的决策。对身体权规定的上述不当之处，笔者完全赞同上述看法。

2. 《民法典》人格权编规定"身体自由"真的没有意义吗？

在持反对意见学者的认识中，在家里的行动自由，在单位的行动自由，包括驾车在高速路上的驾车自由，还用民法典来规定吗？③ 但是，正是这些似乎是常理的东西，却正是人身自由权的组成部分。在家里、在单位、在高速路上的自由，都是行动自由，都是人身自由权的组成部分，也正是人身自由权要维护的

① 龙显铭：《私法上人格权之保护》，上海，中华书局 1948 年版，第 79－81 页；杨立新：《人格权法》，北京，法律出版社 2011 年版，第 581－582 页。

② 杨立新、李怡雯：《人格自由与人身自由的区别及价值——〈民法典人格权编草案〉第 774 条第 2 款、第 784 条及第 791 条的规范分工》，《财经法学》2019 年第 4 期。

③ 梁慧星：《不赞成规定所谓"自卫权"》，法律讲坛微信公众号，https://mp.weixin.qq.com/s/gXkniup_yiM8lWA9xrPmrQ，2019 年 12 月 18 日发布。

内容。在权利人的行动自由没有受到非法干预时，是不会感到人身自由权的可贵的；但是，人一旦丧失了这些自由，在家里的行动自由、在单位的行动自由以及在高速路上驾车自由等受到了非法限制，人身自由就受到了侵害，当然就要依法进行维权。说行动自由不需要规定，是对人身自由权概念的理解不准确所致。

3. 规定行动自由就是鼓励"上街"吗？

持反对意见学者认为，民法典把"行动自由"规定在自卫权的定义当中，当然就是"上街"！自卫权就是"暴力"加"上街"！你看是何等的配合默契！① 这样的看法更是不对的。一方面，行动自由不是规定在所谓包含自卫权的生命权中即《民法典》第 1002 条，而是在第 1003 条对身体权的规定中。身体自由权就是行动自由，人格权编将其规定在身体权中，是要维护自然人身体的自由权利，其目的在于第 1011 条的规定，即反对任何"以非法拘禁等方式剥夺、限制他人的行动自由，或者非法搜查他人身体"的行为，怎么能够认为规定"行动自由"就是"上街"呢？为了维护这个逻辑的推论，还必须加上具有暴力内容的自卫权，因而才能够得出"暴力"加"上街"的"配合默契"，就是进行颜色革命了。把《民法典》人格权编规定的生命权的生命维护权曲解为自卫权，将身体权的行动自由曲解为"上街"，两相结合，得出了《民法典》人格权编的后果是向祖国母亲捅刀；进而认为，在美国针对中国策动以街头暴力为特征的颜色革命的当下，规定自卫权和可以上街的行动自由，就是愚蠢的立法。② 可是，我们不禁要问，按照这样的主张，人格权如果写在《民法典》总则中，难道不要写生命权，不要写权利人有权维护生命安全的内容吗？在《民法典》总则中规定人身自由权，难道不要写人身自由权包括行动自由和思维自由吗？既然都是要写的，为什么将这些内容写在总则编就不会发生"颜色革命"，而把人格权编写在分则就是愚蠢的，就会发生如此严重的政治后果呢?[①] 一个有正常思维逻辑的人，无论如何也不能推论出这样的结论。

三、《民法典》规定生命维护权和行动自由的正确性

通过以上对《民法典》人格权编规定生命权、身体权涉及的自卫权和行动自由的非理性主张的讨论，可以得出的结论是，《民法典》人格权编规定生命维护权和行动自由权是正确的，其主要依据是以下理由。

第一，在学术领域提出任何论断，都必须有扎实、科学的逻辑基础，缺少科学的逻辑基础的论断，不具有说服力。形式逻辑是规范人的思维规律的学问。任何一个理论，都不能违反人的思维的基本规律，不能违反正当的逻辑规则。人格权编规定生命权人"有权维护自己的生命安全"，身体权人享有"行动自由"，与美国法的自卫权毫不相干，与策动"上街"毫不相干，与策动"颜色革命"、鼓励颠覆国家更是风马牛不相及，完全不符合逻辑推理的基本要求。任何一个科学的推理，从大前提到小前提进而推出的结论，都应当是正当的、唯一的、符合逻辑要求的。推理和推定不同。民法上的推定，是根据已知的甲事实推断乙事实的存在，但是，推定不是推理，尽管可以按照法律的规定推出乙事实的结论，却准许被推定的行为人举证推翻推定而证明自己主张的事实。如果推理得出的结论不具有唯一性和正确性，能够举出证据证明还有其他可能，这个推理的结论就是不可靠的。建议删除民法典人格权编的主张所依据的上述两个推理结论，都不具有唯一性和可靠性，而是望风捕影的主观臆断，因而也就不存在应有的说服力，不存在应有的学术价值和社会价值。这样的逻辑推论，无法否定《民法典》人格权编规定生命维护权和行动自由权的正确性。

第二，王利明在他的书中所提及的"自卫权"概念，意在强调生命至上的理念，强调生命权在各项权利中至高无上的地位。按照康德伦理哲学的观点，没有

---

① 杨立新：《对民法典规定人格权法重大争论的理性思考》，《中国法律评论》2016 年第 1 期。

理性的东西只具有一种相对的价值，只能作为手段，因此叫作物；而有理性的生灵叫作人，因为人以其本质即为目的本身，而不能仅仅作为手段来使用。[①] 康德"人是目的而非手段"的思想，也成为尊重和保护人格尊严的哲学基础。生命价值高于一切，这一观点不仅是宪法学、行政法学等公法学者的共识，也得到了民法学者的普遍认可。王利明在论述生命权时，提出不能把生命当成手段，也意在强调生命权的价值高于一切，而且他在著作中的论述是从学理层面进行的一般性阐述，并不是对我国《民法典》人格权编生命权规则的解读。将文中所说的"防止国家的不法侵害"这句话恶意上纲上线，在政治上扣帽子，是不合适的。如果国家或者政府不存在实施不法侵害行为的可能，怎么会有《国家赔偿法》呢？怎么会有《行政诉讼法》呢？寻章摘句，无限上纲，乱扣帽子的做法，不是正当的学术批评方法。用《民法典》人格权编没有规定的所谓自卫权来否定规定生命维护权和行动自由权的正确性，没有任何说服力。

第三，《民法典》第1002～1004条关于自然人生命权、身体权、健康权的规定是正确的。在这些规定中，并没有确认所谓的自卫权，是总结我国自《民法通则》以来民事立法、司法实践经验和理论研究成果，从正面确权的角度，对上述权利作出的规定，并没有规定所谓的"自卫权"概念，也不存在所谓的"持枪自卫权"，更没有说行动自由就是"上街"。生命权、身体权、健康权的性质属于民事权利，而不是宪法性权利，并不涉及针对国家行使权利的问题。对此，《民法典》第989条已经对人格权编的调整对象作出了规定，即"本编调整因人格权的享有和保护产生的民事关系"。这意味着，人格权编所规定的各项人格权，包括生命权、身体权、健康权均属于民事权利，不是宪法性的公权利，不涉及公民与国家之间的关系问题，更与学者文中所谓的个人针对国家的自卫权没有任何关联。

第四，《民法典》规定个人有权维护自己的生命权、身体权、健康权，并不意味着允许个人通过暴力手段侵害他人。第1002～1004条规定个人有权维护自

[①] ［德］康德：《道德形而上学的奠基》，李秋零译，载李秋零主编：《康德著作全集》（第四卷），北京，中国人民大学出版社2005年版，第436页。

己的生命安全、生命尊严、身体完整、行动自由以及身心健康，并不意味着个人可以通过暴力手段侵害他人，因为个人维护自身生命权、身体权、健康权，均须符合法律规定的条件，其主要限于正当防卫、紧急避险等情形，而不是在任何情况下都可以侵害他人。维护生命安全，首先，是在自己的生命安全受到威胁时，有权请求公权力机关予以救济，例如打电话报警，这在《人民警察法》和《人民武装警察法》中都已经明确规定。其次，是在法律规定的条件下进行的自力救济。例如，第 181 条规定了正当防卫，第 182 条规定了紧急避险，第 1177 条规定了自助行为等。法律规定这些自力救济措施，不是要取代公力救济，而是弥补在公力救济来不及的情况下对民事主体权利保护的缺失。法律对此都明确规定了适用的条件，要将私力救济尽快纳入公力救济的渠道，就是要避免滥用私力救济的做法。在不具备法律规定条件的情形下，行为人擅自侵害他人人格权的，应当承担相应的法律责任。例如，在正当防卫的情形下，如果个人的防卫行为超过了必要限度，造成他人损害的，也不能完全免责。如果行为人在不具备正当防卫等条件的情形下恶意侵害他人，更应当承担侵权责任。从《民法典》的上述规定中解读出所谓公民针对国家的自卫权，显然是对上述规则的故意曲解。

第五，《民法典》人格权编关于生命权、身体权、健康权的规定与乌克兰民法没有任何关联。立法机关反复宣布，人格权只适用于民事关系，生硬地将二者牵强附会地结合在一起，将我国《民法典》的人格权规定与《乌克兰民法典》规定的集会自由、游行自由等生拉硬扯在一起（我国《民法典》人格权编不存在这些规定），将乌克兰社会出现的问题生硬地结合在民法典单独规定人身非财产权的规定上，并得出引发"颜色革命"的结论，是不负责任的扣帽子、打棍子，是没有任何根据的臆想。《乌克兰民法典》并没有规定独立的人格权编，也没有人格权的概念，只是规定"人身非财产权"，并在该编中规定了公法上的权利，这和我国《民法典》人格权编相距甚远。我国《民法典》以独立成编的方式规定民事主体的各项人格权，是我国自《民法通则》以来民事立法和司法实践经验的总结，而不是借鉴《乌克兰民法典》的立法结果。

第六，如前所述，我国《民法典》关于身体权的规定与鼓励人们上街游行、示威等也没有任何关联。学者将身体权这一民事权利与游行、示威等宪法性权利生硬地关联在一起，并提出保护自然人的身体行动自由就是鼓励人们"上街"①，是对身体权的故意曲解，也是对《民法典》关于身体权规定的错误解读。

说到底，将生命维护权解读为个人享有针对国家进行防卫的自卫权，再对生命维护权以美国的自卫权相比附，只是主张删除民法典人格权编的一个理由，实质是反对对人格权进行正面确权，反对加强对人格权的强化保护。那种认为十九大报告关于保护公民的人身权、人格权的规定是"母亲饭碗里的苍蝇"，其目的也在此，与现代社会不断强化人格权保护的理念是背道而驰的。自《民法通则》以来，我国民事立法以及司法实践历来重视对人格权的正面确权，《民法典》人格权编规定的各项具体人格权，均已为我国立法和司法实践所承认，在实践中，网络暴力，网络谣言，信息非法收集，信息泄露和倒卖，垃圾短信，以及在宾馆中非法窥探、职场性骚扰等，都严重侵害自然人的人格权。对这些侵害人格权的内容的规制，都必须以对人格权的正面确权为前提，对各项人格权的内容、效力以及保护规则等内容作出明确的规定。《民法典》对人格权进行的正面确权，不是对既有法治发展轨道的背离，而是对我国改革开放以来民事立法和司法实践经验的总结，也是在互联网、大数据时代强化人格权保护的必由之路，将为21世纪人格权的保护贡献中国智慧，提供中国方案。将我们在《民法典》人格权编中做出的上述努力，斥之为"美国针对中国，当然也针对别的国家，策动以街头暴力为特征的颜色革命的当下，中国的民法典规定自卫权，即使不是别有用心，也是多么的愚蠢，多么的不合时宜"②，才是真的别有用心，真的不合时宜。

在讨论了这些内容之后，就不能得出《民法典》人格权编规定生命维护权和行动自由权是不正确的结论。

---

① 在我国，任何人都知道，在这里使用所谓"上街"的概念包含的是什么含义。

② 梁慧星：《不赞成规定所谓"自卫权"》，法律讲坛微信公众号，https://mp.weixin.qq.com/s/gXkniup_yiM8lWA9xrPmrQ，2019 年 12 月 18 日发布。

第五节 《民法典》单独规定人格权编之立法决策的正确选择

一、回顾我国人格权法立法及争论历史得出的结论性看法

通过对将近七十年，特别是 1986 年《民法通则》规定人格权、1999 年编纂民法典是否规定人格权编争论的缘起和发展的回顾和梳理，可以得出以下几个结论性意见。

第一，在我国社会发展中，民事立法规定人格权法和没有规定人格权法，其社会效果是大不一样的。可以用 1986 年和 1987 年作为时间的分界线：1986 年之前，我国没有人格权立法，对人格权的保护不能说完全没有，但是不完善、不普遍，仅对极少数人格权有实际上的司法保护。[①] 从 1987 年开始，尽管《民法通则》确认的人格权种类还不多，却在社会的进步和发展中发挥了极其重要的作用。可以明显地看到，在 1986 年之前，除了有人身损害赔偿保护生命权和健康权的司法救济之外，在司法实践中，对于其他人格权保护，没有一件诽谤案件，没有一件侵害肖像权的案件，没有一件侵害姓名权、名称权的案件！这说明，人格权尽管有一定的先在性、防御性的属性，但是，在法律没有确认某种具体人格权之前，对于这种人格权的保护基本上是无从谈起的。所以，拿人格权的防御性、先在性来说事，并作为否定人格权编立法决策的证据，完全没有证明力，也没有说服力。仅举一例说明：《民法通则》由于没有规定隐私权，三十多年来，司法机关对于保护隐私权，不得已在 1988 年决定采取侵害隐私造成名誉权损害

---

① 杨立新、王轶等：《中国民法学三十年（1978—2008）》，载《中国法学三十年》，北京，中国人民大学出版社 2008 年版，第 112 页。

的，以侵害名誉权确定侵权责任的间接保护方式①；2002 年最高人民法院认识到对隐私采取间接保护方式的缺陷，因而司法解释规定采取直接保护方式，但是保护的只是隐私利益而不是隐私权，因为立法没有隐私权的规定②；直至 2009 年12 月《侵权责任法》立法，规定了隐私权为侵权责任的保护范围，对隐私权才堂堂正正地采取了用权利保护方法进行直接保护。这说明，人格权不经过立法确认，以其防御性和先在性的特点予以保护，是极其困难的。主张人格权法就是权利保护法而不是权利确认法的学者，对此经验教训不可能不知道却硬说不知道，不是实事求是的学术态度。

第二，自 1986 年以来，充分肯定人格权的重要性，并加强对人格权的民事立法，是立法机关的一贯立场。这不仅是在 1986 年制定《民法通则》时对人格权作出了破天荒的规定，而且在 1999 年以来发生了《民法典》是否单独规定人格权编激烈争论的情况下，立法机关在立法决策上，仍然鲜明地一贯坚持人格权立法的立场：（1）2000 年人大常委会制定民法典工作领导小组决议，分配中国人民大学民商事法律科学研究中心负责起草人格权编和侵权责任编草案建议稿；（2）2002 年 4 月人大常委会法工委专门召开会议，专题讨论民法典人格权编和侵权责任编草案建议稿，确定这两编的立法思想；（3）2002 年 12 月人大常委会审议的《民法（草案）》，其中包括第四编人格权编，共 24 条；（4）2017 年 11月和 2018 年 3 月人大常委会法工委推出《民法典人格权编草案》的室内稿和征求意见稿，内部征求意见。有些人认为，2002 年全国人大常委会审议的《民法（草案）》已经成为废案，是不正确的，因为在嗣后继续审议的《物权法》《侵权责任法》《涉外民事关系法律适用法》，都是以 2002 年全国人大常委会审议的《民法（草案）》作为第一次审议稿的，例如《物权法》的八次审议和《侵权责

---

① 最高人民法院于 1988 年颁布的《关于贯彻执行〈中华人民共和国民法通则〉若干问题的意见（试行）》第 140 条规定："以书面、口头等形式宣扬他人的隐私……造成一定影响的，应当认定为侵害公民名誉权的行为。"

② 最高人民法院 2001 年《关于确定民事侵权精神损害赔偿责任若干问题的解释》第 1 条第 2 款规定："违反社会公共利益、社会公德侵害他人隐私或者其他人格利益，受害人以侵权为由向人民法院起诉请求赔偿精神损害的，人民法院应当依法受理。"

任法》的四次审议，都以 2002 年的审议为第一次审议。这不仅说明《民法（草案）》不是废案，而且是制定类法典化民法典各单行法的基础。民法立法的前后具有一贯性，其中就包括在民法典中规定人格权编的一贯立场。可见，我国立法机关一贯重视和坚持制定人格权法，是 1986 年以来一贯秉持的坚定立场，因而与 2003 年制定的《乌克兰民法典》规定人格权卷完全扯不上边。

第三，本次编纂《民法典》与 2002 年《民法（草案）》是否具有连续性呢？不利的证据是，本次编纂《民法典》制定《民法总则》，并没有将 2002 年审议的《民法（草案）》的总则编作为对《民法总则》的第一次审议稿，没有像《物权法》《侵权责任法》《涉外民事关系法律适用法》那样，把《民法（草案）》的物权编、侵权责任编和涉外民事关系法律适用编作为第一次审议稿。笔者认为，本次编纂《民法典》，从形式上看，是一次新的立法工作，但是，从实质上看，仍然是先后相续的立法工作，理由是：（1）都是同一个立法机关进行的民事立法工作，制定的都是中国民法典；（2）2002 年《民法（草案）》的物权编、侵权责任编和涉外民事关系法律适用编，都是《物权法》《侵权责任法》《涉外民事关系法律适用法》的立法基础，即使合同编、婚姻家庭编和继承编不是《民法（草案）》的内容，但在 2002 年也都纳入了《民法（草案）》中；（3）《民法典分则各分编（草案）》的征求意见稿，在实质上仍然还是《民法（草案）》继续和发展；（4）《民法总则》草案的大部分内容，来自《民法（草案）》。因此，可以说，本次编纂民法典的立法活动，仍然是 2002 年民法典编纂工作的继续，尽管形式上有所区别，但是在实际上是有内在联系的。即使本次编纂《民法典》作为中央部署的一个新的立法任务，重新开始进行，而不是 2002 年制定民法草案的直接继续，因而本次起草《民法总则》是重新提出草案，从室内稿开始，到征求意见稿，直到前后四次的审议稿；但是，这也不能否认《民法总则》与 2002 年《民法（草案）》总则编之间的逻辑关系，主要的条文仍然是从该草案中拿过来的。同样，人大常委会法工委提出的人格权编草案将与民法典分则各编一起进行审议，尽管是新的立法内容，但是该草案也与 2002 年《民法（草案）》第四编人格权编不仅有着形式上的一致性，而且在内容上有着密切联系。

第四，我国的国家机关实行民主集中制。①"少数服从多数，个人服从组织"的原则，是民主集中制的核心，立法机关同样如此。在立法的学术问题上，学者坚持自己的学术立场，表达自己的学术见解，无可厚非，且应鼓励敢于直言。但是，在立法机关确定了立法计划并且已经在实施的情况下，应当依照民主集中制的要求，服从多数人的意见，服从组织的意见，并按照多数人的意见和组织的意见办事。至于个人，可以保留自己的不同意见。从1999年开始到现在，立法机关两次决定在民法分则中设置人格权编，立场分明，没有歧义。在这样的情况下，还要将自己的意志强加给立法机关，不符合民主集中制的要求。

第五，在分则中是否单独规定人格权编，归根结底，是一个立法技术问题。在人格权立法问题上，确实存在着政治基础和学术立场的问题，前者如法律本身就是上层建筑的组成部分，需要服从于社会经济基础的发展要求；后者如制定人格权法究竟是坚持大陆法系的传统，还是根据新时代发展的要求以图创新。但是，说到底，人格权在《民法典》中是必须规定的，这个结论并没有反对意见，争论的焦点不过是写在总则中还是写在侵权责任编中，或者单独设置一编的问题。在这样的立法技术问题上大动干戈，势不两立，对于科学立法是否有利，结论十分分明。立法时间本来就非常宝贵，应当集中精力，研究法律草案的设计和条文的科学性，把各种人格权的内容和保护方法规定得更好，这才是更加重要的问题。

第六，对于坚持制定人格权法或者人格权编，立法机关、司法机关的专家和民法学者做出了巨大贡献。在立法机关，具体负责立法工作的王汉斌、顾昂然、乔晓阳、胡康生、王胜明、魏耀荣以及其他法工委领导和民法室的领导等，立场鲜明，积极推动人格权立法的进程。在最高司法机关中，马原、费宗祎、唐德华、杜万华等，对人格权的立法贡献卓著。在民法学界，佟柔、王家福、江平、魏振瀛、王利明等教授，是力挺《民法典》规定人格权法最具影响力的学者。没有他们的不懈坚持，就没有我国民事立法中的人格权法，我国的人格权保护也就没有今天这样的良好局面。有些人将主张人格权法独立成编的立法思想只记在王

---

① 《宪法》第3条规定："中华人民共和国的国家机构实行民主集中制的原则。"

利明的账上，其实是不公平的，因为这样就抹杀了那么多专家、学者在这个问题上的功劳。在这些长期坚持人格权法立法立场的专家、学者面前，坚持否定人格权立法的人始终是少数。

回顾我国人格权立法和立法思想的争论，得出以上这些结论，是实事求是的总结，符合我国人格权立法历史发展的客观事实。

二、《民法典》设置人格权编是我国立法机关的正确选择

（一）立法机关坚持民法典设置人格权编的基本理由

我国立法机关为什么在编纂民法典中一定要在分则中设置人格权编，有充分的学理解释和实践依据。笔者认为，最基本的理由是以下三点。

1. 立法机关对《民法通则》规定人格权立法经验的传承

《民法通则》规定人格权法，开创了我国人格权立法中国经验，为保护人民的人格权奠定了立法基础。从这个意义上来看，我国立法机关在《民法通则》中规定人格权法，对中国社会的发展做出了决定性的巨大贡献。立法机关总结历史教训，制定《民法通则》，在规定了人格权法之后，在社会改革开放的形势下，人格权保护不断发展，社会不断进步，人民当家作主的地位不断提高。在改革开放继续发展的新时代，要制定一部引领时代发展的民法典，《民法通则》规定人格权的立法经验就必须传承下去，以提升我国人民的尊严，保护好人民的人格权，保障人民当家作主的地位。因而，编纂《民法典》设置人格权编，是顺理成章的，也是必须完成的立法任务。换言之，在《民法通则》第五章关于"民事权利"的规定中，按照已经预设了人格权编的框架基础，确定了物权、债权（包括合同编）、人格权、身份权（婚姻家庭编）、继承权的民法分则地位。不仅如此，《民法典》总则编在"民事权利"一章，秉承《民法通则》的这个思想，全面规定了人格权、身份权、物权、债权、知识产权、继承权和股权等权利，展开了民法典分则的宏观架构。编纂《民法典》在分则设置人格权编，是我国立法机关的一贯立场，从来没有动摇过，并且一直坚持下来。

2. 司法机关对人格权确认和保护法律适用经验的总结和升华

自《民法通则》实施以来，我国司法机关对人格权的保护创造了中国经验，对我国人格权法律体系建设提供了大量的、鲜活的、极其有价值的经验，具有保护人格权的鲜明中国特色。简单列举就可以看到：（1）对死者人格利益的保护；（2）对隐私权的确认和保护；（3）对名誉权司法保护规定详细的规则；（4）对人身自由权的确认和保护；（5）对一般人格权的确认和保护；（6）对侵害具有人格象征意义的特定纪念物品造成人格利益损害的精神损害赔偿救济；（7）对侵害生命权、身体权、健康权的精神损害抚慰金救济等。这些人格权确认和保护的司法实践经验，不仅具有中国加强保护人格权的重要价值，而且具有世界性的意义。这些具有鲜明中国特色的人格权确认和保护的司法实践经验，在立法中需要进一步升华，成为法律规范，就必须写在《民法典》中，实现法典化。而这些内容，由于《民法典》总则编的篇幅所限，以及法律规范性质的不同而无法写在其中；由于侵权责任编的保护民事权利性质的限制，无法容纳人格权确权和积极权能行使规则的规范；在民法典分则规定人格权编，不仅与总则编规定的民事权利类型相衔接、相对应，而且有足够的立法空间容纳这样丰富的规则。这也是我国《民法典》必须规定人格权编的基本理由。[①]

3. 改革开放新时代发展对保护人民人格权提出的实际需求

关于我国的人格权立法和保护，从 1949 年到 1986 年，是立法欠缺的时代；1987 年以来，是人格权立法和保护的兴起和迅猛发展的时代；编纂《民法典》，随着中国改革开放新时代的开始，我国的人格权立法和保护应当有更高的要求、更好的发展、更鲜明的中国特色。改革开放新时代的发展，必须体现人民当家作主，人民要求自己有更高的人格尊严，促进"满足人民日益增长的美好生活需要和不平衡不充分的发展之间的矛盾"[②] 这一社会基本矛盾的正常运动，推动社会的发展。满足人民日益增长的美好生活需要，就包括人民对自己的地位和权利的

① 王利明教授对此也有充分的论述，参见王利明：《再论人格权的独立成编》，《法商研究》2012 年第 1 期；《人格权的积极确权模式探讨——兼论人格权法与侵权法之关系》，《法学家》2016 年第 2 期。

② 习近平：《决胜全面建成小康社会 夺取新时代中国特色社会主义伟大胜利——在中国共产党第十九次全国代表大会上的报告》，《人民日报》2017 年 10 月 28 日第 4 版。

美好需要，而加强人格权的立法，正是调整不平衡不充分的发展的问题之一。社会基本矛盾是在社会这个有机体的无数矛盾中，起着本源的总制动作用的那个矛盾，也就是生产力和生产关系的矛盾，经济基础和上层建筑的矛盾。在一切社会中都存在的制约社会其他矛盾及其运动的矛盾，即社会生产力与生产关系、经济基础与上层建筑之间的矛盾。生产力与生产关系是社会生产方式的两个方面。它们之间的矛盾运动，是按照生产关系一定要适合生产力发展的规律进行。加强人格权立法和保护，适应社会基本矛盾中民事立法特别是人格权立法的不平衡、不充分的问题，使社会更加和谐地向前发展。因此，我国《民法典》必须设置人格权编，满足人民对美好生活需要的要求，保障人民追求人格权圆满和个人尊严的需要。

笔者认为，其他的理由都不用考虑，仅此三点，就足以确定为我国编纂《民法典》设置人格权编的必要且充分的理由。这就是中国自己的立法、司法和理论研究的总结，是对自己的立法、司法和社会实践经验的传承和发展，是地地道道的中国经验、中国特色、中国气派，不仅与《乌克兰民法典》没有任何关系，其实也跟传统的大陆法系民法立法没有太大的关系，完全是中国自己的事情，按照我国自己的经验和理论，解决我国自己的民法立法特别是人格权立法问题。

（二）对《民法典》人格权编立法决策正确性的最简单论证

其实，对于立法机关选择《民法典》设置人格权编立法决策正确性的理由，还可以归结于一个最简单的论证，那就是：从1949年以来到今天的七十多年中，在1986年《民法通则》规定了人格权法之后，我国社会是进步了，还是倒退了呢？显然是进步了！我国人民的人格尊严是上升了，还是下降了呢？显然是上升了！我国人民当家作主的地位是提高了，还是降低了呢？显然是提高了！那好，今天编纂《民法典》，就应当而且必须坚持中国经验，继续规定人格权编，并且要把它编好！除此之外，还有别的结论，或者还有别的路径可走吗？完全没有了！

我国立法机关在立法中始终坚持三条宝贵经验：第一条是党的领导，第二条是群众路线，第三条是立法、理论和实务相结合。立法机关在编纂《民法典》人格权编的立法决策过程中，贯彻上述三条基本立法经验，作出的决策是正确的。至于什么德国经验、法国经验甚至乌克兰经验，以及那么多境外学者的学说，包括我国台湾地区学者的主张，都是我国立法的参考和镜鉴，绝非必须参照的范例，原因就是，这是在制定中华人民共和国的《民法典》，而不是制定外国和境外的民法典。有的学者在文章中用大量的篇幅来论证法工委提出民法典人格权编草案征求意见稿，是对党中央意见的错误理解甚至是阳奉阴违，没有坚持群众路线，没有坚持立法、理论和实务相结合，违反国外民法典立法传统，是《乌克兰民法典》的"跟屁虫"，"三条立法经验被抛在九霄云外"，进而否定法工委民法典人格权编立法决策的正当性、正确性，是没有根据的臆断。

三、对否定《民法典》人格权编立法决策部分理由的简要分析

在否定《民法典》人格权编立法决策的意见中，除了前文分析的那些理由外，学者还提出了很多理由进行说明。为了进一步论证立法机关决策的正确性和正当性，经过整理，选择若干具有代表性的说法，进行简要分析，确认这些理由都无法否定《民法典》人格权编的立法决策。

（一）对有关人格权编立法决策的事实问题的分析

1. 党中央明确否定了《民法典》的人格权立法吗？

反对人格权编立法的学者说，中央明确否定了人格权立法，绝对没有给人格权编留下丝毫可能性，堵死了制定人格权编的一切可能性。[1] 这是一个纯粹的事实问题，需要证据证明。可是，直至目前为止，主张这一事实的学者没有提出任何确实的证据证明中央有过明确否定人格权立法的意见，也没有任何证据证明中央没有给人格权编立法留下丝毫可能性，更没有任何证据证明中央堵死了制定人格权编的一切可能性。提出这些事实的主张，就应当承担举证责任，如果不能证明，没有任何证据支持，就只能认为主张这种事实的学者是对中央精神的误读，

①　360doc 个人图书馆：《独家专访梁慧星教授——三十年弹指一挥间从民法通则到民法总则》，http://www.360doc.com/content/17/0902/07/1417717_684067918.shtml，2018 年 5 月 8 日访问。

而不是客观事实。十九大报告指出："保护人民的人身权、财产权、人格权。"①
这是十九大的精神，是统一民法典人格权编立法的指导思想。② 对此，还要旁征
博引，称十九大报告这样伟大的历史性文献，居然被人按了一个钉子，这就像
"在母亲的饭碗里放了一只死苍蝇"，是被人"忽悠"的结果。中共中央《社会主
义核心价值观融入法治建设立法修法规划》指出："加快推进民法典各分编的编
纂工作，用社会主义核心价值观塑造民法典的精神灵魂，推动民事主体自觉践行
社会主义核心价值观。"③ 2018 年 5 月 3 日至 7 日，中央组织部、中央政法委和
中央党校联合举办首次全国政法领导干部"集训"，中央政法委特别强调，"针对
'重人身权财产权保护、轻人格权保护'的问题，要从法律、技术、管理上采取
措施，有效保护公民个人信息特别是隐私、名誉等人格权"④。中共中央的规划
和中央政法委的这些意见，都证明我们的看法是正确的，怎么能说加强对人民人
格权的保护是"母亲饭碗里的死苍蝇"，是"忽悠"的结果呢？这些语言不应当
出自一个严肃的学者之口。

2. 中国民法学研究会曾经对人格权编草案建议稿有过表决吗？

反对人格权编立法的学者说，中国民法学研究会 2015 年打算对人格权编建
议稿进行表决，因三个人同意三个人不同意，形成三比三而无法表决。2017 年
又要将此列入民法年会进行表决，因半数以上的常务理事、理事明确表示反对而
没有列入表决议程。⑤ 这里说的也是事实问题，也是需要举证证明的。笔者担任
中国民法学研究会副会长已经十几年了，中国民法学研究会的所有重大活动几乎
都参加了。上述两个事实，从来没有发生过，根本就不存在 2015 年对人格权法

---

① 习近平：《决胜全面建成小康社会 夺取新时代中国特色社会主义伟大胜利——在中国共产党第十
九次全国代表大会上的报告》，北京，人民出版社 2018 年版，第 49 页。

② 杨立新：《以十九大精神统一编纂民法典人格权法立法思想》，《盛京法律评论》2017 年第 2 期。

③ 《中共中央印发〈社会主义核心价值观融入法治建设立法修法规划〉》，《人民日报》2018 年 5 月 8
日第 1 版。

④ 熊丰：《十九大后首次全国政法领导干部"集训"释放出哪些信号？》，《新华社每日电讯》2018 年
5 月 8 日第 3 版。

⑤ 梁慧星：《不赞成规定所谓"自卫权"》，法律讲坛微信公众号，https://mp.weixin.qq.com/s/
gXkniup_yiM8lWA9xrPmrQ，2019 年 12 月 18 日发布。

草案建议稿因三比三的票数而无法表决的事实，也不存在 2017 年因半数以上的常务理事、理事明确表示反对人格权编草案建议稿而不能列入表决议程的事实。最基本的事实是，中国民法学研究会向法工委提供的民法典人格权编草案建议稿，确实讨论过，但是讨论的是如何进行修改，而不是表决是否提交法工委，因为此事无须表决。尤其是所谓的三比三无法表决的事实，起码应当有 6 个人参加表决，可是这 6 个人究竟是谁呢？如果是副会长以上的学会领导表决，则有十几位，就不会只有 6 个人参加表决，且 6 个人表决也没有效力；如果是常务理事，则达几十人，更不会只有 6 个人参加表决。所以，可以断定这是子虚乌有、道听途说的编造。

3. 民法典分编立法计划中的"等"字应当如何解释、由谁解释

立法机关在《民法总则》立法说明和新闻发布会上，在谈到民法典分则各编的立法计划时，明确民法典分则各编包括物权编、合同编、侵权责任编、婚姻家庭编和继承编等分编。① 对于其中的"等"字，究竟是否包含人格权编，反对人格权编立法的学者认为绝无包含人格权编的可能。这个问题介于语义和事实之间。从字义和语法意义上讲，"等"字原则上是不穷尽列举的语言标志，虽然有人主张其为穷尽列举的语言标志，但不是规范解释。从事实的意义上讲，就是谁用"等"字，谁就有权解释。立法机关认为自己说的民法典分则分为物权编、合同编、侵权责任编、婚姻家庭编和继承编等分编，它自己就有权解释其中的"等"字究竟包含哪些分编，是否包括人格权编。对民法典分则究竟应当设几编，立法机关说明自己使用的"等"字究竟包括哪几编，是立法机关的权力，而不是学理解释的问题。民法典分则设置还是不设置人格权编，是立法机关行使立法决策权的范围，其他人可以提出自己的意见，但是不能以自己的意见代替立法机关的决策。对立法机关所说的"等"字按照自己的意见解释，再逼迫立法机关按照自己的解释去实施立法计划，不按照自己的意见进行解释就认为是"阳奉阴违"，

---

① 李建国：《关于〈中华人民共和国民法总则（草案）〉的说明——2017 年 3 月 8 日在第十二届全国人民代表大会第五次会议上》，载《民法总则立法背景与观点全集》，北京，法律出版社 2017 年版，第 5 页。

显然是不正确的。

（二）有关人大常委会法工委及有关单位的工作职责问题

1. 法工委作为编纂民法典牵头单位的职责

在这次民法典人格权编立法争论的高潮中，最鲜明的特点，是就民法典人格权编草案征求意见稿的推出，学者指责全国人大常委会法工委违背职责，阳奉阴违。

编纂民法典，法工委是牵头单位，是立法草案起草的组织者和责任者。如果法工委提出的民法典人格权编草案有问题，法工委作为全国人大立法机关的工作机构，受到批评是应该的。不过，法工委不是独立的国家机构，而是全国人大常委会的内设立法工作机构。法工委所进行的一切工作，都是以全国人大常委会的名义进行，是对全国人大常委会负责的。如果法工委犯了错误，其负责人应当承担责任，但作为机关的责任，则须由机关即全国人大常委会负责，因为人大常委会才是法人。以在人大常委会换届之间推出立法草案而认为法工委是"搞小动作""阳奉阴违"[1]，是不懂机关工作制度和规则使然，这样的批评没有价值。

反对人格权编立法的学者还批评法工委是全国人大常委会的内设机构，自己不能决定法律草案征求修改意见，因此法工委是在"搞小动作"，挑战党中央设定的基本遵循。[2] 法工委对于立法机关纳入立法计划的法律，按照其职责，应当提供完善的立法草案，交由全国人大常委会会议或者全国人大会议审议。为保证其所提供的立法草案的质量，在法律草案拟定期间，法工委都会在内部征求专家、学者、有关机关对法律草案的修改意见。这不仅是其职责所在，而且是长期以来坚持的民主立法、科学立法的经验。批评者自 1990 年以来，长期参加这样的法律草案征求意见活动，法工委也经常向其征求意见，在自己参加的法律草案征求意见的活动或者向自己征求法律草案的修改意见，就是法工委的正常工作职责，为什么这次法工委就民法典人格权编草案征求意见，就是搞小动作，就是阳

---

① 梁慧星：《民法典编纂中的重大争论——兼评全国人大常委会法工委两个民法典人格权编草案》，《甘肃政法学院学报》2018 年第 3 期。

② 梁慧星：《民法典编纂中的重大争论——兼评全国人大常委会法工委两个民法典人格权编草案》，《甘肃政法学院学报》2018 年第 3 期。

奉阴违了呢？这样思考问题的逻辑是无法理解的。

2. 有关中国法学会等编纂民法典参与协调单位的职责问题

在编纂民法典特别是在人格权编草案建议稿中，中国法学会也被否定人格权编草案立法决策的学者所谴责，是特别冤枉的。中国法学会是法学界的学术团体，受委托对中国的法学学术组织进行管理和协调，以推动法学学术的繁荣和发展。中国法学会参与编纂民法典的协调工作，一是中央指派，二是其学会性质使然，三是对立法活动参与协调而非直接进行立法。基于这样的事实基础，在编纂民法典中，中国法学会成立编纂民法典工作领导小组，协调民商法学界的研究力量，起草中国民法典分则各编的草案建议稿，组织了百分之八九十的民商法学主要学者参与其中，适时提出了物权编、合同编、侵权责任编、婚姻家庭编、继承编草案的建议稿，同时提出了人格权编草案建议稿，提交给立法机关参考。① 对于部分法律草案建议稿在网络上征求意见，仍然在中国法学会的职责范围之内，并没有行使立法权。这有什么可以指责的呢？在二十余年的民事立法中，我们这些学者差不多都起草过法律草案的建议稿，很多也在网上征求过意见，出版专著、发表论文，都没有行使立法权的嫌疑，为什么中国法学会组织民法专家进行的这类活动，就算越权行使立法权了呢？这也是一种不正常的思维逻辑。

在参与编纂民法典人格权编的协调单位中，最高人民法院、最高人民检察院、国务院法制办也受到指责，但是没有指出其具体的可指责之处。笔者要说的是，主张制定民法典人格权编，最高人民法院的态度最积极，基本原因是，三十多年的司法实践经验证明，人格权的立法必须加强，最高人民法院对此是最有发言权的，全国法院的民事法官在《民法通则》对人格权作出了基本规定之后，在司法实践中如何对人格权进行保护，是真正的实践者，最有资格提出人格权法应当如何进行立法，对他们的指责毫无道理。

---

① 在中国法学会组织的民法典分则各编草案建议稿起草小组中，物权编由崔建远教授负责，合同编由王利明教授负责，侵权责任由张新宝教授负责，婚姻家庭编由夏吟兰教授负责，继承编由杨立新教授负责，人格权编主要由王轶教授负责。在每一个专题组中，都有数十位民法专家参加。

3. 编纂民法典立法计划的所谓"明两步暗三步"问题

在否定《民法典》人格权编立法决策的理由中，所谓立法机关以"明两步暗三步"的做法对抗中央的"两步走"立法计划，也是其中之一。事实上，所谓的"明两步暗三步"的说法根本就不存在，是学者杜撰出来的。所谓的"暗三步"，是说民法典分则是整编旧法而不包括制定新法，而人格权编是制定新法，因此在编纂民法典分则中暗塞人格权编这个新法私货是一个"暗步"。民法典编纂分两步走，就是先总则，后分则。人格权编是分则的组成部分，采用整体审议方式进行立法，这是立法机关立法计划中的应有之义，不存在"暗三步"的问题。制定人格权编也属于编纂民法典立法计划的第二步，是其具体内容之一，仍然是立法机关的权限，任何单位或者个人都有建议权和批评权，但是都无权对立法机关的立法决策进行干预。

四、《民法典》人格权编立法争论引发对学术讨论方法的思考

（一）《民法典》人格权编立法取得成功的理论支持

《民法典》人格权编以司法实践经验和人格权理论研究成果为立法基础，对人格权作出了全面、重要的规定，得到了全国人民代表大会代表的高度评价，认为人格权编是整部法律的最大亮点，不仅使《民法典》能够鲜明地体现尊重人格尊严和保护人格权的人文主义立场，而且紧跟时代发展和科技进步的需求，实现了中央提出的"保护人民的人身权、财产权、人格权"的要求。

人格权编作出上述这些创新规定，使我国《民法典》区别于其他国家和地区的民法典，具有鲜明的中国特色，无论是立法体例还是立法内容都是成功的，是经得起历史检验的。人格权编代表了我国对人格权正面确权和积极保护的最高水平，体现了我国社会对人格尊严和人格权的普遍尊重和全面保护。

我国对人格权法理论的研究，是自《民法通则》通过实施之后才开始深入开展起来的。经过三十多年的研究，我国人格权法理论研究达到了相当的水平，绝不可与《民法通则》制定时的水平同日而语。在国际上，与其他国家的人格权法

理论研究程度相比也毫不逊色，甚至在很多方面处于领先水平。

正是这些丰富、深入的人格权法理论研究成果，为我国民法典分则规定人格权编提供了理论支撑。可以说，人格权编的每一条都有相当的理论研究基础作为后盾。例如，第 1023 条第 2 款关于"对自然人声音的保护，参照适用肖像权保护的有关规定"的规定，就是在笔者研究声音权的基础上，经过提出立法建议，写进《民法典》第 1023 条之中的。① 至于第 1021 条和第 1022 条关于肖像许可使用合同的规定，早在 1994 年笔者在《法学研究》发表的《侵害肖像权及其民事责任》一文中，就对肖像使用合同作出了概括和总结。② 正是这些丰富的人格权法理论研究成果的支撑，才使民法典人格权编编纂成功，取得今天这样的成果。

（二）《民法典》是否规定人格权编是学术问题和立法技术问题

就否定《民法典》人格权编立法决策的批评意见而言，没有充分、可靠的科学依据，多是随心所欲的无端指责。明代吕坤就批评家（责家）应当遵守的戒律，曾在《呻吟语》中说："攻人者，有五分过恶只攻他三四分，不惟彼有余惧，而亦倾心引服，足以塞其辩口。攻到五分已伤浑厚，而我无救性矣。若更多一分，是贻之以自解之资，彼据其一而得五，我贪其一而失五矣。此言责家之大戒也。"③ 吕坤（1536—1618），字心吾、新吾，自号抱独居士，明代归德府宁陵（今河南商丘宁陵）吕大庄人，是明朝的文学家、思想家，刚正不阿、为政清廉，为明万历年间天下"三大贤"之一。其上述有关对责家之戒的说明，可谓入木三分。就《民法典》人格权编而言，我们都是责家，都有权对其进行批评，以求立法的高质量。不过，责家进行批评，却有善意、恶意之分。善意责家的批评，能够促进立法的完善。恶意责家，则横加指责，违背责家之戒，希望将其一棒子打死，使其再无翻身之机。人格权编草案本有二三分之不足，不仅攻到五分，甚至攻之达十二分，犯了责家之大戒。如此之责，不仅损失了自己的学术颜面，而且把自己的弱点和非善意的目的暴露无遗，不仅自己得不偿失，而且影响了《民法

---

① 杨立新、袁雪石：《论声音权的独立及民法保护》，《法商研究》2005 年第 4 期。
② 杨立新、尹艳：《侵害肖像权及其民事责任》，《法学研究》1994 年第 1 期。
③ 吕坤：《呻吟语·卷六·人情》，北京，中华书局 2008 年版，第 200 页。

典》人格权编的立法进程，大可不必。

说到底，《民法典》应当怎样规定人格权，这真的是一个学术问题和民法立法技术问题。人格权法究竟规定在总则编，还是规定在分则中，确实有立法传统的问题。《民法典》单独规定人格权编的立法模式，既不是德国法潘德克吞体系的传统，也不是法国法系的三编制模式。人格权在民法典分则中独立成编，沿用的是中国经验，具有中国特色。同时，立法不是学术争鸣，不能在立法中百花齐放、百家争鸣，而是要遵循立法的程序和要求，最终只能用一种方法来表达。在立法过程中，不同意见可以表达，但是，最终个人要服从组织。

（三）对人格权立法的学术争论应当采取的正确态度

毫无疑问，《民法典》人格权编的立法成功，与民法学者的理论贡献是分不开的，即使那些不同意见的争论，也为人格权编的立法成功做出了贡献。在肯定了《民法典》人格权编立法成果的同时，还应当继续讨论法学研究的学风和文风问题。这是因为"文化大革命"虽然已经远离我们几十年了，但是仍不时影响着健康的社会生活，也影响了正常的学术研究。

江平教授是"文化大革命"的受害者。他痛恨"文化大革命"时期的恶劣作风，经常予以批评。在 2017 年海峡两岸民商法论坛上，他旗帜鲜明地指出，民法学界目前存在一种不好的风气，就是把学术问题政治化，无限上纲上线，给不同意见的学者扣上政治帽子，这样的学术风气不应当继续下去。[①] 他的讲话获得了与会者的热烈掌声。

他说的是对的。学术批评对推动学术进步是必不可少的，没有科学的、正当的、善意的学术批评，学术无法进步和发展。这样的要求对民法学术研究同样适用。真正说起来，我国民法学术界缺少坦率的学术批评，自说自话、自我陶醉、相互吹捧，比较常见。加上为了职称评聘和求学毕业而不得不写作、发表论文，形成了成果多而质量低的现实状况。如果有广泛、深入、坦率的学术批评，相信我国的民法学术研究会有更好的发展。

---

① 江平：《人格权立法与民法典编纂体例》，《北京航空航天大学学报（社会科学版）》2018 年第 1 期。

无论如何，学术批评不可以"文化大革命"遗风的方式进行。那种在学术领域采取寻章摘句、断章取义、肆意歪曲、上纲上线，甚至恶意诬陷的恶意批评，为社会所不容。把这种风气带进学术界，会给健康的学术研究带来邪气，损害学术氛围，败坏学术作风，形成恶意攻击、栽赃陷害、人人自危的后果，最终断送学术的进步和发展，影响学界的威信，阻碍社会的进步。在国家的立法工作中，对专家的观点和法律草案的规定，使用非正常逻辑，恶意上纲上线，将自己的学术同行推到国家的对立面，就不是正常的学术批评。

科学的、善意的学术批评，学者应当热情欢迎。对于断章取义的恶意构陷，真的不能接受。因为我们都是国家培养出来的民法专家，都是人民教育出来的学术研究者和立法机关的工作者，爱国、爱人民是本分。在推进人格权编的立法进程中，绝无私心，只是为了人民争取更多的权利，让人民生活得更有尊严。

作为一种学术见解，提出否定人格权编的意见并无不可，属于学术自由的范畴，存在的问题是用不正当的手段打压不同见解，恶意曲解，是不可取的。学术的自由争论完全没有问题，只不过，既然是立法问题，当然最终须由立法机关决断。《民法典》的最终立法权在全国人民代表大会，第十三届全国人民代表大会第三次会议高票通过了《民法典》，就必须维护其尊严和威信，让它在调整我国民事法律关系、保护民事主体的民事权利方面，发挥最大的作用。

第四章
《民法典》人格权编的立法思想和法理基础

第一节　用党的十九大精神统一
《民法典》人格权编的立法思想

十九大报告关于"保护人民人身权、财产权、人格权"的论述①，为《民法典》人格权编的编纂指明了方向。在《民法典》人格权编立法过程中，这一论述统一了人格权法的立法思想，保障了立法的顺利进行，保障了人格权立法的时代感和先进性。

一、十九大报告"保护人民人身权、财产权、人格权"论述的重要价值

十九大报告有关这一段论述的全文是："加强社会治理制度建设，完善党委

---

① 习近平：《决胜全面建成小康社会 夺取新时代中国特色社会主义伟大胜利——在中国共产党第十九次全国代表大会上的报告》，《人民日报》2017 年 10 月 28 日第 4 版。

领导、政府负责、社会协同、公众参与、法治保障的社会治理体制，提高社会治理社会化、法治化、智能化、专业化水平。加强预防和化解社会矛盾机制建设，正确处理人民内部矛盾。树立安全发展理念，弘扬生命至上、安全第一的思想，健全公共安全体系，完善安全生产责任制，坚决遏制重特大安全事故，提升防灾减灾救灾能力。加快社会治安防控体系建设，依法打击和惩治黄赌毒黑拐骗等违法犯罪活动，保护人民人身权、财产权、人格权。加强社会心理服务体系建设，培育自尊自信、理性平和、积极向上的社会心态。加强社区治理体系建设，推动社会治理重心向基层下移，发挥社会组织作用，实现政府治理和社会调节、居民自治良性互动。"① 十九大报告将"保护人民人身权、财产权、人格权"放在其中，在理解上有两个问题特别需要解决。

第一，从民法的逻辑和民法原理上分析，把"人身权、财产权、人格权"这三个概念并列在一起，存在一定问题。这就是，人身权和财产权两个概念可以并列，因为它们是民事主体享有的两大基本民事权利类型，人身权包括人格权与身份权，财产权包括物权、债权、知识产权、继承权以及股权和其他投资性权利，除此之外，不再有其他类型的民事权利。② 人身权中包括人格权，在提到人身权的同时，人格权就不应与其并列，因为它们是种属关系，而不是并列关系。不过，这是纯粹从学理上进行的分析。如果从另一个角度分析，保护人民人身权、财产权、人格权的说法又是可以说得通的，这就是，保护人民人身权、财产权，同时又特别强调要保护好人民的人格权。这是因为，在人身权和财产权所包含的各项权利中，人格权是民事主体享有的最重要、最基本的权利，更是自然人的最重要、最基本的民事权利。在所有的民事权利中，即在《民法典》所列举的人格权、身份权、物权、债权、知识产权、继承权、股权和其他投资性权利中，人格权都是排在最重要位置的权利，是法律最应当重点保护的民事权利。《民法典》总则编第五章"民事权利"开宗明义，就在第 109～111 条规定了人格权。按照

---

① 习近平：《决胜全面建成小康社会 夺取新时代中国特色社会主义伟大胜利——在中国共产党第十九次全国代表大会上的报告》，《人民日报》2017 年 10 月 28 日第 4 版。

② 这些权利都是《民法总则》第五章"民事权利"中规定的，即使在该法第 126 条关于"民事主体享有法律规定的其他民事权利和利益"的规定中的"其他民事权利"，也不能包括人格权的具体内容。

这种民法逻辑和理论基础来理解，这样的规定就是正确的，即特别强调对人民享有的人格权的保护，凸显对人民人格权保护的重要性。按照后一种理解，这样的要求就是编纂《民法典》完善人格权立法的基本方向。

第二，关于"保护人民人身权、财产权、人格权"的论述在十九大报告中的位置问题。在十九大报告中，这一段论述是写在第八个题目，即"提高保障和改善民生水平，加强和创新社会治理"这个主题之中阐释的，是其中的第六个问题，即"打造共建共治共享的社会治理格局"。如果按照第六个问题的题目来理解，保护人民人身权、财产权、人格权，就是打造共建共治共享的社会治理局面的组成部分。如果从这个角度上来理解这段论述，保护人民人身权、财产权、人格权的立意好像还不够高，因为它只是将其作为社会治理的一个内容或者目的来论述的。但是，如果将其与这一部分的主题"提高保障和改善民生水平，加强和创新社会治理"做整体分析，就可以发现，报告指出"保护人民人身权、财产权、人格权"的价值非常重要，因为十九大报告在这个主题的论述中，开篇就指出："全党必须牢记，为什么人的问题，是检验一个政党、一个政权性质的试金石。带领人民创造美好生活，是我们党始终不渝的奋斗目标。必须始终把人民利益摆在至高无上的地位，让改革发展成果更多更公平惠及全体人民，朝着实现全体人民共同富裕不断迈进。"① 按照这样的要求来理解"保护人民人身权、财产权、人格权"的论述，就具有了检验一个政党、一个政权性质的试金石，是始终不渝的奋斗目标，是始终把人民利益摆在至高无上的地位这样的重要价值。从这个立足点上来理解这一论述，保护人民人身权、财产权、人格权，就是检验一个政党、一个政权是否有始终不渝的奋斗目标，是否始终把人民利益摆在至高无上的地位的试金石。如果再从"健全人民当家作主制度体系，发展社会主义民主政治"，"我国是工人阶级领导的、以工农联盟为基础的人民民主专政的社会主义国家，国家一切权力属于人民"② 的角度来理解，"保护人民人身权、财产权、人

---

① 习近平：《决胜全面建成小康社会 夺取新时代中国特色社会主义伟大胜利——在中国共产党第十九次全国代表大会上的报告》，《人民日报》2017 年 10 月 28 日第 4 版。

② 习近平：《决胜全面建成小康社会 夺取新时代中国特色社会主义伟大胜利——在中国共产党第十九次全国代表大会上的报告》，《人民日报》2017 年 10 月 28 日第 4 版。

格权"，就是保障一切权力属于人民，健全人民当家作主制度体系的重要组成部分。从这样的意义上讲，保护人民人身权、财产权、人格权，就是我国法律制度最重要、最核心的内容。

在我国，在一份政治文件中，对一个具体事项的论述究竟放在哪个部分，要看这个具体事项的具体内容，而不是只看将其规定在哪个问题之中。结合其他中央文件的做法就能够看到，这个结论是成立的。例如，《中央关于全面推进依法治国若干重要问题的决定》在论述"编纂民法典"在依法治国中的地位时，是写在了"加强市场法律制度建设，编纂民法典，制定和完善发展规划、投资管理、土地管理、能源和矿产资源、农业、财政税收、金融等方面法律法规，促进商品和要素自由流动、公平交易、平等使用"①之中，而不是写在对人民权利保护等更为突出的部分。但是，"编纂民法典"这句话是写在"决定"的"加强重点领域立法"的标题之下，该题开篇对"依法保障公民权利，加快完善体现权利公平、机会公平、规则公平的法律制度，保障公民人身权、财产权、基本政治权利等各项权利不受侵犯，保障公民经济、文化、社会等各方面权利得到落实，实现公民权利保障法治化。增强全社会尊重和保障人权意识，健全公民权利救济渠道和方式"的论述②，就非常明确地揭示了编纂民法典的重要价值和在依法治国中的重要地位。正像全国人大常委会副委员长指出的那样，编纂民法典是体现党执政为民的根本宗旨，维护最广大人民根本利益的客观需要；是全面推进依法治国，实现国家治理体系和治理能力现代化的重大举措，是健全社会主义市场经济制度，完善中国特色社会主义法律体系的必然要求。③ 编纂民法典是全党、全国人民的重大立法任务，能说"编纂民法典"规定在"决定"中的具体位置是解决市场法律制度建设的部分，就降低了这项重大立法任务的重要意义、就没有看到民法典是保护人民权利的法典了吗？显然不能。

---

① 《中央关于全面推进依法治国若干重要问题的决定》，《人民日报》2014 年 4 月 29 日第 2 版。
② 《中央关于全面推进依法治国若干重要问题的决定》，《人民日报》2014 年 4 月 29 日第 2 版。
③ 李建国：《关于〈中华人民共和国民法总则（草案）〉的说明——2017 年 3 月 8 日在第十二届全国人民代表大会第五次会议上》，载：《民法总则立法背景与观点全集》，北京，法律出版社 2017 年版，第 3-4 页。

应当看到的是，十九大报告要求"保护人民人身权、财产权、人格权"，就是将其确立为全党的任务、立法机关和司法机关的任务，以及各级人民政府的任务，也是摆在全国人民面前的重大任务。特别是"人格权"这个概念，在中央文件中应当是第一次提出，因而十九大报告要求"保护人民人身权、财产权、人格权"，特别是重点突出保护人民人格权，具有极重要的价值。这个重要价值就体现在编纂《民法典》怎样解决好对人格权及其保护的立法上。如果《民法典》对人格权规定得好，就是贯彻了十九大精神，如果《民法典》对人格权规定得不好，就没有贯彻好十九大精神。这是不能回避的重大问题。

二、十九大报告规定保护人民人格权对编纂民法典的重要意义

贯彻十九大精神，在民法领域中，最重要的莫过于编纂好《民法典》，其中的关键，是要编纂好人格权编。

（一）人格权在民事权利中的重要地位

人格权是民法赋予民事主体的民事权利，与民事主体的人格密切相连，是关系民事主体人格完整的民事权利。人格权作为民事主体的基本人身权利，受到民法的重视。随着历史的进一步发展，人们越来越认识到人格权之于人的重要价值，进而重新认识人格权，发现人格尊严、人格独立和人格自由对于人的重大意义，以及各种人格权是人之所以为人所应当享有的基本权利。如果人离开了这些人格权，就丧失了作为人的资格和人的基本价值，不仅没有资格进入社会成为社会成员，而且无法享有其他民事权利。[1] 因此，人格权法在民法领域中具有最活跃的发展前途，具有最重要的法律价值，具有最广阔的发展空间，在当代民法领域中占有最重要的地位。

（二）《民法典》是否单列人格权编之于人格权保护的重要价值

三十多年来，我国关于人格权的立法不断发展，人格权的司法不断进步，人格权的理论研究不断深入发展，已经积累了丰富的立法、司法经验和理论研究成

---

① 杨立新：《人格权法》，北京，法律出版社 2011 年版，第 1—2 页。

果，使我国当代的人格权保护已经走到了世界前列，成为我国人权法治保障制度的重要组成部分。在百年一遇的编纂《民法典》的历史机遇中，如何对待人格权立法，就成了一个极重要的重大问题。我国的人格权立法，或者继续向前发展，把我国对人格权的立法继续推向世界前列，引领世界人格权发展的潮流，或者止步不前，拘泥于现状，落后于世界人格权保护的潮流，正处于重要的抉择关头。在这样的形势下，《民法典》对人格权法立法单独列编，就成为立法的重大争论焦点，并且最终得到了圆满解决，取得了重要的立法成果。

坚持我国人格权立法不断进步的学者主张，《民法典》必须单独列出一编规定人格权编，使民法典关于人格权的立法，不仅成为民事权利的宣言，更重要的是规定人格权享有和行使的具体规则，使人民真正能够体验到人格权对于保护自己人格尊严、人格独立、人格平等的重要价值，实现"始终把人民利益摆在至高无上的地位，让改革发展成果更多更公平惠及全体人民，朝着实现全体人民共同富裕不断迈进"的目标。[①]

反对《民法典》单独规定人格权编的学者认为，除了民法学术上的理由之外，还有一个重要的政治理由，就是《民法典》将人格权单独列编，违反党中央关于民法典立法的决策。其理由是：2016年6月14日，中共中央政治局常委会专题讨论了民法典编纂和《民法总则》草案。民法典设哪些编，民法典的结构如何，在这个会议上已由政治局常委会作出决定。决定民法典编纂实行两步走，实际上就是否决了人格权单独设编的建议。即使在立法机关的说明当中，在物权、合同、侵权、婚姻家庭、继承之后有一个"等"字，也绝对不意味着可以包括人格权编。学者应尊重上述决定，不能再提出反对的意见。[②]

对于从这种角度反对在《民法典》规定人格权编的意见，主流意见一直持否定态度。中共中央政治局常委会确实专题讨论了民法典的编纂问题，但是并没有

---

① 主张这一观点的学者很多：王利明：《人格权独立成编的理由》，《法学评论》2017年第5期；杨立新：《对于民法典规定人格权法重大争论的理性思考》，《中国法律评论》2016年第1期；黄忠：《人格权法独立成编的体系效应之辨识》，《现代法学》2013年第1期。

② 360doc个人图书馆：《独家专访梁慧星教授——三十年弹指一挥间从民法通则到民法总则》，http://www.360doc.com/content/17/0902/07/1417717_684067918.shtml，2017年10月23日访问。

对《民法典》是否规定人格权编作出否定性的决定。李建国指出："2016 年 6 月 14 日，习近平总书记主持召开中央政治局常委会会议，听取并原则同意全国人大常委会党组关于民法典编纂工作和民法总则草案几个主要问题的汇报，并作出重要指示，为编纂民法典和制定民法总则提供了重要指导和基本遵循。民法典将由总则编和各分编组成，目前考虑分为物权编、合同编、侵权责任编、婚姻家庭编和继承编等。"① 这里的"等"字，并非专指编纂"涉外民事关系法律适用"编，人格权编也在其中，立法机关也一直在做人格权编立法的准备工作。在这样的情况下，说政治局常委会已经决定民法典不再规定人格权编，是望文生义、子虚乌有的推测。笔者作为全国人大常委会法工委立法专家委员会的立法专家，知道这不是事实，而是一种没有根据的猜测或者假想。

（三）十九大报告明确论述保护人民人格权的深刻寓意

十九大报告明确要求"保护人民人身权、财产权、人格权"，特别是保护人格权，具有深刻的寓意。

首先，十九大报告明确要求保护人民人格权，绝不是闲笔，更不是误笔。报告在已经明确提到了保护人民人身权、财产权之后，又特别提出保护人民的人格权，是强调了人格权在人身权、财产权中的重要地位，强调人格权是人的最重要的民事权利，是要特别加以保护的民事权利。如果认为报告已经明确说了保护人身权再规定保护人格权，就形成民法逻辑上的错误，这种理解太局限了报告的政治立场和格局。

其次，强调保护人民的人格权，更突出了人格权在民事权利中的地位。在所有的民事权利中，人格权是关于民事主体自身人格利益完整性的权利，是就自己的人格构成要素享有的权利。这样的民事权利地位，高于其他所有的民事权利，不仅高于所有的财产权，而且高于人身权当中的身份权，因为身份权是维护相对应的亲属之间的身份地位和权利义务的民事权利，而人格权是就自己

---

① 李建国：《关于〈中华人民共和国民法总则（草案）〉的说明——2017 年 3 月 8 日在第十二届全国人民代表大会第五次会议上》，载《民法总则立法背景与观点全集》，北京，法律出版社 2017 年版，第 5 页。

人格利益诸要素构成的关涉人格尊严的民事权利。中央文件特别强调人格权的概念，是前所未有的重大举措，进一步强调了人格权的法律地位以及特别保护的重要价值。

最后，十九大报告强调保护人民的人格权，最重要的措施仍然是完善人格权立法。当然，按照十九大报告的要求，保护人格权是社会治理的内容，各行各业都负有重大的责任，但是最重要的保护责任，一是立法，二是司法。在当前，保护人格权的最重要任务，就是要完善人格权立法，特别是在编纂民法典中，对人格权的法律规则作出完善的规定。这就是贯彻十九大精神的重要任务之一，在民法领域尤其显得重要。

按照十九大精神的要求，在编纂民法典中，是否要单独制定人格权编，上述两种对立的意见究竟孰是孰非，实在是显而易见，并不需要再做深入的理论探讨和说明，清浊界限十分分明。最终，《民法典》规定第四编即人格权编，体系完整、内容翔实、规则明确，具有很强的可操作性，是成功的立法，正是贯彻了中央关于"保护人民人格权"要求的结果。

三、把《民法典》规定人格权编纳入贯彻十九大精神的轨道

我国从 20 世纪初叶开始西法东渐，变律为法，采纳欧陆民法典立法体例以来，已经有一百多年了，出现了《大清民律草案》《中华民国民律草案》《中华民国民法》，在当时的世界民事立法中都具有重要地位。1949 年以来，我国民法立法的发展，经历了无法典化、类法典化的七十多年的历史，终于迎来了民法法典化的新时代。有学者认为，这是中华民族百年一遇的振兴民法的良机。① 一百多年来，中国的民法始终处于一种膜拜者的学生身份，几乎都在仰视欧陆民法的旗帜，唯欧陆民法是瞻。经过了一百多年的发展，特别是最近三十多年的不断努力，中国当代民法并非只是仿照欧洲民法，而是按照中国实际情况，不仅遵循欧

---

① 我国台湾地区政治大学法学院苏永钦讲座教授于 2017 年 10 月 23 日在中国人民大学民商事法律科学研究中心举行的民商法前沿论坛讲座上，提出了这个观点。

陆民法的立法体例和理论的一般要求在发展，更重要的是结合中国的实际情况，创造出了具有中国特色的当代民法。其具体表现：一是，中国三十多年的民法类法典化的发展和积累是极为丰富的；二是，中国三十多年民法司法的发展和积累更是丰富多彩，不仅与当代的民法立法发展并肩而行，甚至有所突破；三是，中国三十多年来民法理论的发展和积累具有更大的突破性，其原因是由于没有民法典的框架束缚，有利于民法理论天马行空般的发展，并非处于世界民法理论研究中的落后地位，而是具有相当的优势。

在这样的形势下，编纂《民法典》具有良好的后发优势。立法机关按照十九大报告关于"保护人民人身权、财产权、人格权"重要论述的要求，把单独制定人格权编纳入贯彻十九大精神的轨道，使我国《民法典》成为 21 世纪的优秀民法典。

贯彻十九大精神，《民法典》规定人格权编，发展了人格权立法中国经验，完善了我国的人格权法立法，具有以下重要意义。

（一）21 世纪的民法典以突出人格权立法为主要特点

无论是在中国还是在国外，对于 21 世纪的民法典是突出人格权立法的民法典这个观点，是有共识的。这是因为：

一方面，作为民法分则的组成部分，无论是物权法、合同法、侵权责任法、婚姻家庭法抑或继承法，都经过了上千年的历史发展，即使从近代民法的法典化开始，也经历了二百多年的历史，形成了完善的规则体系。只有人格权法才是从"二战"结束以后迅速发展起来的民法组成部分，至今也不足百年历史，各国民法典尚未对此作出补充立法。21 世纪之后先后诞生的两部民法典，都规定了专门的人格权编（卷），就是一个最好的说明。

另一方面，在当代互联网、大数据、人工智能迅猛发展的情况下，"如果中国仅仅重视技术模仿，而忽视制度建设，后发优势就可能转化为后发劣势。因此，我们不能仅注重技术的运用，而忽视其可能带来的负面效果。以互联网技术为例，我们已经深刻感受到了互联网所带来的巨大利益，但对其负面效果仍然没有得到应有的重视，随着高科技和互联网的发展，现代民法制度所遇到的最严峻挑战是互联网环境下的人格权保护问题，所以，21 世纪民法需要与时俱进，把人格权保护提上重要日程"①。同样，人工智能是人类社会的伟大发明，同时也具有巨大的社会风险，人工智能革命对当下的法律规则和法律秩序带来一场前所未有的挑战，在民事主体法、著作权法、侵权责任法、人格权法、交通法、劳动法等诸方面，与现有法律制度形成冲突、凸显法律制度产品供给的缺陷。② 互联网、大数据、人工智能的迅猛发展，对自然人的人格尊严、人格权保护都提出了挑战，民法须积极应对，跟随历史发展的进程，不断发展和完善自己。

因此，21 世纪的民法，就人格权立法和保护而言，都面临着严峻的挑战，因而也都具有极为广阔的发展空间和光明的发展前景。在当代，如果一个国家的人格权法跟不上时代的发展，就无法使人民实现当家作主，成为社会主人的目标。我国《民法典》抓住了为人格权法完善立法提供的天赐良机，完善我国的人格权立法，保护好全国人民的人格权。

（二）完善人格权立法解决的是为什么人的根本性问题

民为国本。完善人格权立法，为加强人权法治保障，保护人格尊严，保障人的地位所必需，也是检验一个政党、一个政权性质的试金石。党和政府带领人民创造美好生活，把人民利益摆在至高无上的地位，实现全体人民共同富裕，就是中国特色社会主义社会发展的根本目的。

人民作为民事主体，享有各种不同的民事权利，其中最重要就是人格权，因为它解决的是人的根本地位、人的基本尊严以及人的基本权利的问题。十九大报告指出："中国特色社会主义进入新时代，我国社会主要矛盾已经转化为人民日益增长的美好生活需要和不平衡不充分的发展之间的矛盾。"③ 维护人格尊严是法律制度的重要目标。在人们基本的物质生活得到保障之后，对尊严的追求就更加强烈。经过四十多年改革开放的发展，我国现在已经成为全球第二大经济体，广大人民群众的物质生活水平得到了提高，在此背景下，不仅要使人民群众生活

---

① 王利明：《论人格权独立成编的理由》，《法学评论》2017 年第 6 期。

② 吴汉东：《人工智能时代的制度安排与法律规制》，《法律科学》2017 年第 5 期。

③ 习近平：《决胜全面建成小康社会 夺取新时代中国特色社会主义伟大胜利——在中国共产党第十九次全国代表大会上的报告》，《人民日报》2017 年 10 月 28 日第 4 版。

得富足，也要使每个人活得有尊严。① 党和政府执政为民，就是要把人民放在最重要的位置，使人具有自己当家作主的地位，享有人的基本人格尊严，享有做人的最基本的民事权利，而这些都必须通过人格权立法予以实现。

从《民法通则》规定了不完善的人格权，至今已经三十多年，人的地位、人的尊严、人的权利保护越来越受到重视，越来越被社会所肯定。《民法典》对人格权立法的完善，能够更好地维护人格尊严、全面保护人格权，使人民生活得更有尊严，具有了实现这一目标的最佳途径之后，不难想象，在中国特色社会主义新时代中，人民的主体地位、人的尊严和人的权利保护，将会出现圆满的局面。

（三）完善人格权立法是要提高保障和改善民生水平，加强和创新社会治理

在国家治理中，加强和创新社会治理并不是目的，而是必要措施之一，而其根本目的，就是提高保障和改善民生水平，真正使人民当家作主，成为社会的主人，过上美好生活，使人民的利益居于至高无上的地位，享有更多更公平的改革发展成果，实现全体人民共同富裕的目标。加强"保护人民人身权、财产权、人格权"的立法，是加强和创新社会治理的必要措施，也是要提高保障和改善民生水平的手段，但是，其根本目的仍然是提高人民当家作主的地位，保障人格尊严、人格独立和人格自由。法律不仅要在财产权利上，而且更要在人身权特别是人格权上完善立法，不断满足人民日益增长的美好生活需要，不断促进社会公平正义，在良好的社会秩序中，使人民的获得感、幸福感、安全感更加充实、更有保障、更可持续。

（四）完善人格权立法对于强化我国法治大国形象具有重要意义

实现中华民族伟大复兴，必须建立符合我国实际的先进社会制度，包括法律制度。这样的法律制度，必须合乎时代潮流、顺应人民意愿，成为法治大国的象征。

《民法典》与国家的主权具有相当密切的关系，与国家的法治大国形象也具有密切关系。《民法典》完善人格权法立法，就具有这样的象征意义和重要价值。

---

① 王利明：《论人格权独立成编的理由》，《法学评论》2017 年第 6 期。

在世界格局中，一个大国，不仅应当是政治大国、经济大国、外交大国、军事大国等，更应当是一个法治大国，一个民法大国。《拿破仑民法典》统领了法国200多年，《德国民法典》至今已经有了120年的历史，它们都体现了那个时代的民法精神，体现了那个时代的大国形象，并且至今不衰。在今天，我国《民法典》不仅在民法的其他领域有新的建树，而且制定出一编代表当今世界水平的人格权编，对我国三十多年来的人格权立法和司法实践经验作出总结，吸收在《民法典》中，实现了我国特色的人格权法的法典化，展现在全世界的面前，形成了我国作为法治大国的整体形象，为《宪法》规定的人权法治保障提供最坚实的基础，成为宣传我国法治建设、权利保障的形象化教材。

（五）制定人格权编是维护《民法典》逻辑和体系完整性的必要举措

诚然，《民法典》第109条至第111条已经在总则编对人格权作出了一般性的规定，其中规定了人格尊严作为一般人格权，规定了人身自由权、生命权、身体权、健康权、姓名权、肖像权、名誉权、荣誉权、隐私权和个人信息权，但是，还存在以下三个问题。

第一，《民法典》总则编这些对人格权的规定还只是规定了一个个具体人格权的名称，并没有展开对人格权内容和具体行使规则的规范。例如对于身体权，在当代的医学技术下，在自然人维护和支配自己身体组成部分中，捐献自己的器官和组织救助他人等，具有了更深刻、更广泛的重要价值。《民法典》第110条鉴于身体权这样的重要性，只是把它的位置置于健康权之前，并没有足够的空间规定身体权的具体内容和行使规则。依靠《民法典》对人格权这样的一般性规定，显然不能适应保护人民人格权的要求。

第二，即使在数量上进行简单的比较，也会发现《民法典》总则编对人格权规定的条文，远远少于《民法通则》规定人格权的条文。《民法典》总则编规定人格权的条文只有3条，而《民法通则》对人格权不仅规定了一节，而且有6个条文，是《民法典》总则编相关规定的两倍。三十多年来，时代发展了，人格权的地位更加重要了，规定人格权的法律条文不仅没有增加，反而相对减少，显然与保护人民人格权的要求不相适应。

第三，《民法典》不规定人格权编，将使我国民法典的体系和逻辑出现欠缺。《民法典》总则编第五章对民事权利，规定了人格权、身份权、物权、债权、知识产权、继承权以及股权。针对这些民事权利，相应地，在分则中规定物权编、合同编、侵权责任编、婚姻家庭编和继承编，即使关于股权，《公司法》等也对其作了详细规定。相对而言，唯独对排列在最前、立法最为重视的人格权，《民法典》如果不规定相对应的分编即人格权编，从立法逻辑和体例完整的要求上看，就会使我国《民法典》的立法逻辑和体系出现不完整、不严密的后果。因此，从立法技术上分析，《民法典》分则规定人格权编，《民法典》的结构完整、逻辑完善，形成我国《民法典》的完美与完善的、内在和外在相统一的美感。

第二节 《民法典》人格权编立法的法理基础

《民法典》规定人格权编，大多数民法学者都赞成，也有部分民法学者认为这是立法的败笔，我国不具备人格权在民法典中独立成编的条件。本节归纳否定《民法典》人格权编立法的主要理由，有针对性地阐释《民法典》人格权编立法的法理基础。

一、人格权是民法的确定性概念

《民法典》不能单独规定人格权编的一个新理由，是人格权概念具有不确定性，人格权的民法表达只能表现为规范碎片化。这种看法是不对的，因为人格权是民法的确定性概念，正由于以往的人格权的民法表达表现为规范碎片化，《民法典》才单独规定人格权编。

（一）人格权概念的确定性

上述这种主张认为，人格权是不确定法律概念的依据，是民法典对人格权的表达未呈规范体系化而是碎片化，同时，对于人格权问题的讨论，在我国已有二十乃至三十年的历史，如果算上近现代，民法理论上对人格权问题的讨论和分析有长达百余年之久。到目前为止，究竟什么是人格权都还在争论不休，搞不清楚人格权的概念或范畴，哪怕仅仅是人格权的边界都没有确定。《民法典》人格权编在表达形式和内容上以人格权的不确定性为基础，并试图构建一个相对独立的体系，就如同没有打好地基的大厦。①

认为人格权是不确定的法律概念，是没有根据的。近现代以来，民法理论对人格权问题的讨论已达百年之久。既然如此，怎么会让人格权的概念仍然是一个不确定概念呢？对此，欧陆民法暂且不说，只说我国百年民法历史。

我国自清末"西法东渐"以来，就继承了欧陆民法体系，先后有《大清民律草案》《中华民国民律草案》《中华民国民法》借鉴欧陆民法的人格权概念，并形成人格权的类型体系。1933 年，胡长清教授指出：人身权分为人格权及身份权。人格权者，存于权利人自身上之权利也，举凡生命权、身体权、自由权、姓名权及名誉权者属之。② 1948 年，龙显铭教授出版《私法上人格权之保护》，全面、系统地阐释了人格权的概念和类型体系，是中国近代以来第一部有关人格权法的学术专著，认为人身权可分为人格权与身份权两类，前者乃谓与人之人格相始终而不能分离之权利，亦即以人格的利益为内容之权利，如生命权、身体权、自由权、名誉权等是。③ 在这些早年的中国民法专著中，人格权的概念就是确定的。

史尚宽教授认为，人格权一语，有两个意义。其一指以人格保护为内容之一包含的权利而言，称为一般的人格权或总括的人格权。其他指以个人之人格的利益为目的之各个权利而言，是以身体、健康、名誉、自由等，无否认其为权利之理由，而且我民法有承认人格权之明文，唯以人格权之内容及效力，一般未如各个财产权之明显，有时适用，不免发生困难。④ 王泽鉴教授认为，人格权之构成法秩序的基石，在于其体现人性尊严及人格自由发展的价值理念。人性尊严在彰显人的主体性，即以人为本，不以人作为手段或被支配客体。人格自由发展才使

① 邹海林：《再论人格权的民法表达》，《比较法研究》2016 年第 4 期。
② 胡长清：《中国民法总论》，上海，商务印书馆 1933 年版，第 41 页。
③ 龙显铭：《私法上人格权之保护》，上海，中华书局 1948 年版，第 1 页。
④ 史尚宽：《债法总论》，台北，荣泰印书馆股份有限公司 1954 年版，第 140、129 页。

个人能够自我实现，而形成其生活方式。①

1949年10月1日以来，由于彻底废除伪法统以及忽视法治的现实，我国的人格权法与民法及理论研究一样，处于荒芜状态。在改革开放以后，我国对人格权法的研究有突飞猛进的发展，有关人格权的专著、教材和论文数不胜数，已经建立起了准确的人格权概念和理论体系，人格权的类型也都基本确定，只是随着社会的不断进步而在不断发展而已。这首先是基于《民法通则》关于人格权的规定，并随之在司法实践中不断发展，在《侵权责任法》第2条规定中予以确认，并经过《民法典》第109条至第111条，最终确认了我国人格权的概念和类型体系。因此，认为我国人格权概念是不确定概念，没有立法的事实依据。

一个确定的法律概念，是指内涵和外延相对确定的法律概念，对于某一法律事实是否属于此概念的范畴，解释者能够根据其特征做出直接的判断。② 内涵是一个概念所反映的事物本质属性的总和③，即概念的定义；外延是一个概念所确指的对象的范围④，即概念所包含的基本类型。当一个法律概念具有了这样准确的内涵和外延之后，就是一个确定的法律概念。如果一个法律概念缺少准确的概念界定，无法揭示其确定的内涵，这个法律概念就是不确定的；如果一个法律概念的外延无法确定，无法揭示其基本类型，也是一个不确定的法律概念，故不确定法律概念是指内容与范围均广泛不确定的概念。⑤ 从这样的意义上说，人格权的概念通过我国百年的民法立法和理论的发展，符合上述要求，既有准确的内涵界定，又有基本的权利类型，即人格权是人身权的组成部分，包括生命权、身体权、健康权、人身自由权、姓名权、名誉权、荣誉权、隐私权、个人信息权以及人格尊严即一般人格权等基本类型，故人格权的概念是确定的法律概念。

---

① 王泽鉴：《人格权法》，台北，三民书局2012年版，第1页。
② 王利明：《法学方法论》，北京，中国人民大学出版社2013年版，第467页。
③ 《现代汉语词典》，北京，商务印书馆2005年版，第987页。
④ 《现代汉语词典》，北京，商务印书馆2005年版，第1400页。
⑤ 王利明：《法学方法论》，北京，中国人民大学出版社2013年版，第467页。

（二）认为人格权是不确定概念的理由不成立

有的学者认为人格权是不确定概念，主要是因为人格权是在不停的变动之中，因而具有不确定性。人格权是发展中的法律概念，这是一个客观事实。王泽鉴教授将其称为变动中的人格权①，大陆民法学者称为发展着的人格权。② 人格权不断变动、发展的原因，是随着社会文明发展和科技不断进步，人对自己人格利益的价值不断有新的发现，因而不断出现新的人格权。例如，隐私权在一百多年之前是没有的，是美国学者发现了隐私权的概念，被美国法官以及全世界其他各国所接受，成为世界各国民法都确认的人格权。个人信息原本概括在隐私权保护的范围之内，但是，随着网络技术的发展，个人信息具有了更重要的人格价值，因此将其界定为个人信息权，成为新型的人格权。③ 在今后，随着社会的进步和科技的创新，新型人格权还会不断出现。这些都不是人格权概念具有不确定性的表现，而是人对自己的人格利益价值不断有新的认识和发现，对新型的人格利益保护产生新的需求。仅仅由于人格权具有发展性或者变动性而认为人格权为不确定法律概念，是对人格权概念的误解，也是对不确定法律概念的含义理解不当所致。

有的学者认为人格权是不确定法律概念的另一个理由，是人格权法律规范的碎片化，认为民法典中的人格权规范，散见于民法典的总则以及相关的分则部分，主要是对人格权的确认和保护作出的宣示性表达。究竟是什么原因造成了人格权规范的碎片化，以至于到目前都难以在民法典中消除人格权规范的碎片化状态以实现对人格权的民法表达的体系化？④ 民法规范人格权的这种状态，并不是因人格权概念的不确定性所致，而是由于立法者对人格权重要价值的不断认识，以及人格权不断发展的原因引起的。正因为人格权的立法目前呈碎片化状态，才有必要对其进行整合，作出系统的、有体系的民法规范，使人格权法实现法典

---

① 王泽鉴：《变动中的人格权》，是在中国人民大学民商事法律科学研究中心的讲座，讲稿可见百度文库，https://wenku.baidu.com/view/c419caeeaead1f346933fcf.html，2018 年 2 月 17 日访问。

② 李林启：《论发展着的人格权》，北京，法律出版社 2018 年版，第 1 页。

③ 张里安、韩旭至：《大数据时代下个人信息权的私法属性》，《法学论坛》2016 年第 3 期。

④ 邹海林：《再论人格权的民法表达》，《比较法研究》2016 年第 4 期。

化。因此，人格权立法的碎片化不是必须保持这种立法状态的理由，而是恰恰相反，是应当对碎片化立法进行改革的客观基础和必然结论。《民法典》规定人格权编，就是改变人格权立法碎片化状态的最好时机。所以，人格权立法的碎片化不是人格权概念不确定的原因，也不是民法典必须保持这种碎片化立法的理由，而是表达了急需进行立法整合的必要性。显然，以碎片化的人格权立法状态作为理由，不能说明人格权概念的不确定性，反而成了人格权在《民法典》独立成编的事实根据。

（三）以人格权是不确定概念否定人格权编立法基础的理由不成立

不确定法律概念是法律的一个特定现象。不确定法律概念是指未明确表示而具有流动的特征之法律概念，其包括一个确定的概念核心以及多多少少广泛不清的概念外围，此种不明确的概念，多见于法律之构成要件层面，亦有见于法规之效果层面。[①] 不确定法律概念的核心词素是"概念"，其基本内涵是"在内涵和外延上都具有广泛不确定性"[②]。一个法律概念如果是不确定概念，应当通过法律解释的方法使其确定，以应法律适用的需要，例如公共利益、情节严重、合理期间、及时等。这些不确定概念经常在法律中出现，都可以通过法律解释使之确定。不确定法律概念不是立法不予规定的理由，而是在规定了不确定概念之后，应当通过具体方法使其内涵和外延予以确定。因此，人格权是不确定概念之说，并不是民法不规定人格权以及人格权在《民法典》不能作为独立一编的理由，是主张者对不确定法律概念的误用。用这样的理由作为反对《民法典》设置人格权编的基础，不具有说服力。

世界各国民法典绝大多数都没有单独规定人格权编，是因历史原因所致，因为在二百年前和一百年前制定《法国民法典》《德国民法典》时，对于人格权的确认和保护，特别是对人格权价值的认识，都是不充分的，因而民法典调整的重点是财产权利，而不是人格权。这不是由于人格权是不确定概念的原因，而是基于当时对于人格权价值的认识不足所致。在"二战"之后，由于对人格权之于人

---

① 吴国喆、梁琪：《不确定法律概念的界定、特征及其缺陷》，《甘肃理论学刊》2013年第5期。
② 王利明：《法学方法论》，北京，中国人民大学出版社2011年版，第412页。

的尊严和价值的重要性在全世界范围内得到普遍重视，因而才使人格权的立法和理论迅猛发展。在今天，随着依法治国的形势越来越好，人的社会地位越来越高，人的尊严越来越重要，《民法典》规定人格权编完全顺理成章。

可见，人格权不是不确定法律概念，而是内涵和外延都确定的法律概念，通过对碎片化方式表达的人格权立法进行整合，将会使其规范化、体系化和科学化，进而实现法典化。《民法典》人格权编的制定，是人的价值和人的尊严发展到今天之大势所趋，以不能成立的人格权是不确定概念为理由而否定人格权法独立成编的立法决策，是不成立的。

二、人格权是独立的民事权利类型

在我国民法中，民事权利分为人身权利和财产权利，人身权利包括人格权和身份权，财产权利包括物权、债权、知识产权、继承权、股权以及其他投资性权利。这是《民法典》总则编"民事权利"一章规定的全部民事权利类型，是一个科学的民事权利体系。

（一）人格权作为独立的民事权利类型的理论基础

人格权是一种独立的民事权利类型。这本来是一个没有争论的问题，但在编纂民法典分则各编讨论人格权编时，却出现了对人格权是否为独立民事权利类型的质疑。

有的学者认为，人格权的民法表达只能表现为规范碎片化，这样的表达形式并非人格权的民法表达之局限性，亦非人格权的民法表达的缺陷或短板，其恰恰是民法表达人格利益受民法保护的工具之优势，将不能在民事权利体系中准确完整表达的人格利益，都纳入民法保护的民事权益范围。其同时认为，人格权不同于民事权利，其本质具有社会公共秩序的属性，因此，人格权在民法典中独立成编在逻辑结构以及制度体系上，是缺乏基础和没有灵魂的，其规范选择的立场或者价值判断也就会有很多变数。① 也有学者认为，人格是做人的资格，本身是宪

---

① 邹海林：《再论人格权的民法表达》，《比较法研究》2016 年第 4 期。

法问题，把宪法问题交给民法学者，民法没有这个能力。

这些否定人格权为民事权利的意见，都被用来作为否定《民法典》人格权编的理由。不过，这些理由都是不成立的。

对于人格权是不是独立的民事权利类型这个问题，凡是认真研究过民法发展历史的学者都会看到，人格权是民法的基本民事权利类型。对这一点，《德国民法典》就已经明确，例如该法第823条第1款规定："因故意或者过失，不法侵害他人生命、身体、健康、自由、所有权或者其他权利者，对他人因此而产生的损害，负赔偿义务。"在这个经典的民法条文中，就把生命权、身体权、健康权、自由权等人格权，与所有权和其他权利并列在同一个层次上。这表明，立法者认为人格权与所有权和其他民事权利是同一地位的民事权利类型。

自20世纪初始，中国开始借鉴欧陆民法起草民法典，基本上采纳了《德国民法典》的体例和传统，对于民事权利的分类也大致如此。在具体立法上，大量采纳的是《瑞士民法典》（包括《瑞士债法》）的做法，即在侵权法部分规定"因故意或过失，不法侵害他人之权利者，负损害赔偿责任"，概括提出民事权利概念，在总则部分规定"人格受侵害时，得请求法院除去其侵害。前项情形，以法律有特别规定者为限，得请求损害赔偿慰抚金"①。《大清民律草案》《中华民国民律草案》《中华民国民法》基本上都采这种体例。② "伪满洲国民法"与此不同，采纳的是《日本民法典》的做法，其第732条规定："因故意或过失违法加损害于他人之人，任其损害赔偿之责。""不论害他人之身体、自由或名誉与害财产上之利益，依前条规定而任损害赔偿之责之人，对于财产以外之损害亦须为其赔偿。"③ 制定《民法通则》，在第五章"民事权利"中规定了财产所有权以及与财产所有权有关的财产权（即物权）、债权、知识产权和人身权。尽管该章第四

---

① 《中华民国民法》第184条和第18条。
② 《大清民律草案》为第945条，《中华民国民律草案》为第246条，分别见杨立新主编：《中国百年民法典汇编》，北京，中国法制出版社2011年版，第154-155、246页。
③ 杨立新主编：《中国百年民法典汇编》，北京，中国法制出版社2011年版，第601-602页。

节规定的题目是"人身权",但是规定的内容都是人格权,没有包括身份权。① 可见,在中国现代以来的民事立法中,都是将人格权作为独立的民事权利类型。

在理论上,将人格权作为非财产权利,与身份权相对应,构成民事权利的基本类型,有明确的说法。例如:"非财产权,是指与权利主体之人格、身份不可分离之权利。非财产权可再分为人格权与身份权。人格权指存在于权利人自己人格上的权利,亦即以权利人自己的人格利益为标的之权利。人格权因出生而取得,因死亡而消灭,不得让与或抛弃。如生命权、身体权、健康权、自由权、姓名权、名誉权、肖像权、隐私权等。"② 这样的说明非常准确,是民法学者的基本共识。

(二)质疑人格权独立民事权利地位的理由不成立

对人格权的独立民事权利类型地位进行质疑的第一个理由,是人格权民法表达的碎片化,认为人格权在现行民法中并没有作出集中、统一的规定,而是分散在民法的各个部分之中。这确实是一个现实存在的问题,《德国民法典》《瑞士民法典》《日本民法典》都是这样。形成这个问题的原因,不是人格权非为独立的民事权利类型,而是一方面人格权的体系是逐渐发展起来的,并且直到今天仍然在发展过程中,还会有新的人格权出现;另一方面是人格权的重要性长期没有受到重视,直至"二战"以后,人格权的重要性才被人们普遍认识,因此对人格权立法没有形成统一、集中的规范。但是,这并不妨碍人格权是一种独立的民事权利类型,它首先与身份权并列,构成人身权利;其次,人身权与财产权并列,构成两大基本民事权利,也被称为民法的两大支柱。③ 这些是民法的常识问题,不需要再继续进行深入讨论。

对人格权的独立民事权利类型地位进行质疑的第二个理由,是人格权的公权利化,认为人格是做人的资格,人格权是宪法规定的公民基本权利,不是民法规

---

① 梁慧星:《民法》,成都,四川人民出版社1988年版,第343页;《中国民法经济法诸问题》,北京,法律出版社1994年版,第59-67页。

② 梁慧星:《民法总论》,北京,法律出版社2007年版,第72页。

③ 杨立新:《民法总则》,北京,法律出版社2013年版,第101页。

定的权利，所谓"民法没有能力规定公法上的权利"说的就是这个意思。同样，认为人格权涉及社会公共秩序问题，因而人格权多数是由《宪法》规定为公民基本权利。诚然，很多人格权都是公民的基本权利，都是由《宪法》规定的，这是一个不争的事实。但是，当人格权在《宪法》中规定时，其作为公民的基本权利受宪法的保护，受到损害须用公法的方法予以救济；当人格权在《民法典》中规定时，其作为自然人的民事权利受民法的保护，受到损害则用民事责任的方法予以救济。略举一例：人身自由是《宪法》第 37 条规定的公民基本权利，是公法权利，政府对公民的人身自由不得非法限制。而民法规定的人身自由权是权利主体在具体民事法律关系中享有的具体权利，反映了民事主体的民事法律地位，权利人之外的其他自然人、法人、非法人组织不得对其人身自由非法限制。《宪法》规定的人身自由权，反映了权利主体的宪法地位的公民基本权利，国家保证自己不侵害公民的这一权利。而民法规定人身自由权，是要求其他所有的民事主体都必须对人身自由权的权利人承担不可侵义务，使自然人的人身自由不受其他民事主体的侵犯。公权利转变为私权利，就使人身自由权不仅是在宪法中享有的涉及社会公共秩序的基本方面的公民权利，而且成为每一个自然人在民事法律关系中享有的私权利，性质是人格权这种民事权利类型。正像王泽鉴教授所言，人格权分为宪法人格权和私法人格权。[①] 人格权在作为公民的基本权利时，是公权利；在作为民事权利时，就是与身份权相对的人身权利的内容之一，构成民法规定的民事权利的一种基本类型，与身份权、物权、债权、知识产权、继承权等同为民事主体享有的基本民事权利类型。

（三）人格权的公法性权利与私法性权利的转变

应当看到的是，在确定了人格权多数既有公法上基本权利性质又具有私法上民事权利性质的基础上，还必须看到一点，就是公法的公民基本权利只有转化为私法的民事权利之后，才能得到民法的保护，受到侵害时才能得到民法的救济。

《宪法》规定的公民基本权利转化为民法的民事权利须具备的要件是：第一，公民的基本权利能够为自然人作为民事主体所享有；第二，公民的基本权利被民

---

① 王泽鉴：《人格权法》，台北，三民书局 2012 年版，第 69 页。

事权利化以后有相应的民事主体作为该权利的义务主体；第三，公民的基本权利中具有民事利益的内容；第四，公民基本权利受到损害后有民法上的救济措施。具备了这些条件，宪法上的公民基本权利就能够而且必须转化为民法的民事权利，得到民法的保护。人格权正是这样的权利。

如果仅仅是在《宪法》中对生命、健康、身体、自由、尊严等规定为公民基本权利，而不在民法中对其规定为作为民事权利类型的人格权，民法对其受到的损害就无力进行救济，即使进行救济也会出现障碍，造成救济不力的后果。在我国的司法实践中就出现过这样的情形。2001 年《最高人民法院关于以侵犯姓名权的手段侵犯宪法保护的公民受教育的基本权利是否应承担民事责任的批复》曾经指出："陈晓琪等以侵犯姓名权的手段，侵犯了齐玉苓依据宪法规定所享有的受教育的基本权利，并造成了具体的损害后果，应承担相应的民事责任。"这就是《宪法》规定的公民享有的受教育权，因民法没有将其规定为人格权，在最高人民法院认为应当适用民法方法进行救济，受诉法院依此作出民事判决后，这一批复却因为涉嫌"宪法司法化"而被撤销。这样的教训是深刻的。正因为如此，《民法典》才在第 109 条规定："自然人的人身自由、人格尊严受法律保护。"通过这样的条文，把《宪法》规定的公民享有的人身自由和人格尊严这两种基本权利，转化成为自然人享有的人格权，因而使公民的人身自由和人格尊严，既能够受到国家公法的保护，又能够受到民法的保护。在《民法通则》实施以后至《民法总则》实施之前，出现过对民事主体侵害他人人身自由的侵权行为，无法依据民法进行保护的典型案例。例如，某医院以该院医生张某某患有精神病而将其认定为无民事行为能力人，送进精神病医院强制治疗 38 天，法院最终因为《民法通则》对人身自由权没有规定，无法确认该医院的行为是侵害人身自由的侵权行为，只能认定为侵害名誉权。①

通过以上说明可以看到，人格权既是公民的基本权利，又是自然人的民事权利。人格权被规定为民事权利后，就与其他民事权利类型相并列，成为民法规定

---

① 该案的案情和具体处理，请参见杨立新：《自由权之侵害及其民法救济》，《法学研究》1994 年第 4 期。

的民事权利的基本类型之一，具有自己的独立性。正是因为这样，民法必须对人格权作出具体规定，在民法典分则中规定完整的人格权编，使之成为我国民法典的立法亮点，确立新时代民法典的人文主义灵魂。因此，否认人格权是民事权利类型的意见，不能成为否定《民法典》人格权编立法的理由。

三、人格权的客体不是人格而是人格利益

《民法典》规定人格权编，还有一个问题特别值得讨论，就是人格权的客体究竟是人格还是人格利益。这也是《民法典》人格权编立法的一个法理问题。

（一）人格不是人格权的客体

讨论人格权的客体究竟是人格还是人格利益，是因为涉及一个非常重要的问题，即有的学者认为，人格权的客体是人格，因此在民法典中，人格权要跟随主体在民法总则中规定①，或者就是一个宪法问题而不是民法问题，应当在《宪法》中规定而不是在民法中规定。② 这个问题看似简单，但是，实际上却关系人格权究竟是否应在《民法典》中规定，是在《民法典》的总则规定还是在分则规定的重大问题。

人格本来是人之所以为人的资格。在这个意义上，人格与民事权利能力是同一概念。当然，人格作为人的资格，一方面是民法的问题，即民事主体资格问题；另一方面是宪法问题，是人在国家的社会生活中的地位问题。编纂《民法典》讨论人格权的客体，并不涉及公法上的人格，而只针对私法上的人格。在很长的社会历史时期中，实行等级身份制度，人与人有公开的差别，基于血缘、民族、种族、性别、宗教等各个方面的资格，在法律地位上有天壤之别，有些人是贵族，有些人是平民，有些人甚至不被视为人（如奴隶）。经过近代以来思想启

---

① 梁慧星：《我不赞成中国民法典设立人格权编》，360 网·个人图书馆，http://www.360doc.com/content/16/0303/14/22741532_539081482.shtml，2017 年 2 月 17 日访问。

② 孙宪忠：《十九大科学立法要求与中国民法典编纂》，《北京航空航天大学学报（社会科学版）》2018 年第 1 期；《民法典编纂中的若干问题》，中国社会科学网，http://www.cssn.cn/fx/fx_cgzs/201511/t20151117_2617565.shtml，2018 年 2 月 27 日访问。

蒙运动的洗礼，特别是经过资产阶级革命后，才基本上建立了人格平等制度，纠正了人与人之间公开的、残酷的、赤裸裸的不平等关系。在宪法上是如此，在民法上也是如此。

现代以来的民法已经解决了人格平等问题，每一个自然人作为民事主体，都有平等的地位，没有任何一个人可以享有高于他人的民法地位。在这个意义上，人格就是民事权利能力。我国《民法典》第13条规定："自然人从出生时起到死亡时止，具有民事权利能力，依法享有民事权利，承担民事义务。"第14条规定："自然人的民事权利能力一律平等。"这是我国民法对民事主体平等人格即民事权利能力平等的确认。

人格权的客体不是人格，是因为人格等于民事权利能力，人格权不能以民事权利能力作为权利客体。如果望文生义，认为人格权的客体就是人格，就犯了极大的错误。尽管很多学者都认为人格权的客体是人格利益而不是人格，但是在具体解读人格权时，往往又不自觉地把人格权的客体与人格相联系，认为人格权就是涉及主体资格的权利，一方面认为这是宪法问题，另一方面认为民法规定人格权应随民事主体一道，一并在《民法典》总则编作出规范。

由于人格权与民事主体的人格相联系，因此就要将人格权与民事主体的人格地位和民事权利能力放在一起规范，是人格权立法不发达时代的产物，是民法重视财产关系而忽视人身关系的时代局限性的表现。可是问题就在于，一方面认为人格权的客体不是人格，另一方面却认为人格权与人格具有密切关系，得出人格权必须与民事主体的资格、地位和民事权利能力规定在一起。这样的认识，就在于并没有真正确认人格权的客体是什么。

正因为人格权是民事权利类型而不是具体权利，所以人格永远不会成为人格权的客体。如果认为人格权是一个具体的权利，那么，人格就会成为权利的客体。人格要变成权利的客体，那就变成了民事权利能力是权利的客体，这样的结论是荒谬的。为什么有人认为人格权一定要在《民法典》总则编的民事主体部分规定，就是把人格权认作具体权利，因而把人格当成了人格权的客体，认为人格权的立法是《民法典》总则编的职能。人格权的客体绝对不是人格，因为人格是民事权利能力。

（二）人格权的客体是人格利益

人格权的客体是人格利益，而不是人格。学者认为："人格权指存在于权利人自己人格上的权利，亦即以权利人自己的人格利益为标的之权利。"① 这个意见在表达人格权的客体是人格利益问题上，是正确的；但是将人格权界定为是存在于权利人自己人格上的权利，值得斟酌，因为所有的民事权利都是存在于权利人自己人格上的权利，难道财产权利就不是这样吗？这就是《民法典》第 13 条规定"自然人具有民事权利能力，依法享有民事权利"的意旨所在。

作为人格权的客体的人格利益，是构成人格的各个要素所体现的民事利益，这些人格的构成要素及体现的利益才是人格权的客体。人格权作为一种民事权利类型，是由各种具体的人格权构建起来的权利群，每一个具体人格权的客体，就是具体人格利益构成要素及体现的利益。这种人格利益构成要素，在《俄罗斯联邦民法典》中表述为人的"非物质利益"②。

人格利益构成要素，是自然人的主体资格（人格、民事权利能力），不是凭空而来，而是由诸种不同的要素构成的，既包括物质性人格要素，也包括精神性人格要素。主要表现在：

第一，自然人作为民事主体，构成其人格，首先要有三个物质性构成要素，即生命利益、身体利益和健康利益。这三种物质性人格构成要素是构成自然人人格的物质基础。如果没有生命、身体、健康，自然人的人格就失去了物质载体，无处依存，不成其为人。将人格的物质性构成要素即人体分解为生命、身体、健康三个要素，并设置民事权利保护，就构成了自然人享有的生命权、身体权和健康权，作为自然人的人格物质性构成要素的生命利益、身体利益和健康利益，是自然人享有的生命权、身体权、健康权的客体。

第二，自然人作为民事主体的人格构成，除了物质性要素之外，还须有精神性要素，姓名、肖像、名誉、荣誉、隐私、人身自由、个人信息等，是构成自然

①　梁慧星：《民法总论》，北京，法律出版社 2007 年版，第 72 页。
②　《俄罗斯联邦民法典》，黄道秀译，北京，北京大学出版社 2007 年版，第 93 页。

人人格的精神性要素。把这些具有相当独立性的精神性人格要素用民事权利予以保护，就构成了姓名权、肖像权、名誉权、荣誉权、隐私权、人身自由权、个人信息权等人格权，姓名、肖像、名誉、荣誉、隐私、人身自由、个人信息等人格利益就是这些人格权的客体。

第三，在自然人的人格构成要素方面，还存在一个一般性的人格构成要素，这就是人格尊严。由于人格尊严具有较大的弹性和张力，因而确认其为一般人格权的客体，其主要作用在于保护那些没有明确规定为具体人格权、不能用具体人格权予以保护、又需要进行保护的人格构成要素，这就是具有一般人格利益补充功能的一般人格权。

第四，由这些人格构成要素构成完整的人格，就是自然人的民事权利能力，就是做人的资格；而对这些人格要素设置的权利，就是具体人格权；对那些没有作为具体人格权予以保护的人格构成要素，是一般人格利益，由一般人格权来进行保护。这就是，为了保护自然人人格的完整性，才对每一个人的相对独立的具体人格构成要素设置具体人格权加以保护；对于那些没有具体人格权保护的人格构成要素，就概括为一般人格利益或者其他人格利益[①]，交由一般人格权保护，因而人格尊严在这个意义上，就变成了对其他人格利益进行保护的兜底性条款。

人格利益构成要素之于自然人的人格的重要性，就在于保持人格的完整性，缺少任何一个人格构成要素，或者任何一个人格要素受到侵害，人格都会出现欠缺，人格就受到损害。为什么诽谤会被追究民事责任，对受到损害的名誉权须进行救济，就是为了保护人格的完整性，尽管诽谤不会造成人格物质性构成要素的损害，但是会对人的名誉要素造成损害，同样会造成人格缺损的后果。正因为如此，法律必须规定，具体人格权保护具体人格构成要素的完整性，一般人格权保护其他人格构成要素的完整性，只有这样，才能使民法对自然人所有的人格构成要素都完整地保护起来，不仅维护自然人整体的人格利益不受非法行为的侵害，而且维护自然人人格利益的各个不同构成要素不受非法行为的侵害，使人的人格

---

① 《最高人民法院关于确定民事侵权精神损害赔偿责任若干问题的解释》第1条第2款将学术上所称的"一般人格利益"规定为"其他人格利益"。

得以保持完整，不受任何非法行为的侵害。

还应当看到的一个事实是，在构成自然人人格要素中，既有物质性人格要素，也有精神性人格要素；在这些不同的人格构成要素中，既包括精神性的人格利益，也包括财产性的人格利益。对于人格利益中的精神性人格利益的保护，是维护人格构成的完整性，不使主体的精神利益受到侵害；对于人格利益中的财产性人格利益的保护，也是在维护人格构成的完整性，不使主体的财产利益受到损失。就此而言，当一个具体人格权受到侵害时，会造成普遍的人格的精神性利益损害，有时也会造成人格的财产利益损害。例如，侵害生命权、身体权或者健康权，不仅损害了人的物质性构成要素，同样也会造成权利人的财产损失。侵害他人的肖像权，虽然侵害的是人格的精神利益，会造成精神损害，但是，由于肖像权的客体是肖像，具有的美学价值，在市场经济中会发生财产性的转化，侵害肖像权就会损害肖像利益中的财产利益，能够造成肖像权人的财产利益损失。[①] 这正是某些人格权需要公开权保护的法理基础。有的学者认为，不具有专属性特征的姓名权和肖像权虽为民事权利，但非人格权；人格利益的商业化利益与人格权无关，因而人格权的民法表达不应介入与自然人的人格利益有关的所有问题。[②] 这样的认识显然不具有时代感，而美国法律创造的公开权，正是对保护人格利益中的财产利益的必要而且精彩的概括。这是因为隐私权不足以保护人格上的财产利益[③]，因而才使公开权对保护人格权具有重要价值。

（三）确定人格权的客体不是人格而是人格利益的重要价值

正因为人格权保护的客体不是人格，而是人格利益即人格的不同构成要素，因而对其设置民事权利进行保护，就使人格权脱离了民事主体的范畴，而进入了民事权利的领域。从这个意义上说，人格权作为一种独立的民事权利类型，与普通的民事权利没有原则的区别，都是以民事利益作为客体的民事权利种类。把这些所有的民事利益都用民事权利加以保护，就使民事主体在自己人格上的各种利

---

① 侵害人格权会造成财产利益损失的法理机制，请参见杨立新：《侵害肖像权及其民事责任》，《法学研究》1994 年第 1 期。

② 邹海林：《再论人格权的民法表达》，《比较法研究》2016 年第 4 期。

③ 王泽鉴：《人格权法》，台北，三民书局 2012 年版，第 304 页。

益都得到民法保护，这个主体就能够在市民社会中体面地生存下去，成为一个有尊严的人。

从另一个角度看，人格权与其他民事权利又是不一样的。按照《民法典》的规定，自然人因婚姻家庭关系等产生的人身权利即身份权，其客体是亲属间的身份利益；物权的客体是物以及法律规定作为物权客体的权利；债权的客体是权利人请求特定义务人为或者不为一定的行为；知识产权的客体是作品、专利、商标等智慧成果；继承权的客体是遗产；而人格权的客体与这些民事权利所保护的民事利益都不同，是人格利益。这是人格权与其他民事权利相异的根本所在，因而才形成了不同的民事权利类型，人格权与其他民事权利并列在一起，构成了民事权利的全部内容。

由于人格权的客体是人格利益而不是人格，因而对人格权除了要在《宪法》中规定以外，还必须在民法中予以规定；由于人格权的客体即人格利益的属性是民事利益，与其他民事权利具有质的同一性，因而应当与其他民事权利构成统一的民事权利的类型体系，都应当在民法典分则中予以规范；由于作为人格权的客体是民事主体的人格利益而不是其他民事利益，与其他民事权利类型保护的民事利益具有质的差别性，因而在民法典分则中应当与其他民事权利类型一样，须有自己的一席之地，成为独立的人格权编。如果将人格权的客体认定为人格，或者在此问题上模糊了人格与人格利益的区别，就会做出相反的判断，得出学者所说的那种"不靠谱的说法"①。

四、《民法典》规定人格权编是其自身逻辑使然

（一）人格权编破坏民法典的结构、逻辑性、制度体系科学性了吗？

有的学者认为，人格权在《民法典》中独立成编，在逻辑、结构以及制度体系上是缺乏基础和没有灵魂的；因此，我国尚不具备人格权在《民法典》中独立成编的各项条件，尤其是立法技术不能协调好人格权编与《民法典》总则编、其

---

① 邹海林：《再论人格权的民法表达》，《比较法研究》2016 年第 4 期。

他分编以及其他特别法的关系。在缺乏坚实的理论准备和科学论证的基础上，单独设立人格权编是对我国《民法典》在逻辑、结构和体系上的科学性的破坏，这样的尝试事实上开启了一扇混乱我国《民法典》的结构、制度逻辑和体系的科学化水平的偏门，并为将来《民法典》的解释和适用的便利化制造了无穷尽的障碍。这样的结论，似乎跟这些学者的另一种说法不搭界，即在我国民法法典化的过程中，人格权应否成编本来就不应当是一个问题；人格权的成编与否，仅是人格权的民法表达的形式问题。一部民法典究竟应当包括几编，各编之间的关系如何构造，在世界上是没有定规的。① 在同一篇文章的前后出现这样矛盾的两种说法，前后的逻辑完全不一致。

（二）《民法典》设置人格权编不可能破坏其结构、逻辑和制度体系

对单独设置人格权编是否就能使《民法典》的结构、逻辑和制度体系科学化受到破坏的问题，笔者作以下分析。

1. 有关民法典的结构问题

对于《民法典》的结构，全国人大常委会副委员长李建国在关于《民法总则》的立法说明中明确指出：民法总则是民法典的开篇之作，在民法典中起统领性作用。民法总则规定民事活动必须遵循的基本原则和一般性规则，统领民法典各分编；各分编将在总则的基础上对各项民事制度作出具体规定。② 这是对《民法典》基本结构作出的准确说明。就此应当说明的是：首先，《民法典》的总体结构是，《民法典》总则规定的是民事活动必须遵循的基本原则和一般性规则，分则规定的是各项民事制度的具体规则。其次，在《民法典》的基本结构之下，总则的基本结构是规定基本原则、自然人、法人、非法人团体、权利客体、法律行为、代理、消灭时效、期日和期间③，概括起来，《民法典》总则除了规定基本原则之外，就是规定民事法律关系的主体、客体和内容的一般规则。对此，学

---

① 邹海林：《再论人格权的民法表达》，《比较法研究》2016 年第 4 期。

② 李建国：《关于〈中华人民共和国民法总则（草案）〉的说明——2017 年 3 月 8 日在第十二届全国人民代表大会第五次会议上》，载：《民法总则立法背景与观点全集》，北京，法律出版社 2017 年版，第 6 页。

③ 梁慧星主编：《中国民法典草案建议稿》，北京，法律出版社 2003 年版，目录第 1 页。

界的意见是统一的，《民法典》总则也基本上是按照这样的结构进行的，只是将非法人团体改为非法人组织，没有特别规定民事权利客体，在"民事权利"一章只规定了部分权利客体，增加了民事责任的规定。最后，民法典分则的结构是按照民事权利的类型编排的。对具体怎样安排，有两种不同的见解：一种意见是民法分则规定物权、债权（包括债权总则、合同、侵权行为）、亲属（身份权）和继承（继承权）。① 另一种意见是民法分则规定人格权、婚姻家庭（身份权）、继承权、物权、债权（债法总则、合同、侵权行为）。② 对上述两种意见进行比较，对民法典分则的结构，除了在编排顺序上有所不同之外，主要的分歧是后者增加了人格权编。现在的问题是，有的学者认为民法典分则不规定人格权编，《民法典》的结构就是科学的；增加了人格权编，《民法典》的结构就是混乱的，就绑架了我国民法法典化过程中的法典理性，势必造成民法总则已经构造的具有中国特色的民法制度体系的混乱。③ 这样的结论不具有说服力。

2. 有关民法典的逻辑问题

逻辑就是思维的规律④，是人在认识过程中借助概念、判断、推理反映现实的思维方式。研究《民法典》的逻辑性，是要研究《民法典》在反映市民社会生活的规则中，是否符合民法的思维规律，以及前后思维方式的一致性、自洽性，并且用这种民法的逻辑主线，统领《民法典》的总则和分则以及总则和分则的内容，使其准确反映市民社会的现实需求，不能违反民法的思维规律。

《民法典》的基本逻辑，是总则和分则的逻辑关系，总则规定的是民法基本原则和一般性规则，反映的是民法认识市民社会的基本方法即民事法律关系，并且规定民事法律关系的一般性规则，使其成为《民法典》总则的逻辑主线，即民事法律关系的主体、客体和内容。《民法典》分则规定的是具体民事制度，是对

---

① 梁慧星主编：《中国民法典草案建议稿》，北京，法律出版社 2003 年版，目录第 2 - 3 页。括号是笔者所加。

② 王利明主编：《中国民法典草案建议稿及说明》，北京，中国法制出版社 2004 年版，目录第 2 - 7 页。

③ 邹海林：《再论人格权的民法表达》，《比较法研究》2016 年第 4 期。

④ 《现代汉语词典》，北京，商务印书馆 2005 年版，第 900 页。

民法认识市民社会的基本方法即民事法律关系在民法分则中的具体展开，是以民事权利类型及展开为逻辑主线，构造民法各分编。这个民法的逻辑主线采纳的是《德国民法典》的范式。而法国法系民法典的逻辑范式是人法、财产法和取得财产的各种方法，与此并不相同。

按照这样的比较结论，德国法系民法的基本逻辑关系是民事法律关系，民法典总则的逻辑关系是民事法律关系的一般性的抽象规则，民法典分则的逻辑关系是具体民事法律关系即以民事权利类型为基准展开其具体规则。这就是民法典的基本逻辑关系。至于民法典分则各编的逻辑主线，是以民事权利类型为基准展开民事法律关系的具体内容，设置还是不设置人格权编，其实只是学术见解问题，是立法技术问题，并不会造成民法典分则的逻辑混乱，更不会破坏民法典的逻辑关系。其核心问题，就是要看民事权利分为哪些基本类型。学者在论述民事权利的基本类型时，认为民事权利分为非财产权、财产权和兼有以上两种性质的权利，非财产权包括人格权和身份权，财产权是具有财产价值的权利，如物权、债权、知识产权等，兼有以上两种性质的权利有继承权、社员权。① 这些意见并非一家之说，基本上是民法学界的共识。我国《民法典》总则编第五章规定"民事权利"，基本上就是按照这种思路编制的。这些民事权利类型就是具体民事法律关系，按照这样的逻辑线索将各种民事权利类型展开，就构成民法典分则各编的逻辑基础，除了知识产权和股权要用特别法规定之外，人格权应当在分则的人格权编中展开，身份权应当在婚姻家庭编中展开，物权应当在物权编中展开，债权应当在合同编中展开，继承权应当在继承编中展开，侵权责任编作为权利保护法来规定。这样的逻辑线索不是非常清晰吗？

反过来，如果在民法典分则中不规定人格权编，在民法典总则规定的民事权利类型体系的基础上，民法典分则就缺少了一个分编，造成了民法典分则与总则之间逻辑关系的不对称，《民法典》的逻辑体系就出现了不完整的状况，立法就无法反映市民社会主体享有人格权、行使人格权、保护人格权具体规则的客观要求。真正的问题是，不是民法典分则规定了人格权编就会使《民法典》的逻辑关

---

① 梁慧星：《民法总论》，北京，法律出版社 2007 年版，第 72 页。

系发生混乱，而是民法典分则不规定人格权编才会使《民法典》的逻辑关系发生缺损。

3. 有关民法典的制度体系科学化的问题

就一部法律而言，其制度体系必须科学化。在民法领域，民法制度其实就是在民法典总则和分则中规定的民法规则。就我国立法而言，《民法通则》以民事主体、民事权利、法律行为、民事义务和民事责任，开启了我国民法法典化的以功能性的制度供给为基础和体系的单行法发展模式，并成为我国民法典编纂的基础，这是我国民法法典化的本土化创造；《民法典》总则继承和发展了《民法通则》尝试的结构、制度逻辑和体系，因而在我国《民法典》中具有创造性的发展，使我国《民法典》保持了鲜明的中国特色，富含我国本土化元素。① 这样评价我国《民法典》总则是正确的。不过，《民法典》总则的制度体系并非尽善尽美，不适当的问题还是存在的，对此不作讨论。《民法典》分则的基本制度体系，即物权编、合同编、人格权编、婚姻家庭编、继承编、侵权责任编，就是按照物权、债权、人格权、身份权、继承权和权利保护的侵权责任的权利类型编排，知识产权由知识产权单行法、股权等由公司法等商法单行法规定。就这样的民法典分则基本制度体系观察，是有严整的科学体系的，这正是"在结构、制度逻辑和体系规范表达等各个方面，充分尊重了民法总则已经构造的法典理性"。如果只是由于其中规定了人格权编，就使这样一个科学、严整、具有法典理性的民法制度体系出现了不科学的后果，这样的说法听起来有些耸人听闻。

（三）《民法典》规定人格权编不存在结构不合理、逻辑不圆满、制度不科学的问题

将上述三个方面的问题集中起来，都是在说我国《民法典》以及总则和分则的逻辑性问题，其中《民法典》的结构、制度体系都是以民法的逻辑关系为基础的，符合民法的逻辑要求，其结构就是合理的、制度体系就是科学的，反之则不然。由于我国《民法典》依照认识市民社会、规范市民社会生活的民事法律关系为基本逻辑基础，并在总则和分则中分别作出一般性规定和具体规定，因而其逻

---

① 邹海林：《再论人格权的民法表达》，《比较法研究》2016 年第 4 期。

辑关系明确、清晰、完整、和谐，结构合理，制度体系科学。人格权编在这样的逻辑基础上，不存在结构不合理、逻辑不圆满、制度不科学的问题，正是民法典总则和分则和谐、一致的逻辑性和科学性的民法理性的体现，而非因规定了人格权编就使这样的民法逻辑发生混乱甚至受到破坏。不仅如此，《民法典》人格权编具有完整、科学的结构和具体可操作性的具体规则，在《民法典》的基本逻辑关系中是最耀眼的一环，成为21世纪民法典规定人格权的典范。

第三节　《民法典》人格权编立法的政治基础与立法技术

围绕我国《民法典》规定人格权编发生的争论，既有政治基础问题，又有立法技术问题。把编纂《民法典》的问题归结到政治上是错误的，但是，主张《民法典》人格权编的立法脱离政治，主张只是纯粹的民法学术问题和立法技术问题，也是不正确的。

一、编纂《民法典》人格权编必须考虑的政治基础

编纂《民法典》人格权编必须考虑的政治基础，主要包括以下四个问题。

（一）加强对人民人格权的保护本身就是政治问题

《民法典》加强对人格权的保护所体现的政治基础，可以从以下三个方面来认识。

第一，历史上不断发展的人格权，无不体现的是当时社会提出的政治要求。在历史的发展过程中，历来就有人格权保护问题。人类社会自从有法律的那天始，就有对人格权的保护。例如，在任何一个历史时代，几乎都规定杀人为犯罪行为，保护人的生命权，保障社会生产力的发展，因为任何统治者进行统治，都必须有人作为被统治者，如果不保护人的生命权、健康权，国家就没有基本的劳动力。即使历史上的同态复仇，也是那个蒙昧时代保护生命权、健康权的具体制

度。在随后出现的自由赔偿时期，受害人在受到人身损害时享有选择权，选择同态复仇或者赔偿，是因为救济侵权行为造成的人身损害若选择同态复仇，对统治者和社会发展并不有利，而选择赔偿救济，则既能够保存劳动力，又有利于受害人的经济利益。这正是立法对人格权保护政治后果考量的结果。到了强制赔偿时期，统治者一律废除同态复仇，受害人须请求赔偿救济自己的人格权损害，这种立法改革更是为了统治者的利益和社会发展，其基础都在于人格权立法的政治需求。① 不仅对物质性人格权的保护，而且对精神性人格权也有保护的必要，例如，"十二铜表法"第八表第 1 条就有关于"假如有人编造或歌唱含有毁谤或侮辱他人的歌词时，则认为必须执行死刑"的规定。② 在人类历史上的这些人格权保护立法，无不体现着政治考量和政治因素，与其社会的政治基础密切相关。

第二，人类在经历了"二战"的浩劫之后，面对数亿人被卷入战争中，几千万人被打死、被践踏、被蹂躏的残酷事实，人们终于发现，之所以会出现这样践踏人格的大屠杀，就是因为没有重视对人格权的保护，因而提出了全面加强人格权立法的诉求。历史上的人格权振兴就是在"二战"结束之后，通过对"二战"的深刻反思而振兴起来的。"二战"以前，民法重视对财产关系的调整，忽视对人格权的保护。"二战"以后，民法重视对人格权的立法，当代民法典对人格权差不多都有专章或者专节的规定，例如《魁北克民法典》《越南民法典》等，更不要说 2003 年的《乌克兰民法典》对人格权的专编规定。③

第三，我国在"文化大革命"后加强人格权的立法，正是对十年浩劫践踏人格权惨痛教训的痛定思痛之作。不加强人格权的保护，那些等严重损毁人格尊严的大帽子，随时都可以强加在人们的头上，无数人被迫害致死。正视中国人格权保护的历史就可以看到，人格权立法的哪一个问题都摆脱不掉其政治基础。

---

① 杨立新：《杨立新民法讲义·人格权法》，北京，人民法院出版社 2009 年版，第 89-90 页。

② 江平主编：《十二铜表法》，北京，法律出版社 2000 年版，第 34 页。

③ 目前对于《乌克兰民法典》的否定性评价，一是说其有引发颜色革命的可能性，二是说其他国家对乌克兰民法典的人格权编没有正面的评价。其实这些说法都属于推测，对于《乌克兰民法典》实施后，乌克兰社会中人格权的保护是否有所加强，都没有进行过实地调查，都不是能够否定《乌克兰民法典》人格权编立法的依据。

（二）经济基础与上层建筑关系中的人格权立法

生产力与生产关系的总和构成社会的经济基础。建立在一定经济基础之上，并且与其相适应的政治、法律制度和设施的总和以及政治法律思想、道德、艺术、宗教、哲学等社会意识形式，构成社会的上层建筑。[①] 经济基础和上层建筑之间的关系，是经济基础决定上层建筑，上层建筑又对经济基础的发展发挥反作用。"人们在自己生活的社会生产中发生一定的、必然的、不以他们的意志为转移的关系，即同他们的物质生产力的一定发展阶段相适应的生产关系。这些生产关系的总和构成社会的经济结构，既有法律的和政治的上层建筑竖立其上，并有一定的社会意识形态与之相适应的现实基础。物质生活的生产方式，制约着整个社会生活、政治生活和精神生活的过程。"[②] 这是解决人格权立法政治基础的基本规律。

法律属于上层建筑，是由经济基础决定的，在与经济基础相适应的上层建筑确定之后，又反过来对经济基础发挥反作用，推动经济基础向前发展。人格权立法属于上层建筑的范畴，当然要服从经济基础的需要。同时，当与社会经济基础相适应的人格权立法确定之后，又会反过来，对经济基础和整个社会的发展产生巨大的反作用。

正是基于这样的社会发展规律，1986年制定《民法通则》以及实施之后我国对人格权保护的长足进展，说明在人格权惨遭践踏历史悲剧结束之后的我国人格权立法，正是社会经济基础发生变革对法律等上层建筑改革提出的要求，人格权立法正确地反映了经济基础与上层建筑相适应的社会发展规律的要求后，又对社会经济基础的发展起到了巨大的反作用，推动了我国社会的巨大进步，使人们在今天才能够活得如此体面和有尊严。在《民法通则》的人格权立法还不够完善的情况下，就能够对社会进步发挥这样的重要作用，制定完善的《民法典》人格权编，适应社会经济基础和社会发展规律的要求，就能对社会发展起到更大的推

[①] 马克思主义政治经济学概论编写组：《马克思主义政治经济学概论》，北京，人民教育出版社、高等教育出版社2011年版，第7页。

[②] 马克思：《〈政治经济学批判〉序言》，《马克思恩格斯文集》，第2卷，北京，人民出版社2009年版，第591页。

动作用，能够让我们每一个人都活得更有尊严。

（三）当代社会的主要社会矛盾与人格权立法

当代社会的主要社会矛盾，是人民日益增长的美好生活需要和不平衡不充分的发展之间的矛盾。① 人民日益增长的美好生活需要不仅包括物质生活和精神生活，也包括政治生活，人民对这些日益增长的所有的生活需要都应当是美好的。在人民日益增长的美好生活需要中，美好的政治生活需要，就包括完善的人格权立法和完善的人格权保护，并且在所有的美好生活需要中的地位特别重要，因为人民的美好生活的需要是以全面尊重人格尊严为基础的，人民对美好的社会生活的需要只有以人格尊严的完善保护为基础，才能去向往和追求更美好的生活需要。所以，加强人格权立法，保护好人民的人格权，是在人民追求的美好生活需要的范畴之中。目前我国民事立法中的人格权立法"碎片化"表达的状态，体现的就是"人民日益增长的美好生活需要和不平衡不充分的发展之间的矛盾"的具象，人格权立法还不完善，人格权保护还不充分，人的尊严还没有得到更好的尊重，是立法不平衡不充分的发展的具体表现。在人民日益增长的美好生活需要和不平衡不充分的发展之间的矛盾中，加强人格权的立法，制定《民法典》人格权编，就是解决这一矛盾、推动社会发展的重要内容。《民法典》人格权编提高了对人格权的保障，改变了人格权立法不平衡不充分的发展现状，使其在保障民主、改善民生、推动社会基本矛盾协调发展方面，发挥重要作用。

（四）保障人民当家做主的地位与人格权立法

人民当家作主的地位是人民的政治地位。国家的一切权力属于人民，"人民当家作主是社会主义民主政治的本质特征"②，人民是国家的主人，保护人民当家作主的需求，就必须保护好人民的地位。如果没有人民，国家就没有存在的价值。当代国家要把人民放在第一位，真正实现人民当家作主，就必须保证人的地位、人的尊严和人格权。尽管人格权是民事权利，但是在这方面涉及的却是政治

---

① 习近平：《决胜全面建成小康社会 夺取新时代中国特色社会主义伟大胜利——在中国共产党第十九次全国代表大会上的报告》，北京，人民出版社 2018 年版，第 11 页。

② 习近平：《决胜全面建成小康社会 夺取新时代中国特色社会主义伟大胜利——在中国共产党第十九次全国代表大会上的报告》，北京，人民出版社 2018 年版，第 36 页。

问题。只要人民的人格权得不到完善的保护，人民当家作主的地位就不会得到全面保障，这种需求就无法得到全面实现。最重要的一条，就是要尊重人的尊严，保护人的主体地位，让人民享有充分的人格权，使人在各个方面都能够得到妥善的保护，人民才能真正当家作主。就此而言，《民法典》人格权编的立法就关乎人民当家作主的需求，不能不特别对待。

二、编纂《民法典》人格权编在立法技术方面的争论要点

编纂《民法典》人格权编，在立法技术等方面也有重大争论。整理起来，主要的争论焦点有如下几个问题。

（一）人格权概念具有不可定义性和不可言说性吗？

为了否认《民法典》人格权编的立法决策，学者对人格权概念提出了具有防御性、先在性、不可言说性、不可定义性的属性，进而得出人格权无须独立成编，甚至无须由法律规定的结论。对于人格权的防御性和先在性，作者在前文已经进行了说明。对于人格权概念的不可言说性、不可定义性的说法，作以下分析说明。

对于人格权概念，确实存在定义的困难，因为人格权在世界范围内被重视还不到一百年，比起其他民事权利概念的数百年甚至更长的历史，显然还是太年轻了。但是，对其定义的困难并不等于不可定义，假如人格权的概念具有不可定义性，那它根本就不是一个法律概念，因为任何法律概念都是可以被定义的，只不过是准确定义的难度较大而已。至于说人格权具有不可言说性，那是因为有的人对人格权概念的研究还没有达到一定的程度。法律对人格权概念的界定，也是言说具有一定难度而已，而不是不可言说，不可言说的概念也不是法律概念。对人格权概念提出这样两个所谓的权利属性，并不是对人格权概念法律属性的科学说明，而是缺乏深入研究所致。人格权作为民事权利的一种，是指民事主体依法固有的，为维护自身独立人格所必备，以人格利益为客体的民事权利。[①] 在对人格

---

① 杨立新：《人格权法》，北京，法律出版社 2016 年版，第 39 页。

利益作出正确解读的基础上，即可对人格权的概念作出准确定义。正如郑玉波先生所言："人格权者，乃存在于权利人自己人格之权利，申言之，即吾人与其人格之不分离的关系所享有之社会的利益，而受法律保护者是也。例如生命、身体、自由、贞操、名誉、肖像、姓名、信用等权利均属之。"① 以人格权的不可定义性和不可言说性为由，否定《民法典》人格权编的立法决策，由于其论据的不真实，因而没有可以令人信服的说服力。

（二）碎片化的民法表达是民法典规定人格权的必然方法吗？

有学者认为，《民法典》如何表达人格权概念的不确定性，规范碎片化或许是相对科学的方法，在没有消除人格权规范的碎片化状态的成因之前，不具备条件去设想人格权的民法表达之体系化发展趋势。②

人格权民法典表达的碎片化，似乎是指民法典在表达人格权时的非体系化和分散性，即不能集中规定而须分散在民法的各个部分的表达方法。这确实是涉及《民法典》人格权编立法的一个最基本的立法技术问题。

碎片化与体系化相对应。目前各国民事立法，对人格权规范的立法体系化只在少数民法典中实现，大多数民法典对人格权的规范表达都是所谓的碎片化状态。前者如《乌克兰民法典》等，专设"人格非财产权"一编；后者如《德国民法典》，第18条规定了姓名权，第823条规定了生命权、身体权、健康权、自由权，第825条规定了贞操权，呈现的就是碎片化形态。

不过，大多数民法典特别是《德国民法典》规定人格权的碎片化状态，并不是人格权民法表达的必然方式，而是因历史原因形成的，即由于文明程度的不断发达和科学技术的不断进步，人们对于自己的人格构成要素的价值不断有新的认识，进而使人格权处于不断发展的状态，处在不断的变动之中。而民法典在其制定的当时，受制于当时的历史限制，以及对人格权规定的不断更新，继而形成了人格权表达方法的碎片化。

人格权民法表达的碎片化，不利于加强对人格权的保护。《民法通则》尽管

---

① 郑玉波：《民法总则》，台北，三民书局1998年版，第96页。
② 邹海林：《再论人格权的民法表达》，《比较法研究》2016年第4期。

没有对人格权的规定形成碎片化的表达方式，但是由于当时的立法经验和理论准备不足，规定的人格权内容比较粗疏，因而才须由最高人民法院制定详细的司法解释，使人格权的保护能够落到实处。一方面，《民法通则》规定人格权是基于当时的形势，还不能认为是碎片化表达；另一方面，司法机关在司法解释中对人格权的补充，是立法欠缺所致，立法和司法解释合起来称之为碎片化，尚有道理。《民法典》对人格权作出了详细规定，最高人民法院就不用再制定那么多司法解释，以至于像德国法院那样以制定法无法全面保护人格权而须借助法官法来确定对更多的民法典没有规定的人格权予以保护。在今天，编纂《民法典》提供了改变人格权民法表达碎片化状态的极好机会，不能偏偏追求所谓的人格权的碎片化表达，这是不对的。《民法典》规定人格权编，人格权立法实现科学化、体系化，对人格权立法实现法典化，是完全正确的。

（三）人格权法的条文数量少就不能作为《民法典》的一编吗？

这是很多学者提出来的问题，认为人格权编的条文数量少而使民法典的结构丧失整齐美，苏永钦教授也提出了人格权编在规范的数量上不会很多，独立成编就会有点牵强，最好的摆放位置还是总则，而视其规范数量而决定是否独立为一章的看法。[①] 事实上，整齐是一种美，参差也是一种美。民法典分则各编不可能都规定为 500 条或者 100 条，合同编草案的条文达到 500 多条，物权编草案为 240 多条，而继承编只有 31 条，比人格权编的 51 条还要少，能因为继承编的条文数量较少而在分则中不规定继承编吗？其实，民法典分则各编的条文数量多少不是能否作为独立分编的因素，只有民事权利类型是否具有独立性，才是决定是否成为分则一编的基本要素。人格权是一种独立的民事权利类型，与其他民事权利类型具有同等地位，分则规定人格权编为独立一编，是有充分理由的。

（四）人格权只需侵权请求权保护，不需要人格权请求权保护吗？

否定《民法典》人格权编立法决策的理由还包括，评价一个国家的人格权保护水平，关键看这个国家（保护人格权的）侵权法是否发达，是否进步。人格权

---

① 苏永钦：《中国民法典编纂的理由、最佳模式与基本功能》，《北京航空航天大学学报（社会科学版）》2018 年第 1 期。

的类型划分只是方便对于侵害人格权的侵权纠纷案件按照案由进行归类（类型化）而已。① 这两个论点，前一个看起来似乎没有错误，但是将这两个论点结合在一起，就能够看出其不正确的问题所在。不过，前一个观点其实也不完整，原因是，对人格权的保护，不仅要看侵权法是否发达，是否进步，更要看人格权立法是否发达，因为对人格权的保护不仅要有侵权请求权的保护，还须有人格权请求权的保护，就像物权不仅要有侵权法的保护，还要有物权请求权的保护一样。同时，对于人格权的立法，不仅是要保护，还要规定人格权的类型、内容、行使规则等。因此，仅有侵权法的保护，没有丰满的人格权法立法，也是不完善的。对人格权的类型划分，是确定不同类型的人格权所具有的不同内容以及具体行使权利的规则，只将其看作是方便对于侵害人格权的侵权纠纷案件按照案由进行归类（类型化），显然是片面的认识，因为当代人格权法并不只是对权利的保护，更重要的是对人格权权利内容和行使规则等的规范。将人格权的类型化规定简单地认定为只有对侵害人格权纠纷案件划分案由的价值，是对人格权法价值的贬低。侵权法可以对人格权提供保护，但是，侵权法不能替代人格权法，因为侵权责任法不能对人格权的确认和行使作出规定，无法代替人格权法。②

（五）痛不欲生的人格利益就不是人格利益吗？

学者在否定人格权编立法中，批评人格权编草案很多条文的内容，其中有的批评是对的，也有无端指责。例如，对草案多处使用的民事主体"享有人格利益"的说法进行批评，认为人格权益也不必然是一种人格利益，因为有时候生命对于人而言是痛苦，而不能称之为享受人格利益。对于痛不欲生的人，生命对他已经不是一种利益。这样的说法，完全不应当出自一位著名的民法学家之口。因为不论人格权的客体所包含的是痛苦还是快乐，都是人格权人享有的人格利益的

---

① 邹海林：《再论人格权的民法表达》，《比较法研究》2016 年第 4 期。

② 王利明：《人格权的积极确权模式探讨——兼论人格权法与侵权法之关系》，《法学家》2016 年第 2 期；《人文关怀与人格权独立成编》，《重庆大学学报（社会科学版）》2016 年第 1 期；《论人格权独立成编的理由》，《法学评论》2017 年第 6 期；《论我国〈民法总则〉的颁行与民法典人格权编的设立》，《政治与法律》2017 年第 8 期。

内容，都属于民事利益的范畴。① 人格利益作为人格权的客体，不是指民事主体的某种具体感受。难道对于痛不欲生的人，生命对他而言就不是他的生命权客体了吗？权利人尽管可以选择安乐死而解脱痛苦，但这正是权利人对自己享受的人格利益的支配，而且这种支配权就是享受人格利益的体现。

（六）人格权的行使不需要交易规则规范吗？

《民法典》主要规定的是交易规则还是权利行使规则，也是对《民法典》人格权编立法争论的一个重要问题，认为人格权无法进行交易，因此采取宣告即可达到立法目的。② 对这种观点应当从两个方面进行分析。

第一，《民法典》不完全是关于交易规则的规定。《民法典》规定的规则是行使权利的具体规则，包括行为规则和裁判规则。交易规则只是其中的一部分，即真正讲交易规则的是交易行为，物权的取得和商事规则多数是交易行为，并且产生交易行为的后果，例如让渡物权是交易行为的后果而不是交易本身。《民法典》适用交易规则的行为主要是合同法领域，而且合同法中也有一些不属于交易行为，例如赠与就不完全是交易行为。婚姻家庭法领域更不存在交易行为，也不存在交易规则。

第二，在人格权领域中也存在交易行为和交易规则。在肖像许可使用合同中，权利人将自己的肖像使用权部分转让给他人使用，也是一种交易，通行的规则就是交易规则。《民法典》人格权编在肖像许可使用合同中规定，当事人对肖像许可使用合同中关于肖像使用条款的理解有争议的，应当作出有利于肖像权人的解释。当事人对肖像许可使用期限没有约定或者约定不明确的，任何一方当事人可以随时解除肖像许可使用合同，但是应当在合理期限之前通知对方。当事人对肖像许可使用期限有明确约定，肖像权人有正当理由的，可以解除肖像许可使用合同，但是应当在合理期限之前通知对方。因解除合同造成对方损失的，除不可归责于肖像权人的事由外，应当赔偿损失。姓名、名称等的许可使用合同，参

---

① 杨立新：《人格权的客体不是人格而是人格利益》，载中国人民大学民商事法律科学研究中心：《编纂民法典参阅》（内参）2018 年第 4 期。

② 梁慧星：《中国民法典中不能设置人格权编》，《中州学刊》2016 年第 2 期。

照适用关于肖像许可使用的规定。① 这些规定都是肖像权、姓名权、名称权的权利行使规则，都具有交易规则的性质，是人格权具有积极功能的规范。因此，认为人格权领域没有交易规则，不应当作具体规定，只要进行宣示即可，也是不正确的结论。

《民法典》规定的是市民社会的行为规范和裁判规范，集中表现为赋予主体民事权利、规范民事权利行使规则和确定民事权利保护方法，交易规则仅仅是其中的一小部分，以人格权不具有交易规则的性质而作为否定人格权法独立成编的理由，显然不充分，也不具有说服力。

---

① 《民法典》第 1021 条和第 1022 条。

第二编

人格权法总论

第五章
人格权法

第一节　人格权法概述

一、人格权法的概念和特征

（一）人格权法的概念

人格权法，是规定人格权的概念、种类、内容和对人格权予以法律保护的民事法律规范的总称。[①]

人格权法与物权法、债权法、知识产权法、婚姻家庭法、继承法一样，并不是一个独立的法律部门，而是民法的一个具体组成部分。人格权法与物权法、债法、知识产权法以及民法总则、亲属法、继承法、侵权责任法一道，共同构成民法的基本框架。《民法典》第四编"人格权"编，就是我国人格权法的主要表现

---

① 杨立新：《人格权法》，北京，法律出版社 2020 年版，第 3 页。

形式。

（二）人格权法的法律特征

人格权法与物权法、债法、婚姻家庭法等民法部门法相比较，具有以下法律特征。

1. 人格权法具有赋权性和宣示性

人格权法的赋权性，表现在通过人格权法赋予民事主体以人格权，规定民事主体依法享有哪些人格权。人格权法的宣示性，显示了人格权法的独特内容，即对于权利的规定不是像物权法和债法那样着眼于物权和债权行使的具体规则，更多的是对人格权的宣示性规定，没有规定较多的人格权行使的规则。这是因为，人格权的客体是人格利益，而人格利益为民事主体个人所固有，一般不会发生权利界限的交叉和冲突，人格权的行使也不需要更多的具体规则。在《民法典》中，物权法和债法有详细内容，需要数百个条文来规定这些规则，而人格权法的规则比较简单，《民法典》人格权编只有 51 个条文。

2. 人格权法规定人格权具有非法定性

人格权法与物权法不同。物权法实行物权法定主义，没有法律规定不得确认新的物权种类和物权内容。人格权法不实行法定主义，法律规定的人格权是人格权，法律对没有规定为人格权的人格利益也予以保护。这是因为，凡是人格利益，人格权法均予以保护，不能因为没有法律明文规定而使某种人格权和人格利益疏于保护。有人认为法律没有规定就不能认为是人格权，公民个人或司法机关不可以肆意创制新型权利。法院"如果一味满足原告的权利主张，却不尊重权利法定原则，权利的滥用现象将会十分普遍"[1]。这种观点对人格权的认识是不正确的。人格权是自然地、与生俱来的、不可让与的权利，尽管也是法律赋予的，但并非只有法律规定的人格权才受法律保护。为了实现对人格利益的全面保护，《民法典》第 990 条第 2 款规定了一般人格权，充当保护所有人格利益的任务，成为保护人格利益的"兜底"性一般条款。凡是法律没有规定具体人格权保护，但又需要进行保护的其他人格利益，就由一般人格权发挥保护的作用。

---

① 乔新生：《"贞操权"有违权利法定原则》，《民主与法制》2007 年第 14 期。

3. 人格权法具有任意性和强制性

人格权法是任意性法，因为人格权的行使完全依照权利主体自己的意愿，不需要任何人的强制。人格权法只要规定权利主体享有哪些人格权，这些人格权的内容是什么，以及受到侵害怎样进行保护，就完成了其立法任务。当然，这不是否定人格权法的强制性。人格权法的强制性表现在两个方面：第一，人格权本身具有请求权，任何人侵害了权利人的人格权，权利人依照人格权请求权就能够保护自己，救济人格权的妨害。第二，人格权还受到侵权责任法的保护。任何人侵害权利人的人格权造成损害，权利人产生侵权请求权，有权依照《民法典》侵权责任编的规定，请求加害人承担侵权责任。人格权法的强制性保障了权利主体对人格权的自主支配，保有自己的人格利益，维护人格要素构成的完整性。

二、人格权法在民法中的地位

（一）我国人格权法寻求相对独立地位的立法努力

人格权法立法的中国经验，借鉴了各国民事立法逐步表现出的人格权法在民事立法中寻求相对独立地位的趋势，但是都没有取得成功的经验，继续寻求人格权法成为民法相对独立地位的途径，最终由《民法通则》取得突破性进展。

改革开放以后，中国立法者在起草民法过程中，于 1982 年 5 月 1 日完成《中华人民共和国民法草案》（第四稿，简称"民法四草"），在"民事主体"编第 16 条第 2 款规定了人格权："公民的生命健康权、人身自由权、姓名权、名誉权、荣誉权、肖像权、著作权、发现权、发明权和其他人格权利，受法律保护。"第 41 条第 1 款规定了法人人格权："法人的合法财产权益，以及法人的名称、名誉、荣誉、著作、发现、发明和商标等权利，受法律保护。"第 431 条第 2 款还规定了法人的信用权。这种立法体例，虽然还没有实现将人格权作为民法独立组成部分的愿望，但是，这些草案条文所概括的内容，已经突破了国外人格权法立法的传统内容和方式，把实现人格权法在民法中独立的努力向前推进了一步。

当立法者暂时放弃制定完整民法典的努力，而先制定《民法通则》时，虽然在民事立法的整体努力上后退了一步，然而却在人格权立法上实现了寻求独立地位的愿望，也为民法典的具体格局打下了基础。"当我们回顾《民法通则》颁布以来，大量的人格权侵害的案件涌进人民法院并得到妥善处理，人格权的保护正日益受到注重的状况，不禁对立法机构和《民法通则》的起草者们的远见卓识及致力于中国法治建设的精神表示深深的敬意。"① 这一段话代表了民法学者及广大人民群众的心声。

2020 年 5 月 28 日颁布的《民法典》，在分则中单独规定了人格权编，实现了人格权法寻求相对独立地位的立法目的。

（二）我国人格权法相对独立地位的表现

人格权法是我国民事立法相对独立的组成部分，主要表现在以下两个方面。

1. 人格权法摆脱了依附于人法或依附于侵权法的附属地位

人格权是基本民事权利之一，但是在传统民法中，对于人格权的规定却极其简洁。尽管立法者认为人格权的存在是不言而喻的问题，但是，却只将其规定在民法的其他部分之中，成为依附的成分，显然与人格权的重要法律地位不相称。《民法典》使人格权法彻底摆脱对人法和侵权法的依附性，改变了传统民法典中人格权法的附属地位，使其具有了相对独立的法律地位。

2. 人格权法并列于物权法、债法和知识产权法而获独立地位

近世德国法系民法均以民事权利的种类结构来划分民法典分则，一般分为物权法、债法、亲属法和继承法，人格权法的主要部分规定在总则编和债编。《民法通则》没有这样来编纂其分则体系，而是在"民事权利"一章中，将物权、债权、知识产权与人格权并列编排，体现了人格权法在民法中的相对独立地位，也为将来民法典的编纂设计好了立法蓝图。《民法典》正式按照这样的立法思想编纂的，人格权法是《民法典》的相对独立的组成部分，是分则中的人格权编。

（三）人格权法在民法体系中的地位

人格权法是隶属于民法的人法范畴。

现代民法体系有两大支柱：一是人法，即人身权法，二是财产法。人身权法

---

① 王利明主编：《人格权法新论》，长春，吉林人民出版社 1994 年版，第 6 页。

是规定人身权的概念、种类、内容以及对人身权予以法律保护的民事法律规范的总称，包括人格权法和身份权法。财产法是规定财产关系的概念、种类和内容，以及对财产权进行法律保护的民事法律规范的总称，包括物权法、债法、继承法和知识产权法。

我国《民法典》采取的是"总—分—总"结构，即《民法典》首先规定总则编，这是一个"总"的部分，接着是人法和财产法的具体规定，包括人法的人格权编和婚姻家庭编，财产法的物权编、合同编和继承编。这是"分"的部分，是民法典的主体部分。最后是侵权责任编，是权利保护法，在人身权、财产权受到侵害时，侵权责任法负责进行救济，恢复民事主体的民事权利，这是后一个"总"的部分。《民法典》的这种结构，实现了多数民法学者的希望。[①]

可见，在民法体系的结构中，人格权和身份权构成的人身权法，与物权、债权、继承权构成的财产权法一道，成为民法的两大主干，都是相对独立的民法部门。人身权法与物权法、债权法、继承法以及民法总则、侵权责任法一道，共同构成民法典的基本框架。

人格权在民法和民事权利体系中占据的地位更加重要，远远超出了其他民事权利的地位。理由是，人格权保护的是做人的基本资格，保护的是人自己。在当代，在人权观念的指导下，人们更加重视自己的固有权利，认为人格权是人之所以为人的资格的权利。人格权受到侵害发生缺损，人将不能成其为人，社会地位会受到严重影响，二战和"文化大革命"的悲剧就会重演。《民法典》之所以单独规定人格权编，就是为了实现这样的目的和理想，更好地保护人民自己的权利。《民法典》将人格权编作为独立一编，是好的做法，只是将其放在第四编，排列在物权编和合同编之后，对人格权法的地位有所忽视。

三、人格权法与其他民法部门法的关系

（一）人格权法与《民法典》总则编

人格权法与《民法典》总则编是总则与分则的关系，《民法典》总则编的一

---

① 杨立新：《侵权责任：徘徊在债与责任之间的立法价值》，《现代法学》2021 年第 4 期。

般规定适用于人格权法。有学者认为民法总则的规定不适用于人格权，例如民事法律行为的规则就是如此。其实不然。《民法典》第993条规定的公开权的内容，无一不适用人格利益许可使用合同的规定，通过人格利益许可使用合同的行为，实现公开权的目的，这就是适用民法总则关于民事法律行为一般规则的规定。其实，还应当探讨的是，人格权为什么要改变总则编规定人格权而要在分则规定人格权编的问题。事实上，人格权法在总则中规定还是在分则中作为一编规定，是一个立法技术的问题，只是由于总则编立法空间过窄，无法对人格权作出详细规定①，因而在民法典分则中规定人格权，就能够对人格权法规定得更全面、更完整，更有利于保护好人民的人格权。如果将人格权法规定在《民法典》总则编，怎么会有51条的篇幅规定人格权呢？

（二）人格权法与侵权法

在民法中，人格权法与侵权法是联系最密切的法律。首先，人格权法和侵权法都是民法的组成部分，各自都是《民法典》分则的组成部分。其次，侵权法是权利保护法，当然也保护人格权。当人格权受到侵害的时候，侵权法对侵权行为予以制裁，确定侵权民事责任，救济人格权的损害，恢复人格权的完满状态。再次，人格权法规定的人格权请求权，与侵权法规定的侵权请求权并不冲突，并非非此即彼的对立关系，而是各司其职、各负其责的保护人格权的不同方法。

人格权法和侵权法也有严格的区别。一方面，人格权法是赋权性法律，而侵权法是保护性法律，是制裁侵害权利的侵权行为的法律，具有性质上的不同。另一方面，侵权法虽然是权利保护法，在民法中也具有相对独立的地位，但是，侵权法除了要遵循自己的特有规则之外，还要遵守债法的规则，尤其是侵权损害赔偿责任，其基本规则都应当遵守债法尤其是损害赔偿之债的规则。而人格权法只遵守它自己的规则，无须遵守其他法律的规则。

（三）人格权法与身份权法

身份权法就是婚姻家庭法，是特定亲属之间的法律地位和权利义务的关

---

① 例如，梁慧星主持编写的《中国民法典草案建议稿》将人格权在总则编规定，自然人部分只规定了11条，法人部分只规定了2条，见梁慧星主编：《中国民法典草案建议稿》，北京，法律出版社2003年版，第9-11、13页。

系法。

人格权法和身份权法都是人身权法，同属于人法的范畴。因此，人格权法和身份权法具有相同的属性，都是人身权法的组成部分，都是赋权法，都是任意性法律兼强制性的法律。这是两种法律的相同之处。

人格权法与身份权法具有以下不同：第一，人格权法调整的是人格权法律关系，是民事主体就其固有的人格利益形成的法律关系；而身份权法调整的是亲属之间的地位和权利义务关系。第二，人格权法适用于自然人，同时也规定法人的人格权，也调整法人的人格权法律关系；而身份权法仅适用于自然人的身份地位和权利义务关系，不调整法人之间的关系。第三，人格权法是宣示性的法律，不规定人格权产生的规则，只是人格权行使的部分具体规则；而身份权法则规定具体亲属之间权利义务关系的具体规则，更重要的是要规定配偶权、亲权和亲属权的产生规则，因而不是宣示性的法律。

（四）人格权法与物权法、合同法

人格权法与物权法、合同法都是民法的组成部分，都是民法典分则的独立组成部分，也都同属于赋权性的法律。而且权利人享有和行使人格权要有物权的保障，权利人行使人格权的公开权，支配自己的人格利益要通过订立合同来实现，因而人格权法与物权法、合同法有密切的联系。不过，人格权法与这些民法部门法还是具有很多区别。

1. 人格权法与物权法、合同法规定的权利不同

物权法、合同法规定的权利是物权、债权，这些权利的性质都是财产权，而不是人格权或者人身权。而人格权法规定的权利就是人格权，这种权利不是财产权。

2. 人格权法与物权法、合同法的规则不同

这不仅是说人格权法与物权法、合同法通行不同的规则，更重要的是，物权法、合同法的规则是详细的、具体的，是极其复杂的，详细地规定了行使这些权利的具体规则。而人格权法规定的规则是概括的，多数是非具体的，仅规定处分其人格利益公开权的规则，以及人格权的行使不得妨害他人的权利而已。

人格权法作为民法典的一编，与物权编、合同编、婚姻家庭编和继承编一道，构成《民法典》的分则各编，在总则编的引领下，构成《民法典》的完整体系，全面保护民事主体的各项民事权利。

四、人格权法的渊源

（一）宪法渊源

我国人格权法的渊源是指人格权法律规范借以表现的形式，主要表现在《宪法》和各国家机关在其权限范围内制定的各种法律文件中。

宪法渊源是人格权法的最高指导原则。《宪法》是国家的根本大法，具有最高的法律效力。《宪法》于对人格权的规定，关于保护人格尊严和人身自由的规定，都是我国人格权法的渊源。人格权法的一切原则、人格权的基本内容，都是依据《宪法》的原则制定的，任何条文都不得违反宪法的原则。一切违反宪法原则的规定，均属无效，一切违反宪法原则的法律解释，均属无效。

研究人格权法的宪法渊源，应当区别公法人格权与私法人格权的区别。宪法规定的人格权是公法人格权，规范的是国家与公民之间的人格权保护的权利义务关系，民法规定的人格权是私法人格权，规范的是民事主体之间的人格权法律关系，并非公法人格权是私法人格权的母权利，或者公法人格权高于私法人格权。①

应当重视的是宪法中规定的具有人格权性质的权利与人格权法的关系。例如，宪法规定了劳动权、休息权、受教育权、环境权等，这些权利，并没有在民法中规定。这样的权利受到侵害，是否能够得到民法的救济，是一个重要的问题。对此，凡是宪法规定的，具有人格权性质的，能够通过民法救济手段救济的权利，都应当得到民法的救济。理由是，宪法就是人格权法乃至于民法的最高渊源。

（二）民法渊源

民法渊源是人格权法的主要渊源。在我国，《民法典》是我国民法的基本表

---

① 本书下文还要对此设置专题进行详细说明。

现形式，其人格权编和总则编，都是人格权法的基本渊源。

（三）其他法律渊源

人格权法的其他法律渊源是指单行民事、经济、行政法律和行政法规中有关人格权的法律规范。在这些法律渊源中，一是单行法律，如《残疾人保障法》《未成年人保护法》《妇女权益保障法》《消费者权益保护法》《老年人权益保障法》等专门规定保护民事主体权利特别是人格权的法律；二是其他法律中有关人格权保护的法律规范，如《反不正当竞争法》《产品质量法》《道路交通安全法》等，都规定了若干人格权法的规范。三是行政法规中的人格权法规范，在国务院制定的行政法规中，有关人格权法的规范大量存在。这些其他法律、法规中关于人格权法的规定，丰富了我国人格权法的具体内容，并成为我国人格权法的重要组成部分。

（四）司法解释渊源

最高人民法院涉及处理人格权案件的指导性文件，以及对人格权侵权案件如何适用法律所作的解释、批复、答复等司法解释，也是人格权法的重要渊源。一是对人格权法的规范性解释，如最高人民法院《关于审理名誉权案件适用法律若干问题的解答》《关于审理名誉权案件适用法律若干问题的解释》关于名誉权及其保护的解释，《关于确定民事侵权精神损害赔偿责任若干问题的解释》和《关于审理人身损害赔偿案件适用法律若干问题的解释》等，都是这种规范性的解释。二是批复性解释，是最高司法机关对于人格权具体案件或者具体问题所作的司法解释。这种司法解释更具灵活性、实用性和指导性，是人格权法的重要渊源。这些人格权法的司法解释，对于补充我国人格权法立法不足、调整存在的问题、协调法律之间存在的冲突等，具有重要的意义。

（五）行政规章和地方法规渊源

国务院各委、部、局、署、办发布的行政规章中关于人格权的规范，地方各级人民代表大会、地方各级人民政府、民族自治地区的自治机关在宪法、法律规定的权限内制定的决议、命令、地方性法规、自治条例、单行条例中有关人格权的规定，也都是人格权法渊源。

五、人格权法的功能

人格权法在社会生活中发挥的功能，主要是确认权利功能和保护权利功能，这正是《民法典》第989条规定的"人格权的享有和保护"所表达的内容。

（一）确认权利功能

人格权法的确认权利功能，也就是通过人格权法的立法，确认民事主体究竟享有哪些人格权，享有的这些人格权包括哪些内容。人格权是民事主体固有的权利，但是，也须由人格权法进行确认和宣示，通过确认和宣示各种人格权，确定每一种人格权究竟保护民事主体的哪一部分人格利益要素，进而形成具体人格权保护的利益范围，明确各种人格权的权利边界，明确义务人实施行为的界限，实现人格权以及人格权法的确定性和可预见性的要求。

确认人格权，是人格权法的最基本功能。主张用侵权法确认人格权，借鉴的是德国法传统，不是一个好方法。人格权法作为确认权利的法，不同于作为权利救济法的侵权法，其根本区别就在于，只有通过人格权法确认和宣示人格权，才能规定民事主体享有哪些人格权，哪一种人格权包括哪些具体内容，保护哪些人格利益，才能够实现其确认人格权的功能；而侵权责任法只能对民事权利包括人格权在受到侵害时予以消极的损害赔偿救济，无法实现对人格权的确认和宣示。德国法对人格权的保护之所以特别依赖于一般人格权以及法官法，原因就在于其侵权法只规定了人格权的名称，且列举的人格权类型有限，不足以完善地保护民事主体的人格权。

人格权法的确认权利功能主要体现在两个方面：一是正面确认人格权的具体类型，确认生命权、身体权、健康权、人身自由权、姓名权、名称权、肖像权、名誉权、荣誉权、信用权、隐私权、个人信息权等权利。二是确认各项人格权的权利内容，从正面规定各种人格权保护的人格利益类型和范围，确立行使人格权的一般性规则和具体规则。人格权法通过以上两个基本功能，全面保障民事主体的人格权，维护个人的尊严和价值，使主体明确认识自身享有的人格权，主动行使并捍卫自己的人格权，充分尊重他人的人格权，为建立、形成和谐稳定的社会秩序奠定基础。

（二）保护权利功能

人格权法的保护权利功能，表现在人格权受到侵害、妨害时提供人格权请求权的救济手段。

对于人格权的保护，刑法、行政法、民法等都从不同的角度、用不同的方式进行。刑法和行政法是公法，主要通过追究实施侵害人格权的犯罪行为人或者行政违法行为人承担刑事责任或者行政责任的方式，保护受害人的人格权。但是，保护人格权不可替代的最重要的方法，是民法对人格权的独有保护。

当然，对于人格权的民法保护，也不是只依靠人格权请求权的方法进行救济，还需要有侵权请求权的方法进行保护。侵权请求权对人格权损害的救济，主要是使用损害赔偿方法，用以弥补人格权受到侵害所造成的损害，包括人身损害、精神损害和财产损害。人格权请求权的保护方法，是对人格权受到侵害、妨碍或者有妨害之虞时，向加害人或者法院请求行为人承担停止侵害、排除妨碍、消除危险、消除影响、恢复名誉、赔礼道歉的救济，以恢复人格权的圆满状态，维护受害人的人格尊严。在保护人格权中，侵权请求权是侵权责任法规范的新生救济权，而人格权请求权是固有救济权，就包含在人格权的权利内部，具有行使便宜、直接、有效且具有长期性的特点，因而体现了人格权法保护人格权的优势。

正因为人格权请求权对于保护人格权的特殊功能，《民法典》不仅专门规定了人格权编，而且在条文中率先规定人格权法对人格权具有享有（确认）和保护的调整功能。

六、人格权法的体系

（一）立法的内容体系

人格权法的立法内容体系，是民法典规定的人格权法内容的基本结构。构建人格权法内容体系，应当实现人格权法内容结构的逻辑一致性。我国《民法典》构建人格权法的立法内容体系，采取的方法就是通则和分则的方法。

1. 人格权法通则

人格权法的通则，是《民法典》人格权编的第一章"一般规定"，规定的内容是有关人格权一般规则。同样，人格权法通则也是通过提取公因式的方法，将人格权中具有共性的法律规则提取出来，对确认、行使和保护人格权的具体规则发挥指引性作用，适用于所有的人格权法领域。

《民法典》规定的人格权法通则，规定了人格权法的调整范围，规定了一般人格权和具体人格权的类型，规定了人格权的属性和保护原则，规定了人格权的公开权，规定了对死者的人格利益保护，规定了人格权请求权，还规定了行使和保护人格权的其他一般性规则。

2. 人格权法分则

人格权法分则就是《民法典》人格权编第二章至第六章对具体人格权的规定，规定的是具体人格权的具体内容和具体规则。

我国的人格权法明确规定的人格权包括生命权、身体权、健康权、姓名权、名称权、肖像权、名誉权、荣誉权、隐私权和个人信息权，也有采取变通方法规定的性自主权、人身自由权、声音权、形象权、信用权等。

对于以上具体人格权，结合《民法典》规定的具体情形，可以分为以下类型：一是物质性人格权，即生命权、身体权和健康权，是最重要的具体人格权。二是自由性人格权，包括人身自由权、性自主权、婚姻自主权。三是标表性人格权，包括姓名权、名称权、肖像权、形象权、声音权。四是评价性人格权，包括名誉权、信用权和荣誉权。五是私人生活和身份性人格权，包括隐私权和个人信息权。后四种人格权，通称为精神性人格权，与物质性人格权相对应。

（二）立法形式体系

人格权法的立法形式体系，表现为人格权法的基本法和特别法。这是因为，我国法律特别重视对人格尊严和人格权的保护，通过立法保护好人民的人格权，因而不仅在《民法典》中专门规定人格权编，而且还在其他众多法律中规定人格权法的规范，形成了人格权法的这两种立法形式的体系。

1. 人格权基本法

人格权法的基本法，就是《民法典》人格权编。《民法典》基于其民法基本法的地位，统一规定人格权的一般规则和具体人格权及其规则，形成了人格权法的基本法，在确认和保护人格权中发挥最基本的调整作用。

2. 人格权特别法

人格权法的特别法，是《民法典》人格权编以外的其他法律规定的人格权法律规范的总称。人格权特别法表现为以下几种形式：一是单独的人格权特别法，例如《个人信息保护法》，就是规定对个人信息权益进行保护的特别法。二是主要内容规定了人格权法律规范的专门立法，例如《未成年人保护法》《老年人权益保障法》《妇女权益保障法》《残疾人权益保障法》等法律，其中规范的主要内容是对这些弱势群体人格权的保护规范。三是规定人格权及其保护的单独规范的其他非人格权法，例如《消费者权益保护法》《食品安全法》等法律，其中一些条文规定了人格权的特别规范。

人格权特别法具有优先适用的效力。例如，《民法典》规定对于精神性人格权的损害赔偿适用过错责任原则，但是，《个人信息保护法》第69条第1款规定："处理个人信息侵害个人信息权益造成损害，个人信息处理者不能证明自己没有过错的，应当承担损害赔偿等侵权责任。"这适用的是过错推定原则。又如，《消费者权益保护法》《食品安全法》特别规定产品欺诈或者食品欺诈造成消费者人身损害的，可以请求惩罚性赔偿，而不适用通常的人身损害赔偿的"填平原则"。这些特别法的规定就具有优先适用效力，对个人信息处理者侵害个人信息权益的损害赔偿，就不能适用过错责任原则，以更好地保护个人信息权益；对于产品欺诈或者食品欺诈就可以适用惩罚性赔偿责任。

第二节 人格权法的历史发展

一、国外人格权法的历史发展

（一）国外物质性人格权立法的发展

人格权虽然是近现代法律确立的法律概念，但是，法律对人格权的保护，尤其是对物质性人格权的保护，却具有悠久的历史，与法律的产生、发展具有相同的历史。

在国外，对于物质性人格权即生命权、身体权和健康权的法律保护，经历了同态复仇、自由赔偿、强制赔偿和双重赔偿四个时期。

1. 同态复仇时期

在远古社会中，最早由法律保护的人格权是生命权和健康权。任何剥夺他人生命的行为，都被视为严重的犯罪行为。同样，对于伤害他人身体、侵害他人健康权的行为，也予以法律制裁。这种最早的对生命权、健康权的法律保护，采取的是由受害人及其血亲对加害人进行同态复仇的方法进行的。

当时的复仇制度分为两种。一是对外的血族复仇，是基于"血族连带责任"观念发生的保护方法，被害人的血族对杀人者的血族采用集团方式举行血斗。古希腊习惯法规定，氏族内部在受到人身侵害时，负有提供帮助、保护和支援的义务。在北美易洛魁人的习惯法中，如果一个氏族成员被外族人杀害了，被害者的氏族就指定一个或几个复仇者，去寻找凶手，把他杀死。对于伤害身体，则采取"以血还血、以牙还牙"的方式，伤害加害人或加害人血亲的身体健康，但是，须以采用同程度的伤害为限。二是对内的复仇，一般采用宗教方式，对被复仇者宣布剥夺其一切权利，视同禽兽，人人得而诛之。

这是古代习惯法时期对物质性人格权法律保护的基本方法。这种野蛮的法律保护方法尽管为今天的社会观念所不容，但与当时社会的文明程度相适应，按照当时的价值尺度来衡量，却是最公平不过的保护方法。

2. 自由赔偿时期

随着社会的发展和文明的进步，对人的物质性人格权的法律保护方法产生了一定的变化，逐渐产生和形成用金钱赔偿替代同态复仇的变通方法。受害人及其血亲有权进行选择，或者放弃复仇的权利而接受赔偿，或者拒绝接受赔偿而坚持实行复仇。

最初，赔偿并非由金钱支付，而是支付马匹或者其他牲畜，继而改由金钱赔偿。至于赔偿的数额，不是由法律规定，而是由当事人双方商定。这种被称为自由赔偿的人身损害赔偿，严格地说，并不是真正为了填补受害人的损失，而是对受害人及其血亲放弃复仇权利所给予的报偿。这种制度早在习惯法时期就已经产生，一直延续很久，直至早期罗马法仍有这种规定。《十二铜表法》第八表第 2 条规定："毁伤他人肢体而不能和解的，他人亦得依同态复仇而毁伤其肢体。"在此之前，《汉谟拉比法典》也有类似的规定，一方面规定对伤害他人者应予赔偿，如该法第 206 条规定："倘自由民在争执中殴打自由民而使之受伤，则此自由民应发誓云：'吾非故意致之，并赔偿医药费。'"另一方面，规定受害人保留同态复仇的权利，如该法第 196 条规定："倘自由民损毁任何自由民之眼，则应毁其眼。"就个人利益而言，放弃复仇而接受赔偿对受害人明显有利；就社会利益而言，选择赔偿而放弃复仇，就减少了不必要的人身损害，有利于社会的安定和社会的发展。这既反映了时代的发展和人类文明的进步，也体现了人类价值观念的变化，为科学的物质性人格权法律保护制度的建立奠定了基础。

3. 强制赔偿时期

自由赔偿时期对物质性人格权法律保护的有益尝试，为后世的强制赔偿时期的到来开启了大门。强制赔偿首先对健康权的轻微伤害适用，规定禁止复仇，强制以赔偿代替；对于杀人、重伤还可以选择赔偿或复仇。至罗马最高裁判官法，最终确立了对人身体、健康、生命的侵害一律实行强制性的金钱赔偿。最高裁判官法确认，赔偿数额由法官依据被害人的身份、地位、伤害的部位以及侵权行为发生的场所来计算。至查士丁尼《国法大全》，规定对人私犯（即侵害人格权的侵权行为）产生侵权之债，建立了真正意义上的对物质性人格权的侵权损害赔偿法律保护制度。[①] 这是侵权法的重大进步，在人格权的发展历史上具有划时代的意义，最终划清了侵权法的蒙昧时期与文明时期的界限。

4. 双重赔偿时期

双重赔偿，是指对于物质性人格权的法律保护，不仅要赔偿财产上的损失，而且要赔偿因物质性人格权受侵害所造成的精神损害。

这种制度始于罗马卡尔威（Karlv）刑法典第 20 条规定："违法加暴行于他人身体之人，对于痛苦应予以赔偿。"这项制度后来被德国法确认为抚慰金请求之诉，法国则自 19 世纪中叶以判例认之。1883 年 1 月，瑞士旧债法确认此制，到《德国民法典》颁布实施，则将此制最终完善。该法第 823 条规定："因故意或过失不法侵害他人的生命、身体、健康、自由、所有权或其他权利者，对被害人负损害赔偿的义务。"第 847 条第 1 款规定："不法侵害他人的身体或健康，或剥夺他人自由者，被害人所受侵害虽非财产上的损失，亦得因受损害，请求赔偿相当的金额。"德国法的这一双重赔偿制度，对于物质性人格权的保护稍有遗憾之处，就是对侵害生命权的抚慰金赔偿没有规定。《日本民法典》弥补了这一缺陷，于第 709 条和第 710 条规定了与德国法上述内容相同的条文后，专设了第711 条对死者亲属的赔偿条文，规定："害他人生命者，对于受害人的父母、配偶及子女，虽未害及其财产权，亦应赔偿损失。"这个精神损害赔偿的规定堪称全面。

在双重赔偿时期中，《德国民法典》是物质性人格权法律保护现代化的标志，在立法上确立了身体权、健康权、生命权的概念，使物质性人格权制度形成了权利体系和保护体系的有机整体。

（二）国外精神性人格权立法的发展

国外精神性人格权的立法发展，远比物质性人格权的发展复杂。对精神性人格权的发展历史，大致可以分成古代习惯法时期、古代成文法时期、近现代法时

---

① 罗马法上的对人私犯，并不只是对物质性人格权的法律保护，还包括对精神性人格权的法律保护。

期和后"二战"时期这样四个时期。

1. 古代习惯法时期

在远古的习惯法中，对精神性人格权并没有太多的记载。据仍然存在的一些原始人群的生活习惯，发现了一些人格权的习惯法，由此可以推测出远古习惯法的某些形态。

在 18 世纪仍保持着原始社会后期形态的平原印第安人的生活中，有着严格的贞操观念，切依因纳人采取了很多预防措施以使妇女恪守贞操，侵害妇女贞操的行为要受到该女子亲属的严厉制裁，甚至可以用石块将其打死。[①] 在 19 世纪 70 年代非洲西部黄金海岸，阿散蒂人仍保持原始社会后期的习惯法。他们很严格地维护个人的尊严和名誉，辱骂一般的平民百姓是私法上的违法行为，辱骂首领则为犯罪行为，均应受到制裁；甚至将两手握拳、两根拇指竖起紧紧揿压在一起的手势动作，都是辱骂的非法行为。至于与行经的妇女发生性关系，在灌木丛中强奸已婚妇女，都是侵害了妇女的贞操权，应处以死刑。[②]

从这些习惯法的内容观察，在远古习惯法时期，名誉、贞操等都是重要的人格权，均受到习惯法的保护。

2. 古代成文法时期

在古代成文法时期，对于精神性人格权的立法仍着眼于保护，其具体人格权的范围有所扩展。

公元前 18 世纪的《汉谟拉比法典》第 1 条规定："倘自由民宣誓揭发自由民之罪，控其杀人而不能证实，揭发之罪者应处死。"第 2 条规定："倘自由民控自由民犯巫蛊之罪而不能证实，则被控犯巫蛊之罪者应行至于河而投入之。倘彼为河所占有，则控告者可占领其房屋；倘河为之洗白而彼仍无恙，则控彼巫蛊者应处死；投河者取得控告者之房屋。"第 127 条规定："倘自由民指摘神祇或自由民之妻，而无罪证者，则此自由民应交与法官，并髡其鬓。"《摩奴法典》第 8 章第

---

① ［美］霍贝尔：《初民的法律》，周勇译，北京，中国社会科学出版社 1993 年版，第 187－189 页。
② ［美］霍贝尔：《初民的法律》，周勇译，北京，中国社会科学出版社 1993 年版，第 271－272、270 页。

127 条规定：“滥施刑罚毁名声和荣誉于人世，甚至妨碍死后升天堂；因此，他应忌讳之。”第 225 条规定：“凡是怀着敌意说一个处女‘不是处女’的人，如果不能证明她的缺陷，那就应该被罚一百。”此外，《摩奴法典》第 8 章第 267 条至第 277 条，详细规定了对言语伤人的裁决办法，其中第 269 条规定：“侮辱本种姓的再生人，应该只罚十二；如果骂人的话不堪言说，则其数加倍。”第 271 条规定：“如果他在称呼他们的名字和种姓的时候出言不逊，他就应该被烧红的十指铁钉刺进嘴。”第 274 条规定：“对人以‘独眼’、‘瘸子’或者其他同类之词相称者，即使符合事实，也至少应罚一迦尔舍波那。”①

在古代成文法早期的上述规定中，最重要的精神性人格权是名誉权，《汉谟拉比法典》第 1 条、第 2 条、第 127 条规定，《摩奴法典》第 8 章第 127 条、第 269 条、第 274 条的规定，都是对名誉权的保护。最值得研究的是《汉谟拉比法典》第 2 条，该条文的内容实际上规定的是无证据控告的神明裁判制度，当神证明为错告时，除对控告者处死外，被诬告之人取得控告者的房屋。以控告者的房屋这种财产对被诬告之人进行名誉损害的补偿，恐怕是历史上最早的精神损害赔偿制度。《摩奴法典》第 269 条的规定也是一个典型的精神损害赔偿的法律条文。

古代早期成文法关于精神性人格权的立法条文中，还出现了贞操权和姓名权的规定。《摩奴法典》第 271 条规定，就是关于姓名权的保护规范；第 225 条规定的则是对贞操权的保护。显然，至公元初年，精神性人格权已经有所扩大，至少有名誉权、贞操权和姓名权的法律保护制度。

古代成文法后期，罗马法关于人格权的立法有了重大发展。其中最重要的发展，是使用了人格的概念。罗马法中的 caput，也称作 personalita，实际上是指权利主体的民事权利能力，具有法律上的人格，即具有权利主体的资格，可以因为某种事实造成市民的人格减等，甚至人格丧失。人格的取得须具备三个条件：一为人的生存，二为自由的身份，三为市民的身份。② 人格的内容包括自由权、市民权和家庭权。如果其中有一项权利丧失或变化即为人格减等。其中只丧失家

---

① 以上引文，均见《摩奴法论》，蒋忠新译，北京，中国社会科学出版社 1986 年版，第 149-161 页。
② ［意］彼得罗·彭梵得：《罗马法教科书》，黄风译，北京，中国政法大学出版社 1992 年版，第 29 页。

族权的，是人格小减等；丧失家族权和市民权只保留自由权的，是人格中减等；丧失全部三项权利者，为人格大减等，成为无人格之人，成为奴隶。①

在罗马法上出现的最重要的人格权是自由权。这种权利成为自然人获得法律人格的最基本条件，享有自由权，无论是具有完全的法律人格还是有限制的人格，都还被称之为人，丧失自由权即丧失做人的资格，沦为他人财产之一部分。这种自由权的概念虽与现代法律上的自由权概念不完全相同，而具有权利能力的含义，但对理解自由权的概念仍不无重要的启发意义。

罗马法另一个重要的人格权是名誉权。在罗马法中，只有名誉健全并享有各种公权和私权的人，才算有名誉。导致不名誉的原因，一是在公共审判中受到刑事处罚；二是在关于合伙、监护、委托、寄托的审判中受到处罚；三是从事戏剧、角斗技艺，从事卑下职业；四是妇女在一年服丧期届满前再婚，明知无父亲命令而娶上述妇女，家父对此表示同意。此外还有重婚、缔结双重婚约、破产者、做虚假宣誓者、被军队开除的士兵和高利贷者。不名誉产生于不另作处罚的行为时，为直接不名誉；产生于某一判罪时，为间接不名誉。不名誉的法律后果是导致权利能力的削减，不能提出裁判请求或出席审判，不能担任某项职业。②

罗马法的不名誉主要是讲权利能力。罗马法关于私犯的规定，才是对名誉权的保护。《十二铜表法》第八表"私犯"第1条规定："以文字诽谤他人，或公然歌唱侮辱他人的歌词的，处死刑。"这种对名誉权的严格保护令人吃惊。在查士丁尼《法学总论》中，对侵害行为③中侵害名誉权、贞操权的行为，规定为产生损害赔偿之债的法定根据，为侵权行为之债。其中规定：侵害行为的构成不仅可由于用拳头或棍棒殴打，而且由于当众诬蔑，如诬赖他人是债务人而占有他人的财产，而行为人明知他人对他不负任何债务；或者写作、出版诽谤性的诗歌、书籍，进行侮辱，或者恶意策动其事；或者尾随良家妇女、少年或少女，或者着手破坏他人的

①　江平等：《罗马法基础》，（修订本），北京，中国政法大学出版社1991年版，第59-60页。

②　[意]彼得罗·彭梵得：《罗马法教科书》，黄风译，北京，中国政法大学出版社1992年版，第49-50页。

③　原文为Injuria，也译作凌辱、侵辱行为。

贞操。① 这些都是私犯，都是今天所说的侵害精神性人格权的侵权行为。

在古代法时期尤其是罗马法时期的立法，开创了人类史上对精神性人格权提供成文法保护的先河。在确认了人格作为民事主体资格的基本制度的基础上，确认了自由权、名誉权、贞操权等具体人格权，并采用损害赔偿的方式作为侵害人格权的法律救济手段，改变了单纯以刑罚方法救济的野蛮做法，奠定了现代精神性人格权救济的精神损害赔偿的基础。这是罗马法的历史性贡献之一。

3. 近现代法时期

欧洲中世纪是教会统治的社会，教会法推崇的是封建神权，极力维护封建特权，人们在封建神权和封建特权的双重统治之下，没有人格，也没有尊严。罗马法受宗教神学支配，它的光辉丧失在黑暗统治之中，罗马法以及早期奴隶社会的人格权法律保护制度被取消，如贞操权等不仅不是基本的人格权，反而成为套在人民头上的枷锁，成为统治人民的工具。"政治和法律都掌握在僧侣手中，也和其他科学一样，成了神学的分枝，一切按照神学中通行的原则来处理。教会教条同时就是政治信条，圣经词句在各法庭中都有法律的效力。"②

欧洲文艺复兴运动启动了人类史上新的一页。罗马法经过欧洲文艺复兴的洗礼，同罗马法学一起得以复兴和发展，其原因主要是罗马法和资产阶级有着不解之缘。③ 资产阶级以罗马法的复兴为前导，继而开展了规模宏大的人权运动，英国的《人身保护法》（1679 年）和《英国民权法》（1689 年）、美国的《独立宣言》（1776 年）、法国的《人权宣言》（1789 年）相继问世。这些法律主要规定人权问题，对于自由权等具体人格权也有明文规定，但并不是主要内容，且自由权亦以强调其政治权利的成分为主。这些重要的法律为完善近现代人格权的立法奠定了基础。

国外近代人格权的立法是由民法承担的。随着罗马法的复兴，16 世纪的萨克逊法确认，自由权的受侵害人除得请求赔偿回复自由的费用和所丧失的利益外，尚可就精神痛苦请求赔偿。关于名誉权的侵害救济，在这一时期的早期却一

---

① ［古罗马］查士丁尼：《法学总论》，北京，法律出版社 1989 年版，第 201 页。
② 《马克思恩格斯全集》，第 7 卷，北京，人民出版社 1959 年版，第 400 页。
③ 周枬等：《罗马法》，北京，群众出版社 1985 年版，第 48 页。

反罗马法的侵害估价之诉的做法，以名誉为非卖品为理由，不认为名誉权受损害可以请求金钱赔偿。德国普通法曾承认名誉受害人可以请求损害赔偿，但是，后来发展为名誉权受有形损害者，无论在普通法或地方法均得请求赔偿，如果仅蒙受精神侵害时，则无请求抚慰金赔偿之道。① 1804 年，《法国民法典》适应自由资本主义发展需要，强调保护私有财产的绝对无限所有权和契约自由，却没有明确确认和保护人格权的规定。随后，法国法官意识到了这种立法的疏忽，扩张解释了《法国民法典》第 1382 条关于侵权行为的过错原则，创立保护人格权的判例，首先确认了自由的被害人与其他利益的被害人相同，得请求抚慰金；继而承认名誉权损害的有形损害赔偿和精神侵害的抚慰金赔偿。虽然《法国民法典》没有确立人格权的相关规定，但德国法学家萨维尼认为，法国判例实际上保护人格权不受各种形式的侵犯，主要包括生命、身体、名誉、贞操、姓名、肖像、信用等广泛的权利。② 1881 年，瑞士亦承认名誉权受侵害的上述赔偿制度。

关于姓名权，在 17 世纪之初，始见于公法的规定，而尚未认其为一种私权。19 世纪初，普鲁士法、奥地利民法、萨克逊民法对姓名权作了一般规定。在这一时期，姓名权的民法保护还未形成完备的制度。③

关于肖像权，法国判例早已认其存在，学者多从之。德国最早除 1876 年《关于美术的著作物之著作权法》及《不法模制（复制）之照相保护法》外，无以证明肖像权存在，且该两部法律对肖像权保护的缺点甚多。至 1896 年，德国学者克思奈出版了《肖像权论》，提出了完整的肖像权保护理论。④

至于隐私权，是这一时期较晚出现的具体人格权概念，在原来的欧美法律中，无论是大陆法还是英美法，均无隐私权概念。1890 年，美国法学家布兰蒂丝和华伦在哈佛大学的《哈佛法学评论》上发表了一篇著名论文，第一次提出隐私权概念，开始受到重视，并迅速被各国立法所采纳。⑤

① 龙显铭：《私法上人格权之保护》，上海，中华书局 1948 年版，第 75 页。
② 沈中、许文杰：《隐私权论兼析人格权》，上海，上海人民出版社 2010 年版，第 59 页。
③ 龙显铭：《私法上人格权之保护》，上海，中华书局 1948 年版，第 85 - 87 页。
④ 何孝元：《损害赔偿之研究》，台北，"商务印书馆" 1982 年版，第 165 页。
⑤ 吕光：《大众传播与法律》，台北，"商务印书馆" 1981 年版，第 63 - 64 页。

现代法上精神性人格权的立法，以 1900 年《德国民法典》的颁布实施为标志。该法第 12 条规定："有权使用某一姓名的人，因他人争夺该姓名的使用权，或因无权使用同一姓名的人使用此姓名，致其利益受损害，得请求消除对此的侵害。"第 823 条规定了自由权以及有弹性的"其他权利"。第 847 条规定了对妇女贞操权的保护，其第 2 款规定："对妇女犯有违反不道德的罪行或不法行为，或以诈欺、威胁或滥用从属关系，诱使妇女允诺婚姻以外的同居者，该妇女享有与前项相同的请求权。"开始时，德国判例和学说不认为"其他权利"中包含其他具体人格权，因为法律规定姓名权、自由权、贞操权是详尽的，可以认为德国较早地确立了以人身性要素为客体的人格权，并在司法实践中被德国法院多次扩大解释，从而在实质上加强了对人格权的保护，但未将其一般化。其原因有二：首先，人格权被法官认定为无法用精确的定义加以界定的概念；其次，由于人格权与财产权存在很大不同，对每个人应当在多大范围内享有人格权，个人人格权的行使对其他权利的影响都是不确定的，很难确定何谓人格权的平等。①

《瑞士民法典》的颁布实施，标志着现代人格权立法已经达到了完善程度。首先，该法典创设了人格的一般规定和人格保护的专章，"不像其他国家，在总则编只对姓名之保护等略予规定，而是规定于'人格权'一章之内"，"这种革新实为瑞士法律与其他各国法律大不同之点。"② 其次，创设保护人格的人格权请求权，该法第 28 条规定："任何人在其人格受到不法侵害时，可诉请排除侵害。""诉请损害赔偿或给付一定数额的抚慰金，只有在本法明确规定的情况下，始得允许。"这一规定，创设了人格保护的一般条款，概括了所有的人格权，但是，只限于除去侵害，赔偿则须依法律的具体规定，划清了人格权请求权和侵权请求权保护人格权的界限。最后，《瑞士债法》（新债法）确定了人格权保护的一般原则，突破了《瑞士民法典》的限制性规定。其第 49 条规定："因过失侵害他人人格关系，应负损害赔偿责任。""人格关系受侵害时，以其侵害情节及加害人过失重大者，得请求慰抚金。"第 55 条规定："由他人之侵权行为，于人格关系上受

---

① 沈中、许文杰：《隐私权论兼析人格权》，上海，上海人民出版社 2010 年版，第 47－48 页。
② 施启扬：《关于侵害人格权时非财产上损害赔偿制度的研究修正意见》，《法学丛刊》第 83 期。

到严重损害者，纵无财产损害之证明，裁判官亦得判定相当金额之赔偿。"由此可见，瑞士民法对人格权的保护堪称典范。《日本民法典》《奥地利民法典》《希腊民法典》《荷兰民法典》等在制定或日后的修改中，均受其影响，建立了完善的人格权制度。这些民法典人格权立法的特点，是"对一些人格权作了更为详细的规定"①。

4. 后"二战"时期

在第二次世界大战后，出于对纳粹轻视人、蔑视人、使人不成其为人的行径的强烈反思，法律开始重视对人格尊严的尊重及人格的保护，人格权得以被广泛的承认②，因而，世界上很多国家的人格权法，都在第二次世界大战后得到飞速发展。最引人注目的是美国隐私权和德国一般人格权的发展，与此同时，很多国家在制定和修改民法典时，纷纷制定以保护人格为宗旨的规定，十分引人注目。③

在德国，随着历史的发展，特别是"二战"以后的社会变化，学说、判例发现了对人格权立法的不足，通过判例扩大解释立法，依法保护名誉权、隐私权、肖像权等具体人格权。1954 年，联邦最高法院基于一个微不足道的理由，通过"记者投书案"，把一般人格权这个概念作为现行法上的权利加以认可，对侵害行为，规定有权请求精神损害赔偿。④ 不过，德国在 1950 年代预定修改民法典增加人格权法立法的计划，至今没有实现，这些做法使其人格权法还是停留在法官法上的制度。

法国根据 1970 年 7 月 17 日的人权保障强化法而对民法典进行了修改，规定了对隐私权的保护，1994 年 7 月 29 日制定了生命伦理法，禁止任何损害人的尊严的行为。

走在世界前列的《瑞士民法典》也在 1983 年对民法典关于人格权的规定作了全面修订，在扩大保护内容的同时，增加了关于反驳权的规定。

---

① 王利明主编：《人格权法新论》，长春，吉林人民出版社 1994 年版，第 43 页。
② 郑永宽：《人格权的价值与体系研究》，北京，知识产权出版社 2008 年版，第 156 页。
③ ［日］五十岚清：《人格权法》，铃木贤、葛敏译，北京，北京大学出版社 2009 年版，第 1、3－4 页。
④ 王利明主编：《民法典·人格权法重大疑难问题研究》，北京，中国法制出版社 2007 年版，第 544－545 页。

1960 年通过的《埃塞俄比亚民法典》正面规定一般人格权，将宪法中具有私法性质的基本权利如隐私权、自由权规定为具体人格权，确立部分人格权请求权。

苏联及东欧等国家在立法上承认名誉权等人格权为公民的基本民事权利，但是，反对以财产赔偿的救济方法予以保护。自 20 世纪 70 年代始，一些国家的民事立法突破了这种立法模式，开始承认人格权的精神损害赔偿保护方法，同时对死者名誉等人格利益也给予法律的保护。如《匈牙利民法典》第 68 条规定："死者的名誉受到侵犯时，可由死者的亲属和死者遗嘱受益人提起诉讼。"《捷克民法典》第 15 条也规定："公民死亡以后，请求保护他的人身权利属于配偶和子女，没有配偶和子女的，属于父母。"这种立法体例已经成为一种趋势，为多数国家立法所确认。在苏联解体之后，东欧已经不存在原来的法律体系，都采纳了与欧洲传统相似的人格权保护法，承认对人格权造成损害的精神损害赔偿责任救济的合法性，全面保护民事主体的人格权。

苏联解体之后，1994 年《俄罗斯联邦民法典》诞生，将个人尊严规定为一类具体人格权予以保护，明确了在法律规定的情况下和依照法定程序，属于死者的人身非财产权利和其他非物质性利益，可以由他人行使和保护，同时规定了各种具体的人格权。

1996 年《越南民法典》通过，将人格权和身份权规定在一起，并且规定了人身权的大部分内容，确定了人格权的一般条款，人身权的保护与各种具体人格权，规定了人格权请求权，形成了较为完整的体系。

日本战后由于媒体的发展，名誉、隐私等受到侵害的案例不断增加，同时，由于人权意识的提高，人格权的侵害成了一大社会问题，最高法院通过案例判决，认可了人格权在遭到侵害时，有权要求停止侵害。1988 年日本制定了《关于保护由行政机关保存的经电子计算机处理的个人信息的法律规定》，2003 年 5 月，通过了《个人信息保护法案》，全面保护个人信息。

英美法的特点是法律非法典化，其民法的渊源主要是由大量的法院判例构成的法律汇编。在人格权立法上，除有大量的判例法为其渊源外，还制定了相当数量的单行成文法。在英国，有《1952年毁损名誉法》《1968年剧院法》等保护人格权的单行成文法。在美国，早在1862年的《纽约民法典草案》中，人格权就已成为一项独立的权利，参照大陆法系关于人格权的立法模式，规定一般人格权，还规定了名誉权、人身自由权、身体完整权、家庭关系不受侵害权等，虽然在纽约州没有实施，但是还是被西部的一些州采用。① 1965年的《人权法案》确立了保护人权的基本原则，1974年《隐私权法》详细规定了隐私权。新型的具体人格权，如知情权、个人情报资料权、形象权、声音权、尊重个人感情权以及公开权（商品化权）、自我决定权等，也都通过判例加以确认。英美法通过成文法与判例法的有机结合，构成了完备的人格权立法。例如在一个案例中，原告是一位美国著名的作家和讲述消费者安全的讲师，他连续七年严厉批评被告。原告宣称，当被告知道他出版了一本名为"Unsafe At Any Speed"的书后，被告开始连续对他恐吓，并压抑他的评论，包括调查他在政治、社会、种族和宗教上的观点，他的诚实，性行为，毁谤他的名誉，在公共场所对他长时间的跟踪，派女性企图引诱他与其发生非法的关系，对他胁迫，打骚扰电话给他，窃听他的电话和私人性质的谈话，带给他持续不断令人不悦的骚扰。双方当事人同意哥伦比亚特区之法律为准据法。第一审法院驳回被告请求驳回原告之诉（motion to dismiss）的主张。被告对事实审法院驳回其主张之判决提起上诉。上诉审法院同意事实审法院之判决。被告上诉至最高法院，判决结果是确认原审法院判决。

美国的隐私权法的发展，在1960年代以后，有了重大发展，特别是在电脑普及、隐私权受到的侵害越来越严重的情况下，隐私权作为受宪法保障的权利的同时，保护个人信息的立法也得到了发展，起初把隐私权消极地理解为"别管我的权利"转变成了"个人信息的自我控制权"，后来又进一步发展成为"自我决定权"这样的积极理解，具有特别重要的意义。

在英国，长期以来没有对隐私权予以法律上的认可，但是，在1998年通过人权法的制定，把欧洲人权条约进行国内法化，隐私权由此得到法律保障。②

① 沈巾、许文杰：《隐私权论兼析人格权》，上海，上海人民出版社2010年版，第63页。
② ［日］五十岚清：《人格权法》，铃木贤、葛敏译，北京，北京大学出版社2009年版，第4页。

加拿大《魁北克民法典》于 1994 年诞生，规定了一般人格权的条款，规定了维护人身的完整的权利，规定尊重儿童的权利，并且特别强调尊重他人的名誉和隐私，保护声音权、姓名权、肖像权，并且专门规定了对死者遗体的保护。①

2003 年，乌克兰通过《乌克兰民法典》，专设第二卷"自然人的非财产权"，即不完全的人格权法，第 269 条规定："每个自然人自其出生之日起或者依照法律的规定，享有非财产性人身权利。个人非财产权利不包括物质经济。非财产性人身权利是与该自然人密切联系的权利。自然人的非财产性人身权利，不能由自然人所放弃，也不能被剥夺。自然人应当终身享有非财产性人身权利。"第 270 条规定："根据《乌克兰宪法》，自然人应有生命权、健康保护权、环境安全权、自由和人身安全权、人身和家庭生活不受侵犯权、尊严和荣誉受尊重权、信件、电话交谈、电报和其他通信隐私权、住宅不受侵犯权、自由选择住所和自由活动权、文学、艺术、科学和技术创作自由权。本法和其他法律可以对自然人的其他非财产性人身权予以规定。《乌克兰宪法》、本法和其他法律所确定的个人非财产权利的列举式规定并非将此权利全部涵盖。"第 271 条规定："人身非财产权的实质，在于建构自然人在私生活领域自由地、自主地决定自己行为的可能性。"

（三）国外人格权发展的基本规律

纵观数千年国外人格权的发展历史，可以清楚地发现，人格权法的发展是一个由小到大、由弱变强、仍然在继续发展着的过程，人格权的概念是一个逐渐发展、逐步完善的民法范畴。

1. 人格权的主体范围由少到多，最后发展为为所有民事主体享有

最初的人格权只能由奴隶主贵族享有，奴隶不享有人格权，只是奴隶主的财产，连生存的权利也不能得到保证。至罗马法时期，除贵族享有人格权，自由民也享有人格权，但是，因法定事由能够导致人格减等甚至人格丧失，自由民一旦丧失人格沦为奴隶，就失去了做人的资格，不再享有人格权。资产阶级革命成功之后，法律主张天赋人权，人人权利平等，均同等地享有人格权。在立法确认法

---

① 王利明主编：《民法典·人格权法重大疑难问题研究》，北京，中国法制出版社 2007 年版，第 559－560 页。

人制度以后，法人也享有人格权。在历史上，人格权的主体不断扩展直至所有的民事主体都享有人格权这样的过程，是十分明显、十分确定的。

2. 人格权的种类由少变多，人格权体系逐步壮大

在文明社会的初期，人只享有生命、健康权，在公元前数世纪才保护名誉权、贞操权，至罗马法时期，自由权的概念才正式出现。近代立法确立了姓名权、肖像权，直至现代才出现隐私权、信用权、知情权、形象权、声音权、个人信息权等具体人格权，同时出现了一般人格、公开权、自我决定权等抽象人格权概念，人格权类型不断壮大，体系越来越完整。这种发展历程表明人类对自身人格价值认识的逐渐发展和完善。在今天，人格权种类不断增加，人格权体系不断壮大的趋势仍然在继续，这表明法律对人的人格权保护越来越充分，对人的自身价值越来越重视，人的法律地位越来越重要。

3. 人格权的性质从依附性转变为固有性、专属性、绝对性

早期的人格权具有明显的依附性。由于那时的个人受宗法、家庭、身份、地位的种种束缚，人格权必须依附于一定的身份和地位，既不是独立的，也不是固有的，更不是专属的绝对权，不仅有不享有人格权的人，而且享有的人格权也会被部分或者全部剥夺。到近现代立法，人格权成为固有权利，天赋人权的观念得到承认，人人生而有之，死而消灭，且其人格利益在自然人出生之前和死亡后，依法进行适当保护。依法成立的法人亦享有人格权。同时，人格权为专属权、绝对权，既不能让与、抛弃，也不得继承。人格权这种性质的变化，表明了现代立法确认人既是自己的主宰，也是社会的主宰。

4. 人格权的保护方法从野蛮转变为文明、科学

习惯法时期的人格权保护方法是同态复仇的野蛮方法，而在那种尚未建立人类文明的时代，这种野蛮的方法却被认为是天经地义、无可指责的，被当时的人们理所当然地接受。在现代人看来，那实在是一种可怕的保护。当可以选择赔偿的保护方法出现时，这种状况出现了转机，人格权法律保护的发展出现了光明的前途。但是，对于精神性人格权法律保护方法中使用剥夺加害人生命、伤害加害人身体的野蛮做法，仍然给人格权法律保护罩上了阴影。在近现代立法中，确认

侵害人格权产生侵权之债，用损害赔偿、除去侵害等方法进行法律保护，创造了符合现代人类文明的人格权保护方法。继之对物质性人格权的财产损害赔偿、抚慰金赔偿的双重赔偿制，对精神性人格权的人格利益赔偿、抚慰金赔偿的双重赔偿制的立法，最终确立了人类史上对人格权最完善的法律保护方法。

5. 人格权立法从分散形式逐步达到集中、完整的形式

古代的人格权成文立法分散于法典的各个部分，缺乏系统性，更不具有概括性。除在《摩奴法典》中可以见到关于伤害、辱骂的规定集中在一起的条文外，难见有系统的法律规定。就是在这些条文中，也都是就事论事的规定，没有概括性的、可以普遍适用的一般原则性条文。即使具有代表性的《德国民法典》规定人格权，也采取"碎片化"的方式。其后，民法典保护人格权出现了比较典型的概括性条文，其中以《瑞士民法典》和《瑞士债法》的规定为典范，对于具体人格权，法律亦作出详细、具体、系统的规定。而加拿大《魁北克民法典》则将人格权集中规定在民法典中，单列一编作出规定，形成了前所未有的立法例。2003年《乌克兰民法典》专设"自然人的非财产权"一卷，是最先在民法典分则中规定人格权法的立法，代表了 21 世纪人格权立法的发展方向。

当代民法典对人格权的规定，既标志着人格权立法的完备，也标志着人类对人格权认识的进步，还标志着法律文化、立法技术进步的文明程度。

二、中国古代和近代的人格权立法

（一）中国古代对物质性人格权的保护

中国古代氏族制度解体与奴隶制国家的形成，至迟是从公元前 21 世纪的夏代开始的。据考证，在奴隶社会初期的习惯法中，中国古代社会同样采用同态复仇即血亲复仇的方法保护自然人的健康权和生命权。族人被杀，为死者报仇就是全家族的责任，对杀人者必除之而后快。《周礼·秋官·朝士》载："凡报仇雠者，书之于士，杀之无罪。"自夏代始，进入奴隶社会成文法时期，规定杀人为贼，即处死刑。先秦之贼者，为侵犯人身权的犯罪，盗，则指侵害财产权的犯

罪。周代对杀人越货即抢劫杀人者，处死后，踣诸市，肆之三日，以示惩戒。[①]
在这一时期，生杀予夺之权收归国家行使，私人不得擅自杀人复仇。国家立法保护身体、健康、生命权的方法主要是刑罚方法，包括墨刑、劓刑、剕刑、刖刑、宫刑、大辟、鞭扑等身体刑，以毁其面容、足、耳、生殖器官及至生命为制裁方法，大致源于同态复仇之制。另外，也有囚禁刑，即徒刑，《周礼·秋官·大司寇》言："凡害人者寘之圜土，……其能改者，反于中国。""圜土"即监狱，"反于中国"即返于乡里。

在漫长的中国封建社会，对于身体权、健康权、生命权的保护日渐完备，形成了中华法系的特点。在秦律，杀人分贼杀（故意杀人）、盗杀、擅杀（尊杀卑）、斗杀，分别规定不同的刑罚。伤害分斗伤、贼伤，啮断人鼻、若耳、若指、若唇者，一律处以耐刑，缚而尽拔其须眉，处完城旦刑。对于持械斗殴伤人者，处刑较徒手重；为吏伤人，加重处罚。[②] 至汉以后，古代各朝刑罚渐为统一，杀人、伤害者，处以刑罚。以《唐律》为例，杀人罪为"六杀"，即谋杀、故杀、斗杀、误杀、过失杀、戏杀。故杀、谋杀处斩、绞，误杀、斗杀减杀人罪一等处刑，戏杀减斗杀二等处刑，过失杀，一般以赎论。伤害罪，分故意伤害、过失伤害、共同伤害和持械伤害，根据伤害程度和犯罪人身份，处以不同刑罚。

中国古代立法对身体权有死后延续保护的规定。如《宋刑统》专设"残害尸体"条，规定："诸残害死尸，及弃尸水中者，各减斗杀罪一等。弃而不失，及髡发若伤者，又各减一等。即子孙于祖父母、父母，部曲、奴婢于主者，各不减。"这一规定，是对身体权的法律延伸保护方法，颇值得重视。

中国封建社会立法对物质性人格权的法律保护最值得重视的，是一系列独具特色的民事法律手段，主要包括：

1. 保辜

据考，保辜制起于汉代。谓凡斗伤人，加害人要在一定期限即辜期内对受害

---

① 张晋藩：《中国古代法律制度》，北京，中国广播电视出版社1992年版，第73－74页。
② 睡虎地秦梦竹简整理小组：《睡虎地秦梦竹简》，北京，文物出版社1978年版，第186－187页。

人的伤势进行治疗，按期限终结时受害人的恢复状况而论刑罚，治愈则免罪，致残、致死，分别以斗伤、杀人罪论。《汉律》失传，已无保辜的条文内容可证，但史书有载，如"嗣昌侯单德，元朔三年坐伤人二旬内死，弃市"①。法律明文规定的保辜制分两种。一是唐宋保辜制，《唐律·斗讼》"保辜"条规定："诸保辜者，手足殴伤人限十日，以他物殴伤人者二十日，以刃及汤火伤人者三十日，折跌支体及破骨者五十日。限内死者，各依杀人法；其在限外及虽在限内，以他故死者，各依本殴伤法。"二是明清保辜制。《清律·刑律·斗殴》"保辜"条规定："凡保辜者，责令犯人医治。辜限内，皆须因伤死者，以斗殴杀人论。其在辜限外，及虽在辜限内，伤已平复，官司文案明白，别因他故死者，各从本殴伤法。若折伤以上，辜内治平缓者，各减二等。辜内虽平复，而成残疾、笃疾，及辜限满日不平复者，各依律全科。""手足及以他物殴伤人者，限二十日。以刃及汤、火伤人者，限三十日。折跌肢体及破骨者，无论手足他物，皆五十日。"两制相比，后者更为完备、更为详细。《清律》保辜条条注说明了立法目的，即"保，养也；辜，罪也。保辜谓殴伤人未至死，当官立限以保之。保人之伤，正所以保己之罪也。"此制可依医治受害人伤害的恢复情形而减轻罪过，能够调动加害人医治受害人的积极性，有利于对受害人的保护，是一项有效的保护生命健康权的法律手段。此制直至清末变法方废。

2. 赎铜入伤杀之家

赎铜制古代法律早已有之，但是一般将赎铜归官府所有。秦、汉、魏晋南北朝时是否有赎铜入伤杀之家的规定，无据可考，《唐律》则明文规定此制。

将赎铜给予被伤杀之家，以补偿被害人因伤残、死亡而造成的财产损失，属于人身损害赔偿制度。此制主要适用于过失伤人、杀人，唐代还适用于畜产犬标志羁绊不如法而致人伤杀（即动物伤杀人），过失杀、伤人，戏杀、伤人；宋代适用于戏杀伤、过失杀伤和市众中故惊动而杀伤；明代则明确规定，戏、误、过失杀伤人，依律收赎，给付其家；清代则适用于动物致人伤死、因公驰骤车马致死、庸医伤人。

---

① 《汉书·功臣表》。

赎铜数额，清代规定过失杀伤赎铜 120 斤，戏杀减二等，赎铜 60 斤。这实际上是一种定额的人身损害赔偿制。

3. 断付财产养赡

明、清两代设断付财产养赡制，适用于残酷恶性杀人、重伤的侵害人格权场合。方法是，将加害人的财产责令给付被害人或被害人家，用以赡养被害人或被害人家属。此制共分三种：一是断付财产给付死者之家，这是对最为残酷的侵害他人生命权的民事制裁措施，《明律》规定适用于杀一家三口和采生折割人两种罪行；《清律》规定适用于采生折割人和干名犯义致死两种罪行。此种方法是断付罪犯的全部财产给受害人家养赡。二是断付财产一半，对于严重的致人重伤、诬告致死等次一等的犯罪，将罪犯的一半财产断付给被害人或被害人家属养赡。三是给付养赡银，规定殴祖父母、父母致笃疾（即重伤害），追养赡银 10 两。这三种制度是保护健康权、生命权的重要方法，是重要的民事责任制度。

4. 追埋葬银

追埋葬银也称追烧埋银，始于元代。其内容是过失杀人者（杀死奴婢时不考虑是否过失），赔偿被害人家属烧埋银，元代为 50 两，明、清代为 10 两。如元代规定良人斗殴杀死奴婢、共戏致死、错医致死者，除受刑罚外，追烧埋银 50 两。明清规定街市骤车马致死、猎户过失致死、无故投掷石块放弹射箭伤人致死、因事威逼人致死等，追埋葬银 10 两。

中国古代的物质性人格权法律保护方法侧重于刑罚，民事赔偿方法也别具特色，但是，赔偿往往限于重大杀人犯罪、重伤、过失杀人等，对一般的伤害，法律保护则不够完善。

（二）中国古代对精神性人格权的保护

中国古代立法没有人格和人格权的概念，但《秦律》之"名"、《汉律》之"名籍"、《唐律》之"良贱"等，与法律的人格概念相通，具有名籍资格者，则具有民事权利能力。秦代《商君书·境内》称："四境之内，丈夫女子皆有名于上，生者著，死者削。"凡秦境内取得名籍的男女均具有人格，而商贾、作务、赘婿的人格受限制，虽富无所芬华。人奴、妾、官奴婢则不具有人格。汉代的人格规定与秦代相似。在唐代，人有良、贱之分。良人是指一般百姓，分为士、农、工、商，虽均具人格但有高下之分，以士为最高。贱民分官贱民和私贱民，官贱民为官奴婢、官户、工乐户、杂户和太常音声人，私贱民为奴婢、部曲、客女、随身。贱民人格不健全，奴婢则无人格，律比畜产。在元代，除区分蒙古人、色目人、汉人、南人四个等级享有不同的人格外，还有一个庞大的由家奴、军奴、寺奴、勃兰奚组成的奴隶阶层，他们毫无人格，法律认其与钱物相同，为财产。明、清两代仍对人分良、贱，奴婢和贱民形同畜产。康熙四十三年以后，允许八旗家奴赎身为民，获得人格。①

中国古代立法没有名誉权的概念，但有保护名誉权的立法。最主要的是保护皇族的名誉，如秦律规定"诽谤妖言者族"。至汉初，废除诽谤妖言之罪，至武帝时又恢复此罪。妖言实则过误之言，获罪者常常被重刑，或徙边，或为奴、庶人，也有被弃市者。秦汉的腹诽罪，亦是维护皇权的严酷刑罚。詈骂为侵害名誉权的行为，各代律典以詈骂尊长、詈骂丈夫，雇工、奴婢詈骂主人，均为犯罪行为，予以刑罚。各朝代均设诬告反坐法，也是对名誉权保护的办法。

中国古代有保护姓名权的规定，但只限于皇帝，是皇帝的特权，如触犯皇帝的名字为"触讳"，为大不敬罪，处以严刑。

中国古代也有保护贞操权的规定，各代律令均设犯奸罪。如《宋刑统》规定"诸色犯奸"条，如"诸奸者，徒一年半，有夫者徒二年。部曲、杂户、官户奸良人者，各加一等。即奸官私奴婢者，杖九十。奸他人部曲妻、官户妇女者，杖一百。强者各加一等。折伤者，各加斗折伤罪一等。"奸尊亲属者，可处绞；奴奸良人者，最重为斩刑。这些规定表明，中国古代立法对妇女的贞操权均加以保护，但因其人格的不同或有无而各有区别，是不平等的。

从以上情况看出，中国古代立法对精神性人格权保护的规定是不健全的，只对名誉权、贞操权等人格权予以保护，保护方法只是刑罚方法，没有民事救济手段，且法律保护不平等。

---

① 张晋藩：《中国古代法律制度》，北京，中国广播电视出版社 1992 年版，第 152、262、423、664、831 页。

（三）中国古代人格权立法的特点

中国古代人格权立法有以下主要特点。

第一，人的人格及人格权绝对不平等。在中国古代社会，人的法律人格是极不平等的。统治者享有各种人格特权；普通人只享有一般的人格权，且有不同程度的区别；奴婢、家奴、寺奴等奴隶阶层则根本没有人格和人格权。

第二，对物质性人格权保护较为完备，对精神性人格权只有零星规定，缺乏必要的民法保护措施。对于生命权、健康权，中国古代立法均有保护的规定，虽未明文确认其为人格权，却设立完备的刑罚方法和损害赔偿的方法予以保护。对于精神性人格权，只涉及名誉权、贞操权、姓名权，不仅在主体资格上有重大差别，而且保护方法只有刑罚一种，没有相应的民法保护方法。

第三，对人格权的法律保护主要适用刑罚方法。侵犯人格权的行为，中国古代立法均认其为犯罪行为，没有侵权行为的概念，也不加以区别，因而制裁手段基本上是刑罚。在保护物质性人格权的方法中，运用了大量的民法保护方法，独具特色，弥补了刑罚保护方法的不足。

（四）中国近现代的人格权立法

1. 中国近现代人格权立法的状况

中国近现代的人格权立法，始于20世纪初清朝政府的改律变法。1907年，清廷命沈家本、俞廉三、英瑞为修订法律大臣，组织修订法律馆，遵照"注重世界最普通法则，原本后出最精之法理，求最适合于中国民情之法则和期于改进上最有利益之法则"的指导思想，开始拟订《大清民律草案》，于1911年完成。《大清民律草案》史称"一次民草"，在总则编专设"人格保护"一节，第50条规定自由权，第51条规定人格权保护的一般原则，为除去侵害和法定的损害赔偿或慰抚金，第52条至第55条规定姓名权。在债权编"侵权行为"一章，第958条规定身体权，第960条规定身体权、自由权、名誉权的非财产赔偿，第968条规定生命权。可见，《大清民律草案》关于人格权的立法，除个别权利规定残存封建宗法制的残余外，实现了新法旧法的更替。尽管《大清民律草案》未经正式颁行，但却给民国民事立法提供了蓝本，并在民国初期作为暂行法律援用。

1914 年，北洋政府法律编查会开始修订《中华民国民律草案》，至 1926 年完成，史称"二次民草"。该草案关于人格权的立法，与"一次民草"相似，体例和内容没有大的变化，在某些规定上只是有适当增减，如对姓名权的规定从 4 条减为 2 条，对生命、身体、自由、名誉权的内容有所增加。

1928 年，国民政府正式制定《中华民国民法》，同年 10 月，法制局拟定亲属、继承两编，但未颁布。1929 年 1 月，立法院组织民法起草委员会起草民法各编，自 1929 年 5 月 23 日至 1930 年 12 月 26 日完成全部立法。该法第 17 条规定自由权，第 18 条规定人格权受侵害的一般救济方法，第 20 条规定姓名权。在债法编的"侵权行为"中，第 192 条规定生命权，第 193 条规定身体、健康权，第 195 条规定身体、健康、名誉或自由权损害的救济手段。在实务上还承认贞操、肖像、信用、商号等具体人格权。

2. 中国近现代人身权立法的进步意义

由上观之，自清末起，中国人格权立法随着民法的起草、通过，而实现了立法现代化的进程。其主要表现是：

第一，确定自然人、法人人格平等。法律明确规定人人平等享受人格权，彻底改变了封建社会人格不平等甚至被剥夺人格权的状况。这是一个历史的重大进步。

第二，明确规定人格权的概念，创设一般人格权及其法律保护条文，将具体人格权逐步扩大。立法仅承认身体权、健康权、生命权、自由权、名誉权、姓名权为具体人格权，对其他人格权，则依判例定之，立法仍不无缺漏。

第三，人格权的法律保护，由以刑罚为基本方法，改变为以民事方法为基本方法，且保护方法符合各国立法潮流，具有先进性。

中国近现代民法关于人格权法的立法，使中国的人格权立法为之一新，实现了立法的飞跃，同时也为当代中国的人格权立法打下了基础。

第六章
人格权

第一节　人格权概述

一、人格权的概念

（一）人格权概念的产生

人格权作为个别权利，远在古代法律中就已经存在，如在两河流域的楔形文字法、古罗马法以及中国古代法律中，都有关于保护生命、身体以及名誉的规定。因此，人格权这一概念在欧洲大陆具有非常古老的渊源。[1] 虽然如此，但是古代法律却没有使用人格权这一抽象的概念。

人格权作为法律上的概念，产生于 16 世纪的欧洲。学者胡果首先提出人格权的概念，将一些人格利益上升为一种权利，把权利分为对物的权利即物权、对

---

[1]　［日］五十岚清：《人格权法》，铃木贤、葛敏译，北京，北京大学出版社 2009 年版，第 1 页。

他人的权利即债权和对自己人格的权利即人格权，开创了人格权理论的先河。①

　　1867年，法国学者本陶德提出人格权的概念。1870年，法国学者莫勒特也论及人格权的理论。1877年，德国学者加雷斯提出了人格权理论。1895年，基尔迈详细讨论了人格权概念的内涵，认为它涉及生命、身体完整、自由、名誉、社会地位、姓名和区别性的标志，以及作者和发明者的权利等。以后，德国学者科尔勒等提出了一般人格权的概念。1899年，瑞士学者伯斯苔尔在《法哲学》一书提出了人格权理论。在美洲，19世纪末，美国学者华伦和布兰蒂丝在《隐私权》一文中提出隐私权的理论。至20世纪初，瑞士学者对德国学者的理论展开讨论，产生了重大影响。② 在第二次世界大战之后的世界人格权法的发展中，最引人注目的是美国的隐私权和德国的一般人格权的发展。与此同时，很多国家在制定和修改民法典时，纷纷制定了以保护人格权为宗旨的规定，也十分引人注目。③

　　（二）对人格权概念的定义

　　对人格权这一概念，学者有不同的解释。

　　日本学者认为，人格权是"与权利人不可分离的利益，即以身体、自由、名誉等为目的的私权。"④ 或者人格权"主要将具有人格属性的生命、身体、健康、自由、名誉、隐私等为对象的、为了使其自由发展，必须保障其不受任何第三者侵害的多种利益的总称"⑤。

　　我国台湾地区民法学者对人格权的解释各有其长。有的学者认为，人格权"即凡保证吾人能力所及、对于第三人得以享受之权利，无论为精神的、道德的或经济的关系，其与吾人生存上不可分离者，均属之"⑥。有的学者认为，人格

　　① 一说认为胡果为法国学者，见徐国栋：《寻找丢失的人格》，《法律科学》2004年第6期；一说认为胡果为荷兰人，为荷兰莱顿大学教授，见王利明：《人格权法研究》，北京，中国人民大学出版社2005年版，第8页。

　　② 王利明主编：《人格权法新论》，长春，吉林人民出版社1994年版，第7页。

　　③ ［日］五十岚清：《人格权法》，铃木贤、葛敏译，北京，北京大学出版社2009年版，第3-4页。

　　④ ［日］《新版新法律学辞典》，北京，中国政法大学出版社1991年版，第516页。

　　⑤ ［日］五十岚清：《人格权法》，铃木贤、葛敏译，北京，北京大学出版社2009年版，第7页。

　　⑥ 梅仲协：《民法要义》，台北，1971年自版，第42页。

权"谓与人之人格相始终而不能分离之权利，亦即以人格的利益为内容之权利，如生命权、身体权、自由权、名誉权等是"①。还有的学者认为："人格权为构成人格不可或缺之权利"② 或"人格权者，乃存在于权利人自己人格之权利，申言之，即吾人与其人格之不分离的关系上所享有之社会的利益，而受法律保护者是也。"③

我国大陆民法学者关于人格权概念的界定主要有以下几种：一是认为"人格权是指主体依法固有的，以人格利益为客体的、为维护主体的独立人格所必备的权利"④。二是认为"人格权，是指公民、法人具有法律上的独立人格必须享有的民事权利"⑤。这一定义，是从人格权与人格的关系这一角度，给人格权概念作出界定，揭示了人格权存在的基本宗旨，却没有对人格权的基本特征进行阐明。与此相似的定义还有："人格权即指法律赋予权利主体为维护自己的生存和尊严所必须具备的人格权利。如生命、健康、名誉等等，这些都是构成人的人格要素，也是人作为民事主体从事民事活动所必须具备的条件。"⑥ 三是认为人格权是"权利主体所享有的行为与精神活动的自由和完整，它的基本点在于人的社会性，在法律上则表现为权利主体自身在动态方面的安全"，因此，人格权便是以与财产权、身份权不同的以人格利益为基础的权利。⑦ 四是认为人格权是指以主体依法固有的人格利益为客体的，以维护和实现人格平等、人格尊严、人身自由为目标的权利。⑧ 这种主张，是从人格权客体的角度为人格权定义，揭示了法律确立人格权制度的着眼点是保护民事主体的人格利益，人格权是人格利益受法律保护的结果，是正确的，但是仅从这一个角度界定人格权的概念，显然还不

① 龙显铭：《私法上人格权之保护》，上海，中华书局1948年版，第1页。

② 王伯琦：《民法总则》，台北，1971年自版，第57页。

③ 郑玉波：《民法总则》，台北，1971年自版，第96页。

④ 王利明等：《人格权法新论》，长春，吉林人民出版社1994年版，第10页；马特、袁雪石：《人格权法教程》，北京，中国人民大学出版社2007年版，第7页。

⑤ 李由义主编：《民法学》，北京，北京大学出版社1988年版，第565页。

⑥ 马原主编：《中国民法教程》，北京，人民法院出版社1989年版，第486页。

⑦ 申政武：《论人格权及人格损害赔偿》，《中国社会科学》1990年第2期。

⑧ 王利明：《人格权法研究》，北京，中国人民大学出版社2005年版，第14页。

全面。

笔者认为，人格权是指民事主体专属享有，以人格利益为客体，为维护民事主体独立人格所必备的固有民事权利。对于人格权的权利类型，《民法典》第109～111条作了一般性规定，人格权编作了具体规定。

二、人格权的法律特征

（一）人格权是民事主体的固有权利

《民法典》第992条规定："人格权不得放弃、转让或者继承。"这说的就是人格权的固有权利属性。

人格权的固有性体现在：首先，人格权的固有性是人格权与其他民事权利的基本区别之一。债权等权利是相对权，与人格权极易区别。物权等权利与人格权一样，都是绝对权，但是，物权却不是民事主体的固有权，不具有固有性，须民事主体依一定的法律事实才能获得。人格权虽然也是绝对权，但是，人格权的获得不是依一定的法律事实而是依人的出生，一旦自然人出生，法人、非法人组织成立，就依法享有人格权。其次，人格权的固有性还表现在它与民事主体的存在共始终，自然人、法人、非法人组织只要具有法律上的人格，只要还在社会上存在，就享有人格权，既不能因某种事实而丧失，也不能基于某种原因而被剥夺。再次，人格权的固有性也表现在它脱离民事主体的个人意志而存在。人格权是法律对个人进入社会的资格的确认，由不需要依其独立意志的个人实际享有，不论个人是否实际意识到这些权利的存在，人格权都是客观存在的。① 最后，表现在所有的民事主体平等地享有这些权利。自然人不论其年龄、智力、受教育程度、宗教信仰、社会地位、财产状况等方面存在何种差别，也不论其是否参与民事法律关系，法人、非法人组织不论其规模大小、成员多少、级别高低等，都平等地

---

① 王利明主编：《人格权法新论》，长春，吉林人民出版社1994年版，第10-11页。

享有人格权，绝不因此而有差别。那种把自然人划分为自由人和奴隶[①]，或者划分为婆罗门、刹帝利、吠舍、首陀罗不同种姓[②]，以及我国元朝统治者把国人分成蒙古人、色目人、汉人和南人等不同等级，因而享有不同的人格权，或有的享有人格权、有的根本不享有人格权，例如奴隶只是会说话的动物而不具有法律上的人格等，都已经成为历史，现代社会绝不允许再有这种人格差别。

不过，有人反对人格权是固有权利的主张，认为人格权只能是法律后天授予人的权利，是法律外在地加于人之身的东西，并非法律主体所固有的权利。因此，人格权无非是一种因自然人的出生、法人的成立依法原始取得的权利而已。[③] 诚然，任何权利都是法律外在地加之于人身的东西，但是，强调人格权的固有性，是强调这种权利与其他权利的不同，认为人格权是生而有之、死而消灭的权利。正如学者所言，所谓固有，实际上表明人格权为专属性权利，它是与个人的人格始终伴随而不可分离的权利。[④]

（二）人格权是民事主体的专属权

人格权专属于民事主体享有，具有专属性。这种专属性表现在两个方面。

第一，人格权由民事主体专属享有。依《民法典》的规定，我国的民事主体为自然人、法人和非法人组织，个人合伙和个体工商户属于自然人的特殊形式。除了自然人、法人和非法人组织以外，其他类型的组织体不具有法律人格。个人合伙、个体工商户对其字号享有的名称权[⑤]，其依据的是自然人的主体身份，是没有权利主体资格的自然人组合，原则上没有人格，也不享有人格权。

第二，人格权由民事主体专属享有，只能由每个民事主体单独享有，不受他人非法限制、干涉或者剥夺，不可与民事主体的人身相分离。《瑞士民法典》第27条规定："（1）任何人不得全部或部分地放弃权利能力及行为能力。（2）任何

---

① 古代奴隶社会只有自由人享有人格权，奴隶没有法律上的人格，对此，查士丁尼《法学总论》中有明确规定。

② 这是古代印度的独特的社会等级制度，不同种姓享有不同的人格权。

③ 马俊驹：《人格和人格权理论讲稿》，北京，法律出版社2009年版，第102页。

④ 陈民：《论人格权》，《法律评论》第28卷第8期。

⑤ 《民法通则》第99条第2款。

人不得让与其自由，对其自由的限制不得损害法律及善良习俗。"

人格权为民事主体的专属权利，非法限制、干涉、剥夺民事主体行使人格权的行为属于侵权行为，应受民事责任的制裁。

人格权的这种专属性，使其区别于继承权等民事权利。继承权也由继承人所享有，尤其是继承期待权，自然人生而享有。但是，继承权不仅可以抛弃，而且还会因某些法律原因而丧失，甚至因某些事实的出现而被依法剥夺，因而不具有专属性特征，而人格权却不存在这样的可能。

（三）人格权是维护民事主体独立人格的必备权利

民事主体享有人格权的目的，就是要维护其作为法律上的人——包括自然人和法人、非法人组织——所必须具有的资格，保障民事主体在人格上的依法独立。在罗马法，人格这一法律概念 caput 的原意为头颅。依据罗马法，一个自然人要作为权利主体，必须具备 caput，无 caput 者自然无人所具有的、显示其为人的能力；引申其意，人格遂成为在法律上享有权利的关键所在。① 正如查士丁尼《法学总论》中指出的："自由人得名于自由一词。自由是每个人，除了受到物质力量或法律阻碍外，可以任意作为的自然能力。"②

人格权对民事主体的这种必备性，最主要的是民事主体不享有人格权就不可能具有独立的人格，根本不可能作为主体存在。丧失人格权，就丧失法律上的人格，人就不成其为人。罗马法规定，奴隶是根据万民法的制度，一人违反自然权利沦为他人财产之一部的人，一切奴隶的地位没有任何差别。③ 奴隶之所以是奴隶，就是因为其丧失了法律上的人格，因而成为他人的财产。依据市民法，20岁以上的自由人意图分得价金，与他人通谋，佯称后者的奴隶，由他将其出卖，该人即丧失自由人的身份，沦为奴隶，丧失法律上的人格，成为他人的财产。在现代，各种人格权从不同的角度，维护民事主体的独立人格。生命权、

① 江平等：《罗马法基础》（修订本），北京，中国政法大学出版社 1991 年版，第 57 页。

② ［古罗马］查士丁尼：《法学总论——法学阶梯》，张企泰译，北京，商务印书馆 1989 年版，第 12 页。

③ ［古罗马］查士丁尼：《法学总论——法学阶梯》，张企泰译，北京，商务印书馆 1989 年版，第 12 页。

身体权、健康权维护自然人作为物质存在的形式，保障其生存能力，人身自由权、隐私权维护自然人的正常活动，名誉权维护自然人或法人、非法人组织因社会或他人的评价，都与其民事主体的人格地位相联系、相统一，是保障其独立性和自主性的必备条件。在现代社会，虽然法律不会剥夺民事主体的人格权，但是，人格权受到侵害仍然会使民事主体的法律人格受到损害，民事主体的独立性受到危害。

人格权对于民事主体的必备性，还表现在培养民事主体的独立人格观念，使民事主体时刻意识到自己的独立人格、自身价值和地位，充分尊重、保护他人的独立人格、自身价值和地位，在全社会实现人的尊严，使人的价值得到最充分的发挥。民事主体不享有人格权，就会丧失独立人格意识，人的尊严和价值也就不复存在，社会生活也无法进行。

人格权的这种必备性，区别于知识产权等民事权利。著作权、商标权、专利权等知识产权具有严格的人身性，只能由特定的民事主体所享有，但是，这些权利却不是维护民事主体法律人格的必备权利，这不仅是因为这些权利具有无形财产权的性质，须依创造智慧成果而取得，更重要的是民事主体不具有这些权利或者丧失这些权利，不会产生不具有法律人格或者丧失法律人格的法律后果。

（四）人格权是以人格利益为客体的民事权利

在这一点上，人格权与身份权有严格的区别。身份权与人格权同为人身权，但是，身份权是以身份利益为客体，而不是以人格利益为客体。

在古老的法律中，身份利益表现为具有人格的人，一些人受另一些人的支配。例如查士丁尼《法学总论》第九篇规定："在我们合法婚姻关系中出生的子女，都处于我们的权利之下。"所谓"我们的权利"，就是家父权。[①] 这种专制的身份权利早在罗马帝政时代就已经受到了某种限制，如剥夺家长杀害和出卖家子（包括家属、子女）的权利。到了资本主义社会，如果不彻底废除家长权，资本

---

① ［古罗马］查士丁尼：《法学总论——法学阶梯》，张企泰译，北京，商务印书馆 1989 年版，第 19 页。

主义商品经济关系就不能取得重大发展，因而资本主义国家民法相继废除了家长权。[1] 在我国，身份权为维持自然人的亲属身份所必需，身份权的行使不仅是为了权利人的利益，也是为了相对人的利益[2]，使具有一定身份关系的自然人之间享有平等的权利义务，互相得到法定的利益。这种身份利益虽然也与人身不可分离，也是民事主体固有的权利、专属的权利，但是，权利的客体却与人格权的权利客体截然不同。

三、人格权的权能

对于人格权，通常认为不具有所有权的占有、使用、收益、处分这样鲜明的、有统一认识的积极权能。不过，人格权作为一种权利类型，也包括四种概括的权能。

（一）控　制　权

控制权是民事主体以自己的意思对自身的权利客体进行控制的权利。这种权利的行使，以将自己的人格权由自己的意志支配为内容。例如，自然人对自己姓名、肖像等人格利益的控制，使自己享受精神活动的自由，通过对身体、健康、生命的控制，如锻炼身体以增进健康，患病、受伤进行诊治，改进卫生饮食习惯以延长生命，因而享受生命、身体安全的利益。

学者认为，正因为控制权是人格权的基本权能之一，因而才与所有权区别开来，人格权不是支配权。[3] 这种观点值得商榷。首先，支配权不只是所有权的权能，而是所有权以及其他绝对权的一般性质。控制权是指人格权的基本权利功能或称权能，控制权与支配权不具有比较的基础。如果坚持进行比较，人格权的控制权只能与所有权的占有权进行比较，这两者才是平行的权利权能。其

---

① 梁慧星：《中国民法经济法诸问题》，北京，法律出版社 1991 年版，第 52 页。

② 佟柔主编：《中国民法学·民法总则》，北京，中国人民公安大学出版社 1990 年版，第 111 页。

③ 佟柔主编：《中国民法学·民法总则》，北京，中国人民公安大学出版社 1990 年版，第 109 页。

次，人格权的控制权能并不能否认人格权的支配权性质。人格权是绝对权，而绝对权的基本属性就是支配权。人格权在具体权能上体现的正是对权利客体的支配。在现代医学领域中，捐献血液、骨髓、角膜、皮肤等人体器官或人体组织，就是其支配权的体现，如果否认人格权的支配权，则难以解释这些社会现象。

控制权既是人格权的权利主体积极行使其权利的表现，又是权利主体行使人格权其他权能的基础。权利主体行使控制权，以维护其人格利益和身份利益，依自己的意志支配这些利益，同时，也只有行使控制权，才能行使其他权能。

（二）利用权

利用权是指权利主体以自己的意志去利用人格权的客体，从事各种活动，以满足自身需要的权利。利用权与使用权是否具有本质的差别，似难断言，但是，由于人格权客体的非物质性，用利用权这样的称谓更为妥当，也便于与所有权的使用权权能相区别。

利用权首先表现为利用自己人格权的客体，体现个体活动的特征、特点以区别于他人，体现个人存在的价值。如利用姓名、名称于社会活动和商业活动，以区分个体的标志；利用肖像于身份证、护照以及其他证明身份的场合，以区分个体的形象标志等。在社会生活中，如果对民事主体不能利用人格权的客体加以区别，则不可能进行任何有效的活动。

利用权还表现为利用人格权的客体以满足自身的需要。自然人享有隐私权，任何人不得侵害。但是，自然人利用个人的隐私资料撰写小说、报告文学、回忆录，从事文学创作活动，利用自己的肖像、形象进行绘画、摄影、录像，从事艺术活动等，都是在利用自己的人格利益满足自身的需要。

（三）许可使用权

人格权的许可使用权是其利用权的部分、有限的延伸，是权利主体对其部分权利客体的利用可以适当许可他人使用。例如，将自己的肖像利用权部分转让，许可他人使用自己的肖像；又如，将自己的个人私密信息或者个人身份信息告知他人，由他人进行文学创作或者作为他用。以名称权的许可使用权最为特殊，不仅可以转让使用权，还可以把整个名称权全部让与他人。这正是人格权从"消极防御到积极利用"[①] 发展规律的体现。

人格权的转让权并非普遍的权能，须受权利客体性质的限制。人身自由权、名誉权、荣誉权等专属于个人的权利不能转让，而姓名、肖像、名称等可以转让。即使是可以转让的权利客体，除名称权以外，许可使用的也只能是部分权能；且只能部分转让而不得全部转让。

许可使用人格权客体的积极利用权能，应当依有效的民事法律行为即许可使用合同进行，通常依权利人与被许可使用人以合意的方式进行。许可使用行为是否有偿，依当事人约定，双方当事人无约定而就是否有偿发生争议，应依权利人的意志确定，受让人通常应当给予适当报酬。

（四）有限处分权

人格利益的处分权，是权利人对于自己享有的人格利益进行自主支配、积极利用的权能。很多学者反对人格权具有处分权的权能，而认其有活动自由权的权能。这两种提法内容有相同之处，亦有不同。活动自由权是讲人格权人在权利范围内的自由活动，人格利益处分权实际上是适当的、有限的处分权，是指权利人在权利范围内不仅有自由活动的权利，而且具有对某些人格利益的支配权利，进行适当的处分。因而，用人格利益处分权的概念更准确。

人格利益处分权并不是绝对的，具有有限性的特点。这种有限性表现在：一是处分的人格利益范围的有限性，并不是所有的人格利益都可以自由处分，如自由、名誉等，不得抛弃、转让。二是处分内容的有限性，例如，符合要求的安乐死行为，为了正义事业而贡献生命，是处分自己生命利益的合法处分行为；自杀则为法律所禁止，为违法行为，并非合法处分生命利益的正当行为。

---

① 王利明：《王利明学术文集·人格权编》，北京，北京大学出版社 2020 年版，第 56 页。

四、人格权的分类

（一）对人格权分类的不同看法

各国规定的具体人格权的类型不尽相同。例如巴西"米兰达分类法"，即庞蒂斯·德·米兰达将人格权分为：生命权、保持身体完整权、对精神完全的权利、自由权、知情权、名誉权、对本人肖像的权利、平等权、对本人姓名的权利、对本人笔名的权利、对本人商号的权利、隐私权。而法国学者 E. S. Perreau 认为，人格权可以分为三类：一是物质性人格权，包括生命权、有关身体完整性权利、迁徙自由、性自主、死后对身体的保护；二是精神人格权，包括与伴侣的关系、尊重伴侣的权利、作为配偶的权利、对祖传遗产的权利；三是社会人格权，包括姓名和其他身份标识的权利、有关肖像和声音的权利、有关私人生活的权利。① 这些对人格权的分类，都受到各国历史、文化、传统等因素的影响，不可能存在划一的分类。

我国民法学界对人格权是否应当分类，有肯定说和否定说两种不同的见解。

主张对人格权进行分类的肯定说，是少数学者的意见，如《民法学原理》把人格权分成物质性人格权和精神型人格权，再把精神型人格权分成标表型、自由型和尊严型三种不同类型。《人格权法新论》将人格权分作一般人格权和具体人格权两类。有的学者将人格权分为：（1）人身完整，包括生命权、身体权、健康权；（2）人格标识，包括姓名权、肖像权、形象权、声音权；（3）人格尊严，包括名誉权、隐私权、信用权、荣誉权、知情权、环境权、精神纯正权；（4）人格自由，包括身体自由权、迁徙自由权与居住自由权、住宅自由权、性自主权、工作自由权、意思决定自由权、通信自由权、表达自由权、创造自由权、信仰自由权、思想自由权；（5）法人人格权，包括法人名称权、法人名誉权、法人荣誉权、法人秘密权；（6）特殊人格权，包括人格商品化权、器官捐赠权等。②

---

① 王利明：《人格权法研究》，北京，中国人民大学出版社2018年版，第96页。
② 马俊驹：《人格和人格权理论讲稿》，北京，法律出版社2009年版，目录第5-6页。

有的学者在论述人格权时不进行具体分类。究其原因，大致是因为人格权就是人格权中的一个具体类型，其权利客体都是人格利益，因而没有分类的必要。

对一类民事权利是否有必要进行分类，主要应当考虑三个因素：一是，这类权利的客体是否有不同的性质，客体不同，应按其不同性质进行分类，客体相同则不必进行分类。二是，这类权利的保护方法是否不同，保护方法不同，应当按不同的保护方法分类，否则不必分类。三是，这类权利的数量是否较多，较多的应当进行分类，较少的不宜分类。对这三个因素应当进行综合分析，决定是否对这一类民事权利进行分类。

人格权的上述三个因素的具体情况是：首先，人格权的权利客体尽管都是人格利益，但是却有性质的不同。身体权、健康权、生命权的权利客体，是法律人格的物质存在形式，是通过人体这种物质形式表现出来的人格利益。而名誉权、姓名权、肖像权、隐私权、性自主权等人格权的人格利益，完全表现为精神利益的形态，而非物质表现形态。这两种人格利益的性质不同。其次，人格权的法律保护方法亦不相同。在救济人格权损害的具体赔偿方法上，最明显地表现在《民法典》第 1179 条、第 1182 条和第 1183 条规定的不同方法上。第 1179 条规定，侵害自然人身体造成伤害的，赔偿医疗费、误工损失、生活补助费、丧葬费和死者生前扶养的人的生活费；第 1182 条规定的是侵害人格权益造成财产利益损失的排除方法；第 1183 条规定损害人身权益造成严重精神损害，有权请求精神损害赔偿，其中主要的就是救济精神性人格权的损害。在司法实务的具体操作上，对物质性人格权和精神性人格权的保护方法也完全不同。最后，具体人格权的数量众多，而且随着人格权的不断发展，数量会越来越多，不进行分类就无法理清人格权的体系和逻辑关系。除此之外，有的人格权为自然人所独有，有的人格权为自然人和法人、非法人组织均可享有。

（二）具体分类方法

根据以上分析，对人格权应当进行必要的分类。

1. 抽象人格权和具体人格权

在宏观上，将人格权分为抽象人格权和具体人格权两大类型。抽象人格权包括一般人格权、公开权和自我决定权。具体人格权包括物质性人格权和精神性人格权，如生命权、身体权、健康权、姓名权、名誉权等人格权。《民法典》第 990 条第 2 款规定的是一般人格权，第 993 条规定的是公开权，第 130 条规定中包括人格权的自我决定权。具体人格权则在人格权编第二章至第六章规定。

2. 物质性人格权和精神性人格权

具体人格权分为物质性人格权和精神性人格权。物质性人格权概括的是生命权、身体权和健康权，《民法典》人格权编第二章规定的是物质性人格权。精神性人格权概括的是姓名权、名称权、肖像权、名誉权、信用权、荣誉权、隐私权、个人信息权等具体人格权。《民法典》第三章至第六章规定的是精神性人格权。

3. 标表性人格权、自由性人格权、评价性人格权、私生活与身份性人格权

精神型人格权分为：（1）标表性人格权，包括姓名权（《民法典》第 1012 条）、名称权（第 1013 条）、肖像权（第 1018 条）、声音权（第 1023 条第 2 款）、形象权（第 1018 条）；（2）自由性人格权，包括人身自由权（第 1011 条）、性自主权（第 1010 条）和婚姻自主权（第 110 条）；（3）评价性人格权，包括名誉权（第 1024 条）、荣誉权（第 1031 条）和信用权（第 1029 条）；（4）私生活与身份性人格权，包括隐私权（第 1032 条）和个人信息权（第 1034 条）。

本书在论述人格权的体系和内容时，即依此结构展开。

五、人格权与身份权的关系

人格权与身份权同属于人身权，具有极为密切的关系，《民法典》将其分别规定在第 109～111 条和第 112 条，具体内容规定在第四编和第五编。

（一）人格权与身份权的共性

1. 人格权与身份权同为专属权

人格权与身份权都与民事主体的人身紧密相连，具有专属性和排他性。人格

权和身份权存在于民事主体自身，由其自身享有，是民事主体的人身不可缺少的内容。这种权利只能由民事主体自己享有和行使，具有严格的排他性，不得转让，也不得抛弃或由他人继承。

2. 人格权与身份权同为支配权

人身权均为绝对权，其体现的人身利益均由民事主体直接支配。这种支配，人格权支配的是人格利益，身份权支配的是身份利益。那种认为身份权的客体是具有身份关系的对方当事人的观点，是封建时代民法的身份权理念。人格权与身份权对其权利客体所享有的权利是绝对的、支配性的，其他任何人均须对权利人承担不可侵义务。

3. 人格权与身份权均非具有直接的财产性

人身与财产不同，不具有直接的财产内容。民事主体行使人格权和身份权，其目的主要是满足自身精神上、情操上、观念上、意识上的需要，主要不是财产性的目的。但是，人身权并非毫无财产因素，身份权中的具体权利如抚养、扶养、赡养请求权，财产因素至为明显，只是这种权利与财产权不同，是为维持民事主体自身生存所必需的权利，而不是以财产的占有、使用、收益、处分为目的。

（二）人格权与身份权的区别

1. 人格权与身份权的法律作用不同

人格权以维护自然人、法人和非法人组织的法律人格为其基本功能，使之实现人之所以为人的法律效果。身份权的法律作用，是维护以血缘关系等组成的亲属团体中，亲属的特定地位及相互之间的权利义务关系，维护自然人对某种具有身份关系的支配关系。人格权与身份权法律作用的不同，导致人身权体系中的人格权与身份权的地位并不相同。人格权是人身权中主导的权利，是基本权利；而身份权以人格权的存在为前提。人的第一需要乃是生存的需要，人格权就是人的生存需要的法律表现，身份权则是自然人在生活中特定亲属之间相互关系的法律表现。从根本上说，身份权是人格权的扩展和延伸。

2. 权利的产生有所不同

人格权是民事主体的固有权利，生而享有，死而消灭。身份权并不是民事主体生而固有的权利，而是就自然人的出生而取得的权利。自然人出生，尽管其一经出生就与其父母、姐妹兄弟、祖父母、外祖父母产生了亲属法上的身份权，但是，这种身份权的产生不是生来固有，是依其出生的事实发生亲属关系而取得的身份权。此外，因结婚、离婚、收养发生夫妻配偶权、养父母子女、继父母子女之间的身份权，更是基于法律行为而取得。

3. 权利属性有所不同

人格权是民事主体的必备权利。民事主体不享有人格权，就"没有做人的权利，也就没有进入社会的资格，让渡基本权无异于把人复归于兽类"[1]。而身份权具有非必备性，主要表现在民事主体不享有身份权，依然可以生存，可以进行民事活动，能够以独立的人格进入社会、从事所有的民事活动。

4. 权利客体不同

人格权的客体是人格利益，表现为人之所以为人的资格。身份权的客体不是人格利益，而是身份利益。

从这四个方面，就能够将人格权与身份权之间的权利边界区分得比较清晰，不会混淆。

第二节　人格权的客体：人格利益

一、人格

人格权的客体不是人格，而是人格利益。但是，研究人格权的客体即人格利益，却须从人格概念说起。

（一）人格概念的沿革

中国古汉语不常使用人格这一词汇，仅见章炳麟著《诸子略说》："孔子平居

---

① 徐显明主编：《公民权利义务通论》，北京，群众出版社1991年版，第133页。

教人，多修己治人之言，不求超出人格。"其中的人格是指以人事为范围①，而这是晚近的著作。现代汉语使用人格一词区分其不同的含义，分别指人的性质、气质、能力等特征的总和，个人的道德品质，人的作为权利、义务主体的资格②，以及具有自我意识和自我控制能力，即具有感觉、情感、意志等机能的全体。③ 可见，人格的概念具有社会学、伦理学、哲学、心理学以及法律学上的不同含义。

法律上的人格概念最早出现在罗马法中，其拉丁文为 persona，表示人所具有的某种身份。④ 在罗马法，人格的全部内容就是人所具有的各种身份，身份的享有状态直接决定了人格的状态。具有法定的自由身份、市民身份和家父身份的人具有完满的人格，而其中某些身份的丧失会导致人格的减等甚至消灭。因此，有学者认为罗马法的人格其实是一种身份人格，表示的是人的不同地位。⑤

处于人类每一发展阶段的社会，都在与该社会的政治、经济以及社会结构相适应的层面去揭示人的本质，从而提出该社会中作为人的本质的人格概念。罗马法中的人格之所以由各种身份构成，是由罗马社会以政治生活为核心的社会结构决定的。罗马社会一直处在扩张和战争的状态，在这种背景下，政治生活是社会的核心，整个社会都是围绕政治构建起来的。因此，对于人来说，重要的是成为该政治生活体系中的一员，只有那些具有特定身份因而能够在国家的政治体系中发挥作用的人，才具有人的本质，才能获得人格。因此，在罗马社会，人格并不存在于人的自身，而在于人所具有的特定身份。

随着商业的发展，政治对社会的捆绑逐渐减弱，为宗教和哲学上对于个人的思考提供了前提性基础。在近现代人格理念的形成过程中，基督教思想是一个重要的推动力量。基督教通过宣传人由神创造、由基督拯救，因而在神面前是平等的说教，确立了人类尊严的思想。基督教的这个思想构成了中世纪以后西欧人类

① 《辞海》，上海，中华书局1936年版，第194页。
② 《现代汉语词典》，北京，商务印书馆1978年版，第950页。
③ 《汉语大词典》，上海，上海辞书出版社1989年版，第344页。
④ 周枏：《罗马法原论》（上册），北京，商务印书馆1994年版，第97页。
⑤ 马俊驹：《人与人格分离技术的形成、发展与变迁》，《现代法学》2006年第4期。

观的基本哲学。① 这种人的平等和尊严的思想，为近代人格概念的形成提供了思想基础。在此基础上，世俗社会中的启蒙运动和自然法理论，对于现实社会和法律中的等级制度展开了猛烈的进攻，以"理性"和"自然"作为终极价值，以人的平等的理性作为论证人格平等的有力武器，同时也改变了罗马法人格表现的是人的地位和身份的观念，最终建立了人人平等的人格理念。

启蒙运动和自然法理论通过政治运动的形式，建立了现代的人格观念，但是，关于人格的系统论述和构建却是通过哲学展开的，并最终在康德哲学中完成。

这种近代意义上的康德式的人格理念，以人的理性和意志为基础，以人的按照规则行为并对自己的行为负责的能力为核心，去构建人格的概念。康德认为，人格就是摆脱了自然机械作用的独立和自由，能够自负其责地行为的能力。② 法律上的人格，就是在此伦理人格的基础上构建起来的。但是，由于法律学科自身高度技术化的特点，法律对于伦理人格价值的接受和承认，经过了法律专门技术的处理，表现为法律中的各种原则和制度。这些法律原则和制度分别对于人格价值的特定层面予以确认和实现。

（二）人格概念的含义

人格这一概念，在法律上主要表现为以下三个方面的含义。

第一，是指具有独立法律地位的民事主体。其中，自然人具有血肉之躯的人格，法人具有法律拟制的人格。在这个意义上使用人格这个概念，意味着人格与人、与主体是相同的。它具有独立性，表现为意志独立、行为独立、财产独立、责任独立。在此意义上，人格是人格权的载体，人格的产生和消灭将导致人格权的享有和丧失。

第二，是指作为民事主体必备条件的民事权利能力，亦即成为民事主体所必须具备的资格。凡是具有这种资格的人，就可以成为民事法律关系的主体，可以享有民事权利、承担民事义务。不具有这种主体资格，就无法享有人格权及财产

---

① ［日］星野英一：《私法中的人》，王闯译，北京，中国法制出版社 2004 年版，第 16 页。
② ［德］康德：《道德形而上学原理》，苗力田译，上海，上海人民出版社 2002 年版，第 60 页。

权等民事权利。

第三，是指人格权的客体。即民事主体在人格关系上所体现的与其自身不可分离、受法律保护的利益。它包括人格独立、人格自由、人格尊严这些价值通过一定方式的外在化表现，以及体现在生命权、身体权、健康权、姓名权、名称权、肖像权、名誉权、隐私权、信用权等具体人格权中相应的人格利益。因此，在此意义上使用人格，是指人格要素，单指人格权的客体。

人格的上述三个方面的法律含义，是相互联系又相互区别的。其中前两个含义在整个民法领域中被广泛使用，后一个含义只在人格权的范围内使用。这三个方面的法律含义并不是割裂的，它们都只是从特定方面对于人格的反映和确认，每一个含义都不能单独构成人格的全部内容。因而，法律上的人格概念的表现形式不同于伦理和哲学中的人格概念，它并非作为一个整体，而是经过法律技术处理分散在民法的相关制度中，表现为法律主体、权利能力和人格要素。只有将它们综合起来作为一个整体，才能够比较全面地反映人格在法律上的真实状态。在本书中使用人格概念，主要是使用第三种含义，是指人格权的客体，为构成人格的人格利益要素。

（三）法人的人格

法人是相对于自然人的另一种民事权利主体，是具有民事权利能力和民事行为能力，依法独立享受民事权利并承担民事义务的组织。而法人之所以能够独立地从事民事法律行为，就是因为它具有法律上的人格。

法人之所以享有法律人格，大致有三种主张：一是"法人拟制说"，认为能够作为权利主体的只限于自然人，法人是虚拟实体，是以自然人为蓝本由法律所拟制的人，是永远存在的拟制主体。"法人为人工的单纯拟制之主体，即仅因法律上之目的而被承认的人格。"[1] 二是"法人实在说"，认为法人并不是法律虚构的，也并非没有团体意识和利益，而是一种客观存在的主体，可依自己的名义享受权利承担义务，具有独立的社会作用和作为法人主体的社会价值，因此，法人

---

① ［德］萨维尼：《现代罗马法体系》，第 8 卷，李双元、张茂、郑远民、程卫东、吕国民等译，北京，法律出版社 1999 年版，第 247 页。

人格并非简单拟制于自然人，而是来自法人实体的客观现实性。① 三是"折中说"，当代德国学者一般认为，拟制说和实在说的争论是无益之争。他们一般更倾向于一种中性的表述：法人就其宗旨而言被视为归属载体。维德曼称此为"特别的财产"。易言之，适用于自然人的规范，应以某种"有限的类推"方式适用于法人。②

以上三种学说对于法人具有人格提供了理论上的论证，但是，它们都局限在权利能力这一层面来谈论法人的人格，忽略了人格其他两个层面的含义。事实上，法人之所以具有法律人格，是因为法人作为一种社会组织体，通过其组织机构获得了意志能力，以此意志能力为基础，法人能够合理地控制和实施自己的行为，并尊重他人的人格，不侵害他人的权利。正是这种自律的、自我负责的理性行为的社会形象，使法人获得了社会的尊重，具有了人格尊严，能够作为法律上的主体参与法律关系。法人人格的核心在于法人的自我负责的理性行为的能力。

因此，法人的人格就是法人实体在社会关系中所享有的意志自由和通过其行为形成的社会形象整体。

我国《民法典》确认非法人组织也是民事主体，也具有民事权利能力，因而也具有人格，享有人格权。对此，应当依照法人人格的理论予以确认。

（四）准人格

1. 准人格的概念界定

民法的人格，是经过法律技术构建的概念，表现为典型的民法中的人的形象。民法上的人格通过法律技术明确规定，具有清晰的边界，包括出生至死亡阶段的人——自然人，以及符合法律规定的组织构成并经登记的组织体——法人、非法人组织。

除了这种典型的人格之外，还存在一些并不完全符合这一标准的人和组织体的存在形态，例如胎儿、死者，以及设立和清算中的法人、非法人组织。

自然人的人格是一个不断丰富发展而后又逐渐消退的过程。从受精后第14

---

① 周枏主编：《外国法律知识译丛·民法》，上海，上海知识出版社1981年版，第40页。

② ［德］迪特尔·梅迪库斯：《德国民法总论》，邵建东译，北京，法律出版社2001年版，第823页。

天开始，自然人已经具备了生命、身体和健康这些基础性的人格要素；在出生以后，人又通过自己的行为不断地向外部世界表现并发展其人格，因而人格要素不断增多；人在死亡以后，不但丧失了生命和健康这些基础性的人格要素，而且丧失了通过自己的行为发展人格的能力，随着时间的推移，其生前通过自己的行为获得并表现出的姓名、名誉等部分社会性人格要素也会逐渐消退，并最终消亡。因而，在人的发展历程中的有些阶段，并不完全符合传统民法的人格形象，仅具备法律人格的部分要素。例如，人在出生前的阶段，存在并不具有意志能力，因而并不具备发展其人格的能力，但是，具有作为意志能力物质性基础的生命和身体，并具有人的尊严；人在死亡后的阶段，虽然不再具备意志，丧失了人格发展的能力，但是，仍然具有部分人格个性特征，以及人的尊严。

至于组织体，其构建方式有很多种，团体内部的紧密程度也各不相同，只有符合法律规定的组织结构形态且经登记的，才能具备完全的法律人格。其他的组织存在形态虽然并不完全符合法律规定的条件，但是已经通过一定的方式实现了获得共同决定的能力，具备了获得意志能力的物质性基础；拥有了一定的财产；可以以此为基础承担一定的责任；并且获得了名称、商号以及商誉等人格个性特征。因而，这些组织形态具备了法律所设定的完整法律人格的部分构成要素。

对于并不符合法定的人格模型的人或组织的人格状态及权利能力的研究，比较法上多有涉及，但是，大多仅是对其中的个别类型的研究[1]，将它们作为一个整体概念进行研究的为数不多。德国法上存在从权利能力的角度统合它们的做法，专门研究它们的权利能力问题。学者法布齐乌斯构建了权利能力相对性的概念，认为权利能力的内容并非绝对相同，存在以行为能力为标准的相对化现象。根据人和组织的行为能力的不同，人的权利能力的内容体现出层次化的形态。[2]这一研究成果具有重大意义，却并未具体分析它们的人格要素的具体状态。应当说明的是，正是这些并不符合法定人格模型的人或组织的人格要素状态正当化了其在某些范围内具有的权利能力，人格要素占有的范围决定了权利能力的范围，

---

[1] 主要是对胎儿和死者的人格的保护的问题，以及对于合伙和设立中法人的权利能力的讨论。

[2] Fritz Fabricius, Relativität der Rechtsfähigkeit, C. H. BECK Verlag, Berlin 1963.

正是人格要素的层次性，使权利能力表现出层次性。

在我国，有学者在对胎儿的人格利益予以保护的研究中，提出胎儿具有准法律人格的观点，认为准法律人格是既非完全法律人格者，亦非完全无法律人格者。[1] 这种观点认识到了胎儿具有部分人格的特性，但是，遗憾的是对于法律人格并无界定，这里所使用的法律人格是仅限于权利能力，还是也包括人格的各个构成部分，仍然存在疑问。而且类似于胎儿的具有部分人格构成要素的其他人或组织的存在也被忽略了。因此，应当对准人格的概念进行全面的重新界定。

由于胎儿、死者以及设立中或者清算中的法人、非法人组织等人和组织并不具备全面的法律人格要素，因而并不符合法律人格的构成要件，不能作为法律人格，他们但是，却具有法律人格中的部分人格要素和形态，因而可称其为准人格。故准人格的概念，是指胎儿、死者以及设立中或者清算中的法人、非法人组织等所具备的部分人格要素，以及不完善的民事权利能力状态。对于自然人，《民法典》第16条、第994条的规定表达了其准人格；对于法人和非法人组织，《民法典》第75条、第72条第1款和第108条，规定了设立中和清算中的法人、非法人组织的准人格。

2. 准人格的特征

（1）准人格只具有部分人格要素

准人格并不具有完全的人格构成要素，只具有部分人格要素，而且每种准人格所具备的人格要素并不相同。

作为人存在的准人格形态的共同特征，是并不具有意志能力，不能通过意志的决定去发展自己的人格，以及去参与法律交易。它们只具有一些简单的静态人格组成部分。其中，胎儿并不具有意志或者意识反应，只具有身体和生命这些物质性人格要素。这些人格要素作为人的存在的基础，是人格的重要部分，因而胎儿已经具有了部分人格要素。死者已经丧失了依赖于生命的意志能力，也不具有自我发展的能力，但是，仍然具有姓名、肖像、名誉等外化的社会性人格形态，以及在世时通过一定方式得到外在化的、固定的人格个性。这些人格形态和个性

---

[1] 张莉：《胎儿的准人格地位及其人格利益保护》，《政法论坛》2007年第4期。

是意志曾经的载体和表现，是人格的重要组成部分。

作为组织体存在的准人格形态，也具有部分人格组成部分。例如设立中的法人虽然尚未现实地具有意志，但是已经具有了相对独立的财产和组织形式，具有了意志产生的现实基础，而且其在特定目的范围内具有了名称，具备了可识别的社会个性。因而作为准人格存在的组织体在一定程度上具有了部分人格要素。清算中的法人、非法人组织虽然人格还没有完全消灭，但是其民事权利能力受到严格的限制，不得从事与清算无关的活动，是丧失了部分人格要素的限制性人格。

（2）准人格欠缺规范化的意志能力

准人格并不具备法定的规范化的意志能力，是准人格与人格的主要区别。民法通过抽象的法律技术为人格构建了一种规范化的意志能力，这种意志并不是现实生活中存在的人与人之间的具有差异的心理意志，而是一种抽象的认识、判断与决定能力。这种抽象的意志能力通过年龄的划定实现了绝对的平等，只要达到成年的人都具有平等的意志能力，而不管现实中人与人之间的意志能力存在多大差异；未成年人则通过监护人的意志间接获得了这种平等的意志能力。准人格表现为尚未发育到意志能力的程度而不适合被赋予这种能力（胎儿），或者曾经具有这种能力但是现在不再具有（死者），或者具有一定的意志能力但是并不符合法律的规定（设立中的法人、非法人组织），或者虽有一定的意志能力但是主要的意志能力受到限制（清算中的法人、非法人组织）。因而，准人格并不具备法定的规范化的意志能力。

（3）准人格的法律主体地位并未得到法律的确认

被法律作为典型予以确认人格的，只是从出生至死亡阶段的自然人，以及得到法律承认的法人、非法人组织。他们具有完满的人格，权利能力得到法律的明确规定。准人格并不符合法律所确定的完满人格的构成，并不具备规范化的意志能力，不能自我负责地广泛参与法律交易，因而并不具备法律所规定的全面的一般权利能力。但是，由于准人格具有部分人格要素，以此为基础在某些方面具有了参与特定法律关系的能力，因而具有了获得部分权利能力的正当要求，在符合法律规定的时候，被视为具有民事权利能力。由于不同的准人格类型所具有的人格要素种类并不相同，因而他们被视为具有的权利能力的内容也不相同。不同的准人格所能够具有的权利能力的内容，是由他们所具有的人格要素的内容决定的。

二、人格利益

（一）人格利益的概念界定

人格利益是人格权的客体，是指人为满足自己的生存和发展，构成民事主体资格即人格必须具有的人格要素所体现的人格利害关系。换言之，人格利益是构成人格的各种人格要素所体现的利害关系。

（二）人格利益的法律特征

1. 人格利益是民事利益

人格利益是人格权的客体，必须是民事利益。究竟什么是民事权利的客体，学者众说纷纭，本书采民事利益是民事权利客体的主张，认为民事权利的客体就是民事利益，是民事主体之间为满足自己的生存和发展而产生的对一定的对象需求的人身利害关系和财产利害关系。① 人格利益是民事利益的一种，是人格权的客体。

2. 人格利益是民事主体资格要素所体现的利益

人格利益是民事主体作为人的资格的各个要素，包括人格独立、人格自由、人格尊严、人身安全，以及生命、身体、健康、姓名、名称、肖像、名誉、信用、荣誉、人身自由、隐私和性等关乎民事主体资格的各种利害关系。这些人格要素所体现的，是人的抽象的或者具体的资格要素，民事主体一旦丧失或者部分丧失人格利益，其人格受损，将丧失或者损害其作为民事主体的资格，人格发生缺损或者丧失，人的社会地位就会受到严重影响甚至丧失。

3. 人格利益表现为物质性人格利益和精神性人格利益

人格利益表现为两种形式。一是物质性人格利益，主要是生命利益、身体利

---

① 杨立新：《民法总论》，北京，高等教育出版社 2007 年版，第 130 页。

益和健康利益，是自然人作为人的物质表现形式所必要的人格利益，没有这些物质性人格利益，自然人将不成为人。二是精神性人格利益，是自然人和法人、非法人组织作为民事主体所必要的非物质性的人格利益，姓名、名称、名誉、信用、隐私、人身自由等都是这种人格利益，人格独立、人格自由、人格尊严也都是这种人格利益，只不过是抽象的一般人格利益而不是具体的人格利益。

4. 人格利益包括精神利益和财产性利益

在学说上，很多人强调人格利益是精神利益，是非财产性民事利益。这种说法有一定道理，但是不准确。所有的人格利益确实都是精神利益，是非财产性人格利益，即使物质性人格利益也包含精神利益；但是，非财产利益并非没有一定的财产利益因素。在生命、身体、健康以及人格尊严、人格平等、人格自由和人身自由等人格利益中，基本上不存在财产利益因素，但是，在信用、肖像、荣誉、隐私、名称、个人信息等人格利益中，几乎都包括一些或者较多的财产利益因素。例如，肖像的使用会产生财产利益，信用的毁损会造成财产利益的损失，名称的使用会带来财富。人格权法既保护人格利益中的精神利益，也保护人格利益中的财产利益。

（三）人格利益的类型

人格利益的最典型划分，是分为一般人格利益和具体人格利益。

一般人格利益是抽象的人格利益，是作为人所必须具有的人的独立地位、人格的自由状态以及人格尊严的要求和尊重。这是人之所以为人的一般需求。将人强制依附于另外的人而使其丧失独立地位，或者限制人的思想和发展使其丧失精神自由，或者将人不作为人对待，都是侵害一般人格利益。在"人狗同餐""人狗同浴"的案件中，就是损害了人之所以为人的一般人格利益，构成侵权责任。

具体人格利益是个别的人格利益①，是作为人的资格的个别要素体现的利益。这种人格利益一定是具体的、个别的，而不是一般的、抽象的。人格权法将作为人的资格的各种要素一一分解，使之构成人的资格的各个不同的要素，分别加以保护。这些要素所体现的利益就是具体人格利益。生命、身体、健康、姓

---

① 王利明：《人格权法研究》，北京，中国人民大学出版社 2005 年版，第 15 页。

名、名称、肖像、名誉、信用、荣誉、人身自由、隐私和性等，就是作为人的资格的各个不同的具体人格要素，这些具体人格要素所体现的利益，就是具体人格利益。

三、人格利益准共有

（一）人格利益准共有概念的提出

共有，是所有权的概念和类型。准共有则有所扩大，扩大到所有权以外的其他财产权领域，不仅包括物权法的他物权的共有，还扩大到债权和知识产权领域的共有，因此谓之"准共有者，乃数人分别共有或公同共有所有权以外之财产权之谓"①；或者"对所有权以外财产权的共有（分别共有）或公同共有，学说上称为准共有"②；或者准共有是"所有权以外财产权的共有"③。笔者在《共有权研究》一书中将其界定为"准共有是指两个或两个以上民事主体对所有权以外的财产权共同享有权利的共有"④。所以，准共有是财产权法（包括物权、债权和知识产权）的概念，是学界的共识。《民法典》第 310 条规定："两个以上的组织、个人共同享有用益物权、担保物权的，参照适用本章的有关规定。"这里规定的，就是物权的准共有，不包括债权和知识产权的准共有。

但是，有一个现象超出了学界共识的这个范围。这就是，准共有的现象也存在于人格利益的场合。笔者在《共有权研究》一书中，描述了荣誉权准共有的现实，认为荣誉权存在共有的情形，不仅荣誉所属的财产利益有共有的现象，而且就荣誉本身也存在共有的情形。⑤ 在肖像利益中，集体照相的当事人对于其中肖像利益的支配也存在共有的问题。⑥ 在《民法该如何保护"相关隐私"》一文

① 谢在全：《民法物权论》（上册），北京，中国政法大学出版社 2001 年版，第 342 页。
② 王泽鉴：《民法物权》（1）通则·所有权，北京，中国政法大学出版社 2001 年版，第 389 页。
③ ［日］《新版新法律学辞典》，北京，中国政法大学出版社 1991 年版，第 468 页。
④ 杨立新：《共有权研究》，北京，人民出版社 2021 年版，第 219 页。
⑤ 杨立新：《共有权研究》，北京，人民出版社 2021 年版，第 237 页以下。
⑥ 杨立新：《使用合影当心侵权》，《检察日报》2004 年 3 月 1 日第 6 版。

中，笔者提出在隐私利益中也存在共有的现象，即相关隐私，也就是准共有的隐私利益。所谓的"相关隐私"，是指涉及两个以上的自然人的隐私的隐私。在很多场合和情况下，一个人的隐私与他人的隐私是相关联的，例如，婚姻关系的"第三者"的隐私，就一定会涉及具有合法婚姻关系的"第一者"和"第二者"的隐私。"第三者"讲述自己作为"第三者"的隐私故事，必然会涉及相关的另外两个人的隐私。这样的隐私就是相关隐私。①

2001年某日，某《文摘》杂志刊登了一篇题为《音乐家某某与李某38年婚外婚内情》的文章，披露了在该音乐家与其前妻婚姻关系存续期间，李某与该音乐家的婚外恋情，以及该音乐家与其前妻之间的部分婚姻生活内容，还披露了该音乐家与其前妻离婚，与李某结婚的若干事实。该音乐家的前妻认为，该文对她与该音乐家的婚姻与感情生活加以歪曲和捏造，文中有大量对自己及家庭进行侮辱和诽谤的文字，严重损害了自己及家人的名誉权和隐私权，因而将出版社告上法庭，请求赔偿精神损害抚慰金。② 不去谈这个案件的具体处理，仅就案件事实而论，这确实涉及了几个人共有的隐私利益问题，相关隐私的一个当事人没有经过其他当事人的同意而将相关隐私予以公开，显然侵害了其他相关隐私当事人的隐私权。

相关隐私、集体照相和共同荣誉等概念都反映出，在人格利益中确实存在准共有的现象，也应当适用准共有的基本规则进行规制。因此，准共有的概念不应当只局限在财产权的领域，还应当进一步扩大，在部分人格利益中也应当使用准共有的概念。所以，准共有也是人格权法的概念，人格权法也应当研究人格利益准共有及其规则，对人格利益准共有进行深入探讨，研究人格利益准共有的基本规律，确定调整人格利益准共有关系的法律规则。

（二）人格利益准共有的概念和法律特征

笔者提出的人格利益准共有这个概念，还没有其他学者对其作出界定。笔者认为，人格利益准共有是指两个或两个以上的民事主体对同一项特定的人格利益

---

① 杨立新：《民法该如何保护"相关隐私"》，《检察日报》2004年4月1日第3版。
② 《名人官司：刘某前妻柳某状告作家出版社索赔10万》，《北京青年报》2003年5月30日。

相关联，共同享有权利的共有形式。

之所以这样界定人格利益准共有的概念，主要是基于以下考虑。

1. 人格利益准共有概括的是人格利益的共有形式

人格利益准共有超出了财产权的共有，延伸到人格利益的共有关系。共有是物权法的概念，是所有权的一种形式。而准共有的概念扩大到所有权以外的他物权，以及债权、知识产权的共有关系。因此，准共有指两个或者两个以上民事主体，共同享有所有权以外的财产权的共有。① 而"准共有之标的物，以财产权为限，人格权、身份权固不在其范围"②。但是，人格利益准共有的现实存在是不能否认的，因此，人格利益准共有就是人格利益共有的形式。准共有不仅存在于财产权的领域，而且存在于人格权的领域。

2. 人格利益准共有只存在部分人格利益当中

准共有并不是人格利益都存在的普遍现象。在财产权领域，准共有差不多是普遍存在的，但是，在人格权领域，人格利益准共有不是普遍存在，只存在部分人格利益当中，例如荣誉利益的准共有、隐私利益的准共有、肖像利益的准共有等，在其他人格利益方面不存在共有的现象。因此，人格利益准共有只是部分人格利益存在的现象。

3. 人格利益准共有是利益的共有，而不是权利的共有

在准共有中，财产权的准共有是权利的共有，是数人对同一个权利的共同享有，例如债权准共有、知识产权准共有等，也是对同一个债权、同一个知识产权的共有。在人格利益准共有中，共有的不是权利，或者说共有的主要不是权利③，而是人格利益。人格权的基本属性是固有性、专属性和必备性，是民事主体与生俱来的专属权利④，因此，人格权就是特定的民事主体自己的权利，不会发生权利的共有。例如，隐私权是个人的权利，不会由几个人享有同一个隐私

---

① 王利明：《物权法论》，北京，中国政法大学出版社 1998 年版，第 350 页。
② 谢在全：《民法物权论》，北京，中国政法大学出版社 2001 年版，第 342 页。
③ 之所以说"基本上"，是说在荣誉利益的共有上，有一点权利共有的意思，但是还是要从荣誉利益共有的角度进行分析和研究。
④ 王利明等：《人格权法》，北京，法律出版社 1997 年版，第 13 页。

权。但是，某些人格利益却可以共有，例如集体照相，对集合在一起的数个自然人的肖像，数个自然人基于自己的肖像权，都对该集体照相享有支配的权利，构成了肖像利益的共有关系。这就是肖像利益的准共有，而不是肖像权的准共有，肖像权仍然是权利人自己的权利，只是数个肖像权人基于自己的肖像权而对同一个集体照下的肖像利益享有支配的权利而已。

4. 人格利益准共有的基本规则实行准共有的基本规则

对于人格利益准共有，共同共有的人格利益按照共同共有规则处置，按份共有的人格利益按照按份共有的规则处置。但是，由于共有的是人格利益而不是财产权，因此，人格利益准共有必然有自己的流转规律，研究人格利益准共有就必须研究它所独有的法律规则。

（三）人格利益准共有的范围

并不是所有的人格利益都能形成准共有。在通常情况下，下列人格利益可以形成准共有。

1. 相关隐私

人格利益准共有的典型表现就是相关隐私，是自然人的隐私利益的重要组成部分。任何人生活在现实社会中，都要与他人进行交往，在交往中，就会发生在一起交往的人共同享有相关隐私的事实。相关隐私既包含本人的隐私，也包含其他相关的权利人的隐私。这种相关隐私涉及相关联的每一个人的隐私及其权利。法律保护自然人的隐私及其权利，就要保护相关隐私，使相关隐私不被相关隐私的当事人侵害。如果对相关隐私不予重视或者保护，就可能损害范围广泛的他人的隐私权。

相关隐私不是"家庭隐私权"。有人认为，"第三者"讲述涉及合法婚姻关系的当事人的隐私，是侵害家庭隐私权。家庭隐私权的概念是不存在的，因为它不是法律概念。一个家庭可能会有自己的"集体隐私"，但是，家庭不是民事主体，不具有民事权利能力，所以，家庭不会享有隐私权。就是一个集体也不存在"集体隐私权"，理由同样是，集体不是权利主体，无法享有隐私权。而相关隐私，是民事主体之间有着共同内容的隐私。所谓的集体隐私或者家庭隐私，实际上都是相关隐私。对于这种隐私，不是对一个隐私利益由几个人享有隐私权来保护的，而是由相关联的各个人自己所享有的隐私权来保护。对于涉及自己的那一部分隐私，基于自己的隐私权，都有权进行支配和保护。因此，即使构成相关隐私，也不产生相关隐私权这样的概念，而只是隐私利益的准共有。

2. 共同荣誉

荣誉权不是一种纯粹的人格权，具有人格权和身份权的双重性质；同时，荣誉权不仅包括精神上的人格利益，而且包括财产利益，例如附随于荣誉称号的奖金、奖品等具有财产性质的利益。因而，它的精神性荣誉利益和财产性荣誉利益都可以形成准共有。

荣誉利益可以形成准共有，来源于三个原因。

第一，荣誉称号可以为数个民事主体共同享有。在共同创造的成绩、功绩、荣誉面前，有关机关、部门或者团体可能会授予共同创造人一个共同的荣誉。最典型的是共同共有的著作获得奖励，荣誉是奖励给所有的作者而不是只授予其中一人或者数人，精神性的荣誉利益归属于共同创造人所共有，奖金、奖品等则为该数人共同共有或者按份共有。因此，荣誉利益能够为数人共享，成为准共有的客体。

第二，荣誉权多数包含财产性的人格利益。荣誉权不只是一个精神性的权利，作为其客体的荣誉利益不仅包括精神利益，也包含着财产利益，这就是附随于精神性荣誉利益的财产性荣誉利益，例如，随同荣誉评价而颁发的奖金、奖品、奖牌、奖杯等物质性表彰内容。获得荣誉的主体在享有精神性的正式评价、肯定性评价、褒扬性评价之外，还享有对获得的奖励的财产权利。对于这些财产利益，权利人享有获得权和支配权，具有完整的所有权。正是这个权利中的这种财产权利，才使其具有了形成共有的重要基础。

第三，荣誉利益可以分割。正因为荣誉利益可以由数人共有，因此，共有的荣誉利益也可分割，特别是其中的财产利益。既然荣誉财产利益可以分割，就与其他共有财产的分割没有原则区别。所以，荣誉利益就能够形成准共有。

3. 集体照相

集体照相是两个以上的人一起通过摄影所形成的照相，推而广之，将数人肖像集合在一起而制作的雕塑、录像、电影、画像等，也属于集体照相。

肖像权不能共有，但是，在集体照相这种人格利益上却存在不同的权利主体对它的支配关系。通常认为，产生于 1887 年法国判例的集体照相的主体之一不得对集体肖像主张肖像权规则，说的是对集体照相的一般使用，例如照相馆将自己拍照的集体照相作陈列，个人不得主张侵害其肖像权。^① 但是，这只是问题的一个方面。如果对于集体照相，集体照相的主体之一独自对其进行商业化利用，或者集体照相的主体之外的人对集体照相进行商业化使用，无疑会对集体照相当事人的权益构成损害。因此，集体照相的当事人对集体照相的利益享有支配权。这样，集体照相的当事人就会形成内部关系和外部关系。内部关系，是集体照相的全体成员一起对该照相的肖像利益行使权利、负担义务；外部关系，则是其他任何第三人对该集体照相当事人的权利所负有的不可侵义务。所以，集体照相所体现的这种法律关系，就是肖像利益的准共有关系。

共同形象与集体照相有着相同的性质，应当视为同样的共有利益，适用同样的规则。

4. 家庭名誉

名誉利益一般不会形成准共有关系。但是，有的学者提出家庭名誉的概念，似乎家庭也会存在共有的名誉利益。学者提出家庭名誉概念的用意，在于确定死者名誉受到侵害的实质在于对家庭名誉的侵害，因此家庭成员在成员之一死亡之后有权向法院起诉请求保护家庭名誉。^② 这种观点值得商榷的是对死者的名誉利益保护已经得到了法律的确认，无须再绕到家庭名誉的概念上来解决问题，所以不值得赞同。^③ 但是，一个家庭确实存在共同的声誉，家庭成员对于共同的名誉利益如何支配，受到侵害之后如何进行保护，也会涉及准共有规则的适用问题。因此，对于家庭名誉也有准共有。在这个意义上使用家庭名誉的概念是有道理的。

---

① 龙显铭：《私法上人格权之保护》，上海，中华书局 1948 年版，第 93 页。
② 陈爽：《浅论死者名誉和家庭名誉》，《研究生法学》1991 年第 9 期。
③ 杨立新：《人身损害赔偿》，北京，中国检察出版社 1996 年版，第 279 页。

5. 合伙信用和"两户"信用

合伙有不同形式。那些不具有主体资格不能成为非法人组织的合伙，是自然人的组合，也有自己的信用利益，由于它不可能成为民事主体，也不能成为非法人组织，无法享有信用权，对于其信用利益只能按照共有的形式共同占有、支配和维护。因此，合伙信用是合伙人的信用利益准共有。

同样，个体工商户和农村承包经营户也都不具有民事主体资格，尽管《民法典》对"两户"作出了规定[①]，但是，他们都没有主体资格，也都是家庭成员的自然人组合，也都在进行经营活动。因此，两户的家庭成员即"户"的成员也都共同占有和支配着共同的信用利益。"两户"信用实际上也是信用利益的准共有形式。

与合伙信用和两户信用相似的，还有合伙名称和两户名称，他们也都不具有民事主体资格，但是也会有名称的问题，因而会形成共有信用。

6. 共同声音

对数人的声音作品，该数人享有共同的权利，与共同作品的知识产权具有同样的性质。从作品的立场而言，属于著作权的保护范围，如果只是作为声音的利益而言，则不是著作权保护的范围，而是人格权保护的范围，即共同声音可以构成声音利益的准共有。

从以上分析可以看出，能够形成准共有关系的人格利益，是那些精神性的人格利益。因此，物质性人格利益不能形成准共有关系，例如，生命利益、身体利益和健康利益。如果说连体人等可能形成生命利益、健康利益和身体利益的共有关系，但这是极特殊的民事主体资格问题，笔者与他人已经进行了专门研究。[②]即使在精神性人格利益中，有些人格利益也不能形成准共有关系。例如，姓名利益只能由个人单独享有，不能为数人共同享有；名称利益、人身自由利益、性利益等也不能为数人共同享有。

---

① 《民法典》第 54 条至第 56 条的规定。

② 杨立新、张莉：《论连体人的法律人格》，《法学研究》2005 年第 5 期。

（四）对人格利益准共有关系的法律调整

1. 人格利益准共有的建立

人格利益准共有关系的建立，与其他准共有关系的建立不同，主要基于以下原因而建立。

（1）基于共同实施某种行为而建立

数人共同实施某种行为，可能产生人格利益准共有关系。集体照相，是数人共同实施照相行为，数人的肖像集合在一起，构成一个共同的影像，每一个集体照相的人的肖像都在一个影像中结合在一起，不能分割，因而建立了对集体照相这种人格利益的准共有关系。共同创作声音作品的行为，也产生声音利益的准共有。

（2）基于相关事件而建立

数人参加到某件事件中，该事件与每一个参加者的人格利益相关，因而产生了该种人格利益的共有关系。典型表现如相关隐私，数人交往，在特定的相关事件中，都存在隐私的利益，对于该事件产生的隐私利益，就构成相关隐私，相关的民事主体就都对该隐私具有利害关系，建立隐私利益的准共有关系。

（3）基于共同获得而取得

在荣誉利益的准共有中，是基于共同获得荣誉而享有共有利益。对数人共同颁发一个荣誉称号，这个荣誉利益就归该数人共有。其中包含的财产利益，当然更是典型的准共有关系。

（4）基于共同关系而取得

在家庭（户）和合伙中，都存在共同关系。例如在共同共有关系中，存在共同关系也是产生共同共有的事实基础。在以他们为主体的人格利益准共有中，同样是基于家庭（户）或者合伙的共同关系，产生共有的名誉利益和信用利益。合伙与两户的名称也是自然人的共有名称。

2. 人格利益准共有的类型

人格利益准共有的类型也分为共同共有和按份共有。在现实生活中，共同共有的人格利益准共有是基本类型，而按份共有的准共有关系是非典型形态。

（1）共同共有的人格利益准共有

相关隐私、集体照相、家庭名誉、合伙信用和两户信用的共有关系，都是共同共有关系，所有的共有人对共有的人格利益都享有同等的权利。荣誉利益的准共有也存在共同共有关系，例如，不具有法人资格的集体获得的荣誉称号，应当是共同共有的准共有；数人共同获得的荣誉，不能划分份额的，也是共同共有的准共有。共同创作的著作获得荣誉，如果成果不能划分份额，只能共同共有，其财产利益进行分割的，应当按照相应的份额进行分割。

（2）按份共有的人格利益准共有

荣誉利益存在按份共有关系。一方面，在授予的荣誉称号中，本身就存在按份共有的形式。例如，对集体写作，各个著作人写作部分划分清楚的，对著作权按份共有；如果该著作获得荣誉，荣誉利益也应当是按份共有，其中包括的财产利益如奖金、奖品等，存在按份共有的关系。行使权利应当共同行使，分割荣誉的财产利益应当按照按份共有的规则处理，按照确定的份额决定各自所得的利益。

3. 人格利益准共有的基本规则

在对人格利益准共有进行民法保护的时候，应当确立权利行使和民法保护的规则。对于人格利益准共有的法律保护，应当纳入人格权的统一保护中。这是因为，人格利益准共有本来就是人格权法的具体内容，本来就在人格权的保护范围之内。加强对人格利益准共有的保护，就是强调这种人格利益在运用人格权保护的时候，应当重点予以保护，并且建立权利行使和权利保护的具体规则。

对于人格利益准共有的权利行使和权利保护，应当遵循以下规则。

（1）共同支配权

共同支配权，是指人格利益准共有的当事人共同享有、共同支配准共有的人格利益。

在确立人格利益准共有的权利行使规则时，应当参考物权共有关系的规则，确立其基本立场。这就是，对于人格利益准共有应当由相关当事人共同享有，人格利益准共有关系的当事人在支配准共有的人格利益时，应当实行协商一致原则，即在原则上，人格利益准共有的关系人对该人格利益的支配应当一致同意，方能对准共有的人格利益行使支配权。当然，人格利益准共有不是权利的共有，不是一个独立、共有的人格权，而是各个人格权人对自己有关联的那一份人格利益享有的支配权。对于准共有的人格利益的支配，当事人应当协商一致，共同支配，保障任何与该项准共有人格利益有关联的当事人的人格利益，不受其他相关人支配该人格利益行为的侵害。这一规则是处理人格利益准共有内部关系的基本点。

（2）保护注意义务

保护注意义务，是指人格利益准共有的当事人对其他相关当事人的权利应当履行的予以保护的注意义务，保证自己行使权利的行为不损害其他准共有人格利益的当事人的权利。

在人格利益准共有关系的内部，应当确立人格利益准共有关系当事人对其他相关当事人的这种保护注意义务，保护好相关当事人的人格权。人格利益准共有关系的当事人履行这一保护注意义务，应当以最高的注意程度——即善良管理人的注意义务——谨慎行事。其判断标准是客观标准，即人格利益准共有关系当事人之一，在支配准共有人格利益时，只要对其他当事人的共有人格利益有所侵害，即为违反该义务，构成对相关当事人的人格权侵害。

（3）承诺权

人格利益准共有的承诺权，是指人格利益准共有关系当事人对共有人格利益承诺其他相关当事人可以单独支配的权利。其他相关当事人单独支配共有的人格利益，应当征得相关当事人的同意。

凡是涉及实施支配自己的准共有人格利益如相关隐私、集体照相、共同荣誉、家庭名誉、共同声音、合伙信用和两户信用等人格利益的法律行为时，行为人必须征求其他人格利益准共有关系当事人的同意，以取得对准共有的人格利益进行支配的权利。未经其他当事人的同意而实施这样的行为，即为违反对其他当事人的保护注意义务。例如，以别人写给自己的书信为依据写的回忆录，双方对此都愿意公开，当一方写作回忆录说到这些信中涉及的隐私问题时，就不会造成侵权的结果。如果对方不同意公开，一方却坚持写出来予以公开，就是对相关隐私的其他当事人享有的隐私权的侵害，构成侵权。如果这封信或者这些信还涉及第三方的隐私，那就不仅仅要征求对方的意见，还要征求涉及的第三方对于相关隐私的同意。如果不征求对方和第三方的意见也行，那就要处理好，凡是涉及对方和第三方的隐私问题都要妥善处理，不能泄露他人的隐私。同样，对集体照相，其中一人将该照相进行商业开发，没有经过其他集体照相当事人的同意，也侵害了集体照相的其他当事人的肖像权，构成侵权。未获得承诺而违反人格利益准共有关系内部的保护注意义务，造成相关当事人的人格权损害的，都构成侵权。

死者的准共有人格利益也受到法律保护。在涉及已经去世的死者的准共有人格利益时，其他相关当事人支配该人格利益，也应当注意保护死者的准共有人格利益，不得非法侵害。死者的准共有人格利益被非法支配，未经死者的保护人即近亲属的同意，造成死者的准共有人格利益损害的，其近亲属作为保护人，有权进行保护，行使追究侵权人侵权责任的请求权。

（4）拒绝权

人格利益准共有的拒绝权，是指人格利益准共有关系当事人有权拒绝其他相关当事人对准共有的人格利益进行支配的权利。该拒绝权的性质是形成权，一经行使，即生效力。如果人格利益准共有关系的当事人明确表示行使该权利，其他相关当事人就不得支配该项人格利益。例如，相关隐私、集体照相、共同荣誉、合伙信用等当事人明确表明他人不得支配该人格利益的，其他当事人即不能就该隐私、肖像、荣誉、信用、名誉等利益进行支配，更不得强制支配。如果对涉及自己的人格利益部分进行支配，也必须隐去相关当事人的人格利益，只能支配涉及自己而不涉及他人的人格利益，否则构成侵权。

（5）财产权

在准共有的人格利益中包含财产利益的，权利人对财产利益的支配，应当严格按照共有的规则进行。因为这时的财产权的准共有实际上已经形成了财产共有。首先，对财产利益的支配，是共同共有的，应当按照共同共有的规则处理，是按份共有的，应当按照按份共有的规则处理。其次，分割共有的财产利益，应当按照分割共有财产的规则进行。

（6）对外关系

人格利益准共有的对外关系，主要是解决准共有的人格利益受到侵害时，各个相关的当事人如何保护准共有人格利益，进而保护自己的人格权。

首先，人格利益准共有关系的当事人都有权保护该人格利益。准共有的人格利益受到侵害，实际上侵害的是相关当事人的人格权，每个人当然都有权提出保护的请求。至于共同行使权利还是单独行使权利，则不论。

其次，保护准共有的人格利益取得的利益，应当归属于全体当事人。即使单个的个人行使保护请求权，如果取得的利益涉及相关当事人全体利益的，应当归属于所有当事人享有，不得由行使权利的个人自己单独享有；维护准共有人格利益的费用，应当由全体享有利益的当事人承担。如果是财产利益需要分割的，则按照共有财产分割的原则进行。

第三节　人格权法律关系

一、人格权法律关系主体

人格权法律关系是一种民事法律关系，由主体、内容和客体三个要素构成。

人格权法律关系主体也就是人格权的主体，是指在人格权民事法律关系中享有权利、承担义务的自然人、法人和非法人组织。

在人格权法律关系中，一方为权利主体，即人格权人；另一方为义务主体，即人格权的义务人。由于人格权是绝对权、对世权，因而权利主体永远是特定的单个主体，即特定的自然人、法人、非法人组织；义务主体是不特定的任何人，即不特定的自然人、法人、非法人组织。作为一个自然人、法人或者非法人组织，在以他自己为权利主体的人格权法律关系中，永远都是权利主体，而在其他任何民事主体为权利主体的人格权法律关系中，永远是其他任何人格权人的义务主体。

人格权的权利主体为所有的具有民事权利能力的自然人、法人和非法人组织，任何自然人、法人和非法人组织具有民事权利能力，就是人格权法律关系主体。人格权的义务主体是具有民事权利能力的自然人、法人和非法人组织。作为人格权的权利人，无须具备完全民事行为能力。作为人格权的义务主体，也无须具备完全民事行为能力，无民事行为能力人、限制民事行为能力人也具有人格权义务主体的资格。从承担民事责任的角度看，违反义务的责任人应当具有完全民事行为能力，但是，不能依此推论人格权的义务主体也须具有完全民事行为能力。

例如，高某与其夫姜某结婚多年，始终怀疑姜某与别的女人通奸。某日，高某到医院开药，向其他人诉说姜某对她不好，与别的女人乱搞男女关系。原告闵某系高某、姜某的老邻居，劝说高某不要在医院骂，避免给姜某造成影响。高某骂闵某与姜某通奸，纠缠吵闹。闵某向法院起诉，对高某进行精神病鉴定，确认其患有晚发型精神分裂症（偏执型），为限制民事行为能力人。

在该案中，违反对人格权负有不可侵义务的主体是偏执型精神病患者，为限制民事行为能力人。由于其民事行为能力受限制，不能完全辨认自己行为的后果，因此，其监护人对其行为进行监护，造成人格权人的权利损害的，由监护人承担民事责任。承担责任的基础，仍然在于行为人违反了对人格权人承担的不可侵义务。可见，无民事行为能力人和限制民事行为能力人在人格权法律关系中，都具有义务主体的资格，不因其无民事行为能力或限制民事行为能力而使他们的义务主体资格受到影响，而只是在他们违反义务时，应由他们的监护人承担民事责任；当他们自己有财产时，还应首先以他们自己的财产支付赔偿金。

人格权的权利主体和义务主体为具有民事权利能力的自然人、法人和非法人组织。不具有主体资格的个体工商户是否具有人格权主体的资格，按照《民法典》第54条关于"个体工商户可以起字号"的规定，既然个体工商户可以有字号，对于其字号就应当享有名称权。按照这一推论，个体工商户享有名称权，但是不具有民事主体资格，其享有名称权也仅为特例，其本身非为人格权法律关系的权利主体，在其违反法定义务造成人格权人的权利损害的，应以自然人作为责任主体，除非其行为是以其字号具体实施。

二、人格权法律关系内容

人格权法律关系内容就是人格权的内容，是指人格权法律关系主体享有的权利和负有的义务。

按照民事权利是民事主体为实现某种利益而依法为某种行为或不为某种行为的可能性的理论见解，人格权的权利主体所享有的权利，是指在人格权法律关系中的权利主体根据法律规定，依据自己的意愿，为实现自己人格利益，为某种行为或不为某种行为的可能性。通过某种作为或者不作为的行为而实现自己的人格利益，就是行使人格权的权利。学者认为，人格权包括三层意思：一是权利人有权在法律规定的范围内，根据自己的利益为一定行为或不为一定行为；二是权利人有权在法律规定的范围内要求义务人不为一定行为；三是权利人有权在自己的人格权利遭到侵害或义务人不履行义务时，请求人民法院予以保护。①

人格权利的行使受权利人意志的支配，自我决定。但是，为了维护社会公共利益、个人利益和社会安定，协调个人权利与社会利益的冲突、个人权利之间的冲突，增强人与人之间的和睦友善关系，权利主体行使人格权应当受到适当限制。例如，为社会公共利益而使用权利人的肖像为合法使用，权利人不得主张肖像权。自然人享有健康权，可以通过诊治而使疾病痊愈，也可以放弃治疗而使健康恶化，但是，因其患有恶性传染病或者有重大疫情时，从公共利益考虑，则可以违背其不治疗的意愿而对其进行强制治疗。对于生命权，禁止其自由放弃，因而自杀为违法行为。人格权利行使的适当限制，还表现在适当忍受来自他人的轻微妨害以维护社会关系的和谐，不超过容忍界限的妨害不构成侵害人格权，不得

---

① 王利明主编：《人格权法新论》，长春，吉林人民出版社 1994 年版，第 22 页。

主张侵权损害赔偿。例如，在公共汽车上被他人踩脚、挤撞，不得主张其身体权受到侵害；在旅店中住宿，不得以同室旅客的鼾声而使其健康权受到侵害而提出赔偿主张。

按照民事义务是民事主体为满足其他民事主体的某种利益而依法为某种行为或不为某种行为的必要性的理论见解，人格权的义务是人格权法律关系的义务主体为了满足权利主体实现其人格利益，而不为一定行为的必要性。人格权是绝对权，权利主体的权利实现，不需要义务主体积极行为的协助，只要义务人不为一定行为即可，因而人格权法律关系中的义务是不作为义务。

学者认为，人格权法律关系的义务包含三层意思：一是义务人必须根据法律的规定不为一定行为，以实现权利主体的人格利益和身份利益；二是义务人负有义务是在一定范围内不为一定行为，这个范围一般是由法律直接规定的；三是人格权法律关系中的义务是法定义务，受国家强制力的约束，义务人不履行自己的义务就要承担相应的民事责任。① 这种说法也是对的。

三、人格权法律关系客体

民事法律关系的客体，是指民事法律关系中的权利、义务共同指向的事物。同样，人格权法律关系客体是人格权法律关系的权利、义务共同指向的对象。

人格权的客体具体是何事物，学者主要有以下四种不同主张：一是"身体说"，认为人格权是以人身利益为内容，因而它指向的对象只能是人的身体，因此这类权利的客体也必然是人的身体。② 二是"精神利益说"，认为人格权法律关系以特定的精神利益为客体。③ 三是"无形利益说"，利益法学派的创始人德国学者耶林认为，法律应保护无形利益，而人格则以无形利益为对象。④ 四是

① 王利明主编：《人格权法新论》，长春，吉林人民出版社1994年版，第20页
② 郑新剑：《"人身"不能作为民事权利客体吗?》，《法学评论》1986年第6期。
③ 郑立：《关于人格权概念的思考》，《法律学习与研究》1995年1期。
④ 陈民：《论人格权（续）》，《法律评论》第28卷第9期。

"法定无形利益说"，认为无形利益应为人格权的客体，但其他权利也包含无形利益，如果将无形利益作为人格权的客体，未免过于宽泛且不具体，因而应是法定的无形利益。[①]

以身体为人格权的客体，是采用人身即人体的语义学定义，只能解释身体权、健康权和生命权客体，却不能涵括名誉权、隐私权等精神性人格权的客体，这样的看法显然是不正确的。以精神利益为人格权的客体，虽然包含了名誉权、肖像权等人格权的客体，却不能涵括身体权、健康权、生命权的客体。认为人格权的客体是无形利益而不加以限定，有失之宽泛、不具体的不足。事实上，人格权的客体就是人格利益这种法定的无形利益。

法定无形利益的"无形"，是指这些利益不能以其外在的实体形态而感知，不是以物、行为等方式表现出来，而是体现为与人格有密切联系、没有实体形态的利益。人格利益中的身体、健康、生命的安全，精神活动的自由与完整，自然人作为人的尊严，荣誉的获得等，都属于无形利益，都不具有外在的实体形态。

法定无形利益的"法定"，是指人格权的客体不是无限的。它表现在两个方面：一是，不属于人格利益的无形利益，不是人格权的客体。例如，在团体、组织中的领导与被领导关系，团体、组织间的隶属与被隶属关系，都体现着无形利益，有的也具有某种身份上的意义，但是，这种无形利益不属于民法上的人格利益，不能成为人格权的客体。二是，人格利益也不是完全都能成为人格权的客体，只有法律保护的人格利益才是人格权的客体。例如，自然人享有人身自由权，但是其吸毒，就要受到法律限制，在人身自由权的客体中的自由支配身体、行动中，不包括吸毒的自由；性自主权的主体享有承诺权，通过承诺，自己与异性发生性行为而使自己获得肉体上的快感和精神上的愉悦，但是，依此进行淫乱活动，法律不仅不保护，而且予以处罚。

[①]　王利明主编：《人格权法新论》，长春，吉林人民出版社1994年版，第24页。

第四节　人格权的性质：公权利与私权利的转变

在研究《民法典》第 109 条时，会有比较突兀的感觉，原因是这一条文中规定的人身自由是具体人格权，而人格尊严却是一般人格权，为什么要把两个不同位阶的权利放在一个条文中规定，好像说不出道理。可是，从另一个角度观察，《民法典》总则编"民事权利"一章规定的其他人格权，基本上都是民法规定的权利，只有人身自由和人格尊严是《宪法》规定的权利，且民法在以前没有规定过，所以，将这样两个《宪法》规定的权利规定为民事权利，并且把人身自由和人格尊严放到同一个条文中，包含了一个特别重要的法律现象，即从公权利到私权利的权利性质转变。

一、人身自由与人格尊严的公权利属性

人身自由和人格尊严是公法的概念，起码在中国现行立法中是这样的，因为它们是《宪法》规定的权利，性质属于公权利，即公民的基本权利。

（一）人身自由权的公权利属性

规定人身自由的是 1982 年《宪法》第 37 条，内容是："中华人民共和国公民的人身自由不受侵犯。""任何公民，非经人民检察院批准或者决定或者人民法院决定，并由公安机关执行，不受逮捕。""禁止非法拘禁和以其他方法非法剥夺或者限制公民的人身自由，禁止非法搜查公民的身体。"

从上述规定看，人身自由是我国公民的基本权利，是指公民的人身不受非法侵犯的自由，是体现公民宪法地位的重要标志，是人类自身生存所必需的权利，对人身自由的保障直接关系到社会的稳定与发展。[①] 人身自由权写在《宪法》里，其性质当然属于公权利，即基本权利。在公法上，公权力与公权利相对应。

---

① 胡锦光、韩大元：《中国宪法》，北京，法律出版社 2016 年版，第 228 页。

公权力是国家的权力，公民享有的个人基本权利是公权利。在研究新闻监督与隐私权保护中，曾经讨论过新闻监督是什么性质权利的问题。有的媒体人说，记者是"无冕之王"，媒体享有的新闻自由权就是国家的"第四权力"，与国家享有的立法、行政、司法三种权力并列。这种说法将媒体的权利与国家权力进行类比，认为新闻媒体的权利是或者接近于国家权力，是不正确的。媒体的权利是新闻自由权，它是从公民的基本权利即公权利中的言论自由权利引发出来的，属于言论自由的范畴，不是公权力，而是公权利，来源于公民的基本权利，而不是国家公权力的延伸，与公权力有本质的差别。试想，如果表达自由是从国家公权力延伸出来的，就是管理人民的权力；如果表达自由是从公民的基本权利引发出来，就是代表人民监督政府的权利。这一清晰的逻辑，说明了公权利与公权力的区别和界限。

把人身自由定性为公权利当然没错，因为《宪法》规定的人身自由的属性就是这样的。公民享有公权利，也存在一个义务主体，即负有不得侵害公民人身自由权这一义务的承载者。在目前的宪法教科书中，与阐释公民基本权利相对应的，不是阐释对公民基本权利负有义务的义务主体，而是将其与公民的基本义务相对应。[①] 这当然不错，但是更重要的，应当说明对公民的基本权利负有不可侵义务的义务主体，是谁对公民的公权利负有不可侵义务。公民享有人身自由权，其义务主体就是国家，国家负有不得侵害公民人身自由权的义务。《宪法》第37条第2款和第3款的规定，不都是国家应当承担的义务吗？这正好说明了人身自由权的基本权利属性，国家以及国家各级、各类机关作为公民人身自由权的义务主体，负有保障公民人身自由的义务。

在现实生活中，确实存在公权力干预公权利的现象。公检法机关特别是公安机关插手经济纠纷，对民事纠纷的一方当事人予以拘押，限制其人身自由，迫使其接受对另一方当事人有利的结果。这就是在两个平等的当事人之间，将公权力介入其中，使双方的地位完全不平等，由此达成的当事人协议，也能认作有效的

---

① 例如马克思主义理论研究和建设工程重点教材《宪法学》编写组：《宪法学》，北京，高等教育出版社、人民出版社2011年版，第208、233页。

协议吗？显然不能。人身自由作为公民的公权利，其义务主体是国家。国家机关利用公权力拘押一方当事人，干涉平等主体之间的民事行为，就侵害了公民的人身自由权，就是国家机关违反了对公民人身自由权所负的不可侵义务，故为违法行为。

确认《宪法》规定的人身自由是公民的公权利，国家负有不可侵义务后，接下来的问题是，人身自由是公权利，难道就不是私权利即民事权利吗？《民法通则》在"民事权利"一章规定了很多人格权，却没有规定人身自由权，主要是当时认为人身自由是公权利而不是私权利，不能规定在《民法通则》中。正因为如此，《宪法》规定公民享有的人身自由权，必须通过民法的规定，将其转化为私权利，接受民法的调整，才能对自然人享有的人身自由权给予完整的、全面的保护。这正是《民法典》应当担负的任务。

（二）人格尊严的公权利属性

《宪法》第 38 条规定："中华人民共和国公民的人格尊严不受侵犯。禁止用任何方法对公民进行侮辱、诽谤和诬告陷害。"这一条文规定的人格尊严，也是我国公民享有的公权利。

人格尊严的思想发端于古希腊和古罗马，当时，尊严概念并非人先天的本质，而是基于社会的声望，从而与名誉和荣誉挂钩。对于人格尊严的确切承认，是随着"二战"以后在世界范围内普遍尊重人格、尊重人权的世界潮流发展起来的。人格尊严的发展，是基于尊严既非一种自带的价值，也非一种可提供的功绩，而是主体在社会交往中通过对社会尊重请求权的积极评价来获得的。人的尊严不是本性，更多是不可侵犯，即人与人之间交往所形成的相互承认，在人的平等交往中产生的意义。[①] 在这样的理论基础上研究人格尊严，就更能够明确人格尊严作为公民基本权利的基本价值。

在各国立法上，对此使用不同的概念，有人的尊严、人类尊严和人格尊严。这三个概念既有相同之处，也有一定的区别。人的尊严，既有对人的不可侵犯的地位的确认，也有对人的个体权利的确认，更多的是指人的不可侵犯的地位。人

①　王锴：《论宪法上的一般人格权及其对民法的影响》，《中国法学》2017 年第 3 期。

类尊严几乎完全侧重于对人类尊严集体法益的保护，因而忽略了个人尊严的不可侵地位。人格尊严，从原本的意义上看，尊严是自我功绩的展示，是通过自己努力生成的，因而来自人格而不是人。当然也有使用人性尊严概念的。在立法上，尽管《德国基本法》和《日本宪法》使用的是"人类尊严"或者"人的尊严"，而我国《宪法》使用的是"人格尊严"概念，但是，在实质上并无质的区别，因而应当对这些概念采用广义的解释，而不拘泥于文字的具体表述，不能说我国《宪法》规定的人格尊严就与人的尊严和人类尊严存在天壤之别。学者认为，我国现行《宪法》第38条前段有关人格尊严的规定，可以相对独立地理解为一项体现了人权保护之价值基础的一般性准则，但这仅是该规定之规范属性的一个面向，而另一方面，从第38条前后段时间的直接关连关系来看，前段的规定，同时还可理解为是确认了作为一项个别性权利的人格尊严的条款，而这个个别性的基本权利，乃相当于宪法上的人格权。[1] 这样的理解是正确的。

根据我国《宪法》第38条规定，我国每一个公民都享有人格尊严这一公权利，其义务主体是国家，国家保障公民的人格尊严不受侵犯。正如学者所说，宪法上的人性尊严具有基本权利的属性，而且约束国家公权力不得侵犯人的尊严及其涵盖的权利，要求国家创造条件，营造人性尊严实现的物质基础和社会环境。[2]

人格尊严是人之所以为人的标准，是把公民当作人来对待。如果没有把公民作为人来对待，就是对公民人格尊严的侵犯。事实上，人格尊严的标准是比较低的，即每个人都享有一样的尊严，不受来自国家公权力的侵犯，这就是对人格尊严予以公法保护的底线。

人格尊严是公民的公权利，但是，也具有私权利的属性。事实上，在《德国基本法》规定人类尊严时，并未对其赋予一般人格权这一私权利的属性，而是在依据民法典保护具体人格权出现立法不足的情形下，在基本法中找到了人类尊严的法律依据，即"人类尊严不可侵犯，尊重和保护人类尊严是所有国家权力的义

---

① 林来梵：《人的尊严与人格尊严——兼论中国宪法第 38 条的解释方案》，《江苏社会科学》2008 年第 2 期。

② 宋新：《人的尊严与人格尊严——基于德国基本法和我国宪法的讨论》，《上海政法学院学报（法治论坛）》2017 年第 5 期。

务"的规定，进而发展出一般人格权的民法概念，并且作为补充具体人格权立法不足的依据。我国《民法通则》虽然规定了人格尊严，但是，却将其规定在名誉权的内容之中，即《民法通则》第 101 条规定："公民、法人享有名誉权，公民的人格尊严受法律保护，禁止用侮辱、诽谤等方式损害公民、法人的名誉。"将人格尊严夹在名誉权条文中，显然是将人格尊严作为了名誉权的内容加以规定。这显然降低了人格尊严的法律地位。

尽管如此，由于《民法通则》第 101 条规定了人格尊严，仍然使人格尊严转变为私权利或者成为私权利的具体内容，因而对侵害自然人人格尊严的行为，就可以适用侵权责任对侵权行为人予以制裁。笔者曾经对两个案件写过点评。一是 10 岁男孩刘某在小区里，拿着一根竹枝碰了言某的狗，言某就把该未成年人按倒殴打，并令其给狗赔礼道歉。这是严重侵害人格尊严的行为。[①] 二是广西某超市的店长因该超市的一瓶饮料被偷喝，怀疑是员工陈某所为，而陈某不承认，就让全体员工投票选"贼"，在被选出来的陈某身上贴了一个大的"贼"字。[②] 这也是严重侵害自然人人格尊严的行为，是民事主体对自然人人格尊严保护义务的违反，构成侵权责任。

《民法通则》在 30 年前已将《宪法》规定的人格尊严的公权利转化为私权利，通过民法方法予以保护，但采取的方法却不够妥当，降低了人格尊严的法律地位。因此，在理论上，有些学者认为我国《民法通则》没有规定一般人格权，并没有错，但是，对现有的法律进行扩张解释，提出既然《民法通则》规定了人格尊严，就是规定了一般人格权的主张，只是规定的方法不当而已。[③] 对《民法通则》规定的人格尊严作这样的扩大解释，能够给民事主体争取更多的权利。

二、司法和学术对人身自由与人格尊严向私权利转化的努力

在《民法典》对人身自由权和人格尊严向私权利完成最终的转化之前，我国

---

① 杨立新：《杨立新品百案》，北京，中国法制出版社 2007 年版，第 175 页。
② 杨立新：《杨立新品百案》，北京，中国法制出版社 2007 年版，第 119 页。
③ 杨立新、尹艳：《论一般人格权及其民法保护》，《河北法学》1995 年第 2 期。

民法理论和最高人民法院已经做出了巨大努力。

（一）对人身自由权向私权利转化的努力

制定《民法通则》时，由于认为人身自由权的性质为公民的基本权利，因而没有规定其为民事权利。问题是，人身自由权既是公权利，也是私权利，兼有公权利与私权利两种不同的权利属性。

从《民法通则》开始，民法学界就对没有规定人身自由权而耿耿于怀。1990年，笔者在最高人民法院工作时，与民事审判庭的同事一起，试图找到私法保护人身自由权的办法。遇到的问题是，对《民法通则》没有规定的人格权，最高人民法院能否采取司法解释的方法，把《宪法》规定的公权利转化为民法上的私权利。最高人民法院于1988年制定《关于贯彻执行〈中华人民共和国民法通则〉若干问题的意见（试行）》时，这种意见没有得到支持，因而没有规定对人身自由权的民法保护方法①，但是，却对《民法通则》没有规定的隐私权作出了间接保护的规定，即采取通过保护名誉权的方法间接保护隐私权。② 最高人民法院对于死者名誉的保护，由于《民法通则》对名誉权作出了规定，因而依此作出了保护死者名誉的司法解释。③ 可见，人身自由权显然没有这么幸运，长期没有被认可为民事权利。

1990年，最高人民法院受理了"张莉莉诉淮南矿务局第三矿工医院侵权"案，是安徽省高级人民法院请示作司法解释的案件。张莉莉夫妻二人都是军医，

---

① 《最高人民法院关于贯彻执行〈中华人民共和国民法通则〉若干问题的意见（试行）》第149条规定："盗用、假冒他人名义，以函、电等方式进行欺骗或者愚弄他人，并使其财产、名誉受到损害的，侵权人应当承担民事责任。"这里规定的是侵害思维自由权的责任，没有规定身体自由权即行动自由权的内容。

② 《最高人民法院关于贯彻执行〈中华人民共和国民法通则〉若干问题的意见（试行）》第140条规定："以书面、口头形式宣扬他人的隐私，或者捏造事实公然丑化他人人格，以及用侮辱、诽谤等方式损害他人名誉，造成一定影响的，应当认定为侵害公民名誉权的行为。"

③ 《最高人民法院关于死亡人的名誉权应受法律保护的函》（1989年4月12日）中写道："天津市高级人民法院：你院津高法〔1988〕第47号关于处理荷花女名誉纠纷案的请示报告收悉。经研究答复如下：一、吉某贞（艺名荷花女）死亡后，其名誉权应依法保护，其母陈秀琴亦有权向人民法院提起诉讼。二、《荷花女》一文中的插图无明显侵权情况，插图作者可不列为本案的诉讼当事人。三、本案被告是否承担或如何承担民事责任，由你院根据本案具体情况确定。"

后转业到该医院工作。张莉莉经常发表对林彪和江青的不敬言论，触犯1967年1月13日中共中央、国务院颁布的《关于无产阶级文化大革命中加强公安工作的若干规定》（即"公安六条"）。医院领导让保卫科请医生对张莉莉进行精神病检查，如果张有精神病就令其回家休养，如果没有精神病就送有关部门依法处理。医生给张莉莉出具了精神分裂症的"门诊印象"和"初步诊断"，医院决定让其回家病休，照发工资。1987年，医院决定将张的工资改为病休工资，张莉莉不服要上班工作，医院认定张不具有自主行为能力，为其指定监护人，将其送到精神病医院强制治疗，并将当年张患有精神病的诊断书张贴在公告栏内。张在精神病医院观察38天，医院确认没有任何精神病症状，未对其给予抗精神病治疗，让其出院。张莉莉出院后就向法院起诉，主张第三矿工医院侵害其人身自由权、名誉权和隐私权。①

基层法院受理该案后，由于《民法通则》没有规定人身自由权，便逐级请示到最高人民法院，民事审判庭第三合议庭的法官希望通过对这个案件的批复，填补《民法通则》没有规定人身自由权的漏洞，尽管庭务会对此取得了一致意见，但是，审判委员会认为《民法通则》对人身自由权没有规定，就不能以侵害人身自由权确定侵权责任，以复函形式决定对该案依照侵害名誉权处理。

在这个案件中，第三矿工医院的行为既侵害了张莉莉的名誉权，也侵害了其人身自由权和隐私权。按照司法解释，对隐私权采取间接保护方式，可以列入名誉权保护的范围，但是，对侵害人身自由权的行为，无论如何也不能被侵害名誉权行为所涵盖。因此，最高人民法院对这个案件的意见是不正确的。

上述情形，说明司法机关在司法中曾经试图将人身自由权这个公权利转化为私权利，在当时的情境下没有成功。不过，借助这个案件，却在理论上进一步确认了人身自由权是人格权、是民事权利的结论。对此，笔者写了《自由权之侵害及其民法救济》一文，发表在1994年第4期《法学研究》上②，产生了很大影响，奠定了人身自由权是人格权的理论基础，在其他学者的共同努力下，做好了

---

① 上述案情参见1988年5月28日《安徽法制报》的相关报道。
② 杨立新：《自由权之侵害及其民法救济》，《法学研究》1994年第4期。

将人身自由权从公权利转为私权利的理论准备。

2000年，最高人民法院开始起草《关于确定民事侵权精神损害赔偿责任若干问题的解释》，尽管对确认人身自由权为人格权存在很大争论，最终还是在2001年通过了该司法解释，第1条规定了人身自由权为人格权，实现了人身自由权由公权利向私权利性质的转化，完成了这一历史性的任务。这是在《民法通则》通过后的第15年，才通过司法解释的方式确认了人身自由权是民事权利，可以通过精神损害赔偿的民法方法予以保护。①

在这样的基础上，《民法典》第109条确认人身自由是民事权利，已经是顺理成章的了。

（二）对人格尊严向私权利转化做出的努力

对人格尊严这个公民的基本权利转化为私权利，比人身自由权的转化更为顺利，但是也有小的波折。

首先，《民法通则》第101条规定了人格尊严的内容，使之成为名誉权的内容。

其次，通过学理解释将人格尊严解释为一般人格权。最先提出一般人格权概念的是《人格权法新论》一书，认为《民法通则》第101条规定的"人格尊严"就是一般人格权的法律依据。② 笔者进一步研究，写出了一般人格权的论文，全面阐释了人格尊严作为一般人格权法律依据的理论基础，展示了一般人格权的理论框架。③ 有的学者也对一般人格权进行了深入研究，提出了人格尊严对于确立一般人格权的重要意义，认为人的尊严的法律表述，是作为一般人格权的人格尊严。④ 随后，在理论上研究人格尊严和一般人格权的文章逐渐增多。据知网的统计，1994年包含一般人格权概念的文章只有一篇⑤，1995年只有两篇文章，再

---

① 《最高人民法院关于确定民事侵权精神损害赔偿责任若干问题的解释》第1条第1款规定："自然人因下列人格权利遭受非法侵害，向人民法院起诉请求赔偿精神损害的，人民法院应当依法予以受理：（一）生命、健康权、身体权；（二）姓名权、肖像权、名誉权、荣誉权；（三）人格尊严权、人身自由权。"

② 王利明主编：《人格权法新论》，长春，吉林人民出版社1994年版，第197页。

③ 杨立新、尹艳：《论一般人格权及其民法保护》，《河北法学》1995年第2期。

④ 姚辉：《论一般人格权》，《法学家》1995年第5期。

⑤ 杨立新：《论侵权行为的概念》，《政法学习》1994年第3期。

到 1999 年才出现了有关一般人格权的新论文发表①，以后就有越来越多的文章研究一般人格权了。

对人格尊严从公权利向私权利的转化做出最终贡献的，是 2001 年《精神损害赔偿司法解释》。其第 1 条规定："自然人因下列人格权利遭受非法侵害，向人民法院起诉请求赔偿精神损害的，人民法院应当依法予以受理：（一）生命权、健康权、身体权；（二）姓名权、肖像权、名誉权、荣誉权；（三）人格尊严权、人身自由权。""违反社会公共利益、社会公德侵害他人隐私或者其他人格利益，受害人以侵权为由向人民法院起诉请求赔偿精神损害的，人民法院应当依法予以受理。"在这个条文里，有关一般人格权的规定有两部分：一是，在第 1 款规定了"人格尊严权"，确认人格尊严是民事权利，是人格权性质的私权利，但是，却给人格尊严加上了一个多余的"权"字，使人格尊严这个抽象的私权利变成了具体的民事权利。二是，第 2 款规定的"其他人格利益"，是一般人格权所保护的内容，体现的是一般人格权的补充功能，即对具体人格权不能保护的人格利益，依据一般人格权进行保护。

上述这些理论和实务的做法，借鉴的是德国民法的一般人格权概念。《德国民法典》只规定了 6 种人格权，一是第 823 条规定的生命、身体、健康和自由四种人格权；二是第 825 条规定的贞操权②；三是第 12 条规定的姓名权，不像《瑞士民法典》那样规定了一般人格权。③ 学者认为，法典单设一部分并称为"人格保护的一般规定"，旨在承认"一般人格权"的概念，对人格关系的保护树立原则性的规定。④ "二战"之后，在各国保护人格权的形势快速发展的基础上，德

---

① 叶金强：《一般人格权制度初论》，《南京大学法律评论》1999 年第 1 期。

② 《德国民法典》第 825 条规定："以欺诈、胁迫或者滥用从属关系，诱使妇女允诺婚姻以外的同居的人，对该妇女因此而产生的损害负有赔偿义务。"郑冲、贾红梅译：《德国民法典》，北京，法律出版社 1999 年版，第 196 页。

③ 《瑞士民法典》第 28 条规定："（1）人格受到不法侵害时，为了寻求保护，可以向法官起诉任何加害人。（2）除受害人允许的，或因重要的私利益或公利益或依法律规定能提供正当理由的情形外，其他侵害行为均为不法的。"殷生根、王燕译：《瑞士民法典》，北京，中国政法大学出版社 1999 年版，第 9 页。

④ 施启扬：《关于侵害人格权时非财产上损害赔偿制度的研究修正意见》，《法学丛刊》第 83 期，第 38 页。

国出现了对侵害这 6 种人格权之外的人格权侵权案件，适用法律没有直接依据的问题，如"读者投书案"等。① 为应司法实践急需，德国法院以基本法有关保护"人类尊严"的规定为依据，作为保护这些人格利益的法律依据，确认了一般人格权。

1980 年代的我国民法立法与德国民法的上述情形相似。《民法通则》只规定了生命健康权、姓名权、肖像权、名誉权和荣誉权等，在法律适用上出现了具体人格权规定不足，很多具体人格利益没有办法通过现行法律规定得到保护的情况，因而德国民法确定一般人格权的做法就具有借鉴意义。因而，我国顺利地把德国的一般人格权概念和理论借鉴过来，建立起中国的一般人格权概念和理论。由于我国《宪法》也有人格尊严的规定，并且《民法通则》关于名誉权的规定中也有人格尊严的内容，将人格尊严解释为一般人格权就顺理成章，并且最终被司法、立法所接受。

可见，我国的人格尊严从公权利走向私权利，成为一般人格权的法律渊源，第一是学者的努力，第二是最高人民法院的努力，第三是《民法典》第 990 条第 2 款最终把人格尊严明确规定为一般人格权。

通过三十多年的理论与实践的共同努力，到《民法典》规定前，为将人身自由权和人格尊严实现从公权利到私权利的转变，做好了司法和学术上的准备，《民法典》将人身自由权和人格尊严在立法上转化为私权利，水到渠成。《民法典》第 109 条的规定具有鲜明的时代特点，是中国当代民事立法的人文主义精神和人文关怀的具体体现，进一步提升了我国对自然人人格权的法律保护水平。②

三、人身自由权和人格尊严转化为私权利的主要变化及一般价值

《民法典》第 109 条规定的最重要作用，是对人身自由权和人格尊严的私权利属性的确认，实现了人身自由权和人格尊严从公权利向私权利转变的目的，因

---

① 该案案情请参见杨立新：《人格权法》，北京，法律出版社 2011 年版，第 280 页。
② 王利明：《试论〈民法总则〉对人格尊严的保护》，《中国人民大学学报》2017 年第 4 期。

而使公民享有的人身自由权和人格尊严，不仅作为公权利受到国家和政府的保护，更重要的是，自然人作为民事主体所享有的人身自由权和人格尊严作为私权利，使权利人以外的其他所有的民事主体都负有不得对其进行侵害的法定义务。

（一）人身自由权与人格尊严作为私权利的主要变化

1. 权利属性的转变

《宪法》规定的人身自由和人格尊严的权利性质是公民基本权利。这种权利由宪法的公法属性所决定，也是公法权利。[1] 根据权利所表现的内容与内部结构体系，权利可分为法律权利与基本权利。这种分类的基础是普通法与根本法的区别，即宪法中规定的权利涉及社会生活的基本方面，反映了权利主体的宪法地位，故称为基本权利。而普通法律中规定的权利是权利主体在具体的法律关系中享有的具体的权利，反映了民事主体的法律地位。[2] 一方面，《宪法》规定的人身自由权和人格尊严，都是宪法规定的涉及社会生活的基本方面，是反映了权利主体宪法地位的公民基本权利。另一方面，人身自由权和人格尊严又是普通法律即民法规定的权利，是权利主体在具体的民事法律关系中享有的民事权利。公权利转变为私权利，就使人身自由权和人格尊严不仅是公民在宪法中享有的涉及社会生活的基本方面的权利，而且成为每一个自然人在民事法律关系中享有的私权利，即人格权。

对于这种现象，有的学者将其称为人格权兼具宪法性和私法性，即人格权不但是私法所保护的权利，也是宪法赋予公民的基本权利之一。即人格权具有双重性，既属于一项宪法基本权利，同时也作为民事权利受私法保护。[3] 对此，究竟是说人格权具有公法和私法双重属性好，还是人格权分为公法人格权和私法人格权，特别值得斟酌。前者是说人格权本身就有公法权利和私法权利的双重性，其实并不需要进行性质的转变，这样认识问题容易混淆公法权利和私法权利的界限。因而，将人格权分为公法人格权和私法人格权更为稳妥，公法和私法尽管规

---

① 马克思主义理论研究和建设工程重点教材《宪法学》编写组：《宪法学》，北京，高等教育出版社、人民出版社 2011 年版，第 196 页。

② 胡锦光、韩大元：《中国宪法》，北京，法律出版社 2016 年版，第 150 页。

③ 马特、袁雪石：《人格权法教程》，北京，中国人民大学出版社 2007 年版，第 38 页。

定的是同一个权利，但是属性不同，主体不同，内容也不同。这正是《民法典》第 109 条规定的意义所在。

这里有一个问题，即人身自由权是自然人的人格权，法人和非法人组织不享有人身自由权。问题是，自然人享有人格尊严，法人和非法人组织是否享有人格尊严，则有较大争论。有人认为法人没有人格尊严，理由是，由于法人的人格是拟制的，没有必要享有人格尊严。[①] 也有观点认为，法人也有人格尊严[②]，拟制的人格也是人格，特别是人格尊严就是一般人格权，它具有补充具体人格权立法不足的功能。[③] 应当看到的是，《民法典》对法人和非法人组织规定的人格权较少，第 110 条第 2 款规定法人和非法人组织享有名称权、名誉权和荣誉权等，在涉及法人、非法人组织的其他人格利益受到损害需要救济时，是否也要适用一般人格权来保护呢？从这个角度来说，似乎两种说法都有道理。不过，《民法典》第 109 条规定的就是自然人享有人格尊严，法人和非法人组织不享有人格尊严。这是立法的终局结论，当然也不妨碍在理论上继续深入研究。

2. 权利、义务主体的转变

（1）权利主体的转变。人身自由权和人格尊严由公权利转变为私权利，权利主体的身份发生了变化：公权利的权利主体是公民，私权利的权利主体是自然人。公民与作为私权利主体的自然人，其范围是一致的，人权在实定宪法上表现为基本权利，即人权的宪法化便表现为基本权利。[④] 权利主体从公民转化为自然人，尽管权利主体还是那个人，但是，公民是其在公法上的身份，标志着一个人在国家中的地位，体现着人与政府的关系；而自然人是其在私法上的身份，是民事主体，是民事法律关系中的权利人。正因为如此，《民法通则》将自然人称为公民是不正确的，而《民法典》将其规定为"自然人"才是准确的称谓。

（2）义务主体的转变。人身自由权和人格尊严由公权利转变为私权利，义务主体发生了重大变化。这种变化，不是同一个主体的身份变化，而是由一种义务

① 叶金强：《一般人格权制度初论》，《南京大学法律评论》1999 年春季号。
② 关今华：《关于人格尊严若干问题的探讨》，《福建论坛》1996 年第 1 期。
③ 王利明主编：《人格权法新论》，长春，吉林人民出版社 1994 年版，第 187 页。
④ 胡锦光、韩大元：《中国宪法》，北京，法律出版社 2016 年版，第 154 页。

主体更换为另外一种义务主体。值得思考的是，在目前几乎所有的宪法学教科书中，在论述公民的基本权利时，都阐释公民的基本权利和公民的基本义务，很少看见讨论与公民的基本权利相对应的义务主体是什么。从下面这一段关于"由于公法主要是调整私主体（如个人）与公权力（如国家）之间或公权力内部之间关系的法，在权利结构上，作为公法权利的基本权利主要是私主体针对公权力所享有的权利"的论述，可以看到，基本权利所针对的就是国家这种公权力，它主要是个人针对国家的权利，而不是私法关系中平等主体之间的权利。近代以来的基本权利，主要是个人针对国家的防御性权利，是指国家不得在没有法律根据或者授权的情况下干预或者限制个人权利，现代以后，基本权利扩展到要求国家积极作为以帮助个人实现权利。① 这些论述都没有明确说出公民基本权利的义务主体究竟为谁。事实上，公民基本权利的义务主体就是国家，保障公民实现自己的权利是国家对公民基本权利所负有的义务。当人身自由权和人格尊严从公权利转变为私权利时，其义务主体就由国家变成了一般民事主体，即权利人之外的所有自然人、法人和非法人组织，都是人身自由权和人格尊严的义务主体。虽然法律未规定法人和非法人组织享有人身自由或者享有人格尊严；但是，法人和非法人组织却是每一个自然人的人身自由权和人格尊严的义务主体，都负有不可侵义务。违反者，须承担民事责任。

3. 权利义务内容的转变

（1）权利内容的变化。基本权利的内容，主要是国家作为公权力主体所保护的公民基本权利，例如，作为公权利的人身自由是身体自由，是公民的人身不受非法侵犯的自由②，并不包括精神上的自由。但是，人身自由作为民事权利，其权利内容就不仅包括身体自由即行动自由，还包括意志和思维的自由。身体、行动的自由是指身体的行动不受不法拘束或者妨碍而言，除身体自由外，尚包括精

---

① 马克思主义理论研究和建设工程重点教材《宪法学》编写组：《宪法学》，北京，高等教育出版社、人民出版社 2011 年版，第 196 页。

② 胡锦光、韩大元：《中国宪法》，北京，法律出版社 2016 年版，第 228 页。

神的自由。① 换言之，人身自由权既包括身体自由权，也包括思维自由权。② 可见，作为公民基本权利的人身自由权与作为私权利的人身自由权，在内容上并不完全相同。人格尊严同样如此，当其作为公权利时，国家应当保障自己的机关不得侵害公民的人格尊严。而人格尊严作为私权利，概括的是一般人格权③，保护的是自然人的人格独立、人格平等、人格自由和人格尊严的地位，以及法律具体规定所不能保护的其他人格利益。

（2）义务内容的变化。人身自由权和人格尊严不论是作为基本权利还是作为民事权利，其义务主体所负有的义务都是不可侵义务，从这一点上看，并没有不同，但是，负有这个不可侵义务的主体不同，而且对于不同的权利内容，相对应的民事义务也有不同。

4. 法律责任的转变

公权利转化为私权利，义务主体违反不可侵义务的法律责任也发生变化。国家作为人身自由权和人格尊严的义务主体，违反不可侵义务，应当承担的责任是公法责任，例如，《国家赔偿法》规定，司法机关错误羁押侵害公民的人身自由权，应当承担赔偿责任。自然人、法人或者非法人组织作为人身自由权和人格尊严的义务主体，违反不可侵义务，应当承担的责任是私法上的民事责任，例如，《民法典》第 1011 条规定，侵害自然人行动自由应当承担民事责任。

（二）公权利转化为私权利的基本要件

对于宪法规定的公民基本权利如何才能够转变为民事权利，《中国民法典草案建议稿》提出了以下意见，即宪法权利在民法上的保护须具备三个要件：一是该权利为民事主体所享有，二是这个权利具有人格利益内容，三是这个权利受到损害有民法上的补救措施。凡是具备这三个条件的公权利，就应当获得民法上的保护。④ 在这个意见的基础上进一步综合整理，可以认为，公权利转变为私权利

① 王泽鉴：《侵权行为法》，第 1 册，台北，三民书局 1999 年版，第 133、134 页。
② 杨立新：《人格权法》，北京，法律出版社 2011 年版，第 581－582 页。
③ 王利明：《试论〈民法总则〉对人格尊严的保护》，《中国人民大学学报》2017 年第 4 期。
④ 王利明主编：《中国民法典草案建议稿及说明》，北京，中国法制出版社 2004 年版，第 348 页。

的要件在于以下四个方面。

1. 宪法规定的公民基本权利能够为自然人作为民事主体所享有

权利主体身份的变化，是公民基本权利转变为自然人民事权利的基础要件。公权利的主体是公民，其身份不是自然人。例如，选举权与被选举权是公民的基本权利，其权利主体的身份就是公民，而不是自然人，因而选举权与被选举权永远不可能成为私权利。当公民和自然人的身份能够作为某一个权利的主体而转化时，即宪法规定的公民基本权利也能够以自然人作为其权利主体时，就具备了转化为私权利的基础要件。例如，《最高人民法院关于以侵犯姓名权的手段侵犯宪法保护的公民受教育的基本权利是否应承担民事责任的批复》[①] 指出："根据本案事实，陈晓琪等以侵犯姓名权的手段，侵犯了齐玉苓依据宪法规定所享有的受教育的基本权利，并造成了具体的损害后果，应承担相应的民事责任。"这就是《宪法》规定的公民享有的受教育权，由于权利主体可以转化为自然人，因此，受教育权就可以转化为私权利，并且以私权利的保护方法予以保护。尽管最高人民法院的这一批复后来因为所谓"宪法司法化"的原因而被撤销，但是，这样的解释并没有错误。如果将受教育权从公权利转变为私权利，进而采用民法保护方法予以保护，就没有这样的风险。

2. 公民的基本权利被私权利化后有相应的民事主体作为义务主体

由于《宪法》规定的公民基本权利的义务主体是国家，因而才属于公权利。公民的基本权利转化为民事权利，除了公民的身份可以转换为自然人以外，重要的条件是权利的义务人不再是国家，而是由其他民事主体作为权利的义务主体。如果公民享有的基本权利不可能由民事主体作为其义务主体，这样的权利永远也不能转化为私权利。例如，公民享有的言论自由权、宗教自由权，其义务主体是国家，民事主体不可能对这样的权利提供保障，因而言论自由权和宗教自由权就永远是公民的基本权利，不能被私权化。相反，受教育权是公民的基本权利，国家作为义务主体须保障公民的受教育权不受侵害，但是，民事主体对于受教育权也负有不可侵义务，在前述案例中，陈晓琪作为民事主体，以冒名顶替、侵犯姓

---

① 2001 年 6 月 28 日最高人民法院审判委员会第 1183 次会议通过，法释〔2001〕25 号。

名权为手段，侵犯了齐玉苓依据宪法规定所享有的受教育权利，正是陈晓琪等违反了作为民事主体对受教育权负有的不可侵义务，因而受教育权就转化为民事权利，成为人格权。

3. 公民享有的基本权利中具有民事利益的内容

民事权利必须以存在民法所保护的民事利益为权利客体，换言之，即民事权利必须具备其保护的民事利益。民事利益包括人格利益、身份利益、财产利益，民事权利设立的目的，就是保护这些民事利益中的某一类利益不受侵害。如果一个权利不包含民事利益，就永远不会成为民事权利。《宪法》第 26 条规定："国家保护和改善生活环境和生态环境，防治污染和其他公害。"据此，公民享有环境权。在民法上，自然人享有健康居住的清洁、卫生、无污染的自然环境权，针对废水、废气、粉尘、噪声、辐射等不可量物的排放等污染行为，权利人可以行使人格权请求权，预防妨害或排除妨害，或请求侵权损害赔偿。[①] 这正是环境权所包含的民事利益，因而环境权可以转化为民法的私权利。同理，《宪法》规定的财产权属于公民的基本权利，财产权的客体就是物和财产利益，民法同样保护物和财产利益不受侵害，是民事权利所保护的财产利益，因此，民法规定的财产权利（包括物权、债权、知识产权、继承权和股权）都受民法保护，都是私权利。

4. 公民享有的基本权利受到损害有民法上的救济措施

宪法上的人格权系基本权利之一种，具有对抗国家权力之防御功能。[②] 公民享有的基本权利受到损害后，国家机关应当承担违反公法义务的后果。如果公民享有的基本权利不仅由国家予以保障，而且其他民事主体也承担不可侵义务，因而在其他民事主体作为义务主体侵害这些基本权利后，民法能够提供对权利损害的救济措施，对民事违法行为予以制裁，这样的基本权利从另一个角度上说，就是民事权利。按照"权利—义务—责任"的民法逻辑关系，公民享有的公法上的基本权利，如果有民事主体负担民事义务，在权利受到损害时，就是民事义务主体违反了民事义务，就应当承担民事责任，即这个公民的基本权利受到损害后，

---

① 王利明主编：《中国民法典草案建议稿及说明》，北京，中国法制出版社 2004 年版，第 54 页。
② 张红：《人格权总论》，北京，北京大学出版社 2012 年版，第 162 页。

有民法上的补救措施，因而这个公法上的基本权利就能够转化为私权利。

在公民享有的基本权利具备了以上四个要件时，就可以通过法律规定和司法解释而确认其为私权利。例如人身自由权和人格尊严，《民法通则》没有将其规定为民事权利，在《民法典》通过实施之前，是最高人民法院通过司法解释的方式，将其确认为民事权利，提供民法保护。《民法典》第 109 条通过民法基本法的方式，规定人身自由权和人格尊严为人格权，就是因为《宪法》规定公民享有的人身自由权和人格尊严具备了以上四个要件，实现了公权利向私权利的转化，因而就将其规定为私权利。相反的例证是，《宪法》规定公民享有的受教育权，也同样具备上述四个要件，也能够转化为私权利，而且最高人民法院在 2001 年已经作出了司法解释，但是，却因与宪法不得司法化的理论相悖，因而将这一正确的司法解释予以撤销，不具有充分的理由。

（三）对没有实现私权利性质转化的公权利的民法保护

对《宪法》规定的公民基本权利，民法已经规定为民事权利的，在民事责任的保护上，就依照民法的规定进行。对于那些还没有转化为民事权利的公民基本权利，是否能够依照民法的规定采取民事责任的方法进行保护，也是值得研究的问题。

《宪法》规定的公民基本权利没有转化为民事权利的，例如《宪法》第 43 条关于"中华人民共和国劳动者有休息的权利"规定中的公民休息权，作为经济和社会权利，也是我国建设法治社会、完善人权保障的重要制度。劳动者休息权的人权属性和真理价值取向，体现了休息是劳动者享有的、不可剥夺的一项基本权利。[①] 同时，休息权也是劳动者的权利，属于劳动法律关系中的基本权利，其义务主体是用人单位，其义务是保障劳动者的休息权。问题是，休息权也属于民事权利，也是私权利。尽管保障休息权的义务主体是用人单位，然而其他民事主体也应当对自然人的休息权负有不得侵害的义务。例如，刘某于某年 6 月被其襟兄王某与内弟余某叫到四川巴中市某肠衣厂工作。11 月某日，刘某干完活后睡觉休息，次日早上 6 点，在雇主王某叫刘某起床时，发现刘某已经死亡，遂向巴中

---

① 蓝寿荣：《休息何以成为权利——劳动者休息权的属性与价值探析》，《法学评论》2014 年第 4 期。

市公安局报案。经检验，刘某全身无暴力损伤，无中毒症象，认定为病死。王某在雇用工人劳动期间，让工人在工作条件差、劳动强度大的环境下劳动，且劳动时间太长，致使刘某因劳累过度而患病死亡。法院依此判决王某构成侵权行为，承担赔偿责任。①

就这个案件的法律适用而言，首先不是公法的问题，因为刘某受到侵害的权利，并不是以国家作为义务主体的公权利，不是国家未尽发展劳动者休息和休养的设施，规定职工的工作时间和休假制度的义务。其次，刘某享有的休息权是劳动法上的权利，其义务主体是雇主即王某，王某作为刘某的雇主，负有保障劳动者刘某休息权的义务，他未尽该义务，提供的工作条件差、劳动强度大、劳动时间太长，致使刘某过劳死。刘某的近亲属有权得到赔偿，但是，该损害是否能认定为工伤则颇多争议。最后，劳动法并未提供侵害劳动者休息权的民事责任的依据，要确定雇主王某的民事责任，仍然需要将公权利性质的休息权转变为民事权利。而从民法角度观察，雇主造成劳动者的过劳死，显然不能以侵害生命权界定其民事责任性质，因为雇主并未存在造成劳动者死亡的故意或者过失，因而须将休息权作为民事权利保护，才可以界定该行为属于侵权行为。对于本案，只有将王某的行为认定为侵害休息权的侵权行为，才能够正确认定其在民法上应当承担的责任。正因为如此，《中国民法典草案建议稿》第 383 条规定："自然人享有休息权。""禁止强迫劳动、过度劳动，以及其他妨害安宁休息的行为。"该建议稿的立法说明指出："休息权是基本人权，是生存利益的体现，规制超时劳动、施工扰民，防止过劳死，对于权利主体的生存发展以及人格的自我实现具有重要意义，因此本章予以规定。环境权与休息权的规定，是宪法规定的基本权利的私权化，通过人格权制度赋予此种权利以民事救济的可能性，这也是贯彻宪法精神、保障基本人权的体现。"② 这些意见说明了休息权作为公民基本权利转化为私权利即人格权的必要性。

对于这一类没有在法律和司法解释中予以私权利化的公民基本权利，尽管

① 杨立新：《杨立新品百案》，北京，中国法制出版社 2007 年版，第 303 页。
② 王利明主编：《中国民法典草案建议稿及说明》，北京，中国法制出版社 2004 年版，第 54、347 页。

《民法典》没有将其规定为私权利，但是，也可以采取类似方法将其私权利化，使之成为民事权利，并采用民法的方法予以保护。《中国民法典草案建议稿》中表达了相应的见解，第388条规定："宪法和法律规定对其他人格利益进行保护的，依照本法关于人格利益保护的方法进行保护。"其立法说明指出："在民法典中怎么处理人格权与宪法规定的权利的关系，是一个重要问题。有学者认为，凡是跟人身利益有联系的，就应当给予民法上的补救。"① 例如环境权、就业平等权、知情权等。按照这样的意见，对于宪法和其他法律规定的公民的其他权利，尽管在民法上没有作具体规定，没有将其转化为私权利，但是，只要符合上述要求，就可以确认其具有民事权利的属性，就应当得到民法的保护，使自然人的所有应当得到民法保护的民事利益，都能得到民法的保护。这是公权利向私权利转化的一般价值。至于具体的法律适用，可不援引《宪法》的规定，而直接引用《民法典》第990条第2款关于一般人格权的规定，作出判决。

《民法典》通过第109条规定，将人身自由权和人格尊严从公权利转化为私权利，成为民法的人格权，使这两个权利的性质、权利主体和义务主体、权利内容以及权利的保护方法都发生了改变，确定了民法保护人身自由权和人格尊严的法律基础。举一反三，对于宪法和其他法律规定的非民事权利，如果符合权利主体的身份可以转换，能够使义务主体转换为自然人、法人或者非法人组织，权利的内容包含民事利益，并且能够用民法保护方法予以保护，就可以转化为民事权利，进而获得民法的保护。因此，这一条文具有重要价值，应当予以特别的重视。

---

① 王利明主编：《中国民法典草案建议稿及说明》，北京，中国法制出版社2004年版，第348－349页。

第七章
抽象人格权

第一节　抽象人格权概念的提出与界定

一、亟待解决的人格权发展难题的形成

人格权经历了一百余年的发展之后，人格权理论体系在一般人格权、具体人格权以及各种新型人格权之间，存在着一个逻辑矛盾，需要对人格权体系进行重新构建。解决这个逻辑矛盾的方法，就是建立抽象人格权的概念和体系，并使之与具体人格权相对应，形成科学的人格权法的逻辑框架和基本的权利体系。

（一）国外人格权发展带来的难解之题

人格权自其产生之日起，就处于不断发展之中。自从 19 世纪末期创建了一般人格权的概念之后，经过了一百多年的发展，不仅在具体人格权体系中增加了肖像权、隐私权、个人信息权等一系列具体权利，而且在非具体人格权领域也发生了重大变化，产生了公开权、自我决定权等非具体人格权，因而出现了一般人

格权作为非具体人格权不再一家独大的现象。但是，具体人格权与非具体人格权之间是何种逻辑关系，人格权的概念和体系应当进行怎样的整理和改造，成为人格权发展的难题。

1. 一般人格权的创立和发展

德国首先创设了一般人格权的理论。早在 19 世纪末期，一般人格权理论已经通过德国学者 Regelsberger 和 Gierke 的努力得到系统构建。[1] 但是，当时的主流意见认为，对人格的保护主要是刑法的任务，民法对此应当予以保留[2]，而且立法者关于人格权能否作为主观权利还不存在明确认识。《德国民法典》第一草案立法理由书认为，基于故意或过失通过违法行为侵犯生命、身体、健康、自由和名誉等法益，对此应承担损害赔偿义务。但是，这并不表明草案认可了对于人本身的权利，关于这一问题还是交由法学界探讨后决定。[3] 因而《德国民法典》仅在第 823 条第 1 款对生命、身体、健康以及自由四种重要法益作出规定，确立了个别列举具体人格权的立法例。值得注意的是，对其损害提供救济没有采取在总则的人法部分进行规定的模式，表现出《德国民法典》的立法者对于人格权作为一种权利的迟疑态度。

一般人格权的立法实践是由《瑞士民法典》完成的。瑞士私法对于教义学的兴趣要比德国和法国小得多，私法秩序构建的必要性是依据伦理规范被承认的[4]，因而伦理学和自然法上的一般人格概念就容易被立法所接受。受这种观念的影响，1881 年《瑞士债法》在"不法行为"部分第 55 条规定了对于一般人格关系侵害的非财产损失的赔偿：任何人的人格关系被其他人的不法行为严重侵害的，即使没有财产损害的证据，法官也可以承认适当的金钱赔偿。[5] 在学说上，

---

① Dieter Leuze, Die Entwicklung des Persönlichkeitsrechts im 19. Jahrhundert, Verlag Ernst und Werner Gieserking, Bielefeld 1962, S. 111, 112.

② Scheying, Zur Geschichte des Persönlichkeitsrechtes im 19. Jahrhundert, AcP 158, 507.

③ Motive zu dem Entwurfe eines Bürgerlichen Gesetzbuches für das Deutsche Reich, Amtliche Ausgabe, Berlin Guttentag, 1888, Bd. Ⅰ, S. 274.

④ Bürgi, Wesen und Entwicklung der Persönlichkeitsrechte nach Schweizerischem Privatrecht, ZSR, Band 66, 1947, S. 4 - 5.

⑤ Richard Frank, Der Schutz der Persönlichkeit in der Zivilrechtsordnung der Schweiz, AcP 172, 61.

德国学者 Gierke 的一般人格权理论对于瑞士私法产生了积极影响，更有瑞士学者 Bluntschli 以有效的方法对一般人格权理论进行了清楚的阐释，而且 Eugen Huber 作为《瑞士民法典》的制定者认为，一般人格权具有非常重要的意义，因而一般人格权被作为瑞士私法的重要部分予以构建。[①] 作为对于伦理和自然法上的一般人格以及一般人格权理论的确认和保护，《瑞士民法典》在"人格的保护"标题之下，首先确立了在人格的内部关系上个人不得放弃其人格的规定，也就是《瑞士民法典》第 27 条：任何人不得全部或者部分放弃自己的权利能力和行为能力。任何人不得放弃自己的自由或者在违反法律或者道德的程度上对于自由予以限制。继而在《瑞士债法》第 55 条的基础上，构建了一般条款意义上的保护人格的外部关系不受他人不法行为侵害的条文，也就是《瑞士民法典》第 28 条：任何人在其人格关系受到未经许可的侵害时，都可以提起排除妨害之诉。损害赔偿和金钱赔偿之诉只有在法律规定的情况下才可以提起。[②] 通过这样的规定，一般人格权首次在立法上得到确立，创造了对于人格的全部而非个别方面予以保护的立法例。这种抽象的框架式立法模式确立的一般人格权制度，需要进一步具体化，对于这一制度的解释和具体化属于司法判决的任务。[③]

德国战后通过解释基本法的人格尊严条款，将一般人格权引进立法和司法领域。"二战"后，人格尊严和人格价值被作为社会最重要的价值对待，《德国民法典》关于人格个别方面的列举式保护已经不能满足司法实践的需要，德国联邦最高法院通过解读《德国基本法》第 1 条第 1 款的人格尊严和第 2 条第 1 款的人格发展，首先在"读者来信案"中创造了一般人格权[④]，并通过后续的一系列判决对它进行了系统的构建。[⑤] 一般人格权被作为《德国民法典》第 823 条第 1 款意

---

① Bürgi, Wesen und Entwicklung der Persönlichkeitsrechte nach Schweizerischem Privaterecht, ZSR, Band 66, 1947, S. 6 - 7.

② 值得注意的是，关于损害赔偿和金钱赔偿的限制性条款现在已经被删除，并被 1985 年生效的 28 条 a 替代。

③ Andreas Bucher, Natürliche Personen und Persönlichkeitsschutz, Helbing&Lichtenbahn Verlag, Basel 1986，S. 132.

④ BGH，Urteil vom 25. 5. 1954，NJW 1954，1405.

⑤ 秘密录音案 BGHZ 27，284。

义上的其他权利纳入了民法典体系①，这种作为框架性权利的一般人格权制度并非是对于作为一般人格的核心的人格尊严、人格发展等抽象价值的保护，而是对于被具体化了的一般人格的各个具体方面的保护，至于这些具体人格的范围则需要法院通过判例予以确认，表现为书信、肖像、姓名、谈话等固定了人格个性的存在。② 一般人格权制度弥补了具体人格权的不足，扩大了德国民法对于人格的保护范围和程度。

至此，人们已经普遍接受了"一般人格权→具体人格权"的人格权的逻辑结构和体系模式。在瑞士，通过司法机关的具体解释，实现了从立法上的一般人格权到司法上的相对具体的人格权；在德国，虽然一般人格权是司法机关的创造，但是得到了宪法法院的确认，因而通说认为，一般人格权构成了具体人格权的基础，具体人格权可以被视为一般人格权的分裂物。③

2. 非具体人格权的不断发展引来的困惑

美国在 20 世纪 50 年代承认了公开权。随着社会的发展，人格中的财产价值逐渐要求得到法律的承认，美国在 1953 年通过在 Haelenboratoties，Inc. v. Topps Chrming Cam 案中确定公开权对人格中的商业价值进行保护，法院将公开权定义为对自己的姓名、肖像和角色拥有、保护和商业利用的权利。④ 在该案发生后的第二年，学者 Nimmer 发表了《公开权》的著名论文，对公开权进行了全面论述⑤，奠定了公开权在美国法上的地位。之后，公开权得到美国大部分州的广泛承认，成为美国法上与隐私权并存的重要制度，隐私权着重于对人格的精神层面予以保护，公开权则强调对人格的财产层面予以保护。

美国的公开权对德国法产生了影响，德国对于人格的商业价值也逐渐予以承

---

① Münchener Kommentar, Bürgerliches Gesetzbuch, Band 1, Verlag C. H. Beck, München 2001, S. 225.

② 在这一点上，德国法对一般人格权的利用，有些像美国的隐私权，后世也正是基于这样的思路解释一般人格权。

③ Larenz /Wolf, Allgemeiner Teil des Bürgerlichen Rechts, Verlag C. H. Beck, München 2004, S. 128.

④ Haelan Laboratories V. Topps Chewing Gum，202 F2d 866 （2nd Cir 1953）.

⑤ Nimmer，*The Right of Publicity*，19 Law & Contemporary Problems 203，1954.

认。虽然在 1968 年的"Mephisto"案中法院已经间接提及人格权中的财产部
分①，但是真正明确承认人格财产价值的案件是 1999 年的"Marlene Dietrich"
案。在该案中，法院认为："受到《民法典》第 823 条第 1 款保护的一般人格权
以及姓名、肖像等，它的特殊表现形式不仅服务于人格的精神保护，而且服务于
人格的财产价值。""一般人格权及其特殊表现形式首先服务于精神利益，尤其是
人格的价值和尊重的请求权的保护。""与此对应，一般人格权及其特殊表现形式
还保护人的财产利益。照片、姓名以及其他的人格标志就像声音一样能够带来可
观的经济价值。"② 通过承认人格权中的财产价值，德国法的人格权形成了与美
国法相似的结构，同样包括精神和财产两个方面。虽然人格的财产价值得到了法
院的承认，但是，它在人格权体系中的地位却难以确定。这种公开权，显然不是
具体人格权。按照德国联邦法院的观点，它与早已被承认的一般人格权也存在区
别："人格权就其服务于人的精神价值的保护方面，属于宪法所保护的人格发展
(《基本法》第 1 条和第 2 条第 1 款)的核心，而通过判例发展的对于人格财产部
分的保护的基础在于市民法。"③ 众所周知，德国的一般人格权制度是通过《基
本法》第 1 条和第 2 条第 1 款发展起来的，因而对于人格的财产部分予以保护的
人格商业利用权显然不同于一般人格权。这样，人格商业利用权与具体人格权以
及一般人格权之间的关系就变得非常复杂，也使人们对"一般人格权→具体人格
权"的模式提出了质疑。

更复杂的问题产生在创设自我决定权之后。日本在战后通过判例发展人格
权，以补充《民法典》第 710 条关于具体人格权规定的不足，将宪法关于人格尊
严的价值通过判例具体化为各种具体人格利益，以个别增加的方式扩展人格权制
度。④ 日本最高裁判所于 2000 年通过判例发展出的对于身体的自我决定权，认
为：患者认为输血会违反自己宗教信念而明确拒绝伴有输血的医疗行为的意思

① BGHZ 50, 133.
② BGH, NJW 2000, 2197.
③ BGH, NJW 2008, 3783.
④ 邓曾甲：《日本民法概论》，北京，法律出版社 1995 年版，第 116 页。

时，该意思决定权应为人格权的内容，医院对此意思决定权应予以尊重。在本案的上述事实下，手术时除输血以外别无其他救命方法。但是在入院时，医生应对患者说明在医疗过程中必要情况下还是要输血。是否要接受该医院的手术，应该属于患者的自我决定权。本案被告怠于履行上述告知义务，因此可以认为其已经侵害了患者的意思决定权，即被告已经侵害了患者的人格权。因此，被告应该就受害人所受的精神痛苦负担慰抚金损害赔偿责任。① 这一判决确立的自我决定权，对于日本人格权的发展具有重大意义，它保护的不是患者的身体的形式完整性以及实质完整性，而是对于身体进行自我决定的自由。但是，同样面临的问题是，自我决定权肯定不是具体人格权，那么，自我决定权在人格权体系中如何定位？它与一般人格权和公开权之间又是什么关系呢？

3. 非具体人格权的发展对传统人格权逻辑结构和体系模式的质疑

比较法上人格权呈现出来的这种复杂状态，使人们对传统人格权的逻辑结构和体系模式产生了强烈的疑问：一是对于具体人格要素予以保护的具体人格权，二是对于广泛的人格的精神价值予以保护的一般人格权，以及新产生的将人格的财产价值部分与精神价值部分相独立构建的公开权，还有对于人格要素进行决定的自我决定权，它们之间究竟是怎样的关系？随着人格权的发展，还会出现哪些其他非具体人格权，它们面临的共同问题都是如何与既有的人格权制度相协调而纳入人格权体系。这是在人格权不断发展中必须解决的问题。对于这个充满疑惑的人格权发展难题，缺少权威的、具有说服力的解释或者说明。民法理论和实践都在期待着一个具有严密逻辑结构和科学合理的体系模式，来破解这个人格权发展的难题。

（二）我国人格权理论和实践的发展同样遇到上述难题

1. 我国人格权的发展概况

我国《民法通则》专节规定了具体人格权，1990 年代，通过继受德国法的一般人格权理论，构建了我国的一般人格权理论体系，创建了一般人格权的理

---

① 本案为日本最高裁判所 2000 年（H12）2 月 29 日第三小法庭判决，日本最高裁判所网站，http://www.courts.go.jp/hanrei/pdf/js_20100319120604218580.pdf，2010 年 9 月 11 日访问。

论①，并在其后成功地将其引入实践领域。② 尽管我国民法学界关于具体人格权和一般人格权的关系有很多争论，例如认为一般人格权是各种具体人格权的概括③；或者认为一般人格权并不包括具体人格权，是对具体人格权之外的其他人格利益的保护④，但是，我国民法确立了一般人格权这一事实，是没有人否认的。被广泛接受的基本逻辑结构仍然是"一般人格权→具体人格权"的结构模式。

应当看到的是，我国的一般人格权只是继受了德国法一般人格权的精神利益保护部分，对人格的财产价值保护并不属于一般人格权的内容⑤，而是既接受德国法的人格商业利用权，也存在对美国法公开权的继受，并在具体名称和内容上进行了适当改造，也就是说，对于人格的财产部分应当予以保护是没有疑问的，只是保护的方法不同而已。但是，关于公开权在人格权体系中的地位，则不存在具有说服力的观点，有的学者认为它是一个独立的人格商品化权⑥，有的学者则认为它不过是一般人格权的一个组成部分。⑦ 因而它在人格权体系中的地位是一个难题，也对我国的"一般人格权→具体人格权"权利结构模式提出了质疑。

2000 年以后，日本法的自我决定权研究在我国的医疗侵权领域受到充分重视⑧，

---

① 杨立新、尹艳：《论一般人格权及其民法保护》，《河北法学》1995 年第 2 期；姚辉：《论一般人格权》，《法学家》1995 年第 5 期。

② 见 2001 年最高人民法院《关于确定民事侵权精神损害赔偿责任适用法律若干问题的解释》关于人格尊严和其他人格利益的保护的规定。

③ 王利明：《人格权法研究》，北京，中国人民大学出版社 2005 年版，第 177 页。

④ 熊谞龙：《权利，抑或法益？——一般人格权本质再探讨》，《比较法研究》2005 年第 2 期。尹田也持类似观点，参见尹田：《论人格独立成编的理论漏洞》，《法学杂志》2007 年第 5 期。

⑤ 一般认为，我国的一般人格权是对公民和法人享有的人格利益的抽象概括，包括人格独立、人格自由、人格平等或人格尊严。参见王利明：《人格权法研究》，北京，中国人民大学出版社 2005 年版，第 160 页；杨立新、尹艳：《论一般人格权及其民法保护》，《河北法学》1995 年第 2 期；姚辉：《论一般人格权》，《法学家》1995 年第 5 期。

⑥ 王利明：《人格权法研究》，北京，中国人民大学出版社 2005 年版，第 284 页。

⑦ 杨立新：《人身权法论》，北京，人民法院出版社 2006 年版，第 370 页以下。该书把人格标识的商品化权放在一般人格权一章进行说明，也体现了作者对一般人格权与公开权的关系的疑惑。

⑧ 杨立新、袁雪石：《论医疗机构违反告知义务的医疗侵权责任》，《河北法学》2006 年第 12 期。

学者认为，自我决定权应当作为一种人格权予以认真研究。[①] 不过，这些意见都没有说清楚自我决定权究竟属于何种人格权，其在人格权体系中究竟是何地位，需要研究解决。

2. 我国人格权发展的基本矛盾

我国民法人格权制度中的具体人格权、一般人格权、公开权以及自我决定权，都是我国民法对比较法上的人格权制度继受的产物。这样的对国外法律制度和法学理论的继受，虽然有利于我国利用后发优势，选择最佳的制度来构建我国的人格权体系，但是，由于国外这些制度本身并非按照一定的标准对人格权进行体系化构建的产物，而是对于具体人格权补充性发展的结果，在体系构建上存在难题。而且我国在继受一般人格权概念之时，根据我国实际情况使其具有更高的抽象性，是对于抽象的人格独立、人格自由、人格平等和人格尊严的保护，不能被具体化[②]，因而公开权和自我决定权不能归属于一般人格权。同时，在继受公开权、自我决定权时，对于其既不能被一般人格权所容纳，又非具体人格权的法律地位也没有提出合理的解决方法。这样，在我国，具体人格权与一般人格权、公开权、自我决定权之间的关系处理，以及如何将它们构建为一个逻辑融洽的人格权体系，相比其他国家就存在更大的困难。

在我国的人格权法中，具体人格权和一般人格权构成的人格权体系存在如下矛盾。

首先，我国现有的具体人格权和一般人格权的划分并非对人格权的完整二分法。在人格权中，除了具体人格权和一般人格权之外，还存在公开权与自我决定权，这些人格权属于具体人格权还是一般人格权，并不存在被广泛接受的理论说明，无论是将其归入具体人格权还是现有的一般人格权，都存在概念和体系上的困难。

[①] 王利明：《人格权法》，北京，中国人民大学出版社 2009 年版，第 96 页。作者在文中使用的是自主决定权的表述。

[②] 我国的这种抽象一般人格权制度与众不同，不同于瑞士法和德国法上的一般人格权。瑞士法通过立法确立了一般人格权的抽象概念，但是需要司法机关对其具体化，德国法的一般人格权更是司法机关通过判例确立的，表现为相对具体的人格层面。

其次，我国现有的对具体人格权和一般人格权的划分，逻辑并非相互对应，具体人格权是对各种具体人格要素的保护，存在明确的权利客体；一般人格权并非这种意义上的权利，而是对抽象的一般人格利益的保护，包括人格独立、人格平等、人格自由和人格尊严。观察大陆法系的人格权立法，对于人格的保护，或者采用将各种具体人格要素予以列举，形成不断发展、丰富的具体人格权体系，例如奥地利的立法[1]；或者采用整体人格的观念，设立以完整人格为客体的一般人格权，对人格的各个层面进行全面保护的权利，例如瑞士的立法，由于《瑞士民法典》第28条对人格进行了一般性规定，为所有人提供了对其实质性品质、生物性品质以及精神性品质的全面保护[2]，所以法律有意识地排除了对于人格利益的列举性规定。[3] 这两种思路所产生的具体人格权和一般人格权在某种程度上存在逻辑上的对立，如果将两者归入同一体系，必须进行妥当处理，否则可能会产生混乱，因为一种人格要素既属于具体人格权的客体又属于一般人格权的客体是无法想象的，德国法关于一般人格权与具体人格权关系的争吵，就说明了这一问题的复杂性。[4]

再次，我国现有的具体人格权和一般人格权在概念上也存在着矛盾，如果一般人格权是对于所有人格要素的抽象概括保护，则具体人格权就应当是一般人格权的一种权能，那么，作为一种权能的具体人格权独立存在的价值就会存在疑问；如果一般人格权是对于具体人格权之外的其他人格利益的保护，那么，我国现有的一般人格权的结构显然是过于宽泛了。

最后，我国的一般人格权与人格权的概念存在矛盾。一方面，我国的一般人

---

① 奥地利的司法实践只承认具体人格权而不承认一般人格权。OGH，14.03.2000，Geschäftszahl 4Ob64/00s.

② Max Gutzwiller，Schweizerisches Privatrecht，Band 2，Einleitung und Personenrecht，Verlag von Helbing und Lichtenhahn，1967，S. 355.

③ Heiz Hauscheer/ Regina E. Aebi-Müller，Das Personenrecht des Schweizersichen Zivilgesetzbuches，2 Auflag，2008，S. 118.

④ 德国法上存在具体人格权是一般人格权的片段的学说，Larenz /Wolf，Allgemeiner Teil des Bürgerlichen Rechts，Verlag C. H. Beck，2004，S. 128。还有具体人格权是与一般人格权并列的学说，Marion Baston-Vogt，Der sachliche Schutzbereich des zivilrechtlichen allgemeinen Persönlichkeitsrechts，Mohr Siebeck，1997，S. 111.

格权被界定为是对于全部人格利益的抽象的概括保护，那么，一般人格权与作为对主体的全部人格利益予以保护的人格权就存在混淆的可能，因为两者都是以人的全部人格利益为保护对象的。另一方面，由于一般人格权包括各种具体人格权，因而一般人格权是具体人格权的上位概念，那么，人格权的体系就是垂直结构，即从人格权到一般人格权、再到具体人格权这样的递进结构，而非学界所公认的人格权包括一般人格权和具体人格权这样的树形结构。

（三）我国民法同样面临的人格权发展难题亟待破解

上述矛盾说明，我国现有的人格权制度存在严重不足，尤其是一般人格权制度本身具有缺陷，无法实现预定的功能。而这些问题产生的主要原因，是欠缺一种科学的分类标准来构建我国的人格权体系，造成人格权内容的庞杂和无序，新产生的人格权也无法予以归类，处于游离状态。比较典型的是公开权和自我决定权的情形：关于公开权与具体人格权的关系以及在人格权体系中的定位，难以形成具有说服力的学说；关于自我决定权的概念以及自我决定权和具体人格权的关系的研究，也由于人格权科学体系的欠缺而无法获得实质性进展。而且随着人权意识以及人格保护程度的提升，还会继续产生一些新的人格权，这些权利的界定及其与既有人格权的关系，受到其在人格权体系中的地位的影响，只有将这些权利置于人格权体系之中，才能对这些人格权产生准确的认识。从某种程度上说，人格权体系的欠缺已经成为制约人格权发展的重要因素，科学的人格权体系亟待建立。

由此可见，在我国，人格权体系在"一般人格权→具体人格权"的模式之上，在又继受了公开权和自我决定权这些新兴的人格权之后，无法处理它们与一般人格权和具体人格权之间的关系，不知道这些新型的人格权在"一般人格权→具体人格权"的逻辑和体系中究竟居于何种位置。因此，我国人格权的逻辑结构和体系模式，同样面临着 20 世纪以来的人格权发展难题，亟待破解。

二、破解人格权发展难题的人格逻辑基础

破解人格权发展难题的关键之处，在于确定一般人格权、公开权和自我决定

权这些非具体人格权在人格权法中的地位。而如何确定这三个权利的法律地位，关键在于厘清人格的基本逻辑结构，以及人格基本逻辑结构与不同的人格权之间的关联关系。

在对各种权利的分类标准中，权利客体是近代民法优先选用的标准，学者按照萨维尼的理解，意志支配对象的种类有三：首先是原初的自身，与此对应的是原权；其次是在家庭中扩展的自身，这种支配只部分属于法律领域，与此对应的是家庭法；最后是外部世界，与此对应的是财产法，又可以区分为物法和债法。① 因此，作为人格权客体的人格是人格权分类的最佳标准，人格权体系的构建有赖于对人格要素的分类，关于人格的逻辑结构的研究，对于人格权的逻辑结构和体系化具有重要意义，人格逻辑结构的分类作为人格权体系化的前提，因而成为破解上述人格权发展难题的基础。

（一）人格的逻辑层次

1. 人格分为三个逻辑层次

人格存在三个层次，处于核心的是人的意志，其次是人的内在自我，最后是人的诸种外部存在。三个层次的人格分述如下。

（1）意志人格

意志，也就是意志人格，是一个自主的、活跃的自我，它不断地通过决定去影响人的其他存在层面，是人所具有的按照对于规律的认识去行为的能力。意志一直为法学所重视，称之为"理性"，但是法学所认识的理性是"强有力的、有见识的、朝向目的的自由意思"②。将意志简化为"理性"，没有认识到意志的全部，意志的决定过程其实是一个复杂的内部过程，包含了人的个性特征，是人格的重要部分。意志的本质在于自由，这种自由是一种积极地对于自己人格发展的自由，是人格发展的动力。在人格的整个构造中，意志的自我决定自由是一种独立的人格要素。

---

① ［德］萨维尼：《萨维尼论法律关系》，第12页。转引自朱虎：《萨维尼法律关系理论研究——以私法体系方法作为观察重点》，中国政法大学 2008 年博士学位论文，第 93 页。

② 卡邦尼埃：op, cit, 1, n. 13. sinzheimer, op. cit., s. 8. 转引自［日］星野英一：《私法中的人》，王闯译，北京，中国法制出版社 2004 年版，第 37－38 页。

（2）内在人格

内在人格就是内在自我，作为人的内部存在，具有丰富的构成因素，包括关于哲学的、宗教的、社会的、人生的等观念，由这些相对稳定的观念构成了一个内在的主观人格，属于人的精神性存在。这一层次的人格是一个比较丰富的存在，相对于人的外部存在而言，更能体现人的本质特征。每个人因其不同的经历和教育状况形成不同的内在观念，由这些观念塑造了人的独特的内在特质和个性，人有权保有这种独特的内在个性，并对其进行发展。

（3）外在人格

第三个层次的人格，是可以为感官感知的人的外部性存在，即外在人格，主要是人的物理性存在，还有因人类共同生活所产生的可以为他人感知或识别的社会性存在。外在人格为传统人格权所关注，包括生命、身体、健康、姓名、肖像、名誉等人的存在，其中生命、身体和健康属于人的物理性存在，姓名、肖像和名誉等属于社会性存在。

2. 人格三个层次的关系

在人格的三个层次中，意志处于枢纽地位，是人格中最活跃的因素。意志对于内在人格具有控制权，不断地通过决定（decision）去型塑和发展内在人格。对于这两个人格层次必须有正确的认识。二者之间存在紧密联系，人们通过意志形成自己的思想和情感，这些思想和情感作为前在理解，又参与意志的决定过程。① 质言之，一方面，内在人格决定了意志的选择，内在人格的特点基本上确定了意志决定的内容；另一方面，意志也对内在人格具有重要影响，正是通过人们针对自身的自我选择，意志塑造、发展和强化内在人格，实现了人格的发展和完满。

内在人格作为人的精神性存在，体现了人的本质，外在人格是人的外部性存在，是人格最外层的表现，包括人的各种可以被感知的存在，主要是人的生物性存在以及社会性存在。内在人格与外在人格的划分，不同于我国学界通行的物质

① Steven J. Heyman, "Righting the Balance: an Inquiry into the Foundations and Limits of Freedom of Expression", 78 *B. U. L. Rev.* 1275, 1325 (1998).

性人格与精神性人格的划分，外在人格的范畴要比物质性人格更加宽泛，物质性人格主要是生命、身体和健康要素，姓名、声音、肖像和名誉等被作为精神性人格要素。不过，由于姓名、声音、肖像和名誉已经采用客观化的标准，成为外在有形的存在，应当被认为属于外在化的精神性要素，属于外在人格。有学者持相似观点，精神性人格权的客体均为无形的人格价值因素，在客观上没有实在的外在表象，而标表性人格权则指向一些外在于主体的、将自己与他人区别开来的标志符号。[1] 对于法律和法学来说，调整无形客体和有形客体的法律技术是不同的，因此，以是否具有外在可感知的形态作为人格要素划分的标准，具有科学性，依此标准，内在人格主要是他人无法感知的人的内在的观念和精神性存在，外在人格主要是他人可以感知的人的外部性存在，对它们分别适用不同的法律规则。

（二）传统人格权仅限于对部分人格逻辑结构的保护

1. 对于外在人格的保护

大陆法系主要国家大多对外在人格进行列举性的保护。1804 年《法国民法典》虽然没有明确的关于人格保护的规定，但是，法国通过判例保护生命、身体、名誉、贞操、姓名、肖像、信用等多种人格利益。[2] 1896 年《德国民法典》第 12 条对姓名权进行保护，第 823 条通过侵权责任一般条款对生命、身体、健康、自由这些人格权进行保护，第 847 条对妇女的贞操权进行保护[3]；1907 年的《德国艺术著作权法》对肖像权进行保护。《日本民法典》通过第 709 条、第 710 条以及第 711 条对生命、身体、自由、名誉等进行保护。

这些大陆法系主要国家深受罗马法的影响，认为只有获得外在表现的、可以被人们感官接触的那些人格特征，才能得到法律的保护，例如人的生命、健康、身体、自由等。这些获得保护的人格权被认为是可以感知的，因为它们涉及的主

---

① 马俊驹：《人格和人格权理论讲稿》，北京，法律出版社 2009 年版，第 204 页。

② ［日］星野英一：《私法中的人》，王闯译，北京，中国法制出版社 2004 年版，第 54 页。

③ 该条文已经被删除。

要是人的物理性方面。[1]

法学与法律都深受哲学思想的影响，人格的确立主要在于伦理人格，而且法学对于人格特征保护的正当性，也源于人格特征与伦理人格的紧密联系，由于人的姓名是人格的代表，人的生命是人格存在的前提，人的身体是人格的容器，这些外在的、可识别的、与人格具有紧密联系的领域，成为抽象人格的载体，应当获得法律的保护。其中关于人格与身体的关系，法学学说论述最为充分，人格与身体是一个自然的整体，人格只能通过身体存在，因此对身体的侵害就构成对人格的侵害；而且人格通过身体进行感知，对于身体的伤害会造成人格的痛苦。从这样的人格与身体一体的角度看，"他人加于我的身体的暴力就是加于我的暴力"[2]。

但是，在这种立法体系中，获得保护的仅是人的外部存在，即在社会生活中可以为人们感官所感知的人格特征。法律所保护的所有人格权都是外在的，生命、身体、健康这些可感知的外在存在满足了这一条件自不待言，名誉要获得法律的保护也必须具有外在形式，名誉关注的不是自我的内在方面，而是它的外在方面。[3] 法学学说认为，广义上的名誉具有两层含义：第一层含义是指他人对特定人（包括法人）的属性所给予的社会评价，即外部名誉，为狭义的名誉；第二层含义是指人对其内在价值的感受，即内部的名誉，亦谓名誉感。[4] 对于个人的主观的名誉感，法律不予保护，名誉权所保护的是客观的社会公众的评价。[5]

2. 对于内在人格的保护

随着社会的发展，法律仅对外在人格提供保障远不能满足社会的需要了。随着文明的发展，人们逐渐认识到他们的幸福不仅在于物质，更在于深层次的智力

---

[1] Eric H. Reiter, "Personality and Patrimony: Comparative Perspectives on the Right to One's Image", 76 *Tul. L. Rev.* 673, 688 (2002).

[2] ［德］黑格尔：《法哲学原理》，范扬、张企泰译，北京，商务印书馆 1961 年版，第 57 页。

[3] Steven J. Heyman, "Righting the Balance: an Inquiry into the Foundations and Limits of Freedom of Expression", 78 *B.U.L. Rev.* 1275, 1340 (1998).

[4] 王利明主编：《人格权法新论》，长春，吉林人民出版社 1994 年版，第 401 页。

[5] 王利明：《人格权法研究》，北京，中国人民大学出版社 2005 年版，第 478 页。

和感情生活，生活中仅有一部分痛苦、快乐和利益是有形的，思想、情感和直觉等无形的利益更需要法律的保护①，这些保护来源于人的不可侵犯的人格。② 在这一转变过程中，法律的视角进行了调整，人格的外在存在的重要性逐渐减弱，内在存在的重要性逐渐增强，对于内在人格的救济成为法律关注的重点。在美国侵权法从伤害性殴打（harmful battery）到冒犯性殴打（offensive battery）乃至恐吓（assault）的发展过程中，人格的内在方面逐渐替代外在方面，成为保护的核心。③

人格权法对内在人格的保护包括两个方面：第一，是对内在人格形式完整性的保护，即排除外在世界与内在人格的接触；第二，是对内在人格实质完整性的保护，也就是对人的内在精神的纯正与完全的保护。

第一，对内在人格的形式完整性的保护。对内在人格的形式完整性的保护，在法律上主要是通过隐私权进行的。有学者认为，隐私权是自然人享有的私生活安宁与私人信息依法受到保护，不被他人非法侵扰、知悉、搜集、利用和公开等的一种人格权。④ 隐私权为权利人设置了一个保护屏障，在此屏障内，权利人可以排除外界的干扰。这一屏障是对内在人格的形式性的保护，使得其内在的思想、观念等免于外界的冒犯，人格从外部世界退回自身，追求自身的完整。隐私权的价值在于个人自由和尊严的本质，体现于个人自主，不受他人的操纵及支配。对个人内心领域的侵入，构成对其自我存在的严重危害。⑤ 此种屏障式的保护对于内在人格是必要的，人的内在人格在强大的社会面前，是很脆弱的，如果内在人格完全暴露于社会的道德以及舆论之下，人将会被社会完全同化吸收，人的个性以及多样性亦不复存在，人最终会变成虽然外貌各异，但是内在世界完全一致的"机器人"。隐私权不但对于内在人格的形式完整性具有意义，而且对于内在人格功能完整性的保护也提供了必要的前提，通过内在人格与外部世界的分离，内在人格

---

① Samuel D. Warren & Louis Brandies, "the Right to Privacy", 4 *Harv. L. Rev.* 193，195 (1890).

② Samuel D. Warren & Louis Brandies, "the Right to Privacy", 4 *Harv. L. Rev.* 193，205 (1890).

③ Steven J. Heyman, "Righting the Balance：an Inquiry into the Foundations and Limits of Freedom of Expression", 78 *B.U.L. Rev.* 1275，1325 (1998).

④ 王利明：《人格权法研究》，北京，中国人民大学出版社 2005 年版，第 567 页。

⑤ 王泽鉴：《人格权的具体化及其保护范围·隐私权篇（上）》，《比较法研究》，2008 年第 6 期。

获得了自我发展的能力，可以形成自己的价值、观念、情感，并进而可以按照这样的人格特性进行自我决定。[1]

第二，对于内在人格的实质完整性的保护。隐私权保护的是内在人格不被知悉、接触的权利，是对内在人格形式完整性的保护，其类似于身体权中对于身体形式完整性的保护，即保护身体不被他人接触，即使这种接触没有造成损害。在身体的形式完整性之外，还存在身体的实质完整性，其在于对身体实质组成部分的完整保护，破坏身体内外部的有形组织，属于对于身体实质完整性的侵害。[2] 与身体的实质完整性相似，内在人格也存在实质完整性，即内在人格不受侵扰、保持其消极自由的权利，旨在保护人的内在的观念、价值以及情感的纯正与完全，保护人的内在个性。它主要包括观念生活之纯正，以及感情生活的完整。对于前者的侵害，如妨害学者之思索或妨害人之安眠、休息；对于后者的侵害，如二人对坐辱骂可造成名誉感的侵害，构成侮辱。[3] 还有故意愚弄他人使其陷入精神的痛苦，在他人进行宗教膜拜之时故意播放色情音乐[4]，以及对于未成年人传输色情观念，妨害其精神纯正等[5]，均属侵害他人精神消极自由，干扰他人内在人格的实质完整，是对于他人内在人格实质完整性的侵害。

（三）传统人格权的缺陷在于未对意志人格予以保护

传统民法确立的人格权只是对于人的人格的不全面保护，对于人格构成中更重要的意志人格，立法者认为，通过财产的和平享有与法律范围内的人格自主，已经得到很好的保护了。[6] 法学认为，人的理性是强有力的，可以支配一切，将内在的人格构建成可以对外部实现完全支配的智者形象，它是"强有力的、有见

---

① Steven J. Heyman, "Righting the Balance: an Inquiry into the Foundations and Limits of Freedom of Expression", 78 *B.U.L. Rev.* 1275, 1334 (1998).

② 史尚宽：《债法总论》，北京，中国政法大学出版社 2000 年版，第 148 页。

③ 史尚宽：《债法总论》，北京，中国政法大学出版社 2000 年版，第 157 页以下。

④ 王泽鉴：《侵权行为法》，（第 1 册），北京，中国政法大学出版社 2001 年版，第 139 页。

⑤ 张俊浩主编：《民法学原理》，北京，中国政法大学出版社 2000 年版，第 157 页。

⑥ Hannes Rosler, "Harmonizing the German Civil Code of the Nineteenth Century with a Modern Constitution—The Luth Revolution 50 Years Ago in Comparative Perspective", 23 *Tul. Eur. & Civ. L. F.* 1, 26 (2008).

识的、朝向目的的自由意思"①。法学将人的内在世界简约为一个理性的意志，自由意志成为法学对于"外在于我的"权利体系进行构建的重要手段，法学甚至以自由意志为核心发展了意思表示理论，意志因而获得了对于外部世界的完满的支配力，但是，意志对于人自身的发展、对于人格的塑造和提升的能力却未得到传统法学和法律的肯认。

在此种体系框架中，传统民法所规定的具体人格权属于静态人格权，即对于外在人格和内在人格特征进行消极的保护，仅仅保护和维持外在人格和内在人格的既有状态，使其免受外在干扰，人格自决在人格权中没有得到体现，人发展并实现其最高人格本质的价值没有得到贯彻，意志对于人格的塑造和发展的能力没有获得承认。正是意识到传统民法的这种保护上的缺陷，大陆法系各国均通过一定方法对其进行续造，以寻求对人格权的全面保护，因此在现代民法中出现了一般人格权、自我决定和公开权这些权利类型。但是，由于传统人格权体系的局限性，它们难以融入传统人格权的框架体系中。公开权和自我决定权这些非具体人格权在人格权体系中的恰当位置难以确定；即使一般人格权，作为非具体人格权也同样存在这样的问题。这不能不说是传统人格权框架的一个难以克服的弱点。

三、抽象人格权概念的发现是破解人格权发展难题的逻辑必然

其实，一般人格权、公开权和自我决定权具有相同的属性，它们都不是具体人格权，都不保护具体的人格利益，而是对具体人格利益的抽象支配。因此，抽象人格权的概念是破解人格权发展难题的答案，用它来概括一般人格权、公开权和自我决定权这三个人格权，形成抽象人格权的逻辑结构和权利体系，用以保护意志人格，并与具体人格权对于内在和外在人格的保护相对应，形成人格权的基本逻辑关系，构成人格权的完整体系。在这样的人格权体系中，具体人格权、一

---

① 卡邦尼埃：op. cit, 1, n. 13. sinzheimer, op. cit., s. 8. 转引自［日］星野英一：《私法中的人——以民法财产法为中心》，王闯译，载梁慧星主编：《民商法论丛》，第 8 卷，北京，法律出版社 1999 年版，第 170 页。

般人格权、公开权和自我决定权都具有明确的保护对象，对应不同的人格逻辑层次，这样的"抽象人格权→具体人格权"的体系构造，理顺了这些人格权之间的逻辑关系。

（一）抽象人格权的构建源于意志人格保护的必要性

在人格的构造中，意志的自我决定和选择处于核心地位，对一个人来说，活着不仅仅是保全自身，还意味着施展本领，满足自身愿望，简单说也就是活动，而且要自主地活动，因为人是理性的生物。[①] 伦理学和社会学关于人的论述有一点是非常明确的，即人是有理性的，并且能够按照自己的理性作出决定，人的自我决定的能力直接形成了人的特点，决定了人格的构建，并不断发展其人格特质，使得人格逐渐成熟，因而应当获得人格权的保护。

1. 意志人格作为伦理学中人的核心

近代以降，哲学家均认为人的主体地位的确立在于其意志，笛卡儿认为一切存在都是不确定的，唯一确定存在的是人的思维和理性，并提出了"我思故我在"的命题。康德乃西方伦理哲学集大成者，构建了完整的人格哲学，认为人格的核心在于人的意志的自我选择。康德认为，自然界的万物只能依照因果律被动地运动，唯独有理性的东西有能力按照对规律的认识，也就是按照原则而行动，这种能力就是意志。

意志具有自律性，这是意志由之成为自身规律的属性，而不管意志对象的属性是什么。它是这样的一种规则，即在同一意愿中，除非所选择的准则同时也被理解为普遍规律，就不要做出选择。自律性规则是一种命令性规则，任何有理性的东西的意志都必然受其约束。[②] 这种理性存在物所具有的作为道德律令最高原则的自由意志的自律性使得所有的理性存在物成为神圣的道德律令的主体。[③] 所以，包括人在内的理性存在物自在地具有绝对的价值，它作为目的能自在地成为确定规律的根据，它不能被当作实现目的的手段，任何时候都必须被当作目的，

---

① ［法］雅克·盖斯旦等：《法国民法总论》，陈鹏等译，北京，法律出版社2004年版，第172页注［1］。

② ［德］康德：《道德形而上学原理》，苗力田译，上海，上海人民出版社2002年版，第60页。

③ ［德］康德：《实践理性批判》，邓晓芒译，北京，人民出版社2003年版，第119页。

是一个受尊重的对象。

以康德伦理学为主的哲学文化和价值，确立了一种能够按照理性自主行为的自我负责的人的形象。在这种伦理学中，理性和意志居于非常重要的地位，正是人的理性认识到了道德律令，并按照道德律去行为，才成为值得尊重的存在。对于这样的人来说，最重要的莫过于人的自我决定，人正是通过其理性的自我决定，不断地形成和发展自己的人格，不断地完善自己的人格，如果没有意志通过决定对于人的特质的发展，人的人格将处于停滞状态。

2. 意志的自我决定作为社会学中人的本质

社会学关于人的论述的最重要之处，莫过于人的自我呈现或自我决定，正是人的有意识的自我决定与自我设计，通过不同角色的扮演，并通过对这些角色的自我认同，人格才得以形成。人格不是抽象和虚无的东西，人格恰恰是通过自我决定予以展现的，人格的产生和变化完全取决于自我决定，从某种意义上说，如果这种角色扮演的面具代表了我们已经形成的自我概念——我们不断努力去表现的角色——那么这种面具就是我们更加真实的自我，也就是我们想要成为的自我。最终，我们关于我们角色的概念就成为第二天性，成为我们人格中不可分割的一部分。我们作为个体来到这个世界上，经过努力而获得了性格，并成为人。① 对于社会学来说，一个先验的人格是不存在的，人格恰恰是一个过程，是人的多种角色的综合，我们所能观察到的只是人的不同的角色活动，在这种人格展现或者叫作实现的过程中，人的意志担当了重要作用，正是希望向外界展示什么样的形象的意志通过决定扮演什么样的角色，从而最终塑造了不同的人格，也正是人的意志的决定实现了人格的最高本质。

3. 意志的自我决定作为宪法确定的人的形象

随着社会的发展，权利人发展其人格的自由逐渐得到法律的认可，人人具有发展其人格的权利被作为宪法上的权利得以确认。但是，法律为人格权划定的自由领域不同于财产权的自由领域，财产权利人可以按照其意志处分其财产，只要

---

① ［美］罗伯特·E. 帕克：《种族与文化》，芝加哥，伊利诺伊州格伦科自由出版社，第249页。转引自［美］欧文·戈夫曼：《日常生活中的自我呈现》，冯钢译，北京，北京大学出版社2008年版，第17页。

不侵害他人以及社会公共利益。不过，人格权人的自由是另外一种自由，它不是对于人格要素的随意处分，而是按照人的本性发展与丰富其人格的自由，其中，自我决定居于核心地位。正如学者所言，"人格的发展"一词比"一般行为自由"用得更多，它清楚地显示，保护行动自由本身并非为实现个人自身的意愿，而是为了使人们尽可能发展天赋的能力。①

人格发展的哲学价值获得宪法上的确认，1949 年《德国基本法》第 2 条第 1 款规定，人人有自由发展其人格之权利，但以不侵害他人之权利、不违反宪政秩序或道德规范者为限。《日本宪法》第 13 条规定，对于生命、自由和追求幸福的国民权利，只要不违反公共福利，在立法及其他国政上都必须受到最大限度的尊重。我国《宪法》虽然没有明确规定人格发展的权利，但是，在第 33 条第 3 款规定："国家尊重和保障人权。"人格发展作为一项重要的人权，自然受到我国《宪法》的保护。

（二）抽象人格权的构建是意志人格保护的现实要求

进入现代社会后，文明的进步带来了日益强烈的智力和情感生活以及更加敏锐的感官②，相对于人的生命、身体等外在性存在，更重要的是对于人的个性的培养，对于人格的自我决定与发展的保护。在这种情况下，法律仅对于外在性和内在性人格的完整性的保障，远不能满足社会的需要，人需要更高程度的人格自决，意志要求对于人格要素的塑造、发展和使用的控制能力。

学者逐渐认识到，人格的保护包括两个方面：一是对于作为人的那些特征的静态保护；二是对于人的自我发展、自我决定的动态保护。③ 个体为了其生活利益的缘故被赋予法律上的力去发现、保护和发展他的人格，具有特别意义的利益，使得人格不像其他自然的人格利益一样只能获得消极静态的完整性保护。④

①　林来梵、骆正言：《宪法上的人格权》，《法学家》2008 年第 5 期。

②　Samuel D. Warren & Louis Brandies, "the Right to Privacy", 4 *Harv. L. Rev.* 193, 195 (1890).

③　Jürgen Gleichauf, Das postmortale Persönlichkeitsrecht im internationalen Privatrecht, Peter Lang Europäischer Verlag der Wissenschaften, 1999, S. 68.

④　Marion Baston-Vogt, Der sachliche Schutzbereich des zivilrechtlichen allgemeinen Persönlichkeitsrechts, Mohr Siebeck, 1997, S. 87.

因应这种变化，法律对于人格权的保护方法必须进行调整。在德国，人格权的发展和完善主要是在民法典制定之后通过一般人格权开始的，在 1900 年生效的《德国民法典》中，德国哲学传统中的人格观念没有被包含在内。[①]

意志人格作为人格的本质与核心，必须得到人格权的保护。由于意志人格的本质在于意志的决定自由，因此，对意志人格的保护不同于对外在和内在人格要素的完整性的保护，主要表现为对意志针对内在和外在人格要素的决定自由的保护，因而需要采用特殊的法律技术。只有构建抽象人格权制度，对于意志针对外在和内在人格要素的塑造、发展和使用的自由予以保护，才能实现对于意志人格的保护。

（三）构建抽象人格权是克服人格权体系逻辑缺陷的必然要求

一般人格权制度的功能是为了弥补具体人格权的不足，实现对人格的全面保护，因而一般人格权的内容应当以具体人格权制度为基础进行构建。

人格权观念在《德国民法典》制定之时并未被广泛接受，因此，德国法上的具体人格权不但类型非常有限，而且具体人格权的内容也仅局限于法律所列举的人格要素的完整性，并不承认权利人对于人格要素的任何权能。在这种情况下，为了弥补萎缩的具体人格权制度对于人格保护的严重不足，德国的一般人格权被设计为对于人格尊严和人格发展予以全面保护的制度。这样产生的问题是，对于立法所确定的具体人格要素的完整性的保护属于具体人格权的内容，而对于这种人格要素的其他方面的保护则是一般人格权的内容，这与传统的关于权利的客体加权能的认识方式产生了重大冲突。产生这一现象的根本原因是：对于人格的立法并未采用权利的模式，而只是采用个别人格要素完整性保护的模式，因而在不能通过立法对这种模式进行改进的情况下，出现了法律体系的不协调。

我国《民法通则》制定于 1980 年代，比较法上的一般人格权理论已经发展到成熟阶段。我国的人格权制度将一般人格权发展出的新的人格利益具体化为各

---

① James Q. Whitman, "the Two Western Cultures of Privacy: Dignity versus Liberty", 113 *Yale L. J.* 1151, 1187 (2004).

种具体人格权,采用了客体加权能的传统权利的立法方法,人格权的绝对权利地位得以确立。在这样的具体人格权的基础上,如果仍然采用德国法宽泛的一般人格权制度,一方面不能满足人格权的体系的融洽性要求,产生人格权体系内部的矛盾;另一方面也会否定既有具体人格权的发展成果。

所以,我国一般人格权的构建应当以我国的具体人格权为基础,将一般人格权的保护对象限定于基于目前的立法技术尚无法与人格明确分离的非典型的人格要素,权利人针对那些已经通过立法确立的具体人格要素的发展和利用的自由,由于已经成为具体人格权的权能,因而不应当属于一般人格权的内容。

不过,我国初创的一般人格权制度对我国具体人格权的现实尊重不够,继受德国法的做法,确立涵盖所有人格内容的宽泛制度,使我国的人格权体系的矛盾更加复杂。所以,必须对我国一般人格权的内容进行适当限制,对具体人格权的权能予以独立构建,并结合我国关于公开权的研究成果,理顺人格权体系,使一般人格权、自我决定权和公开权分别具有界限分明的权利边界,与具体人格权一起,构成逻辑融洽的人格权体系,克服现代民法由于多种非具体人格权的出现造成的体系和逻辑的矛盾。

综上,在民法中构建抽象人格权的概念和体系,将一般人格权、自我决定权和人格商业利用权在该体系内予以适当整理,构成"抽象人格权→具体人格权"的逻辑结构,就是破解人格权发展难题的钥匙。用这种思路理顺人格权体系的内部关系,构建人格权的逻辑结构和体系模式,是摆在当代民法面前,摆在当代民法学家面前的课题。

四、抽象人格权的概念界定、体系构成及地位

通过以上分析,可以发现,在所有这些非具体人格权之上,存在一个上位的概念,这就是抽象人格权。抽象人格权概括一般人格权、自我决定权和公开权,与具体人格权的概念相对应,构成完整的人格权体系的逻辑结构。《民法典》确认这样的思路,第 990 条第 1 款规定了一般人格权,第 993 条规定了公开权,第

130条规定的自我决定权中包含着人格权的自我决定权。依照这些规定，对抽象人格权的概念、体系以及在人格权体系中的地位，作如下表述。

（一）抽象人格权的概念

为了促进人格的发展，实现人的最高人格存在，应当构建抽象人格权对于意志人格的决定自由予以保护。值得注意的是，作为人格权的意志决定自由应当局限于人格的构成要素，人与物的二分，以及民法典和民法学中根深蒂固的人格权与财产权的区分，决定了对作为人格核心的意志的决定自由进行人格权法上的保护时，不得涉及财产性的要素。作为一种人格权的意志的决定，应当局限于与人的外部人格存在紧密联系的领域，如果不加限制地将这种自我决定扩张于财产领域，将造成人格权与财产权区分的混乱，以及整个民法体系的崩塌。

我国台湾地区1992年度台上字第2462号判决将意思决定自由不加限制地作为应受人格权保护的自由，认为"惟查所谓侵害他人之自由，并不以剥夺他人之行动或限制其行动自由为限，即以强暴、胁迫之方法，影响他人之意思决定，或对其身心加以威胁，使生危害亦包括在内"。该项判决将自由扩张于意思决定自由，采用了扩张解释的方法对意思决定自由进行保护，对于强化人格权保护具有意义，但是，由于其对于意思决定自由不加限制，故广受学者诟病。学者认为，如果对于意思决定自由不予限制，那么，所有的加害行为均属对于意思决定自由的侵害[①]，人格权与财产权将产生混淆。

因此，抽象人格权所保护的意志决定自由限于意志对于外在和内在人格要素的决定，主要表现为两方面：其一，意志通过决定去控制、塑造各种外在和内在人格要素，以形成个人独特的人格特质，实现人格发展；其二，意志还可以在法律和道德的限度内对人格要素予以使用，以实现人格要素的财产价值。

对于意志人格予以保护的人格权是对意志针对外在和内在人格要素的决定与控制的保护，不同于对于内在和外在人格要素的完整性予以保护的具体人格权，

---

① 詹森林：《自由权之侵害与非财产上之损害赔偿——最高法院八十一年台上字二四六二号民事判决之研究（下）》，《万国法律》第70期。另请参见王泽鉴：《侵权行为法》，（第1册），北京，中国政法大学出版社2001年版，第120页。

具有抽象性，是抽象人格权。抽象人格权概念的定义是：它是意志以发展人格为目的，对各种外在的和内在的人格要素进行支配，予以塑造和使用自由的权能性人格权类型。

（二）抽象人格权的特征

抽象人格权保护的对象是意志决定的自由，因而表现出不同于其他权利的特征，主要体现在如下方面。

第一，抽象人格权虽然针对一定的人格要素，具有外在表现形态，但是，它并非对于这些人格要素的完整性的保护，而是对于意志，针对这些人格要素的决定自由的保护，体现的是人格的自我决定和自我发展的价值，因而属于权能性的权利，而不是具体的权利。

第二，作为抽象人格权客体的外在和内在人格要素必须通过一定方式成为可以为人们所识别的人格表征。法律与道德的重要区别，在于法律并不能调整完全主观的东西，纯粹的观念和情感须通过一定的方法得以表现，才能成为法律保护的客体。外在人格要素作为人们可以感知的物理性和社会性存在，满足了这一要求，自不待言；内在人格要素却需要通过一定的方式，获得外在的表现形态，这种表现或者是日记，或者是书信，或者是通过录音形式得以记录的人的内在情感等。

第三，抽象人格权的权利内容是意志对于外在和内在人格要素的各种决定，具体到不同的人格要素又表现为不同的形态，或者是对于人格要素的塑造和发展，或者是对于人格要素的商业价值予以使用。针对某一人格要素，是发展塑造，还是商业利用，抑或两者兼备，则要以人格发展目的兼顾宪法价值标准予以判断。

第四，抽象人格权的权利外观并不能通过权利客体予以确定，这一点与具体人格权存在明显区别。具体人格权的权利内容完全局限于其所保护的人格要素，权利内容与权利客体达到了相互融合和指代的程度，权利客体的界限就是权利内容的限度，权利客体成为权利的外观，对于具体人格权的侵害一定表现为对于具体人格要素的侵害，反之亦然。然而，抽象人格权的权利内容为按照权利人的意志对于人格要素予以塑造和使用的自由，这样的权利内容并不能为权利客体所涵盖，因而权利外观并不能通过权利客体予以清楚界定。

（三）抽象人格权的体系构成

各种外在和内在人格要素通过一定的方式，成为人们可以识别的人格表征。这些人格表征可以区分为：社会公认的典型的人格表征、非典型的人格表征，以及能够与主体相分离并获得独立地位可以予以商业利用的人格表征。

社会公认的典型人格表征存在时间较长，已经获得比较成熟的认识，并被民法典作为具体人格权的客体，包括生命、身体、健康、姓名、名誉等，这类人格表征大部分是外在人格要素。非典型人格表征则是随着新技术的发展，通过特定技术得以表现的能够体现人的人格个性的存在，例如通过录音或书信的方式得到固定的人的特定言论，通过基因技术得到展现的特定基因类型等，其类型和内容处于不断增长中，这种人格表征大部分是内在人格要素的表现。之所以将典型人格表征与非典型人格表征进行区分，是因为对这两类人格表征予以法律保护需要的技术不同，典型人格表征已经获得法律的认可，成为具体人格权的客体，意志针对它们的决定自由应当获得保护是没有疑问的，我国的人格权立法将这种意志决定自由作为具体人格权的权能。但是，非典型的人格表征是否应当获得法律保护以及其保护的程度都需要具体的个案衡量，在法律技术上不同于典型人格特征。

能够与主体相分离并获得独立地位可以予以商业利用的人格表征，是指通过一定方法可以获得与人自身相分离的地位并能够予以商业利用的人格特征，包括姓名、名称、肖像、声音、形象等人格要素。这种人格表征独立规定的必要性在于，对于人格表征的商业利用是一种独立的价值，其不同于人的人格个性的发展，在比较法上具有相对独立的地位。① 具体到我国的法学理论和实践，一直也是将人格利益的商业化利用作为一种独立的制度予以构建的，因此，可以予以商业利用的人格表征独立的地位，将其予以独立规定。《民法典》第 993 条规定就

---

① 在美国法中，它是作为不同于隐私权的公开权获得保护的；在德国法中，德国联邦最高法院确认了一般人格权包含人格的财产价值，但是却认为其并非源于宪法第 1 条和第 2 条，而是源于民法。因此，在德国法中人格的商业化利用与一般人格权还是存在一定差异的。

是这种理论和实践的法典化。

相应地，针对这三种人格表征构成了三种抽象人格权，分别是一般人格权、自我决定权和公开权。

1. 一般人格权

人格个性的流露和表达并非仅限于典型的外在人格要素，足以表征人格个性的人的外部表征有很多。某些外部表征虽然没有传统公认的人格要素那么典型，没有准确的概念对其进行界定，但是，在其上体现了更多的人格特性，更能够彰显人的存在与个性，意志对于这些外部表征的自我决定应当得到保护。例如，对于言论完整性的保护，任何一次言论都是对某一思维内容的固定，都是言论者的人格的流露，都是言论者在向公众展示的其内在人格特性，言论者有权选择适当的内容与表达方式去展现真实的内在自我，未经同意对于言论的改动，可能会呈现出一个错误的人格形象。① 更为广泛的是对于人的同一性的保护，个人有权按照其内在人格个性去决定向公众展示的人格形象，并根据人格的发展去改变这种形象。对于这种同一性的保护要求即使没有损害个人名誉，也不允许歪曲一个人的人格形象并对此加以传播。②

但是，由于这些外在人格表征的非典型性，在对意志针对它们的自我决定的保护过程中，存在着其是否属于应受法律保护的人格要素的判断的难题，以及个人人格发展的价值与其他社会价值的冲突与衡量问题，这些都需要法院根据实际情况进行个案衡量。因此，需要一个不同于自我决定权的制度，一般人格权制度可以实现此项功能。

在一般人格权的构造中，意志的自我支配处于核心地位，一般人格权是意志对于人的某种外在客观存在的支配。德国联邦宪法法院在其典型案例中成功地揭示了自身人格领域"自由的意思"的某些方面，对这些方面而言，自主支配人格的意思获得了一个坚实的、他人可以识别的基础，亦即获得了某种他人应予以尊

---

① ［德］马克西米利安·福克斯《侵权行为法》，齐晓琨译，北京，法律出版社 2006 年版，第 52 页。
② ［德］冯·巴尔：《欧洲比较侵权行为法》（下卷），焦美华译，张新宝校，北京，法律出版社 2004 年版，第 115 页。

重的"客观载体"①。分别在"读者来信案""骑士案""录音案"中确立了意志对于信件、私人领域以及话语的支配。质言之，一般人格权所保护的不是人格的某种"客观载体"，而是意志对于这一"载体"的支配，是对宪法所确认的人格发展自由的价值在私法领域的实现。

德国的一般人格权是一个对于各种外在人格表现的自我决定予以保护的框架性权利，这个权利从其产生之日起就具有重大争议，而且它与具体人格权的关系难以理清，更重要的是我国的具体人格权制度已经具有了部分传统一般人格权的内容，因此，它舍弃了我国传统的一般人格权关于抽象的整体人格予以保护的观点，对一般人格权概念进行了限缩，限制于意志对于具体人格权客体之外的其他非典型人格表征的决定的权利，履行着对于尚未得到具体人格权保护的非典型的人格利益进行保护的功能，虽然这一做法与我国关于一般人格权的传统认识不同，但是这种缩限却是人格权体系构建的要求，形成了人格权体系上的融洽。《民法典》第990条第2款关于"除前款规定的人格权外，自然人享有基于人身自由、人格尊严产生的其他人格权益"的规定，就划清了一般人格权与具体人格权的法律界限。应当指出的是，这里的人身自由应当是对人格自由的误读，只有人格自由才能引发，产生其他人格利益。

2. 自我决定权

自我决定权是意志以发展人格为目的对于生命、身体、健康、姓名等典型的人格表征的控制与塑造的抽象人格权。《民法典》第130条规定："民事主体按照自己的意愿依法行使民事权利，不受干涉。"这就是民事主体行使民事权利的自我决定权，其中当然包括对行使人格权的自我决定权。

传统学说对于各种典型的外在人格特征的保护局限于既存的现有状态，仅提供防止他人侵害的侵权法的保护，并不承认主体对于它们具有决定的权能。例如，对于生命权，一般不认为权利人对于生命具有支配性，仅在对于生命的维护

---

① ［德］霍尔斯特·埃曼：《德国民法中的一般人格权制度——论从非道德行为到侵权行为的转变》，邵建东等译，载梁慧星主编：《民商法论丛》，第23卷，香港，金桥文化出版（香港）有限公司2002年版，第429页。

以及对他人侵害行为的正当防卫等方面具有有限的支配性。① 对于身体权，传统学说认为，是自然人保持其身体的完整的权利。② 诚然，人的外在人格特征作为人格的表现，其上蕴含着人的伦理性以及人性，不能随意处分，但是按照人格发展的理论，生命、身体、健康、姓名以及名誉等人格存在是为了人格的尊严与人格的发展，这些存在之所以具有重要的价值，就在于它们是维持人的尊严以及人格发展的必要前提，如果权利人对于它们的控制与塑造能够促进与实现人格的发展，法律就应当承认权利人对于这些特征的自我决定的能力。而且现代社会将人格的动态方面，也就是人格的自我发展作为社会的重要价值，人不但要求人格的完整存在，更要求对于自己人格特征的自我决定与塑造的能力，以寻求人格的发展与完满。因此，意志在人格领域的决定自由获得承认，并成为整个法律体系要积极实现的重要价值。在这种情况下，突破传统民法的局限，赋予权利人针对其典型人格表征以人格发展为目的的自我决定的权能，是一种必要。我国《民法典》关于具体人格权的规定吸收比较法上对于人格发展价值予以保护的经验，确立了针对具体人格要素自我决定的权能，例如姓名权的内容不但包括防止他人对于姓名予以歪曲和不当使用的完整性保护，而且包括广泛的决定、使用和改变姓名的权能。③ 因而自我决定权应当予以确认。

　　自我决定权保护的不是这些具体人格特征的形式完整性与实质完整性，而是意志为了实现人格的最高本质对于它们的自我决定，例如，为了科学的真理、祖国的安全或者更多人的幸福，权利人应当具有终结其生命的自我决定权。同样，个人选择安乐死，体现的也是人对自己生命终结的合理自我决定。④ 为了实现自己的人格追求，可以对于自己的姓名进行自我决定。再如，日本的"X 教徒输血案"，该判例保护的不是患者的身体的形式完整性以及实质完整性，而是根据自己的个性对于身体进行自我决定的自由。⑤《民法典》第 1002 条规定的生命权的

① 王利明：《人格权法研究》，北京，中国人民大学出版社 2005 年版，第 303－309 页。
② 史尚宽：《债法总论》，北京，中国政法大学出版社 2000 年版，第 148 页。
③《民法典》第 1012 条。
④ 杨立新：《人身权法论》，北京，人民法院出版社 2006 年版，第 392－396 页。
⑤ 夏芸：《医疗事故赔偿法——来自日本法的启示》，北京，法律出版社 2007 年版，第 535 页。

内容中包括生命尊严维护权，以及关于身体权的规定，都特别鲜明地体现了生命权、身体权的自我决定权。

自我决定权作为权利人对于自己典型人格表征在人格发展方向上自我控制与塑造的权利，是权利人针对自己典型人格表征的自由，属于人格权的权能，这种自我决定的权能使权利人能够决定自己的人格个性，实现自己最高的人格本质。在实践中，对于自我决定权的侵害，主要是对权利人针对自己的典型人格表征的自由的侵害，主要表现为通过欺诈、胁迫以及未履行告知义务，从而侵害权利人的决定自由，救济方法包括人格权请求权和侵权请求权。

3. 公开权

公开权，也称人格商品化权、人格商业利用权。①《民法典》第993条规定的姓名、名称、肖像等的许可他人使用之权，就是公开权。

人格以意志人格为核心，包括内在人格要素以及外在人格要素，但是，在人格的边缘地带，人格要素与财产利益的界限难以划清。对于人如何能够获得财产，有并入理论和投射理论两种，前者主张外部物通过进入身体成为财产，后者主张把人体现在外部物中而使之成为财产。② 但是，并入理论已逐渐不被人们认可，投射理论仍然具有正当性。③ 洛克的财产理论以劳动来论证财产权的正当性，外在物因为添加了人的劳动而成为他的财产④，这种财产理论建立了人格与物的沟通与联系，从人对于自己身体和思想的狭义的自己所有权推导出对于财产的广义的自己所有权。⑤ 黑格尔的财产理论也认为，人作为一种意志的存在是自由的，但必须有外部世界，只有在与外部的某件东西发生财产关系时才成为真正的自我，财产是个人人格延伸的最初的一部分。⑥ 也就是说，当人格的某部分特征与人格相对分离并以某种方式获得外部存在时，它即获得了一定的财产属性，

① 这三个概念我都使用过，但最终决定使用公开权的概念，理由是简洁、通用，且是美国法概念的原意，在概念的界定上没有区别。

② ［美］斯蒂芬·芒泽：《财产理论》，彭诚信译，北京，北京大学出版社2006年版，第53页。

③ ［美］斯蒂芬·芒泽：《财产理论》，彭诚信译，北京，北京大学出版社2006年版，第55页以下。

④ ［英］洛克：《政府论》（下），叶启芳、瞿菊农译，北京，商务印书馆1964年版，第18页以下。

⑤ 易继明：《评财产权劳动学说》，《法学研究》2000年第3期。

⑥ ［德］黑格尔：《法哲学原理》，范扬、张企泰译，北京，商务印书馆1961年版，第50页。

在这一方面，知识产权表现得最为明晰。知识本为人脑中的一些观念和想法，属于内在人格的范畴，它们一旦通过某种方式获得外在化的存在形式，就能够作为一种财产权。但是，由于其与人格的联系，一般认为，知识产权中还存在人格因素，主要是著作权中作者的精神性权利。当姓名、名称、肖像、声音、形象等人格要素获得相对于人的独立地位时，它们具有了一定的财产属性，当事人可以对其进行商业化的利用，即表现为公开权。公开权是指个人将其姓名、肖像、声音、形象等可以获得相对独立地位的人格表征用于商业目的，并禁止他人未经授权进行商业利用的抽象人格权。

学界对公开权的正当性存在争论，有自然权利说、诱因说、禁止不当得利说、经济效率说以及保护消费者说之别。[①] 笔者认为，公开权的正当性，源于意志对于获得相对独立地位的要素的自我决定。在传统社会，人格要素与人相分离获得相对独立的存在形式几乎不可能，但是，现代高科技的发展，尤其是传媒技术的进步使得人的人格特征的固定化成为可能，人的容貌特征、人的整个身体形象、声音甚至个人隐私等，都可以通过多媒体技术以影像资料的形式获得独立的存在。当人的某些特征通过这种方式予以固定化，从而获得对于人相对的独立地位时，其与人的人格的联系不是那么紧密，于是在某种程度上获得了财产的属性。人的姓名、肖像等外在人格特征获得相对独立地位后，在商业活动中获得了财产价值，权利人对此财产价值具有支配权能，可以自己使用也可以允许他人使用。这种支配和使用源于人格发展理论，权利人为了发展自己的人格，有对自己的人格特征进行自我决定的权利，对自己人格特征所体现的财产价值当然也有权自我决定。因此，公开权不同于传统人格权的对于人格特征既有状态的保护，是对意志的自我决定的保护，对于公开权的侵害表现为对权利人按照自己意志使用其人格特征的自由的侵害。权利人对于自己的姓名、名称、肖像、声音、形象等外在人格表征具有进行商业利用的支配权能，不妨碍这些特征作为人格权客体的地位，因为这些特征从本质上说是人格存在的表现，仅仅因为这些人格特征通过

---

① 关于该权利正当性的各种学说，参见王泽鉴：《人格权保护的课题与展望》，《人大法律评论》2009 年卷，第 61 - 62 页。

现代技术物化以后具有了财产的价值，权利人对于这些具有财产价值的人格要素的决定产生了公开权。

（四）抽象人格权在人格权法中的地位

1. 抽象人格权是具体人格权权能的抽象概括

民法作为关涉价值的规则[1]，受到哲学和宪法所确立的理念和价值的影响和指导，并以实现和促进这些价值为目的。民法应当通过一定的法律技术对于意志人格进行保护，以实现哲学和宪法确立的人格发展的价值，抽象人格权的构建就是这一产物。抽象人格权表现为对于外在和内在的人格要素的决定、发展和使用，是权利人针对自己人格要素的自由，属于对于具体人格权的权能的抽象概括，这种自我支配的权能使得权利人作为自己的主人，能够决定自己的人格个性，发挥人格要素的价值，实现自己最高的人格本质。

抽象人格权是对具体人格权权能的抽象概括，针对不同的人格要素，会有不同的表现形态。自我决定权是针对典型人格表征予以塑造和发展的能力，一般人格权是对非典型人格表征予以控制的能力，公开权是对于姓名、肖像、声音、形象等具有相对独立性的人格表征予以商业化利用的能力。由于一般人格权作为具体人格权权能的观点与学界关于一般人格权的性质的认识存在较大差异，因而需要特别说明。一般人格权与具体人格权存在显著不同，一般人格权不存在明确的权利客体，所保护的是权利人的意志决定自由，外在的人格要素仅仅使得这种自由获得他人可以识别的外部表征，因此一般人格权的本质是对于客体的决定与控制，属于具体人格权的权能。一般人格权之所以被认为是一种权利，主要是由于对于权利人针对人格表征的决定自由的保护，使得权利人获得了一定的利益，具备了权利的外观。

2. 抽象人格权是一种相对独立的权利

权利与权能之间并不存在实质性的区别，如果以学界公认的"法力说"作为判断标准，权能被认定为权利不存在任何障碍。权利与权能的差别也仅在于重要

---

[1] 德国法学家拉德布鲁赫将所有科学分为无关价值的、超越价值的、评价价值的和关涉价值的。参见［德］G. 拉德布鲁赫：《法哲学》，王朴译，北京，法律出版社2005年版，第2页。

性和独立性的不同，具有独立地位和重要性的权能可以上升为权利。抽象人格权虽然是人格权的权能，但同时也是一种相对独立的权利，理由如下。

第一，抽象人格权所保护的是权利人针对人格要素的意志决定自由，这种自由是权利人塑造与发展其人格要素，发挥人格要素的价值，实现权利人最高人格本质的重要能力，具有特别的重要性，其重要性在一定程度上甚至超过了外在和内在人格要素的完整性，作为一种权能不足以显示其重要性。

第二，抽象人格权具有相对独立的保护对象，以保护权利人的意志人格为目的，由于对意志人格的保护主要表现为对于意志针对人格表征的决定自由的保护，而非人格要素完整性的保护，因而抽象人格权表现为不同于具体人格权的权利形态，表现出其独立性。

第三，法律具有很强的历史延续和继承性，制度和体系的构建必须在既有的基础上进行。侵权法对于权利的保护，区分为对于客体完整性的保护以及其他方面的保护，例如侵权法对于所有权的救济区分为两种情况，即对于物的损坏，以及造成财产损失的其他形式。界定是否存在物的损坏主要还是依赖于行为人是否侵犯了物的实体。① 在传统人格权法中，侵权法对于具体人格权的保护主要是对于客体完整性的保护，只要对于具体人格要素造成损害即可认定行为不法。抽象人格权的内容主要是对于人格要素塑造和利用的自由，这种自由并不能为人格要素所吸收，侵权法对其的保护属于对于客体完整性之外的其他保护，需要特殊的侵权法保护方法，特殊情况下违法性的认定还需要进行利益衡量，因此抽象人格权具有相对独立的地位。

3. 抽象人格权促进具体人格权的发展并与具体人格权共同构成完整的人格权体系

人格权可以分为两大类，即具体人格权和抽象人格权。具体人格权对于外在人格要素和内在人格要素的完整性提供保护，抽象人格权对于意志人格针对外在和内在人格要素的决定自由进行保护，两者相结合对于人格的三个逻辑层次进行了全面、完备的保护。

---

① ［德］冯·巴尔：《欧洲比较侵权行为法》（下卷），焦美华译，张新宝校，北京，法律出版社2004年版，第37-38页。

传统人格权由于受侵权法的限制，仅对具体人格要素的完整性予以保护，人格权的权能极度萎缩。抽象人格权扩充了权利人针对自己的外在和内在人格要素的决定自由，充实了人格权的内容。自我决定权使得权利主体具有了发展自己人格，实现个性的能力；公开权使得权利主体具有对于自己特定人格特征予以商业化利用的权利，实现了自身的价值；一般人格权更是具有发掘人的自主性，保护人格发展，促进新的具体人格权产生的功能。随着社会以及科学技术的发展，人的人格会获得更多的表现形式，在法学对于这种人格表现充分研究、精确界定之前，首先通过一般人格权保护主体对于这些表现形式的自主控制与决定的能力，以促进人格的发展，当学界做好充足的理论准备之后，这些人格表现形式可以上升为具体人格权，得到法律更加充分的保护，这种从一般人格权向具体人格权的转变是必要的并值得期待的发展。①

由具体人格权和抽象人格权构成的人格权体系在逻辑上是封闭的，在内容上却具有开放性与高度的容纳性，可以对新出现的人格利益予以保护，具体表现为以下两方面：第一，具体人格权是不断发展的，随着对于人的保护程度的提升，会有更多的人格要素通过一般人格权发展为具体人格权，形成不断增多的具体人格权。隐私权即是典型代表，隐私起初被作为一种利益予以保护，在一定时期被放在名誉权中予以寄生保护，但是，随着社会的发展以及对其认识程度的提高，隐私权逐渐发展成为一种具体人格权，获得独立的法律地位。而随着互联网、人工智能等技术的高度发展，个人信息越来越重要，因而个人信息又从隐私权中分离出来，被法律确认为具体人格权。第二，抽象人格权具有高度概括性，对意志针对外在和内在人格要素的决定自由进行了高度抽象，能够包括各种类型的塑造、发展和利用自由，可以适应因社会发展而出现的各种意志针对人格的决定自由。

由具体人格权和抽象人格权构成的人格权体系，逻辑严密，内容开放，各种抽象人格权和具体人格权具有不同的保护客体，它们之间的关系清晰明确，相互结合共同对人格进行全面保护，这样的人格权体系是一种科学合理的人格权体系。用抽象人格权来破解人格权发展难题，各种新产生的人格权都可以纳入由抽

---

① Deutsch/ Ahrens, Deliktsrecht, 4. Auflage, 2002, S. 103.

象人格权和具体人格权构成的人格权体系，人格权发展难题不再存在。

第二节　一般人格权

一、从具体人格权到一般人格权的发展

（一）一般人格权产生前的人格权

一般人格权产生前，法律保护的人格权是具体人格权。

在古代习惯法时期和古代成文法时期，法律没有一般人格权的概念，也没有类似于一般人格权的概念，当然也没有人格权的概念，只是对现代民法所说的某些具体人格权有保护规范而已。

历史上最早产生的具体人格权，是生命权和健康权。古代的同态复仇、血亲复仇制度，就是对生命权、健康权的法律保护。在这一制度下，人的生命权、健康权受到侵害，受害人或者受害人的血亲有复仇的权利，有权向侵害人实施同态的报复行为，以救济生命权、健康权的损害。随着社会的进步和文明的发展，经过选择赔偿或选择复仇的自由赔偿时期，过渡到强制赔偿而禁止复仇的时期，实现了对生命权、健康权法律保护的质的飞跃。

继生命权、健康权之后出现的人格权是名誉权、贞操权（性自主权）、自由权等权利。对这些权利的保护，多数采用严厉的刑罚手段和部分民事赔偿手段进行。《德国民法典》规定了生命权、身体权、健康权、自由权和姓名权、贞操权（性自主权）。而肖像权、隐私权、信用权等人格权则是晚近出现的具体人格权。

（二）一般人格权概念的萌芽

一般人格权是一个发展的概念。很多学者认为一般人格权概念产生于1907年的《瑞士民法典》。[①] 虽然这种看法是正确的，但是，一般人格权的概念并非

---

① 王利明主编：《人格权法新论》，长春，吉林人民出版社1994年版，第157页。

在法律发展史上的某一阶段突然产生，而是有一个萌芽、孕育、产生的过程。认为一般人格权产生于 20 世纪初叶，有割断历史之嫌。

一般人格权萌芽于罗马法时期。马克思曾经指出，罗马法最先制定了"抽象人格的权利"①。所谓抽象人格的权利，其实就具有一般人格权的含义。

罗马法上这种抽象人格的权利，首先是自由。罗马法上的自由并不是指现今社会所说的自由，而是指一种人的身份。查士丁尼《法学总论——法学阶梯》第一卷第三篇"关于人的法律"开宗明义，第一句就规定："关于人的法律的主要区分如下：一切人不是自由人就是奴隶。"接下来规定："自由人得名于自由一词。自由是每个人，除了受到物质力量或法律阻碍外，可以任意作为的自然能力。""奴隶一词的由来是：将领们命令把俘虏出卖，于是就把他们保存起来而不把他们杀掉。""一切奴隶的地位没有任何差别；至于自由人则有许多差别，他们或是生来自由的，或是被释放而获得自由的。"② 彼德罗·彭梵得认为，自由"这个定义是指法律意义上的自由，因而那些受到强力阻碍而无法支配自己的人身和行为的人同样被正确地视为自由人；那些被控制在强盗手中的人并不因此而是不自由的，他仍然具有权利能力。这个定义也是指私法和实在法意义上的自由，而不是公法上的自由，也不同于自由的哲学概念"③。

《法学总论》关于自由的定义和彼德罗·彭梵得的上述解释清楚地表明，罗马法中自由的概念不是指具体的权利，而是指权利能力，是指人格。如果自由是指具体的人格权，无法支配自己的人身和行为的人，以及被控制在强盗手中的人，就应当是丧失自由的人。正因为自由指的是权利能力这种抽象人格，所以，上述两种自由权受限制的人仍然是自由人，因为他们并没有丧失权利能力，仍具有自由的人格。

自由还表明人的法律地位。罗马法认为，自由地位因出生或摆脱奴役地位而取得，因而有生来自由人和解放自由人的区别。这两种不同的人在法律上的地位

---

① 《马克思恩格斯全集》，第 1 卷，北京，人民出版社 1956 年版，第 382 页。

② ［古罗马］查士丁尼：《法学总论——法学阶梯》中文版，张企泰译，北京，商务印书馆 1989 年版，第 12 页。

③ ［意］彼德罗·彭梵得：《罗马法教科书》，黄风译，北京，中国政法大学出版社 1992 年版，第 32 页。

是不同的。与此相适应，自由地位的丧失与死亡相等，发生同样的法律后果，"罗马人则把因失去自由或失去市民身份而终止权利能力看作是纯粹任意的和实证的事实，或者说是市民法的事实。因上述两种资格的丧失而导致的权利能力灭失构成'人格减等'，它被等同于市民法上的死亡。丧失自由地位是'最大人格减等'。"①

既然罗马法上的自由表示的是人格和地位，因而它具有一般人格权的某些含义。

罗马法上还有两个概念与一般人格权概念有相近之处：一是市民权，亦称公民资格，二是名誉。市民权的丧失导致人格中度减等，而与具有完全人格、地位的自由人有区别，但是仍有自由人格，只是受限制而已，例如被禁止使用水火的人，或被流放岛上的人的情况。名誉也标志着一个人的人格是否完善，但是不构成人格减等的后果，而只是法律对不名誉的人规定其某些行为、职业或判罚导致权利能力的削减。这种不名誉不是现代人的坏名声，而是指受到判罚，从事卑贱职业、重婚、破产者、做虚假宣誓、被军队开除的士兵和高利贷者。可见，这种不名誉并不是涉及名誉权的具体权利，而是涉及权利能力，即人格的问题。市民权与名誉都是指人的人格和地位，具有抽象权利的意义，因而与一般人格权概念有密切联系。

可以认为，罗马法中自由、市民权和名誉这三个概念，包含了现代一般人格权的一些内容，是一般人格权概念的萌芽。

在欧洲中世纪，一般人格权概念的萌芽被扼杀了。在文艺复兴时代，罗马法也得到复兴，这一概念开始复苏，为现代一般人格权的产生准备了种子，以便在适宜的土地上，生长成一个严格的法律概念的大树。

（三）一般人格权的产生和发展

在近代以来，民法的发展突飞猛进，确认身体权、健康权、生命权、名誉权、贞操权（性自主权）等权利为独立的人格权，同时又产生了一些新的具体人格权，陆续被民法所确认，如姓名权、信用权、隐私权、肖像权等。

---

① ［意］彼德罗·彭梵得：《罗马法教科书》，黄风译，北京，中国政法大学出版社1992年版，第41页。

在陆续产生的众多具体人格权面前，人们发现在这些众多的具体人格权之中，存在着一个一般权利的概念，它统帅着、指导着、包容着所有的具体人格权。这个一般的权利概念就是一般人格权。1866 年德国学者诺依内尔提出了人格权的概念，他认为，人格权是主张自我目的并且展开自我目的的权利。有学者认为，这是最早有关一般人格权的理论。1895 年，德国学者基尔科曾在其《德国私法》一书中，强烈呼吁应当在法律上采纳一般人格权的概念。① 遗憾的是，德国学者发现了一般人格权这个概念，但却没有能够写进《德国民法典》。其原因是德国私法虽然承认每个人得不受他人意思支配而独立地支配自己的意思领域，但却否认了对自己自身的实定法上的权利，使得 19 世纪德国法学的主流失去了对人格权的关心，再加上当时的时代背景，《德国民法典》只是采取了保护个别的、狭窄的人格权的制度。②

在起草《瑞士民法典》过程中，该法典的起草人欧根·胡倍尔等人非常注重民法对人格权的保护，在法典草案中曾写道："凡人格受到不法侵害者，得请求除去妨害并赔偿损害，又得依情形，请求一定金额之金钱给付，以作补偿。"该条文在讨论中争论的焦点是，一般人格权受到侵害是否均应适用精神损害赔偿，争论的结果，确认了一般人格权的概念，单设了"人格的保护"这一部分，其中第一部分就是"一般规定"，规定人格不得让与，人格受侵害时，可诉请排除妨害，诉请损害赔偿或给付一定数额的抚慰金，只有在本法明确规定的情况下，始得允许。该法典单设人格权保护的一般规定，立法旨趣就在于"承认'一般人格权'的概念，对人格权（关系）的保护树立原则性的规定"③。瑞士立法的这一举措，开创了一般人格权立法的先声，创造了新的立法体例，在民法发展历史上具有不可磨灭的伟大功绩。

《德国民法典》第 823 条没有规定一般人格权，也没有规定名誉权等其他具体人格权。"二战"以后，德国基本法规定："人类尊严不得侵犯。尊重并保护人

---

① 王利明：《人格权法研究》，北京，中国人民大学出版社 2018 年版，第 144 页。
② 郑永宽：《人格权的价值与体系研究》，北京，知识产权出版社 2008 年版，第 155－156 页。
③ 施启扬：《关于侵害人格权时非财产上损害赔偿制度的研究修正意见》，《法学丛刊》第 88 期，第 38 页。

类尊严，系所有国家权力（机关）的义务。""在不侵害其他人权利及违反宪法秩序或公序良俗规定范围内，任何人均有自由发展其人格的权利。"这一宪法条文规定的是一般人格权。由于宪法对一般人格权的原则作出了规定，而民法典对此没有明文规定，所以德国法院以基本法确立的原则为依据，创设了对一般人格权民法保护的判例法（法官法）。最具典型意义的是"读者投书案"。被告 D 出版公司在其发行的周刊杂志上撰文批评曾在纳粹政权担任要职的 Dr. H 氏开设银行之事。Dr. H 氏委请 M 律师致函 D 出版公司，要求更正。D 出版公司以读者投书处理 M 律师的函件，并删除若干关键文字。M 律师认为 D 出版公司侵害其人格权，诉请法院判决 D 出版公司在该周刊杂志读者投书栏刊登更正启事，表示该函系律师函件，而非读者投书。对于此案，联邦法院认为，《德国基本法》第 1 条明定人格尊严应受尊重。人格自由发展是一种私权，在不侵害他人权利、违反宪法秩序或伦理的范畴内，是一种应受宪法保护的基本人权。思想或意见源自人格，是否发表，如何发表以传达于公众，将受舆论的评价，涉及作者的人格，应由作者自己决定。擅自发表他人私有资料，固属侵害个人应受保护的秘密范畴，发表他人同意的文件，擅自添加或减少其内容，或以不当的方式为之时，亦属对人格权的侵犯。故以侵害人格权判决原告胜诉。此后，德国联邦宪法法院又判决了一个"犯罪纪录片案件"，亦援引联邦基本法的规定，确认对一般人格权的法律保护。[①]

在日本，原民法并无人格权的一般规定。"二战"结束后修宪，其宪法第 13 条规定："凡国民之人格，均受尊重。"提出了一般人格权的宪法原则。为了使民法和宪法相协调，日本于 1947 年 4 月 19 日制定《日本国宪法施行后民法应急措置之法律》，与宪法同日实施，以应急需。该法第 1 条规定："本法律之目的，在于新宪法施行后，就民法方面，以个人之尊严，与两性之本质的平等为基础，为应急的措施。"开宗明义，明确规定了一般人格权。次年 1 月 1 日正式施行《改正民法一部分之法律》，在民法设置第 1 条之二规定："本法，应以个人之尊严，与两性之本质的平等为本旨，而解释。"将宪法的原则在民法中予以落实，确认

---

① 王泽鉴：《人格权慰抚金与法院造法》，《法令月刊》第 44 卷第 12 期。

了一般人格权，并进行民法保护。①

国民政府在制定民法时，接受世界民法立法的最新潮流，于《中华民国民法》第18条明文规定一般人格权："人格权受侵害时，得请求法院除去其侵害，有受侵害之虞时，得请求防止之。前项情形，以法律有特别规定者，得请求损害赔偿或慰抚金。"这里规定的人格权即为一般人格权。

俄罗斯联邦1991年11月22日通过《人和公民的权利和自由宣言》，"序言"的第一句话指出："确认人的权利和自由及其人格和尊严是社会和国家的最高价值。"在最显著的位置规定了公民的一般人格权。遗憾的是，《俄罗斯联邦民法典》对一般人格权却没有明确规定。

目前，或者通过立法或者通过判例确认一般人格权，已为世界各国民法的立法通例。

二、《民法典》之前我国的一般人格权立法

（一）《民法典》之前我国一般人格权的立法状况

在最高人民法院《精神损害赔偿司法解释》颁布实施之前，很多学者认为我国尚无一般人格权的立法。笔者不同意这种观点。

认为我国立法没有规定一般人格权的根据，是《民法通则》对该权利没有明确的条文规定。其实，我国关于人格尊严的立法，就是确认一般人格权的法律依据。

1.《民法典》之前的立法对一般人格权的规定

（1）《宪法》

《宪法》第38条规定："中华人民共和国公民的人格尊严不受侵犯。禁止用任何方法对公民进行侮辱、诽谤和诬告陷害。"这一条文的前段，与德国基本法、日本宪法确认一般人格权的条文内容是一致的，是确立一般人格权的宪法依据。

---

① 林纪东：《战后日本法律》，台北，正中书局1968年版，第80－81页。

（2）《民法通则》

《民法通则》第 101 条规定："公民、法人享有名誉权，公民的人格尊严受法律保护，禁止用侮辱、诽谤等方式损害公民、法人的名誉。"从该条的立法本意看，条文中的人格尊严似乎是指名誉权的客体，其实人格尊严并非名誉权的客体，而是一般人格权的内容。对于这种立法可以按照客观解释原则，将其确认为一般人格权的民法立法依据更为有利。

（3）《残疾人保障法》

1990 年《残疾人保障法》第 3 条第 2 款规定："残疾人的公民权利和人格尊严受法律保护。"第 49 条规定："残疾人的合法权益受到侵害的，被侵害人或者其代理人有权要求主管部门处理，或者依法向人民法院提起诉讼。"

（4）《未成年人保护法》

1991 年《未成年人保护法》第 4 条第 2 项规定："尊重未成年人的人格尊严"。第 15 条规定："学校、幼儿园的教职员应当尊重未成年人的人格尊严，不得对未成年学生和儿童实施体罚、变相体罚或者其他侮辱人格尊严的行为。"第 40 条第 2 款规定："公安机关、人民检察院、人民法院和少年犯管教所，应当尊重违法犯罪的未成年人的人格尊严，保障他们的合法权益。"第 47 条规定："侵害未成年人的合法权益，对其造成财产损失或者其他损失、损害的，应当依法赔偿或者承担其他民事责任。"

（5）《妇女权益保障法》

1992 年《妇女权益保障法》第六章"人身权利"第 39 条规定："妇女的名誉权和人格尊严受法律保护。禁止用侮辱、诽谤、宣扬隐私等方式损害妇女的名誉和人格。"第 52 条规定："侵害妇女的合法权益，造成财产损失或者其他损害的，应当依法赔偿或者承担其他民事责任。"在前一条规定中，立法者已经将名誉权和人格尊严区分开，体现了立法者确认其为一般人格权的明显意图。

（6）《消费者权益保护法》

1993 年《消费者权益保护法》对一般人格权的规定作出了更进一步的努力。

该法首先在第 14 条规定："消费者在购买、使用商品和接受服务时，享有其人格尊严、民族风俗习惯得到尊重的权利。"第 25 条规定："经营者不得对消费者进行侮辱、诽谤，不得搜查消费者的身体及其携带的物品，不得侵犯消费者的人身自由。"除此之外，其还对人格尊严和人身自由受到侵害的，规定了民法制裁的规范，这就是第 43 条："经营者违反本法第 25 条规定，侵害消费者的人格尊严或者侵犯消费者人身自由的，应当停止侵害、恢复名誉、消除影响、赔礼道歉，并赔偿损失。"至此，立法者规定一般人格权的立法意图已经十分明显。

2. 学理对一般人格权的说明

在学理上，学者认为经营者侵害消费者人格尊严的行为，侵害的正是一般人格权。典型案例如倪某、王某诉国贸中心惠康超级市场侵害名誉权纠纷案，对于《消费者权益保护法》规定一般人格权的保护规范发挥了重要作用。该案二原告系女青年，于 1991 年 12 月 23 日去被告处购买商品，在买完并付完货款准备离开时，被告的两名男服务员将二人拦住，反复逼问二原告拿没拿别的东西，并将二原告推进一间仓库，强行要求其摘下帽子，解开衣服，打开包，进行检查。二原告人格受到侮辱，十分屈辱，反复申明自己没拿别的东西，并负辱遵从检查。二原告经确认无辜后才予放行。对于此案，学者认为被告侵害的不是原告的名誉权，而是一般人格权中的人格尊严。[①] 这一观点受到各方支持。《消费者权益保护法》上述条文的规定，不仅规定了授权性规范，而且规定了禁止性和保护性规范，关于一般人格权的上述规范中具备了全部的假定、处理、制裁的法律规范逻辑因素，是通过特别民事立法设立的一般人格权的法律规范。

（二）对《民法典》之前我国一般人格权立法的分析

在《民法典》之前，上述立法对于人格尊严的规定分为三种形式：一是《宪法》的原则规定，二是《民法通则》的原则规定，三是单行法的具体规定。

我国《宪法》对人格尊严的规定没有任何缺陷，因为《宪法》是根本大法，它只能就某项基本权利作原则规定，确立宪法原则，再由基本法去作具体规定，与各国宪法的规定基本相同。

---

① 王利明主编：《人格权法新论》，长春，吉林人民出版社 1994 年版，第 157 页。

《民法通则》对人格尊严的规定是有缺陷的。一是该法没有规定一般人格权的条文；二是将人格尊严规定在名誉权的条文之内；三是在民事责任中没有规定一般人格权的法律保护条文。在适用中，应当发挥立法解释和司法解释的功能，对其进行完善。好在该法条文毕竟规定了保护"人格尊严"的内容，可以依据这一基础做出一般人格权的扩大解释，司法机关也可以据此作出保护一般人格权的判决。

在上述各单行法关于人格尊严的立法中，立法者在着力对《民法通则》的上述缺陷进行修补。从《残疾人保障法》开始，就特别强调保护人格尊严，并规定权利和人格尊严等合法权益受到侵害的，可依法向法院起诉。在《未成年人保护法》中，这种努力又进了一步，强调尊重未成年人的人格尊严，禁止侮辱人格尊严的行为，保障其合法权益，在侵害未成年人上述合法权益造成财产损失和其他损失、损害的，应负民事责任。这里特别强调其他损失、损害，包含侵害人格尊严造成的精神损害。《妇女权益保障法》做出了更大的努力，把人格尊严和名誉权在立法上分开，分别进行保护。如果说在《民法通则》制定之初对一般人格权和名誉权还混淆在一起的话，到《妇女权益保障法》通过之时，这一问题已经解决，再到《消费者权益保护法》关于人格尊严的立法，已经在立法上彻底承认了一般人格权为概括的基本人格权，并且确立了相应的法律保护制度。

对于四部单行法关于人格尊严的立法是否属于民事立法范畴，笔者的看法是：

第一，我国的立法体系是一个整体。其中有宪法原则作指导，各部门法、单行法符合宪法原则的规定，就是一个完整的系统。在宪法关于人格尊严保护的原则指导下，《民法通则》和各单行法对人格尊严的法律保护规定，有相互修补作用，既有民法基本法的规定，又有特别法的规定，构成了比较完整的人格尊严保护体系。

第二，上述单行法律的基本立法宗旨，是保护人的权利，其中虽多有政治权利的规定，但绝大部分是对民事权利的规定。这些单行法关于民事权利的规定就是民法的特别法规范，本来就属于民法整体的一部分，这些法律中的民法规范关于对人格尊严即一般人格权的规定，理所当然地应当作为民法的一部分。

第三，这些单行法的全部内容加起来，仍未能概括进全体公民这一一般主体。可是，既然已经确认了一般人格权及其保护的原则，并且有宪法原则和《民法通则》的指导，认为我国在《民法典》之前已经确定了一般人格权及其法律保护制度，是有充分根据的。

最高人民法院正是依据上述法律规定和这样的理解，在《精神损害赔偿司法解释》中，对一般人格权的法律适用作出了解释，规定人格尊严权和其他人格利益的法律保护措施，确认了人格尊严的一般人格权地位，以及以其他人格利益受到损害的救济方法保护一般人格权的做法。①

（三）《民法典》之前我国一般人格权规定存在的问题及改造

《民法典》之前，我国一般人格权制度与人格权体系存在矛盾。

（1）我国一般人格权制度的发展与现状

尽管在前述内容中列举了大量的我国法律关于一般人格权的规定，但是存在较多的缺陷，我国的一般人格权制度主要是通过学说和司法实践发展起来的。

《民法通则》除了对于生命健康权、姓名权、名称权、肖像权、名誉权和荣誉权等具体人格权进行明确规定之外，尽管也在第101条对人格尊严的保护进行了规定，但它是对名誉权内容的规定，学理通过解释，确认这样的规定具有规定一般人格权的意义。

随着社会的发展，由于《民法通则》上述立法的局限性，无法对新出现的不属于具体人格权和人格尊严的人格价值提供保护依据。学者借鉴德国、日本的法律规定一般人格权制度，并结合我国立法关于具体人格权之外的其他人格利益保护的规定，以及我国《宪法》对于人格尊严保护的规定，发展出我国的一般人格权制度②，认为一般人格权保护的是高度概括的全面的人格利益，包括人格独立、人格自由、人格平等和人格尊严，这种一般人格权的认识获得学界的广泛认

---

① 参见该司法解释第1条第1款第3项和该条第2款的规定。

② 杨立新、尹艳：《论一般人格权及其民法保护》，《河北法学》1995年第2期；姚辉：《论一般人格权》，《法学家》1995年第5期。

可。在司法实践领域，司法机关在借鉴上述学说，并总结司法实践经验的基础上，逐渐接受了一般人格权的思想，并在《精神损害赔偿司法解释》中予以确认①，基本形成了我国的一般人格权制度，对于人格利益提供广泛、全面的保护，以弥补具体人格权保护的不足。

一般人格权已经成为我国人格权体系中的一项重要制度，与具体人格权一起共同对民事主体提供全面的人格保护。一般认为，一般人格权是对自然人和法人享有的人格利益的抽象概括，包括人格独立、人格自由、人格平等和人格尊严②，其在人格权体系中具有解释、创造和补充的功能③，能够补充具体人格权对于人格保护的不足。

一般人格权是为了弥补具体人格权对于人格保护的不足而产生的，其源于人格作为人的本质的最高价值，这些价值在现代民主法治社会已经得到《宪法》的确认，并通过宪法影响部门法。但是，民法对人的价值的保护必须通过特定的法律技术转变为民法上可以操作适用的具体制度，也就是说，民法必须通过自身的制度去实现宪法对于人的价值的保护。一般人格权作为一项民法制度，必须纳入民法的框架，这是一般人格权的宿命，也是民法学者的使命。

关于一般人格权的性质，我国学界主要有三种观点：有学者认为它是一种权利④，有学者认为它是一种法益⑤，还有学者认为它并非权利或法益，而是法律对于人格予以保护的框架性条款。⑥ 对于我国一般人格权性质的讨论，必须以学界关于一般人格权的共识为基础，这就是，一般人格权是对于抽象的人格利益的保护，也就是对人格独立、人格自由、人格平等和人格尊严的保护。按照传统民

---

①　2001 年《最高人民法院关于确定民事侵权精神损害赔偿责任若干问题的解释》第 1 条对于作为一般人格权核心的人格尊严作出了规定。

②　王利明：《人格权法研究》，北京，中国人民大学出版社 2005 年版，第 160 页；杨立新、尹艳：《论一般人格权及其民法保护》，《河北法学》1995 年第 2 期；姚辉：《论一般人格权》，《法学家》1995 年第 5 期。

③　杨立新、尹艳：《论一般人格权及其民法保护》，《河北法学》1995 年第 2 期；尹田：《论一般人格权》，《法律科学》2002 年第 4 期。

④　王利明、杨立新、姚辉：《人格权法》，北京，法律出版社 1997 年版，第 26 页。

⑤　熊谓龙：《权利，抑或法益？——一般人格权本质再探讨》，《比较法研究》2005 年第 2 期。

⑥　马俊驹：《人格和人格权理论讲稿》，北京，法律出版社 2009 年版，第 200 页。

法的权利观念，权利的内容必须是明确的、可以划定的，无论是物权、债权还是具体人格权都至少具有权利客体的可确定性，一般人格权并非这种意义上的权利，对于人格独立、人格自由、人格平等和人格尊严无法具体界定并划定范围，因此我国的一般人格权并非具体权利。[①]

在德国法中，一般人格权被视为一种不同于传统权利的框架性权利。[②] 而我国的一般人格权是否属于框架性权利，需要慎重考察。我国的一般人格权制度与德国的一般人格权制度存在较大差异，不能简单移植框架权利的概念。虽然德国的一般人格权和我国的一般人格权都是对源于宪法的人格价值的保护，但是作为民法上的一项制度，德国的一般人格权并非以抽象的人格作为保护的客体，联邦最高法院一直是将人格在特定领域的表现形式而非抽象的人格作为一般人格权的保护对象，这种人格的表现形式或者是客观化了的人的表达，或者是私人领域，或者是得到固定的话语等。[③] 而且随着判决的增加，这些人格的表现形式在不断增加，所有这些都是一般人格权的保护对象。与此形成对照的是我国的一般人格权的保护客体，无论是学界还是司法实务都不存在将人格在特定领域的表现形式作为一般人格权客体的尝试，主流观点认为，一般人格权是对抽象的人格独立、人格自由、人格平等和人格尊严的保护，也就是对整个抽象人格的保护，因为无论是从哲学还是社会学的角度考察，人格独立、人格自由、人格平等和人格尊严都是人格的代名词，是对人格的全面概括。

虽然我国一般人格权关于对人格独立、人格自由和人格平等保护的论断，与德国法关于一般人格权源于基本法，是对基本法第1条和第2条确定的关于人格尊严和人格发展的保护的论断相似，但是，相似也仅止于此。不管是有意还是无意，我国的一般人格权不存在通过人格的具体化进行权利构建的尝试，而是采用了与德国法不同的做法，通过一般人格权确立了一个转介条款，宪法上关于人格

---

① 更加详细的关于一般人格权并非权利的讨论，请参见熊谓龙：《权利，抑或法益？——一般人格权本质再探讨》，《比较法研究》2005年第2期。

② Münchener Kommentar, Bürgerliches Gesetzbuch, Band 1, Verlag C. H. Beck 2001, S. 225.

③ 这三种人格的客观表现是德国联邦最高法院分别在"读者来信案""骑士案""录音案"中确立的。

保护的价值通过该条款获得了民法的效力，侵害人格独立、人格自由、人格平等和人格尊严的行为，可以获得侵权法的救济。因此我国现有一般人格权是一个高度抽象的概念，人格独立、人格自由、人格平等和人格尊严在民法中的具体表现及其范围尚有待确定，尤其是人格自由作为整个民法制度的基础价值，特别表现为民事行为能力与合同自由。在这种民法框架内，作为一般人格权保护内容的抽象的人格自由到底能扩展到何种程度，是一个不可回避的问题。不管学者的态度如何，民法的各种法律制度必须是具体的，抽象的概念只能作为民法的原则而不能成为制度。在德国，通过学者的努力，一般人格权已经发展为一种中等抽象的概念，我国的一般人格权如何从宪法价值的转介条款具体化为一种民事权利，是需要学界认真对待的问题。

（2）《民法典》之前的一般人格权制度与具体人格权存在矛盾

我国一般人格权与具体人格权的关系是"剪不断、理还乱"，其复杂程度远甚于德国法上一般人格权与具体人格权的关系。一方面，大多数学者认为，一般人格权是各种具体人格权的概括，也是各种具体人格权产生的基础。[①] 但是，另一方面又认为，已经为法律确认的具体人格权的利益，不应当包括在一般人格权中。[②] 由于我国一般人格权制度的特殊构造，造成了一般人格权与具体人格权的矛盾关系，主要表现为：

第一，我国现有一般人格权的高度抽象性，使得具体人格权丧失了独立性。一般人格权的保护客体具有高度的抽象性，是抽象的人格独立、人格自由、人格平等和人格尊严，而具体人格权的客体是各种具体的人格要素，正是这种抽象与具体的关系形成了一般人格权与具体人格权的区分。但是问题并非如此简单，如果人格独立、人格自由、人格平等和人格尊严是对民事主体全部人格利益的抽象概括，而具体人格要素又是民事主体人格利益的表现，具体人格要素自然被人格独立、人格自由和人格平等所吸收，具体人格权将成为一般人格权的权能，具体

---

① 王利明：《人格权法研究》，北京，中国人民大学出版社 2005 年版，第 177 页；魏振瀛：《民法学》，北京，北京大学出版社 2000 年版，第 638 页。

② 王利明：《人格权法研究》，北京，中国人民大学出版社 2005 年版，第 160 页。

人格权则丧失了作为独立权利的资格。如果要坚持具体人格权的独立性，从而认为一般人格权不包括具体人格权的人格利益，又会造成与一般人格权是对主体的人格利益予以全面保护的界定的冲突，进而产生逻辑上的矛盾。

第二，在一般人格权对具体人格权的解释与补充功能上两者也存在着矛盾。例如，有人认为，我国《民法通则》第100条规定的侵害肖像权的行为仅限于以营利为目的，显然不利于权利人人格的保护，应当通过一般人格权对此进行补充，以非营利方式使用肖像的行为应当属于对一般人格权的侵害。但是，由于我国的一般人格权所保护的是抽象的人格独立、人格自由、人格平等，并非具体的人格要素，而这里所针对的是作为具体人格要素的肖像，因而又不能归属于一般人格权。这就造成了既要通过一般人格权进行保护，而按照一般人格权又无法保护的困境，这说明我国的一般人格权概念本身存在缺陷。在德国，由于一般人格权是以人格在特定领域的表现为保护对象，这样的一般人格权已经获得了具体化，因而不会产生这样的问题。例如对于姓名的保护，《德国民法典》第12条对于作为具体人格权的姓名权仅规定了排除他人争夺和无权使用的情况，这里主要是防止姓名归属上的混乱。通过其他方式使用姓名的行为不属于该条规定的对姓名权的侵害，而属于一般人格权的保护范围，德国联邦最高法院在其判决中对在广告中单纯提及某人姓名的情况，通过一般人格权予以救济（这里并非是使用他人姓名进行广告，而仅仅是在广告中提及该姓名）。①

（3）《民法典》之前我国一般人格权与公开权关系复杂

人格中的财产价值应当予以保护已经成为两大法系多数国家的共识，由于法律传统以及法律体系的不同，表现为不同的制度构造，美国法是通过公开权制度进行保护的②，德国法是通过一般人格权进行保护的。③ 我国学者对于人格中的财产价值应予保护也已经形成了共识，但是如何将其纳入我国的人格权体系中则存在障碍。《人身权法论》（第三版）将人格商品化权（即公开权）放在一般人格

---

① BGHZ 30, 7.

② Nimmer, *The Right of Publicity*, 19 Law &Contemp. Prob. 203, 216 (1954).

③ Gerhard Wagner, Neue Perspektiven im Schadensersatzrecht—Kommerzialisierung, Strafschadensersatz, Kollektivschaden, C. H. Beck Verlag 2006, S. 37.

权一章中论述，表现的就是这种障碍以及对此的困惑。① 按照我国的人格权体系，具体人格权是对各种得到法律承认的具体人格要素的保护，一般人格权则是对于具体人格权不足的补充，所有具体人格权未规定而确有保护必要的人格利益都应当通过一般人格权来保护，因而公开权应当作为一般人格权的一部分。但是，由于我国的一般人格权被构建为对于抽象的人格独立、人格自由和人格平等的保护，而公开权则表现为对于具体的人格要素的财产价值的利用，因而不能被一般人格权的概念所容纳。这样，公开权就成为一种游离于具体人格权和一般人格权之外的制度，破坏了学界公认的由一般人格权和具体人格权构成的人格权体系。而且由于一般人格权的高度抽象性，随着社会发展产生的新的需要保护的具体的人格利益也不能纳入其中，这样会不断产生游离于体系之外的权利，使得人格权体系杂乱无章，缺少必要的逻辑性。

（4）《民法典》之前一般人格权与人格权概念存在矛盾

在《民法典》之前，我国的一般人格权概念与人格权概念也存在矛盾。一方面，我国的一般人格权被界定为是对于全部人格利益的抽象概括保护，一般人格权与作为对主体的全部人格利益予以保护的人格权存在混淆的可能，因为两者都是以人的全部人格利益为保护对象的。另一方面，由于一般人格权包括各种具体人格权，因而一般人格权是具体人格权的上位概念，因而人格权的体系就是垂直结构，即从人格权到一般人格权再到具体人格权这样的递进结构。

（5）《民法典》之前我国一般人格权制度与人格权体系矛盾的根源

之所以会产生一般人格权与人格权体系的上述矛盾，最根本的原因是我国现有的一般人格权未经法律技术处理转变为民法的制度，德国法的一般人格权经过学界和法院的共同努力，从抽象的概念转变为中等抽象的概念，从而作为框架性权利成为民法制度，因此不存在上述矛盾。我国的一般人格权制度不能停留在宪法价值在民法中适用的转介条款的阶段，它必须以此为基础完成其民法化进程。一般人格权的概念停留在对于人格独立、人格自由、人格平等和人格尊严的保护

---

① 杨立新：《人身权法论》，北京，人民法院出版社2006年版，第370页以下。

这样的层面是远远不够的，这样的界定损害了一般人格权本来应当具有的功能，因为在社会生活中出现的需要得到保护的人格利益总是具体而非抽象的，不仅如此，这样的一般人格权构造还进而造成了人格权体系的混乱。我国的一般人格权制度必须完成其痛苦的蜕变过程，真正成为一项民法制度，与其他人格权制度相配合，构成逻辑融洽、功能完整的人格权体系。

（6）解决一般人格权制度既存矛盾的办法

面对上述这些《民法典》之前一般人格权制度存在的矛盾现象，应当进行分析，以便寻求正确的解决办法。应当看到的是，一般人格权在我国的社会生活中出现，并被大家所接受，不过二十多年的时间，自 1993 年《人格权法新论》一书中第一次提出来，在短短的时间里，这一概念能够被社会所接受，并且在最高人民法院的司法解释中作出规定，在各级人民法院的判决中体现出来，是难能可贵的。正因为它被我国法学界和司法界接受的时间较短，因此存在各种问题和矛盾是可以理解的。面对这样的问题，不应当消极地批评，而应当积极进行解决。笔者对于上述矛盾的分析意见是：

第一，一般人格权和具体人格权之间的矛盾，主要反映在一般人格权的客体与具体人格权的客体是否冲突。看起来，一般人格权的客体是高度抽象的人格利益，包括人格独立、人格平等、人格自由和人格尊严，似乎已经代替了所有的具体人格利益。从逻辑上说，当然是这样，所有的具体人格利益，最高的抽象其实都在人格尊严之中。但是，这并不是说，一般人格权就能够代替一切具体人格利益的保护。应当看到，抽象的人格利益与具体的人格利益是不同的，具体的人格利益是人格的具体要素，既然已经具体，就与抽象人格利益相脱离，并且在具体保护方法上划清界限。解决这个矛盾的方法是，已经独立的具体人格权所保护的客体是特定的具体人格利益。具体人格利益尽管可以概括在抽象人格利益之中，但并不等于就是抽象人格利益，也不再用抽象人格利益的保护方法进行保护。做出这样的理解，就能够划清一般人格权和具体人格权的界限，在强调一般人格权时不会使具体人格权丧失独立性。

第二，一般人格权具有解释具体人格权的功能，也具有对具体人格权立法不足的补充功能。看起来，这两个功能是存在矛盾的，但在事实上，一般人格权的解释功能是给具体人格权的解释提供标准和依据，在对具体人格权进行解释的时候，只能按照一般人格权的规定性进行解释，违反一般人格权对具体人格权解释的规定性，就是错误的解释，并非是对每一个具体人格权进行具体解释。如在对肖像权进行解释的时候，是对《民法通则》在规定肖像权的条文中规定了"以营利为目的"的解释，而非对肖像权本身的解释。在相当长的一段时间里，很多学者和法官都认为这一法律规定是规定了侵害肖像权的构成要件，只有以营利为目的非法使用他人肖像的，才构成侵害肖像权的侵权责任。对肖像权作这样的解释，违反了一般人格权保护人格尊严的规定性，因此，这样的解释是错误的。并非承认以营利为目的的侵害肖像权就构成侵权责任，非以营利为目的的非法使用他人肖像就必须以一般人格权进行保护。按照这样的思路，对非以营利为目的的非法使用他人肖像，就体现了一般人格权的补充作用。应当看到的是，一般人格权的解释功能是抽象的，是一般性的要求，并不是具体解释。至于一般人格权的补充功能，那才是具体的，对此，下文再说。关于肖像权的立法问题，实际上是当时《民法通则》对肖像权的规定还缺乏经验，也缺少必要的理论基础，因而这个规定本身就是不对的，并且本条不是规定侵权责任构成，而是授权性规范。

第三，一般人格权与公开权之间的矛盾是存在的，也是长期存在疑惑的问题。当时之所以将公开权归置于一般人格权之下，就是因为它并不是一个具体人格权，而是抽象的人格权。存在的错误是，公开权与一般人格权并不是一回事，尽管德国现在也将商业利用权概括在一般人格权之中，但是，公开权说的是具体人格利益中的财产价值如何才能得到更好的保护。我国人格权法理论研究也具有后发优势，在解释具体人格权时，早已把具体人格权保护中的财产性人格利益包含在其中，用具体人格权能够保护这些人格利益。《民法通则》第 100 条对肖像权规定的这个条文，最初的思路就是要特别保护肖像权中包含的财产性人格利益，凡是以营利为目的使用他人肖像的，更应当予以损害赔偿的侵权责任保护，才能够更加全面地保护肖像权，而非只保护其财产利益而不保护精神利益。因此，公开权不是一个具体权利，而是一个抽象权利，它只负责指导具体人格权保护人格利益时对财产性人格利益的特别保护，而不是自己替代具体人格权，发挥具体人格权的保护功能。因此，它是一个权能性的抽象权利，与一般人格权着重补充功能发挥作用之间，不存在横向的联系。划清了这个界限，一般人格权与公开权也就不会发生矛盾了。

第四，一般人格权与人格权之间的关系，不是垂直结构，而是树形结构。一般人格权与人格权的垂直结构看法的来源，就在于对抽象人格权认识的不足。肯定抽象人格权的概念，将一般人格权、自我决定权和公开权作为抽象人格权的下级范畴，并且使抽象人格权与具体人格权概念相互对应，共同作为人格权概念的一般范畴；在抽象人格权和具体人格权之下，再设立相应的概念，即各种抽象人格权和具体人格权，这个树形结构就是科学的，一般人格权和人格权概念也就不会发生冲突。

三、《民法典》以具体化和抽象化为基础构建一般人格权

《民法典》第 990 条第 2 款对我国的一般人格权作了明确规定，实现了一般人格权的法典化。《民法典》构建一般人格权，是以其具体化和抽象化为基础的。

1. 对德国法一般人格权具体化的借鉴

人格权的观念在《德国民法典》制定之时并未被广泛接受，立法者认为，人格利益不应归属于主体性权利，不要试图超越刑法的规范去保护它们。[①]《德国民法典》第一草案立法理由书认为，虽然基于故意或过失通过违法行为侵犯生命、身体、健康、自由和名誉等法益，对此应承担损害赔偿义务，但这并不表明认可了对于人本身的权利，关于这一问题还是交由法学界探讨后决定。[②] 而且对此保护的部分原因，是出于与刑法协调的需要。[③] 一般人格权产生之后，司法机关通过一般人格权对人的人格尊严和人格发展进行全面保护，人格权观念也得到

---

① Enneccerus-Nipperdey, Allgemeiner Teil des Bürgerlichen Rechts, 15. Aufl. 1959, S. 841.

② Motive zu dem Entwurfe eines Bürgerlichen Gesetzbuches für das Deutsche Reich, Amtliche Ausgabe, Berlin Guttentag, 1888, Bd. Ⅰ, S. 274.

③ Nehlsen-v. Stryk Karin, Schmerzensgeld ohne Genugtuung, JZ1987, 124.

了学界的广泛支持，人格权才真正得到了确立。但是，通过一般人格权理论对于人格的保护能够扩张到何种程度，尚存在疑问，对于通过司法实践发展起来的一般人格权，理论界不能放弃对其体系化的努力，并尝试将其纳入民法典体系。这种体系化和具体化的努力，是通过对既有判决关于人格保护的具体化与明确化，形成相对具体化的具体人格权实现的。从一般人格权向具体人格权的转变是必要的并值得期待的发展，只有通过具体人格权的构建，该特别领域的人格才能获得具有法律确定性的保护。① 尼佩戴教授更加鲜明地指出，一般人格权必须通过从它本身流淌出来的得到限定的具体明确的具体人格权得到保护。② 针对这种具体化，学者提出了领域说，一般人格权可以具体化为个性领域、私人领域以及私密领域。③ 个性领域是指在社会环境中表现出来的人的特征；私人领域是指家庭、住宅以及其他私人生活领域；私密领域是指人的内在思想，主观感受，以及它们的外在表现，例如私密信件和日记，除此之外还有健康状况和性生活的记录。④ 通过这种努力，具体人格权逐渐形成，虽然在到底具有哪些具体类型上还存在不同的看法，但是，对于一些主要的具体人格权类型已经基本形成了共识，主要包括姓名权，对肖像的权利，对名誉的权利，对私人领域的权利。⑤ 其他的具体人格权仍在逐渐形成之中。一般人格权具体化的主要困难在于部分人格特征不够典型与明确，以至于无法形成与人格明确分离的客体，具体人格权的形成与发展需要法学发展出将这些人格领域予以明确界定的法律技术。

可见，德国一般人格权的体系化是通过具体化一般人格权的保护领域，形成新的具体人格权实现的。由一般人格权向具体人格权的发展，有利于实现法律的确定性与安定性。在这种框架下，一般人格权并非最终的目的，司法机关通过一般人格权不断积累对于新的人格领域保护的经验，待其成熟之后再通过具体人格

---

① Deutsch/ Ahrens, Deliktsrecht, 4. Auflage, 2002, S. 103.

② Nipperdey, Das allgemeine Persönlichkeitsrecht, UFITA 1960, 8.

③ Heinrich Hubmann, das Persönlichkeitsrecht, 2 Auflage, Böhlau Verlag 1967, S. 175ff. und 268ff.

④ Jürgen Gleichauf, Das postmortale Persönlichkeitsrecht im internationalen Privatrecht, Peter Lang Europäischer Verlag der Wissenschaften 1999, S. 68.

⑤ Nipperdey, Das allgemeine Persönlichkeitsrecht, UFITA 1960, 5. Kötz/ Wagner, Deliktsrecht, 10 Auflage, Luchterhand Verlag 2006, S. 147 – 155.

权予以固定。一般人格权源于法典关于具体人格权的规定对于人格保护的不足，并最终促进新的具体人格权不断形成。

应当看到的是，我国《民法典》第990条第2款规定的一般人格权所保护的是"基于人身自由、人格尊严产生的其他人格权益"，是"人格权益"而非"人格利益"，其中的"权"字，就能够表达我国一般人格权的具体化要求。这就是，凡是《民法典》第990条第1款没有明确规定的具体人格权，一般人格权提供保护，且待其成熟为具体权利时，确认其为具体人格权。我国一般人格权的这种功能，正是其创造功能的体现，也是一般人格权具体化的表现。最近体现一般人格权这一功能的，就是个人信息权。对于个人信息权，以往主要由隐私权保护，不能用隐私权的私密信息予以保护的，可以适用一般人格权提供保护。《民法典》确认个人信息权的独立保护，《个人信息保护法》确认个人信息权益，使个人信息脱离一般人格权的保护，成为具体人格权。

2. 以我国具体人格权制度为基础构造一般人格权

法律的安定性以及一般人格权功能的实现，都要求一般人格权的具体化，并进而形成具体人格权，我国的抽象的一般人格权制度已经不能适应人格保护的需要。至于我国应当建立什么样的一般人格权，必须从一般人格权的功能出发。由于一般人格权是对于具体人格权关于人格保护不足的补充，因此，具体人格权的结构是一般人格权构造的基础，应当以我国具体人格权为基础构造一般人格权。

我国制定《民法通则》时，对于人格权的认识超越了《德国民法典》制定之时，具体人格权制度已经部分吸收了一般人格权的发展成果，尤其是一般人格权具体化的成果，不但具体人格权的类型甚至具体人格权的内容都比《德国民法典》规定的具体人格权丰富。编纂《民法典》，我国对一般人格权的理论准备和实践经验已经比较丰富，更注重于其抽象化的功能设置。"基于人身自由、人格尊严产生的其他人格权益"中的"益"，就是没有具体人格权保护的人格利益。

在具体人格权的类型上，《德国民法典》明确规定的具体人格权只有姓名权，德国《肖像艺术和摄影作品著作权法》对肖像权进行了规定，生命、身体、健康和自由虽然被视为权利予以保护，但对于它们是否属于人格权，法典有意予以回避。① 我国《民法典》第 990 条第 1 款宣示的具体人格权，就有生命权、身体权、健康权、姓名权、名称权、肖像权、名誉权、荣誉权、隐私权等权利，在人格权的权利类型上，已经很完备。除了一般人格权对这些具体人格权的基本解释功能之外，已经没有更多的控制或者约束，因此，我国的一般人格权侧重的是其功能的抽象化，即对"前款规定的人格权外"的其他人格权益的保护。这正是一般人格权作为抽象人格权对人格利益的保护特点。

由此可见，我国的人格权立法以及理论研究利用后发优势，通过具体人格权理论继受了比较法上尤其是德国法关于一般人格权的发展成果，将通过一般人格权发展出的新的人格利益具体化为各种具体人格权，并且将各种具体人格权的权能进行了全面概括，能够容纳针对该具体人格要素产生的新的利用权能。这种人格权发展的思路也符合德国法一般人格权具体化的发展趋势，因此，我国《民法典》规定一般人格权，秉承一般人格权抽象化的传统，在此基础上设计了第 990 条第 2 款。

我国的具体人格权已经通过类型增加和权能扩充，部分地实现了一般人格权的功能，因而，我国的一般人格权完全不需要再是一个内容非常广泛的制度。完全抽象的对于人格予以全面概括的一般人格权也根本无法予以法律适用，这不但可以从以上关于我国一般人格权与人格权体系的矛盾的论述予以证明，而且可以从德国法一般人格权的具体化得到证实，因为对于人格的保护必须落实为各种至少是相对具体的人格要素类型，对于抽象的人格的保护在违法性、损害以及因果关系的判断上都存在巨大困难。

因此，我国《民法典》第 990 条第 2 款规定的一般人格权，以具体人格权为基础，将一般人格权的保护对象限定于"除前款规定的人格权外"的"其他人格权益"。这些基于目前的立法技术尚无法与人格明确分离的非典型的人格要素，

---

① Motive zu dem Entwurfe eines bürgerlichen Gesetzbuches für das Deutsche Reich, amtlicheAusgabe, Berlin Guttentag, 1888，Bd. I，S. 274.

主要表现为我国具体人格权尚未规定的人格要素的保护，这些非典型人格要素基于人格尊严和人格自由而成为人格的必要组成部分，应该得到一般人格权具有弹性的保护，由司法机关在实践中根据案件的具体情况进行利益衡量及构成要件判断。

3. 继续坚持一般人格权所具有的抽象人格权功能

如果仅仅将一般人格权作为一个解决具体人格利益保护的权利，它也就失去了一般人格权的职能和地位，其实就降低到具体人格权的地位，一般人格权也就失去了自己存在的价值和意义。作为抽象人格权的一般人格权是一个具有双重属性的权利。一方面，它是一个抽象的权利，正因为如此，它超然于具体人格权而存在，发挥着它的人格权渊源权和母权利的作用，发挥着它的创造和解释具体人格权的功能。另一方面，它又是一个具体的权利，因而能够补充具体人格权立法的不足，对具体人格权所不能予以保护的其他人格权益提供补充的依据，更好地保护民事主体的人格利益。

这个具体化的法律基础，就是《民法典》第 109 条至第 111 条以及第 990 条第 2 款规定的人格权益。对具体人格权不能提供保护的其他人格权益，一般人格权基于这个规定而提供保护。至于请求权的基础，是第 995 条和第 1165 条规定的人格权请求权和侵权请求权，凡是侵害具体人格权无法保护的其他人格权益，需要以停止侵害、排除妨碍、消除危险、消除影响、恢复名誉、赔礼道歉责任方式予以保护的，以人格权请求权予以保护，凡是造成损害需要以损害赔偿责任予以保护的，适用侵权请求权予以保护。

四、一般人格权的概念和地位

（一）一般人格权的概念和特征

一般人格权是指民事主体享有的，概括人格独立、人格自由、人格尊严全部内容的一般人格利益，并由此产生和规定具体人格权，并对具体人格权不能保护的人格利益进行保护的抽象人格权。《民法典》第 990 条第 2 款规定的就是一般人格权。

一般人格权与具体人格权相比较，具有以下法律特征。

1. 一般人格权的主体限于自然人

通常认为，一般人格权的主体是普遍主体。在历史上，罗马法中的自由、市民权和名誉具有一般人格权的某些属性，与现代一般人格权相比较，是以把人的人格分成等级为基础，因而不为所有的人享有或不完全享有。现代一般人格权由所有的自然人一律平等享有，并且不独为自然人所享有，而且法人也享有一般人格权。不过，我国《民法典》第990条第2款对一般人格权明确规定为自然人所享有，法人、非法人组织不享有一般人格权。任何一个自然人，自其出生后，不论在社会中有何政治地位、身份和能力，在经济能力上有何不同，都平等地、普遍地享有一般人格权，并与个人的属性终生相随，直至其死亡。

2. 一般人格权的客体具有高度概括性

通常认为，一般人格权的客体是一般人格利益，《民法典》第990条第2款规定为"其他人格权益"。其实，一般人格权益与其他人格权益在一般情况下是相同的概念，就是那些没有被具体人格权所涵盖的人格权益。《民法典》第990条之所以规定为"其他人格权益"，是因为"被侵犯的人格权益没有法律的明确规定，并且无法纳入具体列举的人格权的保护范围。该款规定是为了弥补法律规定和人格权的具体列举所出现的不足"①。2001年《精神损害赔偿司法解释》规定的一般人格权的客体是其他人格利益。一般人格权所保护的一般人格权益具有高度的概括性。从具体内容上分，一般人格权益包括人格独立、人格自由、人格平等和人格尊严，但这些人格利益不是具体的人格利益，而是高度概括的人格利益。其意义，一是一般人格权益本身的概括性，人格独立、人格自由、人格平等、人格尊严都不能化成具体的人格利益，也不能成为具体人格权的客体；二是一般人格权益是对所有具体人格权的客体的概括，任何一种具体人格权的客体，都可以概括在一般人格权益之中。因此，一般人格权才成为具体人格权的渊源，

---

① 黄薇主编：《中华人民共和国民法典人格权编释义》，北京，法律出版社2020年版，第15页。

由此产生并规定具体人格权。

3. 一般人格权的权利内容具有广泛性

德国学者拉伦茨认为，一般人格权具有概括的广泛性。莱普迪则认为，一般人格权不仅涉及国家和个人的关系，而且涉及民法典第 823 条所包括的具体人格权，一般人格权范围极为广泛，在内容上是不可列举穷尽的。[①] 我国台湾地区学者施启扬也认为，法官的任务只是依有关价值观念将一般人格权具体化并确定其界限，因为人格的本质不易明确划分界限，一般人格权作为概括性权利，在内容上是不易完全确定的。[②] 一般人格权的内容包括具体人格权的内容，但是，对于具体人格权所不能包含的人格利益，也都包含在一般人格权之中。它不仅是具体人格权的集合，而且为补充和完善具体人格权立法不足提供切实可靠的法律依据。人们可以依据一般人格权，在自己的人格利益遭受损害但又不能为具体人格权所涵括时，依据一般人格权的法律规定寻求法律上的救济。

4. 一般人格权具有双重属性

一方面，一般人格权是基本权利，是抽象人格权，对具体人格权有概括和指导的作用，决定着和派生着各种具体人格权；另一方面，它又有一定的具体保护功能，即对那些具体人格权无法保护的其他人格权益，提供法律保护依据，发挥人格权法规定具体人格权立法不足的补充作用。在现实生活中，一般人格权的后一种作用更为具体。

（二）一般人格权的性质和地位

1. 一般人格权的性质

一般人格权的性质不是具体权利，而是抽象人格权。与自我决定权和公开权一道，构成我国抽象人格权的体系。一般人格权更为抽象和具有概括性，成为人格权中最具抽象意义的基本人格权。正如德国学者胡伯曼（Hubmann）所说，一般人格权不同于人格权本身，也不同于各项具体人格权，而是个人的基本权

---

① 转引自王利明主编：《人格权法新论》，长春，吉林人民出版社 1994 年版，第 161 页。

② 施启扬：《从个别人格权利一般人格权》，《台湾大学法学论丛》第 4 卷，第 1 期。

利。否定一般人格权，实际就否认了个人的基本权利。[①] 一般人格权的抽象性表现在，它原则上不具体解决人格权的保护问题，那是具体人格权的职能。它作为具体人格权的渊源权，作为具体人格权的母权利，规定具体人格权的属性、内容和解释；当一个具体的人格利益已经成熟，并且能够独立成为一个具体人格权的时候，依据一般人格权的功能，创造出一个新的人格权。这样的一个民事权利当然是一个抽象权利，而不是具体权利。

但是，一般人格权又具有一定的具体作用。一般人格权在这一点上，其保护对象是未得到我国具体人格权规定的不确定的人格组成部分，由于这些组成部分基于当时的认识和立法技术尚无法与人格予以明确分离，因此具有很强的主观性，主要表现为意志对于人格的自主决定。因此一般人格权保护的不是人的外在的表现形态，该外在形态只是使得一般人格权获得可以识别的标志，其核心的价值是对于意志的自我决定的保护，这种意志的自我决定是人格尊严和人格发展的核心，它使人能够成为自己人格发展的主宰，自己决定自己人格的发展方向，形成自己独特的人格个性。

因此，一般人格权属于抽象人格权，不是一种主观权利，不具有独立的权利地位，主要是一种权能性的权利，但具有一定的独立性。

2. 一般人格权保护的价值

科学技术的发展，为人格发展提供了更多的选择与可能性，很多以前不可能展现在公众面前的人格个性获得了为人们识别的可能，比如人的肖像、声音以及基因构成等，而且随着科技的创新，会有更多展现人格的可能性。在这种情况下，这些人格个性是否要向社会公众展现，或者其中的哪些要向社会展现，以什么样的方式展现，在何种范围内展现，都关涉一个人的人格个性与人格发展，因此，主体对于这些方面的自主决定成为人格尊严和发展的关键，也是人格权发展的动力。在这种情况下，人的物理性的静态存在丧失了其在人格中的主导地位，意志针对自己人格的自我决定成为人格的核心，因为人格个性的大多数方面以

---

① Stim Stromholm，*Right of Privacy and Right of the Personality*，p. 39.

及人格的发展是由意志的自我决定表现和控制的，而且对于人格的侵害并不局限于对人格的物理性存在的损害，更多表现为违反主体的意志对其人格予以展现，或者歪曲地展现了其人格个性。个人的哪些人格个性要向社会展示、在多大范围内展示以及是否展示也都是一个人人格的本质，应当由每个人自己决定。比如有的人人格个性比较张扬，希望向公众展示自己多方面的人格特性，而有些人则比较内敛，希望将自己的大部分人格个性控制在一个亲密的朋友圈内，而不愿意将其向公众展示，对此法律必须予以尊重，并向其提供法律上的工具以实现其意志。

一般人格权作为一种法律工具保护的是以意志决定自由为核心的人格的自我发展，通过对于人针对其人格的意志决定自由的保护，为人格的表现和发展提供了更加周到与细致的保护，也为人格的多层次表现创造了可能，比如权利人可以仅将自己对某一问题的看法在某个亲密小范围内予以表达，其他人不得非法知悉，或者将自己的某种人格特性在某一范围内表现，而将另外的人格特性在另一领域表现，从而实现人格的层级式表达，极大地解放了人的个性，促进了人格的发展。

3. 一般人格权在抽象人格权体系中的地位

抽象人格权是对于人针对其人格表征的意志决定自由予以全面保护的工具，一般人格权只是抽象人格权体系中的一种。

抽象人格权中的一般人格权，与自我决定权和公开权一样，属于同等的抽象人格权，但是，一般人格权在抽象人格权中的地位更高，是抽象人格权中排在第一位的权利。这是因为，一般人格权是具体人格权的母权利，是渊源权，对所有的具体人格权具有概括的指导作用和规定性，而自我决定权和公开权没有这样的价值。

自我决定权的基本功能在于权利人依照自己的独立意志支配自己的人格利益，行使自己的人格权。社会公认的典型人格表征存在时间较长，已经获得比较成熟的认识，并被法典作为具体人格权的客体，非典型人格表征则是随着新技术的发展出现的，而且对于它们是否属于人格表征并应当予以保护尚需要判断，而判断又往往涉及社会传统、习俗以及价值观念。之所以对两者进行区分，是因为对这两类人格表征予以法律保护需要的技术不同，典型人格表征已经获得法律的认可，成为具体人格权的客体，意志针对它们的决定自由应当获得保护是没有疑问的，我国的人格权法将这种意志决定自由作为具体人格权的权能。但是，非典型的人格表征是否应当获得法律保护以及保护的程度，需要具体的个案衡量，在法律技术上不同于典型人格特征。因此，将意志针对非典型人格表征的决定自由构建为一般人格权，而意志针对典型人格表征的决定自由构建为自我决定权。

公开权的基本功能，是保护具体人格权中所包含的具有财产价值的人格利益。随着社会的发展，新的科学技术提供了增加这种表现的工具，从而实现更多的人格特性与人格分离的可能，这也是现代社会人格权发展的根本原因，比如在基因技术产生之前，基因信息是无法与人格相分离成为人格表征从而获得人格权保护的。但是，人的人格表征的范围与人格的范围一样难以界定，可以大概地将人格表征做如下分类：社会公认的典型的人格表征、非典型的人格表征以及能够与主体相分离并获得独立地位可以予以商业利用的人格表征。这些人格表征一旦应用于商业领域，就会产生价值。这些价值是随着主权利而发生的，并不是基于其他因素而产生，因而必须属于权利人自己，由权利人自己支配。违反这样的规则，非法使用他人的有财产价值的人格利益要素进行商业活动，就属于侵害人格权，对被侵权人负有侵权责任。

将能够与主体相分离、并获得独立地位、可以予以商业利用的人格表征予以独立的必要性在于，对于人格表征的商业利用是一种独立的价值，其不同于人的人格个性的发展，在比较法上具有相对独立的地位。例如在美国法中，它是作为不同于隐私权的公开权获得保护的；在德国法中，对于人格的商业化利用是否属于一般人格权尚存在争议，有学者认为一般人格权是对于人的尊严和个性的保护，并不包含财产价值[1]，因而，人格的商业化利用与一般人格权是两种并列的

---

① Heinrich Hubman，Das Perönlichkeitsrecht，2 Auflage，Böhlau Verlag 1967，S. 134.

制度。虽然德国联邦最高法院确认一般人格权包含人格的财产价值，但是，却认为其并非源于德国基本法第1条和第2条，而是源于民法。[①] 因此，德国法中人格的商业化利用与一般人格权还是存在一定的差异的。具体到我国的法学理论和实践，也是一直将人格的商业化利用作为一种独立的权利予以构建的，因此，可以予以商业利用的人格表征具有独立的地位，应当予以独立规定，从而作为抽象人格权的一种即公开权。

尽管在具体价值上，一般人格权只是基于法律技术以及我国具体人格权现状的需要，随着对非典型人格表征研究的深入以及社会观念的认可，尤其是法律技术的提升，某些非典型的人格表征能够获得比较明确的界定，获得与人格相分离的独立地位，则应当作为典型人格表征对其进行规定，以获得明确的、可预期的法律地位及法律效果，这样就实现了从一般人格权到具体人格权的转变。应当看到的是，一般人格权的更大的作用，在于对具体人格权的指导和规定性，没有一般人格权的指导和规定，具体人格权就缺少统一的意志和灵魂，不能作为一个统一的整体，仅为一个松散的组合。在这一点上，自我决定权和公开权都不具有这样的作用。因此，一般人格权是抽象人格权中最主要的范畴，地位非常重要。

五、一般人格权的内容

一般人格权的范围极其广泛，在内容上不可能列举穷尽。这是一个客观事实，但它只说明了一般人格权的一个方面。在另一方面，采用高度概括的方式，也可以穷尽一般人格权的具体内容，将一般人格权广泛的内容涵括进去。

学者对此进行了努力，曾将一般人格权的内容概括为人身自由和人格尊严两大类。[②]《民法典》第990条第2款就是按照学者的这个意见，规定一般人格权的

---

① BGH，WRP 2008，1527 - 1530.

② 王利明主编：《人格权法新论》，长春，吉林人民出版社1994年版，第175页以下。

内容是人身自由和人格尊严。确认一般人格权的内容包括人格尊严是正确的，确认人身自由是一般人格权的内容，是不正确的。作为一般人格权内容的自由是人格自由。人身自由是自然人的身体自由（即行为自由）和意志自由（即思维自由），是自然人的一项独立的具体人格权，其内容也不是一般人格利益而是具体人格利益，显然不是一般人格利益的内容，只有人格自由才是一般人格权的内容之一。

一般人格权的内容是否应当包括人格独立？现代立法确认人的个人价值，反对个人对他人的人身依附。法律确认人格权、财产权乃至所有的民事权利，就是确认每个人在人格上的独立地位。因此，一般人格权也应包括人格独立。

据此，一般人格权的内容尽管极其广泛，但其概括的内容是可得而知的，这就是人格独立、人格自由和人格尊严。对于人格平等，笔者将其概括在人格独立的范畴中。一般人格权的这三项基本内容，也是一般人格权客体的三大法益，可以概括人格权的所有内容。

（一）人格独立

人格独立是一般人格权的基本内容之一。

人格独立的实质内容，是民事主体对人格独立地享有，表现为民事主体在人格上一律平等，在法律面前，任何民事主体都享有平等的主体资格，享有独立人格，不受他人的支配、干涉和控制。

1. 人格独立的意义

法律面前人人平等，是近现代立法的基本指导思想。资产阶级启蒙思想家为了反对封建专制和封建特权，提出了人的权利"天赋平等"和"自然平等"的理论，并且为资产阶级革命胜利后的宪法性立法所确认。1776 年美国《独立宣言》宣布："不言而喻，所有人生而平等"。1789 年法国《人权宣言》第 1 条宣布："在权利方面，人们生来是而且始终是自由平等的。"这一原则被各国立法所采用，并赋予其新的含义。在民事立法上，依据这一基本原则，确认民事主体具有独立、平等的人格。1804 年《法国民法典》第 8 条确认："所有法国人都享有民事权利。"《瑞士民法典》在其"人格"一节中，规定人都有权利能力，在法律范围内，人都有平等的权利能力及义务能力（第 11 条）。日本战后宪法把尊重个人人格和实现平等两种思想，作为其基本的原则，与此相适应，《日本国宪法施行后民法应急措置之法律》第 1 条明确规定："本法律之目的，在于新宪法施行后，就民法方面，以个人之尊严，与两性之本质的平等为基础，为应急的措置。"明确了人格独立与平等的一般人格权内容。

我国 1982 年《宪法》第 33 条规定："中华人民共和国公民在法律面前一律平等。""任何公民享有宪法和法律规定的权利，同时必须履行宪法和法律规定的义务。"依据这一宪法原则，《民法典》第 4 条确认：民事主体在民事活动中的法律地位一律平等。这些法律规定都确认，我国民事主体的人格独立、平等。

2. 人格独立的内容

人格独立表明人人都有平等的权利，人人都有保护个人人格的权利，人人都有捍卫个人独立性的权利。具体包括：

（1）民事主体的人格不受他人支配

主体的人格生而平等，生而独立，这种独立的人格只由主体自我进行支配，依照自己精神生活、物质生活的需要而支配，不得由任何其他人支配。禁止他人对权利主体人格的支配，是保障人格独立的基本要求。任何人支配他人的人格利益，无疑是否定权利主体的独立人格。应当强调的是，当自然人不具民事行为能力或不具完全民事行为能力的时候，法定代理人可以代理该权利主体进行民事活动，甚至支配其人格利益，例如父母同意将幼儿的肖像用于广告等商业活动。但是，这种支配的性质是代理，而非强行支配幼儿的人格利益。

（2）民事主体的人格不受他人的干涉

人格为权利主体的做人的资格；保障人格独立，应由权利主体的意志决定，他人无权干涉。干涉他人人格，也是对人格独立的干涉，形成一部分主体的地位高于另一部分主体，可以干涉这一部分主体的人格。权利主体捍卫自己的人格独立，就要求他人不得干涉自己，如有干涉，则有权寻求司法保护。例如，干涉他人婚姻自主权，就其实质而言，是干涉了自然人的独立人格，因而造成了人的地位的不平等。

（3）民事主体的人格不受他人控制

在罗马法上，有"自权人"和"他权人"的概念。自权人和他权人虽然都是自由人，但是，他权人的人格须受自权人的控制，他权人必须在自权人的同意下，才能进行民事活动。在资产阶级的初期民事立法中，亦留有这种一部分人控制另一部分人的人格的立法，如妻的人格受夫的人格控制，因而妻无独立的人格，或者说人格地位无完全的独立性。现代法律彻底否定自权人和他权人的概念，要求人人权利平等，地位独立，不受任何他人的控制。任何控制他人人格的行为，均为严重的侵权行为。

（二）人格自由

人格自由是一般人格权的另一项基本内容。自然人的其他人格权益是基于人格自由产生，不是基于人身自由产生。

1. 人格自由的概念

作为一般人格权内容之一的自由，不是人身自由。关于人身自由，我国《宪法》《国家赔偿法》《消费者权益保护法》均已作明文规定，认其为一种具体人格权，具体内容是身体自由和意志自由。一般人格权中的自由不是这种具体的自由权。

作为一般人格权内容之一的自由，也不是政治自由。政治自由，为公权利，是宪法规定的言论自由、出版自由、集会自由、结社自由、游行自由、示威自由、宗教信仰自由。这些自由，是人享有的政治权利，是公法上的自由。而人格自由则是私法上的自由，与其性质不同。

一般人格权中的人格自由，是私法上的抽象自由，既不是公法上的自由，也不是私法上的具体自由权，不是泛指主体的行为自由和意志自由，也不是指财产自由、契约自由，而是经过高度概括、高度抽象的人格不受约束、不受控制的状态。它既是指人格的自由地位，也是指人格的自由权利，是权利主体自主参加社会活动、享有权利、行使权利的基本前提和基础。权利主体丧失人格自由，就无法行使任何权利，不能从事任何社会活动。正如罗马法所规定，自由人在行为受到阻碍或被人拘束时，他的具体自由权受到了限制，但仍享有人格自由，不丧失自由人的身份，因而他仍可依其自由的人格而寻求司法保护，救济具体自由权的损害。如果自然人丧失人格自由，则其只能沦为他人的财产，成为物的具体形式，而不再成其为人。这种情况在一定意义上说明了人格自由与人身自由的关系，具有借鉴意义和启发意义。在今天的法律中，人格自由仍具有这种法律上的意义，它是自然人享有一切具体自由权的基础和根源。

2. 人格自由的内容

作为一般人格权内容的人格自由，包括以下两个方面的内容。

（1）保持人格的自由

人格自由是一种权利，更是一种地位，民事主体人人都有保持自己人格的自由。《瑞士民法典》以及其他国家民法典规定"任何人不得让与其自由"，不仅仅是说人不得让与其具体自由权，更重要的是强调主体不能让与其保持自己人格的自由。人格是作为人的资格，这种资格与生俱来，与人不可分离，主体只有保持自己的人格，才能使其成为主体，而不致成为他人的财产。保持人格的自由，就是主体保持自己做人的自由。任何人企图将他人变成私人的财产，就是侵害人格保持的自由。《民法典》第992条规定的"人格权不得放弃、转让和继承"中，就包括人格自由不得让与他人的含义。

（2）发展人格的自由

人格为与生俱来的资格，但是，主体在其生存期间，却可以采取各种方法，例如接受教育、刻苦修养、不断深造、加强锻炼、接受治疗等，发展自己的人格，完善自己的人格，使自己成为更完美、更完善的人，提高自己的社会地位、资历、经验、知名度等，使自己的生活更具美的色彩，为社会做出更多的有益贡献。在这些方面，权利主体享有充分的自由，以发展自己的人格，完善自己的人格。禁止他人接受教育，限制他人接受治疗等行为，都限制、干预了权利主体发展人格的自由，为侵害一般人格权的侵权行为。

（三）人格尊严

人格尊严是一般人格权的基本内容之一，也是一般人格权三大利益中最重要的利益，是一般人格权三项内容的核心，因此，人格尊严实际上也可成为一般人格权的代名词。

1. 人格尊严的概念

在我国，儒家传统伦理观中的人格尊严以人自身固有的德性为基础，人性之善，是人的天爵，亦是人之尊严的根源。在欧洲，公元前五世纪喊出人是万物的尺度，是存在的事物存在的尺度，也是不存在的事物不存在的尺度，进而强调人之尊严的至高性，古希腊思想中关于人格尊严的讨论才终于萌发并茁壮发展起来。① 因而，人格尊严是一个极抽象的概念，不像有的著作所说的那样，人格尊严是每个公民对自己的社会地位、社会价值的自我认识和自我评价，而是指民事主体作为一个"人"所应有的最起码的社会地位，并且应当受到社会和他人最起码的尊重。换言之，所谓人格尊严，就是把人真正当成"人"。因此，无论自然人职业、职务、政治立场、宗教信仰、文化程度、财产状况、民族、种族、性别有何差别，其人格尊严是相同的，绝无高低贵贱之分。②

2. 人格尊严的内容

人格尊严在性质上，与人格独立、人格自由并不相同。人格独立是人的客观地位，人格自由是人的主观状态，而人格尊严则是一种主观认识与客观评价的结合。

（1）人格尊严是一种人的观念

人格尊严是自然人对自身价值的认识。这种认识基于自己的社会地位和自身价值，它来源于自身的本质属性，并表现为自己的观念认识。因而，人格尊严具有主观的因素。

（2）人格尊严具有客观的因素

这种客观的因素是他人、社会对特定主体作为人的尊重。这种客观因素是一种对人的价值的评价，但与名誉这种社会评价不同，是对人的最起码的做人的资格的评价，评价的内容不是褒贬，而是对人的最起码的尊重，是把人真正作为一个人所应具有的尊重。因而无论人的各种属性、状态有何不同，但其尊严的评价

---

① 朱晓峰：《中国语境下人格尊严的民法保护》，北京，知识产权出版社 2019 年版，第 25、29 页。

② 梁慧星：《中国民法经济法诸问题》，北京，法律出版社 1991 年版，第 73 页。

却无任何不同之处。

（3）人格尊严是人的主观认识和客观评价的结合

人格尊严既包括自我认识的主观因素，也包括社会和他人评价的客观评价和尊重，这两种因素结合在一起，才构成完整的人格尊严。

3. 人格尊严的地位

人格尊严是一般人格权客体即一般人格利益的基础和核心。"人的尊严是宪法体系的核心。"① 各国宪法均以相当重要的地位规定这一内容，并在民事立法中规定其为一般人格权的主要内容。我国 1949 年以后的前三部宪法都没有保护人格尊严的规定，因而导致了"文化大革命"中和以后曾出现的严重践踏人格尊严的惨痛教训。1982 年以来，从宪法到基本法、单行法，都强调人格尊严受法律保护，构建了以人格尊严为核心的一般人格权体系。

人格尊严作为一般人格权体系的核心，它决定了一般人格权所具有的三项基本功能。在法律适用中，应当依据人格尊严解释各项具体人格权，创造新的具体人格权，以及补充不被具体人格权所涵括的一般人格利益。

六、一般人格权的功能

一般人格权的功能，是一般人格权在人格权体系中所发挥的基本作用，包括解释功能、创造功能和补充功能。这些功能分为两种性质：一种是抽象功能，包括解释功能和创造功能，发挥的是一般人格权的母权利和渊源权的作用；另一种是具体功能，即补充功能，对具体人格权无法提供保护的其他人格权益提供保护。

（一）解释功能

一般人格权的高度概括性和抽象性，使它成为具体人格权的母权，成为对各项具体人格权具有指导意义的基本权利，决定各项具体人格权的基本性质、具体内容，以及与其他具体人格权的区分界限。正因为如此，一般人格权对于具体人

---

① 王泽鉴：《人格权、慰抚金和法院造法》，《法令月刊》第 44 卷第 12 期。

格权具有解释的功能。当对具体人格权进行解释时，应当依据一般人格权的基本原则和基本特征为标准，有悖于一般人格权基本原理的解释，应属无效。除了在学理解释上一般人格权所具有的解释功能外，它还具有在司法适用上的解释功能。在司法解释上，对于具体人格权的法律规定应如何适用，也应依据一般人格权的基本原理进行解释，在具体人格权的法律适用上，不得违背一般人格权基本原理的要求。例如，关于侵害肖像权责任构成是否须具备"营利的目的"，很多法院在适用《民法通则》第100条规定时，将其解释成必备要件。依据一般人格权的基本原理，人格尊严并非具有实在的经济价值，对人格尊严的侵害并非只有在具备经济目的时才构成侵权，而是无论出于何种目的，或者不具有任何目的，只要构成对人格尊严的损害均构成侵权责任。关于侵害肖像权责任构成须具备营利目的的解释，违背一般人格权的基本原理，自属无效，用这种错误的解释指导司法实践，则更属错误。

（二）创造功能

一般认为，一般人格权是一种渊源权，或者叫权利的渊源。事实上，它不是所有权利的渊源，只是具体人格权的渊源权，从中可以引出各种具体人格权。人格权是一个不断发展的概念。纵观人格权的发展历史，是一个从弱到强，从少到多，逐渐壮大的权利群。尤其是近现代民事立法创造出大量的具体人格权，使具体人格权的类型达到了十几种，其数量之多，其他基本权利无法相比。这些权利的产生无一不是依据一般人格权的渊源创造出来的。在成文法国家，一般人格权的这种创造功能更为明显。成文法国家规定任何权利，必须依法律明文规定，无明文则无权利。这种成文立法的局限性，对新生的具体人格权的确认和保护不无障碍。正确运用一般人格权的创造功能，可依靠一般人格权创造具体人格权，并在实务中予以适用。以德国为例，《德国民法典》并未规定隐私权，但德国法院创造了保护隐私权的判例。苏菲亚系伊朗公主。德国某出版社出版的周刊杂志刊载虚构的伊朗废后苏菲亚访问记，苏菲亚主张其人格权受侵害，要求赔偿慰抚金1.5万马克。联邦法院判决原告胜诉，认为此项不实报道侵犯了个人隐私，构成对人格权的侵害，刊登更正启事尚不足回复原状，应以相当金钱慰抚受害人的精神损害。被告认为判决违法，侵害新闻自由和言论自由，违背现行民事立法，而提出宪法抗告。德国联邦法院认为此项抗告不成立，主要理由就是德国宪法明文规定人格应受尊重，私法承认一般人格权以补充现行民法的不足，系为实践宪法基本人权的价值体系，与宪法秩序尚无违背。因此，学者认为，德国关于人格权的保护立法并非先进，但判例法却迎头赶上而超越之，充分显现法院造法的活力，可见立法周全固属重要，判例更不容忽视。[①] 在这当中，一般人格权的创造功能无疑起了重大作用。我国《民法典》《个人信息保护法》对个人信息权益的规定，就是一般人格权的创设功能的体现。

（三）补充功能

一般人格权也是一种弹性的权利，具有高度的包容性，既可以概括现有的具体人格权，又可以创造新的人格权，还可以对尚未被具体人格权确认保护的其他人格利益发挥补充功能，将这些人格利益概括在一般人格权益之中，以一般人格权进行保护。当这些没有被具体人格权所概括的人格权益受到侵害时，即可依侵害一般人格权确认为侵权行为，追究行为人的侵权责任，救济人格权益损害。例如，名誉权的客体是社会的评价，而不包括名誉感。当侮辱行为没有使受害人的社会评价降低，而仅使受害人的名誉感受到严重损害时，受害人不能依侵害名誉权得到救济，由于名誉感关系人格尊严，名誉感的伤害实际上表现为人格尊严受到损害时，就侵害了一般人格权益，可依侵害一般人格权请求损害救济。《消费者权益保护法》第14条先规定了消费者的人格尊严应受尊重，第27条规定经营者不得对消费者进行侮辱、诽谤，第50、51条规定侵害消费者的人格尊严应承担相应的民事责任，肯定了一般人格权的这种补充功能。一般人格权的这种补充功能与其概括功能、创造功能相比较，具有更强的实用性，法院可以据此直接作出侵害一般人格利益的判决，保护自然人的一般人格权。此外，在社会生活中的许多违法行为，究竟侵害的是何种具体的人格权，很难界定，如惊吓、恐吓等。对此，发挥一般人格权的补充功能，就能使其他人格权益受到一般人格权的法律保护。

---

① 王泽鉴：《人格权、慰抚金与法院造法》，《法令月刊》第44卷第12期。

第三节　自我决定权

一、自我决定权概述

（一）引起对自我决定权讨论的典型案例

日本的"X 教派"教徒手术输血侵权案，突破了传统人格权法的保护范畴，确立了对患者针对自己的人格特征予以自我决定的权利进行保护的先例，在促进人格权的发展方面具有重要意义。

"X 教派"的忠实教徒 A 罹患肝脏肿瘤，就诊于东京大学医科学研究所附属医院，A 明确表示因输血违背自己的宗教信念而拒绝接受伴有输血的医疗行为，但是，在接受肝脏肿瘤摘除手术时，医生对她实行了伴有输血的医疗行为，手术成功。该患者后来得知自己在医疗过程中被输血的消息后，精神极度痛苦，遂对医院及医生提起损害赔偿之诉。后来，该患者在诉讼中死亡，由其继承人继承诉讼。日本东京地方法院 1997 年 3 月 12 日第一审认为，为救他人的生命而进行的输血行为，乃属于社会上的正当行为，以无违法性为由驳回原告的诉讼请求。第二审法院认为，因医师违反说明义务，以致患者的自我决定权受到侵害，因此被告的行为构成侵权行为，判令被告赔偿原告 55 万日元。

第三审法院即最高裁判所第三小法庭认为，患者认为输血会违反自己宗教信念而明确表达拒绝伴有输血的医疗行为的意思时，该意思决定权应为人格权之内容，医院对此意思决定权应予以尊重。在本案的上述事实下，手术时除输血以外别无其他救命方法。但是，在入院时，医生应对患者说明在医疗过程中必要情况下，还是要输血，是否要接受该医院的手术，应该属于患者的自我决定权。本案被告怠于履行上述告知义务，因此，可以认为其已经侵害了患者的意思决定权，即被告已经侵害了患者的人格权。因此，被告应该就受害人所受的精神痛苦负担慰抚金损害赔偿责任。①

　　在本案中，输血行为很难被认为是对患者身体权的侵害。传统民法中的身体权是身体完整不受侵害的权利，是对于人的外部存在的既有状态的保护，患者对于手术的同意，意味着对于身体完整性侵入的允诺。本案患者所遭受的主要损害也并非身体上的伤害，而是精神上的痛苦，如果拘泥于传统人格权理论，患者的损害很难得到救济。可见，传统侵权法对于人格权的保护是存在缺陷的，保护的范围仅局限于人的外部存在特征，人对于自己身体的发展和塑造的能力没有获得承认。本案判决对于人格权的发展具有重大意义，明确提出了患者对于自己身体的自我决定权，在对身体的完整性进行保护之外，人对身体的自我控制与发展的能力也获得了人格权的保护。虽然自我决定权在医疗中获得高度重视，针对自我决定权也出现了一些判决，但是，这些案例都没有明确阐述患者的自我决定权到底是什么②，而且在法解释上也没有充分明确的论述出现。因此，自我决定权存在着深入研究的价值。

　　（二）自我决定权的理论基础

　　1. 哲学与宪法上的人格理念

　　自我决定权的产生与哲学和法学观念的变革存在莫大的关联。传统人格权对于人的人格要素仅提供保护性的规定，法律所保护的是它们当前的既有状态，不承认主体对于它们自我决定背后的哲学基础是古典伦理学的框架。古典伦理学认为，人的最高本质在于其自由的意志，能够按照道德律去对自己进行约束的意志是人格的本质。这种出自实践理性的自我约束，是实践中至高无上的价值表现，因此，人作为实践者也被赋予最高的道德价值，进而得出如下结论：人的存在本身即是目的，应当受到尊重。③ 但是，人作为一种存在，除了意志之外必须具有其他存在形态，生命、身体、健康等生物性存在是人格存在的前提，并且在一定程度上成为人格的定在，体现了人格的特质。因此，对于作为人格定在的生命、

---

　　① 本案为日本最高裁判所 2000 年（H12）2 月 29 日第三小法庭判决。本案的素材系由日本东海大学法学部刘得宽教授提供。

　　② ［日］植木哲：《医疗法律学》，冷罗生、陶芸、江涛等译，北京，法律出版社 2006 年版，第 328 页。

　　③ ［德］康德：《实践理性批判》，邓晓芒译，北京，人民出版社 2003 年版，第 119 页。

身体、健康等外部性存在予以尊重，进而对于在社会交往中作为人格表现形态的姓名、肖像、名誉等社会性存在予以尊重，是对于人的人格予以尊重的必然要求。这些外部人格存在被赋予了道德价值，对这种价值只能予以尊重而不能随意进行处分，表现在私法中，就是人格权不同于其他的权利，与物权等其他财产权利相比，人格权的权利主体具有非常有限的自主性，人格权只是对人格予以尊重的权利①，权利人对于这些人格特征没有进行自主决定的权利，仅仅受到侵权法的保护。

随着社会文明的进步，哲学观念获得重大发展，人的自主性逐渐提升，人格发展的价值得以确立。意志对于人的存在的自我决定自由成为社会的最高价值，人不但要求人格的完整存在，更要求对于自己人格特征的自我决定与塑造的能力，以寻求人格的发展与完满。因此，意志在人格领域的决定自由获得承认，并成为整个法律体系要积极实现的重要价值。德国1949年基本法第2条第1款规定："人人有自由发展其人格之权利，但以不侵害他人之权利、不违反宪政秩序或道德规范者为限。"日本宪法第13条规定："对于生命、自由和追求幸福的国民权利，只要不违反公共福利，在立法及其他国政上都必须受到最大限度的尊重。"我国《宪法》第33条第3款规定："国家尊重和保障人权。"人格发展作为一项重要的人权自然也受到我国宪法的保护。

2. 意志决定自由的价值

受罗马法影响，法学对于有形利益进行全面保护，不但有形的财产毫无例外地得到两大法系的保护，对于有形的人格利益进行保护在两大法系也形成共识，但是，对于某种无形利益能否进行保护，却尚未达成共识，仍在探索之中。在财产法领域，纯粹经济损失因与权利人有形的人身与财产损害无关，因而被认为是"纯粹的"，只能在某些特定条件下获得保护。在人格权领域，有形的生命、身体和健康无例外地获得两大法系的保护，但是，对此之外的其他人格利益能否获得人格权和侵权法的保护，往往需要更加审慎的判断，很难达成一致意见。由此造成了对意志决定自由提供法律保护的困难。

---

① ［德］卡尔·拉伦茨：《德国民法通论》（上册），王晓晔等译，谢怀栻校，北京，法律出版社2003年版，第282页。

虽然意志自由作为人格的本质早已为康德等所论证，并成为哲学、心理学等社会科学公认的常识，但是，由于它的无形性，无法为人的感官所感知，因而作为法律上受保护的人格利益尚未得到广泛承认。传统人格权法只是对作为人格的表现和载体的生命、身体、姓名、名誉等外部人格形态予以保护，这种保护主要是对于人格既存状态的完整性的保护，属于对人格的初级保护。

人格的本质在于意志的自由，也就是人所具有的按照对于规律的认识去行为的能力，虽然人的存在离不开生命、身体、健康等外部人格要素，但是，意志的自我决定和选择自由处于人格的核心地位，生命、身体、健康等人的存在因为人的自我决定的自主性而获得价值，对一个人来说，活着不仅仅是保全自身，还意味着施展本领，满足自身愿望，简单说也就是活动，而且要自主地活动，因为人是理性的生物。[①] 人的发展以及人的个性的形成依赖于意志作出的决定，意志不断地通过决定去影响人的其他存在层面。正是意志人格的自我决定和选择形成了人格的结构，促进了人格的发展，意志人格的发展与成长是人实现其最高人格本质的重要条件，对于意志人格的自我决定自由的保护是对于人格的最本质的保护。

（三）自我决定权的概念

1. 研究自我决定权应当考虑的因素

严格来说，自我决定原本是哲学和宪法中的概念，即一个人在自己生活范围内具有的自我决定的自由，该种自由尊重的是人的自主性。民法作为关涉价值的规则[②]，要受到哲学和宪法所确立的理念和价值的影响和指导，并以实现和促进这些价值为目的。但是，民法对于这些价值的实现，必须经过稳定的民法专门技术进行转介，通过其独特的法律主体、法律客体和权利等技术，将哲学与宪法的基本价值融汇于原理、原则和具体制度之中，成为具有可操作性的法律规则。

民法的人格权，须经过法律技术进行概念构建，形成民法可明确把握的法律

---

① ［法］雅克·盖斯旦等：《法国民法总论》，陈鹏等译，北京，法律出版社 2004 年版，第 172 页注［1］。

② 德国法学家拉德布鲁赫将所有科学分为无关价值的、超越价值的、评价价值的和关涉价值的。参见［德］G. 拉德布鲁赫：《法哲学》，王朴译，北京，法律出版社 2005 年版，第 2 页。

制度。正如自由和自由权这一对概念，自由这一概念具有宽泛的意义，是指免于外来的控制，免于所有除由法律正当施加以外的约束①；但是，作为人格权一种的人身自由权却具有严格的边界，仅包括身体活动不受限制的身体自由权和精神思维不受限制的精神自由权。②

虽然自我决定权是对意志自由的保护，但是，要作为民法中的一种权利，自我决定权还不能仅停留在意志的自由决定的阶段，意志的自我决定必须获得其定在，也就是得到一个他人可以识别的，并应予以尊重的客观载体。

首先，作为自我决定权的意志的决定自由，应当局限于人格发展的范畴内。质言之，意志决定所针对的必须是人格的构成要素，以实现人格发展为目的。人与物的二分，以及民法典和民法学中根深蒂固的人格权与财产权的区分，决定了对于作为人格核心的意志的决定自由进行人格权法上的保护时，应当限制于人格要素。作为一种人格权的意志的决定，应当局限于与人的外部人格存在紧密联系的领域，如果不加限制地将这种自我决定扩张于财产领域，那么，对于财产使用以及契约缔结的妨害也将构成对于人格权的侵害，将会造成人格权与财产权区分的混乱。

其次，自我决定权的意志的决定自由，应当更进一步限定于部分典型具体人格要素之上。人格要素的概念有其清晰的核心，但是，其边缘地带是模糊不清的，因此，在人格要素的判断上仍然存在重大障碍，在到底"人是什么"这一存在哲学问题上，还存在着在人的诸属性中"民法应该保护的内容、部分是哪些"这个民法的守备范围的问题。③生命、身体、健康、姓名、名誉、肖像等这些具体人格要素作为人格不可分离的部分，得到学界的一致公认，但是，其他能够彰显人格个性的人的存在是否属于人格要素，还需要更多的论证与审慎的价值判断，并需要特殊的法律技术对其进行处理，这就决定了针对典型具体人格要素与非具体人格要素的自我决定需要不同的制度构建。自我决定权是意志针对典型具

---

① *Black's Law Dictionary*，West Publishing Co. 1979，Fifth Edition，p. 827.

② 史尚宽：《债法总论》，北京，中国政法大学出版社 2000 年版，第 148 页。

③ ［日］星野英一：《私法中的人》，王闯译，载梁慧星主编：《为权利而斗争》，北京，中国法制出版社 2000 年版，第 374 页。

体人格要素的自我决定自由，而且自我决定权针对的具体外在人格要素也并非所有的传统民法所确认的具体人格要素，自我决定权的决定自由应当更进一步地限定在部分具体人格要素之上，这些人格要素必须是主体现实地能够予以决定的。

最后，自我决定权并非对于各种外部人格要素的完整性的保护，自我决定权保护的是意志针对这些要素的自我决定的自由，是意志人格对于这些外部存在的决定、塑造和发展的能力。因此，自我决定权是对于人格的动态保护，通过对于意志人格的保护，实现促进人格发展的目的。

2. 对自我决定权概念的界定

自我决定权是自然人享有的意志以发展人格为目的，对于生命、身体、健康、姓名、肖像、隐私、人身自由、个人信息等具体外在人格要素的控制与塑造的抽象人格权。《民法典》第 130 条关于"民事主体按照自己的意愿依法行使权利，不受干涉"的规定，是对民事主体行使全部民事权利的自我决定权的规定，其中就包括自然人行使人格权的自我决定权。

3. 自我决定权与思维自由权的区别

值得研究的是自我决定权的意志决定自由与思维自由权的关系。我国传统学说对于自由权采广义理解，认为自由权不仅包括身体自由，也包括精神自由[1]，笔者也持这种观点。[2] 那么，自我决定权与思维自由权是什么样的关系呢？

精神自由应当区分为消极的自由和积极的自由，精神的消极自由是指精神不受干扰，保持其完整与纯正的自由；积极自由是指意志积极地作出决定，并表现于外的自由。对于精神的消极自由的保护，是对于权利人内在人格实质完整性的保护，例如对身体自由权的侵害，就是侵害了权利人的内在人格实质完整性，这并不与自我决定权发生冲突。意志的积极自由与自我决定权和思维自由权发生关系，需要进行区分。

对思维自由权或者称为意志自由权，法律都予以保护。但是，侵害自我决定权的行为表现是，违法行为不尊重或者侵害权利人的意志自由，使权利人无法自

---

① 何孝元：《损害赔偿之研究》，台北，"商务印书馆" 1982 年版，第 141-142 页。
② 杨立新：《侵害自由权及其民法救济》，《法学研究》1994 年第 4 期。

我决定或者替代权利人做出自我决定。而侵害思维自由权的行为的表现是，侵权人采取欺诈或者胁迫的方法，使权利人违背自己的意志做出了决定。前者是权利人没有自我决定或者无法作出决定，原因是违法行为人不尊重权利人的自我决定权或者擅自做主，替权利人作出决定；后者是权利人确实是自己做出了自我决定，但违法行为人的欺诈或者胁迫是权利人作出决定的原因。如此区别，足以分清自我决定权与思维自由权的权利边界，不会发生权利冲突。

我国传统学说将欺诈和胁迫认定为是对于思维自由权的侵害[①]，笔者也持这种观点。[②] 欺诈或胁迫侵害的是意志的积极自由，采取的方法是将自己的意志通过欺诈或者胁迫而作用于权利人，由权利人自己做出违反自己意志的决定，侵害的不是自我决定权，因为表面上仍然是权利人作出决定，但在实质上却违反了权利人的意志，因此侵害的是思维自由权而不是自我决定权。侵害思维自由权的欺诈，是指故意以虚假的事实告知权利人，使权利人在虚假事实的基础上针对人格要素作出与其真实意志不相符合的决定。胁迫是指故意以给他人造成损害为目的进行要挟，使他人产生恐惧，从而针对人格要素做出与其真意不相符合的决定。以欺诈或胁迫的方法侵害他人思维自由权，属于故意侵权，在这种情况下受害人作出的决定一般都并非其真实的决定，也就是说受害人若了解真实情况会作出不同的决定，对于此种实际损害要进行完全赔偿。

（四）自我决定权的性质和法律地位

1. 自我决定权是人格权权能的抽象概括

从人格权的发展历史来看，人格权一直受到侵权法的影响和限制这一论断并非武断。在德国法中，人格权被作为侵权行为一般条款中应受保护的权利予以规定，即便是一般人格权理论的构建，也是在侵权法的框架内进行的。我国受德国民法传统影响，针对人格权展开的研究也无法摆脱侵权法这只"看不见的手"，学者经常会不自觉地以侵权法的理念禁锢人格权的权利内容。由于受到侵权法保护的只是作为生命权、身体权和健康权的客体的生命、身体以及健康机能的完

---

① 何孝元：《损害赔偿之研究》，台北，"商务印书馆" 1982 年版，第 141 - 142 页。

② 杨立新：《侵害自由权及其民法救济》，《法学研究》1994 年第 4 期。

整，从而产生了人格权的权利内容仅限于客体完整性的定势思维。侵权法对于人格权权能保护的欠缺导致人格权权能的萎缩。以至于有学者认为，生命权的意义在于保护人们的安全和生存，而绝对不鼓励或者保护人们的"献身"①。

但是，一个非常重要的问题是，受法律技术的限制，同时兼顾社会公众的行为自由，侵权法往往只对权利提供有限的保护，因而权利本身的内容会比侵权法所保护的内容更加丰富。非常典型的例子是侵权法对于物权的保护，学界一般认为所有权包括占有、使用、收益、处分的权能，但是，侵权法并未对所有权的这些权能都提供保护。侵权法对于所有权的救济区分为两种情况，即对于物的损坏，以及造成财产损失的其他形式。界定是否存在物的损坏主要还是依赖于行为人是否侵犯了物的实体。②涉及物本身的物理完整性侵害的，侵权法提供完备的保护，但是，对于与物本身的损坏无关的物权权能的侵害，尤其是妨害对于物的使用功能的保护尚未达成一致意见，其中纯粹经济损失即为著例。③

正是由于侵权法长久以来仅对人格权客体的完整性提供保护，造成了人们对人格权认识的偏差。学界长时间不当地认为生命权、身体权、健康权的权利内容仅限于权利人对于生命、身体和健康的完整性的享有，对权利人在这些权利上的自由视而不见。相反，姓名权由于并未局限于侵权法条款而获得法典独立的规定，因而学界对于姓名权的认识要全面得多，姓名权并不局限于姓名完整不受歪曲的权能，具有更多的改变、使用等其他权能。这也正说明自我决定权作为人格权权能的合理性与正当性。

自我决定权作为权利人对于自己具体人格要素在人格发展方向上自我控制与塑造的权利，是权利人针对自己人格要素的自由，属于具体人格权的权能，这种自我决定的权能使得权利人作为自己的主人，能够决定自己的人格个性，实现自

---

① 尹田：《论人格权独立成编的理论漏洞》，《法学杂志》2007年第5期。

② ［德］冯·巴尔：《欧洲比较侵权行为法》（下卷），焦美华译，张新宝校，北京，法律出版社2004年版，第37-38页。

③ ［德］冯·巴尔：《欧洲比较侵权行为法》（下卷），焦美华译，张新宝校，北京，法律出版社2004年版，第45-48页。当然德国法院也采取扩大所有权保护范畴的方法，逐渐将对于所有权的保护扩及于物的使用功能，以解决对于纯粹经济损失的保护问题。对此请参见王泽鉴：《侵权行为法》，（第1册），北京，中国政法大学出版社2001年版，第101页。

己最高的人格本质。将自我决定权与物权的权能进行比较，有助于对自我决定权能的正确理解。人格权与物权作为两种不同的权利分别实现不同的价值：物权提供经济利益，满足主体的物质需求，因而物权的权能以充分发挥物的经济价值为目的，表现为对物的使用、收益等内容；人格权以维护人的尊严、促进人格发展为目的，人格权的权能并非对于人格要素的收益乃至处分，而是对其予以维护和发展。自我决定权作为人格权权能的抽象，是一种一般性的概括，针对不同的具体人格要素，自我决定权会表现为不同的形态。

我国学者突破传统观念的束缚，扩大人格权的权能，认为人格权具有支配性。① 那么，人格权的支配性与自我决定权之间是何种关系呢？ 支配权是与请求权相对应的概念，表示权利的行使不需要他人积极协助的状态，是一种形式性的表述，并未表明权利的内容。虽然同为支配权，由于保护价值的不同，不同的权利会表现出大相径庭的支配状态。自我决定权是对于人格权内容的实质性表述，表明权利人针对客体的行为自由主要表现为对于人格要素的控制与塑造，是由人格权所要实现的价值决定的。因此，支配权与自我决定权都是对于人格权权能的概括，前者侧重形式，后者侧重实质内容。应当注意的是，人格权的支配性与物权的支配性存在显著区别，不可将人格权的支配性类比物权的支配性。人格权的支配性表现为通过决定对于人格要素的发展与塑造。物权的支配性表现为占有、使用、收益和处分。

2. 自我决定权是一种相对独立的权利

学界虽然对于权利和权能有明确的区分，但是，严格说来，两者并非泾渭分明，从权能到权利往往只是一线之隔。民法中的权利概念是从法律关系中抽离出来的，不是把法律关系所包含的每一种实施某种行为的权能都称作"权利"，而是把某种具有相对独立意义的权能称为权利。② 可知，权利与权能并不存在本质的区别，具有独立地位并且比较重要的权能被作为权利。学者认为，权利与权能

---

① 王利明：《人格权法研究》，北京，中国人民大学出版社 2005 年版，第 35 页；马俊驹、张翔：《人格权的理论基础及其立法体例》，《法学研究》2004 年第 6 期。

② ［德］卡尔·拉伦茨：《德国民法通论》（上册），王晓晔等译，谢怀栻校，北京，法律出版社 2003 年版，第 263 页。

的区分并不是绝对的，要看它的独立转让性以及或多或少依它的重要性来决定。① 能否独立转让并非权利和权能划分的标准，人格权虽然不能转让，但是，不妨碍将其作为一种权利，人格权由于与主体人格的紧密联系更是不能转让，但是其作为民事权利体系中的一项重要权利早已为学界所承认。因此，具有相对独立的地位和重要性，是权利与权能的区分标准，以此为标准，自我决定权应当是一种权利，理由如下。

第一，自我决定权所强调的是权利人针对具体人格要素的意志决定自由，这种自由是权利人塑造与发展其人格，实现权利人最高人格本质的重要能力，具有特别的重要性，作为一种权能不足以显示其重要性。

第二，自我决定权具有相对独立的保护对象，以保护权利人的意志人格为目的，而且由于侵权法对于自我决定权的保护采用比较特殊的法律技术，因而对于自我决定权的保护成为一个相对独立的问题。

自我决定权与公开权以及一般人格权作为人格权权能的抽象，都是抽象人格权的范畴，并且由它们组成抽象人格权的权利体系，而与具体人格权的权利体系相对应，构成完整的人格权体系构架。这就是自我决定权的性质和法律地位。

二、自我决定权的具体内容

（一）对于生命的自我决定

传统学说认为，生命权是以自然人的生命安全利益为内容的人格权，一般不认为权利人对于生命具有支配性，仅在对于生命的维护以及对他人侵害行为的正当防卫等方面具有有限的支配性。② 的确，基于传统哲学观念，生命具有深厚的伦理价值，生命不属于个人，个人要对生命中的人性与伦理价值负责，不能随意处分其生命，如果人可以为了逃避痛苦随意结束生命，那么，就是将人格视为工

---

① ［德］卡尔·拉伦茨：《德国民法通论》（上册），王晓晔等译，谢怀栻校，北京，法律出版社 2003 年版，第 201 页。

② 王利明：《人格权法研究》，北京，中国人民大学出版社 2005 年版，第 303-309 页。

具，有违将人作为目的的基本伦理价值。① 但是，世界上仍然有比生命更加重要的事物，就是人的自主性和人的尊严，因为生命的意义不是必然地在于继续活下去，在生命持续时，名誉地生存是必需的，如果一个人是为了避免不名誉地活着，那他就显得是勇敢的。② 如果一个人对于生命的决定是建立在超乎个体的普遍利益和普遍道德准则的意志自律的基础上，那么就是勇敢的。③ 按照人格发展的理论，生命的存在是为了人格的充分发展，生命的高贵在于它是人格发展的最根本的基础，如果生命的舍弃能够使人格得以升华，或者是为了实现被社会所尊崇的价值，例如为了科学的真理、祖国的安全或者更多人的幸福，权利人应当具有终结其生命的自我决定权。又如果生命的存在已不能促进人格的发展，反而有损于人格尊严时，有尊严的死亡是对于人的最大关怀，权利人终结其生命的自我决定就是正当的。对于安乐死，如果病患的生命的继续存续只会给他带来痛苦和毫无尊严的生存，他可以要求终止自己的生命，但是医生实施安乐死须符合必要的条件。这正是《民法典》第 1002 条规定生命权包括生命尊严维护权的重要价值。

（二）对于身体的自我决定

传统学说认为，身体权是自然人保持其身体的完整的权利。④《民法典》第 1103 条关于"自然人身体完整"受法律保护，体现的就是这样的思想。毫无疑问，身体的完整是权利人人格发展的必要条件，但是，这只是最低层次的条件，身体对于人格的发展不仅在于其完整性，身体作为人格的重要载体，还体现了人格的诸多特点，是人格的最明显的表现，身体在某种程度上成为一个人人格的表征，为了人格的发展，为了更好地发展天赋的能力，权利人按照其人格的追求去对身体形态的适当改变应当认为是权利人的正当的自我决定，例如，进行抽取脂

---

① 康德的名言，你要这样行动，永远都把你的人格中的人性以及每个他人的人格中的人性同时用作目的，而绝不只是用作手段。参见〔德〕康德：《道德形而上学原理》，苗力田译，上海，上海人民出版社 2002 年版，第 47 页。

② 〔德〕康德：《实用人类学》，邓晓芒译，上海，上海人民出版社 2002 年版，第 164 页。

③ 〔德〕康德：《实用人类学》，邓晓芒译，上海，上海人民出版社 2002 年版，第 168 页。

④ 史尚宽：《债法总论》，北京，中国政法大学出版社 2000 年版，第 148 页。

肪的瘦身手术，以及根据爱好对于发型的选择等。另外，人的容貌形态作为人的身体的重要部分，权利人为发展其人格，展现其人格个性，可以利用现代医学手段进行适当改变。例如，艺术的天赋需要外在形象的彰显，众多影视明星为了发展其天赋，为了使自己具有更大的人格魅力，事业获得更佳发展，往往进行整容以及美体手术。可见，整容现在已被一般公众认为是权利人正当的自我决定。

在医疗活动中，为了治疗疾病，不得不对身体的某些部分以及特征进行改变，而这些改变在通常情况下是不可能的，因而在医疗活动中，自我决定权得到最为广泛的体现，法学界对其研究也相应地比较深入，并形成了一些共识。通过对于医疗活动中知情同意理论发展进程的简要梳理，就能够发现人格权的保护从外在人格到意志人格的发展趋势，以及自我决定权的重要意义。

起初，按照传统学说与理论，医疗活动是对于身体的侵袭，以患者的同意为阻却违法事由，未经患者同意的医疗活动，或者超出患者同意范围的医疗活动被认为是对于身体权的侵犯，英美法上为 battery 之诉，法律所保障的是身体的物理完整性，而非患者的自我决定权。[①] 学者多认为，同意仅被视作侵权法上的免责事由，此时同意与自我决定尚未建立起联系。[②] 传统身体权仅保护权利人身体的物理完整性，权利人的自主性非常有限，法律不承认权利人对自己身体的自我决定，对身体的医疗行为并非出于患者对自己身体的自我决定，而是为了祛除疾病、重获健康。而此时的同意，并非身体权所包含的权能，其作为对于身体侵袭的阻却违法事由，更多的是侵权法上的意义，即获得同意的医疗行为并非侵权法意义上的违法行为。

随着医学的发展，医疗活动逐渐复杂，医疗方案也有多种选择，与每种医疗方案相伴随的是不同的风险，人们逐渐认识到医疗活动在为患者祛除病痛的同

---

① R. Jason Richards, "How We Got Where We Are: A Look at Informed Consent in Colorado—Past, Present, and Future", 26 *N. Ill. U. L. Rev.* 69, 76 (2005). Ken Marcus Gatter, "Protecting Patient-Doctor Discourse: Informed Consent and Deliberative Autonomy", 78 *Or. L. Rev.* 941, 948 (1999).

② Ken Marcus Gatter, "Protecting Patient-Doctor Discourse: Informed Consent and Deliberative Autonomy", 78 *Or. L. Rev.* 941, 948 (1999).

时，也对患者的人格特征产生重大影响，不同的医疗方案会造成患者大相径庭的人格特征改变。针对自己的身体采取何种医疗措施，从而形成何种身体特征，直接体现了患者对于自己的人生安排、价值、道德观念以及内在的个性，从而直接影响患者未来的生活以及人格特质，对于患者的人格发展具有重大意义。对这种重大事项，只能由患者本人决定，患者是自己身体的决定权人，对于采用何种医疗方案享有自我决定权，权利人可以按照其内在人格特质去决定自己的身体特征，质言之，权利人可以按照其内在的情感、哲学、宗教以及人生观等构成其内在人格的重要观念，去对自己的身体特征进行自我决定，从而实现其人格发展。

对于这种重大价值，法律必须予以保护。对此，传统身体权理论无能为力，传统身体权理论只保护身体的物理完整性，在得到患者概括同意的情况下，如果医生只是对手术风险、手术效果以及其他方案未予以告知，患者没有作出适当的医疗方案的选择，进行了非出于患者内在个性真实意愿的身体特征改变，这种情况很难说是侵害了身体的形式完整性。判例与学说发展了基于过失的侵权之诉（negligence），根据该理论，医务人员负有向患者公开有关治疗的重要事项、治疗本身所伴有的风险等足以影响患者做出决定的重要信息的法定义务，医务人员由于过失没有履行这一义务，给患者造成损害的，患者可以提起 negligence 诉讼。[1] 于是，法律通过法定的告知义务间接确认了患者的决定权利，并对由于医生过失未履行告知义务，造成患者作出不真实决定而产生的损害予以救济。可见，美国法对于患者自我决定的权利没有直接予以确认，而主要是通过侵权法上的救济来进行间接保护，对于侵权法所救济的是何种权利未予明确阐述，体现了英美法与大陆法法律思维的不同。

日本作为大陆法系国家，经过多年对于源于美国法的知情同意原则的继受与发展，在大陆法的体系框架内对知情同意理论进行了变革，在司法判例中确立了对身体的自我决定权[2]，对于大陆法系人格权的发展具有重大意义。自我决定权

---

[1] R. Jason Richards, "How We Got Where We Are: A Look at Informed Consent in Colorado—Past, Present, and Future", 26 *N. Ill. U. L. Rev.* 69, 82 - 83（2005）.

[2] 夏芸：《医疗事故赔偿法——来自日本法的启示》，北京，法律出版社 2007 年版，第 535 页。

保护的不是患者的身体的形式完整性以及实质完整性，而是根据自己的人格追求对于身体进行自我决定的自由，是对于意志人格的保护。

本章第一节讨论的案例，是典型的侵害患者自我决定权，造成患者自我决定机会丧失的后果。日本另一则案例则属于典型的侵害患者自我决定权，造成患者实际损害的情形，即 1971 年 5 月 19 日东京地方法院的裁判。原告的右乳房发现恶性肿瘤，在得到其同意的情况下实施了乳房切除手术。但是，在切除了右乳房后，医师又对其左乳房作了病理切片检查，发现左乳房属于乳腺症，在没有取得本人同意的情况下，擅自将其左乳房切除。判决认为，全部切除女性乳房内部组织对于患者来说，从生理机能到外观上，都是具有非常重大后果的手术，为此，被告在切除原告左乳房手术时，必须重新取得患者的同意，在获得患者同意前，作为前提，医师有必要就症状、手术的必要性做出说明，像本案件这样手术有无必要存在不同见解的场合，患者是否接受手术的意思更有必要尊重。因此认为，医师应当把上述情况向患者做出充分说明并取得同意后才能进行手术。医师在没有取得患者同意的情况下切除患者左乳房手术的行为属于违法行为，命令其支付损害赔偿金。[①] 这种侵权行为是典型的未经同意而采取积极的医疗行为，所侵害的是患者的自我决定权。

对此，《民法典》第 1006 条至第 1009 条规定的人体组成部分的捐赠、禁止人体器官等的买卖、临床试验、有关人体基因和人体胚胎研究的规定，都是对权利人行使对身体自我决定权的规范，对于维护自然人的人格完整具有重要的价值。

（三）对于健康的自我决定

传统学说认为，健康权是以保持身体机能的完善性为内容的权利，很少论及权利人在健康方面的自由。应当认为，健康是自然人重要的人格要素，一个人的健康状况在一定程度上表现了他的人格特质，林黛玉欠佳的健康状况与其忧郁的性格构成她突出的人格特质。权利人针对自己的健康状况具有自我决定权，可以

---

① 判例时报第 660 号，日本判例时报社，第 62 页。转引自段匡、何湘渝：《医师的告知义务和患者的承诺》，载梁慧星主编：《民商法论丛》，第 12 卷，北京，法律出版社 1999 年版，第 159－160 页。

通过各种体育活动提高健康水平，在生理机能、功能出现不正常状况即健康状况下降的时候，有请求医疗、接受医治的权利，使健康状况达到完好的状态或者恢复到原有状态。那些干涉他人自主选择治疗方式，利用巫术欺诈患者等阻碍权利人进行治疗的行为，都属于对自我决定权的侵害。只不过由于这种决定自由很少受到侵害，不为侵权法所重视，因此为学界所忽视。《民法典》第 1004 条规定健康权保护自然人的身心健康，不仅包括生理的健康，也包括生理的健康，权利人都享有自我决定权。

（四）对于姓名的自我决定

对于姓名权，基本上都承认权利人有使用或改变自己姓名的自由。《民法典》第 1012 条规定，姓名权包括依法决定、使用、变更和许可他人使用自己姓名的权利。

在学术上，对姓名权行使的自由，学者未作深入分析。姓名由姓和名组成，姓是一定血缘遗传关系的记号，标示着血缘宗族的延续，子女要随父姓或者随母姓，也有学者提出第三姓的问题。[①] 作为姓名组成部分的名字具有其自身的意义，中国的汉字具有几千年的历史，每一个汉字都有其丰富的哲学以及文化蕴含，姓名作为汉字的组合具有其特定意义。每一个人的名字的意义都体现了本人对于世界的认识，体现对于自己想要成为什么样的人的期许与追求，体现了其人生哲学、价值理想以及期待愿望。我国景颇族经常以"扎""迪"作为名，"扎""迪"具有"饱满""结实"的含义，体现了希望自己成为健壮、勇敢的人的追求。[②] 人名也具有心理暗示作用，对人名持有者本人来说，意义尤为明显，人的一生中姓名之暗示力，因其不断的潜移默化诱导催生，自会影响人名持有者本人。[③]

所以，姓名体现了一个人对于自我的认知和对人生的规划和追求，体现了人的哲学、价值等观念，是人格的流露，人对于自己姓名的自我决定的意志，直接

---

① 马桦、袁雪石：《"第三姓"的法律承认及规范》，《法商研究》2007 年第 1 期。
② 陈桥妹：《景颇族姓名的文化解谈》，《保山师专学报》2008 年第 1 期。
③ 杨卫东、戴卫平：《中国人姓名文化特色》，《作家杂志》2008 年第 8 期。

决定了权利人的人格追求，形成了权利人独特的人格特质，是权利人实现其最高人格本质的重要方面，权利人可以按照关于自我的认识与期待去对姓名进行自我决定。

具体来说，姓名权人可以对自己的姓名予以改变，以更加符合本人的人生追求；为了彰显本人的人格特质和人生追求，权利人还可以不使用本名，而使用笔名、艺名、昵称等，都是姓名权人针对自己姓名的自我决定权的具体表现。《民法典》规定自然人有权依法决定、使用、变更或者许可他人使用自己的姓名，就是自我决定权使然。

（五）自我决定内容呈现不断扩展的趋势

自我决定权的内容受到科学技术水平发展的影响。在现代医学发展之前，人们很难想象针对自己身体的自我决定。现代科学技术的发展为人们针对自己人格要素进行决定提供了越来越多的可能，甚至提供了人们针对自身基因进行决定的可能，虽然现在人们对于自己人格要素的自我决定的能力还受到很多的限制，但在不久的将来，对于人格要素的自我决定会有更多的可能，自我决定权的内容会越来越丰富。例如，法人、非法人组织对于自己的名称，自然人对于自己的肖像、声音、形象、名誉、荣誉、隐私、个人信息等人格利益，《民法典》都规定，权利人有权自我决定，任何组织或者个人不得干涉。

三、自我决定权的民法保护

（一）人格权请求权的保护

自我决定权作为人格权，其重要的保护方法是人格权请求权。人格权请求权是自我决定权本身固有的一种请求权，只要存在权利受到侵害或者侵害的可能，就可予以主张行使，不必要求侵害人存在过错，也不必造成现实的损害，具有重要的功能。依照《民法典》第 995 条规定，自我决定权所具有的人格权请求权分为停止侵害、排除妨害、消除危险、消除影响、恢复名誉、赔礼道歉请求权。例如，当医生对于医疗措施的所有风险未予告知时，患者可以请求医生进行全面告知，以作出适当的自我决定。当民事主体的自我决定权受到不法妨害时，可以向加害人或者人民法院请求加害人为或者不为一定行为，以停止妨害、排除妨碍、消除危险等，回复人格权的圆满状态的权利，例如，如果权利人改变自己姓名的决定遭到妨害的，权利人可以请求妨害人停止妨害行为。对此，应当适用《民法典》第995条关于人格权请求权的规定，确定行为人的民事责任。

（二）侵权请求权的保护

侵权法的主要任务在于如何构建法益保护与行为自由之间的矛盾关系。[1] 侵权法的具体制度构造在很大程度上是两者平衡的产物。有形客体的明确的外观给他人提供了行为界限，因此对于客体完整性的保护不会过度限制一般公众的行为自由，除此之外的权利的其他内容由于并不存在明确的外观，对于它们的保护存在过度限制公众行为自由的可能，因而需要进行利益衡量。从这个层面来说，侵权法对于自我决定权与人格要素完整性的保护必定分别采用不同的法律技术，具体人格要素的存在具有一种外部的客观存在，相对于物权所要求的客观性，这种客观存在的表现形式更加多样，除了物理性存在之外，获得社会观念认可的稳定的存在也能够满足外在客观性的要求，比如作为名誉权客体的名誉虽然不具有物理的客观性，但是，通过社会公众的客观性评价予以转介也能够作为一种外在的客观存在，因而对于具体人格权客体完整性的保护可以采用一般条款予以解决，不需要特殊的法律技术。

由于自我决定权保护的并非具体人格要素的完整性，而是意志针对它们的自我决定自由，这种自我决定的自由并非权利客体所能吸收，不具有明确的权利外观，因此需要不同于对人格要素完整性保护的特殊法律技术。对于自我决定权的侵害主要表现为相对人未履行告知义务或者自做主张为权利人作出决定，对权利人行使人格权进行非法干预，造成权利人的损害，救济方法主要是依照《民法典》第1165条和第1166条的规定确定损害赔偿责任。

普遍存在的自我决定权受侵害的情况，表现为行为人未履行告知义务。这种

---

① Larenz/Canaries SBT 2 §75 I 1. 转引自〔德〕马克西米利安·福克斯：《侵权行为法》，齐晓琨译，北京，法律出版社2006年版，第4页。

侵权行为发生在侵权人与权利人之间存在某种法律关系的情况，通常是合同关系。在这种关系中，行为人的行为对于权利人的人格特质将产生重大影响，如果行为人未将相关情况告知权利人，权利人针对自身人格要素自我决定的机会被剥夺，自我决定权将受到侵害。此类侵权行为主要发生在医疗领域。

随着医学的发展，医疗活动的风险也随之增强，不同的医疗措施的选择会对患者的人格特质产生重大影响，对此只有患者本人享有决定权。在医疗法中，自我决定权的保护是通过知情同意规则具体实现的，知情同意规则是实现患者自我决定权的前提条件①，换言之，知情同意规则是患者自我决定权的具体化程序保障，是患者实现自我决定权的表现形式。在医疗活动中，医生要针对向患者提出的医疗处置方案，就其风险以及其他可以考虑采取的措施等做出详细的说明，是否接受医疗处置或者采用何种医疗处置方案应当由患者自己决定。因此，医生的告知义务就是一种必要的法定义务，只有在医生充分告知的基础上，患者才能够作出符合其真意的自我决定。我们曾经从侵权法的角度对于医生的告知义务进行了研究，并认为医生告知义务来源于知情同意权②，这种认识是从侵权法的角度，并非从人格权的角度进行考虑。应当看到的是，同意是权利人被动接受，决定是权利人自主决定，并不相同。因而知情同意权的概念与自我决定权有相当的差别，不可不查。

知情同意规则（informed consent）来源于美国法，是对医疗过程中医患双方当事人之间权利义务关系的概括，主要是从侵权法的角度解决患者权利保护的问题，强调医生应当履行告知义务，并得到患者的同意，在法律层面没有涉及保护的是患者的何种人格权。美国法由于没有完善的权利体系，可以仅从侵权法的角度通过过失侵权（negligence）之诉对受害人提供救济，而不必考虑受害人受到侵害的到底是何种权利，而大陆法系国家则要研究受到侵害的是患者的何种人格权或人格利益。医生的告知义务、患者的知情以及最终针对某种医疗处置方案的决定权都是前置性的程序条件，其最终要实现的是患者针对自己人格要素的自

---

① 翁玉荣：《从法律观点谈病患之自己决定权及医师之说明义务》，《法律评论》第 66 卷第 1－3 期合刊，第 4 页。

② 杨立新、袁雪石：《论医疗机构违反告知义务的医疗侵权责任》，《河北法学》2006 年第 12 期。

我决定的权利，保护的是患者的人格权。[1]

未履行告知义务对于患者自我决定权造成的损害区分为两种情况。

第一，如果未告知行为影响了患者的决定，也就是说，如果履行了充分告知义务，患者会作出不同的决定。此时构成意思决定事实因果关系，在此情况下要计算出充分告知与未告知两种情况下患者不同的决定之间的利益差，对此损害进行赔偿。

这种损害主要包括：其一，人身损害。比如，医生在剖腹产手术过程中认定再次怀孕将威胁病人的安全，于是在手术过程中根本未征求病人同意就当即进行绝育手术。[2] 其二，精神损害。主要是未充分告知的医疗行为给患者造成的精神上的痛苦。其三，财产损害，包括直接财产损失和间接财产损失。就直接财产损失而言，违反告知义务切除患者肢体，造成患者残疾所必须支出的费用等。间接损害主要是指患者因医疗行为造成丧失劳动能力，工资收入的损失。其四，丧失治疗最佳时机（包括存活机会）、最佳治疗方案的损害。医疗机构没有履行转诊等告知义务，会使患者丧失确诊的最佳时机，比如，患者的病情已经由早期发展到晚期。

第二，如果未告知并未影响患者的决定，也就是说即使在充分告知的情况下患者仍然会作此决定，那就不存在实际损害，只需要对患者自我决定机会丧失的精神损害进行象征性赔偿。

第四节 公开权

一、公开权概念的发展和我国法律的规定

（一）公开权概念的提出与发展

人格标识是民事主体标表其个性特征的人身识别因素，如自然人的姓名、肖

---

① ［日］植木哲：《医疗法律学》，冷罗生、陶芸、江涛等译，北京，法律出版社2006年版，第327页；侯英泠：《从德国法论医师之契约上告知义务》，《月旦法学杂志》第112期，第12-13页。

② ［德］冯·巴尔：《欧洲比较侵权行为法》（下卷），焦美华译，张新宝校，北京，法律出版社2001年版，第390页。

像、形象、声音，法人或者非法人组织的名称等。20 世纪中后期，社会进入大众消费时代，市场经济快速发展，大众传媒迅速普及，商业推广不断创新。在这样具有极端需求的大市场中，一些知名人物或组织的人格标识所具有的鲜明特征以及特别的影响力、号召力和亲和力，吸引了商人的目光，使他们瞪大了眼睛，紧紧盯住同样吸引消费者的这些人格标识，力图从中获得巨大的商业利益。因此，某些人格标识的商品化利用就成为当代市场经济的必然现象，也是市场经济发展的一个必然趋势。这一新的经济现象模糊了传统民法中人格权与财产权划分的边界，需要在理论学说中对其作出解释和回应。[1]

这样的形势，显然对民事主体的权利保护不利。人格标识是民事主体的人格利益，归属于民事主体自己享有。传统民法认为，人不可像支配财产一样随意处分自己，否则，将导致人之非人。人格尊严不受侵犯，由此衍生出人格权不可转让、不可放弃、不可侵犯的道德要求。[2] 而商人从市场价值和市场需求出发，为谋求商业利益，对属于他人的人格标识擅自进行开发，却将最终的利益由自己独占，或者只给权利人微小的利益，自己取得绝大部分利益，显然是对权利主体享有的权利的侵害。人格权法和侵权责任法面对这样的侵权行为当然不会坐视不管，必须作出自己的反应。

美国法律率先对此作出了反应，并以判决的方式，向这种非法利用民事主体人格标识的侵权行为发起攻势。Midler v. Ford Motor Co. 一案代表了这种意见。[3] 这是因为，隐私权被证明不是一个令人满意的用以保护个人对其姓名、肖像或声音的经济利益的方法，进而法院和学术界人士构想出了替代性的责任基础，承认公开权是一项完全独立的法律范畴。[4] 在理论上，这个权利被美国法表

---

① 姚辉：《人格权法论》，北京，中国人民大学出版社 2011 年版，第 360 页。
② 郑永宽：《人格权的价值与体系研究》，北京，知识产权出版社 2008 年版，第 62 页。
③ 李明德：《美国形象权法研究》，《环球法律评论》2003 年冬季号，第 482 页。具体案情在本书第十四章第三节"声音权"中有引用。
④ ［美］胡·贝弗利-史密斯：《人格的商业利用》，李志刚、缪因知译，北京，北京大学出版社 2007 年版，第 193－194 页。

述为公开权。^① 在 1953 年 HaelenLaboratoties，Inc. v. Topps Chrming Cam 案中，Frank 法官明确提出了这个概念，并就其含义进行论证。正是从这里，Frank 法官突破了传统的隐私权观念，不再将商业性地使用他人的身份局限在精神痛苦的范围之内，而是直接涉及人的人格标识的商业化开发中的财产利益问题，这就是公开权的核心。在该案中，第二巡回法院将公开权定义为"对自己的姓名、肖像和角色拥有、保护和进行商业利用"的权利。美国知识产权学家尼莫教授 1954 年发表了《论公开权》的论文，认为公开权是每个人对其创造和购买的公开的价值享有控制或获取利益的权利^②，认为名人需要的不是对于隐私的保护而是对于自己身份的商业价值的保护。尽管名人不愿意将自己隐藏在隐私的盾牌之后，但他们也绝不愿意让他人未经自己的许可或者未向自己支付报酬而使用、公开自己的姓名、肖像或形象。这一定义在 1977 年得到了美国联邦最高法院的支持。在法官和学者的共同推动下，公开权在美国从传统的隐私权中独立出来，形成一种新的权利类型。到 20 世纪末为止，美国已有 24 个州在成文法或判例中承认这一权利类型。^③ 在这些立法或判例中，公开权被界定为一种仅仅与真实的自然人相关的财产权。例如，《加利福尼亚州民法典》第 3344 条规定，保护自然人的姓名、肖像、声音和签名等，不受非法侵害。《纽约州民权法》第 50 条规定，保护"任何活着的人"的权利，"禁止未经许可使用他人的姓名和肖像"。纽约州的法院还一致裁定：任何法人不得依据上述规定主张权利，只有真实的自然人才可以依据上述规定主张自己的权利。

法国学者认为，人们不能够仅仅满足于将肖像权和姓名权视为一种非财产权，他们还应当走得更远，除了将人格权视为一种非财产权之外，也应当将人格权视为一种财产权。由于受到美国公开权理论的影响，在今日，除了法国民法学

---

① 如李明德在《美国形象权法研究》（《环球法律评论》2003 年冬季号，第 474 页以下）一文中，所称的"形象权"，其含义即为公开权或公开权。作者认为，形象权概念中的形象与系与肖像、声音、姓名等逻辑上属于统一层次的人格特征，而形象权则应为与肖像权、声音权、姓名权等相并列的具体人格权的一种，形象权区别于公开权。

② Nimmer，The right of publicity，19law & contemp/prob/203，216（1954）。

③ 李明德：《美国形象权法研究》，《环球法律评论》2003 年冬季号，第 475 页。

者主张人格权的财产化、商事化之外，其他大陆法系国家的民法学者也主张人格权的财产化、商事化，包括比利时、瑞士和意大利的民法学者。① 在日本，对某些商品上使用著名人物的形象或姓名，以及虚构人物或动物的形象或名称来吸引顾客，增强商品购买力的活动，称为"商品化"，将与此相应的权利称为"商业形象权"。日本从 1970 年代开始引进商业形象权的概念，最早的判例将其定义为：名人对其姓名、形象及其他对顾客有吸引力、有识别性的经济利益或价值进行排他性支配的权利。对于商业形象权的界定，判例与学说有两种倾向：一种是广义的商业形象权，是指除自然人以外，漫画或动画中的人物甚至动物以及其他物品，只要对顾客有吸引力，也能成为商业形象权的对象；另一种是狭义的商业形象权，是基于隐私权、肖像权、名人的形象所具有的经济价值而产生的权利。②

对于公开权，有赞成保护和反对保护的不同观点。赞成保护的理由，一是劳动保护说，认为名人的各种人格利益也是其劳动成果的体现，因此应当受到保护；二是防止不当得利说，认为利用名人的肖像、姓名等获取商业利益，应当支付相应的报酬，否则为不当得利；三是激发潜能说，认为名人为了自己更有名，会付出加倍的努力，因而会尽可能地激发其潜能，有助于促进个人的创造力，并最终刺激经济的发展。反对保护的理由，认为公开权适用范围的扩张，将使得一些事物、话语和行为被垄断化，并在公众的支配中消失。③

对公开权尽管有争议，但是，认可人格标识的公开权并且予以完善的保护，已经成为世界范围内的趋势，被越来越多的国家民事立法所采纳。

（二）我国人格标识侵权多发与立法采取的措施

在我国，也存在同样的问题和保护的现实需要。模仿的美国前总统克林顿的形象出现在中国商品的广告上，"他"在中国的电视画面中谈笑风生，推销中国的商品。在某些风景名胜区，有人模仿毛泽东、蒋介石的形象，招徕生意，获取报

---

① 陈甦、谢鸿飞主编：《民法典评注·人格权编》，北京，中国法制出版社 2020 年版，第 31 - 32 页。

② ［日］荻原有里：《日本法律对商业形象权的保护》，《知识产权》2003 年第 5 期。

③ 王利明：《人格权法研究》，北京，中国人民大学出版社 2005 年版，第 260 - 261 页。

酬。[1] 与著名笑星赵本山名字谐音的"赵本衫"商标被一家公司注册成功，并以1 000万元人民币的价格叫卖；与赵本山同命运的还有歌星谢霆锋、刘德华等，与他们的名字谐音的"泻停封""流得滑"等分别被注册为止泻药、涂改液的商标。除此之外，更多的诸如模仿"唐老鸭"的配音演员李扬的声音做广告、模仿喜剧演员赵丽蓉的声音进行商业宣传等，屡见不鲜。不但自然人的人格标识被广范应用于商业领域，一些享有声誉和知名度的法人、非法人组织也未能幸免，如某大学的名称、环境也成为相邻的房地产开发商的楼盘宣传的重要内容。[2]

可是，面对我国广泛存在的非法使用民事主体人格标识的侵权行为的现实，在很长时间里未形成可资借鉴的司法判例，立法也没有作出反应。在理论上，一些学者在努力探讨这个问题，却没有引起更多注意。

立法和司法的滞后助长了非法的人格标识商业化开发。特别是当代科学技术的迅猛发展，社会需求的极端需要，都促使商人加大力度，以侵权为手段，获取更大的利益和价值。前者如声音克隆技术已大大发展，声音可以通过一定的程序分解，再和别人的声音嫁接，出现与真人声音完全相同的虚拟人物，或真人声音与别人形象结合的新的银幕形象，使作为人格标识的声音的非法利用更为便捷和卓有成效。后者如铺天盖地的"模仿秀""真人秀"，就是公然攫取他人人格标识中的财产价值。

分析以上事例，可以清楚地发现，当代社会的人格标识利益在商业化开发利用中，民事主体产生的权利要求没有受到重视，拘泥于传统的人格权和人格利益保护的旧传统而无所作为。而人格标识利益的商业化开发利用恰恰不是传统的民事权利体系中的人格权或财产权所能涵盖的权利要求，因而使人格权的保护出现上述问题。

模仿名人形象的模仿行为，擅自使用他人的形象为自己创造商业利益，并没

---

① 杨立新、林旭霞：《论人格标识商品化权及其民法保护》，《福建师范大学学报（哲学社会科学版）》2006年第1期。

② 杨立新、林旭霞：《论人格标识商品化权及其民法保护》，《福建师范大学学报（哲学社会科学版）》2006年第1期。

有侵害被模仿人的肖像权。某人长得与某个名人相似，并通过不同的形式再现自己的形象，并没有侵害名人的肖像权，因为他再现的毕竟是自己的肖像，哪怕某人长得和名人不像，而是通过化妆、整容后，以酷似名人的形象再现，也没有侵犯名人的肖像权。同样，模仿行为也没有贬损名人的名誉、披露名人的隐私。用明星姓名的谐音注册商标，显然也是利用了姓名权、商标权保护的空白点。商标申请人没有直接使用明星的姓名，以这些姓名的谐音注册，也不违反商标法的禁止性规定。某大学的名称被任意使用也具有这样的性质和后果，房地产公司显然没有侵犯大学的名誉权，该大学的社会评价不会因房地产公司的广告而降低；其行为也不属于侵犯商标权；由于大学与房地产公司并非同行业，不正当竞争也难以成立。在现有法律框架内，该大学可以行使的最相近的权利是名称权，但实际上房地产公司用于吸引消费者并为其带来利益的并非大学的名称，而是该大学经历史沉淀而形成的浓厚文化氛围和优雅的环境，即大学的整体形象。在北京也有著名大学的形象被非法利用的典型案例。某开发商在商品房推销的广告中宣称：
"您入住某某小区，您的子女将与某某大学教授的子女一同成长。"这样的广告，也是对某某大学的人格标识利益进行了非法利用，也侵害该大学的公开权。

在美国法官判决的模仿歌星声音一案中，被告也未侵犯原告的著作权，因为被告已就使用歌词与歌曲获得了其著作权人（并非原告）的许可，而声音则不受著作权保护；被告行为也不构成不正当竞争，因为 Midler 与被告并无直接竞争关系的存在。同时，被告也未使用原告的姓名、肖像、签名或者声音等，使用的只是另一歌手 Ula Hedwig 的声音。

在以上事例中被商品化利用的对象，无一不是民事主体的人格识别因素或人格特征，但由此产生的权利，又不仅仅指向人的精神利益、人的价值的权利。更重要的是，人格标识商品化之后，人格利益的变化所导致的权利配置问题，是传统人格权中的姓名权、名称权、肖像权、隐私权等具体人格权所无能为力的；对人格特征因商业利用而产生的财产权益，是否适用财产权规则、在何种程度上适用财产权规则，现行财产法同样无法作出回答。于是，当基于表现民事主体人格特征的人格利益被无关的他人占有、支配、开发、利用，创造出相当的经济利益，并且从中获利时，权利人痛苦，侵权人却沾沾自喜、自得其乐，救济措施却显得苍白无力。

我国立法对此并非无所作为。《侵权责任法》规定了第 20 条，对"侵害他人人身权益造成财产损失的"，确定了侵权损害赔偿的规则，保护的正式人格权中的公开权。《民法典》第 993 条明确规定了公开权，"民事主体可以将自己的姓名、名称、肖像等许可他人使用"，第 1182 条对《侵权责任法》第 22 条的规定进行调整，规定了科学的救济公开权损害的损害赔偿方法。

可以说，自《侵权责任法》到《民法典》，我国确认了公开权，并规定了侵害公开权的人格权请求权和侵权损害赔偿请求权的救济方法，改变了对侵害公开权的行为无所作为的现状。

二、公开权的主要问题

（一）公开权概念的界定

界定我国的公开权的概念，应当重点研究两个问题。

1. 对这个权利概念应当怎样表述

对这个概念的表述，主要有如下几种：（1）公开权；（2）商业形象权；（3）人格利益商业化利用权；（4）商事人格权。

对上述权利概念的不同称谓，最贴切的还是美国法的公开权。有所疑虑的是，公开权的概念似乎看不出人格权的性质，容易与 1990 年代的公开化运动的概念相混淆。商业形象权的概念概括力不够，说到形象权就容易与具体人格权中的形象权相混淆。人格利益商业化利用权是比较准确的，但是过于冗长。商事人格权的概念虽然突出了商事的特征，又强调了人格权的特征，但不够具体。相比较而言，还是公开权的称谓比较实际，能够概括人格标识利益的商品化开发的权利内容和属性，也最能表达这个权利的典型特征。立法机关权威人士对此称为"姓名、名称、肖像等许可使用"，没有使用公开权的概念。[1]

---

[1] 黄薇主编：《中华人民共和国民法典人格权编释义》，北京，法律出版社 2020 年版，第 20 页。

2. 对这个权利概念应当怎样定义

我国学者对公开权有不同的表述，如将此权利定义为："对自己的姓名、肖像和角色拥有保护和进行商业利用的权利。"[①] 美国法院认为，公开权是对自己的姓名、肖像和角色拥有、保护和进行商业利用的权利。通常认为，公开权简单地说就是这样：每一个自然人固有的，对其人格标志的商业使用进行控制的权利。未经许可使用他人的人格标志将侵害他人的公开权，并且损害他人这一固有权利包含的商业价值，而且这种擅自使用不能根据言论自由原则豁免其责任。也有的认为公开权是限制他人未经许可使用自己姓名、肖像及其他方面的个人特性的隐私权的一个分支权利。[②]

分析以上立法或学说，特别是美国关于公开权概念的定义，对公开权的界定可以分为广义说与狭义说。广义说是将公开权的保护对象扩展到一切可以商品化的对象，包括真实人物、虚构角色以及其他可商品化的标记、符号、物品等。狭义说是将公开权的保护对象局限于自然人的人格特征，是与生命特征相联系的人的个性特征。本书认为，广义说将保护范围扩及一切可以商品化的对象，其保护范围失之过宽，因为虚构或创作中的角色更接近于著作权的保护对象，应由《著作权法》调整。而标记、符号、动物、物品等，与真实人物的人格标识不具有相同的法律特征，不应属于同一种权利保护的对象。狭义说局限于保护具有生命特征的人格标识，其保护范围又失之过窄。在现实生活中，法人、非法人组织的标志性人格特征同样有被商品化利用的可能，法人、非法人组织就其名称利益也享有公开权。《民法典》第993条采纳的就是这种意见，公开权保护的范围是姓名、名称、肖像等人格利益，其中的"等"，应当包括声音、形象、个人信息等人格利益。

因此，公开权是指民事主体对其具有一定声誉或吸引力的姓名、名称、肖像、声音、形象、个人信息等人格标识利益许可他人商业化使用，并享有相应财

---

① 王利明、杨立新主编：《人格权与新闻侵权》，北京，中国方正出版社1995年版，第427－431页。

② 以上美国对公开权的定义，转引自王利明：《人格权法研究》，北京，中国人民大学出版社2005年版，第260页。

产利益的抽象人格权。

（二）公开权的保护对象

公开权保护的人格标识利益，包括自然人的姓名、肖像、形象、声音、个人信息，以及法人或非法人组织的名称等。将公开权的范围仅限于姓名和肖像[1]，过于狭窄。

1. 姓名

姓名，主要是指真实姓名；对于具有一定社会知名度，被他人使用足以造成公众混淆的笔名、艺名、网名、译名、字号、姓名和名称的简称等，也能够标表民事主体的身份，也是商品化利用的对象，都应当纳入公开权的保护范围。

2. 肖像

肖像，是以自然人的以面部为主体的外貌在物质载体上再现的视觉形象。按照《民法典》第 1018 条第 2 款的规定，肖像是通过影像、雕塑、绘画等方式在一定载体上所反映的特定自然人可以被识别的外部形象。这个法定的肖像定义，范围较宽，可以概括不以面部形象为主体的人的再现的外部形象。

3. 形象

形象是自然人面部之外的身体形象，包括人的形体特征、侧影、背影等。如"手形广告"中的手形，"内衣广告"中的形体，凡是能够识别人格特征的人体外部形象，尽管没有面部形象，或者无法辨识面部的形象，也都属于公开权的保护范围。

4. 声音

声音是自然人的人格标识之一，具有唯一性、稳定性的特征。一个人独特的声音或声音风格，如演唱者独特的演唱声音、朗诵声音也可以指示该演唱者或朗诵者的身份，因此，声音也应成为公开权的保护对象。对此，《民法典》第 1023 条第 2 款已经作出了规定。

5. 隐私

隐私是自然人的私人生活安宁和不愿为他人知晓的私密空间、私密活动、私

---

① 李林启：《论发展着的人格权》，北京，法律出版社 2018 年版，第 117 - 118 页。

密信息，具有被商业化利用的价值，受到公开权的保护。

6. 个人信息

个人信息具有自然人的鲜明人格特征，对其公开的商业化利用，应当经过权利人的许可。

7. 名称

法人、非法人组织的名称是民事主体的人格标识，具有将被标识的对象从同类中区别出来和宣示该被表示对象的作用。名称以文字组成，所表达的信息多于所组成名称的文字本身所包含的信息，能够包含主体的信用、信誉以及整体形象，属于公开权的保护对象。

（三）公开权的基本属性

1. 对公开权基本属性的不同认识

（1）人格权说

美国学者认为，公开权是从隐私权中衍生出来的一种新型人格权，是将隐私公开从而进行商业化使用的权利，或者公开权不过是确认了每个人人格中固有的特征，一些法院不愿意承认姓名、肖像等人格利益具有财产因素，因而创造了公开权概念并予以保护。在一些大陆法系国家，由于公开权是对人格标志的利用和进行控制的权利，所以，认为公开权是一种具有财产价值的人格权①，因而其基本属性仍然是人格权。

（2）财产权说

由于公开权广泛存在于社会各个领域，特别是存在于商业领域，其主要功能是保障、促进人格利益的商品化利用，保护民事主体的权利的自我享有并获得其中的利益，因此，学者将其定位于财产权，认为"该权利所保护的是自然人身份中的商业价值或财产权益，事实上形象权本身就是因为保护这种财产权益而发展起来的"②。

---

① 王利明：《人格权法研究》，北京，中国人民大学出版社 2005 年版，第 266 页。

② 李明德：《美国形象权法研究》，《环球法律评论》2003 年冬季号，第 477 页。

（3）特殊知识产权说

这种主张以《世界知识产权公约》对知识产权的界定为依据，认为公开权属于第（7）项"制止不正当竞争，以及在工业、科学、文学或艺术领域，由于智力活动而产生的一切其他权利"的范围，公开权具有无形性、专有性、地域性、时间性这些知识产权的特性。①

（4）无形财产权说

这种主张认为，诸如姓名、肖像、形体、名誉等人格因素，在商业化过程中已由传统人格利益演变成商业人格利益，即非物质化的新型财产权益，与商誉权、信用权、特许经营权一样，都是一种非物质属性但又不能归类于知识产权范畴的无形财产权。②

（5）边缘权利说

与上述观点不同，有学者认为，公开权在传统人格权和知识产权的边缘地带产生，但这并不表明可以将其简单地纳入人身权或知识产权的任一范畴。公开权的特殊权利性质决定了由反不正当竞争法予以保护更为妥当。

2. 对上述观点的分析

上述这些观点未能正确表述公开权的真实法律属性。

第一，公开权并不具备知识产权区别于其他民事权利的突出特征，即智力成果的创造性。作为公开权保护对象的人格标识如姓名、名称、肖像等，是主体所固有的人格利益，而不是知识产品，也不具有知识产权的地域性特征。就知识产权而言，按一国法律授予的知识产权只能在该国受到保护，除签有国际公约或双边互惠协定以外，知识产权没有域外效力。而公开权无须特定机关授予，也不会因为地域限制而失去保护，将公开权归类为知识产权的理由难以成立。

第二，无形财产权说强调了人格因素在商品化过程中所产生的商业利益、财产价值，但是，却忽略了公开权旨在保护主体的"人格标识"或者"人的确定因素"的价值，它的产生以人格特质为前提，以人的情感、声誉、地位为基础，这

---

① 刘春霖：《公开权论》，《河北大学学报》1999年第4期。
② 吴汉东：《形象的商品化与商品化的形象权》，《法学》2004年第10期。

是它区别于任何财产权利的本质特征。同时，习惯上将无形财产权指代知识产权，使用无形财产权的称谓会混淆公开权与知识产权之间的界限。

第三，特殊权利说和边缘权利说都不能明确界定公开权的法律地位，也突破了传统民法的权利分类，虽然强调了权利保护方法，但却忽略了权利类型的体系化的思考功能、示范功能和认知价值，不仅带来法律推理的困难，而且会带来利益分配、权利规则制定的困难。

3. 公开权的基本属性是抽象人格权

公开权属于人格权体系的范畴，属于抽象人格权，是与一般人格权、自我决定权相并列的一种抽象人格权。

第一，公开权保护的是能够被商业化开发的人格利益，属于人格利益中的一类。民事主体对自己的姓名、名称、肖像、声音、形象等人格标识进行支配、利用，是以主体人格的独立性、完整性与不可侵犯性为基础，也为了使自身的价值得到充分的发挥。对人的姓名、名称、肖像等人格标识商业化使用的保护，最初正是衍生于对人格利益的保护。正如 Jerome Frank 法官在前述 Haeleu Laboratories, Inc. v. Topps Chewing Gum 案中指出的那样，某些原告因其姓名或肖像被用于推销玉米片或洗发水而感到窘迫和羞辱，而另一些原告则因他们的姓名或肖像被投入商业使用但未得到任何报酬而感到愤怒。因此，Frank 法官才将一个人控制其姓名或肖像的商业化利用的权利称为 "right of puhlicity"[①]。同时，被商品化利用的人格标识与人格的社会评价密不可分。例如知名人物的声音、形体、习惯性动作等之所以可能成为商品化的对象，并非基于上述形象因素本身的艺术美感，而是利用了消费者对依附于其上的知名人物社会影响力所产生的信赖。从这个意义上讲，普通人的人格标识商品化只是一种可能，而知名人物的人格特征转化为商业利益则具有保护的更为现实的必要。

第二，人格权非财产性的理念已被当代民法所突破。在传统意义上，人格权不包含财产因素，不能进行积极的利用、许可他人使用，甚至不能把限制人格利益的商品化作为民法的宗旨之一。这限制了"人作为终极目的"在法律上的实

---

① 董炳和：《论形象权》，《法律科学》1998 年第 4 期。

现。现代科学技术的发展、市场经济的深化、新闻媒体的发达，使人格利益转化为商业价值成为现实，而民事主体面对自己的人格利益中存在的商业价值，一方面不会无动于衷，另一方面也应当对这种利益进行严密的保护，使其归属于自己。当代民法不得不面对人格利益中财产利益因素日益凸显的现实，加快人格权体系扩张的进程，创设更多的人格权，对人格利益包括其中的财产价值进行更完善的保护。姓名、名称、肖像、声音等人格要素所包含的财产利益保护以及商业信誉、信用的保护，就是其典型表现。

第三，基于同一人格要素，可以同时存在不同的权利，并实现不同的功能。姓名、名称、肖像等人格要素之上可以在存在肖像权、姓名权等具体人格权的同时，存在公开权。具体人格权的功能重在维护人格独立及人的自由发展的精神利益，同时，也保障人格利益中的财产性利益。而公开权作为抽象人格权，是一种权能性权利，因而是许可他人使用、开发自己的人格利益并获得报酬的权利，其主要功能是保障、促进人格利益的商业化利用，既促进市场经济发展，又使民事主体在其中获益。公开权会与具体人格权产生竞合，例如，未经许可将在世名人的姓名、肖像付诸商业使用，无疑是侵害肖像权、姓名权的行为，同时也是侵害公开权的行为。又如，未经许可将他人的姓名、肖像用于宣传或推销质量伪劣的产品，一方面，会因劣质产品受奚落而使名誉权受损；另一方面，又会因未经许可商业性地使用了他的人格利益，造成人格权的损害。尽管如此，公开权仍不能为具体人格权所取代。如前所述，肖像权、姓名权等具体人格权不能解决模仿名人肖像、形象进行商业宣传的问题，同时也不能回答人格利益的放弃、转让、继承等问题，而公开权可以弥补具体人格权无法涉及的范畴。

第四，公开权与一般人格权有不同的作用。一般人格权虽有对具体人格权的补充、解释等功能，但是，由于一般人格权的内容主要是人格独立、人格自由与人格尊严，一般人格利益具有趋同性，一般人格权对人格利益的保护主要表现为消极权利，即以禁止性方式对侵害人格利益的行为进行救济；而公开权不仅包含消极权利，还包含许可他人利用自己人格标识的积极权利。因此，公开权不能为一般人格权所吸纳、所涵盖，是一种独立的抽象人格权。

综上，公开权与自我决定权、一般人格权一道，共同构成抽象人格权体系，从不同的角度、以不同的方式对人格利益进行全面保护。

三、公开权的基本范畴及救济手段

（一）公开权的主体、客体和内容

公开权的主体包括拥有人格标识的自然人、法人或非法人组织，以及公开权的受让人即被许可人。

公开权的客体是民事主体对人格标识所享有的人格利益，主要表现为人格利益中的商业利益。

公开权的内容包括两个方面：一是消极权利，即人格标识的禁用权，权利人享有排除他人擅自将自己的各类人格标识进行商业化利用的权利。禁用权的行使以他人故意进行商业化使用为前提，换言之，合理使用应受法律保护。如果是利用他人的人格标识和特征，并足以误导社会公众，权利人有权禁止。二是积极权利，即人格标识的利用权，是指权利人对各类人格标识进行商品化利用的权利。权利人既可以是自己将各种人格标识使用于商业领域之中，依靠人格特质对公众的吸引力而在商品经营中直接获取利益；也可以是许可他人将人格标识用于相关商品和商业活动中，从而收取转让费或许可费。

关于公开权对人格构成要素使用的类型，学者认为可以做以下四种不同的划分：一是权利主体自身的使用和别人的使用；二是无形人格构成要素的使用和有形人格构成要素的使用；三是人格构成要素的商业使用和非商业使用；四是自然人人格构成要素的使用和法人、非法人组织人格构成要素的使用。《民法典》第993条仅规定了一种类型的人格构成要素的使用情况，即权利主体与别人签订许可合同，授权别人使用自己的人格构成要素。[①]

授权他人使用即许可他人使用，是公开权实现的主要途径。授权使用应对一些重要问题作出约定，如使用人格标识的商品或服务的范围、具体方式，地域、

---

① 陈甦、谢鸿飞：《民法典评注·人格权编》，北京，中国法制出版社2020年版，第33-36页。

时间、范围以及专有使用或非专有使用。

（二）公开权的期限

知名人物的人格特征往往永久或者长久地存在于公众心目中，但人格利益是否应当无期限地受到保护，不无疑问。对于公开权保护期限及于权利人终身，一般不存异议。但是，在权利人身后，公开权是否受保护，保护的法理根据是什么，在理论上和实践中存有不同见解。

有观点认为，人格权的消灭并非等同于人格权具体表现形式（如姓名、肖像）本身不再受法律保护，保护死者的姓名、肖像的目的是保护其上的精神利益，与死者关系密切的近亲属或其他个人、团体，作为该精神利益承受者，以大致与姓名权、肖像权相同的保护方式加以保护。[1]

相反，从前述公开权属于"财产权"的观点出发，有的学者认为，公开权属于具有可转让性和继承性的"财产价值权"。公开权在权利人死后"由其继承人继承"[2]。

在美国司法判例中，对权利人死后公开权保护及其根据也有不同的做法。例如，加州一高等法院在 Lugosi v. Universal Pictures 一案中认为，因电影 Dracula 而闻名的已故演员 Bela Lugosi 亲属对他的肖像使用享有经济上的权益，Lugosi 的亲属已经继承了因电影中 Count Dracula 角色而衍生而来的名誉和肖像的商业使用权，但是，上诉法院随后又推翻了关于继承性的判决；1979 年 12 月，加州最高法院确认了改判。在驳回公开权可继承这一判决的同时，加州法院也注意到，应该对"艺术家对自己劳动成果应有的权利严重缺乏支持"这种观念有所制止。通过将公开权与现有版权法关于艺术作品保护作类比，大法官建议，可以采用公众人物死后 50 年享有公开权的财产利益。[3] 这一建议可以看成是在公开权的继承人的利益与公众利益之间寻求平衡。

---

[1]　朱妙春等：《知名人物的公开权及其法律保护——鲁迅姓名、肖像使用引发的法律思考》，特许经营律师网，http://www.fclaw.com.cn/Details.asp?id=12394，2011 年 4 月 21 日访问。

[2]　熊进光：《商事人格权及其法律保护》，《江西财经大学学报》2001 年第 5 期。

[3]　The Descendibility of the Right of Publicity: Memphis Development Foundation v. Factors Etc, Inc, Heinon line-14 Ga. L. Rev. 831.

在德国，虽然没有明文对此进行规定，但是在 1958 年德国民法典人格和名誉保护改革法草案中，也曾经提出过类似的建议，即"如果受害人已经死亡，或者侵害直接指向死者，其亲属有权主张权利，除非死者已经指定并授权他人在此情形下主张权利。自受害人死亡 30 年期满后，该权利不能再主张，除非已经依合同承诺或者在此前已经诉诸法院"。

本书认为，公开权保护期限的界定，应与权利人的人身权益相联系。学界关于"民事主体在其诞生前和消灭后，存在着与人身权益相区别的先期法益和延续法益"① 的观点，对阐明民事主体身后人格利益保护问题提供了理论基础。该观点认为：民事主体在取得民事权利能力之前和终止民事权利能力之后，就已经或继续存在某些人身利益，这些人身利益都与该主体在作为主体期间的人身利益相联系。这些先期利益和延续利益，对于维护主体的法律人格具有重要意义；人身法益与人身权利互相衔接，统一构成民事主体完整的人身利益；民事主体人身利益的完整性和人身法益与人身权利的系统性，决定了法律对民事主体人身保护必须以人身权利的保护为基础，向前和向后延伸。基于上述理论，《民法典》第994 条作出了明确规定，即在对死者人格利益保护的范围内，包含对死者人格利益中的商业利益的保护。具体的保护期限，应参照这一规定由死者的近亲属作为保护人，并据此界定保护的期限：如果死者没有近亲属的，就不再予以保护。不过，死者肖像利益的保护，分为一般使用和肖像作者使用的不同期限。由于肖像作者的著作权保护，对其创作的肖像作品在死者死亡后 10 年为期，期满即可自由使用。对于其他一般主体的使用，应当按照死者人格利益保护的一般期限确定。

（三）公开权的法律救济手段

侵害公开权的救济手段，仍然适用人格权请求权和侵权请求权的方法。由于公开权的功能体现为民事主体对自己的人格标识的使用及其财产价值的控制权，对公开权的侵害直接导致权利人财产利益的减损，因此，对公开权的救济应采用财产权保护的规则，即禁令和损害赔偿。

---

① 杨立新：《人身权法论》，北京，中国检察出版社 1996 年版，第 284－285 页。

禁令也称为禁制令，或者行为禁令①、行为保全②，《民法典》第 997 条对此作了规定。禁令是民事主体有证据证明行为人正在实施或者即将实施侵害其人格权的违法行为，不及时制止将使其合法权益受到难以弥补的损害的，有权依法向人民法院申请采取责令行为人停止有关行为的措施。法院根据当事人的申请发布的令侵权人停止正在实施或即将实施的某种侵权行为，从而使权利人免受侵害或侵害危险，其目的在于保护权利人免受继续发生或将要发生的侵害，因此预防难以弥补损害的发生。在侵害公开权的领域，禁令是一种有效的救济方法，应当更多地采用，以制止侵权行为，保护当事人的民事权益。

损害赔偿是侵害公开权主要的救济手段，应当依照《民法典》第 1182 条规定进行。请求损害赔偿首先应有损害事实发生，凡未经授权商业性使用权利人的肖像、姓名、形体、声音等人格标识，即构成侵权。包括商业性使用面貌酷似名人的肖像、模仿名人的形象、声音，以及商业性使用知名人物、组织姓名、名称的谐音，只要有相当数量的一般社会公众，能够辨别出使用的是权利人的人格标识，即构成侵权，但法律有限制的除外。其次应有财产利益的损失。财产利益的损失应为权利人对其人格标识所享有的商业利益的损失，包括权利人因侵权行为丧失的市场价值和侵权人所得的非法收入。损害赔偿以过错责任为归责原则，以填补权利人损害、恢复至未损害前的状态为原则。在均难以确定的情况下，采用法定赔偿金制度，即由法院根据法律规定的赔偿数额的范围，考虑侵权行为的社会影响、侵权手段与情节，作出相应的裁判。

（四）公开权与相关具体人格权调整范围的整合

毫无疑问，公开权与相关的具体人格权有重合之处。姓名权、名称权、肖像权、声音权、形象权等，都是独立的具体人格权，而公开权也恰恰是在保护这些权利中的商业化开发中存在的财产利益。把公开权作为一种独立的人格权，究竟应当如何处理这个权利与相关的具体人格权的调整范围，确实是一个重要问题。

事实上，美国的具体人格权保护与公开权的保护也存在同样的问题。例如，

---

① 江必新主编：《民法典重点修改及新条文解读》，北京，中国法制出版社 2020 年版，第 694 页。

② 袁雪石：《民法典人格权编释论》，北京，中国法制出版社 2020 年版，第 166 页。

在美国，肖像权受到隐私权的保护，侵害肖像权的侵权行为直接依照隐私权保护的法律处理。例如，《美国侵权行为法重述》（第二次）第 652C 条规定："为自己使用或利益而窃用他人之姓名或肖像者应就侵害其隐私权而负责任。"① 如果涉及肖像利益的商业化利用，要以公开权保护的，则引用公开权的判例法进行判决。

结合我国立法和司法的实际情况，可以采取下述办法进行整合和适用法律。

1. 适用人格权请求权保护具体人格权和公开权

如前所述，凡是涉及姓名权、名称权、肖像权、声音权等具体人格权侵害，没有造成损失的，依照《民法典》第 995 条规定，行使人格权请求权，请求行为人承担停止侵害、排除妨碍、消除危险、消除影响、恢复名誉、赔礼道歉的责任。实施了侵害这些具体人格权，具有侵害公开权的目的，但是没有造成财产利益损害的，可以行使人格权请求权，保护自己的人格权。

2. 适用侵权请求权保护具体人格权和公开权

对于侵害精神性人格权，造成人格权或者公开权损害的，应当行使侵权请求权保护权利，救济损害。

侵权请求权保护具体人格权，救济的是人格利益中的精神利益的损害，因此，侵害具体人格权造成精神利益损害的，应当适用侵权请求权依照《民法典》第 1183 条规定请求精神损害赔偿。

对于侵害公开权，造成人身权益中的财产利益损害的，应当行使侵权请求权，依照《民法典》第 1182 条规定请求财产利益损害赔偿责任保护该权利。

---

① 《美国法律整编·侵权行为法》，刘兴善译，《司法周刊》1985 年版，第 544 页。

第八章
人格权的冲突与协调

第一节 人格权冲突的表现形式

随着民事主体权利意识的不断提高，法律对人格权的保护越来越严密，人格权行使中的冲突也越来越突出地反映出来。这是民事主体人格权及其保护的基础理论问题，也是民事主体越来越重视、司法机关越来越需要解决的实践问题。对此，有学者曾经从法理学和社会学的角度作出论述①，怎样从民法的角度研究人格权的冲突与协调，具有更重要的价值。

一、引起人格权冲突思考的典型案例

在现实生活中，民事权利冲突的表现是普遍的。不过，在其他民事权利的冲

---

① 刘作翔：《司法公正和效率的落点之一：权利冲突及其解决》，载《公正与效率世纪主体论坛论文汇编》，2001 年（未刊），第 33 页以下。

突中，大部分已经有了处置的基本规则和具体规则。例如在不动产所有权的行使中发生权利冲突，有相邻关系的规则处理；交易中保护静态安全还是动态安全的权利冲突，有善意取得的规则处理。这些都是在数百年以前民法就注意到，并且加以解决了的问题。

在人格权的权利冲突中，一方面，由于人格权是"二战"之后才被广泛重视的民事权利，时间尚短；另一方面，人格权的行使一般无须借助他人的协助即可实现，发生冲突的概率较小，因而，人格权的冲突并没有引起民法的特别重视，甚至有人认为人格权冲突是一个伪命题，明确提出"守望权利边界，何来权利冲突"，权利冲突是"不成问题的问题"或"伪命题"[1]。有的学者反对这样的主张，认为权利冲突不是一个伪命题，而是一个客观存在的问题。[2]

笔者在 1994 年写作《人身权法论》时，就注意到了这个问题。[3] 笔者在研究隐私权时，发现隐私权和知情权之间存在强烈的冲突，不可避免地发生着，就像相邻不动产所有人一方行使权利，可能会对对方不动产所有人的权利行使发生妨碍一样，必须进行法律调整，并非权利本身就能自行解决的问题。

引起笔者重视的是美国法院判决的詹姆斯·希尔诉《生活》杂志发行人时代公司侵害隐私权的案件。1952 年，希尔及其家人在费城郊区的家中，被三名逃犯软禁达 19 小时。事后，希尔告诉记者，那三名逃犯很有礼貌，并没有采取激烈的强制手段。1955 年，剧作家海斯将希尔一家的类似痛苦经验改编为剧本《绝望的时刻》，将希尔的名字改为希利尔德，作为剧中的男主角。剧中有逃犯殴打希利尔德，并口头猥亵、凌辱其女儿的情节。该剧在费城上演时，《生活》杂志事先未与希尔家人商议，在他的原住屋中拍摄若干现场镜头，并以《真正的罪案：激起紧张的戏剧表演》为题，报道该剧的演出，并毫无保留地描述该剧为希尔一家的悲惨经验的重演，致使希尔一家遭受精神痛苦。希尔一家向纽约州法院起诉时代公司侵害其隐私权。时代公司则以满足公众知情权为理由答辩，《生活》

---

① 郝铁川：《权利冲突：一个不成问题的问题》，《法学》2004 年第 9 期。
② 郭明瑞：《权利冲突是伪命题吗？——与郝铁川教授商榷》，《法学论坛》2006 年第 1 期；张平华：《权利冲突是伪命题吗？——与郝铁川教授商榷》，《法学论坛》2006 年第 1 期。
③ 杨立新：《人身权法论》，北京，中国检察出版社 1996 年版，第 623 页。

杂志的记者指证，诚恳地相信"希利尔德"反映了希尔事件的内心和灵魂，否认其侵权。①

在这个案件中，突出地表现了隐私权与知情权的冲突。在现实生活中，这种现象并不少见。例如，在相恋的未婚男女之间，在相互了解之中，都希望掌握对方的人品、婚恋以及性方面的资讯；而这些恰恰是对方的个人隐私，是需要"瞒"的内容。行使"知"的权利，就要牺牲"瞒"的权利，满足"瞒"的权利，"知"的权利就无法保障。

隐私权是具体人格权。尽管我国法律和司法解释长期以来没有将其确认为人格权，但它从来就顽强地存在着，直至《侵权责任法》最后确认其为人格权，《民法典》也对此作出具体规定。关于知情权，很多学者主张将其规定为自然人的民事权利，认为它是现代民主制度及信息化社会建立的基础性权利，政治活动如果被认为是公共产品，那么该产品的生产进程及工艺与成分，获得产品的人就有权知悉。该权利被认为是社会走向光明的保证。确立知情权的呼声之强烈，使人振奋。② 当然，知情权不仅仅是知政权和公共知情权，还包括民事知情权在内。《民法典》人格权编没有规定知情权，可包括在第 990 条第 2 款规定的"其他人格权益"中。隐私权和知情权就这样激烈地冲突着，各自顽强地表现着自己。这不过是人格权权利冲突的一个缩影。

二、人格权与其他不同权利冲突的表现

人格权的权利冲突，很多是发生在与其他权利的关系上。人格权与其他权利的冲突主要有两种类型。

（一）人格权与公权利、公权力的冲突

公权利，通常也叫作政治权利、宪法权利，是公民作为权利人，国家作为义

---

① 此案为 Time, Ine. V. Hill385U. S374.（1967），案情引自吕光：《大众传媒与法律》，台北，"商务印书馆"1981 年版，第 68 - 69 页。

② 《应以宪法固定化的十种权利》，《南方周末》2002 年 3 月 14 日第 1 版。该文强调指出，知情权是宪法应当固定的第五种权利。

务人的权利。一方行使人格权，另一方行使公权利，会发生人格权与公权利的冲突。人格权与公权利的冲突，往往公权利一方代表的是国家利益、社会利益和公众利益。在冲突中，享有公权利的一方往往将公权利凌驾于民事主体的民事权利之上，形成对抗。这是人格权冲突较为典型的一种。

1. 人格权与采访权的冲突

广西某市市民向该市广播电台投诉，该市的一个声讯公司引诱少年儿童拨打声讯电话，不仅浪费了大量的费用[①]，而且电话中具有色情内容，严重妨害青少年的身心健康。电台的一位女记者进行新闻调查，在采访中，受到保安的刁难和厮打。嗣后，女记者决定采访该声讯公司挂靠的主管单位即某区民政局，经过事先约定，采访该局某局长。采访开始时，女记者没有征得被采访人的同意，即将采访机放在两个人中间的茶几上，对采访的问答做了录音。结束采访时，该局长提出，没有经过其同意对谈话录音，是非法的，要求交出录音带，否则不准走。双方争执不下，女记者向电台领导报告此事，电台领导赶到，进行协商，最终决定抹掉录音，女记者才被准许离开采访地点，被滞留了2个小时之多。女记者以该局长为被告向法院起诉，诉因是侵害采访权和人身自由权，请求被告赔偿其精神损害1分钱。[②] 原告一审败诉，上诉后原判被撤销。一审法院重审判决认为："原告主张被告侵犯其人身自由，向法院提供的证据与被告提供的证据互有矛盾，并不能完全证实其主张。被告得知原告采访录了音，是曾表示过不将录音删除不让走之类的话语，但对原告未采取任何暴力强制措施不让其走，原告在听到被告的话后未离开办公室，并不能证实是被告限制其人身自由，也不符合限制人身自由的构成要件。"[③] 故仍以原告败诉作为判决结果。

在该案中发生冲突的权利是两组：一组是记者的采访权和被采访者的自我决定权，是公权利与人格权的冲突；另一组是记者的人身自由权和被采访者的自力

---

① 据报道，一位月收入仅2 000多元的女工，其儿子两个月中为此支出话费6 000余元，给家庭带来巨大的经济负担。

② 关于本案案情的描述，依据的是《广州日报》2002年1月24日刊载的《女记者怒打一分钱官司》，该稿为新华社供该报的专稿，作者张增忠。

③ 关于本案的诉讼过程和判决理由，亦引自《女记者怒打一分钱官司》一文。

救济权，是人格权与人格权的冲突。女记者仗义执言，是值得尊重的，其受到的不公正待遇也值得同情。但是，女记者以采访权和人身自由权受到侵害的诉因起诉，是否符合法律规定，是否有正当理由，值得研究。

采访权与自我决定权的冲突，是该案争议的焦点。采访权是媒体的权利，也是记者的权利，是派生于言论自由权的新闻自由权，性质属于公权利。公民是否接受采访，接受什么形式的采访，则是公民的自我决定权。[①] 被告同意接受采访，在原告没有征得被采访者的同意即进行录音的情况下，被采访者明确表示不同意用录音的方式进行采访，完全是由采访公民的自由意志所决定，他人不得强行干预。因此，被告要求删掉录音并不过分，是正当行使自我决定权。在这两种权利发生冲突的时候，女记者强调自己的采访权而不尊重被采访者的权利，有干涉他人权利之嫌。对被告的行为，不能认为是侵害采访权，而是采取自助行为。本案的人格权与公权利的冲突比较典型。

2. 人格权与舆论监督权的冲突

媒体的舆论监督权与被批评者的人格权也经常发生冲突。当代社会中的媒体发挥着重要的社会作用。舆论监督的权利实际上是宪法言论自由权利的延伸，是新闻批评自由的权利。媒体行使舆论监督权进行批评总是针对一定的社会现象，其中多数是对民事主体的批评，因而涉及民事主体的人格权保护问题。《北京晚报》曾经批评一个酱菜厂的卫生问题。卫生防疫机构在检查这个酱菜厂的卫生时，在车间里发现污水横流，还抓到 5 只苍蝇。报纸以《苍蝇聚车间，污水遍地流，某酱菜厂卫生不合格被处罚》为题作了报道。被批评的工厂提起诉讼，请求报纸承担侵害其名誉权的责任。晚报社在答辩中申明其批评所依据事实的真实性，认为是正当行使舆论监督权，不构成侵权责任。在这个案件里，新闻批评的权利和法人的名誉权发生冲突。

3. 人格权与公共安全的冲突

强制治疗是对患有某种严重传染病、对周围构成危险的精神病的患者进行

---

① 理论认为，人格自由是一般人格权的内容，属于一般人格利益的范畴。按照最高人民法院的解释，应当概括在"其他人格利益"之中。

的，未经本人同意的治疗。在一般情况下，强制治疗和人身自由权形成冲突。在"非典""新冠"疫情期间，对所有"非典""新冠"病毒感染的患者均实行强制治疗，"非典""新冠"患者的人身自由权无法得到全面保障。为公共利益和公共安全目的，这种对人格权的限制是为了协调人格权冲突而采取的必要措施，虽然形成权利冲突，但是并不违反法律规定。

4. 人格权与公权力的冲突

浙江省青年妇女郑某的新婚丈夫罗某因琐事与公司副经理王某发生争执，王某先打了罗某一耳光，并用榔头打了罗某一下，罗某在与王某厮打中，将王经理打死。检察院将罗某起诉后，一审法院以故意杀人罪判处罗某死刑，罗某提起上诉，郑某向法院提出借助人工授精怀上丈夫的孩子的请求。一审法院当即以此做法无先例为由予以拒绝。高级法院最终对郑某主张生育权的请求作出不予支持的答复。本案见诸报端以后，媒体普遍认为，罗妻郑某的请求已经闯入了国内现行法律制度和司法实践的一个盲区，是立法上和实际操作中还没有明确的一个问题。基本观点，一是认为无论"死刑犯"还是一般公众都享有生育权，都有权生育子女、繁衍后代。对于即将被执行死刑的犯罪嫌疑人也应当保障其权利的实现。二是认为"死刑犯"虽然享有生育权，但是其丧失了行使这个权利的条件，就是失去了人身自由，尽管现代科学技术可以解决人工授精的问题，但是，现行法律并没有具体规定，况且也没有先例，因而这种请求不能予以支持。[1] 这是人格权与公共管理权的冲突，事实上，只要公权力单位适当考虑对人格权的保护，就完全可以解决这个生育权的保护问题。

孟德斯鸠曾说过："一切有权力的人都容易滥用权力，这是一条千古不变的经验。有权力的人直到把权力用到极限方可休止。"公权力不仅具有强烈的自我扩张性，而且这种扩张性难以得到外力有效的遏制。在强大的公权力面前，私权利是天生的弱者。因此，公权力与私权利之间的冲突经常发生，公权力以各种名义侵犯私权利的现象屡见不鲜。比如，在曾经轰动一时的延安黄碟案中，派出所

①　对这个案件我在《2001年热点民事案件点评》中做了说明。后来，高级人民法院没有同意死刑犯妻子的要求。

出警人员对张某基本人身自由权和住宅权就实施了侵犯行为。[①]

（二）人格权与其他民事权利的冲突

在现实生活中，人格权冲突表现在诸多方面。下面列举几种常见的人格权冲突情况。

1. 生命权、身体权、健康权与财产权的冲突

姚某是某银行的职工，两名歹徒闯入银行，姚某想要报警，银行没有安装报警器，想打开"110"报警开关，但是报警器开关没有任何信号反应。用电话拨"110"，电话打不通。一名歹徒冲到柜台，用刀逼迫姚某，要她打开保险箱，姚某被迫打开箱子，拿出了 13 568.46 元，交给了歹徒，将另外 25 万元保护了下来。第二天，姚某认为这是自己的过失造成的损失，在家拿出同样数额的钱，补给单位。银行宣布对姚某开除党籍、开除公职。姚某向劳动仲裁机构申请仲裁，仲裁结果是撤销银行的处分决定。银行不服，向法院起诉，被法院驳回诉讼请求。嗣后，银行仍然坚持给予姚某党内严重警告、行政记大过的处分，并将姚某的事件拍成录像，教育职工，要求银行职工"必须与犯罪分子进行殊死斗争"，姚某的行为是失职行为。[②]

姚某的行为没有过错，是一个机智的、值得赞扬的行为，是用小的损失保护了更多的国家财产，任何对这种行为的责难都是错误的。在这个案件中，财产权和生命权、身体权和健康权的冲突表现突出。在法律和现实中有很多"左"的思想，在保护国家财产的问题上就是这样，例如鼓励小学生为保护国家财产献出自己的生命，鼓励少年儿童向刘文学学习，是对国家的后代、民族的希望、未来的社会生产力的不负责任。在歹徒劫机时，如果鼓励机组人员同劫机分子英勇搏斗，就会置全体乘客的生命安危于不顾。国外法律把"身体强制"规定为免责事由，任何人在身体受到强制时实施的行为可以不承担责任，就是一个值得赞赏的规定。

2. 人格权与著作权的冲突

权利人将自己的某些人格利益进行适当处分，例如同意画家以自己为模特进

---

① 邸灿：《公权力与私权利的冲突与平衡》，《合作经济与科技》2009 年 2 月号。

② 朱彤等：《财产权怎能高于人身权》，《中国青年报》2000 年 3 月 20 日。

行临摹作画，把自己的隐私向作家陈述而作家依此创作小说，画家未经肖像权人同意而将画作公开展出，作家将写有主人公隐私的小说予以出版，都会发生肖像权、隐私权与著作权的冲突。在半张脸的案例中，这个问题更为突出。某摄影家欲创作作品参加全国第一届人体摄影作品展，邀请某女青年到自己的影楼免费拍摄写真集，将其中最好的一幅作品取名《美姿》，投稿参加摄影展。女青年发现后，主张侵害其肖像权；摄影家以著作权相对抗，形成肖像权与著作权的冲突。

3. 隐私权与知情权的冲突

如前所述，隐私权的最重要特征，在于权利人对自己不愿意公开的隐私利益享有"瞒"的权利；知情权的最重要特征，是权利人对其想要知道的情形享有"知"的权利。例如，养子女想要知道自己的真实身世，养父母刻意隐瞒养子女的真实身世，冲突比较明显。在文体明星的隐私与公众知情权之间，也存在明显的冲突。

三、人格权相互之间的权利冲突

（一）权利人自己的人格权与人格权的冲突

权利人享有各种人格权。在这些人格权之间发生冲突的时候，也必须进行法律协调。在生命权、健康权与隐私权的行使中，对患者的疾病诊断，医生要了解患者的隐私，如果患者不牺牲自己的隐私利益，就无法获得正确的治疗方法。特别是在争论医院胸透是否要脱衣的问题上，争执的焦点，就是健康权与隐私权的冲突。

（二）权利人的人格权与他人同类人格权的冲突

在姓名权和名称权中，具有相同的姓名和名称的民事主体比较常见，特别是自然人的姓名，同名者比较普遍。据统计，全国叫张伟的，为姓名重名查询排名之首，为29万余人，第二位为王伟，共28万余人，第三位为王芳，共26万余人。[①] 这是姓名平行，并不违法。在姓名平行的情况下，应当注意自己行使姓名

---

① "全国重名最多的50个排名"，百度知道（baidu. com），2021年9月7日访问。

权不能损害他人的姓名权，即在有可能造成姓名混同时，应当借助于特殊标记等方法加以区别，否则就会发生冲突，并且发生侵权责任问题。

在数个人格权主体对同一项人格利益都享有权利时，人格权行使的冲突更为明显。例如，在相关隐私即数个人对同一项隐私利益都享有隐私权的情形，每一个人对这个相关隐私利益都享有支配权，在具体行使权利的时候，会发生权利冲突，需要有具体规则进行规制。对此，本书在人格利益准共有中作了详细论述。

夫妻之间的生育权也会发生冲突。生育权是夫妻双方的权利，一方要求生孩子，一方不同意生孩子，要求生孩子的一方主张不同意生孩子的一方侵害其生育权。其实，夫妻双方享有的生育权是一致的、平等的，生育权的具体行使，则要夫与妻共同行使，只有一方的行为无法行使这种权利。

（三）权利人的人格权与他人不同类人格权的冲突

权利人的人格权与他人不同种类的人格权之间经常发生冲突。例如，在公众人物的隐私权与公众知情权之间，就存在冲突。公众人物有隐瞒自己隐私的权利，但是，公众对公众人物享有公众知情权。那些八卦刊物和狗仔队之所有能够有市场，就是因为有公众知情权作为抗辩事由。

第二节 人格权冲突的基本理论

一、人格权冲突的概念

人格权冲突是权利冲突的范畴。有些学者认为，权利冲突就是权利的相对性问题，在现代社会，权利相对性是一种极其普遍的法律现象。[1] 有的学者认为，权利冲突是指合法性、正当性权利之间所发生的冲突。通常来讲，人格权冲突发生于个体与个体之间，个体与团体、个体与国家之间，也可能发生于团体与团

---

① 苏力：《秋菊打官司案、邱氏鼠药案和言论自由》，《法学研究》1996 年第 3 期。

体、团体与国家、国家与国家之间。[1] 也有的学者认为，权利冲突，是指两个以上的权利的实现不能并存的状态，权利冲突大多是因为法律规定的权利边界不明确而导致的不和谐和矛盾状况，或者是在权利行使中而发生的利益冲突。[2]

权利冲突是市民社会的普遍现象，自从有市民社会就存在权利冲突，而不是当代社会才发生的问题。在市民社会，法律从各个方面赋予民事主体以民事权利，使民事主体在各个方面充分地享有各种不同的民事权利。在这样的情况下，个体民事主体的民事权利行使，无疑要涉及其他个体民事主体的权利问题，甚至涉及其他主体的公权利问题，因而发生权利冲突乃至人格权冲突，是不可避免的。

在研究上述对权利冲突概念的界定中，用权利相对性来界定权利冲突的概念，有一定的道理，但是不够准确。因为权利相对性是权利行使的一个原则，实际上是权利冲突的一个协调原则。用合法性、正当性来界定这个概念也有不妥，因为这只是指出了发生了冲突的权利的属性。界定权利冲突的关键在于说明冲突，而不是说明权利。

权利冲突是指民事主体在行使民事权利时，与其他主体享有的民事权利发生的冲撞和矛盾，因而使两个权利的实现不能并存的民法现象。人格权冲突则是人格权主体在行使人格权时，与其他民事主体享有的民事权利所发生的冲撞和矛盾，两个权利的实现不能并存的民法现象。理解人格权冲突的要点是：

第一，人格权冲突是发生在市民社会的民法现象。在其他领域也会发生权利冲突，但这不是民法要研究和解决的问题，因而把人格权冲突局限在市民社会领域。故人格权冲突发生在市民社会，是民法必须解决的问题。

第二，人格权冲突是权利和权利之间发生的冲撞和矛盾，而不是其他问题。发生冲撞和矛盾的是权利，权利应当是合法的、正当的权利；冲撞和矛盾，是指权利的实现在某些方面发生对立，因而使双方权利人之间产生利益上的对立，使

---

[1]　刘作翔：《司法公正和效率的落点之一：权利冲突及其解决》，载《公正与效率世纪主题论坛论文汇编》，2001年（未刊），第46页。
[2]　王利明：《人格权法研究》，北京，中国人民大学出版社2005年版，第208页。

冲突的权利的实现不能并存。

第三，发生人格权冲突的是人格权与其他权利。其他权利，既包括民事权利，也包括其他公权利，而不只是指人格权之间的冲突。所谓其他公权利，包括一切公权利，甚至包括社会公共利益和公权力。

二、人格权冲突的实质

研究权利冲突的实质，是要揭示权利冲突的本质，发现权利冲突究竟是什么在冲突。同样，在研究人格权冲突时，只有揭示了人格权冲突的实质，才能真正认识人格权冲突的现象，在法律的层面解决人格权冲突的协调立场和方法。

（一）权利冲突实质的一般表述

学者以马克思的论述为基础，提出了权利冲突的实质是利益冲突和价值冲突。[①] 笔者同意这个观点，在这个意见的基础上，再作以下说明。

马克思指出："权利永远不能超出社会的经济结构以及由经济结构所制约的社会文化的发展。"[②] 这一论断准确地揭示了权利的制约因素，同时也说明，权利的制约因素其实也就是人格权冲突的实质。在市民社会发生的各种权利的冲突，无一不是社会的经济结构所反映的经济利益因素，以及社会结构所制约的社会文化的发展所反映的价值因素的冲突。

在一个权利的背后，有两个决定、支配权利的因素，这就是利益因素和价值因素。利益因素是由社会经济结构制约的因素，表现为物质利益因素和精神利益因素。决定、支配权利的最主要因素是利益因素。同样，权利的价值因素也是一个重要的因素，它是由社会的文化发展所制约的因素。由一个社会的经济结构所决定的社会文化，必定形成与其相适应的价值需求和价值观。这种价值需求和价值观直接决定着和影响着权利。在不同的权利发生冲突时，实质上就是不同主体

---

① 刘作翔：《司法公正和效率的落点之一：权利冲突及其解决》，载《公正与效率世纪主题论坛论文汇编》，2001 年（未刊），第 47－48 页。

② 马克思：《哥达纲领批判》，《马克思恩格斯全集》，第 3 卷，北京，人民出版社 1972 年版，第 12 页。

所享有的权利背后的利益因素和价值因素发生了碰撞和矛盾，形成了权利的碰撞和矛盾，人格权冲突由此而生。因此，以下结论是对的，即"利益代表了客观的根由，价值代表了主观的需求。权利是不同的利益和不同的价值的体现和产物。权利的实质是如此，权利冲突的实质也是如此"①。

不过，在人格权冲突的利益冲突和价值冲突之间，并不是完全同等的。利益冲突是人格权冲突的主要方面，而价值冲突是利益冲突的折射或者反映。其理由是，利益决定于社会的经济结构，而价值取决于社会文化发展。

（二）人格权冲突就是人格利益冲突

民事利益是权利的客体。财产权的客体是财产利益，人身权的客体是人格利益、身份利益。不同的权利客体即人格利益、身份利益、财产利益发生碰撞和矛盾，就产生了权利的冲突。因此，权利的冲突就是利益的冲突，就是民事权利的客体即人格利益、身份利益或者财产利益与相同的利益或者不同的利益发生冲突。人格权冲突是人格利益与其他人格利益或者其他利益之间的冲突。

研究人格权冲突，是要研究人格权与其他权利或者与人格权行使之间的冲突，因此，研究人格利益冲突，首先必须研究人格权本身的人格利益冲突。财产权利是以物质利益为客体的权利，但是，也不能忽视其包含的精神利益因素。一方面，在特定的财产之上可能包含着权利人的人格利益，这种人格利益表现为精神利益。人格权是以精神利益为主的权利，但是，也不能忽视其中包含的财产利益因素。人格权的客体是人格利益，即物质性人格利益和精神性人格利益，这些利益的基本内容是精神利益，不过，有些人格权具有明显的财产利益因素，例如姓名权、名称权、肖像权等，都包含着确定的财产利益。即使在没有明显的财产利益因素的人格权中，例如名誉权、性自主权等，在其受到侵害时，也都可能造成财产利益上的损害。

发生人格权的冲突，实际上冲突的就是这些人格利益。在前述生命权、健康权与财产权发生冲突的案件中，实际上冲突的是银行员工的生命、健康这种人格

----

① 刘作翔：《司法公正和效率的落点之一：权利冲突及其解决》，载《公正与效率世纪主题论坛论文汇编》，2001年（未刊），第47页。

利益与企业的财产利益的矛盾。在隐私权和知情权之间发生的冲突，是隐私"瞒"的利益和"知"的利益的冲突。

当公权利与人格权发生冲突时，是公权利载负的国家利益、社会利益、公众利益以及个人的公的利益与民事权利所体现的人格利益、身份利益及财产利益发生冲突。例如新闻批评权与受批评人的人格权的冲突，就反映了社会利益与个人的人格利益的冲突。

（三）人格权冲突也是价值冲突

所谓价值，在研究人格权冲突的领域中，实际上是对权利的客体即人格利益的判断和认识。

诚然，"价值就是一种主观认识。就是生活在我们这个地球上的人对这个地球上的各种各样的事物的一种认识。这种认识包含着对事物的认识、理解、思考、判断以及由此而形成的一些理念"[1]。但是，在具体到人格权冲突的问题上，实际上集中在人们对人格权的客体即人格利益的判断上，即不同的利益之间究竟孰轻孰重。在发生人格权冲突的双方当事人之间，每一个人都认为自己的权利所体现的人格利益高于另一方当事人权利所体现的人格利益。基于对自己所享有的权利载负的人格利益的价值判断不同，因而产生人格权冲突。至于第三者或者社会对此价值的判断，则是协调人格权冲突的基准。例如，物质性人格权高于精神性人格权[2]，物质性人格利益高于精神性人格利益。

至于价值判断何以会出现共同认识和不同认识，学者说得很精彩："由于人类是一个类存在物，因而在认识上存在着趋同性、统一性和同一性，人类才得以交往和相处；但同时，又由于人类是一种由一个一个的个体组合而成的类存在物，是一种以个体方式而存在的存在物，因而在认识上存在着差异性、不同性甚至对立性。"[3] 正是这种认识的差异性、不同性或者对立性，才导致了人格权冲

---

① 刘作翔：《司法公正和效率的落点之一：权利冲突及其解决》，载《公正与效率世纪主题论坛论文汇编》，2001 年（未刊），第 48 页。

② 王利明：《人格权法研究》，北京，中国人民大学出版社 2005 年版，第 237 页。

③ 刘作翔：《司法公正和效率的落点之一：权利冲突及其解决》，载《公正与效率世纪主题论坛论文汇编》，2001 年（未刊），第 49 页。

突的发生。不过，要指出的是，认为"这种冲突的产生和发生，并不纯然是由于认识上的不同，它有时候要附着于客观的利益上的因素"，略有一点不足，那就是，不是"有时候要附着于客观的人格利益上的因素"，而是都要附着于人格权客体的人格利益之上。如果没有人格利益的冲突，就不会存在价值上的冲突。

例如，在财产利益和人的生命利益、健康利益之间，究竟孰轻孰重，不言而喻，当然是后者。这是一般的社会判断，也是人类的基本共识。但是，就不同的个体而言，并不是都能做出一样的判断。在姚某所在银行的领导者看来，财产的价值高于人的生命价值，尽管他们有一个"华美""漂亮"的理由，即"国家财产"是神圣的，员工应当为了保护国家财产而奉献生命，因而姚某的行为是应当受到谴责的。而为姚某行为找到的"淳朴""朴素"的理由则是，人格利益高于财产利益，况且姚某的行为并不是失职，而是由于她的机智保全了更大的国家财产利益。貌似"左"的价值判断，正是几十年来"左"的思想的沉重积淀！

结论是：在人格权冲突的背后，利益冲突是其实质，价值冲突则给民法协调人格权冲突提供了基本的判断依据。

三、人格权冲突的普遍性

研究人格权冲突的立足点，是要防止人格权冲突、减少人格权冲突。可是，人格权冲突会防止、会减少吗？结论是否定的，理由是：人格权冲突是普遍的。正像学者所言，权利边界完全清晰，权利冲突荡然无存，只是展示给人们的一幅美好蓝图，但"现实难以尽遂人愿。权利边界清晰化进而无权利冲突的美好蓝图，总被权利冲突的必然性所打破：权利边界构造手段经常失灵；实质合理性与形式合理性存在紧张关系；法律解释具有非客观性"①。

首先，人格权冲突不是不完善的市场经济和尚未彻底转轨的计划经济的矛盾和冲突直接引起的，虽然这对人格权冲突也有一定的影响，但是，还不能构成一个原因。权利的确定并不完全取决于市场经济或计划经济，因为民事权利体系有

---

① 郭明瑞：《权利冲突是伪命题吗？——与郝铁川教授商榷》，《法学论坛》2006 年第 1 期。

着定型化的特点，所调整的各自利益也有基本的范围，不会直接决定于经济体制的不同。

其次，法治的不完善、不完备也不是人格权冲突的主要原因，因为法治再完善、法治再完备，人格权冲突也还是存在。

再次，公民权利意识的增强和权利意识发展的不平衡虽然对人格权冲突有所影响，但也不是基本的原因，因为人格权冲突的实质就是利益的冲突和价值的冲突。

最后，在立法上，无论是在权利主体、权利客体和权能方面，都无法完全划清边界，进而避免权利冲突。在人格权的主体上，在一个具体利益上，终究会存在几个主体共同享有支配权的现象，例如对人格利益准共有的情形，无法划清权利主体支配的界限而避免权利冲突，只能依靠确定具体行使权利时发生冲突用何种规则予以解决。在人格权的客体上，尽管每一个权利主体只能对自己的人格利益进行支配，但是，具体的人格利益在实际的支配中并非界限分明，特别是在商品经济社会，人格利益的商业化利用比较广泛，其客体界限并非如建筑物区分所有权中专有权的专有部分那样可以以"最后粉刷表层兼采壁心说"做精确的划分，界限不清难以避免。在人格权的权能上，权利难以被权能完全覆盖，因而导致权利人对权利的利用、保护模式无法及时、准确地得到他人、社会的了解，权利规范在一定程度上丧失了确定性、可预见性；相对人、法官均难以确定权利行使行为是否合乎法律，而权利人超越常规的权利行使行为难免引发争议，并且直接表现为权利冲突。[1]

所以，结论是，人格权冲突的实质，决定了人格权冲突的普遍性。在市民社会，人格权冲突是一个普遍现象，只要有权利的存在，就有人格权冲突的存在。

作出这个结论的依据，就是利益冲突的普遍性，即使到了人人向往的大同世界，每个人的利益也不会完全一致，对利益的价值判断也不会完全一致。既然社会还分为个体，自然人和法人、非法人组织还作为民事主体，每个个体就会有自己的个体利益，个体利益与他人利益、社会利益、公共利益之间，就会存在利益

---

[1] 郭明瑞：《权利冲突是伪命题吗？——与郝铁川教授商榷》，《法学论坛》2006 年第 1 期。

冲突。即使社会法治建设达到了完备的程度、个人权利意识已经有了充分的觉醒和完善，经济体制已经是完备的市场经济，但只要有不同的个体利益，人格权冲突就永远存在。

因此，在人格权冲突存在普遍性的情况下，重要的不是去研究防止或者减少人格权冲突，当然这也是一个重要的努力方向；更重要的，是要研究对人格权冲突的协调，发现冲突、认识冲突，提出解决人格权冲突的具体规则。这就像不动产所有权和用益权所要研究的不是权利冲突的具体原因，而是要制定详细、周密的相邻关系规则一样，在越来越复杂多样的人格权冲突中，制定出人格权冲突的协调原则和具体规则。

第三节　对人格权冲突的协调

一、民法保护人格权的立法基点

（一）民法的基本内容

民法是市民社会的基本法。其基本内容，是规定市民社会的主体即民事主体的民事权利。民法通过规定民事主体所享有的民事权利，规范民事主体的行为规则，实现维护市民社会秩序的目的。规定民事权利、规范主体行为、维护民事秩序，就是民法的全部内容。这些内容分为三个部分：第一，赋予民事主体民事权利；第二，规定民事权利的行使规则；第三，规定对民事权利的保护方法。[①] 上述三项内容三位一体，构成民法的全部内容。对于人格权，《民法典》首先规定民事主体享有何种人格权，其次规定行使人格权的具体规则，最后规定人格权受到侵害的具体保护方法。《民法典》人格权编正是按照这样的内容编排的。

---

① 关于民法三项基本内容的具体论述，参见杨立新：《民法总论》，北京，高等教育出版社 2007 年版，第 47－49 页。

（二）人格权保护的立法基点

民法对人格权的保护，是通过人格权请求权和侵权请求权实现的。这两种手段是民法保护人格权的基本方法，在《民法典》中，前者规定在第 995 条，后者规定在第 120 条。

正因为如此，民法对人格权保护的立法基点，就是着眼于权利受到侵害之时。当权利受到侵害时，人格权请求权和侵权请求权对受到侵害的人格权进行救济，责令行为人对造成的人格利益损害以及财产利益损失进行赔偿，对侵害人格权的违法行为进行制裁，使受到侵害的人格权得到恢复。

人格权请求权与侵权请求权虽然都着眼于对人格权的保护，但是在保护中，并非只注重受到侵害的人格利益，也要着眼于权利本身。任何对人格权进行非法侵害的行为，都要受到民法的制裁。

《民法典》也着眼于人格权行使规则的确立，只有如此，才能针对具体行使人格权的行为，判断行使人格权的行为的正确和错误，确定滥用权利的行为或者不规范行使权利的行为造成他人权利损害的行为为侵权行为。在人格权冲突中，很多是在权利的行使中发生的争议。民法要对此进行判断，确定哪一方是正确行使权利，哪一方是不正当行使权利，甚至是滥用权利。在这个问题上，就发生人格权冲突的价值选择问题。

在一般情况下，人格权冲突通常都涉及权利保护的问题，因而人格权冲突实际上是人格权请求权和侵权请求权所面临的问题。以民法规定的人格权以及人格权的权利行使规则作为判断基准，依据人格权请求权或者侵权请求权的规则，决定对冲突的权利哪一方进行保护。

二、人格权冲突的价值选择基准

在人格权冲突面前，存在着对冲突着的人格权确定价值选择基准问题。因而，这是在人格权冲突中的利益因素和价值因素冲撞和矛盾的平衡器。

人格权冲突的价值冲突，是人格权冲突中利益冲突的折射和反映，当事人对人格权冲突的价值判断，是基于自己的权利对于权利所包含的利益和价值的判断，而人格权冲突的法的价值判断，则是民法的职责和使命。民法基于自己的立场，对冲突着的权利的人格利益进行衡量，对冲突着的权利的价值进行判断，确定何者为正确行使权利，何者为侵权行为；何者应当保护，何者应当制裁。换言之，民法就是依据自己的基本准则，对冲突着的权利的利益和价值进行谨慎衡量，作出符合民法基本准则的正确选择。民法在作此判断的时候，必定要有自己的利益和价值选择基准，在确定的利益和价值的选择基准之上，作出自己的判断。

民法的价值选择基准包括以下三个方面。

（一）突出人的价值，确立人文主义基本观念

民法就是人法。这个结论是一个共识，非我辈所独创。民法在人格权冲突面前确立利益和价值选择基准，首先就要确立人的价值，确立以人为本的基准。

在《民法典》编纂中，对于如何设计其结构、体例，出现的"物文主义"和"人文主义"之争，即"两种民法典起草思路：人文主义对物文主义"①，讨论的程度之深，范围之广，在民法理论研究中很少见。基本论点是：在世界民法之林，《德国民法典》实为经典之作，但是，《德国民法典》几乎通篇规范的都是财产权利，对于民事主体自己的权利即人格权，仅见于侵权之债寥寥数语的规定之中，而且是从侵权行为所侵害对象的角度提到了人格权，除了总则编对姓名权的规定之外，并没有一个条文是对人格权的专门规定。因而，将《德国民法典》称作"物文主义"的民法典，并非言过其实。《法国民法典》和《瑞士民法典》对民事主体自己的权利的重视，则有所不同。《法国民法典》专门规定"人法编"，在《瑞士民法典》的总则中，专门规定"人格"一节，都体现了民法的人文主义思想。编纂中国民法典，究竟是采纳"物文主义"还是人文主义，是一个大问题。我国《民法典》坚持人文主义立场，突出人的价值和人的地位，成为具有鲜明特色的民法典。

民法在人格权冲突的利益和价值选择基准上，必须体现人文主义思想，坚

---

① 徐国栋：《中国民法典起草思路论战》，北京，中国政法大学出版社2001年版，第1页。

持以人为本，突出人的最高地位，突出人的价值，突出人格的价值，以人作为最高价值选择基准。在财产权和人格权发生冲突的场合，无疑要突出人格的价值，突出人的价值，把人和人格的价值作为最高的价值。如在前举案例中，姚某在歹徒抢劫银行时，牺牲小的利益，保全更大的利益，是一个正确的选择。她的领导却认为，作为一名共产党员，在关键时刻，应当毫不犹豫地献出自己的一切，甚至于最宝贵的生命，她没有用自己的生命去与歹徒搏斗，并在歹徒威胁下将匣箱的 1 万余元现金交出，属于严重失职行为，"是狗熊，是银行系统的叛徒"①，因而给予开除公职、开除党纪的处分。在姚某的领导的价值选择上，天平无疑是向着财产利益倾斜。事实上，她的领导貌似在维护国家财产利益，实质上却是在为自己的失职开脱。在财产利益和人格利益面前，民法更重于保护人格权利，突出人的价值，荒诞的"物文主义"立场的实质是草菅人命。应当感谢法院，在这场人格权冲突中，在这个争议的案件中，坚定地站在维护原告合法权利的立场，作出了公正的判决（尽管在这个判决中还有对原告的一定谴责）。

确立人的价值作为民法的价值选择基准，民法站在人文主义立场，在人格权冲突中，坚持以人为本，突出人的价值，维护人的根本利益，作出正确的选择。在这一点上，《民法典》第 2 条规定，在民法调整的对象中，人身关系高于财产关系；第 3 条规定，在民法保护的民事权利中，人身权利高于财产权利以及其他合法权益。

（二）突出权利的地位，确立权利本位的基本观念

民法就是权利法。在现实生活中，要突出权利的地位，把权利保护作为民法的职责和根本宗旨。

《民法通则》对人的民事权利作出专章规定，体现了立法者对人的权利的重视。《民法典》坚持《民法通则》的传统，全面规定民事权利的类型，特别是专编规定人格权编，坚持权利本位，作出了明确的规定。

在这里，要特别注意以保护国家利益、社会公共利益为借口，损害人的民事

---

① 引自朱彤等：《财产权怎能高于人身权》，《中国青年报》2000 年 3 月 20 日。

权利的问题。毫无疑问，国家利益和社会公共利益高于个人的利益，如果个人的权利行使与国家利益或者社会公共利益发生冲突，个人的权利应当让位于国家利益或者社会公共利益。但是，法律规定民事权利，实际上是很好地考虑了个人权利与国家利益或者社会公共利益的关系问题，正当行使民事权利一般不会损害国家利益和社会公共利益。事实上，更多的所谓个人权利与国家利益和社会公共利益的冲突，只是一种借口。例如，在接受遗赠权利与夫妻财产权的冲突中，否定接受遗赠权利的借口，就是认为确认这种接受遗赠权利会损害公共利益。这种理由是站不住脚的。《民法典》第 999 条规定："为公共利益实施新闻报道、舆论监督等行为的，可以合理使用民事主体的姓名、名称、肖像、个人信息等；使用不合理侵害民事主体人格权的，应当依法承担民事责任。"只有在这种情况下，才可以认定出于国家利益或者社会公共利益的考虑，而对民事权利的行使予以限制。这不是对权利本位观念的否定，而是尊重更多的人的权利。

（三）突出利益衡量，确立两利相衡取其重的权衡立场

在人格权冲突中的利益衡量，应当注意借鉴物权法在善意取得制度上的利益衡量方法。物权法规定善意取得，存在保护动态安全和静态安全的利益选择。保护财产的静态安全，就是保护所有权，舍弃善意买受人的利益；但是，保护静态安全的后果是对交易秩序和交易发展的损害，对整个社会的发展都有严重影响。相反，舍弃对静态安全的保护，转而保护交易的动态安全，就能够推动社会发展、促进交易发展，不至于使民事主体在交易面前止步不前，牺牲的是权利人的利益，并且也有办法补救，因此，善意取得制度应运而生。这就是在权利冲突中进行利益衡量的结果，牺牲了小的利益，换来的是更大的利益。

处理人格权冲突也须坚持这样进行利益衡量，在冲突的权利面前，衡量哪种权利的利益更有价值，进而选择利益更大的一种权利进行保护，舍弃利益较小的权利的保护。

因此，对人格权冲突中的利益衡量是必须重视的，绝不可以作出牺牲大的利益、保护小的利益的做法。增强理性思维，防止意气用事。

三、人格权冲突的协调原则

（一）权利绝对性原则与权利相对化原则

权利绝对性原则，就是坚持权利本位观念，对法律确认的权利都予以保护，不允许对权利进行侵害。任何借口保护某种利益而侵害民事主体的权利的行为，都是侵权行为。在权利发生冲突时，应当以正当行使权利的一方为合法，权利行使不正当、不合法的一方，应当为不当或者不法，保护正当行使的权利。

权利的行使应当遵守权利相对化原则，即权利人在行使自己的权利时，不得以损害他人的权利为代价。对此，《宪法》有明确的规定。行使权利应当注意避免对他人的损害，没有尽到注意义务为有过失，为侵权行为。《民法典》第132条规定禁止滥用权利，滥用权利造成他人损害的，也构成侵权行为。

（二）权利位阶原则

权利位阶，一是指权利的重要程度，二是指权利保护的先后顺序。任何权利对于权利人而言，都是重要的，但并非同等重要，因而权利位阶是实际存在的。在德国，有些宪法学者认为各个基本权利之间是存在价值位阶秩序的，某些基本权利的价值位阶高，而另外一些基本权利的价值位阶则较低。当不同位阶的基本权利发生冲突时，应当优先保障价值位阶较高的基本权利。在我国，也有学者主张基本权利间的位阶秩序。例如，苏力教授在《秋菊打官司案、邱氏鼠药案和言论自由》一文中就将言论自由放在了更为重要的价值地位上。在关于《馒头血案》的讨论中，蔡定剑教授也认为表达自由的价值更应受保护。[1]

权利位阶分为两种：一种是法律规定的权利位阶，另一种是法理上的权利位阶。

当法律明确规定了权利位阶时，各种权利的类型不可能得到均衡保护时，法官在没有充足理由的情况下，不能改变法定的权利位阶来解决权利冲突。[2] 当人

---

[1] 张翔：《基本权利冲突的规范结构与解决模式》，《法商研究》2006年第4期。

[2] 王利明：《人格权法研究》，北京，中国人民大学出版社2005年版，第211页。

身权利与财产权利以及其他合法权益发生冲突时，应当依照《民法典》第 3 条规定的权利位阶，人身权利优先于财产权利以及其他合法权益。这正是"人格权正在向财产权夺回桂冠"[①] 的实际表现。同样，《民法典》第 187 条规定，当民事责任与刑事责任和行政责任发生竞合时，侵权人的财产不足以支付所有的法律责任要求时，实行"私权优先"原则，民事责任优先。这样规定的结果，就是民事责任的请求权优先于国家的公权力。这是法定的权利位阶。

法律没有明文规定权利位阶，在理论上认为权利的重要程度和保护顺序有所区别时，就是理论上的权利位阶。例如，法律并没有规定人格权的位阶，但是理论上认为人格权与身份权相衡，人格权更重要，更应当侧重保护。

综合起来，在人格权的位阶上，可以确认的权利位阶顺序是：（1）人身权高于财产权；（2）人格权高于身份权；（3）在所有的人格权中，物质型人格权高于精神型人格权；（4）在物质型人格权中，生命权高于健康权，健康权高于身体权；（5）在精神型人格权中，自由型人格权高于评价型人格权，评价型人格权高于标表型人格权。按照这样的权利位阶，当权利发生冲突时，法官应当按照权利位阶确定保护顺序，妥善处置权利冲突。

（三）利益最大化原则

权利冲突的实质是利益冲突，正是因为利益冲突的存在，才使权利冲突得以发生。因此，解决人格权冲突、重新确定和明晰人格权的权利边界，就是法律寻求冲突的权利之间的利益最大化的选择。

利益最大化，就是法律选择保护那些在不同的利益之间，体现了决策者最大的利益追求和价值追求，体现了决策者最大的价值观念的利益进行保护。拉伦茨认为："权利一旦冲突发生（发生冲突），为重建法律和平状态，或者一种权利必须向另一种权利（或有关的利益）让步，或者两者在某一程度上必须各自让步。于此，司法裁判根据它在具体情况下赋予各该法益的'重要性'，来从事权利或

---

① 星野英一：《私法中的人——以民法财产法为中心》，载梁慧星主编：《民商法论丛》，第 8 卷，北京，法律出版社 1999 年版，第 150 页。

法益的'衡量'。"① "'个案中之法益衡量'是法的续造的一种方法，它有助于答复一些——法律未明定其解决规则之——规范冲突的问题，对适用范围重叠的规范划定其各自的适用空间，借此使保护范围尚不明确的权利（诸如一般人格权）得以具体化。"②

既然解决权利冲突不可避免地要进行利益衡量和价值衡量，那么，依社会的基本信念，在人格权冲突的人格利益选择中，就要使这种衡量和选择尽量避免主观任意化而应使之具有符合客观现实情况的品格，达到选择的利益最大化。拉伦茨认为："法益衡量需考虑下述原则：第一，一种法益较他种法益是否有明显的价值优越性。如相较于其他法益（尤其是财产性的利益），人的生命或人性尊严有较高的位阶。因为言论自由权及资讯自由权对于民主社会具有'结构性的意义'。第二，涉及位阶相同的权利间的冲突，或者正因涉及的权利如此歧异，因此根本无从作抽象的比较时，一方面取决于应受保护法益被影响的程度（例如，公众知悉此事务以及国家对此事务保密的利益程度如何），另一方面取决于：假使某种利益须让步时，其受害程度如何。第三，尚须适用比例原则、最轻微侵害手段或尽可能微小限制的原则。即为保护某种较为优越的法价值须侵及一种法益时，不得逾达此目的所必要的程度。"③ 这种意见是正确的，应当遵循。

（四）适当限制原则

有权利就有限制，原则上，没有权利是不受到某种限制的。④ 在一般情况下，诚实信用原则、权利不得滥用原则，都是对权利行使的限制。权利的限制是解决权利冲突、平衡当事人利益的一种机制。⑤

人格权行使的适当限制原则表现如下。

① ［德］卡尔·拉伦茨：《法学方法论》，陈爱娥译，北京，商务印书馆 2003 年版，第 279 页。
② ［德］卡尔·拉伦茨：《法学方法论》，陈爱娥译，北京，商务印书馆 2003 年版，第 286 页。
③ ［德］卡尔·拉伦茨：《法学方法论》，陈爱娥译，北京，商务印书馆 2003 年版，第 286 页。
④ ［德］卡尔·拉伦茨：《德国民法总论》，王晓晔等译，北京，法律出版社 2003 年版，第 304 页。
⑤ 马特、袁雪石：《人格权法教程》，北京，中国人民大学出版社 2007 年版，第 65 页。

1. 公共利益原则

公共利益必须具有公众的或者与公众有关的目的，受益范围原则上为不特定多数人，例如国民健康、公共福利、教育、环保、公共交通、文物保护，以及国家安全、公共安全等。在人格权行使与公共利益发生冲突的时候，法院可以不当行为有重大社会利益、受害人必须忍受为由，驳回当事人对不当行为的停止侵害行为的诉讼请求。[①] 在实行公共利益原则限制人格权时，必须警惕"多数人暴政"的危险，谨防以公共利益之名行压制个人权利之实。因为利益主体的偏私性和追求利益最大化的倾向，可能会带来违背公共道德、贫富过度分化、破坏生态环境等有损公共利益的行为，因而有必要对个人权利进行一定限制，但是，公共利益有时也受制于个人权利特别是基本权利，而社会成员的利益有时与公共利益产生冲突，甚至侵害和危及公共利益。[②]

2. 法律保留原则

在对人格权进行限制的时候，必须通过一定的立法程序，如对买卖房屋的"限购"和机动车驾驶的"限行"，都不符合法律保留原则的要求，涉嫌限制民事主体的民事权利。[③]

3. 比例原则

比例原则被称为公法中的帝王原则，旨在衡量限制目的与限制手段之间的轻重，表现在妥当性原则、必要性原则和均衡原则三个方面。[④] 这一原则在人格权冲突的利益衡量中，同样具有价值。

[①] 参见《荷兰民法典》第6：168条第1款规定。

[②] 余少祥：《论公共利益与个人权利的冲突与协调》，《清华法学》2008年第2期。

[③] 北京锐智阳光信息咨询公司开展了针对北京市民的调查。调查显示，68.9%的受访者表示支持车辆继续实施单双号限行政策，19%的人表示反对，其中无车族的支持率比有车族高34.4个百分点。《新京报》2008年9月2日。北京中观经济调查有限公司采用计算机辅助电话调查的方式访问了844名北京市城区和郊区常住居民。调查数据显示：从整体上看，对奥运会后应该继续实行单双号机动车限行措施这一观点表示认可的占55.6%，但平时开车出行的居民表示认可的只占此类居民的37.7%，平时不开车出行的居民表示认可的占此类居民的61.1%。《京华时报》2008年9月13日。超5成北京市民支持延续单双号限行，近4成有车者认可。转引自冯玉军：《单双号限行与公民社会中的权利冲突及其解决》，《法学家》2008年第5期。

[④] 马特、袁雪石：《人格权法教程》，北京，中国人民大学出版社2007年版，第66页。

4. 权利人对于确有理由的轻微侵害有容忍的义务

对于他人正当行使权利的行为不可避免造成的轻微损害，权利人应当予以容忍。超越国民生活上的容忍界限，造成人格权侵害，为侵权行为，而容忍界限以内的小侵害，不足为请求损害赔偿或抚慰金的理由。①

---

① 龙显铭：《私法上人格权之保护》，上海，中华书局1948年版，第15－16页。

第九章
人格权的民法保护方法

第一节　人格权民法保护的基本方法

人格权的民法保护方法，是用权利保护请求权的方法，对人格权进行民法保护的具体方法，分为人格权请求权和人格权侵权请求权。前者由《民法典》第995条规定，后者包含在《民法典》第120条、第1165条规定的侵权请求权之中。

一、民事权利保护请求权体系的构成

民法保护人格权，是适用人格权请求权和人格权侵权请求权的方法，赋予权利主体在其人格权和人格利益受到侵害之后，依法行使人格权请求权或者侵权请求权，救济损害、恢复权利，使其人格权受到民法的保护。保护人格权的人格权请求权和侵权请求权加在一起，就是人格权保护请求权，是民事权利保护请求权体系的重要组成部分。

（一）民法的请求权体系

请求权的概念是德国法学家温德沙伊德（Windscheid）提出来的，为的是在这个概念的帮助下，使诉权（Actio）即罗马法和旧的普通法中的诉权从程序的角度来看是可能的，并在私法的实体法上加以规定。[①] 这种认为于诉权（公权）之外，尚有实体法上的请求权（私权）的思想，为法学上的一项重大贡献[②]，解决了诉之前的民事实体权利遭受侵害的状态，沟通和划分了实体法与程序法。因而请求权已成为《德国民法典》权利结构的基础，成为民事权利保护的基本方法。这样的请求权方法已经被广泛接受，成为民法的基本方法之一。

民法请求权体系包括三种不同的请求权：一是本权请求权，二是固有请求权，三是次生请求权。

1. 本权请求权

本权请求权是权利本身的请求权，如前所述，包括本身就是请求权的债权，以及绝对权中属于本权请求权的权利内容。

债权本身就是请求权，具有请求权的一切特征，并且是最典型的请求权。民事权利类型的请求权，就是指债权，是具有相对性特征，以请求对方当事人为或者不为一定行为的民事权利类型。

在绝对权中，有的绝对权并不存在本权请求权，可以叫作无本权请求权的绝对权，例如人格权、非共有的物权、知识产权。有的绝对权包含本权请求权，例如：（1）身份权，其中抚养、扶养、赡养等权利，是绝对权中的本权请求权；（2）继承权，其中分割遗产实现继承权的权利，属于本权请求权；（3）物权中的共有权，共有人之间享有的请求权，为本权请求权，以及其他广义的类似于物权的准共有人之间享有的请求权。这类有本权请求权的绝对权，一般是具有相对性的绝对权，即在权利主体中，尽管权利主体享有的是绝对权，但是，由于权利主体是为二人以上，在权利主体之间具有相对性，权利主

---

① ［德］卡尔·拉伦茨：《德国民法通论》（上册），王晓晔等译，谢怀栻校，北京，法律出版社2003年版，第323页。

② 王泽鉴：《民法总则》，北京，中国政法大学出版社2001年版，第92页。

体之间基于相对性的关系，产生了具有请求权性质的权利内容，形成绝对权中包含的本权请求权。

2. 固有请求权

每一种民事权利本身，都包含一个固有的、保护自己的请求权，随着原权利的产生而产生、原权利的消灭而消灭，因此，也叫原权利的保护请求权，简称"原权请求权"，或者直接称为固有请求权。有学者将固有请求权称为"绝对权请求权"，也是有道理的，但是不能涵盖债权的固有请求权，因此，本书不用绝对权请求权的概念，而使用固有请求权的概念。

固有请求权在所有的民事权利中都存在，主要有：（1）物权请求权。在物权法中，规定物权请求权是各国物权立法的通例，《民法典》物权编第三章规定的"物权的保护"，规定的主要是物权请求权。（2）人格权请求权。人格权也存在权利保护请求权，《民法典》第995条规定了人格权请求权。（3）身份权请求权。身份权属于亲属之间的权利，不仅权利本身存在本权请求权，也存在保护其权利的固有请求权，即身份权请求权。《民法典》第1001条对此作了规定。（4）知识产权请求权。知识产权也存在保护请求权，专家学者进行过专门论证。[①]（5）继承权请求权。继承权恢复请求权又称继承权回复请求权，是指在发生继承权侵害情形时，真正的继承权人所享有的请求侵害人或者通过法院诉讼程序，将自己的权利恢复到继承开始时的状态的权利。《民法典》对此没有明文规定，学说认为继承权包含继承请求权。（6）债权保护请求权。债权本身就是请求权，但是，债权也包含在自己的权利受到侵害时救济债权的保护请求权，即债权的二次请求权，是债务人不履行债务，债权人请求债务人承担违反债务的民事责任的请求权，是固有请求权。

固有请求权都包含在自己的本权之中，成为实体民事权利的固有内容，作为保护自己的民法方法。一旦本权遭受损害，固有请求权可以立即发挥作用，保护自己，使受到损害的民事权利得到恢复。这就是固有请求权的基本功能。

---

① 蒋志培：《论我国立法和司法确认的知识产权请求权》，《中国律师》2001年第10期。

3. 次生请求权

基于权利被侵害造成损害而新发生的侵权请求权，不是本权自身的权利内容，而是基于侵权责任法的规定而产生的新的请求权，因此，被称作次生请求权，或者就叫侵权请求权，是新产生的权利保护请求权。

次生请求权只有侵权请求权一种，是专门为了救济民事权利受到侵害造成损害后果而设立的请求权系统，是侵权责任法的基本手段。《民法典》第 120 条和侵权责任编第二章规定"损害赔偿"，就是侵权请求权的基本方式。当民事权利受到侵权行为侵害，造成权利客体损害时，侵权责任法赋予被侵权人以侵权请求权，在民事权利和诉讼权利之间发生连接作用，使被侵权人能够依据侵权请求权，依法行使诉权，向法院起诉，寻求法律保护。

在人格权保护中，人格权请求权是固有请求权，人格权的侵权请求权是次生请求权。

（二）请求权体系的不同系统

民法的请求权体系包含上述三种请求权。请求权体系的内部系统表现为两套不同的系统：一是固有请求权与侵权请求权系统，为权利保护请求权，功能是保护民事权利；二是本权请求权与固有请求权系统，为作为相对权的本权请求权与固有的权利保护请求权，表达的是同一个权利类型中的两种不同权利，具有主从关系。两个请求权系统之间，表现为交叉关系。

1. 固有请求权与侵权请求权系统

固有请求权与侵权请求权表达的是具有权利保护功能的请求权，都是对民事权利提供保护方法的请求权。

固有请求权是权利本身就存在的权利保护请求权。例如，债权本身是请求权，但是，也包含着二次请求权，是保护债权的固有请求权。身份权包含本权请求权和固有请求权，在身份权受到侵害时，作为权利保护请求权的固有请求权发挥保护身份权的功能。例如，配偶权是绝对权，对世宣告只有该对夫妻才是配偶，只有他们而不是其他人具有这样的身份关系，其他任何人都必须尊重该配偶关系。配偶关系的身份地位在于相对性，相互为配偶，只有他们之间才享有配偶的权利，负担配偶的义务。身份权的对世性和对人性，构成了身份权与其他权利的重要不同。① 当配偶关系受到侵害时，身份权请求权发挥作用，保护配偶关系不受侵害。同样，人格权是绝对权，本身包含固有请求权，是保护自己的请求权。

与固有请求权不同，侵权请求权作为新生请求权，不是权利本身包含的请求权，而是基于权利受到侵害、造成损害，依据侵权责任法的规定而新产生的权利保护请求权，主要功能是对侵害民事权利造成损失的法律救济，使权利得到恢复。因此，它与物权请求权、人格权请求权等固有请求权不同，是救济权利损害的新生请求权。人格权侵权请求权就是这样的权利。

这两种请求权的功能是一样的，都是对民事权利进行保护，不过分工不同，按照不同的职能划分，分别保护民事权利。人格权民法保护方法由就是这样两种不同的请求权构成的方法体系。

2. 本权请求权与固有请求权系统

本权请求权与固有请求权，是在同一种民事权利中包含的两种不同的权利内容，本权请求权是权利本身或者权利本身的内容，固有请求权是民事权利本身固有的保护自己的方法性权利，二者之间具有主从关系，后者为前者服务。

本权请求权的实质是权利类型，包括权利本身就是请求权，如债权；以及作为绝对权的民事权利本身包括的请求权内容，如身份权中诸如扶养请求权等对外、对内的请求权。② 本权请求权作为权利类型，不是民法的方法。

固有请求权虽然也是权利保护方法，却是民事权利本身固有的权利，因而与侵权请求权不同。它们的功能虽然都是保护民事权利，但是保护方法不同。固有请求权作为权利保护请求权，是民事权利所固有的请求权；侵权请求权作为民事

---

① 从这个特点上说，身份权比较接近于共有权。共有权对外的特点是绝对权，是所有权，但共有权同时也注重共有人之间的权利义务关系。比如说，两个人去买一套房屋，现在共有这个房屋了，两人之间就相互约束，一个人想卖必须经另一个人的同意，否则就侵犯了对方的权利。因此共有权就是具有相对性的一个绝对权，对外它是绝对权，对内它是一个相对的权利。相比较而言，身份权在这一点上与共有权很相似。比如亲属之间讲身份权的时候，总是要讲特定的亲属，例如父母和子女之间，祖父母和孙子女之间，在这些特定的亲属之间才能构成这样的权利义务关系；但是对外又具有宣示性，是一个绝对权。

② 杨立新：《侵权责任法专论》，北京，高等教育出版社 2005 年版，第 132 页。

权利保护请求权，是基于权利被侵害造成损失后，为救济损害而新产生的请求权。例如，人格权受到侵害，基于人格权请求权或者侵权请求权，把人格权的实体权利与民事程序法上的诉讼权利连接起来，把实体权利过渡到程序权利，使受害人能够通过诉讼程序而保护自己的实体民事权利。两种请求权的区别在于，侵权请求权主要救济权利造成的损害，固有请求权主要救济非损害型的权利侵害。

3. 民事权利（原权）与权利保护请求权（救济权）的关系

所谓原权，就是民事权利本身。所谓救济权，就是权利保护请求权，包括固有请求权与侵权请求权。原权与救济权的关系是："因权利之侵害而生之原状回复请求权及损害填补之请求权谓之为救济权；与救济权相对待之原来之权利则谓之为原权。"[①] "救济权系因原权之侵害而发生，以原权之缺损为前提，故救济权每为原权之变形，且多为请求权焉。"[②] 作为救济权的权利保护请求权的构造分为两部分：一是固有请求权，二是侵权请求权，构成了严密的民事权利保护系统，共同担负着民事权利的保护职责。这两个系统缺一不可，必须同时共存才能担负起保护民事权利的重任。

（三）我国类法典化民法规定民事权利保护请求权存在的问题

1. 固有请求权体系不完备

在我国类法典化民法规定的民事权利保护体系中，侵权请求权比较清晰，特别是《侵权责任法》的颁布实施，侵权请求权有了比较完备的法律依据。对于固有请求权，《物权法》只规定了物权请求权，并且与侵权请求权形成冲突，没有清晰的界限。《合同法》规定了违反债的二次请求权，比较完备。对于应当规定的人格权请求权、身份权请求权、继承权请求权以及知识产权请求权，都没有规定。

2. 固有请求权的内容和侵权请求权的内容相互重合、关系不清

类法典化民法的权利保护请求权体系建设还存在的一个重大问题，就是固有请求权与侵权请求权的界限不清，体系不明。最典型的表现是，《物权法》和

---

① 李宜琛：《民法总则》，台北，正中书局1952年版，第51页。

② 李宜琛：《民法总则》，台北，正中书局1952年版，第51-52页。

《侵权责任法》规定的请求权内容，无法分清什么是物权请求权，什么是侵权请求权。

在物权保护中，《物权法》规定了五种物权请求权：一是确权请求权，二是停止侵害请求权，三是恢复原状请求权，四是排除妨害请求权，五是损害赔偿请求权。《物权法》规定的这五种物权请求权，除了确权请求权以外，其他四种请求权与《侵权责任法》第 15 条规定的 8 种侵权责任方式中的 4 种是重合的，即停止侵害、排除妨害、返还财产和赔偿损失。这样规定的问题是，当一个人的行为侵害了物权人的财产，侵害了物权，可能会形成受害人既可以按照《物权法》的规定行使物权请求权保护自己，也可以依照《侵权责任法》的规定起诉，行使侵权请求权保护自己。例如，行为人把所有权人的财产予以侵占，所有权人是适用《物权法》规定的物权请求权要求侵占人返还原物，还是适用《侵权责任法》规定的侵权请求权要求侵权人返还原物呢？行为人把所有权人的财产毁损了，所有权人现在要求赔偿，是按照《物权法》第 37 条规定的物权请求权的损害赔偿请求权要求损害赔偿，还是按照《侵权责任法》第 19 条规定的侵权请求权的财产损害赔偿请求权要求损害赔偿呢？如果认为这构成请求权竞合，那么应当准许权利人依照自己的利益进行选择。如果准许受害人自己选择，《物权法》规定的物权请求权是不要求过错要件的，也不受诉讼时效约束，而《侵权责任法》规定侵权请求权通常要求具备过错要件，且有着明确的诉讼时效的约束。因此，按照《物权法》规定的物权请求权请求保护可能就很简单，证明责任也很轻；按照《侵权责任法》请求，就一定要证明过错，承担很重的举证责任。如果是这样，将来所有的物权受到侵害的受害人都会选择《物权法》的规定，而不去选择《侵权责任法》规定保护自己，《侵权责任法》保护物权的功能就会自行废弃，《侵权责任法》保护物权的功能就会消失，没有人会适用《侵权责任法》去保护物权。

二、《民法典》对民事权利保护方法进行的改造

《民法典》之前的我国民法单行法，对权利保护请求权系统的规定是不完善

的，主要原因在于立法当时的请求权理论准备不足，在后续的立法中，囿于统一民事责任体系的限制，对民事权利保护请求权规定不完善，甚至形成冲突和矛盾。《民法典》改造类法典化民法规定的民事权利保护体系，构建了结构完整的民事权利保护的请求权体系，对于全面保护民事主体的民事权利具有重要意义。

（一）《民法典》对民事权利保护方法进行改造的具体进展

《民法典》对民事权利保护方法的改造是分两步进行的。

1.《民法总则》对改造民事权利保护方法采取的措施

《民法典》编纂的第一步是先制定《民法总则》，对改造民事权利保护方法采取了三个重要步骤进行。

第一，将侵权责任回归于债法，确立侵权请求权。《民法总则》第118条第2款规定："债权是因合同、侵权行为、无因管理、不当得利以及法律的其他规定，权利人请求特定义务人为或者不为一定行为的权利。"这一规定实现了侵权之债的债法回归。[①] 第120条规定："民事权利受到侵害的，被侵权人有权请求侵权人承担侵权责任。"

第二，弱化民事责任的规则。《民法总则》仍然规定了"民事责任"一章，但是仅规定了民事责任的一般性规则，完全删除了"违反合同的民事责任"和"侵权的民事责任"的内容，仅规定民事责任的一般性规则，实际上是从民事权利保护方法的请求权体系相对应的角度作出的基础性规定。

第三，规定不适用诉讼时效的请求权，为划清固有请求权和侵权请求权的界限提供了标准。《民法总则》第196条规定："下列请求权不适用诉讼时效的规定：（一）停止侵害、排除妨碍、消除危险；（二）不动产物权和登记的动产物权的权利人请求返还财产；（三）请求支付抚养费、赡养费或者扶养费；（四）依法不适用诉讼时效的其他请求权。"在这里规定的不适用诉讼时效的请求权中，前两项规定的请求权因不适用诉讼时效而性质属于物权请求权等固有请求权。损害赔偿请求权不在这一范围之内，须适用诉讼时效，属于侵权请求权。这一规定为

---

① 杨立新：《侵权责任法回归债法的可能及路径——对民法典侵权责任编草案二审稿修改要点的理论分析》，《比较法研究》2019年第2期，第13-26页。

界分固有请求权与侵权请求权之间的界限提供了标准。

2.《民法典》分则各编完成了对民事权利保护方法的根本性改造

编纂《民法典》改造民事权利保护方法的第二步，是《民法典》分则各编确立固有请求权体系，明确固有请求权各自的具体内容。

首先，改造和新增不同的固有请求权。一是，物权编继续确认物权请求权，分清物权请求权与侵权请求权的界限。第237、238条在规定恢复原状请求权和损害赔偿请求权的内容中，特别明确地分别增加了"依法"二字，确定这两个请求权是侵权请求权而不是物权请求权。二是，合同编继续确认债的二次请求权。三是，人格权编首次规定了人格权请求权，规定人格权请求权不受诉讼时效限制。四是，人格权编规定了身份权请求权。通过以上规定，我国《民法典》中的民事权利保护方法的固有请求权已经形成了完整体系。

其次，改造侵权请求权。主要是对侵权请求权作了两个特别重要的规定：一是，第1165、1166条规定侵权责任构成要件须具备"损害"要件。二是，《民法典》侵权责任编将第二章的章名从草案的"侵权责任方式"改变为"损害赔偿"①，强调了侵权请求权的基本方式是侵权损害赔偿。

通过对固有请求权和侵权请求权关系的上述改造，《民法典》对《民法通则》构建的统一民事责任体系的重大改造已经基本完成，虽然总则编仍然明文规定"民事责任"一章，但是，却在民事责任的框架下，形成了完整的民事权利保护方法的基本构造和请求权体系。

（二）《民法典》对民事权利保护方法基本规则的规定

《民法典》经过改造的民事权利保护方法的逻辑和体系是完整的、清晰的。其中最典型的表现，就是明确了固有请求权与侵权请求权是两种不同的请求权，都是民事权利保护方法的组成部分。其中，固有请求权是民事权利固有的请求权，侵权请求权是新生请求权，都直接对应民事责任，构成民事权利保护方法的封闭、完整的逻辑结构。

---

① 这一改变是从民法典侵权责任编草案一次审议稿开始的，以前的草案称为"民事责任承担方式"，自此改称为"损害赔偿"。

1. 固有请求权与侵权请求权对应的民事责任方式

固有请求权的民事责任方式为：停止侵害、排除妨碍、消除危险、消除影响、恢复名誉、赔礼道歉，以及不动产和登记的动产物权的返还财产。

侵权请求权的民事责任方式为：损害赔偿、恢复原状、不用登记的动产物权的返还财产。

2. 固有请求权与侵权请求权的区别

固有请求权与侵权请求权除了有固有权利和新生权利的性质区别之外，还存在以下不同。

第一，两种请求权的归责原则不同。由于侵权请求权是新生的权利，因而须依照法定的归责原则确定请求权构成，基本适用过错责任原则，适用过错推定原则和无过错责任原则为例外。而固有请求权由于是民事权利固有的消极权能，因而只要具备了行使要件就可以行使，不存在过错归责的问题，因为令行为人承受固有请求权行使的结果，并未使其承受任何额外的负担或者遭受任何不利益，所以也没有必要以过错为要件。①

第二，两种请求权的要件不同。侵权请求权是新生权利，其构成要件必须具备损害要件，在客观上造成实际损失，因为没有损失就没有赔偿的基础。固有请求权由于是固有权利，其行使要件不必具有损害的要件，因为主要是恢复性的权利救济方法。一个是行使要件，一个是构成要件，性质完全不同。

第三，两种请求权的举证责任不同。侵权责任的构成要件均须经证明方可成立，因而原告的举证责任较重，不仅要证明所有的构成要件，而且须证明损害的具体范围，以便确定赔偿责任。固有请求权因为是固有权，权利人只要证明其具有行使该权利的要件即可，无须证明更多的事实。

第四，两种请求权的救济方法不同。固有请求权是对权利自身的恢复性救济，主要是防止和制止对权利的侵害，使其保持圆满状态。而侵权请求权是新生权利，对权利的救济方法是填补性、补偿性的，功能在于使受到损害的权利得到填补，因而"填平原则"是其基本方法，惩罚性赔偿为例外。

---

① 崔建远：《绝对权请求权抑或侵权责任方式》，《法学》2002 年第 11 期，第 41 页。

第五，两种请求权的责任方式不同。侵权请求权的主要救济方式是损害赔偿，目的是对权利损害的救济，是填补性救济方法。固有请求权的主要救济方式是非损害赔偿的民事责任方式，是恢复性救济方法。

第六，两种请求权受诉讼时效的限制不同。侵权请求权是新生权利，其存续期间受到诉讼时效期间的规制，侵权请求权产生之后，诉讼时效期间一经完成，责任人产生永久性抗辩权，责任人一旦行使抗辩权，就能够永久地对抗侵权请求权，使其不得再行使。[①] 而固有请求权由于是民事权利自己包含的权利，因而不受诉讼时效的限制，只有债权的二次请求权是基于债权损害产生的权利，因而例外。可以说，恢复性的救济方式一般不受诉讼时效的规制，填补性的救济方式受到诉讼时效的规制。

三、人格权保护的权利保护请求权

人格权的民法保护方法，是《民法典》在人格权编中规定的人格权请求权和侵权责任编规定的侵权请求权构成的对人格权保护的请求权系统。权利人通过行使人格权请求权或者侵权请求权，制裁违法行为人，保护人格权权利人的权利，救济其损害，使权利恢复到没有受到侵害前的状态的法律保护方法。

（一）人格权请求权保护人格权的重要性和必要性

1. 侵权请求权的作用及其保护人格权的单一性

侵权责任法作为权利保护法，当侵权行为造成了人格权人的权利损害，为了保护权利人的权利，救济损害，法律赋予受害人以侵权请求权，行使这个请求权，受害人可以向加害人请求侵权损害赔偿等救济，使自己受到损害的权利得到恢复。

在以往的民法理论中，对于人格权的保护更注重侵权请求权的作用，理由是侵权法就是权利保护法，对于人格权受到的损害理所当然地由侵权法进行救济。

---

① 《民法典》第192条第1款规定："诉讼时效期间届满的，义务人可以提出不履行义务的抗辩。"这种抗辩权，是永久性抗辩权。参见杨立新、刘宗胜：《论抗辩与抗辩权》，《河北法学》2004年第10期。

侵权责任法的基本功能是补偿损害，救济侵权后果，保护权利正是侵权责任法作为民事权利保护法的基本功能所在。即使侵权责任法具有一定的惩罚性，也是通过对侵权行为的惩罚，使侵权行为的非难性为世人所认识，其最终的目的和意义还是预防侵权行为，还是为了保护权利。

但是，从整体的民事权利保护的系统性、完善性、完备性方面考量，侵权请求权对于保护人格权具有单一性，对人格权保护尚有不足与缺陷。这主要表现在：

第一，侵权请求权一般以过错为原则，构成较为严格，有时会使权利人难以保护自己的人格权。侵权请求权的主要方式是侵权损害赔偿请求权，对此，各国立法采取过错责任原则立场，仅在有法律规定的特殊情形适用无过错责任原则。按照过错责任原则的要求，请求侵权损害赔偿须以侵权人有过错、受害人有损失为必要条件，对于没有过错造成的权利损害，或者虽然侵害了人格权但是没有造成损失的，都不能产生侵权请求权，无法救济自己的人格权损害。我国现行法律也规定，除了法定的特殊侵权行为以外，一般侵权行为的受害人要行使侵权请求权，必须适用过错责任原则，受害人须举证证明加害人具有过错、自己有损失，不能证明加害人具有过错、自己没有损失，则加害人不负侵权责任。[①] 而举证证明侵权人的主观过错，有时对受害人而言是非常困难的。

第二，设置侵权请求权的目的是着眼于人格权受到损害的事后赔偿，救济时机比较晚，对于人格权的保护不利。侵权请求权的主要内容是补偿功能，以侵权请求权进行保护，须待行为人实施侵权行为并致他人损害以后，权利人才可以向侵权人请求动产和登记的动产物权的返还财产损害赔偿，以补偿受害人所受的损失。[②] 在人格权受到侵害之前，权利人没有可能依据侵权请求权请求保护。因此，侵权请求权是一个消极的权利，依据这个消极的权利保护自己的人格权，其结果也较为消极，缺少积极的救济办法。

第三，侵权请求权必须接受诉讼时效的限制，因此保护期限较短。3 年的诉

---

① 王利明、杨立新编著：《侵权行为法》，北京，法律出版社 1996 年版，第 99 页。

② 王利明、杨立新编著：《侵权行为法》，北京，法律出版社 1996 年版，第 23 页。

讼时效期间限制过严，对受害人的权利保护不利。

第四，侵权请求权具有平等性，不具有优先性，无法特别保护权利人的人格权。侵权请求权是债权，债权均以平等性为原则，如果没有附加担保或者附加优先权的保障，则无优先性。如果侵权请求权与其他债权处于同时清偿的场合，则只能为平等债权，无优先权可言。如果侵权请求权与具有物权性质的权利居于一体，则无法对抗物权的优先性，在债务人无更多财产可供清偿的场合，往往自然消灭，无法获得清偿。可见，仅仅是侵权请求权保护人格权，其地位无法得到保障。

可见，单一的侵权请求权保护人格权，整体功能存在明显不足。

2. 确立人格权请求权保护人格权的必要性

在人格权保护的请求权体系中，人格权请求权的重要作用极为突出和必要。

民法规定的基本权利称为原权、初始权利和基础权利，都含有自己的权利保护系统，即固有请求权系统。人格权请求权就是固有请求权之一种，适用于对人格权的保护。

在民法理论的研究中，对于固有请求权的研究，突出对物权请求权的研究，而忽视乃至于放弃对其他原权请求权的研究。绝大多数国家的民法典只规定物权请求权，并未规定其他绝对权请求权。存在这样问题的原因在于：第一，历史上的民法典更多的注意财产权法规则，因此在物权法的保护中，发现了侵权请求权对于物权保护的不足，因此强调物权请求权作用，突出物权请求权的地位。第二，历史上的民法典忽视对人格权的保护，多数国家立法并未过多地规定人格权及其保护，而是在判例法中确定对人格权的保护，但是在理论上没有更多地区分人格权请求权与侵权请求权的区别。第三，对于其他的固有请求权，一般也不作规定。

应当看到的是，人格权请求权对保护人格权的意义重大。可以说，它的最大价值就在于弥补侵权请求权保护民事权利包括人格权的缺憾和不足，因而使人格权的保护系统更为完善和完备。具体表现在以下几个方面。

第一，人格权请求权的行使不以过错为构成要件，只要人格权受到侵害就可以行使，有利于保护权利人的权利完满状态。在侵犯民事权利的行为发生或可能发生时，停止侵害请求权、排除妨碍请求权、消除危险请求权、赔礼道歉请求权、物的返还请求权等固有请求权的行使，不以相对人在主观上具有过错为条件，不需要证明对方是否有过错，也不以确定的损害后果为前提。针对原权的行为，只要侵害、妨碍或危险存在，权利人即可行使固有请求权，要求制止上述不法行为。而不像侵权请求权那样，只有在符合侵权行为构成要件并且有损害的情况下，才能获得保护。因此，人格权请求权具有侵权请求权不可替代的保护功能，其目的在于排除人格权受侵害的事实和可能，恢复和保障人格权的圆满状态。

第二，人格权请求权对原权利保护的期限长、力度大，有利于对人格权的长期保护。人格权请求权不受诉讼时效的限制。如果固有请求权也受时效的约束，当人格权遭到侵害，只是由于时间的经过，就任凭行为人侵害权利人的生命、健康、身体、自由、名誉、隐私等权利，那还有什么公平、正义、秩序可言呢？因此，固有请求权不适用诉讼时效，任何时候，权利人都有权依照其固有请求权请求行为人停止侵害人格权，有权依照《民法典》第995条规定，请求行为人承担停止侵害等民事责任。把停止侵害请求权、排除妨碍请求权、消除危险请求权等作为绝对权请求权，作为人格权的内容，其法律地位由人格权的法律地位决定，作为权利的救济方式，有优先的效力，就更有利于对人格权提供保护。

第三，人格权请求权是固有请求权内容之一，缺乏其存在，请求权体系将不完整。固有请求权是以绝对权（物权、人格权、身份权、知识产权）存在为前提，在绝对权受到侵害时即可行使的请求权。在民事立法中，责令停止侵害等固然是行为人依法须承担的民事责任，但请求停止侵害等也是权利人依法所享有的救济权利。民事责任与救济权利是相对应的法律概念，是一个问题的两个方面，民事责任是从义务人的角度来讲的，固有请求权是从权利人保护权利的角度来讲的。在民事法律关系中，原来的权利人因其权利受到侵害而取得救济权，而原来的义务人因其违反义务而依法承担民事责任。可见，人格权请求权有助于权利人明确自己享有哪些救济权，如何通过原权之诉得到保护。权利应当成为一个完整的体系，对权利的补救请求权也应当成为一个完整的体系。不仅规定侵权请求权，同时也要规定人格权请求权，才能使民法保护人格权的请求权体系达到完整、和谐、统一。

第四，侵权损害赔偿请求权的局限性，要求人格权请求权予以弥补，以更好地保护受害人的利益。在侵权法领域，损害赔偿作为救济损害的基本责任方式并不是万能的，耶林在《为权利而斗争》中就曾抨击了罗马法中广泛采用赔偿制度存在的不合理性。他说："罗马法官使用的金钱判决制度是正确评价权利侵害的理念上利益的充分手段。这一制度给我们的近代证据理论带来灾难，变成司法为防止不法而曾使用过的手段之中尤为绝望的一个。"① 耶林的上述观点充分地表明了损害赔偿并不是对侵权行为的受害人提供保护的唯一方法。应当看到，损害赔偿责任是针对侵害财产权而产生的责任形式，然而现代民法的权利体系已经非常宏大，不仅包括各种财产权，还包括形式多样的人格权以及人格权与财产权的结合形态——知识产权。而侵权责任法的保障范围也相应发展：从主要保护财产权向保护人格权、知识产权等不断扩张发展。人格权请求权正是从完满保护人格权的角度出发，对任何种类的非损害的侵害给予保护。

在对人格权的保护中，侵权请求权保护的目的主要集中在要求加害人履行损害赔偿之上，其目的是填补权利人无法通过行使人格权请求权来恢复的损失，是以金钱的方式填补被损害的权利。而人格权请求权保护的目的，主要集中在对人格权侵害的防范和预防，以及造成损害的权利恢复。尽管两种请求权保护的内容可能会有所交叉，但其中的分野还是能够区分的。因此，原权请求权与次生请求权是两种不同的权利保护方法，是从不同的角度对权利损害予以不同的救济，两者可以独立适用也可以结合适用。但无论怎样，只有两者同时并存的立法模式才是对民事权利的最完善的保护机制，缺少任何一个都是不完备的。

（二）侵权请求权保护人格权的必要性

不能因人格权请求权对于人格权保护具有重要性，而忽略侵权请求权对保护人格权的重要性。民法保护人格权的侵权请求权方法，就是确认侵害人格权

---

① ［德］耶林：《为权利而斗争》，载梁慧星主编：《民商法论丛》，第 2 卷，北京，法律出版社 1994 年版，第 53 页。

的民事违法行为是侵权行为，赋予受害人以侵权请求权，有权请求加害人承担侵权责任的民法保护方法。只有基于民法的这一基本认识，才能对自然人、法人、非法人组织的人格权进行全面保护。正是由于这一原因，成文法国家的民法典除在总则部分对人格权作出一般规定外，基本上是在债法的侵权法中规定具体人格权及其保护方法，非成文法国家则专设侵权法的部门加强对人格权的法律保护。

侵权行为是指行为人由于过错，或者在法律特别规定的场合无过错，但违反法律规定的义务，以作为或不作为的方式，侵害他人人格权益和财产权益，依法应当承担损害赔偿等法律后果的行为。[①] 侵害人格权的侵权行为是侵权行为中的一种类型，法律予以特别的保护。

将侵害人格权的违法行为认作侵权行为，是罗马法开创的先例。罗马法的"私犯"就是侵权行为（其中也包括部分犯罪行为）。私犯分为两大类：一类是对财产的私犯，另一类是侵害人格权的私犯，称为"对人私犯"，对侵害人格和人体的私法违法行为，以侵权行为制裁。《法国民法典》虽未明确规定侵害人格权的行为是侵权行为，但其有关侵权行为原则的第 1382 条规定："任何行为使他人受损害时，因自己的过失而致使损害发生之人，对该他人负赔偿的责任"，这实际上包括侵害人格权的侵权行为。《德国民法典》在关于侵权行为的规定中，将侵害生命、身体、健康、自由以及贞操、信用等人格权，列为最重要的侵权行为，置于财产权侵权行为之前，表明了立法者价值取向的变化。在中国，1930年代国民政府的民法亦采此例。因此，将侵害人格权的民事违法行为认作侵权行为，是各国民事立法的通例。我国《民法典》同样如此，适用侵权请求权救济侵害人格权造成的损害。

由于侵害人格权的侵权行为的客体是人格权，因而该种侵权行为与侵害财产权的侵权行为相比较，具有如下的特点。

第一，侵权行为造成的损害后果不是财产损失或者不是直接的财产损失，而是表现为人体伤害和人格利益损害。这种损害事实，有的表现为财产的损失，如

---

① 河南省政法干部管理学院学报《政法学刊》1994 年第 4 期。

治疗人身伤害所支出的费用，或者人格利益遭受损害为恢复权利而支出的费用或者造成的财产利益损失。有的表现为一般的人格利益损害，为无形的损害，损害中不具有或不直接具有财产利益因素。

第二，侵权行为的后果难以用金钱计算损失。正因为人格权侵权行为的损害后果不是财产损失，因而在确定侵害人格权行为的损害后果时，应当以其他标准计算金钱损失，或无法计算金钱损失。在侵害物质性人格权的场合，只能以因人身伤害所支出的实际费用计算金钱损失，但对因此而造成精神痛苦的损失则难以用金钱计算。在一般的人格利益、精神利益损失上，也是不能用金钱计算损失的（《民法典》第1182条规定的侵害人格权益造成财产损失的除外）。而侵害财产权的侵权行为，则必须用金钱计算损失。

第三，侵权行为在权利主体消灭后，亦能有条件地构成。自然人死亡以后，其权利能力已经消灭，但对其权利客体体现的人格利益，仍给予一定时期的保护，侵害死者的某些人格利益，亦构成侵害人格权行为。所有权在权利主体消灭后即变成遗产，行为人侵害之虽构成侵权行为，但侵害的客体不再是所有权，而变成侵害继承人的继承权或者继承人取得的遗产所有权。

侵权行为发生侵权损害赔偿之债，侵害人格权的侵权行为同样如此，这是由于民法保护方法的财产性和补偿性所决定的，也是在人格权法律保护中，民法保护方法与刑法、行政法保护方法的基本区别。

对于侵害人格权的受害人的法律保护，以损害赔偿为基本方法，是人类历史发展和法律文化发展的必然结果，是人类自身的选择。当人类自己发现对同类的侵害，以同态复仇的方法进行保护，不仅是野蛮的、不道德的，而且是无益的以后，就选择了损害赔偿作为救济人格权侵害的基本方法。随着历史的发展，人们不仅认为对侵害物质性人格权的受害人用损害赔偿的方法进行救济，是科学的、合乎理性的，而且对于侵害精神性人格权的受害人也用损害赔偿的方法进行救济，也是科学的、合乎理性的。因而，对于人格利益的侵害，人类也选择以精神损害赔偿的方法作为基本方法。

人类文明发展到今天，对于人格权法律保护的损害赔偿方法已经形成了完备而系统的制度。它包括：

（1）人身伤害的财产损害赔偿。对此，一般称为人身损害赔偿，实际上是对侵害自然人身体权、健康权、生命权所造成的财产损失进行赔偿。对此，《民法典》第 1179 条和第 1180 条作出了规定。

（2）侵害人格权的抚慰金赔偿。这是指对侵害人格权利行为所造成的受害人的精神痛苦的金钱赔偿，以抚慰受害人的精神创伤、感情伤害等。《民法典》第 1183 条规定中包含这种精神损害赔偿。

（3）侵害精神性人格权的人格利益损害赔偿，对此，一般称作精神损害赔偿，但实际上，这种损害赔偿并不是精神损害赔偿的全部，而是一部分。它是侵害精神性人格权所造成人格利益的损害赔偿，包括具有财产因素的人格利益和不具有财产因素的人格利益的损害赔偿。《民法典》第 1183 条规定了这种精神损害赔偿。

（4）侵害人格权益造成财产损失的赔偿。《民法典》第 1182 条规定侵害他人人身权益造成财产损失的，按照被侵权人因此受到的损失或者侵权人因此获得的利益赔偿；被侵权人因此受到的损失以及侵权人因此获得的利益难以确定，则由人民法院根据实际情况确定赔偿数额。

（三）人格权保护方法的请求权的基本作用

正是由于固有请求权与侵权请求权的上述性质和作用，它们对于保护人格权的重要作用主要表现在以下几个方面。

第一，使实体权利的保护具体化，能够让人格权的权利人明确权利保护的具体途径。人格权的保护必须有具体的方法和途径，而请求权就是支持一方当事人向他方当事人有所主张的方法和途径，请求权基础也就是指可以支持一方当事人向他方当事人有所主张的法律规范。[①] 因此，请求权基础的寻找，是保护人格权的核心工作。在某种意义上，甚至可以说，寻求人格权的保护就在于寻找请求权的基础。请求权基础是每一个学习法律的人必须彻底了解、确实掌握的基本概念

---

① 王泽鉴：《法律思维与民法实例》，北京，中国政法大学出版社 2001 年版，第 56 页。

及思考方法。① 权利人行使请求权，将使义务人履行义务，反过来说，要使某人在民法上的义务得以履行，必须赋予权利人以相应的请求权，所以，请求权的产生保障了权利的行使和义务的履行。② 这样，也就使人格权权利人明确，要保护自己的权利必须通过请求权的方法才能够实现。

　　第二，明确人格权保护的起点，填补诉讼之前权利请求的空白状态。首先，请求权成为权利保护的起点。人格权自身不会保护自己，而人格权在其与诉讼权利之间，必须以请求权作为权利保护的起点，将民事实体权利与诉讼权利结合起来。如果没有请求权保护方法，就会造成误解，认为权利的保护起点是诉权。如果确实是这样的话，即没有请求权的保护方法存在，那就不存在人格权的保护，人格权的保护就无法进入诉讼阶段，无法得到保护。正因为如此，请求权乃要求特定人为特定行为的权利，在权利体系中居于枢纽的地位，因为任何权利，无论是相对权或绝对权，为发挥其功能，或回复不受侵害的圆满状态，均须借助于请求权的行使。③ 可见，请求权保护方法的发明，使权利人的权利实现更为周延。其次，请求权沟通和划分了实体法与程序法的界限。在诉讼理论中，虽然有关诉讼标的的研究就诉讼标的或诉讼对象提出不同的观点，但其核心都涉及实体性的请求权。④ 从程序法的角度来看，请求权构成了民事诉讼的前提和中心。最后，请求权联系现实权利。请求权是一项独立的实体权利。它不依赖于在它之前就已存在、并为之服务的权利而单独地存在。它具有独立的经济价值，本身就属于一种权利，因此权利人可以转让、抵销和免除。如侵害物权而产生的损害赔偿请求权，该请求权并不是为了实现所有权，而是就不可改变的侵害后果加以补偿，具有独立的债权意义，请求权界定了权利遭到侵害而产生诉讼之前的实体形态，把实体权利与现实权利联系起来。

　　第三，扩张了民法典的内在功能，使民法典基于债的规定可以应用到人格权

---

① 王泽鉴：《法律思维与民法实例》，北京，中国政法大学出版社 2001 年版，第 50 页。

② 王利明：《民法总则研究》，北京，中国人民大学出版社 2004 年版，第 214 页。

③ 王泽鉴：《民法总则》，北京，中国政法大学出版社 2001 年版。

④ 朱岩：《论请求权》，载《判解研究》2003 年第 4 辑，北京，人民法院出版社 2004 年版，第 75 页。

保护请求权之上。请求权作为一种民事权利，广泛存在于民法的各个领域，如人格权法、亲属法、债权法、物权法、知识产权法和继承法领域。民法规定请求权，只要规定其种类等基本问题即可，不必再规定具体规则，因为请求权的具体规则实质上就是债权法的规则。同时，请求权的提出也加强了民法的完整体系，通过请求权的体系连接，使民法成为逻辑更为严密的有机整体。请求权体系理念的发展，为从整体上把握民法，从体系的角度运用民法奠定了基础。①民法典中各部分请求权的规定，可以使人们对自己权利遭受侵害后的救济权有清楚的认识，可以根据不同情况选择对自己有利的救济办法，从而最大限度地保护权利人的合法权益。通过清晰的请求权体系的规定，为法官审理案件准确适用法律提供了基础。

第四，整合权利与诉讼时效的关系，使不同的权利保护请求权与诉讼时效建立不同的关系。请求权确定了诉讼时效制度的适用范围，只有侵权请求权才可以适用诉讼时效，固有请求权并不与诉讼时效相联系。请求权体系的建立和划分，明晰了权利与诉讼时效之间的关系，促使权利人及时行使权利。

第二节　人格权请求权

《民法典》第995条规定："人格权受到侵害的，受害人有权依照本法和其他法律的规定请求行为人承担民事责任。受害人的停止侵害、排除妨碍、消除危险、消除影响、恢复名誉、赔礼道歉请求权，不适用诉讼时效的规定。"对此，有人认为："本条是关于人格权保护和损害赔偿请求权之外的其他请求权不适用诉讼时效的规定。"② 有人认为："本条是关于人格权遭受侵害时的一般保护原则，以及人格权请求权不适用诉讼时效的规定。"③ 还有人认为："这一条文是对

---

① 王利明：《民法总则研究》，北京，中国人民大学出版社2004年版，第214页。
② 黄薇主编：《中华人民共和国民法典人格权编释义》，北京，法律出版社2020年版，第29页。
③ 最高人民法院民法典贯彻实施工作领导小组编：《中华人民共和国民法典理解与适用·人格权编》，北京，人民法院出版社2020年版，第70页。

人格权请求权的规定，以前的法律对人格权请求权没有规定。"① 而有人认为，这一条文的条旨是规定"人格权请求权"，但是在具体论述时又称为"对人格权遭受侵害时受害人享有的侵权请求权和不适用诉讼时效侵权请求权"②。上述观点尽管在表述上有分歧，但是，这一条文规定的是人格权请求权，是基本的看法。

一、对人格权请求权的立法回顾

在权利保护请求权体系中，物权请求权在《德国民法典》中首次得到确立，其第 985 条和第 1004 条规定了返还请求权、排除妨害请求权与侵害停止请求权。一百多年以来，物权请求权的概念被私法理念所认可，发挥了巨大的作用。那么，性质同样是绝对权的人格权也应当包含人格权请求权。首先，物权具有物权请求权和侵权请求权两种不同的保护手段，而物权请求权产生的基础是物权的绝对性、排他性和直接支配性。其次，人格权与物权在权利属性上具有可类比性，因为人格权也是绝对权、专属权，也具有直接支配性，既然如此，人格权也应当基于其自身的绝对性、专属性和直接支配性而包含着人格权请求权③，在其受到侵害时，需要人格权请求权和侵权请求权两种不同的保护方法体系进行保护。

（一）对人格权请求权的立法考察

人格权请求权是客观存在的，各国或者地区的民法典对人格权请求权差不多都予以确认。

---

① 杨立新、李怡雯：《中国民法典新规则要点》，北京，法律出版社 2020 年版，第 447 页。
② 陈甦、谢鸿飞主编：《民法典评注·人格权编》，北京，中国法制出版社 2020 年版，第 41 页。
③ 学者认为，如果已确认的相同的属性和特殊属性之间的联系达到了必然性的程度，那么类比推理就可以转化为一种演绎推理。参见黄伟力：《法律逻辑学新论》，上海，上海交通大学出版社 2000 年版，第 183－186 页。据此，本文正文的推理事实上可以构成演绎推理。理由如下：人格权和物权的相同属性是绝对性、专属排他性和直接支配性。在一般意义上，绝对性、专属排他性和直接支配性是权利产生请求权的基础，因而，人格权可以具有人格权请求权的结论是一个演绎推理。

规定人格权请求权的基本做法分为以下几种。

1. 规定个别具体人格权的请求权

比较一致的做法是，很多国家的民法典都在总则中直接规定姓名权的请求权。例如《德国民法典》第 12 条，《意大利民法典》第 7 条、第 8 条，《泰国民法典》第 42 条，《埃塞俄比亚民法典》第 46 条，以及《大清民律草案》第 55 条、《中华民国民律草案》第 19 条和第 20 条，《中华民国民法》第 19 条等，都规定了姓名权请求权，大多包括姓名权的停止妨害请求权和姓名权的排除妨害请求权。

《日本民法典》没有规定人格权请求权，是通过判例形式确认了人格权请求权。"北方杂志案"是日本最高裁判所就存在名誉侵害之嫌的表达行为可否事先停止侵害而表明立场的第一个判例。日本最高裁判所 1986 年 6 月 11 日判决认为，名誉遭受违法侵害者，除可要求损害赔偿及恢复名誉外，对于作为人格权的名誉权，出于排除现实进行的侵害行为或预防将来会发生的侵害的目的，应解释为还可以要求加害者停止侵害。①

2. 规定人格权的某种请求权

在有些民法典或者草案中，就人格权的某一种请求权作出规定。例如，《埃塞俄比亚民法典》第 10 条、我国《大清民律草案》第 51 条、《中华民国民律草案》第 18 条，都规定了人格权的停止妨害请求权。《俄罗斯联邦民法典》第 1065 条规定了人格权的排除妨害请求权。

3. 全面规定人格权请求权

《越南民法典》是全面规定人格权请求权的立法。该法第 27 条规定："当公民的人身权受到侵犯时，该公民有权：1. 要求侵权行为人或请求人民法院强制侵权行为人终止侵权行为，公开赔礼道歉、改正；2. 自行在大众通讯媒介上更改；3. 要求侵权行为人或请求人民法院强制侵权行为人赔偿物质、精神损失。"这一规定涉及了人格权请求权的所有方面，是一个关于人格权请求权的全面、完

---

① 姚辉：《民法上的"停止侵害请求权"——从两个日本判例看人格权保护》，《检察日报》2002 年 6 月 25 日；于敏：《日本侵权行为法》，北京，法律出版社 1998 年版，第 336 页。

整的规定。

《阿尔及利亚民法典》也是全面规定人格权请求权的立法。该法第47条规定："当事人基于人格享有的固有权利遭受不法侵害时，得请求停止侵害和损害赔偿。"这个条文虽然简单，但是其内容全面，完整地规定了人格权请求权。

《瑞士民法典》是在立法史上第一次规定一般人格权和专章规定人格权的民法典。这部民法典也第一次完整地确立了人格权请求权，几经修改，不仅使第28条不断完善，并且增加了第28条a至第28条l共11个条文，建立了全面的人格权请求权，包括请求禁止即将面临的妨害、请求除去已经发生的妨害和请求消除影响，同时它也确立了人格权请求权的其他相关规定。

《瑞士民法典》关于人格权请求权规定的主要内容是：

第一，规定人格权请求权，这就是第28条规定："（1）人格受到不法侵害时，为了寻求保护，可以向法官起诉任何加害人。"

第二，规定人格权请求权的具体权利内容，即第28条a规定："（1）原告可以向法官申请：①禁止即将面临的侵害行为，②除去已发生的侵害行为，③如果侵害仍然存在的话，确认其不法性。（2）原告尤其可以请求消除影响或将判决通知第三人或公开。（3）赔偿金和慰抚金之诉以及依照无因管理规定返还利得之诉，不受此限。"

第三，规定人格权请求权中的采取预防措施的要件。第28条c规定："（1）凡经初步证明，其人格已受到不法侵害，或有理由担心该侵害会发生且因此可能对其造成不易补救之损害的，可申请有关预防措施的责令。（2）法官尤其可以：①出于预防目的禁止或除去侵害，②出于保全证据目的采取必要措施。（3）侵害行为会导致非常严重的损害，其显然无支持理由，且采取的措施又并非不合理时，仅在此条件下，出于预防目的，法官可以禁止或除去通过周期性出版媒介施加的侵害。"

第四，与其他大陆法系民法典的规定一样，《瑞士民法典》也单独规定了姓名权的请求权。该法第29条第2款规定的是姓名权请求权的内容："因他人冒用姓名而受到侵害的人，可诉请禁止冒用；如冒用有过失的，并可诉请损害赔偿；

如就侵害的种类侵害人应当给付一定数额的慰抚金时，亦可提出此项诉请。"[1]

值得一提的是，在 20 世纪 70 年代和 20 世纪 90 年代，法国改变了《拿破仑民法典》没有规定人格权请求权的状况。《法国民法典》第 9 条（1970 年修正）规定了法官有权采取阻止或者抑制妨害私生活隐私的任何措施；第 16—2 条（1994 年修正）规定了法官有权采取阻止或者抑制对人体非法侵害的任何措施。

通过以上的考察说明，尽管各国民法典规定人格权请求权的立法例并不相同，但是，多数国家的民法典是确认人格权请求权的。在这些立法中，《瑞士民法典》的规定最为详尽、具体、全面，建立了完善的人格权请求权制度。《埃塞俄比亚民法典》也规定了人格权请求权，不过其范围和完善程度不如瑞士立法。在德国等的民法典中，只规定了姓名权请求权，而没有规定其他人格权请求权，究其原因，就是这些的国家民法典采用的是将人格权的主要部分规定在侵权法当中，而在总则中仅仅规定姓名权，这样就有了姓名权的请求权保护和其他人格权的债法保护方法的区别。不过，不论怎样，人格权请求权作为保护人格权的法律制度，是独立存在的。

（二）对人格权请求权的学理考察

1. 德国学说

德国学者拉伦茨认为，人格权请求权具有独立性，是一项独立的权利。他指出，在人格权有受到侵害之虞，司法实践准许提起侵害之诉，在继续受到侵害时，准许请求停止侵害。[2] 德国学者沃尔夫认为，从德国的民法典和单行法律当中可以得出德国的先进法律的一个基本的原则，即每一个绝对权都与《德国民法典》第 1004 条的适用相应，通过不作为请求权和排除妨害请求权而得到保护。因此，无论是《德国民法典》第 823 条第 1 款的权利还是违反一般人格权（判决 BGH NJW 1984，1886），无论是违反对公司企业的会员权或者股权还是违反经

---

① 《瑞士民法典》，殷生根、王燕译，北京，中国政法大学出版社 1999 年版，第 9 页。

② ［德］卡尔·拉伦茨：《德国民法通论》（上册），王晓晔等译，谢怀栻校，北京，法律出版社 2003 年版，第 169 - 170 页。

营权，都可以类推适用第 1004 条主张不作为或者排除妨害。①

2. 法国学说

《拿破仑民法典》没有确认人格权，当然也就更不必说人格权请求权了。根据萨瓦第埃的研究，当时的立宪委员会从未想过要就人格权提出什么宣言。实际上，法国一直是通过判例保护各种人格利益不受侵犯的。直到 20 世纪初，法国才借助德国的学说在人格权领域有了基本的共识，并进一步区分人格权请求权和侵权请求权。后来，《法国民法典》修正委员会吸收了这一研究成果，在民法典草案第 165 条规定："对人格权施加的不法侵害，被害人有中止侵害请求权。这并不妨碍加害者应承担的损害赔偿责任。"② 类似的条文在 1970 年和 1994 年分别被通过，正式成为《法国民法典》的组成部分。

3. 日本学说

在日本，关于侵权行为的效果是否应该认可能够请求停止、排除侵害行为的停止行为请求权，存在着对立意见。有学者认为，在构成侵权行为的侵害行为仍在继续的场合下，只承认对已经发生的损害的赔偿请求权，作为对受害者的救济是不充分的，这种见解是认可停止行为请求权的立场的根据。但是，对在立法论上主张停止行为请求权应该如何评价的问题另说，仅就解释论而言，通说对现行法上作为侵权行为的效果，是否应该认可停止行为请求权的问题是持否定态度的。关于停止行为请求的法律依据，也同样存在着"权利说"和"侵权行为说"的对立，"权利说"包含物权性请求权说、人格权说和环境权说。"侵权行为说"包含纯粹侵权行为说、违法侵害说和新忍受限度论。③

总的来讲，日本的学说总体上倾向于支持本国法院的判例，承认人格权请求权的独立性，否认侵权请求权包括停止行为请求权。

---

① ［德］曼弗雷德·沃尔夫：《物权法》，吴越、李大雪译，北京，法律出版社 2002 年版，第 161 页。作者所称的不作为请求权即本文所称的停止妨害请求权。

② ［日］星野英一：《私法中的人》，王闯译，载梁慧星主编：《为权利而斗争》，北京，中国法制出版社、香港，金桥文化出版（香港）有限公司 2000 年版，第 355－358 页。

③ 于敏：《日本侵权行为法》，北京，法律出版社 1998 年版，第 334－335 页。也可参见邓曾甲：《日本民法概论》，北京，法律出版社 1995 年版，第 126 页。

4. 我国台湾学说

我国台湾学者大多在实质上承认人格权请求权，但是，他们很少用人格权请求权这一提法，大多用"不作为请求权"、"除去侵害请求权"和"保护（保全）请求权"等提法。[①] 略举数例以说明。

不法侵害人格权，可以请求除去其侵害。人格权因其为绝对权，其有被侵害之虞者，亦得请求防止之。[②] 这阐明了人格权请求权的两个主要方面。

人格权的保护方法有二：一是，除去侵害请求权。人格权受侵害时，得请求法院除去侵害。所谓除去其侵害，系使侵害之行为或状态终止之意。被侵害人为此项请求时，不必证明自己之损害及行为人之故意过失，一有侵害行为虽未发生损害，行为人虽无过失，即得请求除去。人格权得受与财产权同一之保护，乃近代法律之进步也。二是，损害赔偿请求权。上述之除去侵害请求权，仅属消极的保护，仅使不再有侵害行为，或使侵害状态不能再继续存在而已。如其已受损害自应予以赔偿。[③] 这种关于人格权的保护应当与所有权的保护相一致，人格权得受与财产权同一之保护的观点，见解鲜明。

于具体侵害之际，欲为排除侵害之请求，自须就各种特定的人格利益而为考察。盖非此不足以明确其侵害之有无及损害之程度也。[④] 这种意见说的也很鲜明。

人格权受损害救济方法有三：请求除去侵害；请求防止侵害；请求损害赔偿或抚慰金。[⑤] 这个说法言简意赅，明确指出了人格权请求权的基本方法。

五编制是民法之形式结构，贯穿其间而作为其核心概念的，系权利及法律行为。权利可以分为人格权、财产权（物权、债权）、身份权。此等权利，为满足

---

① 梅仲协：《民法要义》，北京，中国政法大学出版社1998年版，第61页；胡长清：《中国民法总论》，北京，中国政法大学出版社1997年版，第86页；曾世雄：《损害赔偿法原理》，北京，中国政法大学出版社2001年版，第6-8页；曾世雄：《民法总则之现在与未来》，北京，中国政法大学出版社2001年版，第234-235页；郑玉波：《民法总则》，台北，三民书局1979年版，第97-99页。

② 史尚宽：《民法总论》，北京，中国政法大学出版社2000年版，第127页。

③ 王伯琦：《民法总则》，台北，正中书局1979年版，第57-58页。

④ 李宜琛：《民法总则》，台湾编译馆1977年版，第403页。

⑤ 陈猷龙：《人格权之保护》，载《首届海峡两岸民商法学研讨会成果报告》（台湾辅仁大学2000年刊印），第105-106页。

其利益，或为维护其圆满之状态，均具有或可发生一定的请求权，得请求他人为一定的行为。如：人格权受侵害时，得请求法院除去其侵害，并得依法律之规定，请求损害赔偿或慰抚金。① 人格权的保护分为不作为请求权、损害赔偿请求权和不当得利请求权。其中不作为请求权包括侵害除去请求权和侵害防止请求权（须侵害行为具有不法性，有无故意或过失在所不问）。② 这个主张客观地描述了人格权请求权的基本含义和意义，是对现实存在的人格权请求权的准确表述。

以上关于人格权请求权的学说主张并不全面，但是通过这些学者的论述，可以说明人格权请求权的客观存在是被学者所确认的。人格权请求权作为私法的重要思考工具，其在制度设计上是围绕人格权考虑的，其功能就是预防和保全人格权不受损害，避免更严重的侵权行为发生，它作为独立的请求权类型客观存在着，立法必须正视它的存在。

（三）确认人格权请求权为独立请求权的意义

人格权请求权是一个现实的存在，是一个对人格权保护的不可或缺的法律制度，确认人格权请求权为独立的请求权制度，具有以下意义。

1. 确认人格权请求权为独立请求权是对人格权保护制度的完善

人格的弘扬乃人类社会的根本，人是世界上最宝贵的东西。梁启超先生曾言："凡人之所以为人者有二大要件：一曰生命，二曰权利。二者缺一，时乃非人。"尽管我国有"仁者爱人"这样的古老传统，但是，令人遗憾的是，长期的战争和政治运动破坏了对传统文化的继承的连续性。同时，苏联的计划经济和高度国家主义的影响依然存在，社会主义初级阶段的市场经济利益主体和意识形态日益多元化。这一切都会进一步加剧人们对人格权的漠视。在这样的背景下，我国法律有必要加大对人格权的保护力度。

加大对人格权的保护力度，仅有侵权请求权并不完全和完善，还必须有人格权请求权对自己的保护。侵权请求权主要在对权利已经造成了损害的情况下适用，如果人格权并没有受到实际损害，而仅有受到损害的危险，依靠侵权请求权

---

① 王泽鉴：《法律思维与民法实例》，北京，中国政法大学出版社 2001 年版，第 63 - 64 页。
② 王泽鉴：《民法总则》，北京，中国政法大学出版社 2001 年版，第 128 - 130 页。

的保护就无法实现。只有建立了完善的人格权请求权制度，人格权才能得到应有的完善保护。

2. 确认人格权请求权为独立的请求权是对私法请求权思考方法的完善

请求权是私法的基本思考方法之一。梅迪库斯认为，当今流行最广的案例分析方法，是根据请求权进行操作的。实体法上的请求权对未经严格训练的初学者来说，是其分析案例的一种不可缺少的思维手段。用请求权及抗辩权来思维，可以使对法律关系内的问题的分析集中在一些重要的问题上；解决了这些问题，案例中提出的问题也就迎刃而解了。[①] 这是关于请求权基础的思考方式的精辟论述。有的学者还专门论述了请求权方法比照历史方法处理案例的优越性[②]，强调了请求权基础的检查次序的重要性，认为请求权基础的寻找原则上应该依照上述次序，通盘检讨，其优点有三：可以借此养成邃密深刻的思考；可以避免遗漏；可以确实维护当事人的利益。

但是，上述请求权的思考方法多是围绕财产权展开的，传统意义上请求权基础的思考方法没有给人格权请求权一席之地。各种请求权基础包括，契约上的请求权，类似契约请求权（包括无权代理人损害赔偿责任等），无因管理上之请求权，物上请求权，不当得利请求权，侵权行为损害赔偿请求权，其他请求权。[③] 此外，对人格权请求权的称谓很不固定，所说的保护请求权、不作为请求权、人格权上的请求权，实际上指代同一内容，即人格权的停止妨害请求权和排除妨害请求权。[④] 事实上，名称上的不确定性也反映了理论上的不清晰。

人格权请求权没有取得合理的理论地位，是与其母体权利即人格权的发展状况联系密切的。财产法观念的膨胀使作为私法工具的请求权基础理论体系集中在

---

① ［德］迪特尔·梅迪库斯：《德国民法总论》，邵建东译，北京，法律出版社 2001 年版，第 70 - 72 页。

② 王泽鉴：《法律思维与民法实例》，北京，中国政法大学出版社 2001 年版，第 40 - 46 页。

③ 王泽鉴：《法律思维与民法实例》，北京，中国政法大学出版社 2001 年版，第 77 页以下。王泽鉴先生没有明确指出其他请求权包括人格权请求权。

④ 在《侵权行为法》一书中，王泽鉴教授将人格权请求权称为不作为请求权、保护请求权。参见王泽鉴：《侵权行为法》，北京，中国政法大学出版社 2001 年版，第 104 页。在《民法总则》中，王泽鉴教授曾经直接用了"人格权上的请求权"的提法。王泽鉴：《民法总则》，北京，中国政法大学出版社 2001 年版，第 92 页。

物权和债权等财产权的请求权上面。① 事实上，学者们并不是拒绝吸收人格权请求权的概念和理论，而是认为人格权的保护自有其办法，不一定非得要建立人格权请求权和侵权请求权两套办法。这其实是对人格权及其保护的忽视。在一个庞大的民法典体系中，对一个庞大的人格权的内容仅仅将其放在债法的角落当中偶尔一提而过，不能不说是《德国民法典》等对人格权的忽视。在这样的情况下，不规定或者只规定某种具体人格权请求权，不是很能说明问题吗？现实的问题是，如果过分地强调民法的财产法属性，人格权请求权很难进入请求权基础的思考体系。反之，如果强调民法是人法，并且首先是人法，就可以理所当然地确认人格权请求权为请求权基础思考方法的内容之一。说到底，对于民法本质属性的认识决定了请求权思考方法对人格权请求权的取舍。

民事权利保护请求权包括固有请求权和侵权请求权。这既是私法的请求权思考方法，也是私法的权利保护体系。在这样一个严密的体系当中，如果缺少人格权请求权，就成为残缺的思考方法，也是残缺的请求权制度。

3. 确认人格权请求权为独立请求权有利于厘清体系的混乱

人格权请求权和侵权请求权是两种不同的请求权。由于人格权请求权和侵权请求权的个性大于共性，如果将排除妨害和停止妨害的人格权请求权纳入侵权法的体系，将会使以过错为基础的侵权法进一步消解②，不利于侵权法的内部协调，会发生体系混乱的问题。而我们现行的做法正是这样操作的。区别人格权请求权和侵权请求权对于侵权法而言，有如下意义。

其一，重新界定侵权法上的损害。有学者认为，因侵权行为导致的损害，主

① 关于传统民法注重保护财产权的论述很多。兹举一例：我国台湾地区学者施启扬认为，各国民法在传统上偏重对财产权的保障，而忽略人格权的价值与对人格权的保护。此乃因为19世纪到20世纪初叶，欧洲几部重要民法典制订时的法律思潮，将个人意思的自由以及个人尊严的价值，表现在个人对财产权的支配方面（所有权神圣不可侵犯，所有权绝对原则），对于人格权本身的保护反而未加注意。参见施启扬：《民法总则》，台北，三民书局1996年增订7版，第97页。

② 曾世雄认为，民事责任之基础并非单一，而系复数。惟复数之责任基础中，仍以过失为其主干。亦即民事责任原则上仍建立在过失之要求上，例外之情形建立在危险、社会安全或保险之上。参见曾世雄：《损害赔偿法原理》，北京，中国政法大学出版社2001年版，第7页。

要有侵占、损害、伤害、妨碍等几种情形。① 人格权请求权的独立能够区分损害与妨害，把妨害行为与损害结果相区别。

其二，侵权法归责原则的协调。人格权请求权和侵权请求权的混同在一定程度上造成了侵权法归责原则的混乱。事实上，人格权请求权的归责是客观归责，凡是非法妨害，尽管没有造成损害，也应当认为是请求权的行使要件，可以依法行使。我国台湾地区曾经有学者主张侵害姓名权适用无过失责任，对于姓名权成立侵权行为而发生的损害赔偿，不以侵害人有故意或者过失为要件。② 事实上，这说的是人格权请求权，而构成侵权请求权必须具备过错要件，侵害姓名权的侵权责任更须具备故意的要件方可。

其三，淳化侵权责任构成内涵。我国关于侵权请求权的规定是同责任规定在一起的，是从责任的角度作出的规定，因此讲到侵权请求权时，就是讲侵权责任。在规定侵权责任构成时，所强调的则是侵权损害赔偿责任的构成，因而，或者将排除妨害或者停止侵害等人格权请求权的构成等同于侵权损害赔偿请求权，在责任构成上同等要求；或者讲的是一套，做的是另一套，形成理论和实践的"两层皮"。将人格权请求权独立出去，对人格权的保护会更加完善，也会使侵权法的责任构成学说和规定变得更为单纯和精确。

二、人格权请求权的概念和特征

(一) 人格权请求权的概念

人格权请求权是指民事主体在其人格权的圆满状态受到侵害、妨碍或者有侵害或妨碍之虞时，可以请求加害人承担相应的民事责任，以回复人格权圆满状态的固有请求权。《民法典》第 995 条关于"人格权受到侵害的，受害人有权依照本法和其他法律的规定请求行为人承担民事责任"的规定，就是对人格权请求权

---

① 宁金成、田土城：《民法上之损害研究》，《中国法学》2002 年第 2 期。

② 王泽鉴：《人格权之保护与非财产损害赔偿》，载王泽鉴：《民法学说与判例研究》，第 1 册，北京，中国政法大学出版社 1998 年版，第 51 页。

的规范。

（二）人格权请求权的特征

1. 人格权请求权是手段性的权利

人格权请求权是人格权的固有权利，但不是人格权本身，而是一种手段性的权利。它的功能是预防、保全母体权利即人格权不受非法妨害。正如拉伦茨指出的那样，人格权请求权实际上具有服务的功能，这种请求权的实质和目的仅仅是回复人格权的圆满状态，在请求对方不作为的情况下，则是保持人格权的圆满状态。请求权使人格权主体能够反对特定的人，即非法干扰者，从而使人格权相应的状态重新恢复。[①]

2. 行使人格权请求权的前提是人格权受到侵害

从理论上应当区分妨害、损害和侵害三个概念。妨害和损害适用于不同的救济制度，妨害是行使人格权请求权的要件，损害是提起侵权损害赔偿之诉的要件。从人格权请求权的角度出发，可以概括为，妨害是没有构成损害的侵害。而侵害一词可以涵盖妨害和损害的内容，侵害是二者的上位概念。学者运用语义分析得出结论：认为侵害行为（infringement）是侵权行为（tort）的上位概念。在一般意义上，侵权行为的范围要稍窄一些，它只覆盖了负有损害赔偿责任的侵权行为。而侵害行为的覆盖面较宽，除了把侵权行为涵盖在内，还涵盖了一切侵犯他人权利或利益的行为。从字面上看，行为人只要"进入"（in）了他人的"圈"（fringe），即只要有了侵入事实，侵害行为即可确定。这里绝不再以什么主观状态、实施损害等为前提。至于进一步探究侵害行为之下包含的侵权行为是否能构成侵权责任，则要具备过失、实际损害等要件。[②] 这种分析是正确的。据此，可以得出的结论是，当人格权受到侵害并没有达到构成侵权行为时，可以行使人格权请求权，因为只要具备了对人格权妨害的条件，就可以行使人格权请求权了。当然还有必要指出的是，当人格权受到侵害已经构成侵权行为时，当事人仍然可

---

① ［德］卡尔·拉伦茨：《德国民法通论》（上册），王晓晔等译，谢怀栻校，北京，法律出版社 2003 年版，第 326－328 页。

② 郑成思：《中国侵权法理论的误区与进步》，《中国专利与商标》2000 年第 4 期；郑成思：《WTO 知识产权协议逐条讲解》，北京，中国方正出版社 2001 年版，第 159 页。

以行使人格权请求权，这种情况下发生的是人格权请求权和侵权请求权的聚合，"举轻以明重"，说的就是这个道理。不过，《民法典》对此已经划清了界限，第995条和第1165条之间的界限比较清晰。即使第1167条规定了部分人格权请求权的内容，是因为既然提起侵权损害赔偿之诉，确定侵权损害赔偿责任，如果被侵权人同时提起停止侵害、排除妨碍、消除危险请求权的，则应当按照侵权之诉一并处理，没有必要再区分侵权请求权与人格权请求权的不同。这正是人格权请求权与侵权请求权的聚合。

3. 人格权请求权的基本性质是请求权

人格权请求权是对于相对应的民事主体请求为一定行为或者不为一定行为的请求权。相对应的民事主体，指的是人格权请求权的义务人。义务人对于特定的人格权人实施妨害行为，或者有妨害行为之虞，这个义务主体即确定，与权利人从绝对的关系变为相对应的关系，因而产生了请求权。义务人的义务也特定化，从绝对的义务转变为相对的义务，要对权利人承担为一定行为或者不为一定行为的义务。当然，这并不意味着所有的民事主体都享有同样的人格权请求权，在实践中，需要对不同的人格利益进行具体分析，进而确定人格权请求权的具体内容。"盖非此不足以明确其侵害之有无及损害之程度也。"①

三、人格权请求权的基本内容

（一）人格权请求权的来源和性质

人格权是民事主体生而固有的权利，是必备权利；人格权请求权是附随于人格权的权利，是人格权保护自己的方法。一方面，人格权作为一类民事权利，都包含请求权，人格权请求权是人格权所具有的保护自己的请求权性质的权利。另一方面，每一个具体人格权都包含具体人格权的请求权，因而人格权请求权是人格权的具体权利，是随着人格权和具体人格权的产生而产生的。所以，人格权请求权也具有固有性、必备性的特点。

---

① 李宜琛：《民法总则》，台北，正中书局1977年版，第403页。

人格权请求权的性质属于非独立性请求权。请求权有独立请求权和非独立行请求权之分。独立请求权自身具有一定的意义，具有独立的价值，本身就属于一种权利，即本权请求权，例如债权、亲属法中的抚养请求权。非独立请求权则是为实现它的权利服务的，例如物权、人格权、亲属权或无体财产权中包含的固有请求权。[①] 人格权请求权是人格权中包含的保护人格权的权利，具有手段性和方法性，属于非独立请求权、防卫性请求权。

（二）人格权请求权的目的和功能

人格权请求权的目的和功能，是通过人格权行使过程中的排除妨碍和停止侵害，起到预防和保全人格权人的人格利益的作用。人格权请求权能够使一个针对某人的和一个绝对权相应的状态得以实现。[②] 在可能存在妨碍的情况下，权利人可以行使排除妨碍请求权；在存在侵害的情况下，权利人可以行使停止侵害请求权。在存在侵权危险的时候，可以请求消除危险，以及消除影响、恢复名誉。如果对人格权造成的损害已经发生了，则只能行使侵权请求权请求损害赔偿了。其实，这正是人格权请求权的优势和侵权请求权的劣势，因为侵权请求权着眼于损害已经发生，权利人已经受到了损害。侵权请求权的恢复原状和金钱赔偿是对损害发生后的补偿功能，其目的是使"被害人能够再处于如同损害行为未曾发生之情况"[③]。而确立人格权请求权独立性的目的，较之确立物权请求权的独立性具有更大的意义，即于损害尚未发生之际，实现对人格权的救济。简言之，人格权请求权的目的在于防患未然；侵权请求权的目的在于亡羊补牢。

（三）人格权请求权的举证责任

主张行使人格权请求权时，权利人只需证明妨碍行为或者侵害行为可能发生或者正在进行的要件为已足，不必像行使侵权请求权那样，权利人必须证明构成

---

① ［德］卡尔·拉伦茨：《德国民法通论》（上册），王晓晔等译，谢怀栻校，北京，法律出版社2003年版，第325页。作者将支配权、绝对权同人格权、人身亲属权和无体财产权并列，这种做法与我国传统民法理论不同，存在逻辑上的矛盾，是我国在继受民法的过程中出现了某些错误，还是翻译上存在错误，暂且存疑。

② ［德］卡尔·拉伦茨：《德国民法通论》（上册），王晓晔等译，谢怀栻校，北京，法律出版社2003年版，第326-328页。

③ 曾世雄：《损害赔偿法原理》，北京，中国政法大学出版社2001年版，第15页。

侵权责任的违法行为、损害事实、因果关系和过错的要件，还要证明实际损失以及与赔偿责任范围。人格权请求权与侵权请求权在举证方面的最主要区别，一是主张行使人格权请求权不必证明行为人的主观心理状态，即是否存在过失，二是不必证明造成损害。因而相比较，行使人格权请求权的举证责任大大减轻。

（四）人格权请求权的诉讼时效

《民法典》第 995 条第 2 款规定，人格权请求权不适用诉讼时效制度。其原因是：第一，如果对于人格权请求权也适用诉讼时效制度，将不利于对权利人人格权的保护。停止侵害请求权所指向的，是持续的侵害行为，或者是持续的侵害状态。对于排除妨害请求权而言，其所针对的是已经发生或者有发生妨碍的可能，因而难以适用诉讼时效制度。这是因为诉讼时效在人格权请求权起算点上的难以确定性，是诉讼时效不能适用于人格权请求权一个因素。第二，人格权请求权与诉讼时效的设立目的相冲突。"规定请求权若干年不行使而消灭，盖期确保交易之安全，维持社会秩序耳。盖以请求权永远存在，足以碍社会经济之发展。"① 因为诉讼时效在本质上是交易的制度，是财产法上的制度。而人格权请求权具有人身性，其主要行使方式（停止侵害和排除妨碍等）都是非财产性的法律措施。人格权请求权救济措施的非财产性，决定了其不能适用诉讼时效制度。

四、人格权请求权的竞合关系

（一）人格权请求权与人格权侵权请求权的关系

人格权请求权与侵权请求权的确在来源、内容、性质、功能、构成要件、举证责任、诉讼时效等方面都存在本质的差别，但是，也具有千丝万缕的密切联系。② 尽管人格权请求权和人格权侵权请求权同为请求权，但是二者的个性大于共性。人格权请求权和人格权侵权请求权除了在固有权和新生权的区别之外，还存在以下区别。

---

① 王泽鉴：《民法总则》，北京，中国政法大学出版社 2001 年版，第 516 页。
② 姚辉：《人格权法论》，北京，中国人民大学出版社 2011 年版，第 238 页。

1. 主体范围不同

人格权请求权的主体只包括加害人和受害人。侵权请求权的基本主体为侵权人和被侵权人；在侵权人之外还存在替代责任人，在被侵权人之外还存在间接受害人、受害人的法定继承人，父母、配偶、子女和为被害人支付丧葬费之人。[①]可见，人格权请求权的封闭性、相对性更强，因而与人格权请求权的预防保全功能相一致。

2. 程序的救济要求不同

人格权请求权要求比较简化的实现程序，而人格权侵权请求权的实现程序相对比较冗长、复杂。主张人格权请求权时，权利人的举证责任较轻，对于事实认定和对法律适用的要求都比较低，加害人一般也很难进行抗辩。如果把人格权请求权之诉纳入侵权之诉当中，将损害权利人的利益。由于侵权之诉的审理时间相对较长，可能会使原本的妨害发展、转变为损害，或者使已经发生的损害继续扩大。

3. 适用阶段不同

人格权请求权适用于诉讼前后的一切阶段，停止侵害、排除妨碍请求权等在事前、事中、事后都可以适用。而人格权的侵权请求权由于其基本方法是赔偿，因而只能是事后救济。换言之，在行使停止侵害、排除妨碍等人格权请求权时，损害可能尚未发生，或者损害正在发生或者已经发生。而侵权请求权的行使则须在损害发生之后方可以行使，适用侵权责任的规定，否则没有适用侵权责任的条件。

4. 请求权内容的性质不同

人格权请求权的内容包括停止侵害、排除妨碍、消除危险、消除影响、恢复名誉、赔礼道歉，这些责任方式都具有人身性；而人格权侵权请求权的内容包括恢复原状和损害赔偿，这些责任方式都体现了救济方法的财产性。

（二）人格权请求权与其他请求权的竞合

传统理论认为，因同一原因事实而发生两个以上的请求权，若其内容不同

---

① 曾世雄：《损害赔偿法原理》，北京，中国政法大学出版社2001年版，第33页。

时，得为并存（请求权聚合）。其内容同一时，则发生请求权竞合，由权利人选择行使之。[①]

1. 人格权请求权和侵权请求权的聚合

停止侵害、消除危险、排除妨碍等民事责任方式尽管与物权请求权、人格权请求权等存在理论上的竞合，但是，为了发挥侵权法的积极功能，立法仍对这些民事责任方式继续加以规定。[②] 上述看法有一定道理，但是应当说得更清楚。

《民法典》原本对人格权请求权和侵权请求权之间界限的规定是明晰的，但是，第1167条在确认侵权请求权的主要方式是损害赔偿的基础上，又规定了侵权行为危及他人人身、财产安全的，被侵权人有权请求侵权人承担停止侵害、排除妨碍、消除危险等侵权责任。因而，这使停止侵害、排除妨碍、消除危险的固有请求权方式又成为侵权请求权方式，与物权编和人格权编规定的停止侵害、排除妨碍、消除危险等责任方式发生聚合。

这种立法，认为是《民法典》规定固有请求权和侵权请求权没有划清其界限，是不对的。在一个侵权行为纠纷中，被侵权人行使损害赔偿或者恢复原状请求权，同时又请求停止侵害、排除妨碍、消除危险，实际上是在行使侵权请求权的同时，又主张行使损害赔偿以外的固有请求权。由于被侵权人已经主张行使侵权损害赔偿请求权，又同时主张行使停止侵害、排除妨碍、消除危险等请求权，就使固有请求权和人格权请求权聚合在一起。既然是请求权聚合，则均可行使。所以，在请求损害赔偿的同时又请求停止侵害、排除妨碍、消除危险的，尽管是两种不同的请求权，但是不再区分两种请求权，而直接认其为侵权请求权，依照侵权责任法的规定一并行使。

2. 人格权请求权与物权请求权、知识产权请求权竞合

由于人格权请求权和物权请求权、知识产权请求权都具有停止侵害、排除妨碍等内容，因此，当上述三种请求权发生竞合时，依据一般的原理，权利人只能

---

① 王泽鉴：《民法总则》，北京，中国政法大学出版社2001年版，第93页。

② 张新宝：《中国民法典·侵权行为法编草案建议稿》理由概说（五），中国民商法律网，www.civillaw.com.cn/法界动态/立法聚焦。

够择一行使。

人格权请求权和物权请求权的竞合，如甲在乙的房屋周围修建高楼，造成乙的房屋常年不见阳光，发生了人格权请求权和物权请求权的竞合问题。依据请求权竞合的原理，乙只能选择物权请求权或者人格权请求权其中之一提起诉讼。如果造成损害的，乙可以依据侵权法向甲请求损害赔偿，因为无论是人格权请求权还是物权请求权，与侵权请求权的内容都不同，可以和侵权请求权发生聚合，而不会发生竞合。

人格权请求权和知识产权请求权的竞合，如乙自导自演了一部电影，甲未经乙的许可，将包含乙肖像的剧照用于自己产品的广告中，发生了人格权请求权和知识产权请求权的竞合问题。乙只能够选择知识产权请求权或者人格权请求权其中之一提起诉讼。当然，如果造成损害的，乙也可以依据侵权法向甲请求损害赔偿。

五、人格权请求权的基本类型

人格权请求权的基本类型，分为停止侵害请求权，排除妨碍请求权，消除危险请求权，消除影响、恢复名誉请求权和赔礼道歉请求权。

人格权请求权所针对的对象，是存在侵害行为、妨害行为存在危险或者不良影响，而不是权利损害的结果。对于可能发生的妨碍，权利人可以通过排除妨碍请求权予以救济[1]；对于已经存在的侵害，权利人可以通过停止侵害请求权予以救济。对于存在的危险、影响和名誉损害，可以通过消除危险、消除影响、恢复名誉、赔礼道歉请求权予以救济。实施这些请求权的目的，只是积极地预防或者保全权利人的人格权不受到损害。它们都与侵权请求权不同，因为侵权请求权直接指向的须是对人格权造成了损害，包括财产损害、人身损害和精神损害。侵权请求权针对的主要是行为所导致的结果即损害。[2] 无论是恢复原状，还是金钱赔

---

[1]　王泽鉴教授指出，在我国台湾地区，若无损害，虽然不成立侵权行为，但无碍于主张不作为请求权。

[2]　该损害例外地存在以预期性利益为赔偿客体。曾世雄：《损害赔偿法原理》，北京，中国政法大学出版社 2001 年版，第 50 页。

偿，都以既存的一定损害为前提。没有损害，侵权请求权就不能发生。

（一）停止侵害请求权

1. 概念

停止侵害请求权，是指民事主体的人格权受到不法侵害时，可以请求加害人为停止侵害的民事责任，将已经发生的侵害予以停止，以回复人格权圆满状态的人格权请求权。

2. 行使要件

停止侵害请求权的行使要件是：（1）加害人实施了对他人享有的人格权的侵害行为，该侵害可以是持续行为，也可以是可能重复发生的行为，表现为已经开始，正在进行；（2）加害人的妨害行为具有违法性，表现为违反保护他人人格权的不可侵义务；（3）受害人的人格权包括物质性人格权和精神性人格权，受到了该不法行为的侵害；（4）加害人的违法侵害行为和受害人的人格权受到侵害的事实之间具有因果关系。受害人行使停止侵害请求权不以造成损害为要件，对于没有损害的侵害行为或者有损害的侵害行为，都可以行使该请求权。

3. 抗辩事由

对停止侵害请求权的抗辩事由是：（1）侵害情节轻微，在权利人容忍范围内。权利人应该忍受适当的不舒适感觉，权利受到轻微的侵害不能获得司法救济。[①]人类共同生活不可能没有摩擦，如果法律允许民事主体动辄为鸡毛蒜皮的小事诉诸法庭，有限的司法资源就不能发挥对整个社会的调控作用。[②]（2）行为人自己有不当行为。例如有证据证明行为人在商场行窃，商场一方有权在公力救济不达时，对其人身进行适当拘束，构成自助行为。（3）受害人允诺。受害人承诺对其施加适当的人格权侵害的行为，可以免责。（4）与公共利益相冲突。当民

---

① ［德］冯·巴尔：《欧洲比较侵权行为法》（下卷），焦美华译，张新宝校，北京，法律出版社 2001 年版，第 84 页；曾世雄：《损害赔偿法原理》，北京，中国政法大学出版社 2001 年版，第 6－8 页。

② 从这个意义上讲，美国宪法修正案的第 7 条规定小额诉讼的最低限额是有其道理的。美国宪法修正案第 7 条规定："在普通法上之诉讼，关于价额超过 20 元的诉讼，有受陪审团审判的权利；由陪审团审理的事实，非依普通法上之规定，于合众国任何法院不得再理。"李龙：《宪法基础理论》，武汉，武汉大学出版社 1999 年版，第 339 页。

事主体的人格权请求权的行使有碍于公共利益时，法律不允许权利人行使人格权请求权。例如重大疫情防控期间，行为人实施对违反防疫措施的强制行为，尽管是行使权利的行为，但是，不得行使停止侵害请求权。（5）其他依据法律规定可以提供正当事由的，可以对抗停止侵害请求权。

4. 法律效力

停止侵害的主要作用在于能够及时制止侵害行为，保护受害人的人格权处于圆满状态；如果已经发生损害，则防止损害后果继续扩大。所以，停止侵害请求权的效力表现是，符合停止侵害请求权的行使要件的，权利人一经行使停止侵害请求权，加害人应该立刻停止侵害，以恢复权利人人格权的圆满状态。如果停止侵害会产生一定的费用，加害人应该承担该费用。如果加害人的行为不能使人格权回复圆满状态，受害人可以再次请求加害人采取措施回复其人格权的圆满状态。加害人拒绝或者故意拖延的，受害人可以请求人民法院强制执行。

（二）排除妨碍请求权

1. 概念

排除妨碍请求权，是指行为人实施的行为对他人的人格权行使构成了不法妨碍，受害人可以请求加害人排除其对自己人格权的享有和行使构成的妨碍，以保持和回复自己的权利圆满状态的人格权请求权。

2. 行使要件

排除妨碍请求权的行使要件应当具备：（1）行为人实施了对人格权人享有的权利的妨碍行为；（2）受害人的人格权的享有和行使受到行为人行为的妨碍；（3）行为人实施的行为具有违法性，违反了对他人人格权负有的不可侵义务；（4）行为人的妨碍行为与受害人的人格权受到妨碍的事实之间具有因果关系。

3. 抗辩事由

对排除妨碍请求权的抗辩事由是：（1）妨碍情节轻微，尚不超过权利人应当容忍的范围。（2）妨碍行为为行使权利所必须，且符合权利行使的正当性要求。（3）受害人允诺，准许行为人对其实施适当的妨碍行为。（4）妨碍行为符合公共利益和善良风俗要求。（5）其他依据法律规定可以提供的正当事由。

4. 法律效力

排除妨碍请求权的效力是，当权利人依据法律规定向行为人请求排除妨碍时，加害人应该采取相关措施，停止妨碍行为，结束妨碍行为的影响，清除妨碍行为造成的后果。权利人依据法律规定向法院请求排除妨碍，符合行使要件要求的，由法院发出裁决，行为人应该履行妨碍排除的义务。排除妨碍的费用由被告负担。如果被告不履行裁决，原告可以请求法院强制执行。在英美法上，被告不执行法院的排除妨碍禁制令时，被告的行为就构成蔑视法院，可以针对不同情况处以监禁、查封财产、罚金的处罚。第三人知情且帮助或者煽动违反禁制令，同样构成蔑视法院行为。如果需要，应该给予被告一定时间的宽限期，以免利益过多地向原告倾斜。① 这样的规则值得借鉴。

（三）消除危险请求权

1. 概念

消除危险请求权，是指行为人的行为和其管领下的物件对他人的人身安全造成威胁，存在侵害他人人身权益的危险，受到该危险行为威胁的人格权人享有的请求行为人采取有效措施，将具有危险因素的行为或者物件予以消除的人格权请求权。例如，房屋的所有人或管理人不修缮房屋，致使房屋处于可能倒塌、危及他人人身安全，或者化工厂排放污染物，尚未造成实际损害，但存在人格权受到损害的可能性的，受到危险威胁的权利人有权行使消除危险请求权，行为人应承担消除危险的民事责任方式。

2. 行使要件

人格权人行使消除危险请求权的要件是：（1）行为人实施的行为有可能侵害他人的人格权，使权利人面临危险；（2）人格权的人身安全存在受到侵害的危险，有可能造成人身损害后果；（3）危害人身安全的威胁存在，但是损害尚未实际发生；（4）行为人实施的行为与危险存在因果关系，如果停止实施的行为，危险就不会发生。

消除危险请求权保护的主要是物质性人格权，即消除的危险主要是生命权、

---

① 沈达明：《衡平法初论》，北京，对外经济贸易出版社1997年版，第295页。

身体权、健康权受到侵害造成损害的危险。至于精神性人格权如果存在受到侵害的危险是否也可以行使消除危险请求权，笔者持肯定态度。出现这样的情形，行使消除危险请求权可以适用上述行使要件的要求。

3. 抗辩事由

由于行使消除危险请求权的基本要求是损害尚未发生，因此，不存在危险、危险具有可控性、危险不会发生等，都是可以对抗该种请求权的事由。

4. 法律效力

权利人行使消除危险请求权，经法院确认的，行为人应当立即停止其实施的造成权利人权利受到损害危险的行为，或者采取必要和有效的措施，保证危险不会发生，不会造成权利人的人格权损害。

（四）消除影响、恢复名誉请求权

1. 概念

消除影响、恢复名誉请求权，是指行为人实施的行为对人格权人享有的人格权造成了负面影响，使权利人的名誉受到损害，受害人享有的消除负面影响，保持名誉圆满状态的人格权请求权。

2. 行使要件

权利人行使消除影响、恢复名誉请求权，应当具备以下要件：（1）行为人实施了影响权利人名誉的行为；（2）该行为违反了对他人人格权负有的不可侵义务，构成违法性；（3）权利人的名誉受到影响，造成一定程度的损害；（4）行为人的行为与权利人影响名誉的损害之间具有因果关系。

对消除危险、恢复名誉请求权有两个问题需要解决：一是，适用消除影响、恢复名誉请求权的行为侵害的是何种人格权。通常认为，造成名誉损害的，就是侵害名誉权的行为。不过，由于人格权请求权保护的是人格权的圆满状态，因而，侵害隐私权、肖像权、姓名权等，也可能影响名誉。所以，凡是侵害人格权造成影响名誉后果的，都可以行使这一请求权予以救济。二是，适用消除影响、恢复名誉请求权是否要造成名誉的损害。通常认为，精神性人格权一经受到侵害，就造成了精神利益的损害，无须具备特别的损害要件。所以，适用消除影响、恢复名誉请求权的影响名誉本身，就是损害。所以，消除影响、恢复名誉请求权通常与侵权请求权会同时行使，构成责任聚合。

3. 抗辩事由

对消除影响、恢复名誉请求权的抗辩事由，最主要的就是影响名誉的事实未发生。此外，正当行使权利，例如舆论监督、具有正当性的媒体批评，都是这一请求权的抗辩事由。

4. 法律效力

行为人实施行为影响了受害人的名誉，应当在影响所及的范围内将受害人的名誉恢复至未受侵害时的状态。

消除影响、恢复名誉的具体适用，要根据违法行为所造成的影响及名誉毁损的后果来决定。《民法典》第 1000 条关于"行为人因侵害人格权承担消除影响、恢复名誉、赔礼道歉等民事责任的，应当与行为的具体方式和造成的影响范围相当。""行为人拒不承担前款规定的民事责任的，人民法院可以采取在报刊、网络等媒体上发布公告或者公布生效裁判文书等方式执行，产生的费用由行为人负担"的规定，就是对消除影响、恢复名誉请求权的效果和实际操作方法的要求，应当严格遵守。

（五）赔礼道歉请求权

1. 概念

赔礼道歉请求权，是指侵权人向受害人承认错误，表示歉意，以求得受害人的原谅的侵权请求权。

2. 行使请求权的要件

赔礼道歉请求权针对的是侵害人格权的违法行为，包括侵害物质性人格权和侵害精神性人格权。相比较而言，在适用侵害精神性人格权的侵权责任中，行使赔礼道歉请求权救济的会更多，即其主要适用于对侵害精神性人格权损害的救济。

行使赔礼道歉请求权的要件与行使前述人格权请求权的要件基本相同，所不同的是，当构成对人格权的侵害行为时，权利人还可以主张违法行为人对自己赔礼道歉，使自己在心理上获得平复权利的满足感。

3. 赔礼道歉的方式

适用赔礼道歉责任方式，通常是与其他民事责任方式并用，仅用单一赔礼道歉方式的比较少见。

承担赔礼道歉责任有两种方式：一是口头道歉的方式；二是书面道歉的方式，原则上由被侵权人选择。口头道歉由加害人直接向受害人表示。适用赔礼道歉责任方式，应当与行为的具体方式和造成的影响范围相当。行为人拒不承担前款规定的民事责任的，人民法院可以采取在报刊、网络等媒体上发布公告或者公布生效裁判文书等方式执行，产生的费用由行为人负担。

第三节　人格权侵权请求权

一、人格权侵权请求权概述

（一）人格权侵权请求权的概念

人格权侵权请求权是另一种人格权保护方法，是指行为人实施的侵权行为侵害了权利人的人格权，依照《民法典》侵权责任编的规定，行为人产生侵权损害赔偿责任，受害人依法享有请求侵权人承担以损害赔偿为主要方式的侵权请求权。

人格权侵权请求权是一种新生的权利，其实就是保护人格权的侵权请求权，是人格权受到损害的侵权责任救济权、保护权。《民法典》第 120 条规定的侵权请求权就包含着这种侵权请求权。人格权侵权请求权产生的事实基础，是侵害人格权的侵权行为。

（二）人格权侵权请求权的特征

1. 人格权侵权请求权是新生权利

人格权侵权请求权与人格权请求权不同，不是人格权固有的保护权、救济权，而是在侵害人格权的侵权行为实施之后，权利人的人格权受到损害，新生的保护人格权的请求权，其性质属于次生请求权。没有这种请求权发生根据的法律事实即侵权行为的出现，当事人之间不存在相对的权利义务关系。只有发生了侵权行为，侵权人的行为造成了被侵权人的人格权损害，才能在被侵权人一方发生人格权侵权请求权。

2. 人格权侵权请求权的发生根据是侵害人格权的侵权行为

人格权侵权请求权发生的事实，是侵害人格权的侵权行为，而不是其他法律事实。其他法律事实也有可能发生请求权，例如，无因管理行为可以发生无因管理之债请求权、不当得利可以发生不当得利之债请求权，但是，都不会发生人格权侵权请求权。

3. 人格权侵权请求权是基于人格权益损害事实发生的请求权

人格权及人格利益的损害，既可以是生命权、身体权、健康权的人身损害事实，也可以是名誉权、肖像权、姓名权、隐私权以及人身自由权等权利的精神损害事实，还可以是侵害民事主体人格利益造成财产损失的损害事实。没有造成人格权益损害的客观事实，不产生人格权侵权请求权。

4. 人格权侵权请求权的赔偿责任主体是特定的人

人格权侵权请求权的责任主体，是实施侵害他人人格权益的侵权行为的侵权人；请求权的特定内容是损害赔偿，在一般情况下，请求赔偿的范围只能是侵权行为所造成的人格权益损失的范围。

二、人格权侵权赔偿责任的归责原则及构成要件

人格权侵权请求权产生的事实是侵权人的行为构成侵权责任，因而研究人格权侵权请求权的发生，就要研究人格权侵权赔偿责任的归责原则和构成要件。

（一）归责原则

侵害人格权侵权责任构成适用的归责原则体系，是《民法典》第 1165 条和第 1166 条规定的过错责任原则、过错推定原则和无过错责任原则。

1. 过错责任原则

过错责任原则是以过错作为价值判断标准，判断行为人对其造成的损害应否承担侵权损害赔偿责任的归责原则。对于一般侵权责任中的侵害人格权侵权行为，应当由主观上有过错的行为人承担赔偿责任。过错是人格权赔偿责任构成的基本要件之一，缺少这一要件，即使加害人造成了对方人格权的损害，并且加害行为与损害结果之间有因果关系，也不承担侵权赔偿责任。

人格权侵权请求权适用过错责任原则的范围是：

（1）侵害精神性人格权的侵权责任构成，都适用过错责任原则，把过错作为行为人承担侵权责任的根据，有过错则有责任，无过错则无责任。只有个人信息处理者侵害个人信息权益的侵权责任，依照《个人信息保护法》第 69 条第 1 款规定，适用过错推定原则。

（2）侵害物质性人格权侵权责任的构成，凡是符合《民法典》第 1165 条第 1 款规定的一般侵权行为，以及符合《民法典》第 1194 条规定的网络侵权责任、第 1198 条规定的违反安全保障义务损害责任、第 1200 条规定的限制民事行为能力人在教育机构受到侵害、第 1218 条规定的医疗损害责任的，都适用过错责任原则确定侵权责任，有过错则有责任，无过错则无责任。

2. 过错推定原则

过错推定原则是过错责任原则的特殊表现形式，是指在法律规定的某些特殊场合，可以从损害事实推定加害人有过错，并据此确定行为人赔偿责任的归责原则。

适用过错推定原则的侵害人格权侵权责任，属于特殊侵权责任，应当依照《民法典》第 1165 条第 2 款的规定确定责任构成。在侵害人格权的领域，适用过错推定原则的是侵害物质性人格权的侵权行为，侵害精神性人格权侵权行为原则上不适用过错推定原则，只有个人信息处理者侵害个人信息权益的损害赔偿责任除外。

在侵害物质性人格权的侵权行为中，过错推定原则的适用范围是：

（1）在关于责任主体的特殊规定中，《民法典》第 1188 条规定的监护人责任、第 1189 条规定的委托监护损害责任、第 1190 条规定的暂时丧失心智损害责任、第 1191 条规定的用人单位责任和劳务派遣责任、第 1192 条第 1 款规定的个人劳务损害责任、第 1193 条规定的定作人指示过失责任、第 1199 条规定的无民事行为能力人在教育机构受到损害的责任。

（2）在机动车交通事故责任中，《民法典》第 1208 条规定的机动车造成非机动车驾驶人或者行人人身损害的。

（3）在医疗损害责任中，《民法典》第 1219 条规定的医疗伦理损害责任。

（4）在动物损害责任中，《民法典》第 1248 条规定的动物园饲养的动物损害责任。

（5）在物件损害责任中，《民法典》第十章规定的基本上都适用过错推定原则，只有第 1254 条规定的抛掷物、坠落物损害责任除外。

3. 无过错责任原则

无过错责任原则是指在法律有特别规定的情况下，以已经发生的损害结果为价值判断标准，由与该损害结果有因果关系的行为人，不论有无过错，都要承担侵权损害赔偿责任的归责原则。

适用无过错责任原则的意义，在于加重行为人的责任，使物质性人格权受到损害的受害人的损害赔偿请求权更容易实现，受到损害的权利及时得到救济。

侵害人格权侵权责任适用无过错责任原则的范围是：

（1）《民法典》侵权责任编第四章规定的产品责任。

（2）《民法典》侵权责任编第七章规定的环境污染和生态破坏责任。

（3）《民法典》侵权责任编第八章规定的高度危险责任。

（4）《民法典》侵权责任编第九章规定的动物损害责任中除了动物园动物损害责任之外的其他侵权责任。

（5）《民法典》第 1223 条规定的医疗产品损害责任。

（6）2020 年最高人民法院人身损害赔偿案件司法解释第 3 条规定的工伤事故责任。

在这些侵权责任类型中，被侵权人享有的物质性人格权受到损害的，通过适用无过错责任原则，使被侵权人能够得到更好的保护。

侵害精神性人格权及人格利益不适用无过错责任原则。

（二）人格权侵权损害赔偿责任的构成要件

1. 人格权侵权责任构成的违法行为

侵害人格权益的违法行为，就是行为人违反对他人人格权利的不可侵义务、违反保护他人人格利益的法律，以及故意违背善良风俗损害他人人格利益，而实施的作为或者不作为。

违法行为作为侵害人格权侵权民事责任构成的客观要件，包括行为和违法两个要素。首先，侵害人格权的侵权行为须由行为构成，而非由事件或思想等行为以外的事实构成。其次，侵害人格权益的行为必须在客观上违反法律，具有违法性，没有违法性不构成侵害人格权的侵权责任。

侵害人格权益的行为绝大多数是作为的行为方式，无论是侵害物质性人格权还是侵害精神性人格权，作为是主要的行为方式。但是，不作为的行为方式也可能构成侵权责任，例如负有法定救助义务的人不履行救助义务造成受害人损害；负有事先审查义务的媒体编辑出版机构未尽合理核实义务造成失实新闻发表造成诽谤后果。

侵害人格权益的违法性判断：

（1）违反法定义务的违法性，是自然人、法人、非法人组织作为他人享有人格权的义务人时，负有法定的不可侵的法定义务，侵害人格权，即违反该法定的不可侵义务，具有违法性。

（2）违反保护他人利益的法律的违法性，是行为人负有保护他人其他人格利益、死者人格利益以及胎儿的人格利益的法定义务，违反这种义务造成他人人格利益损害，也具有违法性。

（3）故意违背善良风俗的违法性，是行为的外在形式并不违反法律，但是行为人故意违背善良风俗致人以损害，也构成违法性。在侵害人格权益的侵权责任构成中，也存在这种违法性。

2. 人格权损害赔偿责任构成的损害事实

人格权损害赔偿责任构成的损害事实，是一定的行为造成侵害民事主体的人格权或者人格利益，造成财产利益和非财产利益减少或者灭失的客观事实。

损害事实由两个要素构成：一是人格权益被侵害，二是人格权益被侵害而造成的财产利益或者非财产利益损害的客观结果。

人格权侵权行为侵害的客体，包括人格权及人格利益。侵权行为侵害了人格权或者人格利益，造成的损害后果是相应的非财产利益或者财产利益受损害。

（1）人格利益的有形损害。侵害自然人身体权、健康权、生命权，其人格利益的损害为有形损害。这种有形损害，首先，表现为身体、健康损伤和生命的丧失。当违法行为作用于受害人的物质性人格权的时候，受害人所享有的作为物质性人格权的客体的人体利益受到损害，造成伤害或死亡的后果。财产利益的损失，表现为自然人为医治伤害、丧葬死者所支出的费用，也表现为有形的损害。其次，表现为人体伤害、死亡造成的财产损失，如伤残误工的工资损失，护理伤残的误工损失，丧失劳动能力或死亡所造成其扶养的人的扶养费损失等，这些损害也是有形损害。

（2）人格利益的无形损害。侵害精神性人格权所造成的人格利益损害是无形的人格利益损害。精神性人格权的客体均为无形的人格利益，与人格利益的有形损害相比，除了形式上的区别外，在主体上也有区别。人格利益有形损害的主体只能是自然人，法人、非法人组织不会产生这种损害；人格利益无形损害的主体，既包括自然人也包括法人、非法人组织。人格利益的无形损害可能表现为三种形态：一是财产利益损失，包括人格权本身包含的财产利益损失和为恢复受到侵害的人格而支出的必要费用；二是一般人格利益的损害，即人格评价的降低、隐私被泄露、自由被限制、肖像或名称被非法使用等；三是受害人的精神创伤和精神痛苦。人格利益无形损害的这三种形态，以一般人格利益的损害为主要形态，其他两种形态均由该种损害所引起。

（3）侵害人身权益造成财产利益损害事实。侵害人格权人的人格权益，造成财产损失的，是侵害人格权人的公开权而造成的财产损失，是构成侵害人格权益承担财产损害赔偿责任的客观要件。

3. 人格权侵权损害赔偿责任构成的因果关系

侵害人格权的违法行为造成了人格权和人格利益的有形损害或者无形损害，二者之间具有引起与被引起的逻辑关系，就构成人格权侵权损害赔偿责任的因果关系要件。

确定违法行为与损害事实之间的因果关系，应当遵循以下因果关系规则。

（1）对于具有直接因果关系的违法行为与损害事实，适用直接因果关系规则确定因果关系。

（2）违法行为与损害事实之间因果关系较难判断的，采用相当因果关系规则确定因果关系。适用相当因果关系规则，关键在于掌握违法行为是发生损害事实的适当条件。适当条件是发生该种损害结果的不可或缺条件，它不单是在特定情形下偶然的引起损害，而且是一般发生同种结果的有利条件。判断相当因果关系的标准，即确定行为与结果之间有无因果关系，要依行为时的一般社会经验和智识水平作为判断标准，认为该行为有引起该损害结果的可能性，而在实际上该行为又确实引起了该损害结果，则该行为与该结果之间为有因果关系。

在因果关系要件的证明中，还要注意确定违法行为对损害发生的原因力，以便根据行为原因力的大小，确定损害赔偿责任的数额。例如，郑某、张某与赖某等人在酒吧喝酒贺岁至次日凌晨，赖某饮酒过量无法走动，郑某与张某等丢下赖某不管，各自回家。酒吧老板刘某将赖某搀扶到店内沙发上睡觉。次日上午，赖某因呕吐物进入气管、支气管，导致机械性窒息死亡。赖某亲属向法院起诉，要求郑某、张某以及刘某等共同赔偿死者死亡赔偿金、丧葬费、被抚养人生活费等13万余元。法院判决认定，赖某大量饮酒是造成死亡的主要原因，刘某和劝酒者没有对醉酒者进行必要救助的不作为行为，也是赖某死亡发生的共同原因，具有一定的因果关系，判决他们承担相应的损害赔偿责任。这里确定的承担相应的赔偿责任，就与未尽照顾义务的行为的原因力相适应。

4. 人格权侵权损害赔偿责任构成的过错

过错是指行为人在实施违法行为时的主观心理状态。过错分为故意和过失。故意是行为人预见自己行为的结果，仍然希望它发生或者听任它发生的主观心理状态。确定故意的标准在于，行为人应当认识到或者预见到行为的结果，同时又希望或听任其发生，就为具有故意。过失包括疏忽和懈怠。行为人对自己行为的结果，应当预见或者能够预见而没有预见，为疏忽；行为人对自己行为的结果虽然预见了却轻信可以避免，为懈怠。疏忽和懈怠，都是过失，都是受害人对应负的注意义务的违反。过失，是指行为人对受害人应负注意义务的疏忽或懈怠，即行为人的不注意的心理状态。

这些过错形态，在人格权侵权损害赔偿责任构成中都存在。在通常情况下，构成人格权侵权损害赔偿责任，故意、过失均可构成。但是，在特殊情形中，只有故意才能构成侵害某种人格权。

在侵害人格权责任构成的过错要件中，有特殊要求。

（1）侵害身体权、健康权、生命权的侵权责任构成，适用过错责任原则，即有过错（无论故意、过失）均应负责。在法律有特别规定的情形，过错可以推定，甚至无过错亦应负责。

（2）侵害精神性人格权的侵权责任构成，应当适用过错责任原则，有过错则有责任，无过错则无责任，不适用过错推定原则和无过错责任原则，只有个人信息处理者侵害个人信息权益的适用过错推定原则。

（3）侵害某些精神性人格权，以故意为构成要件，过失不构成侵权。侵害姓名权、名称权，须以故意为要件，非法干涉他人姓名权、名称权行使，非法使用他人姓名、名称，均须故意所为，过失不构成侵害姓名权、名称权。

（4）侵害某些精神性人格权，对于过错程度区分具体情况而作不同要求。例如，刊载和出版侵害他人名誉权、隐私权、信用权等精神性人格权的稿件，编辑出版者应否承担侵权责任，因稿件的体裁不同而对过错程度作不同的要求。对以新闻、报告文学、纪实性文章以及广告、特写等体裁报道、描写真人真事的稿件，编辑出版者应负事实真实性的合理核实义务，未尽此义务而刊载、出版这类稿件，无论故意、重大过失或一般过失，均应负侵权责任。对小说、散文、剧本、诗歌等非以真人真事作为描写对象，即以虚构为其艺术特色的稿件，编辑出版者不负事实真实性的合理核实义务，只有故意或者重大过失发表此类稿件，或者发表以后故意不停止侵害、拒不为受害人恢复名誉等，才负侵权责任。此外，在侵害精神性人格权中，凡属非法干涉权利者，均须以故意为构成要件。

三、人格权侵权请求权的产生与举证责任

（一）人格权侵权请求权产生的事实根据

人格权侵权请求权产生所依据的法律事实，是侵权行为造成了损害事实。侵权损害事实一经发生，受害人一方即产生损害赔偿请求权，依法得向加害人要求对所造成的损害予以赔偿；加害人则产生对自己造成的他人损害予以赔偿的义务，应受害人的请求赔偿受害人因损害所造成的损失。

侵害人格权的损害事实包括人身损害事实、财产损害事实和精神损害事实。这些损害事实一经发生，受害人即产生人格权侵权请求权。

（二）侵害人格权益损害事实发生的时间

人格权益损害事实发生的时间，是指损害发生或者损害后果能够确定的时间，意义在于确定侵权责任的诉讼时效的起算。

对于人身伤害的损害事实确定，司法实践掌握的标准是，人身损害赔偿的诉讼时效期间，伤害明显的，从受伤害之日起算；伤害当时未曾发现，后经检查确诊并能证明是侵害引起的，从伤势确诊之日起算。

对于侵害精神性人格权造成无形损害事实的发生时间，一般是侵权行为实施终了之时。例如在文字诽谤侵权行为，侵权行为一经终了，损害事实即确定下来；实施拘禁人身侵害人身自由权的侵权行为，例如拘禁 5 天，行为实施终了的时间应当以将被侵权人予以解禁时为标准，而不是以实施拘禁行为为开始时间。

不过，在应用侵害人格权益损害事实发生时间确定诉讼时效期间计算中，除了这个时间要素之外，还要根据《民法典》第 188 条规定的"诉讼时效期间自权利人知道或者应当知道权利受到损害以及义务人之日起计算"的要求，要件有二：一是知道或者应当知道权利受到损害；二是知道或者应当知道义务人。

（三）人格权侵权请求权的证明责任

请求权与举证责任是两个密切相关的概念。人格权侵权请求权的证明责任，

被侵权人负有举证责任，对自己所主张的事实和提出的请求承担举证责任；如果负举证责任的一方举不出证据来，诉讼的结果必然对其不利，需承担败诉后果。

我国《民事诉讼法》第 67 条规定："当事人对自己提出的主张，有责任提供证据。""当事人及其诉讼代理人因客观原因不能自行收集的证据，或者人民法院认为审理案件需要的证据，人民法院应当调查收集。""人民法院应当按照法定程序，全面地、客观地审查核实证据。"

人格权侵权请求权与举证责任的关系表现为：

1. 请求权人负有举证责任

人格权侵权请求权的权利人对自己的请求权主张，有责任提出证据证明。这既是请求权人的权利，也是请求权人向人民法院应尽的诉讼义务，体现了诉讼权利和诉讼义务的不可分离。请求权人在提出赔偿请求的时候，应当举出证据，证明对方侵害了自己的人格权益造成损失，构成侵权责任，自己的侵权请求权依法成立。不能证明自己的主张的，须承担败诉的结果。

2. 举证责任倒置的情形

在适用无过错责任原则和过错推定原则的情况下，原告应当证明违法行为、损害事实和因果关系的构成。特殊情形是：

（1）适用过错推定原则的侵害人格权侵权责任，对过错要件实行推定，侵权人主张自己没有过错的，实行举证责任倒置，由侵权人证明自己没有过错。能够证明自己没有过错的，不承担侵权责任；不能证明自己没有过错的，承担侵权责任。

（2）适用无过错责任原则的侵害人格权的侵权责任，如果侵权人主张受害人是故意引起损害的，为免责事由，其举证责任倒置，由侵权人举证证明。能够证明者，免除侵权人的责任。

四、侵害人格权的损害赔偿责任承担

（一）侵权损害赔偿责任的概念和特征

人格权侵权损害赔偿责任是侵害人格权侵权请求权的基本责任方式，是指当事人一方因侵权行为侵害了他人的人格权益且造成损害，在当事人之间产生的具有债的性质的请求损害赔偿的权利和履行赔偿责任的侵权责任方式。

人格权侵权损害赔偿责任的特征是：

1. 人格权损害赔偿责任的根本目的是救济损害

有损害才有赔偿，无损害则无赔偿。赔偿的目的是救济人格权益受到的损害，使受到损害的人格权益得到恢复。

2. 人格权损害赔偿责任是财产性责任方式

人格权损害赔偿完全是以财产的方式救济受害人非财产的损失，即人身损害和精神损害。对人身损害必须以财产的形式赔偿受害人的财产损失；对精神损害，其赔偿也只能以支付金钱的方式进行。

3. 人格权损害赔偿责任同样具有相对性特点

相对性是债的基本特征，侵权请求权与其所对应的责任也具有这种相对性特征。损害赔偿永远发生在相对人之间，即权利主体和责任主体永远是特定的，且只在相对的特定主体之间发生。人格权受到侵害的被侵权人只能向特定的侵害人格权的行为人请求赔偿，赔偿责任主体也只需向特定的人格权受到侵害的被侵权人履行赔偿责任。

4. 人格权损害赔偿同样具有强制性法律特征

请求权侵权损害赔偿请求权相对应的不是义务，而是责任，是具有强制性的责任，权利人不是直接向责任主体请求，而是向法院请求，请求法院强制责任主体承担责任，就是民事责任强制性效力的具体体现。

（二）人格权侵权损害赔偿的权利主体和责任主体

1. 人格权侵权损害赔偿请求权人

在人格权侵权损害赔偿法律关系中，人格权受到损害的被侵权人是赔偿权利主体，是请求权人。此外，被侵权人的利害关系人、死者的近亲属在特定情形下，也是赔偿权利主体，享有损害赔偿请求权。

（1）直接受害人。直接受害人是人格权侵权损害后果的直接承受者，是因侵权行为而使人格权益受到侵害的自然人和法人、非法人组织。

（2）间接受害人。间接受害人是指侵权行为造成了直接受害人的人身损害，因而使人身权益受到间接损害的受害人。间接受害人有两种：一是扶养来源丧失之人，即行为人实施的侵害生命权或者侵害健康权行为，造成直接受害人劳动能力丧失，原来依靠直接受害人扶养，因直接受害人死亡或丧失劳动能力，而使其扶养来源丧失的人。二是震惊损害的间接受害人，在目睹亲人在惨烈的人身损害事件中遭受损害事实的受害人近亲属，其精神利益受到严重损害，给其造成了严重的精神痛苦，是间接受害人。

（3）胎儿和死者近亲属的赔偿请求权。胎儿在其孕育过程中受到损害，准许胎儿在其娩出时为活体、取得民事权利能力后，行使赔偿请求权。死者的姓名、名誉、隐私、肖像、荣誉以及死者的遗体等法益受到侵害，因其已经丧失民事权利能力和民事行为能力，其赔偿请求权由其近亲属享有，可以死者人格利益保护人的身份向法院提出损害赔偿诉讼，以保护死者的人格利益。

2. 人格权损害赔偿责任人

在人格权侵权损害赔偿法律关系中，侵权人是赔偿责任主体，在诉讼中为被告。除侵权人外，在替代责任情况下，行为人不是责任主体，替代承担赔偿责任的责任人是赔偿责任主体，为被告。无民事行为能力人或者限制民事行为能力人致人损害，其法定代理人为赔偿责任主体，是赔偿责任的承受者，由其支付赔偿费用。在物件致人损害中，物的所有人、占有人为赔偿责任主体。

（三）人格权侵权损害赔偿责任的具体内容

人格权侵权损害赔偿责任的具体内容是赔偿，即补偿损害的财产给付。赔偿的性质是行为，即赔偿责任主体给付赔偿金的行为。

人格权损害赔偿的范围，依照《民法典》在第1179条、第1180条、第1182条和第1183条的规定确定。具体确定损害赔偿范围，应当参照适用最高人民法院有关司法解释的规定。

1. 人身损害赔偿

《民法典》第1179条规定："侵害他人造成人身损害的，应当赔偿医疗费、护理费、交通费、营养费、住院伙食补助费等为治疗和康复支出的合理费用，以及因误工减少的收入。造成残疾的，还应当赔偿辅助器具费和残疾赔偿金；造成死亡的，还应当赔偿丧葬费和死亡赔偿金。"第1180条规定："因同一侵权行为造成多人死亡的，可以以相同数额确定死亡赔偿金。"2020年最高人民法院《人身损害赔偿司法解释》是关于处理人身损害赔偿的专门的司法解释，其中第6条至第21条是关于人身损害赔偿计算规则的具体规定。所应注意的是，对于死亡赔偿金的赔偿，已经废止"同命不同价"的赔偿计算方法，城乡应当适用统一的死亡赔偿金标准。

2. 人格权益中的财产利益损害赔偿

人格权财产利益损害赔偿，是指侵害他人人格权益造成财产损失，对被侵权人受到的损失予以赔偿的侵权损害赔偿责任。例如，侵害他人的姓名权、肖像权、名誉权、名称权、信用权、隐私权等人格权以及其他人格利益，造成被侵权人的财产利益损失，就是人格权的财产利益损害，对这种财产利益的损害赔偿，就是人格权财产利益损害赔偿。

这种损害赔偿责任，在学理上称作侵害公开权的损害赔偿。公开权受到损害，造成权利人的财产利益损失，行为人应当承担这种侵权损害赔偿责任。

《民法典》第1182条规定："侵害他人人身权益造成财产损失的，按照被侵权人因此受到的损失或者侵权人因此获得的利益赔偿；被侵权人因此受到的损失以及侵权人因此获得的利益难以确定，被侵权人和侵权人就赔偿数额协商不一致，向人民法院提起诉讼的，由人民法院根据实际情况确定赔偿数额。"侵害公开权造成财产利益损失的赔偿方法：一是侵害他人人身权益造成财产损失的，按照被侵权人因此受到的损失或者侵权人因此获得的利益计算赔偿数额；二是被侵权人因此受到的损失以及侵权人因此获得的利益难以确定，被侵权人和侵权人就赔偿数额协商不一致，向人民法院提起诉讼的，由人民法院根据实际情况确定赔偿数额。这个计算方法的核心，是被侵权人有选择权。侵害人身权益造成财产损失，就是侵害公开权造成了被侵权人的损害。究竟是按照被侵权人因此受到的实际损失赔偿，还是按照侵权人因此获得的利益赔偿，二者之间为选择关系，选择权为被侵权人享有。被侵权人可以根据自己的利益，选择其中一种计算方法，计算赔偿数额。对此，法院应当支持被侵权人的选择。

3. 精神损害赔偿

《民法典》第 1183 条规定："侵害自然人人身权益造成严重精神损害的，被侵权人有权请求精神损害赔偿。"这一规定，既体现了实事求是的原则要求，也符合公平、正义的民法原则；既保护了受害人的合法权益，救济其损害，也保障侵权人不负担其侵权行为以外的原因造成的受害人损失，不使其合法权益受到侵害。2020 年《精神损害赔偿司法解释》对人格权的司法保护和精神损害赔偿办法规定了详细的规则，具有特别重要的意义。

第四节　对人格权保护的特别规定

一、民事主体享有违约精神损害赔偿请求权

《民法典》第 996 条规定："因当事人一方的违约行为，损害对方人格权并造成严重精神损害，受损害方选择请求其承担违约责任的，不影响受损害方请求精神损害赔偿。"这是对违约行为造成精神损害可以直接适用精神损害赔偿责任救济的规定，是一项新的规则。最高人民法院以前的司法解释，例如《精神损害赔偿司法解释》禁止在违约责任中适用精神损害赔偿责任救济。如果发生了这种情形，应当另行提起侵权诉讼，不能在违约责任的合同诉讼中请求精神损害赔偿。

从原则上说，这个合同法领域的问题，也涉及人格权和侵权责任的问题。由于违约行为侵害了人格权，受到损害的对方当事人有权请求精神损害赔偿，因而写在人格权编中。

违约行为造成的损害，主要是合同的预期利益损害；在加害给付的情形下，会造成固有利益的损害。对于固有利益的损害，通常是人身损害和预期利益之外的财产利益损害。正因为这样，最高人民法院才规定违约损害赔偿不得请求精神损害赔偿救济。如果违约行为确实侵害了对方当事人的人格权，造成了严重精神

损害，需要承担精神损害赔偿责任，也须另行起诉侵权之诉。

一个违约行为造成预期利益和预期利益以外的精神利益的严重损害，形成机制是：对合同约定的义务，债务人未履行或者未适当履行，造成了债权人的可得利益损害，而该合同履行利益对债权人而言，不仅具有财产利益，而且具有人身意义，该人身意义又包含着精神利益。当违约行为发生时，一方面造成了债权人的财产利益损害，另一方面又造成了债权人的精神利益的损害，侵害了债权人的人格利益。例如，甲去火锅店吃火锅，火锅店发生爆炸，导致甲容貌受损严重，甲因此遭受了严重的精神损害。此时，火锅店的行为，既是侵犯甲的健康权的侵权行为，也是违反了其与甲之间合同的违约行为，发生了侵权责任和违约责任的竞合。再如，在旅游合同中，旅客遭受了严重伤害，造成了严重的精神损害，此时仍然发生的是违约责任和侵权责任的竞合。[①] 旅行社组织的旅行团混进严重传染病人，其他团员面临感染疾病的威胁，造成了他们严重的精神损害，也是如此。

违约行为侵害对方当事人的人格权造成严重精神损害，也是对固有利益的损害，是客观存在的。原来的司法实践采取违约行为不得请求适用精神损害赔偿责任的做法，当事人坚持主张，应通过民事责任竞合的方法选择侵权诉讼，虽然有一定道理，但是因一个违约行为所致，却须提起两个诉讼，并且可能还不是由同一个法院管辖，不仅对当事人形成讼累，而且可能造成法律适用的不统一。为避免这种情形的发生，《民法典》规定，因违约造成严重精神损害的，受害人可以直接起诉请求精神损害赔偿责任，就可以解决这个问题，有利于受害人方便、及时地行使权利、保护自己。

对此，可以参照的是，《德国民法典》2002 年债法改革后的第 253 条第 2 款规定，因侵害身体、健康、自由和性的自我决定而需赔偿损害的，也可以因非财产损害而请求公平的金钱赔偿。据此，在责任竞合的前提下，对于精神损害赔偿，既可以在合同之诉中主张，也可以在侵权之诉中主张。《瑞士债法》第 99 条第 3 款规

---

① 黄薇主编：《中华人民共和国民法典人格权编释义》，北京，法律出版社 2020 年版，第 34 页。前一个案件，就是北京市海淀区人民法院判决的贾国宇案。参见杨立新：《贾国宇诉北京国际气雾剂有限公司等人身损害赔偿案释评——兼论人身伤害慰抚金赔偿制度的内容及其实行》，《中国律师》1998 年第 2 期。

定，在其他方面，对违约行为，准用关于侵权行为责任范围的规定。据此，在责任竞合中，对于精神损害赔偿也同样可以在违约中主张。《国际商事合同通则》第 7.4.2 条、《欧洲合同法原则》第 9.501 条、《欧洲合同法典》第 164 条、《欧洲私法共同参考框架》第 3—3：701 条都允许在责任竞合时，在违约责任中予以精神损害赔偿。2009 年《欧盟法原则》第 8.402 条规定，"仅当债务承担的目的中包含了对非财产性利益的满足和保护"时，才有违约精神损害赔偿适用的余地。可见，该原则实际上将精神损害赔偿限于责任竞合的情形，这条比较准确地概括了欧洲对于这一问题的态度，即原则上将精神损害赔偿适用于侵权，但在出现请求权竞合时或在以精神利益满足为内容的合同中，可以请求违约精神损害赔偿。①

适用《民法典》第 996 条的规定，主张违约责任同时主张精神损害赔偿的要件是：（1）双方当事人存在合同等债的关系；（2）一方当事人违反合同构成违约行为；（3）违约行为在侵害了债权人债权的同时，还侵害了债权人的人格权；（4）既造成了债权人的财产利益损害，也造成了其精神利益的严重损害。具备上述要件，受损害一方请求其承担违约责任，也可以一并请求违约方予以精神损害赔偿。

这种情形是诉的合并，即将一个合同违约责任纠纷与侵权纠纷案件合并审理，一并作出判决，并不因为对违约行为可以同时请求违约赔偿和精神损害赔偿，就改变了纠纷案件的性质。

在法律适用上，《民法典》第 996 条与第 1183 条第 1 款关于精神损害赔偿责任一般规定的关系是：第 1183 条是普通规定，第 996 条是特别规定，在违约责任领域，后者具有优先适用的效力，具体确定精神损害赔偿责任，应当依照第 1183 条规定进行。

二、侵害人格权行为的禁令

《民法典》第 997 条规定："民事主体有证据证明他人正在实施或者即将实施

---

① 王利明、程啸、朱虎：《中华人民共和国民法典人格权编释义》，北京，中国法制出版社 2020 年版，第 102 页。

侵害其人格权的违法行为，不及时制止将会使其合法权益受到难以弥补的损害的，有权依法向人民法院申请采取责令停止有关行为的措施。"这是对民事主体享有的对侵害人格权禁令请求权的规定。①

禁令就是禁止实施某种行为的命令。侵害人格权的禁令，是法院发出的禁止行为人实施有可能侵害他人人格权的行为的命令。这种命令具有强制性，受禁令禁止的行为人，必须遵从禁令的要求，不得实施被禁令禁止的行为。违反者，应当承担民事责任。

在具体的诉讼中，禁令须法律作出明确规定。我国长期以来没有与人格权请求权相协调的禁令规则，立法存在较大缺陷。具体表现在：第一，《民事诉讼法》用先予执行替代禁令的做法存在局限。"先予执行"的作用与禁令的作用相似，对因情况紧急需要先予执行的案件，法院可以根据当事人的申请裁定先予执行，紧急情况包括需要立即停止侵害、排除妨碍以及立即制止某项行为的情形。但是，先予执行和禁令还是不能相互代替的，因为先予执行是法院在诉讼过程中采取的措施，不能完全起到禁令的作用。② 第二，没有规定被告不执行禁令，人民法院仍有可能无法强制执行的相应措施。充当强制执行的客体仅仅是作为，而不包括不作为，在作为中仅指可替代的行为，而不包括不可替代的作为。即使人民法院作出了命令或者禁止的裁定，被申请人不履行裁定时，人民法院仍然有可能无法强制执行。③ 第三，没有考虑应该对不执行禁止令状的自然人和法人的不同的处理措施。

在比较法上，《瑞士民法典》规定了以诉讼程序请求法院采取措施，第 28 条第 1 款规定，人格受不法侵害者，为保护其人格，得针对任何参与侵害者而诉请法院。第 28 条 a 第 1 款规定了三种具体的防御诉讼，即有受侵害之虞时，得提起防止侵害的诉讼；对既存的侵害，得提起除去侵害的诉讼；如侵害仍然持续性地发生侵扰作用，得提起确认该侵害具有违法性的诉讼。第 28 条 b 规定了具体

---

① 最高人民法院民法典贯彻实施工作领导小组：《中华人民共和国民法典理解与适用·人格权编》，北京，人民法院出版社 2020 年版，第 88 页。

② 江伟、王景琦：《WTO 协议与中国民事司法制度的完善》，《中国法学》2001 年第 1 期。

③ 江伟、肖建国：《民事诉讼中的行为保全初探》，《政法论坛》1994 年第 3 期。

的暴力、胁迫或者跟踪情形中的防御性诉讼和可采取的措施。

我国在保护知识产权领域也建立了禁令制度。《专利法》第 72 条、《商标法》第 65 条、《著作权法》第 56 条都规定了知识产权人符合法定条件的，可以在起诉前，向人民法院申请采取责令停止有关行为的禁令。《民事诉讼法》第 103 条也规定了伴随诉讼程序的行为保全，第 104 条规定了诉前的行为保全。《反家庭暴力法》在第四章中进一步规定不必然伴随诉讼程序、独立于《民事诉讼法》所规定的行为保全之外的人身安全保护令，是特别的禁令形式。

《民法典》第 997 条根据实际情况并参考有关立法例，作出保护人格权的禁令的规定，弥补了我国民事立法上的这一缺陷，不仅使权利人保护自己的人格权有了禁令的规定，而且使人民法院采取禁令措施有了法律依据。

禁令的法律特征是：第一，禁令适用于情况紧急的情形，一般适用于现实紧迫的不法侵害行为。第二，禁令适用于正在实施或者具有侵害之虞的行为，必须针对他人正在实施或者即将实施侵害其人格权的行为。第三，禁令的适用不考虑行为人的主观状态，受害人申请禁令并不要求行为人的行为具有不法性，也不要求行为人具有过错，只要有证据证明行为人的行为可能对自身的人格权造成现实的危险或威胁即可。第四，禁令是一种临时性救济措施，不是长久的责任形式，如果是责任形式，则须在诉讼中以判决确定。

禁令可以分为诉前禁令和诉中禁令。诉前禁令，是在提起诉讼之前，侵权行为已经发生或者即将发生时，为避免受害人的人格权损害后果扩大或难以弥补，请求法院颁发禁令，责令行为人停止相关侵权行为。诉中禁令，是在诉讼过程中，由于被申请人的侵权行为已经或者有可能使申请人的人格权遭受损害，或者可能导致损害进一步扩大，为避免损害扩大，申请人请求法院依法禁止被申请人为一定行为。

对行为人发出禁令的要件是：（1）民事主体有证据证明行为人正在实施，或者即将实施某种行为；（2）该种行为能够侵害受害人的人格权；（3）不及时制止将会使受害人的合法权益受到难以弥补的损害；（4）受害人须向法院请求发布禁令。符合上述要件要求的，法院应当对行为人发布禁令，行为人受到该禁令的拘束。关于"申请人具有较大的胜诉可能性"是不是申请禁令的必要条件，有的认为，在被申请人的行为是否构成侵权存在较大不确定性的情况下，法院仓促颁发禁令，将可能损害正当的言论自由或行为自由，也可能使被申请人遭受难以弥补的损失。另外，当禁令与最终的判决不一致时，还可能损害司法的权威性。因此，法院颁发禁令的条件是，禁止实施的行为确有可能构成侵权，而且将依法承担法律责任。[①] 本书认为，法官在颁发禁令时确实应当考虑这个条件，但是，却不能将其作为必要条件对待，原因是，对于颁发禁令的审查是形式审查，并非实质审查，将此作为要件对待，将会延误颁发禁令制止侵权行为的时机，造成或者扩大损害。因而，具备上述四个要件就可以颁发禁令。

应当解决四个《民法典》没有规定的问题：一是，申请发布禁令的请求人对禁令应当提供担保，因为一旦出现请求禁令错误，使受禁令禁止的行为人受到损害的，应当承担侵权责任；未提供担保的，人民法院可以拒绝发布禁令。二是，被禁令禁止的行为人违反禁令，继续实施被禁止的行为的，应当承担造成损害的赔偿责任，违反禁令的行为也应当同时受到民事诉讼强制措施的制裁。这些立法的不足，法院在积累足够的司法经验之后，应当由最高人民法院作出司法解释，统一执法尺度。三是，《民法典》未规定侵害人格权禁令的申请时间。从禁令的目的来看，申请时间范围应当适当扩大，可以适用于诉前禁令与诉中禁令。例如，《反家庭暴力法》第30条规定，人身安全保护令的有效期不超过6个月，自作出之日起生效。人身安全保护令失效前，法院可以根据申请人的申请撤销、变更或者延长。如果起诉前申请被法院裁定支持的，一般应当在法院发布禁令的一定期限内起诉，否则法院可以解除裁定采取的措施。《民事诉讼法》第101条第3款规定，申请人在法院采取保全措施后30日内，不依法提起诉讼或者申请仲裁的，法院应当解除保全。四是，对于禁令禁止的行为应当限制在侵权的范围之内，例如，某文章的部分内容侵害他人名誉或者隐私的，可以责令作者除去相关部分内容，而不是禁止整篇文章发表。

---

① 最高人民法院民法典贯彻实施工作领导小组：《中华人民共和国民法典理解与适用·人格权编》，北京，人民法院出版社2020年版，第93-94页。

禁令的效果是，禁令颁布后，在到达行为人时即发生效力，行为人应当按照法院的要求，立即停止相关侵害他人人格权的行为，禁令是法院发布的生效裁定，具有法律效力，被申请人拒不执行的，申请人可以请求法院强制执行。否则，根据情节轻重，法院可以依法予以训诫、责令具结悔过、处以罚款甚至拘留；情节严重构成犯罪的，依法追究刑事责任。

　　人格权的诉前禁令在一定的条件下会失去效力：第一，申请人未在法定期间内提起诉讼；第二，法院撤销禁令；第三，终局裁判生效后自动失效。法院撤销禁令，是法院颁发禁令可能发生错误，需要复议程序纠正。在禁令颁发后，被申请人对禁令裁定不服的，在自收到裁决之日起的一定期间内，可以向作出裁定的法院申请复议，法院应当在收到复议申请后的一定期限内审查，裁定正确的，驳回当事人的申请；裁定不当的，应当变更或者撤销原裁定。①

三、认定侵害精神性人格权损害赔偿责任应当考虑的因素

　　《民法典》第 998 条规定："认定行为人承担侵害除生命权、身体权和健康权外的人格权的民事责任，应当考虑行为人和受害人的职业、影响范围、过错程度，以及行为的目的、方式、后果等因素。"这是认定行为人承担民事责任时应当考量的要素。② 其实，这一条文主要是对认定侵害生命权、身体权、健康权以外的精神性人格权承担民事责任，主要是承担精神损害赔偿责任的规则。

　　人格权分为物质性人格权和精神性人格权，除生命权、身体权和健康权外的人格权，就是精神性人格权，即姓名权、肖像权、声音权、名誉权、荣誉权、隐私权和个人信息权等。侵害物质性人格权后产生的是人身损害赔偿请求权；侵害精神性人格权发生的损害赔偿请求权，是精神损害赔偿请求权。行为人承担除侵害生命权、身体权和健康权外的人格权的民事责任，就是指权利人享有的侵害精

---

　　① 最高人民法院民法典贯彻实施工作领导小组：《中华人民共和国民法典理解与适用·人格权编》，北京，人民法院出版社 2020 年版，第 96～97 页。

　　② 黄薇主编：《中华人民共和国民法典人格权编释义》，北京，法律出版社 2020 年版，第 42 页。

神性人格权的精神损害赔偿责任。所谓"除生命权、身体权和健康权外的人格权"，就是除了物质性人格权之外的精神性人格权。

在规定精神损害赔偿方法的条文中，为什么要排除生命权、身体权和健康权，是因为生命权、身体权和健康权是自然人赖以生存的最基本的人格权，具有特殊性和最重要性，对这些权利应当进行最高限度的保护，同时，对其损害赔偿的基本方法也不相同。从这个意义上说，认定侵害生命权、身体权和健康权是否需要承担民事责任时，原则上损失多少就应当赔偿多少，除了精神损害抚慰金赔偿需要对损害轻重、侵害人的过错程度进行斟酌之外，并不需要根据侵权的具体情况进行权衡，以体现对物质性人格权的特殊保护。但是，对生命权、身体权和健康权之外的人格权的保护，由于损害仅有精神性，无法根据损失的大小确定赔偿数额，因而有必要根据规定的因素进行妥当的权衡。

《民法典》在这一规定中，并没有说就是侵害精神性人格权的精神损害赔偿责任，但是，人格权请求权包括的停止侵害、排除妨碍、消除危险、消除影响、恢复名誉、赔礼道歉请求权，并不需要具备条文列举的这些要件。因此，这一条文规定的民事责任，应当是指侵权责任的精神损害赔偿责任请求权。因此，严格地说，这一条文实际上是侵权责任法的规范，是对《民法典》第1183条第1款规定中包含的侵害精神性人格权造成严重精神损害的精神损害赔偿责任规定的办法。

之所以对确定侵害精神性人格权的民事责任要考虑特定因素，是因为精神性人格权的客体均为无形的人格利益，在客观上没有实在的外在表象。例如，名誉权的客体是社会对民事主体的属性所给予的社会评价；隐私权的客体是与公共利益、群体利益无关的私人生活安宁及不愿为他人知晓的私人生活安宁以及私密空间、私密活动和私密信息；人身自由权的客体则是人的行为、意志不受他人约束的状态等。对这些精神性人格权的无形人格利益造成损害，其损害形态也是无形的。在具体认定侵害精神性人格权的民事责任中，应当看到侵害精神性人格权造成的人格利益无形损害可能表现为三种形态，一是财产利益损失，包括人格权本身包含的财产利益损失和为恢复受到侵害的人格而支出的必要费用；二是一般人格利益的损害，即人格评价的降低、隐私被泄露、自由被限制、肖像或名称被非法使用等；三是受害人的精神创伤和精神痛苦。这三种形态，以一般人格利益的损害为主要形态，其他两种形态均由该种损害所引起。人格利益无形损害的三种形态，决定了对这种损害的赔偿责任，既有可计算的一面，也有不可计算的一面，与人格有形损害形成鲜明对照。

这些无形的精神性人格利益的损害，很难像财产损害那样只计算财产利益的损失，也不像人身损害那样只计算造成人身伤害后引起的财产损失，必须借助于行为人和受害人的职业、影响范围、过错程度、行为目的、方式、后果等因素，确定造成的实际损害范围。这正是无形损害转化为有形赔偿的计算方法，也是精神性人格利益转化为用财产计量的精神损害赔偿责任应当斟酌的内容。

确定侵害精神性人格权的精神损害赔偿责任，应当考虑的因素是：（1）行为人和受害人的职业；（2）侵权行为的影响范围；（3）行为人的过错程度；（4）行为人的行为目的、方式；（5）行为所造成的后果；（6）行为的目的、方式、后果等因素。例如，恶意诽谤他人的侵害名誉权行为，与记者调查事实进行新闻报道因过失而使事实失实的侵害名誉权，虽然都是侵害名誉权，但是在职业、影响范围、过错程度以及行为人的行为目的、方式和后果等方面都有不同。认定侵害精神性人格权的民事责任，应当斟酌这些不同情节，确定适当的精神损害赔偿责任，而不能一概而论。

在上海某法院审理的钱某诉屈臣氏超市侵害名誉权纠纷案件中，钱某被怀疑夹带商品不付费，被保安强行搜身。钱某向法院起诉，主张屈臣氏侵害了其名誉权请求精神损害赔偿。一审判决赔偿 20 万元，二审改判赔偿 1 万元。在讨论这个相差悬殊的精神损害赔偿案件时，笔者认为，确定一个精神损害赔偿案件的具体数额，除应当根据上述因素外，还应当考虑三个标准：第一，判决的赔偿数额能够抚慰受害人的精神创伤；第二，判决的赔偿数额能够对侵权人起到惩罚作用；第三，判决的数额能够对社会发生一般的警示作用。符合上述三个标准的精神损害赔偿数额，就是一个准确的赔偿。按照这三个标准衡量，二审改判的 1 万元精神损害赔偿金显然是不合适的。笔者建议，在适用《民法典》第 998 条规定时，可以考虑借鉴上述三个标准，正确确定合适的精神损害赔偿数额。

四、合理使用他人的人格要素与不当使用的民事责任

《民法典》第 999 条规定："为公共利益实施新闻报道、舆论监督等行为的，可以合理使用民事主体的姓名、名称、肖像、个人信息等；使用不合理的，应当依法承担民事责任。"这是对合理使用民事主体的人格要素与不当使用应当承担责任规定的规则，前段规定的是新闻报道、舆论监督使用他人人格要素的免责事由，后段规定的是新闻报道、舆论监督等行为对他人人格利益非合理使用应当承担民事责任，而不只是关于合理使用民事主体的姓名、名称、肖像、个人信息等的规定。①

新闻报道，是媒体告诉公众正在发生的事实的信息，是对新近发生的事实的报告。新闻的本源是用事实说话，是对客观事实进行报道和传播而形成的信息，是对事实具有真实性的传达。客观事实本身不是新闻，被报道出来的新闻是在报道者对客观事实进行主观反映之后，形成的观念性的信息，是记者把自己对客观事实的主观感受传达出来而产生的信息。

舆论监督，是媒体以及其他舆论通过发表新闻、评论等，对社会的政治生活、经济生活、文化生活等方面进行批评，实行监督的权利和功能。原本意义上的舆论监督，涵括在权力监督体系之中。舆论监督被进一步扩展，其含义已经超出了对权力监督的职能，几乎成了无所不能的权利和功能。舆论监督属于新闻自由的范畴，是新闻批评的自由和权利，媒体通过行使新闻批评的自由和权利，实现对社会生活的监督功能。

新闻批评自由是新闻自由的一个组成部分。批评是媒体的公共职能之一，是一种权利，新闻的采写、出版者有权通过新闻媒体对不正当的社会生活现象提出批评，形成舆论，督促其改进，推动社会文明的进步。

正因为如此，新闻报道和舆论监督不可避免地要涉及被报道和被监督的人物的人格利益。为保障媒体的公正性和媒体职能的实现，推动文明进步和社会发

---

① 黄薇主编：《中华人民共和国民法典人格权编释义》，北京，法律出版社 2020 年版，第 47 页。

展，保障公众知情权，新闻性就是抗辩承担侵害人格权民事责任的正当事由。具有新闻性的合理抗辩事由，能够阻却新闻报道、舆论监督侵害人格权的违法性，成为正当的合法媒体表达行为。超出表达自由的界限，就构成媒体侵权责任。

在这个问题上，区分媒体权利保护与媒体侵权责任的焦点是表达自由与人格权保护的平衡，因此，必须准确界定表达自由与私权利保护之间利益平衡的界限。自由是一种权利，它意味着只要不违反任何法律禁令，或者侵犯其他人的合法权利，那么，任何人可以说想说的任何话、做所想做的任何事。[①] 表达自由也是这样的自由，例如新闻报道和舆论监督，都受表达自由权的保护。不过，任何自由都不是绝对的，法律在赋予权利主体以自由权时，都规定行使自由权的必要限制，以防止其滥用。媒体的表达自由同样也不是一种绝对的权利，对新闻报道和舆论监督这种表达自由的最大限制，就是不得以表达自由为借口，侵害民事主体的民事权益，特别是人格权。从原则上说，表达自由与自然人、法人、非法人组织的人格权保护是并行不悖的。但是，媒体实现表达自由，可以使用民事主体的姓名、名称、肖像、个人信息等，也可以对被批评者进行指责。如果媒体把这种使用和批评限制在适当的范围之内，尽管也是对人格利益的利用或者是对被批评者的指责，但不会造成侵权的后果。如果这种指责超越了适当的范围，造成了被使用者或者被批评者的人格利益损害，就侵害了被批评者的人格权，则应当承担侵权责任。

这一条文首先规定，为公共利益实施新闻报道、舆论监督等行为的，可以合理使用民事主体的姓名、名称、肖像、个人信息等。在新闻报道和舆论监督中，为了保障公众知情权、维护国家利益和社会公共利益，可以合理使用民事主体的姓名、名称、肖像、个人信息等，无须民事主体的同意。因正当事由合理使用他人人格要素的行为，不构成侵害人格权的民事责任。其要件是：（1）具有正当事由实施新闻报道、舆论监督等行为；（2）使用的是民事主体的姓名、名称、肖像、个人信息等人格要素；（3）须符合正当使用的范围，即为实施新闻报道、舆论监督的目的，不得超出该范围。符合上述要件要求的，对他人人格要素的使用为正当使用，不承担民事责任。例如，对拍摄新闻事件中人物的肖像进行报道，

---

① 《牛津法律大辞典》，北京，光明日报出版社1988年版，第554页。

不构成侵害肖像权。

该条文同时明确，实施新闻报道、舆论监督等行为的，对民事主体的姓名、名称、肖像、个人信息等使用不合理，侵害民事主体人格权的，应当依法承担民事责任。这是为了保护民事主体的人格权，使用这些人格利益必须是合理的，如果使用不合理，则应当依法承担民事责任。

确定不合理使用民事主体的姓名、名称、肖像、个人信息等新闻报道和舆论监督行为的要求是：

第一，非为公共利益目的而使用民事主体的姓名、名称、肖像、个人信息等媒体行为，为媒体侵权行为。不论何种性质的媒体，只要媒体行为不具有公共利益目的，而是为其他目的，就是不正当使用民事主体的上述人格利益，构成媒体侵权行为。

第二，媒体具有公共利益目的，在新闻报道和舆论监督中超出必要范围而使用民事主体的姓名、名称、肖像、个人信息等行为，构成媒体侵权行为。超出公共利益目的的范围，例如在媒体的新闻报道和舆论监督中包含了隐形广告，未经权利人的同意而使用其相关人格利益，为媒体侵权行为。

第三，即使具有公共利益目的，且系为新闻报道和舆论监督而使用民事主体的人格利益，但是超出合理使用的范围，例如超出约定的内容、范围和方式而使用、使用有损于民事主体的人格尊严的言辞等，都构成媒体侵权行为。

依法承担民事责任，须具备《民法典》和其他法律规定的责任构成要件。如果实施新闻报道、舆论监督行为造成了权利人的人格权损害，应当承担侵权损害赔偿责任；即使行为人没有过错，对权利人也没有造成损害，受害人也有权请求行为人承担停止侵害、排除妨碍、消除影响、恢复名誉、赔礼道歉等侵权责任。

五、行为人承担侵害人格权责任应与行为方式和影响范围相适应

《民法典》第 1000 条规定："行为人因侵害人格权承担消除影响、恢复名誉、赔礼道歉等民事责任的，应当与行为的具体方式和造成的影响范围相当。""行为

人拒不承担前款规定的民事责任的，人民法院可以采取在报刊、网络等媒体上发布公告或者公布生效裁判文书等方式执行，产生的费用由行为人负担。"这是对行为人依照人格权人的请求承担的消除影响、恢复名誉、赔礼道歉民事责任时，应当与其行为方式和影响范围相适应的规则，但也不是单纯关于消除影响、恢复名誉、赔礼道歉等责任方式的规定。①

　　与人格权请求权和侵权请求权相对应的是民事责任，包括消除影响、恢复名誉、赔礼道歉等。这里提到的几种民事责任，都是精神性的民事责任方式。当精神性人格权受到侵害后，救济该种精神损害的民事责任，就是侵害精神性人格权请求权的具体内容。

　　从性质上说，消除影响、恢复名誉、赔礼道歉的责任方式，属于《民法典》第995条规定的人格权请求权的内容，并非侵权请求权的责任方式。与损害赔偿责任方式相比，损害赔偿是一对一的给付方式，适用损害赔偿责任原则上不会造成被侵权人人格权损害的进一步扩大。消除影响、恢复名誉和赔礼道歉的责任方式却不同，如果赔礼道歉也是采取一对一的方式，当然就不会发生影响扩大的后果，但是，如果在媒体上进行赔礼道歉，或者采取消除影响、恢复名誉，处理不好，就会使不知道该侵权行为的人也知道了侵权的内容，进而造成损害后果的扩大。因此，本条规定，确定消除影响、恢复名誉、赔礼道歉等精神性民事责任必须防止这样的后果出现。正确的方式是：

　　1. 应当与行为的具体方式相当。要求行为人承担消除影响、恢复名誉、赔礼道歉责任，与行为人的行为方式不相适应，会引起损害扩大的后果。例如，在互联网上造成的损害，不能要求在传统媒体上消除影响。

　　2. 与行为造成的影响范围相当。不能扩大范围进行消除影响、恢复名誉、赔礼道歉，例如，在本地报刊上进行诽谤，不能责令行为人在全国性传统媒体进行消除影响等。不相适应的消除影响、恢复名誉、赔礼道歉，将会扩大损害后果，给人格权人造成新的侵害。

　　消除影响、恢复名誉、赔礼道歉责任方式，可以以口头方式，也可以以书面

_____

　　① 黄薇主编：《中华人民共和国民法典人格权编释义》，北京，法律出版社2020年版，第50页。

方式进行，其内容不得违反法律规定和公序良俗，书面材料需要公布的，必须经人民法院审核同意。消除影响、恢复名誉、赔礼道歉的范围，应当防止借此扩大侵权影响。如果采用停止侵害的责任方式，在媒体侵权中一般是禁止刊有侵权新闻的报纸、杂志继续发行。对此，应采慎重态度。在判决时采用须确有必要，且应当事先提供担保。

对确定的上述的民事责任，责任人拒不承担民事责任的，法院可以对这些民事责任方式进行强制履行，方法是，法院可以采取在报刊、网络等媒体上发布公告或者公布生效裁判文书等方式执行，对于强制履行方式而产生的费用由行为人负担。这本身也是一种制裁方式，但是，也须防止损害的进一步扩大，不能因此而给受害人造成更大的精神损害。

六、身份权请求权准用人格权请求权规则

《民法典》第1001条规定："对自然人因婚姻家庭关系等产生的身份权利的保护，适用本法第一编、第五编和其他法律的相关规定；没有规定的，可以根据其性质参照适用本编人格权保护的有关规定。"这是对身份权请求权规定的新规则。

（一）身份权请求权的属性

身份权请求权，是身份权本身包含的保护自己的固有请求权，在配偶权、亲权、亲属权到侵害后，为救济对身份权的妨害，权利人请求行为人承担民事责任，以恢复身份权圆满状态的请求权。

与物权请求权、人格权请求权一样，身份权请求权是身份权包含的权利，既不是身份权本身，不是身份权包含的手段性权利，也不是新生的侵权请求权，而是系属固有请求权的一种。它的功能是预防、保全母体权利即身份权不受非法侵害，通过这种救济手段，使身份权回复圆满状态。拉伦茨认为，人身亲属权（即身份权）请求权实际上具有服务的功能。[1] 当遭遇侵害或者有受侵害之虞时，绝

---

[1] ［德］卡尔·拉伦茨：《德国民法通论》（上册），王晓晔等译，谢怀栻校，北京，法律出版社2003年版，第325页。

对性转化为相对性，身份权法律关系中对于任意第三人的绝对义务就转变为直接针对加害人的相对义务。权利人可以向加害人直接行使，也可以向法院起诉。

需要进一步明确的是：（1）行使身份权请求权的前提是自然人的身份权受到侵害或者妨碍，可概括为妨害，是没有构成损害的侵害。妨害是对权利人之于其客体意思支配力的侵害；而损害则是造成权利之于其主体的物质上和精神上的有用性减损的侵害。[①]（2）身份权请求权通常涉及三方主体，而其他绝对权请求权的主体一般只涉及两方当事人。这是因为，作为身份权请求权基础的身份权的权利主体具有共生性，此类主体的权利能力可以称为身份性人格。（3）在民事责任体系中，身份权请求权单独对应的一类责任方式，称为状态责任，或者存续保障责任。[②]（4）近亲属（甚至包括其他亲属）侵害身份权的时候，受害人谅解的发生概率往往很大，身份权请求权的适用通常是当事人退而求其次的选择。正是基于这些考虑，身份权请求权才往往让位于伦理规范。

（二）本条规定的重要意义

1. 确认身份权的概念

在我国以往的民事法律中，没有明确使用过身份权的概念，《民法典》第112条使用的是"自然人因婚姻家庭关系等产生的人身权利"的概念，而第1001条是第一次正式使用身份权的概念。官方对此的界定，因婚姻家庭关系等产生的身份权利，包括自然人因婚姻关系产生的身份权利和因家庭关系产生的身份权利。前者是夫妻之间的身份权利；后者是因家庭关系产生的身份权利，例如父母对子女的亲权和履行监护职责产生的权利。[③]事实上，因婚姻关系产生的身份权利和因家庭关系产生的身份权利，都是依据亲属关系发生的身份地位和权利义务关系，即身份权，包括配偶权、亲权和亲属权。

---

① 徐晓峰：《请求权概念批判》，载《月旦民商法学·法学方法论》，北京，清华大学出版社2004年版，第134页。

② "状态责任"的提法，参见［德］鲍尔、施蒂尔纳：《德国物权法》，北京，法律出版社2004年版，第233页。"存续保障责任"的提法，参见徐晓峰：《请求权概念批判》，载《月旦民商法学·法学方法论》，北京，清华大学出版社2004年版，第140页。

③ 黄薇主编：《中华人民共和国民法典人格权编释义》，北京，法律出版社2020年版，第55页。

2. 确认身份权请求权的概念

在以往的民事法律中，将身份权请求权与侵权请求权相混淆，未加严格区分，以至于婚姻法学领域否认身份权，不承认身份权请求权。《民法典》正式确认身份权请求权，在民事权利保护体系中是一件大事，完善了民事权利保护请求权的体系，划清了身份权请求权作为固有请求权，与侵权请求权之间的法律界限。

3. 身份权请求权的法律适用规则

对于身份权请求权的具体规则，适用《民法典》总则编、婚姻家庭编和其他法律的相关规定；没有规定的，适用人格权请求权的具体规则，因而不再规定身份权请求权的具体规则。

（三）身份权请求权的法律适用

按照《民法典》第1001条的规定，对身份权请求权的法律适用规则包括以下内容。

1. 适用《民法典》总则编、婚姻家庭编以及其他法律的规定

对身份权请求权的保护，首先应当适用《民法典》总则编、婚姻家庭编和其他法律的相关规定。总则编的主要是主体、法律行为和民事权利的规定。婚姻家庭编是身份权请求权保护身份权的主要法律依据。其他法律有规定身份权保护的规定的，应当予以适用。

2. 参照《民法典》关于人格权请求权的有关规定

对身份权请求权，法律没有特别规定的，《民法典》关于人格权请求权的有关规定可以参照适用。可以参照的内容是：（1）侵害身份权须采取停止侵害、排除妨碍、消除影响、恢复名誉、赔礼道歉责任的，可以适用《民法典》第995条关于受害人的停止侵害、排除妨碍、消除危险、消除影响、恢复名誉、赔礼道歉请求权，不适用诉讼时效的规定。（2）因侵害身份权利而导致侵权责任和违约责任竞合的情况下，可以参照第996条的规定，受损害方选择请求其承担违约责任的，不影响受损害方请求精神损害赔偿。（3）对身份权利的保护，如果有证据证明行为人正在实施或者即将实施侵害其身份权利的违法行为，不及时制止将使其

合法权益受到难以弥补的损害的，参照适用第 997 条规定，有权向法院申请采取责令行为人停止有关行为的禁令。（4）认定行为人承担侵害身份权的民事责任，可以参照第 998 条的规定，考量行为人的过错程度以及行为的目的、方式、后果等因素。（5）侵害身份权须采取消除影响、恢复名誉、赔礼道歉责任方式的，可以参照适用《民法典》第 1000 条的规定，应当与行为的具体方式和造成的影响范围相当；行为人拒不承担的，法院可以在媒体发布公告，或者公布裁判文书等方式，执行产生的费用由行为人负担。（6）如果侵害身份利益的行为造成的后果是基于侵害人格尊严产生的，可以适用第 990 条第 2 款关于一般人格权的规定，依法予以保护。

行使身份权请求权参照适用《民法典》关于人格权请求权的有关规定，应当特别注意以下三个问题。

第一，身份权请求权对《民法典》关于人格权请求权规定的参照适用，只能是人格权编人格权保护的有关规定可以适用于身份权的保护的部分，不可以适用的规定是不能适用的。

第二，对身份权的保护，对《民法典》关于人格权请求权的规定是参照适用，而不是直接适用。这是因为两种民事权利的价值取向是不同的。对人格权的保护是以保护个人的人格自由和人格尊严为基本价值取向，与身份权利以保护亲属之间的身份地位和权利义务关系的价值追求不同。身份权请求权参照适用人格权请求权的规定时，应当考虑关于身份权的整体价值取向，人格权请求权的规定不符合有关身份权请求权的整体价值取向的，不能参照适用。

第三，身份权请求权不具有积极权能，没有赋予身份权人有要求他人实施积极行为的请求权，因此不能向他人提出积极行为的请求，因此，参照适用人格权保护的规定，也仅具有保护身份权的功能，使身份权免受他人的侵害。例如，《民法典》第 993 条关于人格利益的许可使用的公开权规则，不能适用于身份权请求权。

第十章
人格权的延伸法律保护

第一节　人格权的延伸法律保护的基本理论

人格权的延伸法律保护，是笔者以前提出的一个学术主张，受到理论和实践的重视。[①]《民法典》立法完成之前，对于死者的人格利益保护，2001年最高人民法院《精神损害赔偿司法解释》作出了完整的规定。《民法典》总结理论研究成果和实践经验，全面规定了人格权的延伸保护，即第16条和第994条。本章对这一理论进行梳理，并对《民法典》的规定作出说明。

一、人格权延伸保护概说

（一）问题的提出

我国《民法通则》颁布施行之后不久，天津市《今晚报》因刊载连载小说

---

① 杨立新等：《人身权的延伸法律保护》，《法学研究》1995年第2期。

《荷花女》，引起了关于死者名誉权保护的争论，进而扩展到全国法学界和司法界，成为热点讨论的问题。

原告陈某琴系天津市解放前已故艺人吉某贞之母。1940年，吉某贞以"荷花女"为艺名，参加天津庆云戏院成立的兄弟剧团演出，从此，在天津红极一时，1944年病故，年仅19岁。被告魏某林自1986年开始，以荷花女为作品主人公写同名小说，同年2月至6月间，曾先后三次到陈某琴家了解荷花女的生平以及从艺情况，向荷花女之弟吉某利了解情况并索要了照片，随后，创作完成小说《荷花女》。该小说约11万字，作者使用了吉某贞的真实姓名和艺名，陈某琴在小说中被称为陈氏，虚构了吉某贞从17岁到19岁病逝前的两年间，先后同许某、小麒麟、于某杰三人恋爱、商谈婚姻，并三次接受对方聘礼之事。其中，于某杰已婚，吉某贞"百分之百地愿意"做于某杰的妾。小说还虚构了吉某贞先后被当时天津帮会头头、大恶霸袁某会和刘某奸污而忍气吞声、不予抗争的情节，最后影射吉某贞系患性病打错针致死。该小说还虚构了陈某琴同意女儿做于某杰的妾和接收于家聘礼的情节。小说完稿后，作者未征求原告等人的意见，即投稿于《今晚报》社。《今晚报》自1987年4月18日开始在副刊连载该小说，并加插图。小说连载过程中，陈某琴及其亲属以小说插图及虚构的情节有损吉某贞的名誉为理由，先后两次到《今晚报》社要求停止连载。《今晚报》社表示，若吉某贞的亲属写批驳小说的文章可予刊登，但是，以报纸要对读者负责为理由，将小说题图修改后，继续连载。① 陈某琴向法院起诉，经审理，天津市中级人民法院确认魏某林、《今晚报》社构成侵害死者名誉权，判决刊登道歉声明，赔偿精神损害共800元，该小说不得再以任何形式复印、出版发行。被告不服上诉后，当事人双方达成调解协议，妥善处理了此案。这一案件不仅确认小说可以侵权，解决了"告作家热"中讨论的问题，而且提出了对死者名誉保护的重要问题，作了肯定的判决。本案作为一个典型判例，具有深远的重要影响。

对于这个问题，随着该案和类似案例的判决，以及最高人民法院几个司法解释的公布，无论是在司法实务还是民法理论上，都已经有了一个明确结论。但

---

① 以上案情引自《人民法院案例选》，1992年第1辑，北京，人民法院出版社1992年版，第97-98页。

是，关于死者名誉保护问题的讨论，却引起更广泛、更深刻的思考。其中最重要也是最有意义的问题，就是能不能举一反三，对于死者和未出生的胎儿是否还有类似的法律保护问题作出理论上的概括。把这个问题表述的更为准确一些，就是对自然人人格权的延伸保护问题。

最初，理论界和实务界对这个问题的讨论只局限在名誉权的范围，随后，少数学者将其扩展到对肖像的死后保护。将此种讨论的范围进一步扩大，扩展到整个人格权领域，确定还有哪些人格权可以适用延伸保护，探索其中的规律，用以指导实践和丰富学理，具有更重要、更积极、更具建设性的意义。

（二）人格权延伸保护的历史发展

对自然人人格权的延伸保护非自今日始，无论在立法上还是在学说上，都有一个产生、发展和形成的过程。

对人格权的延伸保护，最早源于血亲复仇制度。血亲复仇是世界上不同地区、不同种族的人普遍遵行的一种社会习俗。原始社会的复仇以氏族血缘关系为基础，专指父母、兄弟、亲属被他人杀害或遭到侮辱，作为子弟或族人有权报复仇人的行为，这是约定俗成的正当报复措施，为本氏族每个成员所自觉遵守。[1]如果说原始社会复仇制度还不具有法律上的意义，那么，在人类社会进入习惯法和早期成文法时期的法律中，仍然规定有血亲复仇制度，这一时期的复仇就具有了法律意义。当自然人已经被杀害，血亲所享有的复仇权利，就具有人格权的延伸保护意义。

在罗马法中对自然人人格权的延伸保护，一是向自然人出生之前延伸，认为胚胎或即将出生的胎儿被视为已出生儿，人格权的延伸保护溯及出生前的这一段时间，保护尚未出生但已怀于母体中的人。罗马法认为，胎儿从现实角度上讲不是人，但是，由于它是一个潜在的人，人们为保存并维护自出生之时起即归其所有的那些权利，权利能力自受孕之时起而不是从出生之时起计算。罗马法甚至规定，为保存自受孕时起就归其所有的那些权利，在死因继承中，继承暂缓，同时选择一位胎儿保佐人，以维护即将出生的胎儿的利益。如果母亲在怀孕后但在分

---

① 徐晓光：《中日古代复仇问题比较》，《比较法研究》1994年第2期。

娩前丧失了自由和市民资格，子女在出生时仍是自由的并且是市民。即使父母在子女出生前丧失了产生于元老职位的特权，但是，只要在妊娠时她仍保留着这种特权，它就仍完好地保留给子女。二是向自然人的主体消灭之后延伸，认为随着自然人的死亡，某一自然人的权利及其诉权转移到其他主体即继承人身上，但是，针对继承人，只能按照其得到遗产的范围提起罚金诉讼和混合诉讼，而且不得提起所谓的"当事人间的报复性诉讼"①。

在近现代的民事立法中，一般规定自然人的民事权利能力始于出生、终于死亡，但是，对其人格权的法律保护仍作延伸保护的规定。如 1804 年《法国民法典》② 第 312 条规定："子女于婚姻关系中怀孕者，夫即取得父的资格。"父的资格的取得，乃为亲权的取得，可见胎儿在尚未出生之时，即已成为亲权的主体。该法第 725 条规定，必须于继承开始时生存之人，始能继承，但尚未受胎者除外。这意味着继承开始时已受胎者，就享有继承的权利。在德国，一方面在《德国民法典》第 844 条 "因侵害致死时第三人的赔偿请求权"中规定 "第三人在被害人被侵害当时虽为尚未出生的胎儿者，亦同"，对人格权保护作向自然人出生前延伸的规定，另一方面在第 1 条仅规定自然人权利能力始于出生的完成，却不规定权利能力的终期，为对自然人的人格权在死亡后延伸保护留下了余地。正如学者所说：法律既然不设权利能力终于死亡之规定，则死者受侮辱或诽谤时，亦有受法律保护之必要。③《日本民法典》采德国法体例，不规定权利能力的终期，同时在第 721 条规定："胎儿，就损害赔偿请求权，视为已出生。"《瑞士民法典》第 31 条规定："权利能力自出生开始，死亡终止。""胎儿，只要其出生时尚生存，出生前即具有权利能力的条件。"日本法和瑞士法的这些规定，对于人格权保护延伸至自然人出生之前，至为明显。在美国，对于自然人的人格权法律保护延伸至自然人出生之前。如判例法规定："每个人都被保护，不受侵权行为之害，

---

①　［意］彼德罗·彭梵得：《罗马法教科书》，黄风译，北京，中国政法大学出版社 1992 年版，第 30 - 31、第 109 页。

②　指原版的《拿破仑法典》，中译本为商务印书馆 1981 年版。

③　姚瑞先：《论人格权》，《法令月刊》第 43 卷第 5 期。

497

包括胎儿在内。"[1] 在原东欧一些国家中，民事立法对自然人死亡后人格权的延伸保护有明文规定。如《捷克民法典》第 15 条规定："公民死亡后，请求保护他的人格权利属于配偶和子女。没有配偶和子女的，属于父母。"《匈牙利民法典》第 86 条规定："死者名誉受到侵犯时，可由死者的亲属和死者遗嘱受益人提起诉讼。"

我国《民法典》第 16 条和第 994 条规定了对胎儿人格利益和死者人格利益的保护，建立了完整的自然人人格权延伸保护制度。

虽然自然人人格权的延伸保护非自今日始，但是，在理论上提出这一概念，用以概括法律对自然人出生前和死亡后的人格利益进行保护的客观现象，却鲜见其例。因此，应当对这一法律概念进行准确、科学的界定。

（三）人格权延伸保护的概念和特征

自然人的人格权延伸保护，是指法律在依法保护自然人人格权的同时，对于其在出生前或死亡后所依法享有的人格利益，所给予的延伸至其出生前和死亡后的民法保护。

自然人人格权延伸保护的法律特征是：

1. 人格权延伸保护的主体是自然人

从历史上看，人格权延伸保护的主体是自然人。自然人作为民事主体，其享有的人格权极为广泛，因而在其出生前和死亡后，这些人格权所体现的利益，很多是先期存在和延续存在的。对于自然人在出生前和死亡后先期存在和延续存在的人格利益不予以法律保护，必然会使该利益遭致损害，因而极有保护的必要。在当代社会，法律确认法人为拟制的法律人格，亦享有人格权，虽然在其成立前不像胎儿那样存在先期利益，但在其消灭后，却存在某些延续的利益，如名称、名誉、荣誉等。在某些情形下，对于法人等的人格利益，有的法律给予适当的延伸保护。如《日本商法典》第 30 条规定："已登记商号者，无正当理由而于 2 年内不使用其商号者，视为废除该商号。"这意味着营业主体消灭后不使用该商号

---

① ［美］彼得·哈伊：《美国法概论》，沈宗灵译，北京，北京大学出版社 1983 年版，第 91 页。

者，对其给予 2 年的延伸保护。这些都属于限制民事权利能力亦即准人格的问题。

2. 人格权延伸保护的客体是人格利益而非权利本身

利益应受法律保护。人格利益是法律所保护的人格法益。当自然人享有民事权利能力时，这种人格利益通过人格权而享有、维护、支配；当自然人还未出生以及死亡以后，作为权利主体是不存在的，但由于其已具备若干生命的条件，或者刚刚失去主体的资格，围绕人格权而存在的先期人格利益和延续人格利益客观地存在于世。立法者不承认其为权利，但承认其为合法利益，并予以法律保护，因而成为法律保护的客体。诚如学者所言，对某种利益规定为权利抑或为利益，取决于立法者的意志。《民法典》既确认自然人的民事权利能力始于出生、终于死亡，自然不承认延伸保护的是权利，但同时又规定胎儿在某些利益的保护上，视为具有民事权利能力，依法予以保护，保护的对象应当不是权利而是利益。

3. 人格权延伸保护的界限为自然人民事权利能力取得前和终止后

所谓延伸保护，并非指对权利本身的保护，因为对人格权本身的保护为权利本身应有之义，无须再作画蛇添足之举。延伸保护，是在权利取得之前或权利消灭之后，将法律对该种权利所体现的先期或延续利益的保护，向前延伸或向后延伸，在一个适当的期间禁止他人侵害。向前延伸的保护仅为自然人的出生前的保护；向后延伸的保护为自然人死亡后的保护，其界限以民事权利能力取得和终止为准。

4. 人格权延伸保护与人格权保护相互衔接构成协调的统一整体

人格权延伸保护与人格权保护目的相同，是一个统一的整体，只是在时间界限上互相衔接、互相配合，形成对人格权及人格权利益的严密而完备的保护体系。

二、人格权延伸保护的理论依据

（一）早期的理论

关于自然人人格权延伸保护，在学说上有肯定说与否定说之争。就否定说而言，学者并非否认人格权延伸保护的合理性，而是基于立法的规定，以无具体规定为由而予否定。我国台湾地区学者认为，外国学者所云死者某种人格权亦有受法律保护之必要，实为旧说，而非最新理论。我国台湾地区"民法"明定人之权利能力终于死亡，则人已死亡，人格即告终了，人格权无所附丽，任何外国新理论在现行规定之下，均不能用以解释现行规定。① 否定说之不当，是很明显的。近年来，台湾地区学者和法官亦受祖国大陆判例和法理研究的影响，主张对死者人格利益予以保护。

事实上，关于自然人人格权延伸保护的学说并非新理论。早在罗马法时期，保罗就指出："当涉及胎儿利益时，母体中的胎儿像活人一样被对待，尽管在他出生以前这对他毫无裨益。"② 康德在 18 世纪末出版的《法的形而上学原理》一书中，也已经提出了"一位好名声的人死后继承存在的权利"的学说。他认为："一个人死了，在法律的角度看，他不再存在时候，认为他还能够占有任何东西是荒谬的，如果这里所讲的东西是指有形物的话。但是，好名声却是天生的和外在的占有（虽然这仅仅是精神方面的占有），它不可分离地依附在这个人身上。""我们看待人仅仅是根据他们的人性以及把他们看作是有理性的生命。因此，任何企图把一个人的声誉或好名声在他死后加以诽谤或诬蔑，始终是可以追究的。"其理由是，"抽象就是撇开一切存在于空间和时间的那些有形的具体条件，于是，考虑人时，就逻辑地把他和附属于人体的那些物质因素分开"，"这种情况下，他们有可能确实受到中伤者对他们的伤害"③。

（二）我国民法学界的不同意见

在我国，关于人格权延伸保护问题的探讨，主要围绕着名誉权延伸保护问题进行，有些学者也提到了姓名权、肖像权、隐私权的延伸保护问题，笔者在一篇文章中还提到了死者身体权的延伸保护。④ 在这些讨论中，关于人格权延伸保护

---

① 姚瑞先：《论人格权》，《法令月刊》第 43 卷第 5 期。
② ［意］彼德罗·彭梵得：《罗马法教科书》，黄风译，北京，中国政法大学出版社 1992 年版，第 30－31 页。
③ ［德］康德：《法的形而上学原理》，沈叔平译，北京，商务印书馆 1991 年版，第 119－121 页。
④ 杨立新：《公民身体权及其民法保护》，《法律科学》1994 年第 6 期。

的主要观点如下。

1. 权利保护说

这种学说认为，人格权之所以能延伸保护，就是因为死者仍是人格权的主体，仍享有权利，因而延伸保护的仍然是民事主体的人格权。例如有学者认为，尽管立法规定公民权利能力始于出生、终于死亡，但从历史上看，民事权利能力并不总和人的出生死亡相始终，从外国和我国有关法律规定看，民事权利能力始于出生、终于死亡的观念已被突破，并有加剧趋势，因此，死者可成为名誉权的主体，应当受到法律保护。[①]

2. 近亲属利益保护说

这种学说主张，人格权延伸保护的实质与作用是保护死者近亲属的利益。保护死者名誉的实质与作用，是保护死者的配偶、子女和父母的利益。在我国现阶段，根据公民通常的观念，死者的名誉好坏往往影响到对其近亲属的评价；其近亲属也会因而产生荣誉感或压抑感等感受。与其说对死者名誉需要民法保护，不如说是对死者的近亲属的利益或人格权的民法保护。[②] 也有学者认为对死者名誉的损害，实际上侵害的是其遗属的名誉权。[③]

3. 家庭利益保护说

这种主张认为，死者的名誉遭到侵害时，其遗属的名誉也往往会遭到侵害，这两者之间的连结点就是家庭名誉。家庭名誉是冠于一个家庭之上的，对于一个家庭的信誉、声誉的社会评价。个人名誉是家庭名誉的组成部分，家庭名誉是对家庭成员名誉的一种抽象。家庭名誉并不因为家庭个别成员的死亡而消灭。因而在对死亡人的名誉加以侵害时，家庭名誉也就必然遭到侵害。[④] 这种观点的实质，是认为在个人的人格利益之上还有一个家庭的整体利益，这种家庭利益是全体家庭成员的抽象人格利益。对死者人格利益的延伸保护，实际上是对家庭抽象人格利益的保护。

---

① 郭林等：《试论我国民法对死者名誉权的保护》，《上海法学研究》1991 年第 6 期。
② 魏振瀛：《侵害名誉权的认定》，《中外法学》1990 年第 1 期。
③ 史浩明：《关于名誉权法律保护的几个理论与实践问题》，《学术论坛》1990 年第 3 期。
④ 陈爽：《浅论死者名誉与家庭名誉》，《研究生法学》1991 年第 9 期。

4. 利益保护说

这种学说认为，就我国现行法律规定而言，死者不能成为民事权利的主体，更不享有权利。对死者，法律所保护的是利益。法律不仅保护权利，而且保护超出权利范围的合法权益，保护死者的利益，这不仅是死者自身利益的需要，而且是社会利益的需要。"因此，死者名誉应该作为一种合法利益而存在，并受到法律的切实保护。"①

5. 延伸保护说

笔者在《公民身体权及其民法保护》一文中提出，死者利益的保护实际上是对其生前享有权利的保护在其死亡后再延续一段时间，转由死亡公民的近亲属行使之。例如，对于身体权的保护，在主体死亡后，对遗体的保护就是这样延续的保护。②

在关于对人格权延伸保护的上述学说中，前三种主张尽管有可取之外，但从总的方面说是不正确的。首先，延伸保护的是否为权利，应依法律的规定，法律规定死者不具民事权利能力，当其死后，自然就不再享有权利。因而，认为延伸保护的是死者人格权的主张是不能成立的。其次，称保护死者名誉实质是保护其近亲属的名誉，有悖于名誉是对特定人的社会评价，以及权利主体与权利客体相统一的原理，将权利主体与权利客体相分割，将死者的名誉改变成其近亲属权利的客体，也是不适当的。最后，创设家庭名誉的概念，反复推理，得出侵害死者名誉实际上侵害的是家庭名誉的结论，不但在逻辑上烦琐，而且其大前提即存在家庭名誉的命题在民法上就不成立。《民法典》规定，我国的民事主体只有自然人、法人和非法人组织，难以得出有家庭这种民事主体的结论来。

（三）人格权延伸保护的基本理论依据

自然人人格权延伸保护理论的立论根据，是在现代人权思想指导下，以维护自然人统一、完整的人格利益为基本目的，追求创造、保护社会利益与个人利益的和谐、统一。其理论要点是：

---

① 王利明主编：《人格权法新论》，长春，吉林人民出版社 1994 年版，第 444 - 445 页。
② 《法律科学》1994 年第 6 期。

1. 自然人在其出生前和死亡后，存在着与人格权利相区别的先期利益和延续利益

现代人权理论认为，现代人权本身具有鲜明的时代特点，这种新的时代的人权观，基于它所反映的社会关系、国际关系日益复杂的特点，形成了丰富的要素结构，其中最基本的要素是人格权利。因为如果没有一个有生命的人类个体的存在，那么，所谓人权的问题是没有任何意义的。① 法律规定，自然人之所以享有人格权利，是因为其具有民事权利能力。但是，就客观事实而论，自然人在其取得民事权利能力之前和终止民事权利能力之后，就已经或者继续存在某些人格利益，而且这些人格利益都与该主体在作为主体期间的人格利益相联系。这些存在于主体享有民事权利能力之前已经存在的先期利益和之后仍然存在的延续利益，对于维护该自然人的法律人格具有重要意义，当其受到侵害，将对其事后取得或已经终止的法律人格造成严重损害。法律确认这种先期利益和延续利益，使其成为自然人的先期利益和延续利益，同样予以严密保护。自然人享有的这种先期的和延续的人格利益与人格权不同，人格权为有民事权利能力的主体所享有，人格利益是在主体的权利能力取得前和终止后已经存在和继续存在一定期间。

2. 人格利益与人格权利互相衔接，统一构成自然人完整的人格利益

自然人的人格利益由先期利益、本体利益和延续利益构成。与这两种利益紧密地前后相衔接的，就是人格权利。先期利益、人格权利、延续利益之所以能够紧密地、有机地衔接在一起，原因在于它们具有共同的基础，即它们的客体都是人格利益。自然人有关人格的先期利益和延续利益作为先期利益和延续利益的客体，享有主体资格期间的人格本体利益作为人格权利的客体，在客观上是一脉相承、先后相序的一个整体；先期人格利益作为先导，引发和转变为人格本体利益；本体人格利益作为基础和中心，在其终止后转变成延续人格利益，并使其继续存在。在这样一个前后相接、完整有序的人格利益的锁链之中，先期人格利益、本体人格利益和延续人格利益都是不可或缺的一环，缺少任何一个环节，都会使这一锁链出现残缺，从而导致自然人人格利益的不完整，也必然导致自然人

---

① 宋惠昌：《现代人权论》，北京，人民出版社1993年版，第65－66页。

人格的损害。自然人人格利益的统一性和完整性，决定了先期人格利益、人格权利和延续人格利益也构成一个统一、完整的系统。

3. 自然人人格利益的完整性和人格利益与人格权利的系统性，决定了法律对自然人人格的保护必须以人格权利的保护为基础，向前延伸和向后延伸

自然人人格利益的法律保护，必须是也必然是以人格权利的保护为中心，这正是现代人权观念最基本要素的体现。没有这种法律保护，自然人的人格权利不复存在或者任意受到侵犯，自然人就丧失了最基本的人权，丧失了法律人格或者造成法律人格的残损，人就无异于成为动物。如果法律仅仅保护自然人的人格权利，必然会使其先期人格利益和延续人格利益成为自然利益，无法抵御外来的侵害，进而损害人格权利本身。法律确认自然人的先期人格利益和延续人格利益为利益，就确切地表明，法律以对自然人人格权的保护为基础，向前延伸以保护自然人的先期人格利益，向后延伸以保护自然人的延续人格利益。这种双向的人格利益延伸保护，以人格权利的法律保护作为基础和中心，在时间顺序上与之相衔接，构成了对自然人人格利益法律保护的完整链锁，确保自然人的人格权利、人格利益不受任何侵犯。这种完备、统一的人格利益法律保护，不仅是维护自然人个体利益的需要，同时也是维护社会利益的需要。通过对个体人格利益的完备保护，确立社会统一的价值观、荣辱观、道德观，引导人们珍视自己的人格利益，尊重他人的人格和尊严，创造和睦、友善、利人的良好社会风范，并且通过制裁侵害他人人格权利和利益的违法行为，维护整个社会利益。

三、人格权延伸保护的基本内容

（一）人格权延伸保护的范围

对自然人人格权的延伸保护，并非对自然人的所有人格权利都予以延伸保护，而且对同一种人格权利的延伸保护也不都包括向前向后的两种延伸保护；同时因自然人出生前和死亡后的人格利益有所区别，人格权利延伸保护的人格利益范围也不相同。对此，必须分别说明人格权延伸保护的范围。

1. 先期人格利益延伸保护的范围

对于自然人的人格利益向前延伸保护的范围，《民法典》第 16 条规定的是"涉及遗产继承、接受赠与等胎儿利益"，明文规定的内容并不多，其"等"字里包含的内容很多。

胎儿的先期人格利益受到延伸保护。一是，胎儿享有先期身体利益。胎儿怀于母体，为母体之一部分。但是，其形体具有先期身体利益，应予保护，当其活着出生时，成为身体权的客体。二是，胎儿健康遭受损害亦应予延伸保护，是为先期健康利益，在胎儿期间健康受到损害的，出生后应当予以保护。

至于胎儿是否享有先期名誉利益，尚未见成说。如诅咒某胎儿为"杂种"，虽使其父母名誉权受损害，但对该胎儿的先期名誉利益不无影响。但是，此种利益在保护上殊为困难，确认胎儿享有先期名誉利益，尚无把握。对于其他人格利益，对胎儿无法予以延伸保护。

胎儿的先期身份利益，法律应当予以延伸保护。亲权利益、亲属利益、监护利益，都是基于亲属法规定的胎儿先期身份利益，存在于胎儿受孕之始，当其成功地怀于母体之中时起，事实上就已存在该胎儿与其父母及其他亲属之间的身份关系。正如《法国民法典》第 312 条规定的那样："子女于婚姻关系中怀孕者，夫即取得父的资格。"同理，妻亦即取得母的资格，夫及妻的直系亲属也当然地取得该子女的亲属资格。这种自子女于怀孕时即在父、母及父母的亲属中产生的身份关系，就是胎儿在其未出生前存在的基本的先期身份利益。法律确认这种先期身份利益，并予以法律保护。法律对胎儿先期身份利益的延伸保护，主要是确认这种身份关系，以切实保护胎儿的为子、为亲属的利益。同样，侵权法关于致人死亡或丧失劳动能力之时，受害人的已受孕的胎儿享有对加害人请求扶养损害赔偿的潜在权利的规定，保护的是胎儿请求扶养的身份利益。

《民法典》明文规定的对胎儿的财产利益的保护：一是，关于胎儿继承的特留份的规定，保护的是继承的利益。二是，当以特定的身份关系为条件而赠与胎儿财产时，胎儿即享有接受该财产的利益，法律予以保护。当胎儿不以特定身份关系接受财产赠与或遗赠时，亦为法律所延伸保护的先期利益，虽为财产法上的利益，但是，仍以其人格的先期利益为基础。这些都是《民法典》第16条明文规定的自然人向前延伸的人格利益的保护，保护的是其财产利益。

2. 延续人格利益延伸保护的范围

《民法典》第994条规定了延续人格利益向后延伸保护的范围。有学者认为，这里规定的是死者人格的保护，没有承认死者人格权，也没有承认死者人格利益。[1] 其实，保护死者的人格，就是保护死者的延续人格利益，不可能是死者的人格权。对死者延续人格利益的保护远比先期人格利益向前延伸的保护范围为宽，包括以下内容。

（1）延续姓名利益。自然人死亡后，其姓名权转变为延续姓名利益，得为延伸保护。姓名是自然人的法定姓名，当然属于延伸保护范围。自然人的笔名、艺名、网名、译名、字号、姓名的简称，只要具有一定社会知名度，被他人使用足以造成公众混淆的，也都在延伸保护的范围之内。对延续姓名利益的保护，在《民法典》第994条的保护范围之内。

（2）延续肖像利益。对自然人死亡后的肖像延伸保护，有肯定说与否定说之争。《德国美术作品著作权法》规定：肖像人死亡时，死亡后如未经过10年，公布或者公然展览其肖像，须征得死者亲属的同意。学者主张，作为权利主体人格标识的肖像体现了权利主体的人格尊严，也可能与他人的人格尊严，甚至国家的、民族的尊严发生关联，因此保护死者肖像上的精神利益具有重要意义。[2]《民法典》第994条确认，对死者的肖像利益予以延伸保护。

（3）延续名誉利益。死者名誉的延伸保护，已成民法学的通说，国外多以立法确认之，我国的司法解释对此作出过多次司法解释，《民法典》第994条予以肯定。

（4）延续荣誉利益。荣誉权一经取得，终生享有。自然人死亡后，其荣誉利益继续存续，法律予以延伸保护。即使是自然人死后所追认的烈士称号，也应受到此种法律保护，不准他人侵害。

---

① 袁雪石：《民法典人格权编释论》，北京，中国法制出版社2020年版，第113页。
② 王利明主编：《人格权法新论》，长春，吉林人民出版社1994年版，第391页。

（5）延续隐私利益。死者隐私利益应当延伸保护。隐私是自然人的与公共利益、群体利益无关的私人生活安宁以及当事人不愿他人知悉或他人不便知悉的私密信息、私密活动和私密空间。自然人享有隐私权，法律保护这种隐私利益。当自然人死亡之后，这种隐私利益（主要是私密信息和私密活动利益）继续存在，法律对延续隐私利益予以延伸保护。

（6）延续身体利益。关于死者遗体的法律保护，学者多持肯定态度。但保护的理论依据有不同看法。一说认为遗体为特殊物，以物权保护方法予以保护。[①]《精神损害赔偿司法解释》对此作出规定，《民法典》第 994 条持肯定态度。身体作为身体权的客体，在主体死亡后，身体变为遗体，具有物的性质，但是，在保护方法上，并不是采用物权的保护方法，采用身体权的延伸保护方法进行保护，符合一般社会观念。侵害遗体、非法利用尸体，均应以侵权为由追究行为人的民事责任。其中，《精神损害赔偿司法解释》规定为遗体、遗骨，《民法典》只规定为遗体，是否有区别，笔者认为没有区别，遗骨应当是遗体的衍生物、衍化物，性质相同，都予以保护。

对于《民法典》第 996 条没有明文规定的自然人的人格法益需要保护的，应当概括在该条的"等"字当中，例如，死者的个人信息需要延伸保护，可以依据该条规定予以延伸保护。

对于英雄烈士的姓名、肖像、名誉、荣誉的保护，也是对死者的人格利益的延伸保护，《民法典》第 185 条和《英雄烈士保护法》都作了规定，应当依照这些规定，保护好英雄烈士的姓名、肖像、名誉、荣誉，任何组织或者个人不得将英雄烈士的姓名、肖像、名誉、荣誉进行非法利用及诋毁等。

（二）人格权延伸保护的方法

人格权延伸保护的方法，是指法律通过何种身份的人提出诉讼请求。因为人格权属于私权，除了自力救济以外，公力救济须由权利人或有权起诉的人提出，法院才能予以救济。否则，法律无力保护。

对于先期人格利益的法律保护，法律主要采取时间延长，待享有先期人格利

---

① 张良：《浅谈对尸体的法律保护》，《中外法学》1994 年第 3 期。

益的胎儿出生，由其直接享有权利后，再作为权利主体提出请求的办法，实现其权利。对于出生时为死体的，应当认为是侵权行为对母亲身体的侵害，由母亲享有损害赔偿请求权；至于对胎儿的财产利益的保护，由于其并没有活体出生，没有取得胎儿视为享有民事权利能力的要件，因而不能取得这样的权利，法律也不提供保护。

对于延续人格利益的延伸保护，各国采取的办法，均由死亡人亲属和遗嘱受益人提起诉讼。但是，对亲属范围的确定有不同做法，有的规定为配偶和子女，有的规定为配偶、子女和父母，也有的只规定为亲属。对此，《最高人民法院关于审理名誉权案件若干问题的解答》第5条规定："死者名誉受到损害的，其近亲属有权向人民法院起诉。近亲属包括：配偶、父母、子女、兄弟姐妹、祖父母、外祖父母、孙子女、外孙子女。"这一司法解释虽仅为延续名誉利益的延伸保护而规定，但可扩张适用于人格权延伸保护的一般场合。2001年《最高人民法院关于确定民事侵权精神损害赔偿责任若干问题的解释》第7条规定："自然人因侵权行为致死，或者自然人死亡后其人格或者遗体遭受侵害，死者的配偶、父母和子女向人民法院起诉请求赔偿精神损害的，列其配偶、父母和子女为原告；没有配偶、父母和子女的，可以由其他近亲属提起诉讼，列其他近亲属为原告。"

对此，《民法典》第994条规定了更准确的保护死者人格利益的权利人的范围和顺序，即"死者的姓名、肖像、名誉、荣誉、隐私、遗体等受到侵害的，其配偶、子女、父母有权依法请求行为人承担民事责任；死者没有配偶、子女且父母已经死亡的，其他近亲属有权请求依法请求行为人承担民事责任"。上述近亲属所享有的权利，是对死者人格利益延伸保护的请求权，因而这种权利的性质应为实体权利。在此，必须划清人格权延伸保护与侵权行为既侵害了死者名誉又侵害了其近亲属名誉权的界限。前者是单一的诉讼法律关系，后者在诉讼中是两个平行的诉讼法律关系。

死者没有近亲属的，可以由人民检察院作为主体提起诉讼，保护死者和已撤销的法人的延续人格利益。对此，国外有立法例可援。如《匈牙利民法典》第

86 条规定："如果损害死者（或者已撤销的法人）声誉的行为同时也损害社会利益，则检察长也有权提起诉讼。"我国人民检察院是国家的法律监督机关，既有权对民事审判活动进行监督，又有权向法院提出抗诉。对于死亡人没有近亲属，死者的人格利益需要受到延伸保护的，检察机关有权直接向法院起诉，以维护社会公共利益。《英雄烈士保护法》第 25 条规定："对于侵害英雄烈士的姓名、肖像、名誉、荣誉的行为，英雄烈士的近亲属可以依法向人民法院提起诉讼。""英雄烈士没有近亲属或者近亲属不提起诉讼的，检察机关依法对侵害英雄烈士的姓名、肖像、名誉、荣誉，损害社会公共利益的行为向人民法院提起诉讼。"这就对此作出了明确规定。

（三）人格权延伸保护的期限

国外对于人格权延伸保护期限有不同的规定。就我国现状而言，人格权延伸保护的期限分为以下几种。

一是，先期人格利益的延伸保护的期限，自胎儿出生之时，溯及到其成功受孕之时。这一点，有关立法例是一致的。

二是，延续人格利益的延伸保护为永久期限的，这种保护期限没有止期，永久存在。例如，著作人格权中的署名权、修改权、保护作品完整权，《著作权法》规定其保护期限不受限制。

三是，延续人格利益的延伸保护为确定期限的，只有著作人格权中的发表权，《著作权法》规定其保护期为作者终生及其死亡后 50 年。其他主体的作品及其他作品的保护期限亦有明确规定。

四是，以死亡人近亲属可以提起诉讼的办法，限定人格权延伸保护期限。《民法典》第 994 条就是采取的这种办法。与国外相关规定比较，我国用近亲属作为保护人的方法，范围稍宽，估算的保护期限大约在 50 年左右，应属适当。

五是，人民检察院为人格权延伸保护提起诉讼的，不受期限的限制，可以在任何时间提起诉讼。

第二节　对胎儿人格利益的延伸保护

一、对胎儿人格利益损害的典型案例和对其进行法律保护的不同看法

在我国，对侵害胎儿人格利益的侵权行为，很长时间没有受到应有的重视。其原因在于，对胎儿人格利益是否应当受到保护的理论问题没有得到解决，在实践中也没有成熟的司法判例和经验。

在实践中出现了这样的案例。1990 年代后期某日，成都市女市民贾某怀有四个多月身孕，乘坐成都洪桥出租汽车公司戚某明驾驶的奥拓车出行，当车行至保和大道时，出租车将正在前方右侧车道修车的黄某、张某撞伤，坐在出租车内副驾驶座的贾某被撞伤，右额粉碎性凹陷骨折及颅内血肿。交警部门认定，该起交通事故的发生，戚某明及黄某、张某均违反有关交通法规规定，负事故同等责任。贾某认为，出了车祸后，自己在就医期间吃了很多药，肯定会对胎儿的健康有影响。在孩子出生后，贾某向法院起诉，一是自己作为原告请求人身损害赔偿，二是代理自己刚出生的孩子起诉请求人身损害赔偿。成都市中级人民法院法庭科学技术研究所法医学鉴定认为，贾某属十级伤残，其受伤后服用的复方磺胺异恶唑等药物对胎儿的生长发育会有一定的影响，但是，由于缺乏具体的用药量及用药方法、时间，加之人的个体差异等，对胎儿的生长发育的具体影响尚无法确定。由于贾某住院后，司机戚某明等三人拒付医疗费，贾某不得不出院。经与对方多次协商无效后，贾某向成都市成华区法院保和乡法庭递交民事诉状，以前述理由向三名被告索赔。

对胎儿的人身损害赔偿案，究竟应当如何处理，有三种不同的意见。第一种意见认为，胎儿不具有独立的人格，不具有民事权利能力，不享有任何权利，因此，即使在母体内受到伤害，也不享有索赔权利。解决的办法是，胎儿是母体的组成部分，母亲可将胎儿视为其身体的一部分，受到伤害，可以提出损害赔偿请

求，但应当是母亲受到伤害，是行使母亲的损害赔偿请求权。第二种意见认为，本案的母亲在事故中受到损害，被告承担侵权责任是应当的，但是，胎儿在事故中究竟是否受到药物影响，并无确实依据，因而胎儿不应获得赔偿，且赔偿数额应根据有关国家规定计算。第三种意见认为，母亲受到伤害，涉及胎儿的健康损害，胎儿可以通过孕妇名义间接提出索赔，因为现有的法医鉴定已明确药物对胎儿有影响，现在孩子已出生，其权利应得到法律保护。最终，法院对作为原告的初生儿进行了两次活体检验，都未发现有明显的人身损害。法院判决，由于不能确定原告在出生前是否受有损害，因此不能确定行为人承担侵权责任，但是为该原告保留诉权，在其确定了人身损害事实后，可以另行提起诉讼请求，确定赔偿责任。

本案涉及的就是对人格权的延伸法律保护问题，是保护自然人的先期人格利益。

对自然人的人格权予以法律保护，在受到侵权行为侵害的时候，应当予以损害赔偿救济。但是，在自然人死亡后和出生前，其人格利益受到侵权行为的侵害，能否得到侵权法的救济，理论上不无疑问。民法理论认为，在自然人出生前或者死亡后，其人格利益亦应当受到法律的保护，这种保护是向前延伸，保护胎儿的人格利益，向后延伸，保护死者的人格利益。

二、国外关于胎儿受到伤害索赔的理论与实践

在罗马法时期，保罗就指出："当涉及胎儿利益时，母体中的胎儿像活人一样被对待，尽管在他出生以前这对他毫无裨益。"[1] 罗马法认为，胎儿从实际的角度上讲不是人，但由于他是一个潜在的人，人们为保存并维护其自出生之时即归其所有的那些权利，而且为对其有利，其权利能力自受孕之时起产生，而不是从其出生之时起计算。我国《民法典》第 16 条规定，就是这个理论的法典化

---

① ［意］彼德罗·彭梵得：《罗马法教科书》，黄风译，北京，中国政法大学出版社 1992 年版，第 30 - 31 页。

规范。

在近现代的民事立法中，多规定胎儿在其母体中受到侵权行为的侵害，自其出生时始，享有损害赔偿请求权。《德国民法典》第 844 条规定："第三人在被害人被侵害当时虽为尚未出生的胎儿者，亦发生损害赔偿义务。"《日本民法典》第721 条规定："胎儿，就损害赔偿请求权，视为已出生。"《瑞士民法典》第 31 条规定："胎儿，只要其出生时尚生存，出生前即具有权利能力的条件。"我国《民法典》第 16 条规定，虽然没有明文规定这样的规则，但是，在保护胎儿民事利益规定的"等"字中，完全包含这个内容，因为胎儿在符合条件的时候，视为完全民事行为能力人。对此，不应当有异议。

在美国，判例法规定，每一个人都被保护，不受侵权性行为之害，包括胎儿在内。① 美国加利福尼亚州上诉法院改判的辛德尔诉阿伯特化学厂损害赔偿案，对此问题极具说服力。辛德尔是一个乳腺癌患者，在她作为胎儿的孕育中，其母亲服用了当时广为采用的防止流产的药物乙烯雌粉（diethylstilbestrol，简称 DES），后来经研究证明，服用此药可能引起胎儿患乳腺癌等症，辛德尔就是此药的受害者。辛德尔提出诉讼以后，初审法院没有支持其诉讼请求。辛德尔上诉以后，上诉法院认为辛德尔的这种诉讼请求是正当的，判决支持了辛德尔的赔偿请求。在被告提出上诉后，作为第三审的加州最高法院判决支持辛德尔的正当诉求，判决其胜诉。②

国外的这些理论、立法和司法实践都确定了一个基本原则：胎儿在母体中受到侵权行为的侵害，身体、健康受到损害，有权在其出生后，就其损害请求损害赔偿。

笔者提出的人格权延伸法律保护的理论主张，可以作为确定这一规则的理论基础。这就是，在现代人权观念的指导下，以维护自然人统一、完整的人格利益为基本目的，追求创造、保护社会利益与个人利益的和谐、统一。

---

① ［美］彼得·哈伊：《美国法概论》，北京，北京大学出版社 1983 年版，第 91 页。
② 潘维大：《英美侵权行为法案例解析》，北京，高等教育出版社 2005 年版，第 154 页。

三、保护胎儿人格利益的主要内容和基本规则

（一）保护胎儿利益的主要内容

按照上述法理基础，《民法典》在保护胎儿人格利益方面，主要有以下内容。

1. 胎儿身体、健康受到损害的损害赔偿请求权

胎儿在其母体中孕育，为母体的组成部分，但是，其形体具有身体和健康的人格利益，应当予以法律保护。胎儿受到侵权行为侵害，造成身体或健康的损害，当其娩出后成为一个具有民事权利能力人之时，就视为其在胎儿期间享有民事权利能力，对于其身体或者健康造成的损害，就享有损害赔偿请求权，可以依法行使，使其受到侵害的人格利益得到恢复，权利得到保护。在前述的案例中，贾某遭受车祸损害，因服用治疗伤害的药物，可能间接致害其体内的胎儿。因而，受到损害的就不仅仅是贾某，还损害了胎儿的健康利益。这里的损害赔偿请求权，不仅为贾某所享有，其出生后的孩子在其作为胎儿时就受到的损害，也享有损害赔偿的请求权，可以直接向法院请求加害人承担损害赔偿责任。现在的问题是，本案中，这个已经出生的孩子的健康是否已经受到了损害，还没有得到确切的证明，如果能够得到确切的证明，其有权行使损害赔偿请求权是没有问题的，应当得到法院的支持。

2. 胎儿的身份利益受到损害的损害赔偿请求权

民法对胎儿的其他利益也予以保护。这是依照《民法典》第 1001 条规定的身份权请求权的规定，对身份权的保护，可以参照适用人格权保护请求权的法律规定。

应当保护的胎儿身份利益，一是，胎儿的身份利益。这是确定胎儿的身份关系，包括亲子关系，亲属关系，在胎儿未出生之前，这种关系实际上就已经确定了。任何人否认这种关系，都是不准许的。二是，胎儿的抚养关系。胎儿虽然尚未出生，但是对亲子关系和亲属关系中的抚养关系也是确定了的，其一经出生，其父母就对其负有抚养的义务。对此，最有价值的是，侵权行为的直接受害人受

到伤害致死，或者致残，其生前或者致残前所抚养的人，有权请求加害人承担其抚养的损害赔偿。如果直接受害人生前或致残前有尚未出生的胎儿的，该胎儿出生后，也可以请求同样的损害赔偿。三是，胎儿的继承关系。由于继承关系包含身份关系，因此，在继承开始的时候，对胎儿要保留其应当继承的份额，在胎儿出生之后，对其应继份依法予以继承。

（二）保护胎儿身体利益的基本规则

对侵害胎儿身体利益的侵权行为，应当认定为侵害胎儿的身体、健康造成损害的侵权行为，加害人应当承担侵权责任。侵害胎儿身体、健康的侵权行为有两种形式：第一种，直接侵害胎儿人身。直接侵害胎儿的身体、健康这种侵权行为，行为人的行为直接指向胎儿的身体或者健康。行为人的意图是造成胎儿的身体或者健康受损，行为是直接指向胎儿，是针对胎儿的侵权行为。这种侵权行为较为少见，但是也存在。第二种，间接侵害胎儿人身。间接侵害胎儿人身的侵权行为，是行为人的行为侵害了怀孕的母亲的身体、健康，作为后果，造成了胎儿的身体、健康受损。这是最常见的侵害胎儿身体、健康的侵权行为。这两种行为实施以后的后果是一样的，都是侵害了胎儿的身体、健康造成其人身损害，构成侵权责任，应当承担赔偿责任。

确定侵害胎儿身体、健康的侵权责任的基本规则是：

1. 胎儿的人格利益受到法律的保护，其在母体中受到身体损害或者健康损害，法律基于其取得的视为民事权利能力，确认其产生损害赔偿请求权。

2. 胎儿享有的这种人身损害赔偿请求权，在胎儿还没有出生之前，只是一种潜在的权利，因为他（她）还没有享有这种权利的民事权利能力。因此，该人身损害赔偿请求权应待其出生后，依法行使。这时的胎儿不再是胎儿，而是一个具有民事权利能力的主体，并且向前推衍其在胎儿时已经被视为完全民事权利能力人，因而行使损害赔偿请求权不再存在任何障碍。

3. 由于初生儿具有民事权利能力而不具有民事行为能力，因而在行使人身损害赔偿请求权时，应当由其亲权人作为法定代理人代为行使，而不是单单仅由其母亲行使。

4. 如果胎儿娩出时为死体的，无论是侵权行为致死还是其他原因所致，胎儿都不能依法视为具有民事权利能力，不能产生损害赔偿请求权，而由受害人即怀孕的母亲享有损害赔偿请求权。这是因为，胎儿是母体的组成部分，伤害胎儿就是伤害母亲的身体健康，其母亲产生损害赔偿请求权。

5. 胎儿的身体、健康是否受到损害在出生时不能得到确定的，能否行使损害赔偿请求权的问题，应当在其受到人身损害的事实能够确定之时，即损害状况能够得到确定之时，再认定其享有人身损害赔偿请求权，可以依法行使。

6. 胎儿受到损害在其出生后行使人身损害赔偿请求权的诉讼时效问题，应当依照《民法典》第 188 条规定，诉讼时效期间自权利人知道或者应当知道权利受到损害以及义务人之日起计算，而非自权利人出生之日起计算。在胎儿出生时即可确定损害和义务人的，当然应当即时起算；在出生时不能确定人身损害，在以后的时间才能确定损害和义务人的，自人身伤害事实和侵害的义务人可以确定之时起计算。

7. 胎儿出生后为活体但随即死亡的，则其取得损害赔偿请求权，在其死亡后，其父母等近亲属有权行使损害赔偿请求权，维护其合法权益。

至于侵害胎儿人格利益的侵权损害赔偿责任的范围和方式，则依照人身损害赔偿的一般方法进行。

（三）典型案例及分析

2000 年，江苏省南通市某区法院调解成功的某典型案例特别有价值。

孕妇石某于 1981 年 2 月 10 日妊娠期 42 周，超过正常分娩期限，住进被告某医院。石某因过期妊娠，且原发性宫缩乏力，医院给予催产素静脉点滴，待宫口开全后行会阴侧切加胎吸助产。因胎头水肿，医生采用了三次胎吸都告失败，改用产钳助产术。在牵拉过程中，虽然产钳恰合，但牵拉胎头困难，7 分钟（其中停顿并放松 3 次）后胎儿才娩出，出生儿"石头"的皮肤青紫，头顶部表皮破 2.1 厘米，左颞下产钳伤 1 厘米，胎头顶部有 9.8 厘米血肿。分娩后第六天，产妇出院。1981 年 10 月 11 日，石头出生后第 9 个月，被父母发觉健康情况欠佳，到医院检查，诊断为"面黄，头呈方型，前囟未闭"。两岁多时，医生诊断石头为先天性上眼睑下垂。三岁多时，石头又被诊断为颅内高压，开始出现步态不稳，头围增大症状，住进上海某医院治疗，拟诊为"继发性脑积水"。石头的父母怀疑孩子出生、医院助产时存在错误，向医院提出主张，被医院予以拒绝。1988 年 10 月 12 日，当地医疗事故技术鉴定委员会对石头的病情，鉴定为：确认因助产导致继发性脑积水的依据不足，不属医疗事故。

石头 8 岁时，由其父母作为法定代理人向法院提起民事诉讼，要求被告医院对其在助产过程中损害原告的行为承担责任，承担赔偿责任。被告认为自己的行为不构成医疗事故，拒绝赔偿。法院几经周折委托司法部司法鉴定科学技术研究所，对石头的继发性脑积水的病因及与产钳伤的关系等进行法医学鉴定。鉴定报告终于在 2000 年 8 月 13 日作出，结论为：被鉴定人石某继发性脑积水与其出生时产程时间过长及产伤之间的直接因果关系难以排除。其双侧眼睑重度下垂伴双眼低视力相当于交通事故 3 级伤残，其四肢肌力减退相当于交通事故 7 级伤残，其颅骨缺损相当于交通事故 10 级伤残。

这时，石头已经 20 岁了，直接作为原告参加诉讼。法院主持调解，被告同意赔偿原告部分费用，承担原告将来发生的 70％的医疗费。后来双方对调解协议反悔，法院依此作出判决。①

对于本案，有人认为石头不是适格的原告，因为其在母体中，出生时受产钳伤害时是胎儿，属于母体的一部分，未取得民事主体的身份，不具有请求损害赔偿的民事权利能力。依照《民法典》第 16 条规定，胎儿涉及其民事利益的保护，视为其有民事权利能力。石头在分娩时虽然是胎儿，但是，医生实施产钳助产术时对其造成伤害，在其出生后有权利请求损害赔偿。在其没有取得完全民事行为能力时，其父母作为法定代理人，有权代理其行使人身损害赔偿请求权，当其成年后，有权自己行使损害赔偿请求权。另外，本案争议的似乎是医疗损害赔偿，但是，具有更重要的价值的是对胎儿人格利益的保护。石头的人身伤害，是在其尚处于胎儿时造成的，是对胎儿人身利益的损害，而不是在娩出后受到的伤害，因此，《民法典》生效后，对类似的案件，应当适用《民法典》第 16 条的规定，

---

① 以上案情见《二十年前出生时受委屈 二十年后讨回公道》，《法制日报》2000 年 12 月 11 日。

确定对胎儿人身利益损害的赔偿请求权，实现对胎儿利益的延伸保护。

第三节 对死者人格利益的延伸保护

一、对死者人格利益延伸保护的实践成果与《民法典》规定要点

（一）对死者人格利益延伸保护的发展

对死者的人格利益，民法予以延伸保护，这个结论在今天已经是不争的结论，《民法典》第 994 条已经作出了具体规定。不过，这个结论的得出，却经历了长期的司法实践和理论探索的过程。

制定《民法通则》时，对死者人格利益的保护没在考虑之中，对此没有进行明文规定，也无法引申出对死者人格利益进行保护的规则。这与当时民法理论和司法实践的水平相当。

在《民法通则》确定了对自然人的人格权进行民法保护的原则之后，对人格权保护的诸多问题在实践中不断产生。对死者名誉利益的保护问题，就是最早遇到的重大问题之一。随着司法实践和理论研究的不断深入，对死者其他人格利益的保护问题不断出现，对死者的肖像、隐私、遗体的保护问题，成为民法理论不断探讨的热点，推动了对人格权民法保护研究的不断深入发展。对死者人格利益的保护问题，不只是对死者的名誉利益保护，而是涉及对死者其他人格利益的保护，都反映在司法实践之中。

对死者的人格利益进行民法保护的深层次理论问题，学界也进行了深入探讨。对此，康德对"一位好名声的人死后继续存在的权利"的学说①，以及罗马法关于法律对人的胎儿时期的人格利益和死后的人格利益受到侵害，其继承人可

---

① ［德］康德：《法的形而上学原理》，沈叔平译，北京，商务印书馆 1997 年版，第 119－121 页。

以提起罚金诉讼和混合诉讼的规定①，具有重要启示，引导研究不断深入。

我国民法学家对死者人格利益的民法保护提出了诸多观点，笔者综合各种学说的特点，提出了人格权延伸法律保护的理论，较好地解决了对死者人格利益进行民法保护的理论依据，能够比较妥善地解释对死者人格利益保护的原因，说明死者人格利益延伸保护的基本问题，因而可以作为对死者人格利益保护的理论基础。

学术界和司法界对研究和实践死者人格利益延伸保护的重要成果，集中体现在 2001 年《精神损害赔偿司法解释》第 3 条，其规定："自然人死亡后，其近亲属因下列侵权行为遭受精神痛苦，向人民法院起诉请求赔偿精神损害的，人民法院应当依法予以受理：（一）以侮辱、诽谤、丑化或者违反社会公共利益、社会公德的其他方式，侵害死者姓名、肖像、名誉、荣誉；（二）非法披露、利用死者隐私，或者以违反社会公共利益、社会公德的其他方式侵害死者隐私；（三）非法利用、损害遗体、遗骨，或者以违反社会公共利益、社会公德的其他方式侵害遗体、遗骨。"

（二）《民法典》规定死者人格利益延伸保护规则的升华

在这一司法解释的基础上，《民法典》第 994 条规定："死者的姓名、肖像、名誉、荣誉、隐私、遗体等受到侵害的，其配偶、子女、父母有权依法请求行为人承担民事责任；死者没有配偶、子女且父母已经死亡的，其他近亲属有权依法请求行为人承担民事责任。"

对照起来，《民法典》第 994 条与 2001 年《精神损害赔偿司法解释》第 3 条规定，还是有较大差别的。主要是：

第一，司法解释规定，死者的近亲属起诉请求精神损害赔偿，条件是死者的姓名、肖像、名誉、荣誉、隐私、遗体和遗骨受到侵害，近亲属因此遭受精神痛苦。《民法典》第 994 条没有规定这样的条件要求，只要死者的上述人格利益受到侵害，其近亲属就可以依法行使延伸保护请求权，对其予以保护。

---

① ［意］彼德罗·彭梵得：《罗马法教科书》，黄风译，北京，中国政法大学出版社 1992 年版，第 30 - 31、109 页。

第二，按照上述第一个区别，继而出现的第二个区别是，司法解释规定保护的是死者近亲属的权益，因为是以近亲属遭受精神痛苦为必要条件。而《民法典》第994条规定的是死者的人格利益受到侵害，其近亲属就可以行使延伸保护请求权，没有要求近亲属遭受精神损害的要件，保护的是死者的人格利益。

第三，司法解释规定延伸保护死者人格利益的要件之一，是须具备"违反社会公共利益、社会公德的其他方式"，相当于"违反公序良俗"的悖俗要件。《民法典》第994条没有这样的要求，因而对死者人格利益的延伸保护更为普遍、全面。

第四，对符合上述条件可以向法院起诉的近亲属，司法解释没有规定法定顺序，无法确定究竟应当按照何种顺序行使延伸保护请求权。《民法典》第994条规定了对死者人格利益损害，近亲属行使延伸保护请求权的法定顺序，原则上是参照法定继承人的继承顺序确定。

可见，《民法典》第994条关于死者人格利益延伸保护的规定，虽然源自于2001年《精神损害赔偿司法解释》第3条，却高于司法解释，有了升华，实现了对死者人格利益保护的科学化、法典化。

二、死者人格利益延伸保护的精神利益与财产利益

死者人格利益延伸保护请求权所保护的客体，是死者的人格利益，既包括死者人格利益中的精神利益，也包括死者人格利益中的财产利益。

死者人格利益延伸保护请求权首先要保护的，是死者人格利益中的精神利益。

人格利益中的精神利益是人格权的基础，也是死者人格利益的基础。按照现代人权观念，人的尊严是人的基本价值，是人之所以为人的底线。一个现实社会的人，必须具有自己的存在价值，即作为"人"的基本人格。这不仅是指人之所以为人而受到应有的尊重，而且是人之所以为人而从事任何活动包括民事活动的基本条件。一个人只有具有人格，并且其人格受到法律的承认，才能够享有全部

的权利，承担全部的义务。法律维护死者的人格利益，就在于"一个一生无可指责的人，死后也应该受到尊重，那就要承认，这样的一个人可以（消极地）获得一个好名声，并构成属于他自己所有的东西，纵然他在人间已不能再作为一个有形的人存在了。""他的后代和后继者——不管是他的亲属或不相识的人——都有资格去维护他的好名声，好像维护自己的权利一样。理由是，这些没有证实地谴责威胁到所有人，他们死后也会遭到同样对待的危险。"① 这就是死者人格利益的价值之一即精神价值。仅从这一点上，就可以看出死者人格利益保护的社会意义，以及死者人格利益中的精神价值的那一部分。此外，对死者人格利益的保护还涉及社会利益、死者近亲属的利益等。这些都是死者人格利益的精神价值。

死者人格利益延伸保护请求权除了要保护死者人格利益中的精神利益之外，还要保护其财产利益。

法律之所以对死者的姓名、肖像、名誉、荣誉、隐私和遗体等进行延伸保护，除了要保护自然人人格利益和人格尊严的完整性的原因之外，还有一个重要原因，就是在市场经济中，死者的人格利益中具有商业利用价值，特别是死者的姓名、肖像、声音、隐私、个人信息等，包含着潜在的财富，应用在市场领域就会发生财产的增值。法律对死者人格利益中的财产利益不予以保护，也不能全面保护死者的人格利益。

对死者的姓名、肖像、声音、隐私等人格利益中的财产利益的保护，主要是对死者人格利益进行商业化利用的法律规制，规范对死者的姓名、肖像、声音、形象、隐私、个人信息以及遗体等人格利益的商业利用行为，保护好其中的财产利益不被非法行为人所攫取。因此，这一部分死者人格利益的延伸保护，不在于保护死者人格利益中的精神利益，而在于保护死者人格利益因素中的财产利益。如果死者人格利益中不具有这种财产利益因素，商家就不会在商业领域中对死者的姓名、肖像或者隐私利益等产生浓厚的兴趣，进而投入资财进行开发利用。

死者人格利益中的财产利益的产生机制，从本原上说，人的人格只具有精神利益，并不具有财产的或者经济的利益因素。因为人格问题，说到底是解决人的

① ［德］康德：《法的形而上学原理》，沈叔平译，北京，商务印书馆1997年版，第120页。

作人资格问题,人格并没有依此取得财产的意思。① 但是,一方面,人格是取得财产的基础,民法的财产法就是规定人对世界上的财富支配规则,是谁享有哪项财产,怎样享有该项财产;另一方面,解决人格利益包含的财产利益的最重要方面,就是人格中的精神利益在一定的条件下能够转化为财产利益,并且依此可以获得财产利益。

对于死者人格利益的延伸保护,只有对死者人格利益中的精神利益和财产利益都予以延伸保护,才能够全面保护死者的人格利益。所以,死者人格利益延伸保护请求权对死者的人格利益提供保护,既是对死者人格利益中的精神利益的保护,也是对死者人格利益中的财产利益的保护。

三、适用《民法典》第 994 条延伸保护死者人格利益的规则要点

《民法典》第 994 条规定对死者人格利益保护,确立的是死者人格利益延伸保护请求权,其规则要点包括以下内容。

(一)延伸保护请求权的成立要件

按照民事权益保护请求权方法的要求,死者人格利益延伸保护请求权须具备法定要件方可行使。依照《民法典》第 994 条规定,延伸保护请求权的法定要件包括:

1. 被侵害人已经死亡

自然人死亡后,才可能发生其死者人格利益的延伸保护问题。自然人并未死亡,只是丧失民事行为能力,不会发生延伸保护请求权,其人格权益受到侵害,自己就有权依法行使人格权请求权或者侵权请求权,不存在延伸保护的问题。

2. 死者的人格利益受到侵害

自然人死亡后,其姓名、肖像、名誉、荣誉、隐私、遗体等人格利益受到行为人的非法侵害。例如,未经许可而擅自使用死者的姓名、肖像;以侮辱、诽

---

① 这里所说的财产,不是指财产所有权的问题,而是从人格利益中获得的财产利益。

谤、贬损、丑化等方式侵害死者的名誉、荣誉；以非法公开、利用等方式侵害死者的隐私、声音、形象、个人信息；以非法利用、损害等方式侵害死者的遗体等。这些行为都侵害了死者的人格利益，行使人格权请求权保护这些死者人格利益，具有死者人格利益受到侵害的事实，就具备了成立的要件。

构成死者人格利益延伸保护的侵权请求权，除了死者的人格利益受到侵害之外，还须造成死者人格利益中的精神利益或者财产利益的损害。基于这种损害事实，延伸保护请求权人才发生损害赔偿的侵权请求权。

3. 侵害行为具有违法性

死者的人格利益受到法律保护是《民法典》规定的规则，任何自然人、法人、非法人组织对此都负有不可侵的不作为义务。行为人违反这种法定义务，侵害死者的姓名、肖像、声音、肖像、名誉、荣誉、隐私等人格利益，其行为就具有违法性。

具备上述三个要件，死者人格利益延伸保护请求权即告成立，如果主张行为人承担损害赔偿责任，还须具备行为人具有过失的要件。通常在证明对死者人格利益非法侵害的违法性要件中，就能使行为人的过失得到证明。

（二）延伸保护请求权的主体

对死者人格利益延伸保护请求权的主体，《民法典》第994条规定为"近亲属"。死者近亲属的范围较宽，死者人格利益究竟由哪个或者哪些近亲属保护，其中获得的财产利益究竟由哪个或者哪些近亲属承受，需要进一步明确，避免纠纷发生和裁判依据的错位。

1. 延伸保护请求权的主体范围

《民法典》第994条规定，在保护死者人格利益、承受死者人格利益发生的财产利益上，首先由配偶、子女、父母来保护和承受，其次由其他近亲属保护和承受，为请求权主体。

近亲属包括配偶、子女、父母、兄弟姐妹、祖父母、外祖父母、孙子女、外孙子女。近亲属与死者在共同生活中形成感情、亲情，具有特定的身份关系，在死者人格利益被侵害时受到的伤害最大、痛苦最深，最需要获得赔偿的慰藉。子女，包括婚生子女、非婚生子女、养子女和有扶养关系的继子女。父母，包括生父母、养父母和有扶养关系的继父母。兄弟姐妹，包括同父母的兄弟姐妹、同父异母或者同母异父的兄弟姐妹、养兄弟姐妹、有扶养关系的继兄弟姐妹。

除了近亲属之外，其他任何民事主体都不享有这种请求权，只有符合公益诉讼的情形除外。即使近亲属之外的其他亲属，例如"四世同堂""五世同堂"的曾祖孙、高祖孙、叔伯姑舅姨与侄甥，他们之间也不享有对死者人格利益延伸保护的请求权。[①] 这是因为，一方面，我国民法有近亲属制度的限制，另一方面，是享有这种请求权的主体范围过宽，将会延长对死者人格利益延伸保护的期限，限制主体的行为自由。至于同性伴侣之间，不具有配偶关系，当然不能享有延伸保护请求权。

2. 请求权主体的顺位

在《民法典》之前，司法解释虽然规定了近亲属为延伸保护主体范围，但是没有规定对延伸保护请求权主体的顺位，存在的问题，一是不能确定究竟应当由哪些请求权人有权请求延伸保护；二是保护死者人格利益获得的赔偿应当由哪些请求权人分享。

《民法典》第994条规定，首先，配偶、子女、父母是行使延伸保护请求权的第一顺位主体，只要其中存在一人，就没有第二顺位请求权主体行使延伸保护请求权的可能。其次，死者没有配偶、子女，且其父母已经死亡的，其他近亲属即兄弟姐妹、祖父母、外祖父母、孙子女、外孙子女有权行使延伸保护请求权。死者没有配偶、子女，包括死者从来就没有过配偶、子女，也包括曾经有配偶、子女，但因为离婚、死亡而现在没有配偶、子女。

上述行使延伸保护请求权的主体顺位的规定，不仅是为了维护行使请求权保护死者人格利益的秩序，而且决定着保护死者人格利益所获得的财产权益的分享范围。首先，第一顺序请求权人优先分配获得的财产权益。其次，不存在第一顺位请求权人的，第二顺位请求权人有权主张并分配获得的财产权益。最后，在同一个顺位中，即使没有提起诉讼主张行使请求权的权利人，也有权获得已经获得

---

① 袁雪石：《民法典人格权编释论》，北京，中国法制出版社2020年版，第116页。

的死者人格利益的财产权益中其应当得到的财产权益份额。

（三）保护范围

对于死者的人格利益保护范围，《民法典》第 994 条规定为"死者的姓名、肖像、名誉、荣誉、隐私、遗体等"，为不完全列举。除了已经列举的这六种死者人格利益之外，还包括哪些死者人格利益应当保护，见解多有不同。本书认为，死者的声音利益应当保护，有《民法典》第 1023 条第 2 款规定为法律依据，自无异议。对于死者的个人信息也应当延伸保护，也是必然结论。[①] 对于死者的形象、信用，则包含在肖像、荣誉的保护之中。因此，概括起来，死者人格利益的保护范围，应当包括：姓名、肖像、形象、声音、名誉、信用、荣誉、隐私、个人信息和遗体，共有 10 项内容。

（四）保护期限

关于死者人格利益延伸保护请求权的保护期限，《民法典》第 994 条采纳了司法解释的做法，没有采纳类推适用《著作权法》对著作财产权的保护期限规定为著作权人死亡后的第五十年的 12 月 31 日的做法，即在不存在受托人、遗嘱继承和遗赠等情形时，对死者人格利益延伸保护的期限为死者所有近亲属的生存年限，在死者的近亲属都不在世后，不再有人享有延伸保护请求权，除非法律另有规定。

不过，即使延伸保护请求权的保护期限已经届满，对死者的姓名、肖像等的使用也不得违法和违背公序良俗，必要时，可由相应的公益诉讼主体对违反者主张追究民事责任。

（五）责任承担

1. 行使人格权请求权

死者人格利益延伸保护请求权中，包括人格权请求权和侵权请求权。请求权主体行使人格权请求权的，应当依照《民法典》第 995 条规定，主张停止侵害、排除妨碍、消除危险、消除影响、恢复名誉、赔礼道歉，且不受诉讼时效的限制。

---

① 黄薇主编：《中华人民共和国民法典人格权编释义》，北京，法律出版社 2020 年版，第 25 页。

2. 行使侵权请求权

延伸保护请求权主体主张行使损害赔偿请求权的，行使的是侵权请求权，包括精神损害赔偿请求权和财产利益损害赔偿请求权。

延伸保护请求权人主张行为人承担精神损害赔偿责任的，应当依照《民法典》第1165条第1款和第1183条第1款的规定，确定精神损害赔偿责任。即使损害是由违约行为所致，例如殡仪馆处置不当造成遗体、骨灰损坏、丢失的，权利人同样可以请求精神损害赔偿。

请求权人请求行为人赔偿死者人格利益损害造成的财产损失的，应当符合《民法典》第1165条第1款的规定，其行为人因过错侵害他人民事权益造成损害的，应当承担侵权责任。确定赔偿数额，应当适用第1182条规定，即侵害他人人身权益造成财产损失的，按照被侵权人因此受到的损失或者侵权人因此获得的利益赔偿；被侵权人因此受到的损失以及侵权人因此获得的利益难以确定，被侵权人和侵权人就赔偿数额协议不一致，向人民法院提起诉讼的，人民法院根据实际情况确定赔偿数额。

（六）对英雄烈士人格利益的特别保护

对于英雄烈士人格利益的延伸保护，《民法典》第185条作了规定，《英雄烈士保护法》也有具体规定。这种延伸保护请求权的主体，一是其近亲属，二是人民检察院等有权机构。前者是私诉性质，后者是公益诉讼。侵害行为使英雄烈士等的姓名、肖像、名誉、荣誉受到损害，造成社会公共利益损害的，应当依法承担民事责任。任何组织和个人不得在公共场所、互联网或者利用广播电视、电影、出版物等，侮辱、诽谤英雄烈士，侵害其姓名、肖像、名誉、荣誉。不得将英雄烈士的姓名、肖像用于或者变相用于商标商业广告，损害英雄烈士的名誉、荣誉。

图书在版编目（CIP）数据

中国人格权法研究. 上卷/杨立新著. --北京：
中国人民大学出版社，2022.10
ISBN 978-7-300-31096-1

Ⅰ.①中⋯ Ⅱ.①杨⋯ Ⅲ.①人格-权利-法学-研
究-中国 Ⅳ.①D923.14

中国版本图书馆 CIP 数据核字（2022）第 189491 号

"十三五"国家重点出版物出版规划项目
中国当代法学家文库·杨立新法学研究系列
中国人格权法研究（上卷）
杨立新　著
Zhongguo Rengequanfa Yanjiu

出版发行	中国人民大学出版社			
社　　址	北京中关村大街 31 号		**邮政编码**	100080
电　　话	010 - 62511242（总编室）		010 - 62511770（质管部）	
	010 - 82501766（邮购部）		010 - 62514148（门市部）	
	010 - 62515195（发行公司）		010 - 62515275（盗版举报）	
网　　址	http://www.crup.com.cn			
经　　销	新华书店			
印　　刷	涿州市星河印刷有限公司			
规　　格	170 mm×228 mm　16 开本		**版　　次**	2022 年 10 月第 1 版
印　　张	33.5 插页 3		**印　　次**	2022 年 10 月第 1 次印刷
字　　数	501 000		**定　　价**	348.00 元（上、下卷）

"十三五"国家重点出版物出版规划项目

● 杨立新 著

中国人格权法研究

下 卷

中国当代法学家文库
杨立新法学研究系列

Contemporary Chinese Jurists' Library

中国人民大学出版社
·北京·

目　　录

下　卷

第三编　具体人格权

第三编
具体人格权

第十一章
生命权、身体权和健康权

第一节 《民法典》规定生命权、身体权和健康权的规范创新

自《民法通则》第 98 条规定自然人享有生命健康权，到《民法典》人格权编第二章规定生命权、身体权和健康权，经历 34 年的发展，法律不仅从 1 个条文增加到 8 个条文，而且使我国民法确认和保护物质性人格权的内容实现了规范创新。本节回顾我国 30 多年民事立法对物质性人格权保护的变化，探讨《民法典》对生命权、身体权和健康权确认和保护法律规范创新的丰富内涵。

一、《民法典》对物质性人格权类型的规范创新

《民法通则》第 98 条规定："公民享有生命健康权。"这是我国民法自 1949 年以来，第一次规定自然人享有生命健康权。此后，对于生命健康权的最主要发展，是确立生命健康权包括生命权、健康权和身体权，最终被《民法典》所确认。

《民法通则》一经公布、实施，学界对生命健康权的定义就出现了争论。通说认为，生命健康权就是指公民享有的生命安全、身体健康和机能完善的权利。① 至于生命健康权究竟包括几项权利，说法不一。有的认为："公民的生命健康权，是公民的生命权和健康权的统称。"② "生命健康权，是由生命权和健康权两部分组成的重要的人格权。"③ 按照最早的这种观点，生命健康权只包括生命权和健康权，不包括身体权。换言之，身体权是否为《民法通则》规定的人格权，生命健康权是否包括身体权，还是一个悬疑的问题。

　　有的学者持不同看法，认为只承认公民享有生命权、健康权，而不认可身体权是一项独立的人格权，是有问题的。因此，身体权是一项独立的民事权利，为公民所享有，与公民的生命权、健康权相区别，各个为独立的民事权利。④ 随后，主张生命健康权包括生命权、健康权和身体权的意见越来越多。笔者在1994年发表了《论公民身体权及其民法保护》的论文，依据司法实践经验，认为如果只承认生命权和健康权而不认可身体权，侵害物质性人格权造成死亡的构成侵害生命权，造成伤害的构成侵害健康权，如果既没有造成伤害后果，也没有造成死亡后果，则在实务中没有办法进行民法保护，然而，侵害身体权的行为在现实生活中大量存在，缺少必要的民法保护手段，就使公民的这项民事权利受到威胁、侵害而无民法救济方法。⑤ 此后，生命健康权包括生命权、健康权和身体权的主张逐渐成为通说，在学界成为主流意见。在学者撰写的中国民法典草案建议稿中，也建议规定生命权、身体权和健康权。⑥

　　在司法实务中，最先确认身体权概括在生命健康权之中、是独立的具体人格权的，是2001年《精神损害赔偿司法解释》第1条，明确规定自然人因生命权、

---

① 孙亚明主编：《民法通则要论》，北京，法律出版社1991年版，第204页。
② 李由义主编：《民法学》，北京，北京大学出版社1988年版，第565页。
③ 龙斯荣、龙翼飞：《中华人民共和国民法通则释义》，长春，吉林人民出版社1987年版，第267页。
④ 梁慧星：《中国人身权制度》，《中国法学》1989年第5期；王利明主编：《人格权法新论》，长春，吉林人民出版社1994年版，第184页；张俊浩主编：《民法学原理》，北京，中国政法大学出版社1991年版，第143-145页。
⑤ 杨立新：《论公民身体权及其民法保护》，《法律科学》1994年第6期。
⑥ 梁慧星：《中国民法典草案建议稿》，北京，法律出版社2003年版，第9-10页。

健康权、身体权遭受非法侵害，向法院起诉请求赔偿精神损害的，人民法院应当依法予以受理。这是我国正式法律文件第一次肯定身体权是自然人的人格权，具有重要的法律意义①，确认《民法通则》规定的生命健康权包括生命权、健康权和身体权。

对于《民法通则》规定的生命健康权的其他问题，集中在对生命权、健康权和身体权的保护上，例如对侵害生命健康权可否予以抚慰金赔偿等。可以说，经过 30 多年的理论研究和司法实践，我国对生命权、健康权和身体权的确认和保护，已经有了丰富的积累，为《民法典》规定这三种物质性人格权，已经做好了充分准备。因而，《民法典》人格权编第二章专门规定"生命权、身体权和健康权"，用 8 个条文对三种物质性人格权作了全面的创新规范，固定了物质性人格权的类型。②

二、对物质性人格权具体权利内容的规范创新

《民法通则》第 98 条对物质性人格权只规定了"公民享有生命健康权"，没有对具体的权利内容作出规定。《民法典》人格权编"生命权、身体权和健康权"一章，对三种物质性人格权的内容作出了具体规定，实现了对物质性人格权权利内容的规范创新。

（一）生命权的内容包括生命安全维护权和生命尊严维护权

《民法典》第 1002 条规定："自然人享有生命权，自然人的生命安全和生命尊严受法律保护。任何组织或者个人不得侵害他人的生命权。"这一规定确认，生命权的基本内容就是两个维护权：一是生命安全维护权，二是生命尊严维护权。

1. 生命安全维护权

生命安全维护权，是权利人保持其生命，防止他人危害其生命的权利。法律

---

① 杨立新、杨帆：《最高人民法院〈关于确定民事侵权精神损害赔偿责任若干问题的解释〉释评》，《法学家》2001 年第 5 期。

② 应当说明的是，《民法典》"生命权、身体权、健康权"一章规定的条文中，第 1010 条和第 1011 条规定的不是身体权的内容，而是分别属于性自主权和人身自由权。

保护人的生命延续，不是通过提高健康程度而延长生命，因为这是健康权的内容，而是保护人的生命不因受外来非法侵害而丧失，保护的是人的生命安全利益。因此，生命安全维护权包括对生命利益享有的消极维护权以及在遭受侵害时享有的积极防卫权。[1] 这样的意见是对的。依照笔者的看法，生命安全维护权的内容如下。

首先，生命维护权的实质是禁止他人非法剥夺生命，而使人的生命按照自然界的客观规律延续和终止。权利人有权行使维护生命安全的权利，防止他人对自己生命的非法侵害。当有非法侵害生命的行为和危害生命的危险发生时，权利人有权采取相应的措施，保护自己、消除危害，使自己的生命继续延续。其中，防卫对生命侵害的最重要措施，是正当防卫和紧急避险。有人认为《民法典》规定了生命维护权就是规定了自卫权。自卫权是美国法的权利，包括持枪权，就是暴力，而自卫权是对抗国家的权利，《民法典》人格权编规定自卫权，就是鼓励对抗国家。[2] 这种见解是不正确的，是给主张规定生命安全维护权的学者强加莫须有的"罪名"。维护生命安全的权利是每一个自然人都享有的权利，包括对他人的不法侵害而享有的正当防卫的权利。自然人行使生命安全维护权以保护自己的生命安全，可以防卫来自他人的甚至国家的对生命权侵害的行为。这种防卫权的行使受到法律的约束，既不是没有限度，也不是要颠覆国家，而是生命权人为保护生命安全所必需。

其次，维护生命的安全延续，在环境对生命构成危险尚未发生损害时，可以请求改变危险环境，保护生命安全。当周围环境对生命安全构成危险，即使危险尚未发生，生命权人也有权要求改变环境，消除危险。改变生命危险环境包括造成威胁生命安全的一切场合、处所、物件。改变生命危险环境可以由权利人自行改变，也可以请求危险环境的管理人、占有人改变。生命权人申请司法机关依法消除危害生命危险的请求权，是生命权法律保护的重要内容，因为生命一旦丧

---

① 王利明：《人格权法研究》，北京，中国人民大学出版社 2019 年版，第 270 页。

② 梁慧星：《不赞成规定所谓"自卫权"》，https://mp.weixin.qq.com/s/gXkniup_yiM8lWA9xrPmrQ，2020 年 4 月 17 日访问。

失，无法逆转，因而突出了消除生命安全危险请求权的作用和地位。权利人行使这一权利，应当依照法定程序进行。对于生命权人负有保护责任的职能机关，对该种请求必须认真负责，妥善处理，不得互相推诿。对于渎职造成申请人生命权损害后果的，必须严肃处理，依法追究其渎职罪的刑事责任。

2. 生命尊严维护权

生命尊严是人格尊严的组成部分。人格尊严是自然人在其出生至死亡之间，所享有的作为一个人所应有的最起码的社会地位，并且应当受到社会和他人的最起码尊重。在此基础上，对人格尊严向前延伸保护到胎儿，向后延伸保护到死者的人格利益，都是人格尊严的保护范围。[1] 可见，人格尊严不仅包括人在其出生之后至死亡之前的人格应受尊重，并且对于自然人的出生和死亡，其人格也都应当受到尊重。

人格尊严，是人作为一个人所应有的最起码的社会地位，并且应当受到社会和他人的最起码的尊重。[2] 换言之，人格尊严就是把人真正当成"人"，无论自然人的职业、职务、政治立场、宗教信仰、文化程度、财产状况、民族、种族、性别有何差别，其人格尊严都是相同的，绝无高低贵贱之分。[3]《民法典》通过人格尊严的规定，将对自然人人格尊严的保护作为自己最高的职责，生命尊严是其中的内容之一。

生命尊严包括生的尊严和死的尊严。不过，由于人没有选择出生的权利，因而对于个人维护自己生的尊严而言，是难以做到的，通常由社会和其父母予以保障。只有在出生之后，在其具有民事权利能力后享有人格尊严，才有权得到最起码的社会的尊重和他人的尊重，维护自己活的尊严。在自然人临近死亡时，有权保障自己死也要死的有尊严，有权选择自己有尊严地死去，这才是自然人实现自己生命尊严最重要、最有价值的部分。

生命的终极价值在于人能够维护自己的人格尊严，而人格尊严的核心在于人

---

① 杨立新、王海英、孙博：《人身权的延伸法律保护》，《法学研究》1995 年第 2 期。
② 杨立新：《人格权法》，北京，法律出版社 2011 年版，第 306 页。
③ 梁慧星：《中国民法经济法诸问题》，北京，法律出版社 1991 年版，第 73 页。

的自我决定，人由于能够自我决定，所以才具有尊严。基于自然人对自己的人格尊严的维护，就当然地对其生命具有决定力。尽管自杀不是合法的行为，不属于生命权的自我决定范畴，但是，当出现无法遏止的病痛，使生命不能发挥维护人的尊严的作用，反而成为人格尊严的负累时，人就应当有权决定终止它，使自己有尊严地死去。如果只有活的尊严而没有死的尊严，一个人的人格尊严就不完整，就无法保护自己最后的尊严。从这个意义上讲，生命尊严的核心价值，不仅在于维护生的尊严，而且在于维护死的尊严。维护生命尊严，特别是维护人的死的尊严，才是维护其人格尊严的最终价值。故生命尊严是实现人的尊严的最终环节。

维护生命尊严，最重要的是维护死的尊严，包括选择尊严死、生前预嘱和临终关怀等内容。当自然人的生命濒临终结、不可治愈且采取延命措施会遭受巨大痛苦时，权利人有权以生前预嘱等方式，选择尊严死，实行临终关怀，给予减轻痛苦的医疗措施，最终实现死的尊严。其中，生命尊严维护权是否包括可以采取安乐死，是一个有争论的问题。从原则上说，生命尊严是安乐死的上位概念，尽管《民法典》第1002条并未明确将积极安乐死合法化，但是，消极安乐死却是应当包括在其中的。

综上，《民法典》将生命尊严纳入自然人的生命权概念中，作为其基本内容之一，基本价值包括以下几个方面：第一，扩展生命权的具体内容，将维护生命尊严纳入生命权的范围之内。以往对生命权基本内容的理解，通常认为主要是生命安全维护权，只有生命安全得到保障，人才可以保有生命权，享有一切其他的民事权利。《民法典》确认生命权的内容包含生命尊严，就扩展了生命权的内容，使生命尊严成为自然人享有的生命权的组成部分，能够更好地保护自然人的做人资格。第二，自然人生命尊严的核心是维护死的尊严，对维护死的尊严享有自我决定权。维护生命尊严，包括维护生的尊严和死的尊严。权利人无法选择生的尊严，活的尊严通常由人格尊严保护，只有死的尊严才是自然人在生死面前维护自己尊严的最有价值的部分，因而需要特别加以保护。从这个意义上说，生命尊严的核心是维护自然人的死的尊严。第三，自然人的生命尊严是人格尊严的必要组成部分,维护生命尊严才能够完整地保护人格尊严。人格尊严包含对人的生、活、死的全面尊重,生命尊严本来就在其范围之内。明确规定生命尊严,就从基本法的立场把生命尊严概括在人格尊严之内,使之成为人格尊严的组成部分,实现人的生、活、死的尊严一体化,使之成为一个整体,完整地保护每一个人的人格尊严。

(二)《民法典》规范身体权的创新价值在于提高其法律地位

身体权是自然人维护其身体完整,支配其肢体、器官和其他组织的具体人格权。《民法典》第 1003 条规定:"自然人享有身体权,自然人的身体完整和行动自由受法律保护。任何组织和个人不得侵害他人的身体权。"身体权包括维护身体组成部分完整性的基本内容,是通说,几乎没有争议。通常都认为身体权是自然人的具体人格权之一,属于物质性人格权,表现为自然人对于物质性人格要素的不转让性支配权[1],是人格权而不是所有权。人格权的最基本内容是"维护自己的身体完整",身体权以身体利益为客体,最重要的是保持其身体整体完全性、完整性。任何人破坏自然人身体的完整性,就构成对身体权的侵害。[2] 对此,在所有的人格权著述中,都确认身体权的客体最重要的是身体的完整利益。[3] 《民法典》确认身体完整维护权,没有特别需要说明的问题。对这一规定,有以下两个问题需要特别说明。

1. 身体权在物质性人格权中的法律地位更重要

《民法典》规定身体权的最重要创新,是将其规定在健康权之前,成为第二位的物质性人格权。

《民法典》将身体权从通常的排在健康权之后的位置,放到了仅次于生命权、排列在健康权之前,标志着《民法典》认为身体权的地位优越于健康权,是在物质性人格权中仅次于生命权的人格权。

《民法通则》实施后,对物质性人格权通行的排列顺序是生命权、健康权、

---

[1] 张俊浩主编:《民法学原理》,北京,中国政法大学出版社 1991 年版,第 142 页。
[2] 杨立新:《论公民身体权及其民法保护》,《法律科学》1994 年第 6 期。
[3] 王利明:《人格权法研究》,北京,中国人民大学出版社 2019 年版,第 311 页。

身体权。①《民法典》将身体权的地位提升，具有重要的创新意义：第一，强调身体权是健康权的基础，没有身体权维护的人体组成部分的完整性，就没有健康权的人体机能发挥的完善性。第二，身体权的内容丰富于健康权的内容，特别是身体权对于身体组成部分的有限支配权，在当今社会具有更重要的价值。第三，在科学技术迅猛发展，特别是医学科学的高速发展面前，对于人的身体组成部分的利用已经成为常见的医学手段，对于救治他人、挽救生命，身体权的重要性更为凸显。正因为如此，《民法典》提升身体权的法律地位具有更重要的意义。

2. 行动自由和性利益不属于身体权的内容

在研究《民法典》对身体权的规范中，应当特别说明的是，行动自由和性利益不是身体权的内容。

《民法典》第1003条将行动自由规定在身体权的内容中，是不适当的。行动自由也称为身体自由，虽然命名为身体方面的自由，但却不是身体权的内容，而是人身自由的内容。即身体自由是指身体行动和身体动作的自由。② 人身自由权包括身体自由权即行动自由，也包括思维自由权即意志自由。身体权的内容是维护身体组成部分的完整性，与行动自由无关。由于《民法典》第990条第2款误将人身自由定性为一般人格权，使人身自由无法成为独立的具体人格权，因而不得不将行动自由放在身体权的规定中规范。③ 对此，应当在理论上界定清楚，不能混淆人身自由权和身体权的不同性质和权利界限。同样，第1011条规定对侵害行动自由的保护，也不是对身体权的保护，而是对人身自由权的保护。

性利益也不是身体权的内容。性自主权是以保障自然人对其性的自由支配为主要内容，与自然人的身体权不同。④《民法典》第1010条将规制性骚扰行为的

---

① 2001年《最高人民法院关于确定民事侵权精神损害赔偿责任若干问题的解释》第1条第1项就是这样规定的。

② 马俊驹：《人格和人格权理论讲稿》，北京，法律出版社2009年版，第267页。

③ 应当看到的是，作为一般人格权的自由权，是人格自由，而不是人身自由。人身自由是具体人格权，而人格自由才是抽象的自由权，是一般人格权的内容。杨立新、尹艳：《论一般人格权及其民法保护》，《河北法学》1995年第2期。

④ 马俊驹：《人格与人格权理论讲稿》，北京，法律出版社2009年版，第276页。

规范放在"生命权、身体权和健康权"一章中规定，会发生性利益是身体权内容的误解，需要澄清。性骚扰行为，是侵害自然人性自主权的违法行为，法律应当对其规定规制的办法。由于立法者在《民法典》中没有单独规定性自主权为具体人格权，因而采取变通办法，将规制性骚扰行为的内容规定在身体权的项下。这种做法的好处是，不管怎样，总算是解决了性自主权的部分问题，使对性骚扰行为的规制终于写进了《民法典》；存在的问题是，性骚扰行为确实可以由侵害身体权的行为构成，但是，不接触权利人身体的行为也能构成性骚扰，例如第1010条规定的"以言语"的方式，或者以行为方式却不接触被侵权人的身体的，都构成性骚扰行为，侵害权利人的性自主权。对此，在研究人格权时，应当在理论上确认，性利益不是身体权的内容，性骚扰行为侵害的不是身体权。

（三）健康的客体是身心健康

毫无疑问，健康利益是健康权的客体，民法通过健康权保护自然人的健康利益。不过，在法律上应当怎样界定健康权的客体即健康利益，却有不同见解。通常认为，语义学上的健康是人体各器官发育良好，功能正常，体质健壮，精力充沛并且有良好劳动效能的状态[①]；或者人体生理机能正常，没有缺陷和疾病。[②]在法律上称健康，一是主张生理健康说，认为"健康则系生理之机能"[③]，不包括心理之机能，即健康就是人体生理机能的一般完善状况。二是生理心理健康说，认为"健康是指身体的生理机能的正常运转以及心理状态的良好状态，包括生理健康和心理健康"[④]。《民法典》第1004条规定："自然人享有健康权，有权维护自己的身心健康。任何组织或者个人不得侵害他人的健康权。"这一规定肯定第二种主张，即生理心理健康说。

作为健康权客体的健康利益，本来是指维持人体生命活动的生理机能的正常

---

① 《辞海》，上海，上海辞书出版社1979年版，第254页。

② 《现代汉语词典》，北京，商务印书馆1978年版，第550页。

③ 何孝元：《损害赔偿之研究》，台北，"商务印书馆"1982年版，第135页；胡长清：《中国民法债编总论》，上海，商务印书馆1946年版，第130页；龙显铭：《私法上人格权之保护》，上海，中华书局1948年版，第59页。

④ 王利明主编：《人格权法新论》，长春，吉林人民出版社1994年版，第303页。

运作和功能的完善发挥，包括生理机能的正常运作和生理功能的完善发挥这两个要素，并且通过这两个要素的协调一致发挥作用，达到维持人体生命活动的最终目的。之所以认为健康只包括生理健康而不包括心理健康，是因为心理健康很难用民法保护。《民法典》打破这一传统观念，着眼于医学科学技术的发展，以及对健康概念认识的不断丰满，确认心理健康也是健康权维护的重要内容，对于保护自然人的健康权具有重要价值。依据这样的规定，民法对侵害心理健康造成损害的，也能适用人格权请求权和侵权请求权的方法予以保护，通过医疗等手段恢复被侵权人的心理健康，维护其身心健康。

三、对物质性人格权行使的规范创新

《民法典》对物质性人格权的权利行使规定了较多的创新规范，集中在身体权和健康权的内容上，都有特别重要的价值。

（一）对身体权行使规则的创新规范

1. 对捐献身体组成部分的创新规范

《民法典》第1006条规定："完全民事行为能力人有权依法自主决定无偿捐献其人体细胞、人体组织、人体器官、遗体。任何组织或者个人不得强迫、欺诈、利诱其捐献。""完全民事行为能力人依据前款规定同意捐献的，应当采用书面形式，也可以订立遗嘱。""自然人生前未表示不同意捐献的，该自然人死亡后，其配偶、成年子女、父母可以共同决定捐献，决定捐献应当采取书面形式。"这是《民法典》对自然人捐献人体组成部分及具体方式的规定。

首先，自然人捐献自己的身体组成部分或者遗体，是行使身体权的行为，受《民法典》第130条规定的自我决定权的约束，有权自主决定。

其次，身体权的义务人是权利人以外的其他任何主体，即《民法典》第1004条规定的"任何组织或者个人"，对身体权都负有不可侵义务。

再次，捐献的方式是，完全民事行为能力人同意捐献自己的人体细胞、人体组织、人体器官、遗体的，应当依照民事法律行为的要求进行，采用书面形式或

者有效的遗嘱形式。

最后，自然人生前没有明确表示拒绝捐献自己的身体组成部分或者遗体的，在该自然人死亡后，其配偶、成年子女、父母可以采用书面形式共同决定捐献。

2. 禁止买卖身体组成部分

《民法典》第 1007 条规定："禁止以任何形式买卖人体细胞、人体组织、人体器官、遗体。""违反前款规定的买卖行为无效。"这是《民法典》对禁止买卖人体组成部分的规定。

首先，任何人体细胞、人体组织、人体器官以及遗体，都是人的身体组成部分或者身体的变异物，都不是交易的对象。

其次，人体组成部分不是商品，不能进行商品交换，违法实施身体组成部分买卖行为，由于违反法律的强制性规定、违反公序良俗，因而是无效的民事法律行为。

最后，捐献身体组成部分或者遗体是合法行为。捐献身体组成部分的捐赠合同，转移所有权的标的物是身体组成部分的分离物，与非法买卖的区别就在于是无对价的无偿行为，因而确定了行为的性质。

可见，买卖人体组成部分和捐献人体组成部分这两种行为的性质完全不同，一种是法律所严格禁止的行为，一种是法律所支持保护的行为。

至于接受捐献人体分离物的人在接受移植手术时需要支付费用，是必须的，因为该费用主要由两部分构成：一是移植的费用，二是给付捐献人的补偿费用。医疗机构给付身体组成部分分离物的人以补偿费，应当从这一接受移植的病患支付的费用中支出。

3. 捐献和买卖身体分离物是否具有合法性的法理基础

捐献身体组成部分的分离物是合法行为，法律予以保护；买卖身体组成部分的分离物是非法行为，法律予以谴责并予以禁止。其法理基础是：首先，身体权是人格权，以身体的整体为客体，体现的利益是自然人身体组织、器官的完整性和完全性。其次，身体权包含着对身体利益适当的支配权，自然人对自己的身体组成部分在法律准许的范围内，可以适当支配，对自己的身体组成部分进行适当处分。最后，身体权人处分自己的身体组成部分，具有高度的伦理性，涉及人的人格要素的处分，必须符合伦理要求，不得违背公序良俗。

正因为这样，自然人作为身体权人，可以行使身体权的有限支配权，处分自己的身体组成部分，具体表现是：第一，自然人对自己的血液、体液、毛发等附属部分有处置的权利，依照自己的意志进行支配。第二，自然人对自己的器官，也可以有限度地捐献给他人，救助他人，使他人因此恢复健康、挽救生命。第三，生前留下遗嘱，死后可以将自己的遗体或者角膜等器官捐献给医疗机构、医疗教学机构和眼库等，是对自己身体组成部分的合理支配，是合法的行使身体权的行为。

自然人支配自己的身体组成部分，应当符合社会善良风俗。自愿捐献、救助他人的行为值得赞赏。出于营利目的，进行非法器官买卖、非法卖血等行为，超出了身体合理支配权的范围，不是正当行使身体权的行为，法律予以禁止。

（二）对健康权行使规则的规范创新

健康权作为自然人以自己的机体生理和心理正常运作和功能完善发挥，以维护身心健康，维持人体生命活动利益的具体人格权，也包括健康利益支配权。权利人行使健康利益支配权，可以对自己的健康利益进行适度支配。不过，下述两种情形例外：一是强制治疗、强制戒毒等强制性改善自然人健康状况的行政措施，不是对健康利益支配权的干涉和侵犯，而是维护个人健康和公共利益的必要手段，是对权利人健康利益支配权的适当限制，不属于侵害健康利益支配权的行为。二是权利人放弃治疗自愿就死，不属于健康利益支配权的范围，除了符合消极安乐死要件外，其亲属以及医务人员有义务对其进行救治。

《民法典》对自然人行使健康权作出的创新规范是以下两点。

1. 对临床试验的规范

《民法典》第 1008 条规定："为研制新药、医疗器械或者发展新的预防和治疗方法，需要进行临床试验的，应当依法经相关主管部门批准并经伦理委员会审查同意，向接受试验者或者受试者的监护人告知试验目的、用途和可能产生的风险等详细情况，并经其书面同意。"为了提高医学科学水平，保障人类的健康，法律准许对自愿受试者进行临床试验，经过临床试验后，取得医疗经验，将成熟的医疗技术和药品应用于临床，使更多的患者采用同样的医疗技术或者药品进行治疗而受益，恢复健康，生活得更好。

自然人接受临床试验的法理基础是：首先，接受临床试验，是自然人行使自我决定权的结果。自然人作为民事主体，享有《民法典》第130条规定的自我决定权，有权决定自己是否参加临床试验。无论是出于为医学事业发展的高尚目的，还是通过临床试验而使自己的疾病得到治疗，在客观上都是以自己的健康为人类发展做出贡献。其次，所有的临床试验都有风险，可能造成接受试验的自然人的健康损害。因此，《民法典》在规范临床试验中，既鼓励权利人勇于参加临床试验，又须保护好权利人的健康利益；既要鼓励进行临床试验，又要对医疗机构赋予更多的义务，使其遵守必须遵守的程序，给参加临床试验的人的权利以更多的保障。

临床试验存在风险。临床试验的目的之一，就是探索新的医疗技术和药品的风险所在，以及如何改进。因此，进行临床试验必须经过严格的批准程序，要符合法律规定的范围，否则就是违法的，是侵害受试者的健康权的行为。因此，《民法典》对临床试验规定的创新规范是：

第一，确定临床试验的范围，一是研制新药；二是研制新的医疗器械；三是发展新的预防方法；四是发展新的治疗方法。

第二，进行临床试验的程序，一是依法经过相关主管部门的批准；二是经过医疗机构的伦理委员会审查同意；三是须向受试者或者受试者的监护人履行告知义务；四是接受临床试验的受试者或者受试者的监护人须有书面同意。

符合上述规定的试验范围和试验程序的临床试验，是合法的临床试验，法律予以保护。违反者，为侵权行为，须承担民事责任。

2. 对从事人体基因、人体胚胎医学、科研活动的规范

从事与人体基因、人体胚胎等有关的医学和科研活动的，应当遵守法律、行政法规和国家有关规定，不得危害人体健康，不得违背伦理道德，不得损害公共利益。《民法典》第1009条的这一规定，是对从事与人体基因、人体胚胎的医学

和科研活动须依法进行的规定，是为人体基因和人体胚胎有关医学和科研活动划出的不可逾越的红线。

《民法典》第 1009 条规范的最重要价值，就是为所有从事人体基因、人体胚胎等有关医学和科研的活动规定了必须遵守的红线。

此外，《民法典》规范人体基因和人体胚胎的医学、科研活动，还有一个重要价值，就是对司法实践讼争的人体胚胎法律属性的规范意义。在民事诉讼中出现的有关人体胚胎的争议，面临的一个重要问题是法律对此没有作过规定，法院判决确认其法律地位和性质没有法律依据。2014 年在江苏发生的人体胚胎权属争议案件，经过宜兴市人民法院和无锡市中级人民法院一审和二审审理，已经结案，但是对于体外的人体胚胎究竟是何种属性，意见并没有得到统一。一审判决认为人体胚胎是"人格物"[1]，具有物的属性；二审判决认为人体胚胎是"介于人和物之间的过渡存在"[2]，既不是人，也不是物。笔者认为，民法发展至今，仍然采取人与物二分体制，并且在可以预见的将来这个体制也不会改变，不存在介于人与物之间的过渡存在的事物。因此，体外的人体胚胎要么是人，要么是物，不可能有第三种属性。在这一争论中，最大的缺陷就是法律对此没有规定。《民法典》第 1009 条作了规定，尽管没有解决体外人体胚胎的法律属性问题，但是，起码法律规定了人体胚胎这个概念，也会给司法实践提供法律依据，为理论上的进一步探讨确定了法律基础，因而，这个价值也很重要。

四、自然人生命权、身体权和健康权遭遇危难的法定救助义务

对于自然人享有的生命权、身体权和健康权，不仅任何组织或者个人都负有不可侵义务，而且在自然人这三种权利受到侵害或者遭遇危难时，有关组织或者个人还须承担法定救助义务。《民法典》第 1005 条规定："自然人的生命权、身

---

[1]　杨立新：《人的冷冻胚胎的法律属性及其继承问题》，《人民司法》2014 年第 13 期。

[2]　杨立新：《一份标志人伦与情理胜诉的民事判决——人的体外胚胎权属争议案二审判决释评》，《法律适用》2014 年第 14 期。

体权、健康权受到侵害或者处于其他危难情形的，负有法定救助义务的组织或者个人应当及时施救。"

《民法典》这一对法定救助义务的规定，与第 1220 条关于医疗机构紧急救助义务的规定和第 184 条等规定相衔接。第 1220 条规定的是医疗机构对处于危难的病患负有的紧急救助义务，第 184 条规定的是其他人对处于危难情形中的人的自愿救助行为及其后果。当然，这些还不是第 1005 条规定的全部内容，对此，应当从以下几个方面理解。

第一，负有法定救助义务的组织和个人，首先是医疗机构、院前急救机构以及负有法定救助义务的单位和个人等，这些机构和个人依照法律的规定，负有对处于危难之中的自然人的救助义务。院前急救是指在医院之外对急危重症病人的急救，广义的院前急救是患者在发病时由医护人员或目击者在现场进行的紧急抢救，而狭义的院前急救是指具有通讯器材、运输工具和医疗基本要素构成的专业急救机构，在病人到达医院前所实施的现场抢救和途中监护的医疗活动。专业的急救机构就是院前急救机构，例如 120 等机构。医疗机构对送到本医疗机构或者自己接到本医疗机构的危急重症患者负有救助义务，院前急救机构对送到或者接到医疗机构之前的危急重症患者负有救助义务。其次，是负有法定救助义务的机构如消防队、矿山救援队等，在发生火灾、矿难等时，对处于危难情形的人负有紧急救助义务。最后，紧急救助义务不仅包括自然人处于危难情形，更重要的是包括自然人物质性人格权受到侵害，公安机关等国家机关也是负有救助义务的主体。

第二，应当实施法定救助义务的情形：一是自然人的生命权、身体权、健康权受到侵害。例如，违法犯罪分子实施违法犯罪行为，侵害自然人的生命权、身体权、健康权，正在进行中，被侵害人报警，相关机关应当及时出警，救助被侵害人。二是自然人的生命权、身体权、健康权处于其他危难情形，例如被洪水所困、野外遭遇意外危险等。当出现这样的情形时，负有法定救助义务的机构和个人，必须负起紧急救助的责任，对该自然人进行紧急救助。

第三，负有紧急救助义务的组织和个人没有及时实施相应的救助措施，造成被侵害人或者处于危难情形的人不应有损害的，应当依照《民法典》第 1220 条规定，承担因自己的过错造成损害的赔偿责任，赔偿受害人的损失。

第四，负有法定救助义务的组织和个人之外的人，不属于负有法定救助义务的人，在发现自然人的生命权、身体权、健康权受到侵害或者处于其他危难情形，依据道德规范予以救助的，造成被救助人的损害，应当适用《民法典》184条规定免除责任；造成自己损害的，适用第183条规定，可主张补偿责任。

第二节　生命权

一、生命权的客体：生命

生命权的客体是生命。生命分为生物学意义的概念和法律意义的概念。

（一）生命的概念

1. 生物学的生命概念

生命原本是生物学的概念。在自然界中，由物质构成并具有生长、发育、繁殖等能力的物体，是生物。生物能通过新陈代谢作用跟周围环境进行物质交换而维持其生命。新陈代谢一停止，生命就停止。从生物学的角度上看，生命是"生物体所具有的活动能力"[1]，或者是"由高分子的核酸蛋白体和其他物质组成的生物体所具有的特有现象"[2]。更详细一点说，生命是生物体所具有的利用外界的物质形成自己的身体和繁殖后代，按照遗传的特点生长、发育、运动，在环境变化时能够适应环境的活动能力。

生命的本质，实质上是蛋白质存在的一种形式。其基本特征是，蛋白质通过新陈代谢而不断地与周围环境进行物质交换，保持其活力。新陈代谢停止了，蛋白质即失去其活力而分解，生命也就不复存在。

---

[1]《现代汉语词典》，北京，商务印书馆1978年版，第1016页。

[2]《辞海》，上海，上海辞书出版社1979年版，第1727页。

2. 法律意义的生命概念及其意义

法律意义上的生命，并不是泛指一切生物的生命，而仅指自然人的生命。因此，生命是指自然人的人体维持其生存的基本的物质活动能力，是维持其民事主体地位的最高人格利益。仅将生命认定为作为法律主体存在的自然人的最高人格利益①，还没有揭示出生命是人体维持其生存的基本的物质活动能力，也没有解释生命的本质。

人的生命是人的最高的人格利益，具有至高无上的人格价值，是人的第一尊严。中国古代学者云："人之所宝，莫宝于生命。"② 黑格尔则认为："生命是无价之宝。"③ 这些论断，无不道出生命之于人的最高价值。

在法律的意义上看，生命之于人的最高价值主要在于以下几个方面。

第一，生命是人具有民事权利能力的基础。人之所以具有民事权利能力，就是因其具有生命，因而《民法典》第13条规定，自然人从出生时起到死亡时止，具有民事权利能力，即在其具有生命形式时，才具有民事权利能力。人不具有生命，就不能成为民事权利主体，不具有民事权利能力。

第二，生命具有不可替代性。世界上"没有类似生命的东西，也不能在生命之间进行比较"，因而人的生命"没有什么法律的替换品或代替物"④。人的生命一旦丧失，就不可逆转地消灭，没有任何办法予以挽回。

第三，生命不仅对于人本身具有价值，而且对于整个社会具有价值。人之所以能够制造工具改造自然，创造物质财富和精神财富，系以其具有生命为前提。人享有生命而创造财富，对他人、对社会均具重要的意义。

（二）生命的开始与终止

1. 生命开始于出生

何为出生，历来有不同的主张，诸如"阵痛说"主张产妇阵痛开始为出生，"一部露出说"主张胎儿一部露出母体之外为出生，"全部露出说"主张胎儿全部

---

① 王利明：《人格权法研究》，北京，中国人民大学出版社 2005 年版，第 303 页。

② 《北史·源贺传》。

③ ［德］黑格尔：《法哲学原理》，北京，商务印书馆 1982 年版，第 106 页。

④ ［德］康德：《法的形而上学原理》，北京，商务印书馆 1991 年版，第 166 页。

露出母体之外为出生,"断带说"主张胎儿与母体分离,脐带剪断为出生,"独立呼吸说"主张胎儿产出母体并开始独立呼吸为出生,"发声说"则主张胎儿离开母体后第一次发出声音为出生。

出生应具备两个要件:一为"出",二为"生",二者缺一不可。"出"即指婴儿与母体分离,"生"则是指脱离母体的婴儿应有生命,而不论其生命所能保持的时间的长短。① 这一看法是正确的,只是还没有解决"出"和"生"的具体标准问题。

关于"出"与"生"的标准,前者为胎儿须从母体完全脱离,以完全露出为标准,则脐带虽尚与母体连络,不妨谓之出生。后者以有活存为必要,即全部露出时须有呼吸能力。② 这一标准较为可行。按照当代医学公认的出生标准,出生应为胎儿完全脱离母体,独立存在,并能自主呼吸。何为完全脱离母体,一为"完全露出",二为"脐带剪断"。笔者认为,应以能独立呼吸为基本标准,似乎不必对完全露出和断带斤斤计较。不过,以临床情形看,由于在脐带没有剪断之前,婴儿仍有母体的氧气供给,有无独立呼吸并不影响其生存,因此,脐带剪断+独立呼吸是更准确的标准。

胎儿是否有生命,是一个颇有争论的问题。否定说认为,尚未出生的胎儿不具有民事权利能力和主体资格,而仅属母体的一部分。③ 肯定说认为,胎儿虽未具有民事权利能力,但是已具有生命的形式。随着现代医学科学技术的发展,肯定说的主张渐占上风。澳大利亚维多利亚州议会上院处理的美国自然人里奥斯夫妇所遗胚胎案,对此采取了积极的保护办法。里奥斯夫妇死于飞机失事,在澳大利亚墨尔本医院的胚胎库中,留有里奥斯夫人的卵子与匿名供体的精子受精而成的两个胚胎。如何处理这两个胚胎,澳大利亚专门成立了一个国际研究委员会,经反复研究,提出了破坏这两个胚胎的建议。维多利亚州议会上院决定把胚胎植入代理母亲子宫中,待其出生长大后,继承里奥斯的遗产。④ 这一对胚胎生命予

① 郑玉波:《民法总则》,台北,1979 年自版,第 68－69 页。
② 史尚宽:《民法总论》,台北,正大印书馆 1980 年版,第 73 页。
③ 王利明主编:《人格权法新论》,长春,吉林人民出版社 1994 年版,第 299 页。
④ 邱仁宗:《生命伦理学》,上海,上海人民出版社 1987 年版,第 51 页。

以法律保护的判例，采纳了肯定说的主张，也为肯定说主张提供了成功的例证。

笔者认为，胎儿（包括成功受孕的孕卵、胚胎）在客观上具有生命的形式，具有准人格（部分民事权利能力），是不可否认的事实。但是，这种生命形式还不是生命权的客体，而是一种先期的生命利益，法律对这种先期生命利益予以保护，称为先期生命法益。如果以胎儿的生命不是生命权的客体为论据，否认胎儿不具有生命的形式，是不正确的。但是，因此而认为胎儿的生命与人的生命完全相同，没有区别，也是不正确的。因为胎儿的生命尚不是成熟的自然人的生命形式，只是人的先期生命形式。

在实务上如何确定出生的时间，即生命开始的时间，一般应以医学上确认的出生时间为准。《民法典》第15条规定："自然人的出生时间和死亡时间，以出生证明、死亡证明记载的时间为准；没有出生证明、死亡证明的，以户籍登记或者其他有效身份登记记载的时间为准。有其他证据足以推翻以上记载时间的，以该证据证明的时间为准。"这样的规定符合我国的实际情况。至于涉及权属争议需要精确确定出生时间的，应当参照前述的标准确定。

2. 生命终止于死亡

对何为死亡，也有不同主张。诸如"脉搏停止说"认为脉搏停止为死亡，"心脏停止说"认为心脏停止跳动为死亡，"呼吸停止说"认为呼吸停止为死亡，"脑死亡说"认为大脑机能停止活动为死亡，"生活机能丧失说"认为生活机能遭到损害不能复生为死亡。史尚宽认为，死亡谓生活机能之绝对终止，一般以呼吸及心脏鼓动之停止时，为死亡的时期。① 可见，生活机能损害的主张是一个综合的判断标准，较为稳妥。

就目前我国实际情况看，确定死亡，在理论上是采"生活机能丧失说"作为判断标准，以医学上的死亡确定为标准，以死亡证书上记载的时间为准。如果死亡证书上记载的时间与自然人死亡的真实时间有误差的，或者具体时间不精确的，则以查明的实际死亡为准。自然人死亡，其生命即时结束。

实际上，更准确的判断死亡的标准是脑死亡。随着医学科技的发展，人的心

---

① 史尚宽：《民法总论》，台北，正大印书馆1980年版，第75页。

跳、呼吸、血压等生命体征都能够通过一系列药物和先进设备进行干预，使其逆转或长期维持。即使这些生命体征都存在或者部分存在，发生脑死亡，使全脑功能包括脑干功能不可逆终止，无论采取何种医疗手段都无法挽救患者生命，因此，与心脏死亡相比，脑死亡的标准更科学、更可靠、更规范。确定脑死亡的国际判断标准制定于1968年：一是不可逆的深度昏迷；二是无自主呼吸；三是脑干反射消失；四是脑电活动消失（电静息）。符合以上标准，并在24～72小时内重复测试，结果无变化，即可宣告死亡。我国的判断标准是：深昏迷、自主呼吸停止、脑干反射消失；同时、全部具备上述条件，能够明确昏迷原因，排除各种原因的可逆性昏迷，可以判断为脑死亡。确定脑死亡的意义是：第一，能够更科学地判定人的死亡。第二，有利于器官移植，因为脑死亡的器官是最佳器官移植供体，器官移植依赖于脑死亡患者提供器官。第三，减轻社会、家庭的负担，避免脑死亡后毫无意义的抢救及安慰式的救治，造成大量的医疗资源浪费。不过，我国还没有立法确认适用脑死亡的标准，尚在理论研究之中。

确定自然人生命终止的死亡为自然死亡，不包括宣告死亡。宣告死亡是根据自然人下落不明达到一定期间，依法律推定该自然人死亡，其目的不是解决其是否享有生命问题，而是要解决该自然人参与的民事法律关系因其长期失踪而造成的不确定状态问题。宣告死亡不必然引起生命终止，只有自然死亡才必然引起生命终止。

二、生命权的概念及特征

（一）生命权的概念

1. 生命权的概念和性质

对生命权这一法律概念如何界定，有不同的主张。一是认为"生命权者，不受他人之妨害，而对于生命之安全，享受利益之权利也"[①]。二是认为"生命权，

---

① 何孝元：《损害赔偿之研究》，台北"商务印书馆"1982年版，第124页；龙显铭：《私法上人格权之保护》，上海，中华书局1948年版，第42页。

为享受生命安全之人格的利益之权利"①。三是认为"生命权是指自然人在社会上生存的权利"②。四是认为"生命权是自然人以其性命维持和安全利益为内容的人格权"③。五是认为"生命权是以自然人的生命安全的利益为内容的权利"④。

在以上对生命权的定义中，强调生命权是以生命安全利益为内容的权利，是其基本方面，这是正确的。强调生命权包括维持生命的内容，则是生命安全利益的文中应有之义。至于强调生命权就是自然人生存的权利，则在概念上与生存权相混淆。有的学者认为现代自然人的生命权已增加了尊严权的内容，生命与尊严的结合，可以理解为人"体面地生存的权利"⑤。

《民法典》第 1002 条规定生命权，没有直接给这个概念下定义，只规定了生命权的内容。依照这一规定，笔者的定义是，生命权是指自然人维持其生命存在，以维护其生命安全和生命尊严为基本内容的物质性人格权。⑥

2. 生命权的性质

关于生命权是否为独立的人格权，在学说上有三种主张。

（1）否定说。主张生命非为独立人格权，认为有权利则有救济为法律上不可动摇的格言，如无救济之途，即不得谓为权利。在丧失生命之情形，被害人的人格即已消灭，自无由行使赔偿请求权，结局对于生命之丧失，不得请求何等赔偿，故生命非权利。⑦

（2）肯定说。肯定生命权是人格权的观点为通说，主张生命为人格利益中之最高贵者，应加特殊保护，故应为独立的人格权。《德国民法典》和《瑞士债法》采此说，明定生命权为独立的人格权。

（3）身体权之一部说。这种主张认为生命权为身体权之一部分，认为生活之

① 史尚宽：《债法总论》，台北，荣泰印书馆 1978 年版，第 140 页。
② 徐显明主编：《自然人权利义务通论》，北京，群众出版社 1991 年版，第 242 页。
③ 张俊浩主编：《民法学原理》，北京，中国政法大学出版社 1991 年版，第 143 页。
④ 王利明：《人格权法研究》，北京，中国人民大学出版社 2005 年版，第 303 页。
⑤ 徐显明：《生存权论》，《中国社会科学》1992 年第 5 期。
⑥ 杨立新：《人格权法》，北京，法律出版社 2020 年版，第 135 页。
⑦ 龙显铭：《私法上人格权之保护》，上海，中华书局 1948 年版，第 42 页。

身体为身体权成立之要素，身体的保护，当然包括生命之保护在内，盖所谓保护身体，乃谓保护生活之身体，而使生命绝止，系侵害身体之最者故也。① 这种主张实质上承认生命权，但认为包含在身体权之内，不具独立人格权的性质。

《民法典》第1002条确认生命权为独立的人格权，采纳的是我国民法理论对生命权性质认定的通说。生命权是一项具有普适性的基本人权。1948年《世界人权公约》第3条规定："人人都有权享有生命、自由和安全。"《自然人权利和政治权利国际公约》第6条也规定："人人固有的生命权，应受法律保护，不得任意剥夺任何人的生命。"这些规定表明，生命权对于自然人而言，具有极为重要的地位和价值，是最重要的民事权利。确认生命权为具体人格权，完全符合这些国际公约的要求。

生命权的性质不仅属于具体人格权，而且生命权具有至高无上性的特点，在法律解释的层面上，生命权处于第一权利位阶，其他人格权处于第二权利位阶，财产权的位阶则低于人格权的位阶。②

（二）生命权的特征

生命权为独立的人格权，因而有别于身体权、健康权，也有别于劳动能力。其特征是：

1. 生命权以自然人的生命安全和生命尊严为客体

生命权与身体权为相互依赖的人格权。生命存在于身体之内，身体依赖于生命的存在而存在。无身体，生命无所依存；无生命，身体则不复为身体。尽管如此，生命权与身体权并非一个权利，各个有不同的权利客体。身体权的客体是人体的整体构造，以及维护该种构造的完整性的利益。生命权的客体则是以人的生命安全、生命尊严为客体，即维护生命的正常活动以及生与死的尊严，保障生命不受非法剥夺的人格利益，不得侵害生命权人的生命尊严。

生命权与身体权的客体不同，在各自受到非法侵害时，表现得更为明显。

---

① ［日］鸠山秀夫：《日本债权法各论》，第817页。转引自龙显铭：《私法上人格权之保护》，上海，中华书局1948年版，第42页。

② 袁雪石：《民法典人格权编释论》，北京，中国法制出版社2020年版，第229-230页。

"然身体权因创伤而受侵害，生命权则非有死亡发生，不能认为受侵害，故二者应分别视之。"[1] 这一论述很精辟，身体权受侵害，表现为身体完整性的破坏，生命权受侵害，须以生命不可逆转的丧失为标准。二者的区别极为鲜明。

2. 生命权以维护人的生命活动延续为其基本内容

生命权的基本内容是维护人体生命活动的延续，防止人为地将其终止。生命权与健康权相互依赖，人体生命活动的延续依赖于人的健康状况，人的健康状况又以人体生命活动的存在为前提。尽管如此，这两种不同的人格权也有本质的区别。健康权维护的是人体机能的完善性，保持其正常运作，而生命权维护的是人的生命活动的延续和生命尊严的维持。违法行为侵害健康权，破坏了人体机能的完善性，但经过治疗，可以完全恢复健康和部分恢复健康，即使是受到破坏的健康状况不能恢复，但终无生命丧失的危险。而违法行为侵害生命权，则使人的生命活动不能继续延续，其必然后果是人的死亡。

3. 生命权的保护对象是人的生命活动能力

生命活动的基础，在于人体蛋白质的新陈代谢能力。人体蛋白质的新陈代谢能力保证人体不间断地与周围环境进行物质交换，使人体生长、发育、运动、繁殖，保持其生命活动能力。生命权的保护对象正是人的这种生命活动能力。劳动能力，是人的一种重要的能力，为健康权的基本内容之一。人的生命活动能力与人的劳动能力并不相同。劳动能力是人创造物质财富和精神财富活动的体力和脑力的总和。人的生命活动能力与人的劳动能力的区别在于：一是内容不同，前者的内容为人体蛋白质的新陈代谢能力，后者是在具有生命活动能力的基础上，为从事劳动，创造财富的体力和脑力；二是性质不同，人的生命活动能力是一项独立的人格利益，劳动能力则不是一项独立的人格利益，而是健康利益的一项具体利益。

4. 生命权在人格权中具有至高无上的地位

在所有的人格权中，生命权具有最高的、其他人格权无法比拟的法律地位，是至高无上的人格权，是各种具体人格权以及其他民事权利享有的基础，一个人

---

① 龙显铭：《私法上人格权之保护》，上海，中华书局1948年版，第42-43页。

的生命丧失，就丧失了所有的民事权利。更重要的是，生命权具有不可重复性，一旦丧失，无法再生，因而民法保护人的权利，最重要的就是保护人的生命权。同样，生命权是平等的权利，是不得克减的权利，不受非法限制。任何非法限制生命以及生命权行使、损害生命尊严的行为，都是违法行为。

三、生命权的内容

（一）对生命权内容的不同主张

1. 代表性的观点

关于生命权的具体内容，学者论述不多。较有代表性的主张有以下几种。

（1）认为生命权的内容包括自卫权和请求权。《自然人权利义务通论》一书认为：自然人生命权具体表现为两个方面，即自卫权和请求权。自卫权是指当自己的生命面对正在进行的危害或即将发生的危险时，有权依法采取相应的措施自卫，或者采取紧急避险措施以防止危险。请求权是指当自然人的生命遭到不法侵害时，其本人或其亲属有权要求司法机关追究加害人的法律责任。[①]《法律学全书·民法学》一书也持这种观点，认为生命权的内容包括保护自己生命安全的权利和依法请求司法保护的权利。[②]

（2）认为生命权以性命维持和安全利益为其基本内容。这种主张虽未详细解说这两项内容，但是，认为生命权包括性命维持和安全利益两项内容，则是肯定的。[③]

（3）认为生命权的内容更多，包括：生命享有权即生命权人有权享有自己的生命利益；生命维护权包括生命权人对生命利益享有的消极维护以及在遭受侵害时享有的积极防卫权；以及生命利益的有限支配权。[④]

（4）认为传统生命权属于消极意义上的自由权体系，目的在于抵制国家专断

---

① 徐显明主编：《自然人权利义务通论》，北京，群众出版社1991年版，第243页。
② 刘春茂主编：《法律学全书·民法学》，北京，中国人民公安大学出版社1992年版，第619页。
③ 张俊浩主编：《民法学原理》，北京，中国政法大学出版社1991年版，第143页。
④ 王利明：《人格权法研究》，北京，中国人民大学出版社2005年版，第318-319页。

剥夺个人生命，新的生命权概念在保持传统属性的同时又注入了新的内涵，一些社会权被赋予自由权属性从而获得司法保护，诸如住所权、医疗健康权、劳动权、环境权、受教育权等权利因与生命质量相关联而被重新解释。[1]

（5）认为生命权包含尊严权。生命权本质上所体现的应当是自然人在不妨碍他人与社会的前提下对自我生命的掌握与支配，它不仅要维护物理意义上的生命延续，更要追求生命的高质量；不仅意味着一个人在生命受到威胁的时候有权利得到法律的保护，同样也意味着他在生命质量非常低下的时候，有权利按照自己的意愿选择有尊严地离开这个世界。[2]

2. 生命权的具体内容

综合分析以上主张，笔者认为：

首先，维护生命的安全利益，为生命权的最基本内容。生命的维护以其安全为必要。保护身体的完整性和功能的完善性，为身体权和健康权的基本内容。诸如锻炼身体、增加营养，保护人体机能的正常运作，均为维护健康利益；保护身体完整性不受破坏，实为维护身体利益。只有保护生命安全，防止生命被非法剥夺，才是维护生命利益。将性命维持与安全利益分离为生命权的两项内容，似不妥当。

其次，自卫权并非独立的生命权内容，而是生命安全维护权的具体内容。生命安全维护权是生命权的基本内容，包括维持生命延续、防止生命危害发生、改变生命危险环境等内容。自卫权的概念不如防卫权的概念更准确，即防卫权是生命权人防止生命危险发生，面对非法侵害进行防卫的权利。

再次，生命权的内容不仅包括生命安全维护权，还应包括生命利益支配权，否认生命利益支配权将使生命权的内容不完整。

最后，《民法典》第 1002 条规定生命尊严是生命权的内容，应当特别肯定，是非常重要的内容。

综上所述，生命权的内容，包括生命享有权、生命安全维护权、生命尊严

---

① 郑贤君：《生命权的新概念》，《首都师范大学学报（社会科学版）》2006 年第 5 期。

② 马俊驹：《人格权和人格权理论讲稿》，北京，法律出版社 2009 年版，第 251 页。

权、生命利益支配权。

（二）生命权的具体内容

1. 生命保有权

生命的保有权是权利人有权保有自己的生命利益，维护自己的生命延续而享受生命、享受生活的权利。自然人只有享有生命，才能作为一个民事主体，享有民事权利、承担民事义务，参与市民社会活动。因此，生命是自然人第一位的人格利益。生命的保有，一方面是保持自然人的生命存在，另一方面是保持人的生命延续。生命延续是人体的正常功能，是自然的因素，人可以通过锻炼和增加营养等方式提高健康水平，使人的生命适当延长，但却不可以改变其必然死亡的客观规律。自然人保有生命，就是有权保持自己生命的存在和延续。

2. 生命安全维护权

维护生命安全，是权利人保持其生命，防止他人危害其生命的权利。法律保护人的生命延续，不是通过提高健康程度而延长生命，因为这是健康权的内容，而是保护人的生命不因受外来非法侵害而丧失，保护的是人的生命安全利益。

首先，生命维护权的实质是禁止他人非法剥夺生命，而使人的生命按照自然界的客观规律延续。权利人可以依据维护生命安全的权利，防止他人对自己生命的非法侵害。当有非法侵害生命的行为和危害生命的危险发生时，权利人有权采取相应的措施，保护自己、排除危害。其中，最基本的措施是正当防卫和紧急避险。有人认为，《民法典》规定生命维护权就是规定了自卫权，自卫权是美国法的权利，包括持枪权，就是暴力，而自卫权是对抗国家的权利，人格权编规定自卫权，就是鼓励对抗国家。[①] 这是一种误解，维护生命安全的权利是每一个人享有的权利，包括当面对他人的不法侵害时享有的正当防卫的权利。自然人行使生命维护权保护自己的生命安全，可以防卫来自他人的甚至国家的对生命权侵害的行为。这种防卫权的行使受到法律的约束，既不是没有限度，也不是要颠覆国家，而是保护生命权人的生命安全所必需。

---

① 梁慧星：《不赞成规定所谓"自卫权"》，法律讲坛微信公众号，https://mp.weixin.qq.com/s/gXkniup_yiM8lWA9xrPmrQ，2019年12月18日访问。

其次，维护生命的安全延续，在环境对生命构成危险尚未发生时，可以要求改变生命危险环境、保护生命安全。当周围环境对生命安全构成危险，危险尚未发生时，生命权人有权要求改变环境、消除危险。改变生命危险环境包括造成威胁生命的一切场合、处所、物件。改变生命危险环境可以由权利人自行改变，也可以要求危险环境的管理人、占有人改变。《民法典》第1005条规定："自然人的生命权、身体权、健康权受到侵害或者处于其他危难情形的，负有法定救助义务的组织或者个人应当积极施救。"因此，生命权人有权主张司法机关依法消除危害生命危险的请求权，是生命权的重要内容。权利人行使这一权利，应当依照法定程序进行。对于负有保护责任的司法机关，对该种请求必须认真负责、妥善处理，不得互相推诿。对于渎职造成申请人生命权损害后果的，必须严肃处理，依法追究其渎职罪的刑事责任。

3. 生命尊严权

生命尊严受法律保护，是指自然人有权基于人格尊严，在消极意义上禁止他人侵害自己作为生命主体者的尊严，在积极意义上要求作为自己生命主体者的尊严获得应有的尊重，提升生命的尊严和品质。生命尊严使生命权的保障在生命安全之外，扩展到生命过程中生命主体者的尊严获得应有的尊重。①

生命尊严是人格尊严的重要组成部分，生命尊严包括生的尊严和死的尊严。不过，由于人没有选择出生的权利，因而对于个人维护自己的生的尊严而言，是难以做到的，通常由社会和其父母予以保障。人只有在出生之后，在其具有民事权利能力后，享有人格尊严，才有权得到最起码的社会尊重和他人的尊重，维护自己活的尊严。在自然人临近死亡时，有权保障自己死也要有死的有尊严，有权选择自己有尊严地死去，这才能真正实现自然人的生命尊严。

生命的终极价值在于维护人自己的人格尊严，而人格尊严在于人的自我决定，人因为能够自我决定，所以才具有尊严。基于自然人对自己的人格尊严的维护，就当然地对其生命具有决定力。尽管自杀不是合法的行为，不属于生命权的自我决定范畴，但是，当出现病痛使生命不能发挥维护人格尊严的作用，反而成

---

① 黄薇主编：《中华人民共和国民法典人格权编释义》，北京，法律出版社2020年版，第58-59页。

为人格尊严的负累时，人就应当有权决定终止它，使自己有尊严地死去。如果只有活的尊严，而没有死的尊严，一个人的人格尊严就不完整，就无法保护自己最后的尊严。从这个意义上讲，生命尊严的核心价值，不在于维护生的尊严，而在于维护死的尊严。因此，维护生命尊严，特别是维护人的死的尊严，才是维护其人格尊严的最终价值，生命尊严是实现人的尊严的最终环节。

维护生命尊严最重要的是维护死的尊严，包括选择尊严死、生前预嘱和临终关怀等内容。当自然人的生命濒临终结不可治愈且采取延命措施会有巨大痛苦时，权利人有权选择生前预嘱等方式，选择尊严死，实行临终关怀，给予减轻痛苦的医疗措施。维护生命尊严是否包括可以采取安乐死，是一个有争论的问题。从原则上说，生命尊严是安乐死的上位概念，尽管《民法典》第1002条并未明确规定积极安乐死，但是，消极安乐死应当包括在其中。规定了生命尊严，将会给安乐死立法设定法律依据，有利于安乐死立法的进一步展开。

4. 依法支配权

生命权是否包括生命利益的支配权，实际上意味着生命权人可否处分自己的生命。因为对于自然人而言，生命只有一次，一旦处分，不可逆转、不可回复。例如西方宗教认为，生命是上帝所赋予的，毁弃生命是侵犯全能上帝的特权。传统民法理论对此也持否定态度，认为自然人无权处分自己的生命，因为一旦认为自然人有权处分自己的生命，就给自杀提供了合法根据。因而自然人对生命的支配，只是一种事实上的支配，而不是法律上的支配，没有上升为权利的必要。学者认为，《民法典》第1002条仅规定了生命安全和生命尊严受法律保护，但并未承认决定自己生命的权利，任意地决定自己的生命是违背公序良俗的。[1] 认可对生命的有限支配固然为献身、安乐死提供了合法性基础，但是其本质是牺牲生命的伦理属性所做的利益衡量，与生命的无价性和人格权非财产性相悖，因而不可取。[2]

---

① 王利明、程啸、朱虎：《中华人民共和国民法典人格权编释义》，北京，中国法制出版社2020年版，第163页。

② 陈甦、谢鸿飞主编：《民法典评注·人格权编》，北京，中国法制出版社2020年版，第91-92页。

完全否定生命权的支配权是不适当的。如果完全否定生命权的支配权，将无法解释为社会公共利益、他人利益或个人气节而慷慨赴死、舍己救人的献身精神，也无法解释安乐死制度。反之，主张有限制的生命利益支配权，即依法支配权[①]，不仅完全有根据，而且对这些问题都能提供解释的空间和法律依据。

有限的生命利益支配权体现在献身和安乐死问题上。至于特殊人体试验和拒绝治疗问题[②]，主要涉及健康权，而不是生命权的问题。

（1）献身

献身，包括两种含义：一是奉献生命，二是奉献全部精力。奉献生命，体现了生命权人对生命利益的支配或处分。奉献自己的全部精力不具有对生命利益的支配或处分的意义。

献身是古往今来的志士仁人所崇尚的人生追求境界，宁死不屈、视死如归、宁为玉碎、不为瓦全，都是传世的格言。反之，为保全生命而叛变事业、出卖同人，历来为世人所不耻。中国古代有称"将士用命"，即服从命令而效命，为战争的胜利而献身。《书经·甘誓》云："用命赏于祖，弗用命戮于社。"将士用命、献身，则为一种义务。

现代社会中，人们为高尚的目的，不惜舍弃自己的生命，谱写了可歌可泣的英雄赞歌。舍身拦惊马，保护了国家财产和他人的生命安全，为抢救儿童而牺牲自己的生命，为战争的胜利而甘冒被烈火烧死的危险，以及为保护他人的生命、财产安全而与犯罪分子搏斗，或为抢险救灾而光荣牺牲的人，都为人永世颂扬。

献身精神的实质，在于人们对于生命价值的评判。生命尽管对于人来说具有最高的人格价值，但是，当人们认识到个人的生命利益与他人的和社会公共利益相比，后者具有更高价值的时候，权利主体毅然放弃自己的生命利益，去换取更高的社会价值。在这样的场合，权利人对于自己生命利益的处分不仅是应受到人们尊敬、赞扬的英勇行为，而且从法律的角度上看也是合法行为。如果否认生命权人对于自己生命利益的支配、处分权，就难以解释这些英勇献身的行为。

---

① 王利明：《人格权法研究》，北京，中国人民大学出版社 2019 年第 3 版，第 270 页。
② 王利明：《人格权法研究》，北京，中国人民大学出版社 2005 年版，第 321 页。

法律反对人轻生，因为轻生的价值选择是不正确的。但是法律并不禁止人们为崇高的目的而献身。正是因为献身所换取的社会价值更为重要，因而，生命权的生命利益支配权是有限制的，而不是绝对的。限制的标准，就在于生命利益损失与换取的利益是否平衡。二者平衡或后者高于前者，权利人处分其生命利益就是合法行为。后者利益低于前者的利益，处分其生命利益就是轻生，法律不认其为合法行为。

违反职责而惜命、贪生怕死、临阵脱逃、叛变事业、出卖同人等行为，不是行使生命权的行为，而是违法行为，甚至构成犯罪，行为人应受到法律制裁。这是因为，当人们负有某种特别的职责时，如军人、刑警、消防队员，以及客运车、船驾驶、乘务人员及航空器的机长、乘务员等，均负有保卫国防、治安、财产以及人民安全的义务，其从事该种职务之初，就已经作出了必要时舍弃自己生命利益的承诺。违反这种特别义务为违法行为，应当承担法律责任。

（2）安乐死

安乐死这个词据说是中国人的创造。[①]《孟子·告子上》："然后之生于忧患，而死于安乐也。"这当然不是今日所说安乐死。安乐死一词源于希腊，意思是无痛苦死亡，快乐的死亡和尊严的死亡。[②]

刑法上的安乐死问题，主要是研究实施安乐死的行为是否构成犯罪行为。民法研究安乐死，则是研究安乐死的根本问题，即生命权人对于生命利益的支配权问题。如果生命权人享有生命利益支配权，就有权利选择安乐死，否则，对他人实施安乐死的行为，就可构成杀人罪。典型案例是：王明成，终年49岁，汉中市人，陕西第三印染厂职工。1984年10月，王明成的母亲夏素文患肝硬变腹水，1986年6月23日病危，王明成与其姐妹将其母送往汉中市传染病医院治疗。入院当日，医院就发了病危通知书，夏素文仍感到疼痛难忍，喊叫想死。6月25日，王明成和其姐妹在确认其母无治好希望的情况下，找到主治医生蒲连升要求实施安乐死，并表示愿意承担一切责任。蒲连升给夏素文开了100毫克复方冬眠

---

① 罗秉祥：《儒家的生死价值观与安乐死》，《中外医学哲学》，第1卷第1期。

② 倪正茂等：《安乐死法研究》，北京，法律出版社2005年版，第26页。

灵处方，在处方上注明"家属要求安乐死"，王明成在处方上签了名。注射后，夏素文在 6 月 29 日凌晨 5 时死去。因此，王明成与蒲连升被检察机关以故意杀人罪提起公诉，先后关押了 1 年零 3 个月，1992 年被法院宣告无罪释放。2000年 11 月，王明成也被查出患有胃癌并做了手术，2002 年 11 月，癌细胞扩散到他身体其他部位，2003 年 1 月 7 日再次住院治疗，6 月 7 日要求给自己实施安乐死。前车之鉴，没有任何医生敢为其实施安乐死，于是，他在绝望中于 7 月 4 日出院回家，拒绝治疗，于 8 月 3 日凌晨在痛苦中离开人世。

安乐死（euthanasia）一语源自于希腊语"美丽的花"，又称安乐术，或称怜杀[①]，也叫无痛苦致死，是指对于身患绝症、濒临死亡的患者，无法忍受剧烈痛苦，本人或其家属要求医生依照其请求按照法定程序，采取措施提前无痛苦地结束患者生命的行为。比利时《安乐死法》第 2 条规定："从本法的目的来看，安乐死应该定义为在被实施安乐死的人的请求下，由其他人来有目的地终结请求人生命的行为。"

安乐死有多种形式。有的学者认为，安乐死包括：一是自愿安乐死，是根据病人的意愿或者得到他的同意而实施的致死行为。二是非自愿安乐死，是对于无法矫治的畸形婴儿或植物人等无法表达意愿的危重病人，无法得到本人同意而实施的致死行为。三是积极安乐死，是对患有绝症的病患采取积极的作为方式致死的行为。四是消极安乐死，是对患有绝症的病患，不采取救治措施延长其生命的行为。五是被援助自杀安乐死，是为患有绝症的病患进行自杀提供致命药剂而使病患无痛苦死亡。这五种"安乐死"并不是严格的法律意义上的安乐死，其中只有少数符合安乐死构成要件的要求。

关于安乐死的讨论，国外从 20 世纪 30 年代起至今，已达 90 多年的历史。其基本观点有两种。

肯定说认为安乐死虽然在形式上符合故意杀人罪的要件，但由于安乐死是被害人的承诺行为，因而使安乐死行为阻却违法而成为合法行为。其理论依据是利益亏损原理，承诺人把自己所属的利益的保护权自愿放弃，把侵害性变成放任

---

① 包瑜、国惠霞：《安乐死与公民生命权的保障》，《法制与社会》2008 年第 5 期。

性，并经国家承认，视为正当行为，成立阻却违法事由，是基于被害人同意的一种自愿放弃生命的行为，为正当的行为。[1] 荷兰通过《依请求终止生命和协助自杀（程序审查）法》（2000—2001 第 137 号议会文件），这是关于安乐死的专门立法，它使荷兰成为第一个以立法的形式确认安乐死为合法的国家。2002 年 5 月 28 日，比利时通过《安乐死法》。同时，一些有关安乐死的组织和协议也开始出现。[2]

否定说认为安乐死虽经被害人的同意，但这并不能阻却其行为的违法性，仍构成刑法上的故意杀人罪。其主要理由：一是人道主义以尊重生命为基本原则，安乐死违背这一原则；二是刑法是保护人的生命的，安乐死提早结束病患的生命，于法不容；三是个人对其生命不能让与和支配，无权就放弃自己的生命而为承诺，"明日面临死运之人，今日提早杀之，仍为生命权之损害"[3]。

对于安乐死，我国学者的基本意见是赞成一定条件下有限制的安乐死。1988 年和 1994 年，我国召开两次安乐死学术研讨会，学者达成共识：安乐死是社会文明进步的一种表现，大势所趋；有利于从精神上、肉体上解除病人的痛苦；可以减轻家庭的精神、经济、情感和人为负担，解放生产力；有利于社会卫生资源的公正和正确的分配。[4] 事实上，安乐死并不是生与死的选择，而是痛苦死亡还是安乐死亡的选择。现代意义上的安乐死强调的是没有痛苦的致死，其目的是通过人工调节和控制，使死亡呈现出一种良好的状态，以避免精神和肉体的痛苦折磨，达到舒适和愉悦，即改善死者濒临死亡时的自我感觉状态，维护死亡的尊严。[5]

安乐死须具备以下四个要件。

第一，病患须身患绝症临近死期，所谓绝症是指所患的疾病按照当时的医学水平是无任何治愈希望的。临近死期，则为根据一定医学标准判断病患即将死

---

① 赵秉志等：《中国刑法的运用与完善》，北京，法律出版社 1989 年版，第 371 页。
② 黄丁全：《医疗、法律和生命伦理》，台北，宏文图书股份有限公司 1998 年版，第 79 页。
③ 史尚宽：《债法总论》，台北，荣泰印书馆 1978 年版，第 140 页。
④ 祝敏：《安乐死与生命权》，《法制与经济》2008 年第 6 期。
⑤ 赵丽娜：《对安乐死与生命权问题的浅析》，《法制与社会》2010 年第 3 期。

亡，且与死期相距不远。

第二，病患必须极度痛苦不堪忍受，这种痛苦限于肉体痛苦，不包括精神痛苦，肉体的痛苦必须达到不堪忍受的程度。

第三，病患必须自愿请求采取安乐死。目前多有学者主张病患家属可以请求采取安乐死的意见，这是不能同意的，因为放弃生命利益只有权利主体本人才有权作出决定，其他人无权剥夺他人生命。同时，以病患承诺的提法亦不准确，因为这种提法容易误解为他人提出而病患同意，因而造成侵害权利主体生命权的后果。病患自愿请求必须以明示方法为之。

第四，病患的请求必须经过医务部门同意，医务部门准许应由专门委员会讨论同意，个别医务人员或医治医生无权同意；同时，采用的方式应当合乎人道，不具残酷性。对此，比利时《安乐死法》第 3 条第 1 款规定："如果医生是基于以下条件帮助实施了安乐死，不认为是犯罪：病人是已经达到法定成年或自立的未成年人，且在作出安乐死请求时有能力和正常的意识。安乐死的请求应该是自愿的，经过仔细考虑和反复要求的，不是屈从于外力压迫的结果。病人经受着一种不能减轻的经常的和难以忍受的身体与精神上的痛苦，处于一种医疗无效的状况，导致了病人因疾病或其他事件带来的严重的无法忍受的身心失调。医生依据本法规定，再充分地考虑了以上条件和程序的情况下，实施安乐死也不认为是犯罪。"

应当赞同在一定条件下有限制的安乐死。认识安乐死的关键，在于是否承认自然人有生命利益的支配权。反对安乐死的一个重要理由，就是自然人没有死亡的权利。事实上，当病患身患绝症、临近死期，且极度痛苦又不堪忍受时，允许病患自愿请求结束其生命，不仅是对个人权利的尊重，且对社会利益和国家利益并无损害。

承认生命权包括生命利益支配权，就可以解决对安乐死的基本认识问题。生命利益支配权不是绝对的权利，而是有限的权利，它只限定于有限的场合，权利主体可以支配自己的生命利益，作出放弃生命利益的决定。正如学者质问的那样："赛车、拳击、漂流、登山等运动，都是危险性极高的竞赛项目，自古以来，已有不计其数的运动员在这些体育运动中丧失生命。在这些体育竞赛之前，运动员实际上已把生命权和健康权交了出来，作出了因竞赛伤亡而不追究他人责任的承诺。既然在运动场上运动员可以处置自己的生命和健康，那么为什么身患绝症的人就不能处置自己的生命呢？"[1] 有限的生命利益支配权，是权利主体生命权的重要内容之一，当安乐死的必要条件具备时，作为权利主体的病患自愿放弃生命利益，是完全合法的，不得追究协助安乐死的人的刑事责任和民事责任。

生命利益支配权的有限性，表现在安乐死中，就是要严格依照安乐死的构成要件执行，不具备其全部要件的，不构成安乐死。在前述五种安乐死类型中，有些根本不构成法律上的安乐死。其中对于无法矫治的畸形儿和植物人实施非自愿安乐死，是违背生命利益支配权的原理的，不构成法律意义上的安乐死。因为生命利益支配权只限于权利人本人，任何其他人均无代行该权利的权利。被援助自杀的安乐死，因其协助安乐死的人非医务机关，又无医务部门的讨论同意，因而是援助自杀而不是安乐死。

（3）其他支配生命利益的行为

此外，对生命利益的维护以及在特殊情况下对生命利益的决定权，特别体现在生命权人在决定是否实施一种高风险的手术时所享有的自己决定权上[2]，也是生命利益有限支配权的内容之一。

四、生命权的民法保护

（一）民法救济的沿革

在古代习惯法时期和古代成文法初期，对于侵害生命权的法律救济主要是血亲复仇制度。当一个人被他人杀害，被害人的血亲有权将杀人者处死，以报血仇。这种复仇必须公开进行，或者以某种方式使人明白为何实施复仇，秘密进行是不允许的。复仇者在报复杀害杀人者之后，必须将杀人凶器留置在死者身上，

---

① 赵秉志等：《中国刑法的运用与完善》，北京，法律出版社 1989 年版，第 377 页。
② 王利明：《人格权法》，北京，中国人民大学出版社 2010 年版，第 146 页。

以证明复仇者的行为。

在古代成文法后期，对侵害生命权的行为实行自由赔偿制度，采取复仇方式还是采取赔偿方式，由受害人的亲属选择。这种赔偿并不是现代意义的赔偿，而是对放弃报复权利的补偿，由双方协商，由杀人一方支付货币或牲畜等物资，受害方接受赔偿之后，则不得再行实施复仇行为。

至罗马法后期，一律实行强制赔偿方法，对生命权受侵害之人，侵害人应以金钱或实物赔偿，禁止实行复仇行为。我国从汉代起，即规定禁止复仇的制度，而采刑罚手段和赔偿手段即赎铜入杀伤之家、断付财产养赡、给付养赡银、烧埋银等，实行法律救济。

生命权首先在法国《人权宣言》中予以确认，规定"任何政治结合的目的都在于保存人的自然的和不可动摇的权利"。美国《独立宣言》规定，"人人生而平等，他们都从他们的造物主那里被赋予了某些不可转让的权利，其中包括生命权、自由权和追求幸福的权利"。至民事立法法典化以后，《法国民法典》未明设对生命权遭侵害予以救济的条文规定，但将其含于该法典第 1382 条和第 1383 条之中，实行损害赔偿。《德国民法典》开创对生命权民法救济予以明文规定的先例，认其为最严重的侵权行为，采损害赔偿方式救济，并对生命权遭侵害的间接受害人的扶养损害亦进行赔偿。在《苏俄民法典》中，虽未明确规定生命权，但对致人死亡的侵害生命权行为规定予以损害赔偿的救济手段，包括由死者扶养的或者在死者生前有权要求死者扶养的无劳动能力的人，以及在死者死后出生的子女，都有权要求损害赔偿。在现代，侵害生命权以损害赔偿方法予以民事救济，已成为各国立法通例。

（二）民法救济的学说

1. 不同学说的比较

侵害生命权，以受害人死亡为其结果。受害人既已死亡，该损害赔偿法律关系缘何而生，有不同主张。择其要者列举如下。

（1）民事权利能力转化说

自然人死亡是其民事权利能力终止的法律事实，这两件事实是同时发生的。

但民事权利能力由存在到不存在有一个转化的过程，在这个转化过程中，产生损害赔偿请求权。如认为死亡与民事权利能力固然系同时丧失，但在"同时"之中，在质量上有由民事权利能力的存在趋于不存在的转化过程，故被害人可以因生命权被侵害而享有赔偿请求权。①

（2）加害人赔偿义务说

这种主张认为加害人的赔偿义务不因被害人死亡而消灭，所以被害人得受赔偿的地位当然由其继承人继承。民法创设不法侵害他人之权利者负损害赔偿之责任的规定，"系就加害人赔偿义务而为规定。加害人赔偿之义务，初不因被害人之死亡而消灭，则被害人受赔偿之地位，当然由继承人继承。盖侵权行为之制度，与其谓为被害人之损害之填补，不如谓为加害人损害之担任也"②，说的就是这个意思。

（3）同一人格代位说

这种主张认为，继承人与被继承人二者的人格在纵的方面相连接，而为同一人格，故被害人因生命侵害而生的赔偿请求权，可由其继承人取得。③

（4）间隙取得请求权说

这种主张认为，被害人从受致命伤到其生命丧失之时，理论上总有一个或长或短的间隙，在这个间隙中，被害人是有民事权利能力的，故可取得损害赔偿请求权。自然人在死亡之前，他总有一段时间处于有生命状态，所以他也享有权利。他死亡之后，其请求赔偿的权利可以依继承移转给其继承人，他的继承人可以通过法院要求赔偿损失。④ 侵害生命与丧失生命即权利主体消灭之间，理论上实不无多少之间隔，自应解为被害人已取得损害赔偿请求权，继承人得为继承。⑤

在以上各种学说中，多数学者采用间隙取得请求权的主张。

---

① ［日］末川博：《权利损害论》，第 418 页。转引自龙显铭：《私法上人格权之保护》，上海，中华书局 1948 年版，第 45 页。

② 史尚宽：《债法总论》，台北，荣泰印书馆 1978 年版，第 141 页。

③ 龙显铭：《私法上人格权之保护》，上海，中华书局 1948 年版，第 45 页。

④ 孙亚明主编：《民法通则要论》，北京，法律出版社 1991 年版，第 204 页。

⑤ 胡长清：《中国民法债编总论》，上海，商务印书馆 1946 年版，第 129 - 130 页。

2. 双重受害人说

本书认为，民事权利能力转化说与同一人格代位说之不可采处较为明显，因为自然人的民事权利能力因死亡而即时丧失，不存在渐变的转化过程；各个自然人的人格是完全独立的，也不存在同一人格的问题。加害人赔偿义务说和间隙取得请求权说，则均有可采之处。

在上述各种学说中，有一个共同点，就是都认为侵害生命权的损害赔偿请求权存在一个继承的问题，即侵害生命权的受害人享有损害赔偿请求权，在其死亡之后，由其继承人继承。这些学说忽视了一个客观的事实，就是在侵害生命权的法律关系中，实际上存在双重的直接受害人。对笔者提出的双重受害人的主张，学者认为，此种观点的合理性在于，其不仅承认的死者的近亲属作为受害人也可以享有损害赔偿请求权，而且其享有请求权的根据也直接来源于法律的规定。[1]《民法典》第1181条第1款前段关于"被侵权人死亡的，其近亲属有权请求侵权人承担侵权责任"的规定，显然采纳的是这种学说。

所谓双重直接受害人，是指侵害生命权的行为，既造成了生命权人生命丧失的损害事实，又造成了生命权人的近亲属的财产损失和精神痛苦的损害事实。生命丧失的直接受害人是死者，而财产损失和精神痛苦的受害人则是死者的近亲属。这两种受害人均为侵害生命权的直接受害人。

对于侵害身体权、健康权、生命权的法律救济手段，是全部赔偿因此而造成的财产损失。这一点，为现代各国民事立法所采纳，我国《民法典》第1179条和第1180条规定的原则也正是如此。依此原则，对于因此而造成财产损失之人，应作为直接受害人。侵害身体权、健康权行为与侵害生命权行为不同之处在于，前两种行为的双重损害结果集中在受害人一人身上，不存在双重受害人的问题。后者的双重损害结果，由于受害的生命权人已经死亡，而由死亡人和其近亲属各个承受该损害结果。也正是因为如此，死者在死亡的间隙中享有的损害赔偿请求权，实际上与死者近亲属所享有的损害赔偿请求权内容是同一的，因死者死亡，而并合成由死者近亲属一并行使的损害赔偿请求权。依照这种理论，侵害生命权

---

① 王利明：《人格权法》，北京，中国人民大学出版社2010年版，第148页。

的损害赔偿请求权实际上不存在继承问题；同时，作为加害人，其负有的损害赔偿义务，实际上存在两个权利人，其中死者死亡以后，还存在另外一个权利人，因而加害人的损害赔偿义务并未发生任何变化，只是向仅存的受害人清偿赔偿义务而已。

确立这一理论，侵害生命权的间接受害人原理是一个有力的佐证。侵害生命权行为造成因此而丧失扶养请求权的人，称为扶养丧失的间接受害人。[①] 间接受害人因死者对其负有扶养义务，因行为人致人死亡而丧失了扶养来源，因而侵害生命权的行为造成了间接受害人的财产利益的损失，享有损害赔偿请求权。同理，死者近亲属因生命权人死亡而造成财产损失，当然也享有损害赔偿请求权。

死者近亲属作为直接受害人，一般应以与死者共同生活的近亲属为限，因为在一般情况下，共同生活的近亲属的财产是共同财产，以共同财产支付死者的费用。死者不与他人共同生活，或者不与他人为共同财产者，应以对其有继承既得权的近亲属为限，因为赔偿所得财产应由这些继承人承受，其他为死者支付财产之人则从赔偿金中偿付。

（三）保护生命权的两种不同请求权

在以上讨论的对生命权保护的理论中，其实都是在讨论对生命权的侵权请求权的救济问题，即侵权行为侵害权利人的生命权致权利人死亡的损害赔偿请求权的产生机制。其实，对于生命权的民法保护方法，不只是侵权请求权的保护，还有人格权请求权的保护，即行为人的违法行为造成权利人生命权有受侵害之虞，尚未造成死亡后果的，权利人享有生命权请求权，行使该请求权，应当依照《民法典》第995条规定，请求行为人停止侵害、排除妨碍、消除危险等。在以往的研究中，对生命权的保护着重强调的是侵权请求权的作用，而忽视了生命权请求权对保护生命权的重要作用。

---

① 间接受害人还包括劳动能力丧失的间接受害人，这里只说其一。

五、保护生命权的人格权请求权

（一）保护生命权的人格权请求权的内容

保护生命权的人格权请求权，包括停止侵害、排除妨碍、消除危险等请求权。其中特别重要的，是生命权人依法请求有关机关消除生命危险的权利，是人格权请求权的基本类型之一。

《民法典》第995条规定："人格权受到侵害的，受害人有权依照本法和其他法律的规定请求行为人承担民事责任。受害人的停止侵害、排除妨碍、消除危险、消除影响、恢复名誉、赔礼道歉请求权。不适用诉讼时效的规定。"这里规定的五种民事责任方式①，就包括保护生命权的停止侵害、排除妨碍（害）、消除危险的请求权内容，这都是在生命权未遭受实际损害即造成死亡后果前的保护生命权的方法。

权利人行使生命权请求权，包括两个方面：一是请求负有救助义务的组织或者个人对其采取救助行为；二是请求国家有关机关依法责令违法行为人承担相应的民事责任。

（二）请求负有救助义务的组织或者个人采取救助行为

《民法典》第1005条还规定负有法定救助义务的组织或者个人的救助义务："自然人的生命权、身体权、健康权受到侵害或者处于其他危难情形的，负有法定救助义务的组织或者个人应当及时施救。"

负有法定救助义务的组织和个人，是指医疗机构、院前急救机构以及负有法定救助义务的单位和个人等，这些机构和个人依照法律的规定，负有对处于危难之中的自然人的救助义务。

本条规定的负有法定救助义务的主体是组织和个人。如果不属于负有法定救助义务的组织或者个人，发现自然人的生命权、身体权、健康权受到侵害或者处于其他危难情形，依据道德也是应当予以救助的，造成被救助人的损害，应当适

---

① 按照《民法典》第179条第10项的规定，消除影响、恢复名誉是一种民事责任方式，而不是两种。

用《民法典》第184条的规定，免除责任。

（三）请求司法机关责令违法行为人承担法律责任

生命权请求权的行使，主要是请求国家司法机关依照《民法典》第995条的规定，依法责令违法行为人承担民事责任，使生命权人免受侵权行为的侵害。违法行为人实施违法行为，有可能侵害生命权人的权利时，权利人可以通过民事诉讼，请求司法机关判决违法行为人停止侵害生命权的行为、排除对生命安全的妨碍（害）、消除损害生命的危险。生命权人行使上述请求权，不受诉讼时效的限制。

申请司法机关依法消除危害生命危险的请求权，是生命权法律保护的重要内容。权利人行使这一权利，应当依照法定程序进行。对于负有保护责任的司法机关，对该种请求必须认真负责、妥善处理，不得互相推诿。对于渎职造成申请人生命权损害后果的，必须严肃处理，依法追究其渎职罪的刑事责任。

六、保护生命权的侵权请求权

（一）侵害生命权侵权责任的归责原则

侵害生命权的归责原则，同样适用《民法典》第1165条和第1166条规定过错责任原则、过错推定原则和无过错责任原则。在适用这些归责原则时，要严格掌握三个归责原则调整范围的不同，严格掌握其各自责任构成要件的不同。

（二）侵权责任主要构成要件相同

在侵害生命权责任构成的主要要件上，违法行为、因果关系、过错的内容，与侵害身体权、健康权责任构成对这三个要件的要求相同。主要内容如下。

1. 违法行为

侵害生命权的违法行为包括作为和不作为，其行为也包括直接行为和间接行为，行为亦须具备违反民事立法关于保护自然人生命权的规定，具有违法性。

2. 因果关系

侵害生命权的违法行为与生命权丧失的损害事实之间，须具备因果关系。判断因果关系的标准，应采相当因果关系理论，依通常的社会经验和知识水平判断，并非要求必然因果关系的存在。

所应注意者，是共同原因致死的原因力问题，与侵害身体权与健康权的因果关系相比有一定的特殊性。在其他原因为助成或扩大的原因时，违法行为与这些其他原因共同引起损害结果的发生，以原因力的大小确定其责任范围，并无特殊之处。

在实务中，以违法行为为"诱因"致人死亡的共同原因，应如何处理，殊值研究。例如，某特务连战士复员以后，到电影院作收票员，当时电影院的秩序不好，很多人无票想看"白戏"。该人做这项工作以后，声称会"掏心拳"，打人一拳，三天后必死亡。很多人因惧怕他而不敢继续"蹭戏"。一日，某少年无票入场被该人抓获，该少年不服，与其争执、厮打，该人打其胸、腹部三拳。该少年回家后则腹痛不已，不到三天真的死亡。群众均认为该人以"掏心拳"故意杀人，一致要求"偿命"。经尸检，死因为死者脾脏发生病变，外力致该有病变的脾脏受损，且未进行抢救性治疗而致死。

在以"诱因"致受害人死亡的案件中，侵权人的违法行为不是生命丧失的主要原因，受害人原存在的某些病变则是主要原因，违法行为所起的是催化、引发的作用，加速了死亡的到来。对于这类案件，实践中应遵循以下原则处理：第一，肯定该种违法行为与死亡结果之间有因果关系。这种原因有助成的作用，没有这种违法行为受害人不会立即死亡。否认其与死亡结果有因果关系不妥。第二，确认"诱因"是死亡结果发生的共同原因。在这种案件中，受害人死亡结果的发生非由一个原因所引起，而是外力作用与内在病因互相结合而使死亡结果发生。第三，违法行为与原病因相较为次要原因，依其原因力承担相应的部分责任，而非承担全部责任或主要责任。部分责任的大小，应以其实际产生的原因力大小确定，考虑其过错程度，在50%以下决定之。

3. 对过错要件的要求相同

过错，在侵害生命权责任构成中无特殊要求，故意、过失均可构成。在适用无过错责任原则的场合，则无须具备过错要件。

（三）侵害生命权的损害事实

侵害生命权责任构成的损害事实要件，与侵害健康权、身体权的损害事实相比，最具特殊性，因此单独予以说明。

1. 损害事实的层次

侵害生命权的损害事实通常包括四个层次。

（1）生命丧失的事实。民法对于侵害生命权的理解与刑法的理解大不相同。民法所说的侵害生命，其意义较刑法杀人之意义为广，乃指招致人死亡之一切违法行为而言，盖徜不如是，则被害人之近亲得受救济之情形，未免过狭故也。在历史上，罗马法曾仅承认加害人因作为而成立的侵害生命权行为，而忽视因不作为而成立的侵害。日耳曼法则一直认为因不作为而侵害他人权利者亦构成侵权行为。至14世纪、15世纪的立法，对侵害生命权的损害事实意见基本趋于一致，认为侵害生命既包括杀人，亦包括伤害致死；不仅认因作为之杀害为侵害生命，而且认因违反义务之不作为致人死亡者，亦为侵害生命。①

正因为如此，作为侵害生命权最基本的损害事实是生命丧失。一方面，它与侵害身体权、健康权的损害事实相区别；另一方面，也给确定侵害生命权的基本损害事实提供了客观的评断标准，无论故意还是过失，无论杀人还是伤害致死，无论是作为致人死亡还是不作为致人死亡，只要造成受害人死亡的客观结果，即为侵害生命权。

称生命丧失为侵害生命权最基本的损害事实，是依该事实发生侵害生命权的民事责任，是不可不存在的必备事实，是构成损害事实的基础。

（2）生命丧失导致死者近亲财产损失的事实。侵权行为致人死亡，必然造成死者近亲财产上的损失。这种损害事实，包括死者近亲为抢救受害人而支出的费用，如抢救医疗费、护理费、车船费、住宿费等；也包括近亲为安葬死者而支出的丧葬费。这些财产上的损失，为侵害生命权损害事实要件的第二层次，为必要的内容，应依此而确定损害赔偿请求权的范围。

---

① 龙显铭：《私法上人格权之保护》，上海，中华书局1948年版，第43页。

（3）生前扶养的人的扶养损害事实。死者生前扶养的人的扶养丧失的事实指受害人生命丧失后，如果死者生前有直接扶养的人，该接受扶养的人因死者死亡而丧失了扶养的来源，这是侵害生命权所导致的客观结果，是损害事实要件的内容之一。但这一内容并非侵害生命权损害事实的必要内容，如果死者生前无直接扶养之人，则不必具备这样的损害内容。这个内容《民法典》没有规定，2020年《人身损害赔偿司法解释》作了补充规定。

（4）死者近亲属的精神痛苦损害。亲人之间的感情是最真诚、最密切的感情，侵权行为致亲属死亡，死者近亲无不蒙受巨大的精神创伤和承受感情上的痛苦。这种精神上的损害，亦为侵害生命权损害事实要件的内容之一，应作为抚慰金赔偿的标的。

（四）受害人的种类

与侵害生命权的损害事实相对应，侵害生命权的受害人分为以下三种。

（1）直接受害人。侵害生命权的直接受害人包括两种：一是生命权直接受侵害之人，二是为抢救死者、丧葬而遭受财产损失的死者近亲属。关于这两种直接受害人的范围，在本章第四节关于双重受害人的论述中已经作了说明。

（2）间接受害人。侵害生命权的间接受害人是受死者生前扶养之人。对此，在本书第九章关于扶养损害赔偿一节作了说明。

（3）因死者死亡而遭受精神痛苦的受害人。侵害生命权造成死者近亲属丧失亲人的精神损害，所受精神损害的近亲属，亦为侵害生命权的受害人。

以上受害人，在侵害生命权的侵权法律关系中均为请求权主体，有权请求赔偿相应的损失。只有死者的损害赔偿请求权并合在财产利益受损失之人的请求权中，才由财产利益受损失之人行使请求权。

（五）侵害生命权的赔偿范围

1. 侵害生命权赔偿的一般原则

《民法通则》第119条规定侵害生命权应赔偿常规赔偿、丧葬费赔偿和间接受害人扶养损害赔偿，是正确的，没有规定赔偿抚慰金不妥。对此，首先，国务院制定了《道路交通事故处理办法》，为弥补这一缺陷，先规定了对道路交通事故中致死者赔偿死亡补偿费，对其他侵害生命权的处理，具有示范的作用。其次，2001年《精神损害赔偿司法解释》明确规定，对侵害生命权应当赔偿死亡赔偿金，2003年《人身损害赔偿司法解释》对侵害生命权的责任规定了详细的规则，《侵权责任法》第16条和第17条规定了原则性的赔偿办法，与《人身损害赔偿司法解释》的规定基本相同。最后，《民法典》第1179条和第1180条在《侵权责任法》第16条和第17条规定的基础上，稍作修改，成为现行侵害生命权损害赔偿责任的规则。2020年《人身损害赔偿司法解释》作了具体规定。

在实践中，应当依照《民法典》的上述规定和最高人民法院司法解释的规定，确定侵害生命权的损害赔偿责任。学者认为，对于死亡赔偿，我国的司法实践采用了一种改良了的继承主义，个中不太成功的改良被视为城乡二元歧视的又一体现，招致了所谓"同命不同赔"的责难，有待改进。[1] 死亡赔偿的内容应该强化精神损害赔偿，淡化物质损失赔偿。[2] 这些意见是正确的。其实，对于死亡赔偿金的"同命不同价"的问题，是应当解决的。2019年和2020年，部分高级人民法院进行试点，寻求死亡赔偿金"同命不同价"的解决办法，表达了这个意向，但是在2020年《人身损害赔偿司法解释》中，仍然坚持原来的规定，并没有实现死亡赔偿金存在的问题。对此，还应当进一步研究，督促改进这个问题。

2. 侵害生命权的具体赔偿范围

依照《民法典》第1179条后段规定，赔偿义务人除应当根据抢救治疗情况赔偿相关费用外，还应当赔偿丧葬费、被扶养人生活费、死亡补偿费以及受害人亲属办理丧葬事宜支出的交通费、住宿费和误工损失等其他合理费用。

（1）常规治疗损失的财产赔偿

在遭受人身损害丧失生命的案件中，对于因抢救、治疗而发生的前述医疗费、误工费、护理费、交通费、住宿费、住院伙食补助费和必要的营养费的损失，都是正常的财产支出，按照人身损害赔偿财产损失的规则进行赔偿。

---

① 姚辉、邱鹏：《论侵害生命权之损害赔偿》，《中国人民大学学报》2006年第4期。
② 邵世星：《再论生命权的损害赔偿》，《国家检察官学院学报》2008年第1期。

（2）丧葬费赔偿

2020年《人身损害赔偿司法解释》第14条规定："丧葬费按照受诉法院所在地上一年度职工月平均工资标准，以六个月总额计算。"

在原来的司法实践中，丧葬费的赔偿采用具体标准，就是损失多少赔偿多少。按照本条规定，丧葬费赔偿标准采用统一的计算方法和赔偿标准，就是受诉法院所在地上一年度职工月平均工资乘以6个月。这个方法简明，便于计算和操作，对受害人的保护也较为妥当。

（3）死亡赔偿金

2020年《人身损害赔偿司法解释》第15条规定："死亡赔偿金按照受诉法院所在地上一年度城镇居民人均可支配收入标准，按二十年计算。但六十周岁以上的，年龄每增加一岁减少一年；七十五周岁以上的，按五年计算。"按照这一规定，关于死亡赔偿金的赔偿方法是：

1）死亡赔偿金的计算标准。死亡赔偿金的计算标准是，按照受诉法院所在地上一年度城镇居民人均可支配收入标准计算。

2）一次性赔偿的方法。用一次性方法赔偿为20年。如果受害人为60周岁以上的，年龄每增加1岁减少1年；75周岁以上的，按5年计算。

《民法典》第1180条规定因同一侵权行为造成多人死亡的，可以以相同数额确定死亡赔偿金。适用相同数额确定死亡赔偿金的规则是：第一，因同一个侵权行为造成受害人死亡，即大规模侵权；第二，死亡人数为二人以上；第三，这里规定的"可以"，带有一定的强制性，就是在没有极为特殊的情况下，都应当以相同数额确定死亡赔偿金。

（4）死者生前扶养人的扶养损害赔偿

死者生前抚养人，是指受害人生前依法应当承担扶养义务的未成年人或者丧失劳动能力又无其他生活来源的成年近亲属。由于被侵权人因侵权行为死亡，其法定的扶养来源丧失，因此，侵权人应当予以损害赔偿。

对于被扶养人扶养损害赔偿的确定，2020年《人身损害赔偿司法解释》第17条规定，被扶养人生活费根据扶养人丧失劳动能力程度，按照受诉法院所在地上一年度城镇居民人均消费性支出标准计算。由于扶养人已经死亡，其劳动能力已经不存在，因此，属于劳动能力全部丧失，扶养人生前提供的所有的扶养来源的丧失都应当予以赔偿。被扶养人为未成年人的，计算至18周岁；被扶养人无劳动能力又无其他生活来源的，计算20年。但是60周岁以上的，年龄每增加一岁减少一年；75周岁以上的，按5年计算。如果被扶养人还有其他扶养人的，扶养义务人只赔偿受害人依法应当负担的部分。被扶养人有数人的，年赔偿总额累计不超过上一年度城镇居民人均消费性支出额。

由于《民法典》第1179条没有规定死者生前扶养的人的生活费赔偿项目，因此，2020年《人身损害赔偿司法解释》第16条规定：被扶养人生活费计入死亡赔偿金。在实务操作中，按照上述规则计算出被扶养人的生活补偿费的具体数额后，计入死亡赔偿金，一并赔偿。

（5）其他费用赔偿

2003年《人身损害赔偿司法解释》第17条第3款规定了其他费用的赔偿的范围，即"受害人亲属办理丧葬事宜支出的交通费、住宿费和误工损失等其他合理费用"，没有规定具体办法。2020年《人身损害赔偿司法解释》删除了这个规定。对此，在实践中，受害人亲属办理丧葬事宜支出的交通费、住宿费和误工损失等其他合理费用，也是应当赔偿的。

（6）死者近亲属的精神损害抚慰金赔偿

侵害生命权的精神损害赔偿请求权，基于死者的近亲属遭受的失去亲人的痛苦，而这一痛苦是基于特定的身份关系产生的，这就是父母、子女、配偶等人之间的关系，这是一种以情感寄托为内容的精神利益关系[1]，法律应当保护。2020年《人身损害赔偿司法解释》第23条规定："精神损害抚慰金适用〈最高人民法院关于确定民事侵权精神损害赔偿责任若干问题的解释〉予以确定。"按照2020年《精神损害赔偿司法解释》第1条关于"因人身权益或者具有人身意义的特定物受到侵害，自然人或者其近亲属向人民法院提起诉讼请求精神损害赔偿的，人民法院应当依法予以受理"的规定，其中关于"自然人或者其近亲

---

① 王一土：《侵害生命权的精神损害赔偿性质探析》，《法治研究》2009年第9期。

属提起精神损害赔偿"，就包含了死者的近亲属主张的精神损害赔偿抚慰金的内容。对此，应当依照《民法典》第 1183 条第 1 款规定确定精神损害赔偿责任。

第三节　《民法典》规定生命权包含生命尊严的重要价值

《民法典》第 1002 条规定生命权的内容中，增加了"生命尊严维护权"，不仅在全国人民代表大会审议期间引发了热烈的讨论，而且在社会也上受到了各界的普遍关注。这是我国立法上第一次规定生命尊严的概念，也是第一次将生命尊严纳入生命权的内容之中，具有特别重要的意义。究竟如何认识生命尊严，生命尊严应当包含哪些内容，《民法典》规定生命尊严的重要价值是什么，需要特别加以探讨。

一、问题缘起

一般认为，"生命权者，不受他人妨害，而对于生命之安全，享受利益之权利也。"① 在这一认知的基础上，2018 年 8 月 17 日第十三届全国人大常委会第五次会议审议的《民法典分则各编（草案一审稿）》第三编"人格权编"第 783 条规定："自然人享有生命权，有权维护自己的生命安全。任何组织或者个人不得侵害他人的生命权。"2019 年 4 月 12 日，全国人大常委会对人格权编草案进行了第二次审议，对人格权编的内容作了较多调整，其中第 783 条关于生命权的规定中新增了"生命尊严"，形成了"自然人享有生命权，有权维护自己的生命安全和生命尊严。任何组织或者个人不得侵害他人的生命权"的完整内容。2019 年 8 月《民法典人格权编（草案三审稿）》第 783 条继续对此作出规定。2019 年 12 月 22 日，立法机关将《民法总则》和《民法典各分编草案》整合成为完整的

---

① 龙显铭：《私法上人格权之保护》，上海，中华书局 1948 年版，第 42 页。

《民法典（草案）》，提交全国人大常委会审议，第 1002 条继续规定生命尊严为生命权的主要内容之一。

《民法典》通过审议，第 1002 条关于生命尊严的概念正式得到确立。"构成法律规定的概念，与法律一样通常具有历史性的时间结构，必须随历史之变迁而演进。在此过程中，某一主导性观念之所以能被植入权利的内涵，端视持论者能否提出深具合理性的论证。"① 生命尊严之所以能成为《民法典》规定的概念之一，离不开社会基础的变迁。随着生活水平的提高以及科技的快速发展，人们不止看重生命安全利益的维护，更强调生命尊严利益的维护。这样的理念植入立法，成为《民法典》的条文，使生命尊严成为生命权的重要内涵，须具备充分的合理性。

对此，笔者以《民法典》第 1002 条规定生命尊严的法理基础为出发点，充分论证其合理性，并进一步阐释生命尊严的基本含义与具体内容，由此展开《民法典》第 1002 条规定生命尊严的重要价值。

二、《民法典》规定生命尊严的法理基础

沿着为权利而斗争的足迹考察，从个人的动机，即从纯利益计算的最底层，经由强调人格和其道德深层条件的理想层面，直至实现正义理念的最高峰。② 《民法典》第 1002 条规定生命尊严，起初也是从生命利益出发，直到上升至人格以及道德的层面，符合了法的正义价值，才真正在立法上得到确立。换言之，生命尊严有其深厚的哲学基础、伦理基础以及价值基础。

（一）哲学基础：生命尊严是人的主张

以抽象的人性为逻辑起点，康德提出："人性本身就是一种尊严；因为人不能被任何人（既不能被他人，也甚至不能被自己）纯然当作手段使用，而是在任何时候都必须同时当作目的看待。他的尊严（人格性）正在于此，由此他使自己

① ［德］卡尔·拉伦茨：《法学方法论》，陈爱娥译，北京，商务印书馆 2003 年版，第 14 页。
② ［德］耶林：《为权利而斗争》，郑永流译，北京，商务印书馆 2018 年版，第 44 页。

高于一切其他不是人、但可能被使用的世间存在者。"① 根据康德的人格哲学体系，人是目的，而非手段。人具有意志，可以通过意志实现维护人的尊严的目的。

"目的王国中的一切，或者有价值，或者有尊严。一个有价值的东西能被其他东西所代替，这是等价；与此相反，超越于一切价值之上，没有等价物代替，才是尊严。"② 在人的世界中，尊严具有终极的价值。因此，对于生命的保护也应当符合尊严性，这就是生命尊严。

生命尊严是人独有的尊严，其他生物学意义上的主体不存在意志，是人类为维护自身尊严时使用的手段。因此，以此为界分，尽管人类与其他生物学意义上的主体都有生命，但是只有人有生命尊严，其他生物学意义上的主体没有生命尊严。黑格尔也表达了同样的观点。"法的命令就在于，成为一个人，并尊敬他人为人。"③ 尽管人类与动物都有生命，但是，人类有意志在其中，动物却没有这种意思，因此，动物对它们的生命没有权利，人类对生命是有权利的。④ 人类对生命的权利就体现他人对自己生命的尊严性的保护，即人类享有生命尊严。如果否认人类的生命尊严，就是将人物化为动物。从这一意义上而言，可以说"生命的尊严是超等价物的一切事物的基点"⑤。

从哲学的立场上看，生命尊严作为人独有的尊严，为每个人所平等享有，不因阶级、种族、性别、贫富而有所差异。"没有类似生命的东西，也不可能在生命之间进行比较。"⑥ 每个人的生命都是独一无二的、不可替代的存在。生命的价值超越了一切，是无价之宝。因此，对每个人的生命的保护都要具有尊严性。

① ［德］康德：《道德形而上学》，（注释本），张荣、李秋零译，北京，中国人民大学出版社2013年版，第239页。

② ［德］康德：《道德形而上学原理》，苗力田译，上海，上海人民出版社2005年版，第55页。

③ ［德］黑格尔：《法哲学原理》，范扬、张企泰译，北京，商务印书馆2017年版，第53页。

④ ［德］黑格尔：《法哲学原理》，范扬、张企泰译，北京，商务印书馆2017年版，第63-64页。

⑤ ［日］池田大作、［英］阿诺尔德·汤因比：《眺望人类新纪元》，南京，天地图书有限公司2000年版，第484页。转引自［日］奥田真纪子、王丽荣：《池田大作生命尊严思想述评》，《伦理学研究》2016年第3期。

⑥ ［德］康德：《法的形而上学原理——权利的科学》，沈叔平译，北京，商务印书馆1991年版，第166页。

只有平等维护他们生命的尊严，才能彰显生命的独特，实现生命的价值。

（二）伦理基础：生命尊严是伦理人的内在道德要求

从具体的人出发，民法将人的原型分为伦理人和经济人，作为区分人法和财产法主体的基础。[①] 人法中的伦理人，不单是生物学意义上的主体或者抽象人格意义上的主体，更是伦理性的主体。"伦理性的东西，如果在本性所规定的个人性格本身中得到反映，那便是德。"伦理人就表现为有道德的人。一个真正有道德的人，必须要维护道德存在的条件，实现对道德的自我维护。就对待生命这一内容而言，中国民法中的人须主张生命尊严，才符合伦理人的内在道德要求。

"社会意义的生命是情感、社会评价的生物载体，是人的生存尊严和意义之所在，是连接全部社会关系的物质中介。"[②] 生命所具有的社会价值内在地要求了它必须为人所尊重。尊重是个人主观意志的表达。"对于主观意志来说，善同样是绝对本质的东西，而主观意志仅仅在见解和意图上符合于善为限，才具有价值和尊严。"[③] 因此，尊重生命不仅要有尊重的行为，还必须符合善的本质。这种尊重才真正的具有价值，才能体现人的尊严。合乎善的本质去对待每一个人的生命，就是承认每个人享有生命的尊严，关注到生命所承载的情感、社会评价等精神性要素并认可个人的选择。简言之，承认生命尊严就是善的表达。善作为一种普遍性的价值，是道德存在的基本条件，对生命尊严的承认就是对道德所存在的基本条件的维护。

然而，这样还是远远不够的。"一个人做了这样或那样一件合乎伦理的事，还不能就说他是有德的；只有当这种行为方式成为他性格中的固定要素时，他才可以说是有德的。"[④] 也就是说，仅有承认生命尊严的行为，可以说是合乎伦理，但是，这样的行为必须固化为伦理的一部分，即生命尊严内化为伦理性的性格，人才能真正成为一个有德的人。在这个意义上，伦理人的内在道德要求他们积极地奉行生命尊严为生命伦理准则，将生命尊严作为自己内在的东西，并积极地去

---

① 朱岩：《社会基础变迁与民法双重体系建构》，《中国社会科学》2010 年第 6 期。
② 张平华：《生命权价值的再探讨》，《法学杂志》2008 年第 1 期。
③ ［德］黑格尔：《法哲学原理》，范扬、张企泰译，北京，商务印书馆 2017 年版，第 152 页。
④ ［德］黑格尔：《法哲学原理》，范扬、张企泰译，北京，商务印书馆 2017 年版，第 194 页。

主张。只有伦理人积极地去主张以及维护生命尊严时，才是真正张扬了生命尊严的价值，实现了道德的自我维护。

（三）价值基础：主张生命尊严以维护人格尊严为终极目的

在讨论民法中的人时，星野英一曾经提出，在"人是什么"这一哲学问题之上，还存在着"民法应该保护的内容、部分是哪些"这个民法的守备范围的问题。① 同样，在讨论生命尊严的时候，也存在生命尊严是否为人格权法所应该保护及范围问题。

回答这一问题，首先要明确人格权法的价值。法的价值为正义，人格权法的正义价值就具象化为人格尊严的维护。15 世纪的意大利学者皮科·米朗多拉在他的著名的演讲《论人的尊严》中宣称，人是世间的奇迹与宇宙的精华，人的命运完全掌握在自己手中，不受任何外在之物的制约，人拥有理性、自由意志与高贵品质，通过自身的努力不仅可以超越万物，而且可以进入神的境界，与上帝融为一体。这是人类第一次认识到人的尊严的价值。在 17 至 18 世纪，人格尊严被作为一种法益提出来，经过后世的发展和完善，人格尊严提升到了前所未有的地位。② 不过，19 世纪至 20 世纪初，人格尊严并未成为民法典的基调，直到 20 世纪中叶，人格尊严才被民法所接受，并且日益发展，终至成为 21 世纪民法典的主题。通常认为，人格尊严是人所应享有的最起码的社会地位，并且应当受到社会和他人最起码的尊重。③ 换言之，就是把人真正当成"人"，无论自然人的职业、职务、政治立场、宗教信仰、文化程度、财产状况、民族、种族、性别有何差别，其人格尊严是相同的，绝无高低贵贱之分。④ 正因如此，一般人格利益以人格尊严为基础，民法以人格尊严为一般人格权的基本内容。《民法典》第 990 条第 2 款关于"除本编规定的人格权外，自然人享有基于人身自由、人格尊严产生的其他人格权益"的规定，就是明确了人格权法将对自然人人格尊严的保护作为最高的职责，《民法典》人格权编的全部内容就是要维护人格尊严。因此，从

---

① ［日］星野英一：《私法中的人》，王闯译，北京，中国法制出版社 2004 年版，第 88 页。
② 王利明：《人格权法中的人格尊严价值及其实现》，《清华法学》2013 年第 5 期。
③ 杨立新：《人格权法》，北京，法律出版社 2011 年版，第 306 页。
④ 梁慧星：《中国民法经济法诸问题》，北京，法律出版社 1991 年版，第 73 页。

价值上来说，维护人格尊严是人格权法的基本价值理念，检验着哪些人格利益应当受到人格权法的保护，哪些不应当受到人格权法的保护。[①] 简言之，人格尊严就是人格利益通向人格权法的过滤器。

对于生命而言，生命是活的生命，而不单单是一具躯体。每个人都享有生命，但不是单纯地活着，而是要有意义地活着。人不是为了以躯体的身份存在，而是为了以人的身份存在。人所享有的对自己生命的权利，就是让自己的生命受到他人与社会的尊重，维护自己作为一个人的资格，使自己真正成为一个人。从这个意义上讲，生命尊严以人格尊严为终极目的，符合人格权法的基本价值理念。生命尊严应当受到人格权法的保护。

三、《民法典》规定生命尊严的基本含义与内容

（一）基本含义

1. 生命尊严是人格尊严的具体展开

生命尊严的概念所建立起来的是生命与人之尊严的意义关联。[②] 从这个意义上讲，生命尊严的内核阐释应当先从人格尊严入手。

人格尊严，是指自然人在其出生至死亡之间，所享有的作为一个人所应有的最起码的社会地位，并且应受到社会和他人最起码的尊重。在此基础上，向前延伸到胎儿的利益，向后延伸到死者的人格利益，都是人格尊严的保护范围。因此，人格尊严的内容，不仅包括在其出生之后至死亡之前应受尊重，而且出生之前以及死亡之后也都应当享有所应受到的尊重，即人格尊严包括自然人生的尊严、活的尊严、死的尊严以及胎儿的尊严、死者的尊严。生的尊严和死的尊严就表现为生命尊严。

生命尊严在人格尊严中具有主体性、基础性的地位。以出生与死亡为分界线，人格尊严主要保护自然人从出生到死亡这段时间应受尊重。至于出生前以及

---

① 王利明：《人格权法中的人格尊严价值及其实现》，《清华法学》2013年第5期。
② 刘召成：《生命尊严的规范构造与制度实现》，《河南社会科学》2019年第7期。

死亡后的人格尊重，则属于人格尊严的延伸保护。生命尊严在出生和死亡这段时间，在人格尊严中具有主体性的地位。出生与死亡代表的是生命的始和终，活代表的是生命的存续。有了生，生命的存续才能开始；有了死，生命的存续才有结尾，生的尊严与死的尊严是活的尊严的基础，因而，生命尊严在人格尊严中具有基础性的地位。

2. 生命尊严是生命权的终极理据

人格尊严是一般人格利益的基础，具有解释各项具体人格权、创造新的具体人格权以及补充不被具体人格权所涵盖的一般人格利益的功能。[①] 生命尊严作为人格尊严的具体展开，是生命权的客体即生命利益的基础。它将发挥解释各项生命权的具体内容，不断丰富生命权内涵，补充目前不被生命权所涵盖的生命利益的作用。简言之，生命尊严是生命权内容的终极理据。[②]

一般认为，生命权的内容包括生命享有权、生命维护权、有限的生命利益支配权。[③] 不论是生命的享有、维护或者支配，最终都是为了实现生命尊严。人享有生命，不仅是为了享有这个躯体，更是为了享有这个躯体上所负载的各种意义和价值，也就是生命尊严。如果只是拥有这具躯体而无尊严，就是行尸走肉，本质上与动物别无二致。因此，可以说，人享有生命的本质，就在于生命尊严。维护生命安全，也不只是为了让生命保持存续的状态，而是为了让生命存续的过程更有价值，更能为人所尊重。维护生命安全就是为了最终维护生命尊严。生命利益的有限支配也是如此。支配生命利益代表着自我意志的决定。只有有尊严的生物才能够享有意志并按照自己的意志行事。因此，人能够支配生命利益来源于人享有生命尊严。换言之，人对生命和死亡的自决权是个人尊严的派生物。[④]

3. 生命尊严的核心是死的尊严

生命尊严包括生的尊严和死的尊严。丧失生的尊严或者死的尊严，一个人的

---

① 杨立新：《人格权法》，北京，法律出版社 2011 年版，第 307 页。
② 韩跃红、孙书行：《人的尊严和生命的尊严释义》，《哲学研究》2006 年第 3 期。
③ 杨立新：《人格权法》，北京，法律出版社 2011 年版，第 348—354 页。
④ ［德］Rudolf Wassermann：《评德国安乐死立法》，樊丽君译，载梁慧星：《民商法论丛》第 24 卷，北京，法律出版社 2004 年版，第 382 页。

生命尊严都不能认为是完整的。但是，生的尊严与死的尊严对生命尊严的意义来说，是不同的。

人没有选择出生的权利，个人难以维护自己生的尊严，通常由社会和其父母予以保障。人只有在出生之后，才能享有民事权利能力（《民法典》第16条规定的胎儿的限制民事权利能力除外），可以自我维护活的尊严，得到社会和他人最起码的尊重。有尊严地活，当然排斥无尊严地活，即尊严死。[①] 当出现病痛使得自然人无法有尊严地继续存活，反而成为尊严的负累时，人就应当有权决定终止它，有权选择自己有尊严地死去，保障自己死也要有死的尊严，保护自己最后的尊严。

这也正是《民法典》第130条规定的权利人的自我决定权的应有之义。尊严在于人的自我决定，人因为能够自我决定而具有尊严。自然人生的尊严由社会和其父母保障，死的尊严才由自我保障。从这个意义上来讲，生命尊严的核心不在于生的尊严，而在于死的尊严。

因此，维护死的尊严虽是实现生命尊严价值的最终环节，却是实现生命尊严价值的核心。自然人倘若没有死的尊严，生命尊严就不完整，具有消极性与被动性。只有拥有死的尊严，积极维护死的尊严，才能增加生命尊严的积极性与主动性，从而全面实现生命尊严，进而全面保障生命权。

（二）生命尊严概念应当包含的主要内容

以死的尊严为核心，生命尊严的概念起码应当包括以下三个主要内容。

1. 尊严死

人要尊严活，就有权尊严死。尊严死是自然人对自己垂危时的自我决定、自我选择，是行使生命权的行为，是垂死而无救的人维护生命尊严的目的追求。

在学术上对尊严死究竟应当怎样界定，存在不同的看法，最主要的是尊严死与安乐死的界限问题。尊严死其实就是一种自然死，当自己的生命面临终结时，不再采取延命的医疗措施，遵循自然法则地终结自己的生命。这是自然人自我决定权的内容，有权决定自己如何死地有尊严。这样的尊严死，能够使病人摆脱痛苦、凄惨的临终状态，也能使其亲属摆脱沉重的负担。

---

① 李震山：《人性尊严与人权保障》，台北，元照出版社2009年第3版，第78页。

在古希腊，虽然抛弃老人的做法被禁止，但是，人们可以随意处置有先天缺陷的新生儿，也允许病人结束自己的生命，或者由他人帮助死亡。[①] 希腊语 Euthanasia 这一专业术语所包含的，就是对一个无痛苦的死亡的负责任的帮助的意思。[②] 目前，牛津词典将其解释为"患痛苦的不治之症者之无痛苦的死亡；无痛苦致死之术"[③]。安乐死包括积极安乐死与消极安乐死，前者是采取积极作为的方式加速死亡，后者是中断治疗后让其死亡。不论是积极安乐死还是消极安乐死，其实质上选择的都是尊严死。

2. 生前预嘱

死亡是每个人都不得不面对的一个话题。人需要正视死亡，通过人生回顾以及规划现有的理想生活以预备将来生命的结束，来为死亡做好积极正面的预备，从而更好地面对死亡。[④] 生前预嘱就是自然人在意识清楚时签署的，表明自己在不可治愈的伤病末期或临终时，以何种形式面对死亡，要或不要哪种医疗、护理等的意思表示文件。它不同于遗嘱，前者是在病危时生效，后者是在死亡时生效。

早在 1976 年 8 月，美国加州就通过了"自然死亡法案"，允许患者依照自己意愿不使用生命支持系统，而自然死亡。生前预嘱是自然死亡法案的配套文件。后来，"自然死亡法案"和"生前预嘱"扩展到全美及加拿大。美国危重症医学会和胸科学会确认，一是当 ICU 医生确认无益时，应当允许停止全部治疗；二是病人和病人的代理人有权决定是否治疗。这样，就可以避免一个走到生命尽头的人，不能安详离去，反而要无奈地忍受心脏按压、气管插管、心脏电击以及心内注射等惊心动魄的急救措施。而且，即使急救成功，往往也不能真正摆脱死亡，很可能只是依赖生命支持系统维持毫无质量的植物状态。生前预嘱正是要根据本人的意愿，帮助人们摆脱这种困境。同时，美国还有 33 个州对生前预嘱设

① 徐宗良等：《生命伦理学：理论与实践探索》，上海，上海人民出版社 2002 年版，第 253 页。
② ［德］Rudolf Wassermann：《评德国安乐死立法》，樊丽君译，载梁慧星：《民商法论丛》第 24 卷，北京，法律出版社 2004 年版，第 379 页。
③ 《牛津现代高级英汉双解词典》，商务印书馆 1998 年版，第 395 页。
④ 颜晓娜：《关于死亡预备的思考》，《黑河学刊》2012 年第 6 期。

有法定的解除条件，比如加利福尼亚州的怀孕条款，即"如果我被诊断为怀孕并且我的医生知道诊断结果，在我怀孕期间这一生前预嘱不生效力或不起作用"①。目前，在中国也有越来越多的人签署了生前预嘱。

签署生前预嘱的目的是维护自己死的尊严，保障自己的生命尊严。每个人面对死亡的想法都是不一样的。当真正濒临死亡时，本人很难有能力来表达自己的内心真意，往往是由病人的近亲属来作出选择，很有可能违背本人的真意。因此，允许自然人提前做好准备，以生前预嘱的形式向他人表达自己面临死亡时的真实想法，预先安排好自己将来的相关事宜，充分尊重了自然人的自我决定，是对生命尊严最好的诠释。

3. 临终关怀

2002年，世界卫生组织将临终关怀定义为："临终关怀是一门临床学科，通过早期识别，积极评估，控制疼痛和治疗其他痛苦症状，包括躯体、社会心理和宗教的（心灵的）困扰，来预防和缓解身心痛苦，从而改善面临威胁生命疾病的患者和他们的亲人的生命质量。"简言之，临终关怀是通过对临终患者进行人性的关怀，并辅之适当的医院或家庭的医疗及护理，以减轻其疾病的症状、延缓疾病发展的医疗护理。

临终关怀不追求猛烈的、可能给病人增添痛苦的或无意义的治疗，但要求医务人员以熟练的业务和良好的服务来控制病人的症状。其核心是帮助即将离开人世的人，用医疗手段和其他方式帮助其摆脱或者减轻其所受痛苦，帮助其有尊严地度过人生的最后阶段。虽然也是采取医疗的手段，但是目标从治疗（cure）转换为了照顾（care），以提升病人生命最后阶段的生活品质。②

面临威胁生命疾病的患者在决定尊严死后，有权选择进行临终关怀，减少临终前自己和家属所受的痛苦，让生命"走"得更温暖，死的更有尊严。从这个意义上来讲，临终关怀是维护生命尊严的方式之一。不过，不同于尊严死和生前预嘱，临终关怀更需要国家积极创造良好的条件，配备基础服务设施以及专业人

---

① 徐国栋：《出生与权利——权力冲突》，《东方法学》2009年第2期。
② 蔡敦铭：《生命与法律》，台北，翰芦出版社2000年版，第631页。

员。国家也应该鼓励人们尽可能地为他们日后可能要用到的照顾预作准备。①

四、《民法典》规定生命尊严的重要价值

"人的尊严由个人自身加以认同，也需要社会或国家加以认可和保障。"② 对于生命尊严，民众本就有着天生的、自然的、普遍的认同感。《民法典》规定生命尊严，表现了国家对生命尊严的肯定性评价，不仅向民众宣示、确认生命尊严存在的合理性与正当性，也向民众表达了充分保障生命尊严实现的态度。这对于任何一个人都具有重要的价值。

（一）基本价值是完整保护人格尊严

《民法典》设置人格权编的目的，就是要把当代民法典的人文主义立法思想展现出来，具象化为每一个主体享有的人格权益，因此，人格权编的主题就是维护人格尊严，并将其作为自己的终极目的。《民法典》第 1002 条将生命尊严纳入自然人生命权的规范中，具有的基本价值就是完整维护人格尊严。

自然人的生命尊严是人格尊严的必要组成部分，维护生命尊严才能完整地保护人格尊严。通常理解，人格尊严是自觉地做一个人，并且尊重他人做人的资格，使每一个人都受到最起码的对人的尊重。人格尊严实际上包含对人的生、活、死的全面尊重，生命尊严本来就在其范围之内。但是，在一般的理解上，人格尊严更侧重于对人的活的尊严的保护，忽略对死的尊重。《民法典》明确规定生命尊严，就自觉地把生命尊严概括在人格尊严之内，使之成为人格尊严的组成部分，实现生、活、死的尊严的一体化，成为一个整体。规定生命尊严，就是要更明确地告诉每一个自然人，生命尊严是人格尊严的必要组成部分。法律保护人格尊严，就保护人的生命尊严，使每一个自然人生得有尊严，活得有尊严，死得有尊严，完整地保护每一个人的人格尊严。

---

① ［美］德沃金：《生命的自主权——堕胎、安乐死与个人自由的论辩》，郭贞伶、陈雅汝译，北京，中国政法大学出版社 2013 年版，第 279 页。

② 胡玉鸿：《人的尊严的法理疏释》，《法学评论》2007 年第 6 期。

（二）主要价值是扩展生命权的内容

"法律学上的生命，并不是泛指一切生物的生命，而仅指自然人的生命，它是人体维持其生存的基本的物质活动能力，是人的最高的人格利益，具有至高无上的人格价值，是人的第一尊严。"① 生命权是人享有其他民事权利的基础。生命丧失，人的一切民事权利都随之消灭。因而，在我国以往的民法学研究领域，讨论生命权时较少提到生命尊严的概念，大多只讨论生命安全。只有生命安全得到保障，人才可以享有生命权，享有一切其他的民事权利。

生命权保护的内容有两个：一个是人格，另一个是躯体，人格是人的内在精神象征，躯体是外在形体。人格与躯体是一体两面，缺一不可。② 诚然，生命安全保证了生命不受外力侵害而丧失，是人生存的基本保障。但是，人还要体面地生存。每个人"体面"的标准是不一样的，都有权自我决定如何体面生存。正如康德所言："一个人能够按照自己的表述去行动的能力，就构成这个人的生命。"③

生命尊严就是为了体面地生存，是对生存的更高要求。不仅要保持生的利益，还要生得有尊严，死得有尊严，即使是死，也要受到社会的和他人的最起码的尊重。如果一个人在生的时候有尊严，而在临终的时候却任人摆布，死得毫无尊严，也是对生命权的侵害。

《民法典》规定生命尊严，将生命权的内容从基础的生命安全上升为更高层次的生命体面，使得生命权的内容从单薄走向了丰富，从单一化走向了多元化。生命尊严具有很大的解释空间，也为将来生命权内容的扩张提供了依据。通过生命尊严，自然人的生命权得到了扩张并且得到了更好的保护，不仅维护自然人生命的存续，也让自然人的生命更有意义、价值，为人所尊重，最终达到更好地保护自然人做人资格的目的。

---

① 王利明、杨立新、姚辉：《人格权法》，北京，法律出版社 1997 年版，第 48 页。

② Mark Sayers, Euthanasia: At the Intersection of Jurisprudence and the Criminal Law, op. cit., note 15, p. 84. 转引自邝承华：《澳大利亚安乐死法律之探讨》，《台大法学论丛》1998 年第 4 期。

③ ［德］康德：《法的形而上学原理——权利的科学》，沈叔平译，北京，商务印书馆 1991 年版，第 10 页。

（三）核心价值是充分保障死的尊严

自然人生命尊严的核心是维护死的尊严，即自然人有权决定如何维护自己死的尊严。《民法典》人格权编规定生命尊严，核心价值就是充分保障自然人实现死的尊严。

在以往的法学研究领域当中，往往只认为生命权是"防御性权利"①，否定了人对生命的自决权。黑格尔就曾谈到："所以一般说来，我没有任何权利可以放弃生命，享有这种权利的只有伦理理念……正像生命本身是直接的，死是生的直接否定；因此，死必须来自外界：或出于自然原因，或为理念服务，即死于他人之手。"② 按照这样的说法，即使在濒临死亡时，自然人仍然不能选择自己如何死去，却只能被病痛折磨而死。

这其实是忽略了人与动物的本质区别。人是具有意志的。"'意志'这个要素所含有的是：我能摆脱一切东西，放弃一切目的，从一切东西中抽象出来。唯有人才能抛弃一切，甚至包括他的生命在内。动物则不然，动物始终只是消极的，置身于异己的规定中，并且只使自己习惯于这种规定而已。"③ 基于此，自然人作为一个民事主体，对于自己所有的民事权益享有当然的自我决定权，有权依照自己的意志在法律规定的范围内作出决定，尤其是"对于他自己的身和心，个人乃是最高的主权者"④。

《民法典》规定生命尊严，就是承认了自然人依照自己的意志决定自己有尊严地死去的权利。据此，自然人不仅可以决定是否要经受痛苦、折磨，还可以决定是否采取延命治疗以及采取何种方法结束自己的生命，以维护自己死的尊严。因而，《民法典》规定生命尊严的核心价值就在于维护自然人死的尊严。

（四）延伸价值是为尊严死、生前预嘱、临终关怀等提供立法依据

真正的尊严是出自法律制度以及某种特定的态度——这种态度鼓励每个人为

---

①　王利明：《人格权法的新发展与我国民法典人格权编的完善》，《浙江工商大学学报》2019 年第 6 期。

②　[德] 黑格尔：《法哲学原理》，范扬、张企泰译，北京，商务印书馆 2017 年版，第 90 页。

③　[德] 黑格尔：《法哲学原理》，范扬、张企泰译，北京，商务印书馆 2017 年版，第 17 页。

④　[英] 约翰·密尔：《论自由》，程崇华译，北京，商务印书馆 1959 年版，第 10 页。

自己做出与其生死有关的种种决定。①《民法典》规定了生命尊严的概念，虽然不是明确地规定了尊严死，也不是规定了生前预嘱和临终关怀，更不是规定了积极安乐死或消极安乐死，但是，它能够间接地鼓励自然人作出与自己生死有关的决定，譬如在濒临死亡时选择尊严死或者临终关怀，在具有独立的意识和思考能力时提前安排自己的临终事宜。这种鼓励，其实就是给立法确认尊严死、生前预嘱和临终关怀提供了最高的法律依据。一方面，有了这个上位法的依据，最起码是让那些选择尊严死，以及采取生前预嘱和临终关怀的人，不再会被认为是犯罪行为或者违法行为，而是正当的合法行为；另一方面，立法机关可以依据《民法典》第 1002 条关于生命尊严的规定，制定关于尊严死、生前预嘱、临终关怀等的法律、行政法规、司法解释等。

（五）衍生价值是为安乐死的合法性预留解释空间

目前，不少国家在立法上规定了安乐死，承认了安乐死的合法性。比如，2001 年，荷兰通过《依请求终止生命和协助自杀（程序审查）法》，成为全世界第一个承认安乐死合法化的国家。比利时、瑞士等也相继承认了安乐死。

第十三届全国人大常委会第十次会议在讨论《民法典人格权编（草案）》中，也有部分委员提出了人格权编应当效仿国外的立法例，规定安乐死，因为仅仅规定生命尊严还是不够的，正是由于规定了生命尊严，才更加应当明确规定安乐死。

事实上，在我国，1980 年代就有人主张安乐死应当合法化，要求自然人有安乐死的权利，就王明成之母夏素文实施安乐死，以故意杀人罪起诉蒲连升、王明成案，最高人民法院批复认为："'安乐死'的定性问题有待立法解决，就本案的具体情节，不提'安乐死'问题，可以依照刑法第十条的规定，对蒲、王的行为不作犯罪处理。"

在今天，安乐死的观念已经被普遍接受，规定安乐死合法化已经具备相当的社会基础，不存在更多的障碍。因此，有人主张在《民法典》中规定安乐死，是有根据的。依笔者所见，《民法典》直接规定安乐死的意愿目前还不能实现，但

---

① ［美］德沃金：《生命的自主权——堕胎、安乐死与个人自由的论辩》，郭贞伶、陈雅汝译，北京，中国政法大学出版社 2013 年版，第 321 页。

是，《民法典》第 1002 条关于生命尊严的规定，既能为法官在未来针对安乐死等问题的解释上预留余地①，也能为将来安乐死的立法提供民法基本法的基础。

"死亡是生命的最终形态，属于生命的核心内容，也应当受到生命权相应规范的规制。"② 既然如此，死亡也需要实现对生命尊严的维护。不论是积极安乐死还是消极安乐死，都是为了结束痛苦，实现有尊严地死亡，完全契合"生命尊严"的规范内涵。基于此，当实践中出现类似的安乐死案例时，可以寻求《民法典》第 1002 条作为规范依据，承认安乐死的合法性。这也不失为一种变通做法，间接实现安乐死的合法化。至于将来的安乐死立法，尚需寻找合适时机，做出决策，实现《民法典》规定生命尊严的立法期待。

"人性的首要法则，是要维护自身的生存，人性的首要关怀，是对于其自身所应有的关怀。"③《民法典》第 1002 条规定生命权的内容为生命安全与生命尊严，就充分贯彻落实了这一点，即生命安全维护了自然人的生存，生命尊严彰显了对自然人的人文关怀。因而可以说，《民法典》第 1002 条规定是重大的民事立法突破，彰显了 21 世纪民法典的人文特色。可以相信，在《民法典》适用的过程中，这条规定将充分发挥作用，实现自然人更大的自由和尊严。

第四节　保障人工辅助生殖技术所生子女的生的尊严

人工辅助生殖技术所生子女的法律地位认定，不仅是当下的学术热点④，也

---

① 石佳友：《人格权立法的进步与局限——评〈民法典人格权编草案（三审稿）〉》，《清华法学》2019 年第 5 期。

② 何国强：《死亡权证伪与安乐死之法律基础》，《私法研究》第 20 卷，第 234 页。

③ 卢梭：《社会契约论》，何兆武译，北京，商务印书馆 1987 年版，第 8 页。

④ 代表性论述参见李雅男：《代孕背景下亲子关系的确定》，《法律科学》2020 年第 2 期；朱晓峰：《非法代孕与未成年人最大利益原则的实现——全国首例非法代孕监护权纠纷案评释》，《清华法学》2017 年第 1 期；彭诚信：《确定代孕子女监护人的现实法律路径——全国首例代孕子女监护案评析》，《法商研究》2017 年第 1 期；杨立新：《适当放开代孕禁止与满足合法代孕正当要求——对全国首例人体冷冻胚胎归属纠纷案后续法律问题的探讨》，《法律适用》2016 年第 7 期；吕群蓉：《母亲之法律再构建——以代孕为视角》，《河北法学》2010 年第 6 期；张燕玲：《论人工生殖子女父母身份之认定》，《法学论坛》2005 年第 5 期。

是社会各界关注的焦点。以保障人工辅助生殖技术所生子女的生命尊严为起点，对当前人工辅助生殖技术所生子女的法律地位认定这一时代性课题进行研究，保护好人工辅助生殖技术所生子女的生的尊严，也将进一步诠释《民法典》第1002条规定的生命尊严中的"生的尊严"。

一、问题的提出：人工辅助生殖技术所生子女的法律地位

在司法实务中，涉及人工辅助生殖技术所生子女的亲子关系纠纷案件屡见不鲜，争议主要集中在代孕子女亲子关系等的认定方面。下面列举的四个典型案例，都是说的这个问题。

（一）全国首例人体冷冻胚胎权属争议纠纷案

由江苏省宜兴市人民法院一审、无锡市中级人民法院二审审结的沈某与刘某死亡后遗留的体外冷冻胚胎权属争议案，是我国首例人体冷冻胚胎权属纠纷案。

在本案中，沈某与刘某结婚后长时间没有生育。为了实现生育的目的，二人在南京鼓楼医院通过人工辅助生殖技术培育人体胚胎，准备进行胚胎移植。在移植之前，二人意外遭遇车祸死亡，培育的冷冻胚胎遗留在南京鼓楼医院。为了能够延续家族的血脉，沈某的父母以刘某的父母为被告，鼓楼医院为第三人，向法院提起诉讼，请求继承鼓楼医院冷冻保存的人体胚胎。宜兴市人民法院驳回了当事人的诉讼请求，理由是人体冷冻胚胎是含有未来生命特征的特殊物，由于我国行政规章规定的障碍，不能成为继承的标的。而且沈某与刘某夫妻均已死亡，通过手术达到生育的目的已经无法实现，故其父母无法继承该胚胎。[①] 当事人上诉后，无锡市中级人民法院二审判决认定，冷冻胚胎是介于人与物之间的过渡存在，故双方当事人的主张不应当是继承冷冻胚胎，而应当是监管与处置冷冻胚胎的权属。从伦理、情感以及特殊利益保护多方面因素考虑，冷冻胚胎的监管权和处置权应当由双方当事人共同享有。[②] 此判决公布后，被赞誉为"一份标志着人

---

① 江苏省宜兴市人民法院（2013）宜民初字第 2729 号民事判决书。
② 江苏省无锡市中级人民法院（2014）锡民终字第 01235 号民事判决书。

伦与情理胜诉的民事判决"①。判决生效后，鼓楼医院以卫生部的相关规章为依据，拒绝将冷冻胚胎交还给原被告。在各方压力以及学界的理论支持下，原被告终于取得了争议的冷冻胚胎，通过在境外寻求代孕的方式，有了自己的孙子女和外孙子女。

事实上，本案所涉及的不单是人体冷冻胚胎的权属争议。就此延伸，更深层次的问题是，死者的父母通过人工辅助生殖技术将人体胚胎培育成人时，该子女的法律地位应当如何确定，这就涉及生的尊严。②

（二）全国首例代孕子女监护权纠纷案

由上海市闵行区人民法院一审、上海市第一中级人民法院二审审结的陈某诉罗某之父母监护权纠纷上诉案，是我国首例代孕子女监护权纠纷案。

本案的陈某与罗某系夫妻。婚后，因妻子陈某患有不孕不育症，二人达成合意，通过体外授精的方式，将他人捐献的卵子与罗某的精子结合，形成受精卵，并寻求第三人代孕，生育了一对异卵双胞胎，由夫妻二人共同养育，感情融洽。之后，罗某因车祸死亡，双胞胎子女一直跟随陈某生活。罗某的父母认为，陈某与双胞胎没有任何血缘关系，既不是卵子的提供者，也不是代孕母亲，遂向法院提起监护权之诉，请求确认自己为双胞胎的监护人。上海市闵行区人民法院经审理，支持了罗某父母的诉讼请求。理由是：一方面，陈某既非卵子提供者，也不是分娩孕母，与双胞胎子女不具有自然血亲关系；另一方面，陈某与双胞胎子女不能成立合法的收养关系，也不存在拟制血亲关系。在双胞胎子女的生父罗某死亡且生母不明的情况下，为了保护未成年人的合法权益，应当认定双胞胎的监护人为罗某的父母。③ 陈某不服，提起上诉。上海市第一中级人民法院经审理认为，按照"分娩者为母"的认定原则，双胞胎的母亲应当是代孕者，父亲应当是罗某。由于罗某与代孕子女之间没有合法的婚姻关系，故双胞胎属于非婚生子

---

① 杨立新：《一份标志人伦与情理胜诉的民事判决——人的体外胚胎权属争议案二审判决释评》，《法律适用》2014年第11期。

② 此案实际还存在胚胎的尊严，也就是生前的尊严。这种尊严是否包含在生的尊严之中，还需认真探讨。

③ 上海市闵行区人民法院（2015）闵少民初字第2号民事判决书。

女。陈某基于和罗某共同抚养两个孩子的事实，与双胞胎形成了有抚养关系的继父母子女关系。基于儿童利益最大化的原则，从罗某父母与陈某的年龄、监护能力、生活环境的稳定性、家庭结构的完整性等多方面因素考虑，确认陈某为双胞胎子女的监护人。①

本案一审、二审法院判决的分歧在于，陈某与代孕子女之间是否存在拟制血亲关系。如果不存在拟制血亲关系，则陈某不具有监护权；如果存在拟制血亲关系，才有进一步讨论陈某以及罗某之父母谁更适宜担任监护人的空间。也就是说，本案的争议焦点在实质上是代孕子女亲子关系的认定，涉及代孕子女的生的尊严。

（三）确认代孕所生子女香港居民身份案

2019 年，笔者在香港高等法院为一件代孕所生之女的身份认定案出庭作证。当事人是一对夫妻，原是北京居民，移居到美国，后在香港定居。夫妻二人无法生育子女，通过人工辅助生殖技术，在香港之外代孕生育了一对子女。依照香港法律规定，在香港之外通过代孕所生的子女若要享有香港居民的待遇，须经由法院作出确认身份的裁决。香港高等法院的法官在审理这个案件时，要了解中国内地的法律是否允许代孕以及相关情况。经笔者出庭作证之后，香港高等法院判决确认了代孕子女香港居民的身份。② 基于对代孕子女与决定代孕父母的亲子关系，维护了所生子女的生的尊严。

本案的最终判决尽管是对代孕子女的香港居民身份的确认，但是，在实质上也直接关涉代孕子女与当事人之间的法律地位。只有确认代孕子女与夫妻二人之间有亲子关系，才能认定代孕子女具有香港居民身份。可以说，本案是香港法院认定代孕所生子女法律地位的典型判例。

（四）首例同性伴侣代孕子女亲子关系确认纠纷案

2020 年 9 月，某市某区人民法院对首例同性伴侣代孕子女抚养权纠纷案作

---

① 上海市第一中级人民法院（2015）沪一中少民终字第 56 号民事判决书。

② 孔某、王某与其在内地通过代孕生育子女的亲子关系认定案，案号为"香港高等法院案件 HC-MP1571/2018"。

出判决。① 在本案中，原被告系同性伴侣关系。双方恋爱期间，将原告的卵子与购买的精子相结合，形成受精卵，由被告孕育、分娩，生育一女儿。女儿出生后，一直由原被告双方共同照顾。后来因原被告感情原因，被告将该女带至他处生活，原告起诉主张对该女的抚养权。法院经审理后认为，虽然双方均确认女儿系原告的卵子与购买的精子培育而成受精卵后，由被告孕育分娩，但是，在无明确法律规定的情况下，不能以双方确认或仅因女儿具有原告的基因信息，就认定女儿与原告存在法律上的亲子关系。故原告诉请确认其与女儿存在亲子关系，于理不合，于法无据。可见，当同性伴侣的一方提供卵子，另一方提供身体进行孕育分娩时，关于人工辅助生殖技术所生子女的法律地位认定问题更为复杂，更涉及生的尊严问题。

从上述四个典型案例可以看出，关于人工辅助生殖技术所生子女的亲子关系认定问题纷繁复杂，未形成统一的裁判路径。与此同时，理论上亦歧见迭出，有血缘说、分娩说、契约说和子女最佳利益说等不同见解。② 这些见解争论的本质，是如何认定人工辅助生殖技术所生子女的法律地位，处理得不好，都会损害所生子女的生命尊严。直面上述问题，关键是确定解决该问题的基点为何。只有以此为基础探讨所得出的结论，才能够免于纯粹理论上的思辨，具有实质上的说服力。

"生命的尊严是超等价物的一切事物的基点。"③ 人工辅助生殖技术所生子女虽然在出生方式上与自然生育的子女有异，但这并不是其自身所能决定的。因此，界定人工辅助生殖技术所生子女的法律地位，必须以保障人工辅助生殖技术所生子女的生的尊严为出发点。基于这样的立场，应当首先探讨保障人工辅助生殖技术所生子女的生的尊严的重要性。在此基础上，探讨界定人工辅助生殖技术所生子女法律地位的基本要求、基本方法以及具体规则。

<hr />

① ××（2020）民初 2057 号民事判决书。由于隐私原因，因此隐去一审法院名称。

② 薛瑞元：《"代理孕母"所生子女的身份认定》，《月旦法学杂志》1998 年第 38 期。

③ ［日］池田大作、［英］阿诺尔德·汤因比：《眺望人类新纪元》，南京，天地图书有限公司 2000 年版，第 484 页。转引自［日］奥田真纪子、王丽荣：《池田大作生命尊严思想述评》，《伦理学研究》2016 年第 3 期。

二、界定人工辅助生殖技术所生子女法律地位的基本立场

界定人工辅助生殖技术所生子女法律地位的基本立场，是保障人工辅助生殖技术所生子女的生的尊严。讨论生的尊严这一问题，必须回到《民法典》第1002条关于生命尊严的规范之中，对生的尊严之内在含义进行剖析，发现生的尊严的重要价值。在此基础上，才能确定保障人工辅助生殖技术所生子女的生的尊严的重要意义。

（一）生的尊严的基本含义与重要价值

一般认为，"生命权者，不受他人妨害，而对于生命之安全，享受利益之权利也"[①]。《民法典》第1002条规定生命尊严作为生命权的内容之一，依据这一规定，在对生命权进行保护时，不仅要维护自然人的生命安全，还要特别维护其生命尊严。

生命尊严，包括生的尊严和死的尊严。[②] 其中，生的尊严指的是人必须有尊严地出生；死的尊严指的是人应当有尊严地死亡。

生的尊严与死的尊严共同构成了生命尊严的全部内容，其针对的主体都是自然人，而非脱离人体的器官、组织等具有人格要素的物，但是，二者又在多个方面存在区别：第一，适用情形不同。生的尊严适用于人的出生，死的尊严适用于人的死亡。出生与死亡的区别在于，前者是受支配的，而后者是不受外界支配和控制的。也可以说，生的尊严适用的情形具有不可支配性；死的尊严适用的情形具有可支配性。第二，与活的尊严的关系不同。除了有生的尊严、死的尊严之外，还有活的尊严。其中，生的尊严涉及的是出生，与生命的存续之间是衔接关系，不会产生冲突。因而，生的尊严与活的尊严是相关联的关系。死的尊严涉及的是死亡，与生命的存续存在本质上的冲突。因而，死的尊严与活的尊严之间存

---

① 龙显铭：《私法上人格权之保护》，上海，中华书局1948年版，第42页。

② 杨立新、李怡雯：《论〈民法典〉规定生命尊严的重要价值》，《新疆师范大学学报》2020年第6期。

在冲突。第三，实现途径不同。生的尊严只能是非自主性地、被动地实现，死的尊严却可以通过自主的、积极的方式实现。这是因为，人类并不能够决定自己的出生，没有选择是否出生、如何出生、出生在何时何地等权利。相反，人类的出生主要是由其父母决定的，子女只是被动地接受亲子关系，由社会予以保障。与此形成对照的是，人类有权自主决定自己是否有尊严地死去，而不仅仅是消极被动接受。这也是为何在理解生命尊严的过程中，尤其注重死的尊严的主要原因，就在于死的尊严能够增加人的尊严的积极性与主动性，全面实现对人格尊严的维护。①

从生的尊严与死的尊严存在的异同中可以看到，生的尊严的维护具有独立性、基础性的地位。独立性的地位，主要区别于对具有人格要素的物的保护。人得以区别于动物而存在的本质规定性所在，就是人性尊严之所在。受精卵、胚胎、胎儿，甚至包括与人体脱离的细胞、组织、器官等，都是人的存在方式的一种显现。在此意义上，它们都应当受到有尊严的保护，不同的是保护程度有异。专家认为，对于体外受精胚胎这种未来有可能发展成为生命的特殊存在物的具体处置，都要考虑到生命尊严的价值。② 对于与人体脱离的细胞、组织、器官等，无法成为独立的实体，只能受到有尊严的有限保护；受精卵、胚胎、胎儿，则能够成为独立的实体，应当有资格独立分享尊严这一最高价值。③ 生的尊严针对的是"人"这一独立存在的实体，对于生的尊严的保护就应当是独立性的保护，不是附属性的保护。基础性的地位，主要区别于死的尊严。人在出生的过程中，自己无法对这一内容作出决定，需要通过他的亲权人以及社会来维护自然人的生的尊严。这一尊严的维护在生命尊严中具有基础性的地位。人的出生是起始，如果没有出生，就无法谈及生命的存续与生命的终止。因此，在生命尊严中，维护死的尊严虽然是核心，但是，维护生的尊严则更具有基础性的地位。

---

① 王利明：《人格尊严：民法典人格权编的首要价值》，《当代法学》2021年第1期；曹相见：《物质性人格权的尊严构成与效果》，《法治研究》2020年第4期；刘召成：《生命尊严的规范构造与制度实现》，《河南社会科学》2019年第7期。

② 黄薇主编：《中华人民共和国民法典人格权编释义》，北京，法律出版社2020年版，第59页。

③ 汪志刚：《生命科技时代民法中人的主体地位构造基础》，《法学研究》2016年第6期。

（二）保障人工辅助生殖技术所生子女生的尊严的重要意义

从生的尊严的含义可以看出，子女的出生所关涉的就是人类的生的尊严，由此引申出来的议题，就包括人工辅助生殖技术所生子女是否具有生的尊严。本书认为，人工辅助生殖技术所生子女，不论是在生物意义上还是社会意义上，都与任何人一样，同享有人的地位，享有生的尊严。

黑格尔认为："人实质上不同于主体，因为主体只是人格的可能性，所有的生物一般说来都是主体。所以人是意识到这种主体性的主体，因为在人里面我完全意识到我自己。""然而作为这样一个人，我完全是被规定了的东西，例如我有这点年龄，身材这样高大，在这个地点，以及其他一切可以视为特异性的东西。所以人既是高贵的东西同时又是完全低微的东西。"① 从这个意义上说，"人工辅助生殖技术所生的子女"属于尊严性的主体，享有生的尊严，却也属于规定了的"东西"，因为其出生是纯粹出于成人的利益而提出的，也往往是那些无法生育子女的配偶提出的。② 那么，该子女就无法通过自身来实现对生的尊严的保障，只能通过亲权人以及社会才能实现。因而，在认定人工辅助生殖技术所生子女的法律地位时，必须以保障其生的尊严为出发点，才能避免其生的尊严以至于人格尊严受到损害。

更进一步，保障人工辅助生殖技术所生子女的生的尊严，将实现对该子女生命尊严的完整维护以及对人格尊严的终极维护。

第一，实现对人工辅助生殖技术所生子女生命尊严的完整维护。《法国民法典》在1994年修法时，引入了"法律确保人的首要地位、禁止对人的尊严的任何侵犯，保证每一个人自其生命开始即受到尊重"的原则。③ 引入这一原则的根源在于，"生命是一个过程，从出生到年幼、成年、衰老、离世，每一个阶段都

---

① ［德］黑格尔：《法哲学原理》，北京，商务印书馆2016年版，第51-52页。

② 参见［法］米列尔·法布勒·玛尼安：《儿童利益衡量的三个层次——以第三人代孕为切入点》，载《法国家事法研究文集——婚姻家庭、夫妻财产制与继承》，李贝编译，马宏俊、王蔚审定，北京，人民法院出版社2019年版，第34页。

③ 人自其生命开始，而非自其出生时受到尊重。汪志刚：《生命科技时代民法中人的主体地位构造基础》，《法学研究》2016年第6期。

体现了人生的价值和意义，并且始终是法律所要关注和保护的重点所在。即使生命处于刚开始的胚胎阶段，也具有尊严的价值"①。于此之中，生与死构成了两个关键的时间节点，在这两个时间节点中更需要保障人受到尊重，这就是生命尊严。生命尊严既然包含生的尊严与死的尊严，那么没有生的尊严，生命尊严就不是完整的。因此，保障人工辅助生殖技术所生子女的生的尊严，在维护生命尊严这一层面上占据的是基础性的地位。只有保障人工辅助生殖技术所生子女的生的尊严，才能够实现对生命尊严的完整维护，如果不保障人工辅助生殖技术所生子女的生的尊严，则会丧失其生命尊严的基础。

第二，实现对人工辅助生殖技术所生子女人格尊严的终极维护。一般在讨论人与动物的区别时，往往从是否具有"意志"入手。"意志这个要素所含有的是：我能摆脱一切东西，放弃一切目的，从一切东西中抽象出来。唯有人才能抛弃一切，甚至包括他的生命在内，因为人能自杀。动物则不然，动物始终只是消极的，置身于异己的规定中，并且只使自己习惯于这种规定而已。"②事实上，这一论断仅限于人已经出生之后一直到死亡的这个期间。对于是否出生，出生于何时、何地、何种家庭而言，人与动物一样，都只能被动地接受这个选择。但是，人与动物又是不一样的，人是有尊严的，也正是因为如此，对于人的生的尊严，就更需要法律予以支持与保障。只有充分保障自然人的生的尊严，才能从根本上将人与动物真正区分开来，实现对人格尊严的维护。而且，只有保障人工辅助生殖技术所生子女的生的尊严，才能让他在一生中保持自己的人格尊严，不受到任何方面的侵害。因此，可以说，保障人工辅助生殖技术所生子女的生的尊严，其实就是对人格尊严的终极维护，使其与自然生育所生的子女一样，真正地成为法律意义上的人。

因而，在界定人工辅助生殖技术所生子女的法律地位时，保障该子女的生的尊严，就是维护人格尊严的重中之重。确定了这一基点，也就解决了认定人工辅助生殖技术所生子女法律地位的核心问题。

---

① 王利明：《人格尊严：民法典人格权编的首要价值》，《当代法学》2021 年第 1 期。
② ［德］黑格尔：《法哲学原理》，北京，商务印书馆 2016 年版，第 51－52、17 页。

三、界定人工辅助生殖技术所生子女法律地位的基本要求

界定人工辅助生殖技术所生子女的法律地位，必须以维护和保障自然人的生的尊严为出发点。"尊严"，从积极意义上指的是"得到承认"，是对自治价值的实现；从消极意义上指的是"不受歧视"，是对平等价值的实现。这就要求在界定人工辅助生殖技术所生子女的法律地位时，必须使其得到承认，并且不受歧视。

（一）人工辅助生殖技术所生子女的法律地位应当得到承认

尊严，意味着人有要求他所在的社群承认，赋予相应资格的权利。① 人工辅助生殖技术所生子女作为人，享有尊严，其法律地位应当得到承认，不受现行法律对代孕、同性恋等态度的影响。

在人工辅助生殖技术中，关于代孕的争议最为常见。大多数观点认为，我国法律明确禁止代孕，依据是 2001 年 8 月 1 日实施的《人类辅助生殖技术管理办法》第 3 条关于"人类辅助生殖技术的应用应当在医疗机构中进行，以医疗为目的，并配合国家计划生育政策伦理原则和有关法律规定""禁止以任何形式买卖配子、合子、胚胎。医疗机构和医务人员不得实施任何形式的代孕技术"的规定。这一规定虽然提及了禁止实施代孕，但其规制的主体是医疗机构和医务人员，并没有对全体自然人作出禁止实施代孕技术的规范；而且限制自然人的民事权利，只能通过法律、行政法规的规范，而不能通过行政规章的规定。即使行政规章作出了相应的规定，也是无效的。因而，《人类辅助生殖技术管理办法》第 3 条作为卫生行政管理部门的规章，只能对医疗机构和医务人员形成约束，不能以此为根据认定任何自然人不得通过代孕的技术生育子女。这一观点，无锡市中级人民法院在首例冷冻胚胎权属纠纷案的判决中作出了论述，认为《人类辅助生殖技术管理办法》有关"胚胎不能买卖、赠送和禁止实施代孕"的规定，并未否定权利人对胚胎享有的相关权利，且这些规定是卫生行政管理部门对相关医疗机

---

① 王旭：《宪法上的尊严理论及其体系化》，《法学研究》2016 年第 1 期。

构和人员从事人工生殖辅助技术的管理规定，故南京鼓楼医院不得基于部门规章的行政管理规定，对抗当事人基于私法所享有的正当权利。① 这样的认定无疑是正确的。

至目前为止，在我国所有的法律、行政法规中，都没有关于禁止代孕的规范。在全国人民代表大会以及全国人民代表大会常务委员会制定的法律中，没有禁止代孕的规范。在国务院制定的行政规章中，也没有这样的规定。2015 年在修订《人口与计划生育法》时，国家卫健委曾经提出禁止代孕的立法草案，受到批评，被立法机关审议时否定。

不过，不论法律对代孕以及其他人工辅助生殖技术如何进行规范，以及是否禁止代孕，都不妨碍对通过代孕以及其他人工辅助生殖技术所生子女的生的尊严进行保护。这是对待人工辅助生殖技术所生子女法律地位的最根本要求。这是因为，无论怎样，人工辅助生殖技术所生子女是无辜的、无罪的，他们都是民族的后代、祖国的未来。代孕是否涉嫌触及法律，是否应当受到道德上的谴责，是否应当受到处罚，谴责的都是寻求代孕的主体，而不是代孕所生的子女，不应当让子女承担不利的后果，否定他们的法律地位，损害他们的尊严。若是否定了代孕所生子女的法律地位，他（她）的生的尊严就受到了损害，并且无法得到修复。

同样，现行法律对同性恋的态度也不影响人工辅助生殖技术所生子女法律地位的认定。在我国的法律环境下，通过人工辅助生殖技术生育子女，往往限定在具有合法婚姻关系的夫妻之间，只有合法夫妻才能决定是否通过人工辅助生殖技术生育子女。在客观上，同性伴侣如果想要生育子女，须通过人工辅助生殖技术进行，否则无法实现。问题是，在中国的法律环境下，是否允许进行代孕尚为一个悬而未决的问题；同性伴侣通过代孕的方式生育子女，显然存在更大的法律障碍。尽管如此，在现实生活中仍然出现了这样的案件。对于这一类人工辅助生殖技术出生子女法律地位的认定，同样需要遵从基本的要求，承认该子女的法律地位，而不是否定他们的客观存在，进而损害他们的生的尊严。

---

① 江苏省无锡市中级人民法院（2014）锡民终字第 01235 号民事判决书。

（二）人工辅助生殖技术所生子女不应当受到歧视

尊严除了意味着得到承认之外，也必须得到他人的尊重，而这种尊重就意味着"不受歧视"。因而，维护人工辅助生殖技术所生子女的生的尊严，不仅要在积极层面承认该子女的法律地位，在消极层面也要求该子女不得受到任何歧视。

人工辅助生殖技术所生子女不得受到歧视，主要指的是应当平等对待该子女与自然生育所生子女，不能出现差别待遇。人工辅助生殖技术的发展，从正面的角度看，实现了生育从义务到权利的转化，即摆脱了自然力对生育的束缚，使人们不必再受到"性交—生殖"的绝对约束。①但是，这并不代表人工辅助生殖技术所生子女与自然生育的子女有根本上的不同，二者之间的差异仅在于出生方式的不同，而这种差异也不是子女所能决定的。如果将出生方式作为分类的标准，就代表着人的尊严并不是由其作为人的内在的、本质的属性所决定，而是由外在的、不可选择的出生所决定。进而根据子女出生方式的不同，对他们进行区分对待时，就是歧视性措施，是对生的尊严的亵渎。因而，在法律地位上，不论出生方式有何区别，人工辅助生殖技术所生子女应当与自然生育方式所生子女的法律地位相一致，处于平等状态。

四、界定人工辅助生殖技术所生子女法律地位的基本方法

人工辅助生殖技术包括人工授精、代孕等。最高人民法院（1991）民他字第12号批复关于人工授精子女法律地位认定的规定，通过对子女利益最大化原则的贯彻，实现了对人工授精所生子女的生的尊严的保障，而代孕出生子女的情况与其别无二致。因此，认定代孕所生子女的法律地位时，应当参照这一规则。以此观之，对于人工辅助生殖技术所生子女的法律地位均应当参照这一批复确定的规则，统一认定，确保其生的尊严。

---

① 周平：《生殖自由与公共利益的博弈——生殖医疗技术应用的法律规制》，北京，中国社会科学出版社 2015 年版，第 94 页。

（一）最高人民法院（1991）民他字第 12 号批复的参照价值

当男性出现生育障碍，包括没有生育能力、存在性生活障碍、精子活力障碍时，可以通过人工授精的方式实现生育目的。人工授精分为三种情况：一是同质授精，即采用丈夫的精子通过人工辅助生殖技术授精，使妻子怀孕，孕育子女；二是经丈夫同意，将他人精液与丈夫的精液混合，进行人工授精，使妻子怀孕，孕育子女；三是妻子经丈夫同意，采用他人的精液，通过人工授精方式使妻子怀孕受胎，孕育子女。在第二种和第三种情形下，都有可能出现丈夫与人工授精所生子女之间不存在自然血缘关系的情况。此时就涉及人工授精所生子女法律地位的认定问题。

对此，1991 年 4 月 8 日，最高人民法院作出（1991）民他字第 12 号批复，内容是："河北省高级人民法院：你院冀法（民）（1991）43 号《关于夫妻离婚后人工授精所生子女的法律地位如何确定的请示报告》收悉。经研究，我们认为，在夫妻关系存续期间，双方一致同意进行人工授精，所生子女应视为夫妻双方的婚生子女，父母子女之间权利义务关系适用《婚姻法》的有关规定。"按照这一批复，只要是在夫妻关系存续期间，双方共同决定通过人工授精的方法孕育子女，无论采用上述何种方式，所生子女都是婚生子女，不得因父与子女之间不具有自然血缘关系而否认该子女为婚生子女的法律地位。

这一规则突破了传统上以自然的血缘关系作为亲子关系的判断标准，将人工授精子女视为夫妻双方的婚生子女，贯彻的就是子女利益最大化原则。这是因为，保护未成年子女，就是保护民族的后代和祖国的未来，使民族和国家后继有人，因而，人工授精所生子女法律地位的认定必须贯彻子女利益最大化原则。虽然这一批复没有提到对人工授精所生子女的生的尊严的保护，但是贯彻子女利益最大化原则，就包含了保护他们生的尊严的内容。

这一原则在我国《民法典》中也有多处体现。例如，《民法典》第 31 条第 2款规定："居民委员会、村民委员会、民政部门或者人民法院应当尊重被监护人的真实意愿，按照最有利于被监护人的原则在依法具有监护资格的人中指定监护人。"第 35 条规定："监护人应当按照最有利于被监护人的原则履行监护职责。"

第 1084 条第 3 款规定:"离婚后,不满两周岁的子女,以由母亲直接抚养为原则。已满两周岁的子女,父母双方对抚养问题协议不成的,由人民法院根据双方的具体情况,按照最有利于未成年子女的原则判决。子女已满八周岁的,应当尊重其真实意愿。"这些规定,体现的都是最有利于未成年子女利益的原则。

人工授精所生子女法律地位的认定必须贯彻子女利益最大化原则,从根本上实现对人工授精所生子女的生的尊严的保障。将人工授精子女认定为婚生子女,不仅能够避免将人工授精所生子女与其他子女区别对待,维护子女地位的同一性和身份的安定性;而且是对婚生子女推定和否认制度适用的限制,禁止丈夫就已经同意实施的异质人工授精所生子女的婚生性提出否认之诉。[①] 也就是说,通过人工授精的方式出生的子女,可能与丈夫并没有自然血缘关系,但是,最高人民法院这一批复将没有自然血缘关系的"父"与"子"人为地、固定地构建起了亲子关系。这一规则尽管与客观事实相悖,但是却能够保障该子女取得明确的婚生子女的法律地位,实现子女利益的最大化,并通过这种法律地位来保障其生的尊严。若是因人工授精方式出生的子女与父亲没有自然血缘关系,就否定其婚生子女的法律地位,将其认定为是非婚生子女,必定会使该子女的尊严受到损害。

以此观之,这个规则具有一般性的法律适用价值,可以适用到与人工授精情形基本相同的场合,认定其他通过人工辅助生殖技术所生子女的法律地位,保障其他人工辅助生殖技术所生子女的生的尊严。

(二)代孕所生子女的具体情况

就目前情况看,通过代孕的人工辅助生殖技术所生子女的具体情形较为复杂。

一般认为,家庭是"民族的、本土的、宗教的、习俗的、伦理的和道德的"规制领域,不适合进行比较法研究。随着社会的变迁,尤其是性别平等和个人权

---

① 杨芳:《人工生殖模式下亲子法的反思与重建——从英国修订〈人类受精与胚胎学法案〉谈起》,《河北法学》2009 年第 10 期;刘成明:《论体内异质授精子女的身份确认》,《甘肃政法学院学报》2006 年第 11 期。

利思潮的兴起，环境差异作为家庭法比较研究的阻碍逐渐减小。① 法国法关于人工辅助生殖技术所生子女情况的区分，使得人工辅助生殖技术问题简单化、明了化，具有借鉴意义，有助于掌握和了解通过代孕所生子女的具体情况。

　　在这方面，法国法的经验是，人工辅助生殖应当区分有捐赠者帮助的人工辅助生殖和没有捐赠者帮助的人工辅助生殖。② 针对无须捐赠者帮助的人工辅助生殖，丈夫、伴侣或者同居者是子女生物意义上的父亲；而且在已婚配偶中，如果双方同意实施人工辅助生殖，那么未来旨在确认亲子关系或对亲子关系提出异议的任何诉讼将不再受理。针对捐赠者帮助下的人工辅助生殖，双方当事人应事先在家事法院或者公证员面前作出同意的意思表示，通过人工辅助生殖技术生育子女的亲子关系通过出生证书得以确立。当事人作出同意后，在事后提出任何关于亲子关系的异议，除非有证据证明该子女不是人工辅助生殖技术所生（比如系母亲通奸所生）或者原来作出的同意已经失效。对于代理孕母，父子关系的确定在这种情况下毫无争议，因为父亲就是提供精子的人。母子关系的确定更加棘手，一直以来，分娩生育子女的女性都被视为母亲，在这种情况下适用的规则是分娩生育子女的母亲是代理母亲，对于子女而言保持匿名，而子女的父亲认可代理母

----

　　① 刘征峰：《论民法教义体系与家庭法的对立与融合：现代家庭法的谱系生成》，北京，法律出版社2018年版，第255－256页。

　　② 《法国民法典》第七编第三节规定了借助医学方法进行的生育。第311－19条规定：在由第三人作为捐赠人提供协助、通过医学方法生育的情况下，捐赠人与采用此种方法出生的儿童之间，不得确立任何亲子关系性质的联系。不得对捐赠人提起任何责任之诉。第311－20条规定：夫妇或者姘居的男女，采用需要有第三人作为捐赠人参与的医学方法进行生育时，应当事先按照能够保守秘密的条件，向法官或公证人表明他们同意按此种方法生育。法官或公证人应当告知他们的行为在亲子关系方面的后果。对采用经他人协助的医学方法生育表示同意之后，禁止"为确立亲子关系或者对亲子关系提出异议之目的"提起任何诉讼；但如证明子女并非采用第三人协助的医学方法所生，或者原表示的同意已失去效力时，不在此限。如果在实施由第三人协助的医学方法生育之前当事人死亡或者已提出离婚申请或别居申请，或者已经停止共同生活，其原先表示的同意失去效力；或者在采用第三人协助的医学方法生育实施之前，如男方或女方已向负责实施该协助方法的医生撤回所表示的同意，此项同意亦失去效力。原已对采用第三人协助的医学方法表示同意的人，事后不承认由此出生的子女，应对子女之母及子女本人承担责任。《法国民法典》，罗结珍译，北京，北京大学出版社2010年版，第94－95页。

亲的行为。最终，父亲的伴侣将收养代理孕母所生的子女。①

按照这一经验，对于代孕情况的分析也可以区分为无须捐赠者帮助的代孕与需要捐赠者帮助的代孕。

1. 无须捐赠者帮助的代孕

无须捐赠者帮助的代孕，指的是通过人工辅助生殖技术使夫妻双方的精子和卵子结合，借由他人的子宫来孕育子女。确认这种代孕所生子女的法律地位比较复杂，原因是，对子女的孕育是通过两个女性共同完成的：其中一个女性（妻子）提供了卵子，另一个女性提供了子宫。此时的难题在于，如何确定哪一位女性是子女的母亲，即应当采用血缘关系决定母子关系（或者说基因决定母子关系），还是孕育分娩决定母子关系。

传统民法解决这个问题时，受自然生殖规律影响，采取分娩者为母的原则。人工辅助生殖技术的发展与应用，背离了传统的自然生殖规律，向这一原则提出了挑战。不过，应当看到的是，无须捐赠者帮助的代孕所生子女法律地位的确定，相对比较简单。原因是，只有两位女性与子女有关系，且提供卵子的一方往往就是婚姻关系存续期间的妻子，与丈夫具有合法的婚姻关系。

2. 有捐赠者帮助的代孕

不同于无须捐赠者帮助的代孕情形，有捐赠者帮助的代孕情形中有三位女性与代孕子女之间存在关系，情况更为复杂。一是决定通过代孕生育子女的女性，其作出了通过代孕生育子女的意思表示。如果没有该名女性的主观意愿，也就不会发生代孕的情形。二是提供卵子的女性。在有捐赠者帮助的代孕情形中，作出代孕意思表示的女性往往存在不孕不育症，其卵子无法与丈夫的精子相结合形成受精卵，或者就无法提供卵子，必须取得第三人的卵子。如果没有捐赠卵子的女性，代孕的前置条件就无法成就。三是提供子宫的女性。受精卵形成后，必须在子宫中孕育。没有第三人的子宫，就无法通过代孕方法生育子女。可见，有捐赠者帮助的代孕情形中因决定通过代孕生育子女的女性与提供卵子女性的分离，变

---

① 〔法〕科霖·雷诺—布拉尹斯吉：《法国家庭法精要（第17版）》，石雷译，北京，法律出版社2019年版，第164－169页。

得更为复杂。其中，决定通过代孕生育子女的女性，与代孕所生子女之间既没有血缘上的关系，也没有用自己的子宫孕育子女。提供卵子的女性通常是匿名的，例如，前述所提及的全国首例代孕子女监护权纠纷案中的代孕子女，就是由匿名捐赠者提供的卵子与丈夫罗某的精子相结合形成受精卵，再经由第三人提供子宫孕育所生。妻子陈某与代孕所生的子女没有自然血缘关系，也没有提供子宫孕育子女。这也正是本案引起争论的主要原因。

（三）代孕所生子女应当与人工授精所生子女法律地位的判定原则相一致

诚如前述，代孕生育子女可以分为有捐赠者帮助和无捐赠者帮助两种类型。对于无须捐赠者帮助的代孕，决定代孕的母亲有提供卵子的能力，只是存在孕育子女的身体障碍，故选择体外授精的方式培育胚胎，再将胚胎移植到代孕母亲的身体里进行代孕。对于需要捐赠者帮助的代孕，决定代孕的母亲不仅没有提供卵子的能力，也没有孕育子女的能力，只能选择将捐赠者的卵子与自己丈夫的精子结合，培育一个人体胚胎，再移植到代孕母亲的身体里孕育子女。

人工授精也分为无须捐赠者帮助以及有捐赠者帮助两种类型。无须捐赠者帮助的人工授精指的是丈夫的精子具有活力，但是存在性生活障碍，故通过人工授精的方法将丈夫的精子与妻子的卵子相结合，孕育子女。需要捐赠者帮助的人工授精指的是丈夫的精子缺乏适当的活力，故通过混合他人精液或者单独采用他人精液的方式，与妻子的卵子相结合而孕育子女。

将人工授精与代孕的情形进行仔细比较，可以发现二者的基本特征一致。首先，二者的方式都是借助外力。人工授精是进行体外授精或者请他人捐赠精液；代孕是将自己的卵子提取出体外，人工进行精子和卵子的结合，或者由她人提供卵子，与丈夫的精子结合，再通过他人提供身体进行代孕。其次，二者的功能都是弥补生殖障碍。通过人工授精生育子女在本质上是为了弥补丈夫的生育障碍，通过代孕生育子女在本质上是为了弥补妻子的生育障碍。也就是说，人工授精与代孕都主要是由于婚姻关系的一方当事人存在生殖障碍，而不得不借助于人工辅助生殖技术培育子女，只是男方和女方的障碍不同。最后，二者的结果相一致。代孕所生子女与作出决定代孕的女性之间，可能因提供了卵子而存在自然血缘关

系，也可能因卵子由第三人提供而没有自然血缘关系；人工授精所生子女与作出
人工授精决定的男性之间，可能因提供了精子而存在自然血缘关系，也可能因精
子由第三人提供而没有自然血缘关系。经过这三方面的比较之后，可以看到，人
工授精生育子女和代孕生育子女的基本特征是一致的，只是代孕需要另外一个孕
母来孕育子女。

　　既然代孕与人工授精的基本特征相一致，代孕所生子女的法律地位应当与人
工授精所生子女的法律地位相一致。因而，从基本原则上来说，最高人民法院
(1991) 民他字 12 号批复确定的原则，可以适用于代孕所生子女法律地位的认定
场合。

五、界定人工辅助生殖技术所生子女法律地位的具体规则

　　最高人民法院（1991）民他字 12 号批复确定了"在夫妻关系存续期间，双
方一致同意进行人工授精，所生子女应视为夫妻双方的婚生子女，父母子女之间
权利义务关系适用《婚姻法》的有关规定"的基本原则，实现了对人工授精所生
子女的生的尊严的保障。参照这一规定，夫妻关系存续期间，双方一致同意通过
代孕这种人工辅助生殖技术生育子女，所生子女也应当视为夫妻双方的婚生子
女，并进一步确定法律意义上的父母应当是决定通过人工辅助生殖技术生育子女
的夫妻。至于同性伴侣通过人工辅助生殖技术所生子女的法律地位，则需要做进
一步的深入探讨。

　　（一）人工辅助生殖技术所生子女视为婚生子女

　　按照最高人民法院（1991）民他字 12 号批复的立场，在婚姻关系存续期间，
双方一致同意采用人工辅助生殖技术，通过代孕的方法所生子女也应当视为夫妻
双方的婚生子女，父母子女的权利义务关系应当适用《民法典》婚姻家庭编的基
本规则。也就是说，通过人工辅助生殖技术即代孕方法出生的子女，虽然与妻子
一方没有自然血缘关系，但是通过被视为婚生子女，而与妻子构成拟制血缘关
系。我国台湾地区也规定，代孕母所生的子女，视为委托夫妻的婚生子女。

这样认定代孕所生子女的法律地位，其优势在于：第一，保障人工辅助生殖技术特别是代孕所生的子女与自然生育的子女法律地位一致，处于平等的状态，不会因出生方式的不同而受到歧视。第二，保障人工辅助生殖技术所生子女不处于非婚生子女的不利地位，不会因出生方式的特殊性而使其置身于不利处境。第三，保障人工辅助生殖技术所生子女不因先天缺陷而被抛弃。现实情境中，常常会出现代孕所生子女因存在先天缺陷而被委托代孕方"退货"的情形①，而代理孕母因经济方面的窘迫，也无力抚养代孕子女，导致代孕子女有可能成为"弃儿"，无法得到必要的抚养、教育和保护。若认定代孕子女是夫妻双方的婚生子女，委托代孕方就会受到法律与道德上的双重规制，不得遗弃代孕子女，保障代孕子女不因遗弃而受到歧视。

从上述对代孕子女视为委托夫妻的婚生子女这三方面的优势可以看出，将通过代孕方法出生的子女视为委托夫妻的婚生子女，从根本上维护了代孕子女的生的尊严，使其不因出生方式的特殊性而受到尊严的损害。如果否认其婚生子女的法律地位，是对其生的尊严的损害。以前文提及的全国首例代孕子女监护权纠纷案为例，法院判决认定通过代孕所生子女不是婚生子女，陈某与代孕子女之间的关系是继母子关系，因此，决定通过代孕生育子女的女性是该子女的继母，如此将使代孕子女永远背负着非婚生子女的法律地位，不能拥有自己的婚生母亲，也无法与陈某构建起法律上的血缘关系。更进一步，如若代孕子女出现先天缺陷，陈某也可以选择拒绝抚养代孕子女，无疑将导致代孕子女的权益受到更加严重的损害。可以说，这一判决否定了代孕子女的婚生法律地位，实际上就是对代孕子女的生的尊严的不尊重。正确的做法是，参照最高人民法院（1991）民他字12号批复的规则，判决认定代孕子女出生在陈某与罗某婚姻关系存续期间，且为二者合意通过代孕方式生育而来，应当视为陈某与罗某的婚生子女。

因此，通过人工辅助生殖技术所生子女，无论是通过人工授精所生子女，还

---

① 吴文诩、李丽向：《代孕女童遭"退单"生物学父母需承担什么法律责任》，《经济参考报》2021年1月27日第5版。

是通过代孕所生子女，尽管认定其为婚生子女违背了基本的自然血缘事实，但是，为了维护该子女的生的尊严，也应当将其视为婚生子女，避免其因非婚生子女的法律地位而受到歧视或者威胁，使其尊严受到终身的损害。

（二）人工辅助生殖技术所生子女的父母为夫妻

"父母、子女、兄弟姐妹等称谓，并不是简单的荣誉称号，而是一种负有完全确定的、异常郑重的相互义务的称呼，这些义务的总和便构成这些民族的社会制度的实质部分。"① 确定人工辅助生殖技术所生子女的法律地位，最终也必须落实到亲子关系的认定上。

在人工授精所生子女的法律地位认定方面，主要应当解决的是父亲与子女关系的认定。这是因为，人工授精所生子女中的妻子作为母亲是确定的，问题在于该子女与丈夫之间可能没有自然血缘关系，需要确定究竟是丈夫还是提供精子的男性为法律上的父亲。按照最高人民法院（1991）民他字 12 号批复，不论丈夫与人工授精子女之间是否有自然的血缘关系，只要该子女系夫妻双方一致同意通过人工授精方式孕育子女，就应当认定二者之间存在亲子关系。这实际上与自然生育时父子关系的确认规则相一致。自然生育时，除非母亲通奸，"子女出生时，与生母有婚姻关系者为子女之父亲"②。不同的是，在自然生育时，丈夫可以提起亲子关系否认之诉以推翻这一规则。在人工授精生育时，丈夫因作出了人工授精的意思表示，就限制了其否认权的行使。可见，人工授精所生子女父子关系的认定，真正起决定性作用的事实，是丈夫作出了人工授精的意思表示。

在代孕所生子女的法律地位的认定上，主要解决的是母亲与子女的关系问题。这是因为，在代孕的法律关系中，夫妻双方当事人于婚姻关系存续期间决定通过代孕生育子女时，提供精子的一方均是该丈夫，丈夫与代孕所生子女之间存在自然的血缘关系，因而，丈夫作为代孕所生子女的父亲无可争议。问题在于，

---

① 《马克思恩格斯全集》，第 21 卷，北京，人民出版社 1965 年版，第 40 页。

② 《德国民法典》第 1592 条规定："下列各款之人为子女之父亲：1. 子女出生时，与生母有婚姻关系者。2. 因任意认领而生父子关系者。3. 依一千六百条之四规定，或家事与非讼事件过程法第一百八十二条第一款规定中由法院确认其具有父子关系者。"《德国民法典》，台湾大学法学院、台大法学基金会编译，北京，北京大学出版社 2017 年版，第 1173 页。

如何确定法律意义上的母亲。

这一问题，对于无捐赠者帮助的代孕，涉及两方主体，分别是委托代孕生育子女一方（也是提供卵子一方）和提供子宫的代孕一方；对于有捐赠者帮助的代孕，涉及三方主体，分别是委托代孕生育子女一方、提供卵子一方和提供子宫一方。可见，有捐赠者帮助的代孕比无捐赠者帮助的代孕多了提供卵子的一方当事人。然而，这一主体的增加，并不会影响对母亲的认定，原因是，亲子关系的认定不仅仅是单纯的基因痕迹的问题，还牵涉到人类谱系的关联。[1] 提供卵子的一方在捐赠卵子时，并没有试图构建起亲子关系，而且捐赠者遵循的是匿名原则，其通过医疗机构捐赠卵子，受捐赠者也是通过医疗机构取得卵子，捐赠者与受捐赠者之间不产生直接的法律关系。即使捐赠者直接将卵子捐赠给受捐赠者，其也没有任何成为法律意义上母亲的意思表示。因而，捐赠者不会成为法律意义上的母亲。这也是法国法规定"无论捐赠者捐献的是人体的某一部分或所生之物，捐赠者和生育的子女之间不会建立任何亲子关系，对捐赠者也不能提出任何要求其因此承担责任的诉讼"这一内容的原因所在。[2]

真正的争议点在于应当认定委托代孕者还是受托代孕者为法律意义上的母亲。在实践中，委托代孕者和受托代孕者都会存在代孕协议，内容一般是一方提出通过代孕的方式生育子女，另一方提供子宫孕育、分娩子女，代孕母亲生育的子女是委托代孕一方的子女。不论该协议是否合法，但是双方的法律关系是依据该协议确立起来的。当代孕所生子女出生后，协议中的两位女性均有可能争夺代孕子女的母亲地位。在现实情境中，既有委托代孕一方主张自己是子女母亲的情形；也有受托代孕一方主张自己是子女母亲的情形。其中，认定委托代孕者为母亲地位的主要依据在于：第一，在无捐赠者帮助代孕的情形下，委托代孕者是卵子的提供者；在有捐赠者帮助代孕的情形下，委托代孕者是受捐赠的卵子的提供者。第二，不论何种代孕情形，委托代孕者作出了代孕生育子女的意思表示，尽

　　[1]　[法] 于格·菲勒西隆：《论家庭纽带》，载《法国家事法研究文集——婚姻家庭、夫妻财产制与继承》，李贝编译，马宏俊、王蔚审定，北京，人民法院出版社 2019 年版，第 185 页。
　　[2]　[法] 科霖·雷诺-布拉尹斯吉：《法国家庭法精要》（第 17 版），石雷译，北京，法律出版社 2019 年版，第 164 - 169、169 页。

管其没有用自己的身体孕育子女，但是，如果没有其意思表示的作出，也就不会出现代孕所生子女。认定受托代孕者为母亲地位的主要依据是其用身体孕育并且分娩了子女，按照传统的分娩者为母亲的原则，当然可以主张其为母亲。

在上述争论中，分歧的实质在于，是否需要遵循传统的分娩者为母的原则，这就需要回溯这一原则产生的背景与原因。在人类长期的历史发展中，传统民法确立了分娩者为母亲的原则①，是因为在自然生育的场合，母子关系中的血缘与分娩是一致的。其中，血缘是基本事实，而分娩是基于血缘孕育子女而表现的外在形式。揭破"分娩者为母"的面纱，就可以发现，这一原则的实质是以血缘而非分娩作为认定亲子关系的标准。

无捐赠者帮助的代孕技术的发展，将血缘与分娩分离，产生了不同的主体，即提供卵子的一方（同时也是委托代孕的一方）并不是分娩子女的一方。此时就涉及究竟应当是血缘优先于分娩，还是分娩优先于血缘的问题。本书认为，应当按照血缘作为亲子关系的认定标准。传统的分娩者为母的本质也是以血缘作为认定标准。如果坚持形式意义上分娩者为母亲的原则，就是不顾事实而违反客观规律。因而，"血缘优于分娩"是确定无捐赠者帮助代孕所生子女法律地位的基本原则，提供卵子的一方即委托代孕的妻子为代孕所生子女的法律意义上的母亲。

有捐赠者帮助的代孕技术的发展，也将血缘与分娩分离，但是，更关键的是，此处的血缘关系因捐赠者的匿名而无法发挥其作为认定标准的效用。那么，应当如何认定有捐赠者帮助的代孕所生子女的母亲呢？费孝通先生关于亲属关系的论述，为这个问题的解答提供了灵感，即"亲属是由生育和婚姻所构成的关系。血缘，严格说来，只指由生育所发生的亲子关系。"② 费孝通先生作出这样的论述，根据在于传统的自然生育方式。但是，当代人工辅助生殖技术的发展，已经对生育方式作出了突破。当有捐赠者帮助代孕的所生子女，委托代孕者与代孕所生子女就不存在生育（血缘）关系。然而，亲属关系并不是单纯地由生育关系确定的，它还包括婚姻。从这一角度出发，尽管委托代孕者与代孕所生子女之

---

① 《德国民法典》第 1591 条规定："分娩者为该子女之母亲。"
② 费孝通：《乡土中国》，北京，北京大学出版社 2012 年版，第 115 页。

间不存在生育（血缘）上的关系，但是，因委托代孕的女性与委托代孕的男性存在夫妻关系，而人为地构建了委托代孕者与代孕所生子女之间的亲子关系，即委托代孕的妻子为代孕所生子女的母亲。

可见，代孕所生子女母子关系的认定，真正起决定性作用的事实是，妻子作出了决定代孕生育子女的意思表示。在代孕关系中，无论怎样，总是要有一个决定代孕意见的人。这个人当然不是代孕母亲，而是委托代孕的妻子。

还可以从另一个角度来看这个问题。捐赠卵子行为的性质是赠与，捐赠的卵子是人体分离物，通过捐赠而转移其权属，接受捐赠卵子权属的人是委托代孕的妻子，而不是受托代孕之人。接受捐赠卵子的婚姻关系中的妻子继受取得该人体分离物的权属，决定将自己享有权属的卵子与自己丈夫的精子结合，培育成人体胚胎，委托受托人代孕子女，其实已经通过对捐赠卵子的权属继受，使捐赠的卵子成为"自己的"卵子。以其作为代孕所生子女的法律关系的基础事实，也能够确定委托代孕的妻子是代孕所生子女的母亲，该血缘关系拟制的基础，就是捐赠卵子的赠与和接受赠与。

将人工授精所生子女的父子关系、代孕所生子女的母子关系认定中，真正起决定性作用的事实结合起来看，还可以发现，"父母并不是严格意义上的受精卵的提供者，而是真正创造了子女的人。也就是说，那些或者通过自然手段，或者借助人工生殖辅助技术，通过一项亲子计划来赋予子女生命的人。"[①]

总的来说，在确定夫妻婚姻关系存续期间合意通过人工辅助生殖技术所生子女的法律地位上，应当认定其"婚生子女"的地位。其中，认定作出人工授精育子女意思表示的丈夫为父亲，作出代孕生育子女意思表示的妻子为母亲。只有这样，才能够更好地保护人工辅助生殖技术所生子女的生的尊严。

（三）同性伴侣代孕所生子女的法律地位

我国社会对同性恋的态度有一个根本性的变化，从将其认定为流氓行为、病态行为转变为视为不同性取向的正常行为。对同性恋采取医疗措施进行矫正治

---

① ［法］于格·菲勒西隆：《论家庭纽带》，载《法国家事法研究文集——婚姻家庭、夫妻财产制与继承》，李贝编译，马宏俊、王蔚审定，北京，人民法院出版社2019年版，第184页。

疗，是对同性恋者人格尊严的侵害，构成侵权。① 源于社会的尊重与宽容，客观社会生活中出现了同性伴侣通过代孕生育子女的现象。因同性伴侣尚未处于合法状态，无法将代孕所生子女直接认定为同性伴侣的婚生子女。不过，无论是男性同性伴侣，还是女性同性伴侣，通过代孕生育子女，确定该子女的法律地位，也必须坚持最有利于子女利益的原则，将其认定为同性伴侣双方的子女最为稳妥，最能够保护该子女的最大利益，保障和维护其生的尊严。至于父子、母子关系的认定则需要作进一步的研究。

女性的同性伴侣代孕，涉及的是母子关系的认定。这是因为，女性同性伴侣双方都可以生育，只是需要第三人提供精子。若是提供卵子的一方与第三人的精子相结合形成受精卵，并在自己的子宫中孕育，则不存在代孕问题，应当认定提供卵子、进行孕育的一方为该子女法律上的母亲。问题的难点在于，若是一方提供卵子，一方孕育子女，应当认定哪一方为法律意义上的母亲。前文所提及的首例同性伴侣代孕所生子女纠纷案就属于这种情形。一审法院采用分娩说，将孕育子女的一方认定为法律上的母亲，其实是对分娩说的误读。前文已经提及，传统的分娩者为母的原则在根本上是以血缘关系作为认定标准。在本案所涉情形中，不能继续坚持传统的分娩者为母的原则，而应当撕破这一原则的面纱，以血缘为标准，认定提供卵子的一方为母亲。

男性的同性伴侣代孕，涉及的是父子关系的认定。这是因为，男性同性伴侣生育子女，不仅需要第三人的卵子，还必须采取代孕的方法。申言之，必须由一方或者双方提供精子，与第三人提供的卵子相结合，并借助第三人的子宫生育子女。此时，容易就哪一方为该子女法律意义上的父亲而产生争议。对此，同样应当以血缘作为标准，判断是谁提供精子，就认定谁是法律意义上的父亲，进而确认为双方共同的子女；即使双方共同提供精子混合进行人工授精，其代孕所生子女也是如此。如果受托代孕者对子女的亲子关系提出主张，应当否定其请求。其根据是，代孕者并未提供卵子，与子女之间并没有血缘上的关系。而且，我国传

---

① 杨立新、吴烨：《为同性恋者治疗的人格尊严侵权责任——兼论搜索引擎为同性恋者治疗宣传的虚假广告责任》，《江汉论坛》2015年第1期。

统的亲属法基本思想为：人的血脉是由父亲传给儿子的，不论这种血统经过多少世代也不丧失血缘的同一性；而且这种血缘是生命的本源或生命本身，每个人的本性由此所规定。在生命的形成中，母亲的角色绝不是被忽视，但是生命的本性源于父亲，而非母亲。① 本文不去评论这种传统观念的对错，只是说明这一看法。在 Raftopol V. Ramey 案中，一对男同性恋，利用其中一方的精子和第三方捐赠的卵子，通过人工授精的方式使代孕母怀孕并生育，法院也是最终认定求孕父母为代孕子女法律上的父母，否定了代孕母作为该子女法律上的母亲地位。②

通过以上的讨论，可以认为，在认定人工辅助生殖技术所生子女的法律地位这一问题上，落脚点在于以何种规则确定亲子身份，问题的核心则是亲子关系确认应当秉持的价值标准。③ 基于保障该子女的生的尊严为重中之重，应当适用最高人民法院 1991 年 4 月 8 日 (1991) 民他字第 12 号批复确定的"在夫妻关系存续期间，双方一致同意进行人工授精，所生子女应视为夫妻双方的婚生子女，父母子女之间权利义务关系适用《婚姻法》的有关规定"规则，认定在夫妻关系存续期间，双方一致同意通过人工辅助生殖技术生育子女，所生子女都应视为夫妻双方的婚生子女，父母子女之间的权利义务关系适用《民法典》婚姻家庭编的有关规定。至于同性伴侣通过代孕方式生育的子女，在中国现行的法律环境下，提供卵子或者精子的一方为该子女法律意义上的父母，最好认定为双方的共同子女，共负抚养义务。通过这样的方法，能更好地保护人工辅助生殖技术所生子女，维护和保障他们的生命尊严。

需要表明的是，讨论这个问题的目的，是助益于相关的理论发展、立法延展以及司法决断。在理论发展方面，本文通过剖析生的尊严的内涵与重要价值，使得对生命尊严的理解更为丰满；在立法延展方面，从最高人民法院 1991 年 4 月 8

---

① ［日］滋贺秀三：《中国家族法原理》，张建国、李力译，北京，商务印书馆 2013 年版，第 42 - 43 页。

② Raftopol V. Ramey'299 Conn. 681'681 (Conn.，2011)。转引自肖永平、张弛：《比较法视野下代孕案件的处理》，《法学杂志》2016 年第 4 期，第 72 页。

③ 谈婷：《价值冲突与选择：代孕亲子关系确认的困境破解》，《苏州大学学报（哲学社会科学版）》2020 年第 3 期。

日（1991）民他字第 12 号批复中，挖掘这一规则的一般性适用价值；在司法决断方面，从保障生命尊严这一重要价值为出发点，为人工辅助生殖技术所生子女法律地位的确立作出统一的认定标准。

第五节　身体权

一、身体权的客体：身体

（一）语义学上的身体概念

从语义学的角度上说，身体是指"一个人或一个动物的生理组织的整体"[1]，即"人和动物的躯体"[2]。可见，人和动物的生理组织的整体即躯体都称为身体。

汉语中的身体，不分人和动物，其躯体均为身体。英语中的 bodily 则专指人的身体，与动物的躯体相区别，是指人的非精神的而是肉体的，是肉体的整个构造或附属于身体的所有部分。[3]

（二）法律学意义上的身体概念

法律学意义上的身体，专指自然人的身体，是指自然人的生理组织的整体，即人的躯体。

古代法律将人的身体始终作为刑法保护的对象。近代民法最初也未对身体予以特别重视，1804 年《法国民法典》就没有规定身体权。1900 年《德国民法典》第 823 条规定了对身体的保护，主要是从保护法益的角度规定的，把身体作为侵权法保护的对象，使身体成为身体权的客体。《中华民国民法》第 184 条规定侵权责任保护的范围是"权利"，身体权包括在其中，第 193 条规定："不法侵害他人身体或健康者，对于被害人因此丧失或减少劳动能力或增加生活上之需要时，

---

① 《现代汉语词典》，北京，商务印书馆 1978 年版，第 1008 页。

② 《辞海》，上海，上海辞书出版社 1979 年版，第 1008 页。

③ *Black's Law Dictionary*，West Publishing Co.，1979，Fifth Edition. p. 159.

应负损害赔偿的责任。"确认身体是身体权的客体。

随着社会文明的发展，特别是科技的高速发展，器官移植、人体捐献、人体基因、代孕、遗传检查和鉴别等日渐发达，身体权的概念越来越重要，对于身体权的保护也更加突出。作为身体权客体的身体也在法律中日渐突出，我国《民法典》对身体权及其客体表达了特别的重视，作出了很多新的规定。

自然人死亡后，身体就不再是身体，而是尸体，因而不再有身体权，但是，自然人死亡后的遗体、遗骨和骨灰也应当受到尊重。死者的遗体，包括火化后的骨灰，应以具有尊敬、尊严和体面的方式处置①，受到侵害的，《民法典》第994条规定也应当追究行为人的民事责任。

身体作为身体权的客体，具有双重属性。一方面是身体构成的完整性，身体的各个组成部分构成一个物质的整体，不能分离，损害身体物质性组成的完整性。例如，人的细胞和基因都可以作为身体的重要组成部分存在，并且受到法律的保护。当然，当身体的某一部分与整体分离而不影响身体的完整性，不违反法律和公序良俗时，则可以与身体相分离。另一方面是身体所体现的完整利益，是身体权人有权维护自己的身体组成部分完整地结合在一起，他人不得侵害，任何破坏权利人身体完整性的行为都构成对身体的侵害。身体的上述两方面有机地结合在一起，不可分割。

（三）身体的组成

身体包括两部分：一是主体部分，二是附属部分。主体部分是人的头颅、躯干、肢体的总体构成，包括肢体、器官和其他组织，是身体的基本内容。附属部分，如毛发、指（趾）甲等附着于身体的其他人体组织。身体虽然由头颅、肢体、器官、其他组织以及附属部分所构成，但它是一个完整的整体。身体具有完整性和完全性的基本特征。破坏了身体的完整性和完全性，就破坏了身体的有机构成。

移植的器官和其他组织能够成为身体的组成部分。随着现代医学科学的发展，人类对自身身体的认识不断发展，目前可以做多种器官和其他人体组织的移

---

① 黄薇主编：《中华人民共和国民法典人格权编释义》，北京，法律出版社2020年版，第61页。

植手术，最简单的如输血、植皮，复杂的如肾脏移植、心脏移植、角膜移植等。移植以后的器官和其他人体组织与受移植人成为一体的，成为受移植人身体的组成部分，他人包括这些被移植的人体组成部分的原身体权人都不得再主张这些器官、组织的身体权。

值得研究的是，某些与人体不发生排异反应的动物的器官、组织，也可以移植到人体内，移植成功者，是否也能成为自然人身体的组成部分。一般认为，如果该被移植的器官、组织和其他人体器官、组织融为一体，就成为人体的一部分，可以成为法律所保护的身体。①

镶装、配置的人工制作的残缺身体部分的代替物，如假肢、义齿、义眼、人工心脏瓣膜、助听器等，能否构成身体的组成部分，应当区别不同情况分别对待。学者认为，对此，已构成躯体不可分离的一部分的，应属于身体，可以自由装卸的则不属于身体。② 这是一个比较准确、切实可行的标准，但是还不够，还应对自由装卸加以限制，即虽然可以自由装卸，但是需要专业医学人员依照严格的医学操作规程进行，将其损害可造成健康损害或生命丧失的人工装置，应视为身体的组成部分，如固定的身体引流管、种植牙等，是身体的组成部分。可以自由装卸的身体代替物，是指普通人或者自己就可以自由装卸，而非指专业人员的自由装卸，这种人体代替物不能成为身体的组成部分，例如可自由拆卸的假肢、义齿等。

二、身体权的概念和特征

（一）身体权的概念

关于身体权的概念，我国民法学者对身体权概念界定的主要观点有：一是认为身体是指"自然人对其肢体、器官和其他组织的支配权"③。二是认为"身体

---

① 袁雪石：《民法典人格权编释论》，北京，中国法制出版社 2020 年版，第 235 页。
② 王利明主编：《人格权法新论》，长春，吉林人民出版社 1994 年版，第 303 页。
③ 张俊浩主编：《民法学原理》，北京，中国政法大学出版社 1991 年版，第 144 页。

权是以自然人保持其身体组织器官的完整性为内容的权利"①。三是认为"身体权，是指自然人保持其身体组织完整并支配其肢体、器官和其他身体组织并保护自己的身体不受他人违法侵犯的权利"②。四是认为，"身体权所保护的客体不是人的身体本身，而是因身体而产生的身体利益，它是指公民维护身体形态完整和因身体存在而产生的其他身体利益不被侵害的权利。在内容上不仅包括与健康无关的自然形体的完整利益，而且包括因身体、身体功能和社会道德观念而产生的身体利益，这对具体解决侵犯尸体、性骚扰等实际问题有着重大意义"③。人大常委会法工委的官员对身体权的概念界定为，"是指自然人享有的以身体完整和行动自由受法律保护为内容的权利"④。

上述关于身体权概念的界定，从不同侧面揭示了身体权概念的内涵，均有不够全面之感。人大常委会法工委官员对身体权的定义，则超出了身体权的客体范围，将行动自由也作为身体权的客体，虽然与《民法典》第 1003 条的规定相合，但是该条文将身体自由纳入身体权的保护范围就不当，因而不妥。

本书认为，身体权是自然人维护其身体完整，并支配其肢体、器官和其他组织的物质性人格权。⑤

（二）身体权的特征

1. 身体权以自然人的身体及其利益为客体

身体是自然人享受法律人格的物质基础，离开了身体，自然人无任何权利可言，不能具备法律上的人格。生命权是人的第一位重要的人格权，而生命的物质载体是身体，没有身体，则生命就不能存在。自然人身体权以身体为客体，最重要的就是保持其身体整体组成的完全性、完整性。任何人破坏自然人身体的完整性，就构成对身体权的侵害。

---

① 王利明主编：《人格权法新论》，长春，吉林人民出版社 1994 年版，第 283 页。
② "身体权"，百度网 "百度百科"，http://baike.baidu.com/view/283793.htm#sub283793，2011 年 4 月 25 日访问。
③ 毛立新：《身体权理论与实践的再思考》，《河南社会科学》2006 年第 2 期。
④ 黄薇主编：《中华人民共和国民法典人格权编释义》，北京，法律出版社 2020 年版，第 59 页。
⑤ 杨立新：《人格权法》，北京，法律出版社 2020 年版，第 144 页。

2. 身体权是支配权

身体权还表现为对自己身体组织部分的肢体、器官和其他组织的支配权。传统民法理论并不认可身体权包含自然人对自己肢体、器官和其他组织的支配权，只承认身体完整性不得破坏，不得将身体的组成部分予以转让。但是，随着科学技术的发展和现代法律伦理的进步，允许自然人将属于自己身体组成部分的血液、皮肤、个别器官捐献给他人，甚至通过遗嘱等将自己死后的遗体予以捐献，救助他人或者供医学研究、试验用。这正是体现自然人对其身体组成部分的器官、组织的支配权。它表明，对于自然人身体的上述器官、组织，是只有自然人本人才享有的支配权利，任何人都无权决定其转让。如果他人违背权利人自己的意志，强行索取、使用自然人身体的组成部分，就侵害了自然人对身体组成部分的支配权。

3. 身体权具有排他的绝对性

身体的完整性是人类普遍认可的价值，是人的所有精神生活、职业生活和物质生活的基础。通过维护身体的完整性，使生命得以延续、健康得以维护，自然人才能从事正常的生产和生活。所以，身体权在权利属性上具有强烈的排他性。权利人之外的任何人都是身体权人的义务人，都负有不得侵害的义务。身体权的排他性表现为维护权利人的身体完整及其利益，不受他人的侵害和妨碍，维护身体的整体构造的完整性。

4. 身体权是自然人的基本人格权

身体权是基本人格权之一，属于物质性人格权，表现为自然人对于物质性人格要素的不转让性支配权。[①] 它是人格权，而不是所有权。身体权和所有权虽然同为支配权，但是，其支配的并非同一种客体。所有权支配的是物，身体权支配的却是自身的物质性人格要素，其客体仍然是自然人的人格构成要素，而不是物。

（三）身体权与生命权、健康权的区别

自然人的身体权与其他物质性人格权如生命权、健康权都是自然人享有的物质性人格权，应当进行区别，划清三种人格权的权利边界。

---

① 张俊浩主编：《民法学原理》，北京，中国政法大学出版社 1991 年版，第 142 页。

1. 身体权与生命权

生命权为不受他人之妨害而对于生命之安全、尊严享受利益之权利,其客体是自然人的生命。生命依附于身体而存在,身体依赖于生命的存在而存活。尽管如此,生命权与身体权在法律意义很容易区分。

2. 身体权与健康权

健康权是自然人以其器官乃至整体的功能利益为内容的人格权,它的客体,是人体器官、系统乃至身心整体的安全运作,以及功能的正常发挥[①];区别是:(1) 身体权的客体是身体,健康权的客体是健康;(2) 身体权体现的利益是自然人身体组织的完全性、完整性,健康权体现的利益是自然人肌体功能的完善性;(3) 身体权是自然人对自己身体组成部分的支配权,支配性较强;健康权的支配性质较弱。例如,49 岁的伦敦居民华芬太太是卧室整理工人,五年前她偶然发现右乳房似有个硬块,便到某家诊所检查,又到某医院作进一步检查,确认患乳腺癌,先后切除两个乳房。五年后即 1984 年,她去皇家马什德医院检查癌病有否复发,医生确认她根本就没有患乳腺癌,其双乳被切除为医生诊断过失所致。经诉讼,高等法院 1986 年 10 月 23 日宣判卫生当局赔偿华芬太太 98 631 英镑,其中身体痛苦赔偿 2.5 万英镑,职业损失赔偿 49 870 英镑,不能有效做家务赔偿 3 000 英镑,补助家庭生活费 1.5 万英镑。[②] 在这个案例中,医生侵害的不是华芬太太的健康权,而是身体权,至为明显。

三、身体权的沿革和性质

(一) 身体权是自然人享有的独立人格权

1. 否认身体权为独立人格权的主张

我国的民法理论和实务对身体权是否为自然人的一项独立人格权,在《民法

---

① 张浩俊主编:《民法学原理》,北京,中国政法大学出版社 1991 年版,第 144 - 145 页。

② 《中国法制报》,1986 年 11 月 29 日第 4 版。本案受害人年已 44 岁 (致害时),切除其双乳房,破坏的是其身体构成的完整性,不影响其身体机能的完善性,故应为侵害身体权的损害事实。

通则》实施之后的最初数年，通说持否定态度，只承认自然人享有生命、健康权，不认可身体权为独立的民事权利。[①] 主张我国法律不承认身体权为一项独立的民事权利的依据，是《民法通则》没有在"人身权"一节明文规定身体权，只是规定了"生命健康权"。经过多年的探讨，有更多的人认为身体权是一项独立的民事权利，为自然人所享有，并与自然人的生命权、健康权相区别，各个为独立的民事权利。[②] 后来，这种理论成为通说，最高人民法院通过《精神损害赔偿司法解释》第1条规定，确认身体权为独立人格权。《侵权责任法》第2条第2款没有采纳司法解释和民法通说，仍然采用《民法通则》的提法，称为生命健康权。《民法典》第1003条规定身体权是独立的具体人格权。

由于早期的理论通说不认可身体权为自然人的独立人格权，因而在实务中对侵害自然人生命权和健康权的行为，均可以侵权行为予以民事法律制裁，对自然人的生命权、健康权加以民法保护。而对侵害身体权行为，造成了伤害后果的，则依照侵害健康权的行为处理；造成了死亡后果的，则属于侵害生命权的行为；既没有造成伤害后果，又没有造成死亡后果的，在司法实务中就没有办法进行民法保护。然而，侵害身体权的行为在现实生活中大量存在，缺少必要的民法保护手段，就使自然人的这项具体人格权时时受到威胁、侵害，而无民法救济方法。即使在承认身体权为具体人格权的今天，对侵害身体权的后果如何进行救济，也还是没有更满意的办法。

2. 确立身体权为独立人格权的理由

上述这些意见是不正确的，理由是：

第一，我国法律对身体权是有规定的，《宪法》第37条第2款末段规定"禁止非法搜查公民的身体"，《民法通则》第119条规定"侵害自然人身体造成伤害"应承担民事责任，《精神损害赔偿司法解释》第1条明确规定身体权为具体

[①] 中国政法大学民法教研室：《中华人民共和国民法通则讲话》，北京，中国政法大学出版社1986年版，第181－182页。

[②] 张俊浩主编：《民法学原理》，北京，中国政法大学出版社1994年版，第143－145页；王利明主编：《人格权法新论》，长春，吉林人民出版社1994年版，第284页；梁慧星：《中国人身权利制度》，《中国法学》1989年第5期。

人格权。因此，在实际生活中，我国确认身体权是具体人格权。

第二，我国清末以来的民法典草案和民法典对身体权就有明文规定。我国《大清民律草案》第 955 条、第 960 条以及《中华民国民律草案》的相关条文都明确规定身体权为自然人的民事权利。我国民国时期制定的民法第 18 条规定："人格受侵害时，得请求法院除去其侵害；有受侵害之虞时，得请求防止之。""前项情形，以法律有特别规定者为限，得请求损害赔偿或慰抚金。"据该条立法理由称，这里的人格包括身体权在内。该法第 193 条规定："不法侵害他人身体或健康者，对于被害人因此丧失或减少劳动能力，或增加生活上之需要时，应负损害赔偿责任。""前项损害赔偿，法院得因当事人之声请，定为支付定期金。但须命加害人提出担保。"该法第 195 条第 1 款前段规定："不法侵害他人之身体、健康、名誉或自由者，被害人虽非财产上之损害，亦得请求赔偿相当之金额。"这三个条文，从总则到分则，从财产损害赔偿到非财产损害赔偿，规定得十分完整，构成了对身体权的完整保护。

第三，认可身体权为独立的人格权有历史的和立法例的依据。对于自然人身体的保护是自法律出现以来就存在的制度，只是不详细区分对生命权、身体权、健康权的界限和不同保护。在罗马法时期，私法极其繁荣，但是，也只是在私法中规定对人私犯，称为侵害行为①或侵辱②，并未区分生命权、身体权和健康权的不同。《德国民法典》第 823 条率先规定身体权，并与生命权、健康权等权利并列。此后，《瑞士债法》第 46 条、《奥地利民法典》第 1325 条、《日本民法典》第 710 条，都正式确认自然人身体权为独立的民事权利，并对侵害身体权的行为予以民事法律制裁，对自然人的身体权予以严格的民法保护。在当代，民法更加重视对自然人身体权的保护，维护自然人身体组成部分的完整性。尽管《法国民法典》原来对人格权没有规定，但是经过修订，其第 16—1 条规定，每个人的身体均有权受到尊重。人体不可侵犯。人体、组成要素不得成为财产权的标

---

① ［古罗马］查士丁尼：《法学总论——法学阶梯》，北京，法律出版社 1989 年版，第 201-203 页。

② ［意］彼德罗·彭梵得：《罗马法教科书》，黄风译，北京，中国政法大学出版社 1992 年版，第 404-405 页。

的。第16—2条规定，法官得采取一切必要措施，防止或责令停止对人体的不法侵害或对人体的组成的不法行为，包括在他人死亡之后。加拿大《魁北克民法典》专门规定人身完整权，第10条第1款规定，任何人都不受侵犯且有权维持身体完整。该法在第11～31条分别规定：一是关于治疗对人体完整权影响，确定非经本人同意，任何人不承受诸如检查、取样、组织切除、治疗或其他行为等任何形式治疗的原则；二是关于机构监禁和精神评估，规定未经本人同意或法律、法院许可，任何人不受卫生和社会服务机构以精神评估为目的或通过精神评估认为是必要监禁限制的原则。同时，该法典还专门规定"死后身体的尊重"一章，对死者尸体的处置、解剖、捐赠、器官移植等，都规定了详细的规则。

通过这些立法例，都可以看到，确认身体权或者人身完整权是自然人的独立人格权，既有法律依据又有客观依据。[①]

《民法典》第1003条明确规定身体权是自然人的人格权，对这样的争论作出了最后的结论。在我国，身体权是自然人的一项独立的民事权利，既有法律的依据，又有客观的依据，也与现代科技和医学发展的需要相一致[②]，因而是不容怀疑的。

（二）身体权的性质

1. 学说比较

对于身体权的性质，有以下不同的主张。

（1）所有权说。认为身体为所有权之一种而非人格权的一种，因为人格只是无形的法律观念而已，而身体是有形的，应属于以其身体为基础的人格所有，尽管身体不像一般财产那样可以任意处分，但这只是由于身体的特有性质所决定的，并不能因此而否认身体的所有权性质。例如，有的日本学者认为：其一，在法律上，人格乃无形之法律的观念，而与身体为全然各别之观念，故身体属于其以身体本身为基础的人格所有，在观念上毫无矛盾，此与财团法人之捐助财产恰

---

① 杨立新：《论公民身体权及其民法保护》，《法律科学》1994年第6期。

② 最高人民法院民法典贯彻实施工作领导小组主编：《中华人民共和国民法典理解与适用·人格权编》，北京，人民法院出版社2020年版，第139页。

相类似。其二，自己之身体，固不得如其他财产而任意处分，不得以与一般财产权同视，但此点仅系因身体之特质而生之当然结果，自不足因此而否认其为所有权。其三，且人死后之尸体当然归继承人所有，在睡眠中或其他无意识之间被切取身体之一部分，当然归于其人所有，如不认身体权为一种所有权，则凡此皆完全无由说明。①

（2）健康权说。我国部分民法学者原来采此说，认为自然人享有生命健康权，并未将身体权单列为一种独立的人格权，故身体权应包括在健康权之内。身体是自然人生理组织的整体，由自然人的全部生理器官组成。自然人的健康权是自然人以保护身体各种器官的完全机能为内容的权利，是自然人从事各种民事活动和其他社会活动的保障。② 因此，身体权为健康权的组成部分。

（3）人格权说。我国多数学者持此种观点，认为身体权既不同于所有权，也不同于健康权，是一种独立的人格权。即使《民法通则》第98条规定自然人享有生命健康权，由于其客体为人身，最根本的利益包括生命、身体和健康，因而应当细分为生命权、身体权、健康权③，各个为具体的人格权。我国台湾地区多数学者的意见与此相同。④ 也有学者进一步认为身体权的性质是物质性人格权。⑤

2. 身体权是人格权

在以上三种学说中，以人格权说为正确，理由是：

（1）身体权的性质不能是所有权。所有权说的错误在于将人的身体混同于物。正如学者指出的那样："人格权乃以与人之存在及活动有不可分离关系之利益即所谓人的利益为内容，而身体为最有此种关系之利益，故应解身体权为人格权之一种，且和解其为一种所有权，则系以自己身体为物界之一部分，亦甚反于一般社会观念。"⑥《法国民法典》第1128条规定："仅仅是物始能在交易中成为

① ［日］末弘严太郎：《债权各论》，第1022页。转引自龙显铭：《私法上人格权之保护》，上海，中华书局1948年版，第59页。
② 卢庆昌：《试论我国的人身权利制度体系》，《河北法学》1991年第2期。
③ 梁慧星：《中国民法经济法诸问题》，北京，法律出版社1991年版，第68页。
④ 何孝元：《损害赔偿之研究》，台北，"商务印书馆"1982年版，第134－135页。
⑤ 张俊浩主编：《民法学原理》，北京，中国政法大学出版社1991年版，第143页。
⑥ 龙显铭：《私法上人格权之保护》，上海，中华书局1948年版，第59页。

契约的标的。"第16—1条规定，人的身体、人的身体的组成部分和人的后代不能成为财产权的标的。这些规定都十分明确。本书认为，自然人的身体是自然人人格权的基础，是人的最重要的人格权之一。离开了身体，自然人的任何人格权都不复存在。人的身体与动物的身体不同。动物虽然有身体、有生命，但是，它在社会中不具权利主体的资格，只具有权利客体的资格，是物的一种，受自然人财产所有权的支配。人的身体是人的物质形态，而人是权利主体，不能以自己的物质形态作为所有权的客体，即自己所有自己。如前所述，身体权具有支配权的性质，但这种支配权是人支配自身，却不是支配物，是行使的人格权，而不是所有权。

（2）身体权不能为健康权所包含。身体权与健康权是两种独立的人格权。身体权以身体的整体为客体，体现的利益是自然人身体组织、器官的完整性和完全性；而健康权的客体是健康，体现的利益是自然人肌体功能的完全运作及其完善性。二者相比较，前者有明显的支配性质，后者没有明显的支配性质。某一行为侵害身体权，不一定都侵害健康权，如非法剪人毛发，指甲；侵害健康权，也不一定就侵害身体权，如致人患病。[①] 将身体权包含于健康权之中，混淆了两种人格权的区别，不仅在理论上是不正确的，而且在实践中也混淆了对两种人格权法律保护的不同手段，会导致适用法律的错误。学者认为，《民法通则》规定"生命""健康"而无"身体"，但是，从其立法意图看，这里的"健康"实际上包括了身体权和健康权两项权利，而且从司法实践看，对身体权的重视程度远甚于健康权。因此，身体权和健康权应作为并列的两种人格权予以保护。[②] 这种意见是正确的。

（3）将身体权作为独立人格权有利于人身权法律保护体系的协调一致。《刑法》第134条和第135条规定了故意伤害他人身体和过失重伤他人身体罪的刑罚制裁手段，有关行政法也规定了殴打他人造成身体轻微伤害的行政制裁手段，与民法对身体权的保护是一个有机的整体，各自发挥不同的作用。刑事立法对伤害

---

① 梁慧星：《中国人身权制度》，《中国法学》1989年第5期。
② 施天涛：《生命健康权的损害赔偿新论》，《政治与法律》1991年第5期。

罪规定的侵害客体是身体权，行政立法规定的殴打行为侵害的也是身体权。为保持人身权法律保护体系的协调一致，也应认身体权为独立的人格权。

四、身体权的内容

身体权的内容主要包括保持身体完整权和身体合理支配权。

（一）一般意义上的身体权内容

1. 保持身体完整权

保持身体完整权，是自然人对自己的身体的完整性，享有保持的权利，禁止任何人侵害身体，破坏身体的完整性。

身体的完整性，包含两个含义：一是身体的实质性完整，是指身体的实质组成部分不得残缺，二是身体的形式完整性，是指身体的组成部分不得非法接触。任何人非法侵害自然人的身体，造成了身体的实质性完整的损害，或者形式完整性的损害，都是侵害了自然人的身体权。

对身体实质性完整的维护，是禁止他人非经本人同意，而取得自己的身体的组成部分。这种身体的实质性完整当然包括身体的全部。但是，在身体权的范围内，最主要的是指不涉及健康的身体组成部分。例如，未经本人同意强制其进行献血，就是侵害身体权的表现；而折其肢体为侵害健康权，取人头颅是侵害生命权。

对身体的形式完整性的维护，是权利人有权保持自己的身体不被非法接触。在我国国民意识中，身体权的观念较差，似乎对身体的接触并非侵权行为。因此，在排队时总是愿意"亲密接触"，排得很挤，挨在一起，也不觉得是对身体权的侵害。因此，有必要对身体权的概念进行宣传，使国民增强身体权尤其是身体形式完整性的认识，保护好自己的身体，不受非法侵害。

2. 身体利益支配权

身体利益支配权，是指自然人对自己的身体组成部分在法律准许的情况下，有适当的支配权，对自己的身体组成部分进行适当的处置。有学者认为，认身体权为支配权容易使人产生误解，使人以为身体权就是支配身体的权利，这就容易使人将身体作为权利的客体和支配的对象，甚至认为身体与财产一样是可供支配的客体。① 这种担心是没有必要的，因为已经界定了身体权的性质是人格权，人格权就不是完全的支配权，身体权对于自己的身体组成部分具有有限制的支配权，与身体权就是支配权的命题并不相同。例如，权利人通过合同出售自己的身体器官，这将损害现代社会的基本价值，违反了公序良俗，应当予以禁止。②

身体利益支配权的主要内容是：

首先，自然人对自己的血液、体液、毛发等附属部分，有处置的权利，依照自己的意志进行支配。例如，义务献血、捐献脊髓，救助他人，这是将自己的身体组成部分予以支配，奉献社会。将自己的精液献给精子库，为人工授精提供资源。这些都是对自己身体组成部分的支配。

其次，自然人对自己的器官，也可以有限度地捐献给他人，救助他人的生命。这也是行使身体权的行为。例如，将自己的肾脏捐献他人进行器官移植，将自己的角膜捐献给眼库，为他人带来健康和光明，都是高尚行为，是正当行使身体权的行为。

最后，生前留下遗嘱，死后将自己的遗体或者角膜捐献给医疗机构、医疗教学机构和眼库等，进行医学研究教学或者为他人救治疾病。这些也都是对自己身体组成部分的合理支配，是合法的行使身体权的行为。

应当注意的是，自然人支配自己的身体组成部分，包括身体的附属部分和器官，应当合法并符合社会善良风俗。自愿捐献、救助他人的行为是值得赞赏的；出于营利目的进行非法的器官买卖、非法卖血等行为，超出了身体合理支配权的范围，法律是禁止的，不是正当行使身体权的行为。

（二）《民法典》对身体权内容的特别规定

1. 对身体组成部分的捐献

《民法典》第1006条规定："完全民事行为能力人有权依法自主决定无偿捐

---

① 王利明：《人格权法研究》，北京，中国人民大学出版社2018年版，第298页。
② 王利明、程啸：《中国民法典释评·人格权编》，北京，中国人民大学出版社2020年版，第169页。

献其人体细胞、人体组织、人体器官、遗体。任何组织或者个人不得强迫、欺诈、利诱其捐献。""完全民事行为能力人依据前款规定同意捐献的，应当采用书面形式，也可以订立遗嘱。""自然人生前未表示不同意捐献的，该自然人死亡后，其配偶、成年子女、父母可以共同决定捐献，决定捐献应当采取书面形式。"这是《民法典》对自然人捐献人体组成部分及具体方式的具体规定。

《魁北克民法典》第 19 条规定，如引起的风险与合理预见的利益并非不相称，有表示同意能力的成年人可以以生前行为让与其身体的部分。未成年人或不能作出同意的成年人，经亲权人、受托人、监护人或保佐人同意并经法院许可，可以让与其身体的部分，但仅以该部分能再生且此等让与对其健康无重大风险为限。第 23 条规定，在依请求裁决关于治疗或者让与身体部分的许可时，法院应听取专家、亲权人、受托人、监护人或保佐人和监护委员会的意见；法院也可基于申请听取证明对本人有特殊利益的人的意见。除不可能的情形外，法院也应听取本人的意见，并尊重其拒绝治疗的意见，但治疗为本人的健康状况所需的除外。第 24 条规定，就非基于本人的健康状况所需的治疗、身体部分的让与、试验作出的同意，应当以书面形式出具。前款规定的同意可随时撤销，即使采用口头形式，亦可。第 25 条第 1 款规定，身体的部分或者身体的出产物的让与，因为无偿，如此等让与有损及健康的风险，不得重复为之。

自然人捐献自己的身体组成部分或者遗体，是行使身体权的行为，受《民法典》第 130 条规定的自我决定权的约束，须自主决定。捐献自己人体组成部分的行为，是有利于他人的高尚行为，在不影响或者不严重影响自己健康的情况下，依照权利人自己的意志进行。捐献行为不得有偿进行，但是，并不妨碍受益人给予一定的补偿或者营养费等费用，以弥补权利人健康受到的损害。捐献的对象是身体的组成部分，包括人体细胞、人体组织、人体器官，也可以是自己死亡后的遗体，但是，不得捐献影响生命或者严重健康损害的人体组成部分，因为这样不符合医学目的。

身体权的义务人是权利人以外的其他任何主体，对身体权都负有不可侵义务。对于捐献自己身体组成部分的行为，任何组织和个人都不得强迫、欺诈、利诱，不能通过这样的方法强令自然人进行上述人体组成部分的捐献。实施强迫、欺诈、利诱的行为使自然人违背其真实意志而实施捐献行为的，构成侵害身体权的侵权行为，应当依照过错责任原则的规定，承担侵权责任。

完全民事行为能力人同意捐献自己的人体细胞、人体组织、人体器官、遗体的，应当依照民事法律行为的方式进行，采用书面形式或者有效的遗嘱形式。以书面形式捐献身体组成部分或者遗体，应当签订书面捐赠合同，将捐献的内容和方式以及受赠人明确约定好。采用遗嘱方式捐赠的，遗嘱应当合法有效。

自然人生前未表示不同意捐献的，不等于其拒绝捐献。自然人生前没有明确表示拒绝捐献自己的身体组成部分或者遗体的，在该自然人死亡后，其配偶、成年子女、父母可以采用书面形式共同决定捐献。有人对此有异议，认为这样有可能违背死者生前的意愿。自然人死亡之后，其遗体变成具有人格利益因素的物，其近亲属取得所有权，因而也可以处置这种具有所有权的特殊物。这种对死者遗体的处置，只要不违背公序良俗，不违反法律的强制性规定，就是合法的，况且死者捐献尸体以及组成部分，是有利于他人和公益的行为，是值得鼓励的行为。《民法典》作这一规定，是完全有道理的。

身体权人捐献身体组成部分给他人，在权利变化中，要经历以下七个过程。

第一，身体权人行使身体权，决定将自己的身体组成部分捐献给他人。这是权利人行使身体权的支配权，自主支配自己身体的组成部分，实施的事实处分行为。权利人实施这一行为，应当符合《民法典》的上述规定。

第二，权利人作出捐献身体组成部分的决定后，医务人员根据其意愿，施行手术，将其捐献的身体组成部分与其身体分离。从权利人身体中分离出来的身体组成部分，例如器官、体液等，在脱离身体之后，成为独立的物，而不再是权利人身体的组成部分。

第三，权利人对分离后的身体组成部分即身体分离物产生所有权，行使对该物的支配权，将其捐赠给身体组成部分的受体权利人，或者捐赠给医疗机构。这一捐赠行为，须符合赠与合同的要求，依照赠与合同的规则，由双方约定。

第四，受体权利人或者医疗机构接受捐赠，取得身体组成部分即身体分离物的所有权。如果是受体权利人直接作为受赠人，则捐赠的身体部分的所有权转移为受体权利人享有；如果是医疗机构接受捐赠，则医疗机构取得其所有权。

第五，受体权利人支配受赠的身体分离物的所有权，决定将其植入自己的身体；或者医疗机构取得身体组成部分的所有权后，与受体权利人订立医疗合同，决定将该身体分离物的所有权转移给受体权利人，受体权利人取得身体分离物的所有权，决定将其植入自己的身体。

第六，受体权利人决定将身体分离物植入自己身体的，医务人员施行手术，将身体分离物植入受体权利人的身体，成为其身体组成部分。

第七，植入受体权利人的身体分离物与其身体成为一体，构成受体权利人身体权的客体的组成部分，享有维护身体完整的权利，任何组织或者个人包括供体权利人，都不得对其主张权利。①

经过上述过程之后，权利人捐献自己的身体组成部分给他人的行为方为实施完成，捐献的身体组成部分成为他人的身体组成部分。

关于遗体的捐献，可以参考《埃塞俄比亚民法典》的有关规定。该法第42条规定，成年人可决定葬礼的性质和尸体的处置方法；未成年人经其亲权人或监护人书面同意也可为此等决定。如死者无明确意愿，优先考虑其继承人或相续人的意愿。在前两种情形，继承人和相续人必须按死者的意愿行事，相关费用由遗产承担。第43条规定，为医学和科学研究之目的，成年人或年满14周岁的未成年人可以捐献尸体或授权摘除此等身体上的器官或组织；未满14周岁的未成年人，经其亲权人和监护人同意，也可为上述处分。此等意愿应在两名证人前口头表示或者以书面形式表示，并可以以同样方式撤销。明示的此等意愿应予遵循，有充分的理由的除外。第44条规定，在不知死者意愿或者不得推知此等意愿的情形，经能表示同意治疗或能且已经表示同意治疗之同意，可以切除死者身体的部分。在手术紧急和有抢救生命的重大希望或明显增进生命质量的情形，经两名医生书面证明不可能在合理时间获得同意的，无须上述同意。第45条规定，在两名既未参与器官切除、也未参与器官移植的医生证明捐赠人已死亡前，不得切

---

① 以上过程，参见杨立新、陶盈：《人体变异物的性质及其物权规则》，《学海》2013年第1期。

除其身体的任何部分。这些规定都非常详细，且具有相当的可操作性，可以作为实践的参考。

2. 禁止身体组成部分买卖

《民法典》第1007条规定："禁止以任何形式买卖人体细胞、人体组织、人体器官、遗体。""违反前款规定的买卖行为无效。"这是《民法典》对禁止买卖人体组成部分的规定。

任何人体细胞、人体组织、人体器官以及遗体，都是人的身体组成部分，与人体分离之后是人的身体变异物，都不是交易的对象。出于救助他人的高尚目的，自然人可以将自己的身体组成部分或者遗体捐献给他人或者公益组织，但是，这不是买卖，而是施惠于他人的高尚行为。进行人体细胞、人体组织、人体器官或者遗体的买卖行为，是违法行为。任何买卖人体细胞、人体组织、人体器官以及遗体的行为，都是无效的行为，都在被禁止之列。

买卖合同是商品交换发展到一定阶段的产物，是商品交换的最基本、最重要、最有代表性的法律形式，其法律特征是转移标的物的所有权的合同。非法买卖人体组成部分的行为尽管也是转移标的物所有权，对方给予报酬的行为，但是，由于其违反法律的强制性规定、违反公序良俗，因而是无效的民事法律行为。

赠与合同是赠与人将自己的财产及权利无偿给予受赠人，受赠人表示接受赠与的合同。在赠与合同中，转让财产的一方为赠与人，接受财产的一方为受赠人。赠与人依法处分自己的财产，要求赠与人须有民事行为能力，须享有赠与标的物的所有权或者处分权。接受赠与是一种纯获利的行为，法律承认无民事行为能力人和限制民事行为能力人的受赠人法律地位，由其法定代理人或者监护人代理接受并管理受赠财产。捐献身体组成部分的行为，赠与的标的是人体组成部分的分离物，性质是无对价的无偿行为，因而是赠与而不是买卖。即使在捐献身体组成部分或者遗体时会有一定的补偿费用，但是，这不是赠与物的对价，而是对捐献者奉献自己的身体组成部分而使身体受损的补偿，且通常是由医疗机构给付的。

可见，买卖人体组成部分和捐赠人体组成部分这两种行为的性质完全不同，一种是法律所严格禁止的行为，一种是法律所支持保护的行为。

接受捐赠身体组成部分的人体分离物的人，在接受移植手术时需要支付费用，该费用主要由两部分构成：一是移植的费用，二是给付捐赠人的补偿费用。医疗机构给付身体组成部分分离物的人以补偿费，应当是从这一接受移植的病患支付的费用中支出的。

（三）有关身体权内容的其他两个问题

1. 对患者的身体介入式治疗

在医疗中，医生对患者进行介入式治疗，即对患者的身体进行接触、进入、切除等任何形式的治疗方式，都涉及对患者身体完整性的保护问题，需要得到患者或者患者的近亲属的同意或者授权。未经患者或者患者的近亲属的同意或者授权而采取介入式治疗，构成侵害身体完整性权利的违法行为。因此，非经患者本人同意，或者得到患者的近亲属、监护人的同意或者授权，医疗机构及其医务人员不得对患者进行诸如检查、取样、组织切除、治疗或其他任何形式的治疗。

患者的近亲属或者监护人代患者作出同意或拒绝治疗的表示，须为该患者的利益行事，应当尽可能地考虑患者可能已经表示过的愿望，并且应当确保该种治疗对患者有益。如果疗效有某种严重性和永久性，但是在特定情形为适当，并且带来的风险并非与预期利益不相称的，视为对患者有益。

在生命处于危险或人身完整受到威胁，且不能在合理时间取得上述人员同意的紧急情形下，不要求患者或者其近亲属、监护人对医疗作出同意。但是，如治疗不是通常情形，或者该种治疗对患者无益，或者治疗的后果可能使患者无法忍受，则须征得患者本人的同意。

对于未成年人的介入式治疗，应当遵守上述规则，根据未成年人的健康状况要求的治疗的同意，应当由其亲权人或监护人作出。但是，年满 16 周岁的未成年人可以单独作出同意表示。根据该未成年人的健康状况需要在医疗机构滞留 12 小时以上，应该告知其亲权人或监护人，并且经其同意。

对自己的健康状况所需的治疗没有表示同意能力的成年人，同意治疗的表示由其近亲属或者其他监护人作出。没有近亲属或者监护人的，由当地民政部门或者所在地的居民委员会、村民委员会作出。

对未成年人或无表示同意能力的成年人的健康状况所需的治疗，其近亲属、监护人、民政部门或者所在地的居民委员会、村民委员会发生争议的，可以诉请法院裁决。对未成年人或无表示同意能力的成年人的治疗如果对其健康有重大风险，或者可能造成严重且永久性的后果，应当诉请法院裁决。法院应当根据实际情况，裁决是否对其进行治疗。

2. 对死者的遗体解剖

关于遗体解剖，也是对死者遗体的保护问题，属于《民法典》第 994 条规定的内容，关系死者的尊严保护问题。如果没有依照法定的事由，非法对死者的遗体进行解剖，构成对死者遗体的侵害。

对他人遗留的遗体进行解剖的法定事由，一是法律特别规定可以对死者的遗体进行解剖，例如，对于案件死亡当事人的遗体，司法机关的法医根据需要决定进行解剖；二是死者生前已经表示同意进行遗体解剖的，可以进行解剖；三是被授权或应当得到授权的人同意对死者的遗体进行解剖，根据其授权获得的请求进行解剖；四是被授权或者应当得到授权对死者表示同意治疗的人同意的，可以对死者的遗体进行解剖。符合上述法定事由的，有关部门可以对死者的遗体进行解剖，请求遗体解剖的人或者同意解剖遗体的人有权取得解剖报告的副本。

超出上述法定事由，或者是否应当对遗体进行解剖发生争议的，应当向法院起诉，法院可以应医生或任何利害关系人的请求，裁决是否可以解剖死者的遗体。对于有特别情形的，法院可以裁定不对死者的近亲属或者有关人发放尸体解剖报告的某些部分。

（四）《民法典》关于身体权的规定中不属于身体权的内容

在研究身体权的时候，应当特别说明，行动自由和性利益不是身体权的内容。

1. 关于行动自由

《民法典》第 1003 条将行动自由规定在身体权的内容之中。这个做法是不适当的。行动自由也称为身体自由，虽然命名为身体方面的自由，但却不是身体权的内容，而是人身自由权的内容。人身自由权包括身体自由权即行动自由，也包括思维自由权即意志自由。身体权的内容是维护身体组成部分的完整性，与行动自由毫无关系。由于《民法典》第 990 条第 2 款将人身自由定性为一般人格权，因而使人身自由无法成为独立的具体人格权，不得不将行动自由放在身体权的规定中予以规范。也许立法者认为，身体与自由紧密关联，有身体即有行动自由，无身体则无行动自由，因而将二者并列规定。这种做法有失妥当。① 对此，应当在理论上分清，不能混淆人身自由权和身体权的性质和界限。认为身体活动自由也是身体权的内容，个人不仅享有身体完整利益，也享有身体活动自由，个人作为人存在，不仅要保持身体完整，而且要广泛参与社会活动和社会交往，并能够按照自己的意志从事各种活动，这也是个人正常生存的基本条件②，是不正确的。

2. 关于性利益

同样的问题，是《民法典》第 1010 条对规制性骚扰行为的做法，也是不适当的。有人认为，尽管性骚扰行为规定在《民法典》第 1010 条，处于人格权编第二章"生命权、身体权和健康权"，但这并不意味着性骚扰侵害的仅仅是生命、身体和健康权，而是需要根据具体情况予以认定。仅仅认定性骚扰侵害了某一种具体人格权，很难全面对性骚扰的受害人提供救济。比较法的经验也表明，性骚扰更多的与受害人的人格尊严有关，而非仅仅与某种具体人格权存在紧密关联。③ 这种见解很不清晰。性骚扰行为是侵害自然人性自主权的违法行为，法律应当规定规制的办法。由于立法者不愿意单独规定一个性自主权，因而采取变通办法，将规制性骚扰行为的内容规定在身体权项下。这种做法的好处是解决了性自主权的部分问题，使性骚扰终于写进了《民法典》中；存在的问题是，性骚扰行为确实可以由侵害身体权的行为构成，但是，不接触权利人身体的行为也可以构成性骚扰行为，例如第 1010 条规定的"以言语"的方式，或者以行为方式却

① 陈甦、谢鸿飞主编：《民法典评注·人格权编》，北京，中国法制出版社 2020 年版，第 99 页。
② 王利明、程啸：《中国民法典释评·人格权编》，北京，中国人民大学出版社 2020 年版，第 169 页。
③ 王利明、程啸：《中国民法典释评·人格权编》，北京，中国人民大学出版社 2020 年版，第 218 页。

不接触被侵权人的身体，都构成性骚扰行为，侵害权利人的性自主权。对此，在研究人格权时，应当在理论上确认，性利益不是身体权的内容，性骚扰行为侵害的不是身体权，而是性自主权。

五、保护身体权的人格权请求权

身体权也是绝对权、对世权，除权利主体之外，其他任何人都负有不得侵害权利人身体权的法定义务。违反这一义务，对身体权实施侵害行为，没有造成损害，权利人不请求违法行为人承担损害赔偿责任的，可以依法行使人格权请求权，依照《民法典》第 995 条规定，请求行为人停止侵害、排除妨碍、消除危险、赔礼道歉，保护自己的身体权。受害人行使这一权利，可以直接向违法行为人请求，也可以直接向人民法院起诉。

六、保护身体权的侵权请求权

（一）身体权侵权责任的构成

身体权侵权行为，是以身体权为侵害客体的侵权行为，应当适用过错责任原则。依照《民法典》第 1165 条第 1 款规定，侵害身体权的侵权责任构成要件如下。

1. 违法行为

构成侵害身体权的行为须违反法律。这种违法性须违反保护自然人身体权的法律，即《民法典》第 1003 条及其他相关条文的规定。行为人违反了上述保护自然人身体权的立法，违反了对他人身体负有的不可侵义务，即成立行为违法性的要件。

侵害身体的行为方式，主要以作为的方式构成，如殴打、非法搜查、侵扰等，均为作为的方式。当行为人对他人负有特殊的作为要求时，不作为也可以构成，如医师施行手术以后，于适当时间怠于除去绷带而使伤口感染化脓，为不作为的侵害身体权行为。[①]

2. 损害事实

确认侵害身体权的损害事实，须与侵害健康的损害事实区分开，标准是，侵害身体权的损害事实须是身体构成的完整性、完全性受到损害，而对于身体机能运作的正常性及其整体功能的完善性没有明显影响。例如，医生手术过失切除患者乳房，究竟是侵害身体权，还是侵害健康权，颇值斟酌。前述伦敦居民华芬太太被误诊患乳腺癌切除乳房，致害时其已经 44 岁，破坏的是其身体构成的完整性，不影响其身体机能的完善发挥，应为侵害身体权的损害事实。

确认侵害身体权的损害事实，须与侵害名誉权的侮辱行为区别开。将侮辱行为一律认定为侵害名誉权的侵权行为，并不妥当，应将侮辱人格的损害事实与侮辱身体的损害事实区分开。对人格尊严或名誉进行侮辱，造成损害后果，是侵害一般人格权或名誉权的损害事实；以受害人的身体为对象进行侮辱者，造成的是侵害身体权的损害事实。例如，当事人平素关系不睦，历某从彭、姜（婆媳）家院外路过，朝院内看了一眼，发生口角。彭、姜对历某辱骂，并按倒在地拳打脚踢，撕开衣服致其上体裸露，用手拨弄其乳房进行羞辱。原告起诉后，法院判决认定构成侵害名誉权的侵权责任。彭、姜二人暴力裸露历某上体，进行侮辱和殴打，因其没有造成名誉损害，因而侵害的客体是身体权而不是名誉权，认定为侵害名誉权的行为不妥。

3. 因果关系

侵害身体权责任构成的因果关系，适用侵权责任构成因果关系要件的一般规则，无特殊要求。在一般情况下，在侵害身体权的行为与结果之间，因果关系明显、直观，容易判断。在有些情况下，因果关系需要认真判断、证明，如不作为行为与身体权损害事实之间的因果关系情况比较复杂，确认因果关系必须有确凿的证据证明。

[①]　龙显铭：《私法上人格权之保护》，上海，中华书局 1948 年版，第 60 页；何孝元：《损害赔偿之研究》，台北，"商务印书馆" 1982 年版，第 135 页。

4. 过错

故意、过失均可构成侵害身体权的侵权责任。在非法搜查、侵扰、殴打等行为中，行为人的过错应为故意，违反法定作为义务的不作为所生身体损害或不当外科手术所致身体损害，由过失构成。其过错采用原告证明的方式，不实行过错推定。

无过错责任原则不适用于侵害身体权行为。产品责任，高度危险作业，环境污染、生态破坏、饲养动物致害和工伤事故等，均可造成物质性人格权的损害，但主要是造成生命权、健康权的损害，一般不会造成身体权的损害。

（二）侵害身体权行为的主要方式

凡是具备以上侵害身体权责任构成要件的行为，行为人即应承担侵权民事责任。归纳起来，构成侵权责任的侵害身体权行为主要是以下几种。

1. 非法搜查自然人的身体

身体的完全性、完整性包括形式的完全、完整和实质的完全、完整。《宪法》第 37 条和《民法典》第 1011 条规定禁止非法搜查自然人的身体，其重要意义，就是维护自然人身体的形式完整。身体的形式完整体现在自然人对自己身体支配的观念上，自然人是否接受对自己身体的检查，受自然人自己意志所支配，这种对自己身体支配的观念体现了自然人对自己身体形式完整的追求。

依法搜查是职务授权行为，具有阻却违法的效力，不构成侵害身体权。

非法搜查身体是指无权搜查或者有权搜查的机关或个人违反法律程序，擅自对自然人身体进行搜查的行为。非法搜查的主体可能是公、检、法机关，也可能是其他机关或个人。政法机关有权搜查，但如未履行法定手续而擅自搜查他人身体，构成非法搜查行为；没有搜查权的机关或个人只要对他人身体进行搜查，就构成非法搜查身体。非法搜查自然人身体，故意、过失均可构成，一般以故意居多，非法搜查自然人身体，可以构成刑事犯罪，这是刑法、民法两个基本法的法规竞合，应按照《民法典》第 187 条规定的原则处理。

在实务中，往往对非法搜查自然人身体作为侵害名誉权案件处理，也有的认为是侵害一般人格权。实际上，这种行为侵害的客体不是名誉权，因为非法搜查并不影响或者较少影响自然人的社会评价，伤害的是自然人的名誉感，名誉感并不是名誉权的客体。这种行为的侵害客体是身体权，是侵害身体权的侵权行为。

2. 非法侵扰自然人身体

英美法中的 assault，通常译作侵犯他人身体、企图伤害、侮辱或凌辱，是指非法侵扰自然人身体。当损害他人的故意或威胁与实施该行为明显的现实可能相结合，且其暴力展示行为足够给予受害人理由以恐惧或预料到即时的身体损害时，就构成了非法侵扰身体行为。这种行为并不要求具备对他人实际的触摸、打击或身体伤害。assault 有时也指一种特定的殴打。在侵扰罪中，如果被告的外在行为构成威胁且其具有伤害的企图，那么受害人无须因恐惧而担忧，即使在此种侵权行为中，受害人的主观状态也是必须具备的，制造人身攻击是一种非法企图，在某些判例中，还将其划分为一级侵扰、二级侵扰甚至三级侵扰。[1] 非法侵扰身体是行为人对自然人身体以外力进行非法干扰，是对自然人维护自己身体安全以及支配权的侵害。这种行为往往有威胁、恐吓的内容，但并未对身体造成实际伤害。例如，面唾他人、当头浇粪等。[2] 行为人通过一种相当于企图殴打和威胁的行为，使他人处于遭受直接殴打的恐惧或忧虑之中，这种行为就是可以诉讼的胁迫，通常也认作非法侵扰身体行为。例如，蒋某与汪某是同村农民，双方因承包果园发生嫌隙，汪某伺机进行报复，某日趁蒋某在集贸市场卖青菜，将一筐稀粪当众扣在蒋某的头上，显然是侵害身体权的侵扰行为。

我国民法理论一般将侵扰行为称为侮辱行为，认作侵害名誉权的行为，其来源是刑法理论。我国刑法没有设非法侵扰罪，而是将这类犯罪行为归入侮辱罪。侵权法研究沿袭这一做法，也将其认作侮辱行为而构成名誉权的侵害。其实，这种行为直接侵害的并不是自然人的名誉权而是身体权，是对自然人身体的直接侵害，因而以侵害身体权处理，更符合行为本身的特征。这种行为造成受害人名誉损害的，是侵害身体权行为的加重情节。

---

[1] *Black's Law Dictionary*，West Publishing Co.，1979，Fifth Edition，p. 105.

[2] 史尚宽：《债法总论》，台北，荣泰印书馆 1978 年版，第 142 页。

3. 对身体组织之不疼痛的破坏

法律保护自然人身体的整体性、完全性不受侵害。任何人侵害他人身体使其身体组织的完整性遭受破坏，都是违法行为。一般认为，对身体组织的破坏只要不造成严重的痛楚，不认为是对健康权的侵害，而认其为对身体权的侵害。根据这种标准，构成对身体侵害的行为，一般应是针对人体没有痛觉神经的身体组织而实施的行为。例如，头发、眉毛、体毛、指甲、趾甲等。眉毛是人面部的重要组织，强行剃除他人眉毛尽管不会造成痛楚，也不影响健康，但对一个人身体外观所造成的影响则是十分严重的。另如一头秀发、漂亮的指甲，都是自然人尤其是女性精心修饰的对象，对这些身体组织的侵害都构成侵害身体权，例如，某男子心理变态，带着剪刀到大街等公共场所里，见到长头发的女性，就上前疯狂剪其头发。[①] 对有痛觉神经的身体组织进行破坏，只要不是造成严重的痛楚、不破坏健康，也认作对身体权的侵害，例如牙齿损伤，强行抽取他人适量的血液等。

对于固定于身体成为组成部分而不能自由卸取的人工装置部分，如造成义齿、假肢损害的，应认为是对身体组织的不疼痛破坏，为侵害身体权行为。

4. 不破坏身体组织的殴打

殴打既是侵害身体权的行为，也是侵害健康权的行为。"相争为斗，相击为殴"[②]，殴打是侵害身体、健康权最重要的行为之一。对这两种行为的区分应以后果为界，其标准为是否破坏身体组织功能的完善。殴打致受害人的身体组织功能不能完善发挥的，是侵害健康权；殴打尚未造成上述后果的，是侵害身体权。在实务中，最常见的区分方法是行为是否造成伤害。我国古代有"见血为伤"[③]的说法，在现代则有区别重伤、轻伤、轻微伤的鉴定标准。我国目前实行的重伤鉴定标准、轻伤鉴定标准，主要适用于刑事法律领域，是确定重伤害罪、轻伤害罪的鉴定标准，对于确定是否破坏身体、健康不甚适用。轻伤标准对于确定殴打行为的刑民界限是重要标准，不构成轻伤标准的殴打，应以侵害身体权、健康权

---

① 李琳萍：《当街剪断他人头发引发的身体权保护问题》，法律教育网，http://www.chinalawedu.com/new/16900a174a2011/201116wangyo15414.shtml，2011 年 4 月 25 日访问。

② 《宋刑统·斗讼律》"斗殴故殴杀"条。

③ 《宋刑统·斗讼律》"斗殴故殴杀"条。

来处理，而后两种行为性质的区分标准为是否构成轻微伤。构成轻微伤的，作为侵害健康权处理；不构成轻微伤的，作为侵害身体权处理。沙尔曼德给殴打定义为：无法律根据对他人施用暴力就是非法殴打他人。这种侵权行为导致损害赔偿义务产生，不需其他条件，甚至不需要伤害的存在。[①] 应当注意的是，殴打本身就是侵害身体权，并非要求具备青肿、淤血的条件才构成。

5. 因违反义务之不作为所生的侵害身体

我国台湾地区学者认为，道路管理人怠于修缮，因而使人负伤；电灯公司就现代技术上系属可能之防止漏电，怠于为设施，因而发火，使人负伤；医师施手术后，于适当时间，怠于除去绷带，因而使化脓等，均为此种侵害身体权行为。[②] 这种看法不无道理，应注意的是，侵害身体权或健康权从行为的外观上，都是作用于自然人的身体，区分时仍要以是否破坏自然人肌体组织功能完善作为标准，而非只要是上述违反义务的不作为所生的身体侵害均为侵害身体，还是要以行为的后果论，没有造成伤害后果的，为侵害身体权；造成身体机能伤害的，为侵害健康权。

韩国首尔市某公司女职工杨某（40岁，未婚）参加该公司全体女职工的体检，接受预防子宫癌检查后，突然发现阴道出血，并伴有阵痛感，去妇科医院检查，发现处女膜损伤。10月，该女职工以"处女膜损伤引起的精神打击诱发忧郁症"为由，向法院起诉。起诉书申明，该女职工尚未结婚，把女性的贞操看作比生命还宝贵，在妇科检查前，医院事先并未说明会损害处女膜，因而，这是一次重大医疗事故，因而提出索赔请求。[③] 在该案中，医院方的医疗过失显而易见，但该医疗过失行为究竟侵害受害人何种权利，见解并不相同。一说认为处女膜是女性贞操的重要标志，医疗过失损伤受检人处女膜，为侵害贞操权；另一说认为侵害健康权，处女膜虽然是女性贞操的重要标志，但是，损坏处女膜的行为

---

① 《国际比较法百科全书·侵权行为·为自己行为之责任》，纽约，海洋出版公司1975年版，第62页。

② 龙显铭：《私法上人格权之保护》，上海，中华书局1948年版，第60页；何孝元：《损害赔偿之研究》，台北，"商务印书馆"1982年版，第135页。

③ 《文摘旬刊》1994年3月28日第477期，第15页。

并非侵害贞操权，因为侵害贞操权的行为以故意为构成要件，必须以故意破坏他人贞操为必要条件，不具备这一故意的行为，即使造成处女膜的损坏，也不构成侵害贞操权。从医学角度上说，处女膜是女性内生殖器的附属部分，与身体机能的完善性和正常运作无关联，对其损坏不会造成健康权的损害，而是破坏了身体组织的完全性和完整性，因而侵害的是身体权。对此，认定为医疗过失之不作为所致侵害身体权更为准确。

6. 不当外科手术

医师施行手术，为介入式治疗，系为保全生命或身体的重要部分而为较小之牺牲，其目的正当，且有患者或者其近亲属之同意，故阻却违法性。如果医师不合手术的方法或治疗的目的及施行过度，致侵害患者之身体者，仍属于身体之侵害，而为损害赔偿之原因。[①] 例如，对女性自然人施行阑尾切除术而伤及生殖系统，造成一定的损伤但未丧失生殖机能，为侵害身体权。所应注意的是，这种侵害身体权的行为，行为人的主观方面应当是过失。如果是借用手术机会故意进行伤害，如利用切除阑尾的机会摘除其卵巢，则为故意伤害罪。[②]

7. 损害尸体

自然人死亡后，民事权利丧失，其所遗尸体仍应依法予以保护，为学界一致意见。但是，非法损害尸体依据何种理由进行法律保护，意见分歧。按照我的意见，当为对身体权的延伸保护，在具体操作上，应当适用《民法典》第994条规定，采用精神损害赔偿的保护方法予以救济。

（三）对身体权损害的救济方法

民法对自然人身体权的保护，应责令加害人对受害人承担损害赔偿责任的方式为之。

对于自然人身体权的具体保护方法，造成财产损失的，赔偿财产损失；对其非财产损害亦采赔偿方式。这两种赔偿方式构成对身体权的完整保护，缺少任何一种都将使身体权民法保护的系统不完整。

---

① 何孝元：《损害赔偿之研究》，台北，"商务印书馆" 1982 年版，第 135 页。

② 杨立新：《侵权损害赔偿》，长春，吉林人民出版社 1990 年版，第 86-87 页。

在我国，《民法通则》第119条对此没有规定，《精神损害赔偿司法解释》规定，侵害身体权可以请求精神损害赔偿，并将这种赔偿定名为精神抚慰金，确立了对身体权的抚慰金赔偿的保护制度。《民法典》第1179条和第1183条第1款确认了这些对身体权的保护方法，对侵害身体权的行为可以依照这些规定，判决侵权人承担人身损害赔偿责任和精神损害赔偿责任，救济被侵权人的身体权损害。一是坚持财产损失全部赔偿的原则，对于侵害身体造成财产损失的，责令加害人予以赔偿，依照《民法典》第1179条规定，赔偿医疗费、误工费损失以及其他费用损失。二是对侵害自然人身体权没有造成伤害后果，如殴打未致伤害、非法搜查身体、非法侵扰身体等行为，依照《民法典》第1183条第1款规定，确定承担精神损害赔偿责任，依照精神损害赔偿的赔偿标准进行赔偿。

第六节　健康权

一、健康权的客体：健康

（一）语义学上的健康

古汉语称健者，一为刚强、有力，二为健康之义，三为善于、甚，四为贪。用于健康之义，如《三国志·魏·华佗传》："好自将爱，一年便健。"健字本身即为健康。古汉语称康者，含安乐、安宁、丰盛、广大、赞美、空虚之义。[1] 上述文字释义，虽未直释健康为何义，但健康一词含身体机能状况良好，因而刚强有力，享有安乐、安宁的利益等义。

现代汉语称健康者，为人体各器官发育良好，功能正常，体质健壮，精力充沛并且有良好劳动效能的状态[2]；或者人体生理机能正常，没有缺陷和疾病。[3]

---

① 《辞源》，北京，商务印书馆1991年版，第130、547页。
② 《辞海》，上海，上海辞书出版社1979年，第254页。
③ 《现代汉语词典》，北京，商务印书馆1978年版，第550页。

上述关于健康的释义尚不够全面。健康既是名词，也是形容词。在其作为名词考察时，并非是形容词所包含的身体生理机能正常、发育良好、体质健壮之义，而是指人体生理机能、发育、体质等综合发展状况。因而在健康状况上，可以分为良好、较好、一般、不好等程度。例如，造成人体生理机能良好的人的健康损害，为侵害健康，造成人体生理机能有欠缺的人即不健康的人的健康损坏，使其健康状况进一步恶化，仍为侵害健康。

（二）法律学上的健康

在法律上称健康者，源于语义学上的含义，但又具有法律概念内涵严格界定的特点。由于学者考察方式及观点的不同，对健康这一法律概念的界定有以下不同主张。

1. 生理健康说

认为"健康则系生理之机能"[1]，不包括心理之机能，即健康就是人体生理机能的一般完善状况。

2. 肉体、精神健康说

认为健康既包括肉体上的功能完好，也包括精神上的功能完好。"不独肉体上健康之侵害，精神上健康之侵害，即引起精神系统之病的状态，亦为健康权之侵害。例如出卖腐肉或私用毒药以害人健康，因名誉毁损或恐吓而引起精神衰弱。"[2]

3. 生理、心理健康说

认为"健康是指身体的生理机能的正常运转以及心理状态的良好状态，包括生理健康和心理健康"。"侵害生理健康，就是指使受害人生理机能发生不良状态，不能正常运转，甚至引起某些生理机能的丧失"；侵害自然人的心理健康，"其后果是造成被害人心理上的痛苦"[3]。

---

① 何孝元：《损害赔偿之研究》，台北，"商务印书馆"1982年版，第135页；胡长清：《中国民法债编总论》，上海，商务印书馆1946年版，第130页；龙显铭：《私法上人格权之保护》，上海，中华书局1948年版，第59页。

② 史尚宽：《债法总论》，台北，荣泰印书馆1978年版，第12-143页。

③ 王利明主编：《人格权法新论》，长春，吉林人民出版社1994年版，第303页。

在以上三种见解中，生理健康说与肉体、精神健康说实际上为一种主张。因为整个人体生理机能，包括神经系统的机能，而"引起精神系统之病"是指神经系统之病态，因而肉体的健康与精神的健康就是指人体机能的正常运作。

传统民法理论认为，健康包括生理健康和心理健康的主张是不正确的。所谓心理，是指人的头脑反映客观现实的过程，如感觉、知觉、思维、情绪等，也泛指人的思想、感情等内心活动。它属于精神的范畴。所谓生理，是指人的机体的生命活动和体内各器官的机能。① 民法学上所说的健康，是物质性人格权之一健康权的客体，只能是指生理健康。对于心理这种精神上的活动，依法通过精神损害赔偿的办法进行保护，而不是通过健康权的保护方法予以保护。在现代医学上，确有将心理健康视为人的健康者，但应区分精神性疾病和心理痛苦、精神创伤的区别。精神性疾病属于生理健康范畴，而精神创伤、心理痛苦则是人的头脑在反映客观现实过程中的不良状态，并非本义上的健康损害。如果将心理健康置于健康概念中，将会混淆健康权损害赔偿和精神痛苦的抚慰金赔偿（即精神损害赔偿的一种形式）之间的区别，造成法律概念的界限不清以至于混同，给适用法律造成障碍。

《民法典》第1004条规定："自然人享有健康权。自然人的身心健康受法律保护。"按照这一规定，自然人的健康是身心健康，而不是单纯的生理健康。健康是指一个人在身体和心理等方面都处于良好的状态，包括身体健康和心理健康，但是不包括一个人在社会适应方面的良好状态以及道德健康等。② 因此，《民法典》规定健康权的客体是身心健康，而不只是指生理健康。

学者认为，确认健康应当包括心理健康的主要理由是：第一，从健康权保护的对象来看，如果不承认健康权的内容包括心理健康，将使精神损害赔偿失去保护的对象，权利人将无法以健康权受到损害为由提出精神损害赔偿，将导致精神损害赔偿请求权失去基础。第二，生理健康受到侵害，往往伴随着生理机能的破坏，还可能发生身体疼痛、精神痛苦等心理健康状态的破坏，甚至导致心理疾

① 《现代汉语词典》，北京，商务印书馆1978年版，第1270、1016页。
② 黄薇主编：《中华人民共和国民法典人格权编释义》，北京，法律出版社2020年版，第62页。

病。第三，如果不将心理健康作为健康权的客体给予保护，将导致某些心理健康的损害无法得到有效的补救。例如，严重的噪声侵害导致精神失常，虽然没有损害生理健康，但可能影响心理健康。① 也有学者认为，《民法典》把身心健康包含生理健康与心理健康，也应明确，所谓"心理健康"，不是精神活动免受不利影响的"心理状态"，而是作为身体机能体现的"精神健康"②。

依照《民法典》第 1004 条规定，从学理上进行定义，作为健康权客体的健康，是指维持人体生命活动的生理机能和心理机能的正常运作和功能的完善发挥，包括生理健康和心理健康。健康有两个要素：一是生理机能、心理机能的正常运作，二是生理功能、心理功能的完善发挥。通过这两个要素的协调一致发挥作用，达到维持人体生命活动的最终目的。

二、健康权的概念和特征

（一）健康权的概念

1. 保护健康和有关健康权的严峻形势和对策

20 世纪以来，一方面，人类社会发生了诸多危害人们健康的事件，艾滋病、疯牛病到肆虐的非典型肺炎、在全世界蔓延的甲型 H1N1 流感以及新冠病毒引发的重大疫情，波及全世界，使全人类都受到了威胁；吸毒的泛滥、自杀率的增加以及日益恶化的生态环境，都说明健康这一伴随人类发展的永恒主题，随着社会的快速发展，正经受着严峻的挑战。另一方面，由于社会经济的发展，人们不再满足于简单的生存要求，不再满足于温饱状态的生活方式，而是普遍追求全新的生活，高质量的生活标准，也使人的健康问题备受关注。人们的健康意识在不断地加强，对健康的需求在不断提高，用保障人权最有效的手段——法律来保护人的健康以及健康权问题，自然就成为人们当今重视的热点话题。③

---

① 王利明：《人格权法研究》，北京，中国人民大学出版社 2019 年第 3 版，第 324 - 325 页。
② 陈甦、谢鸿飞主编：《民法典评注·人格权编》，北京，中国法制出版社 2020 年版，第 107 页。
③ 赵彤彤、杨智红：《试论健康权在我国的立法现状》，《法制与社会》2009 年第 9 期。

正因为如此，国际社会对健康权更为重视。关于健康权，在现有的国际人权文件中有以下规定：(1)《世界卫生组织宪章》序言规定："享受最高而能获致之健康标准，为人人基本权利之一。不因种族、宗教、政治信仰、经济或社会情境各异，而分轩轾。"(2)《世界人权宣言》第 25 条规定："人人有权享受为维持他本人和家属的健康和福利所需的生活水准，包括食物、衣着、住房、医疗和必要的社会服务；在遭到失业、疾病、残废、守寡、衰老或在其他不能控制的情况下丧失谋生能力时，有权享受保障。"(3)《经济、社会和文化权利国际公约》第 12 条规定："一、本公约缔约各国承认人人有权享有能达到的最高的体质和心理健康的标准。二、本公约缔约各国为充分实现这一权利而采取的步骤应包括为达到下列目标所需的步骤：(甲)降低死胎率和婴儿死亡率，使儿童得到健康的发育；(乙)改善环境卫生和工业卫生的各个方面；(丙)预防、治疗和控制传染病、风土病、职业病以及其他的疾病；(丁)创造保证人人在患病时能得到医疗照顾的条件。"(4)《儿童权利公约》第 24 条规定："缔约国确认儿童有权享有可达到的最高标准的健康，并享有医疗和康复设施。缔约国应努力确保没有任何儿童被剥夺获得这种保健服务的权利。缔约国应致力充分实现这一权利，特别是应采取适当措施，以(A)降低婴幼儿死亡率；(B)确保向所有儿童提供必要的医疗援助和保健，侧重发展初级保健；(C)消除疾病和营养不良现象，包括在初级保健范围内利用现有可得的技术和提供充足的营养食品和清洁饮水，要考虑到环境污染的危险和风险；(D)确保母亲得到适当的产前和产后保健；(E)确保向社会各阶层、特别是向父母和儿童介绍有关儿童保健和营养、母乳育婴优点、个人卫生和环境卫生及防止意外事故的基本知识，使他们得到这方面的教育并帮助他们应用这种基本知识；(F)开展预防保健对父母的指导以及计划生育教育和服务。"第 25 条规定："缔约国确认在有关当局为照料、保护或治疗儿童身心健康的目的下受到安置的儿童，有权获得对给予的治疗以及与所受安置有关的所有其他情况进行定期审查。"(5)《消除对妇女一切形式歧视公约》第 12 条规定："缔约各国应采取一切适当措施，消除在保健方面对妇女的歧视，以保证她们在男女平等的基础上取得各种保健服务，包括有关计划生育的保健服务。尽管有上面第 1 款的规定，缔约各国应保证为妇女提供有关怀孕、分娩和产后期间的适当服务，于必要时给予免费服务，并保证在怀孕和哺乳期间得到充分营养。"①

2. 对健康权定义的比较分析

健康对于人类的重要性不言而喻。然而，健康作为一项权利——健康权，为人类认知却是晚近的事。第二次世界大战以来，人权出现了国际化趋势，国际性和区域性的人权文件纷纷签订。许多文件中规定了健康权，关于健康权的研究在各国纷纷展开。尽管联合国《经济、社会和文化权利国际公约》明确规定了健康权，许多国家的宪法也以不同的方式规定了健康权的相关内容，但是，对于健康权是否为一项基本权利的问题，学者们并没有一致的认识。②

在我国人格权法理论研究中，有关健康权概念界定的最大问题是两个：一是将身体权与健康权混在一起，如认为"健康权，也称身体健康权，……自然人在生命存续期间，必须维持人体组织的完整性和人体器官正常的机能"③。二是将生命权、身体权和健康权混在一起，通称生命健康权，认为"生命和健康是互相联系的，没有生命，无所谓健康，可是，有生命又不一定健康。因此，生命健康权是自然人依法享有的生命安全和身心健康不受非法侵害的权利"④。

当下，这两个认识已经不被接受，不仅在学说上，而且在立法上都确认生命权、身体权、健康权各个为独立的人格权，不再混淆在一起。《民法典》确认健康权是独立的具体人格权。

我国民法学者对健康权概念的界定主要有以下三种。

(1) 健康利益说。认为"健康权者，不为他人妨害，而就自己之健康，享受利益之权利也"⑤。这种主张确认身体权的客体是健康利益，内容是不为他人妨

---

① 焦洪昌：《论作为基本权利的健康权》，《中国政法大学学报》2010 年第 1 期。
② 焦洪昌：《论作为基本权利的健康权》，《中国政法大学学报》2010 年第 1 期。
③ 佟柔主编：《中国民法》，北京，法律出版社 1990 年版，第 484 页。
④ 马原主编：《中国民法教程》，北京，人民法院出版社 1989 年版，第 488 页。
⑤ 何孝元：《损害赔偿之研究》，台北，"商务印书馆" 1982 年版，第 135 页；龙显铭：《私法上人格权之保护》，上海，中华书局 1948 年版，第 59 页。

害，是比较准确的，但由于未对健康利益作出解释，略嫌不足。

（2）身体机能完全性说。认为健康权是"以保持身体内部机能之完全性为内容之权利"①。学者在论及健康权的具体内容时，劳动能力不包括在内，而另设劳动能力权，认为"健康权是自然人以其器官乃至整体的功能利益为内容的人格权"②，但不包括劳动能力。认为劳动能力权与健康权紧密相连，原是健康权的重要方面，不过因其在实务上颇具重要意义，而被独立化。③ 关于劳动能力是否为独立的民事权利，本章还要作专题论述。

（3）生理机能和良好心理状态说。认为"健康权是自然人以其身体的生理机能的完善性和保持持续、稳定、良好的心理状态为内容的权利"④。或者认为健康权是指公民享有可能达到的最高标准的身体健康和精神健康和要求国家为公民实现健康提供必要保健条件的权利，对此权利的实现国家承担主要责任。⑤ 将生理健康和心理健康均作为健康权的客体，一并加以法律保护。⑥ 健康不限于器质健康，而且包括功能健康；不限于生理健康，而且包括心理健康，在当代，心理健康的价值受到越来越广泛的肯定。⑦

3. 对健康权概念的界定

健康权是指自然人以自己的机体生理、心理机能的正常运作和功能的完善发挥，以维持人体生命活动的利益为内容的物质性人格权。

（二）健康权的特征

1. 以人体的生理、心理机能正常运作和功能完善发挥为具体内容

健康权以自然人的人体的生理机能正常运作和功能的正常发挥为具体内容，而不是以人体的整体构造为客体。对于健康权和身体权两种人格权的客体即健康

① 史尚宽：《债法总论》，台北，荣泰印书馆 1978 年版，第 142、145 页。
② 张俊浩主编：《民法学原理》，北京，中国政法大学出版社 1991 年版，第 144 页。
③ 史尚宽：《债法总论》，台北，荣泰印书馆 1978 年版，第 142、145 页。
④ 王利明：《人格权法研究》，北京，中国人民大学出版社 2005 年版，第 369 页。
⑤ 蔡维生：《人权视角下的健康权》，山东大学 2007 年硕士学位论文，中国期刊网全文数据库。
⑥ 赵彤彤、杨智红：《试论健康权在我国的立法现状》，《法制与社会》2009 年第 9 期。
⑦ 张俊浩主编：《民法学原理》，北京，中国政法大学出版社 1991 年版，第 145 页。

和身体应当如何区分，学者有谓："惟身体系肉体之构造，健康则系生理之机能。"[①] 这一区分标准简洁、准确、实用。不过，健康一般系通过身体构造的完整性实现，当人体的肉体构造遭到损害，进而损害健康的，应当认定为身体损害抑或认定为健康损害，不无疑问。如断人肢体而致生理机能的不完善，按照民法关于身体权和健康权法律保护的分工，应认定为健康权损害。身体损害必须是身体组成部分构成的完整性、完全性受到损害，而对于身体生理、心理机能运作的正常性及其整体功能的完善性没有明显的影响。当身体构成的完整性、完全性受到损害，并对人体机能运作的正常性及其整体功能的完善性造成损害的，应当认定为对健康权的损害。

2. 以维持人体的正常生命活动为根本利益

健康权以维持自然人的人体的正常生命活动为根本利益，而不是以人的生命安全和生命尊严为客体。健康权所体现的根本利益，在于维护人体机能的完善性，进而维持人体的正常生命活动。尽管生命和健康紧密相连，但却不是一个概念。生命和健康同样存在于身体这一物质形态之中，相伴相存，但是，健康是维持自然人人体正常生命活动的基础，当健康受到侵害时，无论是发生器质性的改变，还是功能性的改变，都可以经过医治而使其康复或好转，保持人体的生命能力；当生命权受到侵害时，生命的丧失却具有不可逆转性。健康损害的可康复性和生命损害的不可逆转性，是健康权和生命权的根本区别。此外，健康权以维持人体的正常生命活动为根本利益，但是，不是以生命为客体，不是保护生命安全、生命尊严的利益。这是健康权与生命权的另一重要区别。在现实中，有些行为的侵害目标是健康权，但是，最终因健康状况的严重损害而导致生命的丧失。在这种情况下，民法不采用刑法关于伤害致死罪和杀人罪的区别方法，而是以最终的客观结果论，造成死亡后果的就是侵害生命权的行为；没有造成死亡后果的，无论损伤多么严重，甚至造成受害人意志能力丧失的植物人状态的后果，只要其生命尚存在，就认定为侵害健康权的行为。

---

① 何孝元：《损害赔偿之研究》，台北，"商务印书馆" 1982 年版，第 135 页。

3. 保护的是人体生理、心理功能正常发挥、自主运动

健康权保护的是自然人身体的生理、心理功能的正常发挥，使其运作、运动自主，但不是保护身体、意志不受外界约束。健康权与人身自由权都保护人的自主运动和自主思维，但是，健康权保护的人的自主运动和自主思维是指人体自身的功能，这种功能决定人能够按照自己的意志去行动、去思维；人身自由权所保护的人的自主运动、自主思维，是指人的行为、意志不受外来的非法拘束。这两种权利的区别，从侵害行为的角度考查可以看得更清楚。侵权行为侵害健康权，作用于人的内在因素，使其不能自主运动、自主思维，原因在于人体机能完善性的破坏和功能发挥的受限制，完全属于人体的内因。侵害人身自由权的行为并不破坏人体机能和功能，而是对人的行动、意志设置外来的障碍，使人因外界的束缚或影响而不能自主行动、自主思维，非法限制人身自由完全是外因所致。

三、健康权的内容

(一) 健康维护与保有权

健康维护权是健康权的基本内容之一。20 世纪 40 年代《世界卫生组织宪章》规定："健康不仅是免于疾病和衰弱，而且是保持体格方面、精神方面和社会方面的完美状态。"在现代，人类把健康视作人权的基本内容之一，是人类发展自己、完善自己的重要目标。1978 年国际初级卫生保健大会《阿拉木图宣言》指出："健康是基本人权，达到尽可能的健康水平，是世界范围内的一项重要的社会性目标。"可见，健康权既是人的基本人权内容，也是社会共同的利益所在。健康维护权是自然人保护自己、造福人类的重要权利。

健康保有权，就是权利人享有保持其身体健康、发展其身体健康的权利。权利人对于自己的身体健康状况，如身体各器官、系统发育，功能发挥，体质、精力如常，保持劳动能力等，依法享有权利，有权保持它，有权发展它。保持健康，是说权利人对自己的健康状况有权保持，不被破坏；发展健康，是指权利人通过各种手段，内在的例如通过锻炼、健身等，增强体力，提高健康水平；外在

的例如通过医疗、康复等，战胜疾病，恢复健康。这不仅是自然人维护自身生命、提高自己生活质量，追求体格、精神的完美状态，同时也具有维护社会利益，提高人类生存质量的意义。保持自己的健康，就是使自己的健康状况保持完好的状态，通过各种体育活动提高健康水平，在生理、心理机能和功能出现不正常状况，即健康状况下降时，有请求医疗、接受医治的权利，使健康状况达到完好的状态或者恢复到原有状态。

这些权利的行使，不受任何他人的干涉或强制。这些权利均由权利人自己行使，任何人不得剥夺，不得干预。任何人剥夺、干预、破坏权利人的健康享有权，都构成侵权行为。

（二）健康利益支配权

1. 健康权包括支配权

人格权都是对人格利益的支配性权利，健康权也具有支配权的性质。在实务上，有人认为健康权不具有支配性，原因是自然人不能随意支配其健康，更不能依其支配权而放弃健康。例如，某医院高压氧舱因舱内空调器电机电路短路而引起舱内爆燃，致舱内 8 人中 7 人死亡，另外一名女青年生命尚存，但颜面、肢体被严重烧伤。在抢救中，该女青年拒绝治疗。对此，有人认为该女青年放弃健康的行为是违反法律的，因为自然人不能任意支配其健康。

应当说明，权利的放弃并不是支配权的唯一内容，即使健康权的支配权也是如此。且不说放弃健康是否为合法，单就健康权人对健康维护权、对劳动能力的支配权，以至于在健康权受到侵害时对法律保护的请求权，都体现了健康权的支配权性质。例如，行为人自愿接受风险极大的手术、对身体实行麻醉、接受法律准许范围内的损害其健康的人体试验，都是权利人支配自己健康权的合法行为。[①] 因此，只要是权利人在法律允许的范围内，不违反法律和公序良俗，不损害自己健康的情况下，都可以对自己的健康利益进行支配。

2. 健康利益支配权受到适当限制

健康利益支配权不是绝对的支配权，受到适当的限制。不过，对健康权限制

---

① 王利明：《人格权法研究》，北京，中国人民大学出版社 2005 年版，第 378 页。

的程度不及对生命支配权限制的那么严格。对健康权的主要限制是：

第一，强制治疗、强制戒毒等强制性改善自然人健康状况的行政措施，不是对健康权这种支配权的强制干涉和侵犯，而是维护个人健康和公共利益的必要手段，是对权利人健康利益支配权的适当限制。强制治疗、强制戒毒等措施在性质上属于职务授权行为，为阻却违法的法定事由。尽管对患有非典型肺炎、性病、麻风病等恶性传染病患者进行强制治疗以及强制戒毒可能违背权利人的意志，但这种强制措施因其阻却违法而成为适法行为，当事人不得主张侵权行为。对于放弃健康的患者是否可以给予强制治疗，现行立法没有规定。但从人道主义立场出发，对拒绝接受治疗的严重病人进行强制性治疗是适当的，不过在治疗过程中，应当尽量进行说服教育，做好思想工作。在必须进行强制治疗时，也应和平进行，不应采取暴力手段。

第二，订立处分健康权的合同，或者订立免除侵害健康权责任的免责条款，或者设立以将健康毫无意义地置于危险状态为内容的合同，都应当认为无效。①不过，在体育运动以及其他有关场合，这样的行为为有效。例如，日本福岛核电站因海啸发生事故，抢修工人为了更多人的利益而冒着健康损害危险进行抢修，不能认为他们处分健康权的行为是不正当的或者违法的。

第三，健康利益不得利用和转让。健康利益不具有财产利益，不得将健康利益商品化，应用于商业交易之中。同样，健康权是权利人的人格权，具有固有性，不得转让他人或者被他人利用。

3. 临床试验

为了医学进步和人类发展，需要以人体进行新药、新技术的试验，不可避免地会危及受试人的健康。接受临床试验，是一个高尚的行为，是为了全体人民的福利而进行的活动，是值得尊重的。民法尊重和保护个人的自我决定权，进行临床试验应当由个人决定，但这种选择不得违反法律和公共道德。《民法典》第1008条规定："为研制新药、医疗器械或者发展新的预防和治疗方法，需要进行临床试验的，应当依法经相关主管部门批准并经伦理委员会审查同意，向接受试

---

① 尹田：《自然人具体人格权的法律探讨》，《河南省政法管理干部学院学报》2004 年第 3 期。

验者或者受试者的监护人告知试验目的、用途和可能产生的风险等详细情况，并经其书面同意。"为了提高医学科学水平，维护人类的健康，法律准许对自愿受试者进行临床试验，经过临床试验后，取得医疗经验，将成熟的医疗技术和药品应用于临床，使更多的患者采用同样的医疗技术或者药品进行治疗而受益，恢复健康，生活得更好。

《越南民法典》第33条对此也有具体规定，对人体细胞、器官、进行麻醉、做手术、切除、移植，在人体上应用新技术、新型诊疗、治疗方法，在人体上进行医学、药学、科学试验或其他任何形式的人体试验的，都应征得患者的同意且由职权机关组织实施。如被试验人是未成年人、失去民事行为能力人、辨认与控制自己行为有困难的民事行为能力人的，或病人处于昏迷状态的，应征得其父母、配偶、成年子女或监护人的同意。如病人的生命受到威胁且情况紧急，没有时间等待以上人员同意的，应征得治疗中心、医院有职权人员的同意。

临床试验的积极性来源于两个方面：一方面，是提高医学科学水平、维护人类健康的要求，因而企业积极进行研发，创造新药，造福人民，当然也存在利润的驱使和企业创收的问题。另一方面，接受临床试验的人为了医学进步和人类健康，勇于奉献自己的身体和健康，进行试验，取得科研数据，推动医学研究发展，当然也有刚好病症相符而愿意接受临床试验，改善自己健康状况的情况。不论来源于哪一方面，临床试验对于医学发展和人类健康的重要性都是不言而喻的。

凡是临床试验就会存在风险，临床试验的目的之一，就是探索新的医疗技术和药品的风险所在，以及如何改进。因此，进行临床试验必须经过严格的批准程序，要符合法律规定的范围，否则就是违法的，是侵害受试者的身体权、健康权的行为。《民法典》规定临床试验的范围有：（1）研制新药；（2）研制新的医疗器械；（3）发展新的预防方法；（4）发展新的治疗方法。只有在这个范围内的行为，才是法定的临床试验范围，超出这个范围进行的试验，都是违法的，都是侵害受试者的身体权、健康权的行为。

进行临床试验的程序是：（1）依法经过相关主管部门的批准；（2）经过医疗

机构的伦理委员会审查同意；（3）须向受试者或者受试者的监护人履行告知义务，告知的内容是试验目的、用途和可能发生的风险等，告知的要求是要详细；（4）接受临床试验的受试者或者受试者的监护人须有书面同意，口头同意不发生效力，以避免日后发生纠纷。

4. 从事有关人体基因、人体胚胎的医学和科研活动

从事与人体基因、人体胚胎等有关的医学和科研活动的，应当遵守法律、行政法规和国家有关规定，不得危害人体健康，不得违背伦理道德，不得损害公共利益。《民法典》第 1009 条的这一规定，是对从事与人体基因、人体胚胎的医学和科研活动须依法进行的规定，是为人体基因和人体胚胎有关医学和科研活动划出的一条不可逾越的红线。

人体基因，是 DNA 分子上携带有遗传信息的功能片段，是生物传递遗传信息的物质。人体基因主宰生命，是人生老病死的根源。研究人体基因，就是通过体液、血液检测，经提取和扩增其基因信息后，通过基因芯片技术或超高通量 SNP 分型技术，对被检测者细胞中的 DNA 分子的基因信息进行检测，分析所含有的各种疾病易感基因的情况，使人们能及时了解自己的基因信息，预测身体患病的风险，从而有针对性地主动改善自己的生活环境和生活习惯，预防和避免重大疾病的发生。人体胚胎，是人体早期发生，从受精至第 8 周末的发育时期，即胚前期和胚期的胚胎。

随着当代医学科学的发展，对人体基因的研究和生殖技术发展已经达到了相当的水平，并且在继续发展。因此，涉及人体基因和人体胚胎的医学和科研活动都在深入进行，这些活动都是有益于人类健康的，符合社会发展的需要。不过，凡是进行高科技研究，都会存在风险，处置不当就会对人类造成危害。

已经发生了人体基因编辑的非法研究和试验。2018 年 11 月 26 日，南方科技大学贺建奎副教授宣布，一对经过基因编辑的婴儿于 11 月诞生，这对双胞胎的一个基因（CCR5）经过了修改，能天然抵抗艾滋病病毒 HIV。社会舆论对此反应强烈。同日，国家卫健委回应，要依法依规处理。次日，科技部表示，本次"基因编辑婴儿"如果确认已出生，属于被明令禁止的，将按照中国有关法律和

条例进行处理。中国科协生命科学学会联合体发表声明，坚决反对有违科学精神和伦理道德的所谓科学研究与生物技术应用。初步查明，该事件系贺建奎为追逐个人名利，自筹资金，蓄意逃避监管，私自组织有关人员，实施国家明令禁止的以生殖为目的的人类胚胎基因编辑活动。这些研究是突破研究底线的危险做法，应当禁止。

（1）必须遵守法律、行政法规和国家有关规定。对于从事人体基因、人体胚胎等有关医学和科研活动的，国家有法律、行政法规和其他规定的，必须遵守，违反规定即为违法。

（2）不得危害人体健康。首先，进行这些医学和科研活动不得危害公众的人体健康，禁止进行有损于公众人体健康的人体基因、人体胚胎的医学和科研活动，例如编辑人类基因。其次，不得危害进行这类医学和科研活动的人的人体健康。

（3）不得违背伦理道德。进行人体基因、人体胚胎的医学和科研活动，不是一般的医疗和研究活动，具有强烈的社会伦理和道德问题。任何违反伦理道德的医学和科研活动，都触碰了这个底线，成为非法活动。

（4）不得损害公共利益。从事人体基因、人体胚胎的医学和科研活动一旦损害公共利益，就是违背公序良俗，也触碰了这个底线，成为非法活动。

违反这些红线之一，就是突破了研究和医学的底线，就是违法行为，就在禁止之列。不仅如此，行为人还应当依照法律规定，承担刑事责任、行政责任；造成损害的，应当承担民事责任。

（三）劳动能力

1. 劳动能力不是独立的人格权

劳动能力是健康权的一项基本内容。

劳动能力，是在日常生活和法律领域中经常使用的概念。对劳动能力的基本含义，认识并不一致。从文义上解释，似可称为劳动的能力，因而将劳动能力一般解释为"人用来生产物质资料的体力和脑力的总和"①，这只是强调人的生产

---

① 《现代汉语词典》，北京，商务印书馆 1978 年版，第 669 页"劳动能力"条。

物质资料的能力，含义显然不完整。在法律上，学者认为，"劳动能力，为从事各种工作之能力"①，因而将劳动能力也称为从业能力、生活上职业能力。这些定义均没有完整地揭示劳动能力的基本内涵。

要给劳动能力下一个准确的定义，首先应当确定这一概念是什么性质。

在学说上，对劳动能力性质的界定有两种不同的主张。一是人格权说，认为劳动能力是自然人以其脑体功能利益为内容的物质性人格权。在侵权行为侵害身体导致劳动能力损害或丧失的场合，侵害的标的除身体权外，也应有劳动能力权。因此，自体系观点言之，劳动能力应肯认为一项独立的物质性人格权。考虑到社会主义的基本原则之一，是不劳动者不得食，因而肯认此项人格权具有重大意义。② 二是人格利益说，认为劳动能力包括商人之经营能力，技师之技术能力，劳动者之劳动能力，通说认为不是权利。盖以劳动能力，必以身体之肉体的组织及生理的机能具完全无恙，而后能保持良好状态，故劳动能力之丧失或减少既不能全包入身体权，亦不能全包入健康权之内，虽可认为身体及健康之侵害，但似不如认为一独立的人格利益。③

本书认为，劳动能力不是一种独立的人格权。其理由如下。

第一，确认劳动能力为独立的人格权，没有立法依据。我国《宪法》第42条只规定我国公民有劳动的权利和义务，并没有对劳动能力作出具体规定。《民法典》第1179条只规定侵害自然人身体造成伤害致人残废，并没有规定劳动能力的字样。同时，《民法典》人格权编也没有规定劳动能力是一项权利。主张劳动能力为独立民事权利的依据，是《最高人民法院关于贯彻执行〈中华人民共和国民法通则〉若干问题的意见（试行）》中对"劳动能力"作了规定。④ 诚然，最高人民法院在该司法解释的第146条和第147条使用了劳动能力的概念，但是，这既不是将劳动能力规定为独立的人格权，也不是对劳动能力这一"权利"损害如何进行救济的解释。究其本意，是对"残废者"如何理解的解释，残

① 史尚宽：《债法总论》，台北，荣泰印书馆1978年版，第143页。
② 张俊浩主编：《民法学原理》，北京，中国政法大学出版社1991年版，第145页。
③ 史尚宽：《债法总论》，台北，荣泰印书馆1978年版，第143页。
④ 张俊浩主编：《民法学原理》，北京，中国政法大学出版社1991年版，第145页脚注。

废者就是丧失劳动能力的人，包括全部或部分丧失劳动能力。将这种司法解释推衍为劳动能力为独立人格权的法律依据，过于牵强，显然不具有说服力。

第二，从传统的立法习惯和民法理论发展历史看，没有可供借鉴的成例。从古代侵害人格权的同态复仇，到罗马法的对人私犯，都没有劳动能力的概念。在中国封建社会立法中，有对犯罪致被害人笃疾者断付财产养赡的制度，含有对劳动能力丧失救济的意义，但也没有劳动能力的概念。即使在《法国民法典》中，也没有出现这一概念。最先使用这一概念的是《德国民法典》，其第843条规定："因侵害他人身体或健康以致被害人因此丧失或减少劳动能力，或增加生活上的需要者，对被害人应以支付金钱定期金，给与损害赔偿。"在这一条文中，没有将劳动能力确定为民事权利的意思。后世民事立法，大体遵循这一体例。在理论上，通说不认其为独立的权利，而只承认其为一种人格利益，且鲜见持反对意见者。强调劳动能力为一种独立的民事权利，有悖于民法的传统和理论。

第三，将劳动能力认作一种独立的民事权利，既无实际必要，也无确切的理论依据。自然人的物质性人格权只包括身体权、健康权和生命权。这三种人格权已经完全概括了自然人作为民事主体在物质性人格权方面的全部需要，没有必要再新规定其他物质性人格权。劳动能力可以完全概括或包含于健康权之中，保护健康权，就能使劳动能力得到妥善保护。

2. 劳动能力的性质

有学者认为，劳动能力是公民向国家主张的基本权利，其要求国家保障公民享有劳动的机会。在民法上，劳动能力不是作为权利存在的，其作为一项未权利化的自由利益，主要涉及的是因劳动对行动自由的限制是否妥当的问题，因而不属于健康权的内容。[1] 本书不同意这种意见。劳动能力是一种人格利益，但不是一种独立于健康权之外的人格利益。从形式上看，劳动能力包含于身体权、健康权和生命权三位一体的自然人的物质性人格权之中，并不独立于这三种人格权之外。然而，劳动能力对于生命权和身体权来说，并无相当的意义。侵害生命权，

---

① 陈甦、谢鸿飞主编：《民法典释评·人格权编》，北京，中国法制出版社2020年版，第109页。

劳动能力必然丧失，但民事主体已经消灭，讨论劳动能力还有什么意义呢？侵害身体权，以不破坏自然人机体组织功能完善为必要限度，超出此限度，即为侵害健康权，因而侵害身体权的行为，显然不涉及劳动能力的减少和丧失。正因为如此，劳动能力以自然人机体组织功能完善为基础，自然人保持健康，就保有劳动能力，自然人健康受到相当程度的破坏，劳动能力就会相应减少乃至丧失。因而，劳动能力包含于健康权之中，为健康权的基本内容之一，而不是独立的人格利益。

3. 劳动能力概念的定义

基于以上认识，可以得出这个结论：劳动能力是自然人从事创造物质财富和精神财富活动的脑力和体力的总和，是自然人健康权的一项基本人格利益。

4. 劳动能力的内容

（1）劳动能力是指创造物质财富和精神财富的能力。在人类社会的生产中，包括物质财富的生产和精神财富的生产。在所有的生产中，都必须具备劳动者、劳动工具和劳动对象这三个要素构成的生产力因素。而劳动者必须以具备劳动能力为前提。不具备劳动能力的人，不是劳动者，不是生产力的因素。人只有具备创造物质财富和精神财富的能力，才能成为劳动者。作为一个劳动者，具有创造物质财富的能力，或者具备创造精神财富的能力，或者具备两种财富的创造能力，均为有劳动能力。

（2）劳动能力是劳动者脑力和体力的总和。进行任何创造性劳动，都必须具备脑力的因素和体力的因素，不可缺少其一。但由于创造财富的性质不同，对脑力和体力要求的侧重点不同。创造物质财富应以体力因素为主，创造精神财富则以脑力因素为主。当判断劳动能力的减少时，应以两种能力因素的综合考察为判断标准。

自然人享有劳动能力这种人格利益，一是有权保有这种利益，二是有权利用这种劳动能力以满足自己及社会的需要，三是有权发展这种利益，四是当这种利益受到损害时，有权要求加害人损害赔偿。

四、对胎儿健康法益的延伸保护

（一）关于胎儿健康利益保护的立法及判例

对人格权的法律保护应延伸至自然人出生前的胎儿时期。从罗马法开始，立法上就已经明确作出规定，至近现代时期，民事立法大多确认这种向前延伸的人格权法律保护。但是，对于这种先期人格利益的延伸保护是否包括胎儿的健康利益，则不无争议。《民法典》第16条规定了对胎儿利益保护的基本规则，但是在列举保护的胎儿利益范围时，只规定了遗产继承和接受赠与的利益，没有明文规定对胎儿健康法益的保护，通常理解列举后的"等"字里包含胎儿的健康法益。例如认为，除本条所规定的遗产继承、接受赠与之外，"等"字所概括的内容，还包括人身损害赔偿请求权、抚养损害赔偿请求权以及身份权请求权。[①] 有人认为，除了遗产继承和接受赠与，还有其他涉及胎儿利益保护的情况，因此本条用了一个"等"字，没有限定在继承范围以内，原则上也包括侵权等其他需要保护胎儿利益的情形。[②] 这里所说的侵权保护胎儿利益等，就包括了胎儿的健康利益。不过，这个"等"字在有些学者的解释里，却语焉不详。例如，在某些特定情形中，胎儿可能是自身利益的潜在受害者，例如，甲违章驾驶车辆造成交通事故，致使一名孕妇受伤，在抢救过程中孕妇死亡，胎儿早产并因遭受车辆撞击而受伤。在这种情况下，胎儿视为具有民事权利能力，即可以自己的名义向肇事者主张损害赔偿。[③] 如果在交通事故中，胎儿早产已经娩出，被撞击而受伤，就不是胎儿而是自然人了，已经取得了民事权利能力，完全可以自己独立行使侵权请求权，并不是对胎儿利益的保护。

国外立法多确认这一胎儿人格利益的保护。例如，《日本民法典》第721条

---

① 杨立新、李怡雯：《中国民法典新规则要点》，北京，法律出版社2020年版，第16页。
② 黄薇主编：《中华人民共和国民法典总则编释义》，北京，法律出版社2020年版，第49页。
③ 张鸣起主编：《民法总则专题讲义》，北京，法律出版社2019年版，第79页。

规定："胎儿，就损害赔偿请求权，视为已出生。"依此观察，胎儿的健康利益应为延伸保护的对象。

《德国民法典》第 844 条对胎儿的抚养赔偿请求权也作了规定，予以法律保护，对于胎儿健康利益的保护则无明文规定，在司法实践中确认这一原则。1952年德国高等法院的一个判决认为，"一个婴儿的母亲在受孕之前，由于医院方面的疏忽而使梅毒毒素进入了她的血液之中。随即，婴儿也受到了梅毒传染。法庭判决，胎儿有权在不受别人的疏忽造成的伤害的情况下被生下来"，因此，医院应承担该胎儿出生以后所受到的健康损害的责任。[①]

加拿大最高法院法官拉蒙特在 1933 年对"蒙特利尔电车公司诉列维利案"的判词中指出："如果认为一个婴儿在出生之后没有任何因出生之前的伤害提出诉讼的权利，那么，就会使他遭受不可弥补的错误伤害。""正是出于自然公平的缘故，活着出生并且能够存活下来的婴儿，应当有权对处于母亲子宫中时，由于错误行为给他造成的伤害起诉。"英国法律委员会在《关于未出生胎儿人身伤害问题的工作报告》中，专门引用了拉蒙特的这段判词，并且在报告中肯定了这种观点。[②]

美国判例法确立了侵权行为的过失责任、严格责任，将所有人、所有的权利都置于严密的法律保护之下，从而使"每个人都被保护，不受侵权性行为之害，包括胎儿在内"[③]。1982 年，加利福尼亚州上诉法院判决的辛德尔诉阿伯特化学厂一案，确认胎儿的健康利益应受法律保护。这一判例所体现的原则就是："未出生的胎儿在遭到'人身伤害'时，可视其为'人'，可以为补救的目的而在其出生后就其出生前所遭受的损害提出诉讼。"[④]

---

① ［美］彼得·斯坦等：《西方社会的法律价值》，王献平译，北京，中国人民公安大学出版社 1990 年版，第 204－205 页。

② ［美］彼得·斯坦等：《西方社会的法律价值》，王献平译，北京，中国人民公安大学出版社 1990 年版，第 204－205 页。

③ ［美］彼得·哈伊：《美国法概论》，沈宗灵译，北京，北京大学出版社 1983 年版，第 91 页。

④ *Black's Law Dictionary*，West Publishing Co. 1979 Fifth Edition，p. 1029.

以上关于对胎儿健康法益延伸保护的法律发展历史，既反映了民法对自然人健康权延伸保护的必要性，也反映了立法对自然人健康权延伸保护的客观规律认识的深化。目前，这一立法趋势已为大多数国家所确认。

（二）对胎儿健康利益的保护办法

对胎儿健康利益的民法保护，应自胎儿成功受孕时起。无论胎儿是因合法婚姻关系而受孕，还是胎儿因合法婚姻关系以外的男女性行为而受孕，均在法律保护的范围之内。这是因为，胎儿因合法婚姻关系受孕或因合法婚姻关系外的男女性行为受孕，就胎儿而言，均享有合法的健康利益，这和非婚生子女与婚生子女在法律上地位平等、权利平等是一致的。当胎儿成功受孕时，其即享有健康利益。成功受孕当指精子与卵子结合，并于子宫内膜着床时始，并非要待胎儿初具人形，或者胎儿要有胎动之时，才视为成功受孕。自成功受孕时起，胎儿即享有健康利益。

对胎儿健康利益的侵害，表现为胎儿怀于母腹之中时，外力作用于母体，致胎儿身体功能的完善性受损害，既可以是致其外伤，也可以是致其内伤，还可以是致其患某种疾病。前例所述的辛德尔因其母服药而致患乳腺癌，即为后者。输血、输液造成母亲感染疾病，并使胎儿也受此感染者，属于胎儿健康利益受害。当外力作用于母体致胎儿外伤，或致内部器官损伤，因而致胎儿功能损害，皆为对胎儿健康利益的侵害。

确定胎儿健康利益的损害事实，须在胎儿出生，具有民事权利能力以后。胎儿尚在母腹之中，其健康利益的损害无法精确确定，只有在其出生之后才能够确定。因而，对胎儿健康利益的法律保护，虽为对健康利益的延伸保护，然而在客观上，则须在其出生之后才能正式进行。在此时提出法律保护的请求，溯及至胎儿受孕之时的损害，予以法律救济。至于在自其出生后至何时止的期间内才可以请求法律保护，应以健康利益的损害能够确定时，为该期间的止期。例如胎儿在母体中受内、外伤，出生时即可确定者，自出生之时有权请求保护。如胎儿在母体中健康受潜在损害，待其出生后，其损害有显迹并可确认时，有权请求保护，如辛德尔案。至其有权请求保护之时起，应开始计算诉讼时效。其时效期间应与人身伤害的诉讼时效期间相同。

胎儿健康利益损害的请求权，应由胎儿出生后具有民事权利能力的本人享有并行使，不能由他人行使。这是因为，胎儿健康利益受损，并未害及其生命法益，当其活着出生之后，其即具有民事权利能力，自然可依自己的人格，享有权利、行使权利。在其不具有或不完全具有民事行为能力时，其行使权利可由其亲权人或监护人代理，但本人为权利主体。

对于胎儿健康利益的损害赔偿，应依健康权损害赔偿的一般规则进行。

五、保护健康权的人格权请求权

行使人格权请求权保护健康权，是保护自然人健康权的主要手段之一。主要有以下三个问题。

（一）人格权请求权的行使

《民法典》第 995 条规定的人格权请求权，包括健康权请求权。健康权请求权保护的目的，主要集中在对侵害健康权的防范和预防，以及造成损害的权利恢复。当健康权受到侵害的，受害人有权依照《民法典》和其他法律的规定，请求行为人承担民事责任。其请求权的主要内容，是停止侵害、排除妨碍、消除危险，这些请求权的行使不适用诉讼时效规定的限制。

（二）请求救助权

《民法典》第 1005 条关于"自然人的生命权、身体权、健康权受到侵害或者处于其他危难情形的，负有法定救助义务的组织或者个人应当及时施救"的规定，赋予了自然人在处于危难时享有的请求救助的权利。当自然人的人身受侵害或者处于危难情形时，负有法定救助义务的组织和个人应当及时履行救助义务。即健康权处于其他危难情形时，可以行使这一权利，请求负有法定救助义务的组织和个人履行救助义务，使自己脱离危难，维护健康权。

（三）正当防卫和紧急避险

权利人有权采取各种合法手段维护自己的健康，排除他人的侵害。如果权利人已经面临实际的健康危险，权利人可以采取正当防卫和紧急避险，以保护自己或者他人的健康。

六、保护健康权的侵权请求权

（一）健康权侵权责任的归责原则

确定侵害健康权侵权责任，应当依据《民法典》第 1165 条和第 1166 条的规定，根据不同情况，分别适用过错责任原则、过错推定原则和无过错责任原则。

构成侵害健康权的侵权责任，在一般场合，适用过错责任原则，其构成要件须具备违法行为、损害事实、因果关系和过错。适用过错推定原则，其侵权责任构成仍须具备上述四个要件，过错要件实行过错推定，举证责任倒置。适用无过错责任原则确认侵害健康权行为责任，不须具备过错要件，应当具备其他三个要件。

（二）侵害健康权侵权责任构成要件

1. 侵害健康权的违法行为

（1）行为包括作为和不作为

在侵害健康权的责任构成中，其客观的行为要件，作为和不作为均可构成。

作为的侵害健康权行为，是主要的行为方式。最主要的作为的侵害健康权行为，是殴打，另外，各种肇事、食源性疾患、药物中毒、毒气中毒、污染行为也是重要的侵害健康权的行为。这些行为，主要是违反了保护他人健康权的不作为义务，通过积极的行为而致他人损害。例如，贩卖病患动物肉，而致食用者染食源性疾患或中毒，交通肇事、工作事故、医疗事故，均为作为的侵害健康权行为。

不作为的侵害健康权行为，也是侵害健康权的重要行为方式。其特征是，行为人负有保护他人健康的作为义务，违背该作为义务而不作为，即为不作为的侵权行为。侵害健康权的不作为行为，如《民法典》第 1152 条和第 1153 条规定的建筑物、构筑物或者他设施以及建筑物等上的悬挂物、搁置物脱落坠落致人健康损害，或者建筑物等倒塌致人损害，第 1155 条规定的堆放物品倒塌致人损害，第 1156 条规定的公共道路堆放物、倾倒物、遗撒物致人损害，林木折断致人损害，第 1158 条规定的地下工作物施工未设安全标志和防范措施、管理人未尽管理职责致人损害等，均是。

（2）行为包括直接行为和间接行为

行为人自己实施的侵害他人健康权的行为，是直接行为。行为人虽未亲自实施，但由其管束、监护、隶属下的人实施的行为，或者由其管理的物件致害他人健康的行为，是侵害健康权的间接行为。侵害健康权的行为多数是直接行为，但间接行为在侵害健康权中，亦占相当数量。例如监护人监护下的被监护人的行为、受雇人的行为，用人单位的工作人员的行为，以及建筑物致害、动物致害等，都可构成侵害健康权的间接行为。确认侵害健康权的间接行为，应按《民法典》侵权责任编第三章至第十章关于特殊侵权责任的规定进行。

（3）行为违法性的表现

行为的违法性表现为违反民事立法关于保护自然人健康权的规定。对此，《民法典》第 1004 条有明文规定，违反该条即具备违法性的要件。

（4）行为主体

侵害健康权的行为主体，既可以是自然人，也可以是法人、非法人组织。

2.侵害健康权的损害事实

损害事实侵害健康权所致损害事实是构成侵权责任的要件之一，包括三个层次。

（1）健康受损的事实

表现为自然人维持人体生命活动的生理、心理机能正常运作和功能完善发挥受到损害，因而生理、心理机能不能正常运作，功能不能完善发挥，包括器质性的损害、功能性损害以及心理健康的损害，如致外伤、内伤、疾患、精神病等。

（2）健康受损导致受害人财产利益的损失

这种损失是受害人因医治伤害、恢复健康所支出的费用，以及因健康受损而致的其他财产损失，诸如因伤害而支出的医疗费、误工损失、转院治疗的差旅费、住宿费、护理费、营养费，以及劳动能力丧失所致间接受害人的扶养费等。这些费用，都是健康受损所造成的财产损失，对于健康受损所赔偿的费用，即指此种财产利益的损失。赔偿的范围，应以此种财产利益的损失范围大小确定。

（3）精神痛苦的损害

健康权受损害，必然造成受害人精神上的痛苦和折磨。这种损害难以用金钱计算其损失价值，但是，用金钱适当赔偿可以抚慰受害人的感情，平复其精神创伤。因而，健康受损所致精神痛苦为抚慰金赔偿的标的。

3. 侵害健康权的因果关系

确定侵害健康权违法行为与损害事实之间的因果关系，应依相当因果关系学说判断。违法行为与健康损害结果之间依一般社会经验和智识判断，能够发生因果联系，在客观上该种行为又确实引发了这样的损害结果，即应确认其二者具有因果关系。

在违法行为直接引起健康权损害结果的情况下，因果关系的要件较易判断。如殴打致伤害，动物致伤害，建筑物倒塌致伤害等，因果关系至为明显。确认此种引起与被引起的关系，即构成因果关系要件。

在违法行为间接引起健康权损害结果的场合，违法行为只是引起健康权损害结果发生的原因之一，其中还有其他原因与违法行为相互作用，引起损害的发生。这种场合的因果关系要件确定较为困难，有四种情况：（1）违法行为与自然原因相互配合，致受害人伤害；（2）违法行为与第三人的行为相互配合，致受害人伤害；（3）违法行为与受害人自身的原因相互配合，致受害人伤害；（4）违法行为致受害人伤害后，第三人的行为致损害进一步扩大。

在这些情况下，违法行为以外的其他原因事实，对损害结果的发生所起的作用，分为两类：一是助成，二是扩大。无论助成还是扩大，均为健康权损害的共同原因。凡是因共同原因致健康权损害事实发生者，判断因果关系要件的规则，一是不否认违法行为是损害事实发生的原因，即须确认违法行为与健康损害事实间有因果关系；二是应当区分违法行为对健康损害事实发生的原因力大小，依其原因力确定行为人所应承担的责任范围，对于因自然原因、受害人自身的原因致损害发生，应依其原因力大小，由受害人自己承担责任；对于因第三人的原因致损害发生，亦依其原因力大小，由该第三人承担责任。

在致人健康受损的因果关系中，环境污染致人健康损害案件适用推定因果关系规则。

4. 侵害健康权的过错

在侵害健康权的责任构成中，故意、过失均可构成其要件。在适用过错责任原则时，过错应由受害人证明；在适用推定过错责任时，受害人不负举证责任，加害人无过错，由加害人证明。适用无过错责任原则，则不要求有过错的要件。

（三）对健康权损害的常规赔偿

对于健康权损害的常规赔偿，应当适用《民法典》第1179条前段和中段的规定，参照《人身损害赔偿司法解释》的有关规定进行。《民法典》第1179条前段和中段规定："侵害他人造成人身伤害的，应当赔偿医疗费、护理费、交通费、营养费、住院伙食补助费等为治疗和康复支出的合理费用，以及因误工减少的收入。造成残疾的，还应当赔偿辅助器具费和残疾赔偿金。"这是确定侵害健康权人身损害赔偿的基本规则。

1. 人身损害赔偿

（1）医疗费赔偿

医疗费赔偿的目的，在于对侵害人身造成伤害所致财产损失的补偿。在这项赔偿上面，实行全部赔偿原则，即损失多少就赔偿多少，赔偿应当与损失相一致。只有这样，才能够恢复受害人的权利，救济受害人的损害。2020年《人身损害赔偿司法解释》第6条规定了医疗费赔偿具体办法，即"医疗费根据医疗机构出具的医药费、住院费等收款凭证，结合病历和诊断证明等相关证据确定。赔偿义务人对治疗的必要性和合理性有异议的，应当承担相应的举证责任。""医疗费的赔偿数额，按照一审法庭辩论终结前实际发生的数额确定。器官功能恢复训练所必要的康复费、适当的整容费以及其他后续治疗费，赔偿权利人可以待实际发生后另行起诉。但根据医疗证明或者鉴定结论确定必然发生的费用，可以与已经发生的医疗费一并予以赔偿。"

在医疗费的赔偿上，应当贯彻凡是治疗损害的合理损失都应当予以赔偿的原则，以尽量保护受害人的合法权益，使其受到损害的权利得到恢复。处理人身损害赔偿案件的实际情况，是在损害已经发生的情况下，对赔偿的问题发生争议，才起诉到法院进行评断，而不是在事先定出准则要当事人执行。确定这个基点，对有些问题的研究和解决就会脱离书生气，使之更有实践意义。

对于心理健康的损害赔偿，有人认为应当包括精神疾病即心理疾病的诊治费，因为心理疾病的医治是一个长期的过程，治疗费用不是一个小数目。例如，被继父强奸的女童，专家提出需要 180 小时以上的专业心理辅导，按照广州市心理辅导的价格每小时 600 元计算，预计心理治疗的费用为 16 万元。对此，广东省高级人民法院支持了原告 10 万元的心理康复费。[①]

（2）误工费赔偿

误工费损失的赔偿，补偿的是受害人由于人身受到伤害，耽误工作而造成的财产损失。2020 年《人身损害赔偿司法解释》第 7 条规定："误工费根据受害人的误工时间和收入状况确定。""误工时间根据受害人接受治疗的医疗机构出具的证明确定。受害人因伤致残持续误工的，误工时间可以计算至定残日前一天。""受害人有固定收入的，误工费按照实际减少的收入计算。受害人无固定收入的，按照其最近三年的平均收入计算；受害人不能举证证明其最近三年的平均收入状况的，可以参照受诉法院所在地相同或者相近行业上一年度职工的平均工资计算。"

按照本条规定，误工费赔偿的办法是：

1）误工的时间确定

一种情况是，以医疗机构出具的证明作为确定的标准。另一种情况是，如果

---

① 袁雪石：《民法典人格权编释论》，北京，中国法制出版社 2020 年版，第 245 页。

造成伤残持续误工的，则将误工时间定为定残的前一天。具体办法，一是以负责治疗的医疗机构出具的证明确定，二是办法是由法医鉴定确定，三是按照受害人的实际损害和恢复情况确定。有时还可以将这三个办法结合起来确定，例如对医疗机构的证明有怀疑，就可以经过法医结合损害情况和受害人的实际损害和恢复情况进行鉴定，做出确切的判断。受害人致残的，有一个致残前赔偿误工费、致残后赔偿生活费的衔接问题。对此，应当以定残之日为准，之前赔偿误工费。受害人因伤害死亡的，也要对受伤害之后、死亡之前的实际误工费进行赔偿，误工费的计算，从侵权行为开始计算，至受害人死亡时止。

2）误工损失收入的计算

计算规则，一是有固定收入的，按照实际减少的收入计算。二是无固定收入的，按照最近 3 年的平均收入计算。三是不能举证证明最近 3 年的平均收入的，参照受诉法院所在地相同或者相近行业上年度职工的平均工资计算。对这项赔偿的原则是，应当按其实际伤害程度、恢复情况并参照医疗医院出具的证明或者法医鉴定等认定。

（3）护理费赔偿

护理费赔偿，补偿的是受害人因为受损害生活不能自理，由于需要有人进行护理而造成的财产损失。2020 年《人身损害赔偿司法解释》第 8 条规定："护理费根据护理人员的收入状况和护理人数、护理期限确定。""护理人员有收入的，参照误工费的规定计算；护理人员没有收入或者雇佣护工的，参照当地护工从事同等级别护理的劳务报酬标准计算。护理人员原则上为一人，但医疗机构或者鉴定机构有明确意见的，可以参照确定护理人员人数。""护理期限应计算至受害人恢复生活自理能力时止。受害人因残疾不能恢复生活自理能力的，可以根据其年龄、健康状况等因素确定合理的护理期限，但最长不超过二十年。""受害人定残后的护理，应当根据其护理依赖程度并结合配制残疾辅助器具的情况确定护理级别。"

本条规定的护理费赔偿计算办法是：第一，一般原则是根据护理人员的收入状况和护理人数、护理期限确定。对此，要实事求是。第二，护理人员原则上为一人；如果医疗机构或者鉴定机构有明确意见的，参照其意见确定。第三，如果护理人员是有收入的，按照误工费赔偿的规定计算护理费的具体数额。第四，护理人员没有收入或者雇佣护工的，参照当地护工从事同等级别护理的劳务报酬标准计算。第五，如何计算护理期限，具体办法是：一是一般原则，到受害人恢复生活自理能力时为止。二是受害人造成残疾不能恢复生活自理能力的，确定护理期限，但是最长不超过 20 年。第六，受害人定残后的护理，根据其护理依赖程度并结合残疾用具的使用情况确定护理级别，确定护理费用。

（4）交通费赔偿

对于救治人身损害需要支出交通费的，应当赔偿交通费损失。这种赔偿是赔偿受害人因人身损害而支出的实际财产损失。2020 年《人身损害赔偿司法解释》第 9 条规定："交通费根据受害人及其必要的陪护人员因就医或者转院治疗实际发生的费用计算。交通费应当以正式票据为凭；有关凭据应当与就医地点、时间、人数、次数相符合。"

按照本条规定，交通费的赔偿费用计算方法和标准是：第一，交通费赔偿的是受害人、护理人员就医、转院治疗所实际发生的交通费用。救治人身损害需要支出交通费的，一是在救治人身损害的当时，送到医院时的交通费用，二是在转院治疗或者到外地治疗时支出的交通费。对没有就近治疗，但选择的医院是合理的、必要的，其交通费也应当赔偿。交通费赔偿的范围，一是受害人的交通费，二是参加救护的人的交通费，再就是需要护理的人的交通费。第二，判断交通费赔偿的标准，以正式票据为准，且与就医地点、时间、人数、次数相符。对于不合理的支出不应当赔偿，但确定的标准不宜过于严苛，对于属于合理的部分应当予以赔偿。

（5）住院伙食补助费

受害人遭受人身损害需要住院的，在住院期间支出一定的伙食补助费，是必须的。2020 年《人身损害赔偿司法解释》第 10 条规定："住院伙食补助费可以参照当地国家机关一般工作人员的出差伙食补助标准予以确定。""受害人确有必要到外地治疗，因客观原因不能住院，受害人本人及其陪护人员实际发生的住宿费和伙食费，其合理部分应予赔偿。"

本条规定的住院伙食补助费赔偿标准和计算方法是：第一，一般原则，是参照国家机关一般工作人员出差伙食补助标准确定。这样的标准是基本可行的。如果受害人的伤势严重，根据医疗单位的意见，可以适当高于这个标准计算赔偿数额。第二，到外地治疗，不能住院的，受害人本人及其陪护人员实际发生的住宿费、伙食费，合理部分应当赔偿。关于住宿费赔偿，是对受害人在治疗期间需要住宿，以及护理人员需要住宿，实际支出的住宿费的赔偿。这里不仅是对需要去外地治疗的要赔偿住宿费，就是在本地治疗的，确实需要住宿的，也应当赔偿。

（6）营养费赔偿

2020年《人身损害赔偿司法解释》第11条规定："营养费根据受害人伤残情况参照医疗机构的意见确定。"按照本条规定，营养费的赔偿标准和计算方法是：根据伤残情况和医疗机构意见确定。一般说来，凡是受害人的伤势较重的，都应当赔偿适当的营养费。医疗单位认为或者根据实际情况判断有必要补充营养的，可以按照适当的标准确定。

2. 精神损害抚慰金赔偿

受害人请求精神损害赔偿的，依照《民法典》第1183条第1款规定，侵害人身权益造成严重精神损害的，应当支持受害人的请求。精神损害抚慰金的请求权，不得让与或者继承。但赔偿义务人已经以书面方式承诺给予金钱赔偿，或者赔偿权利人已经向人民法院起诉的除外。

3. 对劳动能力丧失的赔偿

（1）劳动能力丧失损害赔偿的理论根据

侵害健康权行为造成受害人劳动能力减少或丧失的后果，加害人应当承担赔偿损失的义务。

1）劳动能力损失赔偿的不同理论依据

在历史上，劳动能力损害赔偿的理论根据有两种。

一是所得丧失说。这种理论认为，损害赔偿制度的目的，在于填补被害人实际所生损害，故被害人纵然丧失或减少劳动能力，但如未发生实际损害，或受伤前与受伤后之收入并无差异，自不得请求加害人赔偿。所得丧失说于计算损害赔偿额时，系以被受伤前收入与受伤后之收入差额为损害额，故又称"差额说"。这种理论的局限是，如是无业者，于受伤前因无现实收入，故因加害人的侵权行为以致残废，而丧失或减少劳动能力，亦不得请求加害人赔偿。但失业者现虽无职业，但如不是伤害，则将来并非无觅得职业的机会。未成年人现虽无谋生能力，但不得谓其将来亦无谋生能力。因此，这种理论仅以被害人现实收入之有无，作为得否请求赔偿之标准，显不合理。① 在俄罗斯，对劳动能力的损害赔偿，原则上采取所得丧失说理论，赔偿数额以收入的差额为标准。为了避免这种理论的缺陷，又对未满15岁自然人丧失劳动能力按照当地普通工人的平均工资金额确定赔偿数额。② 在日本，民法对此没有明文规定，从前的学说及判例采所得丧失说，现今学说及多数判例改为采用劳动能力丧失说。③

　　二是劳动能力丧失说。这种理论认为，被害人因身体或健康受损害，以至丧失或减少劳动能力本身，即为损害，并不限于实际所得之损失。劳动能力虽无如一般财物之交换价格，但透过雇佣或劳动契约方式，事实上有劳动力之买卖，工资乃其对价。故劳动能力实为一种能力资本，依个人能力，而有一定程度之收益行情，故丧失或减少劳动能力本身即为损害，至于个人实际所得额，不过为评价劳动能力损害程度之资料而已。依此说，则被害人为未成年人、失业者、主妇等，而丧失或减少劳动能力，亦得评定其损害，而请求加害人赔偿。④ 在英美法系，采劳动能力丧失说。我国台湾地区的司法实务也采同一理论，例如其判解认为：身体或健康受侵害，而减少劳动能力者，其减少及残存劳动能力之价值，不能以现有之收入为准，盖现有收入每因特殊因素之存在而与实际所余劳动能力不能相符，现有收入高者，一旦丧失其职位，未必能自他处获得同一待遇，故所谓

---

① 曾隆兴：《现代损害赔偿法论》，台北，泽华彩色印刷事业有限公司1988年版，第196－197页。
② 《苏俄民法典》第465条、第466条、第467条。
③ 曾隆兴：《现代损害赔偿法论》，台北，泽华彩色印刷事业有限公司1988年版，第196－197页。
④ 曾隆兴：《现代损害赔偿法论》，台北，泽华彩色印刷事业有限公司1988年版，第196－197页。

减少及残存劳动能力之价值，应以其能力在通常情形下可能取得之收入为标准。[1] 被害人因身体健康被侵害而丧失劳动能力所受之损害，其金额应就被害人受侵害前之身体健康状态、教育程度、专门技能、社会经验等方面酌定之，不能以一时一地之工作收入为准。[2] 这些意见肯定劳动能力丧失说的正确性和实用性，对所得丧失说给予了批评。

2）大陆采取的立场

首先，大陆对劳动能力丧失损害赔偿的早期立场，是生活来源丧失说。在没有实施 2003 年《人身损害赔偿司法解释》之前，并未采用所得丧失说，因为《民法通则》第 119 条和《最高人民法院关于贯彻执行〈中华人民共和国民法通则〉若干问题的意见（试行）》第 146 条都没有说明采用这种理论和做法。其次，是不是在贯彻《民法通则》的司法解释中规定了"丧失劳动能力"的提法，就可以认为采取的是劳动能力丧失说，也是否定的，因为尽管司法解释规定了"丧失全部或部分劳动能力"的字眼，但是，赔偿的标准并不是丧失的劳动能力，而是生活补助费，因而，我国对劳动能力丧失的赔偿，所采理论并不是劳动能力丧失说。

我国立法和司法对劳动能力丧失损害赔偿所采理论依据，是与上述两种理论不同的第三种学说，即"生活来源丧失说"。首先，按照我国立法和司法实务，对残废者劳动能力丧失赔偿所依据的，并不是伤害前后劳动收入之间的差额，因而与所得丧失说没有密切的关系；其次，确定受害人劳动能力的赔偿，基本上不考虑受害人受害之前的体能、技能、教育状态等劳动能力的构成因素，并因此而确定所丧失劳动能力的价值指标，这样，也和劳动能力丧失说所依据的标准没有任何关系。从我国的立法和司法实务看，受害人因残废而丧失全部或部分劳动能力，所造成的损害后果是受害人因此减少或丧失生活来源，所要赔偿的，正是受害人因此而减少或丧失的生活费。正因为如此，立法和司法实务才确定这种损害赔偿的内容，只是生活补助费，且"一般应补足到不低于当地居民基本生活费的标准"。

---

[1] 我国台湾地区 1972 年台上字 1987 号判例。

[2] 我国台湾地区 1974 年台上字 1394 号判例。

将我国这种生活来源丧失与所得丧失、劳动能力丧失两种理论相比，最大的优点：一是标准明确、极易掌握，只要按照当地居民平均生活费的标准赔偿即可。二是对于加害人的利益保护周到，因为当地平均生活费标准一般都低于个人的工资收入和其他收入，只赔偿生活补助费比赔偿丧失的劳动收入或丧失的劳动能力的价值显然低得多。伴随其优点而来的就是其缺点。其最明显的缺点，就是不利于保护受害人的合法权利，没有救济受害人的全部损失，使受害人在受到侵害、丧失劳动能力以后，不能依靠赔偿的生活补助费度日，再无其他应当有的可以进行其他必要活动的经济能力。这对于受害人来说，无疑是不妥当的。另外，它还表现在对加害人予以法律制裁的不力，这是因为赋予其承担的责任低于其造成的损失；对社会的教育、预防作用不够明显，这是对这一民事违法活动制裁不力造成的必然后果。

对我国侵害健康权的劳动能力损害赔偿制度做这样的评价是实事求是的。造成这样的问题，立法者主要考虑的仍然是我国经济落后，自然人因收入低而经济负担能力不够。这样考虑问题当然也是必要的，但却以牺牲受害人的合法利益为代价，在法律价值的取舍上不无问题。另外，中国古代立法中某些侵权制度对此也不无影响。中国古代侵权法中的赎铜入伤杀之家制和断付财产一半养赡受害人的制度，都是对受伤害致残的（如废疾、笃疾）救济方法，这些救济，都只考虑养赡，而不考虑劳动能力的损失。

学界在 2003 年《人身损害赔偿司法解释》之后的立场，对劳动能力丧失的损害赔偿采取有限的所得丧失说。但这个所得丧失说并不是彻底的，而是有限的，即不是对每一个受害人所受到的损失都予以全额赔偿，而是确定一个标准，按照这个固定标准计算每一个人的损失，超出这个损失或者不及这个损失的，都按照这个标准赔偿。2003 年《人身损害赔偿司法解释》采用所得丧失说作为劳动能力损害赔偿的基础，并将造成劳动能力损害的赔偿生活补助费的做法，改为残疾赔偿金赔偿。这是一个重要改变，是有利于受害人保护的做法，同时也对制裁违法行为具有更好的惩戒作用。

尽管《民法典》没有明确规定劳动能力丧失赔偿的具体规则，但是在条文的立法精神上采纳了最高人民法院上述司法解释的立场，即规定造成残疾的赔偿残疾赔偿金。

4. 丧失劳动能力的损害赔偿范围

（1）赔偿范围

丧失劳动能力的损害赔偿范围，各国立法一般规定三项：一是丧失或减少劳动能力的损失；二是增加生活上需要的费用；三是精神抚慰金。

1）残疾赔偿金

按照 2020 年《人身损害赔偿司法解释》第 12 条的规定，丧失劳动能力的赔偿范围是：残疾赔偿金根据受害人丧失劳动能力程度或者伤残等级，按照受诉法院所在地上一年度城镇居民人均可支配收入标准，自定残之日起按 20 年计算。但 60 周岁以上的，年龄每增加一岁减少一年；75 周岁以上的，按 5 年计算。受害人因伤致残但实际收入没有减少，或者伤残等级较轻但造成职业妨害严重影响其劳动就业的，可以对残疾赔偿金作相应调整。

2）残疾辅助器具费

按照 2020 年《人身损害赔偿司法解释》第 13 条规定，残疾辅助器具费的赔偿，按照普通适用器具的合理费用标准计算。伤情有特殊需要的，可以参照辅助器具配制机构的意见确定相应的合理费用标准。辅助器具的更换周期和赔偿期限参照配制机构的意见确定。

3）被扶养人生活费

《民法典》第 1179 条没有规定被扶养人生活费赔偿项目，2020 年《人身损害赔偿司法解释》第 16 条规定，被扶养人生活费计入残疾赔偿金或者死亡赔偿金。具体计算方法是第 17 条规定的，即被扶养人生活费根据扶养人丧失劳动能力程度，按照受诉法院所在地上一年度城镇居民人均消费性支出标准计算。被扶养人为未成年人的，计算至 18 周岁；被扶养人无劳动能力又无其他生活来源的，计算 20 年。但 60 周岁以上的，年龄每增加一岁减少 1 年；75 周岁以上的，按 5 年计算。被扶养人是指受害人依法应当承担扶养义务的未成年人或者丧失劳动能力又无其他生活来源的成年近亲属。被扶养人还有其他扶养人的，赔偿义务人只赔偿受害人依法应当负担的部分。被扶养人有数人的，年赔偿总额累计不超过上一年度城镇居民人均消费性支出额。

（2）赔偿方法

各国对劳动能力丧失的赔偿方法由法律规定，通常规定两种方法：一种是给付定期金；另一种是一次给付赔偿总额；以给付金钱定期金为主要方法，以一次给付赔偿总额为特殊方法。

按照 2020 年《人身损害赔偿司法解释》的规定，我国对劳动能力的损害赔偿也采用这两种方法，不过是以一次性赔偿为主，可以采用定期金赔偿。

适用定期金赔偿时，应当着重注意以下两个问题。

1）定期金赔偿与一次性赔偿总额这两种方法并不互相排斥，可以根据具体案情确定适用哪一种方法。在一般情况下，适用定期金方法，比较有利。对受害人和加害人都有好处，可以按照受害人的实际寿命进行赔偿。适用一次性给付方法，可以尽早消灭赔偿法律关系，有利于维护正常的生活和民事流转秩序，不利的是需加害人一次性支付大量金钱。只规定适用一种方法而排斥另一种方法的适用，是不正确的。

2）适用定期金的方法赔偿，应当由加害人提供适当的担保；否则，会造成很大的赔偿风险。赔偿义务人应以何种方式，并在何种金额范围内提供担保，应视情形确定。

第十二章
人身自由权、性自主权和婚姻自主权

第一节　人身自由权

一、人身自由权的客体：人身自由

《民法典》第1011条规定了对人身自由权中的行动自由的保护，即"以非法拘禁等方式剥夺、限制他人的行动自由，或者非法搜查他人身体的，受害人有权依法请求行为人承担民事责任"；第109条和第990条第2款等也规定了人身自由权。人身自由权的客体是人身自由。

（一）自由的发展历史

对自由和自由权这两个概念，学理往往不加区分，认为自由本身就是一种权利。其实，自由和自由权是有区别的。

自由，源于拉丁语libertas，原意是从被束缚中解放出来。在英美法两部重要的法律辞典中，《牛津法律大辞典》将自由解释为："即不受约束、控制或限

制"，"国家或团体应当把每一个理智健全的人当做自由人，让其能按照自己的利益进行思维和行动，按自己的方式发展自身的能力，行使和享受作为这种发展之条件的其他各项权利"①。《布莱克法律辞典》则解释为：自由是"免于外来的控制，免于所有除由法律正当施加以外的约束"，"是免于任意专断的约束，而非对由团体共同利益施加的合理规章和禁令的免除"②。从这些定义来看，自由的本义是不受限制、不受约束的状态。

在历史上，使用自由这一概念确有不同的含义，在大多数场合，自由讲的是一种权利。在罗马法，一个自然人要作为权利主体，必须具备人格（caput），即后世民法上的权利能力。作为这种人格即权利能力的基本要素，就是自由。《法学阶梯》对自由的定义是："做一切想做之事的自然权利，以受法律禁止或强力阻碍为限。"③ 没有自由就没有人格，奴隶没有自由，因而被认为是物，不具有法律上的人格。罗马法上的自由，实质上是指一种自然的权利。

在反对封建专制的斗争中，资产阶级启蒙思想家提出了自由是天赋的不可剥夺的权利，在资产阶级革命胜利后，第一次把自由确立在资产阶级国家的立法中。法国1789年《人权宣言》庄严宣告："人们生来是而且始终是自由、平等的。"

俄罗斯1991年11月22日《人和自然人的权利和自由宣言》开宗明义，"确认人的权利和自由及其人格和尊严是社会和国家的最高价值"，在第1条和第2条规定："人的权利和自由生而有之"，"人和自然人的权利和自由，只能在必须维护宪法制度，民主社会其他人的道德、健康，合法权益的情况下由法律加以限制。"

在历史上，在这些不同的时期使用的自由一词，有的是指自由的状态，有的是指自由的权利。在当代，自由是权利，作为一种自然人的基本权利，其客体就是自由。自由不是自由权本身。

---

① 《牛津法律大辞典》，北京，光明日报出版社1988年版，第555页。
② *Black's Law Dictionary*，West Publishing Co. 1979 Fifth Edition. p. 827.
③ ［意］彼得罗·彭梵得：《罗马法教科书》，黄风译，北京，中国政法大学出版社1992年版，第31－32页。

（二）自由的概念

自由作为严格的法律概念，是指在法律规定的范围内，自然人按照自己的意志和利益行动和思维，不受约束、不受控制、不受妨碍的状态。正像英美法学者对自由所诠释的那样："只要不违反任何法律禁令，不侵犯其他人的合法权利，那么，任何人可以说想说的任何话，做所想做的任何事。"①

自由具有以下特征。

1. 自由是一种人的状态

自由本身不是权利，而是自由权的客体。自由为自然人所享有，是自然人思维、行动不受约束、不受限制、不受妨碍的状态。这种状态使自然人免于外来的控制，免于任意专断的拘束，而由人依照自己的意志和利益作出决定，支配自己的行动和思维。

2. 自由体现国家的意志

自由是人的思维、行动不受约束、限制、妨碍的状态；这是一个方面；另一方面，人的自由的状态受到国家法律的调整，国家按照统治阶级的意志规范自由的内容。因而，超越法律的自由是不存在的，违反法律的自由也是不允许的。

3. 自由总是要受到一定限制

在社会生活中，每个自然人的自由都必须以社会的利益和他人的自由为前提。只有当他的行动和思维与他人的类似的自由和社会公共利益相协调的时候，个人的自由才能存在。因此，自由总是受到一定的约束和限制，以保障他人的自由和社会公共利益。

4. 自由以法律为保障

没有法律保障的自由，是不可能实现的。任何组织或者个人都不得侵犯自然人的自由。任何人的思维、行动不受约束、限制或妨碍的状态在受到破坏的时候，法律都依法予以保护，救济人身自由受到的损害。

（三）人身自由

人身自由是自由的主要表现形式之一，是指人的身体和思维不受约束、不受

---

① 《牛津法律大辞典》，北京，光明日报出版社1988年版，第554页。

控制和不受限制的状态，包括行动自由和思维自由。

有学者认为，人身自由中不能包含精神活动自由即思维自由，只包括身体自由即行动自由。这个思想影响了《民法典》的立法，形成的后果就是《民法典》第 1003 条和第 1011 条，前者规定"行动自由"包含在身体权的内容中，后者规定"以非法拘禁等方式剥夺、限制他人的行动自由"，构成侵害身体权中的行动自由。其理由是，精神自由权是个人按照自己的意志和利益，在法律规定的范围内自主思维的权利，是个人自由支配自己内在思维活动的权利。其本质上就是思想自由，确定人身自由包括精神自由，将不当扩大人身自由权的内涵，混淆宪法所规定的公民基本权利与民事权利的界限，且精神活动自由很难界定特定的侵害对象。①

这种意见的不当之处在于：一方面将精神自由权界定为个人按照自己的意志和利益，在法律规定的范围内自主思维的权利，另一方面又将精神自由权的范围无限扩大，认为思维自由本质上就是思想自由，将思维和思想混为一谈，形成了对思维自由的错误理解。可以说，思维自由的本质是思想自由，是一个正确的命题，但是，思想自由却不等同于思维自由，因为思维自由就是思想自由的一部分，而思维自由却不等同于思想自由，所以，思想自由就是思维自由是一个错误的命题。可见，这些都不是将思维自由排除在人身自由范围的充分理由，不能动摇人身自由包括身体自由和思维自由的结论。

人格权法研究的自由，是人身自由，而不是一般的自由。一般的自由极为广泛，包括宗教自由、表达自由、结社自由等。而人身自由就是指自然人的行动自由和思维自由，不包括那些其他自由。认为人身自由包括身体行动的自由和自主决定的自由，是自然人自主参加社会各项活动、参加各项社会关系、行使其他人身权和财产权的基本保障，是自然人行使其他一些权利的前提和基础②，不能说不对，但是，这并不是对人身自由权的解读，而是对作为一般人格利益的人格自

---

① 王利明：《人格权法研究》，北京，中国人民大学出版社 2018 年第 3 版，第 353 - 355 页。

② 李适时主编：《中华人民共和国民法总则释义》，北京，法律出版社 2017 年版，第 337 页；黄薇主编：《中华人民共和国民法典总则编释义》，北京，法律出版社 2020 年版，第 280 页。

由的解读。

作为人身自由权客体的人身自由，与人格自由有严格的区别。人格自由是抽象的权利，内容是保持人格的自由和发展人格的自由，并非具体的自由权利。而人身自由是具体人格权，是使自己的行动和思维不受干扰、不受限制、不受控制的权利。[①]

二、人身自由权

(一) 人身自由权的概念

1. 人身自由权是自由权的主要部分

对于自由权的概念，没有一个一致的定义。英美法对自由权的定义以《布莱克法律辞典》为代表，为遵从个人的自由选择，指导个人外在行为不受他人约束、强迫、控制的意志的权利。[②] 学者认为，自由权者，谓人就其活动，不受不当之拘束或妨碍之权利也。[③] 或者认为，人身自由权是指自然人的人身免受非法限制、强制、拘禁、干涉或妨碍等限制的权利，以一定的人身活动为客体。[④]

自由权是指自然人在法律规定的范围内，按照自己的意志和利益进行行动和思维，不受约束、控制或妨碍的权利，包括两种：一是政治自由权，由国家宪法加以规定，属于国家法的范畴，主要由刑法、行政法予以保障，诸如言论自由、出版自由、结社自由、集会游行示威自由、宗教信仰自由等；二是民事自由权，由国家宪法作出原则规定，由民法作具体规定，属于民法的范畴，并主要以民法予以保障，诸如婚姻自由、契约自由、人身自由（包括行动自由和精神自由）等。西方民商法将自由权划分为公法上的自由权和私法上的自由权，与上述划分

---

① 对于人格自由与人身自由的关系问题，本书在下一节进行专题论述。

② *Black's Law Dictionary*, West Publishing Co. 1979 Fifth Edition, p. 827.

③ 何孝元：《损害赔偿之研究》，台北，"商务印书馆" 1982 年版，第 139 页；龙显铭：《私法上人格权之保护》，上海，中华书局 1948 年版，第 77 页；曾隆兴：《现代损害赔偿法论》，台北，泽华彩色印刷有限公司 1988 年版，第 272 页。

④ 王利明：《人格权法研究》，北京，中国人民大学出版社 2018 年第 3 版，第 342 页。

相比较并无原则差异。私法上自由权的主要部分，是人身自由权。

2. 人身自由权概念的定义

对人身自由权的概念，有人认为，我国学者将人身自由界定为身体活动（包括肉体和精神）的自由。与此相联系，一些民法学者在论及侵害人身自由权时，都将妨害公民精神自由的行为纳入侵害人身自由权行为的范畴。例如有的学者将妨害他人意思决定自由、精神安宁以及其他等侵害他人的精神自由权的行为也视为侵害人身自由权的表现。[1] 有的学者认为，人身自由权是指自然人的人身免受非法限制、拘束、干涉或妨碍，可以在法定范围内依据自己的意志自由活动的权利。[2] 有的学者认为："人身自由权即指公民享有自由活动，不受他人的支配和控制的权利。"[3] 有的学者将人身自由权理解为身体自由权，认为身体自由权是指身体行动和身体动作的自由。[4]

本书认为，人身自由权是指自然人在法律规定的范围内，按照自己的意志和利益行动和思维，不受约束、控制或妨碍的具体人格权。

（二）人身自由权的性质

1. 对人身自由权性质的不同意见

人身自由权究竟属于何种性质的权利，在《民法典》颁布实施之前，有以下不同见解。

（1）政治权利说。有人认为在我国，自由权是国家法的概念，是自然人的政治权利，并非民事权利，不能由侵权法来调整。其依据是，我国自然人享有的人身自由权，是由宪法予以规定的，其保障的任务，盖由刑法、行政法承担；《民法通则》作为国家民事立法的总纲，在"人身权"一节中没有对人身自由权加以规定，因而，很难说人身自由权是自然人的民事权利，保障人身自由权的任务也不应由民法承担。

（2）一般人格权说。有的学者将人身自由列入一般人格权中，认其为一般人

---

[1]　吴萍、江向琳：《论人身自由权的私法保护》，《江西行政学院学报》2003 年第 4 期。
[2]　王利明：《人格权法研究》，北京，中国人民大学出版社 2005 年版，第 386 页。
[3]　张敏：《论人身自由权与安全权》，《法制与社会》2009 年第 8 月号。
[4]　马俊驹：《人格与人格权理论讲稿》，北京，法律出版社 2009 年版，第 267 页。

格权。它不是泛指主体的行为自由和意志自由，也不包括财产自由和契约自由。作为特定的人格利益，人身自由的内容包括各项权利，所以它不是地位而是一种集合性的权利。① 另一种意见认为，人身自由权的基本含义是指公民有人身自主权，有举止行动的自由权，有保护自己身体免受非法侵害，不受他人支配或控制的权利。公民人身自由权的体系应包括名誉权、隐私权、迁徙自由权、出入境自由和获得保留国籍权、住宅不受侵犯、通信自由和秘密、生活方式选择权等。② 这种意见并不是将人身自由权当作一个具体权利，而是将其作为一个弹性权利对待，与将人身自由权作为一般人格权的主张相似。

（3）具体人格权说。认为自由权是一种具体人格权，是与名誉权、身体权等并列的具体人格权。③ 这种观点是各国民事立法的通例，也是民法学者的通说。《德国民法典》《瑞士民法典》均采此立法例，学说也均认之。

在《民法典》颁布实施之后，对人身自由权的性质有以下不同见解。

（1）人身自由是一般人格权的渊源。认为人身自由，包括身体行动的自由和自主决定的自由，是自然人自主参加社会各项活动、参与各种社会关系、行使其他人身权和财产权的基本保障，是自然人行使其他一切权利的前提和基础。④ 或者认为，人身自由是指自然人在法律规定的范围内享有人身不受侵犯和自主行为的自由。广义的人身自由包括自然人的人身自由不受侵犯、自然人的住宅不受侵犯、通信自由和通信秘密受法律保护、享有婚姻自主权利等；狭义的人身自由又称为身体自由，指自然人行动自由，人身自由不受非法限制，身体不受非法搜查，不受非法逮捕、拘禁。⑤ 人身自由不仅包括人身自由权，还包括精神的自由、个人依法享有自主决定的权利。从这个意义上说，人身自由在性质上又属于一般人格权的范畴。⑥

---

① 王利明主编：《人格权法新论》，长春，吉林人民出版社1994年版，第176-177页。
② 何力：《完善公民人身自由权保障机制的构想》，《求实》2004年第6期。
③ 王利明：《人格权法研究》，北京，中国人民大学出版社2005年版，第386页。
④ 黄薇主编：《中华人民共和国民法典人格权编释义》，北京，法律出版社2020年版，第15-16页。
⑤ 最高人民法院民法典贯彻实施工作领导小组主编：《中华人民共和国民法典理解与适用·人格权编》，北京，人民法院出版社2020年版，第25页。
⑥ 王利明、程啸：《中国民法典释评·人格权编》，北京，中国人民大学出版社2020年版，第32页。

（2）人身自由不是一般人格权产生的渊源。人身自由不能够作为一般人格权产生的渊源。本条第 2 款规定一般人格权产生的渊源是人身自由是值得商榷的，因为人身自由是一个独立的主观权利，是一个像生命权、身体权和健康权一样的具体人格权，作为一种独立的主观权利、具体人格权，人身自由无法成为另一个独立主观权利及一般人格权的渊源。①

应当看到，《民法通则》没有规定人身自由权，"大约在立法者看来自由为自然人当然具有的权利，无须特别规定"②。《侵权责任法》第 2 条第 2 款也没有明文规定人身自由权，对此再用"无须特别规定"来解释显然不具有说服力。

《民法典》在四个条文中规定了人身自由，却没有给人身自由概念下定义。这四个条文，一是，第 109 条规定："自然人的人身自由、人格尊严受法律保护。"二是，第 990 条第 2 款规定："除前款规定的人格权外，自然人享有基于人身自由、人格尊严产生的其他人格权益。"三是，第 1003 条规定："自然人享有身体权。自然人的身体完整和行动自由受法律保护。"四是，第 1011 条规定："以非法拘禁等方式剥夺、限制他人的行动自由，或者非法搜查他人身体的，受害人有权依法请求行为人承担民事责任。"这些对人身自由的规定，有的是指人格自由，有的是指行动自由，并不是同一概念。

2. 否认人身自由权为民事权利的不当

否认人身自由权为民事权利，将其认为是政治权利的意见是不正确的。其理由如下。

第一，从国外立法传统看，自然人的民事自由权作为人格权的基本组成部分，民法都予以规定。早在罗马法时期，"作为权利能力骨干的，首先是自由权"③，罗马法将自由权作为自然人最基本的民事权利加以规定。但是，古代法中的自由权不是平等的自由权，而是不平等的人格的反映。直到近代，随着思想

---

① 陈甦、谢鸿飞：《民法典评注·人格权编》，北京，中国法制出版社 2020 年版，第 15 - 16 页。
② 梁慧星：《中国民法经济法诸问题》，北京，法律出版社 1991 年版，第 74 页。
③ 《中国大百科全书·法学》，北京，中国大百科全书出版社 1984 年版，第 399 页。

启蒙运动和资产阶级民主革命的发展，自由观念才开始逐渐地深入人心，法律开始承认自由权。《法国民法典》虽未明文规定自由权，但该法第 8 条关于"一切法国人均享有民事权利"的规定，包含自然人享有作为民事基本权利之一的自由权。《德国民法典》将生命、身体、健康、自由作为自然人的四大生活利益，在第 823 条第 1 款规定，侵害自由权者，构成民事侵权行为。《瑞士民法典》第 27 条第 2 款规定："任何人不得让与其自由。对其自由的限制不得损害法律及善良习惯。"《日本民法典》第 710 条规定："不问是侵害他人身体、自由或名誉情形，还是侵害他人财产权情形，依前条规定应负赔偿责任者，对财产以外的损害，亦应赔偿。"从以上这些规定可以看出，各国民法将自由权作为自然人的基本民事权利之一，都在民法中加以规定，并以侵权民事责任的形式作为法律的保障。自由权作为自然人的基本民事权利之一，并无疑议。

第二，从我国近代立法传统上看，自由权亦规定为自然人的基本民事权利之一。中国古代立法刑民合一，刑法是律典的主体内容，民法规范掺杂其中，没有自由权的基本概念。在中国的近代立法中，自由权已经有了明确的概念，并规定在民法草案和民法典当中。清朝末年，沈家本主持起草《大清民律草案》，第 50 条规定："自由不得抛弃。""不得违背公共秩序或善良风俗而限制自由。"第 960 条规定："害他人之身体、自由或名誉者，被害人于不属财产之损害，亦得请求赔偿相当之金额。"1925 年制定并经民国司法部通令各级法院作为条理适用的《中华民国民律草案》第 17 条规定："凡人不得抛弃其自由或至违反法律或有伤风化之程度而自行限制其自由。"关于自由权侵害救济的内容，与《大清民律草案》第 960 条的内容基本相同。民国政府正式制定民法，在总则编和债法编分别规定了第 17 条和第 195 条："自由不得抛弃。自由之限制，以不背于公共秩序或善良风俗者为限。""不法侵害他人之身体、健康、名誉或自由者，被害人虽非财产上之损害，亦得请求赔偿相当之金额。"可见，中国近现代民事立法不但把自由权作为自然人的基本民事权利之一加以规定，而且规定得相当完备。这里规定的自由，就是人身自由。

第三，我国《民法典》之前的立法并未否定自由权为自然人的民事权利。原

《民法通则》没有明文规定自由权为自然人的民事权利，但是，不等于我国自然人不享有该项民事权利。《宪法》在赋予自然人以人身自由权的同时规定："中华人民共和国公民在行使自由和权利的时候，不得损害国家的、社会的、集体的利益和其他公民的合法的自由和权利。"这些规定，完整地概括了自然人民事权利中的人身自由权，为保护自然人的人身自由权提供了最高效力的宪法原则。2001年最高人民法院《精神损害赔偿司法解释》确认了人身自由权。《民法典》也明文规定了人身自由的民事权利属性。

3. 认为人身自由权是一般人格权也有不当

作为民事权利的自由权是指人身自由权，在《民法典》之前，可以以《消费者权益保护法》《国家赔偿法》的相关规定作为依据。受到有些学者主张的影响，《民法典》将人身自由作为一般人格权予以规定，超出了人身自由权的具体内容，规定的是人格自由这个一般人格权的基本内容，未免失之过宽。

在一般意义上说的自然人的自由权，并非包括所有民事自由。民法作为人格权保护的自由权，是自然人的人身自由权，包括自然人的行动自由权和思维自由权。因而，人身自由权是具体人格权，而不是一般人格权，是具体的权利，而不是抽象性的权利。因此，将人身自由权作为一般人格权或者作为一般人格权的渊源，显然是不正确的。

4. 人身自由权是具体人格权

人身自由权作为我国自然人的具体人格权之一。《消费者权益保护法》和《国家赔偿法》规定的人身自由权，以及《精神损害赔偿司法解释》规定的人身自由权，都是具体人格权，而不是一般人格权，对于保护人身自由权有重要意义。《民法典》尽管对人身自由的属性认识有所不当，但是其第1011条所规定的，正是人身自由作为具体人格权的保护方法，不能认为《民法典》将人身自由规定在一般人格权的范畴中，而对人身自由权的具体人格权性质发生怀疑甚至予以否定。

（三）人身自由权的具体内容

人身自由权的具体内容，包括自然人的行动自由权和思维自由权。《民法典》

第 1011 条规定所保护的，是人身自由权中的行动自由权。

1. 行动自由权

行动自由权也称作身体自由权、运动自由权，是指自然人按照自己的意志和利益，在法律规定的范围内，自由支配自己外在身体行动的权利，是人身自由权的主要内容。2010 年《国家赔偿法》第 33 条规定："侵犯自然人人身自由的，每日赔偿金按照国家上年度职工日平均工资计算。"这里所说的人身自由是指行动自由权。《民法典》第 1011 条规定的以非法拘禁等方式剥夺、限制他人的行动自由的行为，侵害的就是人身自由权中的行动自由权。

行动自由权包含的是自然人自由支配自己外在身体运动的权利，非法限制或剥夺自然人的具体自由，构成侵权行为。如下文所提案例，是法人以非法强制治疗的方法，限制受害人的行动自由。这是因为，行动自由为自然人的人身自由中最重要的权利内容，一经被非法剥夺和限制，即侵害了他人的行动自由，应负侵权责任。案情是，淮南矿务局第三矿工医院医生张某莉在工作中经常发表一些与人见解不同的意见，该院领导认为其精神不正常，依据精神病院个别医生出具为精神分裂症的"门诊印象"和"初步诊断"，经研究决定不允许张某莉上班工作。张某莉坚持恢复上班工作，该院下发文件，认定张不具备自主行为能力，并为其指定监护人。张某莉不服，该院在未经本人及其家属同意的情况下，派人强行将张用汽车送到淮南市精神病医院，强制住院治疗 38 天。医院的结论为："病员自住本院一月余，未发现明显精神症状，故未给予抗精神病药物治疗。"[①] 在这一案件中，被告的行为侵害了原告的名誉权、隐私权，但是最重要的，是侵害了原告的行动自由权。被告数次给原告强行进行精神病检查，认定其为无自主行为能力人并为其指定监护人，最后又将其送入精神病医院强行接受精神病治疗达 30 余天，是对原告行动自由权的严重侵害。

俄罗斯《人和自然人的权利和自由宣言》第 8 条规定："每一个人有自由和人身不可侵犯的权利。""非经本人自愿同意，对任何人不得进行医疗、科学和其他试验。"

---

① 该案报道请见 1988 年 5 月 28 日《安徽法制报》。

2. 思维自由权

思维自由权也称为精神自由权。在现代社会，自然人按照自己的意志和利益从事正当的思维活动，观察社会现象，是进行正确的民事活动的前提，法律应当予以保障。因而，思维自由权是自然人按照自己的意志和利益，在法律规定的范围内自主思维的权利，是自然人自由支配自己内在思维活动的权利。非法限制、妨碍自然人的精神自由，为侵权行为。例如，浙江省仙居县杨某兴的父母收到一封电报，是从黑龙江省呼兰县发来的，电报称，杨某兴之兄被汽车撞成重伤，正在呼兰县医院抢救。其父母得悉后，立即从浙江乘车辗转赶到呼兰县，见杨的哥哥安然无恙，并没有被车撞伤，原来是杨某兴之兄的同事谢某因与其口角，以此诈欺方法愚弄杨的父母，进行报复。① 在该案中，杨之父母对杨某兴之兄在呼兰县的生活、工作均认为正常，无任何担忧之事。谢某虚构事实，使其陷入其子身负重伤的错误思维之中，不仅损失财产，对其精神也造成巨大痛苦，其思维自由权受到了侵害。

对此，最高人民法院《关于贯彻执行〈中华人民共和国民法通则〉若干问题的意见（试行）》第149条规定："盗用、假冒他人名义，以函、电等方式进行欺骗或者愚弄他人，并使其财产、名誉受到损害的，侵权人应当承担民事责任。"这一司法解释所述情形，正是以诈欺方法侵害他人意志自由权的责任，只是该司法解释在立法思想上将其作为侵害名誉权对待，实质上指的是侵害人的思维自由权。何孝元指出：诈欺者，乃故意以使人陷于错误为目的之行为也。诈欺之成立，须诈欺人有虚构事实之行为。诈欺乃故意侵害观念纯正之行为。因此，只需有使被诈欺人陷于错误之故意、胁迫者，乃故意以不当之目的或手段，预告祸害，使人心生恐怖之行为也。各国立法对于诈欺胁迫，虽无明文规定为侵权行为，然通说则承认之，认为诈欺胁迫均系侵害自由权，盖其所侵害者，乃被害人之精神的自由故也。② 可见，确认这种行为侵害思维自由权，是有充分根据的。③

---

① 该案案情见《人民日报》1990年10月23日第5版。
② 何孝元：《损害赔偿之研究》，台北，"商务印书馆"1982年版，第141页。
③ 可惜的是，《民通意见》第149条在被废止时，其价值没有得到重视，该条文没有被保留下来。

三、侵害人身自由权的行为

（一）侵害行动自由权的行为

《民法典》第 1011 条关于"以非法拘禁等方式剥夺、限制他人的行动自由，或者非法搜查他人身体的，受害人有权依法请求行为人承担民事责任"的规定中，前一种属于侵害行动自由的行为，后一种非法搜查他人身体属于侵害身体权的行为，不属于侵害行动自由。

1. 非法拘禁、限制自然人身体

自然人的行动自由不受限制。非法拘禁、限制自然人的人身，使其失去行动自由，为侵权行为。

2. 非法妨害自然人行动

利用自然人自身的羞耻、恐怖观念，妨害其行动，也为侵害行动自由权的违法行为。学者认为，夺去入浴妇女的衣服，使其无法行动，构成侵害自由权。[1] 向债务人索债而将债务人扣为人质，错误地实施自助行为限制他人人身的[2]，都是非法妨害行动自由的侵权行为。

3. 非法进行强制医疗

未经本人或者其近亲属同意，采取强制治疗手段，限制他人人身，例如强制进行精神病治疗，强制进行其他限制人身自由的医疗措施，都是侵害行动自由的侵权行为。

4. 妨害公路通行

自然人对公路的一般使用，是行动自由的范围，不法加以妨害，是对行动自由的侵害，为侵权行为。对于私家路有相邻权、地役权等通行权人，妨害其通行者，也构成侵害自由权的违法行为。[3] 日本判例认为："公路之共同使用权，虽

---

① 何孝元：《损害赔偿之研究》，台北，"商务印书馆"1982 年版，第 140 页。
② 王利明：《人格权法研究》，北京，中国人民大学出版社 2005 年版，第 403 页。
③ 郑隆兴：《现代损害赔偿法论》，台北，华泽彩色印刷公司 1988 年版，第 273 页。

由于公法上之关系而发生，然为各国人生活上所必须，且为行使各种权利之重要手段，各个人当然有之，则在私法上亦当然加以保护，故妨害他人之共同使用时，非仅系妨害关于公用物之公益，且因侵害他人之自由，而成立民法上之侵权行为。"①

5. 侵害通信自由

通信是自然人传达意思的手段，属自然人身体自由即行动自由的范畴，"侵害书信或通讯之秘密，系侵害自由权"②。

（二）侵害思维自由权的行为

1. 欺诈、胁迫

欺诈是故意以使他人陷入错误为目的的行为；胁迫是故意以不当的目的和手段预告凶险而使人产生恐怖的行为。萨克逊民法认欺诈为侵权行为，法国民法、瑞士民法以至普通法和德国现行法，均认欺诈为侵权行为。欺诈和胁迫，均妨碍、干涉、限制自然人正当的思维，使其陷入错误的观念，应为侵害自由权的违法行为。

2. 虚伪报告及恶意推荐

在一般情况下，对于因劝告、通知、介绍等所发生损害，不能认为是侵害自由权的违法行为。但是，如果故意使人陷入错误而进行虚伪报告或恶意推荐者，是对思维自由权的侵害，为违法行为。

四、保护人身自由权的人格权请求权

人身自由权受到侵害或者妨碍，或者存在人身自由权被侵害的危险，以及侵害人身自由权造成名誉毁损的，权利人有权依照《民法典》第 995 条的规定，行使人格权请求权，救济自己受到侵害的人身自由权。

---

① 龙显铭：《私法上人格权之保护》，上海，中华书局 1948 年版，第 86 页。
② 龙显铭：《私法上人格权之保护》，上海，中华书局 1948 年版，第 78 页。

人身自由权受到侵害的，其侵害行为无论是刚刚开始还是仍在继续，受害人都有权请求行为人停止侵害，使自己的人身自由权免受行为人行为的侵害。

人身自由权受到妨碍的，该妨碍行为已经开始正在继续的，受到妨碍的权利人有权主张行使排除妨碍请求权，请求行为人停止实施妨碍行为，清除妨碍人身自由的物品或者措施。

人身自由权存在被侵害危险的，受害人有权行使消除危险请求权，请求行为人消除危险，使自己的人身自由权不受危险威胁。

人身自由权受到侵害造成权利人名誉毁损的，受害人有权行使消除影响、恢复名誉请求权，保护自己人身自由权的完满状态。

对于自然人遭受行为人的上述侵害，主张赔礼道歉请求权的，应当予以支持。

五、保护人身自由权的侵权请求权

(一) 侵害人身自由权的责任构成要件

认定侵害自由权的侵权责任，适用《民法典》第 1165 条第 1 款规定的过错责任原则，须具备以下要件方产生侵权请求权。

1. 侵害人身自由权的损害事实

侵害人身自由权的损害事实，表现为行为侵害自然人人身自由权包括身体自由权和思维自由权所造成的客观表现和损害结果。

损害事实的客观表现，是自然人按照自己意志和利益进行行动和思维状态的改变。人身自由，是自然人的行动和思维不受约束、不受限制的状态。当侵权行为作用于受害人，使受害人的行动、思维的不受拘束或限制的状态受到非法改变的时候，就使自然人保持自己身体和精神的自由状态的权利受到了侵害。例如，当他人通过他的行为的力量，使自然人的身体遭受非法限制、控制、拘禁而不能自由行动，就改变了自然人身体不受拘束、不受妨碍的状态，形成了侵害行动自由权的客观事实。又如，通过他人行为的力量，使自然人的思维和观念受到强制，去想非由他自己的意志所决定去想的事情，亦改变了他的思维不受干涉和强制的状态，亦属侵害思维自由权的客观事实。侵权责任构成的客观事由，必须在现实中具体地表现出来。行动自由的改变，要表现在时间上的延续和空间上的变化。即使是主观上的思维自由的改变，也必须有思维状况改变的外在表现形式。

损害事实的损害结果，是受害人人身自由所包含的精神利益和财产利益的损害。侵害人身自由权的行为改变受害人的行动自由状态和精神自由状态，其损害的结果是损害受害人的合法利益。人身自由权是人格权中的骨干权利，包含自然人的精神利益和财产利益。非法改变自然人的自由状态，导致的最终结果必然是自然人精神利益的损害，造成精神上的痛苦和创伤，不能按照自己的意志去做想做的事和去说想说的话。同时，其也会使自然人丧失相关的财产利益，造成财产的损失，例如因为被非法拘禁而丧失的工资收入。这种精神利益和财产利益的损失，是侵权损害事实的结果。

2. 侵害人身自由权的违法行为

侵害人身自由权的行为须具有违法性。这种行为的违法须以违背现行法律关于保护人身自由权的规定为标准，即以行为的不法为必要。

依据我国现行立法，侵害人身自由权的不法行为，须违反法律所规定的关于对自然人人身自由权的保护的规定。

侵害人身自由权的行为可否由不作为构成，我国台湾学者采肯定主张，认为"自由权，不独依作为亦得依不作为侵害之。例如对于在坑底矿工不将其引出矿坑"①，构成对自由权的侵害。这种意见可以借鉴。

3. 侵害人身自由权的因果关系

构成侵害人身自由权的因果关系，是违法行为与人身自由权受到损害之间的引起与被引起的关系。侵害人身自由权的损害事实与违法行为之间，构成一个完整的链条结构，即行为作用于受害人的人身自由权，使其自主的行动、思维状态受到改变，引起行动自由或者思维自由受到侵害，造成精神利益或者财产利益损

---

① 史尚宽：《债法总论》，台北，荣泰印书馆1978年版，第143页。

失的后果，就满足违法行为与损害事实之间因果关系这一要件。

侵害人身自由权的因果关系，在一般情况下为直接因果关系，行为实施以后，受害人的人身自由状态即发生改变，然而也不排除个别间接因果关系也可以构成侵权。因此，在考察侵害人身自由权因果关系的时候，也可以适用相当因果关系的理论，不能局限于传统的"必然因果关系"理论，致使对侵害人身自由权因果关系的判断发生失误。

4. 侵害人身自由权的过错

确定侵害人身自由权行为的侵权责任，适用《民法典》第 1165 条第 1 款规定的过错责任原则。因此，侵害人身自由权的行为人必须在主观上有归责性的意思状态，即须具备过错要件，侵权责任才能构成。

对于故意构成侵害人身自由权的主观归责要件，是没有疑问的。行为人故意限制、干涉、妨碍他人人身自由，构成侵权行为。行为人故意内容中的希望或者放任人身自由权损害的事实发生，既可以是希望或放任自由状态改变的事实，也可以是希望或放任受害人利益损失的最终结果，当然，也可以是二者同时兼备。

侵害人身自由权责任可由过失构成。侵害人身自由权的过失是对保护他人自由权义务的违反。人身自由权是自然人的绝对权、对世权，任何人对他人的人身自由权都有不得侵害的义务。即使在自然人行使自己依法享有的自由和权利的时候，也不得损害其他自然人的人身自由权。过失侵害他人人身自由权，行为人在主观上不会有希望或者放任侵权后果发生的意思状态，但因其疏于注意不履行或未能履行保护他人人身自由权的义务，而造成侵害他人人身自由权损害后果的，即为过失。

（二）侵害人身自由权的抗辩事由

对抗侵害人身自由权侵权责任构成的抗辩事由主要包括以下几种。

1. 限制自然人人身自由的行为系依法进行

依法限制自然人的人身自由，为正当行为，不构成侵权责任。以下行为为依法限制人身自由：国家机关依法限制或剥夺自然人人身自由，如依法逮捕、拘留等；自然人依法自动维护公共利益和公共秩序的行为，如制止犯罪，扭送人犯；因执行职务而强制他人非按他自己的意志而行动，如在重大疫情期间禁止出行，灾害事故中强制他人离开灾区，因爆破而临时禁止在公路上通行等。

2. 正当防卫

当公共利益、他人或本人的人身或其他利益受到不法侵害时，对非法侵害人以限制人身自由的方法进行防卫，为合法行为。

3. 紧急避险

紧急避险的危险来源，既可能来自自然力，也可能来自人的行为。如果采取临时限制或控制他人的自由的方法就可以避免危险，为合法行为。

4. 自助行为

当权利人为保护自己的权利，在情事紧急而又不能及时请求国家予以救助的情况下，对他人的自由加以适当限制，不构成侵害自由权。这种限制自由须适当，超出适当范围，即为侵权。如对在餐馆用餐后不付款而欲逃走的客人，餐馆有权适当拘束其身体自由，依照《民法典》第1177条规定进行自力救济。

（三）侵害人身自由权的损害赔偿责任

人身自由权受到侵害的民法救济方法，是依照《民法典》的规定确定侵害人身自由权的行为人以承担侵权责任的方法，为人身自由权受到侵害的受害人恢复人身自由，并赔偿其受到的损害。对于非法拘禁、限制人身自由的，可以依照《民法典》第1182条和《国家赔偿法》的规定，确定财产损失的赔偿责任，以及以胁迫、欺诈方法侵害自然人思维自由权造成的精神利益损害，依照《民法典》第1183条第1款规定，承担精神损害赔偿责任。

在下述情况亦适用财产救济方法：第一，因欺诈或胁迫而对于被害人取得债权者，被害人得要求加害人废止该债权，以回复被害人损害发生前之原状。第二，表意人因欺诈或胁迫而为一定之给付，如无欺诈或胁迫之情事，即不至于为此意思表示者，加害人应回复表意人为意思表示前之财产状态，赔偿受害人信赖利益的损失。第三，表意人无欺诈或胁迫之情事亦将为意思表示，唯不至于不利之情形时为之者，表意人得不撤销其意思表示，而请求无欺诈或胁迫时所为之意思之实现，若有损害，并得请求赔偿。① 这些财产利益损失的赔偿和恢复原状的办法可以借鉴。

第二节　人格自由与人身自由的区别及价值

《民法典》第 990 条第 2 款规定："除前款规定的人格权外，自然人享有基于人身自由、人格尊严产生的其他人格权益。"该条文作为一般人格权的规范内容，奠定了人格权编的立法基调，凸显了《民法典》的人文主义立法理念，是重大的立法进步。不过，该条款将权利性质属于具体人格权的人身自由放置在一般人格权的规范内容中，有失妥当。一般人格权包含的"自由"指的是人格自由，而非人身自由，二者是不同的法律概念，对此作出区分，在理论上和实践上都具有重要意义。

一、人格自由与人身自由的区别

自由权者，谓人之活动，不受不当干涉、拘束或妨碍之权利也。② 作为自由分支的人格自由与人身自由是不同的法律概念。

人格自由，是私法上的抽象自由，是经过高度概括、高度抽象的人格不受约束、不受控制的状态。③ 换言之，人格自由是私法上抽象的自由权利。更重要的是，人格自由是权利主体自主参加社会活动、享有权利、行使权利的基本前提和基础。

人身自由则是建立在人格自由基础上的具体人格权，与人格自由的性质迥然不同，是私法上的、支配人的行为与意志的具体自由权。尽管人身自由也是不受

---

① 何孝元：《损害赔偿之研究》，台北，"商务印书馆"1982 年版，第 143 页。
② 曾隆兴：《现代损害赔偿法论》，台北，泽华彩色印刷事业有限公司 1996 年第 7 版，第 272 页。
③ 杨立新、尹艳：《一般人格权及其民法保护》，《河北法学》1995 年第 2 期。

约束、不受控制的状态，但是已经具体化为支配行动的自由和思维的自由，成为具体的自由权利。

进一步细分，人格自由与人身自由的差异集中在七个方面，分别是权利性质、权利主体、权利客体、权利内容、权利限制、权利实现方式以及丧失权利的法律后果。

（一）权利性质不同

人格自由始终是以高度抽象的、概括性的权利形态存在，其性质是一般人格权的内容，与自我决定权、公开权共同构成抽象人格权的体系。基于人格自由的抽象性、概括性，可以囊括不被人身自由所包含的人格自由法益。

不同于人格自由，人身自由的性质是具体人格权。最初，人身自由权作为公权利而存在，即《宪法》第37条第1款规定的"中华人民共和国公民的人身自由不受侵犯"。2001年最高人民法院《精神损害赔偿司法解释》第1条第1款规定："自然人因下列人格权利遭受非法侵害，向人民法院起诉请求赔偿精神损害的，人民法院应当依法予以受理：……（三）人格尊严权、人身自由权。"由此，人身自由权首次实现了从公权利到私权利的转变。在此基础上，《民法典》第109条规定："自然人的人身自由、人格尊严受法律保护。"人身自由权的私权利属性最终得到民法的确认。因此，在民法领域，人身自由权的内容更为具体，权利属性为具体人格权。

（二）权利主体不同

一般人格权与具体人格权相比较，最直接的特征是主体具有普遍性。申言之，人格自由为所有的民事主体享有，不论是自然人、法人或者非法人组织均享有人格自由。而具体人格权有的是自然人、法人、非法人组织共同享有，有的则仅由自然人享有，也有的是仅法人、非法人组织享有。人身自由作为具体人格权，只有自然人才享有这一人格权。

即使自然人都享有人格自由与人身自由，权利主体的普遍性也有所不同。也就是说，任何组织或者个人都享有人格自由，但是，并非任何人都享有人身自由。譬如，被判处自由刑的自然人仍享有人格自由，但是，其人身自由的行动自由却受到严格限制，甚至被剥夺；换言之，自然人可以被依法剥夺或者限制人身自由，但是，却不能剥夺或者限制其人格自由。

（三）权利客体不同

与一般人格权、具体人格权相对应，人格自由与人身自由的权利客体也不相同。人格自由的权利客体是一般性人格自由法益，具有高度的抽象性和概括性。一般性人格自由法益较为特殊：一方面，一般性人格自由法益不能转化为具体的人格自由法益；另一方面，具体的人格自由法益都可以概括在一般性人格自由法益之中。也就是说，人格自由无法成为具体的人身自由，人身自由却可以为人格自由所概括。

人身自由的权利客体是具体人格利益，也就是基于人身自由所享有的具体人格利益，表现为行动和思维的不受控制、强制的状态。故如女明星与电影公司订立裸体摄影之契约，于摄影中，公司职员竟将女明星之衣服取走，以强制契约之履行者，仍属对自由权之侵害。① 这两种人身自由是构成自然人人格的精神性要素，具有相对独立性。将其通过民事权利予以保护时，就构成人身自由权。人身自由权是为了保护人身自由构成要素的完整性而设立。

（四）权利内容不同

《法学阶梯》第 9 编提到："自由是一种自然权利：每个人可以做自己想做的事情，除非受到法律或其他强力的禁止。"② 尽管人格自由与人身自由都关乎"每个人可以做自己想做的事情"，但是二者的具体内容却不同。

《德国基本法》第 2 条第 1 款规定："只要未侵犯他人的权利，未抵触宪法规定以及未违背善良风俗，那么任何人都有权使其人格自由地形成和发展。"据此，人格自由的内容具有广泛性，包括保持人格的自由与发展人格的自由。正如学者所言，人格权权利人的自由是另外一种自由，它是按照人的本性发展与丰富其人格的自由。③

---

① 孙森焱：《民法债编总论》，台北，文太印刷企业有限公司 1997 年版，第 169 页。
② ［意］桑德罗·斯奇巴尼选编：《人法》，黄风译，北京，中国政法大学出版社 1995 年版，第 36 - 37 页。
③ 杨立新、刘召成：《抽象人格权与人格权体系之构建》，《法学研究》2011 年第 1 期。

其中，对于自然人而言，保持人格的自由主要指的是保持做人的自由。如若任何人试图将他人变为财产，物化其人格属性，则是侵害保持人格的自由。发展人格自由主要指的是让自己发展成为更好的人的自由。如若禁止他人接受教育、禁止他人参与医疗，是干预了权利主体发展人格的自由。对于非自然人的其他民事主体而言，保持人格与发展人格的自由主要指的是不受他人干涉，自主成立、自主经营、自主发展的自由。一旦侵害了人格自由，自然人有权要求精神损害赔偿，法人、非法人组织不能请求精神损害赔偿。

人身自由主要指的是行动自由。侵害行动自由权，大多通过作为的方式进行，如非法强制医疗是侵害行动自由的特殊表现形式。侵害人身自由也可以通过不作为的方式进行，如对于在坑底工作之矿工，不将其引出矿坑。[①]

人身自由还包括思维自由。我国台湾地区的民事判决提道，"惟查所谓侵害他人之自由，并不以剥夺他人之行动或限制其行动自由为限，以强暴、胁迫之方法，影响他人之意思决定，或对其身心加以威胁，使生危害，亦包括在内"[②]。其中，胁迫是典型的侵犯自然人思维自由的行为。正如学者所言，因胁迫而使他人变更意思之决定者，为意思决定之自由权之侵害。[③] 除此之外，欺诈也是侵犯思维自由的表现形式之一，也需要承担侵权责任。

有学者认为，不得单纯以意志自由受侵害而请求精神痛苦之损害赔偿，理由是，如果按照单纯的意志自由受侵害就可以请求损害赔偿，任何加害行为均可以造成被侵害人得请求精神损害赔偿之结果。[④] 因而，只有意志自由与其他人格权同时受到侵害时，才有可能请求精神损害赔偿。如果单纯从人身自由角度来看，也就是说，只有同时侵害身体自由与意志自由时才可以请求精神损害赔偿。比如，违反他人意思而拘禁之。[⑤] 再如，行为人于凌晨三点持枪于理发厅准备绑架

---

① 史尚宽：《债法总论》，台北，荣泰印书馆1978年版，第143页。
② 台湾地区1992年台上字第2462号判决。
③ 史尚宽：《债法总论》，北京，中国政法大学出版社2000年版，第148-149页。
④ 詹森林：《自由权之侵害与非财产上之损害赔偿——"最高法院"八十一年台上字二四六二号民事判决之研究（下）》，《万国法律》第70期（1993年8月）。
⑤ 陈聪富：《侵权行为法原理》，台北，元照出版社2018年第2版，第72页。

女理发师，经报警警察及时赶到未能得逞时，被害人亦得以身体自由被侵害而请求慰抚金。① 与此相反，《阿根廷民法典》第 1087 条规定："如侵权行为针对个人自由，则赔偿仅应为受害人至完全恢复自由之日止所未能获取的收入总额。"据此，行动自由与思维自由同时受到侵害时，不得要求精神损害赔偿。这些意见是不正确的，不应当采用这样的见解。

（五）权利限制不同

学者认为，极端自由，反足以侵害他人之自由。② 故人格自由、人身自由权均应受到一定程度的限制，但是，从私法范畴的角度而言，二者受到限制的程度并不相同。

1949 年《德国基本法》第 2 条第 1 款规定："人人有自由发展其人格之权利，但以不侵害他人之权利、不违反宪政秩序或道德规范者为限。"除此之外，从私法范畴而言，尚不存在充分且正当的理由使人格自由受到限制。即使经过当事人同意的人格自由限制，出于人格自由尊重与保护的需要，也会归于无效。

与人格自由不同的是，人身自由除了行使时不得侵害他人权利，不得违反法律规定及公序良俗外，还会受到两方面的限制。一是，法律规定的自助行为的限制。《民法典》第 1177 条第 1 款规定了自助行为，即"合法权益受到侵害，情况紧迫且不能及时获得国家机关保护，不利己采取措施将使其合法权益受到难以弥补的损害的，受害人可以在保护自己的必要范围内采取扣留侵权人的财物等合理措施"。其中的"等"字，就包含了适当拘束行为人的人身自由。当他人实施自助行为时，侵权人的人身自由受到的限制是合理且正当的。二是，当事人的同意。基于当事人的同意，可以对人身自由进行适当限制。但是，这种限制的方式不得违反法律规定或者公序良俗，而且行为人必须是善意的。③ 有学者还指出，可以针对精神病人采取适当的监禁措施，限制其人身自由，以提高监护人的防范能力和控制能力，避免损害发生。④ 遑论该观点是否适当，不得不承认的是，即

---

① 台湾地区 1992 年台上字第 2462 号判决。
② 史尚宽：《民法总论》，北京，中国政法大学出版社 2000 年版，第 124 页。
③ 马俊驹：《人格和人格权理论讲稿》，北京，法律出版社 2009 年版，第 270—271 页。
④ 王道发：《私法视角下的人身自由权：限制与保护》，《河南财经政法大学学报》2016 年第 5 期。

使可以对精神病人的人身自由施加限制，也不得以其是精神病人为由而限制其人格自由。因而可以看到，私法意义上的人身自由权比人格自由权受到的限制更多。

（六）权利实现方式不同

有学者指出，民法赋予人以财产权利，从法律上奠定保障人格自由的物质基础；在此基础上，在私法的范围内，通过合同自主地安排自己的社会生活，最大限度地实现人格的自由发展。① 也就是说，人格自由权的实现是通过财产权利以及契约自由的方式得以实现的。

毋庸置疑，人格自由的实现需要与物权、债权等财产性权利联动进行。但是，单独从人格权方面来讲，人格自由实现方式的特性在于积极、主动，尤其是发展人格的自由。对于自然人而言，通过积极开展某些行为，比如接受教育等，使自己变得更好。非自然人的其他民事主体通过积极开展经营、规划前景等，使自己变得更强。可见，通过积极主动发展人格自由，实现人格自由，会带来人格利益的发展，甚至财产利益的增加。不过，自然人的人格自由发展更多体现在精神利益方面，比如综合素质的提高；非自然人的民事主体的人格自由发展更多体现在财产利益层面，比如经济实力的增强。

人身自由则有所不同。一方面，从财产法角度而言，人身自由的实现往往不会与物权、债权等发生直接的联系。另一方面，从人格权法角度而言，人身自由实现的特性在于消极、被动。也就是说，人身自由权一般无须自身积极主动行使，而是要求他人不得侵害。在他人实施了侵害行为时，受害人可以主张人身自由权，获得私法上的救济。比如，明知为无罪之人，而捏造事实向警察或司法机关告诉告发，以致被害人遭受冤狱者，除成立侵害名誉权外，并构成侵害自由权。② 可见，在人身自由权的实现过程中，很难增加人格利益或者经济利益，却可以保持人格利益不被削减。

---

① 李新天、孙聪聪：《人格伦理价值的民法保护——以体系化视角界定人格权的内涵》，《法商研究》2014 年第 4 期。

② 曾隆兴：《现代损害赔偿法论》，台北，泽华彩色印刷事业有限公司 1996 年第 7 版，第 272 页。

（七）丧失权利的法律后果不同

古罗马法上的人格获得须具备三个条件：一为人的生存，二为自由的身份，三为市民的身份。① 其中，自由权是作为自由人所必须具备的基本权利。故享有自由权的是自由人，不享有自由权的是奴隶。② 只有自由民才享有在法定限度内按照自己的意愿处置其人身和行动的自由权。③

但是，人格并不是一直保持不变的。《论萨宾》第 2 编就提到人格减等，即"人格减等有三种：最大减等、中减等、最小减等。因此，它们涉及我们拥有的三种权利：自由权、市民权、家庭权。当我们丧失所有这三项权利，即自由权、市民权和家庭权时，出现最大人格减等；当我们丧失市民权但仍保留着自由权时，是中人格减等；当我们保留着自由权和市民权，只是家庭权发生了变化时，那就是最小人格减等。"④ 简言之，罗马市民一旦丧失自由权，就会出现最大的人格减等，不再称之为"人"。比如市民就可能因为被家长、债权人、官厅等卖往外国为奴而丧失自由权。⑤ 进而，丧失自由权的自然人也就不再享有处置其人身和行动的自由权。

从这个意义上观察，自然人如果丧失人格自由，将使其不能再被称之为人，而是物化为他人的财产，例如奴隶。与此同时，他也就不再享有人身自由。但是，自然人如果丧失人身自由，并不必然丧失人格自由。正如罗马法所言，自由人在行为受到阻碍或被人拘束的时候，其具体自由权受到了限制，但仍享有人格自由，不丧失自由人的身份。因而，他仍可依其自由的人格而寻求司法保护，救济其具体自由权的损害。如果丧失人格自由，则只能沦为他人的财产，成为物的具体形式。⑥

随着时代的发展，可以看到，人格自由呈现不断扩张的趋势，从罗马法时代

---

① ［意］彼得罗·彭梵得：《罗马法教科书》，黄风译，北京，中国政法大学出版社 1992 年版，第 29 页。

② 周枏：《罗马法原论》（上册），北京，商务印书馆 1994 年版，第 98 页。

③ 杨立新、朱呈义：《动物法律人格之否定——兼论动物之法律"物格"》，《法学研究》2004 年第 5 期。

④ ［意］桑德罗·斯奇巴尼选编：《人法》，黄风译，北京，中国政法大学出版社 1995 年版，第 63 页。

⑤ 周枏：《罗马法原论》（上册），北京，商务印书馆 1994 年版，第 102 页。

⑥ 杨立新：《具体侵权行为的法律界定暨实例评析》，长春，吉林人民出版社 1999 年版，第 24 页。

的自由民扩张至自然人，又从自然人扩张至法人、非法人组织。是否拥有人格自由不再是人与人之间的区分标准，而是成为人与物的区分标准。物受人支配，不享有自由；人不受支配，享有人格自由。人格自由真正成了近现代国家的重要标识。民法典一般都规定，人格自由不得抛弃。比如，《瑞士民法典》第 27 条规定："1. 任何人不得全部或部分放弃其权利能力和行为能力。2. 任何人不得转让其自由，也不得以违反法律或道德的方式阻碍他人行使自由。"① 《阿尔及利亚民法典》第 46 条规定："任何人不得放弃其个人自由。"② 除此之外，我国近现代民法也都规定了人格自由不得抛弃。比如，《大清民律草案》第 50 条规定："自由不得抛弃。不得违背公共秩序或善良风俗而限制自由。"③ 《中华民国民律草案》第 17 条规定："凡人不得抛弃其自由或至违反法律或有伤风化之程度而自行限制其自由。"④ 立法理由还特别指出，"查民律草案第 50 条理由谓法治国尊重人格，均许人享受法律中之自由权，人若抛弃其自由，则人格受缺损。又背乎公共秩序或善良风俗而限制自由，则有害于公益。故设本条，以防强者迫弱者抛弃其自由，或限制自由之弊也。"⑤

　　通过上述人格自由不得抛弃的规定，可以看到，人格自由不存在主动丧失的法律依据。根据《世界人权宣言》第 4 条关于"任何人不得使为奴隶或奴役；一切形式的奴隶制度和奴隶买卖，均应予以禁止"的规定，人格自由也不存在被动丧失的法律依据。因此，在近现代国家，人格自由已然不会丧失，但是，人身自由还有可能会丧失。不过，自然人如果丧失人身自由，却仍然享有人的资格，仍然是民事主体，有权通过司法救济重新恢复人身自由；即使犯罪人被限制人身自由，其人格自由也仍然存在。

　　因此，不论是罗马法时代还是近现代，都可以看到，人身自由建立在人格自

---

① 《瑞士民法典》，于海涌、赵希璇译，北京，法律出版社 2016 年版，第 14 页。

② 《阿尔及利亚民法典》，徐国栋主编、尹田译，北京，中国法制出版社、香港，金桥文化出版（香港）有限公司 2002 年版，第 13 页。

③ 杨立新主编：《中国百年民法典汇编》，北京，中国法制出版社 2011 年版，第 59 页。

④ 杨立新主编：《中国百年民法典汇编》，北京，中国法制出版社 2011 年版，第 220 页。

⑤ 陈忠五主编：《新学林分科六法——民法》，台北，新学林出版股份有限公司 2018 年版，第 A-22 页。

由的基础之上。丧失人格自由必然丧失人身自由，但是丧失人身自由并不意味着丧失人格自由。唯一的区别在于，古罗马时代人格自由会发生丧失的可能，近现代国家已经不存在人格自由丧失的依据。

总之，人格自由是与人格独立、人格尊严并列的最高层次的抽象化自由；人身自由是与生命权、身体权、健康权并列的下一个层次的类型化的自由。人格自由与人身自由不能也不应相互替代，也不能混淆。唯有各司其职，人格自由才能发挥作为一般人格权的补充、解释及创造功能，人身自由才能发挥作为具体人格权的保护人格要素构成完满的职能。

二、区别人格自由与人身自由的重大意义

区分人格自由与人身自由，并非单纯的学术争辩。相反，这对理论、立法以及司法等均有重大的现实意义。更重要的是，这对自由的确认与保护大有裨益。

（一）有利于对自由的确认与保护

自由之于民法典，犹若灵魂之于生命。没有对于自由的信仰和崇奉，就没有制定民法典的必要和可能。在这种意义上，民法典就是保护和确认自由的法典。[1]人格权编作为《民法典》的分编，更应该充分确认和保护人格权法意义上的自由，而这正是通过人格自由与人身自由的区分得以实现的。

第一，充分确认人格权法意义上的自由。人格自由是抽象人格权中一般人格权的内容，指的是保持人格与发展人格的自由，不仅可以囊括人身自由之外的其他自由，还可以涵摄指引未来创设的自由。如果按照《民法典》只规定人身自由而不规定人格自由的做法，无法为其他人格自由法益寻求到法律上的依据，也就不能充分确认人格权法意义上的自由。因此，必须对人格自由与人身自由作出区分，将人格自由与人身自由安排在合理的位置，以确认自由范围，避免挂一漏万。

第二，充分保护人格权法意义上的自由。通过区分人格自由与人身自由，可以充分保护受害人的自由，即不仅保护人身自由，也保护人身自由以外的其他自

---

① 王轶：《自由——民法典的灵魂》，《求索》2013 年第 1 期。

由，自不待言。更重要的是，在这种区分下，也能避免过度限制行为人的自由，即保护行为人的行动自由。不过，不同于权利与利益、物权与债权之间通过限定主观要件保护行为人自由的方式，人格自由与人身自由主要通过免责事由来达成此项目的。详言之，限制他人的人格自由不存在任何免责事由，但是限制他人的人身自由可以以自助行为或者当事人同意作为抗辩。这样一来，行为人"当为"与"不当为"之间的壁垒分明，其行动自由自然也就得到了保障。

（二）有利于人格权立法的科学严谨

法律概念一般是对社会生活的一种规范，这种规范的权利义务应当明晰。[①]因而，从立法技术的角度来看，概念的清晰性是立法的关键要素。当准确辨别人格自由与人身自由概念的差异时，能够体现立法技术的科学性、严谨性，使立法的用词严谨、恰当、准确，也可以精确表达立法者的主观意图。比如，在使用人身自由的概念时，立法者主要是为了对自然人的行动、思维不受非法侵害提供更为直接有效的保护。在使用人格自由的概念时，立法者不仅是为了容纳现存的人格自由，也是为将来出现的新型人格利益做好预先防护，是对自然人的一般性的人格自由支配提供保护。《民法典》既在第 990 条第 2 款将人身自由规定为抽象的一般人格权，又在第 1011 条中将其规定为具体权利，不仅会造成逻辑上的混乱，使人格权立法失去科学性和严谨性，而且会使立法者的立法意图不能准确体现，甚至被错误解读。

（三）有利于司法实践的准确适用

法律概念制定的本质在于规范其所存在之社会的行为，而不在于描写其所存在之社会。[②]因而，法律概念的明确直接制约法律适用的效果。法律规范准确使用人格自由与人身自由的概念，在司法实践中就能够得到准确适用。《民法典》第 990 条第 2 款不采用人身自由的表述，而是规定为"人格自由"甚至将其删除，就不会与第 1011 条关于行动自由权的规定相冲突，导致错误适用法律规范。应当明确的是，保护基于人格自由和人格尊严产生的其他人格利益，法院应当适

---

① 许中缘：《论法律概念——以民法典体系构成为视角》，《法制与社会发展》2007 年第 2 期。
② 黄茂荣：《法学方法与现代民法》，北京，中国政法大学出版社 2001 年版，第 66－67 页。

用第 990 条第 2 款；保护人身自由不受侵犯，救济以非法拘禁等方式剥夺、限制行动自由，或者非法搜查他人身体的，应当适用第 1011 条。按照《民法典》第 990 条第 2 款和第 1011 条的规定，法官不能保证准确适用法律进行裁判，因为法律规定了两个不一样的人身自由权。

（四）有利于民法理论的丰实圆满

概念的清晰与明确，体系的严格与严密，是现代理论科学发展的大趋势。① 通过明晰人格自由与人身自由的区别，不仅有助于在概念上对两个易混淆的法律术语进行廓清，还有助于人格权体系的圆满自洽，从而在整体上推进人格权理论的丰实圆满。

1. 概念的廓清

在语词系统不发达、人们对客观事物尚不能全面认识并予以抽象的时候，立法经常采用的是详细列举的方式。② 比如澳门地区《澳门民法典》第 72 条规定自由权，其中第二项与第三项列举的是人格自由，第四、五、六项列举的是人身自由。③ 然而，社会生活丰富多彩，人格自由与人身自由的内容也将不断发展，包括但不限于上述规范中所表达出的内容。因而，必须对人格自由与人身自由的内涵与外延作出明确的界定。也就是说，必须准确界定人格自由与人身自由的概念。为此，最简单直接的方式便是对二者作出细致的区分；在此基础上，推进二者内容的不断丰富，即人格自由是对除人身自由外其他自由内容的扩充，同时也

---

① 许中缘：《论法律概念——以民法典体系构成为视角》，《法制与社会发展》2007 年第 2 期。

② 许中缘：《论法律概念——以民法典体系构成为视角》，《法制与社会发展》2007 年第 2 期。

③ 《澳门民法典》第 72 条规定："一、任何人均享有自由权。二、任何人不得使为奴隶或被役使，即使经其同意亦然。三、任何人均有权受保护，以免受鼓吹国家、种族、民族或宗教仇恨之宣传或主张所损害，又或受鼓吹其他形式之不法歧视之主张所损害。四、不得仅因任何人未履行合同义务，或者未能履行合同义务，而将之拘留或拘禁。五、不得以武力强迫任何人亲身作出某一行为，即使该人有义务作出该行为以及因不作出该行为而须受制裁；但另有特别规定者除外。六、受期间不确定之合同约束而须亲身履行义务之人或受劳动合同约束之工作者，得随时自行单方终止合同，但须因应具体情况作适当之提前通知或按照特别法规定作提前通知。七、未经本人同意不得以任何方法调查其人格，或对之采用旨在使其失去意识或表达意思自由之其他方法。八、被违法剥夺自由之人有权就所受之损害获得赔偿。九、对自由权仅得在自愿之情况下予以短期限制，此期间系视乎导致作出该限制之原因而定。"赵秉志编：《澳门民法典》，北京，中国人民大学出版社 1999 年版，第 31 页。

包含和指导人身自由，人身自由是具体化的自由形式。

2. 体系的圆满

只有概念清晰与明确，体系才能合理与严密。[①] 因而，在人格自由与人身自由概念作出明确区分的基础上，才能实现人格权体系上的圆满自洽。一方面，人格自由与人身自由的内部逻辑联系得以确立，即人身自由建立在人格自由的基础上。皮之不存，毛将焉附。如果没有人格自由，人身自由也丧失了存在的基础。另一方面，人格自由与人身自由的外部逻辑结构也更为清晰，即人格自由、人身自由分别对应抽象人格权、具体人格权。将抽象的人格自由与具体的人身自由混淆在一起，无法划清其界限，民法理论就陷入逻辑的混乱，就失去了丰实圆满的状态。

三、人格自由与人身自由的应然规范与立法及司法对策

（一）人格自由与人身自由的应然与立法现实

诚如上述，人格自由与人身自由具有根本区别，关于二者的区分也具有重大意义。但是，《民法典》第 990 条第 2 款同时规定了人身自由与人格尊严。这与第 109 条同时规定人身自由与人格尊严作为人格权的内容一致。表面上看，似乎可以得出这样一个结论，即第 109 条为第 990 条第 2 款的规定提供了规范性基础。为了与第 109 条保持协调统一，人格权编作为民法典分编之一，也应当同时规定人身自由与人格尊严。

然而，《民法典》第 109 条之所以将人身自由和人格尊严规定在一起，并非因为这两个概念的属性相同，而是因为它们都是《宪法》规定的公民权利即公权利，通过这一规定，将这两个宪法规定的公权利转化为私权利，成为民事权利。[②] 《埃塞俄比亚民法典》也是通过这种方式完成了公权利向私权利的转化，即其第 9 条第 1 款规定："由宪法保障的人格权和自由权为不流通物。"只有实现

---

① 许中缘：《论法律概念——以民法典体系构成为视角》，《法制与社会发展》2007 年第 2 期。
② 杨立新：《人身自由与人格尊严：从公权利到私权利的转变》，《现代法学》2018 年第 3 期。

这种转化，民法的救济才更为合理正当。有鉴于此，可以认为，《民法典》第109条只是对"人身自由"私权利性质的确认，并非对"人身自由"属于一般性人格权的确认。即使第109条将人身自由与人格尊严并列规定，人身自由仍然没有转化为与人格尊严同一层次的人格权，其性质依旧是具体人格权，而不是一般性的、抽象的人格权。

因此，《民法典》第109条并不能真正成为第990条第2款的规范基础，人格权编也就不必囿于第109条规定的局限性，同时规定人身自由与人格尊严。正确的做法是，遵循人格自由与人身自由的权利属性来进行规范设计。

这些理论上的分析和建议，没有被立法机关接受，《民法典》仍然继续坚持草案的规定，没有分清人格自由与人身自由之间的界限，形成了不够理想的立法现实，诚属遗憾。

（二）适用《民法典》关于人身自由规范的积极对策

《民法典》的上述规定既然已经成为现实，在司法实践中就应当采取积极的对策，既不违反法律规定，又符合民法的基本法理。具体办法是：

1. 正确理解《民法典》有关人身自由的规定

如前所述，《民法典》有关人身自由的规定共有四个条文，其内容是：

（1）第109条规定的人身自由权，是具体人格权，是将《宪法》规定的作为公权利的人身自由权转化为私法上的民事权利，即具体人格权，而不是规定人格自由的概念。

（2）第990条第2款规定人身自由，应当理解为不是具体人格权，而是"人格自由"，属于抽象人格权的一般人格权的内容，是抽象的自由，是保持人格、发展人格的权利。

（3）第1003条将"行动自由"规定在身体权的内容之中，不是妥当的做法，行动自由是人身自由权的内容之一，是人身自由权中的保持行动不受非法干涉、干预、限制、强制的具体自由权。

（4）第1011条规定的"以非法拘禁等方式剥夺、限制他人的行动自由"，不是身体权的内容，而是人身自由权的行动自由权，尽管《民法典》没有直接规定人身自由权的具体人格权的概念，但是，第1011条前段规定与第1003条关于"行动自由"的规定结合在一起，应当认为《民法典》规定了完整的人身自由权，特别是第1011条，应当看作是对人身自由权作为具体人格权的法律规范。

2. 对《民法典》关于人身自由规定的正确适用

（1）对第109条规定的人身自由权，应当确认为具体人格权，当确认对人身自由权的侵权行为及责任，需要援引具体人格权的法律条文时，可以直接援引这一条文，作为裁判的法律依据。其中特别重要的是，关于对思维自由权的保护，《民法典》没有明文规定，认定侵害思维自由权的侵权行为及其责任，例如欺诈胁迫、虚伪报告及恶意推荐等，援引本条规定作为法律基础。

（2）在适用一般人格权的规定保护自然人的一般人格利益时，直接援引第990条第2款规定作为法律基础，确认侵害人格尊严的行为，保护自然人的未被法律明确规定的其他人格权益，例如知情权的保护等。对这一条文规定的"人身自由"理解为人格自由就可以，或者认为人身自由在保护其他人格权益中，并无实质的意义。

（3）认定侵害人身自由权的行动自由权的责任，直接适用第1011条，把具体的侵害行动自由的诸种侵权行为纳入"以非法拘禁等方式剥夺、限制他人的行动自由"之中，该条文中的重点在于"剥夺、限制"行动自由，而"非法拘禁"只是关于侵害行动自由权方式的提示性规定，而不是只有非法拘禁一种行为是侵害行动自由的违法行为。

第三节　性自主权

一、性自主权的客体：性利益

（一）性利益的概念

《民法典》没有直接规定性自主权，只是在第1010条规定了性骚扰行为及责任，由于性骚扰行为侵害的权利就是性自主权，因而等于确认性自主权就是具体人格权。

性自主权也称作贞操权①，故贞操权的客体应该是贞操。不过，贞操权的称谓并不准确，有性不平等的嫌疑，因而将其称为性自主权，其客体是性利益。

认贞操为性自主权的客体不妥。从语义学上考察，贞者，释为坚定不移，与贞节连用，为坚定不移的气节；操者，品行，与操守连用，谓之廉洁正直的品行。故贞操是指一个人坚定不移的意志和品行。《辞海》释为：坚贞不移的节操，旧时也指女子不失身或从一而终的操守。

这些释义显然不是法律学对性自主权客体的界定。法律认为贞操者，涉及两性关系，特指与性自主、性纯洁联系在一起的一种人格利益。从这个意义上说，贞操其实就是性利益。

在英美法，贞操是指一种不为非法性交的性的纯洁状态。② 日本法则认为贞操是不贞的对立，也是指自然人性纯洁的状态。这种解释是有道理的，实际上也是对性自主权的客体的界定。

作为性自主权客体的性利益，是权利人就自己的性的方面上所享有的利益。性，被弗洛伊德定义为，指由异性的身体（尤其是性的器官）所得到的快感和满足；就狭义的概念而言，是指性器官的接触和性的动作的完成。③ 因此，性利益具有三位一体的内涵，即生理因素、心理因素和法律因素。就生理因素而言，性利益是指自然人的性自由，即权利人对自己的性利益自主支配，任何人不能以暴力、胁迫或其他手段违背其意志实施性行为；就心理因素而言，性利益是权利主体因其保有性自由，通过性交往对象的选择，而获得内心快乐的体验和享受；就法律因素而言，性自由的支配须在法律范围内进行，超越法律范围的性行为为不法性行为。

---

　　① 王利明：《人格权法研究》，北京，中国人民大学出版社 2005 年版，第 644 页；段勇、冯鼎臣：《对贞操权应给予民法保护》，《人民司法·案例》2008 年第 12 期。

　　② *Black's Law Dictionary*，West Publishing Co. 1979 Fifth Edition. p. 215.

　　③ 转引自陈运华：《论作为人格权的性权利及其法律限制》，《政治与法律》2008 年第 8 期。

（二）性利益的法律特征

1. 性利益是自然人的性的品行

从一般意义上来说，贞操为道德的范畴，是有关人的道德的概念。人依照社会高尚道德的要求，保持自己的性的纯洁，使其具有良好的道德品行，是贞操的基本内涵。性利益同样具有这样的内涵，在性的道德上，保持自己的性纯洁，具有良好的性品行，就是性利益的含义。

2. 男女享有平等的性利益

保持性的纯洁，具有良好性品行的性利益，是男女都享有的人格利益，是平等的人格利益。以贞操作为性自主权的客体，一般认为仅认女子有贞操，男子无贞操可言，因此贞操权是不平等的权利。用性利益作为性自主权的客体，就不再存在这个问题，无论男女都享有平等的性利益。

3. 性利益包括性的不可侵犯

性利益包括性的不可侵犯，以使权利人保持自己性的纯洁。性利益是一种人格利益，而不是义务。习惯上常认为贞操为义务，并将其强加给一部分人，即女子，认其不贞为堕落，是罪行，而不失身、从一而终为贞女。这种理解既不正确，也不公正。性利益是一种品行、操守，表现为保持性纯洁，排斥他人的非法侵害。

4. 性利益的实质是自然人的性自由

自然人的性的自由，是自然人对于自己的性利益的支配。这种支配就权利人本人而言，在于自己对于性利益的选择和支配，而获得自身的幸福和快乐。权利人为支配自己的性利益而为承诺的，与其发生性关系包括性交和性的其他关系的人，不为对性自主权的侵害。

二、性自主权的基本范畴

（一）性自主权的概念

对于性自主权还是贞操权概念的称谓选择，仁者见仁、智者见智。有人认为，以"性自主权"取代"贞操权"更有利于人们对性权益的认识，也便于对性权益保护的明晰，以自主代替原先意义上的守身，体现了民主与平等的精神，也体现了由义务向权利的转化，有利于彻底摒弃旧时代的性压迫痕迹，完全与新时代人们的观念合拍。[1] 有人则认为，贞操权和性自主权并没有本质的差异，此处所说的贞操权主要也就是指自然人对其性方面的自主决定的权利。但采用性自主和性自由权的概念并不妥当，一方面，与中国传统的道德以及习惯不符；另一方面，采用性自主权容易使人与性自由发生混淆，也有可能使人误以为主张性自主权就是鼓励性解放，从而产生一些不良影响。[2] 本书认为，前一种意见是正确的，后一种意见则属于过分担心，因为性自主权无论如何也不会做出鼓励性解放的错误引导。

对于性自主权概念的界定，有人认为，贞操权是指贞操不受玷污的人格权，即不许他人与自己实施婚外性交的权利。[3] 有人认为，贞操权是指自然人对自己的贞操所享有的自主支配并排斥他人侵害的权利。[4] 有人认为，性自主权就是权利主体享有的以性利益为内容的，自主决定实施与性有关行为的具体人格权。[5] 也有人认为，贞操权是指在法律允许的范围内，自然人依自己的意志支配自己的性行为，并因此获得身心愉悦的权利。[6]

本书认为，性自主权是指自然人保持其性纯洁的良好品行，依照自己的意志支配性利益，不受他人干扰、限制、强制的具体人格权。

（二）性自主权的特征

1. 性自主权的主体是自然人

性自主权是人格权，是自然人作为权利主体具有独立、完整人格所必须具备的权利。无论男子还是女子，作为平等的民事主体，都具有独立、完整的人格，在法律上都平等地享有性自主权。从司法实践来看，男子的性权利，尤其是未成

---

① 李璨：《略论性自主权的立法现状及民法规制》，《法制与经济》2011 年第 1 月号。
② 王利明：《人格权法研究》，北京，中国人民大学出版社 2005 年版，第 676 页。
③ 张俊浩主编：《民法学原理》，北京，中国政法大学出版社 1991 年版，第 157 页。
④ 王利明：《人格权法研究》，北京，中国人民大学出版社 2005 年版，第 646 页。
⑤ 李璨：《略论性自主权的立法现状及民法规制》，《法制与经济》2011 年第 1 月号。
⑥ 马强：《试论贞操权》，《法律科学》2002 年第 5 期。

年男子的性权利同等地受到法律保护，已经为许多国家法律所证明。同样，性自主权作为自然人的具体人格权，为所有的自然人平等享有，不论结婚与否，平日生活态度是否严谨，是否被剥夺政治权利，是否具有民事行为能力等，皆平等地享有性自主权。

2. 性自主权是以性的人格要素为内容的具体人格权

现代的人格权都是以人作为民事主体构成其人格的特定要素，即以确认主体资格在法律上的抽象反映为标志。确认该种内容能否成为独立的法定权利，关键在于它所抽象的特定内容能否完全由其他权利所替代。对性自主权而言，侵害性自主权，可能会造成受害权利人身体、健康、自由、名誉等方面的损害，可以通过救济侵害身体权、健康权、自由权、名誉权的方法进行救济，但是，它们毕竟不能概括性利益所抽象的性的特定内容。性自主权的核心内容——性，不可能简单地为身体利益、健康利益、自由利益、名誉利益所涵盖，因而，性自主权以此与其他所有的人格权相区别，为一种独立的以人的性利益为特定内容的具体人格权。

3. 性自主权以自然人的性利益为客体

性自主权虽然是以自然人的性的人格要素为特定内容的权利，但是，并非所有有关性的利益均为性自主权的客体，而只有保持或维持性纯洁的操守和品行，支配自己的性利益，才是性自主权的客体。对性器官的侵害，如不以损毁性的纯洁为主观意图，虽也以性为内容，但因不是以性纯洁为对象的侵害，只能是对身体权、健康权的侵害，而不是侵害性自主权。例如交通肇事造成受害人身体伤害导致性功能障碍，是侵害健康权而不是侵害性自主权。

4. 性自主权以自然人的性所体现的利益为具体内容

对性的利益应作广义理解，不应仅局限于性交的内容，而是包括有关性的实体利益和精神利益。实体利益体现为保持自己性器官不被他人非法接触，保持自己不为违背自己意志的性交行为。精神利益则表现为人的以自己的性纯洁为内容的精神满足感，以及社会和他人对权利人性纯洁的某种评价。因而，性自主权与名誉权不同之处就在于，性自主权的内容以实体利益和精神利益的复合形式构成，以实体利益为主导，以性的纯洁和权利人内心感受为基本方面，而名誉权的内容主要是精神利益，体现在社会对特定自然人的评价。

5. 性自主权是权利人享有适度自由的人格权

性自主权是关于性的权利，权利人可以在法律允许的范围内，依自己的意愿行使。权利人可以与异性亲吻、拥抱以及实施其他性行为，也可以在自己的意志支配下与异性同居。但是，性自主权的自由依法受到适当限制，即这种自由仅局限于自己的性利益之上，要受到法律、道德的约束，不得违反公共利益和善良风俗，尤其已婚男女之间还要互负忠实义务。

（三）性自主权的性质

将性自主权界定为具体人格权之一种，并非学界的统一见解。各国立法确认性自主权为独立人格权的，其实为数不多，只有《德国民法典》等作出规定。在学说上，也有肯定说和否定说两种不同主张。

1. 肯定说

认为性自主权为一种独立的人格权，性自主权乃以"保全人之性的品格"利益为内容之权利。妇女将性的贞洁视为其一种生命，有时妇女认为与其性的贞洁受污，毋宁死亡，显见性利益为极重要之观念，故不能不认为性自主权系妇女人格权之一种。妇女之性的贞洁与其名誉虽多有密切联系，然其范围究非皆同，故有时以名誉权侵害为根据，仍不能使贞操受蹂躏而生的损害得到充分的赔偿，因此，性自主权应视为非名誉权之一种，而系独立之法益。[1]

在肯定说中，由于对权利主体性别认识不同而分为两派，部分学者认为性自主权为女子的人格权，部分学者认为性自主权为男女都享有的人格权。

2. 否定说

认为对性自主权之侵害实质上是侵害一种或几种其他权利。事实上不存在独立的性自主权，或者没有必要设立独立的性自主权。日本有的学者认为，女子之贞操，一方面为身体权，另一方面为名誉权。也有的学者认为，贞操不外是妇女就自己之性的关系所有名誉权之一种；或者贞操之侵害，应包含于身体之侵害之

---

[1]　何孝元：《损害赔偿之研究》，台北，"商务印书馆" 1982 年版，第 162 页。

内，同时亦得成立自由权及名誉权的侵害。有的学者甚至认为，在现代社会，自然人的民事权利无微不至、无处不在。但这绝不意味着，自然人个人或司法机关可以肆意创制新型权利。带有浓重封建气味的"贞操权"，在现代社会是一个不合时宜的法律概念。①

对于性自主权，在学说上尽管有肯定说与否定说的争论，但是，在实务上对性自主权受到损害应予以民法救济则是一致见解。所不同的是，肯定说直接认侵害性自主权为侵权行为，受害人得依法请求损害赔偿。否定说则采类推适用法律关于保护其他人格权的规定，对侵害性自主权予以民事救济。如我国台湾1957年台上字1877号判决认为：强奸妇女，认其侵害妇女贞操，同时侵害身体及名誉，得请求慰抚金；1954年台上字第677号判决，谓蹂躏未满16岁女子之贞操，当可以为不法侵害他人身体及名誉，可请求慰抚金。②

在《民法典》实施之前，我国法院也对性自主权予以保护，但是较少见。例如，史某为13周岁幼女，被罪犯刘某奸淫，致其怀孕、堕胎，支出若干治疗费用等。刘某被法院以奸淫幼女罪判处有期徒刑8年，史某的父亲以受害人的法定代理人身份提起附带民事诉讼，要求刑事被告人对侵害性自主权（当时叫作贞操权）的财产损害和精神损害予以赔偿，法庭没有准许。后史父又向法院民庭起诉，列刘某为民事被告，要求其承担侵害性自主权的民事责任，得到支持。不过，在刑事附带民事诉讼中，最高人民法院司法解释认为不得对刑事被告人附带民事诉讼提起精神损害赔偿，因而对性侵案件，被害人请求附带民事诉讼精神损害赔偿的，通常不能得到支持。

我国立法在对性自主权的问题上存在偏见，典型的表现是《民法典》第1010条规定，既确认性骚扰行为构成侵权后果，又不规定性自主权为独立的人格权。③

3. 权利属性定性

承认性自主权为一种民事权利，虽为通说，但究竟为何种性质的民事权利，

---

① 乔新生：《"贞操权"有违权利法定原则》，《民主与法制》2007年第14期。
② 戴森雄：《民法案例实务》，（第1册），台北，三民书局1981年版，第416－417页。
③ 这些矛盾的见解和立法机关的态度，参见黄薇主编：《中华人民共和国人格权编释义》，北京，法律出版社2020年版，第89页。

认识上不无分歧。大致上有五种主张：一是认性自主权为自由权性质；二是认性自主权为身体权性质；三是认性自主权为名誉权性质；四是认性自主权兼有身体权、名誉权、自由权性质；五是认性自主权为独立的具体人格权。

性自主权应当是一个独立的具体人格权，本书赞成第五种主张。

（四）性自主权的内容

1. 保持权

保持自己的性操守和性品行，是性自主权人的主要权利。性自主权人以真实意思保持自己性的纯洁，不为他人所侵害，保持自己坚贞不移的性品格，保持自己精神上的满足和充实，获取社会或他人对自己的相应评价，从而享受人身安全及其他社会活动自由。因此，任何性自主权人都享有对自己提出善意的、恶意的性器官接触和性交要求的拒绝权，有权拒绝任何试图与自己为性方面行为的请求。对这种权利，任何人都负有不为侵害的义务。

2. 防卫权

权利人的性利益受到侵害时，享有防卫权，有权实施正当防卫和紧急避险。性自主权不同于财产权，一旦遭到侵害，无法"恢复原状"，故当权利人面临非法性侵害时，赋予其防卫权十分必要。防卫性侵害的权利包含正当防卫和紧急避险所准许实施的一切保护措施，以成功地制止侵害、防止受到侵害为适度。

3. 承诺权

性自主权人在对自己的性利益上，受自己意志支配，享有承诺权。权利人与他人进行性方面的接触，原则上依自己的意志而为承诺，经承诺而为性行为者，不为侵害性自主权。承诺权并非人人均可享有，而应以达到一定的识别能力而享有，不满14周岁为无承诺能力，14周岁以上至不满18周岁为有受限制的承诺能力，18周岁以上为有完全承诺能力。不能识别自己行为的成年无民事行为能力人、限制民事行为能力人无承诺能力。

承诺权是一种受限制的权利。其限制来源于三个方面：一是法律的约束，二是公共利益和善良风俗的约束，三是已婚男女互负的忠实义务的约束。前两种约束是社会范围内的约束，如卖淫和以性为内容而骚扰他人，是违背前两种约束的违法行为，应受法律制裁。后一种约束，仅限于夫妻之间，以不为婚外性交为内容，承诺者违反忠实义务，侵害配偶一方的配偶权。

三、性自主权的发展与立法现状

（一）性自主权的起源

在原始人群中，人没有贞操观念。原始人群对于性本能的追求，使得两性关系没有限制，处于杂交的阶段。《吕氏春秋·恃君览》称："若太古尝无群矣。其民聚生群处，知母不知父，无父戚兄弟夫妻男女之道，无上下长幼之道。"在这种情形的两性生活中，当无贞操观念。

随着社会的发展，人类性生活出现了第一种性禁忌，即要求人们在紧张的经济活动期间，禁止发生性关系。这是人类对自己的性生活作出的第一次社会性规范。其原因，是为了保持紧张经济活动时期男子的精力充沛，从而保证经济活动的高效率，目的是出于经济上的考虑，而非贞操观念。因此，这一时期也不存在贞操观念。

若干时期之后，则出现了人类性生活关系中的第二个性禁忌，即乱伦禁忌，规定配偶的选择必须以血缘的远近为标准，最近血缘关系之男女不得通婚，不仅如此，而且直系血亲、旁系血亲中的父女之间、母子之间、兄弟姐妹之间绝对禁止性行为。乱伦禁忌是人类性关系发展史上的一次重大变革，它不仅是近亲繁殖使人口素质降低的客观后果教育了人类自己，同时也使道德和性这两个问题开始结合起来。正是在这一时期，开始产生贞操观念，开始成为调整人们性关系的重要规范。

在婚姻家庭制度不断完善发展的过程中，贞操观念进一步充实起来。从开始的违反乱伦禁忌为失贞，转变为婚外性交为失贞，因而贞操成为夫妻互负的义务，尤其是对女子而言具有特别意义。妇女婚前失贞，几乎使其人格价值下降到无，因而妇女将贞操视为生命，甚至比生命还宝贵，一旦失贞，不惜以死对抗。在中国古代封建社会，贞操观要求女子不失身，婚后从一而终不改嫁，成为束缚妇女的封建枷锁。

近现代以来，性利益成为男女平等的保持性纯洁的品行。人们追求、保持这种美好的品行，保持社会的正常的婚姻家庭制度和伦理，规范了人的性关系的正常化，推进了社会发展和文明进步。

（二）性自主权的立法

在历史上以法律手段对性自主权进行保护，各国均有成例，最普遍的是对妇女性自主权实施不法侵害的，以强奸罪等罪名进行刑罚制裁，对此，中国古代法律、罗马法以及其他各国古代法律都有规定。以民事救济手段救济性自主权的侵害，始于19世纪德国，普鲁士和萨克逊等邦的"嫁入之诉"，规定使无夫的良家妇女受孕者，应与该妇女结婚，或给予结婚预备费，以增加其与第三人结婚的可能。在理论上，有对"嫁入之诉"反对者，认为嫁入之诉系请求本来不能请求的事项，殊非正当，而请求给付结婚预备费，则系转嫁父的责任，亦属不合，对于诱惑人自另有正当的请求，即不法侵害性利益的，应使其负侵权行为之责任，如受害人因此而受孕，得要求分娩及产褥之费用。[①] 这种立法和理论，开创了对性自主权予以民法救济的先河。

继之，《德国民法典》采纳理论上的主张，废止嫁入之诉，凡性利益受不法侵害者，得为侵权行为上的请求，受孕时得请求赔偿。该法第825条规定："以诈欺、威胁或滥用从属关系，诱使妇女允诺婚姻之外的同居的人，对该妇女负有赔偿因此而生的损害的义务。"第847条第2款规定："对妇女犯有违反道德的罪行或不法行为，或以诈欺、威胁或滥用从属关系，诱使妇女允诺婚姻以外的同居者，该妇女享有与前项相同的请求权。"这是现代以民事救济方法保护性自主权立法之始，在性自主权的民法保护上具有划时代的意义。

日本法关于侵权行为侵害客体采概括主义立法，对性自主权未设明文规定。学者就应否认性自主权为独立权利，意见未臻一致。日本大正15年（1926年），大审院作一著名的233号附带民事判决，其案件事实是：和田丙对于其妻和田乙违背贞操义务而与渡边丁女发生情交，不但遗弃其妻不为扶养，且无与渡边断绝

---

①　何孝元：《损害赔偿之研究》，台北，"商务印书馆"1982年版，第161页。

关系回其家庭生活的意思。对此，该判决认为："（1）和田乙女因其夫和田丙之侵权行为致断绝夫妻关系，和田丙对其结果自应负责。因此所生之侵害，当然有向和田乙女赔偿之义务。（2）渡边丁女明知和田丙有妻，尚与和田丙情交，并与之同栖，不能谓非侵害和田乙女的权利。（3）和田乙女不仅得依民法第709条及第710条请求相当之慰抚金，且依渡边丁女与和田丙之共同侵权行为，和田乙女不得已而离婚所生之损害，该共同侵权人亦有共同赔偿之义务。"[①]

（三）我国性自主权立法现状

我国《民法通则》《侵权责任法》均未认性自主权为独立的人格权。刑事立法把14周岁以上女子的性的不可侵犯的权利，不满14周岁女子的身心健康作为保护的客体，把严重侵犯性自主权的强奸罪、奸淫幼女罪、侮辱妇女罪作为重点打击对象。但是，有关的法律、法规、司法解释却没有把以上犯罪行为侵害性自主权造成被害人损失的情况列入刑事附带民事诉讼的范畴。

学说上，已有借鉴国外的立法和理论，认性自主权为独立的人格权，其民事救济手段与对自由权的救济相同。[②] 遗憾的是，学者提出的完整的侵害性自主权的损害赔偿理论，却不为法院所接受，也没有被立法所接受。在实务上，一方面，对于强奸罪、奸淫幼女罪、侮辱妇女罪等严重侵害他人性自主权的行为规定为刑事犯罪，给予刑罚制裁；另一方面，对于被害人人格上、精神上、经济上造成的损害，却不能给以任何民事救济以补偿其损失，抚慰其精神创伤。这种立法实践、理论研究和司法实务相脱节的现状，是值得法学理论工作者、实际工作者以及立法机关认真重视的。

《民法典》一方面没有采纳性自主权立法的建议，不规定性自主权，另一方面又规定侵害性自主权的性骚扰行为为违法行为，应当承担民事责任，形成了规制性骚扰行为无法确认其侵害客体的局面。为了给规制性骚扰行为提供权利基础，不得已将其规定在身体权的保护范围之中，且条文本身表述的诸多内容就无

---

① 胡长清：《中国民法债编总论》，上海，商务印书馆1946年版，第133页。对该案，是侵害性自主权还是侵害配偶权，不无研究的必要。

② 张俊浩主编：《民法学原理》，北京，中国政法大学出版社1991年版，第157页。

法归之于身体权的范围内。"以言语、文字、图像、肢体行为等方式对他人实施性骚扰"中的肢体行为，有可能接触被骚扰人的身体，但是，言语、文字、图像等行为方式无论如何不涉及受害人的身体权的侵害。当然，这种立法状况对于私法似乎并无大碍，但是，对于立法技术、权利体系以及民法理论的建设，却事关大局，不得不重视。

出现这种立法状况的原因，在于立法者对性自主权的法律保护还缺乏必要认识。立法应早日承认性自主权为独立的人格权，保护自然人尤其是妇女的性自主权，对全面保护人格权，促进社会发展和文明进步，具有重要意义。

四、侵害性自主权的具体行为

1. 强奸行为

强奸行为可以分为：以强暴、胁迫、药剂、催眠术等手段使被害人不能抗拒而被奸淫；以暴力手段，利用权势等，使被害人在非正当允诺的情况下而被奸淫。无论哪种强奸行为，都不以既遂、未遂或是否构成犯罪作为侵害性自主权的界限，强奸行为一旦发生，侵害性自主权的行为即告成立。一般认为强奸行为超出性骚扰行为的范围，不应当认定其为性骚扰行为，其实，强奸行为是更严重的性骚扰行为，即使确认强奸罪，行为人承担刑罚，也应当依照《民法典》第1010条的规定承担性骚扰行为的民事责任。

2. 奸淫幼女、鸡奸儿童等侵害未成年人性自主权的行为

未成年人处于身心发育阶段，对性及其利益尚没有建立正常的认识，为了保护未成年人的身心健康，立法和司法应当对侵害未成年人性自主权的行为作出特殊规定。未成年人没有或缺乏为性行为的承诺能力，他们作出的为性行为的意思表示均无法律效力，不具有阻却违法的效果。

3. 强迫他人卖淫的行为

强迫他人卖淫，是以暴力、威胁等或其他手段迫使他人在违背自己意志的情况下与他人发生性行为。强迫他人卖淫，不论是否以营利为目的，也不以其

情节是否构成犯罪为标准，只要有强迫他人卖淫的行为，就构成侵害性自主权。应注意的是，明知他人为人所迫卖淫而与之发生性关系，也构成侵害性自主权。

4. 猥亵行为

猥亵行为，凡指以刺激、满足性欲为目的，用性交以外的方法实施的淫秽行为。例如，非法接触他人性感部位；强行接吻；以毁损他人性纯洁为目的，撕破他人衣服；违背他人意志鸡奸他人等，亦为侵害性自主权的违法行为。

5. 以欺诈手段诱使女子在非正当承诺的条件下被奸淫

侵权行为人隐瞒事实、制造假象，使被害人足以产生错误的理解，而承诺与其发生性关系。这种承诺基于侵权人的欺诈而作出，并非性自主权人真实的意思表示，因而不能阻却侵权人的行为违法。例如甲隐瞒自己已婚的事实，对乙女谎称以后与其结婚，乙女于是承诺与其发生性关系。在此，侵害性自主权的行为成立，需要受害人证明自己的承诺是侵权人欺诈行为的结果。

6. 利用从属关系奸淫或猥亵

这种行为是指滥用从属关系，使他人在非正当承诺的条件下被奸淫。如对于因亲属、监护、教养、救济、公务或业务关系中从属于自己的人，利用这种关系，使其违心承诺与之发生性关系或被猥亵。应当注意的是，从属人员曾明示或默示地向其监管自己的人表示为了获得某种利益而承诺与其发生性关系作为交换条件的，则不得主张性自主权被侵害。

五、保护性自主权的人格权请求权

性自主权受到侵害，依照《民法典》第 995 条规定，权利人享有人格权请求权，以维护自己的性自主权。

性自主权是绝对权、对世权，除权利人之外，其他任何人都负有不可侵义务。性自主权受到妨碍或者受到侵害时，权利人有权维护自己的性利益，保持性纯洁，维护性自主权的圆满状态。

性自主权受到侵害的，其侵害行为无论是刚开始还是仍在继续，受害人都有权请求行为人停止侵害，使自己的性自主权免受行为人违法行为的侵害。

性自主权受到妨碍的，该妨碍行为已经开始、正在继续的，受到妨碍的权利人有权主张行使排除妨碍请求权，请求行为人停止实施妨碍行为，清除妨碍行使性权利措施。

性自主权存在被侵害危险的，受害人有权行使消除危险请求权，请求行为人消除危险，使自己的性自主权不受危险威胁。

性自主权受到侵害造成权利人名誉毁损的，受害人有权行使消除影响、恢复名誉请求权，消除名誉毁损的影响，恢复自己的名誉。

性自主权受到侵害，受害人都可以请求行为人赔礼道歉。

就实际情况而言，在救济性自主权的侵害上，行使人格权请求权予以保护，前三种请求权比较常用，后两种的适用机会不多。

六、保护性自主权的侵权请求权

（一）侵害性自主权侵权责任构成要件

侵害性自主权的侵权责任须具备损害事实、违法行为、因果关系和过错四个要件。

1. 性利益遭受损害的事实

侵害性自主权的损害事实是非法侵害性自主权，造成受害人性利益损害的客观后果，是对自然人的自然生存和社会生存基本需要的损害。这种损害首先表现为自然人性纯洁的破坏，如性器官遭受侵犯、猥亵、强吻，或者违背本人意志而被奸。不具备上述实体侵害的，不构成性利益遭受损害的事实。对性利益的损害不可避免地要造成受害人精神创伤，造成恐惧、悲伤、怨愤、绝望、羞辱、痛苦以及使受害人在社会评价上受到损害。侵害性自主权的行为也可能造成身体伤害和财产损失，如因奸淫而受孕、生产，以及因此而支出的财产。身体伤害和财产损失轻微的，可以作为侵害性自主权的加重责任情节处理；身体伤害严重或者财产损失数额大，构成侵害健康权、所有权的责任，对两个侵权行为一并处理。

2. 行为具有违法性

侵害性自主权的行为须具有违法性，才能构成侵害性自主权责任。违法性表现在，违背保护性自主权的法律规定，违背公共利益和善良风俗。

3. 违法行为与性利益损害事实有因果关系

侵害性自主权的损害赔偿责任要求侵害性自主权的行为是引起损害事实的原因，加害人只对其侵害性自主权行为所引起的损害后果承担责任。对于侵害性自主权引起受害人自杀等后果，行为人对此应否赔偿，有不同主张。有人认为行为人不应对引起的自杀损害后果负责，因为侵权行为不必然导致受害人自杀，而只是自杀的一个条件，不构成因果关系。有人认为应当承担赔偿责任，原因是性自主权对于自然人尤其是对于女性事关重大，往往因性自主权被侵害而导致自杀的结果，对此不予赔偿不合情理。本书采纳后一种见解，应当认定其与违法行为有因果关系，以抚慰金的方式予以赔偿。

4. 行为人的过错

构成侵害性自主权责任应具备故意要件，过失一般不能构成侵权责任。性利益侵害的故意，以有其为不当性行为之决意的认识为已足，无须有损害发生之预见。[1] 有为猥亵的故意亦构成侵害性自主权的侵权责任。应当注意的是，性利益的损害依受害人的承诺而阻却违法，不构成侵害性自主权。侵害性自主权的行为一旦发生，只要行为人不能证明受害人有承诺，就应当认为行为人有故意。在英美法中亦采取此原则处理人格权损害赔偿，只要受害人提出了侵害事实的证据，侵权行为即告成立。[2]

（二）侵害性自主权的损害赔偿责任

1. 存在的问题

在侵害性自主权的损害赔偿责任的实行中，有两个最大的障碍。

其一，在我国的刑事立法上，对于刑事附带民事诉讼，《刑法》规定，只赔

---

① 史尚宽：《债法总论》，台北，荣泰印书馆1978年版，第144页。

② 申政武：《论人格权及人格损害赔偿》，《中国社会科学》1990年第2期。

偿犯罪行为而使被害人遭受的经济损失，在实务上通常理解为限于对人身伤害造成的损失，难以概括性自主权侵害的赔偿。

其二，《民法典》没有规定性自主权，只是规定了性骚扰行为的民事责任，没有像《德国民法典》第825条和第847条第2款那样的明文规定，也没有《日本民法典》第709条和第710条那样概括的规定。

2. 具体对策

针对上述保护性自主权存在的问题，可以采取的对策是：

（1）准许侵害性自主权的刑事犯罪的受害人请求精神损害赔偿

这是针对第一个问题提出的办法。典型的案例是：王丽（化名）参加某英语俱乐部组织的英语口语对话活动，结识李伟（化名）。该人英语很好，文质彬彬，与王丽很谈得来。李伟约王丽吃饭，饭后约王丽到他的家中看照片，以暴力殴打，将王丽强奸，还将王丽禁锢在其住处长达4小时。王丽乘李伟上厕所之机打报警电话，方得救，李伟被捕获归案。一审刑事案件判决李伟强奸罪成立，处有期徒刑。嗣后，王丽向法院提起刑事附带民事诉讼，请求李伟赔偿其精神损害10万美元，被驳回。上诉后，高级法院认定此诉不属于刑事附带民事诉讼的范围，在维持原判的同时，指出"应循一般的民事诉讼程序另行起诉"①。王丽向区法院提起民事诉讼，一审法院支持赔偿的请求。上诉后，二审法院判决撤销原判，驳回原告的诉讼请求。这是最高人民法院关于刑事附带民事诉讼不得请求刑事被告人承担精神损害赔偿的结果。不过，这个案例仍然是一个很好的探索，值得借鉴的问题是：第一，侵害性自主权的精神损害赔偿是可以提出民事诉讼请求的，依照《民法典》第187条关于"民事主体因同一行为应当承担民事责任、行政责任和刑事责任的，承担行政责任或者刑事责任不影响承担民事责任；民事主体的财产不足以支付的，优先用于承担民事责任"的规定，支持权利人的请求。第二，最高人民法院关于刑事附带民事诉讼程序中不能提出精神损害赔偿的司法解释，违反《民法典》第187条的规定，应当予以撤销。

---

① 《中国第一例贞操受损案》，《人民公安》2001年第9期。

（2）对没有规定的性自主权保护的法律适用

由于《民法典》没有规定性自主权，在法律适用上应当正确适用现有规定，确定侵害性自主权的损害赔偿责任。《人民司法·案例》2008 年第 12 期发表的案例，是法院直接以侵害贞操权为案由判决的典型案例。原告于 2006 年 3 月应聘到某公司任业务员，被告在该公司担任业务经理，是原告的直接上司。同年 4 月，被告隐瞒已婚且育子的事实，与原告确定恋爱关系，并以允诺结婚为由与原告租房同居。5 月原告怀孕。6 月 1 日，原告被诊断为子宫内早孕 45 天，做了人工流产手术。原告得知被告已婚且生育两个小孩的事实后，中断了双方的关系。原告认为被告通过欺骗的方法夺去了其最珍贵的贞操，遂诉至法院，请求法院判令被告向原告赔礼道歉，并赔偿精神损失 3 万元。东莞市法院认为，贞操权是男女均享有的以性行为为特定内容的一项独立人格权，应受法律保护。被告在自己已有配偶且生有孩子的情况下，向原告谎称其未婚，使原告信以为真与其恋爱、同居。被告这种以故意违背善良风俗的方法，以允诺结婚骗取原告的信任而发生性关系，并致使原告怀孕及中止妊娠，给原告造成了身体和心理的损害，确已构成侵害原告的贞操权，被告依法应承担精神损害赔偿责任。原告要求被告予以精神损害赔偿，证据充分，理由正当，依照《民法通则》第 5 条、第 7 条、第 101 条和第 134 条规定，判决被告赔偿原告贞操权受到侵害的精神损害抚慰金 2 万元。

这个案件是在《民法典》实施之前发生、判决的案例，但是对于保护《民法典》没有规定的性自主权的保护及法律适用，却有着重要的参考价值。因此，可以借鉴的法律适用方法是：适用《民法典》第 3 条关于保护民事权益的规定，第 8 条关于公序良俗的规定，参照适用第 1010 条关于制裁性骚扰行为的规定，以及第 1165 条第 1 款关于一般侵权行为的规定，确定侵害性自主权的侵权损害赔偿责任。

3. 侵害性自主权损害赔偿责任的确定

侵害性自主权所造成的财产损失应予赔偿，包括：一是损害性自主权对受害人造成身体上的伤害，因治疗花费的费用，如治疗费、护理费等。二是因侵害贞操而使受害人怀孕，其流产、生育的费用及营养费，亦应赔偿。三是因侵害贞操而使受害人感染性病，治疗费应予赔偿。四是因侵害性自主权造成身体上的其他伤害，以及造成的其他经济损失，均应予以赔偿。如果性自主权受侵害而失去某种职业或减少就业的机会或造成身体残疾等，均为其他损失。对于这类经济上的损失，原则上应全部赔偿，涉及身体损伤造成的损失，应按照《民法典》第1179条规定的赔偿范围赔偿；造成财产损失的，可以比照第1184条规定处理。

侵害性自主权所造成的精神损害应予赔偿。精神损害包括两部分，即精神利益的损失赔偿和精神创伤的抚慰金赔偿。[①] 在侵害性自主权的精神损害中包括上述两部分，即精神利益损害以及精神痛苦和精神创伤。对此，应当依照《民法典》第1183条第1款规定确定赔偿数额。在确定赔偿数额上，法院可根据侵权人的过错程度、侵权行为的具体情节、给受害人造成精神损害的后果等情况酌定。

七、性骚扰行为及民事责任

《民法典》第1010条规定："违背他人意愿，以言语、文字、图像、肢体行为等方式对他人实施性骚扰的，受害人有权依法请求行为人承担民事责任。""机关、企业、学校等单位应当采取合理的预防、受理投诉、调查处置等措施，防止和制止利用职权、从属关系等实施性骚扰。"这是我国民事立法第一次全面规定性骚扰行为的认定及其民事责任承担规则，对保护自然人性自主权具有重要价值。

（一）保护性自主权应当重视性骚扰的危害

性骚扰作为一种行为和客观的社会现象，自是古已有之，但其成为深受关注的社会问题和法律问题，乃是人的性权利意识被现代文明唤醒的结果，至今只有近百年的历史。然而，人的这一权利觉醒的力度之大，却是法律的理论研究者们和制度设计者们始料未及的。当性骚扰已经成为社会热点问题的时候，当性骚扰

---

① 马原主编：《民事审判实务》，北京，中国经济出版社1993年版，第184页。

案件大量诉至法院的时候，人们发现法律竟然无力面对。理论的苍白和脆弱，规范的疏漏甚至缺失，使得法律无法承担起消解因性骚扰引起的争议和纠纷的应有职能。

对性骚扰进行法律规制始于美国，渐及于世界各国。尽管目前各国尚未出现规制性骚扰的专门立法，但是，大多数国家和地区尤其是政治经济较为发达的国家和地区，均通过两性平等法、劳动就业法、反歧视法、妇女保护法以及民法、刑法和判例法等不同的法律形式，实现对性骚扰的法律规制。我国立法机关于2005年8月28日通过《妇女权益保障法》修正案，设立了反性骚扰的立法，即其第40条规定："禁止对妇女实施性骚扰。受害妇女有权向单位和有关机关投诉。"《民法典》第1010条专门规定了规制性骚扰行为的条文。

（二）规制性骚扰行为的不同立场

规制性骚扰行为的法律制度的发展，从一开始就是按照两个不同的方向发展的：一个方向是职场保护主义，即以职场劳动者的保护为中心，认定规制性骚扰行为的法律制度为劳动法制度，保护的是劳动者的权利，因此，责任应以雇主承担为主；另一个方向是权利保护主义，即以人的私权利保护为中心，认定规制性骚扰行为的法律制度是私法制度，保护的是人的私权利，是人格权，因此，责任人是侵权行为人，对其进行法律制裁，承担的是侵权责任。

在我国以往的司法实践中，法院审理性骚扰案件没有过于考察职场保护主义和权利保护主义的区别，但是，从已有的生效判决观察，突出的是对人的私权利的保护，实际上采纳的是权利保护主义立场。例如，原告闫女士的丈夫与被告齐某为同一公司的同事，关系密切。2003年12月22日，闫接到齐的短信，邀请其与齐夫妇逛商场。闫到达齐家后，发现只有齐一人在家，便挣脱回家。嗣后，齐不断给闫发短信，开始是道歉，接着就发内容淫秽的短信。原告向法庭出示了8条带有淫秽性和威胁性内容的短信，内容都是被告专门针对原告编写的。齐某承认这8条短信都是自己发的，但是认为闫某是自己的"嫂子"，双方很熟，发短信都是在开玩笑，只不过言词过火，并无恶意，也没有侵权，只同意道歉不同意赔偿。法庭经审理认为，被告对原告出于性意识的故意，在违背原告主观意愿的情况下，以发送淫秽性和威胁性手机短信的方式，引起原告的心理反感，侵扰了原告保持自己与性有关的精神状态愉悦的性权利，其行为已经构成性骚扰，应当停止侵害并道歉，进行赔偿。本案判决明确认定，性骚扰的行为侵害的是"保持自己与性有关的精神状态愉悦的性权利"，明确认定性骚扰行为侵害的客体是性权利。依照《民法典》第 1010 条规定，这属于以"语言"方式进行性骚扰。

我国立法规制性骚扰行为采取以权利保护主义为主、职场保护主义为辅的立场，既追究实施性骚扰行为的行为人的责任，辅之以追究职场负责人未尽保护义务的责任。

《民法典》第 1010 条第 1 款关于制裁性骚扰行为的规定，是权利保护主义的规则，即行为人实施性骚扰行为，侵害了受害人的性自主权，受害人有权依法请求行为人承担民事责任。

《民法典》第 1010 条第 2 款规定，虽然没有明确规定采取职场保护主义立场，但是，却暗含了职场保护主义的规则，规定机关、企业、学校等单位对保护权利人性利益安全的职场义务，即在工作场所应当采取合理的预防、投诉调查、处置等措施，防止和制止利用职权、从属关系对职场工作人员进行性骚扰。这里没有直接规定责任条款，似乎有所欠缺，不过，只要规定了上述单位的职场保护注意义务，在职场发生性骚扰行为，侵害了职场员工的性自主权，就可以依照《民法典》关于违反安全保障义务的责任（第 1198 条）或者用人单位的责任（第 1191 条第 1 款）的规定，追究职场责任人的民事责任。

（三）性骚扰侵害的是性自主权

性自主权在刑法中已经得到普遍承认。在理论上，美国学者 Edmund Wall 也承认性骚扰所侵害的是性的自主选择权利，这种权利相对于隐私权来说，是一项更为基础的权利。[①] 美国芝加哥大学教授 Stephen J. Schulhofer 对于性自主权的论述，认为"性自主权的失落"是美国法律的一个重大失败。他指出，对性骚扰和性犯罪予以法律规制的中心价值，就是保护性自主权的权利本身。性自主权

---

① Edmund Wall, The Definition of Sexual Harassment, In Edmund Wall (Eds.), *Confrontations and Decisions: Sexual harassment* (p. 109), Prometheus Books. 2000.

乃是普世之下人皆拥有的，决定何时及是否与人产生性的关系的自由。一切以暴力、胁迫、语言、动作、欺诈和诱导等方式施加以人不受欢迎的性的关系的行为都是侵害性自主权。法律之所以保护一些最基本的权利，如工作权、选举权、接受专业的诚实的服务的权利、隐私权以及知情权，是因为对于这些利益，我们有自主和自我决定的权利，即保有或处分它们的自由。法律应当禁止以任何不当方式干预我们对于这些利益的自主决定权。对于任何一个人，除了生存权本身以外，几乎没有其他的个人权利和自由比性自主权更重要。鉴于在性的交往中，人所固有的感情脆弱性和潜在的身体危险的可能性，性自主权至少比财产权更需要保护。但是，在法律赋予我们赖以自由和独立存在的基本个人权利的权利名单中，性自主权明显地被遗漏了。他还提出，性自主权不应该附属于其他利益而作为权利的副产品存在，它是一项独立的利益和权利，而且是任何自由的人的最为重要的核心利益和权利。任何一个承诺保护个人基本权利的受尊重的法律体系，应当以性自主权本身的名义，将其置于保护和关爱的中心位置，直接加以保护。他更一针见血地指出，正因为性自主权的失落，美国的性骚扰法律规制的范围只限于校园和工作场所，其功能和作用大为受限。他呼吁，性自主权乃天赋之人权，是人生而有之的自然权利，是值得尊重的一项真正的权利，法律要"认真地对待性自主权"，对之加以明确、培育和保护。①

这些见解十分重要，也十分准确，性骚扰行为侵害的客体是性自主权，制裁性骚扰行为所保护的当然也是性自主权。

《民法典》第1010条并未对性骚扰行为侵害的是受害人何种人格权予以明确，理由是，有人认为，性骚扰行为的形式多种多样，不同的形式可能侵犯的是不同的人格权，涉及身体权、健康权、隐私权、名誉权甚至自由权等。有人认为，性骚扰行为侵害的是独立的性自主的权利，该权利具有人身自由和精神自由的双重因素，无法简单地为上述权利所涵盖，甚至对上述权利的侵害仅仅是性骚扰的二次结果。不同观点的共识在于性骚扰的侵害行为侵害了他人的人格尊严，

---

① Stephen J. Schulhofer, *Unwanted Sex: The Culture of Intimidation and the Failure of Law*, Harvard University Press, 1998, pp. 99 – 133.

构成了人格权的侵害行为。① 这些说法其实是比较模糊的，原因在于，刑法上的强奸行为也侵害了被害人的身体权、健康权、隐私权、名誉权、自由权以及人格尊严，难道能够认定为侵害这些人格权的犯罪，而不是侵害被害人的性自主权的犯罪吗？一个简单的法律问题却搞得如此复杂，真的有点不可思议。有的学者说得好，"作为一种独立的主观权利、具体人格权，人身自由无法成为另外一个独立主观权利及一般人格权的渊源"②。

（四）性骚扰的侵权责任构成

性骚扰侵权责任属于一般侵权责任，其责任构成，应当按照一般侵权责任构成要件确认。

1. 行为人实施了性骚扰行为

实施性骚扰行为，是违背受害人意志，实施超出正常人际交往界限的侵害其性自主权的行为，既可以是男性对女性的性骚扰，也可以是女性对男性的性骚扰，同性对同性也能构成性骚扰。

2. 受害人的性自主权受到侵害

表现为受害人的性尊严和性利益受损，造成精神利益损害、精神痛苦，还可能导致其他人身利益、财产利益的损害。对于只造成了精神痛苦，未产生其他人身和财产上的损害时，对于损害的认定可采取便于操作的客观标准，即"正常的理智的第三人"标准。在一个正常的理智的第三人面临同样的侵害时，其精神会遭受痛苦，则可认定损害结果发生。

3. 因果关系要件

构成性骚扰行为，须具备因果关系要件，即性骚扰行为与该损害结果之间具有因果关系。

4. 行为人实施行为具有故意或者过失

实施性骚扰行为的行为人在主观方面须为故意，即故意实施冒犯对方性尊严和性品格的行为，过失不构成性骚扰的侵权行为。例如，谢某（男性）到某

---

① 黄薇主编：《中华人民共和国民法典人格权编释义》，北京，法律出版社 2020 年版，第 89 页。
② 陈甦、谢鸿飞：《民法典评注·人格权编》，北京，中国法制出版社 2020 年版，第 16 页。

调查事务所应聘工作，该所负责人金某（男性）同意录用。次日下午 6 时许，金某在办公室触摸谢某身体隐私部位并强行亲吻。谢某因拒绝金某的行为而被辞退，金某仍多次打电话对谢某进行骚扰。谢某在某记者的帮助下对金某骚扰电话录音，据此请求法院判令金某公开赔礼道歉并赔偿精神抚慰金，法院支持了原告的诉讼请求。

对职场（包括学校）的性骚扰行为，国（境）外实行职权保护主义，由用人者承担雇主责任。由用人单位承担责任时，属于特殊侵权责任，依照《民法典》第 1165 条第 2 款规定适用过错推定原则。用人单位如果不能证明其已经尽到法定的照顾、管理和保障义务，则推定其有过失，从而承担侵权替代责任。此时，责任构成的主观要件有所区别，过失也构成侵权责任。

（五）性骚扰的侵权责任形态与责任方式

1. 性骚扰的侵权责任形态

侵权责任形态，是指侵权法律关系当事人承担侵权责任的不同表现形式，即侵权责任由侵权法律关系中的不同当事人按照侵权责任承担的基本规则承担责任的基本形式。①

在通常的情况下，性骚扰的侵权责任是一般侵权行为，发生在职场的性骚扰行为属于用人单位责任，责任形态不同。

（1）自己责任。在过错责任的一般侵权场合，行为人对自己的行为负责，即自己责任。行为人对他人实施性骚扰，应当由自己承担侵权责任。目前法院已经确定的性骚扰案件的判决，确定的行为人的责任都是自己责任。确立以人的私权利保护为中心的规制性骚扰的法律制度框架下，性骚扰行为人承担自己责任是基本的责任形态。

（2）替代责任。在职场性骚扰的侵权责任承担，为替代责任，即由用人单位承担侵权责任，用人单位承担责任之后可以向性骚扰行为人追偿。适用这种责任的依据是《民法典》第 1191 条第 1 款规定。

---

① 杨立新：《侵权法论》，北京，人民法院出版社 2004 年第 2 版，第 474 页。

在各国和地区的反性骚扰立法中，很多参照美国的做法采纳雇主责任。我国台湾地区的"两性工作平等法"规定，雇员和求职者因遭受性骚扰受有损害者，由雇主及行为人连带负损害赔偿责任。但雇主证明其已遵行本法所定之各种防治性骚扰之规定，且对该事情之发生已尽力防止仍不免发生者，雇主不负赔偿责任。另外，如被害人依前项但书之规定不能受损害赔偿时，法院因其声请，得斟酌雇主与被害人之经济状况，令雇主为全部或一部之损害赔偿。雇主赔偿损害时，对于为性骚扰之行为人有求偿权。这种做法吸收了美国的反性骚扰经验，又结合了自己的有效手段，对于受害人的保护有利。

2. 性骚扰侵权责任的承担

性骚扰行为的侵权责任方式是停止侵害、赔礼道歉和赔偿损失。在赔偿损失方面的主要规则是：

侵害性自主权所造成的财产损失应予赔偿。这种损失赔偿适用《民法典》第1179条规定，包括：侵害性自主权对受害人造成身体和健康上的损害，因治疗花费的费用，如治疗费、护理费等；受害人怀孕，其流产、生育的费用及营养费。

因侵害性自主权造成其他财产损失的均应予以赔偿。如果性自主权受侵害而失去某种职业或减少就业的机会等。对于这类经济上的损失，应按照《民法典》第1182条规定确定赔偿范围。

侵害性自主权所造成的精神损害应予赔偿。精神损害应包括两部分，即精神利益的损失赔偿和精神创伤的抚慰金赔偿。[①] 在侵害性自主权的精神损害中，其赔偿范围应包括上述两部分，即精神利益或称人格利益的损害，以及精神痛苦和精神创伤。对这两部分损害应当以损害赔偿的方式，依照《民法典》第1183条第1款规定，对受害人精神利益的损害和精神创伤、精神痛苦的损害，予以民事救济。

对于严重的性骚扰行为应当予以惩罚性赔偿，特别是发生在工作场所的性骚

---

① 马原主编：《民事审判实务》，北京，中国经济出版社1993年版，第184页。

扰行为，有必要建立惩罚赔偿金制度，并为惩罚赔偿金设定一个与经济状况适应的、较合理的且能起到吓阻作用的赔偿金下限和上限。认为精神损害赔偿已经起到了惩罚行为人的作用因而没有必要再处惩罚性赔偿的认识不妥。精神损害赔偿是对损失的赔偿，而不是惩罚。判决承担精神损害赔偿，是原告对行为人的侵害行为感到震惊而遭受精神痛苦和损害的补偿；而判以惩罚性赔偿金则是因为法官对侵害行为之恶劣感到震惊，以至于仅仅判令其补偿原告的损失，还不足以使被告承担起其行为应承担的责任，也不足以使行为人吸取教训，必须用惩罚金来达到谴责的效果。[1] 在性骚扰案件中，确实有一些性骚扰行为非常恶劣，但是又不足以受到刑事处罚，有必要施以惩罚性赔偿以示制裁。

第四节　婚姻自主权

一、婚姻自主权的概念和性质

（一）婚姻自主权的概念和特征

1. 婚姻自主权概念的定义

婚姻自主权是自然人按照法律规定，自己作主决定其婚姻的缔结和解除，不受其他任何人强迫或干涉的具体人格权。官方专家对婚姻自主权的定义是："婚姻自主权是指自然人享有的结婚、离婚自由不受他人干涉的权利。"[2]

《民法典》在规定婚姻自主权中，存在一个不协调的问题。一方面，在第110条规定婚姻自主权是人格权，即"自然人享有生命权、身体权、健康权、姓名权、肖像权、名誉权、荣誉权、隐私权、婚姻自主权等权利"；另一方面，在

---

① Srivastava and Scarlet Tsao, "Remedies for Sexual Harassment", *Asia Pacific Law Review*, VI10 No 1, p148.

② 黄薇主编：《中华人民共和国民法典总则编解读》，北京，中国法制出版社 2020 年版，第 349 页。

人格权编中，却没有规定婚姻自主权。这样的矛盾是，婚姻自主权究竟是不是人格权？是人格权为什么人格权编又不加以规定呢？对于婚姻自主权究竟是按照总则编的规定来解释，还是按照人格权编的规定来解释呢？学者认为，婚姻自主权是指自然人享有的结婚、离婚自由，不受他人干涉的权利，《民法通则》、《婚姻法》和《民法总则》对此都有规定，但《民法典》总则编对其作出规定，人格权编却没有单独列举。依照《民法典》第 110 条的规定，婚姻自主权宜解释为一项具体的人格权，全国人大常委会法工委撰写的《民法总则》解读将婚姻自主权列入人格权的一种类型，印证了上述解释。①

本书依照《民法典》第 110 条规定，确认婚姻自主权是具体人格权。权威机构专家的意见，也认为婚姻自主权是指自然人享有的结婚、离婚自由不受他人干涉的权利。②

2. 婚姻自主权的特征

对婚姻自主权的法律特征，有学者从其专属权、对世权、人格权、依法行使、自由意志等方面作出概括③，多是对其作为人格权的一般特征进行说明，不是其独具的法律特征。本书的看法是，婚姻自主权具有以下特征。

（1）婚姻自主权的客体是自然人自主决定婚姻关系的人格利益

首先，婚姻自主权的客体是人格利益，而非身份利益。这种人格利益是自然人人格利益的有机组成部分，而不是游离于人格利益之外的其他民事利益。自主决定婚姻关系的人格利益包含于整个人格利益之中，成为自然人主体资格的要素之一。其次，婚姻自主权的客体即自主决定婚姻的人格利益具有相对独立性，虽然没有游离于整个自然人的人格利益之外，但是，在整个自然人的人格利益中具有相对独立的地位，因而才使这一具体的人格利益与其他具体人格利益相区别，成为婚姻自主权的客体。如果婚姻自主的人格利益不具有相对独立性，则婚姻自主权也就

---

① 袁雪石：《民法典人格权编释论》，北京，中国法制出版社 2020 年版，第 32 页。

② 李适时主编：《中华人民共和国民法总则释义》，北京，法律出版社 2017 年版，第 342 页；黄薇主编：《中华人民共和国民法典总则编释义》，北京，法律出版社 2020 年版，第 286 页。

③ 王利明主编：《人格权法新论》，长春，吉林人民出版社 1994 年版，第 502 - 504 页。

不会成为独立的具体人格权，有可能成为一般人格权的内容。最后，婚姻自主的人格利益表现为主体自主决定自己的婚姻关系，包括自主决定婚姻缔结，自主决定婚姻解除。自主者，即自己决定，不为他人所干预之谓也。婚姻自主即婚姻自我决定，非他人所能决定。因此，婚姻自主权是婚姻决定权历史发展的完善、完美的最高形式，与历史上一切婚姻尊长决定权具有本质的不同。

（2）婚姻自主权的行使须权利人具有婚姻行为能力

一般的民事权利行使，民事主体须具备民事行为能力；如不具有民事行为能力或者民事行为能力不完全，其权利的行使可以由其法定代理人代为行使。这种权利能力与行为能力的分离具有相对性。婚姻自主权的行使不同，须自然人具备婚姻行为能力方能行使。婚姻行为能力也是一种民事行为能力，其特殊性在于，婚姻行为能力只分有或无，没有限制行为能力的状态，是我国婚姻家庭法的独特性规定。有些国家和地区规定限制婚姻行为能力，即权利人可以在法定婚龄未满之前决定结婚，但是须经父母同意，这种婚姻行为能力为限制婚姻行为能力。《民法典》没有这种规定。

我国自然人的婚姻行为能力的取得，因男女性别不同而有所区别。《民法典》第 1047 条规定，男 22 周岁、女 20 周岁方取得婚姻行为能力。在我国历史上，汉朝规定女 15 岁为必须结婚年龄，15 岁以上不嫁的女子，则五倍算赋。唐朝贞观元年规定为男 20、女 15 为法定婚龄，至开元二十二年，则降至男 15、女 13 为法定婚龄。《大清民律草案》规定男未满 18 周岁、女未满 16 周岁者不得成婚。《中华民国民律草案》作同样规定，民国民法亦同。我国 1950《婚姻法》规定为男 20 周岁、女 18 周岁为法定婚龄。1980 年《婚姻法》改为现制。对婚姻行为能力取得年龄界限的规定，一是考虑人口政策的因素，二是考虑社会文明的发展，所以与一般的民事行为能力规定不同。

（3）婚姻自主权的行使须与对方当事人合意

婚姻是两性结合的法律形式，男女一方仅凭自己的意志而一厢情愿，不能决定婚姻关系的发生与解除。同时，婚姻自主权为自然人个人享有，欲缔结婚姻关系的当事人各自均有自主决定权，只有经过双方的合意，才能在缔结婚姻关系上，就行使其婚姻自主权达成意思表示一致，才能不违背相对人的意志自由，干涉相对人婚姻自主权的行使。在解除婚姻关系上，一方不能干涉对方离婚的自主决定权，另一方也不能干涉对方主张离婚的自主权。如经合意而同意离婚，则因意思表示一致而解除婚姻关系；如双方无法合意，则诉诸司法机关依法裁决，一方不能强制相对人接受自己的意见。

（4）婚姻自主权具有意志自由的属性

婚姻自主权表明，该权利的行使以自然人的意志决定，体现了《民法典》第130条规定的自我决定权的要求，他人不得干涉、不得强迫、不得包办。这些行为都是侵害婚姻自主权的行为。不具有婚姻行为能力人的结婚行为自属无效，决定离婚的意思表示也无效。之所以如此，就是因为婚姻自主权的核心是意志自由，人格自由是其基础，体现的是婚姻自由权。

（二）婚姻自主权的性质

1. 认识分歧

婚姻自主权的性质是什么，有以下三种主张。

（1）人格权说。认为婚姻自主权也同其他人格权一样，其权利能力仍是一种一般的权利能力，即人一出生即享有，权利与主体间具有不可分离的属性，因而属于人格权的一种，是独立的人格。[1] 有其他学者也赞同这种观点。[2]

（2）身份权说。认为婚姻自主权是一种基本身份权。依据婚姻自主权，我国自然人有权依法缔结或解除婚姻关系，并不受对方的强迫或他人的干涉。[3]

（3）自由权说。认为婚姻自主权的性质是自由权，将其概括在自由权的范围之内，因而婚姻自主权就是婚姻自由权。[4]

对婚姻自主权性质的上述分歧，也表现在《民法典》中。前述《民法典》总则编认婚姻自主权为具体人格权，人格权编却不规定婚姻自主权，主要的问题就

---

① 王利明主编：《人格权法新论》，长春，吉林人民出版社1994年版，第503－504页。

② 梁慧星：《中国民法经济法诸问题》，北京，法律出版社1991年版，第77页；马特、袁雪石：《人格权法教程》，北京，中国人民大学出版社2007年版，第315页。

③ 佟柔主编：《中国民法》，北京，法律出版社1990年版，第488－489页。

④ 孟玉：《人身权的民法保护》，北京，北京出版社1988年版，第8、112页。

是对婚姻自主权的性质认识不同，以至于表现在立法的规范之中。

2. 确认婚姻自主权是具体人格权的理由

婚姻自主权是一种具体人格权，而不是身份权，更不是自由权。理由是：

第一，婚姻自主权的客体是人格利益，而不是身份利益。婚姻自主所体现的是人对自己人格利益的支配，其基础是人所具有的之所以为人的资格，是维护其独立人格所必须有的利益。主张婚姻自主权是身份权的观点，认为其符合身份权基于亲属间相互关系而发生的特点。其实，这只是婚姻自主权的现象而不是本质。自然人依据其婚姻自主权可以缔结婚姻关系，因而产生配偶这种身份关系；但是，婚姻自主权所表现的恰恰不是身份关系，而是人格关系。自然人正是基于对这种人格关系所享有的权利，才可以决定自己和谁结婚，与谁发生配偶的亲属身份关系。因而，婚姻自主权是人格权，自然人依据这种人格权，有权决定产生配偶权这种身份关系，或者决定消灭这种身份关系。依婚姻自主权的行使而产生的配偶权才是身份权。

第二，婚姻自主权具有人格权的一切基本属性。首先，婚姻自主权是自然人的固有权，是生而有之，资产阶级法学家认为婚姻自主权是"天赋人权"，从某种意义上说，正是指其固有性。它不需要一定的行为或一定的身份关系而产生。其次，婚姻自主权是自然人的专属权，与其人身不可分离，只能自己行使，不允许其他任何人代为行使，既不能转让，也不能继承。再次，婚姻自主权具有对世性性质，是绝对权，除本人以外，其他任何人，包括其父母、子女甚至要缔结或解除婚姻关系的对方，都负有不得侵犯的义务，违反者即为侵权。最后，婚姻自主权也具有人格权的必备权属性。自然人如无婚姻自主权，则必然发生人格缺损的后果，不具有完整的法律人格。

第三，婚姻自主权含有自由权的内容，但不是自由权本身。在现代民法中，自由权主要表现为人身自由权，以及其他民事自由权，例如契约自由、婚姻自由等，其他的自由权为政治权利，而非民事权利。婚姻自主权确实包含意志自由的内容，即依自己的意志而缔结婚姻或解除婚姻；但是，人身自由权包括的意志自由权是独立的人格权，婚姻自主权也是一种独立的人格权，二者是并列的关系，不发生谁包含谁的关系。

（三）婚姻自主权与婚姻自由的关系

婚姻自主权与婚姻自由这两个概念究竟是何关系，有两种理解：一种认为二者并非同一概念，另一种认为二者是同一概念。[①] 多数人主张后者，因为自然人依法享有婚姻自由，即依法按照自己的意志，自愿地结婚或离婚，不受他人干涉的自主的权利。男女对于自己的结婚或离婚问题，在遵守法律规定的条件下，有表达自己真实意思的完全自由，任何人都无权代替他们做出决定，或者强迫他们作出违背自己意愿的决定；不但父母无权干涉自己子女的结婚或离婚的自由，而且子女也无权干涉自己父母的离婚自由和丧偶一方的再婚自由。[②]

本书认为，婚姻自主权与婚姻自由并非同一概念，二者既有联系，又有区别。

从现行立法看，《宪法》和《民法典》婚姻家庭编规定婚姻自由，《民法典》总则编规定的是婚姻自主权。主张婚姻自主权与婚姻自由为同一概念者，认为这是立法从不同角度规定同一事物，甚至认为这是立法技术上的缺陷，都是不对的。立法者在不同的法律环境采用不同的表述，恰恰体现了立法旨趣的不同。《宪法》规定婚姻自由是规定国家的基本婚姻制度。《宪法》第 49 条第 3 款规定"禁止破坏婚姻自由"，不是从权利的角度规定，而是从维护婚姻制度的角度作出的规定。《民法典》第 1041 条和第 1042 条分别规定"实行婚姻自由"的婚姻制度和"禁止包办、买卖婚姻和其他干涉婚姻自由的行为"，却是从制度的角度着眼。在学理上，也有将婚姻自由解释为我国婚姻家庭法的基本原则，也是正确的。可见，《宪法》和《民法典》关于婚姻自由的规定并非规定民事权利。《民法典》第 110 条关于婚姻自主权的立法旨趣，恰恰在于规定婚姻自主权是一种民事权利，是具体人格权。这可以从《民法典》总则编的编制体例体现出来。《民法典》将婚姻自主权规定在"民事权利"一章的人格权条文中，体现的正是立法者的这一立法意图。婚姻自由是国家的婚姻制度和婚姻立法的基本原则，婚姻自主

---

① 王利明主编：《人格权法新论》，长春，吉林人民出版社 1994 年版，第 498 页。
② 百度百科："婚姻自主权"词条，http://baike.baidu.com/view/1772245.htm，2011 年 5 月 13 日访问。

权是自然人的具体人格权，当然不是同一概念。

在民法领域，多数权利和制度采用同一称谓。例如，人格权可以称为人格权制度，财产权可以称为财产权制度。这其实也是不同的概念，不可以将人格权与人格权制度相混淆，也不得将财产权与财产权制度相混淆。同样，在少数场合，立法者有意将制度的称谓与权利的称谓区分开，以示区别。婚姻自由制度与婚姻自主权即是一例。制度者，乃为要求大家共同遵守的办事规程或行动准则。权利者，乃法律赋予主体为实现其利益所可实施的行为范围。因而，制度和权利尽管有上述表述的相近性，但绝非同一概念。

婚姻自主权与婚姻自由制度不是同一概念，它们的关系是，婚姻自主权因婚姻自由制度产生，并受婚姻自由制度的制约和调整，要求婚姻自主权的行使必须依婚姻自由制度的要求，违反这一制度而行使权利是违法的。同时，婚姻自由制度是对婚姻自主权的概括和升华，不再局限于个人的具体权利，而是将其上升为法律制度，为婚姻自主权的行使提供法律制度的保障。

二、婚姻自主权的内容

（一）婚姻自主权的一般内容

广义的婚姻自主权，包括恋爱决定权、订婚决定权、结婚决定权和离婚决定权。

恋爱是结婚的前奏。在现代社会，只有以爱情为基础的婚姻才是合乎道德的，经过恋爱，在男女双方真正建立了爱情的基础，方能缔结婚姻关系。因而，恋爱成为结婚的必然阶段。从提高婚姻质量、巩固婚姻家庭的意义上说，应当鼓励恋爱，并由恋爱成功而进入婚姻关系之中。从这个意义上说，恋爱决定权也是婚姻自主权的内容。自然人达到适当的年龄，有权选择恋爱对象，有权与恋爱对象进行恋爱活动。不过，单就恋爱而言，并非产生法律后果，因而法律并不对恋爱进行规范，而由道德规范去调整。恋爱决定权的行使不受法律约束，而受道德规范约束。在恋爱中的朝三暮四、用情不专或脚踏几只船等行为，法律并不认为是违法行为，而道德规范却认为其违反社会道德，约束其遵守道德要求。这种道德规范并无强制的拘束力，对违反道德而恋爱者，虽为恋爱决定权的滥用，但是却不能对其进行制裁，只能以舆论予以谴责。因此，狭义的婚姻自主权不包括恋爱自主权。

订婚是缔结婚姻关系的预约，是缔结婚姻关系中恋爱、订婚、结婚三个阶段的中间一环。对于订婚，权利主体也享有自主决定权，称为订婚决定权。订婚是否为法律所调整，各国立法有所不同。一是婚约制，即男女双方以结婚为目的，应事先约定，称为婚姻预约。这种预约发生法律效力，法律予以适当的调整和保护。二是非婚约制，即男女双方欲缔结婚姻关系，是否订立婚约，采自由主义态度，法律不予调整，也不予保护。我国古代立法有订婚的规定，"六礼"中的纳采、问名、纳吉、纳征、请期等，均为订婚的程序，只有亲迎才为"娶"，即结婚。《大清民律草案》未对订婚作出规定，《中华民国民律草案》"婚姻之成立"一节专设"定婚"一款，共设7条规定。《中华民国民法》亲属编第二章"婚姻"专设"婚约"一节，对订婚作出具体规定。在根据地的婚姻立法中，基本上不对订婚作规定，采自由主义立场，任凭当事人为之。1949年以来，《婚姻法》和《民法典》均持此立场。不过，无论立法对订婚采何种立法例，民间一般在结婚之前采订婚程序，以明确婚姻预约。对于婚姻的订定，由权利人自主决定，其他任何人无权干涉、强迫和包办。

将婚姻自主权的内容究竟规范至何种范围，主要的争论在于是否认可订婚决定权。通说采否定主义，只承认结婚决定权和离婚决定权为狭义的、法律上的婚姻自主权，否定订婚决定权为婚姻自主权。本书采肯定态度，婚姻自主权作为法律概念，不包括恋爱决定权，订婚决定权、结婚决定权和离婚决定权均为其内容。

（二）婚姻自主权的内容

1. 订婚自主决定权

订婚与定婚这两个概念，虽然在实际意义上基本相同，但是在语义上却有不同。订者，订立之义，订婚为婚姻的预订形式，而非确定；定者，含确定、决定之义，定婚含有婚姻预定之义，带有终局的意义。究订婚的实质为事先约定，具有合意的意向，而非终局确定婚姻。《中华民国民律草案》使用"定婚"概念，

《中华民国民法》采"订婚"概念，体现了这种区别。故应采用订婚概念，不用定婚概念。

订婚决定权，是指异性自然人之间在预订婚姻关系上的自主决定权。该权利的行使，由自然人依自己的自主意志决定之，他人无权干涉。至于该订婚决定权的主体是否应具结婚行为能力，因其尚不属缔结婚姻关系，只是预约形式，因而不必要求达到法定婚龄。一般认为主体须达到完全民事行为能力的法定年龄，不具有完全民事行为能力人不得行使订婚决定权，这是不正确的看法，因为法律无理由对其予以限制。

将订婚决定权作为婚姻自主权的内容，有以下理由。

第一，权利主体在结婚前订婚，在现实生活中普遍存在，为一客观现实。虽然婚姻立法对此既不提倡，也不禁止，但是在实践中，欲缔结婚姻关系的男女，一般都举行订婚仪式，明确未婚夫、未婚妻的名分，确立"准"身份关系。对于现实生活中普遍存在的社会现象，法律完全采取放任态度，尽管有防止早婚、包办婚以及订婚后的变化，以保障择偶自由的意义，但是完全放任自行，不能更好地予以法律调整，为任意所为留下了机会。法律对此采取无所作为的态度，不利于社会的稳定。

第二，婚约缔结后会出现较多纠纷。这是因为订婚非为正式缔结婚姻关系，双方当事人均有权解除婚约。因而涉及的法律问题有：（1）婚约可否依法定事由或自由意志而解除；（2）可否由一方提出履行婚约之诉；（3）婚约期间一方对另一方造成性自主权等损害，可否提起损害赔偿之诉；（4）婚约期间双方之间的财产，包括个人财产、共同购置的财产以及彩礼如何处理。

鉴于这些订婚后又解除婚约的多种纠纷，依照道德规范无法处理，须依法律规范处理。法律对此采取自由主义态度，无法保护当事人的合法权益。在司法实务上，司法机关对婚约期间财务纠纷不得不比照相关的法律规定和司法解释进行处理。[①] 这不仅使司法机关处理婚约解除的财物纠纷无法律依据，还会对其他婚

---

① 杨立新主编：《民事司法实务全书》，长春，吉林人民出版社 1994 年版，第 138 - 139 页。

约解除的纠纷因无法可依而无法处理而一律拒之门外，当事人的合法权益无法得到法律保护。

第三，对婚约由个人自行约束和道德约束，显然不如依法律约束为佳。对婚约由个人自行约束是放任自流；对婚约由道德约束不具强制力拘束，不能使当事人完全依道德规范行事。法律对婚约的规范，一是赋予权利人以订婚、解除婚约的自主决定权，二是规范婚姻期间当事人的行为规范，三是规定婚约解除后纠纷的处理规范，使婚约当事人自觉行使这种权利、履行其义务，当其自主决定解除婚约时，对其纠纷有切实可行的处理法律依据。

因此，立法应当改变对婚约的自由主义放任态度，采取积极态度，规定订婚决定权，保护好当事人的合法权益。

2. 结婚自主决定权

（1）结婚自主决定权的概念和范围

结婚自主决定权，是指自然人自行决定自己缔结婚姻关系，不准任何组织或者个人加强迫、包办或干涉的权利。结婚自主决定权包括自然人在法律规定的范围内，结不结婚，和谁结婚，何时结婚，何地结婚，采取何种仪式结婚，均由自然人自主决定，不受强迫、包办和干涉。

结婚自主决定权包括初婚自主决定权、复婚自主决定权和再婚自主决定权。初婚自主决定权为未婚男女享有的结婚自主决定权，任何未婚男女均平等享有。复婚自主决定权为已离婚的原配偶双方享有的结婚自主决定权，只要双方均未再婚，他们均可依其复婚自主决定权，经合意而恢复婚姻关系，重新成为配偶。再婚自主决定权为离婚之人或者丧偶之人享有的结婚自主决定权，离婚之人与丧偶之人都有权再婚，不受任何他人的干涉。他们可以和未婚、离婚、丧偶的相对人自主决定婚姻关系的缔结。在现实生活中，对丧偶老人的再婚自主决定权尤应予以切实保障，防止子女及他人干涉他们行使权利。

（2）结婚自主决定权的内容

结婚自主决定权除包括以上三种形式外，还包括以下具体内容。

一是，异性男女双方自主决定。包括以下内容。

首先，缔结婚姻关系的主体须是异性男女，而非同性相恋、同性相婚。康德指出："婚姻由两性间自然交往或自然的联系而产生。两性间的自然结合体的产生，或者仅仅依据动物的本性，或者依据法律。后一种就是婚姻，婚姻就是两个不同性别的人，为了终身互相占有对方的性官能而产生结合体。"他为了解释这段话，又说："两性关系或者是自然的，通过这种关系，人类可以产生自己的种类；或者是不自然的，它又可以分为两种，或者是指和对方属于同一性别的，或者是非人的其他种类。不自然的两性关系是违背一切法则的，对于这种违反天性的罪犯，真是'无以名之'。他们违犯了作为人的一切人性，不可能通过任何界线与任何例外，把他们从彻底的堕落中挽救出来。"① 社会发展到今天，人们对同性恋逐渐采取宽容态度，不过，《民法典》未采纳其为合法婚姻形式，同性别的男女仍不得缔结婚姻关系。追求同性关系合法化，还有很长的路要走。

其次，异性男女结婚须双方自主，一厢情愿虽然也是行使婚姻自主决定权，但是却无法缔结婚姻，只有双方就缔结婚姻共同自主决定，才能够达成结婚的合意，实现共同生活、终身相守的目的。恩格斯认为："按照资产阶级的理解，婚姻是一种契约，是一种法律行为，而且是一种最重要的法律行为，因为它决定了两个人终身的肉体的和精神的命运。"② 据此，我国立法和理论否认婚姻为契约性质。其实，婚姻双方当事人自主决定且须达成婚姻合意，具有契约的特征，是毫无疑问的，《民法典》确认身份法律行为，已经不成问题。一方强迫另一方接受自己缔结婚姻关系的意愿，是违反法律的行为，是对相对人婚姻自主权的侵害，法律严加禁止。

再次，异性男女自主决定婚姻关系的缔结，排除任何组织或者个人的干扰、强迫和包办。这是由婚姻自主权的绝对权性质决定的。正因为如此，任何婚姻当事人以外的人干涉婚姻自主权的行使，都是侵权行为。在我国民俗习惯上，异性男女双方在缔结婚姻关系之前，一般要事先征求父母及其他近亲属的意见，取得支持和同意。民间的这种做法并不违法，而是尊重尊亲属的表现。对于父母等提

---

① ［德］康德：《法的形而上学原理》，北京，商务印书馆1991年版，前一段引文见95－96页，后一段引文见95页脚注②。

② 《马克思恩格斯选集》，第4卷，北京，人民出版社1995年版，第76页。

出的反对意见，子女应当仔细倾听、研究，但是，父母不能强行要求子女必须服从。婚姻当事人不听父母的反对意见而自主决定结婚的，为适法行为，受到法律保护。

最后，异性男女须双方出于自愿。如果说双方自主决定是结婚自主决定权的外在表现形式，双方自愿决定则是结婚自主权的内在主观心态。结婚自主决定权就是其客观外在表现形式与主观心理状态的自主和自愿的结合。有的学者反对将"双方完全自愿"作为婚姻自主权的内容，强调只具有外在的自主决定形式即为合法，并主张将法律关于"结婚应当男女双方完全自愿"的规定，改成"结婚必须男女双方自主决定"，是不正确的。就目前我国的实际情况而言，男女结婚虽正在逐渐向求共同理想情操和求夫妻感情和谐方向发展，但不可避免地仍然存在关于经济利益、社会地位以及其他非性爱的因素对婚姻缔结产生影响，但是，因这些因素的考虑而结婚，也不影响其出自自愿，即使结婚的目的是为继承对方的钱财，在其主观上也是出于自愿，而非其内心受他人强制。更何况立法要求双方完全自愿，旨趣在于引导人们按照自己的意愿去选择自己真正喜欢和爱慕的伴侣，以实现以爱情为基础的理想婚姻。

（3）行使结婚自主决定权须依照法律规定

结婚不仅是双方性爱的结果，而是伴随一系列社会的、法律的后果，因而法律对结婚作强制性规定，包括实质要件和形式要件、必备要件和禁止要件。行使结婚自主权而结婚，并非男女双方一经合意自主进行就为结婚，而是须依法律规定，在各种条件都符合法律要求时，才能依法缔结婚姻关系，否则为婚姻无效或者可以撤销，法律既不承认其为婚姻，也不对其进行法律保护。

3.离婚自主决定权

离婚自主决定权是婚姻自主权的重要组成部分，是合法存在的婚姻当事人在夫妻感情破裂、不愿再继续维持婚姻关系的情况下，自主决定解除婚姻关系的权利。

离婚制度是婚姻制度的重要组成部分，是对结婚制度的重要补充。在古代封建法律中，虽然在一方面将离婚决定权集中在男子一方，但是也准许在一定条件下的"和离"或"协离",而"义绝""夫妻不相和谐"而两愿离婚者,我国明、清法律并不禁止。在自然界中,当任何存在物完全不再符合自己的职能时,解体和死亡自然而然地就会到来。因此,离婚仅仅是对下面这一事实的确认:某一婚姻已经死亡,它的存在仅仅是一种外表和骗局。不用说,既不是立法者的任性,也不是私人的任性,而每一次都只是事物的本质来决定婚姻是否已经死亡;因为大家知道,死亡这一事实的确定取决于事物的本质,而不取决于当事人的愿望。法院判决的离婚,只能是婚姻内部崩溃的记录。① 如果说只有以爱情为基础的婚姻才是合乎道德的,那么也只有继续保持爱情的婚姻才合乎道德。如果感情确实已经消失或者已经被新的热烈的爱情所排挤,那就会使离婚无论对于双方或对于社会都成为幸事。② 谁不要求立即实现离婚的充分自由,谁就不配做一个民主主义者和社会主义者,因为不实现这种自由,就是把被压迫的女性置于惨遭蹂躏的境地。③ 离婚自由并不会使家庭关系"瓦解",而相反地会使这种关系在文明社会中唯一可能的坚固的民主基础上巩固起来。④

受传统封建思想的影响,在我国立法上虽然有离婚自由制度和离婚自主决定权的法律保障,但是,在具体实行中有相当的阻力,不满低质量婚姻而提出离婚的人,备受冷眼、奚落和辱骂,甚至可能遭受行政处罚。

离婚自主决定权的基本着眼点,在于保证自然人享受真正美满、幸福、和谐的性爱的感情之美和生活之美。婚姻既然以两性相爱为基础,那么,当不具有两性相爱或者两性相爱已经消失的时候,离婚就是不可避免的。赋予自然人以离婚自主权,就是保障自然人在出现非以两性相爱为基础或者两性相爱的基础已经消失的婚姻关系时,准许他们自主决定离婚,解除痛苦的婚姻关系,创造合法的条件,去寻求新的真正美满、幸福、和谐的性爱和生活,去建立真正以两性相爱为基础的婚姻关系。

离婚自主决定权为自然人享有的具体人格权的内容,是婚姻自主权的组成部

---

① 《马克思恩格斯全集》,第1卷,北京,人民出版社1956年版,第183-185页。
② 《马克思恩格斯选集》,第4卷,北京,人民出版社1995年版,第78-79页。
③ 《列宁全集》,第23卷,北京,人民出版社,第67页。
④ 《列宁全集》,第20卷,北京,人民出版社,第423页。

分，因而人人都享有。但是，行使这一权利，主体必须具有特定的身份，即合法存在婚姻关系的当事人，没有这一身份就无所谓离婚。

离婚自主决定权，一般由双方当事人合意。一方不能强迫对方接受自己离婚的请求，也不能要求对方强制接受不离婚的请求。当双方在离婚上达成一致意见，即可按照法定程序登记离婚。

离婚自主决定权排除婚姻当事人之外的第三人非法干涉，任何非法干涉者均为侵权行为。其他第三人可以进行调解，但调解须遵守自愿、合法原则，而不是采取非法的方法强迫当事人接受调解意见。

离婚自主权不排除国家司法干预。当婚姻当事人一方坚持离婚，另一方坚持不离婚的主张时，坚持离婚的一方可依其离婚自主权，向法院提起诉讼，要求法院保障其自主离婚的权利。人民法院根据双方感情是否破裂的标准，确定双方准予离婚或不准予离婚。法院判决准予和不准予离婚，都使持相反意见的一方认为自己的离婚自主决定权没有得到尊重。这是国家对离婚的法律干预，作为裁决者，依法确认某一特定婚姻关系是否应予解除，不仅不是对离婚自主决定权的干涉，反而恰恰是对离婚自主权履行的保障。

自然人行使离婚自主决定权，涉及子女抚养、共同财产分割等一系列问题，应当妥善依法处理，承担应尽的法律义务。

三、婚姻自主权的产生与发展

（一）婚姻自主权产生前的婚姻决定权

在人类社会出现国家以后，作为男女两性结合形式的婚姻关系的缔结，总是被法律规定为婚姻关系缔结的决定权，即婚姻决定权。近现代社会法律规定，婚姻决定权是婚姻自主权。

在婚姻自主权产生之前，曾经长期存在着非由婚姻当事人自主意愿的婚姻决定权，其社会形态就是奴隶社会和封建社会。在这两种社会形态中，婚姻决定权的形式是尊长包办权，婚姻缔结须由婚姻当事人的尊亲属包办、强迫决定，婚姻当事人自己无权决定。

这种婚姻决定权存在的社会客观基础是，在当时的社会形态下，婚姻的实质不是相爱双方当事人的自身需要，而是繁衍后代的需要，同时，还决定于经济因素乃至政治因素的考虑。在这些因素的基础上，婚姻缔结当然应由婚姻当事人的父母等尊亲属决定。在整个古代，婚姻的缔结都是由父母包办，当事人则安心顺从。古代所仅有的那一点夫妇之爱，并不是主观上的爱好，而是客观的义务；不是婚姻的基础，而是婚姻的附加物。①

婚姻尊长包办权在中国古代根深蒂固。

在理论上，认为"必以婚者，取其阴往阳来之义，日入后二刻半为昏。婿曰婚，妻曰姻。""谓婿以昏时而来，则妻因之而去也。""婚礼者，将合二姓之好，上以事宗庙，而下以继后世也，故君子重也。"②"不孝有三，无后为大。"③ 皆谓婚姻的实质意义不在于性爱，而在于事宗庙、继后世。故"男不自专娶，女不自专嫁，必由父母，须媒妁何？远耻防淫佚也。诗云：娶妻如之何？必告父母。又曰：娶妻如之何？匪媒不得"④。故尊长的婚姻包办权为天经地义。

在法律上，西周即规定婚姻的缔结必须有父母之命，媒妁之言。《唐律》明文规定：尊长可为卑幼包办婚姻，如不服从，则杖一百。只有当卑幼因公私之务在外自娶妻，其尊长后为定婚，则婚如法，未成者，从尊长所定，违者，亦杖一百。⑤《大清律》规定："嫁娶皆由祖父母、父母主婚，祖父母、父母俱无者，从余亲主持。"不仅如此，为保证人口繁衍，官府亦有婚姻干预权，法律对此有明文规定。晋武帝泰始九年定制："女年十七，父母不嫁者，长吏配之。"南朝则规定："女子十三不嫁，家人坐之。"在北齐，规定"女年二十以下，十四以上，未嫁悉集省，隐匿者，家长处死。"可见，官府对婚姻的干预权是何等严厉。在这

①　恩格斯：《家庭、私有制和国家的起源》，《马克思恩格斯选集》，第 4 卷，北京，人民出版社 1995 年版，第 72 页。

②　《礼记·婚义》，其中"婚"原文为"昏"，现用今字。

③　《孟子·万章句上》。

④　《白虎通·嫁娶》。

⑤　张晋藩：《中国古代法律制度》，北京，中国广播电视出版社 1992 年版，第 436 页。

种社会中，婚姻自主权从何谈起！

中国古代的婚姻决定权还表现在离婚的丈夫决定权。这种权利表明婚姻关系解除权的男女不平等。例如，各朝律法大体都规定休妻制，妻不顺父母、无子、淫、妒、恶疾、多言、窃盗为法定离婚理由，夫因此可片面休妻，解除婚姻关系，谓之"七出"。从理论上说，则谓夫为妻天，"地之去，天之义也"①。这种专断的离婚决定权，剥夺的是女子的婚姻自主权。

不仅如此，中国古代还限制亡夫之妻改嫁，要求一女不事二夫，相守以死谓之贤妇，更是将女子置于婚姻决定上的无权地位。

（二）婚姻自主权的产生和发展

在中国古代，人们并非没有婚姻自主的要求。《诗经》有诸多歌颂追求婚姻自主的动人事例，但是，这些追求均被社会礼教所压制、扼杀。《郑风·将仲子》："岂敢爱之？畏我父母。仲可怀也。父母之言亦可畏也。"是最好的例证。

在欧洲文艺复兴时期，人文主义者大胆地提出了性爱自由的口号，为婚姻自主权的产生作了理论上、思想上的准备。意大利早期文艺复兴的"文学三杰"之一但丁，在其不朽的著作《神曲》中提出以"自由意志"与教会传统、反动的婚姻观念相对抗。他说："我是一个人，当爱情鼓动我的时候，我就依照她从我内心发出的命令写下来。"② 在随后开展的欧洲基督教的宗教改革中，资产阶级明确提出争取婚姻自由、婚姻自主的主张，认为只有摆脱封建束缚的自由婚姻，才符合人类理性的要求，因而在提出民主、自由、平等的口号时，也把婚姻自由宣布为"天赋人权"。争取婚姻自由的斗争逐渐深入，最后发展到法律领域，在革命胜利之后，就把婚姻自由用法律的形式固定下来。1791 年法国宪法明定"法律视婚姻仅为民事契约"，因而受契约自由原则支配。1804 年《法国民法典》第146 条规定："未经双方同意，不得成立婚姻。"明定婚姻自主权为婚姻双方当事人所享有。

在中国，封建的婚姻家长决定权一直延续到清末民初。《大清民律草案》虽

---

① 《白虎通·嫁娶》。
② 陈小川等：《文艺复兴史纲》，北京，中国人民大学出版社 1986 年版，第 59 页。

然在整个立法结构和立法思想上有了重大变革，但是，在婚姻关系缔结上仍沿旧例，第 1338 条规定："结婚须由父母允许。""继母或嫡母故意不允许者，子得经亲属会之同意而结婚。"《中华民国民律草案》第 1078 条规定："家属为婚姻、立嗣或出嗣者，须得家长之同意。"第 1105 条规定："结婚，除依第 1078 条第一项规定外，并须经父母允许。"这些规定背离时代潮流，为时代落伍之例。

国民政府制定民法亲属编，确认缔结婚姻应依当事人双方自行决定。在革命根据地，1931 年 11 月 7 日《中华苏维埃共和国宪法大纲》第 11 条规定："承认婚姻自由。"1931 年 11 月 28 日《中央执行委员会第一次会议关于婚姻条例的决议》指出："目前男女婚姻，已取得自由的基础，应确立婚姻以自由为原则，而废除一切封建的包办、强迫和买卖的婚姻制度。"1931 年 12 月 1 日《中华苏维埃共和国婚姻条例》第 1 条明文规定："确定男女婚姻，以自由为原则，废除一切封建的包办强迫和买卖的婚姻制度，禁止童养媳。"

1949 年以来，《中国政治协商会议共同纲领》和第一部《宪法》都一直坚持婚姻自由原则，在《婚姻法》中制定了具体条文。《民法通则》第 103 条规定了自然人享有婚姻自主权，确认婚姻自主权是我国自然人的独立人格权。《侵权责任法》第 2 条第 2 款明确规定婚姻自主权是侵权责任法所保护的民事权利之一。《民法典》第 110 条确认婚姻自主权是具体人格权。

四、对婚姻自主权的民法保护

（一）侵害婚姻自主权的具体行为

1. 侵害订婚自主决定权的行为

侵害订婚自主决定权的行为，是指他人或享有婚姻自主权的人强迫、包办或强制干涉他人订婚或不订婚，或者强迫相对人与自己订婚或不订婚的行为。

（1）包办他人订婚。这种行为本是中国封建社会的余毒，1949 年后已经绝迹，但近年来又有所抬头，成为一种侵害婚姻自主权的行为。例如，指腹为婚、抱童养媳、订娃娃亲等，虽然都不是正式缔结婚姻，但却是订立婚约的形式。这种在子女尚未出生或者尚无行为能力时，就由父母包办订婚，是对婚姻自主权的侵害。

（2）强迫他人订婚或不订婚。在我国民间习俗中，订婚的仪式主要是双方亲友相聚，确认当事人所订婚约。其实，订婚不在其仪式，而在于双方当事人对缔结婚姻的预约，确定之后即以未婚夫、未婚妻的身份对外称谓。强迫他人订婚，或者强迫他人不订婚，现实生活都存在，尤以农村为甚。前者多为父母为子女选择配偶对象，责令与其订婚，后者多为自由恋爱双方欲订婚约而父母强制干预，禁止其订婚。这种行为的情节轻重不等，即使情节轻微也是对婚姻自主权的强制干预，属侵权行为。

（3）借婚约而侵害他人权利。婚约不具有必须履行的效力，不得要求对方承担必须结婚的义务。目前，民间还存在"婚约不可悔"的观念，尤其是农村。法律没有相应规定，对此类纠纷束手无策。如利用婚约逼婚，对退婚者勒索钱财，有的甚至引起械斗、凶杀。解除婚约的女方得不到舆论同情，为避免家庭灾难，或以死反抗，或违反心愿而勉强屈从婚约。这些行为都侵害了他人的权利，构成侵权行为。

2. 侵害结婚自主决定权的行为

侵害结婚自主决定权的行为是侵害婚姻自主权的主要方式。这种行为的主体包括当事人的父母亲友，也包括当事人一方，以及当事人的行政领导和婚姻登记机关的工作人员。具体的行为多种多样。

（1）包办婚姻。包办婚姻是指第三人（包括父母）违背自然人的意愿，一手包办、强迫他人结婚的行为。在农村最常见的是转亲、换亲。前者是指甲方的姐或妹嫁给乙方，乙方的姐或妹嫁给丙方，丙方的姐或妹再嫁给甲方，形成三对或三对以上链条闭合式的婚姻关系。后者是以甲方的姐或妹嫁给乙方的兄或弟为条件，结成两对婚姻。其他如父母、亲友为一方当事人选择对象并包办成婚。

（2）买卖婚姻。买卖婚姻是指第三人包括父母以索取大量财物为目的，强迫他人结婚的行为。多数是以钱财为目的，以结婚为要挟条件，不达目的即不准其成婚。拐卖人口与买卖婚姻不同。买卖婚姻只是以索取钱财为目的，并非将子女尤其是女儿卖给他人。拐卖妇女为他人作妻，构成拐卖人口罪，收买者如违反妇女意志而成婚，为侵害婚姻自主权的行为，甚至构成犯罪。

（3）禁止寡妇改嫁和强迫寡妇成婚。中国封建社会强调妇女从一而终，寡妇只有守寡才为节妇。这种风气已经扭转，但仍有残余，在农村较多。强迫寡妇成婚，往往是逼迫丧偶妇女与其不相爱的人成婚，违背其自主意志。

（4）干涉男到女家落户。"入赘"古已有之，为世人鄙视，至今此风俗仍在。主要表现是，男方亲友、父母强制干涉，不准男到女家落户，也是侵害婚姻自主权的行为。

（5）干涉父母再婚。父母离异或丧偶，有再婚的权利。子女或考虑社会流言，或考虑财产继承等，干涉父母再婚，也是侵权行为。

（6）一方当事人强迫另一方当事人与其结婚。这是一方行使婚姻自主权而侵害相对人的婚姻自主权，多为男方强迫女方。形式有逼婚、抢婚等。这种侵权行为往往发生严重后果，或者逼迫女方自杀，或者男方杀人。

（7）干涉不婚者成婚。结婚自主决定权包括决定结婚的权利和决定不婚的权利。自然人选择不婚，是行使权利的行为。逼迫其成婚，同样构成侵害婚姻自主权。有学者认为对独身者和大龄未婚青年的非议和歧视也构成侵害婚姻自主权，值得研究。这种非议或歧视，是对人格尊严或隐私权、名誉权的侵害，不能构成侵害婚姻自主权。

（8）妨害婚姻登记的行为。这种行为的主体是当事人单位的领导和婚姻登记机关的工作人员。有些结婚登记人员借机摊派、索贿受贿，不达目的则不予登记。有些地区结婚登记前必须进行个人财产公证，更是公证机关与婚姻登记机关相串通，不公证则不给予登记，是侵害结婚自主决定权的行为。

3. 侵害离婚自主决定权的行为

离婚自主决定权的行使虽需双方合意，但一方要求离婚，另一方不同意离婚，都是行使权利，可由司法机关裁决，确定是否离婚。干涉这种离婚自主决定权的行为，同样构成侵权行为。

（1）强制离婚。这种行为的主体包括婚姻当事人的父母、亲友，也包括婚姻关系的一方当事人。如不同意离婚，则采取暴力、要挟、胁迫等方法逼迫对方。

（2）强制不准离婚。行为主体也包括当事人的父母、亲友和一方当事人。要求不准离婚的一方或其家长，往往采取自杀、行凶、泄露隐私、败坏名誉等多种手段，甚至不惜采取暴力，以达其目的。这是对离婚自主决定权的严重侵害。

（3）欺骗离婚。这是婚姻当事人一方侵害另一方婚姻自主权的行为。例如，某男与另一女青年相恋，恰巧该男驾驶汽车肇事，遂与妻商量假离婚，以免多承担赔偿责任，待事后复婚。妻同意后办理离婚登记。随后，该男与该女青年登记结婚，妻方知受骗。对此，应撤销离婚登记和结婚登记，恢复该男与妻的婚姻关系，并对侵害婚姻自主权的行为予以制裁。

（4）其他人干涉离婚自主决定权的行为。如一方当事人的单位采取行政措施，不准其离婚，或对离婚的当事人予以行政处分。不同意离婚一方的亲友集体上告，联名上访，败坏对方当事人的名誉和人格。这些恶劣的行为都侵害了自然人的婚姻自主权。

（二）保护婚姻自主权的人格权请求权

婚姻自主权是人格权，其受到侵害或者妨害，有权行使人格权请求权，对行为主张承担民事责任。对此，应当依照《民法典》第995条规定，可以请求行为人承担停止侵害、排除妨碍、消除危险、消除影响、恢复名誉、赔礼道歉责任，保护自己自主行使婚姻自主权。

权利人行使人格权请求权保护自己的婚姻自主权，不受诉讼时效的限制。

（三）保护婚姻自主权的侵权请求权

侵害婚姻自主权，造成权利人损害的，成立侵权请求权，权利人行使侵权请求权，可以主张侵权人承担损害赔偿责任，保护自己的权利。

1. 侵害婚姻自主权的侵权责任构成

侵害婚姻自主权的侵权责任构成，应具备一般侵权行为责任的构成要件。

（1）行为人须有侵害婚姻自主权的违法行为。其行为须有暴力、胁迫、限制自由、强制干涉等特征，一般应是积极的作为方式，也包括消极的不作为方式，如负有扶养义务或责任的父母等，因子女不服从其干涉婚姻自主权的意志，即断绝供给生活费。

（2）须有婚姻自主权的损害事实。侵害婚姻自主权的损害事实，主要是权利人的权利无法行使或不能行使，具有这种损害事实即成立此要件。受害人还可能造成人身伤害、自由受限、名誉受损、财产损失等损害，这些也是损害事实的内容。

（3）须有因果关系。构成侵害婚姻自主权的侵权责任，要求其违法行为为该损害事实发生的原因，而该损害事实正是其违法行为的结果。在侵害婚姻自主权的因果关系中，行为与婚姻自主权行使受限的损害事实之间的因果关系，至为明显，容易判断，应依侵权责任因果关系构成要件的要求仔细判断。

（4）侵害婚姻自主权的行为人的过错须为故意。侵害婚姻自主权的侵权行为是故意侵权，过失不构成侵害婚姻自主权的侵权责任。应注意者，侵害婚姻自主权的责任确定适用过错责任原则，不适用过错推定原则和无过错责任原则。

2. 侵害婚姻自主权的民法救济手段

救济该种权利损害的方法是赔偿损失。对当事人造成精神损害的，包括精神利益的损害和精神痛苦的损害，都可予以精神损害赔偿，应当依照《民法典》第1183条第1款规定进行，赔偿办法则按照一般精神损害赔偿的计算办法为之。对当事人造成财产利益损失的，应当赔偿财产损失，原则是对合理的财产损失全部赔偿。

对侵害婚姻自主权情节严重构成犯罪的，追究了其民事责任后，并不排除追究其刑事责任的可能性；在追究了刑事责任以后，仍可对其提起民事诉讼追究其民事责任。

第十三章
姓名权和名称权

第一节　姓名权

一、姓名权的客体：姓名

（一）对姓名概念的不同界定

姓名，在法律上不是十分复杂的概念。汉字"姓"字，由女、生构成；名，由夕、口构成。《说文解字》释为：姓，人所生也，古之神圣母，感天而生子，故称天子，从女，从生，生亦声；名，自命也，从口、夕，夕者，冥也，冥不相见，故以口自名，意为黄昏后，天暗黑不能相认识，各以代号称。这是姓和名的由来，多少有传说的意味。

在东方语系国家，姓和名分得很清楚，并不是一个概念。在日本，姓是指

"每户籍的个人的姓"，"姓氏仅仅成为表示个人同一性的称呼"①。名则是由父母给子女起的称呼。姓与名相结合，构成一个人有别于他人的文字标记。对此，在东方语系的越南、韩国、朝鲜、日本和中国，大体相同。

英语中的 name，含义比我国姓名的概念为广，可以指名称、姓名，也可以指姓或名，《布莱克法律辞典》解为："指个体的人的名称或者法人公司的名称。"② 欧美国家对姓名的理解大体如此。

民法学者对姓名的定义是，认为"所谓姓名，乃区别人我之一种符号"③；认为"姓名，系对一个人用以与他人相区别之称呼"④。也有认为，名者，为使有个性之个体易于记忆之符号也，为避免一一列举个体之特征之烦，乃预附以所谓名之符合，用以简单表示个体。故凡吾人习常接触之个体，无不有名。人的姓名亦如此。⑤ 或者认为"姓名是一个自然人区别于其他自然人的符号，是一个人的自身标记"⑥。"姓名是自然人特定的人身专用的文字符号，是自然人自身人格特征的重要标志，是区别于其他自然人的文字符号。"⑦ 所谓姓名，是姓与名的合称，其中姓是表明家族系统的，而名则是表示当事人本身的语文符号。⑧ 姓名作为一种符号类型，具有一般的符号性质。⑨

（二）姓名的概念与范围

《民法典》第 1012 条规定姓名权，没有对姓名概念作出界定，立法机关专家认为："姓名是一个自然人在社会中区别于其他人的标志和符号。"⑩ 从学术的角度看，姓名是用以确定和代表个体自然人并与其他自然人相区别的文字符号和标识。

---

① ［日］《新版新法律学辞典》，北京，中国政法大学出版社 1991 年版，第 39 页。
② *Black's Law Dictionary*，West Pronunciations Fifth Edition，p. 922.
③ 何孝元：《损害赔偿之研究》，台北，"商务印书馆"1982 年版，第 151 页。
④ 王泽鉴：《民法实例研习丛书·民法总则》，台北，三民书局 1983 年版，第 94 页。
⑤ 龙显铭：《私法上之人格权之保护》，上海，中华书局 1948 年版，第 87 页。
⑥ 王利明：《民法新论》（上册），北京，中国政法大学出版社 1988 年版，第 183 页。
⑦ 马源主编：《中国民法教程》，北京，人民法院出版社 1989 年版，第 489 页。
⑧ 张俊浩主编：《民法学原理》，北京，中国政法大学出版社 1991 年版，第 147 页。
⑨ 纳日碧力戈：《姓名论》，北京，社会科学文献出版社 2002 年版，第 1 页。
⑩ 黄薇主编：《中华人民共和国民法典人格权编释义》，北京，法律出版社 2020 年版，第 96 页。

姓名包括姓和名两部分，姓是一定血缘遗传关系的记号，标志个体自然人从属于哪个家族的血缘系统；名则是特定的自然人区别于其他自然人的称谓。姓名的组合，构成一个个体自然人的完整的文字符号和标记，因而姓名是自然人的人身专用文字符号和标记，是自然人姓名权的客体。

姓名的意义在于，在法律上使某一个特定的自然人与其他自然人区别开来，便于参加社会活动，行使法律赋予的各种权利和承担相应义务。人被社会命名（通过社会化的其他人），而他自己从诞生那天起，也是一个社会人。[1] 姓和名的组合，表现了个人对社会团体或血缘家族或某一类人的归属，也表现了从个体到群体的关系。[2]

不过，也有例外。我国少数民族的姓，一般出现得较晚，大多数是在汉族文化的影响下产生的。少数民族的姓名制度有三种情形：一是有姓有名，二是无姓有名，三是连名制（父子等名字相连接）。[3] 尽管如此，他们的姓名具有同样的社会意义。

姓名亦有广义、狭义之分。狭义的姓名即为本名。广义的姓名包括姓名本名以及字、号、笔名、艺名、译名等区别于其他自然人人格特征的文字符号。在我国，自然人使用字、号的已很少见，但别名、笔名、艺名的使用则很普遍，且为多数人所熟知的程度甚于本名。这些本名之外的其他称谓，在某些社会活动中有比本名更重要的意义。

道教、佛教的法名为正式姓名，伊斯兰教经名为非正式姓名。依据公安部的有关规定，出家、独身并在道观、宫观修行的道教教职人员，已出家的佛教徒，其法名与世俗姓名不能并存，在登记户口、办理登记居民身份证时，应当使用其本人的法名，在户口曾用名项目内登记世俗姓名。鉴于伊斯兰教的经名仅具有宗教意义，限于在宗教仪式等场合使用，其信徒在从事日常生活、工作、学习等事务时，均使用本人的世俗姓名。[4] 据此，侵害道教徒、佛教徒法名的，构成侵害

① 纳日碧力戈：《姓名论》，北京，社会科学文献出版社2002年版，第1页。
② 王利明：《人格权法研究》，北京，中国人民大学出版社2005年版，第405－406页。
③ 纳日碧力戈：《姓名论》，北京，社会科学文献出版社2002年版，第240页。
④ 袁雪石：《民法典人格权编释论》，北京，中国法制出版社2020年版，第337页。

姓名权的侵权行为；侵害伊斯兰教徒经名的，适用《民法典》第 1017 条规定，经名须具有一定社会知名度，被他人使用足以造成各种混淆的，方构成侵害姓名权的侵权行为。

（三）自然人姓氏的选取规则

自然人的姓氏不能任意选取，因为姓氏表达的是自然人血缘关系的传承，表明强烈的身份性。《民法典》第 1015 条规定："自然人应当随父姓或者母姓，但是有下列情形之一的，可以在父姓和母姓之外选取姓氏：（一）选取其他直系长辈血亲的姓氏；（二）因由法定扶养人以外的人扶养而选取扶养人姓氏；（三）有不违背公序良俗的其他正当理由。""少数民族自然人的姓氏可以遵从本民族的文化传统和风俗习惯。"这一对自然人姓氏选取规则的规定，来源于《婚姻法》第 22 条和全国人大常委会《关于〈中华人民共和国民法通则〉第九十九条第一款、〈中华人民共和国婚姻法〉第二十二条的解释》，合并成为《民法典》的规则。

自然人的姓氏，原则上应当随父姓或者母姓。这是因为，姓氏与名字不同，姓氏标表的是特定的自然人的血缘传承，至于随父姓的血缘传承，还是随母姓的血缘传承，则可以选择，中国汉民族基本上习惯于随父姓，也不排斥随母姓，所以，自然人对姓氏的选择应当随父姓或者随母姓。

作为特例，如果自然人选择父姓、母姓之外的第三姓，须符合以下法定条件。

1. 选取其他直系长辈血亲的姓氏。例如，祖父母、外祖父母的姓氏与父母姓氏不一致，而选择祖父母、外祖父母的姓氏。

2. 因由法定扶养人以外的人扶养而选取扶养人姓氏。例如，长期被父母以外的人扶养，未形成收养关系，被扶养人改随扶养人的姓氏。

3. 有不违背公序良俗的其他正当理由。例如，本家族原姓氏为"萧"，错误使用简化字而为"肖"，主张恢复"萧"性。

少数民族自然人对姓氏的选取，可以遵从该民族的文化传统和风俗习惯。

二、姓名权的基本范畴

（一）姓名权的概念和性质

1. 姓名权的概念界定

姓名权在定义上有两种方式：一种是概括式的定义，如："姓名权为专用其名称之权利"①，姓名权系"以使用自己姓名为内容的私权"②；"人之姓名在法律上享有之利益，谓之姓名权"③。"姓名权是自然人依法享有的为与他人相区别而使用姓名的权利。"④ 二是列举式的定义，如："姓名权是自然人对于姓名设定、变更和专用的人格权。"⑤

上述两种定义，列举式的定义比概括性的定义更明确，更易于接受和掌握。笔者曾经对姓名权下过这样的定义："自然人的姓名权，就是自然人决定、使用和依照规定改变自己姓名的权利。"⑥

依照《民法典》第 1012 条关于"自然人享有姓名权，有权依法决定、使用、变更或者许可他人使用自己的姓名"的规定，姓名权是指自然人依法决定、使用、变更自己的姓名，以及许可他人使用自己的姓名，并维护其姓名利益的具体人格权。

2. 姓名权的性质

姓名权为自然人的具体人格权，学说上已有定论，《民法典》已经确认。不过，也有学者主张姓名权是具有双重属性的民事权利。主要观点有两种。

有学者主张姓名权有双重性，既为人格权，又为身份权："在这种双重关系中，人格关系与财产没有关系，但身份关系却与财产关系有联系，如身份权中的

---

① 史尚宽：《民法总论》，台北，正大印书馆 1980 年版，第 110 页。
② ［日］《新版新法律学辞典》，北京，中国政法大学出版社 1991 年版，第 435 页。
③ 曾隆兴：《现代损害赔偿法论》，北京，中国政法大学出版社 1988 年版，第 46 页。
④ 王利明等：《民法新论》（上册），北京，中国政法大学出版社 1988 年版，第 187 页。
⑤ 张俊浩主编：《民法学原理》，北京，中国政法大学出版社 1991 年版，第 147 页。
⑥ 马原主编：《民事审判实务》，北京，中国经济出版社 1993 年版，第 208 页。

抚养权、赡养权、继承权等与财产都有关系。"①

也有学者指出，姓名、肖像等商业化利用作为法律问题的前提，在于姓名、肖像持有人的经济利益要求合乎正当性，法律应予以保护，而姓名权的二元本质论，即姓名权分为人格性姓名权和财产性姓名权，是解决此问题的最佳选择。因此，姓名权具有人格权性质和财产权性质这样的双重属性。②

这些意见都是有道理的，但都有不足，理由是：

首先，姓名之姓，是表明一定的家族血缘关系，但是名并非如此。抚养、赡养、继承都依身份关系发生，但并非是因为叫了什么姓名而发生这些法律关系。姓名权表明的是人格，并不是表明身份，不能将这两者混淆起来。诚然，姓名曾经承担了代表群体或者个体、表明等级身份、规范婚姻关系、弥补命运缺憾、指代特殊事物、体现社会评价、凝聚文明精华等社会功能。而姓名代表群体或者个体、表明等级身份、指代特殊事物和体现社会评价的功能具有法律层面上的意义。姓名权在历史上的确曾经以身份权的形态存在过。③ 但是，这不能证明今天的姓名权仍然具有身份权的性质和作用。随着民法法典化的进程，民法对身份权和人格权之间的分野已经越来越清晰，不会再将两种性质不同的民事权利混淆在一起。

其次，姓名权中的财产利益是客观存在的，但却不是所有具有财产性质利益的人格权就必须具有财产权的性质，因而在是人格权的同时还必须是财产权。如果坚持这样的思路，将大量的人格权都界定为具有财产权性质的人格权，或者都成为具有双重性质的民事权利，民事权利的类型就会发生混乱。同时也应当看到，如果将一个本来简单明了的民事权利刻意地复杂化，将会模糊不同类型民事权利之间的界限，需要更多的分析和说明，在民法理论的建设上也是划不来的。

姓名权所体现的利益，从以上内容进行分析，为精神利益。在现代社会中，姓名权的精神利益也可能带来一定的经济利益，如利用著名作家的笔名发表作

---

① 关今华等：《精神损害赔偿实务》，北京，人民法院出版社 1992 年版，第 236 页。
② 袁雪石：《姓名权本质变革论》，《法律科学》2005 年第 2 期。
③ 袁雪石：《姓名权本质变革论》，《法律科学》2005 年第 2 期。

品，可以赚取稿费，利用著名演艺者的艺名可以提高票房价值等。因此，姓名权的精神利益是其最基本、最主要的利益，也包含一定的经济利益。有的学者指出，姓名权的财产利益是指作为自然人人格标识之一的姓名被用作企业名称、产品或服务之标识，用作企业、产品或服务之宣传或姓名本身构成产品或服务之一部或全部时，能给拥有该姓名之自然人带来的物质利益。它与姓名权的精神利益相对应，构成完全意义上的姓名权的客体。① 这样的意见是有道理的。笔者的结论是，姓名权是具有一定财产利益因素的精神性人格权，不是姓名权具有双重属性，而是姓名权中的客体即姓名利益具有双重属性，既有精神利益，又有财产利益，因而形成了姓名权的这个特征。正因为如此，《民法典》第 993 条才将姓名权纳入公开权适用的范畴，权利人可以将姓名许可他人使用。

（二）姓名权的发展历史

姓名远在氏族社会就存在，一直延续至今。但是，姓名原不具有事实的及社会的意义，所以，各个人原本可以任意使用而不受法律的束缚。对于姓名权的保护，最早出现在公元前 200 年的《摩奴法典》："如果他在称呼他们的名字和姓的时候出言不逊，他就应该被烧红的十指铁钉刺进嘴里。"在罗马法和日耳曼法，均无姓名权的规定。17 世纪始见关于姓名的公法规定，但是，其内容不过规定姓名不得任意变更，变更须得政府的许可等。这还不是关于姓名权属于人格权的规定，尚未认姓名权为一种民事权利。19 世纪初叶的立法，例如普鲁士法、奥地利民法、萨克逊民法，也只是对姓名取得方法作出规定，规定嫡出子冠父姓，私生子冠母姓，弃儿由官吏命名而已，未认性质上属于私权的姓名权。②

1900 年《德国民法典》在历史上是最早确认姓名权为民事权利的法典。该法第 12 条规定："1. 有权使用某一姓名的人，因他人争夺该姓名的使用权，或因无权使用同一姓名的人使用此姓名，致其利益受损害，得请求除去对此的侵害。2. 有继续侵害之虞时，权利人得提出停止侵害之诉。"1907 年《瑞士民法典》第 29 条规定："（1）当就姓名的使用权发生争议时，可诉请确定此项权利。

---

① 张善斌等：《姓名权财产利益的法律保护》，《法商研究》2002 年第 4 期。
② 龙显铭：《私法上人格权之保护》，上海，中华书局 1948 年版，第 87 页。

(2) 因他人冒用姓名而受到损害的人，可诉请禁止冒用；如冒用有过失的，并可诉请损害赔偿；如就侵害的种类侵害人应当给付一定数额的抚慰金时，亦可提出此项诉请。"法国在共和历 11 年 1 月 2 日，明定一定姓名之主体，得禁止他人使用同一之姓名，其判例认姓氏为家族之所有权，故姓氏之冒用人，视为所有权的侵害人。1916 年 3 月 19 日，奥地利以敕令承认性质上为私权的姓名权。①

在中国古代，立法不承认姓名权为民事权利。至近代，《大清民律草案》不仅认姓名权为私权，而且在总则编以第 52 条至第 55 条共 4 个条文的篇幅，详加规定："姓名须以户籍法规定登记之。姓名非登记不得与善意第三人对抗。"（第 52 条）。"改名以经主管衙门允许为限。前项规定于前条准用之"（第 53 条）。"因改名而利益受损害者得从其知悉之日起一年内请求撤销"（第 54 条）。"姓名权受侵害者得请求屏除其侵害。前项之侵害恐有继续情形者，得声请审判衙门禁止之"（第 54 条）。上述条文，前三条是对姓名使用的规定，最后一条是对姓名权保护的规定。1925 年《中华民国民律草案》对姓名权作了两条规定，即第 19 条和第 20 条。第 20 条规定："姓名权被侵害者，得提起屏除侵害之诉，请求除去其侵害，并请求损害赔偿。""姓名权有被侵害之虞者，得提起预防侵害之诉，请求禁止其侵害，并请求损害赔偿之担保。"该条第 2 款的规定，实际上是难以实行的。国民政府在 1929 年正式颁布民国民法，只设第 19 条："姓名权受侵害者，得请求法院除去其侵害，并得请求损害赔偿。"

1949 年以后，在已拟定的几个民法草案中，由于受苏联民法不设精神损害赔偿制度的影响，均未规定姓名权制度。《民法通则》第 99 条和第 120 条，规定了自然人享有姓名权，以及姓名权保护的法律制度。《侵权责任法》第 2 条第 2 款明确规定姓名权受侵权责任法保护。《民法典》第 1012 条确认姓名权是自然人的具体人格权。

两千多年来，姓名权在不断经历着自身的演进和发展，发挥着积极的社会功能并反映着历史的变迁。②

---

① 龙显铭：《私法上人格权之保护》，上海，中华书局 1948 年版，第 87 页。
② 葛少华等：《论姓名权法律属性的发展变迁之路》，《法学论丛》2008 年第 6 期。

（三）姓名权的特征

1. 姓名权的主体是自然人

姓名权的主体只限于自然人，法人和非法人组织不是姓名权的主体，对其文字标表的人格利益保护，赋予其名称权。

需要研究的是，自然人将其姓名作为法人、非法人组织的名称使用时，这不是法人、非法人组织享有了姓名权，而是自然人的姓名转化成为名称，受名称权的保护。这就是，一个人的姓名成为一个实体组织的名称，该姓名就脱离了原来所指称的那个自然人，而适用于那个被冠名的法人或者非法人组织。有些律师事务所经常用律师个人的姓名作为名称，就是姓名转化为名称，在权利保护上，也就由姓名权保护变成对名称权的保护。

2. 姓名权的客体是姓名利益

姓名作为自然人用以标表自己、区别于他人的文字符号，须以文字形式表现出来，不能只是一个符号，是该文字符号中包括的人格利益。作为姓名权客体的姓名利益，包含精神利益和财产利益。一方面，姓名权是最典型的精神性人格权，最主要的是精神性利益，即标表人格的精神利益；另一方面，姓名权包含的人格利益又不只包含精神利益，还包含着比较突出的经济利益，特别是随着姓名利益的商业化利用的不断扩展，姓名利益中的经济价值愈来愈凸显。

在当代社会，姓名作为人格个性的表达，尤其是名人的姓名与其声誉、声望联系在一起，对商业、服务的营销具有重要价值。因此，《民法典》特别重视姓名权中的精神利益和经济利益的保护，保障权利人的姓名利益不受非法侵害。例如，杂交水稻之父袁隆平有权允许袁隆平农业科技高科技股份有限公司有偿使用其姓名权，并从中获取一定的经济利益。[①]

3. 姓名权的主要功能是标表和保护自然人的人格特征

姓名是标表自然人个人人格特征的文字符号，享有姓名权，权利人就能够通过决定、使用、变更自己的姓名，借以区别其与其他自然人的个人人格特征，确定这一个人的身份、地位，与他人不同。姓名权保护权利人的姓名，就是维护自然人的姓

[①] 王利明：《人格权法研究》，北京，中国人民大学出版社 2018 年版，第 366 页。

名这种人格利益，不被他人侵害，保障自然人个体的独立的人格地位和特定身份。

（四）姓名权的内容

依照《民法典》第 1013 条规定，姓名权的内容包括命名权、使用权、改名权和许可他人使用权。

1. 命名权

命名权是指自然人决定自己姓名，任何组织和个人都无权干涉的权利。一个自然人有权决定自己的姓名，是姓名权最基本的内容，是自然人人格发展和自我决定的重要表现形式，也是其变更、使用或者许可他人使用自己姓名的前提和基础，任何组织或者个人不得非法干预。①

自然人对于自己的姓，原则上无选择权。按照《民法典》的规定选取父姓、母姓，符合法律规定的，可以选择父姓、母姓之外的姓。在英国，根据习惯，一个人如果是婚生的，即取其父姓，如果是非婚生的，则取其母亲的姓，女子在结婚后即改用丈夫的姓。在美国，女子结婚后是在自己的姓名之外再加上丈夫的姓。对于名，一个人可以选取并使用自己所喜欢的任何名。② 自然人的名，一般都是自然人出生时其父母、祖父母、外祖父母等尊亲属给命名的，这不是对自然人命名权的否定，实际上是尊亲属行使亲权的结果，是实施亲权的代理行为，表达的是命名者的期待、意愿以及其他社会心理。③ 自然人成年后，可以通过姓名变更手续，变更自己的名字。

命名权还意味着自然人可以选择自己的别名，这也是命名权的内容。自然人可以根据自己的意志和愿望，给自己确定本名以外的笔名、艺名、网名、译名，也可以依照历史习惯给自己确定字或者号，以及其他相应的名字，任何组织或者个人不得干涉。《民法典》第 1017 条规定："具有一定社会知名度的笔名、艺名、网名、字号、姓名和名称的简称等，被他人使用足以造成公众混淆的，与姓名和名称受同等保护。"

---

① 黄薇主编：《中华人民共和国民法典人格权编释义》，北京，法律出版社 2020 年版，第 99 页。

② 《牛津法律大辞典》，北京，光明日报出版社 1988 年版，第 625 页。

③ 纳日碧力戈：《姓名论》，北京，社会科学文献出版社 2002 年版，第 1 页。

广义的姓名，包括姓名本名以及笔名、艺名、网名等具有人身特征的文字符号。在我国，自然人的字、号已很少见，但别名、笔名、艺名、网名的使用则很普遍，且为多数人所熟知，或甚于本名，如鲁迅、茅盾、红线女等。这些本名之外的别号，在某些活动中有比本名更重要的意义，也应当用姓名权、名称权的保护方法进行保护。笔名，是写作者在发表作品时使用的作者标表自己人格特征的署名，例如鲁迅、二月河等。艺名，是艺术家在艺术领域使用的标表自己人格特征的署名，例如红线女、小白玉霜等。网名，是自然人以及其他主体在互联网等网络上使用的署名，也叫昵称。

上述这些对自然人的称谓，只有在具备法定条件时，才适用姓名权的保护方法进行同等保护，具体条件是：第一，具有一定知名度，即这些称谓必须达到一定的社会知名度，否则不予以保护，例如鲁迅、金庸这样笔名具有相当的知名度；第二，被他人使用足以造成公众混淆。不遵守对这些自然人、法人或者非法人组织的称谓的保护规则，进行干涉、盗用或者冒用，同样构成对姓名权、名称权的侵害行为，应当承担民事责任。

2. 使用权

姓名的使用权，是自然人对自己的姓名享有的专有使用权。自然人使用自己的姓名，既是其权利，也是其义务。使用自己的姓名，是自然人姓名权的最重要内容之一，自然人在进行民事活动时，除法律另有规定之外，可以使用本名，也可以使用自己的笔名、艺名、网名或译名等。任何人不得强迫自然人使用或不使用某一姓名。不过，依照法律的规定，在具有法律意义的正式场合，自然人必须使用正式的姓名，例如，在有关书面文件和证件上的签字，就不能使用笔名、艺名、网名等称谓。

姓名使用权是一种专有使用权，某自然人使用某姓名，原则上其他自然人不得故意使用同一姓名，但是重名不在其内。重名也叫姓名的平行，即数人合法取得同一姓名者，谓之姓名之平行，如有数人俱名李大民是。在此情形，各人使用同一姓名，而个人均系行使其权利，固属正常①，不属于侵害姓名权。

---

① 龙显铭：《私法上人格权之保护》，上海，中华书局1948年版，第91页。

有人认为，自然人可以允许商业公司以自己的姓名冠名某一场活动，或者冠名某一公司，也属于使用姓名的权能①，是不对的。因为既然是允许他人使用自己的姓名，就是许可使用权的范围，而不是姓名权的使用权的内容。姓名权的使用权，就是姓名权人自己使用，而不是许可他人使用。既然《民法典》第 1012 条对此已经作出了使用权和许可使用权的区别，因此，应当划清两种不同权利内容的界限。

3. 改名权

改名权也叫姓名变更权，是指自然人按照法律规定改变自己姓名的权利。自然人可以按照自己的意愿依照规定改变自己的姓名，不受其他限制。② 特别是自然人出生后，由于其不具备民事行为能力人，不能行使命名权，其姓名是由其亲权人或者监护人决定，因此，在本人具备完全民事行为能力后，有权对自己的姓名进行变更。当然，自然人有其他正当理由的，也可以变更姓名。不过，这种变更姓名的行为虽然仅依单方意思表示即为已足，唯其表示须经公示，否则不得对抗第三人。因此，《民法典》第 1012 条强调姓名的变更应当是依法变更，登记姓名的变更，非依变更登记程序不生效力。③

在现实生活中，自然人行使姓名变更权的难度较大。强某是上海市的一位普通公民，因嫌自己的名字没有个性，不易给人留下深刻印象，向户口所在地派出所提出更改姓名的申请，遭到了派出所拒绝。在行政复议机关亦不同意其改名的情况下，强某一纸诉状将派出所告上法庭。强某认为，自己的名字系父母所起，反映了父母的期望，但该名字其实并不适合自己，也并不代表本人的真实意愿。根据法律规定，自然人享有姓名权，派出所的决定侵犯了原告的姓名权，故要求派出所履行法定职责为其更改姓名。但是，法院最终还是驳回了其诉讼请求。④ 这个裁判是不正确的。公安机关对于姓名登记，是一种行政管理职能，民事主体不得随意变更姓名，是正确的；但是，姓名权是自然人的人格权，凡是具有正当

---

① 黄薇主编：《中华人民共和国民法典人格权编释义》，北京，法律出版社 2020 年版，第 100 页。
② 王利明等：《民法新论》（上册），北京，中国政法大学出版社 1988 年版，第 187 页。
③ 张俊浩主编：《民法学原理》，北京，中国政法大学出版社 1991 年版，第 148 页。
④ 阮忠良、丁晓华：《论姓名变更权的法律保护》，《法治论丛》2005 年第 1 期。

理由变更姓名的请求，都应当予以准许。强制不得变更姓名，是侵权行为，公安机关对此应当予以改进。

自然人变更姓名的要求是：第一，权利人自己主张变更姓名，应当具备完全民事行为能力。由于自然人在不具备完全民事行为能力以前，缺少必要的识别能力，不能正确判断变更姓名的重要社会作用，贸然变更姓名，会涉及自己的利益、他人的利益和公共利益问题。第二，权利人变更姓名，应当符合命名的一般要求，使用符合国家规定的汉字或者民族文字。例如，有人在登记姓名时取名"某A、某B"，法院认为没有使用法律及国家通用语言文字规定的规范汉字，变更姓名不符合法律规定而不予准许。第三，变更姓名不得损害他人的姓名权，不得恶意与他人的姓名相混淆而获取不当利益。第四，变更姓名不得违反公序良俗。如有人因超生被罚款3万元，而将其儿子改名为"三万一郎"，虽然使用的是规范汉字，但却不符合公序良俗的要求。[①]

4. 许可他人使用权

依照传统看法，姓名权是对自己姓名的专有使用权，不得转让，转让姓名权属于违法行为。《民法典》根据时代发展和社会变化，不仅在第993条规定姓名权为公开权的范畴，且在第1012条中专门规定姓名权包括许可他人使用自己的姓名的权利。对此，应当对姓名许可他人使用与肖像许可他人使用作同等对待，都是公开权的范围。其含义是，转让的是姓名利益的使用权，且为部分转让，而不是全部转让，也不是对姓名权的转让。

许可他人使用自己的姓名，是姓名权人行使公开权的行为，将自己的姓名许可他人使用。对此，双方当事人应当签订姓名许可使用合同，确定双方的权利义务和使用的范围和期限，使用一方按照在姓名许可使用的范围和期限的约定内容予以使用，超出范围和期限的使用，构成侵害姓名权。订立姓名许可使用合同，首先参照肖像许可使用合同的有关规定，规定不足的，适用《民法典》合同编的有关规定。

值得研究的是，许可他人使用自己的姓名，是否仅局限于公开权行使的场

---

① 王利明：《人格权法研究》，北京，中国人民大学出版社2018年版，第382条。

合，在其他场合是否也可以将自己的姓名转让他人使用。在实际生活中存在这种现象。例如，周某被某矿务集团招收为煤矿工人，三天后擅自离矿返家，经多次动员不回。邹某系周某同村农民，愿意去做矿工，经商量同意，冒充周某去该矿务集团顶替，周某表示永不反悔。邹某使用周某的姓名，到周某原工作单位工作，矿领导嗣后也知道邹某不是周某，并未追查，数年后还为其更改了真实姓名。邹某工作积极多次获奖，后来调回本县工厂工作。原告得知此事，认为回到县城工厂工作的应当是自己，遂起诉，追究被告侵害姓名权责任，要求赔偿损失，由自己接替被告的工作。法院经审理认为，原、被告双方原姓名使用协议违法，不予保护，对原告的诉讼请求判决驳回。这一判决的结果是正确的，但是所持理由不符合《民法典》的规定，因为自然人有权许可他人使用自己的姓名。据此可以认为，姓名权的许可他人使用权，并不仅仅限于公开权的行使范围，即只能许可他人因商业原因的使用，其他非因商业原因许可他人使用自己的姓名，也是合法的，法律也予以保护。

三、侵害姓名权的行为方式

侵害姓名权的行为，一般分为两大类：一是因不使用而侵害，二是因使用而侵害。前一类侵害姓名权的行为比较简单，即指明某人时应使用其人姓名，否则为侵权，或者使用他人姓名时以滑稽发音者亦为不使用之侵权。后者主要指冒用他人姓名等。[1] 另一种分法：一是分成干涉自然人行使姓名权的行为和非法使用自然人姓名的行为两种[2]；二是分成假冒、不正使用、干涉姓名权行使和应标表而不标表四种行为。[3] 本书将侵害姓名权的行为方式主要分为以下四种情形。

---

　　[1] 龙显铭：《私法上人格权之保护》，上海，中华书局1948年版，第89-91页；何孝元：《损害赔偿之研究》，台北，"商务印书馆"1982年版，第152-153页；曾隆兴：《现代损害赔偿法论》，台北，1988年自版，第47-48页。

　　[2] 马原主编：《民事审判实务》，北京，中国经济出版社1993年版，第208页。

　　[3] 张俊浩主编：《民法学原理》，北京，中国政法大学出版社1991年版，第148页。

（一）应当使用而不使用他人姓名的行为

姓名乃正当之指示手段，指明某人时，应使用其人之姓名。[1] 应当使用他人姓名而不予使用，为不作为的侵权行为。这种侵权行为的行为人，是负有使用他人姓名的义务人。负有使用义务而不使用，为不作为的侵权行为。

这类不作为的侵害姓名权的侵权行为主要包括：

1. 该标表姓名而不予标表。例如，使用他人作品时未予标表作者姓名，或者标表有误[2]，致不能判断原作者。

2. 应称呼姓名而未称呼，是指明某人时，应使用其人之姓名，否则其人之姓名权即受侵害。[3]

3. 不称呼他人姓名而代以谐音，例如将他人姓名以滑稽发音，呼朱伯建为猪八戒者，即因不使用而侵害他人姓名权。[4] 使用"流得滑""泻停封"等称谓，就是恶意侵害姓名权的不作为行为。

（二）干涉行使姓名权的行为

《民法典》第 1014 条特别强调禁止任何组织或者个人干涉自然人行使姓名权的行为。这种行为，是他人对自然人行使姓名权的命名权、使用权、改名权、许可他人使用权的非法干预，阻碍自然人行使姓名权行为的实施。换言之，干涉命名权、使用权、改名权、许可他人使用权，都构成侵害姓名权行为。

1. 干涉命名权

干涉命名权的行为，主要是指干涉自然人给自己命名。自然人的正式姓名即本名，一般是由自然人的父母等尊亲属在其出生时选取，自己没有本名命名的民事行为能力。当自然人成年以后，自我命名别名、笔名、艺名、网名以及字和号，均应依法准许，不准自然人起别名、笔名、艺名、网名以及字和号等行为，为侵害姓名权。对未成年人，亲权人或者监护人有权决定其随父姓或随母姓，选

---

① 何孝元：《损害赔偿之研究》，台北，"商务印书馆" 1982 年版，第 152 页。

② 张俊浩主编：《民法学原理》，北京，中国政法大学出版社 1991 年版，第 148 页。

③ 龙显铭：《私法上人格权之保护》，上海，中华书局 1948 年版，第 89 页。

④ 何孝元：《损害赔偿之研究》，台北，"商务印书馆" 1982 年版，第 152 页。

取何种名字，这与干涉他人命名权有原则的区别。① 对此，被监护人主张侵害姓名权的，为无理由。

2. 干涉姓名使用权

姓名的使用权为姓名权人所专有，他人不得干涉。干涉姓名使用权，主要表现为不准某自然人使用其姓名，或者强迫某自然人使用某姓名。鲁迅笔下的不准阿Q姓赵，就是侵害姓名权的行为，现实生活中也存在这种侵权行为。例如，某教师因某学生与自己的儿子同名且在同班上学，而不准该学生使用其姓名，要求其家长为其改名，为侵权行为。

3. 干涉改名权

姓名的变更应由姓名权人自主决定，他人无权干预。强迫自然人变更姓名，或者强迫自然人不得变更姓名，为侵权行为。例如，夫妻对子女命名后，一经离婚，不经夫妻协议或未经子女同意而改换姓，即为干涉改名权。

4. 干涉姓名许可他人使用权

行为人行使姓名许可他人使用权，是要求权利人不得将姓名许可他人使用，或者强制权利人将姓名许可他人使用。这两种行为都是干涉权利人行使姓名许可他人使用权的行为，构成侵权行为。

（三）非法使用他人姓名的行为

非法使用他人姓名的行为，包括盗用他人姓名和假冒他人姓名。《民法典》第1014条规定的侵害姓名权的行为，除了干涉，就是盗用和假冒。

1. 盗用他人姓名

盗用他人姓名，是非法使用他人姓名行为的主要形式。例如，刘某自己的私房窄小，欲拆除重建。在审批过程中，建委要求拆建须有建筑单位的工程协议书，否则不予批准。周某是建筑个体户，有建委发给的建筑许可证。刘某盗用周某的姓名，写了一份《建筑工程协议书》呈报审批，建委批准其拆建房屋。原告得知后与被告交涉，后到报社刊登刘某侵害其姓名权的声明，向法院起诉。法院

---

① 马原主编：《中国民法教程》，北京，人民法院出版社1989年版，第491页。

判决被告停止侵害、赔偿损失，建议建委撤销准许被告拆建房屋的批文。刘某的行为是典型的盗用周某姓名的侵权行为。

盗用姓名行为的主要表现形式未经权利人的同意而擅自使用权利人的姓名，其中包括侵害公开权的盗用姓名行为，也包括一般的盗用姓名的行为。前者表现为盗用姓名在商业领域中使用，后者是在非商业领域中使用。这些行为都违反《民法典》第1014条关于保护自然人姓名权的禁止性规定，构成侵害姓名权的民事责任。

2. 假冒他人姓名

假冒他人姓名的行为是冒名顶替，违法的姓名使用人完全以姓名权人的身份从事民事活动或者其他活动。假冒姓名行为的后果和社会影响全部及于姓名权人，因而其损害的范围比盗用姓名行为要大得多。所以，假冒姓名行为比盗用姓名行为造成的损害后果更为严重。最严重的假冒姓名行为，是高考中的冒名顶替。罗彩霞是湖南省邵阳市邵东县灵官殿镇人，2004年高考，被贵州师范大学思想政治教育专业录取，但是却被同学王佳俊冒名顶替，后者上了该大学就读，其身份证也被王佳俊盗用。罗彩霞被迫复读一年后，再次参加高考，被天津师范大学录取。王佳俊2008年在贵州师范大学毕业，仍然使用罗彩霞的身份参加工作。2009年本该毕业的罗彩霞，因姓名和身份证被王佳俊盗用，而被取消教师资格证书，无法就业。罗彩霞诉讼维权，被社会认可，于2010年成为记者。

鉴于冒名顶替行为的社会危害性，2020年12月26日，立法机关通过刑法修正案（十一），于2021年3月1日起施行，规定盗用、冒用他人身份，顶替他人取得高等学历入学资格、公务员录用资格等，处3年以下有期徒刑。对冒名顶替冒用他人姓名的行为人，除了应当追究其刑事责任之外，还应当承担民事责任。

3. 盗用他人姓名和假冒他人姓名的异同

盗用他人姓名表现为未经本人授权，擅自以该人的名义进行民事活动，或者实施不利于姓名权人、违反公序良俗的行为。假冒他人姓名是冒名顶替，使用他人姓名并冒充该人参加民事活动或其他行为。

盗用姓名行为和假冒他人姓名行为的相同点是：（1）都是行为人在受侵害人

不知情的情况下进行的；（2）行为人在主观心理上都是故意实施的，并且具有一定的目的；（3）都会造成一定的损害后果；（4）都是违反法律或者违反公序良俗的行为。

两种侵害姓名权行为的区别是：（1）盗用姓名是未经姓名权人同意而擅自使用，而假冒姓名专指冒名顶替；（2）盗用姓名只是擅自使用他人姓名，行为人并未直接以受侵害人的身份进行民事活动，而假冒姓名则是以姓名权人的身份直接进行活动；（3）盗用姓名只是在民事活动中擅自使用他人的姓名，假冒姓名则不仅假冒他人姓名，还包括故意利用自己的姓名与被侵害人姓名相同或相近的特点，冒充他人进行民事活动。说到底，两种不同的侵害姓名权的行为，一是未经同意而使用，二是未经同意而冒充。

盗用姓名与假冒姓名并不限于使用他人的法定姓名，也包括盗用或假冒他人的笔名、艺名、网名、译名等。但是，盗用或假冒他人笔名、艺名等，须符合《民法典》第1017条规定的条件，即一是具有一定社会知名度，二是被他人使用足以造成公众混淆。如用"小丁"的笔名画漫画，用小白玉霜的艺名发行评剧录音带，均为假冒他人的笔名或艺名，构成侵权行为。

盗用姓名和假冒姓名两种行为有轻重之分，有加以区分的必要。在侵权行为中，区分某些相近或相似行为的责任大小、轻重，主要应当从行为人的主观心态和行为造成的损害后果来分析，分析侵害姓名权的侵权行为同样如此。盗用姓名和假冒姓名两种行为，其行为人的主观心理状态都是故意，都是为了达到自己的一定目的，因而在主观方面很难区分两种行为的大小、轻重。从损害后果方面看，盗用是擅自使用他人姓名，行为人并不以姓名权人的身份进行活动，这种行为往往是用他人姓名借以抬高自己或帮助自己达到某种目的，造成的影响是姓名权人参与了某项活动，姓名盗用人的全部活动及于自己和姓名权人，并不全部及于姓名权人，因而损害的范围有限度。假冒姓名是冒名顶替，姓名使用人完全以姓名权人的身份从事活动，其后果和社会影响全部及于姓名权人，造成损害的范围比盗用姓名行为大得多，例如前述罗彩霞案，损害后果就非常严重。同理，假冒姓名行为有可能构成犯罪，但是盗用姓名只是构成侵权行为。可以认为，假冒姓名行为比盗用姓名行为造成的损害后果要大，行为轻重自然有所区别。

（四）姓名的故意混同行为

姓名的故意混同，并不是直接使用姓名权人的姓名，而是使用可能与姓名权人的姓名发生混同效果的姓名，造成与使用姓名权人的姓名有同样效果的事实状况。这样的行为，同样是侵害姓名权的行为。

1. 利用相类似的姓名故意混同行为

使用与他人姓名在外观上、称呼上和观念上相类似的姓名，例如变更拼音，变更字划，全然不变更文字而发音类似，以及虽有语音不同而观念上则属同一者，均成立姓名权之侵害。[1] 这是因为行为人利用姓名在外观上、称呼上或观念上的与他人姓名相类似的特点，故意与姓名权人的姓名相混同，以达到自己的目的。例如，以"古尤"混同"古龙"，以"全庸"混同"金庸"，以"锅得缸"混同"郭德纲"等，就是故意以近似的笔名或者谐音混同有影响力的作家、演员的笔名，达到混同的目的，实施侵权行为。中国有千万个汉字，偏偏与某些名人的姓名谐音，若说是"纯属巧合"，是让人难以信服的，是"搭便车"的直接证据，不仅是对名人的人格不尊重，也违背了诚信原则，甚至是一种不正当竞争行为[2]，构成侵害姓名权的行为。

2. 利用重名故意混同

利用重名即姓名之平行而故意混同，亦为侵害姓名权。在自己的姓名发生平行如有具体的混同危险时，则各人应于其姓名上附以特别的眉书，否则构成因不作为而侵害他人姓名权。[3] 前几年发生的"王朔新书"一案，就是出版社在书市上极力宣传"王朔新书"，却将新书用塑封包严，不准读者看其内容，欲订购者询问王朔真假，出版者故弄玄虚，更引起读者的神秘感，因而大量订购，达到促销目的，实际上，此王朔非彼王朔。[4] 又如，湖南王跃文诉河北王跃文等侵犯著作权不正当竞争纠纷案，湖南王跃文因创作过系列官场题材小说而知名，畅销书《国

①　龙显铭：《私法上人格权之保护》，上海，中华书局 1948 年版，第 90 页。
②　李林启：《论发展着的人格权》，北京，法律出版社 2018 年版，第 235 - 236 页。
③　何孝元：《损害赔偿之研究》，台北，"商务印书馆" 1982 年版，第 153 页。
④　葛少华等：《论姓名权法律属性的发展变迁之路》，《法学论丛》2008 年第 6 期。

画》是其代表作。被告是河北人，改名也叫王跃文，出版《国风》一书，在作者简介中作误导性描述，以达到推销自己作品的目的。法院认为构成不正当竞争行为，实际上就是恶意侵害姓名权的侵权行为，倒不一定是不正当竞争行为。

3. 认定故意混同侵害姓名权行为应注意的问题

第一，姓名使用的外观上纵有混同之危险，而事实上无虞者，不能认定为姓名权的侵害。这是因为，姓名权侵害的成立，不仅须有抽象的混同之危险，且须有具体的混同之危险。因此，异职同名者，或虽同职同名，然而他人应注意同名人之实质的差异者，仍非姓名权之侵害。①

第二，故意对某物命名与他人的姓名混同，如将豢养的狗称为某人的姓名，故意与某人的姓名混同，构成侵害姓名权的侵权行为。如因痛恨某人而将自己豢养的狗以该人的姓名命名，因其故意而为，构成侵权。如果没有故意而是对动物命名而与他人姓名重合，不构成侵权。例如，白丽丽为甲之笔名，久居某公寓。乙系新搬进的住户，住于甲之楼上，朝夕使用白丽丽名字称呼其狗。此种情况，狗名与甲之笔者混同。乙系新搬进住户，不知甲的笔名，客观上虽属不法侵害甲的姓名权，唯主观上不具故意或过失，甲就其所受损害应无请求损害赔偿之余地。对这种情况，直接称为客观上侵害姓名权，尚须斟酌，但可请求责令乙不得再使用混同的名称称呼其狗，为有理由。

四、保护姓名权的人格权请求权

姓名权的人格权请求权保护，是在姓名权受到侵害或者妨碍时，姓名权人可以行使的保护姓名权的请求权，其法律依据是《民法典》第995条规定。

姓名权受到侵害的，侵害行为已经开始，或者仍在继续，受害人都有权请求行为人停止侵害，使自己的姓名权免受行为人违法行为的侵害。

姓名权受到侵害造成权利人名誉毁损的，受害人有权行使消除影响、恢复名誉请求权，消除名誉毁损的影响，恢复自己的名誉，保护姓名权的圆满状态。

---

① 龙显铭：《私法上人格权之保护》，上海，中华书局1948年版，第90页。

姓名权受到妨碍的，无论该妨碍行为是已经开始，还是正在继续，受到妨碍的权利人有权主张行使排除妨碍请求权，请求行为人停止实施妨碍行为，采取清除妨碍姓名权行使措施。

姓名权存在被侵害危险的，受害人有权行使消除危险请求权，请求行为人消除危险，使自己的姓名权不受危险的威胁。

姓名权受到侵害的受害人，都可以请求行为人承担赔礼道歉的责任。

五、保护姓名权的侵权请求权

对于侵害姓名权造成损害请求损害赔偿救济的，可以行使侵权请求权保护姓名权。

（一）侵权姓名权的责任构成

侵害姓名权的责任构成，须具备违法行为、损害事实、因果关系和过错四个要件，由于侵害姓名权行为的特殊性，对构成要件有特殊要求。

1. 违法行为一般由作为的方式构成

构成侵害姓名权的侵权责任，通常是由作为的方式实施，即积极侵害姓名权的行为。如盗用、冒用、干涉姓名的行为，均须以作为的方式实施，不作为不构成这些侵权行为。以不作为方式侵害姓名权是消极侵害姓名权的侵权行为，只存在应当使用而不使用他人姓名的场合，范围较窄。

2. 损害事实以非法使用他人姓名为主要表现形式

侵害姓名权的损害事实是姓名被非法干预、非法使用，或者应当使用而未使用姓名。因而，侵害姓名权的损害事实以盗用、冒用他人姓名、干涉他人行使姓名权、不使用他人姓名的客观事实为足，不必具备特别的损害事实，如精神痛苦、感情创伤等。罗彩霞案件的损害后果为特殊情形，是损害后果特别严重的情形，并不要求所有的侵害姓名权的后果均须如此。受害人只要证明侵害姓名权的行为为客观事实，即举证责任完成，无须证明侵害姓名的事实已为第三人知悉。

认定侵害姓名权的损害事实时，应当区分一般的侵害姓名权的损害后果和侵害姓名权的公开权的损害后果。前者是姓名利益的精神利益的损害，后者是姓名利益中的财产利益的损害。前者适用的法律是《民法典》第1183条规定，后者适用的法律是第1182条规定。

3. 因果关系认定有违法行为与损害事实合一化的特点

认定侵害姓名权的因果关系，应当依照一般因果关系的认定方法进行。但是，侵害姓名权在很大的范围内，有违法行为和损害事实合一化的特点。例如，非法使用他人姓名，违反了保护他人姓名权的不可侵义务，具有违法性；同时，非法使用他人姓名又是权利人姓名权被侵害的损害事实。从不同的角度观察，这既是违法行为，又是损害事实，因而二者之间的因果关系在一般情况下，不必加以特别证明。

但是也存在特别情形。如果侵害姓名权造成的损害后果有特别的表现形式，例如像罗彩霞案件那样损害后果特别严重，应当确定行为与后果之间的因果关系是否存在，达到相当因果关系的程度即可。

4. 侵害姓名权的过错须为故意

故意侵害姓名权，才能构成侵害姓名权侵权责任，过失不构成侵害姓名权，这是侵害姓名权侵权责任构成的基本特点之一。过失造成与他人姓名混同，不认为是侵害姓名权，因为命名权为姓名权的基本内容，权利主体有权决定使用什么样的姓名。只有在故意使用姓名混同的方法达到某种非法目的，才为侵害姓名权。

（二）侵害姓名权的民事责任方式

侵害姓名权的民事责任方式，主要是赔偿损失和给付抚慰金，前者是侵害人身权益造成财产损失的赔偿，后者是精神损害赔偿。

对于姓名权受侵害时得否给付抚慰金即精神损害赔偿，各国立法不一致。《瑞士债法》第45条规定为得以请求，而《德国民法典》第253条规定："损害为非财产上的损害者，仅以有法律规定的情形为限，始得请求以金钱赔偿。"而对姓名权侵害未明文规定可以请求金钱赔偿，故认为不得请求给付抚慰金。从实务上看，姓名权被侵害得请求给付抚慰金已为一般趋势。德国最高法院1959年3月18日判例对于著名艺术家姓名被擅自使用于宣传广告案件，准许抚慰金之损害赔偿。日本民法虽无姓名权侵害之明文规定，但是学说及判例均认为姓名权被侵害得请求非财产上损害赔偿。[①] 事实上，对于侵害姓名权的损害赔偿救济，请求精神损害赔偿已经是基本的方法。

首先，依照《民法典》第1183条第1款的规定，确定侵害姓名权的损害赔偿责任，应以适用精神损害赔偿的一般规则作为基本原则，在侵害姓名权造成严重精神损害后果的情况下，予以精神损害赔偿。对构成侵害姓名权但是情节不甚严重、损害后果不甚明显的，可以不予赔偿。对赔偿数额的确定，也应当以确定精神损害赔偿数额的一般方法进行计算。[②]

其次，依照《民法典》第1182条的规定，对于侵害姓名权造成财产损失的，对于造成的财产损失应当予以全额赔偿，权利人可以选择自己因此受到的损失，或者侵权人因此获得的利益，作为赔偿标准。损失数额无法确定的，通过协商或者法院判决的方式确定。

（三）侵害姓名权与侵害名誉权的责任竞合

自然人的姓名权与名誉权是两种具体人格权，各自独立。当同一个违法行为在侵害姓名权的同时又侵害名誉权，应当根据实际情况处理。

例如，假冒他人姓名刊登征婚广告，给本人造成精神损害，侵害的是姓名权还是名誉权，需要认真区别。仇某与汤某系同单位干部。汤某曾向仇某求婚，被拒绝，便蓄意戏弄仇某，拟一征婚广告刊登于报刊称："仇某，女，25岁，面貌姣好，素质优良，品行端正，愿觅25—30岁男性为友。有意者请与其联系"，并公开注明地址。仇某接二连三接到求爱信数十封，造成社会影响，也使仇某陷入痛苦，作为股长候选人参加竞选原本呼声很高，因此事被取消竞选资格。仇某起

---

① 曾隆兴：《现代损害赔偿法论》，台北，泽华彩色印刷有限公司1988年版，第49页。
② 杨立新：《精神损害赔偿疑难问题》，长春，吉林人民出版社1991年版，第11-13页。

诉，法院认定被告的行为构成侵害名誉权。

又如，卫某在某偏远城市做教师工作，去省城中学联系工作，与原告陈某相识。卫某想调入省城，编造其妻在省城工作的谎言，向有关部门提出申请，得到调转申请表。填表时，因自己无妻，遂将陈某的姓名等自然情况填写在"爱人情况"一栏。有关部门批示："照顾夫妻共同生活，同意将卫调入省城某中学任教。"调入后，学校发现调动档案中卫某的"妻子"是陈某，给陈某名誉权造成损害。陈某诉至法院，要求被告承担侵害姓名权责任。

在这两个案件中，行为人的一个行为既侵害了受害人的姓名权，又侵害了其名誉权，同一个受害人同时产生了两个侵权损害赔偿请求权。在通常情况下，由于两个赔偿请求权都是请求赔偿精神损害，故应由受害人择其一行使请求权。法院也可以依职权，按照行为的基本特征确定，基本特征符合侵害姓名权的，认定为侵害姓名权；其基本特征符合侵害名誉权的，认定为侵害名誉权。如果行为人在实施侵害行为时，在主观上具备侵害两种权利的故意，则应认定为侵害两个人格权，构成两个侵权行为，受害人得提出两种救济权利的主张。

侵害姓名权行为与侵害名誉权行为的基本特征有区别。首先，侵害姓名权的过错须为故意，过失不构成此种侵权责任；侵害名誉权则故意、过失均可构成。其次，侵害姓名权的损害事实无须受害人证明，受害人不必证明行为人的侵害行为是否为第三人知悉，只要有假冒、盗用原告姓名，或者干涉原告使用姓名的事实，即成立姓名权损害的后果；侵害名誉权，受害人须证明受害人的名誉在客观上已受损害，行为人的行为已为第三人知悉。最后，抗辩事由不同，侵害姓名权得以受害人同意作为抗辩事由，而侵害名誉权行为人不得以受害人同意作为抗辩事由。在上述区别中，最主要的区别在于过错。如果行为人在主观上以侵害姓名权为故意内容，则其行为的基本特征为侵害姓名权；如果行为人在主观上以侵害名誉权为故意内容，又造成了名誉权损害的后果，则应认定为侵害名誉权；如果行为人是依过失造成侵害名誉权、姓名权的后果，则应认定为侵害名誉权。

前述两个案例，前者被告在主观上纯粹出于戏弄原告的心理，其主观故意十分清楚，是损害原告的名誉，以侵害名誉权认定被告的侵权责任，是正确的。后者被告未经本人同意而使用他人姓名，主观上是盗用他人姓名而达到调转工作的目的，原告的名誉因此受损原非被告的本意，不是刻意追求的目的，认定其为侵害姓名权是正确的。

上述情形，因择其一而认定侵权责任，对于损害后果，应当作为加重责任的情节，适当提高赔偿数额，使受害人的权益得到充分保护。

（四）对死者姓名的保护

《民法典》第993条规定自然人死亡后，姓名受到侵害的，其近亲属可以依照法律规定请求行为人承担民事责任。

首先，行为人须具备侵害死者姓名的故意。构成侵害死者姓名的侵权责任，与侵害死者名誉、肖像不同，须具备主观恶意，即以侵害死者姓名为目的，否则不构成侵权。

其次，须处理好侵害死者姓名和侵害死者名誉的关系。在一般情况下，以侮辱、诽谤、贬损、丑化的行为方式使用死者姓名，构成侵害死者名誉，构成侵害死者名誉的侵权责任。行为人既具有上述故意，又具有侵害死者姓名的故意的，实施的行为是一个，可以按照吸收原则，以一个侵权行为论，从重确定赔偿数额；实施的行为是两个行为，认定为实施了两个侵权行为，确定两个赔偿数额合并计算。

曾经有人主张，死者姓名受侵害给其近亲属造成精神痛苦，享有对行为人的请求权。《民法典》没有采纳这种见解，确定对死者人格利益的损害，救济的不是死者近亲属的损害，而是对死者人格利益的保护。近亲属因此遭受精神痛苦，不是侵权责任的构成条件，也不必证明，因为这一制度不是保护死者近亲属的人格利益损害。

（五）侵害姓名权与侵害受教育权

在侵害姓名权的侵权行为中，有一个现象应当特别注意，这就是侵害姓名权与侵害受教育权的竞合。典型的案件是齐玉苓案。

就读于山东省滕州市第八中学的应届生齐玉苓（本名齐玉玲），原本顺利考取山东省济宁商业学校，但被同班同学好友陈晓琪（本名陈恒燕）顶替，因陈的父亲陈克政在地方具有势力，买通学校行政人员，使陈成为该校学生，冒名顶替被害人姓名的行为长达八年时间。八年后，齐玉苓不堪身份地位的损失和家人遭到陈克政的暴力威胁，以侵害自己的受教育权为由，向中级人民法院起诉。齐玉苓不服一审判决，向省高级人民法院提出上诉。经过最高人民法院批复，终审判决引用《宪法》第46条，确认被告陈晓琪停止对齐玉苓的姓名权和受教育权的侵犯，被告人和单位赔偿齐玉苓损失10万元。[①]

对于这个案件，有以下问题需要讨论。

第一，对于齐玉苓案是否有必要确定侵害受教育权的案由。齐玉苓案，被告的行为构成侵害姓名权的侵权责任，是毫无疑问的，最后经过最高人民法院批复，确定为侵害受教育权，确定了这一侵权责任。该案被告侵害姓名权是其行为的本质，受教育权的损害后果是造成的损害事实，是侵权行为的结果。确定侵权行为的性质，应当根据侵权行为的本质确定，而不能根据损害的后果确定。即使是两个侵权行为发生竞合，如果确定一个侵权责任且能够吸收另一个侵权责任的，也可以确定为一个侵权责任，进行损害赔偿救济。本案并不具备这样的情形，认定为侵害姓名权就足以保护受害人的合法权益，没有必要确定为侵害受教育权的侵权责任。

第二，是否有必要撤销原来的司法解释。该案由最高人民法院作出批复，后来又被最高人民法院撤销。撤销该司法解释的理由之一，是这个司法解释在宣扬《宪法》司法化，换言之，最高人民法院无权解释宪法，更无权裁判涉及《宪法》的案件。笔者认为，如果确有必要，最高人民法院援引《宪法》作出民事判决是完全可以的。德国法院关于保护人格权的典型案例，差不多都是援引其基本法作出的，形成了法官法。1990年我国最高人民法院确定工伤事故事先免责条款无效的司法解释，也是依据《宪法》作出的，并没有受到这种指责。《宪法》规定的那些具有人格权性质的公权利如休息权、受教育权等，一旦受到侵害，如果不

---

① 维基百科："齐玉苓案"，http://zh. wikipedia. org/wiki/%E9%BD%90%E7%8E%89%E8%8B%93%E6%A1%88，2011年4月25日访问。

援引《宪法》作出民事判决，就会使这些公权利无法得到保护，因而成为没有法律保护措施的权利。因此，作出撤销该司法解释的决定并不一定正确。

第二节　名称权

一、名称权的客体：名称

（一）名称的基本含义

名称权是法人、非法人组织以及个体工商户和个人合伙享有的一种人格权，其客体是法人、非法人组织以及个体工商户和个人合伙的名称。

从语义学的角度考察，一般认为名称为"事物的名目或称号"①，或者是指"用以识别某一个体或一群体（人或事物）的专门称呼"②。在英语中，名称与姓名同用一词，即 name，既指自然人的姓名，也指法人组织等非自然人的名称。在汉语中，名称与姓名有原则区别，不能混用。

从法律的角度考察，学者对名称的概念有不同认识。有人认为，名称是社会组织相互区别的标志，是使该组织特定化的符号，起着与自然人的姓名同样的作用。③ 有人认为，名称是指非自然人的权利主体在社会活动中用以表现自己并区别于他人的标志。④ 还有人认为，名称又称字号，是法人、个体工商户、个人合伙等民事主体之间相互区别的特定标志，是它们享有独立人格的基础。⑤ 立法机关官员对名称的界定是：名称是法人或者非法人组织在社会活动中用以代表自己并区别于其他法人或者非法人组织的文字符号和标记。⑥

---

① 《大辞典》，台北，三民书局1985年版，第482页。
② 王同亿主编：《语言大典》，海口，三环出版社1990年版，第240页。
③ 王利明主编：《民法·侵权行为法》，北京，中国人民大学出版社1993年版，第280页。
④ 关今华等：《精神损害赔偿实务》，北京，人民法院出版社1992年版，第277页。
⑤ 王冠：《论人格权》，《政法论坛》1991年第3期。
⑥ 黄薇主编：《中华人民共和国民法典人格权编释义》，北京，法律出版社2020年版，第103页。

这些定义都从不同的角度揭示了名称概念的内涵，说明名称在法律学上与语义学上的含义不同，均有可取之处，但也有不足。前两个定义对名称的主体界定不够准确，后一个定义对名称特征的表述略嫌不够。

名称是指法人、非法人组织及特殊的自然人组合等主体在社会活动中，用以确定和代表自身，并区别于其他法人、非法人组织及特殊的自然人组合人格特征的文字符号和标记。

（二）名称的特征

1. 名称是非自然人主体的文字符号和标记

名称不是自然人人格的文字符号，而是法人、非法人组织以及特殊的自然人组合的文字符号和标记。所称的特殊的自然人组合者，是指个体工商户、个人合伙等不享有民事主体资格，但又不是普通的自然人，用以涵括这些特殊的自然人的组合体，只有在名称权上，类比其他民事主体而享有名称权的主体地位。

2. 名称的功能在于确定非自然人主体的人格特征和地位

名称的基本作用，在于使上述主体在社会活动中确定自身的称谓，以其代表自身的特殊人格特征以及地位，并区别于其他自然人、法人和非法人组织以及特殊的自然人组合。

3. 名称的表现形式是文字符号和标记

名称是一种文字的符号和标记，既不是图形，也不是形象。在这一点上，名称与姓名相同。

（三）字号、商号、简称

1. 字号与商号的含义

字号在中国古代有两种含义：一是指以文字作为编次符号；二是指商店名称，旧时商店标牌皆称字号，开设商店亦云开设字号。[①] 现代语义学称字号为商店的名称[②]，不太关注原来的第一种含义，其实，在机关行文中，仍然要标注文件的字号。

---

① 《辞源》，北京，商务印书馆1991年版，第423页。
② 《现代汉语词典》，北京，商务印书馆1978年版，第1518页。

现代字号不仅局限于商店的名称，还扩展到所有的法人、非法人组织以及个体工商户、个人合伙使用的名称；此外，字号往往具有"厂店合一"的特点，通常采取前店后厂的形式，店、厂使用同一字号。

商号亦称商业名称，是商业主体依法申请登记，用以表示自己营业之名称，亦即商业主体在营业上所使用的名称①，其特征是由商业主体享有，依法登记，在营业上使用。在英国商法，区分商行名称和营业名称，相互之间结成合伙关系的多个人的集合称为商行，商行名称则是指明全体合伙人姓名的简称。而营业名称是独资商、合伙或公司以其真实名字以外的名称从事经营，称之为商号。② 这种立法值得借鉴，明确商号是商业主体在营业时使用的名称这一法律特征。对于"商号"的概念，不同国家有不同的界定。有的国家将商号从商主体的名称意义上界定商号。如《德国商法典》第17条第1款明确规定："商人的商号是指商人进行其营业经营和进行签名的名称。"日本、意大利也有类似规定。有的国家更广泛地将商号含义等同于"商业名称"。如1946年美国《商标法》明确将商号定义为"被制造商、工业企业主、商人、农场经营者或其他采用来辨别其商业、行业或者职业的任何名称"③。

字号和商号均为名称之一种，并不是名称的全部。名称除字号和商号以外，还包括非商业主体法人的名称，如机关法人、事业法人以及其他社团法人等，都有名称，也都享有名称权。

2. 字号与商号的区别

字号与商号的区别是：

（1）主体种类有所不同。字号的主体不包括法人，一般是指个体工商户、个人合伙等特殊的自然人组合；商号事实上是由企业法人、非法人组织在营业时使用，主体是从事商业活动的企业法人。但是，这一区别并不是绝对的，历史沿用下来的老字号，经工商登记后仍然使用，既是字号又是商号。

---

① 刘清波：《商事法》，台北，"商务印书馆"1986年版，第31页。
② 董安生编译：《英国商法》，北京，法律出版社1991年版，第211、212页。
③ 傅丽：《试论商号权的法律属性》，《法制与社会》2010年1月（中）号。

（2）确立形式不同。确立字号采取自由主义，可以登记，也可以不登记；确立商号，则非经登记不能取得。

（3）使用范围不同。字号既可以称其个体工商户或个人合伙自身，也可用于商业营业；商号则仅指商业主体在营业时使用的名称。由此可见，名称概念的外延包括字号、商号和非商业主体法人、非法人组织的名称这三个部分。

3. 名称的简称

《民法典》第1017条规定了对法人、非法人组织"名称的简称"，也是名称权的客体，参照名称权保护的有关规定进行保护。

名称的简称，就是法人、非法人组织名称的简化版，而非名称的全称。例如，北京大学简称为"北大"，中国人民大学简称为"人大"，祖国大陆的清华大学简称为"清华"，台湾地区的清华大学简称为"清大"等。中国政法大学官方简称为"中政大"，民间则称其为"法大"；西南政法大学一直简称为"西政"，而西北政法大学简称为"西政大"，而不称为"北政"，因为原来的北京政法学院简称为"北政"。企业名称的简称如"京东""阿里""腾讯""百度"等，指代的都是其对应的企业法人，与名称几乎具有相同的人格利益，甚至更有影响力，包含的财产利益更为明显，更需要加以保护。

对于自然人姓名的保护，通常不存在对其简称的保护问题。《民法典》第1017条中的"简称"，是指法人、非法人组织的名称的简称，不包括自然人姓名的简称。

对法人、非法人组织名称的简称的法律保护，须具备必要条件：第一，名称的简称具有一定的知名度；第二，名称的简称被他人使用足以造成公众混淆。例如，北方工业大学须简称为"北工大"，北京交通大学须简称为"北交大"，都不能简称为"北大"，因为将这两所大学简称为"北大"就会与北京大学的人格特征相混淆。

对于名称的简称的最主要保护方法，就是禁止使用。如果使用了足以造成公众混淆的他人名称的简称，应当承担民事责任。

对于一些大学的简称之争，一时难以确定归属。例如，南京大学、南昌大学的"南大"之争，东北大学、东南大学的"东大"之争，广西大学、西北大学的"西大"之争、山东大学、山西大学的"山大"之争，河北大学与河南大学的"河大"之争，湖北大学与湖南大学的"湖大"之争等，在没有确定争议的解决方案之前，起码争议双方以外的他人不得使用。

（四）名称的类型

1. 法人名称和非法人组织名称

法人的名称是法人依法取得的名称，无论是营利法人、非营利法人或者特别法人，都有自己的名称，作为参加社会活动的基本条件，并以此区别于其他法人。非法人组织的名称是法人之外的不具有法人资格，但是能够依法以自己的名义从事民事活动的组织的名称，这些非法人组织包括个人独资企业、合伙企业、不具有法人资格的专业服务机构等。它们虽然不是法人，但是也都具有民事主体资格，都须有自己的名称，以与其他民事主体的人格相区别。

法人的名称和非法人组织的名称主要区别表现在主体的性质，同时在适用法律上也有不同。对法人名称的保护，除适用《民法典》外，还适用《公司法》等法律。对非法人组织名称的保护，主要适用《民法典》以及《个人独资企业法》《合伙企业法》等法律。

2. 营利法人、非营利法人名称与特别法人名称

《民法典》尽管规定法人都是具有民事权利能力和民事行为能力，依法独立享有民事权利和承担民事义务的组织，但是，根据其性质不同，将法人分为营利法人、非营利法人和特别法人。其中营利法人是以取得利润并分配给股东等出资人为目的而成立的法人，包括有限责任公司、股份有限公司和其他企业法人等。非营利法人是为公益目的或者其他非营利目的成立，不向出资人、设立人或者会员分配所取得利润的法人，包括事业单位、社会团体、基金会、社会服务机构等。特别法人包括机关法人、农村集体经济组织法人、城镇农村的合作经济组织法人、基层群众性自治组织法人。这些不同法人对自己的名称虽然都享有名称权，但是这些名称却有所不同，主要表现在营利法人和非营利法人由于主要是企业，以及事业单位、社会团体、基金会和社会服务机构，它们的名称具有比较明

显或者特别明显的财产价值，因而存在转让或者许可他人使用的可能性。特别法人由于具有公法性质，即使其对名称享有权利，对自己的名称也不享有名称权中的很多权利，不得转让，不得许可他人使用。

3. 法人、非法人组织的名称与其分支机构的名称

法人、非法人组织的名称，是法人、非法人组织人格特征的文字标表形式，由其依法享有名称权。法人、非法人组织的分支机构通常也有名称，也是法人的分支机构对其人格特征的文字标表形式，《民法典》对此并没有规定名称权。不过，个体工商户对其名称都享有权利，作为法人、非法人组织的分支机构，也应当享有相应的名称权。国务院《企业名称登记管理规定》第13条规定："企业分支机构名称应当冠以其所从属企业的名称，并缀以'分公司'、'分厂'、'分店'等字词。境外企业分支机构还应当在名称中标明该企业的国籍及责任形式。"法人、非法人组织的分支机构可以使用经工商行政管理机关核准使用的法人、非法人组织的名称，同时缀以分支机构的名称，例如"某某公司某某分公司"。一般认为，不具备独立主体资格的分支机构不能独立地决定、使用或者转让自己的名称，不享有完整的名称权，但是，对外使用其名称受到法律保护，禁止任何组织和个人冒用、盗用。

二、名称权的基本范畴

（一）名称权的概念

1. 对名称权保护的沿革

名称的起源晚于姓名，但是，确认其为权利却与姓名权几乎为同时。

名称起源于合伙，作为合伙的字号而广泛使用。但是，这只是一个事实，法律并不认其为权利，不受私法的保护。古代罗马法和日耳曼法对合伙认其为契约，并无名称及其权利的规定。至中世纪，公司在意大利沿海都市兴起，并在后期迅速发展，公司的商号被广泛应用，但仍未作为私法上的权利予以法律保护。

在近代民事立法中，各国法律开始对商号权予以重视，并采取私法方法对其

进行法律保护。采取民商分立的国家率先在商法中确认商号权。1890 年公布、1899 年施行的《日本商法》设专章规定商号，认商号权为商人对其商号所享有的权利，包括不妨碍他人使用商号的权利即商号使用权，以及他人以不正当的目的冒用其商号时可以请求制止使用的损失赔偿权利即商号专用权。① 采取民商合一立法例的，则将商号权通常概括在姓名权中一并加以保护。

在我国，国民政府制定民法采民商合一制，对姓名权扩大解释，将商号权概括在姓名权中，采取同一的法律保护。司法解释确认他人冒用或盗用类似他人已经注册之商号，比照民法第 19 条关于姓名权保护规定，受害人得呈请禁止其使用。② 在英美法系国家，名称与姓名为同一概念，确认姓名权，即确认名称权。

在我国的语言体系中，名称与姓名是两个概念，名称权与姓名权不能混同；商号仅是名称的一种，不能概括名称的全部内涵，不能用商号权替代名称权。《民法通则》第 99 条第 1 款规定自然人的姓名权，第 2 款规定："法人、个体工商户、个人合伙享有名称权。企业法人、个体工商户、个人合伙有权使用、依法转让自己的名称。"这一立法确认名称权为民事权利，将字号、商号权的范围予以扩大，包含了更多、更广泛的内容。《民法典》第 1013 条规定："法人、非法人组织享有名称权，有权依法决定、使用、变更、转让或者许可他人使用自己的名称。"确认名称权是法人、非法人组织的人格权。

2. 名称权的概念界定

关于名称权概念的界定，代表性的定义有："名称权是法人、个体工商户、个人合伙依法享有的决定、使用、改变自己的名称，并排除他人干涉、盗用、冒用名称的权利"③；"名称权是指法人、个体工商户和个人合伙等组织使用自己的名称并不受他人侵害的权利"④；"名称权是指企业法人、个体工商户、个人合伙依法决定、使用和改变自己名称的权利，是它们重要的人格权"⑤；"法人、个体

---

① ［日］《新版新法律学辞典》，北京，中国政法大学出版社 1991 年版，第 482 页。
② 黄宗乐监修：《六法全书·民法》，台北，保成文化事业出版公司 1991 年版，第 16 页。
③ 王冠：《论人格权》，《政法论坛》1991 年第 3 期。
④ 王利明：《人格权法研究》，北京，中国人民大学出版社 2005 年版，第 426 页。
⑤ 马原主编：《中国民法教程》，北京，人民法院出版社 1989 年版，第 490 页。

工商户和个人合伙的'姓名权'称为'名称权'"①。在主体上，仅包括企业法人和个体工商户、个人合伙显系不当；在权利客体上称名称权是法人等主体的姓名权，更为不妥；在权利的内容上，没有容纳名称转让权，则为疏漏。

名称权是指法人、非法人组织及特殊的自然人组合依法享有的决定、使用、变更、转让或者许可他人使用自己的名称，排除他人非法干涉、盗用或冒用的具体人格权。

（二）名称权的法律特征

1. 名称权的性质是人格权

名称权具有人格权的一切基本属性，因此是人格权，性质属于绝对权、专属权、固有权、必备权。概言之，名称权是法人、非法人组织、个体工商户、个人合伙等之所以为主体的基本权利之一，不享有名称权，民事主体不能成立。在编纂《民法典》中有人主张，法人、非法人组织的名称权就是商号权，可以转让、继承，其给付标的为无体物，属于无形财产权，不宜在人格权编中规定。立法机关认为，法人、非法人组织的名称权与商号权既有联系，又有区别，性质属于独立的人格权，不属于无形财产权。②

2. 名称权的主体是法人和非法人组织

法人、非法人组织都是民事主体，都享有人格权。《民法典》第 1013 条并不像《民法通则》第 9 条那样还规定了法人之外的个体工商户、个人合伙也为名称权主体，从形式上似乎否认了个体工商户、个人合伙的名称权主体资格，但是在实际的条文规定中，也承认"个体工商户可以起字号"（第 54 条），个人合伙在实际上也可以起字号。既然这些自然人组合可以起字号，其字号就是名称，对字号的保护就应该参照名称权的方式进行保护。所以，认为特殊的自然人组合也是名称权的主体，是有一定道理的。

3. 名称权的客体具有鲜明的财产利益因素

人格权以不具有直接的财产因素或不具有财产因素为基本特征，但是名称权

---

① 孟玉：《人身权的民法保护》，北京，北京出版社 1988 年版，第 8 页。
② 黄薇主编：《中华人民共和国民法典人格权编释义》，北京，法律出版社 2020 年版，第 103－104 页。

不同，其具有鲜明的财产利益因素。这主要表现在企业的名称上，老字号、老商号、名牌企业的效益好、信誉高，必然带来高利润，因而使商业名称具有较高的使用价值。基于此，名称权具有可转让性的显著特征，区别于其他任何人格权，也区别于姓名权。

（三）名称权的性质

1. 关于名称权性质的学说比较

名称权究竟为何种性质的民事权利，学者有不同的主张。

（1）姓名权说。认为法人、非法人组织等的名称权就是姓名权，"无论是自然人或法人均享有姓名权，自然人叫姓名权，法人叫名称权"①。"法人、个体工商户和个人合伙的'姓名权'称为'名称权'。"② 持这种观点的学者多参考我国台湾地区学者的主张，因此通常把名称权解释为姓名权，根据民法对自然人姓名权的保护方式，保护名称权。③ 同时，姓名权与名称权的具体内容也不相同，如姓名不能转让、继承，名称则可以转让、继承。因而对名称权作这样的解释不适当。

（2）财产权说。认为名称权具有财产权的一般特征，是一项可以占有、使用、收益、出卖、继承以及作其他处分的财产。④ 因而，名称不是营业主体的人格，不属于人格权范畴而属于财产权范畴，是财产权的一种。⑤ 称名称权为财产权，不符合《民法典》的规定，混淆了财产权和人身权的界限。

（3）工业产权说。认为名称权的性质实为一种无体财产权，一方面具有专有性，另一方面又具有地域性，实乃与商标权、专利权相同，且有关国际工业产权条约已将名称权作为工业产权加以保护⑥，表明其性质为工业产权。诚然，企业名称与商标有着密切联系，都可以作为企业及其产品信誉的标志。然而，一是名

① 曹康：《人身权基本知识》，天津，天津大学出版社1990年版，第25页。
② 孟玉：《人身权的民法保护》，北京，北京出版社1988年版，第8页。
③ 曾隆兴：《现代损害赔偿法论》，台北，泽华彩色印刷有限公司1988年版，第50页。
④ 杨明仑：《论企业名称权》（续），《北京律师》1992年第2期。
⑤ 龙显铭：《私法上人格权之保护》，上海，中华书局1948年版，第89页。
⑥ 《保护工业产权巴黎公约》第8条。

称是用来区别一企业与他企业的符号，而商标则是用来区别产品的标志；二是企业名称并不要求具有显著特征，但商标却必须具备显著性；三是企业名称必须以文字构成，而商标则以文字、图形以及其他形式构成。① 除这些区别之外，企业名称虽然具有某些无形财产的性质，但其本质上是人格权，不是工业产权。

（4）双重性质说。认为名称权同时具有财产权和人身权的属性。一方面，名称权是人身权，企业具有自己的名称是取得主体资格的必备要件，只有享有名称权，才能使其人格得以充分体现，否则其独立人格就失去了意义；另一方面，名称权又是财产权，可以作为财产使用、收益、转让、继承以及作其他处分。② 名称权确实存在某种财产权的特点，但是，财产权的特点是其非本质属性，只有人格权才是其本质属性，且名称权不具备外在物的形态，认为其兼具人格权与财产权的性质，淹没了其本质属性，也不适宜。

（5）身份权说。认为名称权与姓名权不属于同一性质的权利，姓名权是人格权，而名称权因其可以被转让和继承，因而不是人格权而是身份权。③ 名称权虽然可以转让和继承，但它表明的不是企业的身份，而是企业的人格，是民事主体的文字符号和标记，确定的是企业的主体资格。称名称权是身份权，于理不通。

2. 名称权的性质是具体人格权

《民法典》确认，名称权的性质是具体人格权，这也是立法专家在编纂中始终坚持的立场。理由是：第一，名称权的客体是法人、非法人组织等的人格利益，《民法典》第 58 条规定，法人必须有自己的名称；第 108 条规定，非法人组织除适用有关自己的规定外，参照适用有关法人的规定，因此也必须有名称。这与自然人须有姓名一样，只有具有名称才能使此主体与他主体相区别，无名称则无人格。因此，《民法典》第 1013 条规定了名称权的人格权属性。第二，名称权具有人格权的全部特征，是固有权、专属权、必备权，其客体又是人格利益，虽然名称权可以转让、继承，但是，这并不能否认其专属权的性质，更具固有权、

---

① 王利明主编：《人格权法新论》，长春，吉林人民出版社 1994 年版，第 347－348 页。
② 王利明主编：《人格权法新论》，长春，吉林人民出版社 1994 年版，第 346 页。
③ 王利明主编：《人格权法新论》，长春，吉林人民出版社 1994 年版，第 346 页。

必备权的特征。更何况名称是法人、非法人组织成立的条件，而不是成立以后再取得名称权，其固有人格权的性质无可否认。第三，名称权虽具有某些无体财产权的特点，但是，这是其具体内容的附属性质，而不是其本质属性。因而，确认名称权为人格权是有充分根据的。

（四）名称权的内容

依据《民法典》第1013条规定，名称权包括以下五种具体的权利内容。

1. 名称设定权

法人、非法人组织及特殊自然人组合享有名称权的最基本内容，是为自己设定名称的权利，他人不得干预。各国对名称的设定采取不同做法：一是采取自由主义，法律不加限制，可以自行选定自己的名称；二是采取限制主义，法律规定商号、法人的名称应当表明其经营种类、组织形式，非经登记，不发生效力，甚至规定对未设定名称的，法院应利害关系人或检察官的请求，应予以设定。①

对此，我国立法采折中主义，即法人尤其是企业法人、非法人组织必须设定名称，并应当依照法律的规定设定，非经依法登记不发生效力，不能取得名称权。对于个体工商户、个人合伙等自然人组合则依其自愿，可以设定名称，也可以不设定名称。

2. 名称使用权

法人、非法人组织等对其名称享有独占使用的权利，排除他人非法干涉和非法使用。名称经依法登记，即产生名称权主体对其名称的独占使用效力，法律予以保护，在登记的地区内，他人不得再予登记经营同一营业性质的该名称；未经登记而使用者，为侵害名称权。在同一地区内，数个法人、非法人组织曾经使用同一名称，其中一方经登记后，其他组织不得再使用该名称，否则为侵权。名称使用的范围，应以其登记核准的范围为限，限于在本省、本市、本县以至本镇内使用，在核准使用的范围内，该名称独占使用。国家级企业的名称在全国范围内使用，他人均不得在国内使用同一名称。名称的独占使用限于同一行业，不排除

---

① 《日本民法典》第40条。

不同的行业使用，但是，在使用时必须标明行业的性质，如"东海商厦"与"东海制药厂"，即为合理使用。

3. 名称变更权

法人、非法人组织等在使用其名称中，可以依法变更自己登记使用的名称。名称变更可以是部分变更，也可以是全部变更。变更名称必须依法进行变更登记，其程序与设定名称相同。名称一经变更登记后，原登记的名称视为撤销，不得再继续使用，应当使用新登记的名称进行活动。名称变更应依主体的意志而为，他人不得强制干涉。

4. 名称转让权

依照《民法典》的规定，法人、非法人组织等有权转让其名称。不过，名称的转让也是有限制的，即营利法人、非营利法人和非法人组织的名称可以转让，特别法人的名称不得转让。传统民法认为，名称转让可以是部分转让，即将名称使用权转让于他人使用；也可以是全部转让，即将名称权全部转让于他人享有。部分转让者，转让的是名称使用权，且名称使用权也是部分转让，因此，名称权人仍享有名称权，仍得自行使用其名称，但名称使用人依其使用权的转让，而依约定使用该名称。全部转让者，原名称权人丧失名称权，不得继续使用；受让人成为该名称的权利人，享有专有使用权及名称权的一切权利。《民法典》第1013条将名称转让与名称许可使用分别规定，因而名称转让就是全部转让，不再包括名称的部分转让，从这个意义上说，名称转让权转让的是名称权，是将名称权全部让与他人，而不仅仅是转让其名称以及名称使用权。

5. 名称许可使用权

名称权人将自己的名称许可他人使用，是将自己的名称使用权部分转让于他人使用。因而，许可他人使用自己的名称，首先，转让的是名称使用权，而不是转让名称权；其次，对名称使用权的转让也是部分转让，名称权人仍享有名称权，仍得自行使用自己的名称。名称许可使用人依双方当事人的名称许可使用合同的约定，在约定的期限和范围内使用该名称。

三、名称管理与名称转让规则

（一）名称管理

企业法人、个体工商户和个人合伙的名称权标志着它们的独立法律人格，具有重要意义：一方面，企业应当十分珍视自己的名称；另一方面，国家也应对企业等名称进行严格管理。

2020 年国务院《企业名称登记管理规定》第 9 条规定："企业名称中的行业或者经营特点应当根据企业的主营业务和国民经济行业分类标准标明。国民经济行业分类标准中没有规定的，可以参照行业习惯或者专业文献等表述。"第 10 条规定："企业应当根据其组织结构或者责任形式，依法在企业名称中标明组织形式。"这是企业名称登记的基本要求，体现了真实主义的要求。企业名称确定之后，必须进行登记注册，是法人、非法人组织登记的内容，为法人、非法人组织资格取得的一个条件。企业名称由工商行政管理机关核定，准予登记后，在规定的范围内使用，无特殊原因，在一年内不准申请变更。改变名称，应按规定办理名称变更登记，擅自变更名称的应按规定处罚。

对于企业法人分支机构的名称，分支机构具有独立法人资格的，可以注册登记专有名称，享有名称专用权；分支机构不具有法人资格的，其名称应冠以其所隶属的企业名称，标以分公司、分厂、分店、分部门作为其名称，不享有名称专用权。

个人合伙的字号，也是其营业的外部标记。不过，合伙可以起字号，也可以不起字号，采自由主义立场。起字号的，可以包括合伙人的姓名，也可以另起字号，均须以文字构成，享有专有使用权。

个体工商户可以起字号，字号是该经营者的名称，也是经营者的外部标记。个体工商户起字号，应在进行工商登记时一并注册登记，经核准后在规定的范围内享有专有使用权。

（二）名称权的转让与许可使用规则

广义的名称转让，包括名称权转让、名称许可使用权转让和名称权继承。

1. 名称权转让规则

各国立法均承认商号等名称权的转让行为为合法行为，准许名称权主体依一定程序转让其名称权。我国《民法典》规定法人、非法人组织享有名称转让权。

名称权转让是名称权人将其享有的名称权全部让与受让人，其效力是受让人成为该名称权的主体，出让人丧失名称权。

对名称权转让历来有两种学说。一是绝对转让主义，认为名称转让应当连同营业同时转让，或者在营业终止时转让，名称转让以后，转让人不再享有名称权，受让人独占该名称权。各国商法典一般采此立场。二是相对转让主义，又称自由转让主义，即名称转让可以与营业分离而单独转让，并可以由多个营业同时使用同一名称，名称转让以后，转让人仍享有名称权，受让人亦取得名称权。

绝对转让主义更符合名称权让与的本质要求，有利于维护商业秩序和民事流转秩序，有利于保护当事人的合法权益，故应采纳这种立场。相对转让主义容易造成名称使用、管理的混乱，不宜采纳。

名称权转让是名称权的绝对转让，因而名称权人在转让其名称时，只能将名称与其营业一起转让，或者在其终止营业时将名称权转让。在民间，个体字号连同营业一并转让，常称之"兑"或者"盘"，即为前者。后者则是营业主体在停业清算后，仅将名称转让给受让人，营业并不转让，但是禁止今后再以该名称经营相同营业。

名称权转让后，出让人丧失该名称权，在该名称登记的地区，出让人不得再使用该名称，也不得再重新登记该名称，使用者为侵权行为。至于名称权与营业一起转让者，是否可以在同一地区再经营同一营业，《日本商法》为防止不正当竞争，规定当事人如无另外意思表示，则转让人在20年内不得于同一市镇村内或相邻市镇村内经营同一营业；转让人有不经营同一营业特约时，该特约只在同一府县内及相邻府县内，在不超过30年的范围内有效。我国立法对此没有限制，不宜限制过严，期限也不宜过长。

名称权受让人承受名称权后，有权继续使用该名称，并成为名称权人。受让人承受该名称权时，应就原来营业的债权、债务关系如何处理，与原名称权人协商办法，有明确约定的依约定处理；没有约定或约定不明确无法执行的，营业与名称一并受让的受让人，对于转让人因营业而产生的债务，亦负清偿责任，转让人的债权人就转让人因营业而产生的债权向受让人实行清偿时，以清偿人系善意且无重大过失情形为限，其清偿为有效；受让人清偿债务和受领清偿之后，可以将其后果转移给转让人。

2. 名称许可使用规则

依照《民法典》第 1013 条第 1 款规定，名称权人可以将其名称许可他人使用，双方当事人就名称许可使用达成协议，签订合同，准许名称权受让人部分使用该名称，构成名称使用权部分让与，对双方当事人发生法律拘束力。

名称使用权部分转让行为的性质，国外学者一般称其为商号借贷契约。日本学者认为，允许他人使用自己的姓名或商号进行营业的契约，为姓名商号借贷契约，也称为名义借贷契约或字号借贷契约。其内容是，有信用的人准许他人使用自己的姓名，取得营业许可者把名义借贷给无许可者等而使用。①

在我国，称名称使用权部分转让行为为名称借贷契约或合同并不恰当。其理由，一是部分转让名称使用权行为与借贷主旨不同，依我国民法理论，可资借贷的应当是物，名称权属于人格权，不是借贷的标的。二是部分转让名称使用权，不仅包括将名称权准予无营业名义的人使用，也包括准予有其他名义的人使用该名称。前者如无工商登记的合伙等"挂靠"有名称权的经营单位而营业；后者如同类企业使用同类知名企业名称为联合生产同类产品者。对这两种情况，借贷合同无法完全包容。

依照《民法典》规定，部分转让名称使用权的行为，性质为名称许可使用合同。首先，该种行为的性质是合同，因其符合双方的一致意思表示，设立、变更或消灭民事法律关系，在平等、自愿基础上进行，约定对双方均具有法律拘束力等合同的基本特征。其次，该种行为的内容是使用名称，而非借贷。名称使用可以有偿使用亦可无偿使用，均依当事人约定。称为"许可使用"更贴切，且符合我国法律用语的习惯。最后，能够确定双方当事人的权利义务关系，均依合同约

---

① ［日］《新版新法律学辞典》，北京，中国政法大学出版社 1991 年版，第 743 页。

定行事，发生纠纷亦可依约定和合同法的规定处理。

名称许可使用合同的主体只能是名称权人和名称使用人，其他人不能成为该合同的主体。就使用第三人的名称而达成协议，不构成名称许可使用合同。名称许可使用合同的客体是对名称的使用，名称权人把自己的名称使用权部分地转让给使用人、许可其使用，使用人在约定的许可范围内使用该名称。这种约定，须采明示方式，默示不发生效力。名称许可使用合同的内容依双方约定，有偿的名称许可使用合同为双务合同，双方就名称权的使用及报酬进行约定，互享权利、互负义务；无偿的名称许可使用合同为单务合同，使用人享有使用名称的权利，名称权人负有许可使用人部分使用其名称的义务，使用人违反约定，名称权人享有合同解除权。

名称许可使用合同是诺成性的要式合同，双方意思表示一致，采书面形式，并经登记而发生合同效力。应当强调的是，名称许可使用合同具有人格权让与使用的性质，承诺使用人使用自己名称的名称权人，对于误认使用人为名称权人而为交易者，就交易产生的债务，与名称使用人负连带清偿责任。

对于名称许可使用合同的解释，以及名称许可使用合同的解除，适用《民法典》第 1021 条和第 1022 条规定的规则。

3. 名称权继承规则

对于名称权可否继承，有肯定说和否定说两种不同的主张。肯定说认为，名称权虽为人格权，因其具有无体财产性质，可以发生继承，但是，只限于个体工商户和个人合伙，法人、非法人组织不发生名称权继承问题。[1] 否定说认为，名称权为人格权，不是无体财产权，不能发生继承问题。

名称权是人格权，虽然不是无体财产权，但是，却具有某些无体财产权的性质，可转让性就是其特征之一。同时，对于特殊的自然人组合的营业实体，是以自然人组合为其特征，当营业实体的自然人死亡后，其财产应当由其继承人继承。当继承人继承该营业时，当然发生名称权的继承。因此，应赞同肯定说主张。

---

[1] 王利明主编：《民法·侵权行为法》，北京，中国人民大学出版社 1993 年版，第 282 页。

名称权的继承，是继承人对被继承人的营业的继承，一并继承了营业的名称权，因而应当连同营业一并继承名称权。在营业终止后的一定时期内，继承人未声明继承并进行变更登记的，视为放弃该名称权，该名称应停止使用。名称权继承以后，在一定期间内，继承人不再继续营业或未转让他人使用的，则丧失该名称权。

名称权继承应当进行变更登记。商业主体死亡后，由继承人依法继承营业时，应申请继承名称的企业变更登记。商业继承登记，不仅为商业之继承登记，而且包括商业名称之继承登记在内。① 经过登记，继承人便取得该名称权。自然人作为名称权主体如个体工商户，在其终止后，其字号、商号等商业名称只有其继承人有权使用，他人未经继承人同意而使用该名称的，构成对名称权的侵权行为。

四、侵害名称权的行为

(一) 认定侵害名称权行为的基本要求

侵害名称权的行为是侵权行为，应当依照《民法典》人格权编和侵权责任编的规定，确定是否构成侵权行为，应否承担民事责任。

有观点认为，在对企业名称权的保护中，侵权法和反不正当竞争法是相互独立的保护体系，以两部法律保护企业名称权的方法为划分标准，侵权法的保护方法在于禁止侵权行为，而反不正当竞争法的保护方法在于禁止不正当竞争行为，是相互独立的两种行为。② 也有观点认为，侵权行为和不正当竞争行为有着本质不同，属两种行为。对于企业名称权人的保护而言，两者的作用也不同：禁止侵权行为是权利人最基本的直接保护手段，禁止不正当竞争行为是对权利人更广范围保护的必要补充。要更好地保护权利人的企业名称权，必须正确界定侵犯企业

① 刘清波：《商事法》，台北，"商务印书馆" 1986 年版，第 38 页。
② 张蕾：《竞争法视角下的企业名称权保护》，《法制与社会》2010 年第 5 月（上）号。

名称权的行为和利用企业名称进行的不正当竞争行为。①

上述说法虽然有一定道理，但是，应当看到的是，就某一种行为的认定，不正当竞争行为与侵权行为的方法可能有所不同，但是，不正当竞争行为也是侵权行为，也受侵权法的调整，不能说反不正当竞争法和侵权责任法之间的界限是不可逾越的，也不能说不正当竞争行为与侵权行为是相互独立的两种行为，它们在行为的性质和侵权后果方面并没有本质的不同。

因此，确认侵害名称权的行为为侵权行为，即使构成不正当竞争行为也是一样的，应当对侵权人责令停止侵害等，或者使其损害赔偿等民事责任，赋予名称权人以人格权请求权和侵权请求权，保护权利主体的名称权。

（二）具体的侵害名称权行为

1. 干涉名称权的行为

这是指对他人名称权的行使进行非法干预的行为。非法干预，包括对名称设定、专有使用、依法变更和依法转让的干预，具备其中之一，即为非法干涉。干涉名称的行为大多为故意行为，如强制法人或非法人组织使用或不使用某一名称，阻挠名称的转让、变更的行为。非法宣布撤销他人的名称，也属于干涉名称权的行为。② 例如，被告焦某曾在原告工厂承包担任厂长，后来终止了承包合同，解除了焦某的厂长职务，但焦某却将原告工厂的财务专用章私自带走。焦某离开原告工厂以后，到某市体委，经同意创办市体委体育用品厂。在进行工商登记时，工商机关考虑本市有相同名称的企业，拟不予注册登记，焦某见状，即称该厂已经撤销。工商机关承办人要正式文件，焦某即回去印制撤销原告企业名称的文件，盖上了私藏的原告财务专用章，因而将被告单位予以注销。当工商年检时，原告申请换发营业执照，工商机关以该厂已撤销为由拒绝办理，致使原告无法经营，造成经济损失。原告起诉，经法院调解，协议由被告停止侵害，消除影响，归还财务专用章，赔偿经济损失。在这个案件中，被告为达到自己企业工商登记的目的，以原告

---

① 孙曼曼：《论企业名称权保护中的侵权行为和不正当竞争行为》，《宁夏大学学报（人文社会科学版）》2009 年第 1 期。

② 王利明主编：《民法·侵权行为法》，北京，中国人民大学出版社 1993 年版，第 282 页。

企业的名义发出撤销该企业的文件，给原告造成了重大损害，影响了原告的正常经营活动，构成侵害法人名称权。被告的主观心理状态是故意，完全出于恶意，对干涉他人名称权的行为造成的损害，应负损害赔偿及相应的其他民事责任。

2. 盗用他人名称

盗用他人名称，是未经名称权人同意，擅自以他人的名称进行活动。盗用他人名称行为的动机和目的具有多样性，或者获利或者不获利，都是为了达到自己的不当或者非法目的，未经权利人授权而对权利人的名称擅自使用。这当然构成侵害名称权的行为。例如，擅自宣称与其他经营主体合作，以推销自己产品的行为，构成盗用他人名称行为，因为企业的名称是企业的生命，著名企业创出名牌产品，享有商业信誉，具有市场号召力，受到消费者和用户的信任，对企业的经营就会产生巨大的推动力，所以，企业的名称具有重要的经济利益。擅自使用企业的名称，不仅侵害企业的名称权，也损害了该企业的经济利益。例如，原告系国家定点鼓风机生产单位，产品质量好、信誉高、销售量高，多次获奖。被告是鼓风机生产厂，产品质量上不去。被告印制自己生产鼓风机型号的《产品目录说明书》，宣称其与原告厂联营，生产的鼓风机质量已经达到或超过原告生产的鼓风机产品的质量。原告认为被告盗用其名称，侵害了其名称权，向法院起诉，要求停止侵害，赔礼道歉并赔偿损失。被告实施的行为是盗用企业法人名称行为，而不是假冒名称行为，既是不正当竞争行为，也构成侵害名称权的侵权行为。

3. 假冒他人名称

假冒名称行为是指行为人假冒他人的名称进行民事活动，以实现自己的不当或者不法目的，即冒名顶替。假冒名称不是未经他人许可擅自使用他人名称进行民事行为[①]，因为未经同意而擅自使用是盗用而非假冒。虽然盗用和冒用他人的名称都是非法使用，都是侵权行为，但是二者毕竟不同。这与盗用或者假冒姓名行为一样，行为方式不同，损害后果也不同，即假冒名称行为要重于盗用名称行为。

2008年《最高人民法院关于审理注册商标、企业名称与在先权利冲突的民

① 王利明：《人格权法研究》，北京，中国人民大学出版社2018年版，第415页。

事纠纷案件若干问题的规定》第 2 条规定："原告以他人的企业名称与其在先的企业名称相同或者近似，足以使相关公众对商品的来源产生混淆，违反反不正当竞争法第五条第（三）项的规定为由提起诉讼，符合民事诉讼法第一百零八条规定的，人民法院应当受理。"这是判断非法使用他人名称是否构成侵权的一个重要标准。例如，施耐德电气（中国）投资有限公司、天津梅兰日兰有限公司（以下简称天梅公司）和施耐德电气工业有限公司诉被告上海梅兰日兰电器（集团）有限公司侵害名称权案，是典型的非法使用他人名称的案件。法院认为，天梅公司在先取得包含"梅兰日兰"字号在内的企业名称权，通过十余年的长期经营和投入大量资金进行宣传，其"梅兰日兰"字号已具有较高知名度，为相关公众所知悉。被告作为在后登记企业名称的企业，明知上述事实，对"梅兰日兰"字号亦不享有任何合法民事权益，理应尊重天梅公司对"梅兰日兰"字号享有的在先权利，但被告仍将与之相同的字号包含在企业名称中进行登记、使用，其目的显然在于利用天梅公司的商业信誉从事经营活动，使他人对被告和天梅公司的市场主体及其商品的来源产生混淆，行为违背了民事活动应当遵循公平、诚实信用的原则以及公认的商业道德，损害了原告的合法权利，破坏了公平竞争秩序，构成对天梅公司的不正当竞争。故判决被告变更企业名称，变更后的企业名称中不得包含"梅兰日兰"的文字。[①]

4. 混同他人名称

在名称登记范围内，同行业的营业不得以不正当竞争目的而使用与登记名称相似而易于为人误认的名称。这种行为是名称混同行为，也被称为仿冒名称行为，是以与他人名称相似或者相近而容易被混淆的文字作为自己名称的行为，也是非法使用他人名称的侵权行为。例如，某企业使用"阿迪王子"作为企业名称，与注册的阿迪达斯企业名称不同，而阿迪达斯并未注册"阿迪"的名称，因此，不是盗用名称，也不是假冒名称，而是仿冒名称行为。

5. 应当使用而不使用他人名称

应当使用他人名称而不使用或改用他人的名称，同样构成对名称权的侵害。

---

① 李国泉等：《企业名称的司法救济》，《人民司法·案例》2009 年第 22 期。

如甲商店出售乙厂的产品，却标表丙厂的名称，甲对乙名称的不使用，构成对乙厂名称权的不作为侵权行为。

五、保护名称权的人格权请求权

名称权受到侵害或者妨害的，名称权人可以行使人格权请求权予以救济，依照《民法典》第995条的规定行使保护自己名称的权利。

名称权受到侵害，侵害行为已经开始，或者正在继续的，受害人有权请求行为人停止侵害，使自己的名称权免受行为人违法行为的侵害。

名称权的行使受到妨碍的，无论该妨碍行为是已经开始，还是正在继续，权利人有权主张行使排除妨碍请求权，请求行为人停止实施妨碍行为，采取清除妨碍名称权行使的措施。

名称权存在被侵害危险的，受害人有权行使消除危险请求权，请求行为人消除危险，使自己的名称权不受危险的威胁。

名称权受到侵害造成主体商誉损害的，受害人有权行使消除影响、恢复名誉请求权。

对于侵害名称权的行为，受害人都有权请求赔礼道歉。

六、保护名称权的侵权请求权

（一）侵害名称权的侵权责任构成

侵害名称权的行为造成权利人损害，请求损害赔偿的，应当依照《民法典》第1165条第1款的规定，确定侵权损害赔偿责任是否构成，应当怎样承担侵权损害赔偿责任。即使侵害名称权行为构成不正当竞争行为，也是一样的，名称权人有权行使侵权请求权，请求侵权人承担侵权损害赔偿责任。

确定侵害名称权损害赔偿责任的构成，适用《民法典》第1165条第1款规定的过错责任原则，仍须具备侵权责任构成要件，即侵害名称权的违法行为，名称权受有损害的客观事实，该违法行为与损害结果有因果关系，以及过错四个要件。

其中，对于侵害名称权损害赔偿责任构成的损害事实要件，由于《民法典》和有关司法解释规定法人、非法人组织的侵权责任不包括精神损害赔偿责任，因此，认定侵害名称权的损害事实要件是侵害权利人名称权造成的财产损失的客观事实，即《民法典》第1182条规定的"侵害他人人身权益造成财产损失"，不包括精神损害的后果。具备这种财产损害事实的要件，又具备违法行为、因果关系和过错要件，就构成侵害名称权的侵权损害赔偿责任。

（二）侵害名称权的损害赔偿

构成侵害名称权的侵权损害赔偿责任，应承担侵权责任的方式是赔偿损失。

确定侵害名称权侵权损害赔偿责任的依据和方法，是《民法典》第1182条规定，即按照被侵权人因此受到的损失或者侵权人因此获得的利益赔偿；被侵权人因此受到的损失以及侵权人因此获得的利益难以确定，被侵权人和侵权人就赔偿数额协商不一致，向人民法院提起诉讼的，由人民法院根据实际情况确定赔偿数额。

这一新规则与《侵权责任法》第20条规定的规则相比，区别在于：第一，将计算方法的三个层次改为两个层次，减少了复杂程度。第二，将被侵权人因此受到实际损失和侵权人因此获得的利益并列在一起，由相互之间的顺位关系，改为选择关系。究竟是选择前一种方法还是选择后一种方法，由被侵权人一方选择。被侵权人可以根据自己的利益，选择其中一种计算方法，计算赔偿数额。对此，法院应当支持被侵权人的选择。难以确定的，可以协商；协商不成的，由法院判决。

具体的计算包括可以根据具体情况选择使用以下方法。

1. 以实际损失确定赔偿数额

以受害人在名称权受到侵害期间的财产利益损失为标准，确定赔偿数额。名称权受到侵害所受到的直接损失，最基本的表现形式，就是受害人在侵权期间所受到的财产不利益，即受到的损失。当这种损失很明显，具有可计算的因素时，采用这种方法计算受害人的财产利益损失并予以赔偿，是最准确的赔偿数额。其计算公式是：

$$W = (P - C) \times (A_1 - A_2)$$

其中，W 是损失数额，P 是单位产品（或服务）的价格，C 是单位产品（或服务）的成本，A_1 是指在侵权期间受害人应销售的产品量（或提供的服务量），A_2 是在侵权期间实际产品销售量（或服务量）。依此公式，即可计算出受害人在侵权期间应得的财产利益和实得的财产利益之间的差额，即为财产损失数额，为赔偿的数额。

2. 以所获利益计算赔偿数额

以侵权人在侵权期间因侵权而获得的财产利益数额为标准，确定赔偿数额。

侵权人因侵权行为所获得的利益是不法所得，是通过侵害他人名称权，使他人财产利益受到损害而获得的。如果受害人损失的财产利益无法计算或不易计算，以侵权人在侵权期间所获利益推定为受害人所受到的损失，至为公平、合理。其计算公式是：

$$W = A \times (P - C)$$

其中，W 是所获利益额，A 是侵权人在侵权期间销售的产品量（或提供的服务量），P 为单位产品（或服务）的价格，C 是单位产品（或服务）的成本。依此公式，即可计算出侵权人在侵权期间所获的不法利益，推定其为受害人的财产利益损失额，依此确定赔偿数额。

3. 综合评估方法

在受害人的财产利益实际损失或侵权人在侵权期间所获财产利益均无法计算或不易计算时，法院可以采取综合评估的方法确定赔偿数额。

这要根据侵害名称权的具体因素综合评估，推算合适的损害赔偿数额。考虑的因素，包括侵权行为的程度和情节，侵权期间的长短，损害后果的轻重，给受害人造成的经济困难程度，以及侵权人的实际经济状况。将这些因素综合考虑，确定一个适当的数额，作为赔偿的数额。应当注意的是，适用这种方法计算赔偿数额，一般不应超过最高限度，该限度即为该名称使用权许可转让费的数额。这种方法主要适用于非法干涉名称权和不使用他人名称等场合。

第十四章
肖像权、形象权和声音权

■■

第一节　肖像权

一、肖像权的客体：肖像

（一）肖像的概念

1. 语义学和美术学上的肖像概念

肖像，亦称写照、传神和写真。肖者，相似、像也；像者，比照人物制成的形象。从字义上看，肖像乃比照人物而制成的与人物相似的形象。《现代汉语词典》将肖像释为"以某一个人为主体的画像或相片（多指没有风景陪衬的大幅相片）"①，有不贴切之处。旧版《辞海》对肖像的定义较为准确，即"图像以肖其人者，谓之肖像。即将其人之姿态、容貌、表情等特征，精确表出之也。如绘

---

① 《现代汉语词典》，北京，商务印书馆 1978 年版，第 1260 页。

画、雕刻、塑像、摄影、刺绣等为表出之方法。"

美术意义上的肖像,属于造型艺术,是模仿人物外形而塑造形象,是以描绘人物形象为内容的造型艺术、视觉艺术。这种艺术形式具有悠久的历史,形成了丰富多彩的表现手法、表现形式和复杂、完善的理论。

2. 法律意义的肖像概念

法律意义上的肖像,是自然人的一种具体人格利益。在法律上使用肖像的概念,最早见于德国 1876 年颁布的《美术与摄影作品著作权法》,提出了肖像的法律概念,并且对肖像权的保护作出了规定。一般认为,这两部法律的规定对肖像的保护缺点甚多。柏林高等法院法官克思奈于 1896 年出版《肖像权论》一书,提出了肖像权法律保护的新观念,引起热烈的讨论①,德国立法机关于 1907 年颁布了新的《美术与摄影作品著作权法》。

把肖像作为法律概念的意义是,一个具体的肖像作品同时体现着两方面的权益,一方面是肖像作品的著作权人享有的著作权,另一方面是肖像人就该肖像所享有的人格权。就同一肖像而言,这两方面的权益无疑是冲突的,法律所调整的正是这种冲突关系。② 这一立法,奠定了法律上肖像概念的基础。

我国民法学界界定肖像的概念,主要有如下几种:如认为肖像是自然人人身真实形象及特征的再现③;或认为肖像表现一个人的形象,是一个人身材风貌的真实写照,是人格的外在表现形式④;或认为肖像是指以自然人个人形象通过造型艺术或其他形式在客观上的再现,它反映肖像人的真实形象和特征,与人的人格不可分离⑤;或认为肖像是采用摄影或造型艺术手段反映自然人包括五官在内的形象的作品。⑥ 也有学者直接引用《现代汉语词典》的原文,认为肖像即以某人为主体的相片和画像,通常是没有风景陪衬的大幅照片。⑦ 或者肖像者,人之

① 龙显铭:《私法上人格权之保护》,上海,中华书局 1948 年版,第 93 - 94 页。
② 王利明主编:《人格权法新论》,长春,吉林人民出版社 1994 年版,第 362 页。
③ 佟柔主编:《中国民法》,北京,法律出版社 1990 年版,第 485 页。
④ 王利明等:《民法新论》(上册),北京,中国政法大学出版社 1988 年版,第 187 页。
⑤ 马原主编:《中国民法教程》,北京,人民法院出版社 1989 年版,第 492 页。
⑥ 张俊浩主编:《民法学原理》,北京,中国政法大学出版社 1991 年版,第 149 页。
⑦ 刘歧山等:《民法问题新探》,北京,中国人民公安大学出版社 1990 年版,第 269 页。

容姿之模写也，分绘画、照相、雕刻等类。①

对《民法典》第1018条第2款关于肖像概念的定义，有的学者认为，放弃了"以面部为中心"说，转而向"可被识别性"说的转化。这种转化，旨在扩大肖像的保护范围，将面部以外的具有可识别性的其他身体特征纳入肖像权的保护范畴，符合肖像权制度设立的初衷。例如，某人特有的肢体动作、背影等，如果为相关公众所知悉，能够对外展现个人的形象，则应当受到法律保护。而如果将肖像的内涵限于面部特征，则面部以外的具有可识别性的身体特征将难以受到法律保护。② 这样的说法并非没有道理，但是，如果将某人特有的肢体动作、背影等应受法律保护，进而将其认定为"肖像"，肢体动作或者背影能够叫作"肖像"吗？这些说法刚好是应当将形象权作为独立的具体人格权的理由，而不是所谓的判断肖像标准的转化问题。

笔者原来对肖像概念的定义，是指通过绘画、照相、雕塑、录像、电影等艺术形式使自然人外貌在物质载体上再现的视觉形象。③《民法典》第1018条第2款规定了肖像概念的定义，即"肖像是通过影像、雕塑、绘画等方式在一定载体上所反映的特定自然人可以被识别的外部形象"。对肖像概念的这个定义，与以往的定义不同的是，肖像反映的是"自然人的外部形象"。这个表述有些宽泛，因为通常界定肖像是以面部形象为主的人的外部形象，这里使用人的"外部形象"，并不专指肖像，而且包含了"形象"的概念。例如，可供识别的自然人的手、脚、背部等的外部形象被侵害，适用肖像权的保护，显然不如适用形象权的保护更为妥当。故本书认为，依照《民法典》对肖像的定义，也对自然人的面部以外的身体形象予以保护，因此在本章专设"形象权"一节。从这个意义上说，对肖像的概念界定还应当适当调整，即肖像是通过影像、雕塑、绘画等方式在一定的载体上所反映的特定自然人可以被识别的以面部为主的外部形象。增加"以

① 龙显铭：《私法上人格权之保护》，上海，中华书局1948年版，第93页；何孝元：《损害赔偿之研究》，台北，"商务印书馆"1982年版，第155页。

② 王利明、程啸：《中国民法典释评·人格权编》，北京，中国人民大学出版社2020年版，第277页。

③ 杨立新：《人格权法》，北京，法律出版社2011年版，第441页。

面部为主"的表述，借以划清肖像与形象两个概念之间的区别。

（二）肖像的法律特征

1. 肖像是自然人以面部为主的外部形象

法律意义上的肖像，是自然人作为客观的、实在的物质实体的外部形象，因而只有自然人才有肖像。肖像还要以人的面部形象为主体，因而才有人格标识的作用，否则将会失去法律上肖像概念的主要价值，不能标表自然人的人格特征。法人为拟制人格，不具有外貌形象，即使在社会生活中对法人给以"形象"的说法，如"公安机关高大形象"之类，也是抽象的、观念形态上的形象，不可能成为法律意义上的肖像。

2. 肖像是自然人外貌再现的视觉形象

自然人的外貌形象并非严格意义上的肖像，自然人的外貌形象只有经过再现，即经过一定方式的转换才可获得人的外部视觉形象。换言之，肖像不是自然人外貌形象本身，而是自然人外貌形象的真实反映，或称为"映象"。它是一种视觉形象，需要观赏者以视觉来感知。某些立体的肖像当然也可以用触觉来感知，但即使如此，肖像的主要功能仍在于视觉的感受，而非听觉等感受。肖像虽然包括自然人的整个外貌形象，但是主要之点在于面部，即"容姿"。其真实程度应为清晰可辨，即肖像反映的视觉形象与自然人本人的外貌形象清晰可辨，具有一致性。这被叫作可辨的形象再现性或形象标识性，是指原形人相貌综合特征给他人形成的、能引起一般人产生的与原形人有关的思想或感情活动的视觉效果。画像、照片等载体，如果其内容不能再现原形人的相貌综合特征，一般不能引起一般人产生和原形人有关的思想或感情活动，一般人不能凭直觉清晰辨认该内容就是某一自然人的形象，不能成为肖像。[1] 有人认为，这种可辨的真实性，要真实到某演员脸上特定部位有一明显的痣之类。如果反映的图像缺少这个痣，就不能确认该图像反映的肖像是该演员的肖像。[2] 这个结论过于严苛，按照这种说法，某人盗用该演员的肖像，修除肖像面部形象上的痣以后去做广告，难道就

[1] 袁雪石：《民法典人格权编释论》，北京，中国法制出版社2020年版，第404-405页。
[2] 关今华等：《精神损害赔偿实务》，北京，人民法院出版社1997年版，第151页。

不认定其侵权了吗？显然不能。

"半张脸"的摄影作品是否为肖像的争议，是一个典型案例。女青年甲在海南打工，春节期间回江西老家休假，偶遇摄影师乙，乙提出要为甲免费拍摄人体写真照，甲遂于次日到影楼拍摄，乙嗣后将制作精良的影册送给甲。乙将其中最好的两辐照片命名后，送交全国第一届人体摄影大奖赛组委会参加评奖，被命名为"美姿"的作品获得银奖。该照片描写的主体是甲的身体，面部只有鼻子以下的部分，以上部分被剪除，不在画面之中。该大奖赛获奖作品在海南巡回展出时，该作品反映的人物被甲的同事认出，甲方知其肖像权被侵害，向法院起诉。专家讨论本案有三种意见：一是被摹写的不是甲面部的全部，因此不构成侵害肖像权；二是由于没有摹写面部的全部，原则上应当不认为侵害肖像权，但是由于确实摹写的是甲的形象，应当认为构成侵权；三是摹写甲的形象即使不是面部的全部，但是熟悉甲的人对该照片因形象清晰可辨足以认出是甲，应当认为构成侵害肖像权。笔者主张第三种意见，虽然作品摹写的是主人公面部为主的形象只有半张脸，但是通过该面部特征仍然可以分辨人格特征，因此非法使用的仍然是肖像而不是形象。

3. 肖像须通过一定方式将自然人外貌形象固定在物质载体上

人的外部形象只有固定在物质载体上，才能成为法律意义上的肖像，如果这种映像不能固定下来，就不能使用，也就不存在非法使用或者肖像权保护的问题。譬如，镜中和水中的映像，不能简单地说它是肖像或不是肖像，它既不是通过一定方式，也没有固定在物质载体上，因而不是肖像。如果将镜中或水中的人的外部形象通过一定方式固定下来，就是肖像，而不能说取自镜中或水中的映像固定下来的人的外部形象不是肖像。

制作肖像的方法不一定是艺术手段，即使使用科技手段将自然人外部形象固定在物质载体上，也仍然是肖像。因此，《民法典》界定肖像的概念使用的是一定方式，而不是艺术手段等。电脑绘制人像，以及第 1019 条所说的利用信息技术手段伪造的"深度变脸"，取得的形象仍然是肖像，受到法律的保护。因为肖像的本质属性是人的外部形象在物质载体上予以固定的表现形式，至于手段，则没有必要加以限制。

4. 肖像具有一定的物的属性

肖像具有一定的物的属性，主要表现在：第一，肖像固定在物质载体之上，即与肖像人在客观上相脱离，独立于世。自然人的外部形象，是其客观存在的外界感知，与自然人本身是不可分离的客观的视觉形象。肖像作为自然人外貌形象的复制、模写，必须固定在物质载体上，成为自然人再现的视觉形象。自然人的形象一经固定在物质载体上，成为肖像，就脱离了肖像所模写的自然人。尽管它模写的就是该自然人的外部形象，但是，它已经有了独立存在的形式，可以不依赖于肖像人而存在，成为既与肖像人相联系，又独立于肖像人之外的客观视觉形象。第二，肖像固定在物质载体上，能够为人力所支配。肖像既然与肖像人相脱离而独立于世，就可以受人的意志所支配，可以处分，可以使用。在这一点上，肖像与名誉、荣誉、自由等人格权的客体不同。名誉、荣誉、自由等不能固定在物质载体上，因而不能受人力的支配。人的外貌特征只有固定在物质载体之上，才有了这种属性。人的形象再现于水面或镜面之上，由于不能固定，因而不是法律意义上的肖像，因而也不能受人力所支配。诚然，人身为人格之依托，有人格之自然人，当不许无故为他人所支配。然而，当人的外部形象作为人格特征被模写为肖像之后，独立于人体之外，可为人支配却成了其客观属性。第三，肖像固定在物质载体之上，具有一定的财产价值。肖像既然独立于人的身体之外，被人力所支配，那么，肖像就可以被使用，在使用中就可以产生一定的财产利益。当然，这种财产利益并非为人的外部形象本身所产生，而是其精神利益在市场经济中转化而来的派生利益。

（三）肖像的分类

1. 肖像的艺术分类

肖像主要用艺术形式表达，属于造型艺术，可以从艺术的角度作不同的分类。从作品形式上分，可分为肖像绘画、肖像雕塑、肖像摄影、肖像刺绣等；从画面结构上分，有集体肖像、个人肖像，有背景肖像、无背景肖像；从肖像存在的形式上分，有静态肖像、动态肖像，其中动态肖像是指录像、电影中的人物形象；从表现手法上分，有写实肖像、漫画肖像；从肖像姿态上分，有着衣肖像、人体肖像、头像（特写）、胸像（中景）、全身像（全景），站像、坐像、卧像；从肖像作用上分，有新闻肖像、广告肖像、艺术肖像、生活肖像、身份肖像等。这些肖像分类并非都具有法律上的意义，但是对于从法律的角度观察肖像有较好的意义。

2. 肖像的法律分类

具有法律上意义的肖像分类，主要有以下划分。

（1）个人肖像和集体肖像

1887年，法国巴黎高等法院受理某著名演员请求照相馆撤去所陈列的自己的肖像之诉，判决认为，对某个人的肖像得要求撤去，但包括该演员在内的集体照相则无撤去之必要。理由是，一人关于其肖像所有的利益，为全体的利益所压倒，一人之个性为全画面所掩蔽，而人格权失其存在之基础。这一判例的主张为多数立法所采纳。① 因而，个人肖像，肖像人得主张肖像权；集体肖像，各肖像人不得主张肖像权。② 应当注意的是，集体肖像并不是集体肖像权③，对此应当加以严格的区别。

（2）新闻肖像与其他肖像

德国《美术与摄影作品著作权法》第23条第3项规定："原像人所参加之集会游行及其他类似事件之描写"，"肖像之分布展览，无须依第22条之同意"。第22条规定的内容，是肖像之公布或公然展览，须经原像人之同意。克思奈认为，事件画，例如阅兵式、祭礼之行列等之摄影中所包含之人物肖像，原像人不得主张肖像权，但此时个人之肖像如系丑陋不堪，则原像人仍得行使肖像权。格来斯认为，人物之肖像包含于风景画或事件画中者，不得禁止他人制作及公布，但画中人物能识别而于原像人有非常不利时，仍得禁止其复制及公布。④ 因此，新闻肖像与其他肖像不同，如无特别不利于肖像人的事由，肖像人

---

① 龙显铭：《私法上人格权之保护》，上海，中华书局1948年版，第93页。
② 但是，在人格利益的商业化使用中，集体肖像存在人格利益准共有的问题，不可简单适用这一规则。
③ 王利明：《人格权法研究》，北京，中国人民大学出版社2005年版，第469页。
④ 转引自龙显铭：《私法上人格权之保护》，上海，中华书局1948年版，第96—97页。

不得主张肖像权。而其他肖像则无这种限制性要求，未经权利人同意而擅自使用，即为侵权。

（3）着衣肖像与人体肖像

对这两种肖像，肖像人均享有肖像权，但人体肖像在肖像权之外，还涉及个人隐私权的保护，涉及文化传统和风俗习惯，因而应予着意保护。

（4）写实肖像与漫画肖像

写实肖像为自然人形象的写照，肖像人自然得主张肖像权。漫画肖像以艺术夸张的方式再现人物形象，亦属法律意义上的肖像，应受法律保护。判断的标准，应以反映其容貌主要特征为准，如表现形式不甚准确，但用文字标表为谁之漫画肖像者亦属之。容貌特征无法确认，又无文字说明为谁者，不得主张肖像权。

用文字描绘他人肖像，如小说、剧本中的肖像描写，是否涉及肖像权，也有区别的必要。例如，在小说中描写："×××，身躯消瘦，尖嘴猴腮，凹眉挖脸，一只鼻子经常出毛病，鼻孔常年不通，臭气难闻，一双暗淡无神的眼睛，从眼镜后面闪着令人讨厌的目光。""×××，身高5尺7寸，一张猴子脸，几根山羊胡，鼻梁上架着一副宽边眼镜，一对足壳鱼眼睛常常闪出贪婪的目光。"这些文字描写的是肖像，为肖像描写或者外貌描写。肖像为造型艺术，为视觉形象，而非文学描写中的形象。文学的肖像描写是以文字作为表达方式，需欣赏人通过文字描写，在大脑中经过艺术形象的再创造，才能形成思维上的形象。文学中通过肖像描写构造的肖像不是真正的肖像，不在《民法典》第1018条规定的"方式"中，因而不得主张肖像权。构成名誉损害的，可以提起名誉侵权之诉予以保护。

二、肖像权的基本范畴

（一）肖像权的概念

对肖像权的概念有不同的定义。有人认为，肖像权是以肖像所体现的人格利益及财产利益为内容的民事权利，它直接关系自然人的人格尊严及其形象的社会评价，是自然人所享有的一项重要的具体人格权。① 有人认为，肖像权是指自然人享有的以自己肖像所体现的人格利益为内容的人格权。其内容包括肖像的使用、制作及维护肖像所体现的精神利益的权利。② 有人认为，肖像权是公民对在自己的肖像所体现的利益为内容的具体人格权。③ 日本学者认为，肖像权是指未经本人许可，他人擅自将自己的肖像通过绘画、雕塑、相片等形式进行制作和发表时，可以对这种行为加以禁止的权利。④

基于《民法典》第 1018 条规定，将肖像权的概念界定为：肖像权，是自然人对在自己的肖像可以依法制作、使用、公开或者许可他人使用，以及对肖像体现的精神利益和财产利益为内容的具体人格权。⑤

（二）肖像权的法律特征

1. 肖像权的主体是特定的自然人

肖像是自然人有关外部形象的人格标识，反映的是自然人的外貌表现的人格特征。肖像权只能由自然人享有，且须为特定的自然人享有。法人、非法人组织不享有肖像权。

2. 肖像权的基本利益是精神利益

肖像权作为自然人的基本人格权，所体现的基本利益是精神利益。法律保护自然人的肖像权，最主要的是保护肖像权所体现的这种精神利益，即人之所以为人的肖像人格利益。人之所以具有法律上的人格，肖像权的精神利益是最重要的内容。对肖像权精神利益的这种占有、支配的保护，包含自然人对自己肖像享有维护其完整的权利，有权禁止他人非法毁损、恶意玷污。对歪曲肖像权人的肖像，毁损、玷污其肖像，都会使自然人的精神利益受到损害，对其作为自然人的人格尊严构成侵害。法律保护自然人的肖像权，最首要的就是保障自然人的人格

---

① 王利明：《人格权法研究》，北京，中国人民大学出版社 2005 年版，第 449 页。

② 魏振瀛主编：《民法学》，转引自王成：《侵犯肖像权之加害行为及肖像权的保护原则》，《清华法学》2008 年第 2 期。

③ 彭娟：《法律解释语境下的侵犯肖像权行为之界定》，《政法学刊》2004 年第 3 期。

④ ［日］五十岚清：《人格权法》，北京，北京大学出版社 2009 年版，第 128 页。

⑤ 杨立新：《人格权法》，北京，法律出版社 2020 年版，第 196 页。

尊严，保护肖像权所体现的这种精神权利。

3. 肖像权具有明显的财产利益

与自然人的名誉权等人格权不同，肖像权所具有的财产利益是肖像权的一项重要内容。有些学者认为，"肖像权是一种与财产无关的人身权利"[①]，有失偏颇。说自然人的具体人格权并不是一种财产权是完全正确的，说自然人的具体人格权都与财产及财产利益无关则不正确。在自然人的具体人格权中，名誉权、自由权等与财产关系不大，也并非无关。而肖像权与这些人格权相比，与财产利益是有密切关系的，这就是肖像权体现的财产利益。自然人的肖像作为艺术品，具有美学价值。在市场经济条件下，将肖像应用在商品领域，这种美学价值能够转化为财产利益，享有肖像权，就可以获得财产上的利益，这是一个客观事实。众多的商业广告要出重金聘用明星来做，就是明显的例证。肖像权所包含的这种财产利益并不是其主要方面，而是由肖像权的精神利益派生、转化出来的利益，带有附属的性质。保护自然人的肖像权，要对这种财产利益在内的全部内容予以全面保护。这也正是《民法典》第 993 条规定公开权将肖像规定在其中的道理。

4. 肖像权是自然人专有的民事权利

肖像权的专有性，首先，体现在人的外在形象再现的专有性，即自然人享有是否允许他人制作自己的肖像的权利。换言之，他人是否可以取得肖像权人的肖像，属于肖像权人的权利，以偷拍、偷画等方式取得他人的肖像，是对肖像专有权的侵犯。其次，体现在肖像使用的处分性。肖像的使用权属于肖像权人，肖像的许可他人使用，是肖像权人对其肖像使用权的部分处分。肖像的取得和肖像的使用，是肖像权专有性的两个基本内容，从侵害肖像权的角度分析，后者具有更重要的意义。未经肖像权人同意而擅自使用，属于对肖像权的侵害。

（三）肖像权的性质

通说认肖像权的性质为人格权，自无疑义。但是，也有学者予以否认，认为肖像权是一种介于人格权与身份权之间的特殊人身权，既有人格权的特性，又有身份权的特性，既不同于人格权，又不同于身份权。其基本理由，就是肖像权非

---

① 关今华等：《精神损害赔偿实务》，北京，人民法院出版社 1991 年版，第 156 页。

与生俱来，具有特定的身份确定的过程，同时又必须基于个人形象这一人格前提而产生。①

这种认识和分析在理论上是不成立的，应当予以澄清：第一，理论大前提是，人身权只有人格权和身份权两种基本类型，不存在介于人格权和身份权之间的特殊人身权。因而，这一理论在大前提上站不住脚。第二，肖像权是与生俱来的固有权、专属权、必备权，毋需自然人于出生后基于一定事实而取得，而是生而有之。从基本特征而言，肖像权具备人格权的所有特征。第三，肖像权不具有身份权的特征。身份权是民事主体基于特定的身份关系产生并由其专属享有的，以其体现的身份利益为客体，为维护该种关系所必需的权利，其基本功能在于维护主体的特定地位，具有非固有性、非必备性的特点；而肖像权所体现的并非身份利益，不具备非固有性、非必备性的特点，而是人之所以为人的人格利益，说其具有身份权的特征，实属误解。

对于肖像权，不论是《民法通则》还是《民法典》，都规定为人格权，对肖像权的这一性质不必再怀疑。

（四）肖像权的内容

1. 制作专有权

肖像的制作，是指通过一定方式将人的外部形象表现出来，并固定在某种物质载体之上的过程。只有经过制作过程，人的外部形象才能转化为肖像，以游离于人体之外的物质形态而为人们传播和利用。② 肖像的制作可以自己进行，如自画像、自拍摄影等，更多的是由他人制作。无论肖像由谁制作，肖像权人都对自己的肖像享有制作的专有权，一方面表现为肖像权人可以根据自己的需要和他人、社会的需要，通过任何形式由自己或由他人制作自己的肖像，他人不得干涉；另一方面，肖像权人有权禁止他人非法制作自己的肖像。肖像制作专有权是肖像权的基本权利，是肖像权其他内容的基础。

在肖像制作专有权上，有两种观点值得商榷。

---

① 陈爽：《略论肖像权》，转引于最高人民法院办公厅编：《报刊资料》1992 年第 1 期。
② 王利明主编：《人格权法新论》，长春，吉林人民出版社 1994 年版，第 373 页。

一是，认为在肖像权保护方面，应把肖像的制作和公布区别开，仅以秘藏为目的而制作他人肖像，并没有侵害肖像人的利益，所以法律不应该加以制止。[①]这种观点并不正确。理由是，肖像的制作专属于肖像人本人享有，他人无权行使这一权利。以秘藏为目的而制作虽然有可能不会给肖像权人以直接的利益损害，但是，未经本人同意而制作其肖像，也是侵害了肖像权人的制作专有权。

二是，认为从自然人个人形象转化为肖像需要一个再现的过程，如果一个自然人在一生中从未制作过肖像，这个人就只有个人形象而没有肖像，因而肖像权并非与生俱来，因而有的人并不实际拥有肖像权。[②]这种主张否认肖像权为自然人的固有权，是不正确的；认为肖像人不经制作肖像就不享有肖像权，也是不正确的。肖像制作专有权，其权利内容是制作肖像的可能性，而非必然性。无论肖像人的肖像是否经过制作，就制作可能性而言，肖像人都享有这种权利。它表明，制作肖像与否，权利在于肖像人自己，只有他自己才有权决定。认为肖像权产生于肖像制作之后，等于否定了肖像制作专有权，会损害自然人的人格利益。

2. 使用专有权

由于肖像具有美学价值，并在一定条件下可能产生物质利益的属性，因而肖像不仅对于本人，而且对于他人乃至社会，都具有使用价值。肖像使用专有权的含义，是肖像权人对于自己的肖像的利用价值享有专有支配权。

首先，肖像使用专有权意味着肖像权人对自己肖像有权以任何方式予以自我使用。肖像权人使用肖像的方式是多样的，既可以用复制、展示的方式使用，也可以用销售的方式使用，这些都包含在肖像使用专有权的范围之内。自己使用自己的肖像，以取得自己精神上的满足和财产上的收益，都是合法使用，任何人不得干涉。

其次，肖像使用专有权还意味着肖像权人有权禁止他人非法使用自己的肖像。任何人未经本人同意而使用肖像权人的肖像，都是对肖像使用专有权的侵害。

---

① 龙显铭：《私法上人格权之保护》，上海，中华书局1948年版，第98页。
② 陈爽：《略论肖像权》，转引于最高人民法院办公厅编：《报刊资料》1992年第1期。

3. 对外公开权

自然人公开自己的肖像，原本属于广义的肖像使用权的内容，只是由于公开肖像这种肖像支配方式对于肖像权的重要性，对肖像权人的影响巨大，所以，《民法典》将公开肖像和使用肖像区别开，将肖像公开从肖像使用权中分离出来，单独作为肖像权的一个内容作出规定，更加突出肖像公开的重要地位并以特别保护。肖像权人对于已经制作的自己的肖像，对外公开的具体方法，一是可以自己对外公开，二是许可他人公开，三是禁止他人擅自公开。肖像权的对外公开权，对于限制肖像作品的权利人，进而保护肖像权人的权利，具有特别重要的意义。《民法典》第 1019 条第 2 款规定："未经肖像权人同意，肖像作品权利人不得以发表、复制、发行、出租、展览等方式使用或者公开肖像权人的肖像。"这是因为，很多肖像是由肖像作品的制作人制作的，制作人对作品享有著作权。如果没有这样的规定，肖像制作人按照一般的著作权行使规则支配肖像作品，就会损害肖像权人的权利。只有这样限制肖像作品制作人的权利，才能够更好地保护肖像权人的权利。

4. 许可他人使用权

《民法典》确认肖像权人对自己的肖像可以许可他人使用，其基础在于第 993 条规定的公开权。肖像使用专有权并非绝对的独占权，只能由自己使用而绝对不得由他人使用。对于肖像利用价值的专有支配权正表现在权利主体可以依自己的意志，将肖像的利用价值转让他人，许可他人使用。他人使用肖像权人的肖像可以出于多种目的，可以是有偿的，也可以是无偿的，可以约定期限，也可以不约定期限。无论怎样使用，均须由使用人和肖像权人协商，由肖像权人本人决定他人是否许可使用。肖像许可他人使用，是对肖像使用专有权的部分转让，不能将使用专有权全部转让。因为肖像利益是自然人的人格利益，全部转让肖像使用权，等于权利人抛弃了自己的人格利益，岂不是割裂、消灭了自己的部分人格利益，使自己的人格残缺呢？何况《民法典》第 992 条规定人格利益是不得放弃的。

三、对肖像权的特别保护与肖像合理使用

（一）对肖像权的特别保护

《民法典》第 1019 条规定："任何组织或者个人不得以丑化、污损，或者利用信息技术手段伪造等方式侵害他人的肖像权。未经肖像权人同意，不得制作、使用、公开肖像权人的肖像，但是法律另有规定的除外。""未经肖像权人同意，肖像作品权利人不得以发表、复制、发行、出租、展览等方式使用或者公开肖像权人的肖像。"这是对不得非法使用肖像权人肖像的特别规定，也是对肖像权的义务人所负不可侵义务的规定。

肖像权是绝对权，其权利主体是肖像权本人，其义务主体是其他任何自然人、法人和非法人组织，即任何组织或者个人。绝对权义务人负有的义务是不可侵的不作为义务，肖像权义务人所负的义务就是不可侵义务。

肖像权的义务主体负有的义务是不可侵义务，包括：

1. 不得以丑化、污损，或者利用信息技术手段伪造等方式侵害他人的肖像权

丑化、污损他人肖像，或者利用信息技术手段"深度伪造"他人的肖像，都属于侵害他人肖像权的行为，丑化和污损肖像应当具有恶意；深度伪造肖像可能为恶意，也可能为善意，只要未经本人同意，都构成侵害肖像权行为。

2. 未经肖像权人同意，不得制作、使用、公开他人的肖像

制作、使用和公开肖像，是肖像权人本人的权利，他人都不得实施，经过权利人授权的，当然不为侵权。只要未经本人同意，制作、使用和公开他人的肖像，都是侵权行为。所谓法律另有规定的除外，是指合法使用他人肖像的行为，例如缉拿犯罪嫌疑人的通缉令使用被通缉人的肖像，寻人启事使用走失者的肖像等，均为合法使用。

3. 对肖像作品制作人的权利限制

在肖像权保护中，有一种特殊的义务主体，即肖像作品制作人。由于肖像是

通过艺术方式固定在特定的载体之上，构成作品，因而就存在作品的著作权人，除非权利人本人自己作为作者，例如自画像。从原则上说，肖像作品制作人享有肖像作品的著作权，但是，其行使该著作权也受到肖像权的拘束，原因在于，肖像权是人格权，而著作权是知识产权，两种权利的位阶并不相同。因此，只要未经权利人的同意，肖像作品的权利人不得以发表、复制、发行、出租、展览等方式使用或者公开肖像权人的肖像。

《民法典》第1019条没有提到以下两个保护肖像权的问题。

一是，没有提到人体模特的肖像权问题。艺术品是基于艺术家的创作而再现生活的作品，它的生命力在于社会的承认，它的价值在于公众对它的评价和认可。一件艺术品，如果创作出来只能锁在画室里，供创作者一人观赏，那就永远也得不到公众的评价和社会的承认，也就失去了它的艺术价值，只有将它公之于世，让人们公开地进行观察、欣赏，才能评价出它的真实价值。从艺术品的这一基本特性出发，人体模特同意供艺术家临摹、创作，就应当首先推定其同意以其肖像创作的作品进行展览、复制和买卖。如果肖像权人即人体模特不同意上述对艺术品进行处分的活动，需要双方在肖像使用合同中作特别约定，这种特别的约定应以明示的方式作出，作为合同的禁止条款规定下来。如果没有禁止条款的特约，应当推定为同意公开使用。

二是，没有提到肖像权人死亡后的保护期限问题。对死者肖像权益的保护期限，就肖像作品的作者而言，一般保护10年，10年之后肖像著作权人可以使用、公开，不受《民法典》第994条规定的限制，在期限上会大大短于死者利益保护的一般期限，以利于对肖像作品制作人的著作权的保护。

（二）对肖像的合理使用

《民法典》第1020条规定："合理实施下列行为的，可以不经肖像权人同意：（一）为个人学习、艺术欣赏、课堂教学或者科学研究，在必要范围内使用肖像权人已经公开的肖像；（二）为实施新闻报道，不可避免地制作、使用、公开肖像权人的肖像；（三）为依法履行职责，国家机关在必要范围内制作、使用、公开肖像权人的肖像；（四）为展示特定公共环境，不可避免地制作、使用、公开肖像权人肖像；（五）为维护公共利益或者肖像权人合法权益，制作、使用、公开肖像权人的肖像的其他行为。"这是对肖像合理使用的规定，实际上是对肖像权侵权主张抗辩事由的规定。

符合上述规定的事由，可以不经过肖像权人的同意，直接制作、使用、公开肖像权人的肖像，不构成侵害肖像权，阻却行为的违法性。

肖像合理使用的事由是：

1. 为个人学习、艺术欣赏、课堂教学或者科学研究，在必要范围内使用肖像权人已经公开的肖像

合理使用的方式是，个人学习、艺术欣赏、课堂教学、科学研究。合理使用的范围是必要范围，在上述方式的可控范围内，不得超出该范围。使用的须是肖像权人已经公开的肖像，而不是没有公开的肖像，更不是自己擅自制作的他人肖像。

2. 为实施新闻报道，不可避免地制作、使用、公开肖像权人的肖像

这种合理使用的抗辩事由被称为"新闻性"，当一个人的肖像淹没在新闻事件里时，对这种新闻照片，肖像权人不得主张肖像权。例如在新闻事件中拍摄的肖像，不得认为是侵害肖像权。新闻性作为抗辩事由，主要在于两个方面：一是在公众视野中具有新闻性的人物，例如国家元首、政治家等，凡具有新闻兴趣的人皆不得主张肖像权和姓名权。[①] 二是具有新闻性的事件，例如在公众视野中参加集会、游行、仪式、庆典或者其他活动的人，由于这类活动具有新闻报道价值，任何人在参加这些社会活动时，都应允许将其肖像和姓名、名称用于宣传报道[②]，不得主张肖像权。

3. 为依法履行职责，国家机关在必要范围内制作、使用、公开肖像权人肖像

国家机关依法履行职责的目的，是为了维护社会秩序，保护公众安全，维护国家利益和社会公共利益，例如，为了调查具有高度传染性的新冠病毒感染的患

---

① 史尚宽：《债法总论》，台北，荣泰印书馆 1978 年版，第 150 页。
② 王利明主编：《人格权与媒体侵权》，北京，中国方正出版社 2000 年版，第 680 页。

者、通缉罪犯等的行为。国家机关在依法履行职责过程中，在必要范围内制作、使用、公开肖像权人的肖像，是适法行为，具有阻却违法性。当然，国家机关不得滥用这种权利，对相对人肖像的使用应当符合法律的规定。国家机关行使这一权利的限制条件是：第一，必须在依法履行职责时，才可以制作、使用、公开肖像权人的肖像，如果履行职责没有明确的法律依据，不得制作、使用、公开肖像权人的肖像；第二，国家机关必须在必要范围内制作、使用、公开肖像权人的肖像。超过必要范围的，即使是依法履行职责，也构成对肖像权的侵犯。①

4. 为展示特定公共环境，不可避免地制作、使用、公开肖像权人肖像

为了展示特定公共环境，有时会不可避免地发生制作、使用、公开肖像权人肖像的情形。这是一种合理使用，情形比较特殊，民事主体进行社会活动是不可避免的。在展示特定公共环境时，发生了制作、使用、公开肖像权人的肖像，如果一定要取得肖像权人的同意，将会限制人的行动自由。例如，为了拍照天安门城楼而不可避免地将现场的路人拍摄在画面之中，行为人如无恶意，对此不得主张肖像权。要求的条件是：第一，制作、使用、公开肖像权人的肖像，目的是展示特定的公共环境，而不具有其他目的；第二，展示特定公共环境也应当尽量避免制作、使用、公开肖像权人的肖像，符合"不可避免"的要求，在展示特定公共环境中可以避免而没有避免制作、使用、公开肖像权人的肖像的，则不构成合理使用。

5. 为维护公共利益或者肖像权人合法权益，制作、使用、公开肖像权人肖像的其他行为

这是一个兜底性的规定。例如，对先进人物的照片进行展览；当事人在诉讼过程中，确有必要为主张自己的权利或者证明案件的事实，而在举证中使用、公开了他人的肖像；在寻人启事中使用走失者的肖像，是为了肖像权人的合法权益而合法使用。这一项事由的规定，为司法实践的发展留出了一定的空间，但并不等于法院可以随意自由裁量，更不得滥用。适用本项规定应当符合以下条件：第一，必须是为了公共利益或者为了肖像权人本人的利益；第二，必须是在必要范

---

① 黄薇主编：《中华人民共和国民法典人格权编释义》，北京，法律出版社 2020 年版，第 138－139 页。

围内使用、公开，不得用于商业促销。①

四、肖像许可使用行为

《民法典》第 1021 条和第 1022 条对肖像许可使用合同作了特别规定，并且作为公开权行使方式的范例，准许对姓名等的许可使用可以参照适用。应当说明的是，这两个条文规定的肖像许可使用行为的内容并不完整，仅仅规定的是肖像许可使用合同的解释和解除的规则，因此，对肖像许可使用行为的问题还要进行更多的说明。

（一）肖像许可使用行为的性质和特征

1. 肖像许可使用行为的性质

肖像许可使用行为就是肖像使用合同。笔者在 1990 年代就提出了肖像使用合同的概念。② 其价值是，肖像权人同意使用人使用其肖像，其肖像使用行为就是合法行为；肖像权人不同意使用人使用其肖像的肖像使用行为，就是违法行为。可见，肖像许可使用行为的性质，从行为的外观看，就是肖像许可使用合同，是肖像许可使用法律行为。

认定肖像许可使用行为为肖像许可使用合同的根据，是肖像许可使用行为具有合同的一般特征。

（1）肖像许可使用合同是双方或多方意思表示一致的民事法律行为。合同的基本特征之一，就是双方或多方意思表示一致，而肖像许可使用行为正是肖像权人就其肖像的使用权部分转让，与肖像使用人就该肖像的承受使用，具有一致的意思表示。因肖像权人与肖像使用人就肖像的使用问题形成的意思表示一致，表明肖像许可使用行为具有合同的基本特征之一。

（2）肖像许可使用行为的基础产生于双方当事人就他们之间设立以至变更、消灭肖像使用关系的协议。合法的肖像使用行为，必须先由双方当事人协商达成

---

① 黄薇主编：《中华人民共和国民法典人格权编释义》，北京，法律出版社 2020 年版，第 139 页。
② 杨立新等：《侵害肖像权及其民事责任》，《法学研究》1994 年第 1 期。

协议，约定肖像使用的范围、方式、报酬等具体内容，明确双方的权利、义务关系。当肖像使用关系变更或消灭时，亦应有相应的协议。这种在当事人之间设立、变更、终止某种民事法律关系的协议，正是合同的基本特征之一。

（3）肖像许可使用行为是当事人在平等、自愿的基础上进行的民事法律行为。肖像权人和肖像使用人在肖像许可使用行为中，地位完全平等，不存在谁受谁支配、谁受谁领导的关系；同时，转让使用和承受使用，都是双方自主自愿，并非一方将其意志强加给另一方的强迫使用。这也是合同的特征之一。

（4）肖像许可使用行为的约定对双方具有法律拘束力。肖像许可使用行为的约定对双方具有法律拘束力，双方必须遵守，不得违反，非经对方同意，任何一方都不得擅自变更或解除。超出约定使用范围的使用，或者在约定的使用范围内限制使用人使用，都是违约行为。这是合同的另一个特征。

肖像许可使用行为的上述四个基本特征，完全符合合同法律行为的基本特征，因此确信，认定合法的肖像许可使用行为就是肖像使用合同的这一结论，是正确的。这也正是《民法典》第 1021 条和第 1022 条规定肖像许可使用合同的客观基础和理论依据。

2. 肖像许可使用合同的特征

肖像许可使用合同作为具体的合同，具有自己的法律特征。

（1）合同的主体只能是肖像权人和肖像使用人。合同的主体只能是肖像权人和肖像使用人，其他人不能成为该合同的主体。就他人的肖像使用和就使用他人的肖像所达成的协议，不成立肖像使用合同。除非被使用肖像的人是已故者，许可使用的一方是该死者的近亲属。

（2）合同的客体是对肖像的使用。合同的客体是对肖像的许可使用，即肖像权人把自己肖像的使用权部分地转让给使用人使用，使用人在约定的范围内使用肖像权人的肖像。肖像的使用范围依合同约定。肖像使用权的转让，只能是部分、有限转让，不可能是全部、无限转让，因此，肖像许可使用的范围应在合同中采取明示的方式约定，不得以默示推定。

（3）合同的内容和形式在于双方约定。合同的内容和形式在于双方约定，既可以是有偿的，也可以是无偿的；既可以是双务的，也可以是单务的；既可以是要式的，也可以是非要式的。有偿的肖像许可使用合同是双务合同，肖像权人享有收取报酬的权利，承担按约定范围准许使用人使用其肖像的义务；使用人享有按约定范围使用肖像的权利，承担支付报酬的义务。无偿的肖像使用合同是单务合同，肖像权人承担义务，使用人享有权利。

（4）肖像许可使用合同具有诺成性。肖像许可使用合同是诺成性合同，而非实践性合同。合同一经成立，即发生法律效力，对双方当事人都具有拘束力。

（二）确认肖像许可使用行为为合同性质的意义

确认合法的肖像许可使用行为的性质为肖像许可使用合同，为肖像权的法律保护提供判断依据。在排除阻却违法事由之外，依照有效的肖像许可使用合同的约定使用肖像权人的肖像，为合法行为，法律予以保护；没有有效的肖像许可使用合同作为依据而使用肖像权人的肖像，或者超出肖像许可使用合同约定范围而使用肖像权人的肖像，是违法行为，法律不予保护，并追究其责任。

关于肖像许可使用合同的性质认定，对于研究侵害肖像权责任的构成，可以提供一条简要的思考捷径。依据这样的认识基础，来讨论人体画模特的肖像权问题，很容易得出正确的结论。

引发这一问题的是"将人体模特为摹写对象的油画公开展出案"。原告甲、乙、丙为被告某艺术院校的模特工。被告举办油画展览，将以三名原告作为模特创作的人体画予以公开展览，获得若干展出收益。被告招聘模特工简章规定：模特用于课堂教学、写生，对模特工的工作情况予以保密。使用模特工的规则规定：教学使用模特工，由任课教师填写模特订单经系主任批准；教师创作也应先填订单经系主任批准；承包创作任务的单位所用模特工，须在订单上注明，在任务结算时从稿费中偿还模特费。原告以被告违背原商定的协议侵害其肖像权为由，请求法院予以保护。在该案件中，被告的展览行为是否构成侵害肖像权，须以双方的约定为判断依据。而双方关于模特的肖像权使用，并没有明确的约定，只有招聘简章中规定为用于课堂教学、写生，并有为模特工作予以保密的承诺。结合其模特工使用规则的规定，可以看出模特工还应用于艺术创作。招聘简章可以认为是校方与模特的约定，而使用规则则是校方与使用人的约定，二者并不相同，其中亦有矛盾之处，例如一方面说保密，另一方面又说创作使用模特工从稿费中偿还模特费。而未经新的约定，展览单位将其人体作品公开展览，超出了原约定的肖像使用范围，也是对保密条款的违反，而不能适用未明确约定使用范围推定其同意正当使用的原则，构成侵害肖像权。

民法学界对这个问题有两种对立的见解。一种意见认为，作为模特儿供艺术家描绘或者塑造的肖像，因为事前已经取得本人的同意，而且支付了相应的报酬，同时，由于这时的肖像是艺术家创作或艺术加工的作品，艺术家可以不再取得本人同意而使用，包括将其进行展览。① 另一种意见认为，以人体模特制作的艺术品非经肖像权本人明示同意，不得进行展览、出卖等处分行为，不能因为某自然人为了艺术的需要而作了艺术院校的美术裸体模特儿，就推定可将该自然人的裸体画像出卖。② 这两种主张以前者为多。

对这一问题，应当从问题的实质来分析。

人体模特肖像权问题的实质，仍然是一个肖像权许可使用合同问题，只不过由于人体模特的特殊性，使这一问题蒙上了神秘的色彩，因为涉及模特工的身体隐私问题。既然是一个肖像许可使用合同，那么，肖像的许可使用就在于当事人双方的约定，看许可使用合同对使用范围是怎样约定的，并以此确定使用人的行为是否构成侵害肖像权。

问题在于，如果肖像许可使用合同没有约定使用范围的，应当怎么办。在通常情况下，是将这种情况推定为同意买卖、复制、展览的默示形式，还是推定为不得买卖、复制、展览的禁止条款，是问题的关键。

艺术品是基于艺术家的创作而再现生活的作品，其生命力在于社会的承认，价值在于公众对它的评价和认可。一件艺术品，如果创作出来只能锁在画室里，供创作者一人观赏，它就永远也得不到公众的评价和社会的承认，也就失去了它的艺术价值，只有将它公之于世，让人们公开地进行观察、欣赏，才能评价出它

---

① 李由义主编：《民法学》，北京，北京大学出版社 1988 年版，第 567－568 页。
② 孟玉：《人身权的民法保护》，北京，北京出版社 1988 年版，第 99 页。

的真实价值。从艺术品的这一基本的特性出发，可以说，人体模特同意供艺术家临摹、创作，就应当首先推定其同意将以其肖像创作的作品进行展览、复制和买卖。如果肖像权人即人体模特不同意上述对艺术品进行处分的活动，需要双方在肖像使用合同中作特别约定，这种特别的约定应以明示的方式作出，作为合同的禁止条款规定下来。对此，笔者在《中华人民共和国人格权法草案建议稿》中草拟了第 48 条："自然人接受作为人体模特的约定，视为放弃以其人体形象制作的作品的肖像权。当事人有特别约定的，从其约定。"①

从这样的角度出发，这一问题就容易解决了。以人体模特创作艺术品是否构成侵害肖像权，首先应当看肖像许可使用合同对作品的使用是否有禁止条款的特别约定。有约定的，依其约定，超出约定部分的使用，应认定为侵害肖像权；没有约定的，作品的使用应限制在作者本人使用的范围，即进行艺术品一般的展览、复制、出卖等活动，但不得转让他人使用，如转让他人制作广告等。对于作者本人的上述正当使用，不构成侵害肖像权。

（三）肖像许可使用合同的解释和解除权的特别规则

1. 对肖像许可使用合同的解释规则

《民法典》第 1021 条规定："当事人对肖像许可使用合同中关于肖像使用条款的理解有争议的，应当作出有利于肖像权人的解释。"这是对肖像许可使用合同的肖像使用条款发生争议时解释方法的规定。

肖像许可使用合同肖像使用条款，是该合同的核心条款，是确定就肖像使用的双方权利义务的合意，使用人违反合同的约定使用肖像权人的肖像，或者超出肖像许可使用合同约定范围而使用肖像权人的肖像，是违约行为，须依法承担民事责任。因此，双方当事人对肖像许可使用合同对肖像使用的范围、方式、报酬等约定的条款发生争议，应当依照《民法典》合同编规定的合同解释原则进行解释。由于肖像许可使用合同是支配人格利益的合同，因而在解释时，应当作出有利于肖像权人的解释，以保护肖像权人的合法权益。例如，关于使用方式约定的不够明确，双方发生争议，为保护肖像权人的合法权益，应当采用有利于肖像权

---

① 杨立新主编：《中国人格权法立法报告》，北京，知识产权出版社 2005 年版，第 376 页。

人的理解作出解释。

2. 当事人对肖像许可使用合同的解除权

《民法典》第1022条规定："当事人对肖像许可使用期限没有约定或者约定不明确的，任何一方当事人可以随时解除肖像许可使用合同，但是应当在合理期限之前通知对方。""当事人对肖像许可使用期限有明确约定，肖像权人有正当理由的，可以解除肖像许可使用合同，但是应当在合理期限之前通知对方。因解除合同造成对方损失的，除不可归责于肖像权人的事由外，应当赔偿损失。"这是对肖像许可使用合同解除权及其行使规则的规定。

肖像许可使用合同的解除权分为以下两种。

（1）对肖像许可使用合同没有约定期限或者约定不明确的解除权

对于肖像许可使用合同，当事人对使用期限没有约定或者约定不明确的，采用通常的规则，即任何一方当事人都可以随时解除肖像许可使用合同，终止合同的履行。唯一的要求是，解除合同之前要留出适当的合理期限，并应当在合理期限之前通知对方。

这种解除权是任意解除权，不受法定解除权、约定解除权、协商解除的限制，只要一方提出行使解除权，通知对方之后，该合同即解除。原因在于，这是有关人格利益的许可使用合同，不是一般的交易关系，因而尊重肖像利益使用各方的意志，如果一方提出行使解除权，该合同立即解除，没有给对方留出合理期间做好解除合同的准备工作，将会使对方的利益受到损害。另外，肖像许可使用合同没有约定期限或者约定期限不明确，等于是没有期限，当然可以随时解除。

这种肖像许可使用合同解除权的性质属于法定解除权，是《民法典》第563条第5项规定的"法律规定的其他情形"的内容，没有附加任何解除合同的条件，只要行使解除权的一方给对方留出合理期限，该解除权即发生效力。

（2）肖像许可使用合同对期限有明确约定的解除权

当事人对肖像许可使用期限有明确约定，在合同约定的肖像许可使用期限内，只有肖像权人享有单方解除权。这种肖像权人的单方解除权，不属于任意解除权，须有正当理由，才可以解除肖像许可使用合同。

在行使合同解除权时，解除权人也应当在合理期限之前通知对方，给对方当事人留出准备时间。肖像权人单方享有的解除权与没有约定使用期限或者约定不明确的解除权的区别在于：一是使用期限有明确约定；二是在使用期限内行使解除权；三是解除权是肖像权人的单方权利；四是须肖像权人有正当理由。使用肖像的一方当事人没有这种解除权。

肖像权人单方解除要有正当理由，没有正当理由也不得行使解除权。正当理由的确定，应当根据具体情形判断，例如肖像使用权人有违约行为等。肖像权人没有正当理由而解除合同的，构成违约行为，应当承担违约责任。肖像权人行使解除权，因解除合同造成对方损失的，应当承担赔偿责任，但是，对于不可归责于肖像权人的事由而行使解除权的，不承担赔偿责任。

在这两种解除权的行使要求中，都规定要在合理期限之前通知对方。考虑合理期限，应当斟酌的要素，一是肖像许可使用的通常事理，二是肖像许可使用的通常习惯，三是原合同的许可使用期限，四是当事人的认可程度。

根据上述应当考虑的要素进行斟酌，由法官确定合理期限。一般不应超过3个月，如果是因为使用权人的原因而解除合同的，确定为一个月比较适宜。

（3）肖像权人因反悔而解除合同

肖像权人在合同中承诺使用后反悔，要求解除合同的，使用人符合合同约定的肖像使用行为不构成侵权，肖像权人已就肖像使用人的肖像使用行为表示承诺的，不得再以侵权为由起诉。使用肖像的承诺即使是肖像权人的法定代理人作出的，对于权利人亦有拘束力，可以解除合同，但是不得追究肖像使用人的侵权责任。

3. 对姓名等人格利益行使公开权准用肖像许可使用合同规则

公开权是《民法典》第993条规定的权利，包括姓名、名称、肖像等，"等"字里包含了诸如隐私和个人信息等人格利益。对于公开权的具体行使规则，《民法典》只在对肖像权的规定中规定了前述部分肖像许可使用合同规则，没有对其他人格利益的许可使用作具体规定。人格权人行使公开权，具体规则应该是一样的，因此，《民法典》采取了只对肖像许可使用合同规定部分规则，再在第1023

条规定准用条款，对其他人格利益的许可使用准用肖像许可使用合同的规则，以及《民法典》总则编规定的民事法律行为的一般规则。

这样，就使公开权的规则明确、简洁，既便于操作，又节省立法篇幅。因此，对姓名、名称、隐私、个人信息等人格利益行使公开权，准用《民法典》第1021条和第1022条规定的规则。

（四）肖像许可使用合同的具体法律适用

适用上述肖像许可使用合同规则研究具体案件，应当严格依照合同约定的内容确定当事人的权利和义务，应当注意的是以下几个问题。

1. 以约定的许可使用用途为标准

肖像许可使用合同订立之后，使用人取得对肖像的使用权，应当按照约定的用途使用肖像。超出使用用途的约定，将肖像用作他途，构成侵权行为。例如，奚某偕妻子到某市旅行结婚，去青春美发厅做发型。理发师经过精心设计，发型精美，遂与奚某商量，可否拍发型照片留作资料。奚某同意，双方约定不得公开摆放、陈列，照片的底片归奚某所有。奚某走后，被告青春美发厅将奚某以及其他人的发型照片10张印成一套，先在理发培训班作教学用，后出售给其他理发店。奚某诉至法院，法院支持其诉请。双方的肖像许可使用合同约定的用途约定是作资料保存，在许可使用的用途以外使用构成侵权。[①]

2. 以约定的使用期限为标准

肖像许可使用合同成立生效后，使用权人应当在约定的肖像使用期限内使用，超出约定使用期限的，为侵权行为。例如，幸福乳制品厂设计员金某与栗某相识，因栗某酷似传说中的老寿星，故协商用栗某的肖像作为该厂产品长寿牌麦乳精的听包装图案，栗某允诺，约定使用半年。半年后，该厂又印制该种包装铁罐22万只，栗某要求该厂给付报酬，经协商，给付栗某若干元。嗣后，该厂还要印制这种包装铁罐，栗某要求先议定报酬，该厂不同意，强行印制42万只使用。超出肖像许可使用合同约定的期限继续使用，未得权利人许可，构成侵权。[②]

---

① 杨立新：《精神损害疑难问题》，长春，吉林人民出版社1991年版，第166-167页。

② 杨立新：《精神损害疑难问题》，长春，吉林人民出版社1991年版，第169页。

3. 承诺许可使用而反悔的不构成侵权

肖像权人已就肖像许可使用合同予以承诺的，可以解除合同，但是不得对合同解除前的使用行为主张构成侵权行为。例如，史某去霞光照相馆照半身像，摄影师提出免费拍照，将照片放大陈列于橱窗。在得到摄影师的保证后，史某同意。嗣后，史某得知其好友的照片被照相馆陈列起诉后获得赔偿，遂向该照相馆索取赔偿，该照相馆以其事先同意为由拒绝赔偿。史某既然同意被告使用其肖像，该许可使用行为侵权的主张不成立，即使主张解除该肖像许可使用合同，其效力也是向后延伸，不能追溯之前的行为为侵权。

五、保护肖像权的人格权请求权

肖像权受到侵害，或者行使肖像权受到妨碍，肖像权人有权行使人格权请求权，保护自己的肖像权。

行使肖像权的请求权，应当依照《民法典》第 995 条规定。肖像权是绝对权、对世权，除权利人之外，其他任何人都负有不得侵害的义务。肖像权受到侵害时，肖像权人有权维护自己的肖像利益，保持其肖像权的完满状态。

行使肖像权请求权的内容是：（1）肖像权受到侵害的，有权行使停止侵害请求权，行为人应当终止侵害肖像权的行为。（2）肖像权人行使肖像权受到行为人的行为妨碍的，有权请求排除妨碍，保障权利人正常行使肖像权。（3）行为人实施的行为对肖像权人的权利构成危险的，权利人有权主张消除危险请求权，行为人应当消除侵害肖像权的危险。（4）侵害肖像权行为给肖像权人造成不当影响或者名誉损害的，权利人有权主张消除影响、恢复名誉请求权。（5）对所有的侵害肖像权的行为人，权利人都有权请求赔礼道歉。

六、保护肖像权的侵权请求权

侵害肖像权造成权利人严重精神损害或者财产利益损失的，具备侵权责任构成要件要求的，享有侵权请求权，可以请求侵权人承担侵权损害赔偿责任。

（一）侵害肖像权责任的构成要件

确定侵害肖像权责任的构成，适用《民法典》第 1165 条规定的过错责任原则。

侵害肖像权的侵权责任构成，须具备以下三个要件。

1. 须有肖像使用行为

侵害肖像权责任构成的首要条件，是肖像使用行为。肖像为肖像权人专有，他人不得私自制作其肖像。如果只是制作肖像而不予以使用，尚不足以构成侵权情节的"严重精神损害"[1]。对此，曾有两种不同见解：一是，认为未经委托或同意，而就他人之肖像摄影、写生、公布、陈列或复制者，皆属肖像之侵害；二是，认为侵害肖像权的范围，以未经同意而就他人之肖像为公布、陈列或复制之者为限。多数学者采用后一种主张。[2] 侵害肖像权中使用的肖像，包括一切再现自然人形象的视觉艺术作品及其复制品。这种使用，并非仅仅包括商业上的利用，而是包括一切对肖像的公布、陈列、复制等使用行为。商业上的使用和非商业上的使用，都可以是公布、陈列或复制。

2. 使用须未经肖像权人同意

肖像权是自然人的专有权，肖像的使用应以合同约定许可。未经同意而使用，破坏了肖像权的专有性，具有违法性。同时，未经肖像权人许可同意而使用其肖像，在主观上具有过错，为故意所为；在一般情况下，侵害肖像权行为人的主观心态为故意，这是因为肖像使用行为是行为人有意识的行为，通常不会因为不注意的心态而误用他人肖像。但是，并不排除过失侵害肖像权的可能性。例如，认为某幅肖像是虚构的人物画而擅自使用，同样构成侵权，为过失侵权。

3. 须无阻却违法事由而使用

虽然未经本人同意而使用他人肖像，但是，如果有阻却违法事由，则该使用行为为合法。肖像使用行为的阻却违法事由，应当依照《民法典》第 1020 条规

---

[1] 《侵权责任法》第 22 条规定用语。

[2] 何孝元：《损害赔偿之研究》，台北，"商务印书馆" 1982 年版，第 160 页。

定掌握，符合该条规定的法定事由的，为肖像的合理使用行为，不得主张侵害肖像权。在集体照相中的个人，不得主张该照片的肖像权，但是，行使公开权许可他人使用而独自获利者除外。现代史上的著名人物肖像的善意使用，亦为阻却违法。

侵害肖像权责任的构成以具备以上三个要件为已足，无须再强加其他要件。这样，既能完整地保护肖像权所体现的精神利益和财产利益，又能妥善地保护肖像权人和合法肖像使用人各自的权益。

（二）"营利目的"不是侵害肖像权的构成要件

1. 规定肖像权侵权强调"营利目的"的不当及原因

在研究侵害肖像权的侵权责任构成时，应当特别强调，营利目的不是侵害肖像权的构成要件。对此，《民法通则》第 100 条规定了一个"营利目的"的内容，因而很多人主张营利目的为侵害肖像责任构成的要件。即使《民法典》对肖像权的规定没有这个内容，也仍然有人对此有所疑惑。因此，还是应当指出这种意见的不当之处。

第一，坚持把营利目的作为侵害肖像权责任的构成要件，难以制裁非以营利目的的其他非法使用肖像的行为。坚持营利目的为侵权要件的必然结果，是承认非以营利为目的的使用他人肖像行为的合法化。在非营利目的使用他人肖像行为中，只有具有阻却违法事由的行为才是合法行为。而其他不具有阻却违法事由的非营利目的的使用肖像行为是大量的，诸如侮辱性使用肖像等，坚持营利目的是侵害肖像权的构成要件，就无法对这种行为予以责任约束。

第二，坚持营利目的为侵害肖像权责任的构成要件，难以保护肖像权人的人格尊严。在肖像权包含的精神利益和物质利益中，精神利益是作为人的人格尊严的基本内容，应当着重予以保护。坚持营利目的为侵权要件，肖像使用人在主观上只要没有营利目的，虽然未经肖像权人同意而使用，就不构成侵害肖像权责任。就无法实现着意保护自然人肖像权的精神利益的立法目的，不能全面保护自然人的人格尊严。

《民法通则》关于肖像权的立法是重要的，具有先进性，但也存在一定的局限性，集中在该法第 100 条，表现为立法含意不明确，而不是规定侵害肖像权责任构成不准确。正确理解这一条文的要点是：

第一，这是一个授权性的法律规范，不是规定侵害肖像权责任的构成要件。条文的内容是："自然人享有肖像权，未经本人同意，不得以营利为目的使用自然人的肖像。"从立法逻辑上看，不能认为这是规定侵权构成，而是授权规范。从语言学角度分析，也可以看出立法者的意图在于授权而非规定侵权构成。其基本含义在于，自然人享有肖像权，以营利为目的使用他人肖像，须经本人同意。这样理解，就与《民法典》第 993 条规定的公开权相一致了。

第二，这一条文规定的不成功之处，在于不能准确表达立法者的本意。"未经本人同意，不得以营利为目的使用自然人的肖像"的文字，确实可以让人得出诸如"未经本人同意，得以非营利目的使用自然人的肖像"的错误理解，尽管这种理解是违背语言规律的。

第三，该条文出现立法局限性，原因在于立法当时一是关于肖像权的立法，很难找到成功的立法体例，可参考的资料不多；二是没有完备的民事立法，更没有精神损害赔偿的立法基础，理论界还曾将其作为反面事例予以批判。制定《民法通则》时，没有充分的理论依据和实践经验，只是根据当时出现的广告、挂历、橱窗等商业行为使用他人肖像的情况，归纳出"营利"的共性。

2. 司法对保护肖像权的局限性

对于肖像权的法律保护，司法的局限比立法的局限更明显。首先，《最高人民法院关于贯彻执行〈中华人民共和国民法通则〉若干问题的意见（试行）》第 139 条规定："以营利为目的，未经自然人同意利用其肖像做广告、商标、装饰橱窗等，应当认定为侵犯自然人肖像的行为。"从文字上分析，进一步强调侵害肖像权行为的"营利目的"，可以给人以规定一般构成要件的印象。对于这一局限，最高审判机关并非没有发现，但终囿于"立法有明文规定"而不能予以改正。

其次，《民法通则》实施后，一些高、中级人民法院陆续总结规范性的审判经验，用以指导本辖区的审判实务。在对肖像权的保护上，更加明确地将营利目的规定为侵害肖像权的一般构成要件，背离了立法本意。黑龙江省高级人民法院总结："依据《民法通则》第 100 条规定精神，构成侵害肖像权必须同时具备两个条件：1. 使用肖像未经本人同意。使用无民事行为能力或限制民事行为能力人肖像，没征得其监护人的同意。2. 使用肖像是以营利为目的。"这样的规定违背了立法的本意，背离了肖像权保护法律制度的根本目的。

在司法实务上，为了解决侵害肖像权责任构成的局限性，作出了很大的努力。最高人民法院（1990）民他字第 28 号复函针对的案件案情是：朱某幼年患"重症肌无力症"，于 1967 年去上海市眼病防治中心防治所诊治，应经治医生请求，朱某的家长提供了朱患病症状的照片。后陈某接受了朱某的治疗资料，接手为朱某治疗，基本治愈。朱某的家长又提供朱某治愈后的照片一张，交陈某作为医学资料保存。1983 年，陈某总结自己几十年的治疗经验，撰写了《重症肌无力症的中医诊治和调养》一书，自费出版。1986 年，陈某在该防治所开设业余专家门诊，专治此症，陈某提取挂号费 50%。1989 年，陈某撰写稿件，由上海科技报社的编辑加工修改，在该报公开发表，介绍该病症的症状及陈某的治疗效果，介绍陈某坐诊时间和著作，并擅自配发了朱某患病治疗前后的两张照片。朱某认为陈某与上海科技报社发表该文时使用其肖像，未经自己同意，具有营利目的，侵害了其肖像权，故向法院起诉，请求精神损害赔偿。①

该复函作出解释：经研究认为：上海科技报社、陈某未经朱某同意，在上海科技报载文介绍陈某对"重症肌无力症"的治疗经验时，使用了朱某患病时和治愈后的两幅照片，其目的是为了宣传医疗经验，对社会是有益的，且该行为并未造成严重不良后果，尚构不成侵害肖像权。因此，同意你院审判委员会的意见，即该案由二审人民法院撤销一审人民法院原审判决，驳回朱某的诉讼请求。在处理时，应向上海科技报社和陈某指出，今后未经肖像权人同意，不得再使用其肖像。

该复函以及所针对的"朱某诉上海科技报、陈某侵害肖像权纠纷案"，在学术界引起很大争论，也给人以很多的有益思考。

第一，该复函认为该案二被告的肖像使用行为"尚构不成侵害肖像权"，原

---

① 该案情实际上也涉及了权利人的隐私权问题，这里不作讨论。

因不是缺乏营利目的的要件，而是：其一，"其目的是为了宣传医疗经验，对社会是有益的"，其二，"该行为并未造成严重不良后果"。尽管本复函所持的这种理由值得商榷，但是，复函所体现的基本精神，并非认为本案缺乏营利目的的要件而不构成侵权，在理论上有重大意义。对于本案，二审法院及上海市高级法院的主导意见都认为缺乏营利目的的"要件"而不构成侵权。复函不以营利目的的缺乏而否定本案的侵权性质，体现了《民法通则》第100条的立法本意。其实，本案二被告的肖像使用行为并非没有营利目的，医院行医、报社办报，无不具有经济目的。被告使用肖像所要证明的文章，既有坐诊时间、地点、内容，又有书籍出版的情况，会得到经济上的收益。但是，营利目的并非侵害肖像权的必备要件，有无营利目的对构成侵权并无影响。

第二，该复函在最后明确指出，在处理时，应向上海科技报社和陈某指出，今后未经肖像权人同意，不得再使用其肖像，具有重要意义。确认肖像属于肖像权人所有，处分肖像使用权是肖像权人自己的权利，他人使用肖像权人的肖像必须由肖像权人与肖像使用人具有一致的意思表示，达成合意。这正是《民法典》第993条规定公开权的理论基础。没有有效的肖像许可使用合同作为依据而使用肖像权人的肖像，或者超出肖像许可使用合同的约定范围使用肖像权人的肖像，是侵权行为。即使为了科研、医疗等目的，也不能理直气壮地未经本人同意而使用其肖像。

第三，该复函对肖像权的法律保护仍有局限性。一是，认为"其目的是为了宣传医疗经验，对社会是有益的"，对违法使用肖像和阻却违法事由界限有所混淆。在肖像使用上，为社会公共利益的需要而使用为阻却违法事由。如果凡是"对社会有益的"肖像使用行为就可以阻却违法，任何人都可以用这一借口而使用他人的肖像，复函结尾时用的"今后未经肖像权人同意，不得再使用其肖像"表述就证明了这一点。二是，"该行为并未造成严重不良后果"不是不构成侵权的依据。侵害肖像权行为比较特殊，非法使用即为侵权，即"以未经同意而就他人之肖像为公布、陈列或复制之者，为肖像权之侵害"[1]。"肖像权系以自己之形

---

[1]　史尚宽：《债法总论》，台北，荣泰印书馆1978年版，第150页；何孝元：《损害赔偿之研究》，台北，"商务印书馆"1982年版，第160页。

象为客体之绝对的私权，而属于人格权之范围，故肖像权有排他独专之性质。无论何人，如未得原像人同意，不得滥用复制或公布，违者应负侵害权利之责。"①侵犯肖像权的行为主要表现为"未经本人同意非法使用他人的肖像"②，不强调其客观的损害事实。复函以"并未造成严重不良后果"作为不构成侵权的理由，忽略了侵害肖像权构成的这一特点。况且将原告幼年时患病病容公之于众，不仅是侵害肖像权的问题，还涉及侵害隐私权的责任。可见，该复函虽然在营利目的非为侵害肖像权的构成要件上前进了一步，但认为不构成侵权致使原告败诉，未能保护好权利人的人格权益，适用法律亦为不当，终属遗憾。

这些对《民法通则》第100条规定肖像权及其保护的理论讨论和实践探索，为《民法典》编纂中规定肖像权及其保护奠定了基础，使人格权编第四章规定肖像权的规范规定得比较完善。

（三）侵害肖像权的损害赔偿责任承担

构成侵害肖像权，侵权人应当承担侵权责任。确定侵害肖像权的民事责任，应当着重考虑肖像权本身含有财产利益，特别重视财产责任方式的适用。

1. 精神损害赔偿

依照《民法典》第1183条规定，侵害肖像权人肖像权，造成严重精神损害的，可以请求行为人承担精神损害赔偿责任。从侵害肖像权的共性与特性出发，确定侵害肖像权的精神损害责任赔与不赔，有两种不同的要求。

一是，对于以营利为目的擅自使用他人肖像的，应当依照《民法典》第1182条规定，无论情节是否严重，也无论使用后是否赢利，肖像权人请求赔偿的，都应当确定承担赔偿责任。

二是，对于非以营利为目的的侵害肖像权的，应以"造成严重精神损害"为标准，非以营利为目的而擅自使用他人肖像，造成严重精神损害后果的，依照《民法典》第1183条规定认定，肖像权人请求赔偿，按照规定确定赔偿责任。

---

① 龙显铭：《私法上人格权之保护》，上海，中华书局1948年版，第95页。

② 王利明等：《民法新论》（上册），北京，中国政法大学出版社1988年版，第523页。

2. 对造成财产利益损失的赔偿

对侵害肖像权造成财产利益的赔偿,应当依照《民法典》第 1182 条规定,一是,侵害肖像权人的肖像权造成财产损失的,按照被侵权人因此受到的损失或者侵权人因此获得的利益赔偿,两种方法由肖像权人从自己的利益出发进行选择。二是,被侵权人因此受到的损失以及侵权人因此获得的利益难以确定,可以进行协商,按照协商的意见确定。三是,被侵权人和侵权人就赔偿数额协商不一致,向法院提起诉讼的,由法院根据实际情况确定赔偿数额。

(四)侵害肖像权的几个具体问题

1. 对肖像作品著作权的保护

在肖像上体现两种权利:一是肖像权人的肖像权,二是肖像作品制作人的著作权。当两个权利发生冲突时,应遵循的原则是:第一,肖像著作权的行使应受限于肖像权。即未经肖像权人同意,肖像作品不得展览、复制、发表或出售。第二,肖像著作权的行使,须依肖像著作权人与肖像权人约定。这种约定,可以在制作肖像之初进行,也可以在肖像制作完成之后进行。肖像权人同意肖像著作权人展览、复制、发表、出售的,肖像著作权人得行使其对作品的著作权。约定应以明示方式,如无明示约定,应视为肖像权人不同意肖像著作权人行使展览、复制、发表或出售的权利。

肖像权与著作权的冲突有四种情形。

一是,肖像作者认为自己对肖像作品享有著作权,因而将肖像转让他人使用,与肖像的使用人达成肖像作品使用协议。这种未经肖像权人同意的肖像作者与肖像使用人关于使用该肖像作品的协议,对肖像权人不具有拘束力。

二是,在艺术创作活动中,将一种艺术形式经再创作而转化为另一种艺术形式,是准许的,其中涉及的主要是著作权问题,即须经原著作权人同意,才能进行再创作。但是,当作品的内容是以人的肖像为中心时,这种再创作不得用于经营活动,否则,也构成侵害肖像权。

三是,一个非法的肖像使用行为,既侵害肖像权又侵害肖像作品著作权,是法规竞合的一种表现形式,产生两个请求权,即肖像权请求权和著作权请求权。

受侵害的肖像权人和受侵害的著作权人都有权向法院起诉，请求被告依法承担责任。侵权人应当同时承担侵害肖像权的责任和侵害著作权的责任。

四是，肖像许可使用人违反约定，将该肖像扩大许可使用范围，或者转让他人使用，是违约行为，就扩大许可使用的部分构成侵权责任。著作权人有权请求侵害肖像著作权的赔偿责任。

2. 侮辱性使用肖像行为的性质

侮辱性使用他人肖像，是指肖像使用人在使用他人肖像时，非以营利及欣赏等为目的，而是意图通过该行为而侮辱权利人的人格。对此，应当依据请求权竞合理论，同一行为在一个受害人的身上产生两个以上的请求权，而其请求权的内容、目的又相同的，应当采取择一方式，受害人从中选择一个行使，一个请求权行使以后，其他请求权即行消灭。请求权选择行使，可以从有利于权利人的权利保护出发进行选择。当两个请求权的行使后果并无差别时，以侵权行为的基本特征更为突出的方面确定案由。

3. 受托人对肖像权的侵害

一方委托他人设计广告、橱窗、产品介绍等，受托人在设计中侵害他人肖像权的，应当从考察双方对侵害肖像权是否具有过错来确定责任。一是单位雇用他人为自己服务，如果该他人是自己组织的组成部分，法人单位应当为其执行职务负责，适用《民法典》第1191条第1款规定确定责任，由用人单位承担责任。二是如果该他人并非用人单位的组成部分，则为承揽关系，用人单位并不为该他人承担侵权行为的后果责任，应当依照《民法典》第1193条规定，承担定作人指示过失责任。三是如果受托方使用他人肖像，委托方知情的，应当认定为共同侵权，依照《民法典》第1168条规定承担连带责任。

4. 对死者肖像利益的保护

人格权的延伸法律保护，包括死者肖像的延伸法律保护，其理论依据自应适用。例如，用《我家住在那栋楼》摄影作品中的人物肖像做广告，死者的近亲属主张侵害死者肖像利益，应当依照《民法典》第994条规定确定责任。

在司法实践中对死者肖像的进行保护：第一，确认保护的客体是死者的肖像法益。第二，行使死者肖像延伸保护请求权的主体，以死者近亲属为限。第三，关于死者肖像保护的期限，因涉及肖像作品著作权的行使问题，因而应当缩短，参照德国立法规定，确定为 10 年为宜，可以使肖像作品作者尽早不受限制地行使其著作权。第四，对死者肖像保护的方式，使用死者的肖像须经死者近亲属同意，使用人与死者近亲属应以肖像使用合同为之，超出使用范围而使用为侵权。

第二节　形象权

一、形象权的客体：形象

（一）形象的概念和特征

1. 形象的概念

研究形象权，应当对形象权的客体即形象的概念作出界定，确认什么是形象，否则，无法界定形象权的权利边界。

形象，按照《辞海》的解释，就是形状、相貌。[①] 这里所说的形象，是一般的自然人的形象。

在法学领域研究作为形象权客体的形象，是指通过影像、雕塑、绘画等方式在一定的载体上所反映的特定自然人有关形状、外貌，并借以区别于其他自然人人格特征的非以面部为主体的外部形象。这样的定义，似乎与《民法典》第 1018 条第 2 款规定的肖像的概念相似，形象是自然人外部人格特征的全部或者一部，非以面部为主体的外部形象，而肖像是以自然人的面部为主体的人的外部形象而已。

2. 形象的特征

（1）形象的主体是自然人，不包括法人和非法人组织，因此采纳的是形象的

---

① 《辞海》，上海，上海辞书出版社 1979 年版，第 814 页。

狭义说概念，而非广义的形象概念。

（2）形象是自然人的外在表现的形状、外貌，而不是人的内在的人格要素，也不是外界对民事主体的客观评价，就是人的外在的表现出来的形态。

（3）形象这种自然人的外在表现形态，具有标表特定自然人的人格特征的作用，通过其外在表现的形状、外貌，借以区别该自然人与其他民事主体的人格特征的不同。

（4）形象与肖像表现的人的外部形象不同。肖像一定是自然人以面部形象为主体的再现在某种物质载体上的形象，主要是再现的面部形象，而形象则是民事主体外貌、形态本身。侵害肖像权一定是对肖像的非法使用，而侵害形象权既包括对他人再现的形象的使用，也包括对他人形象的模仿等。设立形象权，就是将形象权与肖像权的法律保护进行分工，以面部为主的形象的再现，是肖像权保护的范围，而没有或者主体部分不是面部的人的外部形象再现，以及纯粹的人的外部形象则为形象权的保护范围。这样，就把人的全部的形象都置于人格权法的保护之下。

（二）形象利益的范围

形象在人格权法上反映为形象人格利益。形象权保护形象，保护的是人的外在的形象人格利益。

形象体现的人格利益有两个部分：一是精神利益，二是物质利益。形象是形象权保护的对象，形象受到侵害，是对形象的非法利用和破坏，受到损害的最终表现，是形象利益即精神利益和物质利益遭受损失。因此，侵害形象权必然造成形象人格利益的损害。法律对形象权损害的救济，就是要补偿权利人的人格利益的损失，使其恢复到完满程度。

形象权保护的形象人格利益的范围是：

1. 自然人除面部形象之外的身体外部形象

自然人的形象首先是除其面部形象之外的身体外部形象。形象与肖像不同。肖像是以自然人的正面或侧面的、以面部（五官）为中心的外貌在物质载体上再现的视觉形象。而形象权所保护的形象是自然人面部之外或者非以面部为主体的身体外部形象，包括形体特征、侧影、背影等。在媒体上常见的"手形广告"中的手形、"内衣广告"中的模特形体，以及身体其他部位的形象，都在形象权的保护范围内。

2. 自然人的整体形象

在某些情况下，自然人的一些可以指示特定身份的人格因素，如富有特色的装扮、特有的动作、特殊的道具等，综合起来，可以明确地指向某一特定的人，或者能让公众意识到某一特定的人。这些综合因素所构成的整体形象，也是形象权保护的范围，即自然人的整体形象。① 对克林顿的形象、蒋介石的形象等的非法使用，侵害的都是自然人的整体形象。

（三）对形象予以法律保护的必要性

1. 形象人格利益开发利用的现实性和客观性

自然人的形象人格利益可以被开发利用，已经成为不争的事实。下面的这两个案例，足以说明这种情形的现实性和客观性。

案例一：电视观众都曾注意到，荧屏上频频出现面带微笑、挥手致意的"前美国总统克林顿"，在为中国商品做广告。当然，做广告的人并不是克林顿，而是由酷似克林顿的演员在模仿他。在广告上，演员酷似克林顿，而且与其搭档的女士酷似希拉里。演员的穿着、打扮、行为举止都酷似，而且还露出克林顿特有的咧嘴一笑，这些形象特征构成广告的核心内容。无疑，广告制作者的意图就是要让观众对这个形象产生联想，绝大多数人一看到这则广告马上会联想到克林顿，尽管广告在演员旁边打了"吉米"的字样，但显然，这样的广告是以模仿的方式使用了克林顿的形象。

案例二：每当旅游旺季，在浙江奉化县溪口镇的蒋介石故居前面，都会看到数个身着棕色长衫、头戴礼帽，相貌与蒋介石相似的人，在和游客合影并收取游客支付的费用。这些人也是在以模仿的方式使用蒋介石的形象。无独有偶，在北京也出现了模仿毛泽东的形象招徕生意获取报酬的事例。昌平老北京微缩景园外

---

① 1992年，美国的"怀特"一案是将各种因素综合起来的整体形象判定是否侵犯他人形象权的典型判例。

的某饭庄,孙某在游客就餐期间装扮成毛泽东,模仿毛泽东的言谈举止,有要求合影者交费 20 元人民币。有人认为这是经营策略,有人认为这是侵害伟人的形象、名誉。①

在这些典型事例中,都涉及了自然人的形象利益问题,都是在开发人的形象人格利益应用于商业活动,谋取商业利益。可见,对自然人的形象人格利益的法律保护具有现实性和急迫性,是法律不得不解决的问题。

2. 具体人格权对形象人格利益保护的盲区

上述这些模仿行为,都是行为人在擅自使用他人的形象为自己创造利益,肯定没有侵害被模仿人的肖像权。事实上,某人长得与某个名人相似,并通过不同的形式再现自己的形象,显然没有侵害名人的肖像权。因为再现的毕竟是自己的形象,哪怕某人长得和名人一点不像,而是通过化妆、整容后,以酷似名人的形象再现,也没有侵犯名人的肖像权。但是,这些被模仿的人物所拥有的绝不仅仅是相貌上的美感或形象上的魅力,更重要的是他们在社会上所具有影响力和号召力。当这种影响力和号召力被引入市场,应用于商品经济领域,便转化为经济利益。因此,与其影响力和号召力相联系的形象人格利益便具有相当的商业价值,而这种基于人格利益产生的价值不是被形象拥有者所享有,而是被无关的他人所占有、支配、开发、利用,并从中营利。这显然是不公平的。

可是,立法并没有明确确认形象权是一个独立的人格权,形象权不能作为权利保护的依据。因此,尽管是基于权利人的形象人格要素而产生的利益被他人攫取,法律却不能进行完善的保护。这显然不是法律所追求的目标,而是法律的缺憾。

这就是人格权法要研究的形象权及其客体形象的确认和保护问题。从理论上讲,形象人格利益的保护既然没有独立的人格权进行保护,应当置于一般人格权的保护范围之内②,可是,在司法实践中却没有形象权保护的成功案例。即使是

① 《"特型演员"与人合影收费引争议》,《新京报》2005 年 4 月 25 日 A11 版。
② 这是一般人格权补充功能的内容。参见杨立新:《人格权法专论》,北京,高等教育出版社 2005 年版,第 133 页。

在涉及伟人、名人形象的保护问题上，也无法对这种行为定性并进行制裁，以保护受害人。实践证明，用一般人格权来保护形象利益不是成功的做法。

所以，可以认为，形象权在人格权法领域还属于一个盲区。

3.《民法典》对认定形象权及客体的预留空间

《民法典》第1018条第2款规定肖像的概念，确定肖像为自然人的"外部形象"。自然人的"外部形象"这个表述比较宽泛，因为通常界定肖像是"以面部为主体的外部形象"，非以面部为主体的人的外部形象，并不能认定为是肖像。这里使用"外部形象"的表述，并不专指肖像，而且是包含了"形象权"的客体即形象的概念。例如，可供识别的自然人的手、脚、背等人体的可以被识别的外部形象被侵害，算不算是侵害肖像权呢？如果认定为侵害肖像权，显然没有肖像的内容，但是，使用人的外部形象的概念，就可以对非以面部为主体的人体外部形象进行法律保护。

因此可以说，《民法典》第1018条第2款关于将肖像界定为"自然人可以被识别的外部形象"的定义中，就给确认形象以及形象权保护预留了法律空间，可以认定形象是自然人的人格利益之一，形象权是自然人的具体人格权。

二、形象权的概念与性质

（一）形象权的概念

1. 我国对形象权概念的研究

我国的民事法律未曾确立形象权，学界对这一权利概念阐述受国外形象权及公开权概念的影响。有学者提出：形象权就是将形象（包括真人的形象、虚构人的形象、创作出的人及动物的形象、人体形象等）付诸商业性使用或称营利性使用的权利，并将形象分为真人形象权、扮演者的形象权、人体形象权和作者创作之形象的形象权。[①] 有的学者认为，狭义的形象权是一种具有独立地位的人格权，是指自然人对其姓名、声音、肖像等综合的人格要素并能获取经济利益的排

---

① 郑成思：《著作权法》，北京，中国人民大学出版社1993年版，第300－305页。

他性支配权。[①] 我国民法学界也有将形象权称为"公开权"，并将此权利定义为"对自己的姓名、肖像和角色拥有保护和进行商业利用"的权利。[②] 从这些对形象或者形象权的界定中，可以看出，对形象和形象权还没有达成基本共识，分歧很大。

2. 形象权的两种概念

在上述有关研究形象权概念的见解时不难发现，使用的"形象权"并不是一个独立的概念，而是涉及两种权利的概念，即狭义的形象权和广义的形象权。

广义的形象权是指人格商业利用权，即形象的公开权，既不是单纯的形象权，也不是单纯的公开权。狭义的形象权并不是公开权，而是作为独立的具体人格权的形象权。所以，对形象权概念的界定应当进行区别，将形象权的广义界定和狭义界定严格区分开来。

3. 形象权与公开权的区别

形象权所保护的形象利益，确实可以进行商品化利用，并产生经济上的利益。这种对形象利益进行商品化利用的权利，就是公开权的内容之一。因此可以说，形象权与公开权具有密切的联系，同时也必须看到形象权不同于公开权，它们的显著区别在于：

第一，形象权的客体是形象，是与姓名、名称、声音、肖像在逻辑上属于同一层次的、具有标表自然人人格特征的人格利益要素，这种人格特征是形象得以被商品化利用即公开权实现的基础；而公开权所保护的人格利益是一类人格利益，是那些能够被商业化开发的人格利益，而不是一般人格利益或者单一的具体人格利益，其中当然包括形象人格利益，但是并非形象人格利益就是公开权所保护的全部人格利益。

第二，形象权的功能在于保护自然人的形象人格利益，包括维护形象权人的人格独立、人格尊严以及人的自由发展的精神利益，以及保护自然人的形象人格利益中的财产利益。而公开权是允许他人使用、开发、利用自己的人格利益（包

---

① 马俊驹：《人格和人格权理论讲稿》，北京，法律出版社 2009 年版，第 257 页。

② 王利明、杨立新主编：《人格权与新闻侵权》，北京，中国方正出版社 1995 年版，第 427－431 页。

括形象利益在内）并获得报酬的权利，主要功能是保障、促进人格利益商业利用的成果归属于权利人，因此，公开权所指向的利益更多地体现为物质利益。

第三，被商品化的人格标识主要是一种降低消费者搜寻成本的标志，发挥的是商品的认知、品质保障和广告的功能，因此，公开权的保护对象比形象权的保护对象更宽泛，可以扩及一切可以进行商品化利用的人格标识，如姓名、名称、肖像、声音、形象等。因此，形象权是具体人格权，而公开权是抽象人格权，性质完全不同。

4. 对形象权概念的定义

综上，形象权是指自然人对标表其人格特征的形象人格利益独占享有的制作、使用、公开或者许可他人使用，并获取相应利益的具体人格权。

形象权的保护对象包括自然人除面部形象之外的身体形象以及自然人的整体形象，借此与肖像权相区别。

（二）形象权立法的历史发展

在美国普通法中，形象权这个概念已经是一个常见概念：在 1953 年 Haelen Laboratoties Inc. V. Topps Chrming Cam 案中，Frank 法官明确提出了"形象权"的概念，并就形象权的含义进行论证："我们除了独立的隐私权，每个人还就其肖像的形象价值享有权利。这就是允许他人独占性使用自己形象的权利。这种权利可以称之为'形象权'。"正是在这里，Frank 法官突破了传统的隐私权观念，不再将商业性地使用他人的人格利益局限在精神痛苦的范围之内。同时，"形象权"也被定义为一种财产权。美国知识产权学家尼莫教授认为，名人需要的不是对于隐私的保护，而是对于自己身份的商业价值的保护。"尽管名人不愿意将自己隐藏在隐私的盾牌之后，但他们也绝不愿意让他人未经自己的许可或者未向自己支付报酬而使用、公开自己的姓名、肖像或形象。"在法官和学者的共同推动下，美国的形象权从传统的隐私权中独立出来，形成一种新的权利类型。到目前为止，美国有 24 个州在成文法或判例法中承认形象权。[①] 在这些立法或判例中，形象权被界定为一种仅仅与真实的自然人相关的财产权。公司、合作组织

---

① 李明德：《美国形象权法研究》，《环球法律评论》2003 年冬季号，第 475 页。

等法人以及文学性的虚构人物，包括卡通形象都不具有形象权。例如，《加利福尼亚州民法典》第 3344 条规定，保护自然人的姓名、肖像、声音和签名等；《纽约州民权法》第 50 条规定，保护"任何活着的人"的权利，"禁止未经许可使用他人的姓名和肖像"，纽约州的法院还一致裁定：任何法人不得依据上述规定主张权利，只有真实的自然人才可以依据上述规定主张自己的权利。①

日本从 20 世纪 70 年代开始引进商业形象权的概念和观念，最早的判例将其定义为：商业形象权，是名人对其姓名、形象及其他对顾客有吸引力、有识别性的经济利益或价值进行排他性支配的权利。对于形象权的界定，判例与学说有两种倾向：一种是广义的商业形象权，是指除自然人以外，漫画或动画中的人物、甚至动物、其他的物品，只要对顾客有吸引力也能成为商业形象权的对象；另一种是狭义的商业形象权，是基于隐私权、肖像权、名人的形象所具有的经济价值而产生的权利。②

我国虽然也使用形象权的概念，但是并没有将其界定为这样宽泛的概念，范围小得多。

（三）形象权的性质

1. 关于形象权性质的不同主张

在较早提出形象权概念的美国，许多判例及学理将形象权界定为财产权。不过，美国判例或立法中的"财产权"并不等同于我国民法体系中的"财产权"。因为对于财产权，两大法系并未形成统一、固定的表述。法国民法将财产权作为主要与人身权相对立的权利而使用，即法律意义上的财产权描述了一种利益，它能满足人类的物质需要。③ 而英美法系对财产权的定义则更为广泛。《牛津法律大辞典》如此表述："财产权是指存在于任何客体之中或之上的完全权利，它包括占有权、使用权、出借权、转让权、消费权和其他与财产有关的权利。"英美法中的财产权具有相对性和具体性的特点，对于"对人权和对物权，物权和债权

---

① 美国的形象权与肖像权的界限不是很清楚，既包括肖像权，也包括狭义的形象权。
② ［日］萩原有里：《日本法律对商业形象权的保护》，《知识产权》2003 年第 5 期。
③ 尹田：《法国物权法》，北京，法律出版社 1998 年版，第 13 页。

均未予以充分重视，因而也未基于上述划分在理论上和立法上形成一个明确的构造模式。"① 我国民法沿袭了大陆法系民事权利体系的特点，严格区分财产权与人身权。因此，美国法的财产权与我国民事权利体系中的财产权有不同的外延，不能依据美国法对形象权的性质界定而认定形象权的性质为财产权。

由于形象利益在商业活动中被广为开发、利用，我国学者也有认为形象权是一种财产权，例如，"形象权所保护的是自然人身份中的商业价值或财产权益，事实上形象权本身就是因为保护这种财产权益而发展起来的"②。在"财产权说"的基础上，有学者进一步提出了"无形财产权说"，认为："诸如姓名、肖像、形体、名誉等人格因素，在商业化过程中已由传统人格利益演变成商业人格利益，即非物质化的新型财产权益。""形象权与商誉权、信用权、特许经营权都是一种非物质属性但又不能归类于知识产权范畴的无形财产权。"③

与上述"财产权"说的观点不同，有学者认为：随着社会的发展变化，在普通人格利益之外，又分离形成了一种包含经济利益在内的相对独立的人格利益——商事人格利益，人格权发展成为维护商事人格的、兼具人格权属性和财产价值的商事人格权，而形象权即是商事人格权的权利形式之一种。④

上述这些观点未能反映形象权的本质特征，没有准确界定形象权的法律属性。"财产权说"或"无形财产权说"与前述将形象权与公开权等同的思路有关，过于重视形象利益中的物质利益，忽视了形象利益中所包含的自由、平等、安全、尊严等精神利益，也忽视了形象权中禁止他人侮辱、亵渎、毁损民事主体的形象的重要权利内容。"商事人格权说"较好地体现了形象权所包含的人格权属性与财产价值，但不足之处在于，它无法解决这种旨在维护"相对独立人格利益"的权利在民法体系中的法律地位问题：形象权究竟是纳入人格权体系还是财产权体系？对形象权能否适用以及如何适用财产法的规则？这些问题都不明确。

---

① 梅夏英：《财产权构造的基础分析》，北京，人民法院出版社 2002 年版，第 45 页。
② 李明德：《美国形象权法研究》，《环球法律评论》2003 年冬季号，第 477 页。
③ 吴汉东：《形象的商品化与商品化的形象权》，《法学》2004 年第 10 期。
④ 姜新东、孙法柏：《形象权探讨》，《山东科技大学学报》2003 年第 3 期；类似观点有：熊进光：《商事人格权及其法律保护》，《江西财经大学学报》2001 年第 5 期。

2. 形象权为独立的具体人格权

确认一项人格利益是否构成一种具体人格权，最重要的标准是这项人格利益是不是具有独立的属性，是不是能够被其他具体人格权所概括、所涵盖。如果一项具有独立意义的人格利益不能够被其他人格权所涵盖、所概括，并且与一般人格利益相比具有鲜明的特征和内容，就应当把这项人格利益作为一种具体人格权。[①] 据此，应当认为形象权是一种独立的具体人格权，应当将其纳入具体人格权的体系。其理由是：

第一，形象利益具有独立的属性和价值。形象利益是自然人固有的、因其特定的形象人格本身而产生的利益，并非基于某种法律事实而产生，因此具有独立的属性。形象利益总是为自然人所独占享有，它不仅可以标表特定自然人的人格、维护特定自然人的特定人格利益，并且能够通过一定的开发利用而创造价值，因而具有其他具体人格利益所不具有的独立价值。自然人对自己的形象特征的独占、支配和利用，是为维护主体的独立人格完整性与不可侵犯性，并保障主体获得充分的尊重，同时也为了使自身的价值得到充分发挥。形象人格利益的独立属性和价值足以说明，形象权所保护的利益是人格利益，形象权应属于人格权的范畴，而不是财产权的范畴。

第二，形象利益不能为其他具体人格权所概括。在具体人格权体系中，各个具体人格权都是保护特定的人格利益。如果一项人格利益能够被其他具体人格权所概括、所包容，这项格利益就没有独立进行保护的意义，就不能设立一种新的具体人格权。在具体人格权体系中，与形象人格利益最相关联的是肖像权。肖像权所保护的肖像是以自然人的面部形象特征为摹写目标进行再现的形象，在这一点上，肖像与形象是相同的。但是，肖像并不是狭义的形象，形象利益也并不包含肖像利益。形象权概念中的形象，是非以人的面部形象为主体的其他人体外部形象。形象利益并不包括肖像利益，恰恰相反，对形象利益的保护就是为了补充肖像利益以及肖像权对人体形象保护不足而发挥作用。正如前文所述，侵害手模特的手型形象、脚模特的脚型形象等，无论如何也不能适用肖像权的法律规定进

---

① 杨立新、袁雪石：《论声音权及其民法保护》，《法商研究》2005 年第 4 期。

行保护。由此可以肯定，对形象利益的保护，是肖像权乃至其他具体人格权所无法概括、包容的，具有独立保护的客观需求。

第三，形象权所保护的形象人格利益与一般人格利益相比较具有特殊性。按照人格权法保护人格利益的分工，具体人格权负责保护具体人格利益，具体人格权无法保护的其他人格利益，概括为一般人格利益，由一般人格权进行保护。由于一般人格利益具有趋同性，一般人格权所保护的是人格独立、人格自由与人格尊严，而形象权所保护的形象人格利益具有极为丰富的积极权能，这就表现在，形象人格利益不仅具有人格利益中的精神利益，还具有极为鲜明的财产利益。在市民社会中，人们对人格利益中包含财产利益的认识早已有之。人格利益虽然不能直接表现为商品，不能以金钱计算其价值，但在现代社会，对某些人格利益的开发利用已经成为市场经济存在的一个应然现象。一方面，人格利益中的物质利益因素日益凸显，如姓名、肖像在商业销售方面的直接作用带来了可观的商业利益，从而使这些人格利益具有了较高的经济价值。另一方面，人格权领域有很大扩展，衍生出了具有浓厚经济色彩的人格权，如信用权等。因此，形象人格利益所包含的物质利益因素是其区别于一般人格利益的重要特征。一般人格利益的保护事实上是一种兜底的作用，其主要作用在于保护那些物质利益因素不明显的其他人格利益。既然形象人格利益具有如此得不同，当然应当区别于一般人格权所保护的一般人格利益，一般人格利益难以涵盖形象人格利益，一般人格权保护形象人格利益力所不及。

据此，形象权具有独立的法律地位，其性质属于具体人格权，应当纳入具体人格权的体系，与姓名权、肖像权、声音权等人格权一道，成为标表人格特征的独立的具体人格权。

三、形象权的内容与形象的合理使用

（一）形象权的内容

形象权与其他具体人格权一样，有自己的具体内容。参照《民法典》第

1018 条第 1 款对肖像权内容的规定，形象权的内容也应当包括制作、使用、公开和许可他人使用的权利。不过，经过归纳，形象权的内容可以概括为以下四个方面。

1. 形象保有权

形象是自然人的人格特征，是人的固有人格利益，而不是一般的社会评价，不具有主观色彩。形象权的内容之一就是形象保有权，是自然人保持、维护其形象人格特征，并借以区别该自己与其他民事主体人格特征的权利。形象保有权的客体是形象利益，包含两部分：一是精神利益，是占有、保持、维护形象不受侵害，保持自己的精神性的人格利益；二是财产利益，即通过对形象利益的开发、利用，借以产生物质利益，权利人可以不断增进其对公众的吸引力和信赖感，使其形象具有更大的社会价值，由此获得更大的物质利益。

2. 形象专用权

形象权是固有权、绝对权，因此，形象权的内容之一是具有排他性的专有使用权，未经权利人的准许，任何人都不得非法使用自然人的形象。形象专用权，是指形象权人对于自己的形象专有使用的权利，其含义是：第一，形象权人对自己的形象有权以任何不违反公序良俗的方式进行利用，以取得精神上的满足和财产上的收益。第二，形象权人有权禁止非权利人非法使用自己的形象，任何未经形象权人授权而使用权利人的形象，都是对形象使用专有权的侵害。

3. 形象支配权

形象权是绝对权，其性质是支配权，因此，形象权的内容之一是对形象利益的具体支配。由于自然人的形象具有对公众可能产生吸引力、信赖感及其在商业化条件下可以产生物质利益的属性，因而形象不仅对于形象权人自己，而且对他人乃至社会都具有利用价值。形象支配权就是权利人对这种形象利益具有的管领和支配的权利。权利人可以采用合法方式，许可他人使用自己的形象，并获取应得的利益。不过，形象权的性质是人格权，因而处分自己的形象为他人使用的支配权，也不是绝对的支配和处分，而是有限的支配和处分，并非是对形象权的权利的处分，而只是处分形象权的部分使用权，不具有处分全部权利的效力。自然人不能将自己的形象权全部转让而使自己不再享有形象权，主体许可他人合法使用自己的形象，本人并不因此丧失形象权。在这一点上，形象权与肖像权相同，与名称权相异。

至于他人使用形象权人的形象，可以出于多种目的，可以是有偿的，也可以是无偿的，可以约定期限，也可以不约定期限。无论怎样使用，均须由使用人和肖像权人协商，通过形象许可使用合同的方式，决定许可使用形象的用途、范围、期限等各种内容。

（二）对形象的合理使用

1. 许可他人使用

形象权受到公开权的支配。自然人要将自己的形象利益许可他人使用，须与形象使用人通过合同约定，确定形象的使用部位、用途、期限和具体范围，约定双方的权利义务关系。具体的形象许可使用合同，应当依照肖像许可使用合同的法律规定进行。

对形象许可使用合同使用条款的解释，以及形象许可使用合同的解除权，参照适用《民法典》第1021条和第1022条规定进行。

2. 合理使用的抗辩

参照《民法典》第1020条关于肖像合理使用的规定，以下对个人形象的使用不构成侵害肖像权：（1）为个人学习、艺术欣赏、课堂教学或者科学研究，在必要范围内使用形象权人已经公开的形象；（2）为实施新闻报道，不可避免地制作、使用、公开形象权人的形象；（3）为依法履行职责，国家机关在必要范围内制作、使用、公开形象权人的形象；（4）为展示特定公共环境，不可避免地制作、使用、公开形象权人形象；（5）为维护公共利益或者形象权人合法权益，制作、使用、公开形象权人的形象的其他行为。这些都是对形象的合理使用行为，形象权人不得主张形象权。

四、保护形象权的人格权请求权

自然人作为权利人，有权维护自己的形象完整，维护自己的形象利益不被他人所侵害。具体内容包括：一是维护形象的完整、完善，任何人不得对自然人的形象进行侵害；二是维护形象权中的形象精神利益不受侵害，亵渎性地使用他人形象，构成对形象权人精神利益的侵害，即便是褒奖性或者就是一般性地使用他人形象，只要未经形象权人许可，同样构成对权利人人格独立、人身自由和人格尊严等精神利益的侵害；三是维护形象权中的物质利益，形象权中所包含的任何物质利益都归属于权利人本人，他人不得侵害，任何人未经许可，对权利人的形象进行商业性的开发、使用，都构成侵权行为。

上述形象利益受到侵害，形象权人有权依照《民法典》第 995 条规定主张人格权请求权，保护自己的形象权不受侵害，行使停止侵害请求权，排除妨碍请求权，消除危险请求权，消除影响、恢复名誉请求权和赔礼道歉请求权。人格权请求权的行使条件较为简单，只要形象权受到侵害或者有受到侵害之虞的，权利人都可以行使权利，使自己的形象权得到保护。

五、保护形象权的侵权请求权

形象权受到侵害，造成形象利益的损失，构成侵权责任，受害人取得侵权请求权。受到侵害的权利人可以依据形象权侵权请求权，提起形象权侵权之诉，寻求司法救济。

（一）归责原则

构成形象权侵权请求权，法律的要求要比人格权请求权的行使条件更严格。侵害形象权的侵权行为属于一般侵权行为，适用的归责原则是《民法典》第 1165 条第 1 款规定的过错责任原则，既不适用无过错责任原则，也不适用过错推定原则，因为侵害形象权的侵权行为不是特殊侵权行为，属于《民法典》第 1165 条第 1 款的调整范围，不适用第 1165 条第 2 款或者第 1166 条规定的过错推定原则和无过错责任原则。

（二）构成要件

侵害形象权的构成要件是违法行为、损害事实、因果关系和过错。

1. 侵害形象权的违法行为

侵害形象权的违法行为的表现：

（1）使用被侵权人的形象，包括对其形象的制作、复制、模仿等。例如，对他人除了面部肖像之外的其他部分形象的非法使用，为侵害形象权；模仿名人形象，如前述典型案例所述，也为侵害形象权。娱乐界盛行的模仿秀，其实是典型的侵害形象权的行为，除了会引起表演著作权侵权的后果之外，还存在对受害人形象权的侵害责任。

（2）未经权利人许可。未经许可而擅自对他人形象进行使用，即构成侵权。在判断上，必须能够确定权利人的形象特征与所使用的形象特征相一致。对于名人形象而言，只要有相当数量的一般社会公众能够识别其使用的是权利人形象，就构成侵权，而对于非名人而言，权利人必须能够证明所使用的形象要素在事实上就是指向自己。

（3）侵害形象权的违法性表现在对法定义务的违反。对于形象权的权利主体，其他任何人都是该权利的义务主体，都负有不得侵犯的义务。违反该不可侵义务，就构成行为的违法性。

2. 侵害形象权的损害事实

侵害肖像权的损害事实，首先是权利被侵害，即形象权的完整性受到了损害。由于形象与肖像相较，形象的人格特征的识别度较低，因而确定侵害形象权的损害事实，须确定再现的形象与权利人的形象具有一致性。其次，表现在形象权所保护的形象利益受到损失，一是精神利益的损失，二是财产利益的损失，无论存在哪一种形象利益的损失，都构成侵害形象权的损害事实。其损失的后果，可以是精神痛苦或者是精神利益的丧失，也可以是财产利益的损失。

3. 侵害形象权的因果关系

侵害形象权的因果关系比较容易判断。侵害形象权的行为一经实施，形象及其利益被非法使用、复制、模仿等，二者之间就具有引起与被引起的因果关系。

4. 侵害形象权的故意或者过失

侵害形象权的过错主要是故意，是明知他人享有形象权而恶意使用他人的形象，侵害他人的形象利益。应当注意的是，侵害形象权的行为人在很多情况下是故意制作、使用、公开，在主观上并非恶意，而是善意者居多。原因在于，大多数人还不知道法律对形象权的保护。尽管如此，这种善意也不能阻却违法，仍然是故意所为，符合侵害形象权对过错的要求。此外，也不排斥过失侵害形象权的形态，违反注意义务，尽管没有故意，擅自使用他人形象，造成损害后果的，同样构成侵权责任。

（三）侵害形象权造成损害的救济方法

侵权请求权的基本救济方法，就是损害赔偿。对形象权损害救济的赔偿，包括精神损害赔偿（对如亵渎性使用他人形象可能带来的精神痛苦的赔偿）和未经权利人许可进行商业化利用所造成的物质利益损失赔偿。

1. 财产利益损失的赔偿

确定侵害形象权造成物质利益损失的赔偿数额，应当依照《民法典》第1182条关于"侵害他人人身权益造成财产损失的，按照被侵权人因此受到的损失或者侵权人因此获得的利益赔偿；侵权人因此受到的损失以及侵权人因此获得的利益难以确定，被侵权人和侵权人就赔偿数额协商不一致，向人民法院提起诉讼的，由人民法院根据实际情况确定赔偿数额"的规定，应考虑形象因素的市场价值或侵权人所得的非法利润。

在保护形象权、制裁侵害形象权的侵权行为中，应当特别重视对非法对他人形象进行商业化利用的侵权行为的制裁。这种恶意的行为，严重侵害了权利人的权利，造成其形象利益的损害，应当依法予以惩罚。将确定赔偿数额两种方法的选择权交给被侵权人，由他自己选择最有利于自己的计算方法确定赔偿数额，原则上，因此获得的财产利益应当完全归属于权利人。

2. 对于精神利益损害的赔偿

对于侵害形象权造成权利人精神利益损害的，应当依照《民法典》第1183条第1款规定，予以精神损害赔偿，保护好权利人的形象精神利益。

（四）对形象权不采用可以继承的方式进行保护

法律对形象权的保护期限，及于权利人终身。在权利人死亡后，应当依照

《民法典》第 994 条规定，对死者的形象利益进行保护。

有的观点认为，形象权属于财产权，属于具有可转让性和继承性的"财产价值权"，因而在权利人死亡后"由其继承人继承"[1]。这种意见是不对的。因为形象权是具体人格权，而不是财产权，依照《民法典》第 992 条关于"人格权不得放弃、转让或者继承"的观点，并不存在对形象权的继承的问题。

第三节　声音权

一、声音权的客体：声音

《民法典》第 1023 条第 2 款规定："对自然人声音的保护，参照使用肖像权保护的有关规定。"对此，究竟是认为声音权就是一种人格权，还是只认为其是一种人格利益，有不同见解，分歧较大。[2] 但是毫无疑问的是，这一规定给确定声音权为独立的具体人格权留出了立法空间。本书依照声音权是独立的具体人格权的立场，论证声音权。

（一）声音权的客体

声音权的客体是声音利益，是声音所体现的人格利益。

声音是声波通过听觉所产生的印象。[3] 作为人格权客体的声音，是指能够标表特定自然人的人格特征，并区别于他人人格的声波通过听觉所产生的印象。

声音作为声音权的客体，包含着人格的精神性利益和财产性利益。美国下面这件保护声音利益的典型案例能够说明这个命题。

原告 Bette Midler 是美国著名歌手，曾获得过 Grammy 奖和 1979 年奥斯卡

---

①　熊进光：《商事人格权及其法律保护》，《江西财经大学学报》2001 年第 5 期。
②　黄薇主编：《中华人民共和国民法典人格权编释义》，北京，法律出版社 2020 年版，第 145 - 146 页。
③　《现代汉语词典》，北京，商务印书馆 2005 年版，第 1223 页。

最佳女演员提名。被告福特汽车公司的一家广告代理商在请原告演唱一首名为
"Do You Want to Dance"（原告为此歌的原唱者）的歌曲为福特公司做广告时，
遭到原告拒绝，广告代理商找到 Ula Hedwig，让她去模仿原告的声音演唱了此
歌。该广告播出后，熟悉原告歌声的人都以为是原告在演唱。为此，原告要求对
其声音予以保护，诉至加州联邦地区法院，被驳回起诉后，又上诉至第九巡回上
诉法院。案中被告并未侵犯著作权，因为被告已就使用歌词与歌曲获得了其著作
权人（并非原告）的许可，而声音则不受著作权保护；被告行为也不构成不正当
竞争，因为 Midler 与被告并无直接竞争关系的存在。被告也未使用原告的姓名、
肖像、签名或者声音等，使用的是另一歌手 Ula Hedwig 的声音。而《加利福尼
亚州民法典》第 3344 条并未对模仿他人声音的行为规定损害赔偿，因此原告无
法依此获得赔偿。正是基于上述理由，联邦地区法院驳回了原告的起诉。但是，
第九巡回上诉法院认为，"声音如同面孔一样，具有可区别性与个性。人类的声
音是表明身份的最易感受的方式"，而原告主张的是被告不适当地盗用了她的声
音的价值，是对原告"对其身份所享有的财产性利益"的侵犯，即侵犯了原告的
公开权。第九巡回上诉法院推翻了原审法院的判决，认定被告行为构成侵权。①
这一案件确立了模拟他人声音也构成侵犯声音权的判例。② 在这个判例中，法院
保护的就是原告的声音利益，既包括可区别性与个性的利益，也包括所享有的财
产性利益。

（二）声音的特征

声音人格利益的独特性，在于它的人格标识作用。其特征是：

1. 声音权保护的声音是保护声音所体现的人格利益

声音权保护的声音，是法律意义上的声音，体现的是声音所体现的人格利
益，是人格的组成部分，是构成人格的要素之一。对声音这种人格基本构成要素
之一，用声音权进行保护，体现的是法律对声音这种人格利益的重视。行为人的

---

① 董炳和：《论形象权》，《法律科学》1998 年第 4 期。

② 美国第三次不公平竞争法重述（Restatement of the Law, Third, Unfair Competition）第 46 条的
评论指出，原告在本案中已经通过先前演唱歌曲的行为开发了其声音的财产利益。在这种情况下，原告的
声音就不仅仅是作为身份属性的富有特色的声音了。

行为侵害了声音权，造成了声音权客体声音的损害，就会造成自然人的人格组成的不完整，因而损害人格的完整性。

2. 声音与一般人格利益相比具有特定的内容和特征

一般人格利益具有趋同性，所涵盖的人格利益都具有大体相似的内容，因此不能独立，只能作为一般人格利益对待，用一般人格权进行保护。声音人格利益是独特的，它的内容能够与其他一般人格利益相区别，具有独特的属性和特征。这正是承认声音权为独立的具体人格权的客观基础。

3. 声音作为人格利益具有独立性

声音利益具有独立性，不能为其他具体人格权所涵盖和包括。与声音利益最相近似的，是姓名利益和肖像利益。但是，姓名只是对文字类的人格标识设立的人格权的客体，并不包括声音的内容；肖像也只是对图像类的人格标识设立的人格权的客体，也不包括声音人格利益。隐私权保护的隐私利益也不能替代声音利益。在美国和加拿大等国，隐私权包含姓名权、肖像权、形象权以及声音权等内容，因而隐私利益中包含了声音人格利益。但是，在美国、加拿大等国，隐私权并不是具体人格权，而是一个相当于大陆法系一般人格权的弹性极大的人格权，包含了丰富的内容。我国的隐私权不是这样的权利，只是对隐私利益进行保护的具体人格权，不包括姓名利益、肖像利益、形象利益和声音利益，不能被隐私利益所涵盖，具有人格构成要素的独立性。

4. 声音权保护的声音不是声音的表现形式

声音权的客体是声音本身及其体现的利益，而不是保护声音的表现形式。对于声音的表现形式如唱片，受到侵害构成对著作权的侵害，不构成对声音权的侵害，因为声音的表现形式是著作权的保护范围，而声音权保护的是纯粹的声音，是声音本身及其利益，属于人格权保护的范围。

（三）声音利益准共有

声音利益存在准共有的问题，而且表现得特别鲜明。人格利益准共有是指两个或两个以上的民事主体对同一项特定的人格利益共同享有权利的共有形式。①

---

① 杨立新：《论人格利益准共有》，《法学杂志》2004年第6期。

当对声音享有权利的自然人为二人以上时，构成集体声音，对此，应该适用人格利益准共有规则，确定权利人行使权利的规则。所以，声音利益准共有是一个特别形式的人格利益。

这种情形比较常见。例如，帕瓦罗蒂等三大男高音合唱，不同演唱者的三重唱、四重唱，广播电台的主播联合主持等形成的声音，都是集体声音。如果集体声音的当事人之一独自对集体声音进行商业化利用，或者集体声音的主体之外的人对集体声音进行商业化使用，会使集体声音的其他声音权人或者全体声音权人的声音利益遭受损害，包括精神利益和财产利益的损害。因此，集体声音的声音权人对集体声音的人格利益享有共同支配权，禁止共有人之一单独对集体声音开发利用，也禁止他人擅自对集体声音实施侵害行为。

在声音利益准共有的规则下，集体声音的声音权人形成内部关系和外部关系。内部关系是指集体声音的全体声音权人共同对该集体声音利益行使权利、负担义务，构成绝对权的多数权利人的权利义务关系。外部关系是指其他任何第三人对该集体声音的声音权人的权利负有的不可侵义务，构成共有关系外部的绝对权的权利义务关系。

集体声音所体现的是声音利益的准共有关系，适用上述人格利益准共有规则，集体声音的声音权人对集体声音的利益享有共同的支配权。如果集体声音的声音权人之一独自对集体声音进行商业化利用，或者集体声音的声音权人之外的其他任何人对集体声音进行商业化使用，都构成侵害集体声音其他声音权人或者全体声音权人权益的民事责任。

二、声音权的概念和特征

（一）声音权的概念界定

1. 对声音权的概念怎样称谓

关于声音权概念的称谓有不同的主张，例如称为声音语言权，而不是声音权。[1]

---

[1]　王泽鉴：《侵权行为法》，第 1 册，台北，三民书局 1999 年版，第 157 页。

认为声音权是对声音所体现的人格价值进行保护和自主支配的权利。[①] 或者认为声音权是指自然人以自己的声音所体现的精神利益和财产利益为内容的，独自支配自己的声音利益不受他人侵害的具体人格权。[②]

对保护声音人格利益的权利称为声音权更妥当，原因是，语言权作为宪法的概念，已经有了自己独特的含义。宪法学者认为，语言权的观念与普遍接受的理念价值（如自由权、平等权等）不同，它是来自处理国内各族群间和国际间和谐的问题而产生的妥协。语言常是少数族群的文化从属感的中心，语言权可以说是保护文化的少数族群能享有和多数族群在社会上能享有的平等所不可缺少的一部分。语言权为基本人权之一种。在这样的背景下，将保护声音人格利益的权利称为声音语言权，容易与基本人权的概念发生混淆，使人误解。

2. 声音权概念的定义

在学理上，对声音权的概念尽管有些学者已经提到，但是多数没有对这个概念进行定义。例如声音语言权是指"以肯定个人对其声音语言的自主权利"[③]。这一定义说明了声音权的基本内容，但还应当进一步限定其内容和属性。

本书认为，声音权是指自然人自主支配其声音利益，决定对自己的声音制作、使用、公开和许可他人使用的具体人格权。

（二）声音权的法律特征

声音权除了具有人格权的一般特征之外，还具有以下三个特征。

1. 声音权首先保护的是声音精神利益

声音权作为自然人的具体人格权，保护的声音人格利益是声音的精神利益。人格利益是人之所以为人而存在的人格的具体利益。人之所以具有法律上的人格，声音的精神利益是重要内容之一。声音权对声音精神利益的保护，包括自然人对自己声音的专属享有，也包括制作、使用、公开和许可他人使用的权利。任何歪曲、偷录、剪接、模仿、窃听其声音的行为，都会使声音权人的精神性人格

[①] 马俊驹：《人格和人格权理论讲稿》，北京，法律出版社2009年版，第258页。
[②] 吴科春：《论声音权的属性及保护》。吉林大学2010年法学硕士论文，第5页。
[③] 王泽鉴：《侵权行为法》，第1册，台北，三民书局1999年版，第157页。

利益受到损害，使其作为自然人的人格尊严和人格自由等遭受侵害。法律保护自然人的声音权，首要的就是保障自然人人格尊严和人格自由，保护声音权所体现的这种精神性人格利益，保护人格的完整性。

2. 声音权也保护自然人声音利益中的财产利益

声音权的客体声音，与商标有共同的特点，就像商标具有较为有效地降低消费者搜索商品的成本一样，作为人格标识的声音能够有效地区别自然人的人格特征，降低区别的难度。因此，声音在这一点上具有转化为财产利益的潜力，利用声音等个人形象在商品营销上做广告或者宣传，是各行各业商家的重要营销策略之一。权利人可以与商家通过签订声音许可使用合同把自己声音的财产潜力挖掘出来，从而使声音权能够成为一种积极的人格权，可以公开化，成为人格性财产权的客体。德国联邦最高法院1958年5月判决的"录音案"，认为在一般人格权的基础上，赋予每一个公民自主决定其话语仅为其对话人，或为特定圈子的人，或为公众知悉的权利；个人更有权自主决定是否允许他人用录音机录下自己的声音，因此称为对自己声音的权利。[①]

3. 声音权具有强烈的专属性

声音权具有强烈的专属性，主要表现在以下两个方面。

其一，声音权由特定的自然人专属享有。声音是自然人声音的人格标识之一，反映的是自然人人格特征的听觉属性。声音具有身份属性，声音权也只能由自然人所享有，且须特定的自然人所享有。由于法人、非法人组织不具有像自然人一样的自然的人格，因此法人、非法人组织不享有声音权。

其二，声音权的专有性还表现在对声音的专属利用。声音权人对声音的使用享有专属权，即自然人享有是否许可他人使用自己声音的权利。他人是否可以取得声音权人的声音，属于声音权人的权利，对声音使用具有自主的处分权。声音许可使用权，是声音权人对其声音使用权的部分转让，未经声音权人的许可，他人不得使用声音权人的声音。以偷录等方式取得、使用他人的声音，是对声音专

---

① ［德］霍尔斯特·埃曼：《德国法中一般人格权的概念和内涵》，杨阳译，《南京大学法律评论》2000年第1期。

有权的侵犯。从侵害声音权的角度分析，声音许可使用权具有更重要的意义。未经声音权人同意而擅自使用，属于对声音权的侵害。

声音权的专有性也是相对的，法律准许在一定的条件下使用自然人的声音，具有阻却违法事由的，为合理使用。如果声音权人许可他人使用自己的声音，使用人可以据此主张侵权责任的抗辩事由。

（三）声音权的性质

1. 我国《民法典》对声音权属性的规定

《民法典》第 1023 条规定对自然人声音的保护，参照适用肖像权保护的有关规定。对其怎样理解，立法机关官员的解释是：对于是否将肖像权的保护延伸到对声音的保护有不同意见。经研究认为，声音虽还不足以构成一种具体人格权，但若对声音一概不予保护，任由他人随意复制、模仿、伪造特定自然人的声音，却有可能对该自然人的人格尊严造成极大的损害，特别是随着人工智能技术和大数据技术的发展，利用信息技术手段"深度伪造"他人声音的情形，不但会严重损害该自然人的人格尊严，而且具有极大的社会危害性。对于自然人的声音应当加以保护，但受到保护的声音应当足以识别特定自然人，且考虑到声音毕竟还不能构成一种具体人格权，所以只能参照适用肖像保护的规则，但不能完全适用肖像保护的规则。① 其他学者也认可声音是一种人格利益，而不是具体人格权。② 上述意见，显然是将声音人格利益作为法益保护，而不是作为具体人格权保护。

不过，也有学者认为声音权是独立的具体人格权，既具有法律基础、比较法基础，也具有逻辑基础，因而，声音权是指自然人自主支配自己声音的利益，决定对自己的声音进行使用和处分的具体人格权。③ 笔者也持这种见解。④

在上述说明中，关于声音保护不能作为具体人格权保护的理由不充分。首先，确认声音应当保护，且不保护会严重损害人格尊严，具有极大的社会危害性。其次，只是说考虑到声音权毕竟还不能构成一种具体人格权，所以只能参照

① 黄薇主编：《中华人民共和国民法典人格权编释义》，北京，法律出版社 2020 年版，第 145－146 页。
② 王利明、程啸：《中国民法典释评·人格权编》，北京，中国人民大学出版社 2020 年版，第 318 页。
③ 袁雪石：《民法典人格权编释论》，北京，中国法制出版社 2020 年版，第 442－446 页。
④ 杨立新：《人格权法通义》，北京，商务印书馆 2021 年版，第 354 页以下。

适用肖像权保护的规则，这里并没有说声音权为什么还不能构成一种具体人格权。最后，即使参照肖像权保护规则进行保护，也必须达到"受到保护的声音应当足以识别特定自然人"，对声音权即使作为法益保护，也必须达到相当的程度要求。这些否定声音权为独立的具体人格权的意见都不足取。

2. 声音权作为具体人格权的事实基础

现实生活中的确定不移的事实是，一个人的声音可以和姓名、肖像一样起到人格标识的作用。比如，《红楼梦》中关于"不见其人，但闻其声"的王熙凤的描写，就说明了声音是王熙凤的人格标识之一。为动物世界节目解说的赵忠祥，为周星驰配音的石班瑜，中央人民广播电台著名播音员夏青，他们的声音自然也是其人格标识之一。

科技的进步与人格权的发展密切相关，科技的每一次进步都促进了人格权的发展。近代以来，照相机发明之后，肖像权日益受到重视。同样，声音也随着无线电广播、窃听器、录音机的广泛使用而日益增加了法律保护的必要，应被承认为一种特别人格权[1]，并进而认定个人对声音语言的自主权利。其实，不只是广播、窃听器、录音机，电脑和互联网技术的发展，更加剧了对自然人声音侵害的现实性，凸显了对声音及其利益保护的必要性。

人的声纹和其指纹、掌纹等人格特征一样，都具有唯一性、稳定性的特征，每个人的这些人格特征都与他人不同，且终生不变。由于人的身体特征不可复制，基于这些特征应运而衍生了多种生物识别手段，比如指纹识别、声纹识别、掌纹识别等，并已被广泛应用于诸多领域。其中，声纹识别是用仪器对人的说话声音所作的等高线状纪录，根据声音波形中反映讲话人生理及行为特征的声音参数，进行身份识别的技术。[2] 目前，声纹识别技术已广泛应用于诸多领域，其产品的市场占有率仅次于指纹识别和掌形识别。当代的声音识别系统根据用户的发

---

[1] Helle, Besondere Pesonlichkeitchte im Privatrecht, 1991, S. 229 – 334; Hubmann, Das Personlichkeitrecht, 1967, S. 309f. 转引自王泽鉴：《侵权行为法》，第1册，北京，中国政法大学出版社2001年版，第138页。

[2] 张亮：《声纹证据的应用》，《中国人民公安大学学报》2002年第4期；薛波主编：《元照英美法词典》，北京，法律出版社2003年版，第1046页。

声进行声音识别，判定发声人是否为本人。从总体来看，卡片盗用、伪造、声音误识别等产生问题的概率非常小。因此，声音识别系统一直被有效地应用。在刑侦工作中对于声纹识别技术的应用，对于侦破电话勒索、绑架及电话人身攻击案件，都具有特别的作用，帮助警方确定犯罪嫌疑人。在美国的刑事案件中，强制被告人提供声音标本并不违背其反对自我归罪的特权。[①]

这些都说明，从当前的技术来看，自然人的声音与其姓名、肖像在逻辑上属于同一层次的人格特征，都是个体的人格标识，能起到姓名和肖像作为人格标识同样的作用。在姓名和肖像分别作为文字类人格标识和图像类人格标识，成为具体人格权之后，声音也完全可以因为科技的迅速发展而上升为听觉类的具体人格权即声音权的客体，即听觉类人格标识。保护这种人格利益的权利，当然就是声音权这种具体人格权。

3. 声音权作为具体人格权的比较法基础

在比较法上，前捷克斯洛伐克社会主义共和国、加拿大魁北克、美国部分州、德国、我国澳门地区等，对声音权的保护都作出了明确的规定。

（1）加拿大魁北克

《魁北克民法典》第 36 条从隐私权的角度，对声音利益作了规定："特别是有下列行为之一的，为侵犯他人隐私：……（三）盗用或者使用他人的肖像或者声音，尽管在私人寓所内。……（五）使用他人的姓名、肖像、形象或者声音，但向大众合理地公开信息的除外。……"这一条文规定了盗用、使用他人声音可以构成侵权，同时也规定了向大众合理公开信息的例外规则。

（2）美国加利福尼亚及其他州

美国《加利福尼亚州民法典》第 3344 条是"为广告、销售或招揽客户目的使用他人姓名、声音、签名、照片或画像"的规定，直接规定了权利人对于声音的财产利益。这一立法例拓展了声音利益的保护空间，与从人格利益角度保护的立法例迥然不同。事实上，加利福尼亚州是将声音利益和姓名利益、肖像利益一道作为公开权具体内容的美国的州之一。其规定："未经本人事先允许或当本人

---

① 薛波主编：《元照英美法词典》，北京，法律出版社 2003 年版，第 1046 页。

是未成年人时未经其父母或法定监护人允许，以任何方式恶意地将其姓名、声音、签名、照片或画像用于产品、商品，或以广告、销售为目的进行使用，或用于招揽购买产品、商品、接受服务的客户，应对受害者因此遭受的损害承担责任。"① 美国的其他几个州也承认公开权或者类似的利益保护，它们是：佛罗里达州、肯塔基州、马萨诸塞州、内布拉斯加州、内华达州、俄克拉荷马州、田纳西州、得克萨斯州、弗吉尼亚州、威斯康星州、纽约州、罗德爱兰州。其中，加利福尼亚州、内华达州明确规定了声音可以成为公开权保护的客体，而内布拉斯加州、佛罗里达州则通过概括性条款，认定声音可以为公开权保护的客体。尽管如此，普通法系的制定法毕竟不同于大陆法系的制定法，普通法系并不需要通过赋权式的法律来宣示法律承认声音可以作为一种财产或者人格利益予以保护。因此，即使没有通过普通法系的制定法承认声音利益保护的那些州，仍然可能承认声音可以作为一种法益予以保护。②

（3）秘鲁共和国

《秘鲁共和国新民法典》第 15 条第 1 款规定："未取得本人明确授权的，不得利用其肖像和声音，或在本人于死亡时，只能按顺位经由其配偶、卑血亲、尊血亲或兄弟姐妹同意，方可利用之。"第 15 条第 3 款规定："在利用其肖像和声音时侵犯其本人荣誉、尊严或声誉的，上述例外不予适用。"

（4）法国

法国虽然在民法典中对声音权没有规定，但是在司法实务中对声音权予以保护。巴黎上诉法院在 1970 年 5 月 15 日作出的判决中，认定下述问题"必须得到特别保护，以免受到侵害：对个人姓名、肖像、声音、隐私、名誉以及荣誉所享有的权利，被忘却的权利以及对个人的自身经历所享有的权利"③。

---

① 程合红：《商事人格权》，北京，中国人民大学出版社 2002 年版，附录二，第 267 页。

② 美国第三次不公平竞争法重述（Restatement of the Law，Third，Unfair Competition）第 46 条的评论 d。

③ 王利明、程啸、朱虎：《中华人民共和国密度人格权编释义》，北京，中国法制出版社 2020 年版，第 285 页。

（5）我国澳门地区

《澳门通讯保密及隐私保护》第 10 条（不法的录音及摄影）第 1 款规定："一、任何未经同意：a）录取他人非以公众为对象的谈话，即使是与录取者本人进行者；b）使用或容许使用上项所指录音，即使是合法制造者，受至两年监禁或至二百四十天罚款的处分。"第 2 款和第 3 款是关于肖像权及其公众人物和公众场所的限制的规定。从解释上来看，可以认为以上两款关于肖像权的规则可以类推适用到声音权上来。《澳门民法典》第 80 条也是关于肖像权及言论权的规定，其第 5 款规定了关于声音的规则："以上各款之规定，经做出必要配合后，适用于录取、复制及散布某人言词之情况。"

此外，玻利维亚、波多黎各和阿根廷民法典对通常会在宪法文本中规定的声音等权利作了规定。[①]

可见，声音作为一种法益，已经为部分国家或地区的立法和司法所保护，声音在现代技术背景下，能够成为一种独立的人格权。

4. 声音人格利益的特殊性不能为其他具体人格权替代

在学理上，确认一项人格利益是否构成一个人格权，最重要的标准，是这项人格利益是否具有独立的属性，是否能够被其他具体人格权所涵盖。如果一项具有独立意义的人格利益不能被其他人格权所涵盖，并且与一般人格利益相比具有独立的鲜明特征和内容，就应当认为这项人格利益是一种具体人格权。

声音人格利益的独特性，就在于它的标表自然人人格标识的作用。因此，它与一般人格利益相比，具有独立的、特异的内容和特征。一般人格利益具有趋同性，所涵盖的人格利益具有大体相似的内容，因此不能独立，只能作为一般人格利益对待，用一般人格权进行保护。声音人格利益是独特的，它的内容能够与其他一般人格利益相区别，具有独特的属性和特征。这正是立法承认声音权的基础。

---

① ［阿根廷］路易斯·F.P. 雷瓦·费尔南德斯：《阿根廷共和国民法典：过去、现在与未来》，宋旭明译，http://www.romanlaw.cn/。该学者认为，通常在宪法文本中规定荣誉、生命权、安全权、身体完整权、健康权、对自身身体、肖像或声音的权利引入民法典，是确认这些权利的方式。这一新鲜材料同时也证明了人格性宪法权利可以适用民法予以救济。

声音人格利益不能为其他具体人格权所涵盖。姓名权只是对文字类的人格标识设立的人格权，并不包括声音的内容。肖像权也只是对图像类的人格标识设立的人格权，也不包括声音人格利益。依照《民法典》第1032条第2款关于隐私利益的规定，声音人格利益不能为其所涵盖，不能放在隐私权中保护，成为隐私权的组成部分，应当作为独立的具体人格权。

可见，将声音作为法益保护，显然不如作为具体人格权保护为好。正是因为如此，声音权应当作为一个独立的具体人格权。

三、声音权的内容和声音的合理使用

（一）声音权的具体内容

1. 声音录制专有权

对自己声音的录制权，属于声音权人自己享有。学者认为，声音除依著作权法，发音片（唱片）受保护外，应受人格权之保护。即未得允许，不得滥行录制他人歌唱于唱片，或于广播器广播。滥为唱片之复制，一方为著作权之侵害，他方为人格权之侵害。[1] 声音的录制有如肖像的摄制一样，正是有了可以再现声音和肖像的科技手段，声音权和肖像权才有了保护的必要性。与肖像权一样，声音权的首要内容就体现在对声音的录制上，为权利人专属享有。

2. 声音使用专有权

声音使用专有权，也是声音权人的专属权利，包括两方面内容。

一是，精神利益的使用权，权利人对自己的声音如何使用享有支配权，可以分为作为和不作为两种方式，朗诵、歌唱等都会给人带来精神上的愉悦享受，是以作为的方式支配声音利益；权利人想保持生活的低调，不想让其他人知悉自己的生活，不愿意将自己的声音公之于众，这是以不作为的方式支配其声音利益。

二是，财产利益的使用权，权利人可以将自己的声音进行商业化的利用，并因此而获得收益。这是权利人积极利用声音权的表现，受到公开权的保护。当权

---

[1]　史尚宽：《债法总论》，北京，中国政法大学出版社2001年版，第157页。

利人自己没有积极地将声音利益运用于商业领域，而其他人盗用或者模拟其声音运用于商业领域时，声音权人可以依据不当得利请求权或者侵权损害赔偿请求权请求救济。对此，适用《民法典》第993条规定的规则进行保护。

3. 声音处分专有权

声音权保护声音处分的专有权。当声音利益表现为一种精神利益时，声音权不可以被转让和许可他人使用。当声音利益表现为一种财产利益时，自然人可以同他人签订有偿的声音利益许可使用合同。美国法早期的案例也是单纯认定声音利益体现了人格尊严和人格自由，否定声音利益可以转让。但是，在美国法确认公开权，承认了姓名、肖像、声音等人格要素的财产价值之后，声音等个人人格利益中的财产价值逐渐被允许转让，形成了对声音利益进行隐私权和公开权的双重保护机制。①

在声音财产利益的许可使用上，许可使用有排他性许可使用和非排他性许可使用之分。在排他性许可使用的情况下，许可人和被许可人之间的许可使用合同具有物权效力，被许可人在不违背许可人利益的前提下，具有专属使用权。② 在非排他性许可使用的情况下，声音许可使用合同仅具有债权效力，不具有排他的许可使用效力，仅约束双方当事人。

对声音许可使用合同使用条款的解释，以及声音许可使用合同的解除权，参照适用《民法典》第1021条和第1022条规定进行。

（二）声音的合理使用

参照《民法典》第1020条关于肖像合理使用的规定，为个人学习、艺术欣赏、课堂教学或者科学研究，在必要范围内使用声音权人已经公开的声音；为实施新闻报道，不可避免地制作、使用、公开声音权人的声音；为依法履行职责，国家机关在必要范围内制作、使用、公开声音权人的声音；为展示特定公共环境，不可避免地制作、使用、公开声音权人声音；为维护公共利益或者声音权人

① 美国第三次不公平竞争法重述第46条评论g。
② 关于姓名、肖像等人格要素许可使用合同的效力，德国法上的NENA案较为典型，参见谢铭洋：《论人格权之经济利益》，载戴东雄六轶华诞祝寿论文集编辑委员会编：《固有法制与当代民事法学》，台北，三民书局1997年版，第134-135页。

合法权益，制作、使用、公开声音权人的声音的其他行为，都是对声音的合理使用行为，声音权人不得主张声音权。

四、对声音权的民法保护

（一）侵害声音权的侵权行为

学者认为，声音权被侵害的形态主要有三：第一，未经他人允许对他人的声音语言进行录音或使用。第二，窃听他人电话或谈话。第三，模仿他人声音而用之于商业广告。[①] 窃听他人电话或谈话不宜界定为侵犯他人声音权，因为窃听强调的是他人谈话的内容而非个人标识，侵犯的是谈话者的隐私权，而不是声音权。[②]

侵犯声音权的表现形态主要有：

1. 歪曲他人声音

歪曲他人的声音，对声音权人的人格尊严造成了损害。这种侵权须符合一般侵权行为的构成要件，主观上须有故意和重大过失。一般过失造成他人损害的，属于可容忍的范畴。

2. 偷录他人声音

未经同意，不得私自录制他人的声音，但法律另有规定的除外。未经允许，私自录取他人的声音，与偷拍他人肖像具有同样的性质，是侵害声音权的行为。

3. 剪接他人声音

未经允许录取他人声音，或者经过允许录制他人声音，却不按照约定的目的使用，任意剪接声音的，为侵害他人声音权。

4. 模仿他人声音

模仿他人声音类似于恶意混同他人姓名。对此，美国和德国对模仿他人声音

---

① 王泽鉴：《侵权行为法》，第 1 册，台北，三民书局 1999 年版，第 157 页。

② 谈话隐私权参见美国隐私权法。[美] 艾伦、托克音顿：《美国隐私权法学说、判例与立法》，冯建妹等译，北京，中国民主法制出版社 2004 年版，第 182－189 页。

都认定为侵权行为。不过，并不是每一个国家都能够对声音利益做出类似的保护。荷兰的案例是：原告是荷兰一电视台因引人注目的外表、声音和语言风格而闻名的娱乐节目主持人，曾经为被告的饮料产品多次说过广告词，后来拒绝继续为该公司服务，此后，又出现了模仿他声音的广告词。但是，他的诉讼请求最后被法院驳回了，理由是该广告使用的不是此主持人的惯用语。[①] 这个判决值得商榷。事实上，谈话内容的保护和声音的保护是两回事，尽管后来的模仿者没有使用与原主持人相同的惯用语，但是，该主持人以前已经多次为该公司做广告和声音相似的双重事实，可以使不明真相的人误以为仍然是该主持人为该公司做广告，能够造成同一性的混淆。该判决仅以没有使用该主持人的惯用语而否认对其进行救济的做法不合理，该判决注重了谈话内容，而没有考虑到声音权保护的恰恰是声音本身，没有将同一性规则贯彻到底。其实，该案被告的行为与姓名混同行为没有实质性的差异。

我国也有不同的看法。例如，认为单纯模仿他人的声音并不构成侵权，因为现在不少电视节目举办的声音"模仿秀"原则上就不构成侵权，不宜适用肖像保护的规则，否则会给一般人的行为自由和表达意愿带来严重的限制。但是，若以侮辱性或者其他违背公序良俗的方式模仿或者伪造他人的声音的，则可以适用肖像权保护的相关规定，予以禁止。[②] 这样的意见并不正确。保护自然人的声音，与保护肖像、姓名利益有相同的性质，如果模仿他人声音出于善意，没有营利目的，不违背公序良俗，不认为是侵权是可以的，但是，只要是非出于善意，或者具有营利目的，或者违背公序良俗等而使用他人声音，就构成侵权。电视节目中进行模仿秀，不符合这样的要求，应当认定构成侵权。

5. 公开他人声音

未经他人允许录制他人声音，并将录音擅自公开的，或者是虽然经过他人允许录制，但是未经过他人允许公开而擅自公开的，为侵犯他人声音权的侵权

---

① ［德］冯·巴尔：《欧洲比较侵权行为法》（下卷），焦美华译，张新宝校，北京，法律出版社 2001 年版，第 113 页脚注 534。

② 黄薇主编：《中华人民共和国民法典人格权编释义》，北京，法律出版社 2020 年版，第 146 页。

行为。

6. 失真处理不当

声音是一个人的身份标识，标表主体的特征。恶意对他人的声音进行失真处理，会对他人的人格尊严造成伤害。同时，应当作失真处理而未作失真处理的，也构成对他人声音权的侵害。①

（二）保护声音权的民法请求权

1. 人格权请求权的行使

声音权是人格权的一种，保护声音权可以适用《民法典》第 995 条规定的人格权请求权，可以请求行为人承担停止侵害、排除妨碍、消除影响、恢复名誉、赔礼道歉民事责任，且不受诉讼时效的限制。

声音权请求权针对的对象，是存在侵害声音权的行为，对权利人的权利造成或者可能造成妨碍。对于可能发生的妨碍，权利人可以通过排除妨碍请求权予以救济；对于已经存在的妨碍，权利人可以通过停止侵害请求权予以救济；还可以请求消除影响、恢复名誉或者赔礼道歉，救济对声音权的侵害。通过行使上述人格权请求权，达到积极预防、保全权利人的声音权不受损害的目的。

2. 侵权请求权的行使

与人格权请求权不同，侵权请求权救济的是侵权行为造成的损害后果。侵害声音权，无论是造成声音权精神利益的损害，还是非法使用他人的声音造成财产利益的损害，受害人都可以行使侵权请求权，救济损害、恢复权利。

确定侵害声音权的侵权责任，适用过错责任原则。具备侵害声音权的违法行为、造成声音利益中的精神利益或者财产利益损害的事实、二者具有因果关系以及具有侵害声音权的故意或者过失，即构成侵权损害赔偿责任。

对侵害声音权的侵权请求权救济，分别适用《民法典》第 1183 条和第 1182 条规定。

对于侵害声音权造成精神利益损害的，应当依照第 1183 条第 1 款规定，确

---

① 相关荷兰案例参见〔德〕冯·巴尔：《欧洲比较侵权行为法》（下卷），焦美华译，张新宝校，北京，法律出版社 2001 年版，第 127 页。

定精神损害赔偿责任。对此，应当依照确定精神损害赔偿的一般的计算方法确定损害赔偿的数额，即《民法典》第 998 条关于"认定行为人承担侵害除生命权、身体权和健康权外的人格权的民事责任，应当考虑行为人和受害人的职业、影响范围、过错程度，以及行为的目的、方式、后果等因素"的规定，确定具体的赔偿数额。

对于侵害声音权造成财产损失的，应当依照《民法典》第 1182 条关于"按照被侵权人因此受到的损失或者侵权人因此获得的利益赔偿；被侵权人因此受到的损失以及侵权人因此获得的利益难以确定，被侵权人和侵权人就赔偿数额协商不一致，向人民法院提起诉讼的，由人民法院根据实际情况确定赔偿数额"的规定，确定财产损失的赔偿数额。

3. 两种请求权的竞合

对于侵害声音权，既行使人格权请求权，又行使侵权请求权的，应当依照《民法典》第 1167 条关于"侵权行为危及他人人身、财产安全的，被侵权人有权请求侵权人承担停止侵害、排除妨碍、消除危险等侵权责任"的规定，将人格权请求权和侵权请求权合并在一起，一并适用侵权责任的规定。在程序上，可以适用"客观的诉的合并"或者"请求的合并"来解决。对此，《德国民事诉讼法》第 260 条有类似的规定可以参考。① 这实际上是一种责任聚合，而不是责任竞合。

（三）对死者声音利益的保护

《民法典》第 994 条没有直接规定对死者声音利益的保护，但是，既然适用关于肖像权保护的相关规定，当然对自然人死亡后的声音利益也进行保护。

至于保护的期限，美国的一些州认可自然人死亡之后不同的公开权保护期限。例如，加州规定为 50 年，与著作权法的保护期限类似。佛罗里达州规定为 40 年；肯塔基州规定为 50 年；内布拉斯加州认为公开权在主体死亡之后仍然存在，没有固定的期限；内华达州规定为 50 年；俄克拉荷马州规定为 100 年；田纳西州规定为 10 年及至其后 2 年内无人使用为止；得克萨斯州规定为 50 年；弗

---

① ［德］卡尔·拉伦茨：《德国民法通论》（上册），王晓晔等译，谢怀栻校，北京，法律出版社 2003 年版，第 350 页。

吉尼亚州规定为 20 年，至于美国纽约州、马萨诸塞州等其他州的制定法没有提供上述利益的死后保护规则。[①] 而德国《艺术与摄影作品著作权法》第 22 条规定："原像人死亡时，死亡后如未经过十年，即须得死者亲属之同意。本法所称之亲属，谓原像人配偶及子，配偶及子不存在时，则指原像人之父母。"[②] 1989 年 5 月 8 日汉堡上诉法院的判决，将声音的使用认定为对一般人格权的侵犯，并且不允许这种声音使用行为，通过类推适用该法第 22 条第 2 款作为在一般人格权领域的基本原则，最终保护了一个去世的著名德国演员的声音不被随意模仿。[③]

对此，我国《民法典》第 994 条规定的死者人格利益的保护规则，体现了保护期限，即在死者的近亲属存在时，对死者的声音利益就由他们进行保护，如果死者近亲属都不在世后，除非有公序良俗的原因，否则即不再予以保护。死者存在声音作品的，对于声音作品的作者而言，声音利益的保护期限应当短一些，为协调声音权人和著作权人之间的利益冲突，以 10 年期限为妥。

---

① 美国第三次不公平竞争法重述第 46 条评论 h。

② 龙显铭：《私法上人格权之保护》，上海，中华书局 1948 年版，第 99-100 页。

③ ［德］托马斯·克罗泽尔：《德国法上的隐私权保护》，马特编译，本文节选自 Michael Henry ed., International Privacy, Publicity and Personality Laws, Butterworths press (UK)，2001。2005 年 1 月 22、23 日"中美人格权法和侵权法研讨会"会议论文集。

第十五章
名誉权、信用权和荣誉权

第一节　名誉权

一、名誉权的客体：名誉

（一）名誉的概念

1. 语义学的解释

在语义学上，名和誉均含名誉的意思。《孙子·地形篇》："故进不求名，退不避罪，唯民是保。"这里的名即为名誉之义。《诗经·周颂·振鹭篇》："庶几夙夜，以永终誉。"《孟子·告子（上）》："今闻广誉施于身，所以不愿人之文绣也。"这里的誉指美好的名声，亦指名誉。在古汉语中，名誉即指声名、好的名声。《墨子·修身篇》："名不徒生，而誉不自长，功成名遂，名誉不可虚设，反之身者也。"

现代汉语中的名誉，与古汉语中的含义无差别。旧版《辞海》释名誉为：

"名为令名，誉为美誉，有令名始获美誉，因谓令名曰名誉。"令名者，即好的名声。《现代汉语词典》释为："个人或团体的名声。"① 新版《辞海》则释之为名声。②

2. 法律学的解释

从法律学的角度确定名誉的概念，有不同解说。

大陆法系一般认为，所谓名誉系指一个人在社会上的评价，并非指名誉感情（名誉感），而是由第三人评价，对人的评价不限于道德方面，也包括技术方面。

英美法系一般认为名誉（honour 或 reputation）是指具有良好的地位、声望，并为他人所尊重，或者对于人的道德品质、能力和其他品质（他的名声、荣誉、信誉或身份）的一般评价。③ 其中 honour 指一般的名誉，reputation 含有好名誉之义，在法律学意义上，不区分这种差别。

我国有学者较早将名誉概括为"人格之社会评价"④，或者"为自然人及法人社会上之评价"⑤，或者"他人对于特定人之属性所给予之评价，而建立该特定人之所有价值于人类社会之承认上"⑥。

在《民法通则》颁布以后，我国学者的主张诸如："自然人的名誉是根据他的观点、行为、作风、工作表现等等所形成的关于他的品德、才干及其他素质的社会评价，即对他的社会价值的一般认识"，"法人的名誉是它整个活动过程中逐渐形成的，反映了社会对它的全部活动的总的评价"⑦，或"名誉是自然人、法人自身素质的客观外在表现，是社会给予的真实评价"⑧，或名誉"是社会上人们对自然人或者法人的品德、情操、才干、声望、信誉和形象等各方面的综合评

① 《现代汉语词典》，北京，商务印书馆 1978 年版，第 788 页。
② 《辞海》，上海，上海辞书出版社 1983 年版，第 248 页。
③ 《牛津法律大辞典》，北京，光明日报出版社 1988 年版，第 418 - 419、768 页。
④ 龙显铭：《私法上人格权之保护》，上海，中华书局 1948 年版，第 70 页。
⑤ 胡长清：《中国民法债编总论》，上海，商务印书馆 1946 年版，第 130 页。
⑥ 何孝元：《损害赔偿之研究》，台北，"商务印书馆" 1982 年版，第 144 页。
⑦ 陈汉章：《人身权》，北京，法律出版社 1987 年版，第 19、23 页。
⑧ 周国平：《关于名誉权的若干问题探讨》，《法学天地》1991 年第 6 期。

价"①。有的学者更简洁地将名誉定义为"他人对自然人或法人的社会评价"②。

上述对名誉概念定义的基本内容相同。《民法典》第 1024 条第 2 款规定了名誉概念的定义："名誉是对民事主体的品德、声望、才能、信用等的社会评价。"对名誉概念的这个法定定义比较准确，但就学理而言，将信用概括在名誉中不完全妥当。

（二）名誉概念的特征

1. 社会性

名誉是一种社会评价，无论从内容上还是从形式上都具有社会的属性。评价的内容，源于特定主体在社会生活中的行为表现，出自公众的社会舆论，都是社会生活的反映。评价的形式，不是特定组织或者个人的评价，而是来自公众的社会性的反映。没有社会性，就无所谓名誉。

2. 客观性

名誉是客观的评价，即外部社会对特定主体的客观评价，而不是民事主体的自我认识。名誉的客观性是基于特定的主体而言，即公众的评价相对于特定的主体，是外部的、客观的，不取决于主体的内在感情、认识和评断。名誉是对特定主体的客观评价，不区分褒贬，认为名誉具有美誉性，是一种良好的社会评价，是良好的名声和美誉，如果是民事主体的负面社会评价，很难将其解释为一种权利③，也是不正确的，不符合客观评价的要求。

3. 特定性

名誉是公众对特定主体的社会评价，包括特定的自然人、法人、非法人组织。名誉的特定性表现为社会评价所针对的是"这一个"主体，而非"这些个"主体，也不是不特定的"那些人"。学者有称"家庭名誉"者，其实是违背了名誉概念的特定性特征。离开特定的民事主体，也无所谓名誉，无法对其进行法律保护。

① 唐德华：《谈谈审理损害赔偿案件中的几个问题》，《人民司法》1989 年第 2 期。
② 王利明主编：《人格权法新论》，长春，吉林人民出版社 1994 年版，第 401 页。
③ 王利明、程啸：《中国民法典释评·人格权编》，北京，中国人民大学出版社 2020 年版，第 326 页。

4. 观念性

名誉虽然具有客观性特征，但其表现形态却是观念的形态，存在于公众的观念形态之中。按照哲学原理，观念形态属于主观的范畴，而不是客观实在。在这种特定的场合，其客观性是相对于特定民事主体主观认识而言，其评价具有客观的属性，而名誉的内在方面，是具有主观性的观念。在这一点上，名誉的观念性与名誉的客观性并不矛盾。

5. 时代性

在不同的时代，人的名誉观有所不同。在封建社会，妇女从一而终、丧夫不嫁被视为名誉之大节，而现代社会，丧夫改嫁、离婚自由为正当行使权利。故名誉概念随着时代的发展而不断更新。不过，也不否认名誉有相当的继承性，勤俭、奋斗、好学、孝悌、忠诚、守信等，各时代均认其为好名声。掌握名誉的时代性特点，有利于把握名誉的准确内涵。

（三）名誉的内容

名誉包括两个内容，即外部名誉和内部名誉。一般认为："普通所谓名誉，有两种涵义。其一为内部的名誉，指各个人内在之价值，即人之内部的价值。其二为外部的名誉，指对于人之属性，而由他人所为之评价。"[①] 其实，广义的名誉具有两层含义：第一层含义是指他人对特定人（包括法人）的属性所给予的社会评价，即外部名誉，为狭义的名誉；第二层含义是指人对其内在价值的感受，即内部的名誉，亦谓名誉感。[②] 这些论述都是正确的。外部名誉是客观名誉，是他人的客观评价；而内部名誉则是主观名誉，是对自我的价值评价。

外部名誉与内部名誉都是关于民事主体的价值评价，但是却有严格区别。

第一，外部名誉是第三人对特定民事主体的社会评价，这种评价是由不特定的他人作出，存在于社会之中，具有客观的属性，有判断其损益的尺度，因而能为他人感知。内部名誉是特定民事主体对自己内在价值的感受，是自己对自己的评价，存在于特定民事主体的主观心理之中，作为一种感觉、思想、意识的形

---

① 龙显铭：《私法上人格权之保护》，上海，中华书局1949年版，第70页。
② 王利明主编：《人格权法新论》，长春，吉林人民出版社1994年版，第401页。

态，为自己所感知，因而为主观上的名誉。所以，外部名誉被称为客观名誉，内部名誉被称为主观名誉。

第二，从权利主体上看，所有的民事主体都有外部名誉，人人如此，没有差别。而内部名誉，一方面，人与人的自我感受不一致，其自我评价可能与社会评价相距遥远，也可能因为情感的差异而对同一种行为的感受完全相反，如对一般善意的玩笑，有人可能认为是对自己赞美，有人认为是对自己的诽谤；另一方面，法人、非法人组织作为团体组织，只有名誉而无名誉感，丧失意识的人或无民事行为能力人在主观认识能力上存在缺陷，不可能或不完全能具有名誉感。

第三，在受到侵害的表现形态上，内部名誉与外部名誉也不相同。内部名誉受到侵害，在未被他人知晓时，显然不会降低公众对该人的社会评价，不影响受害人的外部名誉。例如，郑某系某地画家，为人正派，生活作风严肃，却接二连三收到匿名信，称其欺世盗名，生活作风腐败，致其精神痛苦。这些行为是郑某同事孙某所为，出于嫉妒而用此法干扰郑某创作。对此主张侵害名誉权无法得到支持，因为侮辱行为没有公开，未为公众知晓，郑某受到损害的是内部名誉，而外部名誉并没有受到损害。外部名誉是公众对特定主体的客观评价，侵害诽谤、侮辱言辞只有被第三人知晓后，方构成名誉损害。

所以，广义的名誉概念包括外部名誉和内部名誉，外部名誉即客观名誉，称为名誉，是狭义的名誉；内部名誉是主观名誉，称为名誉感。

（四）怎样看待法人、非法人组织的商誉

法人、非法人组织享有商誉，是客观事实。对什么是商誉，有学者认为，商誉是指由企业的人员、企业的声誉、企业的历史渊源、地理位置及企业的经营管理水平等多种因素共同作用而形成的无形资产，商事主体在商事活动中所具有的客观偿债能力和主观履行意愿在社会上获得的综合评价，是由多种因素共同作用而形成的不可确指的无形资产。[①] 也有人主张，商誉是企业法人的商业信誉和声

---

① 星光虎：《商业出资的合理性探讨》，《人民法院报》2014 年 7 月 18 日。

誉，由传统的人格利益嬗变而来，但又不同于人格权意义上的名誉。①

其实，既要看到法人、非法人组织的商誉可以涵盖在法人、非法人组织的名誉中，又要看到法人、非法人组织的名誉又与商誉存在一定的区别。第一，法人、非法人组织名誉的范围非常宽泛，是就法人、非法人组织的各项社会活动所形成的总体的社会评价，商誉其实也是法人、非法人组织在其经营活动所产生的社会评价，商誉可以概括在名誉之中。第二，大量的法人和非法人组织的名誉并不直接涉及经营活动，商誉一般由营利法人、非法人组织享有，非营利法人、特别法人通常不享有商誉而只享有名誉。第三，名誉包含精神利益和财产利益，而商誉主要包含的是财产利益。由于这些理由，商誉与名誉相比较，共性大于个性，且商誉能够被名誉所涵盖，因此，本书持这种立场，不特别研究法人、非法人组织的商誉保护问题。

（五）名誉概念的发展

名誉作为法律概念，有一个逐步演进的过程。

在罗马法，名誉乃指完全人格的权利能力之外观现象，指罗马市民权的完全享有。因而，罗马法把不名誉规定为一项法律制度，会使某些行为、职业或判罚导致权利能力的削减、丧失提出请求或出席审判以及担任诉讼代理人的权利。在查士丁尼法中，不名誉也导致无权从事律师的职业。此外，不名誉也导致证言效力的降低。②

在古日耳曼法，名誉则为特定人不受非难而自伴侣方面接受之尊敬。德国法上的名誉概念，系由此古日耳曼法上的名誉观而来③，故《德国民法典》不认名誉权为人格权，名誉主要受到刑法的保护。19世纪，欧洲法学家把名誉和名誉感混为一谈，直至晚近始将二者截然区别。④ 瑞士将名誉毁损作为人格权保护。法国名誉毁损既受刑法的保护，也受民法的保护。日本法院判决指出，名誉是指

① 吴汉东：《试论人格利益和无形财产利益的权力构造》，《法商研究》2012年第1期。
② ［意］彼德罗·彭梵得：《罗马法教科书》，北京，中国政法大学出版社1992年版，第49页。
③ 龙显铭：《私法上人格权之保护》，上海，中华书局1948年版，第71页。
④ 龙显铭：《私法上人格权之保护》，上海，中华书局1948年版，第71页。

每个人因其自身的品行、德行、名声、信用等，所应该得到的世人的相应评价，侵害名誉为使他人的社会评价降低的行为。英美法则通过诽谤法的适用，将名誉毁损作为一种侵权行为类型，形成了具有复杂体系的制度。①

现代以来的法律严格区分名誉和名誉感，作为法学概念，法律只认名誉为名誉权的客体，不认名誉感为名誉权客体，盖因名誉感是极其脆弱的，很容易被他人的侮辱行为所伤害，对其完全予以法律保护是不可能的，也是不必要的；而名誉是客观的评价，人人均享有，其损害有客观的评断标准，法律能予以公平、公正的保护。日本学者持同样的观点，认为虽然使用了侵害名誉权的言辞，但受害人的社会评价并未由此引起下降时，通常认为受害人的名誉情感（人们对自身的人格价值所持有的主观评价）受到了伤害。但是，受害人的社会评价客观上并未降低，只不过是名誉情感受到伤害时，侵害名誉权就不成立。② 这种看法完全正确。

也有人主张对名誉感也应作为名誉权客体一并予以保护，认为所谓名誉感，就是指自然人对其内在价值所具有的感情和自我评价，作为一个完整的名誉权，不应仅仅包括名誉，还应当包括名誉感。③ 其所持理由，一是保护自然人的名誉感是我国有关名誉权的民事立法的本意；二是名誉感与名誉一样，同样能为侵害名誉权行为所侵害；三是名誉感是自然人人格尊严的重要内容，必须予以保护。人格尊严不是名誉权的客体，而是一般人格权的客体。名誉感作为人格尊严的具体内容是对的，但是，将名誉感认为是人格尊严，进而解释成名誉权的客体，会混淆一般人格权与具体人格权的界限。所以，名誉感是个体主观对自己的价值评价，不应成为名誉权保护的对象④，因此，对名誉感的保护并不为司法实践所接受，更有判决特别强调"名誉权的损害不以本人感受为依据"⑤。

---

① ［日］五十岚清：《人格权法》，北京，北京大学出版社 2009 年版，第 19 页。
② ［日］五十岚清：《人格权法》，北京，北京大学出版社 2009 年版，第 19 页。
③ 王崇敏：《自然人名誉权研究》，《海南大学学报》1991 年第 1 期。
④ 最高人民法院民法典贯彻实施工作领导小组主编：《中华人民共和国民法典理解与适用·人格权编》，北京，人民法院出版社 2020 年版，第 274 页。
⑤ 陈甦、谢鸿飞：《民法典评注·人格权编》，北京，中国法制出版社 2020 年版，第 257 页。

二、名誉权的概念和内容

（一）名誉权的概念

1. 对名誉权概念的不同界定

《民法典》对名誉权的概念没有界定，对名誉权概念的界定需要学者作出定义。

有学者认为，名誉权者乃人就自己之社会评价享受利益之权利也。[①] 有人另作定义为，名誉权者，以人在社会上应受与其地位相当之尊敬或评价之利益为内容之权利也。[②] 也有人认为，名誉权为自然人或法人所享有的就其自身属性和特点所表现出来的社会价值而获得社会公正评价的权利[③]；名誉权是以名誉的维护和安全为内容的人格权[④]；名誉权是自然人或法人所享有的，有关自己的社会评价而不受他人侵犯的一种人身权利[⑤]；名誉权就是自然人和法人对于根据自己的观点、行为、工作表现所形成的有关其素质、才干、品德的社会评价不可侵犯性的权利[⑥]；名誉权是指公民和法人对其名誉所享有的不受他人侵害的权利。[⑦] 也有人将自然人名誉权和法人名誉权分别界定，认为自然人的名誉权是指自然人对自己的名誉享有不受损害的权利[⑧]，法人的名誉权是法人就其全部活动所获得的社会评价享有的不可侵犯的权利。[⑨]

上述定义分为四种类型：一是强调不受侵犯的权利，二是强调维护和安全的权利，三是强调公正评价的权利，四是强调享受利益的权利。

---

① 龙显铭：《私法上人格权之保护》，上海，中华书局1948年版，第70页。
② 史尚宽：《债法总论》，台北，荣泰印书馆1978年版，第145页。
③ 王利明主编：《人格权法新论》，长春，吉林人民出版社1994年版，第409页。
④ 张俊浩主编：《民法学原理》，北京，中国政法大学出版社1991年版，第154页。
⑤ 佟柔主编：《中国民法》，北京，法律出版社1990年版，第486页。
⑥ 孙亚明主编：《民法通则要论》，北京，法律出版社1991年版，第206页。
⑦ 王利明：《人格权法研究》，北京，中国人民大学出版社2005年版，第485页。
⑧ 李由义主编：《民法学》，北京，北京大学出版社1988年版，第568页。
⑨ 杨孜：《法人名誉权问题探讨》，《政治与法律》1988年第4期。

2. 界定名誉权概念应当注意的问题

对名誉权的概念进行定义，应当强调以下几个问题。

第一，不应当强调名誉权包括"应受相当之尊敬"的利益。应受相当之尊敬，基本上是指内部名誉，即名誉感。将名誉感列入名誉权客体，失之过宽。

第二，强调名誉权是获得公正评价的权利亦有不当。名誉所体现的社会评价是客观的评价，是公众的评价，无法受某种统一的意志来支配，也不能用公正的标准评判。名誉权保护的利益，是保持自己已获得的评价，不使为他人人为的因素而降低。同时，名誉也不表现为社会评价的"获得"，而表现为对已获得的社会评价的"保持"或者"维护"。

第三，强调名誉权具有名誉安全的内容似有不妥。安全者，乃没有危险、不受威胁、不出事故之意[①]，不宜用于名誉权保护的场合。学者使用这一用语，似意在概括名誉权包含不受侵犯之意，但这种用法与语词搭配习惯不同，如强调生命安全、健康安全和财产安全为适当，用名誉安全则较难接受。

第四，自然人名誉权与法人、非法人组织的名誉权不必分别界定。这两种名誉权虽然其主体不同，而具体内容并无实质差别，定义中可以适当区别，无必要另定两个概念。

3. 对名誉权概念的界定

基于以上考虑，对名誉权作以下界定似更准确，即：名誉权是指自然人、法人、非法人组织就其自身属性和价值所获得的社会评价，享有的保有和维护的具体人格权。

（二）名誉权的法律特征

1. 名誉权的主体包括自然人、法人和非法人组织

名誉权的主体具有多样性。在所有的具体人格权中，只有名誉权、名称权和荣誉权的主体可以为法人或者非法人组织享有，其他的人格权都不能为法人、非法人组织享有，只为自然人享有。

应当注意的是，在《民法典》没有规定非法人组织具有民事主体资格之前，

---

① 《现代汉语词典》，北京，商务印书馆 1978 年版，第 6 页。

对于非法人组织是否为名誉权的主体，曾经有不同见解。例如，有人认为，非法人组织包括个人合伙和法人联营不具有民事主体的地位，因此不能享有名誉权。当然，也有人直接主张法人都不享有人格权，非法人组织更不能是名誉权的主体。也有人认为，我国《民法通则》在公民与法人之外规定了个人合伙、法人联营等，如果承认法人的名誉权，也就应当承认上述主体和社会组织的名誉权。①《民法典》确认非法人组织是民事主体，因而对非法人组织享有名誉权也就不再有争论了。

2. 名誉权的客体是名誉利益

这种名誉利益，是自然人和法人、非法人组织就其自身属性和价值所获得的社会评价。自身属性包括自然人的品德、声望、才能和其他素质，包括法人、非法人组织的经营能力、履约能力、经济效益等状况。这是名誉权区别于其他具体人格权的基本特征，依此与其他人格权相区别。例如，荣誉也是一种评价，却是国家、团体或组织所给予的正式评价，而名誉则是一种公众的社会评价。至于其他人格权的客体，都与名誉权的客体——名誉利益没有相似之处。

3. 名誉权的基本内容是保有和维护自己的社会评价

名誉权不具有肖像权、名称权那样明显的利用价值，主要在于保有自己的名誉，维护名誉不受侵害。认为名誉权的内容包括名誉的获得权，违背了名誉权是固有权的基本法则，是不正确的。

4. 名誉不具有财产性却与财产利益相关联

名誉权是非财产性人格权，不具有直接的财产价值，也不能产生直接的财产利益。但是，不能就此否认所有的人格权都没有与财产的关联性。最具有明显财产利益的人格权是肖像权、姓名权、名称权和信用权，其他具体人格权都与财产利益有一定的关联。名誉权有一定的财产利益因素，表现在名誉权受损害以后，主体会因补救损害而受到一定的经济损失，同时，还可能导致自然人受聘、晋级、提薪受到影响，导致法人、非法人组织社会信誉的降低、利润减少，均可使其财产受到损害。故名誉权虽为非财产权，却与财产利益有一定的关联性。

---

① 张新宝：《名誉权的法律保护》，北京，中国政法大学出版社1997年版，第35页。

（三）名誉权的历史发展

1. 国外名誉权的发展

名誉权被确认为具体人格权是近现代民事立法的成果，但是，对于名誉权的法律保护却古已有之。

在古代习惯法时期就有保护名誉权的规定。19世纪后期在非洲西部黄金海岸发现了阿散蒂人的原始社会结构，在1875年以前的阿散蒂人法律，属于原始社会后期的法律形态。在其不成文的刑法中，有关于制裁诽谤、辱骂首领的规定。例如，辱骂一般的平民百姓是一种私法上的违法行为，但辱骂首领则成为贬损皇家祖先的犯罪。其中表露辱骂他人的意思、露骨的辱骂，乃至用手势作出蔑视他人的表示都是违法的行为，被处以刑罚或罚金。妇女骂男人是傻瓜，是一种要处死刑的犯罪，因为傻瓜的含义包含着不适合活着和担任官职，以及隐含着指责生下这种男人的祖先无能。[1] 阿散蒂人这些对名誉的保护，可见古代习惯法时期对名誉权法律保护之一斑。

在古印度的《摩奴法典》第八章"国王的法（二）"中，在第267条至第278条专门列"言语伤人"的法律规定。辱骂婆罗门、吠舍、刹帝利以及本种姓的再生人，分别处以罚金，依其种族不同予以不同处罚；称呼他们的名字和种姓时出言不逊，应用被烧红的10指长铁刺刺进嘴；妄说他人的学问、籍贯、种姓职业和身体情况的罚款200；如果因狂妄而向婆罗门指教法，国王应把热油灌进他的嘴和两耳，称人以独眼、瘸子等，即使是事实，至少应罚1迦尔舍波那。[2]

在罗马法，早期在《十二铜表法》第八表第1条中规定："以文字诽谤他人，或公然歌唱侮辱他人的歌词的，处死刑。"在查士丁尼法时期，规定写作、出版诽谤性的诗歌、书籍，进行侮辱，或恶意策动其事，被认作对人私犯，可以提起"侵辱估价之诉"，处以罚金。[3]

伊斯兰古代法律中设有诬陷私通罪，旨在维护妇女的名誉权。

---

① ［美］E. A. 霍贝尔：《初民的法律》，周勇译，北京，中国社会科学出版社1993年版，第271-272页。

② 《摩奴法论》，北京，中国社会科学出版社1986年版，第161页。

③ ［古罗马］查士丁尼：《法学总论——法学阶梯》，北京，商务印书馆1989年版，第201页。

在近现代立法中，关于名誉权的 19 世纪立法，反对罗马法的"侵辱估价之诉"的做法，以名誉为非卖品为理由，不认名誉权受损害可以请求金钱赔偿。在这一时期稍后的德国普通法，曾承认名誉受害人可以请求损害赔偿，但后来发展为名誉权受到有形损害者，无论在普通法或地方法，均得请求损害赔偿，但仅因此而蒙受精神损害时，则无请求慰抚金赔偿的规定。在法国，立法未作名誉权保护的规定，判例却承认名誉损害的有形损害和精神损害均可请求赔偿。在 1881 年，瑞士立法承认名誉权的损害赔偿，包括上述两种赔偿。[①] 现代各国，绝大多数确认名誉权为具体人格权，予以充分的法律保护。英美法系的诽谤法，是保护名誉权的主要立法。

2. 中国名誉权的发展

在我国古代，立法规定对流内议贵者、詈内外亲戚、詈父母祖父母、詈舅姑、詈夫、奴婢詈旧主等，均认其为犯罪行为，予以刑罚制裁，意旨在于保护尊者的名誉。

至清末改制，《大清民律草案》于第 960 条认名誉权为具体人格权之一，被侵害人有权请求不属财产之损害赔偿。《中华民国民律草案》第 267 条规定："不法侵害他人之身体、名誉或自由者，被害人于非财产之损害，亦得请求赔偿相当之金额。其名誉被侵害者，并得向加害人请求为恢复名誉之适当处分。"国民政府制定民法，以《中华民国民律草案》第 267 条为基础，制定第 195 条，规定："不法侵害他人之身体、健康、名誉或自由者，被害人虽非财产上之损害，亦得请求赔偿相当之金额。其名誉被侵害者，并得请求为恢复名誉之适当处分。""前项求权，不得让与和继承。但以金额赔偿之请求权已依契约承诺，或已起诉者，不在此限。"这在我国立法史上建立了名誉权及法律保护制度。

1986 年《民法通则》第 101 条确立名誉权为具体人格权，第 120 条确立名誉权的民法保护制度。在此基础上，最高司法机关通过一系列司法解释，在司法上进一步完善了我国名誉权法律保护的体系。2009 年《侵权责任法》第 2 条第 2 款规定侵权责任保护的范围包括名誉权。

---

① 龙显铭：《私法上人格权之保护》，上海，中华书局 1948 年版，第 75 - 76 页。

《民法典》人格权编第五章规定"名誉权和荣誉权"，在 8 个条文中，就有 7 个条文（其中的两个条文规定的是信用保护）规定的是名誉权。

（四）名誉权的内容

研究名誉权的内容，首先应当研究名誉权是否应当包含隐私权和信用权。

有学者主张名誉权的内容包含信用，认为："信用乃基于人之财产上地位之社会评价，所生经济上之信赖，在我民法之解释上，应包括于名誉一概念之内。"[1] 一般认为，信用权不是社会评价本身，不具有名誉权的特征，为独立的人格权。《德国民法典》第 824 条明文规定："（1）违背真相，对事实进行主张或传播，危害他人信用或对他人的生计或前途引起其他不利益的人，即使不知其为不真实，但系可得而知者，也应赔偿他人因此而产生的损害。（2）通知人因不知通知内容为不真实而为通知者，如通知人或受通知人对此通知有合法利益时，不负损害赔偿的义务。"这种规定，可见立法者对信用权的重视程度。多数学者主张应当依德国法的立法例，确认信用权为独立的人格权，将信用权概括在名誉权之内作为其具体内容是不合适的。2002 年《民法（草案）》将信用权作为一种独立的人格权规定，体现了这种思想。

不过，《民法典》没有再坚持这个立场，第 1024 条第 2 款在界定名誉的定义中，将"信用"概括在其中，否定了信用权的具体人格权的地位。立法的基本理由是，从现实情况看，我国的《民法通则》和《侵权责任法》均将信用视为名誉的一部分加以规定，目前司法实践也采纳了这种观点，所以，第 1024 条第 2 款明确延续了我国原有法律的规定和司法实践的做法，将信用纳入名誉的范围。基本的理由是，适用名誉权的相关规则保护民事主体的信用，可以满足现实需要。基于此，没有必要单独规定信用权。[2]

笔者并不认为这样的看法是正确的。不过，尽管《民法典》第 1024 条这样规定，但是规定信用保护的条文有第 1029 条、第 1030 条两个条文，比较起来，

---

[1] 龙显铭：《私法上人格权之保护》，上海，中华书局 1948 年版，第 71 页。文中称"我民法"系指国民政府之民法。

[2] 黄薇主编：《中华人民共和国民法典人格权编释义》，北京，法律出版社 2020 年版，第 152 页。

与规定隐私权的条文数量相同，可见对信用权保护的重要性，同时也给确认信用权为具体人格权保留了立法空间。有意见认为，信用权是名誉权的子类型[①]，可以说是一个折中的见解。

名誉权的具体内容包括以下几项内容。

1. 名誉保有权

民事主体对于自己的名誉享有保有的权利。由于名誉是一种客观的社会评价，因而权利人无法以主观的力量人为地去改变它、支配它，只能对自己已经获得的名誉予以保有。名誉保有权包括：一是保持自己的名誉不降低、不丧失；二是在知悉自己的名誉处于不佳状态时，可以以自己的实际行动改进它。名誉保有权的实质不是以自己的主观力量左右社会评价，而是通过自己的行为、业绩、创造性成果作用于社会，使公众对自己的价值予以公正的评价，并且保有这样的客观评价。

2. 名誉利益支配权

名誉权人虽然就社会对自己的评价不能进行支配，但是，对于名誉权所体现的利益却能够进行支配。自然人、法人、非法人组织可以利用自己良好的名誉，与他人进行政治、经济交往，使自己获得更好的社会效益和财产效益；当然也可以不利用它。名誉利益的支配权不包括抛弃权、处分权，不能将名誉利益任意抛弃，也不得任意转让，更不能由继承人继承。但是，名誉权人却可以利用自己的良好名誉，进行有利于自己或者有利于他人的民事活动，如为他人提供信誉的保证等。

3. 名誉维护权

名誉维护权是名誉权人的防御权，当名誉权人的名誉权受到侵害时，有权行使人格权请求权和侵权请求权，将消极的防御转变为积极的防御，维护自己的名誉权不受侵害，或者救济名誉权的损害。一方面，对于其他任何人有不得侵害其名誉权的不作为请求权，任何其他人都负有不得侵害名誉权的法定义务。另一方面，对于侵害名誉权的行为人，名誉权人基于人格权请求权和侵权请求权，可以

---

① 袁雪石：《民法典人格权编释论》，北京，中国法制出版社 2020 年版，第 454 页。

寻求司法保护，要求司法机关对侵权人进行民法制裁，同时对自己遭受损害的权利进行救济。

三、对名誉权保护的特别规定

（一）新闻报道、舆论监督的侵权责任豁免

《民法典》第1025条作了特别规定，即："实施新闻报道、舆论监督等行为，影响他人名誉的，不承担民事责任，但是有下列情形之一的除外：（一）捏造、歪曲事实；（二）对他人提供的严重失实内容未尽到合理核实义务；（三）使用侮辱性言辞贬损他人名誉。"这是对新闻报道、舆论监督等影响他人名誉的侵权责任豁免以及除外条款的规定。

1. 民事责任豁免

正当的新闻报道和舆论监督等行为，具有社会正当性，是合法行为，也是履行媒体新闻报道和新闻批评职责的正当行为。随着对人格权特别是对名誉权的保护越来越进步，很多人对名誉权产生了一种虚幻、膨胀的感觉，认为对自己的任何批评都是侵害名誉权，膨胀的名誉权观念使人接受批评的能力大大地减弱了，经受不住任何正当批评。因此，在观念上对名誉权等人格权也应当有一个"瘦身"的过程，其中包括对名誉感的"瘦身"。应当肯定的是，即使是尖锐的、尖刻的批评，也还是批评，并非侵害名誉权。所以，要给舆论和媒体以"喘息的空间"，让媒体能够更多地干预公共事务，干预社会生活，充分发挥新闻报道和舆论监督的社会作用，才能使社会更加和谐地发展。牺牲一点个人膨胀的名誉权观念，给媒体一个喘息的空间，就能够使社会更加进步。即使媒体在新闻报道和舆论监督等正当的新闻批评行为中，产生了对他人名誉造成影响的后果，也不构成侵害名誉权，不承担民事责任。例如批评食品企业卫生条件不好督促其改进，对其名誉有一定的影响，但是不构成侵害名誉权，而是正当的舆论监督行为。

正因为如此，《民法典》第1025条首先明确规定，行为人为公共利益实施新闻报道、舆论监督等行为，影响他人名誉的，不承担民事责任。这就是媒体行为影响他人名誉权的责任豁免规则。具体的要求是：第一，实施新闻报道、舆论监督的行为，行为的主体是媒体，行为的内容是新闻报道或者舆论监督。第二，新闻报道、舆论监督行为须具有公共利益目的，是由于公共利益的目的而使媒体行为具有了正当性的基础。没有公共利益的目的的媒体行为，不能免除媒体的侵权责任。第三，新闻报道、舆论监督行为造成了他人名誉损害的后果，如果即使实施了新闻报道、舆论监督行为，但是没有造成影响他人名誉的后果，当然就不承担民事责任，也就没有责任豁免的问题。符合这三个要件的要求，就可以免除媒体的民事责任。

2. 应当承担媒体侵权责任的情形

在新闻报道和舆论监督等新闻行为中，如果存在这一条文规定的情形，则不具有正当性，构成侵害名誉权。这些情形是：

（1）捏造事实、歪曲事实。这是故意利用新闻报道、舆论监督而侵害他人名誉权的行为。捏造事实是无中生有，歪曲事实是不顾真相而对客观事实进行篡改。这些都是故意所为，性质恶劣，构成侵害自然人、法人或者非法人组织的名誉权。

（2）对他人提供的失实内容未尽到合理核实义务。这种情形是新闻失实，是因未尽合理核实义务而使事实背离真相，是过失所为。传统媒体对所报道事实的真实性负责，因而负有事实真实性的合理核实义务。传统媒体不只是对他人提供的事实负有合理核实义务，即使对媒体自己采制的新闻，也应当尽到合理核实义务。无论是对他人即通讯员提供的新闻，还是对自己的记者采制的新闻，只要是未尽必要注意而使新闻失实，同样构成侵害名誉权的行为。

（3）使用侮辱性言辞等贬损他人名誉。在新闻报道、舆论监督中，虽然没有上述两种情形，报道和批评的也是客观事实，但是，其中有侮辱性言辞，以及其他贬损他人名誉的内容，对被报道人或者被批评人的名誉造成损害的，也构成侵害名誉权的行为。

（二）新闻媒体负有合理核实义务及尽到义务的举证责任

对于《民法典》第1025条第2款关于"对他人提供的严重失实内容未尽到合

理核实义务"的规定如何适用，第 1026 条规定："认定行为人是否尽到前条第二项规定的合理核实义务，应当考虑下列因素：（一）内容来源的可信度；（二）对明显可能引发争议的内容是否进行了必要的调查；（三）内容的时限性；（四）内容与公序良俗的关联性；（五）受害人名誉受贬损的可能性；（六）核实能力和核实成本。""行为人应当就其尽到合理核实义务承担举证责任。"

"合理核实义务"是《民法典》第 1025 条第 2 项规定的传统媒体负有的义务。网络媒体对自己采制的报道负有合理核实的义务，对他人在自己的网络服务平台上发布的信息，原则上不承担合理核实义务，只负有《民法典》第 1194～1197 条规定的义务，不适用这一规定。

确定传统媒体在新闻报道和舆论监督中合理核实义务的因素是：

1. 内容来源的可信度

如果是权威消息来源，则不必进行核实。权威消息来源作为媒体侵权抗辩事由，仅指消息来源具有权威性，新闻媒体报道的事实即使不真实，如果具有权威消息来源的理由，也不构成媒体侵权责任。构成权威消息来源的条件：一是发布消息的机关是权威的；二是消息的真实性由发布消息的权威机关负责，媒体不必进行调查核实，不必进行核实，可以直接进行报道，即使出现事实不真实的情况，新闻媒体也不负媒体侵权责任；三是媒体报道时未添加其他不实事实或者诽谤、侮辱性文字，或者没有删减事实，如果在事实上进行删改、增减，致使发生侵权后果的，则构成侵权。具备以上三个要件，可以对抗媒体侵权责任的主张。

2. 对明显可能引发争议的内容是否进行了必要调查

对于明显有可能引发争议的内容，传统媒体应当进行必要调查，以保证报道、批评事实的真实性。如果该进行必要调查而未进行，为未尽合理核实义务。进行了必要调查，则即使该报道、批评的事实引发争议，也不认为构成侵害名誉权。

3. 内容的时效性

新闻事件是否须及时报道，是确定是否尽到合理核实义务的一个重要判断标准。如果报道、批评的新闻事件具有极强的新闻性，不及时报道将会损害公众知情权，就是新闻的时效性。如果必须及时报道，进行必要的调查将无法保障新闻的时效性，即使存在一定的缺陷，也不认为是侵害名誉权。

4. 内容与公序良俗的关联性

与公序良俗具有相当关联性的，应当履行合理核实义务，如果未尽合理核实义务，致使事实失实，构成侵害名誉权。如果内容与公序良俗关联性不大，些许的差错不认为构成侵害名誉权。

5. 受害人名誉受贬损的可能性

新闻报道或者舆论监督的内容如果存在使受害人名誉贬损可能性不大的，即使发表，造成了受害人名誉的贬损，不认为是未尽核实义务。如果存在使受害人名誉贬损的可能性较大的，传统媒体应当进行合理核实，避免出现侵权后果，对此未尽合理核实义务，事实失实，造成受害人名誉损害的，构成侵害名誉权。

6. 核实能力和核实成本

确定传统媒体是否尽到合理核实义务，还要考察其核实能力和核实成本。一是确定媒体的核实能力，例如需要专业调查甚至侦查才能核对属实的新闻，媒体显然做不到；二是确定媒体的核实成本，如果核实的成本过巨，得不偿失，也不必苛求媒体必须核实。在上述两种情况下，即使出现事实失实，损害受害人名誉的，也不认为构成侵权。

不符合上述任何一个要求的新闻报道、舆论监督，未尽合理核实义务，造成事实失实，侵害了受害人名誉权的，都应当承担民事责任。

主张自己已尽合理核实义务而免责的主体，是新闻媒体。按照谁主张谁举证的诉讼证据规则要求，新闻媒体认为自己在新闻报道、舆论监督中已尽合理核实义务的，应当证明自己符合上述规定的要求，没有过失，即可免责，否则，可以认定为侵害名誉权。

（三）文学、艺术作品侵害名誉权的认定标准及免责事由

认定文学、艺术作品侵害名誉权，与认定传统媒体侵害名誉权的判断标准不同。《民法典》第1027条规定："行为人发表的文学、艺术作品以真人真事或者特定人为描述对象，含有侮辱、诽谤内容，侵害他人名誉权的，受害人有权依法

请求该行为人承担民事责任。""行为人发表的文学、艺术作品不以特定人为描述对象，仅其中的情节与该特定人的情况相似的，不承担民事责任。"这是对文学、艺术作品侵害名誉权责任认定标准的规定。

确定文学、艺术作品侵害名誉权责任，应当依照这一条文前后两款规定的不同来确定。

1. 以真人真事或者特定人为描述对象的作品

任何人发表的文学、艺术作品，凡是以真人真事或者特定人为描述对象的，由于其描述对象确定，只要在作品的内容中包含侮辱、诽谤等内容，对被描述的对象名誉权有损害的，就构成侵害名誉权，受害人可以请求作者、出版者承担侵害名誉权的民事责任。

对此，关键之处是确定作品是否描述真人真事或者特定人。描述真人真事或者特定人包括以下几种情况：（1）指名道姓，确有其人；（2）虽未指名道姓，但是，对侵权人的描述足以使人确认为某人，如描述某人的相貌特征、语言特征、行为特征及生活和工作环境等，与现实中的人相一致；（3）指向某个极小的组织，如个体工商户、个人合伙等组织等，该组织成员都应视为特定的人；（4）以真人真事为素材加工的文学作品，如果作品所描述的人物的相貌特征、生活经历、工作环境等，足以使他人认定为某人，则作者的行为应视为指向特定的人。例如，被告金某用笔名在被告文联主办的文学刊物上发表一篇中篇小说，用真实姓名在被告杂志上修改了题目，再次发表。该小说以原告已故的亲属康某的谐音姓名和主要经历，以及真实部落、部落首领及其家庭成员的名字，编造一系列的故事，例如康某幕后策划某部落的叛乱，他吃亲妈的奶、同胞的血、外人的肉，杀死未婚女婿等。小说还对康某的弟弟化某、儿子尔某（均为原告）、女儿拉某的隐私生活进行了不同程度的描写。小说发表后，引起了康某家庭成员和有关知情人的强烈不满，既侵害了死者的名誉，也侵害了原告的名誉权，造成了严重后果。

2. 不以特定人为描述对象的作品

如果行为人发表的文学、艺术作品不是以特定人为描述对象，仅是其中的情节与该特定人的情况相似的，不符合主要人格特征和主要生活工作经历的一致性原则，就不属于描述的是真人真事，不认为是对所谓受害人的名誉权侵害，不应当承担民事责任。

这里的情况是：（1）被描述的人物与现实的人根本无关，是自己对号入座。"对号入座"，是指作品中所报道或者描写的人物本不是原告，而原告强硬地根据自己的特点和特征与作品中人物的特点和特征"挂钩"（即"对号"），主张文中描述的人物就是本人（即"入座"），诉求新闻媒体承担媒体侵权责任。（2）描写的人物以现实人物为模特，经过加工，已经不再是现实人物的再现，而是经过艺术加工的文学人物。这两种情况都属于"仅是其中的情节与该特定人的情况相似"，因而不构成侵害名誉权，不承担民事责任。

（四）媒体对失实作品负有更正和删除失实内容的义务

《民法典》第 1028 条规定媒体对媒体报道内容失实负有更正和删除义务，即："民事主体有证据证明报刊、网络等媒体报道的内容失实，侵害其名誉权的，有权请求该媒体及时采取更正或者删除等必要措施。"

这一规则与《民法典》第 1025 条第 2 项规定相衔接，同时增加网络作为义务主体。报刊、网络等媒体报道的内容失实，侵害他人名誉权的，不适用该法第1025 条第 2 款的规定，负有的义务是更正和删除（还应当包括道歉义务）。这是媒体必须承担的作为义务，目的在于保护被报道人的合法权益不受侵害，并使受到侵害的名誉得到恢复。

更正、删除、道歉义务分为两种：（1）报刊、网络对报道的事实未尽合理核实义务，造成媒体侵权的后果，应当承担的更正、删除、道歉义务。（2）新闻媒体或者其他出版单位报道或者出版的著作物，发表或者出版的行为没有构成侵权行为，但是，由于发表或者出版的行为造成侵权后果而产生的更正、删除、道歉的义务。这两种更正、删除、道歉的义务不同，产生的法律责任也不同。第一种更正、删除、道歉义务已经履行，可以减轻媒体的侵权责任；第二种更正、删除、道歉，是媒体侵权的正当抗辩事由，已经履行的，不构成侵权责任。

负有义务的媒体对该更正、删除、道歉的作为义务不履行，拒不更正、道歉或者删除的，构成不作为的侵害名誉权行为，要承担侵权责任，受害人有权请求人民法院责令该媒体在一定期限内履行，这也是具体的民事责任方式。不过，这里只规定在一定期限内履行更正或者删除的义务还不全面，起码应当包括道歉，造成损害的还应当承担赔偿责任。这里的一定期限，应当是人民法院根据案件的实际情况，依据自由裁量权确定的期限，例如"本判决生效之日起十日内"之类。

确定这一规则的必要性在于，媒体的更正、道歉义务原本是新闻媒体法应当规定的内容。由于我国没有制定这种法律，因此，对于媒体行为的法律调整只能由民法承担。《民法典》规定了第 1025 条至第 1028 条，等于给媒体的行为规范划出了界限，起到了新闻媒体法的作用，有利于保护民事主体的合法权益，保护好媒体的新闻报道和新闻批评的权利，平衡权利保护和媒体监督的利益关系，有利于推动社会的进步。

四、几种具体的侵害名誉权行为

（一）诽谤

诽谤，是各国立法公认的侵害名誉权行为。对诽谤有很多不同的定义。哥伦比亚大学新闻学院给诽谤下的定义是："诽谤是以文字、印刷品或其他可见的方式损害他人名誉的行为。"[1] 美国纽约州刑法第 1340 条对诽谤规定的定义最具权威性，在全美国被引用的最多，条文规定："怀有恶意出版文字、印刷品、图片、画像、标记或其他非口头形式的物品，使活着的人或对去世的人的追忆，受到憎恨、蔑视、嘲笑或指责，使他人受到孤立或有受到孤立的倾向，或使他人或任何公司、社团在经营或职业上的声誉受到损害的倾向，皆为诽谤。"在英国，诽谤是指通过向第三者传播虚假事实而致使他人声名狼藉，旨在非法损害他人名誉。认为诽谤法保障的利益是他人的尊敬，要构成诽谤，所说的必须令他人对被诽谤

---

① 《外国新闻出版法选辑》，北京，人民日报出版社 1981 年版，第 200 页。

者的评价降低，通常由指控他做了不光彩的事所构成。[1]英国法对诽谤的定义比较准确，可以借鉴。

诽谤的方式分为两种：一是口头诽谤，即通过口头语言将捏造的虚假事实加以散布，使他人名誉受到侵害。二是文字诽谤，即通过文字把捏造的虚假事实进行散布，败坏他人名声。

这两种诽谤侵权方式，既可以构成对自然人名誉权的侵害，也可以构成对法人、非法人组织名誉权的侵害。

对自然人进行诽谤一般表现为：出于妒忌或报复而捏造并散布有损他人名誉的虚假事实；在新闻报道中捏造有损他人名誉的虚假事实；在文学作品中编造损害他人名誉的虚假情节等。

对法人、非法人组织进行诽谤一般表现为：捏造并散布有损法人名誉的虚假事实；侵权单位以公函或广告虚构事实，诽谤法人声誉，在电视、广播、报纸、互联网等新闻媒介的报道中虚构事实，损害法人名声等。

诽谤的内容，包括一切有损于他人名誉的事实，如诬蔑他人犯罪、品德不良、素质能力不高、企业形象不佳等均是。判断的标准是，某种言论如果经社会中具有正常思维能力的成员判断，认为有损于他人的名誉，该言论即为诽谤。诽谤的范围，无须有较大范围的散布，以第三人知悉为最低限度。

归纳起来，构成诽谤的要件是：第一，对他人有不实之词；第二，该不实之词的公开，即被第三人知道；第三，行为人有故意或者过失；第四，没有免责的特别事由。符合这四个要件，就构成诽谤，应当承担侵害名誉权的民事责任。

（二）侮辱

侮辱行为是构成侵害名誉权的行为方式之一。从一般语义上理解，侮辱是使对方人格或名誉受到损害，蒙受耻辱的行为。从法律上理解，马克思在1849年《新莱茵报》案件的诉讼中，曾根据《法兰西刑法典》对侮辱、诽谤作了一段解释。他说："诽谤指的是什么呢？指的是把某些事实归罪于某人的詈骂。侮辱指

---

[1]　John G Fleming：《民事侵权法概论》，何美欢译，香港，香港中文大学出版社1992年版，第173页。

的是什么呢？指的是谴责某种缺陷和一般的侮辱性言辞。如果我说：'你偷了一个银匙子'，那末照刑法典的理解，我就是对你进行了诽谤。如果我说：'你是一个小偷，你有偷窃的习惯'，那我就是侮辱了你。"这段话划分了诽谤与侮辱之间的区别。

一般说来，诽谤通常只包括语言的方式，侮辱既可以以行为方式进行，也可以以语言方式进行。当侮辱是以语言方式进行的时候，与诽谤的区别是，诽谤的言辞是无中生有，"无事生非"；而侮辱则是将现有的缺陷或其他有损于他人的社会评价的事实扩散、传播出去，以诋毁他人的名誉，让其蒙受耻辱，可以称为"以事生非"的言辞。

语言分为三种形式，即口头语言、书面语言和动作语言。其中动作语言是依靠身体做出某种动作而表达特定的思想，也属于语言的范畴。曾经有人认为口头语言是思想而不是行为，因而不应承担法律责任，是不正确的。思想是存在于人的头脑中的意念，并没有表达出来，当然不是行为。把思想用语言形式表达出来，就超出了思想的范畴，成为具体的行为。同样，将思想通过书面的文字和身体的动作表达出来，也是具体的行为。三种语言之间并没有质的差别，都能成为侮辱他人的方式。

以语言形式侮辱他人，多指口头语言形式；书面语言的形式，如大字报、小字报、匿名信等，通常理解成构成侮辱的特定行为方式。在实践中，对于以身体的动作语言方式侮辱他人的行为不够重视，实际上，以身体的动作语言同样可以成为侮辱他人名誉的行为。

以口头语言或动作语言侮辱他人人格的，应当具备"达到一定程度"的条件才能构成侵害名誉权，不能稍有侮辱他人人格的言辞就以侵害名誉权处理。所谓达到一定程度，可以从语言的激烈程度上看，也可以从语言的内容看，还可以从造成的后果看。当语言内容比较恶毒，或者语言攻击十分激烈，确实造成了受害人人格的严重损伤，给受害人的精神造成严重创伤的，即可确认该侮辱语言达到了一定程度，确认其侵害了他人的名誉权。

在审判实践中要注意纠正一种错误做法，就是不重视对确曾有过过错行为的人的名誉权保护。譬如某人过去有过通奸行为，当有人当众宣扬此事以诋毁其名誉的时候，往往认为宣扬的是事实，没有可保护的必要，是不正确的。法律保护民事主体特别是自然人的名誉权不受侵犯，也包括有过一定错误的人。当利用他人曾有过的错误行为来破坏该人名誉的时候，法律同样予以保护。

用行为方式侮辱他人，也能造成名誉权的损害。例如，李某的丈夫与原告刘某某同事，在一起工作多年。李某怀疑该二人有不正当关系，经调查被予以否定。李某认为领导袒护，在原告举行婚礼时，托不相识的男孩把自制的花圈送到结婚仪式上，致使新婚夫妇蒙受人格耻辱。这种行为违反了保护名誉权的法律规定，为侮辱行为。

其他侮辱行为，如向他人脸上泼粪便、公开剥衣服等，是对身体权的侵害；强令他人从胯下爬过，是对人格尊严的侵害。这些侮辱也可以构成对身体权或者一般人格权的侵害。

（三）无证据错告或诬告

故意无证据而错告他人，造成被告发人的名誉权损害的，构成侵害名誉权。

对行为人所告发的事实的真实性，应当由被告证明。按照举证原则转换的规则，原告举证证明被告错告或者诬告的行为后，被告应当对其所持的答辩理由予以举证，反驳原告起诉的事实成立，应当证明原告确有被告所告发的事实，否则原告的诉讼主张成立，被告承担败诉后果，构成侵权。被告能够证明原告确有所告发的事实，则原告须承担败诉结果。

有人认为，原告既然认为自己没有被告告发的事实，应当自己加以证明，是不正确的。自诉人或者公诉人起诉被告人有罪，证明责任在于自诉人或者公诉人，被告人不承担证明责任。自诉人或公诉人举证不足，被告人即不承担刑事责任。这是无罪推定原则的体现。按此推论，原告被诬陷，亦毋需自己证明无罪。在民事诉讼证据理论中，有一种积极主张者负举证责任的观点，谁提出积极主张谁应当负举证责任，没有提出积极主张或者持消极主张的一方不负举证责任。积极主张，是指对实体法律关系或诉讼法律关系的确立、变更或终止，或与法律关系有关的法律事实、理由方面提出的肯定的、正面的主张。消极主张则是对积极主张的否定。所告的事实，积极主张者是被告，原告持消极主张，对所告的事实应由被告负举证责任，原告不应负举证责任。原告愿意举证，是其权利，而不是义务。

如果有一定的证据或怀疑有一定根据的控告，经查不实为错告，不承担侵权责任。但是，错告他人后又四处扩散、侵害他人名誉的，构成侵害名誉权。这是因为，错告是因为道听途说、事情变化或判断错误而使告发失实，无侵害他人名誉权的恶意；错告以后又四处扩散，具有主观上致害他人名誉权的过错。如果有关人将错告内容传播出去，造成侵害他人名誉权后果的，应由传播人承担责任，构成侵害名誉权的民事责任。

诬告还是错告的标准是：第一，主观标准。诬告应当具有明确的动机和目的，主观上有陷害他人的主观故意，这种故意表现为具有通过诬告使被告发人受到法律处分或不利于被告发人后果的意图，其动机如挟嫌报复、栽赃陷害，或者为了满足某种个人的私利。错告的主观意图则是为了维护法律秩序，与错误行为进行斗争，向上级领导或有关部门反映情况，主观上是善意的，并无侵害他人名誉权的主观意图。第二，客观标准。诬告的客观方面表现为捏造事实，向有关机关进行虚假告发。错告则是由于告发人情况掌握不准而使告发失实，可能是因为道听途说，或者告发的事情中途发生变化，或者告发人的分析判断错误等。诬告，造成了侵害他人名誉权的结果，构成侵害他人名誉权的民事责任，严重的还应追究刑事责任。错告，一般不构成侵害名誉权责任，但错告者向其他人扩散，造成被告发人名誉损害结果的，构成侵权。

（四）批评失当

新闻批评和文艺批评失当，都构成侵害名誉权。《民法典》第1025条规定的三种新闻报道、舆论监督的除外情形，适用的范围是新闻领域，对于文艺批评也应适用这样的规则。

判断新闻批评、文艺批评是否失当构成媒体侵权，判断的基本依据是事实是否真实和是否存在贬损他人名誉的内容。批评所依据的事实基本真实，没有贬损他人名誉的内容的，不构成媒体侵权。批评所依据的事实基本属实，但是有贬损他人名誉的内容，使他人名誉受到损害的，构成侵权。批评所依据的事实失实且批评者有过失，使他人名誉受到损害的，构成媒体侵权。

媒体的评论缺乏事实依据或严重不当，或者恶意借机侮辱、诽谤的，也构成侵权责任。评论的对象在一般情况下应限定于特定的制度、事件或作品本身，以及人的行为，不应任意扩大其评价范围。评论依据的事实虽然基本真实，但故意断章取义、逻辑缺省，恶意得出不公正结论或基于明显的利益关系进行不当推测的，构成侵权。

文艺批评失当，构成侵害名誉权。在涉及媒体文艺评论的媒体侵权案件中，应当特别考虑文艺批评的特点、表达自由与舆论监督、名誉权与消费者及投资者知情权的利益平衡，应当慎重认定侵权，能够证明文艺评论的作者或媒体在报道中存在明显的利益关系，恶意诽谤、诋毁损害名誉、信用等情形的，构成媒体侵权。

（五）侵害死者名誉

死者的名誉，是指死者根据其生前的属性和特征而获得的社会评价。人的死亡意味着生命的终结，也意味着肉体和精神的消灭。一个死亡了的人不会再有言论及行为的客观表现，失去了人们对他进行评价的前提。但是，死者生前的行为和表现却并未随其肉体和精神的消灭而消亡。因为，死者生前的行为和表现作为一种客观事实，仍存在于人们的意识中，对此，是能够进行评价的。所以，在人死亡以后，其存在于人们观念中的名誉并没有消亡，还要存在一个时期。因此，死者的名誉实际上是死者生前的名誉。

对于死者名誉损害的救济，在比较法上，大陆法系特别是德国通说与判例认可死者自身的人格权不受侵害，1968 年的判例引用基本法第 1 条和第 2 条规定，认为人至少可以相信，在其死后受到严重歪曲（事实）的名誉毁损时，其生前的生活形象受到保护。只有在能够拥有这种期待的前提下生存时，其生前的作为人的尊严和自由发展才能够按基本法的含义得到充分保障。日本在 1977 年作出两个判例，确认死者的名誉受到侵害时，死者的家属可以请求死者名誉权损害赔偿。《俄罗斯联邦民法典》第 152 条规定，"市民的名誉和尊严以及其死后的名誉和尊严，基于其利害关系人的请求得到保护"，对死者名誉的保护作了明文规定。在英美法，对名誉、隐私的权利被认为是受害人的一种专属权，因此，不能以他人的名誉、隐私受到侵害为由提起诉讼，而且死者的名誉、隐私在受到侵害时，遗属不能替代死者行使权利。但是在侵害死者的名誉、隐私的同时，也侵害了遗属自身的名誉、隐私时，属于例外。①

关于死者名誉的法律保护，最高人民法院曾经发布两件复函性的司法解释。一件是 1989 年 4 月 12 日关于陈某琴为其已故女儿吉某贞名誉受侵害而起诉案件的复函，题目是《关于死亡人的名誉权应受法律保护的函》，指出：吉某贞（艺名荷花女）死亡后，其名誉权应依法保护，其母陈某琴亦有权向人民法院提起诉讼。另一件是 1990 年 10 月 27 日颁发的复函，即关于范某莲诉敬某祥等侵害海灯法师名誉权一案有关诉讼程序问题的复函，其中指出：海灯死亡后，其名誉权应依法保护，作为海灯的养子，范某莲有权向人民法院提起诉讼。这两个司法解释，都称死者的"名誉权"应当依法保护，而不是说死者名誉。这种提法，显然采用的是对死亡者延伸保护的客体是权利，而非法益，这种主张在自然人的民事权利能力上是讲不通的。

1993 年 8 月 7 日，最高人民法院发布《关于审理名誉权案件若干问题的解答》，其立场有了明显转变，第 5 条规定："死者名誉受到损害的，其近亲属有权向人民法院起诉。近亲属包括：配偶、父母、子女、兄弟、姐妹、祖父母、外祖父母、孙子女、外孙子女。"不再称"死者名誉权"，而是称"死者名誉"，其在理论上明显地从"权利保护说"转向"延伸保护说"的立场。《民法典》第 994 条采纳司法解释的经验，并且有所改进。死者名誉受到侵害的应由其近亲属提起诉讼。死者的近亲属范围较宽的，应当有顺序，即配偶、子女、父母为第一顺序，其他近亲属为第二顺序。

侵害死者名誉，损害公序良俗确有必要的，检察院可以向法院起诉，追究侵权人的民事责任。依照《英雄烈士保护法》第 25 条规定，对侵害英雄烈士的姓名、肖像、名誉、荣誉的行为，英雄烈士的近亲属可以依法向人民法院提起诉

---

① ［日］五十岚清：《人格权法》，北京，北京大学出版社 2009 年版，第 28－29 页。

讼。英雄烈士没有近亲属或者近亲属不提起诉讼的，检察机关依法对侵害英雄烈士的姓名、肖像、名誉、荣誉，损害社会公共利益的行为向人民法院提起诉讼。负责英雄烈士保护工作的部门和其他有关部门在履行职责过程中发现前述行为，需要检察机关提起诉讼的，应当向检察机关报告。

（六）过失致人名誉权损害的其他行为

过失造成他人名誉权损害的，构成侵害名誉权责任。例如，某医院误诊他人有性病，并通知所在单位采取隔离措施，是一种不负责任的行为。尽管医院及其医生不具有通过这种诊断而损害当事人名誉的故意，但是，因诊断过失等行为，违反了保护他人名誉权的注意义务，存在重大过失，造成患者名誉权损害的结果，应当承担侵害名誉权的侵权责任。

五、保护名誉权的人格权请求权

对名誉权的人格权请求权的保护，是名誉权人有权行使人格权请求权，对自己的名誉权予以保护。依照《民法典》第995条规定，名誉权受到侵害的，受害人有权依照《民法典》或者其他法律的规定，请求行为人承担民事责任。

该条第2款规定的停止侵害、排除妨碍、消除危险、消除影响、恢复名誉、赔礼道歉请求权，都适用于侵害名誉的侵害行为。对于正在实施或者继续实施的侵害名誉权的行为，受害人有权行使停止侵害请求权，请求行为人停止侵害。对于妨碍权利人行使名誉权的，受害人有权行使排除妨碍请求权，请求行为人排除妨碍权利行使的行为。对于权利人的名誉权存在侵害危险的行为，受害人有权行使消除危险请求权，请求行为人消除危险。对于已经给名誉权人造成影响、名誉毁损的，受害人有权行使消除影响、恢复名誉请求权，回复自己名誉权的完满状态。受到侵害的名誉权人都有权请求行为人承担赔礼道歉的责任。

受到侵害的名誉权人，可以向行为人请求，也可以向法院起诉，请求法院责令行为人承担上述民事责任方式，保护自己的名誉权。

六、保护名誉权的侵权请求权

（一）侵害名誉权侵权责任构成要件

1. 侵害名誉权的违法行为

（1）侵害名誉权的行为方式

侵害名誉权行为主要采取作为方式。对不作为是否构成侵害名誉权，有不同看法。有的认为自然人的名誉是根据其属性、特征及客观表现而获得的社会评价，其名誉权的实现只要求他人客观公正评价，并不加侵害即可，只有积极的作为行为才能构成侵权，消极的不作为行为不能构成侵权。这种意见是不正确的。侵害名誉权的基本行为方式是作为方式，例如诽谤、侮辱以及其他侵害名誉权的行为，都是以作为的行为方式进行的。但是，在特殊情况下，法律赋予具有特殊身份的人负有作为的积极义务保护他人的名誉权，行为人未尽作为义务，应当采取积极措施防止侵害他人名誉权而未为之，即构成侵害名誉权的违法行为。

侵害名誉权的不作为行为方式的确定，主要有两种形式：一是，行为人依其职责负有保护他人名誉权的特别作为义务，违反之，为不作为的侵害名誉权行为。例如，新闻媒体负有真实报道事实的职责，在报道事实时必须准确，不能以虚假新闻侵害他人的名誉权，对报道事实的真实性必须负有合理核实义务。这个合理核实义务就是作为的义务。新闻媒体未尽真实性合理核实义务，造成新闻失实，构成不作为的侵权行为。《民法典》第1025条第2项规定的行为，就是这种不作为的侵权行为。二是，行为人基于前一个行为而产生作为的义务，违反作为义务而不作为，构成不作为的侵害名誉权行为。这种情况，主要是报纸杂志社在发表了侵权文章后，负有更正的作为义务。依其文章的体裁，发表新闻、纪实文学等以真人真事作为描述对象的文章，前一个行为是不作为的侵权行为，后一个行为即不予更正的行为也是不作为的侵权行为。发表非以真人真事作为描写对象的文学作品侵权，由于编辑出版者不负事实核实义务，因而前一个行为不构成侵权，后一个不予更正、赔礼道歉的行为，单独构成不作为的侵权行为。《民法典》

第 1027 条规定的，就是这种不作为的侵权行为。

可见，侵害名誉权的违法行为既可由作为方式构成，也可以由不作为方式构成。在通常情况下，侵害名誉权的违法行为是由作为方式构成的，在特殊情况下，是由不作为方式构成的。判断的标准是行为人违反的是不作为义务还是作为义务。

（2）加害行为有特定的侵害对象

名誉只能是特定人的名誉，侵害名誉权行为也须有特定的侵害对象，即侵权行为须指向特定的人。只有指向特定的人的行为，才构成对他人名誉权的侵害；未指向特定人的行为，不能认定为侵害名誉权行为。例如，说某行业的工作人员贪污成风，说某类企业假冒产品太多等，系泛指某方面的人，不能认定具体指向哪个人，因此不能认定为侵害名誉权。特定的人包括特定的自然人和法人、非法人组织。

指向特定的人包括以下几种情况：一是，指名道姓；二是，虽未指名道姓，但行为人的表述足以使人认定为某人，如描述某人的相貌特征、语言特征、行为特征及生活和工作环境等；三是，指向某个极小的组织，如个体工商户、个人合伙等组织等，该组织成员都应视为特定的人；四是，以真人真事为素材的文学作品，如果作品所描述的人物的相貌特征、生活经历、工作环境等，足以使他人认定为某人，则作者的行为应视为指向特定的人。

（3）加害行为具有贬损他人名誉的内容

贬损他人名誉，是指对他人由其属性和特征决定的人格进行贬低和损害，并由此造成他人的社会评价的降低。行为人的行为只有具有贬损他人名誉的性质，才能构成侵害名誉权的违法性。如果行为人的行为并未造成他人社会评价的降低，即使该行为影响了受害人的名誉感，也不能构成侵害名誉权的违法性，而只能构成侵害他人一般人格权的违法性，因为名誉感不能作为名誉权的客体。

（4）加害行为具有违法性

加害行为违法性的判断标准，是行为人的行为是否违反了保护民事主体名誉权的不可侵义务。名誉权是自然人、法人和非法人组织的绝对权，《民法典》第

1024 条作了明确的禁止性规定，即"任何组织或者个人不得以侮辱、诽谤等方式侵害他人的名誉权"，任何人违反这些规定，对自然人或法人进行侮辱、诽谤等，使其名誉受到损害，就具有违法性。可见，侵害名誉权行为的违法性，须是违反《民法典》第 1024 条第 1 款规定的禁止性规范。不违反上述法律规定的行为，不构成侵害名誉权的违法行为。

2. 侵害名誉权的损害事实

（1）名誉利益损害

认定行为人的行为是否造成他人名誉损害，不应以受害人的自我感觉为判断，而应以行为人的行为是否造成受害人的社会客观评价降低为判定依据。即决定对于他人之名誉有无毁损，不仅以其行为之性质上一般的是否可为毁损名誉，尚就参酌主张被毁损之人之社会地位，以决定其行为对于其人之名誉是否可为毁损，即应为个个之具体的决定。有名誉之毁损与否，非依被害人之主观，应客观地决定之。[①]

名誉损害是一种无形损害，应当以加害行为是否为第三人知悉为认定名誉利益损害的标准。名誉作为一种观念，存在于公众的心里，公众如果不把这种心理表现出来，则实际后果难以确定。对受害人来说，要其提供证据证明其名誉损害的实际后果更为困难，因而应以能够举证证明的客观事实，作为认定名誉利益损害的标准。侵害名誉权的加害行为为第三人知悉，该行为即作用于公众的心理，必然产生降低受害人社会评价的后果。通过侵害事实被第三人知悉的证明，推定名誉损害事实的客观存在，是切实可行而又公允、合理的标准。英美侵权法确立"公布"作为认定名誉毁损事实的标准。公布，是指将侮辱言辞传达给第三者。美国《侵权法重述（第二次）》第 577 条规定："公布事项的诽谤，是指将诽谤内容以故意或过失行为传达于受诽谤以外的第三人。"[②]

受害人以外的人，是指任何第三人或较多的人，人数不限。只要第三人知悉

---

① 史尚宽：《债法总论》，台北，荣泰印书馆 1972 年版，第 145 页。

② 美国法学会：《美国法律整编·侵权行为法》，刘兴善译，台北，司法周刊杂志社 1986 年版，第 475 页。

就可以认定受害人的社会评价在他人的心中产生了影响，评价有了改变。第三人知悉后是否向其他人传播，是否在大庭广众之下实施侵权行为才为"公布"，均不论。只要有当事人以外的任何第三人知悉，就足以影响受害人的社会评价。至于知悉人数多少，是否在大庭广众下进行，只能表明行为影响程度和损害程度而已。

认定行为人的行为为第三人知悉应注意的问题是：一是，第三人知悉的行为，是加害行为人的行为所致，而不是指受害人的行为。有的第三人知悉名誉损害的行为是由受害人自己"公布"的，并非加害人所为，不构成侵害名誉权。二是，侮辱和诽谤行为构成对他人名誉权的侵害，仅以这些行为被受害人以外的人知悉就足以认定，至于这些行为是公开的还是非公开的，则不予考虑。三是，行为人实施的侮辱、诽谤行为，为行为人的近亲属所知悉，也应视为被受害人以外的人知悉。认为行为人的传述被行为人的配偶及其他家庭成员知悉不应认定为侵害名誉权行为的意见不当，因为行为人的近亲属知悉，也会影响他们对受害人的评价，构成对受害人名誉权的侵害。四是，侵害行为被受害人以外的人知悉为成立条件，受害人以外的人知悉，足以表明受害人的名誉在他人的心目中受到影响，受害人的社会评价已被降低。因此，无须证明实际损害后果的成立。

（2）精神痛苦损害

精神痛苦损害是指受害人因加害人的侵害名誉权行为而遭受的感情损害。在侵害自然人名誉权的情况下，精神痛苦的损害包括自然人心理上的悲伤、怨恨、忧虑、气愤、失望等痛苦的折磨。精神损害是侵害自然人名誉权的间接后果，它以名誉损害为前提，又是名誉损害的外在表现。确定精神损害程度，不能只考虑受害人对侵害名誉权的行为的反应是否强烈，受害人是否把自己的内心痛苦表现出来，还应当考虑侵权行为在一般情况下可能给受害人造成的精神痛苦，具体包括：加害人的主观状态、加害行为的情节及手段、行为内容的恶劣程度、影响范围的大小等。侵害法人名誉权的损害不具有精神痛苦的损害事实。

（3）财产利益损失

侵害名誉权也会造成受害人财产损失，是侵害名誉权的间接损害后果。自然人因名誉权受侵害而造成的财产损失包括：接受医疗而支出的费用，因误工而减少的收入，被降级、降职及解聘而减少的收入等。法人、非法人组织因名誉权受损害而造成的财产损失，一般应包括：合同被解除而带来的损失，客户减少及客户退货的损失，顾客减少导致的营业额降低等。

3. 侵害名誉权的因果关系

侵害名誉权的违法行为与损害事实之间的因果关系具有特殊性，表现在：很多违法行为不是直接作用于侵害客体而使其出现损害事实，而是经过社会的或者心理的作用，达到损害受害人名誉利益和精神痛苦的结果，没有社会的和心理的这一中间环节，一般难以出现这种后果。这一特点，在判断侵害名誉权的因果关系上，应特别予以注意。

在侵害名誉权的因果关系上，不能特别强调必然因果关系，因为有些侵害名誉权损害事实的出现，不是行为的直接原因，不具有必然性，应当采用相当因果关系规则作为判断标准。

4. 侵害名誉权的过错

侵害名誉权的过错包括故意和过失。故意侵害名誉权构成侵权责任，过失侵害名誉权的也应承担民事责任。这是因为，侵权民事责任的立法宗旨是充分、有效、全面地保护当事人的合法权益，禁止以任何方式从事法律所禁止的行为，一旦因加害人的侵权行为造成他人的名誉损害，就应当予以恢复和补偿，而不论加害人是出于故意还是过失。

在侵害名誉权案件中，过失侵权占相当比例。在过失侵害名誉权案件中，多数又都是通过广播、电视及报纸杂志、互联网等新闻媒体侵权。这类侵权行为具有传播范围广、对公众影响大等特点，对受害人的名誉损害也就更严重。如果不以侵权行为论处，侵权人不承担侵权责任，受害人的合法权益就无法得到全面保护。

（二）侵害名誉权的损害赔偿责任

构成侵害名誉权责任，行为人应当承担侵权责任，主要责任方式是精神损害赔偿。

1. 承担精神损害赔偿责任的范围

侵害名誉权，确定是否承担精神损害赔偿责任，除应考虑受害人是否有精神损害赔偿的请求外，须有适当标准。对此，一是主张侵害名誉权限于适当的范围以内，没有加以扩散，没有超出适当范围的，不应予以赔偿。二是主张无论侵害名誉权在什么范围进行，只要造成了受害人的精神痛苦的，就应予以赔偿。三是认为适当范围说和后果痛苦说都无法确切掌握，因而主张侵害名誉权的行为一旦出现，就应赔偿。后一种主张明显违背对精神损害赔偿应适当限制的原则，扩大了赔偿的范围。以上三种主张都不可取。在审判实践中，应当从以下三个方面掌握。

（1）从侵害情节来考虑，侵害情节较重，造成严重后果的，应当予以赔偿。从情节上看，主观上具有故意，如为泄私愤或图报复，以及具有其他恶劣动机、目的，侮辱、诽谤他人，败坏他人声誉的，或者因重大过失造成上述精神损害的，也应视为较重情节。从手段上看，使用的手段比较卑劣，无中生有、制造假证、栽赃陷害，编造不堪入耳的谣言，绘制不堪入目的画图，当众羞辱等，都属情节较重的手段。从后果上看，败坏了受害人的声誉，致使受害人痛苦不堪，或者致使其家庭和睦受到影响，或者晋级升职受到妨碍，或者其形象、声誉受到损害。

（2）从受害人的谅解程度考虑。精神损害赔偿的目的之一，在于慰藉受害人的精神创伤。在具体的案件中，如果责令加害人承担非财产责任后，受害人能够谅解，就说明受害人的精神创伤已经平复，可以不予以赔偿。具备前项情节而受害人不予谅解的，应当予以赔偿。

（3）从加害人认错态度考虑。侵害名誉权的加害人能够认识错误，如果也取得了受害人的谅解，说明已经达到了教育的目的，可以不予以制裁。如果受害人谅解而加害人仍不认识错误，则不能因为受害人精神创伤的平复而对违法行为不予以制裁，仍应责令加害人承担赔偿责任。

在上述三个标准中，第一条是基本的，是确定赔与不赔的主要标准。第二条和第三条是依据第一条确定应赔以后，可以不赔的条件。

2. 侵害名誉权精神损害赔偿的数额

确定精神损害赔偿数额的标准，既不能确定一个统一的标准"一刀切"，又不能完全任意判决，应当根据下述不同情况确定不同的计算标准：第一，自然人之间的或自然人侵害法人并未获利的精神损害赔偿，其数额的确定，可采用"斟酌法"，制定若干个不同的赔偿数额幅度，斟酌案情确定之。第二，法人侵害法人、法人侵害自然人的精神损害赔偿，以及自然人侵害他人人格权而获得利益的，可以参照侵权期间所获得的利益确定赔偿数额。

确定侵害名誉权精神损害赔偿数额应当适当，既不能过高，又不能过低。有的案件判决赔偿当事人精神损害的数额太低，既不能补偿损失，又不能制裁违法，还会使法院的判决失去严肃性，降低了精神损害赔偿的社会价值观念。

3. 侵害名誉权的财产损害赔偿

依照《民法典》第1182条规定，侵害他人名誉权造成财产损失的，也应当按照被侵权人因此受到的损失或者侵权人因此获得的利益赔偿；被侵权人因此受到的损失以及侵权人因此获得的利益难以确定，被侵权人和侵权人就赔偿数额协商不一致，向人民法院提起诉讼的，由人民法院根据实际情况确定赔偿数额。

第二节　信用权

一、信用权的客体：信用

《民法典》虽然没有明确规定信用权，但是，在理论和实践中对信用利益用信用权来认识和保护的意见，具有更重要的意义，况且《民法典》第1023条第2款规定了"信用"的内容，为信用权的具体人格权地位留出了空间。

（一）信用的概念

信用概念在中国古已有之。例如，《左传·宣公十二年》："王曰：'其君能下人，必能信用其民矣。'"《史记·陈涉世家》："陈王以朱房为中正，胡武为司过，……陈王信用之。"古汉语在使用信用这一概念时，意思并不完全一致。信任而使用，是其一义，如后者。另一义则为得到信任，如前者。据说，在《论语》中，"信"字就出现过 38 次，诸如"人而不信，不知其可也"①；"民无信，则不立"②，都是说信用对于人的重要性。③

在法律上使用信用一词，最早可以追溯到罗马法，其相对应的概念是拉丁文的 fides，是诚实、信用、忠实的意思，在相互信任的理由中产生出了诚信（bona fides）。fiduciary 也是罗马法与信用相关的术语，意为一个具备受托人应有的信任和信用，以及受托所需要的谨慎诚实和坦率品格的人。罗马法的侵辱之诉，法官可以宣告侵害人不名誉，包括对信用的侵害在内。例如，"当我具有清偿能力时，恶意地要求我的保证人清偿，或者虚假地通告说为我提供了某一买卖抵押，对这些行为均可以提起侵辱之诉，因为我的信用受到了暗讽"。可见，罗马社会认为人应该有完全名誉，若其行为违背社会要求，则"若社会以其人名誉有亏，则其所享法律上之权利，亦受限制"④。

近现代以来，《法国民法典》非常重视对人的权利的尊重，在司法实践中，法国判例一直保护着个人的各种人格利益不受他人侵犯，其范围涉及生命、身体、名誉、贞操、肖像、信用等几乎所有的权利。在德国，信用被广泛用于交易活动的誓约中，以确保契约义务的履行。《德国民法典》在两种意义上使用"信用"一词：一是守信，关注的是履约主体内在的行为动机和良心，强调主体的主观状态应是善意的、讲道德的，这是从道德信条上升为法律准则的信用，是关于权利义务的普遍指导原则。二是作为一种人格利益的信用，关系主体的生计或前途。

在英美法系国家，《布莱克法律辞典》认为信用（credit）的基本含义主要有两种：一是指商家或个人及时贷得钱款或取得货物的"能力"（ability），是特定出借人对其偿债能力和可靠性记录持肯定意见的结果；二是指债权人赋予债务人的可以延期偿债或可以先欠着以后再偿还的"权利"（right）。显然，与大陆法系

---

① 《论语·为政》。
② 《论语·颜渊》。
③ 马特、袁雪石：《人格权法教程》，北京，中国人民大学出版社 2007 年版，第 266 页。
④ 胡大武：《信用权的产生》，《民主与法制》2007 年第 4 期。

更多地将信用界定在道德范围内不同，英美法上的"信用"更具经济的色彩，视信用为当事人经济能力的实实在在的体现，是授信人对受信人的还债可能性的评价与信赖。这种评价与信赖通过赊销、预付、信贷等交易方式表现出来。[①]

现代汉语中的信用，常用义包括其二：一为以诚信任用人，信任使用；二为遵守诺言、实践成约，从而取得别人对他的信任。[②] 这两种词义与古代汉语中的词义基本相同，不过，现代汉语中的信用还包括经济学上的意义，即价值运动的特殊形式。

以上阐释基本上说明了信用的含义，但细究起来仍嫌不够准确、不够全面：一是将信用仅局限于法人，范围过于狭窄，不仅法人有信用，自然人、非法人组织均有信用。二是履约能力仅是信用的主观内容的一部分，还包括主体的其他能力，仅以履行其允诺行为的能力概括信用的主观内容，也嫌过窄。三是关于信用是主客观因素的结合的表述，虽明其义，但是不具体，尚需作进一步的阐释。

国内学者对信用的界定，还有以下见解：一是认为信用是在社会上应受经济的评价[③]；二是认为信用是在社会上与其经济能力相应的经济评价[④]；三是认为信用应指一般人对于当事人自我经济评价的信赖性，亦称信誉[⑤]；四是认为信用乃基于人之财产上地位之社会评价，所生经济上之信赖[⑥]；五是信用本身是自然人和法人都应当享有的一种人格利益。[⑦]

这些界定都对，但都不够完善。依笔者所见，信用是指自然人、法人、非法人组织所具有的经济能力，以及在社会上获得的相应的信赖与评价。

（二）信用的法律特征

1. 信用的主体是自然人、法人、非法人组织

信用不仅为法人所享有，自然人亦有信用。《民法典》规定非法人组织也具有

---

① 李红玲：《论信用权的若干问题》，《政治与法律》2006 年第 4 期。
② 《辞海》，上海，上海辞书出版社 1979 年版，第 247 页。
③ 史尚宽：《债法总论》，台北，荣泰印书馆 1978 年版，第 147 页。
④ 王利明：《民法·侵权行为法》，北京，中国人民大学出版社 1993 年版，第 299 页。
⑤ 张俊浩主编：《民法学原理》，北京，中国政法大学出版社 1991 年版，第 158 页。
⑥ 龙显铭：《私法上人格权之保护》，上海，中华书局 1948 年版，第 71 页。
⑦ 王利明：《人格权法研究》，北京，中国人民大学出版社 2005 年版，第 539 页。

民事主体资格，因此，非法人组织也是信用的主体，享有信誉以及信誉的利益。

2. 信用的主观因素是民事主体的经济能力

民事主体的经济能力是一个宽泛的概念，包括经济状况、生产能力、产品质量、偿付债务能力、履约态度、诚实守信的程度等。概言之，经济能力是经济方面的综合能力，不涉及政治态度和一般的道德品质。

3. 信用的客观表现是社会的信赖和评价

信用的客观表现是一种评价。信用评价是社会的评价，而不是自己的评价。在前述定义中，有谓当事人自我经济评价，将评价这种客观因素认作主观因素，实属不当。自我经济评价是自己对自己经济能力的评估，是自己对守信态度的自我肯定，不是信用的客观因素。信用的另一客观表现，是社会对特定民事主体经济能力的信赖，是社会评价的内容之一，但是，又包括情感的因素，具有独立的意义，表明信用的实质内容是"信"。信用是关于经济信赖的社会评价。

4. 信用是民事主体主观能力与客观评价的结合

信用具有主客观两方面的内容。一方面，关于经济信赖的社会客观评价不会凭空产生；另一方面，民事主体的主观经济能力是该种客观评价的基础和根据。只有这两种因素即主观因素和客观因素的紧密结合，才产生信用。

（三）信用与信誉、名誉

1. 信用与信誉

信用和信誉这两个概念是否相同，应当研究。《现代汉语词典》释信誉为"信用和名誉"，这种解释并非准确。誉者，乃称人之美、美好的名声之义。《说文解字注》：誉，称也；誉，称美也。[①] 因而信誉的真实意义应为信用之美，即好的信用。可见，信誉为褒义，而信用则是中性词。作为信用权客体的信用包括信誉，也包括一般的信用，甚至不好的信用，是关于信用的综合评价。无论是好的信用还是一般的信用，作为客观社会评价，均概括在信用之中。

---

① 《说文解字注》，上海，上海古籍出版社 1981 年影印版，第 95 页。

2. 信用与名誉

信用与名誉也应加以区别。信用与名誉都是一种社会评价，在这一点上二者是相同的。一般认为，名誉广义言之包括信用在内，这正是我国《民法典》将信用规定在名誉之中的依据。但是，信用也有名誉不能包含的内容，其中不含侮辱或贬损人格之意者，不能一律以名誉律之。[1] 这是正确的。

立法区分信用与名誉者，显者例如：《德国民法典》第 824 条规定："违背真相，对事实进行主张或传播，危害他人信用或对他人的生计或前途引起其他不利益的人，即使不知其为不真实，但系可得而知者，也应赔偿他人因此而产生的损害。"德国法确认信用权，但是，在立法时否认名誉权，可见其中的区别。在立法者看来，名誉为非卖品，无特别法律保护之必要，而信用的基本内容是经济的属性，因而确认之。

从实质而言，信用与名誉的区别是，名誉是对民事主体品德、才能以及其他素质的社会评价，概言之，为人格的社会评价，信用则是对民事主体经济能力的社会评价；信用包括对特定主体的信赖，名誉则不要求必有信赖的成分。更准确地说，信用是将关于主体经济能力的社会评价从一般的社会评价中分离出来，确认为一种独立的人格利益，并以之与名誉相区别。

我国民法对信用存有一定程度的偏见，自《民法通则》始，就把信用概括在名誉之中，对信用的保护纳入名誉权的保护之中。《民法典》仍然如此，第 1024 条第 2 款规定名誉的概念，就将"信用"概括在其中。

二、信用权的基本范畴

（一）信用权的性质

对于信用权的性质，有不同见解。

1. 人格权说

将信用权作为独立的人格权，是有充分根据的。据学者研究，大陆法系国家

---

[1]　史尚宽：《债法总论》，台北，荣泰印书馆 1978 年版，第 147 页。

设有专门规定调整危害个人或企业信用的侵权行为，如《奥地利民法典》第1230条之二、《德国民法典》第824条、《希腊民法典》第920条和《葡萄牙民法典》第484条等。在西班牙，1982年5月5日实施《个人名誉保护法》已经扩展到对信用即商业上的名誉的保护。在意大利，法院在一般条款之下塑造和论证信用权。在比利时和法国，对个人或企业信用的保护是用一般条款来调整的。由此可见，欧洲大陆大多数国家对信用权进行保护，或通过民商事法律专门规定，或通过法院的司法判例。[1]

我国很多学者认为，信用权为独立的人格权，因为信用权确有名誉权容纳不下的内容，二者的性质又有区别，侵害行为的特点也不相同，故有特别予以法律保护的必要。鉴于《民法典》没有规定信用权是独立的具体人格权，进而认为信用权是名誉权的子类型。

2. 无形财产权说

有学者认为，信用权的性质是新型无形财产权，"在市场经济条件下，资信利益从精神价值向财产价值不断扩充，成为一种与创造性成果权，识别性标记权相联系而又有区别的新型无形财产权"，其理由有以下几个方面：首先，信用是一种财产利益。信用的价值在于通过信用交换的形式获得对等的交换价值。其次，信用是一种没有物质形态的无形财产利益。[2] 对这种意见，民法学者认为不适当。信用是一种评价，是一种具体人格利益，要通过一种权利保护它，那就一定是人格权而不能是财产权。事实上，信用权是具有一定财产因素的人格权。正像学者质疑的那样，既然信用权是一种无形财产权，为什么还要说它是"一种与传统人格权相区别的混合性权利"呢？混合性权利是在财产权与非财产权之外建立的一类权利。[3] 而无形财产权与有形财产权是财产权的两大类，信用权怎么可能既属于无形财产权又属于混合性权利呢？

---

① 杨俊：《关于对我国信用权的若干思考》，《前沿》2008年第3期。
② 吴汉东：《论信用权》，《法学》2002年第1期。
③ 谢怀栻：《论民事权利体系》，《法学研究》1996年第2期。

3. 独立人格权否定说

认为《德国民法典》第 824 条所保障的绝不是一项独立的人格权，而是一般性的且难以类型化为权利的财产利益，绝不应该作为我国应设立信用权的比较法上的依据。如果坚持要在民法典中设立一项新的（其核心为人格要素，或者至少包含了人格要素）的所谓信用权，必须提供足够且坚固的理由。[①]

4. 双重属性说

认为与其说信用权可以视为一项财产权和一项由人格权衍生出来的权利，不如说是两种不同权利或同一权利的两种形式，即"拥有自己信用的权利"和"控制自己信用的权利"[②]。

5. 个人信息权内容说

学理上所谓的信用权，即民事主体享受并支配其信用及其利益的权利，至少在部分上成为名誉权的权能。不过，将对信用利益的支配权纳入《民法典》第 1034 条以下的个人信息保护制度中，既不会破坏传统名誉权的权利构造，也符合个人信息保护制度的规范目的。《民法典》第 1030 条有关民事主体与信用评价人之间的关系，适用本编有关个人信息保护的规定，也从一个侧面体现了立法者的这种意思。[③] 这不仅是对信用权性质的误解，也是对《民法典》第 1030 条内容的误读，因为征信机构与被征信人之间的关系类似于个人信息处理者与个人信息权利人的关系，因此才设置该准用条款，而不是说信用的性质与个人信息的性质相同。

本书采纳第一种意见。首先，无论《德国民法典》是否把信用作为一种权利来保护，对信用却均予以保护。我国 2002 年《民法（草案）》曾经将信用权纳入立法计划，遗憾的是，《民法典》没有坚持这种立场。其实，将信用权作为具体人格权保护，不是因为德国作了保护的规定，而是符合具体实践的需求和理论研究的结果。即使《德国民法典》没有将信用权作为一项人格权予以保护，而仅

---

① 周云涛：《存疑信用权》，《政法论丛》2008 年第 4 期。

② 胡大武：《侵害信用权民事责任研究》，北京，法律出版社 2008 年版，第 47 页。

③ 陈甦、谢鸿飞：《民法典评注·人格权编》，北京，中国法制出版社 2020 年版，第 206、207 页。

仅是以利益来保护，也不妨碍我国将其作为人格权规定。其次，信用是一种评价，是一种具体人格利益，要建立一种权利保护它，那一定是人格权而不能是财产权。

基于信用权的人格权性质，将信用权规定在民法典中，可以对侵害信用权作出详尽规定，实现对信用权的充分保护。事实上，《反不正当竞争法》第 14 条关于"经营者不得捏造、散布虚伪事实，损害竞争对手的商业信誉、商品声誉"的规定中，包括了信用权的基本内容，是立法对信用权的确认。

（二）对信用权概念的界定

国内关于信用权的定义有以下几种：一是认为信用权，又称经济信用权，是指以享有在社会上与其经济能力相应的经济评价的利益为内容的权利。[①] 二是认为信用权是直接支配自己的信誉并享受其利益的人格权。[②] 三是认为信用权者，以在社会上应受经济的评价之利益为内容之权利。[③] 四是认为信用权，是指民事主体享受并支配其信用及其利益的人格权，或者说是自然人、法人或者其他组织对其所具有的经济活动及其能力的良好评价所享有的权利。[④] 五是认为信用权是民事主体就其所具有的经济能力在社会上获得的相应信赖与评价所享有的保有和维护的人格权。[⑤] 六是认为信用权是指自然人、法人、其他组织所具有的履约能力和意愿，所获得的信赖程度的社会评价及其保有、利用、收益、处分信用并排除他人干涉的排他性权利。[⑥] 七是所谓信用权，是指民事主体享受并支配其信用及其利益的人格权，或者说是自然人、法人或者非法人组织对其所具有的经济活动及其能力的良好评价所享有的权利。[⑦]

对上述信用权定义应当指出一点，不能把信用权的客体局限于信誉，也不是

①　王利明：《民法·侵权行为法》，北京，中国人民大学出版社 1993 年版，第 299 页。
②　张俊浩主编：《民法学原理》，北京，中国政法大学出版社 1991 年版，第 158 页。
③　史尚宽：《债法总论》，台北，荣泰印书馆 1978 年版，第 147 页。
④　王利明：《人格权法研究》，北京，中国人民大学出版社 2005 年版，第 540 页。
⑤　张献：《论外国信用权的保护及对我国的借鉴》，《湘潭师范学院学报》2007 年第 3 期。
⑥　王满平：《论信用权》，《法制与社会》2008 年第 9 期。
⑦　王立明：《人格权法研究》，北京，中国人民大学出版社 2019 年第 3 版，第 525 页。

资信利益①、信赖利益②，而应当以信用及其利益为客体。如果仅将信誉作为信用权的客体，则会造成只保护好的信用，而对一般信用则不作为权利客体进行保护的误解。

笔者认为，信用权是指自然人、法人或者非法人组织就其所具有的经济能力在社会上获得的相应信赖与评价，所享有的保有和维护的具体人格权。

（三）信用权与名誉权的区别

信用权与名誉权有很多相似之处，如权利性质、权利主体、权利客体的客观属性等，都是一致的。但信用权也有其自己的特点。

1. 信用权的客体即对主体的社会评价具有单一性

信用是信用权的客体，信用的基本内容是关于经济能力的社会评价，只此而已。而名誉权的客体则是关于主体的人格的综合评价，范围宽泛、内容复杂。信用权和名誉权的区别是，前者系经济上的评价，后者为社会上的评价。

2. 信用权包含对主体经济能力的信赖因素

信用权不仅包括对主体的经济能力的社会评价，而且包括对主体的信赖因素，包括这两个主要的方面，而名誉权则只包括对主体的一般社会评价。例如，信用受到侵害，有时并不表现为名誉利益受到侵害，而只表现为公众信赖的降低，如此，则只损害信用而不损害名誉，其原因就是信用利益包含经济信赖，名誉利益不包含这种因素。

3. 信用权包含明显的财产利益因素

信用权虽然是人格权，是非财产权，但因其是关系对主体经济能力评价的权利，因而信用利益包括两部分：一部分是精神利益，另一部分是财产利益。该种财产利益并非为直接的财产利益，而是含于信用利益之中，在具体的经济活动中能够转化为财产利益，损害信用利益，也会造成严重的财产利益损失。因而，信用权具有明显的财产性。而名誉权则不具有财产性，只是与财产利益有关联。

---

① 吴汉东：《论信用权》，《法学》2002 年第 1 期。
② 陈民：《论人格权》，载郑玉波主编：《民法总则论文选集》（上），台北，五南图书出版公司 1984 年版，第 355 页。

（四）信用权的内容

有的学者认为，信用权的积极权能主要包括以下三方面内容：一是个人信用保有权，二是个人信用维护权，三是请求相应利益权。[①] 有的学者认为：信用权的内容主要包括：一是对于信用评价的保有和维护，二是信用待遇的取得和利用，三是禁止他人非法侵犯其信用评价和信用待遇。[②] 笔者认为，信用权的主要包括以下内容。

1. 信用保有权

信用权的基本内容，是对自己的信用及其利益享有保有的权利。信用是民事主体因自身主观能力与客观的社会信赖及评价相结合的产物，虽然不能以自己的力量去强迫社会改变评价，增进信赖，但是，却可以通过自身的努力，影响于社会，保持社会对自己经济能力的信赖，扩大自己的经济影响力，使社会对自己的经济评价得到提高。信用保有权包括：一是主体保持自己的信用不降低，不丧失；二是通过自己增强经济能力，加强诚信履约的努力，而使自己的社会经济评价和信赖不断增强和提高，获得更好的社会经济形象。对此，信用保有权与名誉保有权是一样的，即权利主体不是以自己的主观愿望去左右社会经济评价和信赖，而是通过自己的实力、服务质量、产品信誉、履约态度和能力等，作用于社会，使公众对自己的经济能力增强信赖，给予公正评价。

2. 信用利益支配权

自然人、法人、非法人组织对自己的信用利益可以支配、利用。利用自己良好的信用，扩大经济交往，开展经济活动，以获得更好的社会经济效益，创造更多的社会财富，满足自身的经济、文化需要，同时也满足社会的需要。这是信用权主观能动作用的体现。

信用利益的支配不是无限的、任意的，不包括信用的抛弃权，更不得将自己的信用转让他人，也不能作为财产由继承人继承。但是，权利主体可以利用自己的信用为他人谋利益，为他人进行服务。例如，信用良好的法人和个人可以用信

---

① 李新天、朱琼娟：《论个人信用权》，《中国法学》2003 年第 5 期。
② 陈璐：《论个人信用权的保护》，《财经理论与实践》2009 年第 4 期。

用为其他债务人进行担保，是为保证。子承父业，其继承人可以利用继承的营业所享有的信用而进行活动，扩大经济交往。这些虽然不是信用的转让和继承，但却具有相近的联系。这一点是信用权与名誉权的不同之处。

3. 信用维护权

信用保有权是自然人、法人、非法人组织对自身信用采取的主观态度，信用维护权则是自然人、法人、非法人组织就自身信用对他人的要求和态度，维护自己的信用不受外来侵害。信用维护权主要包括人格权请求权，在行为人侵害信用权的行为构成侵权责任时，侵权请求权也是信用维护权的内容。信用维护权包括两重含义：一是信用权的绝对权属性，要求任何其他人都对自己的信用负有不可侵害的不作为义务；二是对于违反法定不可侵义务而侵害其信用权的行为人，权利人基于信用维护权，可以寻求司法保护，要求司法机关对侵害自己信用权的行为人进行制裁，救济自己的信用权损害。

三、信用权的法律保护方式

（一）对信用权的不同保护方式

由于各国对信用权的立法体例不同，有的认其为独立的人格权，有的认其为营业权的内容，有的认其为名誉权的内容，因而在实务上对信用权的法律保护有以下两种不同的方式。

1. 直接保护方式

对信用权的直接保护方式，是对侵害信用权的行为直接确认为侵害信用权行为，责令行为人承担民事责任，保护信用权主体的信用利益不受非法侵害。《德国民法典》在债法关于侵权行为的规定中，明确规定信用权为独立人格权，采取直接保护方式对受害人的信用权损害予以民法救济。

2. 间接保护方式

对信用权的间接保护方式，是对侵害信用的行为确认为侵害其他民事权利的民事责任，制裁侵害信用权的行为，间接保护权利主体的信用利益不受侵害。信用权间接保护的典型为《澳门民法典》第73条第1款，这是对名誉权的规定，但是，其中包括了对信用利益的承认和保护："任何人均有权受保护，以免被他人质疑某种事实或作出某种判断，使其名誉、别人对其之观感、名声、声誉、个人信用及体面受侵犯。"

间接保护方式又分为两种形式。

一是，确认侵害信用利益的行为为侵害名誉权，对权利主体的信用利益进行间接法律保护。这种间接保护的理论根据，在于信用与名誉同为社会评价，信用为广义名誉的组成部分，以保护名誉权的法律保护方法保护信用，可以达到保护信用利益的目的。在没有确认信用权为独立人格权的国家和地区，多采这种间接保护方式。

二是，确认侵害信用利益的行为为侵害营业权，对权利主体的信用利益进行间接法律保护。其理论根据在于信用是营业的组成部分，营业权中包括信用利益，保护营业权包括对信用利益的保护。

（二）我国对信用权的保护方式

《民法通则》和《侵权责任法》对信用权未作明文规定，也未规定民事主体享有营业权，司法实务采用保护名誉权的方法间接保护民事主体的信用利益。《最高人民法院公报》1988年第1期公布的"上海新亚医用橡胶厂诉武进医疗用品厂损害法人名誉权纠纷案"，就是我国间接保护信用权的例证。在本案中，被告采取印发公告的形式，谎称原告产品大量积压，倾销失效、半失效的产品，对原告的经济能力进行诋毁宣传，破坏了公众对原告产品质量的信赖，损害了原告的信用，是以不正当竞争的方式，即"控告、散布虚伪事实，损害竞争对手的商业信誉、商品声誉"[1] 的行为，侵害了企业法人的信用权。对这种侵权行为认定为侵害名誉权，使其承担相应的民事责任，显系采取间接保护方式。

在理论上，学者一直主张应当采用直接保护方式保护信用权，认为对信用权法律保护的上述两类三种形式，以直接保护方式为最佳，以侵害名誉权的形式间接保护次之，以侵害营业权的形式间接保护为不可采。其理由是：第一，名誉与

---

① 《反不正当竞争法》第14条。

信用虽同为社会评价，但二者具体内容不同，信用确有与名誉不同之处，以侵害名誉权的间接保护方式可以救济大部分的信用利益损害，但是确有这种间接保护方式所不能保护的部分。只有直接确认信用权为独立的人格权，并以直接保护方式予以保护，才能完备地保护信用利益。第二，营业权究竟为独立的人格权还是商事法的权利，尚不分明。而信用不仅为从事营业的主体所独有，不从事营业的主体亦有信用，亦应进行法律保护。以侵害营业权方式间接保护信用利益，必然对不从事营业的主体的信用利益无法保护，难避对信用利益保护不周之弊。

《民法典》没有接受这种意见，坚持将信用概括在名誉权的客体之中，继续采用间接保护方式保护信用权，使学理上所谓的信用权，即民事主体享受并支配其信用及其利益的权利，至少在部分上成了名誉权的权能。①

对信用权仍然采取间接保护方式，虽然比以营业权为基础的间接保护方式为优，但是，仍然不是完备的信用权保护制度。为此，应当确认信用权为独立的人格权，在实务中采用直接保护方式，保护民事主体的信用利益，救济其损害。

四、保护信用权的人格权请求权

信用权受到侵害，权利人可以行使人格权请求权保护自己，救济权利。

救济的方法是，依照《民法典》第 995 条规定的民事责任方式，请求行为人承担停止侵害、排除妨碍、消除危险、消除影响、恢复名誉、赔礼道歉的民事责任。权利人可以根据侵害信用权行为的具体情况，采取相应的人格权请求权的具体方式。

信用权人行使人格权请求权，不受诉讼时效的限制。

五、保护信用权的侵权请求权

侵害信用权，造成权利人损害的，应当适用侵权请求权的方法予以保护，救

---

① 陈甦、谢鸿飞：《民法典评注·人格权编》，北京，中国法制出版社 2020 年版，第 306 页。

济权利损害。

（一）侵害信用权的侵权责任构成

侵害信用权的民事责任构成，须具备违法行为、损害事实、因果关系和过错四个要件。有的学者主张，侵害信用权须具备行为人主张或散布有损他人信用的事实、须所主张或传达的事实不真实、须行为人主观上有故意或过失、须为对特定人信用的侵害四个要件者，始为构成。这种主张所说的责任构成要件较为具体，可以参考。本书仍采用传统理论，依照《民法典》第 1165 条第 1 款规定，研究信用权的侵权责任构成。

1. 违法行为

侵害信用权的违法行为，首先必须具备有损他人信用的内容。这样的内容包括对主体的经济实力、履约能力及态度、产品质量、经营现状、销售状况等经济能力的贬损、误导以及其他施加不当影响的事实。这种主张或散布的事实必须是不真实的事实，包括绝对不真实的事实和相对不真实的事实。前者包括故意虚构的事实、自认为真实但却不真实的事实、轻信他人主张的不真实事实。后者为行为人所述事实为真实，但是对其实质内容未作详细说明，或对事实未作全面报道者。① 例如流言某腊肠贩卖商店之前，屡停有屠马者之货车，而对其货车之未卸下何物，默而不言，则可使人想象该店有混用马肉之事，以毁损其信用。② 又如只报道某单位设备简陋、生产条件差，而不言明该单位艰苦奋斗和实际生产情况，因而损害其信用。

侵害信用权的行为一般表现为作为的方式，捏造、传播、转述流言为主要形式。当行为人负有特定的作为义务时，不作为亦可构成侵害信用权。《消费者权益保护法》第 20 条规定："经营者向消费者提供有关商品或者服务的质量、性能、用途、有效期限等信息，应当真实、全面，不得作虚假或者引人误解的宣传。""经营者对消费者就其提供的商品或者服务的质量和使用方法等问题提出的询问，应当作出真实、明确的答复。"这种答复和提供信息的义务，就是法定的

---

① 王利明等：《民法·侵权行为法》，北京，中国人民大学出版社 1993 年版，第 301 页。

② 史尚宽：《债法总论》，台北，荣泰印书馆 1978 年版，第 148 页。

作为义务，违反者，即为不作为的侵害行为。例如经营者出售自己的假冒伪劣产品，消费者误认是另一厂家产品，进行询问，而经营者保持沉默而不作否认，就违反了法定作为义务，属于不作为的侵害信用权行为。

确认侵害信用权行为的违法性，其依据是《民法典》第3条关于保护自然人、法人、非法人组织合法权益的原则规定，第1024条关于"任何组织或者个人不得以侮辱、诽谤等方式侵害他人的名誉权"的规定，以及《反不正当竞争法》和《消费者权益保护法》中关于保护信用、禁止不正当竞争、保护消费者权益的规定，这些都是判断行为违法性的重要法律根据。

2. 损害事实

侵害信用权的损害事实，是侵害信用权行为作用于社会，而导致公众对特定主体经济能力的信赖毁损和社会经济评价的降低，以及由此而造成的财产利益损失。其主要表现是：

（1）信用利益的毁损

与名誉利益损害事实相较，信用利益的损害也表现为社会评价降低，在这一点上，二者有相同之处。例如，贬损经营者的经济能力，能造成其名誉的损害，但实质是对其信用的损害，这是因为损害的是其社会经济评价。然而，在信用损害上，有时并不表现为名誉利益的损害，而只表现为公众信赖的降低，则只损害信用而不损害名誉，其原因就是信用利益包含经济信赖，而名誉利益则不包含这种因素。例如，片面传播某经营者资金短缺，正在筹措资金以组织生产的传播行为，并不损害该经营者的名誉，但是却损害其信用，原因在于资金短缺的传言会破坏公众对权利主体经济状况的信任力和信赖感，严重的还会造成该主体的信用危机。

信用利益的损害包括两个方面：一是社会经济评价的降低，二是公众经济信赖的毁损。这两种损害因素，多是结合在一起，但有时信赖毁损会单独存在。前述上海新亚医用橡胶厂的信用利益损害事实，既表现为社会经济评价的降低，也表现为公众信赖的毁损。前述经营者资金短缺的举例，则只造成公众经济信赖的毁损，间接涉及经济评价，虽然对其一般人格评价无毁损，但是，亦为信用损害事实。

（2）权利主体财产利益的损失

由于信用是社会经济评价与信赖，直接具有经济利益因素，因而信用利益的损害一般会带来财产利益的损失，尤其对经营者而言，此点更为明显。

对财产利益的损失应当实事求是判断。对于经营者的财产利益损失，计算必须确有实据，并应注意扣除自身原因造成财产利益损失的因素。对于一般民事主体的信用损害造成的财产损失，也应依证据确定。

法人、非法人组织的信用损害，不存在精神痛苦的损害。自然人信用损害，主要是经济上的损失和信用利益的损害，确有造成精神利益严重损害结果的，可以确认行为人承担精神损害赔偿责任。

3. 因果关系

侵害信用权的因果关系较易判断，应当注意的是，违法行为与信用利益损害之间、违法行为与财产利益损失之间的因果关系有不同特点。

在违法行为与信用利益损害之间，因果关系判断的标准在于违法行为所包含的内容被"公布"，即被第三人所知悉，未被第三人知悉者，不会引起信用损害。在这一点上，侵害信用权与侵害名誉权是相同的。

在违法行为与财产利益损害之间，应以确定的因果关系证明为标准，即后者确实为前者所引起的，才能确认其有因果关系。

4. 过错

对侵害信用权的过错形态，有不同主张。一是，认为加害人对于信用之损害以有故意为限，始构成侵权行为。加害人知其行为可发生损害他人信用之结果而敢为之者，即为有故意。[1] 二是认为，损害信用权不能仅限于故意，不论行为人主张或散布有损他人信用的事实是出于故意，还是出于过失，均可构成信用权的侵害。[2]

侵害信用权的过错，包括故意和过失。理由是，全面保护民事主体的信用

---

[1]　史尚宽：《债法总论》，台北，荣泰印书馆1978年版，第148页。

[2]　王利明主编：《民法·侵权行为法》，北京，中国人民大学出版社1993年版，第301页。

权，没有任何条文规定对过失造成的信用损害可以不予救济。史尚宽之所以强调侵害信用以故意为限构成侵权行为，是依据刑法的规定，此乃构成犯罪的罪过形式，而侵权行为的过错不能要求过苛，采用犯罪的罪过标准。学者认为，行为人有意虚构事实，或者明知他人的主张并非真实事实而加以传播者，为有故意；行为人轻信他人的主张为事实而加以传播，或者应当知道他人的主张并非真实事实而不知道加以传播的，均为有过失。① 这种主张可以作为侵害信用权的故意和过失的标准适用。例如，被告的法定代表人卢某在听取汇报时，批评本厂推销员销售不力。推销员为推脱责任，谎称原告冒充与本厂联营而推销它们的产品，使本厂的销售活动受到影响。卢某听后十分气愤，即指示销售科起草函稿，指责原告冒充与本厂联营推销其劣质产品，请用户及商店切勿购买原告产品，印发给 100 余销售单位，侵害了原告的信用权。② 其主观心理状态，为法定代表人轻信其工作人员主张的虚假事实并为传播，为过失，构成侵害信用权。

（二）信用损害的阻却违法事由

认定信用权的侵权责任构成，如果行为人的行为具有阻却违法事由，将否定侵权责任构成，行为人不负侵权责任。信用损害的阻却违法事由包括以下几种。

1. 行为人对其所传述的事实不知且不应知其为非真实

行为人传播的事实虽非真实事实，但由于行为人的消息来源足以使一般人不会怀疑该消息的真实性，行为人即为不应知其为不真实。对此不应知其为非真实而不知，而对该不真实的事实予以传播的，为阻却违法事由，理由是行为人主观上无过错。对此，应当区分行为人的身份特征。一般主体不负有对消息来源具有真实性的事实的合理核实义务，如听消费者协会新闻发布会发布某厂家产品质量不好的事实，而后予以传播者，不构成信用损害。反之，新闻单位对该种新闻发布会上发布的此类消息，应负事实的合理核实义务，未经合理核实而见诸新闻媒体，不得以其不知且不应知其为非真实事实而抗辩，造成信用损害后果的，是过失的不作为行为，应与新闻发布单位一起共同承担侵害信用权的责任。

---

① 王利明主编：《民法·侵权行为法》，北京，中国人民大学出版社 1993 年版，第 301 页。
② 杨立新：《精神损害疑难问题》，长春，吉林人民出版社 1991 年版，第 148 页。

2. 因有利益关系或负有义务而为通知

行为人为维护自己的正当权益，或者为履行自己的义务，向第三人通知其有损他人信用的事实的，构成阻却违法事由，否定侵害信用权责任的构成，不承担侵权责任。如合伙人向其他合伙人通知某人没有足够支付能力的传言，是为维护合伙的正当利益，也是履行合伙人之间协力通知的义务，因而不为侵害信用权行为。无此义务或不具有利益关系而通知，或者认为有此义务或利害关系而通知者，仍为传播有损信用的行为；或者有此义务或利害关系，但明知该传言为不真实而通知者，亦构成侵害信用权。债权人因债务人资不抵债而向人民法院起诉，亦为维护权利的需要，不构成侵害信用权。

这里的利害关系，是指行为人与信用权主体具有直接的相关利益，这种利益为法律所保护。在这种利益关系中，行为人为维护自己的正当利益，向第三人通知有损于信用权主体信用的事实时，才为阻却违法事由。不具有这种直接利害关系而向第三人通知者，为侵害信用权。例如，原告食用香料厂（乡镇企业）与被告香料厂（国企）在同一城市设厂，生产同样产品。被告为防止原告抢占市场，印制《防止乡村企业冒充我厂香料产品的声明》，散发至 2 000 多个市县商业及食品加工企业，使原告的生产经营活动遭受严重影响。[①] 被告的向他人实施的通知行为，不具有法律保护的利益关系，也不是维护自己的正当权益，而是不正当竞争行为，构成侵害信用权。

3. 依照职责反映权利主体负面信用情况

这种行为是依法执行职务行为，为正当的阻却违法事由，不构成侵权责任。构成这种阻却违法事由，一是要确有此职责，二是通过正当的渠道反映。符合这两个条件，应予免责。市场监管机关向上级提出某法人无支付能力的报告，报告的是该法人的负面信用情况，但因其职责和反映渠道正当，故为合法行为。

4. 通过正当渠道向有关部门反映情况

向有关部门反映某主体的信用情况，只要反映者是经正当渠道、正当程序进行反映，则尽管其反映的情况不够真实，也不构成侵害信用权。例如，消费者正

[①] 杨立新：《精神损害疑难问题》，长春，吉林人民出版社 1991 年版，第 146 - 147 页。

当投诉是行使权利的行为，即使对经营者的信用有所损害，也是阻却违法事由，不构成侵权责任。如果当事人在正当投诉时，又向社会散布所反映的不真实事实的，则构成侵害信用权。

（三）侵害信用权的民事责任承担

1. 赔偿信用权损害造成的财产损失

侵害信用权民事责任的基本方式，是损害赔偿。应当依照《民法典》第1182条规定，侵害他人信用权造成财产损失的，按照被侵权人因此受到的损失或者侵权人因此获得的利益赔偿；被侵权人因此受到的损失以及侵权人因此获得的利益难以确定，被侵权人和侵权人就赔偿数额协商不一致，向人民法院提起诉讼的，由人民法院根据实际情况确定赔偿数额。

2. 赔偿受害人为调查其信用受损害的行为所支付的合理费用

这一赔偿范围，是反不正当竞争法确定损害赔偿责任的一个新的规定。确认这种赔偿责任，是完全合理的。确定这种赔偿范围应遵循两个原则：一是实际支出原则，即赔偿的费用，必须是实际支出的费用，因而，这种损失的性质是直接损失；二是合理支出原则，即赔偿的费用，必须是合理支出的费用，凡不合理的支出，或不属调查该行为支出的费用，均不应予以赔偿。

3. 为恢复信用而支出的费用

信用损害以后，权利主体为恢复其信用，所做宣传费用等，均属此范围，亦为信用损害所造成的财产损失，应按实际、合理的赔偿原则，实事求是地予以赔偿。

4. 非经营主体的损害赔偿责任确定

对于侵害非经营者主体信用权的损害赔偿责任确定，应参照侵害名誉权损害赔偿责任的确定方法，依照《民法典》第1183条第1款规定确定赔偿范围。

六、建立和完善社会征信体系

（一）我国现阶段建立和完善社会征信体系的极端重要性

建立和完善社会征信体系的基本目的，在于建设诚信社会，确立诚信观念和诚信道德，推动市场经济发展，所针对的正是我国社会诚信观念和诚信道德所面临的严峻形势。据统计，我国银行系统由于失信行为而造成的损失每年达数千亿元。作为善举的助学贷款，仅某省就有60多所高校的数万名困难大学生受益，贷款额达数亿元之多。但是，超过20%的贷款毕业生违约，致使一些银行不得不停止这项贷款业务，这些行为不仅破坏了自己的信用记录，还把"苦果"留给了正在大学校园求学的贫困师弟师妹。这是我国诚信建设严峻局面的一个缩影。

我国历来是一个讲究诚信的国家，儒家学说的"仁、义、礼、智、信"被奉为道德经典，"信"自在其中。按照《说文解字》的解释，信者，诚也，人言无不信者为诚。以"信"为本，讲究诚信，反对失信，是我国社会尊崇的信条。但是，近代以来，"信"德乃至于儒家道德受到摧残和冲击，诚信观念和诚信道德同样在危机中，以至于造成现今的状况。

现代社会是诚信社会，市场经济是诚信经济。没有诚信的社会，不能成为现代社会；没有诚信的经济，同样不能成为健康发展的市场经济。因此，针对当前我国市场经济发展和社会诚信状况的实际需要，必须尽快建立完善的社会征信体系，而作为先导和探索，必须加快银行系统征信体系的建设，进而推动全社会的企业和个人征信体系的全面建设，推动诚信社会的全面建设。社会征信体系的建立，对于建设诚信社会、维护金融秩序、避免金融风险，具有极为重要的作用。

（二）各国征信体系建设的基本模式

在国际社会中，征信机构的建设主要分为两个系统：一个是依靠国家建立的公共征信系统，一个是私人投资的民营征信系统。这两个征信系统是相互补充的，主要任务都是向社会、公众提供开放的企业和个人的信用数据库。在国际上，公共的征信系统与私营的征信系统都有很好的发展和表现。

1. 英美国家的民营模式

以美国和英国、加拿大、澳大利亚等国家为代表，大量使用的是私人征信机构。在这种模式中，征信机构的市场化和提供第三方服务的色彩更为强烈，由民间投资组成，独立于政府和各类金融机构、商业机构之外，信息来源相对广泛，并为法律允许范围内所有市场主体提供信用调查服务的机构。在美国，有征信机构数百家，最主要的征信机构是三家，占据了美国主要的征信市场。美国的三大征信机构之间的竞争激烈，因此能够更快地提供准确的征信信息，每一个银行在贷款之前都会查询借款人的信用报告。越好的征信机构其查询量就会越高，因此效率就会越高，就会得到更多的利益。

2. 欧盟等国家的公共模式

在欧盟以及相关的国家，征信机构的建设采取公共模式，一般是由政府财政出资建立广泛覆盖的个人信用数据库系统，由央行作为系统的管理者，实际运作采取非营利性，直接隶属于央行。信用信息主要来自金融机构，同时服务对象也只限于金融机构，因此，这种模式实质是金融系统联合征信方式，以规避金融信贷风险为主要任务。所以，在信用记录的标准方面，与民营模式相比，公共模式的信息较为有限。

3. 泰国的征信机构建设

亚洲的征信机构建设原来比较薄弱，目前发展很好。泰国由于三大因素促使建立征信系统：一是资本市场大大加强，运作时依赖征信体系，要做好内部的信用情况调查。二是消费金融的发展大大发展，银行要获得更多的信用信息，特别是小银行更是如此。三是来自外国银行的竞争，为争夺高质量的客户，内地银行只能争取小的客户，极为需要信用信息。此外，1997 年发生金融危机，银根紧缩，银行不想发新的贷款，决策者建设好的征信系统，就会鼓励银行有更大的信心，发更多的钱。

因此，泰国决策者要求银行自我评估，建立自己的征信系统，两个主要的公司都在 1999 年 9 月开始运作，2002 年通过《征信业法》，2003 年 3 月 14 日生效实施，特别规定了信息权利人的权利，有了解权、修改权，要受监督委员会的监督。要发公告，规定征信征集、拥有、使用费用，都有规定，此外，规定了民事程序和刑事程序，还规定对隐私保护的权利，保护银行的秘密。

（三）我国征信体系建设的基本状况

近年来，我国的征信体系建设有了初步发展，从 1989 年开始至今，我国的社会征信体系建设经历了三个发展阶段。

第一阶段是征信业的起步。由于对外贸易企业对于信用调查的需求，从1989年开始，国内出现了部分信用调查机构和企业咨询策划机构。随后，一些民营企业也开始从事信用调查工作，进行企业咨询策划，中国的征信业开始起步。

第二阶段是民营征信业的初步发展和外资进入。从1995年开始，随着中国经济的快速发展和商品买方市场的初步形成，银行信用和商业信用规模都不断扩大，对企业信用调查的市场需求不断增加，国内出现了新的民营征信企业，外资征信和资信评级企业不断进入中国市场，推动了我国征信业务的发展。

第三阶段是政府推动征信业发展。2000年至今，市场更加开放，居民信贷消费增加，社会的信用规模进一步扩大，而失信行为的不断增加，也促使政府重视信用体系的建设和征信机构的建立，中央提出建立社会信用体系的战略任务，中央银行信贷登记咨询系统建立起来并发挥作用，个人征信试点也开始进行，取得了很好的经验。

至目前为止，中国已经建立了四类不同的征信机构：一是政府部门所属、专门提供企业资信调查活动的机构，例如中国人民银行建立的企业信用信息咨询中心等；二是中资民营的企业征信公司，主要从事企业信用调查和咨询、风险管理等业务；三是已经进入中国的外国征信机构，提供企业征信服务；四是建立健全个人征信机构。

应当看到的是，尽管我国征信体系的建设已经有了上述的发展，市场化运作模式已经形成，企业征信市场的集中度在逐步提高，个人征信试点初见成效，中央银行信贷咨询系统建立并取得成效，但是，距离建设诚信社会的整体需求还有距离，全国征信体系的建设仍然需要继续发展。

（四）全面建立和完善社会征信体系的基本思路

为了中国社会诚信建设和经济的健康发展，必须全面建立和完善社会征信体系。归纳起来，其基本思路是：

第一，必须全面加快建立和完善社会征信体系的建设速度。就目前我国征信业的发展而言，面对市场经济的快速发展，不能完全适应商业银行和社会各界对征信服务业提出的迫切需求，加快企业和个人征信体系建设已经成为社会的共识。因此，在现有基础上，必须全面加快征信体系的建设，以适应社会和经济发展的需要。

第二，征信机构建设应当公共模式和民营模式并举，引进外资征信机构，形成市场化良性竞争。在美国，发挥主导作用的征信机构是民营征信机构，主要的征信业务集中在三大民营征信机构。在欧洲，以国营的或者公共征信机构为主导。中国建设社会征信机构，应当公共模式和民营模式并举，同时，欢迎外资征信机构进入市场，形成征信业的良性竞争，通过市场引导征信业的健康发展。

第三，以建立统一的银行征信机构为先导，带动全国统一的企业和个人征信机构发展。现在，中央银行信贷登记咨询系统已经建立并运行，在防范金融风险方面已经发挥了重要作用。中央银行信贷登记咨询系统还应当完善个人信用信息登记，进一步带动全国的企业和个人的征信机构的建设和发展，形成拥有全国基础信用信息资源的大型的综合性征信机构和众多提供信用信息评估等信用增值服务的各具特色的地域性、专业性征信机构，覆盖全国的企业和个人征信。

第四，坚持特许经营、商业运作、专业服务的方针，全面开展征信业务，充分发挥征信体系作用。征信机构由于涉及企业和私人的信用信息披露，必须坚持特许经营，经过必要的审批。征信机构不仅要开展一般的信用信息的征集、加工、使用服务，还要进行信用评级、评估等信用增值业务，并且要开展专业性、地域性的征信业务服务，形成信用信息资源整合，实现信息共享，各具特色，充分利用各项资源，发挥规模效益，适应不同征信需要，为推动诚信社会建设充分发挥作用。

（五）建设和完善社会征信体系须加强法治

建设和完善社会征信体系，必然涉及被征集信用信息的主体的权利保护问题，同时，征信机构采取市场化运作方式进行，如果不加强法治，也会出现严重的问题。因此，建立和完善社会征信体系必须依法进行。

建设和完善社会征信体系涉及的法律问题，主要是以下三方面。

1. 如何在采集、加工、使用信用信息时保护好信息主体的权利

建设完善的社会征信体系，是以征集、加工整理和使用企业和个人的信用信息为基础，这就必然涉及民事主体民事权利的保护问题，即围绕个人信用报告的采集、制作与使用，必然地要对个人的信用信息进行披露，形成与个人和企业的隐私权和商业秘密的保护的矛盾和冲突。对这种权利冲突的协调原则是：第一，坚持对企业和个人权利的保护原则，特别是对个人的隐私权、个人信息权、信用权必须予以保护，不能因为征信体系的建立和完善而使个人和企业的权利受到侵害。第二，个人和企业应当适当让渡自己的部分权利内容，即将自己的信用信息对征信机构予以披露，对这些信息以及已经公开的信用信息，准许征信机构采集、整理和使用。第三，对于征信机构采集的信用信息以及制作的征信产品，个人和企业享有知情权，征信机构应当保障信息的准确，对信息主体必须定期报告，每年应当免费出具个人和企业的信用报告，使信息主体知道自己被征集和使用的信用信息的真实情况。第四，征信机构对掌握的信用信息必须正确使用，保障信息管理及信息管理系统运行的安全；信息主体对信用信息享有变更权，当信息主体发现自己的信用信息不准确，有权请求变更，征信机构必须在规定的时间内予以更正。

2. 防范和制裁征信系统运作中的违法犯罪行为

在征信机构的建立和运营过程中，必然会发生各种各样的违法犯罪行为。第一，在民事方面，因为权利的保护和个人信用信息的使用，会经常发生侵权行为。在征信机构，可能发生侵害信用主体的隐私权、个人信息权、信用权的侵权行为，其他人也可能会非法使用个人的信用信息报告，构成侵权等。发生侵权纠纷，可以选择通过诉讼程序解决，依法制裁侵权行为。第二，信用机构在运营中，也会违反国家行政管理法律法规，构成行政违法行为，行政机关依法进行监管，纠正和制裁违法行为；发生争议，可以通过诉讼程序进行司法裁决。第三，对于可能发生的犯罪行为，例如破坏征信机构建设、窃取信用信息等，应当通过特别刑事立法，确定为犯罪行为，规定刑罚惩罚方法。总之，加强社会征信体系建设应当依照法律进行，求得信息公开与民事权利保护的协调，确保社会征信系

统的全面建设和良性运行，使我国建立起完善的社会征信体系，对社会各界提供信用信息咨询参考，防止失信行为为害社会，也防范和制裁违法犯罪行为破坏社会秩序，侵害人民的权利。

3. 将市场化运作的社会征信体系管理纳入法治轨道

必须制定征信机构管理法律法规，使其依法进行。各国一般都有征信管理法律法规，美国有《公平信用报告法》，泰国有《征信业法》。一是，我国应当制定征信管理的法律法规，制定《征信业法》，规范征信机构运行及其管理，促进征信业健康发展。二是，加强对隐私权、个人信息权和信用权的保护，规定为了加强诚信社会建设，对于民事主体的信用信息的支配，可以让渡一部分权利，允许征信机构征集公开的个人信用信息，加工成为信用产品，允许合法使用。三是，国务院应当制定征信机构管理法规，加强对其监管，政府监管对于规范征信机构的行为，保护信用交易双方的权利，维护征信市场秩序，都具有重要的作用，促进其健康发展。四是，主管部门即中国人民银行总行应当加强征信业的标准化建设，实行信息标识标准，信息分类及数据格式编码标准和安全保密标准等，规范征信业的有序发展。五是，要加强征信业的自律，征信从业人员应当自觉遵守法律，尊重他人的权利，作诚实守信的典范。

七、《民法典》对信用权保护的特别规定

在信用权的保护中，《民法典》特别规定，为了保护社会的诚信秩序，征信机构有权就自然人、法人、非法人组织的诚信状况进行征信，并为其他民事主体提供征信信息，在征信中，要特别保护好信用权人的权利。

（一）信用权人对信用评价的权利及信用评价人的义务

《民法典》第 1029 条规定："民事主体可以依法查询自己的信用评价；发现信用评价不当的，有权提出异议并请求采取更正、删除等必要措施。信用评价人应当及时核查，经核查属实的，应当及时采取必要措施。"

征信机构是征集民事主体信用，进行加工，提供他人使用的机构，有权征集

民事主体的信用信息，进行加工，提供他人使用，为加强诚信建设所必需。但是，每一个主体在接受征信机构征集信用信息的同时，也享有权利。

信用权人对征信机构享有的权利是：（1）民事主体可以依法查询自己的信用评价，征信机构不得拒绝；（2）发现信用评价错误的，有权提出异议，并要求采取更正、删除等必要措施，以保持对信用权人信用评价资料和评价结论的正确性。

征信机构也就是信用评价人的义务：（1）接受权利人对自己的信用评价的查询；（2）对权利人提出的异议，应当及时核查。（3）对异议经核查属实的，应当及时采取必要措施，予以纠正，对权利人保持正常的客观、准确评价。

（二）民事主体与征信机构的关系准用个人信息保护规则

《民法典》第1030条规定："民事主体与征信机构等信用信息处理者之间的关系，适用本编有关个人信息保护的规定和其他法律、行政法规的有关规定。"这是对民事主体与征信机构利益关系的规定。

之所以要规定民事主体与征信机构的权利义务关系，就在于征信机构的建立和发展都必须依赖于民事主体的信用信息，因而形成了信用机构征集民事主体信用信息的权利，以及民事主体作为信用权人对自己的信用信息占有、支配的权利。这两个权利形成冲突。在立法上，立场更多地站在征信机构一方，因为征信机构的价值在于建立社会的诚信秩序，维护社会的和民事主体的诚信观念，因而涉及社会公共利益问题。正是由于立法立场的偏重，因而更要保护好民事主体的信用权，保护好民事主体的信用信息，因而《民法典》侧重规定民事主体在与征信机构的关系中，强调民事主体的权利和征信机构的义务。

关于信用权和信用权人与征信机构之间的关系，《民法典》除了第1029条规定之外，没有作进一步规定。由于信用权人和征信机构之间的权利义务关系与个人信息权人和个人信息征集者、使用者的权利义务关系基本相同，因此规定准用条款，准用有关个人信息保护的规定，以及其他法律、行政法规的有关规定。其他法律如《网络信息安全法》《关于加强网络信息安全的决定》《个人信息保护法》，以及国务院关于保护个人信息的行政法规的规定。

征信机构征集信用信息准用的法律规定，《民法典》第 1035 条规定的是征集原则和条件，第 1036 条规定的自然人对信息持有者的权利，第 1037 条是关于收集、使用或者公开个人信息的免责条款，第 1038 条规定的是信息收集者、持有者的义务等，在个人信用信息的征集、使用中都可以适用。

第三节　荣誉权

一、荣誉权的客体：荣誉

（一）界定荣誉概念的分歧意见

在所有的人格权客体里，民法学者的见解分歧最大的就是名誉权的客体，即荣誉。有代表性的意见，一是认为荣誉是特定人从特定组织获得的专门性和定性化的积极评价。[①] 二是认为荣誉就是自然人或者法人光荣的名誉，它的表现形式是获得嘉奖或者是光荣称号等。[②] 三是认为荣誉与名誉一样，都是社会对特定的自然人或法人行为的一种评价。但荣誉与名誉又不一样，它是根据一定程序或者由国家行政机关给予特定人的评价。[③] 四是认为自然人的荣誉是自然人在学习、生产、工作或战斗中表现突出、成绩卓著、立有功勋而获得的光荣称号。[④] 五是认为荣誉即美誉或光荣的名誉，它是国家、社会对自然人、法人在生产经营、科学实验、文化教育等在社会活动中作出贡献、取得成果所给予的精神奖励。[⑤] 六是认为荣誉，是自然人或法人在生产劳动和各项工作中成绩卓著所受到的表扬和奖励。荣誉是政府、组织等机构对于自然人、法人所作的一种正式的、公开的

---

① 张俊浩主编：《民法学原理》，北京，中国政法大学出版社 1991 年版，第 155 页。

② 杨振山主编：《民商法实务研究·侵权行为卷》，太原，山西经济出版社 1993 年版，第 162 页。

③ 佟柔主编：《中国民法》，北京，法律出版社 1990 年版，第 489 页。

④ 李由义主编：《民法学》，北京，北京大学出版社 1988 年版，第 571 页。

⑤ 马原主编：《中国民法教程》，北京，人民法院出版社 1989 年版，第 497 页。

评价。①

以上定义，从不同方面或角度揭示了荣誉的内涵，可概括为以下两种不同的观点：一是评价说，认为荣誉说到底，是一种社会评价，与名誉不同的是，荣誉这种社会评价是正面评价、积极评价、正式评价。对此，学者略有不同看法，有积极评价说，有正式评价说，有特定评价说。二是奖励说。认为荣誉就是获得的奖励，获得的光荣称号。这种奖励是因在社会活动中作出贡献、取得成果，由国家和社会所给予的奖励。认荣誉为精神奖励者，为精神奖励说；认荣誉为光荣称号者，为光荣称号说。

（二）荣誉的概念和基本特征

1. 荣誉的概念

《民法典》没有对荣誉概念作出定义。要对荣誉下一个准确的定义，首要问题是应当确定荣誉的基本特征，即采评价说抑或采奖励说。

评价说尽管有多种不同主张，但确定荣誉的基本特征是一种评价，是有充分根据的。荣誉实际上是社会的褒奖，说荣誉是奖励，是光荣称号，并非错误，但是，奖励和光荣称号只是荣誉的外在表现形式，而不是其实质，是具体的荣誉而不是抽象的、概括的荣誉概念。将具体的荣誉，诸如精神奖励、物质奖励、光荣称号、奖金、奖牌、勋章、奖杯等抽象起来，就是社会给予特定民事主体的积极评价。因而，荣誉是指特定民事主体在社会生产、社会活动中有突出表现或突出贡献，政府、单位团体或其他组织所给予的积极的、肯定的正式评价。

这一定义，与立法机关立法专家关于"荣誉是国家和社会对在社会生产生活中做出突出贡献或者有突出表现的民事主体所给予的积极的正式评价"② 的定义，基本上是一致的。

2. 荣誉的特征

在民法上，名誉和荣誉是关系最紧密的一对概念，但是，自然人的名誉和荣誉在存在的时间上有所不同，原因在于，名誉往往伴随人之出生，存在于生命存

---

① 马原主编：《民事审判实务》，北京，中国经济出版社 1993 年版，第 214 页。
② 黄薇主编：《中华人民共和国民法典人格权编释义》，北京，法律出版社 2020 年版，第 171 页。

续阶段。与名誉相反，不少荣誉并不存在于生命存续阶段，现实中基于个体之死亡表现了某种积极价值观而被追认或追授荣誉的情形相当常见。[①] 荣誉和名誉虽然都是一种评价，具有共同之处，但是，荣誉与名誉相比，有自己独特的法律特征。

（1）荣誉是社会组织给予民事主体的评价而不是一般的社会评价。名誉是社会评价，它的来源是公众或者舆论。荣誉不是公众的评价，而是由国家政府、所属单位、群众团体以及其他组织所给予特定民事主体的评价，更不是个人的评价。所要区分的，一是，有些荣誉由特定的领导授予，如董事长授予其属员以荣誉，政府首长授予某人以荣誉称号，这不是个人的评价而是组织的评价，因为政府首长或法人董事长就是该政府、该法人的机关，所代表的是组织而非个人行为。二是，有些荣誉是由公众投票、组织公布，如电影百花奖、十佳运动员等，这种荣誉也不是一般的公众评价，而是由一定的组织主持的，由公众参加的评选活动，其荣誉的授予仍是由组织进行，如电影百花奖的授予就是《大众电影》杂志社作出。

（2）荣誉是社会组织给予的积极评价而不是消极评价。名誉既包括积极的褒奖，也包括消极的批评、贬损，还包括不含有褒贬色彩的中性评价。荣誉获得的前提，必须是民事主体在社会生产或社会生活中作出突出贡献，或者有突出表现，确实与众不同，具有应受褒奖性。只有具备这样的条件，才能获得荣誉，否则就没有获得荣誉的资格。因而荣誉这种评价必须是积极的、褒扬性的评价，一般的评价构不成荣誉，消极的评价更构不成荣誉，而是荣誉的对立物。

（3）荣誉是社会组织给予的正式评价而不是随意性评价。名誉这种社会评价是公众的自由评价、随意评价，不受政府、组织和团体的意志所左右。荣誉则不同，须是社会组织的正式评价。这种正式性，其内容应具有专门性，即荣誉的内容必须有专门的内容，如劳动模范、优秀演员、学习标兵、战斗英雄、世界冠军等，而不能笼统地说某民事主体是"好人"，其形式必须定型化，不能随意而为；其授予或撤销、剥夺必须程序化，严格依照法定的或者议定的程序进行，尤其是

---

① 姚明斌：《褪去民法权利的外衣——"荣誉权"三思》，《中国政法大学学报》2009年第6期。

荣誉的剥夺，应当依照法定程序进行，否则为侵权。

（4）荣誉是民事主体依据自己的模范行为而取得的评价而不是自然产生的评价。名誉这种评价是自然产生的，无须民事主体依自己的积极行为而取得，如人一出生人们就评价其胖瘦、黑白、丑俊等。这是因名誉这种社会评价的非专门性、非正式性等特点决定的。荣誉这种评价非依自己的模范行为、突出贡献而不能取得。即使是"选美"，也并非只要参选人自然姿色美就必然当选，还必须评判其修养、举止、谈吐、衣着等综合指标，确实有模范的表现，才能当选。任何荣誉都不能自然产生。

二、荣誉权的概念和性质

（一）荣誉权的概念

1. 对界定荣誉权概念的不同意见

与荣誉概念一样，学者对荣誉权概念的界定亦众说纷纭。主要的定义有以下几种：一是荣誉权，是指自然人、法人对于自己的荣誉称号获得利益而不受他人非法剥夺的一种民事权利。[①] 二是荣誉权是自然人获得荣誉称号的权利。法人的荣誉权是法人在工作、生产、经营中成绩卓著时获得的光荣称号。[②] 三是荣誉权是指自然人、法人为自己依法取得的荣誉称号所享有的不可侵犯、剥夺的权利。[③] 四是荣誉权是自然人或法人获得并保持各种嘉奖的权利。[④] 五是荣誉权是对荣誉不让与性支配并享受其利益的人格。[⑤] 六是荣誉权是公民、法人和非法人组织，依法享有的参与荣誉授予活动、接受和保持其荣誉称号，并不受他人非法

[①] 佟柔主编：《中国民法》，北京，法律出版社1990年版，第489页。

[②] 李由义主编：《民法学》，北京，北京大学出版社1994年版，第571、574页。

[③] 马原主编：《中国民法教程》，北京，人民法院出版社1989年版，第497页；杨振山主编：《民商法实务研究·侵权行为卷》，太原，山西经济出版社1993年版，第162页。

[④] 马原主编：《民事审判实务》，北京，经济出版社1993年版，第214页；王利明主编：《新闻侵权法律辞典》，长春，吉林人民出版社1995年版，第133页。

[⑤] 张俊浩主编：《民法学原理》，北京，中国政法大学出版社1991年版，第155页。

侵害和剥夺的权利。[①]

2. 荣誉权的概念

全国人大常委会法工委的官员认为，荣誉权就是民事主体对自己所获得的荣誉及其利益所享有的保持、支配的权利。[②] 笔者以往对荣誉权概念的定义为：荣誉权是指自然人、法人、非法人组织对其获得的荣誉及其利益所享有的保持、支配的具体人格权。对荣誉权的这两种定义的内容是基本一致的。

（二）荣誉权的特征

1. 荣誉权的客体是荣誉及其利益

荣誉是一种正式的社会评价，是荣誉权的客体，其包含的利益也是荣誉权的客体。例如，获得体育比赛的世界冠军，这种称号是荣誉本身，因获得世界冠军而得到的奖章、奖金、奖品，以及所获得的尊敬、荣耀等，是荣誉的利益，包括物质利益和精神利益。在界定荣誉权的概念中，多数忽略了荣誉权客体的双重属性，只强调其中一个方面。如"对于自己的荣誉称号获得利益"，为只强调利益；"对自己依法取得的荣誉称号"，则只强调荣誉本身。至于认为"法人的荣誉权是法人在工作、生产、经营中成绩卓著时获得的光荣称号"，不仅排斥了利益的因素，而且界定的不是荣誉权，而是荣誉。

2. 荣誉权是荣誉的保持权而不是获得权

荣誉权是每一个民事主体都享有的权利，但是，这个权利须在民事主体已经获得了荣誉时才有意义。荣誉的获得包括两个因素：一是主体的突出贡献或突出表现，二是组织的承认并授予。荣誉权的基本含义在于对已经取得的荣誉的占有和保持。如果认可荣誉权是获得权或者包括获得权，就等于任何民事主体都有权获得荣誉，当组织没有授予其荣誉时，就可以依其获得权而主张荣誉。荣誉的获得在于组织的授予，而组织授予荣誉是行政行为或者组织行为，不是民事主体个人依其行为而取得的。因而，称"荣誉权是获得荣誉称号的权利"是不正确的。例如，咸阳洋河上的一艘船翻了，五人落水。原告马随意闻讯赶来参加救捞工

---

① 冯涛：《论荣誉权被侵害的样态与救济》，《洛阳大学学报》2006 年第 1 期。

② 黄薇主编：《中华人民共和国民法典人格权编释义》，北京，法律出版社 2020 年版，第 171 页。

作，打捞上 3 个人。当地镇政府举行表彰大会，其他 5 位村民领到了荣誉证书和奖金，但出力最多的马随意却没有得到任何奖励，甚至在表彰大会上，一位副镇长以马随意挡住摄像机镜头为由将他赶下领奖台。马随意认为自己的行为未得到应有的奖励，以镇政府行政不作为、侵犯荣誉权为由起诉该镇镇政府。秦都区人民法院经审理认定，镇政府是否发给马随意奖金取决于其自由裁量权，法院无权过问；荣誉权是在获得以后才享有的权利，而荣誉权授予不授予，不是荣誉权所保护的范围。马随意上诉，咸阳市中院终审维持原判。这个案件特别有说服力，假如原告以侵害名誉权向法院起诉，则有胜诉的可能，起诉侵害荣誉权则无法得到法律支持。[①]

3. 荣誉权是支配荣誉及其利益的绝对权

荣誉权是一种绝对权，表现为荣誉权人对其已经取得的荣誉及其利益的独占权，其他任何人都对这一权利客体负有不可侵犯的法定义务。此外，荣誉权对其荣誉利益享有支配权，自主决定荣誉利益的利用、处分。认为荣誉权仅是保持荣誉的权利显然不够全面。

（三）荣誉权的性质

1. 意见分歧

确认荣誉权是人身权，自无疑义；但是，荣誉权究竟是人格权，还是身份权，抑或兼有人格权和身份权的双重属性，大有争议。对此，有四种不同主张。

（1）人格权说。认为荣誉权的性质是人格权而非身份权。在《民法通则》实施之初，多数学者持这种主张。后来，多数学者改变了看法，只有少数学者坚持这种主张。例如，《民法学原理》一书将荣誉权归之于"尊严型精神人格权一类，确认其人格权性质"[②]。梁慧星认为目前中国人身权制度中不包括身份权，因而荣誉权就是人格权。[③] 新生代学者也有多人持这种意见。[④]

（2）身份权说。认为荣誉权的性质是身份权而不是人格权，《人格权法新论》

① 杨立新：《见义勇为者为什么受委屈》，《检察日报》2001 年 6 月 19 日。
② 张俊浩主编：《民法学原理》，北京，中国政法大学出版社 1991 年版，第 140、154 页。
③ 梁慧星：《中国民法经济法诸问题》，北京，法律出版社 1991 年版，第 73 - 74 页。
④ 马特、袁雪石：《人格权法教程》，北京，中国人民大学出版社 2007 年版，第 271 页。

一书认为："荣誉权是自然人和法人对自己的荣誉依法享有的不受他人侵害的权利。荣誉是社会、国家通过特定的机关或组织给予自然人或法人的一种特殊的美名或称号。荣誉不是社会给予每个自然人或法人的评价，而是授予在各项社会活动中成绩卓越、有特殊贡献的自然人或法人的，因而荣誉权并非是每个自然人或法人都享有的。尤其是荣誉权的取得有赖于主体实施一定的行为，做出一定的成绩，可见它不是自然人生来和法人成立后就应依法享有的。因此，荣誉权不是人格权而是身份权。"① 有的学者著文支持这种见解。②

（3）双重属性说。认为荣誉权兼有身份权和人格权两种属性，但身份权是其基本性质，只是在某种意义上反映社会对某一民事主体的评价，具有人格方面的因素。③

（4）非民事权利说。认为荣誉权并非一种民事权利，因此应当褪去"荣誉权"的民事权利的外衣。缺乏充分的论证而轻易地通过立法为其披上民法权利的外衣，不仅徒增权利体系上的龃龉，在侵权救济上也会陷入法理逻辑的悖谬。④也有的学者认为，荣誉权在本质上不具有人格利益的属性，在实践中荣誉的获取比较不规范⑤，荣誉只是名誉的一种特殊情形，可以利用民法有关名誉权的规定保护，没有必要专门规定荣誉或荣誉权。⑥ 有的学者认为，荣誉权既不属于人格权，也不属于身份权，也不具有双重属性，因此，民法应当取消荣誉权。⑦

2. 荣誉权是一种民事权利

在学界，反对荣誉权为一种民事权利的主张较多，对此，笔者持不同意见，理由是：第一，荣誉权作为一种民事权利，最主要的依据是立法已经规定其为民事权利。《民法通则》就已经将其规定为一种民事权利，经过了30多年的实践，证明是有必要的。《侵权责任法》第2条第2款也将其规定在侵权责任保护范围

---

① 王利明主编：《人格权法新论》，长春，吉林人民出版社1994年版，第11页。
② 张再芝等：《荣誉权立法规制探究》，《东华理工学院学报（社会科学版）》2004年第4期。
③ 马原主编：《中国民法教程》，北京，人民法院出版社1989年版，第497页。
④ 姚明斌：《褪去民法权利的外衣——"荣誉权"三思》，《中国政法大学学报》2009年第6期。
⑤ 张新宝：《人格权法的内部体系》，《法学论坛》2003年第6期。
⑥ 唐启光：《荣誉权质疑》，《法学论坛》2004年第2期。
⑦ 鲜晓、宁定一：《我国应取消荣誉权》，《四川经济管理学院学报》2009年第1期。

中，确认荣誉权是民事权利。《民法典》第 110 条和第 1031 条也都规定荣誉权是民事权利。第二，荣誉权不能概括在名誉权中。尽管名誉是一种评价，荣誉也是一种评价，但是，两种评价的性质相差甚远，名誉权和荣誉权保护的范围和方法各异，把荣誉权划归在名誉权的保护范围中，不可能保护好荣誉权。第三，不能认为荣誉权过于复杂就不认为它是一个民事权利。只要有特定的保护对象，有特定的保护方法，就应当认为它是一个民事权利。第四，认定荣誉权是一种独立的民事权利，将荣誉单独作为一种人格的要素，并非我国立法的特有观念[①]，《蒙古民法典》第 7 条、《意大利刑法典》第 585 条至第 595 条，加拿大《魁北克人权与自由宪章》第四节，都规定荣誉权是一个独立的民事权利[②]，在比较法上有立法例支持。

3. 荣誉权的基本属性是人格权

荣誉权具有人格权和身份权的双重属性，但是，其基本属性是人格权。其理由是：

（1）荣誉权具有身份权的属性。第一，荣誉权的来源是基于一定事实受到表彰奖励后取得的身份权。荣誉权的固有权属性较弱：一是，荣誉权保护的荣誉非生而享有，非有卓著的成绩不能取得；二是，不仅如此，尚须由机关或组织正式授予荣誉，而非仅依自己的行为而取得；三是，不仅可以经一定程序而撤销，某些荣誉还可依法定程序而判决剥夺，当主体的所有荣誉被撤销或依法剥夺，荣誉权人即丧失荣誉权，不再是荣誉权主体。荣誉权的非固有性，表明它具有身份权属性。第二，荣誉权的基本作用不是维护民事主体人格之必需。荣誉权是维护民事主体的身份利益。荣誉权丧失，一般来说人格不会受到损害，人只是一个普通的人，法人、非法人组织只是一个普通的法人、非法人组织，只是没有荣誉而已，况且一个人在一生当中或者一个法人、非法人组织在存在期间就根本没有获得荣誉的也大有人在。荣誉权的作用主要不是维护人格，而是维护民事主体与荣誉的身份利益，即该荣誉及其利益为该民事主体的身份利益，他人不得享有或侵

① 龙卫球：《民法总论》，北京，中国政法大学出版社 2001 年版，第 330 页脚注。
② 马特、袁雪石：《人格权法教程》，北京，中国人民大学出版社 2007 年版，第 272 页。

犯。非法剥夺荣誉权造成荣誉权的损害，损害的是身份利益，即荣誉利益与荣誉权人相分离，使民事主体丧失荣誉及其利益。这些都证明，荣誉权具有身份权的属性。

（2）荣誉权也具有人格权的特征。例如，荣誉权人对获得的荣誉有权保持，荣誉权受到侵害有权请求法律救济，荣誉利益可以自由支配等。这些特点，都说明荣誉权也具有人格权的特点。

（3）现行法律的规定。最重要的是《民法典》已经将其规定为人格权。而身份权主要规定的是特定亲属之间的身份地位，解决的是特定亲属之间的权利义务问题。在起草《民法典》人格权编的过程中，对荣誉权的性质经过反复讨论，绝大多数学者认为，还是承认荣誉权既具有身份权的属性，又具有人格权的属性，因此将其规定在人格权编中，避免出现在规定亲属关系的身份权体系中，再规定一个不属于这个系列的荣誉权的身份权来。这个意见是可行的，可以确认荣誉权的双重属性，将其列入人格权的范畴。

立法机关认为，荣誉是民事主体通过自己的辛勤劳动、努力工作和英勇奋斗而获得的，既是国家和社会对其工作和表现的认可，也是对其人格尊严的尊重，具有较强的人格属性。也正因为如此，自1986年《民法通则》以来，我国的民事立法和司法实践均将其视为一种人格权来对待。这些规定较好地保护了民事主体的荣誉权，延续这种立法传统，有利于更好地保护民事主体的荣誉权。据此，本条规定：民事主体享有荣誉权。任何组织或者个人不得非法剥夺他人的荣誉称号，不得诋毁、贬损他人的荣誉。[①]

三、荣誉权的内容与荣誉利益准共有

（一）荣誉的内容

1. 荣誉保持权

荣誉保持权是指民事主体对获得的荣誉保持归己享有的权利。

---

① 黄薇主编：《中华人民共和国民法典人格权编释义》，北京，法律出版社2020年版，第171、172页。

保持权的客体是荣誉本身，而不是荣誉利益。荣誉本身包括各种荣誉称号，如劳动模范、战斗英雄、先进企业、文明商店等，各种奖励、表彰，如通报表扬、通令嘉奖等。某些名誉职衔，如名誉博士、荣誉市民、名誉主席、名誉会长等，并不是表明被授予者的学识、能力等达到了博士的水平或某种职务的要求，而在于授予机关授予该主体一种荣誉，使其享有名誉职衔的精神利益或者一定的物质利益，因而应认其为荣誉的性质，适用荣誉权的法律保护方法。对于兼职的职衔，则不具有这种性质，如兼职教授、兼职经理、客座研究员等，不是荣誉，不适用荣誉权予以保护。

保持权的内容，一是对获得的荣誉保持归己享有，二是要求荣誉权人以外的其他任何人负有不得侵害的义务。

荣誉归己享有，体现的是荣誉的独占权，表明荣誉一经获得，即为民事主体终身享有，未经法定程序不得撤销或非法剥夺，也不得转让、继承。荣誉的撤销须依一定的程序，由原授予荣誉的机关或组织依法定的事由而撤销。荣誉的剥夺则由人民法院依照《刑法》《刑事诉讼法》的规定，以判决方式为之。任何非法撤销、剥夺以及转让、继承荣誉的行为，都是无效的行为，都是对荣誉独占权的否定。

荣誉的不可侵性，是荣誉保持权的基本内容之一。它不仅要求荣誉权人之外的任何其他人都负有不可侵的法定义务，而且规定任何违反这一法定义务而实施侵权行为的人，发生违反法定义务的后果，即应承担法律责任。其他任何人，指荣誉权人以外的其他所有的人，既包括与该荣誉无关联的任何人，也包括授予荣誉的机关或组织，都负有这种义务。其他人侵害荣誉权，构成侵权行为，荣誉授予机关或组织在将荣誉授予特定民事主体之后，也受荣誉权民事法律关系的约束，未经法定程序、无法定事由而撤销该荣誉者，亦为侵权行为。如某机关汽车司机工作积极、表现突出，被评为先进人物，在颁发奖状后，因故惹怒机关首长，该首长命令其交回奖状，扣发奖金，不准其开车，罚其清扫厕所。首长决定授奖是依法进行，但是，未经法定程序、无法定事由即擅自撤销奖励，显然违反了荣誉权保护的规定，应负侵害荣誉权的责任。

2. 荣誉利益支配权

荣誉利益支配权，是荣誉权人对其获得荣誉中精神利益的自主支配权。

荣誉权的精神利益，是指荣誉权人因获得荣誉而享有的受到尊敬、敬仰、崇拜以及荣耀、满足等精神待遇和精神感受。前者是客观的精神利益，后者是主观的精神利益。这些精神利益是荣誉利益的组成部分之一，由荣誉权人专属享有。"军功章里有你的一半，也有我的一半"，是亲人分享荣誉利益的感受，但是，从法律意义上，如果荣誉不是颁发共同享有人享有的，则只为个人专属享有，他人不得分而享之，因此不构成荣誉利益准共有。

对精神利益的自主支配是荣誉权的具体权利内容，权利人无须经他人同意或允许。对精神利益的支配，包括对该种利益的占有、控制、利用，但不得将荣誉的精神利益予以处分，如转让他人享有或转让他人利用。

精神利益的占有和控制，是权利人保持自己荣誉的重要方面，同时，也是实现自我价值，使自己主观利益得到满足的重要内容。

精神利益的使用，是指权利人利用自己的荣誉利益，进行社会活动的权利。这是荣誉权的一项重要的精神利益，受到法律的保护。某战斗英雄利用其荣誉地位"走穴"，人们可以用道德标准进行谴责，却不能从法律的角度批评、制裁他，因为他的行为符合法律的规定，是正常行使权利的行为。

3. 荣誉物质利益获得权

荣誉权的内容不具有获得权的内容，是指对荣誉本身而言。当荣誉附带有物质利益时，权利人对此物质利益享有获得权。物质利益获得权就是权利人对于荣誉附随的物质利益所享有的法定取得的权利。

荣誉权的物质利益，是指奖金、奖品、奖杯、奖章等含有价值和使用价值的财物，以及其他具有财产价值的荣誉待遇所体现的财产利益。奖金、奖品、奖杯、奖章等是指一次性颁发的物品，荣誉待遇则是指依据荣誉权而在一定时期内享受物质补贴等方面的给付。例如，国务院授予学者、专家政府特殊津贴，既是荣誉，也是物质待遇。

荣誉权的物质利益与精神利益不同。荣誉权的精神利益与荣誉本身相伴而生，取得荣誉权就取得荣誉的精神利益。荣誉权的物质利益并非任何荣誉都有，而应依颁发荣誉的章程或授予机关、组织的规定确定。有的荣誉附随有物质利益，如颁发奖金、奖品、奖牌、奖章、奖杯或给予物质待遇等；有的荣誉则没有物质利益，如单纯的通报表扬、通令嘉奖等。对于定期收回的奖杯，是一种有限获得权，只能在规定的时期内有权占有，但是却不享有支配权。这种荣誉利益的性质更具精神利益的特点。

物质利益获得权，意味着权利人在获得荣誉的情况下，有权依照颁奖的章程或授予机关、组织的规定，就应获得的物质利益主张权利。当颁奖章程或授予机关、组织规定获得某种荣誉即应获得某种物质利益的时候，获奖人在获得该种荣誉时，有权获得相应的物质利益。如果颁奖或授予荣誉的机关或组织授予其荣誉，却没有按章程或规定颁发物质利益时，权利人可依章程或规定，向颁奖或授予荣誉的机关或组织主张获得该物质利益。故意扣发、不发、少发物质利益的，均构成对荣誉权的侵害，权利人有权寻求司法保护。

4. 荣誉物质利益支配权

荣誉权人对于已经获得的荣誉物质利益享有支配权。这种支配权包括两种形式：一是完整支配权，二是有限支配权。

对于荣誉的一般物质利益的支配权是完整支配权，性质是所有权。这种物质利益支配权须明确规定物质利益完全归权利人所有，获得这种物质利益，即对该物质利益取得所有权，享有完全的占有、使用、收益、处分的权能，权利人对其所有的荣誉物质利益完全自主支配，不受任何拘束，只须符合法律关于所有权行使的一般规定。在社会上，舆论指责获奖人如体育世界冠军将其所获奖牌出售，从道德的角度上不无意义，但是，从法律的角度上看却毫无道理，因为权利人对于自己所获得的荣誉物质利益享有完全的所有权，自然包括处分的权利。

在物质待遇的利益方面，应当区分获得权和支配权。获得权是主张的权利，如定期发给的补贴可按期主张。支配权则是获得权实现后所取得的所有权，是直接决定物质利益命运的权利。

对物质利益的有限支配权不具有所有权的属性，只是享有受时间限制的占有权。各种比赛的流动奖杯，获得者享有有限支配权，包括占有权和适当利用权，同时负有妥善保管义务和按时交回的义务。这种情形，往往规定蝉联数次而转变支配权性质，如蝉联三次获得某项冠军，则将该奖项奖杯的有限支配权转变为完整支配权，或者复制同样的奖杯颁发给获奖者，使其享有完整支配权。在这两种情况下，权利人对奖杯享有完全的所有权。

（二）荣誉利益准共有

1. 荣誉利益准共有的现实性

准共有，是指两个或两个以上民事主体对所有权以外的财产权共同享有权利的共有。荣誉经常地被授予两个以上的主体，为两个以上的主体所享有。最典型的就是体育竞赛中的团体赛，得到的荣誉是参加团体赛中的每一个成员的荣誉，每一个团体赛的成员包括没有上场的"板凳队员"也是成员之一，也享有这一份荣誉。同时，荣誉权具有相当的财产因素，获得的财产应当是共同共有或者按份共有的财产，在获得附随于荣誉的奖金等共有财产时，存在着对共有财产的分割问题。如果对这样共同享有的权利不按照共有的规则处理，可能就会出现处理不当的问题。而作为准共有，准许在共有的荣誉利益中适用共有的规则处理，问题就会简单得多。

2. 荣誉利益准共有形成的原因

荣誉利益可以形成准共有来源于三个原因。

一是，荣誉权多数具有财产利益的因素。荣誉权不仅是精神性的权利，也包含着财产利益在其中。在这个精神性的权利中，多数具有财产利益的内容，这就是附随于荣誉精神利益中的财产利益，例如随同荣誉授予的同时而颁发的奖金、奖品、奖牌、奖杯等物质性的表彰内容。获得荣誉的主体在享有精神性的正式的、肯定性的、褒扬性的评价之外，还享有获得奖励的财产的权利。对于这些财产利益，权利人享有获得权和支配权，具有完整的所有权。正是因为这个权利中的这种财产权利才使其具有了可以共有的基础。

二是，一项具体的荣誉可以为数个民事主体共同享有。荣誉权与其他人格权不同。其他人格权都是自己享有的权利，不能与他人分享，但荣誉权具有这样的可能。在共同创造的成绩面前，有关部门可能会授予数个共同创造人一个共同的荣誉。最典型的就是共同共有的著作获得奖励，是奖励给共同作者的，而不是授予其中的一个人或者几个人，精神性的荣誉归属于共同创造人所共有，奖金则为数人共同共有或者按份共有。因此，就一个荣誉享有的荣誉利益于数人可以分享，才使荣誉可以成为准共有的客体。

三是，荣誉权的利益可以分割。也正是因为荣誉利益是一个可以由数人共有的利益，因此，这个利益也是可以分割的。在荣誉权中，可以分割的基本上是财产利益，而不是精神利益。既然荣誉权的财产利益可以分割，就与其他财产权利的分割没有原则区别，因此，荣誉利益可以形成准共有。

3. 荣誉利益准共有的内容

对于荣誉权中的精神权利，可以共有。当将一个荣誉授予两个以上的主体时，这些主体对这个荣誉都享有荣誉权的精神权利。每一个主体都是荣誉的享有人，享有其精神利益，保持其荣誉称号，支配其荣誉利益。对于共同获得的荣誉不能主张分割，只能保持其整体的荣誉。例如，二人获得球类世界双打冠军，他们只能保持这个称号，不能分为两个冠军或者1/2冠军。2021年进行的2020东京奥运会跳高比赛，前两名跳高的高度和跳过的次数均相同，规则规定可以继续比赛决出高低以定胜负，也可以不再继续比赛，二人共同享有冠军称号。两名运动员选择对冠军称号共同享有，构成荣誉利益准共有。

对于荣誉权的财产利益，共有人享有获得权和支配权。

物质利益获得权，就是权利人对于荣誉附随的物质利益所享有的法定取得的权利，每一个荣誉共有人都有权主张，但须为全体共有人的利益所主张。

荣誉准共有人对于已经获得的物质利益享有支配权。在共同获得荣誉的时候，一般不会对共有的财产整体进行支配，一般都要进行分割，因此，共同获得荣誉财产利益的，保持其财产的共有性质的时间并不长。对物质利益的有限支配权，不具有所有权的属性，只是享有受时间限制的占有权。各种比赛的流动奖杯、奖旗等，获得者享有有限支配权，包括占有权、适当利用权，同时负有妥善保管义务和按时交回的义务。

荣誉利益准共有也分为两种基本的形式：一是按份共有，二是共同共有。决定共有的荣誉是按份共有还是共同共有，应当以创造性劳动的性质作为判断标准。一是创造性的劳动是否有份额，是否有贡献的不同，是共同创造还是分工创造；二是创造性劳动成果的性质，是不分份额的共同创造，还是按照不同劳动体现在成果中，能够区分出来。如果是不分份额的劳动，创造的成果也不分份额，就应当是共同共有性质的准共有。反之，如果创造性的劳动是有份额的，而且在创造的成果中也能够分出份额来，就应当依照其份额，认定为按份共有的准共有。

4. 荣誉准共有的财产利益分割

荣誉权共有人对共有财产主张分割的，应当准许。因此，如果共有荣誉权的财产权方面的共同关系消灭，应对共有的财产进行分割。

分割共有的荣誉财产，应当按照创造这一荣誉的贡献大小作为标准进行分割。如果对获得的荣誉约定有份额的，应当按照约定的份额进行分割。没有约定，也无法确定贡献大小的，则应当均等分割。在体育界很多获得荣誉称号的群体中，对获得的奖金争议，多数是由于分配不公的原因造成的，一个教练把持了全部的奖金，只分给运动员少部分，其余的据为己有，其他人不能没有意见，酿成纠纷是必然的。诉讼到法院的，法院应当予以受理，并且依照上述规则处理。

对共有荣誉权的财产利益的分割办法，一是实物分割，二是折价分割，三是变价分割。应当视物质利益的具体情况采取不同的方法进行分割。

四、侵害荣誉权的具体行为

（一）非法剥夺他人荣誉

非法剥夺他人荣誉的行为主体，限于国家机关或社会组织，多数是与颁奖或授予荣誉的机关为同一单位或有一定联系的单位。这些机关或组织非经法定程序，没有法定理由，宣布撤销或剥夺权利人的荣誉，就构成非法剥夺荣誉。例如，王某是国营纺织厂的工人技师，有很高威信，又有突出贡献，多次被评为省市劳动模范和先进生产者，两次获得晋升工资的奖励。因王某在职工代表大会上公开批评厂长何某独断专行，以权谋私，何某捏造事实说王某是假劳模、假先进，宣布取消王某省市劳动模范的称号，取消晋升的两级工资，构成侵害荣誉权的责任。

（二）非法侵占他人荣誉

行为人对于他人获得的荣誉以非法手段窃取，或者强占他人荣誉，或者冒领他人荣誉，都是非法侵占他人荣誉的行为，都侵害了他人的荣誉权。这种行为既可由机关、组织为主体，也可由自然人为主体，通常和荣誉权人有一定的联系或关联。例如，原告李某系被告单位的职工，经被告的领导同意，以个人名义参加市服装设计百花奖，选用的是本厂生产的面料，设计出一套宽松式女套衫，被评为设计二等奖。被告却以厂部设计小组的名义领取该项获奖证书和奖金，只将奖金的三分之一分给李某，理由是李某设计的作品获奖不是因为其服装款式新颖，只是用了本厂的特色面料。李某是荣誉的权利人，获得的获奖证书和奖金理应归李某享有。被告工厂的行为是非法侵占他人荣誉的侵权行为。①

（三）诋毁他人获得的荣誉

对他人获得的荣誉心怀忌妒，趁机报复，向授予机关或组织诬告，诋毁荣誉权人，造成严重后果的，是侵害荣誉权的精神利益的行为，构成侵害荣誉权民事责任。公开发表言论诋毁他人荣誉获得名不符实，宣称他人荣誉为欺骗所得等，都是严重侵害荣誉权的行为，应承担侵权责任。

（四）毁损、抢夺权利主体荣誉证书、证物的行为

荣誉证书、荣誉牌匾等是荣誉的证明和标志，对其进行毁损和抢夺，也会造成荣誉权人的权利损害。例如，军属郭某发现自家门头上的"光荣军属"牌被涂抹粪便、面目全非，行为人是村民张某，因嫉妒郭某的两个儿子先后入伍提干，而自己的两个儿子却未能参军，心理不平衡而为之。这种行为构成侵害荣誉权的行为。②

---

① 杨立新：《精神损害疑难问题》，长春，吉林人民出版社1991年版，第210-211页。
② 冯涛：《论荣誉权被侵害的样态与救济》，《洛阳大学学报》2006年第1期。

（五）拒发权利人应得的物质利益

对于确有突出贡献的优秀人员，在授予荣誉称号的同时给予较优厚的物质奖励，如重奖有重大贡献科研人员的奖金达数百万元，国家重大科技进步奖最高达500万元。对于这些权利人应当享有的物质利益，颁奖单位、授予荣誉的机关或组织如果将其扣发、挪作他用或者少发等，就是对权利人物质利益获得权的侵害，构成侵权责任。例如，某单位颁发给有突出贡献的工作人员荣誉称号，宣布每人颁发一万元奖金，后因有人反映发奖金过巨，领导决定只发5 000元，其余5 000元捐助单位幼儿园。这是扣发应得荣誉物质利益的行为，构成侵害荣誉权责任。

（六）侵害荣誉物质利益的行为

对于权利人因获得荣誉而得到的物质利益实施侵害，同样构成侵害荣誉权责任。这种侵权行为应当具有侵害荣誉权的故意，如故意毁坏奖杯、奖品、奖章、奖状等。过失侵害这些物品，如不知是奖品而破坏、侵占等，则为侵害物权的行为。对于上述奖励物品不是着眼于破坏荣誉，而是着眼于获利而窃取之，亦为侵害物权的行为。

（七）侵害死者荣誉利益的行为

死者的荣誉利益应当予以延伸保护，即使受害人死亡后应当获得的荣誉，也予以保护，《民法典》第994条对此作出规定。死者荣誉的特殊之处，是经常发生对死者追授荣誉称号的情形，而非在其生存之时获得荣誉，对此，应当与死者荣誉利益一样保护。行为人实施侵害死者荣誉利益的行为构成侵权行为。受到侵害的死者的近亲属提出精神损害赔偿请求的，人民法院应当予以支持，判令侵权人承担责任。

五、保护荣誉权的人格权请求权

荣誉权受到侵害或者妨碍，权利人有权依照《民法典》第995条规定，行使人格权请求权保护自己。对于实施侵害行为的，可以主张停止侵害请求权，请求行为人停止侵害。对于妨碍荣誉权行使的行为，可以主张排除妨碍请求权，排除行使权利的障碍。对于构成对荣誉权侵害危险的行为，可以主张消除危险请求权。造成影响或者损害名誉的，还可以行使消除影响、恢复名誉、赔礼道歉请求权。

应当特别强调的是，对于非法剥夺荣誉或者非法侵占荣誉的侵权行为，应当责令行为人承担恢复荣誉的民事责任。《民法典》第995条虽然没有规定恢复荣誉为责任方式，但是，可以参照"恢复名誉"的规定确定恢复荣誉的责任方式，按照荣誉权被侵害前的实际状态予以恢复。被剥夺荣誉的应当恢复其荣誉，对于荣誉被非法侵占的也应当按照颁奖章程和授奖规则将荣誉归还权利人。

《民法典》第1031条第2款规定的是荣誉权人的权利，即获得的荣誉称号应当记载而没有记载或者记载错误的，民事主体可以要求记载或者更正。这是荣誉权人对所获得的荣誉享有保持和维护权利的体现，也是荣誉权人行使人格权请求权的范畴。当自然人获得了荣誉称号，有关单位应当记载而没有记载或者记载错误，其行使要求记载或者更正的权利，就是行使人格权请求权。应当记载或者更正的主体就是义务人，负有记载或者更正的义务。如果应当记载没有记载，应当更正没有更正，造成权利人损害的，就不仅是人格权请求权的问题，而是行使侵权请求权的范畴，可以主张义务人承担损害赔偿责任。

六、保护荣誉权的侵权请求权

（一）侵害荣誉权民事责任构成

1. 侵害荣誉权的违法行为

确定侵害荣誉权违法行为要件，须首先确定违法行为的主体。有学者认为，侵害荣誉权行为的主体仅限于国家机关和社会组织，这是由荣誉获得的组织性决定的，只有国家机关和社会组织的非法剥夺，才会发生荣誉权实际丧失的法律后果，故只有它们才会成为侵犯荣誉权的主体，自然人个人不会成为侵权的主体。[1] 这种

---

[1]　杨振山主编：《民商法实务研究·侵权行为卷》，太原，山西经济出版社1993年版，第165页。

看法不妥，原因是对侵害荣誉权行为的范围理解过窄。《民法典》第1031条规定："民事主体享有荣誉权。任何组织或者个人不得非法剥夺他人的荣誉称号，不得诋毁、贬损他人的荣誉。"非法剥夺他人荣誉，主要是机关或者组织，但是，诋毁、贬损他人荣誉，则自然人、法人、非法人组织均可为之。因此，侵害荣誉权违法行为的主体仍是一般主体，不能认为侵害荣誉权的主体只限于国家机关和社会组织。

侵害荣誉权违法行为的内容，是行为人对荣誉权人的荣誉及其利益造成损害的作为和不作为。这种违法行为的基本方式是作为，即违反荣誉权不可侵义务而侵害荣誉权的积极行为，如非法剥夺荣誉、撕毁荣誉证书等。不作为亦构成对荣誉权侵害，如不发权利人应得的奖金、实物，拒绝给予权利人应得的物质利益待遇，构成不作为的侵害荣誉权行为。这种不作为的行为主体须是颁发、授予奖励、荣誉的机关和组织，且负有给付权利人荣誉物质利益的义务，这种义务是作为的义务，违反者为不作为的侵权行为。

2. 侵害荣誉权的损害事实

侵害荣誉权的损害事实，是违法行为侵害荣誉权，造成荣誉及其利益损害的客观事实，是违法行为对荣誉权客体所造成的损害。包括：

（1）荣誉损害事实。这种损害事实包括荣誉的实质损害和形式损害。前者是国家机关或社会组织未经法定程序、未依法定事由而非法剥夺权利人所获得的荣誉，使权利人丧失了对该荣誉的占有，丧失了对该荣誉的享有权。后者是虽然未造成权利人荣誉实质丧失的后果，但违法行为确使权利人对荣誉关系受到了形式上的侵害，同样构成荣誉权的损害事实，如非法夺去权利人证明荣誉的正式文件，宣称权利人非为荣誉获得人。这种行为，由于行为人不具有剥夺荣誉的资格和能力，只夺去证明文件或口头宣称荣誉无效，在实际上并没有使权利人的荣誉受到实质丧失，只是在形式上受到了损害。

（2）荣誉的精神利益遭受损害。荣誉的精神利益损害包括主观精神利益损害和客观精神利益损害。前者是权利人受人尊重的利益遭受破坏，如当众宣称权利人的荣誉是欺骗所得，阻碍权利人以荣誉权人的身份进行社会活动。后者是权利人内心荣誉感遭受破坏，同时伴随着精神痛苦和感情创伤。这两种精神利益的损害应为一体，仅有荣誉感的损害不构成精神利益的损害。精神利益的损害，往往导致财产利益的损害。如法人、非法人组织的荣誉直接关系其商誉，损害之，可能造成严重的经济损失。不过，《民法典》不支持法人、非法人组织请求精神损害赔偿，只有造成财产损害的，才可以请求损害赔偿。

（3）荣誉的物质利益遭受损害。这一损害事实，是使荣誉权的物质利益获得权和物质利益支配权受到损害的事实。物质利益获得权的损害，是权利人应得的物质利益由于违法行为的阻碍而没有获得，如奖金、奖品、奖章被扣发、减发或拒发，物质利益待遇不予执行等。物质利益支配权的损害，是行为人的行为使权利人不能对已获得的物质利益进行支配，如非法占有、使用权利人的奖品、奖金、奖杯、奖章等，非法阻碍权利人对物质利益的使用、收益和处分等。这种损害事实相当于对财产权侵害造成的损害事实。

3. 侵害荣誉权的因果关系

侵害荣誉权的因果关系要件，要求侵害荣誉权的损害事实须是由侵害荣誉权的违法行为所引起的。这两者之间的因果关系判断在实践中比较容易掌握。由于侵害荣誉权既可以造成无形的损害又可以造成有形的损害，既可以造成荣誉本身的损害又可以造成荣誉的精神利益和物质利益的损害，因而，判断其因果关系应采用精神损害赔偿和财物损害赔偿因果关系构成的不同标准进行。对于造成物质利益损失的因果关系，必须依证明的方式，未经证明不得认定。对于造成精神利益的损害因果关系可采适当的推定方式，即违法行为和荣誉精神利益损害事实存在，即可认定其间存在因果关系。

4. 侵害荣誉权的过错

侵害荣誉权的过错要件，故意、过失均可构成。故意侵害荣誉权构成侵权责任自不待论。过失侵害荣誉权也可以构成侵权责任。

侵害荣誉权的故意，是区别于侵害其他权利尤其是侵害名誉权认定的标志。侵权的故意内容有确定指向的，应以其确定的故意内容认定侵权行为的性质。如行为人以侵害荣誉权为目的，散布流言，诽谤权利人的荣誉，虽造成名誉权的损害，但应以侵害荣誉权认定侵权责任。

对于过失侵权的性质认定应以后果论，造成荣誉侵权损害的认定为侵害荣誉权，造成名誉权损害的认定为侵害名誉权。例如，张某新是工商局干部，到长乐百货商店购物，与营业员发生争执，一气之下将工商局授予长乐商店的"文明商店"牌匾摘去。有学者认为，张的行为侵犯的不是荣誉权，而是与荣誉权相近的名誉权，是采用公然侮辱的方式败坏了该商店的名誉，而且张也不具备侵害荣誉权行为的主体资格。自然人可以成为侵害荣誉权行为的主体，侵害荣誉权的违法行为不限于非法剥夺，也包括贬损、诋毁他人荣誉。张的行为，具备违法行为、损害事实、因果关系和侵权故意，构成侵害荣誉权，主张侵害名誉权缺少充分理由。

（二）侵害荣誉权的民法救济措施

对于荣誉权遭受损害的权利人，应当责令侵权人承担相应的民事责任，以救济损害。

1. 返还物质利益

对于扣发应得的物质利益，以及侵占获奖人的物质利益的，应当责令侵权人返还物质利益。对于前者，返还应依照颁奖章程或授予荣誉的规则规定的内容返还，权利人应当获得哪些物质利益就应当返还哪些，应获得多少就应当返还多少。对于后者，应按侵占的实物返还，实物实在不能返还的应当折价赔偿。

2. 赔偿损失

对侵害荣誉权造成损害的赔偿包括以下方面。

（1）造成自然人精神损害的赔偿。对于侵害荣誉权虽未造成财产利益的损失，但对精神利益严重损害的，应当依照《民法典》第1183条第1款予以精神损害赔偿；对于造成自然人精神痛苦的，应当予以适当的抚慰金赔偿。如果侵害权利人依照荣誉获得奖励的物品，例如奖章、奖杯等，造成权利人人格权损害的，应当依照《民法典》第1183条第2款规定确定精神损害赔偿责任。

（2）赔偿因侵害荣誉权而造成的财产利益损失。侵害荣誉权造成财产利益损失，多在侵害法人、非法人组织的荣誉权场合。例如企业被授予"产品质量信得过单位"荣誉称号，经营效果很好，被非法剥夺该荣誉称号，或者荣誉被诋毁，被大量退货、取消合同，对造成的经济利益损失应当予以赔偿。依照《民法典》第1182条规定，权利人为恢复荣誉而造成的财产损失也应当赔偿。

（3）赔偿财产的直接损失。侵害荣誉权造成财产直接损失的，依照《民法典》第1184条规定，按照损失的价值全部予以赔偿。

第十六章
隐私权

第一节　隐私和隐私权的发展历史

一、隐私的产生和发展

人类关于隐私的意识和观念，是在人脱离动物界而成为人的时候，从人类的羞耻心而萌发。

在英语中，隐私为 Privacy，人体阴私则为 Private，前者有隐退、隐居、秘密、私下之意，后者有私人的、个人的、不宜公开谈论或显露的之意，作名词时，也指阴部、生殖器。这两个概念都有私人秘密之意，似同出一源。可见，认为隐私观念首先是从人类关于对人体阴私的羞耻心而生，是有根据的。

古代人类从羞耻心理出发，开始以兽皮或树叶遮蔽身体的阴私部位，两性进行性行为也开始秘密进行，均是为了使自己的个人秘密主要是人体的、两性的秘密不欲为他人所知。就个人的秘密不欲为他人所知这一基本特征而言，远古时代的人类即已存在隐私的观念，但那时社会的经济、政治思想和文化的极端不发达，人类的隐私限于人体的和两性间的秘密，内容十分狭窄，但已具有隐私的基本特征，且这一部分内容也是当代隐私的主要内容之一。

在奴隶社会和封建社会中，隐私观念得到了进一步的发展，隐私包含了更多的内容。除了人体秘密和两性秘密之外，还包含了居所、生活等秘密在内。但是，在这一时期中，隐私观不是平等的，统治者享有无限的隐私，受到严密的保护，而被统治者则除了人体、两性生活等基本的隐私以外，几乎不再有别的隐私可言，不仅如此，还要受到严密的监视。在古印度，国王就是人主，是用诸神的分子创造的，不仅具有至高无上的权力，而且大地上谁也不能对着他看。这意味着连他的容貌、形象都是隐私。反之，对于被统治者，不仅村落里的纠纷应该逐级由村落长亲自上报，而且有关村落的事情和个人的事情，应该由国王的另一名忠诚而精勤的大臣审视。①

在中国古代，为保护皇族的秘密，法律规定严密的保护制度，从秦开始设有窥宫者斩的规定，《宋刑统》规定：诸阑入宫门徒2年，阑入御膳所者，流三千里，登高临宫中者，徒一年。至于议论皇室事务者，为大不敬，为"十恶"之一。而最高统治者不仅对其僚臣设以严密的监督，对于百姓的监视则更为严密。

在近代资产阶级反对封建专制主义的斗争中，依据资产阶级的人本思想和人权观，形成了资产阶级的隐私观，包含了人的私生活的基本秘密，体现了人们对私生活自由的渴望和追求，反对他人干扰、干涉、干预个人的私生活权利。

至现代社会，人权观念进一步发展，终于发展成为现代的隐私观念。隐私的内容包含极广，概括了有关私生活的所有秘密。隐私对于全体人民一律平等，而不再是尊者的权利。同时，也认为隐私并非绝对，还应当受到法律的调整和限制。

现代意义上的隐私，才是现代法律确认为隐私权的客体的隐私。现代意义上的隐私观念，是研究对隐私进行法律保护的基础。

---

① 《摩奴法典》第七章第5、6、116、120条。

二、隐私权的产生和发展

隐私权（the right to privacy）的概念和理论，产生于美国。在近现代的民法法典化进程中原本没有隐私权的概念，在以判例法为基本法律形式的英美法中也没有隐私权的概念。与此相适应，法理中也没有隐私权的理论。

最早的隐私权观念可以隐约地在普通法传统中找到。但是，它一旦从财产权的观念中脱胎出来，人们就可以充分意识到，它完全是一种独立的新型权利。1890 年，美国的两位法学家路易斯·布兰蒂斯（Louis D. Brandeis）和萨莫尔·华伦（Samuel D. Warren）最先敏锐地捕捉到了这种新型的权利，在哈佛大学的《法学评论》杂志上，发表了著名的论文《隐私权》，提到"保护个人的著作以及其他智慧或情感的产物之原则，是为隐私权"，指责新闻传播有时会侵犯了"个人私生活的神圣界限"①，点明了隐私权作为一种新型权利的本质："个人在人身和财产上面应当受到充分的保护作为一个原则，就像普通法一样的古老。但是人们发现这一原则需要不时地重新定义其确切本质及这种保护的范围。政治、社会和经济变迁使得对新权利的识别成为必要，而普通法也保持其永恒的青春活力时，不断成长以实现社会的需要。"正是基于对新的社会情形下的深刻体认和对原有权利之限度的认识，华伦和布兰蒂斯才致力于制造一种新的理论，以便为侵犯私人生活之诉的法律诉由提供根据。他们毫不怀疑这一新的社会问题所具有的重要性，认为上述权利是宪法规定的人所共享的自由权利的重要组成部分，只有文明教养达到一定程度的人才会认识到它的价值，进而才能珍视它。从此以后，这项关于隐私的理论才开始受到广泛的重视和承认。②

嗣后，另一位美国学者埃·威斯汀（A. Westin）将隐私权进一步概括为不受旁人干涉搅扰的权利，个人自由决定何时何地以何种方式与外界沟通，在一个限定的私人活动范围内，不受他人和群体的拘束。日本学者前田雄二在他撰写的

---

① 吕光：《大众传播与法律》，台北，"商务印书馆" 1981 年版，第 64 页。
② 杨金丹：《从财产权到隐私权：一个历史流变的考察》，《法制与社会》2010 年 2 月号。

《采访报道与伦理规范》的文章中认为："人，无论谁都具有不愿被他人知道的一部分私生活。这些，如被窥见，或者被公开发表，而让很多人知道，便会觉得羞耻或不愉快，也就是说，那些希望'沉默过去的事'，如被暴露，便构成对于隐私权利的侵害。"① 美国学者威廉·荷尔（William G. Hale）在他的《新闻法》（The Law of the Press）一书中进一步指出："未得承诺而盗用或非法利用一个人的容貌，公布一个人与公众无正当关系的私人事务，或错误地侵犯了一个人的私人行为，以至对一个人的普通情感产生污辱或引起精神上的痛苦，羞耻或惭愧"，即为侵害隐私权，应当负相应的法律责任。

从以上关于隐私权理论发展的概况看，隐私和隐私权的概念是逐渐完善起来的。当布兰蒂斯和华伦刚刚提出隐私权的概念和理论时，它还不十分完善，内容也不十分严谨。经过几十年的研究、发展，隐私权理论已经形成了完善的体系。

在隐私权理论发展的过程中，美国法官开始在实务中运用这一理论处理案件，创设了隐私权的判例法。1902 年，纽约州法院审理的罗伯森诉罗切斯特折叠箱公司案，是第一个隐私权的判例。该案被告未经原告同意，即将其照片作为本公司产品的广告，致其遭受痛苦，而诉请法院保护。法官依据隐私权的理论，判决原告胜诉。1903 年，纽约州通过一项法律，使隐私权受到法律保护，但该项法律侧重于保护的是姓名和肖像方面的隐私权。1905 年，佐治亚州高等法院在处理此类案件时，正式宣布当事人享有隐私权。美国学者认为，法官对隐私权的认可，是法学影响法院审判的一个杰出事例。20 世纪 60 年代，隐私权制度在美国进一步发展，联邦最高法院引用联邦宪法第四修正案关于公民自由权的规定作为隐私权的立法依据，在适用上扩大了隐私权的范围，至 1965 年，开始适用《人权法案》，使隐私权成为一种一般性的宪法权利。至 1974 年，联邦议会制定了《隐私权法》《家庭教育及隐私权法》《财务隐私权法》，以后又陆续制定了一系列有关隐私权的立法，使美国成为隐私权立法最发达的国家。

在英国，有关隐私权的法律不够发达，涉及隐私权的判例不多，原因是英国一般不认隐私权为一种独立的权利，而是将涉及隐私的侵权案件纳入侵害名誉权

---

① 吕光：《大众传播与法律》，台北，"商务印书馆" 1981 年版，第 65 页。

的案件之中起诉、审判，因而对于隐私权的保护是间接的。学者对英国法律不充分保护隐私权的现状表示不满，认为将侵害隐私权的案件牵强附会地解释为损害名誉是不恰当的。[①] 英国皇室法律顾问莱斯特勋爵指出，早在《人权法案》将尊重私生活、住宅和通信的公约权利带入英国法律之前，一项官方调查就已经认为立法保护个人隐私是错误的，随后的一份报告认为言论自由应当先于隐私保护，并且针对侵入和骚扰提出了具体的定向补救措施。英格兰法庭当时就已经决定英格兰法律中没有需要强制执行的隐私权。英格兰上诉法院对普通法和成文法中没能保护隐私感到遗憾，并且声明只有颁布议会通过的立法才能承认隐私权。上诉法院表达了希冀议会颁布立法给予保护的希望。但是，议会未把隐私权当作一项普通权利。英格兰和威尔士法庭拒绝以立法者的角度行动，政府和议会拒绝立法所带来的结果就是，只有在发生泄露机密或者物理侵犯（不论是侵入还是骚扰）时才可以提出以侵犯隐私为基础的控告。[②] 这个说法真实地反映了英国社会以往对隐私权的看法。受美国法和《欧洲人权公约》的影响，英国逐渐地接受了隐私权的概念，1998 年《人权法案》承认了隐私权，有关司法判例也加强了对隐私权的保护。[③]

在大陆法系国家，德国法学家和法官开始时拒绝将名誉权和隐私权受到侵害的案件纳入《德国民法典》第 823 条第 1 款的保护范围，损害名誉和个人隐私不产生赔偿义务。"二战"以后，德国最高法院根据战后基本法的第 1 条、第 2 条，确认人身的一般权利属于受民法典第 823 条第 1 款保护的绝对权利，隐私权和名誉权被认作绝对权。1977 年 1 月 27 日制定、1990 年 12 月 20 日修正的德国《联邦个人资料保护法》，对特定自然人（当事人）属人或属事之个别资料的法律保护进行了详细的规定，完备了隐私权的立法。法国于 1970 年 7 月，以新的法律规定取代原来的《法国民法典》第 9 条，规定："任何人有权使其个人生活不受

---

　　① 张新宝：《隐私权研究》，《法学研究》1990 年第 3 期。

　　② 这是莱斯特勋爵 2010 年 5 月 4 日在英国上议院为欧盟媒体权利保护项目举行的中英研讨会上的发言，题目是《言论自由、名誉和隐私》，该文尚未发表。

　　③ 王利明：《人格权法研究》，北京，中国人民大学出版社 2019 年第 3 版，第 562 页；希伟明：《论英国隐私法的最新转向》，《比较法研究》2013 年第 3 期。

侵犯。""法官在不影响赔偿所受损害的情况下,得规定一切措施,诸如对有争议的财产保管,扣押以及专为防止或停止侵犯个人私生活的其他措施,在紧急情况下,法官得紧急下令采取以上措施。"这一规定创设了民法典保护隐私权的最直接的条文。瑞士、土耳其的债法承认个人秘密、私生活为人身权的内容,受法律保护。在日本,隐私权被称作"私生活权",民法没有明确规定,学者主张依民法第 709 条人格权的规定予以保护,判例上也采用这种主张。

从 1890 年第一次提出隐私权的概念到今天,隐私权已经成为各国普遍接受的法律概念,各国立法都通过不同的方式,直接或间接地对其予以法律保护。

三、中国关于隐私权的立法及学说

1986 年以前,我国对于隐私权的民事立法及学说落后,只是在有关法律中,对隐私权的保护有一些具体规定。

1979 年《刑事诉讼法》第 111 条规定了对涉及个人阴私的案件不得进行公开审理,第 64 条规定被告人对于与本案无关的问题有权拒绝回答。1982 年《民事诉讼法(试行)》第 58 条规定,对于涉及个人隐私的证据应当保密,需要向当事人出示的,不得在公开开庭时进行;第 103 条规定,涉及个人隐私的案件以及当事人申请不公开审理的离婚案件,不公开审理或者可以不公开审理。1982 年《宪法》第 38 条规定,公民的人格尊严不受侵犯,第 39 条规定公民的住宅不受侵犯,第 40 条规定公民的通信自由和通信秘密受法律的保护。这些法律规定,从基本法和程序法的角度,在一定程度上对隐私权予以法律保护。

1986 年《民法通则》没有规定隐私权为自然人的人格权,学者一致主张应当对隐私权进行法律保护。最高人民法院在制定《关于贯彻执行〈中华人民共和国民法通则〉若干问题的意见(试行)》时,根据保护自然人隐私权的急迫需要,采纳学者的主张,采取变通方法,对侵害他人隐私权造成名誉权损害的,认定为侵害名誉权追究民事责任。1993 年《关于审理名誉权案件若干问题的解答》第 7 条第 3 款规定:"对未经他人同意,擅自公布他人的隐私材料或以书面、口头形式宣扬他人隐私，致他人名誉受到损害的，应认定为侵害他人名誉权。"值得重视的是《未成年人保护法》关于未成年人隐私保护的规定。《妇女权益保护法》等法律则采取了对隐私权进行间接保护的立法方式。

对最高人民法院关于隐私权采取类推方法适用侵害名誉权法律规定的司法解释，学者既肯定其对于在立法欠缺的情况下采取变通办法适当保护隐私的做法，又指出其对隐私权保护的不足，并在隐私权的研究上日渐深入，取得了相当的成果。

2001年最高人民法院《精神损害赔偿司法解释》对隐私权的保护作出了新的规定，第1条第2款规定："违反社会公共利益、社会公德，侵害他人隐私或者其他人格利益，受害人以侵权为由向人民法院起诉请求赔偿精神损害的，人民法院应当依法予以受理。"可以看出，最高司法机关仍然不认为隐私是一种具体人格权，只是一种具体的"人格利益"，对于自然人的隐私保护只能按照"其他人格利益"的保护方法进行保护。这一司法解释之既有成功之处也有严重不足。

这一司法解释的成功之处，在于对隐私权将间接保护方式改变为直接保护方式，是很大的进步，对自然人隐私权的保护具有重大意义。

这个司法解释的缺陷是，将完全具备独立人格权特征的隐私权仍然认定为一种人格利益，放在"其他人格利益"中，按照对"其他人格利益"的保护方式进行保护。在隐私权在世界各国得到普遍承认，中国公众对隐私权的认识和热情极度高涨的当时，司法解释对这一具体人格权采取这样的态度，可谓不无遗憾。

最早确认隐私权的法律，是2005年8月28日修正的《妇女权益保障法》，该法第42条规定："妇女的名誉权、荣誉权、隐私权、肖像权等人格权受法律保护。"这是第一次明文规定"隐私权"，可惜这只是规定妇女享有的隐私权。2009年12月26日《侵权责任法》第2条第2款明确规定了隐私权。至此，我国的隐私权终于登上了法律舞台。隐私权从受司法实践保护的人格利益，上升为法律规定的具体人格权，从定位于《妇女权益保障法》的特殊规定到《侵权责任法》的普适性的规定，我国的隐私权保护法律制度的发展获得了质的突破，已经开辟了广阔的独立发展道路。① 学者认为，在我国，隐私权第一次以法律形式被明确规定下来，隐私权正式走进中国人的权利清单中。从宣扬"无私"到习惯"疑私"再到接受"隐私"，这是对中国数千年传统陋习的抛弃，是法律制度上的大变革。②

《民法典》人格权编设置第六章"隐私权和个人信息保护"，全面规定了隐私、隐私权以及侵害隐私权的具体行为，完善了我国隐私权保护的立法。

第二节　隐私和隐私权

一、隐私权的客体：隐私及其利益

（一）隐私的称谓

对隐私有不同的称谓，法国法称为个人生活，日本法称为私生活，在我国台湾地区，有的学者称为秘密，有的学者称为隐私。我国大陆民法理论意见一致，均使用隐私的概念。

与隐私相关的概念是阴私。对此有两种主张。一种主张认为，隐私不同于阴私，阴私在社会生活中仅指男女性关系方面的秘密，而隐私则是指有关个人生活领域的一切不愿为人所知的事情。③ 另一种主张认为，隐私当然包括阴私。④ 笔者赞成后一种观点，阴私除了指男女性关系方面的秘密以外，还包括有关人体的秘密。阴私作为私生活秘密之一，包括在隐私概念中，《民法典》第1033条第4项关于"拍摄、窥视他人身体的私密部位"的规定，就是保护自然人的阴私。

---

① 张新宝：《我国隐私权保护法律制度的发展》，《国家检察官学院学报》2010年第2期。
② 石睿：《从"无私"到"隐私"》，《行政与法》2010年第4期。
③ 王利明主编：《民法·侵权行为法》，北京，中国人民大学出版社1993年版，第303页。
④ 张新宝：《隐私权研究》，《法学研究》1990年第1期。

（二）隐私概念的定义

对于隐私概念如何界定，原来并没有一个被公众所承认的定义。学者认为，隐私在现代英语的文义中，有隐居、（不受干扰的）独处、秘密、私下等多种解释。在汉语中，则指不愿告人的或不愿公开的事。社会学意义上的隐私一词则体现了一种人类社会一般的公众心理：每一个人都希望在愈来愈复杂的社会网络中为自己保留一块相对平静的，既无损于他人也无害于社会的、独处的环境。对于这种普遍存在的社会公众心理，称之为人类的隐私意识。[①]

在法理上研究隐私概念，有的学者认为，隐私就是隐秘而不准公开的意思[②]，隐私是指有关个人生活领域的一切不愿为人所知的事情。这个定义也有不尽如人意之处，例如，范围是"一切"还是有限度的；性质是"事情"还是"秘密"，均值得研究。

学者认为，构成隐私有两个要件：一为"私"，二为"隐"。前者指纯粹是个人的，与公共利益、群体利益无关的事情，这是隐私的本质所在。后者并非描述某个事情、某个信息不为人知的事实状态，它包括：当事人不愿这种个人私事被他人知悉；按正常的心理和道德水准，这种个人隐私不便让他人知道，否则会对当事人产生各种不利的后果；这种个人私事当事人不愿或不便他人干涉；某些私人领域当事人不愿或不便他人侵入。因此，隐私是指一种与公共利益、群体利益无关的，当事人不愿他人知道或他人不便知道的信息，当事人不愿他人干涉或他人不便干涉的个人私事和当事人不愿他人侵入或他人不便侵入的个人领域。因此，隐私有三种形态：一是个人信息，为无形的隐私；二是个人私事，为动态的隐私；三是个人领域，为有形的隐私。[③] 笔者认为，这个关于隐私的定义，比较准确地描绘了隐私的内涵和外延。

《民法典》第 1032 条第 2 款对隐私作出了法律上的定义，即："隐私是自然人的私人生活安宁和不愿为他人知晓的私密空间、私密活动、私密信息。"这是一个

---

①　王利明主编：《人格权法新论》，长春，吉林人民出版社 1994 年版，第 469 页。

②　吕光：《大众传播与法律》，台北，"商务印书馆" 1981 年版，第 63 页。

③　王利明主编：《人格权法新论》，长春，吉林人民出版社 1994 年版，第 480 - 482 页。

非常准确的关于隐私概念的定义，特别是不仅规定私人生活安宁作为隐私的内容，而且将其作为隐私内容的首位，突出了私人生活安宁在隐私权保护中的最重要地位。

（三）隐私的内容

隐私的内容包括个人生活安宁和不愿为他人知晓的私密空间、私密活动、私密信息。

1. 个人生活安宁

隐私的本质是私生活。[①] 私生活安宁，是指自然人可以排除他人对自己生活安定和宁静的不当打扰和妨碍的状态，主要包括日常生活安宁、住宅安宁以及通讯安宁。[②] 生活安宁利益是指一种保护自然人在维系自己生活环境中的一种生活状态的安稳、宁静的利益。[③] 生活安宁属于私的领域，表达的是自然人的自然性和社会性，既要与他人交往，满足其社会性的要求，又要保持独处的安宁，满足自己的自然性需要，在私的领域中，享有对私人生活独处而不受他人打扰的权利。

私人生活安宁包括三方面的内容：第一，排除他人对权利人私人正常生活的侵扰；第二，禁止他人非法侵入权利人的私人领域；第三，权利人自主决定个人生活，禁止他人对此进行干预。

2. 私密空间

私密空间是指个人的隐秘范围，如身体的阴私部位，个人居所、旅客行李、学生的书包、口袋、通信等，均为私密领域。抽象的私密空间是指思想的空间，专指个人的日记。

3. 私密活动

私密活动是一切个人的、与公共利益无关的活动，如日常生活、社会交往、夫妻的两性生活、婚外恋和婚外性活动。其中婚外恋和婚外性生活，由于涉及当

---

① 马特：《隐私权研究——以体系构建为中心》，北京，中国人民大学出版社 2014 年版，第 20 页。
② 陈甦、谢鸿飞：《民法典评注·人格权编》，北京，中国法制出版社 2020 年版，第 336 页。
③ 张红：《侵害生活安宁利益之侵权责任》，《财经法学》2018 年第 6 期，第 39 页。

事人和相关人员的人格尊严，不得向社会公布，但是并不排除对当事人进行批评教育①，如构成犯罪的，还应依法追究刑事责任。

4. 私密信息

与个人信息权保护的个人信息不同，私密信息是个人的隐私情报资料、资讯，包括所有的个人情况、资料，诸如身高、体重、女性三围、病史病历、身体缺陷、健康状况、生活经历、财产状况、社会关系、家庭情况、婚恋情况、学习成绩、缺点、爱好、心理活动、未来计划、政治倾向、宗教信仰等。

对于私密空间、私密活动和私密信息，《民法典》在之前缀以"不愿为他人知晓"的前提。这是对自然人的主观上不愿意为他人知悉意愿的描述，而私密则针对私人隐秘，是内容在客观上属于私人，且处于隐秘状态，不为他人知晓的描述。所谓不愿为他人知晓的私密空间、私密活动、私密信息，就是指在客观上处于隐秘状态不为他人知晓，且在主观上也不愿意为他人知晓的隐秘。

二、隐私权的基本范畴

（一）隐私权的概念

1. 对隐私权概念的不同定义

100 多年来，学者对隐私权下了许多定义。

美国的威廉·荷尔在其《新闻法》一书中认为：隐私权可以定义为一种每个人要求他的私人事务未得到他的同意前，不得公之于众的自然权利。《布莱克法律辞典》认为隐私权是私生活不受干涉的权利，或个人私事未经允许不得公开的权利。

英国《牛津法律大辞典》认为，隐私权是不受他人干扰的权利，关于人的私生活不受侵犯或不得将人的私生活非法公开的权利要求。②

在日本，隐私权被称为"私生活"或私生活的权利，有的学者将其定义为

---

① 张新宝：《隐私权研究》，《法学研究》1990 第 3 期。
② 《牛津法律大辞典》，北京，光明日报出版社 1988 年版，第 719 页。

"控制自己情报流传的权利"①。有的学者认为:"所谓隐私权利,可以说是保护个人私生活秘密的权利。"②《新版新法律学辞典》则认为私生活是"保护免遭他人侵犯的私生活和私事"③。

我国台湾地区学者对隐私权的界定,比较典型的是认为,秘密权者,乃就私生活上或工业上所不欲人知之事实,有不便他人得知之权利也。④ 或者认为,隐私权是对个人私生活的保护,使每个人能安宁居住,不受干扰,未经本人同意者,其与公众无关的私人事务,不得刊布或讨论,其个人姓名、照片、肖像等非事前获得本人同意,不得擅自使用或刊布,尤不得做商业上的用途。⑤ 或者认为:隐私权是指个人对其自我资料及活动讯息的概括性拥有权。

我国大陆民法学者对隐私权有以下几种定义:(1)认为隐私权也称为私生活的秘密权,是指自然人以自己的个人生活秘密和个人生活自由为内容,禁止他人干涉的一种人格权。⑥ (2)认为所谓隐私权,也就是自然人个人隐瞒纯属个人私事和秘密,未经本人允许不得公开的权利。⑦ (3)认为隐私权是自然人依法享有的住居不受他人侵扰以及保有内心世界、财产状况、社会关系、性生活、过去和现在其他纯属个人的不愿为外界知悉的事务的秘密权利。⑧ (4)认为隐私权是指自然人和法人对其个人秘密或企业法人秘密所享有的,不可侵犯的权利。(5)认为隐私权是自然人享有的对其个人的、与公共利益无关的个人信息、私人活动和私有领域进行支配的一种人格权。⑨ (6)认为隐私权是自然人在私生活领域内对其私人信息、私生活安宁以及私人事务自主决定和控制的人格权。⑩ (7)认为隐

---

① 《牛津法律大辞典》,北京,光明日报出版社1988年版,第719页。
② [日]平川宗信:《私生活的概念与刑法对私生活的保护》,《法学译丛》1987年第4期。
③ [日]《新版新法律学辞典》,北京,中国政法大学出版社1991年版,第842页。
④ 何孝元:《损害赔偿之研究》,台北,"商务印书馆"1982年版,第116页。
⑤ 吕光:《大众传播与法律》,台北,"商务印书馆"1987年版,第66页。
⑥ 佟柔主编:《中国民法》,北京,法律出版社1990年版,第487页。
⑦ 王冠:《论人格权》,《政法论坛》1991年第3期。
⑧ 张新宝:《隐私权研究》,《法学研究》1990年第3期。
⑨ 王利明主编:《人格权法新论》,长春,吉林人民出版社1994年版,第487页。
⑩ 马特、袁雪石:《人格权法教程》,北京,中国人民大学出版社2007年版,第285页。

私权是指自然人所享有的私人领域不受非法侵犯、个人信息不被非法获得和公开的一种独立的人格权。[①]

2. 隐私权概念的定义

以上列举的中外学者对隐私权的各种定义，均从不同研究角度对隐私权概念的内涵作了揭示。综合起来可以认为，隐私权是自然人享有的对其与公共利益无关的私人生活安宁和不愿为他人知晓的私密空间、私密活动和私密信息及其利益，自主进行支配和控制，不得他人以刺探、侵扰、泄露、公开等方式侵害的具体人格权。这个定义，符合《民法典》第 1032 条第 1 款关于"自然人享有隐私权。任何组织或者个人不得以刺探、侵扰、泄露、公开等方式侵害他人的隐私权"的规定。

（二）隐私权的特征

1. 隐私权的主体只能是自然人

界定隐私权的概念，认为隐私权的主体除自然人外，还应包括法人，是不正确的。隐私权是自然人个人的私权利，主体不包括法人、非法人组织。法人、非法人组织的秘密是商业秘密，商业秘密不具有隐私所具有的与公共利益、群体利益无关的本质属性；隐私也并非全是秘密，而商业秘密则全部是秘密，被泄露将给企业带来不可估量的损失；商业秘密保护的是企业经济利益，而隐私权保护的是自然人的人格利益。如果将商业秘密认定为隐私权的客体，则企业法人易于借隐私权的理由而掩盖其产品质量低劣、服务水平低下等情况，不利于保护消费者的利益；非营利法人、特别法人等都具有"公"的性质，如果也享有隐私权，就有可能成为拒绝人民群众监督、质询的工具。所以，隐私权的主体只能是自然人。

2. 隐私权的客体以保护私人生活安宁为核心

《民法典（草案）》人格权编并未将私人生活安宁规定在隐私的概念中。在2019 年 12 月《民法典（草案）》总则和分则各编合体审议之前的立法专家研讨会上，与会专家一致主张，应当将私人生活安宁作为隐私的主要内容加以规定，

---

① 张璐：《论隐私权的内涵》，《法治与社会》2010 年第 1 月号。

因为隐私的核心就是私人生活安宁，隐私权的作用就是在私人生活与社会公共生活之间建立的一道防护墙，以保障私人生活的隐秘和安宁。这也正是有些国家立法将隐私权称为"私生活权"的原因。立法机关将"私人生活安宁"写进隐私的概念中，并且作为隐私的主要内容加以规定，意义重大。

按照《民法典》的这一规定，私人生活安宁是隐私的核心部分。以往通常认为，隐私的主要部分是私密空间、私密活动和私密信息，私人生活安宁尚在其次。《民法典》将私人生活安宁作为隐私的核心部分予以特别保护，具有重要意义。私人安宁生活，是自然人享有的维持其生活的安稳、宁静，并排除他人不法侵扰、妨碍，免受他人精神伤害的私生活状态。保护私人生活安宁的价值基础，在于自然人的伦理性，是自然人对其安稳、宁静等自我满足的生活状态的精神性追求，是人文主义精神在现代社会的重要体现，《民法典》的规定体现了这个要求。

3. 隐私权的保护范围受公共利益的限制

对隐私权的保护并非毫无节制，应当受到公共利益的限制。当隐私权与公共利益发生冲突时，应当依公共利益的要求进行调整。所以，隐私权的保护范围，应是与公共利益无关的部分。例如，当涉嫌贪污、受贿等财产犯罪时，个人的财产状况、储蓄情况就必须接受调查；个人的性关系涉嫌犯罪，也必须接受调查；参加征兵、招工、招聘模特等活动，应征、应聘者对个人的身体资讯、阴私部位等必须接受检查。在这些情况下，个人资讯就与公共利益有关，因而在必要范围内不得主张隐私的保护。

（三）隐私权的性质

关于隐私权的性质，不同历史时期、不同学者有不同的认识。

1. 自由权说

美国最早的对隐私权性质的认识，是认其为自由权，依据是联邦宪法第四修正案关于人身自由作为隐私权的法律根据。很多学者也都接受将隐私权作为自由权之一种的思想，该观念根深蒂固，至今没有改变。[1] 例如，认为侵害通信秘密

---

① 杜渐、孙宏辉：《关于隐私权保护的法律思考》，《法学与实践》2009 年第 2 期。

的隐私权就是对自由权的侵害。[1]

2. 一般人格权说

日本民法原本没有关于隐私权的规定。"二战"以后，民法认为隐私权包括在人格尊严之中，因而其性质为一般人格权。如《日本民法典》于 1947 年第 222 号法律追加的第 1 条之二，规定"对于本法，应以个人尊严及两性实质的平等为主旨而予以解释"。一般认为，这是将隐私权确认为人格尊严的法律依据。[2] 美国学者威廉·比尼（William M. Beaney）也认为：隐私权"也可以用'人类尊严'或'个人尊严'的字样来表达"[3]。这是将隐私权的性质解释为一般人格权。

应当看到，美国的隐私权概念与我国隐私权概念的差异甚大。美国的隐私权差不多相当于我国的一般人格权，是一个弹性极大的概括性的权利，包含了肖像权、姓名权、声音权、形象权等权利在内。而我国的隐私权，就是一种具体人格权，不具有弹性强大的一般人格权的属性。

3. 具体人格权说

大多数国家的立法和学说均认隐私权为一种独立的具体人格权，是对隐私权性质认识的通说。我国早期司法实务对隐私权采用间接保护方式，认隐私权为名誉权的内容。在学理上，认隐私权为独立的具体人格权为通说，鲜见有反对意见者。[4] 自《妇女权益保障法》修订和《侵权责任法》实施后，法律已经确认隐私权是具体人格权。《民法典》专门规定隐私权，确认其具体人格权的性质和地位。

（四）隐私权的内容

1. 隐私隐瞒权

隐私隐瞒权，是指权利人对自己的隐私进行隐瞒，不为人所知的权利。对于

---

[1]　何孝元：《损害赔偿之研究》，台北，"商务印书馆" 1982 年版，第 168 页。
[2]　张新宝：《隐私权研究》，《法学研究》1990 年第 3 期。
[3]　吕光：《大众传播与法律》，台北，"商务印书馆" 1987 年版，第 64 页。
[4]　皮剑龙认为隐私权为个人自由权，《中国法制报》1987 年 8 月 21 日第 3 版。

无关公共利益的隐私，无论是有利于权利人的隐私还是不利于权利人的隐私，权利人都有权隐瞒，不对他人言明。这种隐瞒不是不诚实的表现，而是维持人格利益和人格尊严的需要，因为自己的隐私不经隐瞒，一旦泄露出去，将有损于自己的人格尊严，难以保护自己的人格利益。例如，唐某离婚后欲觅男友，在刊物上登征婚启事，卢某应约，建立恋爱关系，互赠财物，亦曾同居，终止恋爱关系后，协议处理财产清退，终止一切来往。事后，卢某认为吃亏，用明信片写双方同居经历，通过邮局寄到唐某的单位，使很多人知道了这一段隐私经历。[①] 唐某作为权利人，对自己的隐私有权进行隐瞒。卢某故意用明信片的方式泄露唐某隐私，构成对唐某隐私权的侵害。

2. 隐私利用权

自然人对自己的隐私不仅享有消极的隐瞒权，还享有积极的利用权。隐私利用权是指自然人对于自己的个人资讯进行积极利用，以满足精神、物质需要的权利。这种利用权是自我利用，而不是他人利用，如利用自己丰富的生活经历创作文学作品，既创造精神价值也创造经济价值，既满足社会的需要也满足个人的需要。利用自己的身体、容貌进行绘画、摄影创作，亦是合法利用隐私。女性三围是个人隐私，利用优势应聘模特，正是对隐私的充分利用。对自己的居所、日记等私人领域均可以合法利用。

行使隐私利用权不得违反法律，也不得悖于社会公共利益和善良风俗。违背法律和悖于社会公共利益、善良风俗而利用隐私，为违法行为。如利用自己的人体隐私创作绘画、摄影作品用以自我欣赏和高尚的艺术目的，为正当的利用。如果利用自己的人体隐私制作淫秽作品等，则有悖于公序良俗，是非法利用隐私。

3. 隐私利益支配权

隐私利益支配权，是指自然人对于自己的隐私有权按照自己的意愿进行支配。主要内容是：

（1）公开隐私。公开个人隐私，应依权利主体决定公开的内容、公开的方

---

① 杨立新：《精神损害疑难问题》，长春，吉林人民出版社 1991 年版，第 138 页。

式、传播的范围。这是对隐瞒权的处分。

（2）准许对个人活动和个人领域进行察知。例如准许他人在自己卧室居住，准许他人看自己的日记，准许他人知悉自己的身体秘密，准许他了解个人的经历、病历等。

（3）许可他人利用自己的隐私。例如许可他人利用个人隐私经历创作文学作品，许可他人利用自己的社会关系进行其他活动等。准许他人利用自己隐私的实质，是对自己享有的隐私利用权所作的许可使用行为，与肖像、姓名、名称的许可他人使用行为的性质相同。许可他人使用自己的隐私，应以合同形式为之，口头、书面形式不限，有偿无偿凭双方当事人约定。超出约定范围而使用者，为侵害隐私权的行为。未经权利人许可而利用的，为严重侵权行为。例如，某卫计委为制作宣传片，需拍摄妇女分娩镜头，事先与临产妇女协商得到同意。该产妇的丈夫知悉后坚持拒绝。在录制人员已到现场的情况下，另一妇女正在分娩，录制人员进入产房，不拍摄产妇面部，只录制分娩的过程。录制人员明知其行为会造成侵害隐私权的后果，却严重侵害产妇的隐私权，甚至也侵害了新生儿的肖像权和隐私权。对此，应当适用《民法典》第993条规定的规则。

4. 隐私维护权

隐私维护权，是指隐私权人对自己的隐私享有维护其不可侵犯的权利，在受到非法侵害时，依据人格权请求权和侵权请求权寻求司法保护。

维护隐私的不可侵犯性包括：（1）禁止侵扰私人生活安宁，禁止非法侵入自然人住宅尤其是卧室，禁止在居所安装窃听、监视装置等。（2）对于私密空间，如禁止偷看、宣扬日记、身体、通信，对他人行李、书包禁止非法检查。（3）禁止非法侵扰私密活动，禁止他人干涉、追查、跟踪、拍照、摄影，禁止非法骚扰。（4）禁止非法收集个人私密信息、资料，传播个人资讯，非法利用个人情报。当发生非法侵犯自然人隐私权的行为时，受害人有权寻求司法保护，以维护自己的合法权益，救济其损害。

第三节　与隐私权关联的相关隐私和知情权

一、相关隐私

（一）相关隐私的概念及含义

现实生活中经常碰到一些涉及几个人共同拥有一个隐私经历，其中一个人处分这个隐私，其他人主张侵权的案件。例如，某《文摘报》刊登一篇题为《音乐家某某与李某 38 年婚外婚内情》的文章，披露了在该音乐家及其前妻婚姻关系存续期间，李某与该音乐家的婚外恋情，以及该音乐家与其前妻之间的部分婚姻生活内容，也披露了该音乐家与其前妻离婚，与李某结婚的部分事实。该音乐家的前妻认为，该文对她与该音乐家的婚姻与感情生活加以歪曲和捏造，有大量对原告及其家庭进行侮辱和诽谤的文字，严重损害了自己及家人的名誉权和隐私权，因而起诉《文摘报》社，请求赔偿精神损害抚慰金。该案中最突出的法律问题，是支配个人的隐私同时又涉及他人隐私时应当如何处理。

对此，究竟应当怎样进行法律协调，笔者就此提出了"相关隐私"及其民法保护的见解。

相关隐私，属于隐私这个种概念下属的一个分支概念，是指涉及两个以上的自然人的隐私的隐私。

在很多场合，一个人的隐私与他人的隐私相关联，例如，所谓婚姻关系的"第三者"的隐私，会涉及具有合法婚姻关系的"第一者"和"第二者"的隐私，"第三者"讲述自己的故事，会涉及相对应的另外两个关系人的隐私。这样的隐私，就是相关隐私。

相关隐私不是"家庭隐私权"。有人认为，"第三者"讲述涉及合法婚姻关系当事人的隐私，是侵害家庭隐私权。家庭隐私权的概念不存在，因为不是法律上的概念。一个家庭可能会有自己的"集体隐私"，但是，家庭不是民事主体，不具有民事权利能力，不享有隐私权。就是一个集体也不会存在"集体隐私权"，同样是因为集体不是一个权利主体，无法享有隐私权。

相关隐私，是自然人之间存在的具有共同内容的隐私。所谓的集体隐私或者家庭隐私，其实都是相关隐私。对于相关隐私，不是一个由几个人享有的一个隐私权来保护的，而是由相关联的各个人自己所享有的隐私权来保护。对于涉及自己的那一部分隐私，权利人都有权进行支配和保护。因此，相关隐私不是共有的隐私权，不产生相关隐私权的概念。

（二）保护相关隐私的意义

隐私是民法保护的极为重要的人格利益。法律确认自然人享有隐私权，对权利人的隐私进行严格的保护，防止他人非法侵害隐私权。这是保护人的尊严的重要法律措施，是任何组织或者个人都不能忽视和违背的义务。

相关隐私是自然人的隐私的重要组成部分。任何人生活在现实的社会中，都要与人进行交往，在交往过程中，就会发生在一起交往的人共同享有的相关隐私。这种相关隐私既包含着本人的隐私，也包含其他相关人的隐私，涉及相关联的每一个人的隐私及权利。保护自然人的隐私及其权利，就要保护相关隐私。对相关隐私不予重视或者不予保护，可能损害范围广泛的自然人的隐私利益和隐私权。

按照隐私权保护的基本规则，任何人都有自己的隐私权，隐私权包括自然人支配自己的隐私的权利，只要不违反公序良俗，权利人对于自己的隐私愿意隐瞒就隐瞒，愿意公布就公布。

既然隐私权人有权支配自己的隐私利益，对于包含自己的隐私的相关隐私也应当有权支配，也就是与相关隐私有关的其他关系人对于属于自己的那一部分隐私有权进行支配。讲述自己的故事，支配自己的隐私，都是在行使自己的权利，不会受到非法干涉和限制，如果这种支配自己隐私的行使权利行为受到非法干涉和限制，构成侵害隐私权的责任。问题在于，任何人在行使自己的权利时，不能牺牲或者侵害他人的隐私，不能侵害他人的权利，同时也不能违背社会公共利益。在相关隐私中，一个人行使自己的隐私权、支配自己的隐私利益，必须很好地保护他人的隐私，使共同享有相关隐私的关系人的隐私权不因一方当事人行使自己的权利而受到侵害。如果在行使自己的隐私权、支配相关隐私时，没有尽到保护相关隐私的关系人的隐私权不受侵害的义务，他就应当承担侵权责任。这就是《宪法》第51条规定的"中华人民共和国公民在行使自由和权利的时候，不得损害国家的、社会的、集体的利益和其他公民的合法的自由和权利"这一条文的基本精神。

（三）保护相关隐私的主要规则

保护相关隐私，应当确立民法保护的基本立场和规则。首先，对相关隐私的保护，应当纳入隐私权的统一保护制度中。其实，相关隐私就是隐私的具体内容，本来就在隐私权的保护范围之内。其次，加强对相关隐私的保护，要确立正确的法律规则。本书认为，对相关隐私的民法保护应当遵守的规则如下。

1. 相关隐私的关系人共同享有、共同支配相关隐私利益

相关隐私事实上就是相关人对相关隐私的共同享有。在确立相关隐私的民法保护规则时，应当参考物权法共同共有的规则，确定应有的立场。这就是，对于相关隐私应当共同享有，相关隐私的关系人在支配相关隐私利益时，应当实行"协商一致"原则，即相关隐私的关系人对相关隐私的支配应当一致同意，方能行使对相关隐私的支配权。当然，相关隐私不是共同共有，也不是一个独立的隐私权，而是各个隐私权人对自己的那一份隐私利益享有的支配权利。对于相关隐私的支配应当协商一致，共同支配，保障任何与相关隐私有关联的关系人的隐私不受支配相关隐私行为的侵害。

2. 相关隐私的权利人负有保护其他权利人的注意义务

法律应当确立相关隐私当事人保护其他权利人的注意义务，以保护相关权利人的隐私权。这种对相关隐私保护的注意义务，应当以高度的注意程度即善良管理人的注意义务谨慎行事，判断标准是客观标准，即相关隐私的权利人之一在支配相关隐私时，只要对其他关系人的隐私有所泄露或者宣扬，即为违反该注意义务。

3. 支配相关隐私应当征得相关隐私的权利人同意

凡是支配自己的隐私涉及相关隐私时，行为人必须征求相关隐私权利人的同

意，以取得对相关隐私的支配权；否则，为违反该保护注意义务。例如，以别人写给自己的书信为依据写的回忆录，双方对此都愿意公开，一方写作回忆录说到这些信中涉及的隐私，不会造成侵权的结果。如果对方不同意公开，行为人却擅自写出来，就是对相关隐私关系人的隐私权的侵害，构成侵权。如果这封信或者这些信还涉及第三人的隐私，不仅要征求对方的意见，还要征得第三人对于支配相关隐私的同意。不征求对方和第三人意见的，对凡是涉及对方和第三人的隐私部分都要妥善处理，不能泄露他们的隐私。违反相关隐私的保护注意义务，造成对方或者第三人的隐私权损害的，构成侵权。

4. 行为人不得违背相关隐私关系人的意愿支配相关隐私

处理相关隐私纠纷案件的基本原则，是行使自己的权利不能侵害他人的权利。没有征得相关隐私其他关系人即隐私权人的同意，就不能将相关隐私予以公开。相关隐私关系人明确反对对相关隐私进行支配的，其他人不得强制支配。如果对涉及自己的隐私部分进行描写，也必须隐去他人的隐私，只能暴露或者公布自己的隐私部分，否则构成侵权。

5. 支配涉及死者相关隐私应当征得死者人格利益保护人的同意

死者的人格利益也受到法律的保护。在涉及已经去世的死者相关隐私时，其他关系人进行支配也应当注意保护死者的隐私利益，不得非法侵害。死者的相关隐私被非法支配，未经死者的保护人即近亲属的同意，造成死者的隐私利益受到侵害的，其近亲属作为保护人有权进行保护，提出追究侵权行为人侵权责任的请求。

二、知情权与隐私权的冲突与协调

（一）知情权

1. 知情权的概念与内容

知情权（the right to know）也称为知的权利、知悉权、了解权，是由美国一位新闻编辑肯特·库珀（Kent Copper）在 1945 年 1 月的一次演讲中首先提出来的，基本含义是自然人有权知道他应该知道的事情，国家应最大限度地确认和保障自然人知悉、获取信息的权利，尤其是政务信息的权利。至 20 世纪五十年代、六十年代，美国兴起"知情权运动"，知情权被广泛地援用并成为一个具有国际影响的权利概念，与新闻自由、创作自由、言论自由、出版自由诸概念密切相关。

知情权概念有广狭两义。广义的知情权泛指自然人知悉、获取信息的自由和权利，狭义的知情权仅指自然人知悉、获取官方信息的自由与权利，知情权在一般情况下是指广义的知情权。知情权概念的主要贡献在于：它以简约、明了的形式及时地表达了现代社会成员对信息资源的一种普遍的利益要求和权利意识，从而为当代国家的自然人权利建设展示了一个重要的、不容回避的认识主题。①

知情权包括下述内容：第一，知政权，即自然人依法享有知道国家活动，了解国家事务的权利。国家机关及其工作人员有依法向自然人和社会公众公开自己活动的义务。这一权利内容，被称为"公开化"。第二，公众知情权，即自然人有权知道社会所发生的，他感兴趣的问题和情况，有权了解社会的发展和变化。第三，民事知情权，即自然人知悉有关自己的各方面情况的权利，如自己的出生时间、地点、亲生父母是谁；患者就医时的知情权等。民事知情权具有人格权的属性，概括在《民法典》第 990 条第 2 款规定的"其他人格权益"的范围之内。

2. 知情权的意义

知情权是一个广泛、复杂的概念，既包括公法方面的政治权利内容，也包括属于私法方面的人格权问题，还包括国家权力的问题。它表明，依法知悉和获取信息，是人按其本质应享有并不容侵犯的一项基本权利和自由。② 故《世界人权宣言》确认：人人有权享有通过任何媒介寻求、接受和传递消息和思想的自由。

知情权给新闻业、出版界等舆论单位及时报道新闻事件提供了新的法律依据和事实依据，为了满足自然人知情权的需要，通过报纸、杂志、广播、电视、广告等大众传播媒介去接收世界上的形形色色的事件、信息，因而新闻自由、言论自由被扩展到极大的限度。对于这些，都可以知情权的需要而予以充分的披露。

---

① 宋小卫：《略论我国自然人的知情权》，《法律科学》1994 年第 5 期。
② 宋小卫：《略论我国自然人的知情权》，《法律科学》1994 年第 5 期。

因而知情权与隐私权之间就不可避免地产生冲突。

（二）隐私权与知情权的冲突

隐私权的宗旨在于自然人有权隐瞒、维护自己的私生活的秘密和安宁，并予以法律保护，防止任何人非法侵犯。知情权的根本目的是保障自然人的"知"的权利，有权依法知悉和获取信息，满足其"知"的需要。依据这样两个权利，自然人一方面希望知道更多别人的资讯，另一方面又不希望自己的事情被别人知悉，两者之间即产生相当的矛盾与冲突。

美国的詹姆斯·希尔诉《生活杂志》发行人时代公司侵犯隐私权案，典型地体现了知情权与隐私权的冲突。纽约州最高法院审判此案时，陪审团认为，《生活杂志》在审查能显示希尔家人未受虐待的新闻报道时，至少有所忽略，甚至轻率或故意的不细心，因而判决希尔胜诉。时代公司向联邦最高法院上诉。联邦最高法院最后以 6 票对 3 票，改变了纽约州最高法院的判决，以《生活杂志》文章的内容，牵连着一个戏剧和一件真实事情，是一件合乎公众兴趣的事件为由，判决《生活杂志》胜诉。在这一判例中，隐私权与知情权的冲突表现得十分明显，而这只是隐私权与知情权冲突的一个缩影。

（三）对隐私权与知情权冲突的协调

1. 协调的原则

隐私权与知情权的冲突表现最为明显的时期，是 20 世纪六十年代前后，在此之前，这种冲突也有所表现。对此，恩格斯曾提出一个处理个人隐私与新闻报道相互关系的原则，即：个人隐私一般应受到保护，但是，当个人私事甚至阴私与最重要的公共利益——政治生活发生联系的时候，个人的私事就已经不是一般意义的私事，而属于政治的一部分，它不受隐私权的保护，应成为历史记载和新闻报道不可回避的内容。[①] 这一论述说明了个人隐私与新闻自由之间的一般关系，可以作为处理隐私权和知情权冲突的一般原则。美国联邦最高法院在希尔案件的判决中，为隐私权与知情权的冲突划出了一个明显的界限，这就是，新闻事业在报道与公共利益或公众兴趣有关事务时，必须证明此项报道有故意或轻率的错误，才成

---

① 《马克思恩格斯全集》，第 18 卷，北京，人民出版社 1964 年版，第 591 页。

立对个人隐私权的侵害。这个界限，对处理隐私权与知情权的冲突具有重要的参考价值。但是，认定故意或轻率的错误依什么标准，以及无故意或轻率的错误而侵害他人隐私权是否就不构成侵害隐私权，都是值得深入研究的问题。

协调隐私权与知情权的冲突，应遵循三个原则。

（1）人格尊严原则。新闻报刊对社会不良现象的揭露，必要时可以涉及某些个人的隐私，但不得以伤害其人格尊严为目的。[①]

（2）社会政治及公共利益原则。个人隐私原则上受法律保护，但如果涉及社会政治利益及公共利益，要以个别情况对待。社会政治及公共利益原则并不是对官员隐私权的剥夺或限制，而是为了保障社会政治和公共利益，从而牺牲个人某些隐私权。

（3）必要原则。在隐私权与知情权发生一般的冲突时，应进行适当协调，通过在较小的范围内公开隐私，以满足知情权的需要。遵循这一原则，对某些现象需要诉诸社会，但是，如果不是十分必要则不宜公开具体当事人及其住所。如果必须公开某些当事人，也不要牵涉或影射与此无关或关系不大的其他人。

上述三项原则，作为处理隐私权与知情权冲突的原则，是可行的。实务应参照这样的原则处理相关案件。

涉及隐私权与知政权、法定知情权的冲突，依其社会政治与公共利益原则，应以个人利益服从社会政治与公共利益的需要，是必须的。政府官员必须接受监督和质询，以保证政治的清明和透明度、公开化；涉嫌犯罪的人，应当接受司法机关的调查和讯问；对犯错误的干部，也应当接受党的纪检部门和行政监察部门的调查和询问。对此，均不得以保护隐私权为借口予以拒绝，也不得以侵害隐私权而寻求司法保护。

2. 重点研究的问题

在涉及自然人的隐私权与知情权的冲突中，突出表现在三个问题上，应当重点研究。

（1）婚恋对象之间的隐私权与知情权的冲突。异性在恋爱中，各自当然享有

---

① 张新宝：《隐私权研究》，《法学研究》1990年第3期。

隐私权和知情权，一方面有权隐瞒自己的隐私，另一方面又欲知道对方的资讯，尤其是以往婚恋史和性品格，且有权利保障。对此，一要尊重对方的权利，二要尊重对方的人格尊严，三要对知悉的对方私生活秘密应予保密，负有不得扩散、泄露的义务。例如，蒋某与沈某相爱，蒋某为表示忠诚，将自己在大学期间的性关系向沈某坦诚相告，沈某提出解除婚约。沈某与另一女青年相爱，该女青年在追问其恋爱史时，沈某将蒋某的信交给该女青年看。该女青年的亲属系蒋某单位的领导，沈某又将信交给该领导看。该领导将这封信复印三份交给工会等有关部门参阅，给蒋某造成严重精神损害。[1]在该案件中，有两对隐私权与知情权的冲突关系。沈某可以向恋爱对象公开自己的隐私，但其将蒋某的隐私对她公开，超出了自己隐私处分的权利，侵害了蒋某的隐私权。

（2）非婚生子女、被收养人的寻亲行为。对于非婚生子寻其生父，为正当行使知情权行为；其生母对于该隐私也有隐瞒的权利。对于收养的弃儿寻其生父母，亦为正当的行使知情权的行为；其养父母对此也享有隐私权。对此，双方均应尊重对方的权利和人格尊严，在子女成年后，一般应牺牲隐私权而满足知情权，但应控制隐私公开的范围，并尊重隐私权一方的感情。

（3）新闻报道与个人隐私发生冲突。对不涉及公共利益的隐私，不得擅自公布，隐私权人同意的除外。

第四节　对隐私权的民法保护

一、隐私权的民法保护方式

（一）两种不同的保护方式

对隐私权的民法保护分为两种方式。

---

① 杨立新：《精神损害疑难问题》，长春，吉林人民出版社1991年版，第124-125页。

1. 直接保护方式

这是对侵害隐私权的行为直接确认为侵害隐私权责任，行为人向受害人承担责任，救济隐私权的损害。这种保护方式起源于美国，对于侵害隐私权的行为，可以依据判例法和成文法确认其侵权责任。德国原不承认隐私权为人格权，自20世纪50年代起，也采用直接保护方式，救济隐私权的损害。瑞士、土耳其民法明文确认隐私权（即个人秘密和私生活）。《日本民法典》第709条虽无隐私权的明文规定，但因该条文的弹性极大，根据法律最高解释准则，隐私权亦包括在内，故以上国家都对隐私权采取直接保护方式。

2. 间接保护方式

英国和澳大利亚法律不认隐私权为独立的人格权，但涉及隐私权的案件，可以分别纳入其他侵权行为寻求法律保护，如依侵害名誉权起诉，依诽谤行为起诉，或依其他侵权行为起诉，不存在独立的侵害隐私权的诉讼。这种对隐私的法律保护是间接保护方式。

（二）两种保护方式的差异

以上两种隐私权法律保护方式，以直接保护方式最利于对隐私权损害的救济；间接保护方式不仅在诉讼上不方便，不利于受害人寻求司法保护，而且在实体上，如果隐私的损害没有可比照的法律规定，则无法进行救济。例如泄露他人隐私，既未造成名誉权损害，又未造成其他权利损害的，民法无法对其进行救济。

采取间接方式保护隐私权的国家和地区，根本原因在于立法上没有确认隐私权为独立的人格权，因而无法进行直接保护。不过，法院在适用法律上，对于隐私权无明文法律规定的情况渐次采取扩大解释方法，对隐私权进行直接保护。我国台湾地区就一案件作出这种司法解释。甲男与乙男素有嫌隙，探悉乙男与丙女感情颇笃，某夜见乙丙二人相偕进入某旅客房间，竟秘将两人之幽会情节予以录影后，并对丙女透露上情。丙女不堪其扰，精神痛苦不已，起诉请求甲男赔偿其非财产损失。司法部门认为："'民法'虽未就秘密权（亦称隐私权）设有特别规定，惟秘密权亦属人格权之一种。秘密权旨在保护个人之私生活为其内容，侵害秘密权，固常伴随名誉权亦并受侵害，惟前者重在保护私生活之不欲人知；后者重在社会评价之低落，两者仍有区别。本题甲男之行为系故意以背于善良风俗之方法加损害于丙女，丙女依'民法'第184条第1项后段规定，请求甲男赔偿其非财产上损失，应予准许。"① 这一司法解释不无重要意义。及至后来修订债法制度，在侵权责任保护范围中确认了隐私权，采用了直接保护方式保护隐私权。

二、侵害隐私权的行为

（一）对界定侵害隐私权行为的不同见解

在隐私权作为一个法律概念提出并依法受到法律保护以来的一百多年间，学者对于侵害隐私权行为的类型进行了归纳整理，提出了多种主张，主要有以下几种。

美国著名新闻法权威威廉·普罗索（William L. Prosser）将侵害隐私权行为归纳为四种类型：（1）盗用——以营利为目的盗用他人的姓名或肖像的；（2）侵入——侵入住宅或进入他人物理的隔绝领域进行窃听或偷看的；（3）隐私公开——当众散布有关个人隐私使其遭受痛苦的；（4）公众误认——公布他人的，足以使公众产生错误印象的事项。②

我国台湾地区民法教授归纳侵害隐私权行为的四种类型，即：（1）侵犯他人之宁静：如侵入他人住宅，窃听他人通话，密随他人行踪，窗外窥视，暗查私人银行账目等行为；（2）宣扬他人秘密（此为不能构成侵害他人名誉之行为）：如登载他人小孩残废之照片，发布他人可耻之疾病，广播他人不能清偿债务之消息等行为；（3）置他人于大众之可能发生错误影响之地位：如未经本人同意，将其姓名列于电信之末端，作为其所发表之意见；或于他人宣告无罪后，将其照片列入逮捕罪犯之相片集等行为；（4）利用他人之特点作为商业广告。③

我国大陆民法学者将侵害隐私权的行为划分为十个种类：（1）未经自然人许

---

① 王泽鉴：《人格权、抚慰金与法院造法》，《法会月刊》第44卷第12期。
② ［日］平川宗信：《私生活的概念与刑法对私生活的保护》，《法学译丛》1987年第4期。
③ 何孝元：《损害赔偿之研究》，台北，"商务印书馆"1982年版，第167-168页。

可公开其姓名、肖像、住址和电话号码；（2）非法侵入、搜查他人住宅，或以其他方式破坏他人居住安宁；（3）非法跟踪他人、监视他人住所，安装窃听设备，私拍他人私生活镜头，窥探他人室内情况；（4）非法刺探他人财产状况或未经本人允许公布其财产状况者；（5）私拆他人信件、偷看他人日记、刺探他人私人文件内容以及将它们公开者；（6）调查、刺探他人社会关系并非法公之于众者；（7）干扰他人夫妻性生活或对其进行调查、公布者；（8）对婚外性生活向社会公布者；（9）泄露自然人的个人材料或公之于众或扩大公开范围者；（10）收集自然人不愿向社会公开的过去的或现在的纯属个人的情况，如多次失恋、被罪犯强奸、患有某种疾病或曾患有某种疾病等。①

《民法·侵权行为法》一书将侵害隐私权行为归纳为两种类型：（1）骚扰、刺探或以其他方式侵害他人的隐私权；（2）泄露因业务或职务关系掌握的他人秘密。②

笔者将侵害隐私权行为的类型概括为：（1）刺探、调查个人情报资讯；（2）干涉、监视私人活动；（3）侵入、窥视私人领域；（4）擅自公布他人隐私；（5）非法利用他人隐私；（6）侵害死者隐私利益；（7）相关隐私当事人侵害其他当事人隐私权。③

以上对侵害隐私权行为的归纳，或详尽，或概括，都具有借鉴意义。

（二）法定的侵害隐私权的行为

《民法典》第1033条规定："除法律另有规定或者权利人明确同意外，任何组织或者个人不得实施下列行为：（一）以短信、电话、即时通讯工具、电子邮件、传单等方式侵扰他人的私人生活安宁；（二）进入、拍摄、窥视他人住宅、宾馆房间等私密空间；（三）拍摄、窥视、窃听、公开他人的私密活动；（四）拍摄、窥视他人身体的私密部位；（五）收集、处理他人的私密信息；（六）以其他方式侵害他人的隐私权。"这是对侵害隐私权行为的列举性规定。在列举六种侵

---

① 张新宝：《隐私权研究》，《法学研究》1990年第3期。
② 王利明主编：《民法·侵权行为法》，北京，中国人民大学出版社1993年版，第304页。
③ 杨立新：《人格权法》，北京，法律出版社2011年版，第616-618页。

害隐私权的行为之前，首先排除的是不构成侵害隐私权的行为，任何涉及他人隐私权的行为，只要是获得权利人的明确同意的，就不构成侵害隐私权的行为。

任何组织或者个人作为隐私权的义务主体，都不得实施上述规定的有关个人的私人生活安宁、私密空间、私密活动、私密信息等的侵害隐私权的行为。

1. 以短信、电话、即时通讯工具、电子邮件、传单等方式侵扰他人的私人生活安宁

私人生活安宁，是自然人享有的维持安稳宁静的私人生活状态，并排除他人不法侵扰，保持无形的精神需要的满足。短信、电话、即时通讯工具、电子邮件、传单等方式侵扰个人的生活安宁，通常称为骚扰电话、骚扰短信、骚扰电邮等，侵害个人的生活安宁，构成侵害隐私权。

2. 进入、窥视、拍摄他人住宅、宾馆房间等私密空间

隐私权保护的私密空间包括具体的私人空间和抽象的私人空间。前者如个人住宅、宾馆房间、旅客行李、学生书包、个人通信等，后者专指日记，即思想空间。私密空间是隐私的重要组成部分，任何人非经法定程序不得非法侵入或窥视，更不得非法搜查。私人住房、身体、箱包、通信、日记等，均属私人领域。侵入私人住宅，窥视居室内情况，偷看日记，借他人沐浴、如厕等机会，偷看他人身体隐秘，私翻箱包、私拆信件等，均构成侵害隐私权。例如，日记属于私人领域，是个人对每天做的事情的记录，有的兼记对这些事情的感受。很多人在日记中记下自己人生中的一些重要的思想感情，由于这些感情、思想基于道德的、法律的约束，不能公开表达，因而在日记中作宣泄，并不准备公开或暂不公开。这种情况，法律是准许的，在道德上也受到尊重，并不认为违反社会公共生活准则。这些日记中所记载的内容，是自然人生活隐私的一部分，是自然人隐私权的具体内容之一。记在日记里的文字属于思想范畴的东西，与写成文章、标语、文件、口号的文字是不一样的。日记里记载的关于思想、感情上的内容，只要本人没有将其付诸实施，就不是行为，法律、道德对其都没有约束的必要，而且还要予以保护，以维护正常的社会生活秩序，保障自然人的自由权利。

3. 拍摄、录制、公开、窥视、窃听他人的私密活动

私密活动是一切个人的、与公共利益无关的活动，如日常生活、社会交往、夫妻生活、婚外恋等。对此进行拍摄、录制、公开、窥视、窃听，都构成侵害私密活动。个人活动自由是隐私权的体现，权利主体可以依照自己的意志，从事或不从事与公共利益无关的私密活动，任何人不得干涉、监视、跟踪、骚扰。这是一种能动的权利，是自然人自由支配的范围。监听、监视私人活动，干涉私人从事某种活动或不从事某种活动，监视私人与他人的交往，监视、窃听夫妻性生活秘密，私人跟踪，骚扰他人的安宁生活等，都侵害隐私权人私密活动的权利，构成对隐私权的侵害。

4. 拍摄、窥视他人身体的私密部位

身体的私密部位也属于隐私，是身体隐私，例如生殖器和性感部位。拍摄或者窥视他人身体私密部位，构成侵害隐私权。

5. 处理他人的私密信息

私密信息是关于自然人个人的隐私信息，获取、删除、公开、买卖他人的私密信息，构成侵害隐私权。非法刺探、调查个人的身体资料、生活经历、财产、社会关系、家庭状况、婚恋状况、家庭住址、电话号码、政治倾向、心理活动、两性生活、疾病史及其他个人私生活情报资讯的，均构成侵害隐私权的行为。刺探、调查、收集上述私密信息，并进行记录、摄影、录像者，构成严重情节。这些都属于侵害隐私权的行为，都应依法承担侵权责任。

6. 以其他方式侵害他人的隐私权

这是兜底条款，凡是侵害私人生活安宁、私密信息、私密活动、私密空间、身体私密等的行为，都构成侵害隐私权。

(1) 监视、干涉私密活动。擅自公布他人私生活秘密，是严重的侵害隐私权行为。擅自公布隐私包括两种：一是非法刺探、调查所得之私人秘密后予以公布，这是既刺探、调查，又予以非法公布，属于侵害隐私权的严重情节；二是因业务或职务关系而持有他人的秘密，其持有是合法的，如司法人员、机要人员、档案管理人员、医生等，因业务而了解他人隐私，领导者因职务而掌握下属人员

的隐私，但一经泄露或者公开，构成侵害隐私权，例如《民法典》第1226条规定，医疗机构及其医务人员泄露患者隐私的应当承担侵权责任。前者均以故意构成，后者故意、过失均可构成。

（2）非法利用隐私。非法利用隐私是未经隐私权人同意而利用其个人私密信息的行为，特征是将他人的私密信息为自己所用，用于营利或非营利目的。非法利用隐私有两种：一种是未经本人同意而利用，这种为盗用他人隐私；二是虽经本人同意，但是，利用人超出约定的范围而利用。非法利用他人隐私无论是否以营利为目的，均为侵害隐私权。

（3）相关隐私当事人侵害其他当事人隐私权。对于相关隐私，隐私权人未尽到保护相关隐私其他关系人的隐私权，未经同意擅自予以披露、使用相关隐私，构成侵害相关隐私当事人的隐私权。

（4）侵害死者隐私利益。死者的隐私受法律保护，行为人非法侵害死者隐私，构成侵权行为。具体的保护方法，可以参照对死者名誉利益保护的方法进行。

7. 国家机关及其工作人员泄露或者非法向他人提供隐私信息

依照《民法典》第1039条规定，国家机关及其工作人员对于履行职责过程中知悉的自然人隐私和个人信息，应当予以保密，不得泄露或者非法向他人非法提供。国家机关及其工作人员有多种渠道收集和知悉自然人隐私信息，必须对个人负有保密义务，不得泄露或者非法向他人提供，如果泄露或者非法向他人提供这些隐私信息，侵害权利人的隐私权，构成侵权责任。

上述行为都是法律禁止的侵害隐私权的行为，都应当承担民事责任，以救济权利人隐私权损害的后果。

三、保护隐私权的人格权请求权

人格权请求权是保护隐私权的主要方法。隐私权人对于自己的隐私，有权维护其不可侵犯性，在受到非法侵害时，依据人格权请求权，寻求司法保护。维护隐私的不可侵犯性包括：（1）对于个人生活安宁，任何人不得擅自侵入，进行干扰、干预，不得损害个人生活安宁。（2）禁止他人非法收集个人私密信息，传播个人资讯，非法利用个人情报。（3）对于私密活动，禁止他人干涉、追查、跟踪、拍照、摄影，禁止非法骚扰。（4）对于私密空间，如日记、身体、通信，禁止偷看和宣扬，对于他人行李、书包禁止非法检查，禁止擅自闯入自然人住宅尤其是卧室，禁止在居所安装窃听、监视装置等。当发生非法侵害自然人隐私权，或者干涉、妨碍隐私权行使时，受害人行使人格权请求权，有权寻求司法保护，行使停止侵害、排除妨碍、消除危险、消除影响、恢复名誉、赔礼道歉请求权，维护自己的合法权益。权利人行使上述请求权，不受诉讼时效限制。

四、保护隐私权的侵权请求权

侵害隐私权责任的构成，应当适用《民法典》第 1165 条第 1 款关于一般侵权责任过错责任原则的规定，理由是侵害隐私权的侵权责任属于一般侵权责任，即行为人因过错侵害他人民事权益，应当承担侵权责任，认定侵害隐私权侵权责任仍须符合一般的构成要件。[①]

（一）侵害隐私权责任构成

1. 侵害隐私权的违法行为

侵害隐私权的行为是作为方式。隐私权是自然人的人格权，性质为绝对权，任何其他人均负不可侵之义务。该种法定义务是不作为义务，违反该法定义务而作为，即为作为的违法行为。对于私人信息的刺探、私人活动的骚扰、私人领域的侵入，以及对私生活秘密的泄露等，均是作为的行为方式。

侵害隐私权须具违法性。《民法典》第 1032 条规定："自然人享有隐私权。任何组织或个人不得以刺探、侵扰、泄露、公开等方式侵害他人的隐私权。"这一法律规定是确认隐私权违法性的法律根据，行为人的行为违反这一法律规定，即可确认该行为违法。

---

① 张新宝：《我国隐私权保护法律制度的发展》，《国家检察官学院学报》2010 年第 2 期。

2. 侵害隐私权的损害事实

隐私是一种私人生活的安宁状态，可以是一种信息、一种活动，也可以是一种空间领域。隐私的损害，表现为私人生活安宁被搅扰、私密信息被刺探、私密活动被监视、私密空间被侵入、私密资讯被公布、行使隐私权被非法干预等。这些隐私权损害的基本形态是一种事实状态，一般不具有有形损害的客观外在表现形态，与名誉损害的事实有相似之处，即不必表现为实在的损害结果。只要隐私被损害的事实存在，即具备侵害隐私权的损害事实。

隐私损害事实大多具有多重损害的特点。这表现在隐私损害的事实出现以后，会造成受害人的精神痛苦，以及为恢复损害而支出的财产损失，这些也是隐私损害事实。但这些损害事实不是侵害隐私权的损害事实的基本形态，它的有无不影响侵害隐私权的构成，而只决定侵害程度的轻重和损害范围的大小。作为构成侵害隐私权民事责任的损害事实要件，以具备其基本形态，即隐私被损害的事实为已足。

3. 侵害隐私权的因果关系

侵害隐私权的因果关系，是指侵害隐私权违法行为与隐私损害事实之间的引起与被引起的关系。这种因果关系极易判断，是因为侵害隐私权的行为与隐私损害事实的直接关联性，行为直接导致后果事实的出现。对于精神痛苦的因果关系，应判断是否为该行为所引起。

对于财产利益的损失，应确认其确有因果关系，因这种损害事实直接关系到财产利益损失的赔偿问题，必须准确认定。

4. 侵害隐私权的过错

构成侵害隐私权，行为人在主观上须有过错，无过错不构成这种责任。过错的形式主要是故意，即可预见侵害隐私权的后果却希望或放任该种结果的发生。过失也可以构成侵害隐私权的责任，如在小说创作中利用素材不当而暴露他人隐私，构成侵害隐私权。

对于侵害隐私权责任构成的最主要的抗辩事由，是正当行使知情权。构成正当行使知情权行为，具有阻却违法的性质。例如为公共利益和社会政治需要，法定知情权的行使，正当了解自己的出身和婚恋对象的经历等，都是阻却违法事由，可以免除民事责任。

（二）侵害隐私权的责任承担

构成侵害隐私权，权利人享有侵权请求权，请求行为人承担损害赔偿责任。损害赔偿包括精神损害赔偿和财产利益的损害赔偿。对于侵害隐私权的精神损害赔偿，应当依照《民法典》第 1183 条第 1 款规定，参照侵害名誉权精神损害赔偿的计算办法进行；对于未经许可非法利用他人隐私的损害赔偿，应当依照《民法典》第 1182 条规定，参照侵害肖像权造成财产利益损失的赔偿方法，确定财产利益损害赔偿额。对于侵害隐私权造成其他财产利益损失的，应按全部赔偿原则处理，予以全部赔偿。

（三）侵害隐私权的抗辩

1. 当事人同意

依照《民法典》第 1033 条规定，当事人容许他人知悉或者宣扬自己的私人信息和私人活动，准许进入自己的私人空间，是对自己权利的处分，只要不违背法律和公共道德，就是合法的，以此对抗侵害隐私权，就是合法的抗辩事由。

2. 公共利益需要

公共利益需要，是抗辩侵害隐私权的正当事由。公共利益是关系到不特定的多数人的利益。例如，在重大疫情期间，搜集疑似、密接病患的医疗信息，甚至予以公布等，都是合法的抗辩，不发生侵害隐私权的责任。以此作为侵害隐私权的抗辩事由，不得具有其他不正当目的，也须没有有损于他人人格的语言和言辞，不得借公共利益目的干预个人私生活，损害其人格尊严。

3. 公众人物

为社会公共利益进行宣传或者舆论监督，公开披露公众人物与公共利益相关、满足公众知情权的隐私资讯，不构成侵权。超过必要范围的，应当承担侵权责任。[1] 隐私权作为一种重要的基本人权，涵盖个人的私生活整体，但是，个人享有的隐私权不是绝对的，某些特定人的私生活的隐私权应当受到限制，例如公

---

[1] 杨立新主编：《中华人民共和国侵权责任法草案建议稿及说明》，北京，法律出版社 2007 年版，第 18 页。

众人物的隐私权限制。① 因此，公众人物是侵害隐私权的合法抗辩事由。

4. 正当行使舆论监督权

正当的舆论监督，对于加强民主法治建设具有重要意义，因此，舆论监督是隐私权侵权的合法抗辩事由。媒体对某些不当行为进行批评，即使涉及某些个人隐私，只要不超过必要范围，也不构成侵权责任。

5. 行使知情权和公众知情权

被告主张知情权和公众知情权，都是合法的侵权抗辩事由。无论是行为人为了个人的合法目的了解权利人的隐私信息，或者公众为了满足知情权的需要，而对他人的隐私权进行适当的查知和披露，只要在适当范围内，都是合法行为，不构成侵害隐私权。

6. 国家机关合法行使职权

国家机关出于国家安全、调查犯罪等需要行使职权，不得以隐私权为由对抗。一方面，国家机关为国家安全以及调查犯罪等需要，可以对隐私权进行限制，可以对隐私权侵权诉求进行抗辩，不认为构成侵害隐私权；另一方面，对国家干预个人隐私权的权力也应进行限制，国家机关行使这一权力时须依法进行，遵守法治原则，超出其职权范围干预个人隐私权，仍然是侵权行为。例如延安发生的"黄碟案"，即警察擅自进入新婚夫妇家中检查是否观看黄碟，就是公权力对隐私权的侵害，不是合法的抗辩事由。

第五节　国家机关及其工作人员对隐私和个人信息的保密义务

一、"摸奶哥"事件及各界提出的基本观点

《民法典》第 1039 条规定："国家机关及其工作人员对于履行职责过程中知

---

① 王利明：《隐私权内容探讨》，《浙江社会科学》2007 年第 3 期。

悉的自然人隐私和个人信息，应当予以保密，不得泄露或者非法向他人非法提供。"国家机关及其工作人员有多种渠道收集和知悉自然人隐私信息，必须对个人负有保密义务，不得泄露或者非法向他人提供。将通过公权力机关依法获得的个人隐私或者个人信息予以泄露，或者向他人非法提供，侵害权利人的隐私权或者个人信息权，构成侵权责任。在理解这个条文的规定上，四川绵阳"摸奶哥"事件，也被叫作"速度与激情"事件，有特别重要的意义。

2011 年 8 月 22 日，一张"左手驾车、右手袭胸"的监控照片在网络上热传，有关隐私、道德等相关话题也在网络上引发了激烈的讨论。交通安全岂能如此儿戏，一不留神就可能对自己和他人造成致命的伤害。因而，交警根据监控录像抓拍的证据依法给予严厉处罚，是理所当然的事。[①] 可是，被公开的"摸奶门"照片，使网络上热闹非凡，厚道点的，还给人物和车牌加马赛克遮挡，不厚道的，直接就上大图"裸奔"。网友"人肉搜索"出车中的驾驶员和对方的身份，也予以公开。[②]

四川新闻网报道，经警方查证，照片上的车的确为民用私人车牌，民警称，监控拍照分为临时抓拍和固定路段监控拍摄两种，监控系统的维护是由公司负责，警方只能调用监控数据，"因此也不能确定一定是警方泄露"。三台县交警大队违法处理办公室工作人员在接受"成都全搜索"采访时则称，不清楚照片是谁流传出来的，除了三台县的交通管理部门，四川省其他交管部门也能从违法记录系统中提取这张照片。

该事件引发的民法问题，主要是国家机关及其工作人员对个人隐私和个人信息的保护问题，应当采取立法措施，规定国家机关及其工作人员对此的保密义务，规定违反者的民事责任。《民法典》第 1039 条专门规定国家机关及其工作人员对个人隐私和个人信息的保密义务，与此事件引发的思考不无关系，正是就此举一反三，将其作为保护自然人个人隐私和个人信息的重要举措加以规定。

---

① 范子军：《"抓奶哥" 开车时摸副驾女胸部被监控拍下》，千龙风尚，http://fashion. qianlong. com/shishangjie/shangliurenwu/2011/0823/54047. html，2011 年 9 月 28 日访问。

② 曾颖：《绵阳"摸奶哥"，是谁把监控照片发上网的？》，天涯社区，http://www. tianya. cn/publicforum/content/free/1/2252489. shtml。

二、自然人的隐私权、个人信息权等应当得到国家机关的保护

（一）激情事件的当事人即使属于非正常关系也属于私人活动

这一事件涉及两个重要的问题：一是"摸奶"属于私人的激情，二是超速则涉及公共安全问题。激情既然涉及公共安全问题，属于公共利益范畴，似乎因此而应当对个人隐私等予以必要限制，纠正违章就难免损害违章人的隐私、肖像、个人信息。可是，凡是涉及公共利益的事件，难道就一定要牺牲民事主体的隐私、肖像、个人信息等人格权吗？答案当然是否定的。

事件中的"激情"属于自然人的隐私活动，举凡成年男女，都会有过这类激情行为，只不过一般都会在隐秘之处进行，属于《民法典》第 1032 条第 2 款规定的不愿为他人知晓的私密活动；汽车则属于不愿为他人侵入的私密空间，也属于隐私范围，只不过它涉及交通管理、公共安全等问题，因而有所限缩，但仍然属于隐私领域，如果选择非公共道路等偏僻处"车震"者，属于在私密空间进行私密活动，未涉及公共利益，他人不得干预或者不便干预。

事件当事人选择在公共道路上，且在驾驶途中进行上述活动，由于涉及交通安全问题而被交通监控设备拍摄，在法律规定的合法范围中，具有阻却违法事由，因而不构成侵权。但是，国家机关及其工作人员未尽保密义务，将其拍摄的涉及违章当事人隐私、肖像、个人信息的画面公之于众，就构成侵害自然人隐私权、肖像权和个人信息权的侵权行为，应当对受害人承担侵权责任。这正是《民法典》第 1039 条规范的范围。

（二）事件不仅关乎驾驶员的隐私，更涉及对方的隐私

事件不仅关乎违章的驾驶员，还关乎另外一个主体，就是被"激情"的女主角。被激情者是民事权利主体，享有隐私权和个人信息权，应当受到法律的保护，包括受到国家机关及其工作人员的保护。超速行为的行为人是驾驶员，他的行为关乎公共利益和公共安全，但被激情的女主角却不是超速的行为人，没有理由将其隐私等公之于众。

这里涉及本书提到的重要的人格权法问题，即相关隐私。当两个以上的人共有一个隐私利益的时候，构成相关隐私。相关隐私的数个主体都对该隐私利益享有支配权，但都必须保护相关隐私的其他主体的隐私权。这是相关隐私的主体就相关隐私行使隐私权时的法律规则。本案涉及的不是这个规则，而是涉及隐私权的义务主体也就是相关隐私之外的其他主体，作为隐私权的义务主体，对于相关隐私的各个权利主体都负有不可侵义务，更不要说国家机关及其工作人员，不得侵害相关隐私的权利主体的隐私权。当依法处置的问题涉及其中一个权利主体隐私利益，需要公开披露并且具有合法理由时，也不得因此而侵害该相关隐私的其他主体的隐私权等。即使具有合法理由需要公布其中一人的隐私、肖像、个人信息等，公布中没有保护好其他相关主体的隐私、个人信息等人格利益的，也构成侵害相关隐私的其他权利主体的隐私权等人格权，也构成侵权责任。这个规则是：能够对抗相关隐私中的一个主体的抗辩事由，却不能对抗相关隐私其他主体的权利请求。例如，事件的驾驶员构成严重违法犯罪，应当公布其违法犯罪的具体事实，因而公布其违法甚至犯罪的图像，但也必须处理好对相关隐私的主体的权利保护，处理不当，构成侵权行为。

（三）对《民法典》第1039条的正确解读

　　《民法典》第1039条是对国家机关、承担行政职能的法定机构及其工作人员对自然人隐私和个人信息应当保密规定的新规则。

　　国家机关、承担行政职能的法定机构及其工作人员有多种渠道收集和知悉自然人隐私与个人信息。例如出生登记、查处违章、办理护照、出具身份证明等，都必须提供个人信息，甚至涉及个人隐私。这里包括两种渠道：一是根据法律、行政法规的授权，国家机关、承担行政职能的法定机构及其工作人员主动处理他人的个人信息，或者进入、搜查、监视他人的私密场所，跟踪他人的私密活动等；二是国家机关、承担行政职能的法定机构及其工作人员在履行职责过程中被动的、不可避免地知悉或者了解到自然人的隐私和个人信息。无论是根据法律、行政法规授权主动知悉的自然人的隐私和个人信息，还是在履行职责过程中被动知悉的自然人的隐私和个人信息，国家机关、承担行政职能的法定机构及其工作人员都必须予以保密，这是其应遵守的基本法定义务。① 可以说，国家机关、承担行政职能的法定机构及其工作人员是掌握自然人隐私和个人信息最主要的机构和人员。对此，国家机关、承担行政职能的法定机构及其工作人员必须对个人负有保密义务，不得泄露或者非法向他人提供。

应当特别注意的是，这一条文规定的义务主体是两个：一是国家机关及其工作人员，二是承担行政职能的法定机构及其工作人员。前者的含义明确。后者即承担行政职能的法定机构，是指虽然不属于国家机关，但是实际上承担行政管理职能的机构，基于法律、法规授权具有行政职能的事业单位和社会组织。② 在实践中，这样的依法履行行政职能的事业单位，如有些地方以事业单位名义设立但是依法承担行政管理职责的广播电视局、旅游局、房地产管理局等；并不属于国家机关，但是依法承担行政管理服务职能的单位，如中国法学会等。这些机构都负有对个人隐私、个人信息保密的法定义务。

本条规定了国家机关、承担行政职能的法定机构及其工作人员对于知悉的个人隐私和个人信息的保密义务，却没有规定应当承担责任的规范。对此，应当适用《民法典》第995条规定，受害人有权依照《民法典》和其他法律的规定请求行为人承担停止侵害、排除妨碍、消除危险、消除影响、恢复名誉、赔礼道歉的民事责任；造成损害的，有权依照《民法典》有关侵权责任的规定，主张国家机关承担赔偿责任。

三、国家机关及其工作人员应当如何对公共场所进行合法监控

国家机关以及承担行政职能的法定机构为了社会公众利益，有权对社会进行管理，其中就包括对公共道路、公共场所以及相关场所进行电子监控。英国对公共场所进行电子监管的"CCTV"，警示的是中央电子监视中心对公共场所进行

---

① 黄薇主编：《中华人民共和国民法典人格权法释义》，北京，法律出版社2020年版，第211页。
② 王利明、程啸、朱虎：《中华人民共和国民法典人格权编释义》，北京，中国法制出版社2020年版，第469页。

监控。我国公共交通中的电子监控系统，是为了监督交通违章，提高道路通行安全而设立的，是必要的，也是必须的。

但是，对于必要的和必须对公共道路、公共场所进行的电子监控就一定要牺牲公众的隐私权、个人信息权吗？文明社会进步的标志之一是，除公职人员必须接受充分的监督外，个人隐私应该越来越多，越来越受到尊重和保护。到处有电子眼，到处有泄密者，一方面能够起到监督警示的作用，另一方面，是不是有人人自危的不安全感呢？①这种担心是完全有理由的。

国家机关以及承担行政管理职能的法定机构在行使管理权力的时候，必须依法行使，必须保护好被监督的公众的隐私权、个人信息权等人格权。有网友指出，在法国，摄像探头是不允许正面对着驾驶室拍摄的，只能从后面拍摄，以保护车上人员的隐私。在澳大利亚，就有过闯红灯的违章通知寄到家，妻子发现旁边坐的不是自己，结果这对夫妻就离婚了，以后就改成只用背面的照片。②这些做法是对公权力机构提出的最基本要求。

对此，应当采取以下三种措施。

第一，国家机关以及承担行政管理职能的法定机构有权基于公共利益目的而对公共场所进行监控。在当代社会，对公共场所可以进行监控，具有公共利益目的，是为了更多的人的安全，因而牺牲公众的私人活动不受监视的权利。国家机关以及承担行政管理职能的法定机构可以基于这个目的，在公共场所设置监控设施，对公共场所中的人的活动进行监督、摄像，记录在案。社会在实施这些监控措施之后，依此破获了很多刑事案件，说明监控措施是正当的，对保护公共利益是有益的。在交通管理领域设置这样的监控措施，同样具有这样的目的，对于交通违章行为，通过监控设施记录在案，进行处罚，对于保障交通安全也是完全必要的。

第二，国家机关以及承担行政管理职能的法定机构依法获取自然人的隐私、

① 李云勇：《高速公路摸奶哥事件的三重伤害》，华声论坛，http://bbs. voc. com. cn/topic-3610149-1-1. html，2011 年 9 月 27 日访问。

② 《"摸奶哥"引发隐私争议网友比较各国监控》，搜狐新闻，http://news. sohu. com/20110823/n317144104. shtml。

信息等必须严格保密，全面保护被监控者的隐私权、个人信息权等人格权。正如网友所说，无处不在的电子眼天眼和监控设备，在盯住坏人坏事和违章违规行为的同时，也盯住了所有人的隐私。[①] 在依据公共利益目的对公共场所进行监控的同时，国家机关以及承担行政职能的法定机构必须对在监控过程中获取的自然人的隐私、个人信息等妥当保存、严格保护，绝不能泄露或者向他人非法提供。首先，公权力机构在监控公共场所时，应当尽量避免涉及自然人的隐私、个人信息等，例如，对机动车违章情形的监控，应当从机动车后部进行拍摄，避免拍摄驾驶人及乘车人的正面形象。这是因为，机动车内部属于私密空间，机动车内部的活动是私密活动，都是隐私权保护的范围。其次，即使拍摄到个人隐私、肖像等信息，也必须全面保护，绝对不可以将其公之于众，或者进行公共利益目的之外的其他使用。最后，即使行为人违法或者违章，将监控获得的图像作为证据而合法使用，也不得公之于众，除非有符合公共利益目的的抗辩，否则也构成侵权。超出公共利益之外的目的予以使用的，都构成侵权责任。

第三，国家机关以及承担行政职能的法定机构必须对负责监控设施、保管监控所得资料的工作人员进行教育，明确保护自然人隐私权、个人信息权等人格权的义务，不得泄露他人的隐私，否则应当承担侵害隐私权的侵权责任的规定。应当明确的是，凡是能够接触到个人隐私、个人信息等人格利益的公权力机构工作人员，都负有保护人格权的法定义务，这个义务不仅来源于工作职责，而且来源于任何工作人员作为一个民事主体，对他人的人格权都负有法定的不可侵义务，违反者构成侵权责任。

在上述讨论的激情事件中，监控录像活生生地摄取了男女当事人的隐私活动，是从机动车的正面风挡拍摄的，如果从机动车的后部拍摄违章行为，就不会将驾驶人的隐私摄入，也就不会获取如此隐私的图像。如果说在超速行驶中，男主角因进行如此激情行为而增加驾驶机动车的危险，构成危险活动，因而不得不将其摄入，以备纠正违章之用，也不得将其泄露在网络之上，造成人

---

① 曾颖：《绵阳"摸奶哥"，是谁把监控照片发上网的？》，天涯社区，http://www.tianya.cn/public-forum/content/free/1/2252489.shtml，2011年10月3日访问。

人皆知的后果，损害当事人的人格尊严和隐私权、个人信息权。这是违法的，应当承担侵权责任。从这个事件可以看到，有关国家机关以及承担行政职能的法定机构对自己的工作人员并没有做好这种教育，其工作人员也没有严格遵守职责和纪律，都没有把自然人的人格尊严和人格权保护作为自己的法律义务严格履行。

四、对履行职责知悉的个人隐私和个人信息过错公开的民事责任

（一）研究重点

《民法典》第 1039 条只规定了国家机关、承担行政职能的法定机构及其工作人员对履行职责中知悉的自然人个人隐私和个人信息的保密义务，没有规定违反该法定义务的民事责任。这样的条文看起来似乎是一个不完全条款，因为只规定了义务而没有规定违反义务的责任。这样看待这一条文是不对的，原因是，依据法理和法律规定，违反义务的后果就是责任。既然规定了国家机关、承担行政职能的法定机关及其工作人员对个人隐私和个人信息保密的法定民事义务，违反该民事义务，当然应当承担民事责任。

研究这个问题的重点显然并不在上面这个问题，而在于国家机关、承担行政职能的法定机构违反保密义务，造成个人隐私、个人信息泄露或者向他人非法提供的，应当承担何种民事责任，以及怎样承担民事责任。

国家机关、承担行政职能的法定机关及其工作人员违反对知悉的个人隐私和个人信息保密义务，侵害的是自然人的隐私权和个人信息权，有的还侵害肖像权。

（二）适用法律

救济人格权的损害，分为人格权请求权和侵权请求权的保护方法。前者为《民法典》第 995 条规定，后者为《民法典》侵权责任编的规定。国家机关、承担行政职能的法定机关及其工作人员违反对个人隐私、个人信息等人格权的保密义务，受害人请求承担停止侵害、排除妨碍、消除影响、恢复名誉、赔礼道歉以

及采取补救措施的，行使的是人格权请求权，不受诉讼时效的限制。受害人请求承担损害赔偿责任的，行使的是侵权损害赔偿，可以主张承担精神损害赔偿以及侵害人格权造成财产损失的赔偿。

国家机关、承担行政职能的法定机构及其工作人员违反保密义务，怎样承担民事责任，需要认真讨论。法工委官员认为，民法典主要调整的是作为平等主体的自然人、法人和非法人组织之间的人身关系和财产关系。从严格意义上讲，国家机关、承担行政职能的法定机构及其工作人员在履行职责过程中承担对自然人的隐私或者个人信息保密义务的规定，不属于民法典规定的内容。只是由于国家机关、承担行政职能的法定机构及其工作人员在履行职责过程中掌握了大量的个人隐私和个人信息，其中多数为敏感、重要的个人信息，一旦被泄露，将对个人造成严重损害，后果将极为严重，因而从强调的角度对此作了规定。若国家机关承担行政职能的法定机构及其工作人员在执行履行职责过程中违反保密义务，侵害了自然人的权益，权利人可以根据《国家赔偿法》或者其他相应法律的规定，要求国家机关、承担行政职能的法定机构承担法律责任。① 按照这样的意见，这种责任属于《国家赔偿法》调整的范围，而不属于《民法典》调整的范围。这样的见解需要进一步斟酌。

《国家赔偿法》调整的范围是行政赔偿和司法赔偿。行政赔偿调整的是行政机关及其工作人员在行使行政职权时侵犯人身权、财产权的情形。司法赔偿则是行使侦查、检察、审判职权的机关以及看守所、监狱管理机关及其工作人员在行使职权时侵犯人身权、财产权的情形。《国家赔偿法》第 3 条、第 4 条和第 17 条、第 18 条规定中都不包括《民法典》第 1039 条规定的这种情形。违反保密义务侵害个人隐私、个人信息构成侵权，不能构成国家赔偿责任，而是用人单位的工作人员因执行工作任务而侵害他人权利，构成用人单位责任。

《个人信息保护法》第 33 条规定："国家机关处理个人信息的活动，适用本法；本节有特别规定的，适用本节规定。"对于违反国家法定义务侵害个人信息的赔偿问题，本节并未作排除的规定，因此应当适用该法第 69 条规定。因而可

---

① 黄薇主编：《中华人民共和国民法典人格权编释义》，北京，法律出版社 2020 年版，第 212 页。

以说，国家机关、承担行政职能的法定机构及其工作人员违反保密义务，承担民事责任，应当也适用《个人信息保护法》的规定，且《个人信息保护法》是《民法典》的特别法，因此，国家机关、承担行政职能的法定机构及其工作人员违反法定保密义务，承担民事责任，应当适用《民法典》和《个人信息保护法》的有关规定。

不过，《个人信息保护法》规定保护对象是自然人的个人信息，并不包括其他人格权。因此，是否只有国家机关、承担行政职能的法定机构及其工作人员违反法定义务侵害个人信息的，才可以适用《民法典》《个人信息保护法》的规定确定民事责任呢？本书认为，既然个人隐私、个人信息是国家机关、承担行政职能的法定机构及其工作人员都负有相同的保密义务，那就应当按照同样的方法适用法律确定赔偿责任。这样的推论也是成立的，况且《民法典》第1039条并未规定该种行为不适用本法的规定。

（三）责任承担

当国家机关、承担行政职能的法定机构及其工作人员在使职权中违反保密义务，侵害自然人的个人隐私或者个人信息等人格权造成损害的，应当依照《民法典》第1191条第1款规定确定侵权责任，都应当由国家机关、承担行政职能的法定机构承担侵权责任，即使国家机关、承担行政职能的法定机构及其工作人员故意向他人非法提供，也应当承担用人单位的替代责任。这是因为，不管国家机关、承担行政职能的法定机构的任何工作人员在执行职责中违反保密义务，造成他人个人隐私或者个人信息的损害，都是因执行工作任务所致，即使违反保密义务的行为并不是其履行职责行为所为，而是因过失而使有关信息被窃因而被公开，或者向他人非法提供，由于国家机关、承担行政职能的法定机构知悉该信息也是因执行工作任务而为，也属于因执行工作任务，所以对造成的损害应当承担侵权责任。

在交通管理领域，即使"监控系统的维护是由公司负责，警方只能调用监控数据"，警方对监控系统人员也有监督、管理之责，公司维护监控系统的行为也是因执行工作任务，造成损害后果，同样应由警方承担侵权责任。国家机关、承担行政职能的法定机构的工作人员即使有过错，也不应当由他们自己承担侵权责任，而是由用人单位承担替代责任，以更好地保护自然人的人格权。

这种侵权责任类型适用过错推定原则，凡是国家机关、承担行政职能的法定机构及其工作人员侵害个人隐私、个人信息的，推定其机构有过错，机构认为自己没有过错的，可以举证证明，不能证明的，就应当承担侵权责任。警方提出"也不能确定一定是警方泄露的"的说法，并不能证明自己没有过错，不能免除机构的侵权责任。

国家机关、承担行政职能的法定机构在承担了替代赔偿责任之后，有权对造成他人个人隐私、个人信息损害的有过错的工作人员进行追偿，以警诫工作人员，完善管理措施，以更好地保护公众的人格权。

第十七章
个人信息权

第一节　私法保护个人信息权益存在的问题及对策

一、我国《民法典》和民法特别法对个人信息的界定及保护

（一）我国《民法典》对个人信息及其保护的规定

1.《民法典》总则编对个人信息保护的规定

《民法典》立法采用了两步走的方法，首先在 2015 年到 2017 年完成了《民法总则》的立法工作。《民法总则》对于个人信息规定了第 111 条，即："自然人的个人信息受法律保护。任何组织或者个人需要获取他人个人信息的，应当依法取得并确保信息安全，不得非法收集、使用、加工、传输他人个人信息，不得非法买卖、提供或者公开他人个人信息。"

《民法总则（草案）》第一次审议稿并没有规定个人信息及其保护的条文。[1]在立法过程中，发生了两件侵害个人信息造成严重损害后果的案件：一件是贫困大学生徐玉玉入学报道后，因个人信息泄露被骗走借来的 9 900 元学费，伤心欲绝，导致心脏骤停，经抢救无效死亡。另一件是 2016 年 9 月 2 日，清华大学一位教授刚刚拿到卖房款 1 760 万元，就被诈骗分子通过非法途径获得的个人信息，以欠税为名全部骗走。

这两件涉及个人信息泄露导致严重后果的案件，都是在这一次审议《民法总则（草案）》后发生的，立法机关对此非常重视。在《民法总则（草案）》第二次审议稿中增加规定第 109 条："自然人的个人信息受法律保护。任何组织和个人不得非法收集、利用、加工、传输个人信息，不得非法提供、公开或者出售个人信息"[2]，以加强对个人信息的保护立法。《民法总则》第 111 条确定了个人信息的保护原则。

2.《民法典》人格权编对个人信息保护的规定

《民法总则》完成之后，开始启动《民法典》分则各编的立法，其中人格权编草案对个人信息作了全面规定，第六章规定"隐私权和个人信息保护"共八个条文，只有两个条文规定隐私权，自第 1034 条至第 1038 条都是关于个人信息保护的规定，最后一个条文即第 1039 条关于国家机关和承担行政职能的法定机构及其工作人员对于保护个人信息应当承担责任的规定，有超过一半的内容规定的是个人信息保护问题。

可以说，《民法典》对于个人信息保护，有总则编的一条规定，加上人格权编的五个半条文的规定，对个人信息保护所作的规定是比较充分的。

（二）《民法典》立法之前民法特别法对个人信息保护的规定

在《民法典》立法之前的民法特别法中，对个人信息的保护规定也是比较充分的。仅举以下几部法律的规定。

---

[1] 何勤华等主编：《新中国民法典草案总览（增订本）》，北京，北京大学出版社 2017 年版，第 1559 - 1560 页。

[2] 何勤华等主编：《新中国民法典草案总览（增订本）》，北京，北京大学出版社 2017 年版，第 1587 页。

1. 全国人大常委会《关于加强网络信息保护的决定》

《关于加强网络信息保护的决定》对于个人网络信息保护的规定比较完善。其中对侵害网络个人信息侵权行为的规定比较具体，规定了侵害公民个人信息的行为包括：（1）非法获取公民个人电子信息；（2）非法出售公民个人电子信息；（3）非法向他人提供公民个人电子信息；（4）非法泄露公民个人电子信息；（5）非法篡改公民个人电子信息；（6）非法毁损公民个人电子信息；（7）丢失公民个人电子信息；（8）违法发送电子信息侵扰生活安宁；（9）泄露公民个人电子信息或侵扰他人的电子信息未及时采取补救措施；（10）其他侵害公民个人电子信息的侵权行为。由于《关于加强网络信息保护的决定》不是以法律的形式出现，而是以决定的形式出现，因而在社会生活中未引起足够的重视，特别是法院对该决定在保护个人信息方面所起的重要作用认识不够，因而在实际应用中并没有发挥应有的作用。

2.《消费者权益保护法》

修订《消费者权益保护法》，正值《关于加强网络信息保护的决定》公布实施不久，因而在修订中对加强消费者个人信息安全的保护特别重视，通过第14条、第29条和第50条的规定，加大了经营者对消费者个人信息保护的要求，对经营者收集、处理消费者个人信息应该遵守的原则等，都作了比较全面的规定，确认经营者侵害消费者个人信息的侵权行为包括：（1）非法收集消费者个人信息；（2）违法使用消费者个人信息；（3）泄露消费者个人信息；（4）出售消费者个人信息；（5）非法向他人提供消费者个人信息；（6）非法向消费者发送商业性信息。对于上述侵权行为，经营者应当依照修订后的《消费者权益保护法》第50条承担侵权责任。①

3.《网络安全法》

2017年6月1日《网络安全法》生效实施。该法从网络信息安全的角度，规定了网络运营者对个人信息的保护原则，对加强个人信息的保护有比较明确的规

---

① 杨立新：《修订后的〈消费者权益保护法〉经营者民事责任之解读》，《法律适用》2013年第12期。

定，对侵害个人信息的侵权行为作出了一般性规定。①

综合起来看，按照《民法典》以及以往民法特别法关于保护个人信息规定的实际情况看，我国对个人信息保护的立法还是比较全面的。应用好这些规定，我国私法对保护个人信息能够起到很好的作用。

二、《个人信息保护法》之前我国私法保护个人信息存在的问题

（一）我国现实生活中私法保护个人信息与立法之间的落差

《民法典》和其他法律对个人信息保护的规定比较完备。不过，在现实生活中，私法对于个人信息保护发挥的实际作用不够明显，与立法存在较大的落差。

最明显的表现是，个人信息并没有得到全面保护，权利人每天仍然还在继续受到骚扰，无数骚扰短信、骚扰微信、骚扰邮件等并没有减少的迹象。各种卖房、买房、推广各种商品的广告每天都在缠绕着个人的生活，使人无法得到安宁。

在被这些信息骚扰的背后，是个人信息泄露的侵权问题。一方面，有权处理个人信息主体的工作人员仍然在通过非法手段盗卖所掌握的个人信息，并且经过转手，不仅使需要个人信息宣传商品和服务的经营者获得推销的渠道，更严重的是将个人信息倒卖给诈骗等刑事犯罪行为人，为他们实施犯罪行为提供帮助。这些处于非法侵害个人信息渠道的上游、中游和下游的非法信息处理者、使用者，都是非法获取个人信息以及依法取得非法处理的个人信息的行为人，就是应当依法承担侵权责任的侵权人，他们就是私法保护个人信息所要规制的违法行为人。

在私法领域中，民事法律在保护个人信息方面做了很多工作，立法措施也比较周密。但是，这些立法并没有真正发挥应有的作用，特别是通过民事责任保护个人信息方面，所起的作用并不明显。因而对于保护个人信息，现实生活的实际情况与私法的立法之间存在明显的落差，存在较大的差距。

---

① 《网络安全法》第74条规定："违反本法规定，给他人造成损害的，依法承担民事责任。""违反本法规定，构成违反治安管理行为的，依法给予治安管理处罚；构成犯罪的，依法追究刑事责任。"

《民法典》以及其他法律对保护个人信息的规定并无大的问题，但是，用私法方法保护个人信息却存在比较明显的问题。对这种状况应该进行检讨，我国关于个人信息保护的民事立法明明比较完善，为什么在现实中却没有发挥更好的作用呢？

（二）我国现实生活私法保护个人信息存在的主要问题

在个人信息保护中进行公法和私法不同保护方法的对照，可以看到私法保护个人信息存在的主要问题。

1. 公法对个人信息保护的优势

对个人信息的公法保护主要是刑法保护，对此，《刑法》修正案（九）增加了第523条之一，即侵犯公民个人信息罪。

这一条规定内容是，违反国家有关规定，向他人出售或者提供公民个人信息，情节严重的，处3年以下有期徒刑或者拘役，并处或者单处罚金。情节特别严重的，处3年以上7年以下有期徒刑并处罚金。违反国家有关规定，将在履行职责或者提供服务过程中获得的公民个人信息出售或者提供给他人的，依照前款的规定从重处罚。窃取或者以其他方法非法获取公民个人信息的，依照第一款的规定处罚。单位犯前三款罪的，对单位判处罚金，并对其直接负责的主管人员和其他直接责任人人员依照各该款的规定处罚。

《刑法》作出上述规定后，最高人民法院、最高人民检察院出台了《关于办理侵犯公民个人信息刑事案件适用法律若干问题的解释》，对侵犯公民个人信息的刑事案件适用法律规定了详细的规则，都很具体。例如第5条规定，具有下列情形之一的，应当认定为刑法第253条之一规定的情节严重：一是出售或者提供行踪轨迹信息，被他人用于犯罪；二是知道或者应当知道他人利用公民个人信息实施犯罪，向其出售或者提供的；三是非法获取、出售或者提供行踪轨迹信息、通信内容、征信信息、财产信息50条以上的；四是非法获取、出售或者提供住宿信息、通讯记录、健康生理信息、交易信息等其他可能影响人身、财产安全的公民个人信息500条以上的；五是非法获取、出售或者提供第三项、第四项规定以外的公民个人信息5 000条以上的；六是数量未达到第3项至第5项规定的标准但是按相应比例合计达到有关数量标准的；七是违法所得 5 000 元以上的；八是将在履行职责或者提供服务过程中获得的公民个人信息出售或者提供给他人，数量或者数额达到第 3 项至第 7 项规定标准一半以上的；九是曾因侵犯公民个人信息受过刑事处罚或者二年内受过行政处罚又非法获取、出售或者提供公民个人信息的；十是其他情节严重的情形。这些关于侵害个人信息情节严重应当受到刑事处罚的规定，都特别具体，具有可操作性。进一步去分析，就会发现《刑法》的这些规定，在惩治侵害公民个人信息犯罪行为、保护权利人的个人信息方面，具有非常重要的作用，也比较容易实现。定罪量刑的标准明确，构成犯罪就可以直接追究刑事责任。因而可以说，用刑事手段这种公法方法保护个人信息，作用是非常明显的，也是非常有力、十分明确的。

2. 私法保护个人信息存在的主要问题

民法特别是侵权法在保护个人信息权益中存在明显的弱势，与公法保护个人信息的优势相比较，没有容易确定的标准，也没有那样显著的效果。

在《个人信息保护法》出台之前，私法保护个人信息存在的主要问题表现在以下方面。

（1）对个人信息的保护采用法益保护而不是权利保护

我国民法对个人信息的保护，没有采用权利保护方法，而是采取法益保护方法进行。这主要表现在三个方面。

第一，无论是《民法典》还是其他法律的规定，都没有规定个人信息是一个独立的人格权，都是以"个人信息"法益予以保护。

第二，《民法典》人格权编"调整因人格权的享有和保护产生的民事关系"，规定的人格权益保护几乎都是具体人格权，唯一的一个例外，就是个人信息没有规定为个人信息"权"。可见，《民法典》对其他具体人格权与个人信息的规定不是在同一个层次上。姓名权、名称权、肖像权、名誉权、荣誉权、隐私权等都是具体人格权，而个人信息由于没有一个"权"，就一定要理解为对个人信息的保护是对民事利益的保护，因而是法益而不是权利，对个人信息的保护与对其他人格权的保护不是同一个保护层级。

第三，尽管我国民法对权利保护和利益保护采取一体主义，但是保护力度不同。传统民法对权利的保护和利益的保护程度并不一样。在德国，依照《德国民法典》第 823 条和第 826 条的规定，"因故意或者过失，不法侵害他人之生命、身体、健康、自由、所有权或其他权利者，对于该他人负赔偿因此所生损害之义务。""违反以保护他人为目的之法律者，负同一之义务。依法律之内容，无可归责事由亦可能违反该法律者，仅于有可归责事由之情形，始负赔偿义务。""故意以背于善良风俗之方法，加损害于他人者，对该他人负损害赔偿之义务。"王泽鉴教授认为，我国台湾地区规定为调和"行为自由"和"保护的权益"这两个基本利益，区别不同的权益的保护，而组成侵权行为责任体系。被侵害者系他人之权利时，只要加害人具有故意或者过失，即应依据"民法"第 184 条第 1 项前段负损害赔偿责任。其被侵害者虽非属权利时，须加害行为系出于故意背于善良风俗方法或违反保护他人之法律时，被害人使得请求损害赔偿。"民法"第 184 条第 1 项前段所保护的限于权利，不及于一般财产上利益（纯粹财产上损害、纯粹经济上损失）。一般财产上利益仅能依"民法"第 184 条第 1 项后段规定或者第 2 项受到保护。权益区别性的保护系侵权行为法上的核心问题，表现于不同的保护强度。[①]

从《民法通则》、《侵权责任法》至《民法典》，虽然对民事权利和利益的保护采取一体主义，但还是有所区别，对民事权利的保护显然强于对法益的保护。立法对个人信息没有确认为具体人格权，而是采取权益保护的方法，是私法保护个人信息效果不明显的原因之一。

对个人信息的保护，究竟是以权利进行保护，还是以法益进行保护，涉及对自然人的个人信息保护程度的问题。个人信息是一种人格权，而不应当规定为一项法益。

（2）以私法手段保护个人信息的侵权责任构成要件存在不足

以私法手段特别是侵权责任的手段保护个人信息，另一个弱势在于侵权责任构成的要求严格。侵权责任法理论和实践要求，构成侵权责任须有违法行为、损

---

① 王泽鉴：《侵权行为法·基本理论 一般侵权行为》，台北，三民书局 1999 年版，第 79 页。

害事实、因果关系和过错四个要件，侵害个人信息的侵权责任构成亦须具备这四个要件，其中必须具备损害事实的要件。① 《民法典》第1165条第1款明确规定了损害要件，且应由被侵权人对过错要件承担举证责任。

首先，按照损害事实要件的要求，对保护个人信息存在较大问题，这就是，确定侵权责任的损害要件，损害须达到一定的程度，没有达到相当的程度，就不能构成侵权责任。用侵权责任保护个人信息，每一个受害人受到的损害，基本上都是微小损害。例如个人信息被盗卖，对于受害人来说，就是一个电话号码的损失，如果没有被犯罪分子利用来诈骗等，不会有其他的损害，仅仅是无足轻重的损害，几乎可以忽略不计。受害人如果向法院起诉，法官会认为这样的损害达到相当程度、符合损害事实要件的要求吗？所以，依据现行的侵权法理论和实践要求，用私法手段保护个人信息，很难过损害事实要件这一关，存在非常明显的障碍。

其次，被侵权人起诉追究个人信息处理者的侵权责任，须证明行为人的过错要件。这对于被侵权人而言，难度较大。② 即使个人信息权人证明了自己的损害，以及违法行为与损害之间的因果关系，但是无法证明行为人的过错，也不能完成举证责任，诉讼请求难以得到支持。

（3）损害赔偿数额的限制

用侵权责任保护个人信息还存在一个较大的障碍，是损害赔偿数额的限制。按照《民法典》第1182条以及依照《个人信息保护法》第69条规定的赔偿方法，按照被侵权人因此受到的损失或者侵权人因此获得的利益赔偿。可是，一条个人信息被盗卖，作为个人信息受到损害的权利人，会有多大的实际损害，会造成财产上多大的损失，基本上看不出来；即使选择侵权人因此获得的利益计算损害赔偿数额，倒卖一个的电话号码通常在0.5元～2元人民币之间。被侵权人即使选择2元人民币作为损害赔偿的请求标的，法官会不会认为原告为了区区的2元钱而诉讼浪费了司法资源，而且有多少人会冒着一审、二审甚至再审程序的复

---

① 黄薇主编：《中华人民共和国民法典侵权责任编释义》，北京，法律出版社2020年版，第7页。
② 黄薇主编：《中华人民共和国民法典侵权责任编释义》，北京，法律出版社2020年版，第7页。

杂要求，去追求两块钱的赔偿呢？因此，这种赔偿请求无法调动权利人维护自己个人信息权的积极性。侵权法保护个人信息存在的这个弱势非常明显。

3. 公法和私法保护个人信息功能的比较

正因为如此，在《民法典》颁布以前，尽管《民法总则》以及民法特别法都规定了个人信息保护规则，为什么看不到自然人因个人信息受到侵害向法院起诉，追究侵害个人信息的侵权人承担侵权责任的案件，也看不到法院对个人信息受到侵害由侵权人承担损害赔偿责任这样判决呢？其原因就在于，私法保护个人信息存在明显弱势，用私法保护个人信息的规定并没有发挥明显的作用。

公法特别是刑法保护个人信息具有特别的优势，其特点是刑法保护个人信息是采被告人中心主义，以实施犯罪的行为人的行为为基本依据，侦查犯罪，起诉犯罪，最后判决犯罪，刑事被告人实施了什么样的行为，实施了多少这样的行为，按照法定的标准，符合标准就构成犯罪，就按照构成犯罪的事实和情节追究刑事责任。追究侵害个人信息的刑事责任，就是以被告人为中心，以被告人实施的行为为基准，来确定责任。所以，其保护个人信息的优势非常明显。

与公法保护个人信息的优势刚好相反，民法对权益的保护不是以被告的行为为中心，而是以权利保护为中心，实行当事人主义，一切围绕权利人自己的请求，并且要被侵权人举证证明侵权人的侵权事实和自己的损害。因而，个人信息受到侵害的权利人能否得到民法的保护，首先要看被侵权人受到的损害有多大，其次要看权利人愿不愿意向法院起诉请求保护。例如，一个违法侵害个人信息的行为人倒卖了1万个个人信息，构成侵害公民个人信息罪，国家就可以依法追究其刑事责任。但是，在民事救济方面，要把这样1万个受到侵害的损害分配到每一个被侵权人的身上，就是一万个人的每一个人的电话号码被倒卖了，按照侵权责任构成以及赔偿数额的要求，一万个被侵权人都须证明自己的损害事实、过错以及其他责任构成要件，并且一万个人都要起诉这个侵权人，才能够使自己的损害得到救济，使这个犯罪行为人的犯罪行为得到财产责任的民事制裁。在通常情况下，这一万个被侵权人都不会因为自己的一个电话号码受到侵害而起诉寻求私法救济，因而私法保护个人信息的立法就会落空，侵权人的行为得不到制裁，被侵权人的权利损害不能得到救济。这就是私法保护个人信息立法丰富而司法实践保护个人信息薄弱之间落差形成的根本原因。

可以说，法律保护个人信息有公法保护和私法保护这样两条腿，公法保护的这一条腿非常健壮；而私法保护这一条腿却是残疾，发挥不了足够的作用。如何改进私法保护个人信息的立法，增强私法保护个人信息这条腿的功能，使保护个人信息的两条腿都能够健步如飞，我国自然人享有的个人信息权利才能得到根本的保护。

三、《个人信息保护法》对个人信息保护存在问题的弥补与完善

2021 年 8 月 20 日，第十三届全国人大常委会第三十次会议审议通过《个人信息保护法》，面对民事立法和现实生活对于保护个人信息方面存在的落差，着力做出弥补。

（一）《个人信息保护法》对个人信息保护存在问题的弥补

《个人信息保护法》规定的内容较多，有 74 个条文。其中特别有价值的条文是：

1. 对个人信息权益的定性

无论是《民法总则》还是《民法典》，对个人信息的规定上，都没有对其作出定性，即既没有确认其为人格权，也没有确认其就是法益，使其成为一个"悬案"。《个人信息保护法》第 1 条和第 2 条分别规定："为了保护个人信息权益，规范个人信息处理活动，促进个人信息合理利用，根据宪法，制定本法。""自然人的个人信息受法律保护，任何组织、个人不得侵害自然人的个人信息权益。"两个条文都使用了"个人信息权益"的概念，是给个人信息的权属性质作了定性，即既有权利也有法益。既然个人信息权益包括"权"，且该"权"又规定在《民法典》的人格权编，因此，确认个人信息权就是具体人格权。

2. 对个人信息概念的界定

该法第 4 条第 1 款规定："个人信息是以电子或者其他方式记录的与已识别

或者可识别的自然人有关的各种信息，不包括匿名化处理后的信息。"对个人信息概念的这个定义，与《民法典》第1034条第2款规定有所不同，主要是在定义的后段把匿名化处理后的信息排除在个人信息之外，与《民法典》第127条规定的"数据"相吻合。数据就是信息，数据的大部分内容是个人信息，不过，这些数据中包含的个人信息必须是经过匿名化处理，并且不能恢复的个人信息，因而是衍生数据。

所谓衍生数据，是对网络上遗留的人的各种信息痕迹，进行脱敏化处理，把其中的敏感部分消化，使其无法还原到原来的个人信息的数据。① 所以，衍生数据就是经过匿名化处理后的信息，不在个人信息保护的范围之内。这样界定个人信息，不仅有利于数据、网络行业的发展，而且对保护个人信息也具有更大的意义。

《民法典》第1034条第2款关于"个人信息是以电子或者其他方式记录的能够单独或者与其他信息结合识别特定自然人的各种信息，包括自然人的姓名、出生日期、身份证件号码、生物识别信息、住址、电话号码、电子邮箱、健康信息、行踪信息等"的定义，比较起来，差别主要在于后段，一个是列举，一个是排除，结合起来，能够更准确地揭示个人信息概念。

3. 对个人信息的类型界定

《个人信息保护法》对个人信息的分类特别有价值，第二章第二节使用了"敏感个人信息"这个概念，基于这个概念，能够把个人信息分成两类：普通个人信息和敏感个人信息。

对敏感个人信息的概念，该法第28条第1款作了界定，即"敏感个人信息是一旦泄露或者非法使用，容易导致自然人的人格尊严受到侵害或者人身、财产安全受到危害的个人信息，包括生物识别、宗教信仰、特定身份、医疗健康、金融账户、行踪轨迹等信息，以及不满十四周岁未成年人的个人信息"。对个人信息作这样的分类，对侵害个人信息的行为、损害的严重程度、承担责任的轻重等，是具有基础性意义的规定，有特别重要的实用价值。这就是该条第2款关于

---

① 杨立新、陈小江：《衍生数据是数据专有权的客体》，《中国社会科学报》2016年7月13日。

"只有在具有特定的目的和充分的必要性，并采取严格保护措施的情形下，个人信息处理者方可处理敏感个人信息"的意义。

4. 规定个人信息权利人的权利

《个人信息保护法》专门规定了第四章，即"在个人信息处理活动中的权利"，对个人信息权利人在信息处理活动中享有的权利，作了明确、具体、详细的规定，其中规定了知情权、决定权、查阅复制权、更正补充权、删除权、请求说明解释权、死者近亲属对死者相关信息行使权，以及信息处理者应建立个人行使权利的申请受理和处理机制。这些规则，都是规定个人信息主体所享有的权利，内容完整。

5. 规定处理个人信息主体负有的义务

《个人信息保护法》第五章专门规定了个人信息处理者所负有的义务，都是针对个人信息权利人享有的权利而确定的相应义务，包括采取必要措施确保个人信息处理活动符合法律，防止未经授权的访问以及个人信息的泄露或者被窃取、篡改和删除；处理个人信息达到国家网信部门规定数量的个人信息处理者，应当指定个人信息保护负责人等一系列规定；境外的个人信息处理者应当在境内设立专门机构或者指定代表；定期进行合规审计。此外，还规定了进行个人信息处理要在事前进行影响评估，个人信息处理者发现个人信息泄露的，应当立即采取补救措施等。信息处理者履行这些义务，对于保障个人信息权利人的权利具有重要意义。

6. 对侵害个人信息行为的私法处理措施

对侵害个人信息的侵权人怎样确定侵权损害赔偿责任，《个人信息保护法》第69条作了明确规定："处理个人信息侵害个人信息权益造成损害，个人信息处理者不能证明自己没有过错的，应当承担损害赔偿等侵权责任。""前款规定的损害赔偿责任按照个人因此受到的损失或者个人信息处理者因此获得的利益确定；个人因此受到的损失或和个人信息处理者因此获得的利益难以确定的，根据实际情况确定赔偿数额。"

这个规定最重要的是，对个人信息处理者侵害个人信息权益造成损害承担侵权责任的归责原则适用过错推定原则，打破了侵害人格权一般适用过错责任原则的传统，对于保护个人信息权益人的权利更为有利，对于制裁侵害个人信息的个人信息处理者的违法行为具有更好的威慑力。

这个条文关于损害赔偿责任的规定，与《民法典》第 1182 条的规定内容相似，但也有所区别。《民法典》第 1182 条与第 993 条规定的公开权相衔接，即民事主体可以将自己的姓名、名称、肖像等许可他人使用，但是依照法律规定或者根据其性质不得许可的除外。其实这里的"等"字就包含了个人信息。① 个人信息处理者侵害了个人信息的公开权，这种侵害人身权益造成财产损失的赔偿方法，原则上适用《民法典》第 1182 条，按照被侵权人因此受到的损失或者侵权人因此获得的利益赔偿，被侵权人享有选择权；个人因此受到的损失以及个人信息处理者因此获得的利益难以确定的，说的更为简洁和准确，即"根据实际情况确定赔偿数额"。

7. 侵害个人信息的公益诉讼

由于侵害个人信息行为造成单个权利人的损害通常不够严重，或者损失并不容易计算，会有很多受到侵害的被侵权人不愿意提起诉讼追究侵权人的责任，因而《个人信息保护法》规定了侵害个人信息的公益诉讼，即第 70 条规定，个人信息处理者违反本法规定处理个人信息，侵害众多个人的权益的，人民检察院、法律规定的消费者团体和由国家网信部门确定的组织可以依法向人民法院提起诉讼。这种公益诉讼主体包括三种：一是人民检察院，二是法律规定的消费者团体，三是国家网信部门确定的组织，这些主体都可以向法院提起公益诉讼。这些规定都很好，可以更好地保护个人信息。

把这些规定综合起来，可以看到，《个人信息保护法》对于个人信息保护，在《民法典》以及以往的民法特别法规定的基础上，进一步全面规定了个人信息保护规则，在尽力减小现实的个人信息保护与立法之间的落差，进一步去弥补以往立法的不足，让私法发挥更大的作用，使个人信息得到更好的保护。

---

① 杨立新：《中华人民共和国民法典条文要义》，北京，中国法制出版社 2020 年版，第 696 条。

（二）对个人信息权益保护措施的进一步完善

可以看到，我国《民法典》《个人信息保护法》以及其他特别法关于保护个人信息的立法，是比较完备的，特别是《个人信息保护法》的最新规定，更是作了重要的完善规定。不过，在现实生活中，还存在一些私法保护个人信息的不足，需要更好地发挥私法对个人信息保护作用。这些完善的意见如下。

1. 改变重对信息处理者行为规范而忽视一般主体义务要求的做法

就目前的立法情况看，无论是《民法典》还是《个人信息保护法》以及其他法律，在规范保护个人信息行为中，侧重规范的是信息处理者的行为。《民法典》第111条规定："自然人的个人信息受法律保护。任何组织或者个人需要获取他人个人信息的，应当依法取得并确保信息安全，不得非法收集、使用、加工、传输他人个人信息，不得非法买卖、提供或者公开他人个人信息。"《个人信息保护法》第1条规范立法目的，也是"为了保护个人信息权益，规范个人信息处理活动，促进个人信息合理利用，根据宪法制定本法"。在这些规定中，都缺少对一般民事主体对个人信息保护的义务与责任，只是规定了个人信息处理者的义务与责任。当然，不能说立法"规范个人信息处理活动，促进个人信息合理利用"的目的是不正确的，但是，除此之外，保护个人信息也需要所有的民事主体对个人信息都负有不可侵义务。任何自然人、法人、非法人组织侵害他人的个人信息，都应当承担侵权责任，以更好地保护自然人的个人信息权。法律侧重于规范信息处理者处理个人信息的行为自然是正确的，但忽略了其他民事主体对自然人个人信息的保护义务，就为私法保护个人信息不利埋下了伏笔，使个人信息处理者之外的民事主体的侵权行为缺少具体的法律规制。

对此，立法应当进一步完善，不仅要规范个人信息处理活动，促进个人信息合理利用，更要确认每一个民事主体对个人信息权利的不可侵义务，防止个人信息处理者以外的其他民事主体侵害自然人的个人信息，为私法保护个人信息，惩治其他主体侵害个人信息的侵权行为提供规范。

2. 正确把握个人信息侵权责任构成的损害要件

要更好地保护个人信息，还应当破解认定个人信息侵权责任构成的损害要件的障碍。凡是侵害个人信息，不管被侵害的个人信息的性质、数量、程度，只要是造成个人信息权利的损害，都构成侵权责任。哪怕就被盗卖一个电话号码、一个微信地址、一个电子信箱网址等，都构成侵害个人信息权的损害要件，进而构成侵权责任，使受害人能够产生侵权请求权来保护自己的个人信息。

从另一个角度说，将个人信息认定为个人信息权，是具体人格权，就能受到《民法典》第 995 条关于人格权请求权的保护，而人格权请求权并不要求有损害的要件，并且不受诉讼时效的限制，适用停止侵害、排除妨碍、消除影响、恢复名誉、赔礼道歉的责任方式，对于保护个人信息更有价值。

3. 确立侵害个人信息的微额损害最低赔偿标准

在保护个人信息的权利中，建立侵害个人信息的微额损害最低赔偿标准，具有更大的必要性。

对此，应当特别借鉴《消费者权益保护法》《食品安全法》对微额损害最低赔偿标准的做法。《消费者权益保护法》第一次规定微额损害的最低赔偿标准，在此之前，笔者曾经写文章论证对消费者微额损害确定最低赔偿标准的必要性[1]，立法机关接受了这个立法建议，规定在消费者权益保护领域，产品欺诈或者服务欺诈即使适用 3 倍的惩罚性赔偿仍然不足 500 元人民币的，权利人可以请求赔偿 500 元人民币。《食品安全法》规定食品欺诈或者食品服务欺诈适用惩罚性赔偿达不到 1 000 元人民币的，可以请求赔偿 1 000 元人民币。以食品欺诈为例，买一根质量欺诈的冰棍，依照《食品安全法》第 128 条规定，权利人可以请求 10 倍的惩罚性赔偿。但是，若一根冰棍价格一元，承担 10 倍的惩罚性赔偿能够得到的赔偿金为 10 元，仍然难以调动受到损害的消费者行使损害赔偿请求权保护自己权益的积极性，受害人把质量欺诈的冰棍扔掉就完了。按照《食品安全法》第 128 条规定的微额损害最低赔偿标准为 1 000 元，就能够调动消费者维权的积极性。

建立侵害个人信息微额损害最低赔偿标准，是破解私法保护个人信息不利难题的重要办法。其必要性主要表现在三个方面。

第一，保护权利的需要。个人信息对于维护自然人人格要素的完整有如此重

---

① 杨立新：《论消费者权益小额损害的最低赔偿责任制度》，《甘肃政法学院学报》2010 年第 1 期。

要的作用，应当进行特别保护。侵害个人信息的损害通常都不够显著，却具有个体损失数额较小，但受害群体受到损害巨大的特点①，建立微额损害的最低赔偿标准，使自然人的个人信息权得到全面保护。

第二，调动个人信息权利人维权积极性的需要。对于侵害个人信息违法行为，通过建立和适用微额损害最低赔偿标准，可以调动被侵权人的维权积极性。对个人信息受到侵害的权利人，在其受到损害后，如果只是赔偿实际损失，每一笔赔偿只有3元、5元，就没有维权的积极性，反之，建立微额损害的最低赔偿标准，规定为500元、1000元甚至2000元的最低赔偿标准，就会调动维权的积极性，使受害人愿意到法院起诉追究侵权人的责任。只有这样，法律对个人信息保护的规定才能落到实处，发挥私法救济在保护个人信息中的重要作用。

第三，惩治侵害个人信息侵权行为的需要。公法确定侵害个人信息权的犯罪行为人，按照《刑法》和司法解释规定的标准界定即可。但是，于私法保护个人信息，如果受害人不积极起诉，不追究侵害个人信息的损害赔偿责任，侵权人就无法受到财产上的惩治，私法保护个人信息的功能就会落空。为了全面保护个人信息，不仅要有公法上的"打"，还要有私法上的"罚"，"打"与"罚"并举，才能恰如其分地惩治侵害个人信息的违法行为人。只有刑法的打击犯罪，而没有民法财产责任的惩罚，不能完全达到对侵害个人信息违法行为人制裁的效果。

对于侵害个人信息的微额损害，可以适用《个人信息保护法》把个人信息分成普通个人信息和敏感个人信息的做法，作为建立这个制度的基础。例如，规定侵害普通个人信息的侵权行为，最低赔偿标准为500元或者1000元，侵害敏感个人信息的侵权行为，最低赔偿标准为1000元或者2000元。这样就更有利于调动个人信息权利人维权的积极性。

4. 精神损害赔偿与财产损害赔偿并举

在保护个人信息权益方面，《个人信息保护法》第69条规定适用侵害人身权益造成财产损失的赔偿方法，只是确认了这种侵权责任救济损害的一个方面。另一方面，还应当适用《民法典》第1183条规定的精神损害赔偿责任，救济个人

① 杨立新：《论消费者权益小额损害的最低赔偿责任制度》，《甘肃政法学院学报》2010年第1期。

信息受到损害的权利人。

《民法典》第993条规定人格权的公开权，该权利受到侵害的救济方法，依照第1182条规定，可以对侵害人身权益造成财产损失请求财产损害赔偿。但是，被侵权行为侵害的精神性人格权本身受到损害，主要的救济方法是精神损害赔偿。例如，侵害隐私权或者是侵害名誉权造成精神损害的，应当依照《民法典》第1183条规定，责令侵权人承担精神损害赔偿责任。由于姓名权、名称权、肖像权、个人信息等人格权受到损害，不仅能够造成其中包含的财产利益的损失，而且会使其精神利益受到损失，因而应当承担精神损害赔偿的责任。《民法典》对于侵害精神性人格权既造成精神性人格利益损害，又造成了财产权益损害的，是否可以同时适用第1182条和第1183条请求两种损害赔偿，没有明确规定。依据法理，侵权行为侵害姓名、名称、肖像等权利，首先应当承担依照第1183条规定的精神损害赔偿责任；又造成其中包含的财产权益损害的，当然可以适用第1182条规定确定承担赔偿财产损失的责任。

同样，个人信息权益在受到损害时，都会造成财产利益的损失和精神利益的损害，仅仅适用《民法典》第1182条以及《个人信息保护法》第69条规定，承担财产利益损失的赔偿，不足以全面救济个人信息权利人的损失，还应当依照《民法典》第1183条规定请求侵权人承担精神损害赔偿责任，才能够更好地保护个人信息权利人的合法权益。

第二节 个人信息权益的法律属性

一、《民法典》第111条规定个人信息保护的背景、形成及解读

（一）《民法典》第111条规定个人信息及其保护的社会背景

《民法典》第111条规定个人信息及其保护，有国外的和国内的深刻社会背景。

1. 世界性的个人信息保护运动的社会背景

世界进入当代社会，最为显著的特点就是信息化，表现为自动化机器大量处理信息，在不受时空限制的网络空间中，各种信息被无限地生产、收集、使用、转移等，既给人类生活带来了巨大便利，同时也给信息主体造成了不必要的损害。伴随着信息化社会的不断发展，对于个人信息的保护就显得越来越重要，在世界范围内形成了空前的个人信息保护运动。

当代社会对个人信息的保护分为前后两个阶段：前一个阶段，是信息化社会在互联网普遍使用之前，信息的传输手段尚未被互联网等网络所统治，对于信息之于当代社会和个人的重要性，已经被充分认识，因而出现了个人信息保护运动。后一个阶段，则是在互联网等网络普遍使用之后，信息传播的速度加快，个人信息的重要性越来越被人们所认识，利用个人信息可以产生巨大的价值，因而保护个人信息的重要性为世界普遍认识，因而更加自觉地保护个人信息。至今，对于个人信息的保护已经成为势不可挡的世界潮流。

前一个阶段的个人信息保护，主要的代表法律是1970年德国黑森州制定的《黑森州数据保护法》，继而在1973年出现了《瑞典数据法》，是世界上第一部全国性的个人数据保护法。美国在1974年制定了《隐私法案》，强调联邦政府对个人信息收集和利用的公平性和正当性。1977年，德国制定了全国性的《联邦数据保护法》。这些个人数据保护法就是当时的个人信息保护法，是个人信息保护法的立法先驱。

后一个阶段的个人信息保护法的立法，首先是1984年英国通过了《数据保护法》。1995年欧盟通过了《个人数据保护指令》，对全欧的个人数据保护作出了规定。韩国于1994年制定了《公共机关保护个人信息的法律》，1995年制定了《信用信息的使用与保护法》，1999年制定了《有关普及、扩张和促进使用电子产品的法律》，并在2011年制定了一般性的《个人信息保护法》。这些国家制定的这些个人数据保护法，标志着世界性的个人信息保护法立法的完善程度。

2. 我国对个人信息保护立法的社会背景

我国对个人信息保护的规范，并未随着1980年代的世界性个人信息保护运动的发展高潮而启动，1986 年制定《民法通则》规定了较多的人格权，但未规定个人信息权，也没有规定隐私权。从立法层面上看，随着 1990 年代后期我国互联网兴盛开始，出现了个人信息保护的法律，最早的是 2000 年 12 月 28 日全国人大常委会《关于维护互联网安全的决定》，将信息安全视为互联网安全的重要内容，采用刑事制裁手段来维护信息主体的个人信息权利，规定了非法收集、篡改、删除他人电子邮件或者其他数据资料，侵犯公民通信自由和通信秘密，可构成犯罪，追究行为人的刑事责任。

2012 年 12 月 28 日，全国人大常委会通过《关于加强网络信息保护的决定》，明确规定，国家保护能够识别公民个人身份和涉及公民个人隐私的电子信息，规定收集个人信息的要求，以及侵害个人信息的侵权责任。

2013 年 10 月 25 日，修订后的《消费者权益保护法》，对消费者个人信息保护给予特别重视，作出三条规定，强调对消费者个人信息的保护，规定经营者对个人信息的保护义务，以及侵害消费者个人信息的侵权责任。

2017 年 6 月 1 日，《网络安全法》生效，其第 76 条第 5 项规定："个人信息，是指以电子或者其他方式记录的能够单独或者与其他信息结合识别自然人个人身份的各种信息，包括但不限于自然人的姓名、出生日期、身份证件号码、个人生物识别信息、住址、电话号码等。"第 74 条规定："违反本法规定，给他人造成损害的，依法承担民事责任。"

此外，在行政法规和行政规章层面，还有国务院《征信管理条例》、工信部《电信和互联网用户个人信息保护规定》《信息安全技术公共及商用服务信息系统个人信息保护指南》等，都对保护个人信息作出了相应规定。

（二）《民法总则》第 111 条规定个人信息的条文形成

互联网的快速发展，带来了信息的数据化，从而使人类生活的中心，从现实空间转变为网上的虚拟空间。信息数据化在有助于人们收集、应用、传输信息的同时，也带来了信息泄露的巨大可能性。在构成现代社会的大量信息资源中占据重要地位的个人信息，就不仅仅是个人领域的私事，而成为引起极大关注的重大社会问题。对个人信息利用的增加，不仅存在于公共领域，而且在以营利为目的的企业等民间领域，也存在着越来越多的收集、利用和保存，更进一步加剧了个人信息被误用、滥用以及泄露等问题。中国同样面临着这样的问题。正是在这样的情况下，编纂我国民法典必须对个人信息进行保护，以民法基本法的形式作出原则性的规定。

在编纂民法典第一步即制定《民法总则》的过程中，对于个人信息保护的规定，经历了一个从无到有、逐步完善的过程。

最早的 2015 年 8 月 28 日《民法总则（草案）·民法室室内稿》，没有规定个人信息及其保护。随后在 2015 年"征求意见稿"、2016 年 5 月 27 日"征求意见稿修改稿"，以及 2016 年 6 月 27 日《民法总则（草案）》"第一次审议稿"，对个人信息保护都没有作出规定。①

在此期间，社会上发生了两件事，引起了立法机关的高度重视。

一是徐玉玉电信诈骗案。2016 年，山东临沂的贫困学生徐玉玉，被南京邮电大学英语专业录取。8 月 21 日，徐刚接到大学录取通知书，就接到了诈骗电话，被告人陈文辉等人通过非法手段获得徐的个人信息，以发放助学金的名义，骗走了其筹措的全部学费 9 900 元。在此打击下，徐在报警回家的路上，伤心欲绝，郁结于心，最终导致心脏骤停，虽经医院全力抢救，仍不幸离世。② 经查，犯罪嫌疑人杜某利用技术手段攻击了山东省 2016 高考网上报名信息系统，并在网站植入木马病毒，获取了网站后台登录权限，盗取了包括徐在内的大量考生的报名信息。陈文辉从杜某手中以每条 0.5 元的价格购买了 1 800 条上述高中毕业学生资料，对徐实施了电信诈骗，造成了严重后果。③

二是清华大学某教授被诈骗案。2016 年 8 月 29 日晚 23 时许，中关村派出所 110 接报，海淀区蓝旗营小区清华大学一老师，被冒充公检法的人员电信诈骗人

---

① 杜涛主编：《民法总则的诞生——民法总则重要草稿及立法过程背景介绍》，北京，北京大学出版社 2017 年版，第 133 页。

② 百度百科：徐玉玉，https://baike.baidu.com/item/徐玉玉/19919942，2017 年 10 月 9 日访问。

③ 陈甦主编：《民法总则评注》（上册），北京，法律出版社 2017 年版，第 460 页。

民币 1 760 万元。①

这两件电信诈骗案使立法机关受到震动，促使在《民法总则（草案）》中增加了个人信息保护的内容。2010 年 9 月 13 日，在《民法总则（草案）》"一审稿修改稿"中，第一次增加了个人信息的条文，即："自然人的个人信息受法律保护。任何组织和个人不得非法获取个人信息，不得非法出售或者提供个人信息。"② 对此，我们参与立法的专家都特别赞成，经过反复修改，形成了 2016 年 12 月 25 日《民法总则（草案）》"第二次审议稿"第 109 条："自然人的个人信息受法律保护。任何组织和个人不得非法收集、利用、加工、传输个人信息，不得非法提供、公开或者出售个人信息。"这个意见得到全国人大常委会的充分肯定。③ 在《民法总则（草案）》第三次审议稿中，将其规定为第 111 条，内容基本相同。④

全国人大常委会第三次审议《民法总则（草案）》之后，立法机关要求更加重视对个人信息的保护，于是，在 2017 年 2 月 10 日"第三次审议稿修改稿"中，对个人信息的规定改为两个条文，第 111 条规定："自然人的个人信息受法律保护。任何组织和个人不得非法收集、使用、加工、传输个人信息，不得非法买卖、提供或者公开个人信息。"第 112 条规定："任何组织和个人都应当采取技术措施和其他必要措施，确保依法取得的个人信息安全，防止信息泄露。在发生或者可能发生信息泄露时，应当立即采取补救措施。"这样的规定，更加强调了依法取得个人信息的组织和个人对于确保个人信息安全的法定义务。

---

① 《清华大学一老师被电信诈骗 1 760 万　警方已介入调查》，http://news.qq.com/a/20160830/039876.htm，2017 年 10 月 9 日访问。

② 杜涛主编：《民法总则的诞生——民法总则重要草稿及立法过程背景介绍》，北京，北京大学出版社 2017 年版，第 200 页。

③ 杜涛主编：《民法总则的诞生——民法总则重要草稿及立法过程背景介绍》，北京，北京大学出版社 2017 年版，第 225 页。

④ 杜涛主编：《民法总则的诞生——民法总则重要草稿及立法过程背景介绍》，北京，北京大学出版社 2017 年版，第 309 页。

提交全国人大会议审议的《民法总则（草案）》"大会审议稿"① 将上述两个条文合并成一个条文，成为《民法总则》第 111 条，也就是日后的《民法典》第 111 条，形成了我国《民法典》对个人信息及其保护的纲领性规定。

二、认定《民法典》第 111 条规定的是个人信息权的理论依据

（一）对《民法典》第 111 条规定的"个人信息"的不同解读

《民法典》第 111 条规定的"个人信息"究竟是指一种法益，还是一种民事权利，有不同的意见。

1. 法益说

认为"本条只是规定了个人信息应当受到法律保护，而没有使用个人信息权这一表述，表明民法总则并没有将个人信息作为一项具体人格权利，但本条为自然人的个人信息保护提供了法律依据"②。也有人认为"二审稿开始纳入个人信息问题，但考虑到个人信息的复杂性，也没有简单以单纯民事权利特别是一种人格权的形式加以规定，而是笼统规定个人信息受法律保护，为未来个人信息如何在利益上兼顾财产化，以及与数据经济的发展的关系配合预留了一定的解释空间"③。

2. 近似人格权说

认为"在隐私权之外，确立自然人对其个人信息享有的民事权利，在一定程度上明确了个人信息权。本条文虽然没有直接规定自然人享有个人信息权，但对自然人而言，本条既是其具有民事权利的宣示性规定，也是确权性的规定"④。也有人认为"法律委员会经研究认为，个人信息权利是公民在现代信息社会享有

---

① 杜涛主编：《民法总则的诞生——民法总则重要草稿及立法过程背景介绍》，北京，北京大学出版社 2017 年版，第 388－389 页。

② 王利明主编：《中华人民共和国民法总则详解》，北京，中国法制出版社 2017 年版，第 465 页。

③ 龙卫球、刘宝玉：《中华人民共和国民法总则释义与适用指导》，北京，中国法制出版社 2017 年版，第 404 页。

④ 陈甦主编：《民法总则评注》（下册），北京，法律出版社 2017 年版，第 785 页。

的重要权利，明确对个人信息的保护，对于保护公民的人格尊严，使公民免受非法侵扰，维护正常的社会秩序具有现实意义"①。

3. 人格权说

认为"本条是对自然人享有的个人信息权，以及义务人负有不得侵害个人信息权义务的规定"②。

4. 立法机关的态度

立法机关的官员在解读中，对《民法总则》第 111 条规定的个人信息的法律属性的态度不够明确，但是认可其为权利的意思比较明确。一是认为，虽然没有规定个人信息是人格权，但是，"本条规定了其他民事主体对自然人个人信息保护的义务"，"违反个人信息保护义务的，应当承担民事责任、行政责任甚至刑事责任"③。这意味着，对于个人信息虽然没有规定为权利，但是由于有义务人，因而使个人信息成为民事权利。二是认为个人信息权利是公民在现代信息社会享有的重要权利，明确对个人信息的保护，对于保护公民的人格尊严，使公民免受非法侵扰，维护正常的社会秩序具有现实意义。据此，《民法总则》在民事权利一章中单列一条，对自然人的个人信息受法律保护和其他民事主体对自然人个人信息保护的义务作出明确规定。④ 在这一说法中，直接提到了"个人信息权利"的概念，这与张新宝的说法十分相似，相信这是法律委员会的真实意思。

（二）法律规定对一种权益保护的不同做法及真实含义的确定

《民法典》第 111 条规定的"个人信息"究竟是法益，抑或权利，是对其理解和解读的焦点问题，也是民法对个人信息保护立场的根本性问题，对此必须明确。

民事利益是民事主体之间为满足自己的生存和发展而产生的，对一定对象需求的人身利害关系和财产利害关系。民事利益分为三个部分。第一部分是用民事

---

① 张新宝：《中华人民共和国民法总则释义》，北京，中国人民大学出版社 2017 年版，第 220 页。

② 杨立新主编：《中华人民共和国民法总则要义与案例解读》，北京，中国法制出版社 2017 年版，第 413 页；杨立新：《民法总则条文背后的故事与难题》，北京，法律出版社 2017 年版，第 277 页。

③ 李适时主编：《中华人民共和国民法总则释义》，北京，法律出版社 2017 年版，第 344、349 页。

④ 张荣顺主编：《中华人民共和国民法总则解读》，北京，中国法制出版社 2017 年版，第 363 页。

权利保护的民事利益，例如，生命利益是生命权保护的民事利益，遗产是继承权保护的民事利益，等等。第二部分是法益保护的民事利益，例如对死者人格利益、胎儿利益的保护，以及对其他民事利益的保护等，就是以法益保护的民事利益。第三部分，不受民事权利和法益保护的民事利益，例如所谓的亲吻权等。①

在我国的法律中，规定保护某种民事利益，通常采用以下三种做法。

第一，法律直接规定为权利。我国民法保护权利，通常直接规定为民事权利，例如姓名权、肖像权、名誉权等。《民法典》第110条所列举的人格权，都直接规定为权利；其他的有物权、债权、知识产权、继承权以及股权等，也都直接规定为权利。

第二，法律规定作为法益保护。不论是《民法典》还是《侵权责任法》，都规定了对民事权益的保护，其中不仅包括权利，也包括民事利益。特别是《民法典》第126条明确规定："民事主体享有法律规定的其他民事权利和利益。"其中明确规定法律保护的民事利益，就是法益。例如，《民法典》第16条对于胎儿利益的保护，就明确规定"涉及遗产继承、接受赠与等胎儿利益保护"，即为法益。

第三，对用权利还是用法益保护规定不明确。这种做法，最典型的是对"隐私"的保护。我国法律最早规定隐私的，是1982年的《民事诉讼法（试行）》。由于1986年《民法通则》没有规定隐私权，因而接下来在《未成年人保护法》《妇女权益保障法》《残疾人保障法》等法律中，都规定了对"隐私"的保护，都没有使用"权"字。1988年出台的最高人民法院《关于贯彻执行〈中华人民共和国民法通则〉若干问题的意见（试行）》，对隐私的保护采用了间接保护方式。2001年精神损害赔偿责任司法解释才将对隐私权的保护由间接保护方式改为直接保护方式，但仍然称为对"隐私利益"的保护，而不是对隐私权的保护。直到2009年《侵权责任法》，才正式确定隐私权是一个具体人格权。显而易见，法律如果对某种民事利益的保护没有明确是权利还是法益，最好将其认定为民事权利，而不必像对隐私权那样，费了几十年的周折，才最后认定其为民事权利。

---

① 杨立新：《民法总则》，北京，法律出版社2017年第2版，第171页。

（三）《民法典》第 111 条规定的"个人信息"是权利

研究《民法典》第 111 条规定的"个人信息"究竟是权利还是法益，还是要对法律规定进行具体分析。

1. 法律有明确规定的应当依照规定确定

应当肯定的是，凡是法律规定为权利的，当然就是权利。例如，《民法典》第五章"民事权利"中规定的民事权利，即人格权、身份权、物权、债权、知识产权、继承权和股权等，都是民事权利。所以，法律凡是规定一种受到保护的民事利益为"权"的，当然就是民事权利。

同样，凡是法律只规定为民事利益的，当然就是法益。例如，《民法典》第 16 条规定的"胎儿利益"，就是法益，而不是权利；第 185 条规定的"英雄烈士等姓名、肖像、名誉、荣誉"，没有说"权"，也不可能为权利，当然就是法益，而不是权利。

权利乃享受特定利益的法律之力。[1] 对于法益，我国民法学界不重视，研究也不够。我国台湾地区林诚二教授认为，法益为法律所保护之利益，但法益不全由权利而取得，法益有时因法律之反射作用而享有。权利性之法益被侵犯时，被害人得依法诉请救济；反之，虽非权利性之法益，但属直接之法益者，法律亦常加以保护。[2] 依笔者之见，还是回到刚才说的民事利益三段论上来，讨论这个问题比较方便，即某种民事利益，法律规定以权利进行保护的，就是权利；对某种民事利益法律予以保护，但未规定为权利者，即为法益。这种看法，似乎比林诚二教授的意见更简洁，亦更实用。

2. 对法律没有明确规定为权利抑或法益的认定标准

问题是，对法律没有明确规定为权利抑或法益的，例如《民法典》第 111 条规定的"个人信息"，究竟应当如何认定，有以下三个标准。

第一，确认法律规定保护的利益是否具有独立性，与其相近的民事权利所保护的利益是否存在明显的界分。民法确认某种民事权利时，必须存在两个前提：

---

① 王泽鉴：《民法总则》，台北，三民书局 2008 年修订版，第 90-91 页。
② 林诚二：《民法总则》（上册），北京，法律出版社 2008 年版，第 102 页。

一是该权利所保护的民事利益具有相当的独立性。例如生命、身体和健康，同为三种民事权利，且都为物质性人格权，但是三者所保护的人格利益都是独立的人格利益。即使姓名权、肖像权、名誉权所保护的姓名利益、肖像利益和名誉利益，也都是具有独立性的人格利益。因此，法律对这几种人格利益的保护，都确立为具体人格权。二是权利所保护的民事利益还必须与其相关的民事权利所保护的利益能够做出明确界分，而不致相互混淆，无法划分其界限。事实上，《民法典》第111条之所以规定个人信息，又没有对其是权利抑或法益作出明确规定，就是由于个人信息与隐私之间存在较强的相关性，对于是否能够划清其界限信心不足。笔者认为，个人信息权和隐私权在客体上尽管关联相当紧密，但是并非浑然一体，而是在性质等方面存在明确的界限。隐私中的信息，主要是一种私密性的信息或者私人活动信息，例如个人身体状况、家庭状况、婚姻状况等，凡是个人不愿意公开披露且不涉及公共利益的信息，都属于个人隐私，而且单个的私密信息或私人活动并不直接指向自然人的主体身份。而个人信息注重的是身份识别性，此种意义上的身份识别应当作广义理解，即只要此种信息与个人人格、个人身份有一定的联系，无论是直接指向个人，还是在信息组合之后指向个人，都可以认为其具有身份识别性[1]，属于个人信息。由此可见，在隐私权所保护的隐私中的个人信息，与个人信息权所保护的个人信息，虽然存在较大的关联性，都属于自然人的信息，但是二者都是独立的人格利益，相互之间的界分是明晰的。因此，《关于加强网络信息保护的决定》第1条就规定："国家保护能够识别公民个人身份和涉及公民个人隐私的电子信息。"这就将个人信息区分为个人身份信息和个人隐私信息。进而言之，个人隐私信息就是隐私权保护的客体，个人身份信息就是个人信息权保护的客体。另外，个人隐私信息和个人身份信息也存在较大的区别。个人隐私信息更多的是涉及自然人个人的私密活动信息，具有的是精神方面的利益，而个人身份信息是可以识别个人身份的信息，作为个人人身、行为状态的数据化表示，是个人自然痕迹和社会痕迹的记录。个人信息指向信息主

---

① 王利明：《论个人信息权的法律保护——以个人信息权与隐私权的界分为中心》，《现代法学》2013年第4期。

体，能够显现个人的生活轨迹，勾勒出个人的人格形象，作为信息主体人格的外在标志，形成个人信息化形象。信息技术的进一步发展，使得商务智能分析成为现实，而将商务智能技术应用于经营者所掌握的消费者信息，帮助经营者以消费者整体需求为导向，进行未来产品和服务升级更新，大大提高了其决策的效率和理性，实现经营者和消费者之间有的放矢的互动。因此，个人身份信息既具有人格尊严和自由价值，也具有商业价值。① 正因为如此，在个人隐私信息和个人身份信息，相互具有独立性，能够进行明晰的界分，因此，将个人信息界定为个人信息权，在这一点上是完全可以成立的。

第二，在实践中，对于法律保护的某种具体民事利益，用权利保护抑或用法益保护，对于主体的保护是否存在较大差别。在我国民法中，隐私权保护的隐私包含私密信息，在没有规定个人信息权之前，对于个人身份信息的保护也是通过隐私权来实现的。但是在当代的网络、数据社会，凸显了对个人信息保护的必要性，在计算机诞生之后，信息技术获得了空前的发展，20 世纪 80 年代开始的全球信息化运动，使人类进入了一个信息化社会，个人信息成为重要的社会资源。在实践中，侵害个人信息权的现象时有发生，特别是在网络环境下，个人信息权的保护显得尤为必要。隐私权原来保护的个人信息，既包括个人隐私信息，也包括个人身份信息。在信息化社会中，更需要加强保护的是个人身份信息，而对个人身份信息仅仅依照隐私权的保护方法予以保护，显然不够完善。这不仅是对隐私权的保护主要以精神损害赔偿救济方法进行，对于个人信息权的保护不仅要以精神损害赔偿的救济方法进行，还应当以财产损失赔偿的救济方法进行；特别是在个人身份信息日益受到威胁、电信诈骗愈演愈烈的情形下，对于个人身份信息以个人信息权予以保护更为重要，而以隐私权的保护救济则显然不周。显然，在《民法典》第 111 条规定了个人信息的保护原则之后，将其作为民事权利保护，比作为隐私权的组成部分予以保护，以及用个人信息法益保护，都更为妥善和周到。

第三，在比较法上，有无权利保护或者法益保护的立法例支持。在当代社

---

① 张新宝：《从隐私到个人信息：利益再衡量的理论与制度安排》，《中国法学》2015 年第 3 期。

会，各国保护个人信息多采用隐私权予以保护。首先，在美国，就是通过隐私权法案对个人信息进行保护。美国在 1974 年制定的隐私法案，针对的是联邦行政机构的行为，并着力于各类信息的收集、持有、使用和传输，通过隐私权对个人信息加以保护。不过，在美国法，隐私权的性质与大陆法系的隐私权不同，具有一般人格权的性质，从隐私权的内容中不断发展新的权利。例如，在美国的隐私权概念中，就不仅包含隐私权，还包括姓名权、肖像权、声音权、形象权的保护内容。从这样的意义上看，用隐私权保护个人信息，其实个人信息仍然具有具体权利的性质。在大陆法系，欧盟和欧洲国家在保护个人信息上，都制定有个人信息保护法。德国 1976 年制定的《联邦数据保护法》，第一次系统地、集中地规定保护个人信息，并且显现出民事权利的属性，尽管没有认定个人信息是一个独立的民事权利，而是用隐私权来保护，不过，在大陆法系的一些国家已经意识到该问题，并逐渐开始在判例学说中对隐私与个人信息二者之间的关系进行界分。德国联邦宪法法院就将信息自决权作为隐私权的内容，虽然表明德国法中未严格区分个人信息与隐私，但在实践中是将这两者区别开来，而将个人信息称为信息自决权，即个人依照法律控制自己的个人信息，并决定是否被收集和利用的权利。① 特别是在欧盟法院确立对被遗忘权的保护之后，对网络个人身份信息的删除权，很难用隐私权来予以概括和保护，因为被遗忘权与隐私权保护的客体并不一致，隐私权保护的是信息不予以公开的利益，隐私信息一旦公开，就不再具有隐私性质了。而被遗忘权更多的是对已经公开的、过时的信息的利益保护。② 因而对这种信息的删除权就称为被遗忘权，使其具有一定的权利属性。基于以上分析，在比较法上，各国尽管多是把个人信息保护置于隐私权的功能之中，但是个人信息权作为独立的权利，其发展趋势越来越明显；更重要的是，不管是用隐私权保护个人信息，还是用个人信息权保护个人信息，都是用权利来保护，而没有用法益方法对个人信息予以保护的立法例。在这样的比较法基础上，来观察对个

---

① 王利明：《论个人信息权的法律保护——以个人信息权与隐私权的界分为中心》，《现代法学》2013 年第 4 期。

② 高富平、王苑：《被遗忘权在我国移植的法律障碍——以任甲玉与百度公司被遗忘权案为例》，《法律适用》2017 年第 16 期。

人信息权保护的法律模式，显然不能用法益保护方式，而应以权利保护方式进行。至于用隐私权保护好，还是用个人信息权保护好，其结论显然是明确的，当然是后者。

三、个人信息权的认定基础与《个人信息保护法》的立法结论

（一）个人信息权的认定基础

尽管《民法典》第 111 条规定了"自然人的个人信息受法律保护"，却没有具体规定其为法益保护抑或权利保护，但是，从法律所保护的客体即个人身份信息的独立性、社会实践保护个人身份信息的必要性，以及从比较法的基础上进行分析，对于个人身份信息的保护，一是不能用法益保护方式，因为其显然不如用权利保护为佳；二是不宜以隐私权保护方式予以保护，因为隐私权保护个人身份信息确有不完全、不完善的问题。例如，我国的被遗忘权第一案，即任甲玉诉百度公司搜索引擎的相关搜索侵害被遗忘权案，就已经提出了被遗忘权应当归属于个人信息权，而不应当作为隐私权内容的问题。[①] 真正实现对个人信息的完善保护，就必须把《民法典》第 111 条规定的个人信息解读为个人信息权。

涉及同样问题的，还有《民法典》对"人身自由"的规定。《民法典》第109 条规定人身自由权，也只是写了"人身自由"，没有直接规定为人身自由权。之所以没有写人身自由权而只写人身自由，是因为《宪法》第 37 条规定的是"中华人民共和国公民的人身自由不受侵犯"，而不是规定公民的人身自由权不受侵犯。《民法典》在将《宪法》规定的人身自由规定为民法的人身自由权利时，是将公民的公权利转化为民法上的自然人的私权利，囿于《宪法》的规定，而没有规定为"人身自由权"。但是，这不能说人身自由只是法益，而不是自然人的权利。"人身自由、人格尊严是自然人的重要权利。"[②] 这里说的意见，在实际上

---

① 段卫利：《论被遗忘权的司法救济——以国内"被遗忘权第一案"的判决书为切入点》，《法律适用》2017 年第 16 期。

② 李适时主编：《中华人民共和国民法总则释义》，北京，法律出版社 2017 年版，第 338 页。

是十分明确的，也是十分明白的。

基于以上分析和论述，可以确认，《民法典》仅对"个人信息"作出规定，不能认为规定的就不是个人信息权，对个人信息的保护仅仅是一种法益保护。对于个人信息权是一种民事权利这个结论，不论是语焉不详，还是根本予以否认，都没有充分的法理和法律的根据。

（二）《个人信息保护法》的立法结论：个人信息权益

如前所述，《个人信息保护法》第1条和第2条以及其他相关条款都明确规定了"个人信息权益"。在以往的立法中，从来没有使用过这样的概念，只是在概括地表述民法的基本权利概念时，说过"民事权益"，用这样的表达，以示这一概念的宽泛，既包括权利，也包括法益。据说，立法机关在使用这个"个人信息权益"的概念时，体现的就是这个意思。

这对于个人信息法律属性的界定无疑是一件好事、一件大事。个人信息权益中，既包括权利，该权利就是人格权；其中包括利益，就是法益。

在对个人信息权益作这样的解读时，存在的问题是，个人信息究竟在何时、何种情况下是权利，在何时、何种情况下是法益，其实是不清楚的。这只能根据具体情况确定，而没有确定的结论。

个人信息权是一个独立的人格权，学者早有论述。① 2017年《民法总则》第111条规定个人信息受法律保护，笔者专门撰写文章，阐释将其作为具体人格权的理论基础和价值。② 但《民法典》在人格权编规定个人信息及其保护时，仍然将其称为"个人信息"，而不是称为"个人信息权"。直至今天，仍然有学者将个人信息称为一项基本法益③，有的学者则认为个人信息是一种新型人格权。④

①　王利明：《论个人信息权在人格权法中的地位》，《苏州大学学报（哲学社会科学版）》2012年第6期。

②　杨立新：《个人信息：法益抑或民事权利——对〈民法总则〉第111条规定的"个人信息"之解读》，《法学论坛》2018年第1期。

③　陈甦、谢鸿飞：《民法典评注·人格权编》，中国法制出版社2020年版，第365页；程啸：《民法典编纂视野下的个人信息保护》，《中国法学》2019年第4期。

④　王利明、程啸：《中国民法典释评·人格权编》，北京，中国人民大学出版社2020年版，第438页；王丽莎：《信息权的独立人格权地位及内容》，《国家检察官学院学报》2016年第3期。

《个人信息保护法》采用了一个新的提法，确认个人信息的法律属性是"个人信息权益"。这是《个人信息保护法》通过折中的方法，规定个人信息是独立的具体人格权，既是"权"，也是"益"。其理由是：第一，《民法典》人格权编将个人信息纳入自己的体系中，与隐私权规定在同一章，说明个人信息并非只是一种法益，还具有权利的属性。第二，对个人信息进行保护，以权利进行保护还是以法益进行保护，哪种做法更好，显然以权利保护为佳。第三，《个人信息保护法》第1条和第2条都将个人信息称为"个人信息权益"，其中当然包含权利的属性，既然如此，当然就是"个人信息权"。第四，《个人信息保护法》第49条和第50条两次使用了"个人行使权利"的表述，也证明《个人信息保护法》是把个人信息作为独立的民事权利进行保护，而不是单纯地以法益予以保护的。这是立法的一个重大进步。

笔者曾经说，对于个人信息的法律属性，《民法总则》没有很好地解决，《民法典》人格权编也没有很好地解决，预言真正实现对个人信息的完善保护，就必须把个人信息规定为个人信息权。[①]《个人信息保护法》规定"个人信息权益"的概念，既包括"权"，也包括"益"，是权和益的结合，基本上实现了这个预言。

总而言之，对于个人信息法律属性的争论总算是有了一个结论，即可以依照《个人信息保护法》的规定，确定个人信息是自然人的一项具体人格权。

第三节　个人信息权概述

一、个人信息权的客体：个人信息

（一）个人信息权的客体是个人信息

在界定个人信息权的客体时，须先确定个人信息权的客体究竟是个人信息还

---

① 杨立新：《人格权法》，北京，法律出版社2020年版，第265页。

是个人数据。在欧洲各国，关于个人信息的保护客体，在法律上通常称为个人数据，例如德国的《联邦数据保护法》和欧盟的《个人数据保护指令》等。

在一般意义上，使用个人信息和个人数据的概念，并没有原则区别，欧洲的个人数据保护其实说的就是个人信息保护。不过，在我国，对个人信息的保护称为个人信息，成为惯用的概念，已经被法律和社会所接受。特别是对于个人信息的保护，需要与对衍生数据的保护相区别，这在《民法典》第 111 条和第 127 条的规定中已经做了区别，因而，对于个人信息权的权利客体应当称为个人信息，而不应当称为个人数据。

对于个人信息权的权利客体即个人信息，《网络安全法》第 76 条第 5 项规定："个人信息，是指以电子或者其他方式记录的能够单独或者与其他信息结合识别自然人个人身份的各种信息，包括但不限于自然人的姓名、出生日期、身份证件号码、个人生物识别信息、住址、电话号码等。"《民法典》第 1034 条第 2 款对个人信息的定义是："个人信息是以电子或者其他方式记录的能够单独或者与其他信息结合识别特定自然人的各种信息，包括自然人的姓名、出生日期、身份证件号码、生物识别信息、住址、电话号码、电子邮箱、健康信息、行踪信息等。"《个人信息保护法》第 4 条第 1 款规定："个人信息是以电子或者其他方式记录的与已识别或者可识别的自然人有关的各种信息，不包括匿名化处理后的信息。"法律对个人信息概念作这样的界定，是准确的。不过，《民法典》与《个人信息保护法》的定义基本一致，与《网络安全法》的规定并不完全一致。

综合起来，个人信息是指特定自然人反映其个体特征，以电子或者其他方式记录的，具有个人身份识别性，能够单独或者与其他信息结合即可识别的自然人个人身份的各种信息。

（二）个人信息的特征

1. 个人信息是特定自然人的信息

信息是数据，也是资讯，个人信息就是特定自然人个人的有关信息、数据、资讯。法人、非法人组织都不是自然人，都不享有个人信息权，因此也没有个人信息。

2. 个人信息是特定自然人反映其个体特征的信息

个人信息的基本特点是来源于自然人个人，是其个体特征的真实反映，因此，个人信息是特定自然人反映其个人特征的信息。在这一点上，个人信息与私密信息可以进行区别。在隐私权的保护范围内，个人作为权利主体也有很多数据、信息，但是它们的特点是私密，是与公共利益无关的有关自己的不愿公开，并非反映其个体特征的信息。只有个人信息权保护的客体，才是自然人反映其个体特征的个人信息。

3. 个人信息是具有个人身份识别性的信息

个人信息主要价值在于其功能，即具有个人身份的识别性。根据自然人的反映其个人特征的信息，能够单独或者与其他信息结合，识别自然人的个人身份。这样的个人信息，既可能有私密性，也可能没有私密性，但是其基本功能是识别个人身份。私密信息不具有这样的功能。

4. 个人信息是以电子或者其他方式记录的信息

个人信息的表现形式，是电子的或者其他方式记录的数据。因此，个人信息与肖像有相同之处，即通过适当的方式，离开自然人的主体，能够独立存在，并且被利用。肖像外在于主体，表现为其载体的物的形式。个人信息也是自然人身份特征的记录，不管是电子的记录方式，还是其他方式的记录，都不再是自然人的主体自身，而成为离开主体的一种独立存在的数据。个人信息权保护的正是这种自然人身份特征记录的数据，防止被他人非法侵害，而使权利人的主体资格构成要素的缺损，进而损害个人的人格尊严。

（三）个人信息的种类

1. 法定个人信息与非法定个人信息

按照个人信息是法律规定还是法律未作规定的标准，个人信息可以分为法定个人信息和非法定个人信息。

依照《民法典》第 1034 条第 2 款规定，法定个人信息是：姓名、出生日期、身份证件号码、个人生物识别信息、住址、电话号码、电子邮箱、健康信息、行踪信息等。凡是符合个人信息概念定义所要求的，都是个人信息。

除了上述法律直接规定的个人信息外的其他个人信息，就是非法定个人信息。

2. 个人一般信息和个人敏感信息

《个人信息保护法》对个人信息采取了一个新的划分，即依照个人信息对权利人身份的敏感程度，分为个人敏感信息和个人一般信息。该法第 28 条规定："敏感个人信息是一旦泄露或者非法使用，容易导致自然人的人格尊严受到侵害或者人身、财产安全受到危害的个人信息，包括生物识别、宗教信仰、特定身份、医疗健康、金融账户、行踪轨迹等信息，以及不满十四周岁未成年人的个人信息。"

除了这些个人敏感信息之外的个人信息，都是个人一般信息。这种划分的价值在于，只有在具有特定的目的和充分的必要性，并采取严格保护措施的情形下，个人信息处理者方可处理敏感个人信息。对于个人一般信息的处理，则没有这样的要求。

3. 匿名化个人信息与非匿名化个人信息

根据个人信息是否匿名化处理的标准，个人信息可以分为匿名化个人信息和非匿名化信息两个类型。匿名化个人信息是将个人信息中的个人身份完全删除，使之不能自己单独地，或者与其他信息结合而识别个人信息的主体。非匿名化个人信息则为显名信息，从信息的身份关系的标识就能够识别个体。

匿名化个人信息已经进行了"脱敏"处理，无法再通过这些信息而识别权利主体，因而可以进入"衍生数据"的领域，可以进行交易。而非匿名化个人信息没有进行"脱敏"，因而不能进行公开处理。

（四）个人信息包含的利益

个人信息作为个人信息权的客体，是人格权的客体，而不是财产权的客体。作为人格权即个人信息权客体的个人信息包含两层人格利益。

1. 个人信息主要包含的是精神性人格利益

个人信息主要包括的是人格尊严、人格独立和人格自由的内容。人格标识的完整性与真实性，是主体受到他人尊重的基本条件。个人作为目的性的存在，只有消除个人对信息化形象被他人操纵的疑虑和恐慌，保持信息化人格与其自身的一致性而不被扭曲，才能有自尊并受到他人尊重地生存与生活。[1] 因此，个人信息对于信息主体的人格尊严、人格独立和人格自由的价值，是个人信息保护立法中首要考虑的因素。这就是个人信息所包含的精神性人格利益的内容。

2. 个人信息也具有财产性的人格利益内容

在这一点上，个人信息与肖像权的客体肖像具有相似的内容。肖像具有美学价值，应用到市场经济领域会转化成为财产利益，这是不言而喻的。[2] 同样，由于个人信息具有身份性的属性，存在被利用于市场的可能，因而存在转化为商业价值的可能性，对权利人产生财产的利益。这正是公开权的内容。对此，《民法典》第1182条已经作出了具体规定，保护人格权益中的财产利益，救济其财产利益损失。同时，个人信息具有个人特征的可识别性，一旦被非法利用，不仅会为利用者提供财产利益，而且会使权利人受到意想不到的财产损失。个人信息与肖像虽然具有相似性，但是在具有财产价值这一方面，还存在较大的不同，更应当对个人信息权进行特别的保护。

二、个人信息权的基本范畴

（一）个人信息权的概念与特征

1. 个人信息权的概念

对个人信息权概念的界定，有人认为，个人信息权是指信息主体依法对其个人信息所享有的支配、控制并排除他人侵害的权利，其具有人格利益和财产利益双重属性，是人格权派生的权利，是一项独立的权利。[3] 其权利内容，具体包括信息决定权、信息保密权、信息查询权、信息更正权、信息封锁权、信息删除权

---

① 张新宝：《从隐私到个人信息：利益再衡量的理论与制度安排》，《中国法学》2015年第3期，第45页。

② 杨立新：《侵害肖像权及其民事责任》，《法学研究》1994年第1期。

③ 齐爱民：《个人信息保护法原理及其跨国流通法律问题研究》，武汉，武汉大学出版社2004年版，第109-110页。

和报酬请求权。① 对个人信息权作这样的界定，还有值得改进之处。

本书对个人信息权的定义是，个人信息权是指自然人依法对其本人的个人身份信息享有的支配并排除他人侵害的具体人格权。

2. 个人信息权的特征

（1）个人信息权是具体人格权。个人信息权是以个人身份信息作为独立的人格要素设立的民事权利，既不是隐私权保护的隐私利益内容，也不是个人信息法益，而是一个独立的具体人格权。②

（2）个人信息权的客体是个人身份信息。个人信息这一人格利益要素，其与隐私权客体中的个人私密信息的区别是，隐私权保护的个人信息是个人的隐私信息，当把个人身份信息从隐私权保护的个人信息中独立出来，以独立的人格要素作为权利客体，就确立了个人信息权，用独立的个人信息权保护个人身份信息。

（3）个人信息权的权利主体是自然人。个人信息权的主体不包括法人和非法人组织，因为法人和非法人组织很多信息是需要公开的，特别是上市公司企业的信息必须公开披露，只有那些需要特别保护的商业秘密，才用商业秘密的权利予以保护③，而不是用个人信息权予以保护。

（4）个人信息权是支配权。个人信息权的权利要求是，以自我决定权作为其权利基础，自然人对于自己的个人信息，由自我占有、自我控制、自我支配，他人不得非法干涉，不得非法侵害，因而个人信息权是排他的自我支配权，是绝对权。

（二）个人信息权的权利内容

个人信息权作为一种独立的人格权，其权利内容包括以下内容。

1. 信息保有权

信息保有权就是权利人对于个人信息完全由自己保有，他人不得非法占有，

---

① 齐爱民：《论个人信息的法律保护》，《苏州大学学报》2005 年第 2 期。

② 王利明：《论个人信息权在人格权法中的地位》，《苏州大学学报》2012 年第 6 期，第 70 页；张里安、韩旭至：《大数据时代下个人信息权的私法属性》，《法学论坛》2016 年第 3 期，第 124 - 125 页。

③ 《民法典》第 123 条规定。

这是个人信息权的主要内容。信息的保有，是行使个人信息权的基础权利，只有保有自己的个人身份信息，才能够行使个人信息权的其他权利内容。

2. 信息知情权

任何组织和个人在依法获得和使用权利人的个人信息时，权利人对该组织和个人所处理自己个人身份信息的情况，有权进行查询，并有权要求予以答复。个人信息权的知情权的内容，主要是了解自己的哪些个人信息被处理，在此过程中，自己的个人身份信息是否保持完整、正确等。信息处理人对于该项知情权须予以保障，除非因公共利益或者保密的需要，任何机关不得剥夺权利人的知情权。《个人信息保护法》第44条规定："个人对其个人信息的处理享有知情权、决定权，有权限制或者拒绝他人对其个人信息进行处理；法律、行政法规另有规定的除外。"

3. 信息决定权

按照《民法典》第130条规定，民事主体行使民事权利，完全由自己决定，他人不得干涉。这正是欧洲确认信息自决权的含义。权利人对于自己的个人信息是否使用，是否可以由他人获取、利用，都属于权利人自己的权利，只有权利人授权他人对自己的个人信息予以获取和使用，他人才能够获取和使用其个人信息。任何人未经权利人的许可，无权获取和使用他人的个人信息。《个人信息保护法》第44条规定，个人享有信息决定权。

4. 查询权

个人信息权人享有查询和复制的权利。自然人可以向信息控制者依法查阅、复制其个人信息。这是因为，自己是个人信息的权利人，其信息就是自己的身份信息，即使被个人信息控制者处理，该信息的归属权不变，仍然为权利人所拥有。对此，《个人信息保护法》第45条规定："个人有权向个人信息处理者查阅、复制其个人信息；有本法第十八条第一款、第三十五条规定情形的除外。""个人请求查阅、复制其个人信息的，个人信息处理者应当及时提供。""个人请求将个人信息转移至其指定的个人信息处理者，符合国家网信部门规定条件的，个人信息处理者应当提供转移的途径。"

除外条款规定，一是《个人信息保护法》第 18 条第 1 款规定，个人信息处理者处理个人信息，由法律、行政法规规定应当保密或者不需要告知的情形的，可以不向个人告知第 17 条第 1 款规定的事项；二是第 35 条规定，国家机关未履行法定职责处理个人信息，如果有上述情形，或者告知将妨碍国家机关履行法定职责。在这些情况下，个人信息处理者可以不告知。

5. 信息锁定权

信息锁定权，是指在必要时，个人信息权的权利人有权请求获取和使用自己的个人身份信息的组织和个人以一定的方式，暂停信息处理，在没有获得权利人的书面同意之前，该组织或者个人不可以将其为某种目的收集的信息为另一个目的而使用。有权获取权利人个人身份信息的组织和个人超出使用范围，或者未对权利人的锁定请求采取必要措施予以锁定的，应当承担相应的责任。

6. 信息更正权

个人信息权的权利人在发现被他人获取的个人身份信息有不正确之处，对占有和使用其个人身份信息的组织和个人，有权请求该主体对所占有和使用的有关自己不正确、不全面、不适当的个人信息进行更正或者补充。有权获取和使用他人个人信息的组织和个人，须按照正确的信息进行更正或者补充。《个人信息保护法》第 46 条规定："个人发现其个人信息不准确或者不完整的，有权请求个人信息处理者更正、补充。""个人请求更正、补充其个人信息的，个人信息处理者应当对其个人信息予以核实，并及时更正、补充。"

7. 请求删除权（包含被遗忘权）

删除权是个人信息权人享有的重要权利之一，应当依法保障。依照《个人信息保护法》第 47 条规定，有下列情形之一的，个人信息处理者应当主动删除个人信息；个人信息处理者未删除的，个人有权请求删除：一是处理目的已实现、无法实现或者为实现处理目的不再必要；二是个人信息处理者停止提供产品或者服务，或者保存期限已届满；三是个人撤回同意；四是个人信息处理者违反法律、行政法规或者违反约定处理个人信息；五是法律、行政法规规定的其他情形。在上述情形之一，如果法律、行政法规规定的保存期限未届满，或者删除个人信息从技术上难以实现的，个人信息处理者应当停止除存储和采取必要的安全保护措施之外的处理。

上述删除权的内容中，包括被遗忘权，权利人对于自己已被发布在网络上的、有关自身的不恰当的、过时的、继续保留会导致其社会评价降低的信息，要求信息控制者予以删除的权利。[①] 这个权利，实际上就是对有关自身的不恰当的、过失的、继续保留会导致其社会评价降低的个人信息的删除权。《民法典》第 111 条和《个人信息保护法》上述规定的删除权中，就包含着被遗忘权，被遗忘权是个人信息权的具体权利内容。侵害个人信息的被遗忘权，也应当承担民事责任。[②]

8. 解释说明请求权

依照《个人信息保护法》第 48 条规定，个人信息权人有权要求个人信息处理者对其个人信息处理规则进行解释说明。这是因为，个人信息处理规则是个人信息处理者处理个人信息的依据，也是确定双方关系的依据，个人信息处理者对该规则负有解释的义务，个人信息权人享有解释说明的请求权。

（三）个人信息权义务主体的类型与履行义务的原则

《民法典》第 111 条后段是对个人信息权的义务的规定，主要内容是，依法获得和已经取得个人信息的任何组织和个人，就是个人信息处理者，作为个人信息权的特别义务主体，应当承担特别义务。应当补充的是，个人信息权作为具体人格权，是绝对权，权利人以外的其他任何主体都是其义务人，也都对个人信息权人负有不可侵义务。

1. 个人信息权的一般义务主体负有一般保护义务

个人信息权的义务人是一般主体、普遍主体，即权利人之外的其他任何民事主体，包括自然人、法人和非法人组织，都对个人信息权人承担一般保护义务，即《民法典》第 111 条后段规定的内容：任何组织和个人应当不得非法收集、使

---

① 杨立新、韩煦：《被遗忘权的中国本土化及法律适用》，《法律适用》2015 年第 2 期。

② 杨立新主编：《中华人民共和国民法总则要义与案例解读》，北京，中国法制出版社 2017 年版，第 415 页。

用、加工、传输他人个人信息，不得非法买卖、提供或者公开他人个人信息。违反该义务，应当承担民事责任。

2. 个人信息权的特殊义务主体负有特别保护义务

负有保护自然人个人信息权的特殊义务主体，按照《民法典》第 111 条的规定，是依法取得个人信息的任何组织和个人，仍然包括自然人、法人和非法人组织，只要是依法取得他人个人信息的，就是这种特殊义务主体。具体包括：

首先，是依法取得个人信息的网络服务提供者、其他企业事业单位等。法律规定，任何组织和个人不得窃取或者以其他非法方式获取自然人个人信息，不得出售或者非法向他人提供自然人的个人信息。对于有权取得自然人个人信息的网络服务提供者、其他企业事业单位等，承担特别保护义务，如果对依法获得的自然人个人信息非法使用、非法出售、非法提供，以及泄露、毁损、丢失，都构成民事责任。网络服务提供者、其他企业事业单位及其工作人员，包括网站、银行、电信、医院、邮政等，都是重点单位，都应当加强防范，防止侵害个人信息权。

其次，是国家机关及其工作人员。国家机关及其工作人员在履行职责中取得的自然人个人信息，应当善尽保密义务和谨慎注意义务，没有尽到这种义务，实施了泄露、篡改、毁损以及出售或者非法向他人提供的行为，国家机关及其工作人员构成侵权行为主体。

最后，是其他任何组织或者个人。凡是依法取得自然人个人信息的任何法人、非法人组织和自然人，都负有确保自然人个人信息安全、防止信息泄露的义务，一旦发生或者可能发生信息泄露时，都必须立即采取补救措施，防止扩大损害，如果未尽此义务，构成不作为的违法行为。

特殊义务主体承担的特别义务是：确保信息安全，不得非法收集、使用、加工、传输他人个人信息，不得非法买卖、提供或者公开个人信息。《民法典》第 1038 条规定了信息处理者保护个人信息安全的要求：一是，须履行对处理的自然人个人信息保持由自己占有的状态，保持信息真实性的义务，不得将个人信息泄露给他人，不得对个人信息进行篡改；须履行不得向他人非法提供的义务，未经被收集者同意，不得将自己合法收集、存储的个人信息向他人非法提供。例外的是，对经过处理无法识别特定个人，且不能复原的个人信息，属于衍生信息，称为"已经经过脱敏处理"的个人信息，不再具有个人身份信息的属性，已经进入可以公开使用的领域。对于衍生信息的处理，不构成侵害个人信息权。二是，信息处理者对已经收集、存储的个人信息，应当采取技术措施和其他必要措施，确保个人信息安全，防止信息泄露、篡改、丢失。如果发生或者可能发生个人信息泄露、篡改、丢失的，应当及时采取补救措施，依照规定告知被收集者，并向有关主管部门报告，防止损失的扩大，并挽回已经造成的损失。

个人信息处理者违反上述对自然人个人信息权负有的义务，构成侵害个人信息权的行为，应当承担民事责任。

《民法典》第1039条规定，国家机关及其工作人员对于履行职责过程中知悉的个人信息，应当予以保密，不得泄露或者非法向他人非法提供。国家机关及其工作人员有多种渠道收集和知悉个人信息，例如出生登记、查处违章、办理护照、出具身份证明等，都必须提供个人信息。对此，国家机关及其工作人员必须对个人负有保密义务，不得泄露或者非法向他人提供。国家机关及其工作人员违反对知悉的个人隐私和个人信息的保密义务，受害人有权请求行为人承担民事责任。

（四）个人信息处理者的具体义务

《个人信息保护法》第51条至第59条规定了个人信息处理者应当履行的具体义务，规定个人信息处理者负有法定义务的目的，是保护处理的个人信息安全，保障个人信息权益人实现自己的权利。

1. 采取确保个人信息处理活动安全的措施

个人信息处理者应当根据个人信息的处理目的、处理方式、个人信息的种类以及对个人权益的影响、可能存在的安全风险等，采取措施确保个人信息处理活动符合法律、行政法规的规定，并防止未经授权的访问以及个人信息泄露、篡改、丢失。一是制定内部管理制度和操作规程；二是对个人信息实行分类管理；三是采取相应的加密、去标识化等安全技术措施；四是合理确定个人信息处理的操作权限，并定期对从业人员进行安全教育和培训；五是制定并组织实施个人信息安全事件应急预案；六是法律、行政法规规定的其他措施。

2. 确定个人信息保护负责人

处理个人信息达到国家网信部门规定数量的个人信息处理者，应当指定个人信息保护负责人，其职责是负责对个人信息处理活动以及采取的保护措施等进行监督。个人信息处理者应当公开个人信息保护负责人的联系方式，并将个人信息保护负责人的姓名、联系方式等报送履行个人信息保护职责的部门。

我国境外的个人信息处理者，应当在我国境内设立专门机构或者指定代表，负责处理个人信息保护相关事务，并将有关机构的名称或者代表的姓名、联系方式等报送履行个人信息保护职责的部门。

3. 定期进行合规审计

个人信息处理者应当定期对其处理个人信息遵守法律、行政法规的情况进行合规审计。

4. 进行事前个人信息保护影响评估

在法律规定的情形，个人信息处理者应当事前进行个人信息保护影响评估，并对处理情况进行记录。法律规定的情形，一是处理敏感个人信息；二是利用个人信息进行自动化决策；三是委托处理个人信息、向其他个人信息处理者提供个人信息、公开个人信息；四是向境外提供个人信息；五是其他对个人权益有重大影响的个人信息处理活动。

个人信息保护影响评估应当包括的内容：一是个人信息的处理目的、处理方式等是否合法、正当、必要；二是对个人权益的影响及安全风险；三是所采取的保护措施是否合法、有效并与风险程度相适应。

个人信息保护影响评估报告和处理情况记录应当至少保存三年。

5. 个人信息危险补救措施及通知义务

当发生或者可能发生个人信息泄露、篡改、丢失的情形时，个人信息处理者应当立即采取补救措施，并通知履行个人信息保护职责的部门和个人。通知应当包括下列事项：一是发生或者可能发生个人信息泄露、篡改、丢失的信息种类、原因和可能造成的危害；二是个人信息处理者采取的补救措施和个人可以采取的减轻危害的措施；三是个人信息处理者的联系方式。

个人信息处理者采取措施能够有效避免信息泄露、篡改、丢失造成危害的，个人信息处理者可以不通知个人；履行个人信息保护职责的部门认为可能造成危害的，有权要求个人信息处理者通知个人。

6. 大型互联网平台等的个人信息处理者应当履行的义务

提供重要互联网平台服务、用户数量巨大、业务类型复杂的个人信息处理者，应当履行下列义务：第一，按照国家规定建立健全个人信息保护合规制度体系，成立主要由外部成员组成的独立机构对个人信息保护情况进行监督；第二，遵循公开、公平、公正的原则，制定平台规则，明确平台内产品或者服务提供者处理个人信息的规范和保护个人信息的义务；第三，对严重违反法律、行政法规处理个人信息的平台内的产品或者服务提供者，停止提供服务；第四，定期发布个人信息保护社会责任报告，接受社会监督。

7. 处理个人信息的受托人对个人信息的安全保障义务

接受委托处理个人信息的受托人，应当依照本法和有关法律、行政法规的规定，采取必要措施保障所处理的个人信息的安全，并协助个人信息处理者履行上述各项义务。

三、处理个人信息的规则

（一）处理自然人个人信息应当遵循的原则和条件

《民法典》第1035条规定："处理个人信息的，应当遵循合法、正当、必要原则，不得过度处理，并符合下列条件：（一）征得该自然人或者其监护人同意，但是法律、行政法规另有规定的除外；（二）公开处理信息的规则；（三）明示处理信息的目的、方式和范围；（四）不违反法律、行政法规的规定和双方的约定。""个人信息的处理包括个人信息的收集、存储、使用、加工、传输、提供、公开等。"这一条文规定了处理个人信息的概念、原则、条件。《个人信息保护法》对此又进行了补充规定，使规则更为具体、实用。

1. 处理个人信息的界定

《个人信息保护法》第4条第2款规定："个人信息的处理包括个人信息的收集、存储、使用、加工、传输、提供、公开、删除等。"这个定义非常宽泛，泛指一切对个人信息的处理活动。处理个人信息须遵守法律规定的原则和条件，符合这些要求的为合法行为，不符合上述要求的，属于违法对个人信息进行的收集、处理行为，构成侵害个人信息权。

2. 处理个人信息的原则

《民法典》规定处理自然人个人信息的原则为合法原则和必要原则；《个人信息保护法》第5条规定为四个原则，即合法、正当、必要和诚信原则。（1）合法原则，即必须依照法律规定处理，不得非法进行；（2）正当原则，即处理个人信息存在正当性基础，不符合正当性原则处理个人信息，为非法处理个人信息；（3）必要原则，即使合法、正当处理自然人个人信息，也不得超出必要范围；（4）诚信原则，将作为民法基本原则的诚信原则作为处理个人信息的原则，着重在于处理个人信息须诚实守信，不欺诈，遵循基本的诚信要求。在这些原则的约束下，对个人信息不得过度处理。违反上述原则，过度处理自然人个人信息的，为侵害个人信息权的行为。

3. 处理个人信息的条件

（1）征得该自然人或者其监护人同意，但是法律、行政法规另有规定的除外。其中征得自然人监护人的同意，是指收集、处理无民事行为能力人或者限制民事行为能力人的个人信息，须征得其监护人的同意。例如，未成年人，丧失或者部分丧失民事行为能力的成年人，未经其监护人同意的收集、处理，构成侵害个人信息行为。

（2）公开处理个人信息的规则。处理自然人个人信息，须将处理规则予以公开，以判明是否符合收集、处理的规则。

（3）明示处理个人信息的目的、方式和范围。明示处理信息的目的、方式，在其明示的范围内进行收集，便于权利人和公众进行监督。

（4）不违反法律、行政法规的规定和双方的约定。违反法律、行政法规的规定和双方的约定的处理，构成侵害个人信息。

处理自然人个人信息，须符合合法、必要原则和四个条件的要求。这也是处理个人信息的主体应当履行的法定义务。不符合上述原则、条件要求，处理自然人的个人信息，违反了自己的法定义务，构成违法处理，应当承担民事责任。

（二）个人信息处理者处理个人信息的规则

1. 处理个人信息的一般规则

（1）个人信息处理者处理个人信息的情形

个人信息处理者可以处理个人信息处理者的情形是：第一，取得个人的同意。只要取得个人信息权益人同意的，就可以处理其个人信息。第二，为订立、履行个人作为一方当事人的合同所必需，或者按照依法制定的劳动规章制度和依法签订的集体合同实施人力资源管理所必需。前者如订立航空客运合同必须提供的个人身份信息，后者如签订劳务合同必须提供的个人身份信息。第三，为履行法定职责或者法定义务所必需。第四，为应对突发公共卫生事件，或者紧急情况下为保护自然人的生命健康和财产安全所必需，这是出于公共利益目的所必需。第五，为公共利益实施新闻报道、舆论监督等行为，在合理的范围内处理个人信息。第六，依照法律规定在合理的范围内处理个人自行公开或者其他已经合法公开的个人信息。第七，法律、行政法规规定的其他情形。在第 2 项至第 7 项规定情形下，不需取得个人同意。

（2）个人同意

在一般情况下，个人信息处理者处理个人信息的正当性，来源于权利人的授权。只要个人同意，处理个人信息就具有正当性和合法性。《个人信息保护法》要求，基于个人同意处理个人信息的，该同意应当由个人在充分知情的前提下自愿、明确作出。法律、行政法规规定处理个人信息应当取得个人单独同意或者书面同意的，从其规定。这种同意，在个人信息的处理目的、处理方式和处理的个人信息种类发生变更时，还应当重新取得个人同意，变更前的同意不能替代变更后的同意。

基于个人同意处理个人信息的，权利仍在于权利人，因而个人有权撤回其同意。个人信息处理者应当提供便捷的撤回同意的方式。个人撤回同意，不影响撤回前基于个人同意已进行的个人信息处理活动的效力。

个人信息处理者不得以个人不同意处理其个人信息或者撤回同意为由，拒绝提供产品或者服务；处理个人信息属于提供产品或者服务所必需的除外。违反这一规定，拒绝提供产品或者服务的，为侵害个人信息权益。

（3）告知义务

个人信息处理者处理个人信息之前，对权利人负有告知义务，以满足权利人的知情权、决定权。个人信息处理者履行告知义务的要求是，在处理个人信息前，应当以显著方式、清晰易懂的语言真实、准确、完整地向个人告知以下事项：一是个人信息处理者的名称或者姓名和联系方式；二是个人信息的处理目的、处理方式，处理的个人信息种类、保存期限；三是个人行使本法规定权利的方式和程序；四是法律、行政法规规定应当告知的其他事项。这些事项发生变更的，也应当将变更的部分告知个人。例如，个人信息处理者如果是通过制定个人信息处理规则的方式告知这些事项的，应当将处理规则公开，并且要便于查阅和保存。

除外的情形，一是个人信息处理者处理个人信息，有法律、行政法规规定应当保密或者不需要告知的情形的，可以不向个人告知上述四种事项；二是在紧急情况下，为保护自然人的生命健康和财产安全无法及时向个人告知的，个人信息处理者应当在紧急情况消除后及时告知。

（4）保存期限

个人信息处理者处理个人信息，应当有一定的期限，即保存期限。具体要求是，除法律、行政法规另有规定外，个人信息的保存期限应当为实现处理目的所必要的最短时间。超过保存期限继续使用，应当得到权利人同意，没有得到同意继续使用的，构成侵权。

（5）不同主体或者主体变动使用个人信息

一是共同处理。两个以上的个人信息处理者共同决定个人信息的处理目的和处理方式的，是不同主体对个人信息的共同处理。共同处理的，应当约定各自的权利和义务。但是，共同处理个人信息，权利人对共同处理人享有权利，共同处理人的约定，不影响个人向其中任何一个个人信息处理者要求行使本法规定的权利。个人信息处理者共同处理个人信息，侵害个人信息权益造成损害的，构成共同侵权，应当依法承担连带责任。

二是委托处理。个人信息处理者委托处理个人信息的，是委托处理个人信息，委托人应当与受托人约定委托处理的目的、期限、处理方式、个人信息的种类、保护措施以及双方的权利和义务等，并对受托人的个人信息处理活动进行监督。受托人应当按照约定处理个人信息，不得超出约定的处理目的、处理方式等处理个人信息；委托合同不生效、无效、被撤销或者终止的，受托人应当将个人信息返还个人信息处理者或者予以删除，不得保留。未经个人信息处理者同意，受托人不得转委托他人处理个人信息。

三是个人信息处理者变更的告知、同意。个人信息处理者因合并、分立、解散、被宣告破产等原因需要转移个人信息的，应当向个人告知接收方的名称或者姓名和联系方式。接收方应当继续履行个人信息处理者的义务。接收方变更原先的处理目的、处理方式的，应当依照本法规定重新取得个人同意。

四是向其他个人信息处理者提供其处理的信息。个人信息处理者向其他个人信息处理者提供其处理的个人信息的，应当向个人告知接收方的名称或者姓名、联系方式、处理目的、处理方式和个人信息的种类，并取得个人的单独同意。接收方应当在上述处理目的、处理方式和个人信息的种类等范围内处理个人信息。接收方变更原先的处理目的、处理方式的，应当依照本法规定重新取得个人同意，未经同意的，构成侵权。

（6）利用个人信息进行自动化决策

个人信息处理者利用个人信息进行自动化决策，例如个性化广告或者宣传等，应当保证决策的透明度和结果公平、公正，不得对个人在交易价格等交易条件上实行不合理的差别待遇。通过自动化决策方式向个人进行信息推送、商业营销，应当同时提供不针对其个人特征的选项，或者向个人提供便捷的拒绝方式，以便接受者不同意接受的能够便捷地拒绝接受该种信息推送或者商业营销，接受者拒绝后继续推送的，构成侵权。通过自动化决策方式作出对个人权益有重大影响的决定，个人有权要求个人信息处理者予以说明，并有权拒绝个人信息处理者仅通过自动化决策的方式作出决定。

（7）禁止公开原则

个人信息处理者在处理个人信息时，不得公开其处理的个人信息，只有在取得个人单独同意即对公开个人信息单独表示同意的除外。

（8）人脸识别

在公共场所安装图像采集、个人身份识别设备，即安装人脸识别设备，应当具有为维护公共安全所必需的目的，并且遵守国家有关规定，同时还要设置显著的提示标识。所收集的个人图像、身份识别信息只能用于维护公共安全的目的，不得用于其他目的；取得个人单独同意的除外。

（9）处理个人信息公开规则

个人信息处理者将处理的个人信息予以公开，须在合理的范围内对个人自行公开或者其他已经合法公开的个人信息进行；即使如此，如果个人明确拒绝的，也不得公开。这是处理个人信息公开的一般规则，如果个人信息处理者处理已公开的个人信息对个人权益有重大影响的，应当依照法律规定，专门取得个人同意。

2. 敏感个人信息的处理规则

《个人信息保护法》专门规定了敏感个人信息的处理规则，具体内容是：

（1）敏感个人信息的界定

《个人信息保护法》第28条给敏感个人信息作了定义，即敏感个人信息是一旦泄露或者非法使用，容易导致自然人的人格尊严受到侵害或者人身、财产安全受到危害的个人信息，包括生物识别、宗教信仰、特定身份、医疗健康、金融账户、行踪轨迹等信息，以及不满14周岁未成年人的个人信息。在个人信息中区分一般个人信息和敏感个人信息的意义在于，上列这些敏感个人信息只有在具有特定的目的和充分的必要性，并采取严格保护措施的情形下，个人信息处理者方可处理敏感个人信息，以加强对敏感个人信息的特别保护。

（2）单独同意

处理敏感个人信息，由于涉及权利人的重大利益，因而应当取得个人的单独同意，即对敏感个人信息同意处理的单独同意；如果法律、行政法规规定处理敏感个人信息应当取得书面同意的，还应当按照规定取得权利人的书面的单独同意。

（3）特别告知

个人信息处理者处理敏感个人信息的，除《个人信息保护法》第17条第1款规定的告知事项外，还应当向个人告知处理敏感个人信息的必要性以及对个人权益的影响；《个人信息保护法》规定可以不向个人告知的除外。

个人信息处理者处理不满14周岁未成年人个人信息的，应当取得未成年人的父母（亲权人）或者其他监护人的同意，未经亲权人或者监护人的同意的，构成侵权。个人信息处理者处理不满14周岁未成年人个人信息的，应当制定专门的个人信息处理规则，按照规则的规定进行。

（4）特别许可和特别限制

法律、行政法规对处理敏感个人信息规定应当取得相关行政许可或者作出其他限制的，应当按照规定取得行政许可，或者遵守特别限制的规定。

3. 国家机关处理个人信息的特别规定

《个人信息保护法》对国家机关处理个人信息作出了特别规定，防止国家机关滥用公权力损害权利人的个人信息权益。

（1）法律适用

国家机关处理个人信息的活动，是国家机关行使国家机关的公权力的活动，但是也应当适用《个人信息保护法》的规定；对于国家机关处理个人信息有特别规定的，适用国家机关处理个人信息活动的专门规定。

法律、法规授权的具有管理公共事务职能的组织，为准国家机关，为履行管理公共事务职能的法定职责处理个人信息的，适用《个人信息保护法》关于国家机关处理个人信息的规定。

（2）不得超过职权范围

国家机关为履行法定职责处理个人信息，应当依照法律、行政法规规定的权限、程序进行，不得超出履行法定职责所必需的范围和限度。超出履行法定职责所必需的范围和限度，为侵权。

（3）告知义务

国家机关为履行法定职责处理个人信息，应当依照《个人信息保护法》的规定履行告知义务；有《个人信息保护法》第18条第1款规定的情形，即"个人信息处理者处理个人信息，有法律、行政法规规定应当保密或者不需要告知的情形的"，或者告知将妨碍国家机关履行法定职责的，可以依法不予告知。

（4）安全评估

国家机关处理的个人信息应当在我国境内存储；确需向境外提供的，应当进行安全评估。安全评估可以要求有关部门提供支持与协助。

四、侵害个人信息权的具体行为

（一）侵害个人信息权行为主体的区别

侵害个人信息权的行为主体是不同的，个人信息权的一般义务主体违反不可侵义务的侵权行为，与特殊义务主体违反法定义务的侵权行为，法律的要求并不相同。确定的原则是：

第一，对一般义务主体的要求。任何组织和个人违反保护个人信息权的上述义务，无权处理个人信息，却违反法定义务，非法处理个人信息，造成权利人损害的，都构成侵权责任，应当承担损害赔偿责任，没有造成损害的，也应承担相应的民事责任。

第二，对特殊义务主体的要求。任何组织和个人有权处理自然人个人信息，例如网络服务提供者、其他企业事业单位以及其他任何单位和个人，依照法律规定或者约定，有权处理个人信息，如果对依法处理的自然人个人信息予以非法使用、非法出售、非法提供，以及泄露、毁损、丢失，都应当承担民事责任。

第三，对处理敏感个人信息的要求。个人信息处理者处理敏感个人信息的，应当遵守处理敏感个人信息的特别规则，违反处理敏感个人信息要求的，应当承担民事责任。

第四，对国家机关及其工作人员的要求。即使国家机关及其工作人员在履行职责中处理自然人个人信息，未尽保密职责、非法泄露、篡改、毁损或者出售以及向他人非法提供的行为，也构成民事责任，应当予以制裁。

（二）侵害个人信息权的行为方式

1. 非法收集自然人个人信息

个人信息权的一般义务主体承担的是对个人信息的不可侵义务，其中就包括不得非法收集他人个人信息。无权收集他人个人信息的，一旦予以收集，就构成这种违法行为。

2. 非法使用自然人个人信息

对于他人个人信息不得非法使用，无论是无权取得他人个人信息，还是有权取得他人个人信息，凡是非法使用的，都构成违法行为，都侵害个人信息权。

3. 非法加工自然人个人信息

《民法典》第111条也规定禁止非法加工自然人的个人信息，未经权利人同意，就对合法或者非法获取的个人信息进行加工，也构成违法行为。

4. 非法传输自然人个人信息

合法传输他人个人信息，是正当行为。但是非法传输他人个人信息，无论具有何种目的，都是违反个人信息权义务的行为，都侵害了个人信息权人的权利。

5. 非法买卖自然人个人信息

出售个人信息是有偿行为，行为人在出售行为中，以他人的个人信息为买卖的标的物，从中获取非法利益，情节更为恶劣。例如在徐玉玉电信诈骗案中，行为人就以每条0.5元的价格非法出售个人信息，造成权利人的严重损害。非法出售自然人个人信息的行为人，是网络服务提供者、其他企业事业单位、国家机关的工作人员，以及其他任何组织和个人。这些单位的工作人员个人私自非法出售，获取私利，构成侵害个人信息权。

6. 非法提供自然人个人信息

非法向他人提供自然人个人信息的，是未经权利人本人同意，将其个人信息提供给他人。非法提供一般是没有获取非法利益，因为获取非法利益就是买卖行为，但是这也构成侵权行为。无偿提供他人个人信息，虽无对价，但是有获得其他利益者，也可以认定为非法提供行为。

7. 非法公开自然人个人信息

《民法典》第111条规定的是非法公开他人个人信息，而《关于加强网络信息保护的决定》规定的是泄露他人个人信息。泄露和公开的意思接近，可以统一适用《民法典》规定的概念。网络服务提供者、其他企业事业单位以及国家机关及其工作人员，都对其依法收集的个人信息负有保密义务。未尽保密义务，非法予以公开，不论是故意所为还是过失所致，都构成侵权责任。

8. 非法篡改自然人个人信息

网络服务提供者、其他企业事业单位以及国家机关及其工作人员，违反法律规定，非法对自己掌握的自然人个人信息进行篡改的，构成侵权行为。非法篡改个人信息行为一般须故意而为，而不是无意中弄错。这种侵权行为应当造成相当的后果，即由于非法自然人个人信息被篡改而使其民事权益受到损害。对于未尽谨慎义务，无意中弄错自然人个人信息，如果造成了严重损害后果，也构成侵权行为。

9. 非法毁损自然人个人信息

网络服务提供者、其他企业事业单位以及国家机关及其工作人员违反法律规定，未尽谨慎注意义务，非法毁损自然人个人信息的，构成侵权责任。非法毁损包括故意和过失，是明知自然人个人信息而故意毁损，或因过失而毁损，造成受害人的民事权益损害，应当承担侵权责任。

10. 丢失自然人个人信息

网络服务提供者、其他企业事业单位或者国家机关对于依法获得的自然人个人信息，必须妥善保管，善尽保管责任，如果不慎造成个人信息丢失，也构成侵权责任。丢失是过失所为，并非故意，造成了受害人权益损害的，也应当承担侵权责任。

11. 对泄露自然人个人信息未及时采取补救措施

权利人发现自己的个人信息被泄漏，有权要求依法取得个人信息的单位和个人删除有关信息或者采取其他必要措施予以制止。如果没有及时采取必要措施，应当承担侵权责任。

五、保护个人信息权的方法

（一）保护个人信息权的人格权请求权

个人信息权对自己的保护方法，是人格权请求权。对此，适用《民法典》第 995 条规定，个人信息权受到侵害的，受害人有权行使人格权请求权保护自己的权利，请求行为人承担停止侵害、排除妨碍、消除危险、消除影响、恢复名誉、赔礼道歉等民事责任。通过这些方式，权利人不仅有权保护自己的个人信息不受他人侵害，而且对自己的个人身份信息被他人依法获取、占有后，仍然享有依法保护的权利，对于非法侵害自己个人信息权的行为提出保护权利的请求。

保护个人信息权的人格权请求权，有两种特别的规定：一是立即停止传输该信息。这属于停止侵害的责任方式，侵害个人信息权的行为正在进行的，受害人有权请求停止侵害，制止正在实施的侵害行为。对于受害人的这种请求，法院应当支持，判决行为人立即停止传输该侵权信息，防止侵害后果扩大。二是采取补救措施、采取消除等措施，是消除侵害个人信息的侵害后果。在司法实践中，应当参照上述规定，确定适用这些责任方式。

（二）保护个人信息权的侵权请求权

我国《民法典》第 120 条专门规定了侵权请求权。自然人的个人信息权益受到侵害造成损失的，被侵权人依法享有侵权损害赔偿请求权，有权依法行使该请求权，请求侵权人承担损害赔偿责任包括精神损害赔偿责任，保护自己的个人信息权，救济自己的损害，预防并制裁违法行为人，促进社会和谐稳定。①

---

① 《侵权责任法》第 1 条的内容。

1. 侵害个人信息权侵权责任的归责原则

侵害个人信息权的侵权责任归责原则，根据个人信息权益的义务人的不同，适用不同的归责原则。对于一般义务主体，适用《民法典》第1165条第1款规定的过错责任原则。原因是，侵害个人信息权的行为属于一般侵权行为，不属于应当适用过错推定原则的特殊侵权行为。对于个人信息处理者适用过错推定原则，即《个人信息保护法》第69条第1款规定，以更好地保护个人信息权人的权益。

2. 构成侵害个人信息权侵权责任的要件

构成侵害个人信息权侵权责任的构成要件，应当适用《民法典》第1165条的规定，须有加害行为及违法性、侵害个人信息侵权行为的损害后果、侵害个人信息侵权行为的因果关系和行为人过错四个要件。

（三）侵害个人信息权的侵权行为主体

1. 网络服务提供者

侵害个人信息权的侵权行为主体，首先是网络服务提供者。这是因为，受到侵害的个人信息多数是网络信息，或者是个人信息在网络上被侵权等。网络服务提供者是指网络技术服务提供者和网络内容服务提供者。网络服务提供者对于自己收集的，或者对于他人在网络上传播的，以及自己发布的个人信息，都必须善尽保护义务，造成个人信息损害的，应当承担侵权责任。

2. 其他企业事业单位

其他企业事业单位作为侵害个人信息侵权行为主体，主要是指有权获取或者非法获取个人信息的其他企业事业单位。除了网络服务提供者之外，凡是有权收集个人信息的企业事业单位，或者非法获取个人信息的企事业单位，都能成为这种行为主体，前者最主要是指电信、医院、邮政、银行以及类似的企业事业单位。

3. 国家机关及工作人员

国家机关及工作人员作为侵害个人信息的行为主体，是国家机关及其工作人员在履行职责中知悉个人信息，未尽保密义务和谨慎注意义务，实施了泄露、篡改、毁损以及出售或者非法向他人提供收集的个人信息的行为，国家机关及其工作人员构成侵权行为主体。

4. 任何组织或者个人

任何组织或者个人作为侵害个人信息侵权行为的主体，是指凡是非法获取以及非法使用个人信息的任何法人和自然人。既然侵害个人信息侵权行为是一般侵权行为，其实所有的民事主体都可能是侵权行为主体。

（四）侵害个人信息的侵权责任承担

侵害个人信息权造成财产损失的，应当依照《民法典》第1182条规定，确定损害赔偿责任。侵害个人信息权造成严重精神损害后果的，应当依照《民法典》第1183条第1款规定，确定精神损害赔偿责任。

侵害个人信息侵权责任形态，涉及自己责任还是替代责任问题。符合用人单位损害责任的，应当由单位网络服务提供者、其他企业事业单位以及国家机关承担替代责任。如果工作人员实施的侵权行为完全与行使职权没有关系，不构成用人单位责任的，应当由侵权人承担自己责任。不过，在目前侵害个人信息非常严重的情况下，凡是这些单位的工作人员侵害个人信息与职务有关的，尽量确定用人单位的替代责任，在用人单位承担责任之后，强调用人单位对具体行为人的追偿权。这样，既能够制裁违法行为人，又能够更有力地保护个人信息和隐私权。

（五）侵害个人信息责任的举证责任

由于侵害个人信息侵权行为是一般侵权行为，因而其举证责任均由原告负担。这种规则对被侵权人当然不利，但是，这是《民事诉讼法》规定的举证责任一般规则，必须遵守。法院应当注意的是：第一，可以运用举证责任缓和规则，适当放宽原告证明的标准，在原告已经提出相当的证据证明其主张事实具有较大可能性，因客观条件限制无法继续举证，应当转换举证责任，让被告举证证明；被告不能证明自己的否定主张的，认定原告的主张成立。第二，适当主动运用法官职权调查，在原告无法举证，符合法院调查情形的，应当主动调查证明。

（六）侵害个人信息权的抗辩事由

《民法典》第1036条规定："处理自然人个人信息，有下列情形之一的，行为人不承担民事责任：（一）在该自然人或者其监护人同意的范围内合理实施的行为；（二）合理处理该自然人自行公开的或者其他已经合法公开的信息，但是该自然人明确拒绝或者处理该信息侵害其重大利益的除外；（三）为维护公共利益或者该自然人合法权益，合理实施的其他行为。"这是对合理处理个人信息的规定，也是对处理自然人个人信息构成侵害个人信息权的法定抗辩事由的规定。

对自然人个人信息合法的处理，在有些时候未经过个人信息权人的同意，也不构成侵害个人信息权，不承担侵害个人信息权的民事责任。被处理个人信息的自然人不得主张侵害其个人信息权的责任。对处理自然人个人信息行为构成侵害个人信息民事责任的指控，可以提出合法的理由予以抗辩。这些个人信息处理者对侵害个人信息权的抗辩事由是：

1. 在该自然人同意的范围内实施的行为

处理自然人个人信息，如果经过权利人的同意，并且在其同意的范围内合理实施的行为，不构成侵害个人信息。[1] 这与《民法典》第 1035 条第 3 项关于"明示处理信息的目的、方式和范围"的规定相关，对此进行判断，符合明示的上述使用范围的，不构成侵害个人信息，超出范围的行为构成侵害个人信息。只要个人信息处理者在该自然人同意的范围内实施处理个人信息的，就是合法的抗辩事由[2]，阻却其行为的违法性。

2. 处理该自然人自行公开的或者其他已合法公开的信息，但是该自然人明确拒绝或者处理该信息侵害其重大利益的除外

这一事由包括两个方面：首先，自然人自行公开或者其他已经合法公开的信息，是可以处理的，一般情况下不构成侵害个人信息；其次，除外条款，即尽管如此，但如果自然人已经明确拒绝他人收集、处理的，收集、处理这样的信息，或者处理这种信息关乎自然人的个人重大利益，而予以处理的，仍然构成侵害个人信息。

---

① 张新宝：《个人信息收集中的告知同意原则适用的限制》，《比较法研究》2019 年第 6 期。
② 高富平：《个人信息使用的合法性基础——数据上利益分析视角》，《比较法研究》2019 年第 6 期。

3. 为维护公共利益或者该自然人合法权益，合理实施的其他行为。处理自然人的个人信息，如果具有维护公共利益的目的，或者是为了维护该自然人自身的合法权益，则具有正当性，为合理实施，不构成侵害个人信息。

具有上述三种抗辩事由之一的，为合理实施处理自然人个人信息的行为，不构成侵害个人信息权的民事责任。

第四节　个人信息处理者侵害个人信息权益的民事责任

一、民事责任在保护个人信息权益中的地位和规制的对象

《个人信息保护法》以规制个人信息处理者处理个人信息行为为基点，全面加强对自然人个人信息的法律保护，通过多种责任方式保护个人信息权益。其中，对侵害个人信息权益民事责任作出的特别规定，能够更好地发挥民事责任保护私权利的优势，使个人信息权益得到全面保障，维护好自然人的人格尊严。不过，该法对于侵害个人信息民事责任的规定比较分散，需要进行整理，才能全面实现民事责任保护个人信息权益的规则和职能。

《个人信息保护法》第 69 条规定了对个人信息权益保护的主要方法，即民事责任的保护。相较于刑事责任、行政责任在保护个人信息权益中的地位和作用，民事责任的保护具有优越性。

（一）民事责任在保护个人信息权益法律责任中的地位

从《个人信息保护法》规定的条文内容来看，似乎只有第 69 条是规定侵害个人信息权益的民事责任条款，其他条文没有明确提到个人信息权益的民事责任问题。其实，《个人信息保护法》第 69 条只是规定了保护个人信息权益的侵权损害赔偿等侵权责任的规则，对于保护个人信息权益民事责任的具体内容，贯穿在该法的大多数条文中，应当依据《民法典》的规定进行解读。这是因为，个人信息权益是私法权益，保护个人信息权益的主要方式是民事责任，且民事责任中的

侵权责任是保护个人信息权益的主要方法。因而,《个人信息保护法》"法律责任"一章规定了侵害个人信息权益的行政责任、民事责任和刑事责任,全面保护自然人的个人信息权益,其中,特别突出了民事责任特别是侵权责任在保护个人信息权益中的重要地位。

行政责任和刑事责任对于保护自然人的个人信息权益,是十分重要的法律方法。但是,这两种法律责任保护个人信息权益的着眼点,是违法行为人向国家承担责任,即通过行政处罚或者刑罚的方法,制裁侵害个人信息权益的组织或者个人实施的违法行为,其中包括的罚款、罚金等都是上缴国库,而非对受到损害的个人的给付。民事责任则完全不同,违法行为人承担民事责任,既是向国家负责,更是向受害人负责,主要的制裁手段是财产性质,并且将违法行为人承担的财产责任直接对受到侵害的权利人给付,救济其受到的损害,填补损失。这样的法律责任,对私权利的保护当然是最直接的,在保护个人信息权益中,是行政责任和刑事责任所不能替代的重要责任,具有救济私权损害的独具特色的法律责任。①《个人信息保护法》第 69 条规定体现的正是这样的立法意图。

(二)民事责任在保护个人信息权益中的作用和分工

民事责任保护个人信息权益所对应的请求权,是权利人享有的侵权请求权和人格权请求权。侵权请求权对应的民事责任是侵权责任,主要是损害赔偿;人格权请求权对应的民事责任,是停止侵害、排除妨碍、消除危险、消除影响、恢复名誉、赔礼道歉。

1. 侵权请求权保护个人信息权益的优势在于救济损害

在所有的民事责任中,侵权责任是救济私权利损害的主要方法。我国《民法典》本来将侵权责任的性质规定为侵权之债,但是,却没有将其规定在合同编之后,而是放在最后一编即第七编,立法的含义是,侵权责任即使其属性已经被界定为侵权之债,也仍然是民事权利保护法,在《民法典》中具有重要

---

① 类似观点参见郑晓剑:《个人信息的民法定位及保护模式》,《法学》2021 年第 3 期。该文中提到,个人信息的民法保护在个人信息法律保护体系中具有基础性地位。

地位。①

《民法典》第 1164 条规定，侵权责任保护的范围是"民事权益"，当然包括个人信息权益。② 同时，《民法典》侵权责任编第二章规定，侵权责任保护民事权益的基本方法是损害赔偿。③ 个人信息权益是私的权利和利益，当其受到侵害造成损失时，侵权责任以损害赔偿之债的方法进行救济，使权利人受到的损害得到补偿，使其权益恢复到没有受到损害之前的样貌，就能够保护好自然人的个人信息权益。这种损害赔偿之债在救济个人信息权益损害方面具有更加独特的作用，其他民事责任无法替代。

2. 人格权请求权保护个人信息权益的优势是恢复民事权益完满状态

适用民事责任保护个人信息权益，不仅可以通过侵权请求权的行使，请求违法行为人承担侵权责任，还可以通过行使人格权请求权，请求违法行为人承担侵害人格权的其他民事责任。④《民法典》将个人信息规定在"人格权"一编，与隐私权一道，规定在人格权编的第六章，性质属于人格权。作为人格权的个人信息权益，在民法领域不仅受到侵权责任的保护，也要受到《民法典》第 995 条规定的人格权请求权的保护。当自然人的个人信息权益受到侵害时，权利人可以行使人格权请求权，保护自己的个人信息权益。

人格权请求权保护个人信息权益具有的优势是：首先，其具体的请求权包括停止侵害、排除妨碍、消除危险、消除影响、恢复名誉、赔礼道歉以及采取补救措施，行使这些请求权，责令侵权人承担相应的民事责任，使受到侵害的个人信息权益得到恢复。其次，人格权请求权是固有权利，其行使不须具备过错等要件，权利人的举证责任较轻。最后，其请求权的行使不受诉讼时效的限制，能够

---

① 杨立新：《侵权责任：徘徊在债与责任之间的立法价值》，《现代法学》2021 年第 4 期。

② 杨立新：《民法典对侵权责任保护范围的准确界定——对〈民法典〉第 1164 条含义的进一步厘清》，《兰州大学学报》2021 年第 1 期。

③ 《民法典》侵权责任编第二章的标题就是"损害赔偿"，表明侵权责任保护民事主体民事权益的基本方法就是损害赔偿之债。

④ 最高人民法院民法典贯彻实施工作领导小组：《中华人民共和国民法典理解与适用·人格权编》，北京，人民法院出版社 2020 年版，第 71 页。

长期保护个人信息权益，不会因为诉讼时效期间的完成而不能行使请求权，因而对保护个人信息权益的完满性具有更重要的价值。

（三）民事责任规制的对象是侵害个人信息权益行为

《个人信息保护法》规定对侵害个人信息权益的行为进行法律规制，且主要是通过民事责任对侵害个人信息权益行为的民法规制。从这个意义上说，《个人信息保护法》规定的侵害个人信息权益行为，是指个人信息处理者违反法律规定的义务，侵害自然人个人信息权益造成损害，应当承担民事责任的违法行为。

界定侵害个人信息权益行为的概念，应当从以下几个方面进行深入理解。

1. 实施侵害个人信息权益行为的主体是个人信息处理者

依照《个人信息保护法》第 3 条第 1 款关于"在中华人民共和国境内处理自然人个人信息的活动，适用本法"的规定，该法规定的侵害个人信息权益行为的行为主体是个人信息处理者，不包括其他一般义务主体。这是因为，该法所调整的法律关系，是个人信息处理者与个人信息权益主体之间因处理个人信息活动发生的法律关系。其中，个人信息处理者处于主动地位，是处理个人信息的单位或者个人，而个人信息权益主体是被保护的主体，是其个人信息被个人信息处理者的行为所处理。在这样的法律关系中，侵害权利人的个人信息权，当然只能是个人信息处理者，他们是侵害个人信息权益的行为主体、责任主体。

非个人信息处理者即一般的个人信息权义务人侵害他人个人信息权益，不在这种侵害个人信息权益行为之中，不适用《个人信息保护法》，应当依照《民法典》的规定，确认其为一般侵权行为，适用《民法典》第 1165 条、第 995 条规定，通过行使侵权请求权和人格权请求权的方法，确定责任，制裁侵害个人信息权益的非个人信息处理者的行为人，保护个人信息权益人的合法权益。①

2. 被侵害权益的主体是享有个人信息权益的自然人

侵害个人信息权益民事责任所保护的主体，是作为个人信息权权利人的自然

① 类似观点参见高富平：《个人信息处理：我国个人信息保护法的规范对象》，《法商研究》2021 年第 2 期；王苑：《个人信息保护在民法中的表达——兼论民法与个人信息保护法之关系》，《华东政法大学学报》2021 年第 2 期；郑维炜：《个人信息权的权利属性、法理基础与保护路径》，《法制与社会发展》2020 年第 6 期。

人。依照《个人信息保护法》第 3 条的规定，侵害个人信息权益行为所侵害的权利主体是自然人，不包括法人和非法人组织。

3. 侵害个人信息权益行为所侵害的客体是个人信息权益

侵害个人信息权益民事责任的保护对象是个人信息权益。只有个人信息权益受到侵害，才能发生侵害个人信息权益的民事责任。

4. 对侵害个人信息权益行为的规制方法是承担民事责任

侵害个人信息权益行为的性质是民事违法行为，规制的方法当然是民事责任方法。与民事责任相对应的权利，是民事权利保护请求权：侵权请求权是权利人在侵权行为造成损害后，通过请求行为人承担损害赔偿等责任的方式，制裁违法行为，保护民事权利。人格权请求权的作用是，民事权利受到侵害，权利人通过行为人承担停止侵害等民事责任方式，使受到侵害的民事权利得以保全。

保护自然人个人信息权益的最重要方法，是民事责任的保护方法，其中侵权请求权和人格权请求权都具有不可替代性，能够发挥行政责任和刑事责任所不能发挥的弥补损失和恢复权利的作用。《个人信息保护法》在这些方面作出了重要努力，不只适用一种民事责任，而是同时发挥侵权请求权和人格权请求权的作用，二者相互配合，全面发挥民事责任的保护作用，更好地保护自然人的个人信息权益。

二、个人信息处理者侵害个人信息权益民事责任的归责原则

通过民事责任方法保护个人信息权益，首先要研究承担侵害个人信息权益民事责任的归责原则，将这个首先要解决的重要问题确定清楚，才能够准确适用《民法典》和《个人信息保护法》规定的保护个人信息权益的具体规则。

归责原则是侵权法的核心，是侵权法的灵魂，侵权法的一切规则都建筑在归责原则的基础之上[①]，也是保护私权利与保障主体行为自由之间利益平衡的校正器。研究侵害个人信息权益民事责任，也必须首先确定应当适用何种归责原则。

---

① 杨立新：《侵权责任法》，北京，法律出版社 2021 年版，第 47 页。

依照《民法典》第 1165 条和第 1166 条规定，确定民事责任的归责原则包括过错责任原则、过错推定原则和无过错责任原则。适用过错责任原则的是一般侵权民事责任；适用过错推定原则或者无过错责任原则须依照法律规定，即有法律特别规定的才可以适用，法律没有明确规定的不可以适用。通常认为，侵害精神性人格权的侵权责任适用过错责任原则，一般不适用过错推定原则，更不得适用无过错责任原则。

《民法典》对个人信息处理者侵害个人信息权益的侵权责任适用何种归责原则未作具体规定，一般认为应当适用该法第 1165 条第 1 款规定的过错责任原则。①《个人信息保护法》根据保护个人信息权益的特别需要，规定适用过错推定原则。第 69 条第 1 款规定："处理个人信息侵害个人信息权益造成损害，个人信息处理者不能证明自己没有过错的，应当承担损害赔偿等侵权责任。"之所以确定这里规定的侵害个人信息权益的侵权责任适用过错推定原则，主要原因，一是侵权行为的主体特殊，是个人信息处理者，而不是一般主体；二是个人信息权人是自然人，其个人信息权益特别需要保护；三是双方当事人的地位不平等，个人信息处理者的地位强势，个人信息权人处于弱势，如果采用过错责任原则，不利于对个人信息权人的保护。因而，在侵害人格权的侵权责任一般适用过错原则的情况下，确定个人信息处理者侵害个人信息权益承担民事责任适用过错推定原则，就是有充分的理由的。②

在具体适用过错推定原则时，应当注意以下三方面的内容。

第一，适用范围。对于侵害个人信息权益没有造成实际损害，个人信息权人行使人格权请求权保护个人信息权益的，由于《个人信息保护法》第 69 条已经明确规定过错推定原则适用于"侵权责任"，因此，不适用过错推定原则。而且人格权请求权的属性是固有权利，不是新生权利，不存在构成要件的问题，只须具备行使要件即可行使，也不存在适用过错责任、过错推定或者无过错责任的问题，因此，个人信息权人行使人格权请求权救济自己的权益不适用侵权责任归责

---

① 杨立新：《侵权责任法》，北京，法律出版社 2018 年版，第 345 页。
② 叶名怡：《个人信息的侵权法保护》，《法学研究》2018 年第 4 期。

原则的调整。这与行使物权请求权、身份权请求权等固有请求权一样，都不存在适用归责原则的问题，只要行为人实施了侵害物权、人格权或者身份权的行为，都可以请求行为人承担停止侵害、排除妨碍（害）、返还原物、消除危险、消除影响、恢复名誉、赔礼道歉责任。这也是《个人信息保护法》将归责原则规定在第 69 条即侵害个人信息权益造成损害的赔偿责任的道理所在。

第二，责任承担。这里规定的"损害赔偿等侵权责任"应当怎样理解，也值得研究。《民法典》确认侵权责任的基本方式是损害赔偿，也包含恢复原状和部分返还原物的责任方式。① 不过，在侵害个人信息权益的侵权行为中，基本上无法适用恢复原状和返还原物，侵害个人信息权益的侵权行为造成个人信息权益损害，无论是财产权益损害，还是精神利益损害，都适用损害赔偿的方法。

第三，举证责任。按照条文关于"个人信息处理者不能证明自己没有过错的，应当承担损害赔偿等侵权责任"的表述，这里规定的过错要件的举证责任由个人信息处理者也就是侵害个人信息权益的行为人承担，属于举证责任倒置。

综上，个人信息处理者侵害个人信息权益承担的民事责任，侵权损害赔偿责任的确定适用过错推定原则，行为人能够证明自己没有过错的，不承担侵权责任。权利人行使人格权请求权，请求行为人承担停止侵害、排除妨碍、消除危险、消除影响、恢复名誉、赔礼道歉责任的，无须证明行为人具备过错，只要实施了侵害行为，就可以行使人格权请求权。

三、个人信息处理者侵害个人信息权益民事责任的构成要件

依照《个人信息保护法》的规定，构成侵害个人信息权益的民事责任应当具备以下要件。个人信息处理者侵害个人信息权益民事责任对应的请求权不同，责任构成要件有所区别，下文仍然作概括说明，其中有所侧重。

（一）个人信息处理者侵害个人信息权益的违法行为

违法行为包括行为和违法性两个要素。尽管有的学者认为侵权责任构成要件

---

① 杨立新：《侵权责任法》，北京，法律出版社 2021 年版，第 196 页。

中不必要求违法性要件①，但是，通说和司法实践仍然认为行为违法性是必要的构成要件。②

对于侵害个人信息权益的违法行为，2012 年《关于加强网络信息保护的决定》③曾经作过规定，概括起来，分为非法获取、非法出售、非法向他人提供、非法篡改、非法毁损、丢失、违法发送信息侵扰生活安宁、泄露个人信息未及时采取补救措施以及其他侵害个人信息的行为。④这些概括是很准确的。不过，由于该《决定》主要针对网络信息保护作出的规定，因而偏向于对自然人个人电子信息的保护，其行为主体并非针对全部个人信息处理者。《个人信息保护法》是通过对个人信息处理者处理个人信息权益行为的规范而保护自然人的个人信息，主要是规定个人信息处理者实施的侵害个人信息行为，因而有所不同。该法虽然没有明文列举个人信息处理者侵害个人信息的具体违法行为，但是，在规定自然人享有的个人信息权益的权利内容，以及个人信息处理者所负义务等方面，涵盖了侵害个人信息行为及违法性的表现，汇总起来如下。

1. 个人信息处理者侵害个人信息行为及违法性的一般要求

《个人信息保护法》第 51 条规定："个人信息处理者应当根据个人信息的处理目的、处理方式、个人信息的种类以及对个人权益的影响、可能存在的安全风险等，采取下列措施确保个人信息处理活动符合法律、行政法规的规定，并防止未经授权的访问以及个人信息泄露、篡改、丢失：（一）制定内部管理制度和操作规程；（二）对个人信息实行分类管理；（三）采取相应的加密、去标识化等安全技术措施；（四）合理确定个人信息处理的操作权限，并定期对从业人员进行安全教育和培训；（五）制定并组织实施个人信息安全事件应急预案；（六）法律、行政法规规定的其他措施。"这一规定明确了个人信息处理者在处理个人信

---

① 王利明：《我国〈侵权责任法〉采纳了违法性要件吗?》，《中外法学》2012 年第 1 期。

② 最高人民法院在司法解释中明确规定侵权责任构成的违法行为要件，见《最高人民法院关于审理名誉权纠纷案件的解答》第 7 条的规定："是否构成侵害名誉权的责任，应当根据受害人确有名誉被损害的事实、行为人行为违法、违法行为与损害后果之间有因果关系、行为人主观上有过错来认定。"

③ 以下简称《决定》。

④ 杨立新：《侵害公民个人电子信息的侵权行为及责任》，《法律科学》2013 年第 3 期。

息中应当承担的基本义务，在处理个人信息过程中应当善尽上述义务，实施违反这些义务的行为，使个人信息泄露或者被窃取、篡改、删除等，就构成具体的违法行为。

此外，当个人信息处理者发现个人信息泄露的，依照该法第57条规定，还负有立即采取补救措施，通知个人信息保护部门和个人的义务。个人信息处理者采取措施能够有效避免信息泄露造成损害的，个人信息处理者可以不通知个人；但是，履行个人信息保护职责的部门认为个人信息泄露可能对个人造成损害的，有权要求个人信息处理者通知个人。

2. 具有侵害个人信息违法性的具体行为

（1）未经个人同意而处理个人信息

依照《个人信息保护法》的规定，处理个人信息应当履行通知义务，取得权利人的同意，这就是权利人享有的知情同意权。具体要求是：

第一，第13条规定，处理个人信息，一是应当取得个人的同意；二是为订立、履行个人作为一方当事人的合同所必需，或者按照依法制定的劳动规章制度和依法签订的集体合同实施人力资源管理所必需；三是为履行法定职责或者法定义务所必需；四是为应对突发公共卫生事件，或者紧急情况下为保护自然人的生命健康和财产安全所必需；五是为公共利益实施新闻报道、舆论监督等行为，在合理的范围内处理个人信息；六是依照本法规定在合理的范围内处理个人自行公开或者其他已经合法公开的个人信息；七是法律、行政法规规定的其他情形。依照《个人信息保护法》的上述规定，处理个人信息分为两种情形：一是应当取得个人同意，在一般情况下均须如此；二是例外，有前述第2项至第7项规定情形的，无须取得个人同意。

第二，依照第14条规定，首先，基于个人同意处理个人信息的，该同意应当由个人在充分知情的前提下自愿、明确作出。其次，如果法律、行政法规规定处理个人信息应当取得个人单独同意或者书面同意的，还必须依照其规定，取得个人的单独同意或者书面同意。最后，在个人信息的处理目的、处理方式和处理的个人信息种类发生变更的，应当重新取得个人同意。

第三，依照第15条规定，基于个人同意处理个人信息的，个人有权撤回其同意。个人信息处理者应当提供便捷的撤回同意的方式。个人撤回同意，不影响撤回前基于个人同意已进行的个人信息处理活动的效力。[①]

第四，依照第16条规定，个人信息处理者不得以个人不同意处理其个人信息或者撤回同意为由，拒绝提供产品或者服务；处理个人信息属于提供产品或者服务所必需的除外。

第五，依照第31条规定，个人信息处理者处理不满14周岁未成年人个人信息的，应当取得未成年人的父母或者其他监护人的同意。

个人信息处理者对权利人超出第13条规定的范围，处理个人信息而未尽通知义务，例如个人没有在充分知情的前提下，虽然是自愿、明确作出意思表示，或者法律、行政法规规定处理个人信息应当取得而未取得个人单独同意或者书面的同意；对于未满14周岁的未成年人未取得父母或者其他监护人的同意；个人请求撤回其同意，个人信息处理者没有予以撤回或者未提供便捷的撤回同意方式的；以及个人信息处理者以个人不同意处理其个人信息或者撤回其对个人信息处理的同意为由，拒绝提供产品或者服务的，都构成个人信息处理的违法行为，成立违法行为这一要件。

（2）个人信息处理者未尽处理告知义务

《个人信息保护法》第17条规定，个人信息处理者在处理个人信息前，对权利人负有告知义务。要求是，应当以显著方式、清晰易懂的语言真实、准确、完整地向个人告知下列事项：一是个人信息处理者的名称或者姓名和联系方式；二是个人信息的处理目的、处理方式，处理的个人信息种类、保存期限；三是个人行使该法规定权利的方式和程序；四是法律、行政法规规定应当告知的其他事项。当这些事项发生变更的，应当将变更部分告知个人。依照第18条规定，在特定情形下告知义务可以免除，即如果有法律、行政法规规定应当保密或者不需要告知的，可以不向个人告知前条第1款的事项。如果是在紧急情况下为保护自

[①] 同意撤回权属于人格权体系下的撤销权，其撤销行为不具有溯及力。万方：《个人信息处理中的"同意"与"同意撤回"》，《中国法学》2021年第1期。

然人的生命、健康和财产安全无法及时向个人告知的，个人信息处理者应当在紧急情况消除后及时告知。

未尽告知义务的违法行为，是个人信息处理者在处理个人信息之前负有告知义务，而未对权利人履行告知义务，或者履行告知义务不符合法律的要求，即对个人信息进行处理，构成未尽告知义务的违法行为。即使在紧急情况下无法及时告知的，在紧急情况消除后未及时告知，也成立未尽告知义务的违法行为。

（3）超过个人信息保存期限未予删除

个人信息处理者对处理的个人信息须有确定的保存期限。《个人信息保护法》第19条规定，一是，除法律、行政法规另有规定外，则从其规定，不受上述期限的限制；二是，个人信息的保存期限应当为实现处理目的所必要的最短时间，其中"必要"和"最短"，是确定保存期限的基本要求。确定个人信息保存期限的意义，在于最大限度地保护个人信息权益，避免被个人信息处理者滥用。个人信息保存期限届满后，只要实现了处理目的所必要的最短时间，个人信息就应当删除。

当个人信息处理者处理个人信息的保存期限届满，没有及时删除个人信息，就具有了侵害个人信息的违法性，具备侵害个人信息权益的违法行为要件。

（4）个人信息处理者违法委托他人处理个人信息

对个人信息处理者委托他人处理个人信息，《个人信息保护法》第21条规定的规则是：第一，个人信息处理者委托处理个人信息的，应当与受托方约定委托处理的目的、期限、处理方式、个人信息的种类、保护措施以及双方的权利和义务等，并对受托方的个人信息处理活动进行监督。第二，受托人应当按照约定处理个人信息，不得超出约定的处理目的、处理方式等处理个人信息，委托合同不生效、无效、被撤销或者终止的，受托方应当将个人信息返还个人信息处理者或者予以删除，不得保留。第三，未经个人信息处理者同意，受托方不得转委托他人处理个人信息。

个人信息处理者委托他人处理个人信息不符合上述规定的要求，具有违法性：一是，委托他人处理个人信息不符合委托处理目的、期限、方式、种类、保护措施等要求，进行违法委托，或者未对委托方善尽监督责任。二是，受托方未按照约定处理个人信息，超出了约定的目的、方式等，或者在合同履行完毕、委托关系解除后，未将个人信息返还或者予以删除。三是，受托方未经委托方同意而将个人信息转委托他人处理。这些行为都是侵害个人信息权益的违法行为。

（5）个人信息处理者、接收方、第三方改变处理目的、方式未尽告知义务

《个人信息保护法》第22、23条规定，个人信息处理者因合并、分立、解散、被宣告破产等原因需要转移个人信息的，应当向个人告知接收方的名称或者姓名和联系方式。接收方应当继续履行个人信息处理者的义务。接收方变更原先的处理目的、处理方式的，应当依照本法规定重新取得个人同意。按照这一规定要求，一是，个人信息处理者因合并、分立、解散、被宣告破产等原因需要转移个人信息的，或者向他人提供个人信息，未尽对权利人的告知义务，未征得权利人同意的，为违反法定义务的行为，具有违法性。二是，合并或者分立后接受转移的个人信息的个人信息接收方，没有继续履行个人信息处理者的义务，或者在变更原来的处理目的、方式而未重新履行告知义务、未经权利人同意的，其行为也具有违法性。三是，个人信息处理者向他人提供匿名化信息的，接收方利用技术等手段重新识别个人身份，都是具有违法性的行为。

（6）违反个人意愿利用个人信息进行自动化决策

依照《个人信息保护法》第24条的规定，个人信息处理者利用个人信息进行自动化决策，应当保证决策的透明度和结果公平、公正，不得对个人在交易价格等交易条件上实行不合理的差别待遇。通过自动化决策方式向个人进行信息推送、商业营销，应当同时提供不针对其个人特征的选项，或者向个人提供便捷的拒绝方式。通过自动化决策方式作出对个人权益有重大影响的决定，个人有权要求个人信息处理者予以说明，并有权拒绝个人信息处理者仅通过自动化决策的方式作出决定。

在对个人信息进行自动化决策上，有三种违法行为：一是，个人信息处理者利用个人信息进行自动化决策，未能做到决策的透明度和结果公平、公正；二

是，对个人在交易价格等交易条件上实行了不合理的差别待遇；三是，通过自动化决策方式作出对个人权益有重大影响的决定，个人有权要求个人信息处理者予以说明，并有权拒绝个人信息处理者仅通过自动化决策的方式作出决定，个人信息处理者未尽义务的行为。这三种违反个人意愿利用个人信息进行自动化决策的行为，都构成侵害个人信息权益的违法行为。

（7）擅自公开他人个人信息

《个人信息保护法》规定了两种擅自公开他人个人信息的违法行为。

一是，依照该法第25条规定，个人信息处理者不得公开其处理的个人信息，取得个人单独同意的除外。在没有取得个人单独同意或者法律、行政法规另有规定的情况下，个人信息处理者擅自公开他人个人信息，具有违法性。

二是，超出使用用途使用个人已经公开的个人信息。《民法典》第1036条规定，合理处理该自然人自行公开或者其他已经合法公开的信息，是不承担民事责任的行为。《个人信息保护法》第27条规定，个人信息处理者可以在合理的范围内处理个人自行公开或者其他已经合法公开的个人信息；个人明确拒绝的除外。个人信息处理者处理已公开的个人信息，对个人权益有重大影响的，应当依照本法规定取得个人同意。按照这一规定，第一，个人明确拒绝个人信息处理者处理个人自行公开或者其他已经合法公开的个人信息；个人信息处理者仍处理个人自行公开或者其他已经合法公开的信息，具有违法性。第二，个人信息处理者处理已公开的个人信息，对个人权益有重大影响的，但未取得个人同意，其行为也具有违法性。

（8）非法安装图像采集、个人身份识别设备

《个人信息保护法》第26条规定，在公共场所安装图像采集、个人身份识别设备，即"刷脸"，应当符合为维护公共安全所必需的目的，遵守国家有关规定，并设置显著的提示标识。所收集的个人图像、身份识别信息只能用于维护公共安全的目的，不得用于其他目的；取得个人单独同意的除外。

违反这一规定非法安装图像采集、个人身份识别设备的，具有违法性，包括：一是在公共场所安装图像采集、个人身份识别设备不具有维护公共安全所

必需的目的，没有遵守国家有关规定，没有设置显著的提示标识的违法行为。二是未经个人单独同意或者法律、行政法规没有特别规定，将收集的个人图像、个人身份特征信息进行公开的违法行为。三是未经个人单独同意或者法律、行政法规没有特别规定，将收集的个人图像、个人身份特征信息向他人提供的违法行为。

（9）不当处理个人敏感信息

敏感个人信息是个人信息中最重要的部分，应当进行特别保护，以保护个人的人格尊严和信息安全。《个人信息保护法》第28条规定，个人信息处理者具有特定的目的和充分的必要性，方可处理敏感个人信息。第29条规定，基于个人同意处理敏感个人信息的，个人信息处理者应当取得个人的单独同意。法律、行政法规规定处理敏感个人信息应当取得书面同意的，从其规定。第30条规定，个人信息处理者处理敏感个人信息的，除本法第17条第1款规定的事项外，还应当向个人告知处理敏感个人信息的必要性以及对个人权益的影响；依照本法规定可以不向个人告知的除外。第32条规定，法律、行政法规规定处理敏感个人信息应当取得相关行政许可或者作出更严格限制的，从其规定。

下述这些处理个人敏感信息的行为都具有违法性：一是没有特定目的和充分必要性而使用个人敏感信息的行为；二是处理个人敏感信息没有取得个人单独同意的行为；三是处理个人敏感信息按照法律规定应当取得而没有取得书面同意的行为；四是处理个人敏感信息没有向个人告知处理敏感个人信息的必要性以及对个人影响的行为；五是法律、行政法规规定处理敏感个人信息应当取得相关行政许可或者作出更严格限制，却没有取得行政许可或者违反更严格限制的行为。

上述九种个人信息处理者的具体行为，都违反《个人信息保护法》规定的法定义务，是具有违法性的行为，符合民事责任构成要件中违法行为要件的要求，构成侵害个人信息权益民事责任的第一个要件。

以上论述的侵害个人信息权益的违法行为，既有一般的要求，又有九种具体的违法行为。其中包含的要素，一是有处理个人信息的行为，二是具有违法性。前者是指个人信息处理者确实实施了处理个人信息的客观行为。后者是个人信息处理者处理个人信息的行为违反法律的规定，主要表现为个人信息处理者处理个人信息行为时违反了其法定义务。法律规定应当履行的义务而未履行，就具有违法性，其中应当履行的义务是不作为义务的，违反者而予以作为，就是作为的违法行为；应当履行的义务是作为义务的，违反者而不履行，就是不作为的违法行为。凡是符合这两种要求的处理个人信息、具有违法性的行为，就符合侵害个人信息权益责任的第一个要件。

（二）权利人个人信息权益受到损害的客观事实

侵害个人信息权益责任的损害事实，是侵害个人信息权益民事责任的客观后果要件。

《个人信息保护法》第 44 条至第 49 条规定了个人信息权的具体的内容。侵害个人信息权益的行为造成的后果，就是使《个人信息保护法》规定的权利人享有的上述权利不能实现，进而造成损害后果。

个人信息权益的损害事实表现为以下两种形态。

1. 个人信息权益受到损害的权利损害形态

个人信息权是人格权，其权利内容包括上述知情权、决定权、查阅权、复制权、更正补充权、删除权、承继权以及行使权利请求权受到违法行为的侵害，因而造成权利的损害事实。这些损害事实的具体表现，与其他人格权受到侵害的损害事实表现是一样的，是人格利益中的精神利益损害。

2. 个人信息权益受到损害的财产损失形态

个人信息权是人格权，属于《民法典》第 993 条规定的公开权的调整范围，即概括在该条规定的"民事主体可以将自己的姓名、名称、肖像等许可他人使用"的"等"字之内，因此可以许可他人使用。当个人信息权人没有许可，他人擅自使用的，就会造成权利人人格利益中的财产利益损失，侵权人因侵权而获得财产利益。侵害个人信息权造成这种财产利益损害的，也是侵害个人信息权的损害事实。

侵害个人信息权益，无论是造成人格利益中的精神利益损害还是财产利益损害，都成立损害事实的要件，只不过是发生精神损害赔偿还是发生财产利益损害赔偿的问题。如果发生了侵害个人信息权益的违法行为，并未造成损害事实，则满足人格权请求权的行使条件，不满足侵权损害赔偿的要件。

（三）侵害个人信息权益的因果关系

个人信息权益受到侵害，构成民事责任，特别是请求承担损害赔偿责任的，应当证明具备因果关系的要件，即侵害个人信息权益违法行为与个人信息权损害后果之间具有引起与被引起的因果关系。具备因果关系要件的构成民事责任，应当承担损害赔偿责任以及停止侵害、排除妨碍、消除危险、消除影响、恢复名誉、赔礼道歉等责任。

对于构成损害赔偿责任的，应当适用相当因果关系规则确定违法行为与损害事实之间是否存在因果关系，即实施了该种侵害个人信息权的侵权行为能够引起这种损害后果；在事实上，本案行为人实施了这种违法行为，确实产生了这种损害后果；因此，行为人实施的该种违法行为与该种损害后果之间具有因果关系。

对于适用停止侵害等责任方式的人格权请求权的民事责任，不必存在侵害个人信息权造成实际损害的客观事实，只要侵害个人信息权益的事实存在，行为具有违法性，就可以认为具有因果关系，不必有严格的因果关系证明。

（四）侵害个人信息权益的过错

主张承担侵权损害赔偿责任的个人信息权利人行使侵权请求权的，个人信息处理者应当具备过错要件。不过，由于个人信息权的侵权责任适用过错推定原则，因而不必由权利人承担证明责任，而是根据对违法行为、损害事实和因果关系的证明，直接推定信息处理者有过错。如果信息处理者主张自己没有过错而主张不承担侵权损害赔偿责任的，应当举证责任倒置，举证证明自己没有过错。能够证明的，免除侵权责任。

权利人行使人格权请求权保护个人信息权的，不必证明行为人的过错要件，因为人格权请求权的行使不需要行为人有过错，只要是权利受到侵害，个人信息处理者的行为具有违法性，就可以直接行使人格权请求权。

四、个人信息处理者承担侵害个人信息权益民事责任的规则

（一）侵害个人信息权益民事责任的责任形态

1. 单独责任

关于承担侵害个人信息权益民事责任的责任形态，首先是单独责任。这就是，信息处理者为单一的单位或者个人，只有一个行为主体，当构成侵害个人信息权益的民事责任时，就由单独的个人信息处理者独自承担责任。由于单独责任的责任人只有一个，因而承担责任的规则比较简单，按照承担民事责任的一般规则承担即可。

除此之外，《个人信息保护法》规定了以下几种特别的民事责任形态，需要特别加以说明。

2. 共同处理的连带责任

《个人信息保护法》第 20 条规定了两个以上的个人信息处理者共同决定处理个人信息侵害个人信息权益的连带责任。

两个以上的个人信息处理者共同决定个人信息的处理目的和处理方式的，应当约定各自的权利和义务。这样的约定不影响个人向其中任何一个个人信息处理者要求行使本法规定的权利。凡是个人信息处理者共同处理个人信息，无论采取何种约定方式，也不论是一方违反个人信息保护法的规定行使权利，还是双方共同为之，只要是侵害了个人信息权益的，就构成个人信息权益的共同侵权行为，应当承担连带责任。

侵害个人信息权益共同侵权行为的特点：首先，是两个以上的个人信息处理者具有处理个人信息的意志一致性，都要共同决定处理个人信息。其次，是违反法定义务的行为具有多样性，可能是一方个人信息处理者违反义务，也可能是所有的个人信息处理者都违反义务。再次，是造成个人信息权益损害的共同性，即造成的损害是一个共同的损害结果，即一个或者数个个人信息权人的权益受到损害。最后，是承担责任的连带性，构成共同侵权行为应当承担连带责任的，应当

依照《民法典》第 178 条规定的规则承担连带责任。

与此相区别的是侵害个人信息权益的分别侵权行为。两个以上的个人信息处理者不是共同决定处理个人信息，而是分别处理个人信息，侵害了同一个主体的个人信息，造成同一个人的个人信息的损害，由于不具有"共同决定"的意志统一性，是分别侵害而不是共同侵害，因此是分别侵权行为，不能依照《民法典》第 1168 条规定承担连带责任，而应当依据第 1171、1172 条规定，承担连带责任或者按份责任。承担连带责任的是叠加的分别侵权行为，每一个人的侵权行为都足以造成全部损害；承担按份责任的是典型的分别侵权行为，即每一个人的行为造成的损害能够确定责任大小。① 不过，在侵害个人信息权益的侵权行为中，每一个人的行为都足以造成全部损害的情形并不多见，主要的还是典型的分别侵权行为，应当承担按份责任。

3. 违反义务委托或者转委托的擅自委托责任

《个人信息保护法》规定了委托他人处理个人信息应负的义务，没有规定违反义务委托或者转委托的擅自委托责任。如果委托或者转委托他人处理个人信息的行为人违反了委托或者转委托处理个人信息的义务，就侵害了个人信息权益人的权益，应当承担民事责任。

（1）委托方的责任

个人信息处理者委托处理个人信息应当承担的义务是，个人信息处理者应当与受托方约定委托处理的目的、期限、处理方式、个人信息的种类、保护措施以及双方的权利和义务等，并对受托方的个人信息处理活动进行监督。例如，委托他人对监控违章行为进行处理，就是委托他人处理个人信息。委托方违反个人信息保护义务，就应当承担侵害个人信息权益的民事责任。

（2）受托方的责任

个人信息处理的受托方，应当按照与个人信息委托方的约定处理个人信息，不得超出约定的处理目的、期限、处理方式等处理个人信息；委托合同不生效、

---

① 对于分别侵权责任的责任形态，参见杨立新：《多数人侵权行为与责任理论的新发展》，《法学》2012 年第 7 期。

无效、被撤销或者终止的，受托方应当将个人信息返还个人信息处理者或者予以删除，不得保留。当受托方的行为超出了约定的处理目的、期限、处理方式等处理个人信息，或者委托合同不生效、无效、被撤销或者被终止的，受托方应当将个人信息返还个人信息处理者，或者予以删除，不得保留。违反者，受托方构成侵害个人信息权益的民事责任。

（3）擅自转委托的责任

未经个人信息处理者即委托人同意，受托方不得转委托他人处理个人信息。这是受托方禁止转委托的义务，但是，通过个人信息处理的委托人同意的，则符合法律规定的要求。擅自转委托的，是受托人的责任，应当承担侵害个人信息权益的民事责任。

（4）擅自委托的民事责任

《个人信息保护法》没有规定委托处理个人信息中的擅自委托（包括委托和转委托）的共同责任，对此，应当依照《民法典》的规定确定责任。

首先，依照《民法典》第167条规定，受托人知道或者应当知道受托事项违法仍然实施委托行为，或者委托人知道或者应当知道受托人实施的受托行为违法未作反对表示的，委托人和受托人应当承担连带责任，应当依照《民法典》第178条规定的规则承担责任。

其次，依照《民法典》第169条关于转委托的规定，转委托未经个人信息处理者同意或者追认的，受托人对转委托的第三人侵害个人信息权益的行为承担责任。这种责任是替代责任，参考第1191条规定的用人单位责任承担替代责任的规则，受托人对转委托人的行为造成的损害承担责任，承担责任后，如果第三人有过失应当追偿的，受托人可以向转委托的第三人进行追偿。

4. 个人信息处理者合并、分立等的责任

我国民法历来重视对法人合并、分立及其民事责任的规范。《民法典》除了第67条专门规定法人合并、分立的规则之外，还在法人的责任、合同责任以及侵权责任中分别作出具体规定。《个人信息保护法》第22条也规定了个人信息处理者因合并、分立、解散、被宣告破产等原因需要转移个人信息时，应当承担的义务。在个人信息处理者合并或者分立的情形下，如果信息处理者未对个人信息权人履行告知义务，或者接收方没有履行重新获得个人同意的，就侵害了个人信息权人的权益，依照《民法典》第 67 条规定，个人信息处理者合并的，其权利和义务由合并后的个人信息处理者享有和承担；个人信息处理者分立的，其权利和义务由分立后的个人信息处理者承担连带责任，另有约定的除外。

5. 违法提供个人信息的责任

《个人信息保护法》第 23 条规定，个人信息处理者向其他个人信息处理者提供其处理的个人信息的，应当向个人告知接收方的名称或者姓名、联系方式、处理目的、处理方式和个人信息的种类，并须取得个人的单独同意。提供方未履行告知义务，未征得权利人单独同意的，构成侵害个人信息权益的责任。接收方负有按照约定处理个人信息的义务，在上述处理目的、处理方式和个人信息的种类等范围内处理个人信息。接收方变更原先的处理目的、处理方式的，应当依照规定重新取得个人同意。超出约定的处理目的、处理方式，以及个人信息的种类多范围，或者未依法重新获得个人同意的，构成侵害个人信息权益的责任。同样，如果提供方和接收方有共同故意的，应当承担连带责任。

上述承担连带责任的，应当依照《民法典》第 178 条规定承担责任。其规则是：中间责任，任何一个连带责任人都应当对权利人承担全部责任，权利人可请求一个、数个或者全部连带责任人承担连带责任；最终责任，每一个连带责任人最终承担的，是自己应当承担的责任份额；承担了超出自己责任份额赔偿责任的连带责任人，可以通过追偿的方法实现最终责任，将连带责任分配给每一个连带责任人。

（二）侵害个人信息权益民事责任的赔偿方法

1. 侵害个人信息财产权益的损害赔偿

《个人信息保护法》第 69 条第 2 款规定的是侵害个人信息权益中的财产利益造成损害的赔偿责任，即："前款规定的损害赔偿责任按照个人因此受到的损失或者个人信息处理者因此获得的利益确定；个人因此受到的损失和个人信息处理者因此获得的利益难以确定的，根据实际情况确定赔偿数额。"这一规定与《民法典》第1182条规定的规则相同，在具体适用上，应当依照《民法典》第1182条规定的具体规则处理。个人信息权益是人格权，是可以行使《民法典》第993条规定的公开权的权利，通过许可使用合同确定将个人信息许可他人使用，获得财产收益。当这一权益受到个人信息处理者违法行为的侵害时，应当依照这一条款的规定确定财产权益的损害赔偿。具体规则是：（1）被侵权人受到实际财产损失的按照被侵权人实际受到的损失，或者侵权人因此获得利益的按照其所得的利益，承担赔偿责任，选择权在被侵权人。（2）被侵权人受到的损失以及侵权人因此获得的利益难以确定，法院根据实际情况确定赔偿数额。

2. 侵害个人信息造成精神利益损害的赔偿

《个人信息保护法》没有规定侵害个人信息权益的精神利益的精神损害赔偿。对此，不能认为《个人信息保护法》没有规定，就不能适用精神损害赔偿救济个人信息权益损害，应当依照《民法典》第1183条第1款规定确定精神损害赔偿责任。这是因为，个人信息权益是人格权，人格权受到侵害，即使没有造成财产利益的损害，仅就个人信息权益造成精神利益的严重损害，权利人也可以请求行为人承担精神损害赔偿责任。对此，应当依照《民法典》第1183条关于承担精神损害赔偿的规定，确定行为人的精神损害赔偿责任。

3. 人格权请求权中的其他民事责任

不论是侵害个人信息权益的财产权益损害赔偿，还是侵害个人信息权益精神利益的精神损害赔偿，都是侵害个人信息权益的侵权责任范畴。对于侵害个人信息权益没有造成损害，权利人行使人格权请求权，请求行为人承担停止侵害、排除妨碍、消除危险、消除影响、恢复名誉、赔礼道歉责任的，应当依照《民法典》第995条规定，确定民事责任。对此，也不能认为《个人信息保护法》对此没有规定而不得行使人格权请求权。理由是，个人信息权益是人格权，其权利行使和保护，不仅要适用《个人信息保护法》的规定，也要受到《民法典》的约束，适用《民法典》关于人格权请求权的规定。

依照《个人信息保护法》第57条关于"发生或者可能发生个人信息泄露、篡改、丢失的，个人信息处理者应当立即采取补救措施，并通知履行个人信息保护职责的部门和个人"的规定，采取补救措施也属于保护个人信息权的人格权请求权的内容。

（三）保护个人信息权益的公益诉讼

1. 保护个人信息权益公益诉讼的一般规则

依照《个人信息保护法》第70条规定，个人信息处理者违反该法规定处理个人信息，侵害众多个人的权益的，人民检察院、法律规定的消费者组织和由国家网信部门确定的组织可以依法向人民法院提起诉讼。人民检察院作为法律监督机关，享有公益诉讼的起诉权，为保护公益而提起诉讼。国家网信管理部门是履行个人信息保护职责的部门，可以确定相应的组织作为侵害个人信息权益的公益诉讼人，提起公益诉讼。

提起公益诉讼的条件，是个人信息处理者违反法律规定处理个人信息，侵害了众多个人的权益。首先，须构成侵害个人信息的民事责任；其次，须侵害众多权利人的权益，众多是多少，起码应当是10个人以上，9个人以下的权利人受到侵害，不采用公益诉讼方式保护，须个人以私益诉讼方式由个人提起诉讼保护自己。

提起公益诉讼保护众多个人的个人信息权益受到的损害，原则上应当局限在非损害赔偿责任方式。如果代表众多个人的权益提起诉讼主张损害赔偿的，首先，损害赔偿金应当分发给每一个受害人，即使损害的人数不能确定，也须如此；其次，公益诉讼的主体不得在公益诉讼中获得损害赔偿，并将损害赔偿金作为自己的收益。如果将损害赔偿金作为公益诉讼组织的收益，不仅损害了权利人的权益，而且使自己丧失了公益诉讼主体的地位，变成私益性质，是错误的行为。

2. 检察机关保护个人信息权益的公益诉讼

（1）检察机关保护个人信息公益诉讼职责的法律属性

检察机关的基本职责是法律监督。在民事领域，以往我国检察机关的职责只是对民事审判活动进行监督，没有提起民事诉讼的职权。这样规定和理解检察机关对民事领域的法律监督职责，显然过窄。事实上，检察机关对于民事领域的法律监督职责，不仅是对民事诉讼活动的监督，更重要的，是对民事领域中涉及公共利益的私法活动享有法律监督的权利。早在 20 世纪 90 年代，检察机关对于民事领域涉及国家利益和社会公共利益的民事活动的监督就进行过探索，并且取得了一定的成果，虽然法律尚未认可，但是却不能否认检察机关的这一法律监督职权。近年来，法律陆续赋予检察机关在民事领域中的提起公益诉讼的职权，部分实现了检察机关的这一职权。

《个人信息保护法》赋予检察机关保护个人信息的公益诉讼主体资格，对个人信息处理者违反法律规定处理个人信息，侵害众多个人的权益的，人民检察院可以依法向人民法院提起诉讼，扩展了检察机关在民事领域中的法律监督范围。

检察机关提起保护个人信息的公益诉讼主体资格，不是一个简单的起诉权问题。对于个人信息处理者违法处理个人信息，侵害众多个人权益提起公益诉讼的前提，是对个人信息处理者处理个人信息的私法活动有权进行法律监督，只有行使这个法律监督职权，对个人信息处理者处理个人信息的民事活动进行法律监督，才能发现个人信息处理者侵害众多个人权益的事实，才能够依法提起公益诉讼，请求审判机关依法裁判。换言之，检察机关对保护个人信息提起公益诉讼，是检察机关行使对民事活动法律监督权的权力外观，而对个人信息处理者处理个人信息的民事活动进行的监督，才是检察机关对民事活动执行法律的监督，是检察机关行使对民事活动实施法律监督权的实质。依照《个人信息保护法》第 70 条的规定，人民检察院作为法律监督机关，享有公益诉讼的起诉权，为保护个人信息的公益而提起诉讼。检察机关只有在充分行使对民事活动的法律监督权，对个人信息处理者处理个人信息活动的全面监督的基础上，才能发现应当提起公益诉讼的违法行为，依照职权依法提起公益诉讼，履行对民事活动的法律监督职责。

（2）检察机关保护个人信息公益诉讼的法律监督范围是个人信息处理者与个人信息处理活动

检察机关对保护个人信息提起公益诉讼法律监督的范围：一是被监督的主体，二是被监督的内容。

检察机关对保护个人信息民事活动法律监督的被监督主体，是个人信息处理者。《个人信息保护法》第73条第1项规定，个人信息处理者，是指在个人信息处理活动中自主决定处理目的、处理方式的组织、个人。这个对被监督主体范围的界定很宽泛，包括一切有权处理个人信息的自然人、法人和非法人组织。检察机关应当将将有权处理个人信息的个人信息处理者纳入自己的法律监督范围，监督他们在民事活动中是否依照《民法典》《个人信息保护法》以及其他个人信息保护的法律规定进行个人信息处理活动，发现违法，及时纠正，保护个人信息权益。

　　检察机关对保护个人信息民事活动的监督范围，是个人信息处理活动。依照《个人信息保护法》第4条第2款关于"个人信息的处理包括个人信息的收集、存储、使用、加工、传输、提供、公开、删除等"的规定，个人信息处理活动的范围非常广泛，涉及处理个人信息的上述所有的活动。在个人信息处理者收集、存储、使用、加工、传输、提供、公开、删除个人信息等活动中，应当依照《民法典》《个人信息保护法》等法律的规定进行，违反法律规定进行上述个人信息处理活动的行为，就构成违法处理个人信息，检察机关就有权进行监督。

　　个人信息处理者处理个人信息的活动，其法律性质属于民事活动，本属于私法领域，实行私法自治原则。但是，由于国家对个人信息作为个人最重要的民事权益予以保护，因而赋予检察机关对此负有法律监督权。检察机关在民事领域进行法律监督的这一开拓性发展，对检察机关依法履行法律监督职责将会有重大影响。

　　（3）检察机关保护个人信息实现法律监督职责的基本方法是提起公益诉讼

　　检察机关对个人信息处理者处理个人信息的私法活动实现法律监督职责的基本方法，是依法提起公益诉讼。检察机关在对个人信息处理者的处理个人信息活动进行法律监督过程中，发现违反国家法律规定的行为，依据法律赋予检察机关的公益诉讼起诉权，提起公益诉讼，请求审判机关依法裁判，纠正违法，保护个人信息主体的合法权益。

　　依照《个人信息保护法》第70条规定，检察机关对保护个人信息提起公益诉讼的要件是：

第一，个人信息处理者须违反法律规定处理个人信息。对个人信息处理者处理个人信息，《民法典》《个人信息保护法》都对个人信息处理者处理个人信息应当履行的义务作了明确规定。个人信息处理者违反法律的这些规定，不履行或者不适当履行这些应当履行的法定义务，行为具有违法性，就具备了提起公益诉讼的这一要件。

第二，个人信息处理者处理个人信息行为须侵害众多权利人的权益。正是由于个人信息处理者处理个人信息的行为违反法律规定的义务，才造成个人信息权益人的权益损害。不过，如果个人信息处理行为只侵害了个人或者少数人的个人信息权益，可以通过普通诉讼保护个人权益的，就不是公益诉讼，而是私益诉讼；只有侵害众多受害人的个人信息权益，才可以由检察机关提起公益诉讼。对于众多受害人的解释，可以参照最高人民法院《关于适用〈中华人民共和国民事诉讼法〉的解释》第75条规定，一般是指10人以上。因此，检察机关对侵害个人信息权益提起公益诉讼的要件，应当是受到侵害的权利人达到10人。不足10人的权利人受到侵害，须由个人以私益诉讼方式提起诉讼，保护自己。

提起公益诉讼保护众多个人的个人信息权益受到损害，请求保护的方式，原则上应当局限在非损害赔偿责任方式，例如请求个人信息处理者承担停止侵害、排除妨碍、消除危险、消除影响、恢复名誉、赔礼道歉的责任方式。如果代表众多个人的权益提起诉讼、主张损害赔偿的，获得的损害赔偿金应当分发给每一个受害人，即使损害人数不能确定的也须如此。公益诉讼主体不得在公益诉讼中获得损害赔偿，或者将获得的损害赔偿金作为自己的收益。

第五节　利用个人信息自动化决策的知情同意规则及保障

一、对利用个人信息自动化决策知情同意规则的一般解读

《个人信息保护法》第24条规定："个人信息处理者利用个人信息进行自动

化决策，应当保证决策的透明度和结果公平、公正，不得对个人在交易价格等交易条件上实行不合理的差别待遇。通过自动化决策方式进行信息推送、商业营销，应当同时提供不针对其个人特征的选项，或者向个人提供便捷的拒绝方式。""通过自动化决策方式作出对个人权益有重大影响的决定，个人有权要求个人信息处理者予以说明，并有权拒绝个人信息处理者仅通过自动化决策的方式作出决定。"显然，利用个人信息自动化决策方式进行商业活动，已经成为大数据时代重要的创新技术之一，立法者专门规定这一条文，说明利用个人信息自动化决策方式进行商业活动在具有明显的决策优势的同时，也具有较大的风险，对其可能侵害个人信息权益的危险必须予以防范。

（一）利用个人信息自动化决策的概念与基本特点

对于利用个人信息自动化决策的概念，《个人信息保护法》第73条第2项进行了定义，即："自动化决策，是指通过计算机程序自动分析、评估个人的行为习惯、兴趣爱好或者经济、健康、信用状况等，并进行决策的活动。"这个定义与欧盟《一般数据保护条例》[①] 第22条所包含的内容基本相同，简言之，自动化决策是在没有人工干预的情况下，计算机自动处理个人信息而产生的对个人有影响力的决策。

按照《个人信息保护法》第73条规定的定义，自动化决策具有以下法律特征：第一，自动化决策的主体是个人信息处理者，是其利用电子计算机程序进行的决策活动；第二，自动化决策的方法是通过计算机程序自动形成的，而非人工进行，因而属于计算机算法的范畴，即通过某种算法自动作出的决策；第三，计算机程序作出自动化决策的基础是利用个人信息，包括个人的行为习惯、兴趣爱好或者经济、健康、信用状况等，是在这些个人信息的基础上，自动进行的决策；第四，自动化决策由于利用个人信息自动进行，因而会对信息主体产生某种影响，严重的甚至造成个人权益的损害。

自动化决策是互联网、人工智能技术高速发展的新兴产物，除了具备大数据本身数据规模大（Volume）、数据流转快（Velocity）、数据类型多（Variety）和

---

① General Data Protection Regulation，简称GDPR。

数据价值大（Value）的优点之外①，与传统的人工决策相比，其优势在于，决策效率更高、收益更大、能力更强，从而有利于加强社会各个领域的资源分配能力。②

　　不过，自动化决策是利用计算机的算法根据个人信息自动进行决策，因而会带来以下风险：一是，部分计算机算法难以被法律和技术规制。二是，一旦算法有误，或者夹杂了错误性、偏见性的内容时，其预测功能就失去价值。③ 例如，自动化决策强调利益最大化，受此影响，在推送信息中所体现出的倾向性和歧视性特征，一方面使社会财富流动不平衡；另一方面，"算法杀熟"现象愈演愈烈，商家的常客反而成为被针对的最佳目标，用户在网络交易中易受到不合理的差别待遇。三是，在自动化决策的作用下，"信息茧房"和"回声室"效应不断强化，容易使用户进入自己的舒适圈，用户会以为自己通过自动化决策查看到的信息便是社会生活的全貌，不利于网络用户对现实世界产生真实感知，甚至形成某种价值取向的固化观念。四是，自动化决策容易忽视对个人尊严的尊重④，个人信息权益、隐私权容易被侵犯。

　　为此，对计算机程序附加于人性的锁链予以限制，就成为近些年来各主要国家在这个领域中的重点关注内容。我国在有关个性化广告的诉讼中，有些判决对此进行了探索，《个人信息保护法》对此专门规定第 24 条，提出了规制的办法。

　　（二）《个人信息保护法》第 24 条规定自动化决策知情同意规则的基本内容

　　《个人信息保护法》第 24 条规定了利用个人信息进行自动化决策保障个人知情同意权必须遵守的规则，主要包括以下三方面内容。

　　1. 利用个人信息自动化决策须遵守透明度原则与公平合理原则

　　法律原则具有解释法律规范、指引法律实施、弥补法律漏洞的重要作用。对

---

　　① 数字经济探索：《大数据及大数据的 4V 特征》，https://baijiahao.baidu.com/s?id=1664232735603215493&wfr=spider&for=pc，2021 年 6 月 17 日访问。

　　② 张建文、李锦华：《欧盟个人数据保护法上的反自动化决策权研究》，《重庆邮电大学学报（社会科学版）》，2019 年第 2 期。

　　③ 张建文、李锦华：《欧盟个人数据保护法上的反自动化决策权研究》，《重庆邮电大学学报（社会科学版）》，2019 年第 2 期，第 24 页。

　　④ 郭建利：《互联网＋法治思维与法律热点问题探析》，北京，法律出版社 2016 年版，第 60 页。

于利用个人信息自动化决策的知情同意权的保障，只有明确了须遵守的原则，才能准确适用《民法典》和《个人信息保护法》保护个人信息权、进行自动化决策的具体规则。

（1）透明度原则

透明度原则，是信息处理者在利用个人信息自动化决策过程中应当遵守的原则，使其决策保持公开、合法，能够被他人所知悉。利用个人信息进行自动化决策，应当履行告知义务，所用语言应该简洁易懂，尤其是对于未成年人来说，不会造成理解和阅读上的障碍①，接受相应的监督，保证信息处理的透明性达到很高的程度。②

坚持透明度原则，是保证自动化决策中个人知情同意权的重要前提。在利用个人信息自动化决策中，个人的知情同意权是保证决策透明度的关键。知情同意权在消极意义上，要与信息处理者的告知、披露义务相对应，有接受告知信息的权利；在积极意义上，个人可以充分行使查询权和质询权③，以保证其对自动化决策的过程与结果充分知情，不受限制地表达是否同意的意思表示。

自动化决策的透明度原则涵盖的内容，包括提高算法的透明度和提高信息处理行为透明度两个要求。

第一，提高算法的透明度。算法是连接实际问题和计算机系统的桥梁，是计算机可以运行的程序。④"算法中立""技术无罪"的主张具有片面性，因为算法的歧视性难以避免，本身无法做到绝对的中立和客观。在大数据时代背景下，算法的透明化和黑箱化趋势并行不悖地同步发展，黑箱是人为塑造的结果，代表着算法的不透明性和难以预测性。⑤此外，企业和国家机关也有保守商业秘密、政

①　欧盟 GDPR 第 12 条第 1 款之规定。

②　《信息安全技术个人信息安全规范》第 4 条第（e）项规定。

③　陈洪磊：《有限责任公司股东知情权行使中的利益衡量——基于〈公司法解释四〉实施后的 291 份裁判文书的整理分析》，《法律适用》2019 年第 6 期。

④　周玉萍主编：《信息技术基础》，北京，清华大学出版社 2017 年版，第 108 页。

⑤　刘东亮：《技术性正当程序：人工智能时代程序法和算法的双重变奏》，《比较法研究》2020 年第 5 期。

府机密的需要。不加解释地公开算法，不仅增加了一般民众理解算法的难度，而且不利于信息技术的公平发展。算法解释的目的在于让人了解决策作出的过程，且这种要求解释的权利不因用户协议的事先告知而免责，从而有利于在争议发生时能够提供救济。算法解释权追求的是"适当透明性"，是对有助于了解算法模型的逻辑和对相关信息进行公开和解释，从而增加算法的可预测性与责任性。[①]就应该告知的内容来说，包括具体解释、更新解释和网络服务运营商拒不提供解释时提供给相对人可行的救济选择等。[②] 因此，算法解释权侧重于算法所依赖的运行规则，而不仅仅是计算机技术本身。

第二，提高信息处理行为的透明度。提高信息处理行为的透明度，就是为了能使利用个人信息自动化决策的个人信息处理者更好地接受监督，保障个人的知情同意权。个人信息处理者利用个人信息进行自动化决策，须将其处理行为公开，能够被他人所感知、所认识，能够确认信息处理行为是否符合法律规定。监督的主体，除了个人信息权益人和国家职能部门外，还包括信息处理者设立的监督机构。例如 GDPR 规定，数据控制者应该确定产生不在企业内部发生利益冲突的数据保护官[③]，应保证数据保护官即时准确地参与个人数据的处理过程，确保数据保护官在必要时与当地的监管机构公开联系。我国网信管理部门也应建立类似的监督机构。[④]

（2）公平合理原则

利用个人信息自动化决策的公平合理原则，是指自动化决策结果符合公平、合理的要求。这不仅是价值上的引导，也是制度设计的起点，更是制度执行的结果。公平、合理是自古以来人类社会追求的价值取向，是当代社会法律制定和评价的标准。

---

① 张恩典：《大数据时代的算法解释权：背景、逻辑与构造》，《法学论坛》2019 年第 4 期。

② 张凌寒：《商业自动化决策的算法解释权研究》，《法律科学（西北政法大学学报）》2018 年第 3 期。

③ GDPR 第 37 条第 1 款规定，当机构为公共属性；机构对数据主体的数据监控和使用是系统性和常规化的，且规模较大；机构涉及收集和处理一些敏感数据时应该设立 DPO。

④ 肖冬梅、成思雯：《欧盟数据保护官制度研究》，《图书情报工作》2019 年第 2 期。

利用个人信息自动化决策须坚持公平合理原则的原因是：首先，平衡个人信息处理者与个人之间的力量对比，是立法必须解决的重要基础。民法调整平等主体之间的人身关系和财产关系，而利用个人信息自动化决策有可能打破主体之间的平等地位，因而须确立公平合理原则。其次，公平合理原则有利于制定更符合实际的"隐私协议"。隐私协议，是处理个人信息中的传统称谓，其实，在《民法典》实施后应当称为"隐私与个人信息协议"。即使对其不改变称谓，隐私协议中也须包含或者主要包含个人信息处分的内容。隐私协议由于具有不可协商性，其在贯彻公平合理原则方面有所欠缺，诸如加粗、加大字体等告知说明义务被广泛应用，有时也成为规避告知义务的手段。再次，公平合理原则是保障《民法典》正确实施的要求。《民法典》规定民事主体从事民事活动应当遵循公平原则，合理确定各方的权利和义务。利用个人信息自动化决策当然在《民法典》的调整范围之内，须遵循合法、正当、必要原则，不得过度处理。最后，公平原则是维护互联网良好生态的现实需要，是促进数字经济健康发展的重要举措。互联网是经济发展的新引擎、交流合作的新纽带，但是一些企业、机构甚至是个人从商业利益出发，使得危害人民群众生命健康和财产安全的事件屡屡发生，大数据杀熟愈演愈烈。为了切实完成建设"网络强国、数字中国、智慧社会"任务的要求，必须完善制度规范设计，以公平合理原则避免差别待遇的产生。

　　2. 利用个人信息自动化决策保障知情同意权应履行的主要义务

　　个人信息处理者在利用个人信息自动化决策的活动中，为保障个人的知情同意权，应当履行两个主要义务之一，即为个人提供不针对个人特征的选项，或者为个人提供便捷的拒绝方式。这两个义务的关系是择一履行，但是，也不妨碍同时履行。

　　（1）为个人提供不针对个人特征的选项

　　为个人用户提供不针对个人特征的选项，是个人信息处理者利用个人信息自动化决策方式进行商业营销、信息推送时，保障知情同意权应当履行的主要义务之一，目的在于保护个人的身份信息安全。

　　提供选项，是个人信息处理者通过自动化决策进行商业营销、信息推送时，应当同时给个人用户提供有关内容的可供选择的多样化项目。要求是：第一，选项具有多样性，应当依据决策的不同内容，设置不同的选项。"选项"的含义，是针对内容的差异，给重要选项后单独设置勾选的窗口，而不是通过一个选项来迫使用户认可上述所有条款。例如，百度地图在隐私设置选项中进行了细化，尤其是在"足迹设置"中为用户提供了"签到点""首页定位""打开地图时的位置""导航结束时的位置"等多样化的足迹跟踪选项，用户可以根据需要决定是否勾选。第二，选项不得具有引导性。色彩心理（Color Psychology）专家吕舍尔（M. Lusher）研究发现，在红色的环境中，人的血压会升高，脉搏会加快，情绪容易兴奋激动，除红色外，其他不同的颜色也会有不同的效果。因此，对于网络服务的选项卡 UI① 来说，保证"同意"与"不同意"的选项按钮在外观上无差别，包括颜色、形状、大小的一致性是必要的。

提供选项的内容要求是不针对个人特征。个人特征，是有关特定自然人的、具体真实而非抽象的、具有可识别性的身份特征。特征，为事物特点的征象与标志，是通过个人信息表现出的个人特征，具有唯一性和特定性。个人特征与个人信息密切相关，个人信息包含着部分个人特征，个人信息数量越多，对个人特征的刻画也就更清晰。个人信息处理者是否能得到个人特征，取决于用户的同意，由用户自主决定，目的是防止个人信息泄露和算法杀熟。个人特征须为自然人的真实特征，而不是虚拟身份特征。不针对个人特征，就是自动化决策的选项不得针对个人特征，例如，有关减肥的推送，不得针对肥胖者这一个人特征。

个人信息处理者通过自动化决策方式进行商业营销、信息推送，提供了不针对个人特征的选项，就履行了《个人信息保护法》规定的这一义务，违反该义务须承担责任。例如针对肥胖者进行推送减肥产品，就针对了个人特征，违反了该义务。

（2）为个人提供便捷的拒绝方式

为个人提供便捷的拒绝方式，是个人信息处理者在利用个人信息自动化决策

---

① UI，是用户界面的简称，指对软件的人机交互、操作逻辑、界面美观的整体设计，选项卡自然也包括在其中。

中使用简化、易懂的语言，达到便捷性的要求，从而为网络用户提供拒绝该种商业营销、信息推送的方法。这种拒绝的方式，一方面，不得影响用户的自主选择权，不能有"强制索权"之嫌；另一方面，拒绝的方式应该具有便捷性。拒绝方式的便捷性是《个人信息保护法》特别强调的内容，其目的在于针对我国网民的普遍特点，立足我国国情，平衡信息主体和信息处理者的力量对比，为信息主体提供省时省力的拒绝手段。一些软件采用设置隐蔽性拒绝方式等，有违便捷性要求的做法，是违法行为。

个人信息处理者提供的拒绝方式应该是明确、合理且适当的，不能以剥夺、变相剥夺用户相关权益为代价。这种拒绝方式不是隐私协议中的"同意"与"不同意"，而是自动化决策推送中设置明确的拒绝按钮。因为隐私协议不符合"便捷的拒绝方式"的要求，一旦个人拒绝协议，将无法继续使用该服务。如有的"隐私政策"以黑体、加粗的方式表示："如果您不同意本隐私政策的任何内容，您应立即停止使用本平台服务。当您使用本平台提供的任一服务时，即表示您已同意我们按照本隐私政策来使用和保护您的个人信息。"[①] 《2019 年 App 违法违规收集使用个人信息专项治理报告》也提到，部分 App "限定一次性打开多个权限，否则用户不能安装使用"属于典型的违法违规搜集个人信息的类型。这样的拒绝方式，不是《个人信息保护法》第 24 条规定的利用个人信息自动化决策要求的便捷的拒绝方式，也不符合 2021 年 5 月 1 日生效的国家网信办等四部门制定的《常见类型移动互联网应用程序必要个人信息范围规定》第 4 条关于"App不得因为用户不同意提供非必要个人信息，而拒绝用户使用其基本功能服务"的规定。

3. 保障个人享有的请求说明权和拒绝权的义务

《个人信息保护法》第 24 条第 3 款规定，通过自动化决策方式作出对个人权益重大影响的决定，个人有权要求个人信息处理者予以说明，并有权拒绝个人信息处理者仅通过自动化决策的方式作出决定。这一款规定了一个前提、两个

---

① Bilibili 隐私政策，https://www.bilibili.com/blackboard/activity-privacypolicy-m.html，2021 年 6 月 15 日访问。

权利。

（1）个人行使请求说明权和拒绝权的前提条件

个人行使对利用个人信息自动化决策的请求说明权和拒绝权的前提条件，是自动化决策作出的决定对个人权益有重大影响。包括以下内容：一是，个人信息处理者是采用自动化方式作出决策，而非利用其他方式作出决策。因而，针对利用自动化决策作出决定时，个人才享有这种权利。这一要求与 GDPR 第 22 条的规定基本一致，都强调法律规制的对象仅指自动化处理的决策。二是，采用自动化决策方式作出的决定影响个人权益。个人权益中的个人，是个人信息处理者处理个人信息中享有个人信息权益的个人，而不是他人。当通过自动化决策作出的决定影响个人的人身权益或者财产权益，而不只是个人信息权益的，才符合这一前提条件，即对个人的人身权益或者财产权益具有法律意义的利益受到减损。例如个人电话号码被倒卖，对于权利人来说可能只是一串号码的损失，如果没有损害人身、财产权益的事实，法院难以认定损害到达相当程度，不利于实体法律问题的判断。[1] 三是，对个人权益的影响应当达到"重大"的程度。如果只有轻微影响或者一般影响，没有达到重大影响的程度，还不能享有请求说明权。可以认为，只有自动化决策损害个人住房、工作、信贷等其他重要利益时，人们才享有反对自动化决策的权利，或者说人们至少可以提出自己的意见。[2] 对重大影响程度的判断，法官依职权裁量，结合具体案件事实予以确定。四是，符合这一条件的，个人信息处理者对于个人必须说明，不得拒绝。

（2）请求说明权

请求说明权，是个人对于通过自动化决策方式作出对个人权益有重大影响决定的个人信息处理者，请求其进行说明和解释的权利。请求说明权是知情权的内容之一。在网络环境下，侵害人格权的损害后果具有不可逆性，损害一旦发生，

---

[1]　杨立新：《私法保护个人信息存在的问题及对策》，《社会科学战线》2021 年第 1 期。

[2]　［美］弗兰克·帕斯奎尔：《黑箱社会：控制金钱和信息的数据法则》，北京，中信出版社 2015 年版，第 213 页。转引自张建文、李锦华：《欧盟个人数据保护法上的反自动化决策权研究》，《重庆邮电大学学报（社会科学版）》2019 年第 2 期。

就难以恢复原状①，所以，给予那些可能被自动化决策影响的人以请求说明权，使得他们在事前被充分告知这些自动化决策工具的潜在风险、好处以及这种预测方式的局限性便成为规制人工神经网络算法（ANN）的有效建议。② 既然个人信息处理者通过自动化决策方式作出的决定对个人权益有重大影响，受到影响的个人就享有知情权，有权要求个人信息处理者对此作出说明或者解释。

请求说明权的义务主体是利用个人信息自动化决策的个人信息处理者，不包括其他主体。GDPR之所以采用了"数据控制者"这一义务主体的概念，是为了集中规制围绕个人数据而形成的控制与被控制的关系③，但是，在形成通讯、网络技术"寡头格局"的情形下，个人难以具备了解数据控制者的能力，并且我国《个人信息保护法》所调整的是个人信息处理过程中信息处理者和个人之间的关系，因此，在个人信息处理者与个人之间，如果有侵犯个人权益嫌疑的，个人信息处理者负有予以说明和解释的义务，满足个人用户的知情权。在这样的条件下，个人信息处理者拒绝解释，或者解释不充分，构成对知情同意权的侵害。

（3）拒绝权

个人的拒绝权，是对个人信息处理者通过自动化决策方式作出对个人权益有重大影响的决定，基于个人利益予以拒绝的权利。这一权利与本条前款关于"向个人提供便捷的拒绝方式"的规定相对应。如果用户对自动化决策的结果不同意而行使拒绝权，直接按"拒绝"的按钮，就表达了拒绝的意思表示。在通常的情况下，拒绝权的行使应当在自动化决策实施之后，这是因为个人信息处理者在实施自动化决策之前，由于是基于算法而"自动"进行，因而无法事前行使拒绝权。这也可以确定，当个人信息处理者第一次通过自动化决策方式作出的决定，即使对个人权益有重大影响，也不存在侵权的可能，因为个人用户不满意自动化决策的结果就可以拒绝。只有当个人用户行使了拒绝权之后，个人信息处理者仍

---

① 王利明：《论人格权请求权与侵权损害赔偿请求权的分离》，《中国法学》2019年第1期。

② 江溯：《自动化决策、刑事司法与算法规制—由卢米斯案引发的思考》，《东方法学》2020年第3期。

③ 郑令晗：《GDPR中数据控制者的立法解读和经验探讨》，《图书馆论坛》2019年第3期。

然实施上述决定行为的，才构成侵权。

个人信息处理者通过自动化决策作出的决定对个人权益有重大影响，个人用户享有的请求说明权和拒绝权并不是同样的权利。请求说明权只是要求个人信息处理者对其决定作出说明，是要求释明的权利；拒绝权才具有实质性价值，即拒绝这种决定并且马上生效。不过，这两个权利并非只能择一行使，当行使请求说明权而不得实现时，个人就可以继续行使拒绝权，拒绝个人信息处理者作出的自动化决策。当然，拒绝权可以随时行使，当作出自动化决策后，不论是否涉及个人权益重大影响，个人都可以拒绝，并非只有在符合这样的条件时才可以行使。

二、利用个人信息自动化决策知情同意规则的特殊性及其原因

（一）以个性化广告案例对《个人信息保护法》第 24 条进行分析

1. 个性化广告典型案例的事实和裁判理由

2015 年某法院裁判的朱某诉百度 cookie 侵犯隐私权案，原告称，在使用"百度搜索引擎"搜索"减肥"后，就可在 www.4816.com 网站上看到"减肥瘦身""增高必看"的广告，点击广告之后，会出现百度网盟推广官方网站的链接。删除历史记录，重新搜索"人工流产"关键词后再次进入该网站，会在网页左右两侧出现"上海江城医院"和"南京江宁博爱医院"等有关人工流产的广告。百度《使用前必读》的格式条款没有尽到法律对此要求的提示与说明义务，所以，原告主张被告的行为严重侵犯了其个人隐私，对个人生活安宁造成了极大困扰，请求法院判决被告赔偿精神抚慰金，并停止相应的侵害行为。

一审法院支持了朱某的部分诉讼请求，理由是：首先，个人隐私除了个人信息之外还包括私人活动和私有领域，关键词就代表了朱某的个人活动轨迹。虽然cookie 技术本身中立，但是，被告未经原告许可搜集信息进行商业活动，属于对公民隐私权的侵犯。其次，被告默认网民同意该公司搜集个人信息，应该承担更多的说明和提示义务，而《使用前必读》的重要事项不仅字体较小，且夹在无关文字中间，难以保障用户的知情权；最后，本案造成的影响程度较轻，无须适用

精神损害赔偿的方式救济。故判决被告赔礼道歉，并承担公证费等必要费用。被告不服判决，提起上诉。

二审法院经审理认为：首先，上诉人使用的是匿名化数据信息，不符合个人信息具有"可识别性"的要求，且上诉人在提供服务的过程中，无须将搜索信息和个人实际信息结合用以识别，因此，上诉人并未侵犯被上诉人的隐私权。其次，上诉人未实施侵权行为，其提供个性化广告的过程都在计算机系统算法内部操作，没有任何公开行为，被上诉人也无法证明实质上遭受损害，所谓的"精神高度紧张"也只是被上诉人的主观感受，并没有实际证据证明，网络用户应该对个性化广告具有一定的宽容度。最后，上诉人未侵犯被上诉人的知情权和选择权，一是上诉人已经明确提供了拒绝方式，充分保障了用户的选择权；二是的确存在字体过小的表达，但是《使用前必读》风格简约易懂，一般用户足以发现这种提醒和注意。据此，判决撤销原审判决，驳回被上诉人的全部诉讼请求，案件受理费由被上诉人承担。

2. 本案终审判决理由符合《个人信息保护法》第 24 条规定的要求

本案虽然发生在《个人信息保护法》生效之前，但是，本案被告（上诉人）在网络上推出个性化广告，就是利用个人信息自动化决策进行商业营销和信息推送，却正是《个人信息保护法》第 24 条所要规范的行为。因此，法院判决究竟支持原告（被上诉人）的诉讼主张，还是支持被告的抗辩，为理解和掌握《个人信息保护法》第 24 条规定的自动化决策知情同意规则提供了形象化教材。

本案终审判决的理由基本上体现了《个人信息保护法》第 24 条对利用个人信息自动化决策保障知情同意规则的要求。理由是：

第一，原告起诉被告推送个性化广告，属于利用个人信息进行自动化决策。首先，本案被告是个人信息处理者，其推送个性化广告，是利用电子计算机程序进行的决策；其次，被告进行的自动化决策是通过计算机的算法自动生成，而非人工所为，即利用计算机算法自动作出决策；再次，被告进行自动化决策确实是利用了原告的个人信息，是在原告个人信息的基础上，自动化决策推送广告；最后，由于被告利用了原告的个人信息自动进行自动化决策，因而可能会对原告产生某种影响。可见，本案原告和被告讼争的"侵权行为"，确实属于利用个人信息的自动化决策。

第二，被告通过自动化决策推送广告，基本符合决策透明度和结果公平合理两个原则的要求。决策透明度的要求是算法解释的"适当透明性"。本案讼争的自动化决策，就其应该告知的内容来说，包括具体解释、更新解释和网络服务运营商拒不提供解释时提供给相对人可行的救济选择，能够公开和解释算法模型的逻辑和相关信息，能够增加算法的可预测性与责任性，符合决策透明度的要求。至于处理结果的公平合理原则，判决并未做否定性评价。就此而言，本案被告通过自动化决策推送广告，不违反透明度和公平合理原则的要求。

第三，被告通过自动化决策推送广告，提供了不针对原告个人特征的选项和便捷的拒绝方式。原告主张，在点击"减肥"和"人工流产"关键词时，被告推送了个性化广告的行为，即使将其上网历史记录予以删除，仍然会被推送相关内容的广告，因而构成侵权。不过，被告推送的广告针对的不是原告的个人特征，而是原告点击的关键词，原告是否肥胖、是否需要人工流产，不得而知，推送的广告并未针对这种个人特征。对此，被告也提供了便捷的拒绝方式，履行了自己的应尽义务。

第四，被告通过自动化方式作出的决策，对原告的个人权益没有重大影响。《个人信息保护法》第24条第3款规定的请求说明权和拒绝权行使的要件，是通过自动化决策方式作出对个人权益有重大影响的决定。对这种决定，个人用户可以行使请求说明权和拒绝权，要求个人信息处理者进行说明或者解释，也可以直接拒绝这种自动化推送信息的行为。涉及个人权益重大影响的个人信息，应当是个人敏感信息。《个人信息保护法》第28条规定，个人敏感信息是"一旦泄露或者非法使用，容易导致自然人的人格尊严受到侵害或者人身、财产安全受到危害的个人信息，包括生物识别、宗教信仰、特定身份、医疗健康、金融账户、行踪轨迹等信息，以及不满十四周岁未成年人的个人信息"。根据日常生活规则判断，"减肥"和"人工流产"的关键词虽然存在一定的敏感性，但是，即使泄露某人搜索过这种关键词，也不会受到公众歧视，更不会对个人人身安全、财产安全造成侵害。因此，应当认为本案被告利用自动化决策推送个性化广告，不属于对原告人身权益有重大影响的行为。当然，即使如此，第 24 条规定的也是请求说明权和拒绝权，只要原告认为此举涉及其人身权益的重大影响，可以请求个人信息处理者予以说明，也可以直接点击拒绝按钮予以拒绝。个人信息处理者对此不予以说明，或者没有提供便捷的拒绝方式使个人无法拒绝该自动化决策推送的个性化广告，则主张个人信息处理者侵权的主张就可能成立。

3. 本案一审判决的不当之处

本案一审判决认为原告关于被告构成侵权的诉讼请求成立的不当之处，就在于把利用个人信息自动化决策活动的个性化广告推送认定为一般的个人信息处理活动，按照一般的个人信息处理的知情同意规则作出判决。一是，认为个人隐私除了个人信息之外还包括私人活动和私有领域，关键词就代表了原告的个人活动轨迹。这对于自动化决策而言，是不成立的，因为"减肥""人工流产"这样的关键词，并没有针对原告的个人特征，不符合自动化决策对保护个人信息权益的知情同意规则的要求。二是，一审判决认为，虽然 cookie 技术本身中立，但是被告未经原告许可即搜集个人信息进行商业活动，属于对个人隐私权（个人信息权益）的侵犯，也不符合自动化决策的特征要求，因为自动化决策对于个人的知情同意，是在其首次进行商业营销或者信息推送后个人是否接受：接受的，可以继续进行；拒绝的，不得继续进行，否则为违反知情同意规则的要求。三是，一审判决认为被告默认网民同意该公司搜集个人信息，应该承担更多的说明和提示义务，而《使用前必读》的重要事项不仅字体较小，且夹在无关文字中间，难以保障用户的知情权。实际上，作为自动化决策的个性化广告只要同时提供不针对其个人特征的选项，或者向个人提供拒绝的方式，就完成了知情告知规则所要求履行的义务。由于这三个原因，一审判决认定属于自动化决策的个性化广告推送违反知情同意规则，构成侵权，是不正确的，因此才被二审判决改判。

应当看到，在本案诉讼时，既没有《民法典》，也没有《个人信息保护法》，因此，判决论述的隐私，其实概括的是个人信息权益，其中关于保护隐私的论述，可以解释为现今的"个人信息"或者"个人信息权益"。

4. 利用个人信息自动化决策与个人信息权益保护的利益平衡

本案上诉人认为，一审判决认定其推送广告的行为构成侵权，将极大阻碍互联网新兴技术和业务的正常健康发展，互联网时代更贴近用户的个性化服务代表着用户的普遍需求，原审判决会扼杀互联网新业务的发展空间。这样的主张是有道理的。本案二审判决平衡了利用个人信息自动化决策与个人信息权益保护之间的利益平衡，值得称道。

毫无疑问，法律应当立足于权利本位，保护好个人的个人信息权益。但是，在充分保障个人信息安全合法权益的同时，也要保障和促进网络服务行业的正常开展，防止、减少滥诉的情况发生，提供良好的互联网发展环境，体现推动科学发展、社会进步的要求。近些年来，相关国家标准和《个人信息保护法》《网络安全法》的陆续出台，表明了国家回应人民的关切，服务于互联网发展需要的立场。尽管对于个人来说，无须深刻知晓自动化决策背后的技术原因，但是也应恰当了解，保障其享有的知情同意权。只有做到了法律运行的和谐统一，才能保证在最大限度尊重保护个人信息权益的前提下，实现网络用户和网络运营商利益的平衡发展，推动科技进步和社会文明，保障人民福祉。

5. 小结

通过对个性化广告侵害个人信息典型案例的上述分析，可以看到，审理本案的一审法院和二审法院对于自动化决策的个性判断是不同的：一审法院判决被告的行为构成侵权，是将自动化决策作为一般的个人信息处理对待，抹杀了利用个人信息自动化决策的个性。二审法院尊重自动化决策利用个人信息的个性，既能够保护个人的合法权益，又能够保障行业的合法权益，促进科技和文明的发展。

尽管本案的裁判发生在2015年，但是，二审判决与刚刚通过的《个人信息保护法》第24条的规定具有极高的契合度。这一方面说明，法院对利用个人信息推送个性化广告等自动化决策客观规律的认识，另一方面也证明，立法对此作出的决策是有事实基础和司法实践经验作为依据，是符合社会发展和科技进步要求的。

正因为如此，应当进一步探讨利用个人信息自动化决策与一般的个人信息利用知情同意的特殊规则，揭示《个人信息保护法》第 24 条规定的法理基础。

（二）一般的个人信息处理中保障个人知情同意权的规则

在研究利用个人信息自动化决策知情同意规则的特殊性时，应当首先讨论个人信息处理中个人知情同意权的一般规则。

在互联网、大数据和人工智能时代，个人信息含有巨大的商业价值，对其包含的人身、财产权益的保护是不可逆转的。[①] 个人信息本身就是具有重要财产价值的人格权，《民法典》第 993 条规定自然人的姓名、名称、肖像等可以许可他人合理使用，其中的"等"字，就包括个人信息。[②]

个人信息与其他具体人格利益相比较，最重要的特点，是许可他人使用是常态，而其他具体人格利益的许可他人使用是非常态。因此，对其他具体人格利益的许可使用，须通过合同方式授权许可他人使用；而对个人信息的他人使用，往往不是经过特别许可合同的授权，而是他人有权使用，但须被使用人享有知情同意权。这正是《民法典》和《个人信息保护法》规定个人信息处理者使用自然人的个人信息，个人享有知情同意权的客观基础。

1. 对个人信息处理者享有的知情同意权

《个人信息保护法》第 44 条规定："个人对其个人信息的处理享有知情权、决定权，有权限制或者拒绝他人对其个人信息进行处理；法律、行政法规另有规定的除外。"个人的知情同意权包括以下内容。

（1）事前的知情同意。个人用户在选择服务的过程中，在个人信息被处理之前，应当知道信息处理者的相关信息和信息处理的方式。具体的告知内容为：一是，《个人信息保护法》第 17 条规定：应该告知"个人信息处理者的名称或者姓名和联系方式。"一般认为，从保障个人信息权益的立场出发，告知的标准应达到起诉时能确定明确的被告以及管辖法院的程度，因为有效的协议管辖会排斥一般地域管辖的适用。对于联系方式来说，可以是客服电话、个人信息保护专用客

---

① 洪海林：《个人信息的民法保护研究》，北京，法律出版社 2010 年版，第 80 - 82 页。

② 最高人民法院贯彻实施民法典工作领导小组主编：《中华人民共和国民法典理解与适用·人格权编》，北京，人民法院出版社 2020 年版，第 57 页。

服电话、个人信息保护部门联系电话和邮箱等。① 二是，根据《个人信息保护法》第 7 条的规定，告知信息处理的范围，即告知信息权益人信息处理目的、处理方式、处理的个人信息种类、保存期限等内容。三是，个人行使相关权利的程序和方式。对于方式，包括自主通过 App 等业务渠道行使权利、联系客服提出行使权利的主张等；对于程序，以自助通过 App 行使权利为例，需要告知个人在 App 上的具体操作路径和响应时间等。② 四是，根据法律、法规的规定应该告知的其他事项。

（2）事中隐私协议变更应当重新取得个人同意。《个人信息保护法》第 14 条第 2 款规定："个人信息的处理目的、处理方式和处理的个人信息种类发生变更的，应当重新取得个人同意。""重新取得个人同意"的表述，意味着一旦隐私政策发生了变更，就须由个人和个人信息处理者重新进行协议，重新取得个人的同意。变更告知的知情同意包括两方面内容：第一，信息处理发生变更的，应该重新取得个人同意。目前多数网站使用推定方法，即用通知的方式告知用户隐私政策的变更，如果继续使用其产品或者服务，视为对变更的允许。③ 这仍属于强制索权，应当在告知变更的通知中重新设置同意按钮，重新得到用户的同意。第二，变更通知对于已经发生的纠纷，不具有溯及适用新协议的效力，只有新协议的内容对个人权益的保护有利的，才能根据有利溯及原则予以适用。

（3）事后信息删除结果的告知。事后告知，即信息处理者在停止信息处理后应当履行的义务，仍然是个人知情同意权的具体内容。《个人信息保护法》第 47 条第 1 款规定，在合同目的实现之后，信息处理者应及时删除信息，并对储存在信息处理者控制终端内信息删除事项进行告知。这一告知内容是对《民法典》第 1037 条关于"自然人发现信息处理者违反法律、行政法规的规定

---

① 中伦律师事务所中伦观点 刘新宇 宋海新 吴豪雳：《〈个人信息保护法（草案）〉全文逐条解读（二）"》，http://www.zhonglun.com/Content/2020/10-29/1110374872.html，2021 年 6 月 15 日访问。

② 中伦律师事务所中伦观点 刘新宇 宋海新 吴豪雳：《〈个人信息保护法（草案）〉全文逐条解读（二）"》，http://www.zhonglun.com/Content/2020/10-29/1110374872.html，2021 年 6 月 15 日访问。

③ 百度隐私政策总则，"本隐私政策如何更新"。https://www.baidu.com/duty/yinsiquan-policy.html。2021 年 6 月 15 日访问。

或者双方的约定处理其个人信息的，有权请求信息处理者及时删除"规定的补充。告知事项包括但不限于：删除内容、删除时间、储存信息的终端和查询、复核渠道等。与上文所述事中变更同意类似，由于网络服务中不活跃用户、"沉寂用户"很常见，信息处理者可以构建查询沉寂用户的算法，从而对一定期限内没有使用网络服务的个人发出信息资料即将被删除的通知，并在通知中确定合理期限。

2. 个人信息处理者履行对个人知情同意权的义务

（1）事前影响评估义务。受人类认识的局限性、科学技术发展和机器学习能力不断提高的影响，技术失控问题被推向了一个新的高度，即使事发时及时发现，也难以通过技术和法律手段即时填补漏洞、完全弥补损失。所以，《个人信息保护法》第 55 条规定："个人信息处理者应当事前进行个人信息保护影响评估，并对处理情况进行记录。"

需要进行影响评估的类型包括：一是敏感个人信息；二是自动化决策；三是向境外提供的个人信息；四是委托处理个人信息或者向其他个人信息处理者提供个人信息、公开个人信息；五是其他对个人权益有重大影响的个人信息处理活动。

第 56 条规定风险评估内容包括：一是个人信息的处理目的和处理方式等是否合法、正当、必要；二是对个人权益的影响及安全风险；三是所采取的安全保护措施是否合法、有效和安全措施与风险程度相适应。

风险评估报告和处理情况记录应当至少保存 3 年。这与我国的一般诉讼时效期间相衔接，因为一旦用户在起诉过程中申请法院调查取证时，发现根本无风险评估报告可查，就无法得知信息处理者的调查与预防情况，不利于责任认定与对个人权益损害的救济。对于不足 3 年保存期限而将记录删除者，诉讼时将向不利于个人信息处理者的结果推定。

（2）对信息泄露后的补救义务。个人信息在处理过程中一旦被泄露，将会对个人权益造成重大损害。因此，《个人信息保护法》第 57 条规定，个人信息处理者负有信息泄露后的补救义务。具体要求，一是及时采取补救措施，二是履行告知义务。

（三）利用个人信息自动化决策中个人知情同意规则的特殊性

在利用个人信息自动化决策活动中，个人与个人信息处理者之间存在利益冲突，也存在利益共同点。在利益共同点的基础上，协调存在的利益冲突，就能够更好地利用数据、信息、互联网等新兴技术，在促进社会文明、繁荣经济发展方面，获得更多的共识，取得更好的效果。其中关键之点，就是要保障自然人的个人信息权益，尊重和满足其知情同意权。这不仅是保障人格权、尊重人权的需要，而且是企业的社会责任，是构建个人和企业之间和谐关系的要求。

1. 利用个人信息自动化决策与一般的个人信息处理活动的主要区别

利用个人信息自动化决策在个人信息处理活动中，具有独特之处。这就是，处理个人信息活动采取计算机算法自动作出，而不是通过人工方法处理个人信息。个人信息处理者在处理个人信息活动中，根据编制的程序，由计算机自动得出自动化决策的结论，并且在网络上表达出来，与经过人工处理个人信息的方法相比，缺少个人信息处理者处理个人信息的个人意志的决定要素。在这种情况下，一方面，自动化决策提供了更广泛、更准确、更便捷的处理个人信息方法，并且具有更好的社会效果；另一方面，由于个人信息处理者在其中不体现直接的意志决定因素，因而在个人信息的处理活动中，对个人信息处理者以更宽、更多的自由，相对减少对个人知情同意权应当履行的义务。这样，就能够使个人信息处理者与个人之间的利益平衡，同时兼顾满足社会需要与保护个人权益之间的关系均衡，对于社会和个人的发展都是有益的。如果不考虑个性化广告之类的自动化决策与一般的个人信息处理活动的区别，法律配置相同的满足知情同意权要求义务的规则，就会抹杀这种区别，限制大数据技术和网络行业的发展，同时也不能满足社会的需要。

2. 利用个人信息自动化决策满足个人知情同意权的特殊规则

根据利用个人信息自动化决策与一般的个人信息处理活动的区别，《个人信息保护法》第24条规定的自动化决策满足个人知情同意权的规则，与一般的个人信息处理活动的个人知情同意规则不同，适用以下特殊规则。

第一，利用个人信息自动化决策首次推出决定，可以不取得个人的知情同意。传统的生活法则中，在获取他人同意之后才能作出影响他人利益的行为。但是互联网技术所构建的"互联状态"（the condition of interconnectedness）使得这一法则难以运行。瑞典技术哲学家汉森（Sven Ove Hansson）认为，要在任何大型技术工程项目中获取众人的知情同意是不可能及不可行的，不仅无法明确受影响者的具体范围，而且否决权的滥用也会导致大数据分析无法进行。①

因此，这个规则的基础是，个人信息处理者利用个人信息自动化决策，只要符合透明度原则和公平合理原则的要求，在利用个人信息自动化决策的首次推出，不需要履行知情告知义务。这就是对电子计算机算法的要求以及自动化决策享有的"特权"。这一规则可以称为"先推送，后征求意见"。只要符合这两个原则的要求。在利用个人信息作出自动化决策时，首次推送即使不当，也不认为构成侵权责任。这也是前述个性化广告案例一审判决违反自动化决策规则要求的错误之处，而二审判决则尊重了这样的规律，因而判决是正确的。

第二，符合透明度原则和公平合理原则的要求。利用个人信息自动化决策作出的决定只要提供不针对其个人特征的选项，就不必取得个人的知情同意。这是因为，通过自动化决策方式处理的个人信息，只要提供不针对其个人特征的选项，就不存在侵害个人信息权益的可能。就像上举案例中提供的"减肥"和"人工流产"这两个关键词，在搜索时自动推出的减肥产品广告和人工流产医院广告，并没有针对搜索人的个人特征，属于提供的是不针对个人特征的选项，不能认为这样通过自动化决策方式推出的个性化广告构成侵害个人信息权益。因此，通过自动化决策推送个性化广告，只要是提供不针对个人特征的选项，不仅第一次推送不构成侵权，而且以后的继续推送也不构成侵权。

第三，利用自动化决策方式进行个人信息处理活动，如果针对其个人特征，个人信息处理者应当在第一次使用时，必须给个人提供拒绝的方式。提供拒绝的方式就是对个人知情同意权的保障，就是履行对个人应当履行的义务，这其实是

① 黄柏恒：《大数据时代下新的"个人决定"与"知情同意"》，《哲学分析》2017年第6期。

个人信息处理者利用个人信息自动化决策征求个人知情同意程序的"后置"，而不是一般的个人信息处理活动知情同意规则的"前置"。同时，个人信息处理者对个人知情同意权的尊重采取的是推定方式，只要提供了拒绝的方式，就认为履行了告知义务；只要个人没有按拒绝的按钮，就推定个人同意继续推送。这一规定在我国《信息安全技术公共及商用服务信息系统个人信息保护指南》第5.2.3条条文中也可以得到印证。[①]

第四，通过自动化决策作出的决定只有对个人权益有重大影响的，个人信息处理者的告知义务才转化为积极的履行义务，个人才享有请求说明权。如果通过自动化决策作出的决定没有涉及个人权益的重大影响，个人信息处理者就不负有积极履行的告知义务。这是因为，在进行权利义务配置的过程中，必须考虑数据的种类属性和处理方式，在"强数据主体能力的主体＋高风险数据＋深度挖掘＋产生重大影响"的模式中，就需要信息处理者承担较高的注意义务，应该对个人积极告知。[②] 如果对通过自动化决策方式作出对个人权益重大影响的决定，个人行使请求说明权而个人信息处理者未予说明或者说明不符合要求的，应当认为构成侵害个人信息权益责任。

第五，对于利用个人信息自动化决策，不论是否符合透明度原则和公平合理原则，在决策信息首次推出后，个人都享有拒绝权，而非只有在通过自动化决策作出的决定对个人权益有重大影响时，才享有拒绝权。因而，该拒绝权在时间上，起止时间都长于请求说明权，且其性质也属于形成权，而不是请求权。个人一旦行使拒绝权，就形成了个人信息处理者与个人之间自动化决策关系的终结，个人信息处理者永远不得对该个人继续利用个人信息自动化决策推送信息。结合《个人信息保护法》第44条的规定来看，我国规定的拒绝权是一种范围较为彻底

[①]　《信息安全技术公共及商用服务信息系统个人信息保护指南》5.2.3："处理个人信息前要征得个人信息主体的同意，包括默许同意或明示同意。收集个人一般信息时，可认为个人信息主体默许同意，如果个人信息主体明确反对，要停止收集或删除个人信息；收集个人敏感信息时，要得到个人信息主体的明示同意。"

[②]　李艳霞、龙维：《个性化推荐行为法律规制路径的选择——基于中国cookie隐私权纠纷第一案的思考》，载《法院改革与民商事审判问题研究——全国法院第29届学术讨论会获奖论文集（下）》，原文是"强数据处理能力的主体＋高风险数据＋深度挖掘的处理行为。"

和广泛的"一般性信息处理拒绝权",用户一旦拒绝,就可以彻底退出信息处理过程,完全拒绝信息处理者处理其信息,这与欧盟规定的"算法结果拒绝权"不完全相同。[1] 因此,个人信息处理者在用户拒绝之后继续采取自动化决策方式推送的,构成侵权行为。

3. 保障自动化决策中个人知情同意权实行特别规则的原因

个人信息处理者利用个人信息自动化决策,保障个人的知情同意权规则与一般的个人信息处理活动不同的主要原因在于以下几点。

(1) 通过自动化决策方式利用的个人信息具有身份的非识别性

在商业营销、信息推送中,通过利用自动化决策方式作出决定,当然要利用个人信息,但是,这种对个人信息的利用是间接的,即个人信息处理者在利用自动化决策作出决定时,是对个人信息进行过加工的,即抽象了个人信息中的个人人身特征和行踪特征,因而使个人信息特别是个人敏感信息进行了"脱敏"处理,消除了能够识别个人身份的敏感成分,变成了不具有个人特征的一般个人信息。数据脱敏处理又称作数据去隐私化或者数据变形,是在给定的规则、策略下对敏感数据进行变换和修改的机制,能在很大程度上解决敏感数据在非可信环境中使用的问题。[2] 其特点是,进行自动化决策利用的个人信息,不显示个人特征,通过这样的个人信息不能识别个人身份,这样就消除了对个人信息处理侵害个人信息权益的可能性。即使这些个人信息泄露,由于不能识别个人身份,不会造成个人权益的重大影响,进而导致侵权后果的发生。

(2) 通过自动化决策方式作出决定的非人工性

通过利用个人信息进行自动化决策的最大特点,在于其非人工处理,而是通过编制计算机程序,使计算机根据其程序确定的算法,对个人信息的利用自动进行处理。尽管编制程序是根据个人信息处理者的意志进行的,但是,在计算机根据程序算法得出的决策中,却没有人的主观意志的原因。无论是在自动化决策中使用强人工智能还是弱人工智能,都强调大数据的驱动,也分别强调计算机模拟

---

① 李晓辉:《算法商业秘密与算法正义》,《比较法研究》2021年第3期。
② 陈天莹、陈剑锋:《大数据环境下的智能数据脱敏系统》,《通信技术》2016年第7期。

人类行为、融入人类社会或代替实现基本的人类劳动。① 在这种情况下，透明度原则和公平合理原则主要针对的，就是计算机的算法及处理结果，只要计算机算法的编制、运行和结果符合透明度原则和公平合理原则的要求，在利用个人信息自动化决策中，特别是第一次作出决定推送信息时，就不能要求事先取得个人的知情同意，而是将知情同意义务的履行从"前置"转为"后置"，在第一次推送后，才存在对信息权益的个人履行义务的基础，个人才产生请求说明权和拒绝权。这显然是《个人信息保护法》第 24 条规定利用个人信息自动化决策满足知情同意权的义务采取特殊规则的主要原因。

（3）通过自动化决策方式作出决定中保障知情同意权的非急迫性

由于通过利用个人信息自动化决策方式存在上述两个原因，因而产生了第三个原因，即在利用个人信息进行自动化决策中，满足个人知情同意权的义务并非那么急迫，具有非急迫性。由于自动化决策利用个人信息的间接性，个人信息不具有身份的识别性，且决策是由计算机根据算法自动作出，因而在符合透明度原则和公平合理原则下，造成个人信息权益损害的可能性较小，在告知同意义务的履行上就可以适当延缓，保障个人信息权益的要求让位于自动化决策的应用，以满足繁荣交易和促进社会发展的需求。因此，只要个人信息处理者提供不针对其个人特征的选项，向个人提供拒绝的方式，保障个人请求说明权和拒绝权的行使，就能够保障个人的信息权益安全，不至于造成权益的损害。

正是由于以上三个原因，个人信息处理者利用个人信息自动化决策，在保障个人的知情同意权的规则上，法律采取了不同于一般个人信息处理活动对个人知情同意权保障的特别规则，以实现不同主体之间的利益均衡。所以，《个人信息保护法》第 24 条对此规定特别规则，是完全有道理的。

三、侵害利用个人信息自动化决策中个人知情同意权的民事责任

个人信息处理者在利用个人信息自动化决策中，违反满足个人知情同意权的

---

① 姚万勤：《大数据时代人工智能的法律风险及其防范》，《内蒙古社会科学（汉文版）》2019 年第 2 期。

义务，侵害了个人知情同意权的，应当承担民事责任。依照《个人信息保护法》和《民法典》的规定，确定这种民事责任的主要规则如下。

（一）归责原则

依照《个人信息保护法》第69条第1款规定，侵害个人信息权益损害赔偿责任适用过错推定原则，符合《民法典》第1165条第2款关于"法律规定"的要求，当然应当适用过错推定原则确定侵权损害赔偿责任。这一条文虽然在第2款规定的是财产损失赔偿规则，但是第1款并未规定"损害赔偿等侵权责任"只包括财产损失赔偿，因而应当理解为也包括精神损害赔偿责任，因为精神损害赔偿责任也是救济个人信息权益损害的重要手段。

无论是一般的侵害个人信息权益，还是利用个人信息自动化决策侵害个人信息权益，权利人行使侵权请求权主张个人信息处理者承担侵权损害赔偿责任的，都适用过错推定原则；行使人格权请求权主张承担停止侵害、赔礼道歉等民事责任的，只要个人信息处理者的行为构成侵害，就应当承担民事责任。

通过利用个人信息自动化决策使个人信息权益受到侵害，个人主张行使侵权请求权，个人信息处理者承担侵权损害赔偿责任的，原告在起诉时，应当证明违法行为、损害事实和因果关系的要件，在原告举证完成后，推定个人信息处理者有过错；如果个人信息处理者主张自己没有过错的，应当自己举证；证明自己没有过错的免除责任，不能证明自己没有过错的构成侵权损害赔偿责任。

（二）侵权请求权的构成要件和人格权请求权的行使要件

1. 利用个人信息自动化决策侵害个人信息权益侵权责任的构成要件

（1）违法行为

行为的违法性，是构成侵害个人信息权益侵权损害赔偿责任的第一个要件。在认定利用个人信息自动化决策侵权责任中，根据行为违法性要件的要求，如果个人信息处理者在利用个人信息自动化决策中违反法定义务，实施的行为违反法律，就具备了侵权损害赔偿责任的违法行为要件；反之，如果自动化决策依法进行，即使有损害的发生，行为人也不承担侵权损害赔偿责任。

利用个人信息自动化决策的信息处理者的违法行为，包括下列几种情形。

一是，违反透明度或者公平合理原则。由于透明度原则和公平合理原则是对利用个人信息自动化决策应当履行义务的一般性要求，因而一般并不作为针对单独个人认定行为违法性的标准。不过，由于个人信息处理者在利用个人信息自动化决策中，违反透明度原则或者公平合理原则，如果已经因此造成侵害个人信息权益损害时，则成立侵权责任的违法行为要件。

　　二是，个人信息处理者通过自动化决策方式进行商业营销、信息推送，提供了针对权利人个人特征的选项。信息处理者在自动化决策中提供了针对个人特征的选项，描绘用户画像用于商业营销、信息推送的，就违反了"应当同时提供不针对个人特征的选项"的义务，信息处理者的行为是针对特定个人，而不是针对不特定的公众或者特定的一类人作出，且在选项中涉及真实、具有可识别性的个人特征，或者未对儿童进行特殊保护的，具有违法性。

　　三是，信息处理者通过自动化决策方式进行商业营销、信息推送，未向个人提供拒绝的方式或拒绝的方式完全不能达到便捷性的要求。在自动化决策推送中没有提供拒绝方式，个人就无法拒绝个人信息处理者进行的商业营销、信息推送，就违反了法定义务，具有违法性，就会侵害个人的信息权益。具体表现是，未向个人提供拒绝的方式，或者虽然在形式上提供但通过胁迫、变相胁迫等手段阻止用户拒绝，或者信息处理者提供了拒绝方式但选项本身带有诱导性特征，使用户不能依据自己的真实意思表示作出拒绝。而便捷性的要求，如前文所述，要求拒绝方式省时省力，权利人不至于耗费大量的时间和成本寻找、学习拒绝的方法，否则具有违法性。

　　四是，信息处理者未满足请求说明权人的请求，未尽或者未善尽说明义务。个人信息处理者通过自动化决策方式作出对个人权益有重大影响的决定，个人主张行使请求说明权，信息处理者未说明决策作出过程、影响范围和程度、信息处理合法等的，违反法定义务，行为具有违法性。

　　五是，个人信息处理者无视个人行使拒绝权，继续进行自动化决策。个人对自动化决策的推送等已经行使了拒绝权，但是个人信息处理者无视个人行使拒绝权的事实，继续按照原来的自动化决策算法进行商业营销或信息推送的，行为也具有违法性。

六是，信息处理者未经个人的单独同意，擅自公开自动化决策结果。根据《个人信息保护法》第 25 条规定，个人信息处理者在没有个人单独同意的情况下，信息处理者擅自公开自动化决策的结果信息，行为具有违法性。这是因为，单独同意相当于特别授权，即个人对自动化决策进行的单项事项表达同意的意思表示。个人信息处理者公开自动化决策的结果，没有经过单独同意，即具有违法性。

七是，信息处理者进行自动化决策，未履行事前影响评估义务。依照《个人信息保护法》第 55 条规定，利用个人信息进行自动化决策的，信息处理者应该在事前进行影响评估，并对评估内容记录在案。没有进行评估、没有记录、记录不完整缺少关键内容，不足以支持证明整个自动化决策过程合法、合理、合约的，不能认为尽到了风险评估义务，具有违法性。

八是，个人信息处理者在信息泄露后未及时采取补救措施。依照《个人信息保护法》第 57 条规定，个人信息泄露后，信息处理者必须及时采取补救措施。基于处理风险的紧迫性，如果信息处理者未在第一时间及时采取补救措施和通知个人、相关部门的，很有可能导致损害的进一步扩大。在自动化决策中同样如此，信息处理者未及时通知个人和相关部门的，不能认为采取了适当及时的补救措施。对于个人信息泄露的原因、泄露的个人信息种类和可能造成的危险、已经采取的补救措施、个人可以采取减轻危害的措施和信息处理者的联系方式，信息处理者也应告知。凡是违反上述义务的，都具有违法性。只有基于保护网络服务正常运行的需要，信息处理者经过采取补救措施，没有造成损害结果发生的，才可以不予告知。

（2）损害事实

个人信息处理者在自动化决策中实施了上述违法行为，造成自然人的个人信息权益损害的后果，就具备自动化决策侵害个人信息权益责任的损害事实要件。

个人信息权益是人格权，既包括精神利益，也包含财产利益，因此才应当涵盖在《民法典》第 993 条规定的公开权的范围内。个人信息处理者违反保障权利人知情同意权的义务，利用其个人信息进行自动化决策进行商业营销、信息推送，侵害了自然人的个人信息权益，其中就包括造成个人信息权益中财产利益的损害。因此，利用个人信息自动化决策进行商业活动，造成自然人个人信息权益中的财产利益损害的，一是可以依据自然人的财产利益损失作出判断，二是可以依据侵权人因利用自然人个人信息活动而获得的利益作出判断。只要在这两个方面存在一方面情形的，就满足财产损害赔偿的构成要件。

自然人个人信息权益包含的精神利益是其权益的主要方面。当个人信息权益受到侵害，造成自然人的精神利益损害，成为精神损害赔偿责任的构成要件。不过，依照《民法典》第1183条第1款规定，确定精神损害赔偿责任的要件须为"严重损害"方可。

（3）因果关系

在利用个人信息自动化决策中侵害同意知情权的违法行为实施后，导致自然人个人信息权益的财产利益损害或者精神利益严重损害的，构成侵害个人信息权益的因果关系要件。

由于在利用个人信息自动化决策活动的违法行为造成的损害具有特殊性，一是财产损失表现为两种形式，二是精神利益的损害为常见表现形式，因而，只要违法行为与财产利益损失的两种形式之一有因果关系，或者与精神利益损害有因果关系的，就构成因果关系要件。

（4）过错

由于利用个人信息自动化决策侵害个人信息权益的责任适用过错推定原则，因此，自然人请求个人信息处理者承担侵权损害赔偿责任的，适用举证责任倒置规则，无须对信息处理者的过错进行证明，应当由信息处理者证明自己在主观上没有过错，否则就应该承担侵权责任。行为人证明自己已经尽到应尽的注意义务即可，无须另行科加特别的要求。

2. 人格权请求权救济个人信息权益侵害的行使要件

《民法典》第995规定的人格权请求权的责任方式，是停止侵害、排除妨碍、消除危险、消除影响、恢复名誉、赔礼道歉。其中，消除危险在救济个人信息权益侵害中并不常用。

利用个人信息自动化决策中的个人行使人格权请求权，是个人信息权益受到侵害，并未造成自然人严重精神损害、财产损失的情形，或者权利人并不请求个人信息处理者承担损害赔偿责任。因此，只要具备行使要件，受到侵害的个人就可以主张个人信息处理者承担停止侵害等民事责任。具体的行使要件，不需具备损害要件以及过错和因果关系要件，只要个人信息权益受到侵害，确定个人信息处理者为侵害行为主体即可。

救济个人信息权益受到侵害的人格权请求权不受诉讼时效的限制，权利人能在受到侵害后的任何时间都可以行使人格权请求权保护自己，甚至可以依据《民法典》第 997 条的规定，请求人格权保护禁令，其要件是，有证据证明个人信息处理者正在实施或者即将实施侵害个人信息权益的违法行为，不及时制止将使其合法权益受到难以弥补的损害。符合这一禁令请求权的行使要件，可以向法院请求对个人信息处理者发布禁令。

（三）侵犯个人同意知情权的侵权损害赔偿

1. 精神损害赔偿

虽然《个人信息保护法》第 69 条规定的只是对侵害个人信息权益造成财产损害的赔偿责任，没有规定精神损害赔偿责任，但是，由于个人信息权益是人格权，人格权受到侵害造成精神利益严重损害的，依据《民法典》第 1183 条第 1款的规定，被侵权人可以请求侵权人承担精神损害赔偿责任。确定精神损害赔偿责任的方法，应当依照《民法典》第 1183 条第 1 款规定和最高人民法院《精神损害赔偿司法解释》的有关规定确定。

2. 财产利益损失的赔偿

依照《个人信息保护法》第 69 条第 2 款的规定，计算侵害个人信息权益造成财产利益损害的赔偿方法，侵害个人信息权益特别是自动化决策侵害被侵权人的个人信息权益造成财产利益损失的，应当按照个人受到的实际财产损失，或者个人信息处理者因此获得的利益确定赔偿责任，选择权在享有个人信息权益的个人，他可以根据自己的利益，选择对自己最有利的方法请求赔偿财产损失。损失和得利难以确定的，根据实际情况确定赔偿数额。①

---

① 杨立新、李怡雯：《中国民法典新规则要点》，北京，法律出版社 2021 年版，第 615 页。

第六节 被遗忘权的中国本土化及法律适用

一、欧美被遗忘权的发展及比较

"谷歌诉冈萨雷斯被遗忘权案"在欧盟法院的败诉，使一直处于争议中的被遗忘权成为一个正式的法律概念，被应用在网络侵权之内，以实现保护个人信息权的功能。被遗忘权是一个怎样的权利，有怎样的内涵，能否在中国实现本土化，在司法实践中应当怎样具体适用法律，是民法理论研究和实务操作都应特别重视的问题。对此，本书结合《民法典》和《个人信息保护法》的规定进行讨论。

被遗忘权在欧洲法律理论研究中，已经讨论了多年，有关的法律草案也都有所体现；在美国，有加州的"橡皮擦法案"的具体应用，但并未全面化。直至谷歌诉冈萨雷斯案，才使被遗忘权成为欧洲统一的法律概念。

（一）欧盟法院判例中的被遗忘权及其发展

1. 富有争议和民法理论价值的典型案例

1998 年，西班牙报纸《先锋报》（La Vanguardia）发表了西班牙将举行财产强制拍卖活动的公告。在提及遭强制拍卖的财产中，有一件属于马里奥·科斯特加·冈萨雷斯（Mario Costeja Gonzále），因此他的名字也出现在了公告中。2009 年 11 月，冈萨雷斯与该报纸取得了联系，投诉称公告中所登出的名字被谷歌搜索引擎收录了。他希望能够在网上删除这些与他有关的信息，并且称该强制拍卖活动在几年前就已经结束，而且这些数据信息已经失效，如果任由这些信息继续存在，则会对其声誉造成持续的伤害。《先锋报》回复称，由于该公告的授权方是西班牙劳动与社会事务部，因此，有关冈萨雷斯的个人数据无法删除。冈萨雷斯于 2010 年 2 月与谷歌西班牙分部取得了联系，请求其删除该公告的链接，后者遂将该请求转交给了位于美国加利福尼亚州的谷歌总部。随后，冈萨雷斯向西班牙数据保护局提交了投诉，要求《先锋报》必须按要求删除数据信息，谷歌西班牙分部或谷歌公司则必须按要求删除数据链接。2010年7月30日，西班牙数据保护局驳回了他针对报纸提交的诉求，但是，支持他对谷歌西班牙分部和谷歌公司的诉求，并要求谷歌公司删除链接并保证通过搜索引擎无法打开该信息。

谷歌西班牙分部和谷歌公司随后分别向西班牙国立高等法院（Audiencia Nacional）提出了单独诉讼。西班牙国立高等法院在将两个诉讼合并后，将该案提交给了欧盟法院。欧盟法院依据《欧洲数据保护指令》，对诉讼中的一些问题进行了初步裁决，其中就有一条涉及是否需要制定"被遗忘权"（the right to be forgotten）的问题。欧盟法院在广泛听取各方意见后，于2014年5月13日宣布了最终裁决，认为谷歌作为搜索引擎运营商，应被视为《欧洲数据保护指令》适用范围内的数据控制者，对其处理的第三方发布的、带有个人数据的网页信息负有责任，并有义务将其消除。而对于是否制定所谓的"被遗忘权"这一问题，虽然谷歌西班牙分部、谷歌公司以及欧洲委员会等在这一点上都持否定态度，但是欧盟法院认为，有关数据主体的"不好的、不相关的、过分的"（inadequate, irrelevant, excessive）信息也应当从搜索结果中删除。据此，欧盟法院最终裁决谷歌西班牙分部、谷歌公司败诉，应按冈萨雷斯的请求对相关链接进行删除。

欧洲通过欧盟法院的这一判决，确立了被遗忘权的概念，并且使之成为信息主体的一项民事权利。

2. 被遗忘权于该判决前在欧洲的发展

追本溯源，被遗忘权曾是法国赋予已被定罪量刑的罪犯在刑满释放后可以反对公开其罪行以及监禁情况的权利。[①]

20世纪90年代，互联网作为新兴产业飞速发展，与此相应的，加强个人信息保护也日益频繁地触动着各国政府的神经。欧盟、德国、英国相继在其个人信息保护立法中规定，信息主体在一定条件下有权要求信息控制者删除其个人信息。[②] 例如，1995年欧盟在《欧洲数据保护指令》中关于"有关公民可以在其个

---

① Jeffrey Rosen, "The Right to Be Forgotten", 64 *Stan. L. Rev.* Online 88 (2012), p. 88.
② 彭支援：《被遗忘权初探》，《中北大学学报（社会科学版）》2014年第1期，第37页。

人数据不再需要时提出删除要求，以保护个人数据信息"的规定，可以认为是被遗忘权的最初形态。

　　进入 21 世纪以来，互联网产业持续飞速发展。以 Facebook 为代表的社交网站和以 Twitter 为代表的自媒体异军突起，那些本欲隐藏起来、不足为外人道的个人生活场景日益频繁地呈现在公众面前。相较之前，保护公民个人数据信息的要求更加迫切。

　　2009 年，法国议员提出的关于被遗忘权立法的议案指出，网络用户可以向网站发出删除其涉及个人信息的请求。同时，为了阻止网络用户滥用该权利，还进一步明确该项删除请求必须以挂号信的形式向网站发出。① 2011 年 4 月，西班牙数据保护当局以被遗忘权为由，下令谷歌在一个月内删除关于 90 名原告在互联网上的相关链接。② 2012 年 6 月，在英国第 41 届议会第一次会议上，哥伦比亚省信息和隐私专员伊丽莎白·德纳姆（Elizabeth Denham）提出：被遗忘的权利是基本的隐私原则。所以在我们的法律中，组织在按照他们的需要保存信息时只能是出于公事目的，当该目的已达成或不具备时，相关信息必须进行删除。③

　　在此形势下，欧盟委员会司法专员维维亚娜·雷丁（Viviane Reding）公开宣布，欧盟将增设一项新的权利以加强对个人信息的保护。据此，2012 年 11 月出台的《一般数据保护条例》（简称 GDPR），在第 17 条正式增设"被遗忘和删除的权利"（Right to be forgotten and to erasure），规定"信息主体有权要求信息控制者删除与其个人相关的资料信息，特别是当信息主体是不满 18 周岁的未成年人时"。2014 年 3 月，《一般数据保护条例》再次修正，将原第 17 条"被遗忘和删除的权利"精简为"删除权"，并删除了对"当信息主体是未成年人"的着重强调，转而对"信息主体有权要求任何已知的第三方删除针对上述信息的所

---

　　① 蔡雄山：《法国互联网个人数据保护对我国的启示》，http://tech.sina.com.cn/i/2011-07-22/14565822519.shtml，2014 年 11 月 24 日访问。

　　② 伍艳：《论网络信息时代的"被遗忘权"——以欧盟个人数据保护改革为视角》，《图书馆理论与实践》2013 年第 11 期，第 6 页。

　　③ 何治乐、黄道丽：《大数据环境下我国被遗忘权之立法构建——欧盟〈一般数据保护条例〉被遗忘权之借鉴》，《网络安全技术与应用》2014 年第 5 期，第 172 页。

有复制和链接"进行了明确。

正是在这些土壤中，孕育、产生了欧洲的被遗忘权的概念，使之成为信息主体的一项民事权利。

（二）美国"橡皮擦法案"中的"被遗忘权"

不同于被遗忘权在欧洲发展的局面，该权利在作为互联网大国的美国却举步维艰。究其原因，欧洲普遍认为个人信息控制是基本人权，增设被遗忘权恰好是加强个人信息保护的有效手段。但是在美国，欧盟这种通过法律手段赋予公民（信息主体）可要求搜索引擎运营商在搜索结果中对涉及自身的"不好的、不相关的、过分的"链接予以删除的权利，却被认为是与美国宪法第一修正案关于"国会不得制定剥夺言论自由或出版自由的法律"的规定相违背的。同时，美国联邦最高法院也认为，只要某一信息是合法取得的，国家就不能通过法律限制媒体传播该信息，即使该信息的传播会造成所涉及对象尴尬的后果[1]，否则便是对言论自由与新闻自由的严重践踏。

对于被遗忘权在美国的前景，美国学者罗伯特·柯克沃克（Robert Kirk Walker）认为"只有'被限制的被遗忘权'，即用户仅可以要求删除自己发布的个人信息的权利，才是符合美国宪法精神的"[2]。

有鉴于此，2013年美国加利福尼亚州州长杰瑞·布朗（Jerry Brown）签署了加州参议院第568号法案，即"橡皮擦法案"。该法案要求包括Facebook、Twitter在内的社交网站巨头应允许未成年人擦除自己的上网痕迹[3]，以避免因年少无知、缺乏网络防范意识而不得不在今后面临遗留的网络痕迹带来的诸多困扰。该法案于2015年1月1日正式生效，虽然该法案仅适用于加利福尼亚州境内的未成年人，也明确只有未成年人自行发布在社交网站上的内容可以被删除，对于其他人发布的有关自己的文字、图片信息则没有要求删除的权利。但是，即便如此，该法案仍是个人信息保护与言论自由博弈的一次显著胜利。

---

① Jeffrey Rosen, "The Right to Be Forgotten", 64 *Stan. L. Rev.* Online 88 (2012), p. 91.

② Robert Kirk Walker, "The Right to Be Forgotten", *Hastings Law Journal*. Vol. 64, p. 257.

③ 郑志峰：《网络社会的被遗忘权研究》，《法商研究》2015年第6期，第54-55页。

与此同时，为响应日益高涨的增设美国本土的被遗忘权的呼声，2014 年 9 月，Facebook 已在测试"允许用户定时删除自己已发布状态"的新功能。通过该功能，Facebook 的用户可在发布状态时选择状态信息在网站上的存续时间，一旦设定的时间到期，网站将自动对用户所发布的状态进行删除，免除用户担心遗留网络痕迹的后顾之忧。①

无论是加州的"橡皮擦法案"，还是社交网站巨头 Facebook 推出的定时删除已发布状态的新功能，都可视为美国对欧洲被遗忘权规定的赞同。上述做法是美国在个人信息保护的浪潮下对制定既符合美国宪法精神，又能有效保护信息主体个人信息、适用于美国本土的被遗忘权所做的努力，值得肯定。

（三）欧美法中的被遗忘权比较

谷歌公司在"谷歌诉冈萨雷斯被遗忘权案"的败诉，使被遗忘权在欧洲正式被公众所熟知，美国加州通过制定"橡皮擦法案"，也使被遗忘权在美国初露端倪。欧美法中的被遗忘权都适用于网络信息领域，并共同致力于大数据时代的个人信息保护，但是，细究起来二者仍有诸多不同。

1. 权利主体不同

欧盟法院判例中被遗忘权的权利主体为欧洲普通公民，除公众人物之外的所有普通公民都无差别地享有可以要求信息控制者删除包含"不好的、不相关的、过分的"信息链接的权利。而美国的"橡皮擦法案"的权利主体仅为加州境内的未成年人，其他各州公民包括未成年人在内还都不享有该项权利。

2. 义务主体不同

欧盟法院在"谷歌诉冈萨雷斯被遗忘权案"中，以谷歌公司是对第三方发布的带有个人信息的网页负有责任的信息控制者为由，将包括谷歌在内的搜索引擎运营商确定为被遗忘权的义务主体；而美国在其"橡皮擦法案"中针对未成年人在 Facebook、Twitter 等社交网站上发布各种可能会对其未来成长造成困扰的信息这一现象，规定 Facebook、Twitter 等社交网站应允许未成年人擦除自己的上

---

① 搜狐网：《Facebook 推定时删功能，可设置状态的消失时间》，http://it. sohu. com/20140911/ n404235055. shtml，2014 年 12 月 2 日访问。

网痕迹，使社交网站成为这一权利的义务主体。

3. 行使条件不同

欧盟法院对被遗忘权的内容进行了诸多限制。其权利主体只能针对互联网上目前存在的、可以通过搜索引擎搜索到的、针对自身的"不好的、不相关的、过分的"个人信息提出删除要求，并需要承担何为"不好的、不相关的、过分的"个人信息的举证责任。如果出于保护言论自由、维护公共健康领域的公共利益的需要或出于历史、统计和科学研究的目的，保留该互联网上的信息是必须的，则不能行使被遗忘权。而受美国学者"受限制的被遗忘权"观点的影响，相较于欧盟法院判例中的被遗忘权，"橡皮擦法案"确立的该项权利在行使条件上更加苛刻。虽然未对可删除的个人信息内容进行明确规定，但可以认为，权利主体可通过行使该权利要求义务主体删除的信息，仅限于前者亲自发布在社交网站上的信息，对其他人转发的或其他人发布的有关权利主体的文字、图片信息等，则不能行使该项权利。

二、被遗忘权的现实意义及其在中国本土化的可行性

（一）欧盟法院有关被遗忘权判例的意义及影响

2014 年 5 月前，在欧洲部分国家以及欧盟未生效的法律中，虽有被遗忘权的相关做法和规定，但都过于笼统、模糊，未明确信息主体与信息控制者的范围，也未对可通过被遗忘权进行删除的信息内容进行具体规定。同时，按照欧洲惯例，法案中确立的权利在通过议会表决通过后，其具体适用仍需要通过相关法院判例对其进行进一步的解读，以明确该项权利的具体适用规则。因此，被遗忘权在欧洲最终确立仍是 2014 年 5 月欧盟法院有关"谷歌诉冈萨雷斯被遗忘权案"的判决。该判决是欧盟法院通过判例对法案中已有的被遗忘权规定的解读和界定，将谷歌等大型搜索引擎运营商界定为信息控制者，明确可以通过被遗忘权予以删除的信息为已在互联网上公开的、有关信息主体（欧洲公民）的"不好的、不相关的、过分的"信息。毫不夸张地说，被遗忘权在欧洲几经沉浮，最终因该

判例才得以成为一项在司法实务中具有可操作性的个人民事权利。

欧美法相继肯定了被遗忘权的存在，对于大数据时代个人信息的保护具有重大的现实意义。互联网的发展及各种自媒体的广泛运用，使个人信息越来越多地通过数字化形式进行记载、储存、传播和利用。信息主体自己遗留在网络上的或是其他第三方发布的有关信息主体的相关信息，都会事无巨细地在网络上得以储存，成为信息主体永远无法被遗忘的过去。被遗忘权的出现，打破了这种局面，信息主体通过行使被遗忘权，对搜索结果中包含信息主体"不好的、不相关的、过分的"信息的链接或社交网站上未成年人发布的各种年少轻狂、不负责任的文字或图片进行删除，能够有效杜绝遗留在网络上的各种已经成为"过去时"的信息对信息主体近期生活的侵扰，保障了信息主体私人生活的安宁。尤其是对一些会导致信息主体社会评价降低的信息的删除，可以有效地减少其对信息主体名誉、信息、隐私等权利的持续侵害。同时，美国"橡皮擦法案"所强调的可通过行使被遗忘权对未成年人发布的相关个人信息进行删除，有效补救了未成年人因炫耀心态或不成熟心智而公开私人信息所造成的窘迫局面，从而有利于未成年人的健康成长，同时也为网络个人信息的保护提供了有效途径。

（二）《民法典》和《个人信息保护法》生效前与被遗忘权相关的法律规范和探讨意见

被遗忘权是欧美法律的产物，而非中国民事权利的"产品"，在《民法典》和《个人信息保护法》之前的我国立法并无被遗忘权的法律规定。究竟被遗忘权能否在中国实现本土化，确实有反对的意见，例如认为，在考察欧盟的经验时，不一定要亦步亦趋地追随被遗忘权这样的具体做法，中国目前还没有践行被遗忘权的环境。①

这种意见是不适当的。事实上，因为受到欧美被遗忘权讨论的影响，在我国的法律建议稿和具体网站的做法中，有被遗忘权的痕迹，在我国相关的法律中，也有可以使被遗忘权与中国法对接的法律规定。在这样的基础上，完全可以实现

---

① 刘淄川：《透过"被遗忘权"看网络隐私》，http://www.eeo.com.cn/2014/0722/263775.shtml，2014年11月24日访问。

被遗忘权的中国本土化。

2005 年 6 月的《中华人民共和国个人信息保护法示范法（草案·学者建议稿）》（以下简称《建议稿》）最早将"删除"上升为一项权利，规定在个人信息被非法储存以及当信息处理主体执行职责、已无知悉该个人信息的必要时，该个人信息应当被删除。同时，《建议稿》还明确了"删除"的含义，即"消除已储存的个人信息，使其不能重现"①。应当肯定，该建议稿在个人信息保护方面具有前瞻性，不仅将"删除"确定为保护个人信息的一项有效手段，还进一步对可删除的信息的范围进行了列举。但是不能否认，《建议稿》对可运用删除权的情形规定过窄，为学者意见，无法律效力，不具有实务操作性。

2011 年 1 月，工信部就个人信息保护颁发《信息安全技术公共及商用服务信息系统个人信息保护指南》。第 5.1 部分将个人信息的处理过程分为收集、加工、转移和删除四个环节，并将"删除"认定为"使个人信息在信息系统中不再可用"，当个人信息主体有正当理由要求删除其个人信息时，个人信息处理者应及时对相关个人信息进行删除。该《指南》对有关个人信息删除权的规定，是目前我国相关法律、法规、规章中最系统、最全面的，也是最接近欧盟被遗忘权的规定。

《侵权责任法》第 36 条有关网络侵权责任的规定，首次明确了针对网络用户利用网络服务实施的侵权行为。被侵权人有权通知网络服务提供者采取删除、屏蔽、断开链接等必要措施，即赋予了被侵权人对网络上针对自身的侵权信息予以删除的权利。该处的"删除权"尽管不是被遗忘权所确认的删除权，可以删除的仅针对侵权信息，权利主体也仅限于已受到侵害的被侵权人，未能涵盖被遗忘权的删除，但对被遗忘权的保护，有被改造成为被遗忘权保护的接口的可能性。

应当看到的是，《侵权责任法》第 36 条规定尽管还没有直接适用于被遗忘权保护的功能，但是，该法第 6 条第 1 款关于过错责任原则和侵权责任一般条款的

---

① 齐爱民：《中华人民共和国个人信息保护法示范法草案学者建议稿》，《河北法学》2005 年第 6 期，第 2 页。

规定，却是保护被遗忘权的有效法律。网络服务提供者拒不接受信息主体行使被遗忘权请求删除有关信息，具有过错的，符合侵权责任的一般要求，应当承担侵权责任。这是研究被遗忘权中国本土化的最直接的法律。

（三）被遗忘权实现中国本土化的可行性

正是在上述法律和研究意见的基础上，被遗忘权实现中国本土化的可行性表现在以下几个方面。

1. 个人信息公开与网络无法遗忘之间的矛盾要求我国确立被遗忘权

公开个人信息的社交方式已经深深嵌入了全球青少年的文化中，曾经作为未成年人专利的在网络（如 QQ 空间）上传自己各种信息的行为，如今已蔓延至更多的成年人群体。在微博、微信朋友圈中，随处可见轻狂的张扬文字、宣示爱情缠绵的照片，"炫"的主题无处不在。而网络在收集和存储信息方面的无限空间性与永久性，又使得任何上传至网络上的信息都被毫无遗漏地保存在网络空间中。"炫"的后果是，那些本以为早已远去、会被忘却的过去，搜索一下就会纷至沓来。由于互联网与数字技术的全球化发展，过去正如刺青一般深深地刻在数字的皮肤上[①]，成为个人无法摆脱的印记。在此种形势下，我国借鉴欧美法经验，将被遗忘权本土化，在中国的法律中确立被遗忘权，并通过该权利的行使，对遗留在网络上的相关信息进行删除，可以有效地保护网络用户的合法权益，改变目前面临的此种困局。

2. 我国信息主体有确立被遗忘权的现实要求

2011 年，演员刘某的丈夫王某因欠缴信用卡 260 万余元还款，由某银行北京分行向北京市某区法院提起诉讼，一时间舆论哗然。虽当事人事后及时清缴欠款，并发文澄清了事件始末，但是，时至今日该信息仍可见于网络之中。可见，网络的留痕特性，使得任何发布在网络上的信息，都可以在未来的任何时间内被任何人重新翻出以作为谴责的依据。信息主体无论如何积极、及时地解决问题、诚恳地纠正错误，不光彩的过去、曾经的批评与指责仍不可擦除、完整地保存在

---

① ［英］维克托·迈尔-舍恩伯格：《删除：大数据取舍之道》，袁杰译，杭州，浙江人民出版社 2012 年版，第 4－5 页。

网络之中，等待下一次被重新翻炒。因此，在网络信息不断膨胀的今天，信息主体对于清除这些负面信息并消除其对自身声誉的影响的需求，是广泛而迫切的。同时，在信息主体完成了自己应尽的义务后，该种诉求也显然是合理并应当受到法律支持的。

3. 我国有些网络服务提供者的做法已包含被遗忘权规则

我国最大的搜索引擎运营商推出了针对网页搜索相关问题接受网络用户投诉的专门服务，服务页面包括"快照删除与更新"与"隐私问题反馈"两项内容。在满足搜索结果网页内容侵犯用户隐私或其他利益的情况下，将按照用户请求提供删除服务，而用户则只需要按照网页要求填写百度快照地址以及自己的联系邮箱并详细说明遇到的问题及申请原因即可。在网络用户提交删除请求并通过百度专门工作人员审核后，相关的网页链接将会在 24 小时内被删除。可见，网络公司推出的类似服务虽无被遗忘权之名，却与欧盟法院判例中的被遗忘权相通，在我国的网络操作实务中已经存在被遗忘权的规则，需要在法律上确立被遗忘权，给互联网企业以及其他自媒体网络运营商履行这种义务以法律依据，将被遗忘权本土化，保护好信息主体的权利。

4. 我国《民法典》以前的立法也为被遗忘权的确立留下了空间

《侵权责任法》第 36 条有关网络侵权"通知—取下"规则的规定，尽管并没有涵括被遗忘权的删除，但是，与欧美法上被遗忘权的删除比较接近，所以只要改变其适用删除规则的前提的规定，就能够保护好被遗忘权。同样，2014 年《最高人民法院关于审理利用信息网络侵害人身权益民事纠纷案件适用法律若干问题的规定》第 12 条第 1 款第 4、5 项规定，"自然人自行在网络上公开的信息或者其他已合法公开的个人信息""以合法渠道获取的个人信息"如被公开在网络上，即使造成了不良影响，但只要公开该信息的行为并未违反社会公共利益、社会公德或未侵害信息主体值得保护的重大利益，信息主体就不能以被侵权为由请求人民法院予以救济。尽管对网络上目前已经存在的、与权利人有关的虽未达到侵害隐私权或名誉权程度的，但其存在又确实会导致所涉对象社会评价降低后果的信息，不能适用该条款予以救济，但只要改造这些规定的适用前提条件，都可以成为保护信息主体被遗忘权的法律规范和司法依据。换言之，我国目前立法为被遗忘权制度的确立还是预留了空间。

三、我国司法对保护被遗忘权的有益尝试

在《民法典》和《个人信息保护法》颁布实施之前，我国司法对保护被遗忘权有过有益的尝试，集中表现在下述案件中。

（一）典型案例

1. 基本案情

任甲玉诉百度公司案[①]，是国内涉及被遗忘权的第一案，对于研究被遗忘权有重要价值。

任甲玉系管理相关领域的从业人员，于 2014 年 7 月 1 日起在无锡陶氏生物科技有限公司从事相关的教育工作，至 2014 年 11 月 26 日与单位解除劳动关系。2015 年，任甲玉向北京海淀区人民法院提起诉讼称：从 2015 年 2 月初开始，原告陆续在百度网站上发现"陶氏教育任甲玉""无锡陶氏教育任甲玉"等字样的内容及链接。由于陶氏教育在外界颇受争议，"陶氏教育任甲玉""无锡陶氏教育任甲玉"等侵权信息给原告名誉造成极大侵害，所以原告曾多次发邮件给被告要求删除相关内容，但是被告没有删除或采取任何停止侵权的措施。于是，原告提交两份湖南省怀化市天桥公证处分别于 2015 年 4 月 8 日和 2015 年 5 月 21 日做出的就百度网页上"任甲玉"相关显示内容的公证书。起诉请求：（1）百度公司立即停止对侵犯任甲玉姓名权、名誉权以及一般人格权中的"被遗忘权"实施的一切侵权行为，并赔礼道歉、消除影响。其中，在百度搜索界面中输入"任甲玉"进行搜索，搜索结果中不得出现"陶氏任甲玉"、"陶氏超能学习法"、"超能急速学习法"、"超能学习法"、"陶氏教育任甲玉"和"无锡陶氏教育任甲玉"等六个关键词。（2）百度公司支付任甲玉精神损害抚慰金 2 万元。（3）自 2015 年 3

---

① 北京市海淀区人民法院（2015）海民初字第 17417 号民事判决书、北京市第一中级人民法院（2015）一中民终字第 09558 号民事判决书。

月 12 日至百度公司停止一切侵权行为期间（删除上述关键词以及赔礼道歉完毕之日），百度公司向任甲玉每月支付经济赔偿金 5 万元。（4）百度公司支付任甲玉为维权支付的合理费用，包括公证费 700 元、500 元，住宿费 2 270 元，交通费差旅费 965.50 元。

被告百度公司向法院提交了 2014 年 6 月 26 日、2015 年 5 月 18 日、2015 年 5 月 19 日百度公司申请北京市方正公证处出具的就百度网页输入"任甲玉"这一关键词进行的检索显示情况公证书。根据该组证据和原告提交的公证书，以及一审法院利用原被告当事人及其委托人手机进行的当庭搜索查验，在百度公司搜索页面的搜索框中输入"任甲玉"这一检索词，在"相关搜索"中会显示出不同排序及内容的词条，而且任甲玉主张的六个侵权检索词也呈现出时有时无的动态及不规律的显示状态。就此，百度公司辩称：（1）在本案事实中，百度公司声称只提供了互联网搜索引擎服务。"关键词相关搜索"就是搜索引擎自动统计一段时间内互联网上所有网民输入的搜索关键词的频率，抓取该关键词相关联的搜索频率最高的关键词进行显示。随着所有网民输入关键词的内容和频率的变化，相关搜索中的关键词也会自动进行更新，在服务过程中百度公司未做任何人为的调整和干预，具有技术中立性和正当合理性。（2）本案中客观上不存在任甲玉姓名权和名誉权受侵犯的情形。任甲玉之前确实与陶氏教育有过现实的业务合作与媒体宣传，此客观信息反映在互联网上，根据搜索引擎的机器算法法则，涉案的搜索关键词会进行自动显示，不属于侵犯任甲玉姓名权的行为。另外，无论是"任甲玉"关键词搜索，还是其他相关搜索，搜索词以及链接信息均不存在对任甲玉侮辱或诽谤的文字内容，不构成对任甲玉的侮辱或诽谤，不属于侵犯任甲玉名誉权的行为。（3）任甲玉主张的"被遗忘权"没有明确的法律依据，被遗忘权主要指的是一些人生污点，本案并不适用。任甲玉并没有举证陶氏教育的负面影响有多大，社会评价有多低，对任甲玉的客观影响在哪里。（4）关于任甲玉主张的经济赔偿金和精神损害抚慰金，理由不成立。没有证据证明任甲玉存在精神损害和经济损失，以及结果与本案中百度提供的搜索引擎服务存在任何因果关系。

2. 裁判结果

北京市海淀区人民法院于 2015 年 7 月 21 日作出（2015）海民初字第 17417 号民事判决书，以本案涉诉相关搜索显示词条并未受到百度公司人为干预且不存在侵犯原告姓名权、名誉权以及一般人格权中的"被遗忘权"民事利益为由，判决驳回原告任甲玉的全部诉讼请求。任甲玉不服，向北京市第一中级人民法院提起上诉。该院于 2015 年 12 月 9 日作出（2015）一中民终字第 09558 号民事判决，认为任甲玉的上诉请求与理由无法律及事实依据，不予支持。原审判决认定事实清楚，适用法律正确，应予维持。

3. 争议焦点及主要裁判理由

一审和二审判决认为，本案的争议焦点在于任甲玉的请求与理由有无法律及事实依据。

（1）关于姓名权。本案的相关检索词的出现虽然未经任甲玉本人允许，但检索词本身系网络用户在搜索引擎中键入的指令，搜索结果中的"检索词"也只是动态反映过去特定时间内网络用户使用检索词的客观情况，并为当前用户的信息检索提供参考指引。即"任甲玉"是百度搜索引擎经过相关算法的处理过程后显示的客观存在网络空间的字符组合，并非百度公司针对"任甲玉"这个特定人名的盗用或假冒。故百度公司并未侵犯任甲玉的姓名权。

（2）关于名誉权。侵害名誉权责任的法定构成要件包括行为人的违法行为、受害人确有名誉被损害的事实、违法行为与损害后果之间有因果关系、行为人主观上有过错。具体到本案中，首先，涉案检索词"陶氏任甲玉""陶氏超能学习法""陶氏教育任甲玉"等，明显不存在对任甲玉进行侮辱的言辞，亦未捏造事实对任甲玉进行诽谤。任甲玉认为"陶氏教育"在业界口碑不好，与其关联影响声誉，其个人主观评价不能作为认定相关词汇具有侮辱性、诽谤性的依据。其次，"任甲玉"与"陶氏"或"陶氏教育"同时出现是对特定时间内网络用户所使用的检索词的客观情况的反映，故百度公司对案涉关键词在搜索结果中出现并不存在主观过错。综上，百度公司既不存在侵权事实亦不存在主观过错，故对任甲玉的名誉权不构成侵犯。

（3）关于"被遗忘权"。被遗忘权是欧盟法院通过判决正式确立的概念，我国现行法律中并无对"被遗忘权"的法律规定，亦无"被遗忘权"的权利类型。任甲玉依据一般人格权主张被遗忘权应属一种人格利益，该人格利益若想获得保护，任甲玉必须证明其在本案中的正当性和应予保护的必要性。任甲玉主张删除的直接理由是"陶氏教育"在业界口碑不好，网络用户搜索其姓名"任甲玉"时，相关搜索推荐的词条出现其与"陶氏教育"及相关各类名称的"学习法"发生关联的各种个人信息于其不利，实际上这一理由中蕴含了其两项具体的诉求意向：其一是正向或反向确认其曾经合作过的"陶氏教育"不具有良好商誉；其二是试图向后续的学生及教育合作客户，至少在网络上隐瞒其曾经的工作经历。就前者而言，企业的商誉受法律保护，法律禁止任何人诋毁或不正当利用合法企业的商誉。况且，不同个人对企业商誉的评价往往是一种主观判断，而企业客观上的商誉也会随着经营状况的好坏而发生动态变化，因此不宜抽象地评价商誉好坏及商誉产生后果的因果联系，何况任甲玉目前与陶氏教育相关企业之间仍具有同业或相近行业的潜在竞争关系。就后者而言，涉诉工作经历信息是任甲玉最近发生的情况，其目前仍在企业管理教育行业工作，该信息正是其行业经历的组成部分，与其目前的个人行业资信具有直接的相关性及时效性。任甲玉希望通过自己良好的业界声誉在今后吸引客户或招收学生，但是，包括任甲玉工作经历在内的个人资历信息正是客户或学生借以判断的重要信息依据，也是作为教师诚实信用的体现，这些信息的保留对于包括任甲玉所谓潜在客户或学生在内的公众知悉任甲玉的相关情况具有客观的必要性。任甲玉在与陶氏相关企业从事教育业务合作时并非未成年人或限制行为能力人、无行为能力人，其并不存在法律上对特殊人群予以特殊保护的法理基础。因此，任甲玉在本案中主张的应"被遗忘"（删除）信息的利益不具有正当性和受法律保护的必要性，不应成为侵权法保护的正当法益，其主张该利益受到一般人格权中所谓"被遗忘权"保护的诉讼主张，本院不予支持。

对于本案裁判法院的驳回原告诉讼请求的裁判结果，本书深表赞同。对于上述裁判理由，其中关于侵害姓名权和侵害名誉权的评论，都是正确的，笔者亦赞同。

对于任甲玉案，一审、二审法院均判决对于原告保护被遗忘权的主张不予支持，其理由在于任甲玉并未证明被遗忘权在本案中的正当性和应予保护的必要性，主要的判决理由为：（1）本案事实上不存在侵权：任甲玉并未证明"陶氏教育"不具有良好声誉，也未证明"陶氏教育"的不良声誉与自身损害之间的因果关系。百度公司在"相关搜索"中提示的搜索关键词是对网络用户搜索内容与频率的客观反映，并无侵害任甲玉权益的过错与违法行为。（2）删除涉案信息损害公众的知情权：任甲玉主张删除的涉诉工作经历信息是任甲玉真实的工作履历，与其目前的个人行业资信具有直接的相关性及时效性，这些信息的保留对于任甲玉潜在客户或学生在内的公众知悉其相关情况具有客观的必要性，不应该予以删除。（3）不存在特殊保护的主体限制：任甲玉在与陶氏相关企业从事教育业务合作时并非未成年人或限制行为能力人、无行为能力人，没有予以特殊保护的法理基础。

由此可见，审判法院从一般侵权责任的构成要件、个人对于信息的控制利益与公众知情权之间的价值考量、有无特殊主体限制三个维度，构建被遗忘权的司法保护标准。这一审判的基本思路与欧盟对于被遗忘权多年的司法审判经验不谋而合，具有先进性和前瞻性。

（二）被遗忘权适用的前提：符合侵权责任的一般构成要件

被遗忘权的根本目的，在于对侵犯人格权的行为进行保护，所以，应当根据我国《民法典》《个人信息保护法》规定作出认定。

对于权利人请求删除有关信息的，删除请求权的性质属于人格权请求权的范畴，相当于停止侵害请求权。

对于个人信息处理者拒不履行应当履行的删除义务，造成损害的，应当承担侵权损害赔偿责任。因此，应该根据侵权责任的一般构成要件，确定侵权责任的存在。信息主体应就涉诉信息的存在造成了实质性损害，损害与信息存在具有因果关系，搜索引擎或其他信息控制主体存在主观过错，存在侵权行为四个方面承担举证责任。损害是救济的前提，互联网信息浩如烟海，而且信息的删除涉及搜索引擎的运行成本和潜在的司法成本，必须秉持审慎态度，只有存在实质性损害时才有适用被遗忘权确定损害赔偿责任的前提。

这两种责任的共同前提条件，都是只有侵害了信息主体"值得保护的重大利益"时才有适用被遗忘权的可能性。对于"值得保护的重大利益"的认定标准，欧盟在司法实践中的思路是考虑信息对于信息主体来说是否具有涉及隐私生活的敏感性。[1] 日本最高裁判所在其国内被遗忘权第一案的判决中也作出明确认定，被遗忘权的适用需要考察信息的内容和细节，在多大程度上属于个人隐私，信息主体受到了多大的实质性影响。[2] 对此，国内学者亦有主张，当信息涉及反映种族或人种的数据、政治观点、宗教信仰、工会会籍、基因数据、用于唯一识别自然人的生物数据、健康数据、性生活、性取向等应当予以删除。[3] 由此可见，尽管国内学者们一直在试图将个人信息权和隐私权放在两条平行的道路上，但是不得不承认，在信息爆炸而经济、司法成本有限的客观情况之下，隐私信息的保护必须具有优先的地位。在现阶段的司法实践中，被遗忘权的适用似乎只有关涉隐私才有保护的必要。以欧盟 2017 年 3 月 19 日判决的最新被遗忘权案例为例[4]，Manni 曾经是一家公司的主管，十年之前公司已经破产解散。但是当时 Manni 作

---

① 杨立新、杜泽夏：《被遗忘权的权利归属与保护标准——任甲玉诉百度公司被遗忘权案裁判理由评述》，《法律适用（司法案例）》2017 年第 16 期，第 35 页。

② 截至 2016 年 9 月，日本全国收到 52 个主张被遗忘权的案件，因缺少被遗忘权的法律规定，这些案件一直处于悬而未决的状态。为此，日本最高法院于 2017 年 1 月 31 日做出日本国内历史上第一件被遗忘权的判决，并作为判例确立司法实践中适用被遗忘权的标准。在判决书中，日本最高法院对于被遗忘权的司法适用进行了进一步的指引，认为应当主要考虑如下因素：（1）信息的内容在多大程度上关涉信息主体的隐私。（2）信息主体遭受了多大程度的实质损害。（3）信息发布的目的和意义是什么，文章发布时的社会情景是什么，时间经过之后社会环境是否已经发生了改变，文章中包含这些相关事实是否还有必要。（4）进行个案的价值衡量，如果信息删除的意义大于公众知情的利益，那么可以删除，否则不能删除。上述内容可参见 A Right to be Forgotten Case before the Japanese Supreme Court，http://blog. renforce. eu/index. php/en/2017/02/07/a-right-to-be-forgotten-case-before-the-japanese-supreme-court/，2022 年 6 月 22 日访问。

③ 张建文、李倩：《被遗忘权的保护标准研究——以我国"被遗忘权第一案为中心"》，《晋阳学刊》2016 年第 6 期，第 131 页。

④ Case C398/15，See http://curia. europa. eu/juris/document/document. jsf?text=&docid=188750&pageIndex=0&doclang=EN&mode=lst&dir=&occ=first&part=1&cid=80219，2022 年 6 月 22 日访问。

为主管其个人身份信息和财产情况曾作为公司登记事项记载在当地商业部门的网站上，目前其正在寻求出卖一座游客综合大楼，因潜在的买家雇佣调查公司查到了这些登记的信息并因此不再购买待售房产，Manni 认为这些十年之前的登记信息导致自己失去了潜在买家，主张予以删除。欧盟法院法官认为公司注册信息应当是个人的职业信息，正当的、客观的职业经历不具有个人隐私性质的敏感性，且该信息由当事人自愿公开，因此不予保护。该案与任甲玉一案的案情具有相似性，都是针对正当、客观的职业信息，国内与欧盟的法官都认为不应当予以删除，这一结论应当是正确的。正如任甲玉案二审法院所言，任甲玉目前仍在企业管理教育行业工作，其在"陶氏教育"供职的信息是其最近发生的职业经历，是其行业经历的客观组成部分，属于判断个人行业资信直接相关的信息，应当为潜在客户知晓，并不属于任甲玉的隐私信息，任甲玉也并未就该信息的存在导致了实质性损害承担举证责任，因此不予保护。但是，如果假设 Manni 一案与任甲玉案中，职业信息属于个人隐私的范畴，例如曾经从事过性服务行业，该种关涉隐私的职业信息的存在有可能构成对于信息主体的实质损害，就有适用被遗忘权的可能性。

当这种权利人"值得保护的重大利益"应当删除而个人信息处理者局部删除，造成损害的，则构成侵权损害赔偿责任。

（三）被遗忘权适用的特殊标准：基于信息特性的限制因素

由于人类社会的存在和个人活动的展开必须仰赖信息交流这个前提[1]，所以信息事实上承载着信息主体和公众知情权的双重利益。基于信息的这一特性，信息主体即使能够证明存在一般的侵权损害也不见得就必然得到被遗忘权的救济，所以信息的删除不仅要确定信息的存在对于信息主体构成侵权，还要确定公众对于信息是否享有知情的利益。换言之，被遗忘权的适用不同于一般的侵权，需要同时满足一般侵权的构成要件和基于信息特性的特殊限制性因素，才能够被适用。这些特殊限制性要素主要包括：其一，信息原始的处理目的业已完成使信息

---

[1]　杨芳：《个人信息自决权理论及其检讨——兼论个人信息保护法之保护客体》，《比较法研究》2015 年第 6 期，第 33 页。

的删除不损害公众知情利益，具有删除的合理性；其二，被遗忘权对应的客体具有删除的技术可能性和必要性；其三，区分信息主体，对于未成年人放宽保护的范围，对于公众人物限制保护的范围，对于一般理性人区分信息的主动商业利用和被动防御，对于信息的主动商业利用一般不予保护；其四，涉及特定公共利益的信息排除被遗忘权的适用。

1. 符合信息丧失原始目的的本质条件

信息删除的特殊性最重要的方面体现在，个人对于信息的控制利益与公众对于信息的知情利益之间的价值冲突。以日本的判例为例①，2011 年原告因组织儿童卖淫被判刑罚，被媒体广泛报道，2016 年原告起诉要求谷歌公司全面删除相关报道。日本最高法院在最终的裁决中认为公众对于上诉人的犯罪信息依然享有知情的必要。尽管该信息确实涉及上诉人的隐私，对上诉人的生活产生实质影响，但是两相权衡，本案中公共利益高于个人利益，因此裁决否定被遗忘权的适用。由此可见，即使信息的存在具有涉及信息主体隐私的敏感性，符合一般侵权的构成要件，但是，如果公众对于信息的存在依然享有较大的知情权益，在价值判断中，个人的信息控制权益往往应当让位于公众知情权益。

欧盟自谷歌案以来也一直秉持对于被遗忘权的适用坚持个案价值衡量的基本原则，不过，随着理论研究的不断深入，具体的价值衡量方法出现了较大的变化。谷歌案中，欧盟法院认为应当考察信息的目的和时间，就信息收集和处理的目的而言，信息已经是不准确、不恰当、不相关或者过分的，该种信息可以主张删除；衡量信息的准确性与相关性时，很大程度上依赖时间经过的长短。在彼时欧盟的判决思路中，时间因素是决断的重要方面，需要通过时间来考察信息是否还具备相关性，但是时间因素具有极强的主观性，纠结时间的长短会给司法适用

---

① 日文原文判决书参见 https://lex.lawlibrary.jp/commentary/pdf/z18817009-00-011161416_tkc.pdf，2022 年 6 月 22 日访问。该案的英文简介参见 A Right to be Forgotten Case before the Japanese Supreme Court, http://blog.renforce.eu/index.php/en/2017/02/07/a-right-to-be-forgotten-case-before-the-japanese-supreme-court/，2022 年 6 月 22 日访问。

带来极大的不确定性，并因此为搜索引擎公司和司法系统带来了难言的负担①，直至 2017 年 3 月 9 日，欧盟法院在 Manni 一案中作出了明确的改革，在坚持个案价值判断的前提下，以目的因素替代时间因素，不再纠结时间长短的限制，确立了更为客观的标准。在判决书中，欧盟法院明确表示，信息到底应当存续多久的时间没有绝对的答案，不能依靠主观决断，而是取决于信息收集的目的是否还存在，信息的目的是否已经达成是判断信息是否应该删除的核心要素。② 在确立这一原则的基础上，Manni 一案中公司登记信息的目的是向第三人披露以维护交易安全和市场秩序，即使公司不复存在，商业交易具有活跃性和不可预测性，无法确切地认定与该信息相关的问题不会再显现。换言之，可能仍然有相关第三人对于这些信息有知情的需要，公司登记信息的披露目的没有完成，因此该案中的信息不能被删除。

欧盟逐渐淡化时间要素，将目的要素作为评价信息相关性核心要素的做法具有较强的实用价值。考察信息的存在是否还具备原始的收集目的，当信息的收集、使用目的已经完成，信息的存在对于公众来说已经不具备知情的价值，该信息已经不再负载公众知情权的利益，因而可以退出公众视野。这一逻辑不仅证成了信息删除的正当性，而且调和了个人利益与公共知情利益的价值冲突，同时具有更加客观的衡量标准，在实践中更具可操作性。事实上，我国目前已有的某些政府规章暗合了这一思路，根据工业和信息化部颁布的《信息安全技术、公共及商用服务信息系统个人信息保护指南》，在信息删除的部分规定，主体有权要求删除其个人信息，情形包括具有正当理由、收集目的不再、期限届满、数据控制

---

① 因为自谷歌案后，谷歌公司在世界范围内收到主张被遗忘权的申请呈井喷式爆发。从 2014 年 5 月 29 日起至 2015 年 4 月 15 日，谷歌已收到 239 948 项申请，评估的网址总数高达 870 102，其中同意移除的网址数占 41.5%。时至今日，欧盟每天都有上千人申请行使被遗忘权，为此谷歌专门针对被遗忘权开辟了在线申请程序。参见 Google 透明度报告：根据欧盟的隐私权法律提出的内容移除要求，http://www.google.com/transparencyreport/removals/europeprivacy/，2017 年 5 月 22 日访问。

② Gabriela Zanfir-Fortuna：CJEU in Manni：data subjects do not have the right to obtain erasure from the Companies Register，but they do have the right to object，See https://pdpecho.com/2017/03/13/cjeu-in-manni-data-subjects-do-not-have-the-right-to-obtain-erasure-from-the-companies-register-but-they-do-have-the-right-to-object/，2022 年 6 月 22 日访问。

者破产或解散时无法履行个人信息处理目的等。《个人信息保护法》第 47 条第 1
款第 1 项规定,"处理目的已实现、无法实现或者为实现处理目的不再必要"是
删除的情况之一。在此,目的性要素已经体现得非常明显。

任甲玉一案中,一审、二审法院在判决中均坚持了目的导向的论证思路,
"任甲玉希望通过自己良好的业界声誉在今后吸引客户或招收学生,但是包括任
甲玉工作经历在内的个人资历信息正是客户或学生借以判断的重要信息依据,也
是作为教师诚实信用的体现,这些信息的保留对于包括任甲玉所谓潜在客户或学
生在内的公众知悉任甲玉的相关情况具有客观的必要性"。判决中的这一论述实
际上就是对于涉案信息存在目的的分析,因公众对于该信息依然具有较强的知情
权益,所以,在本案中对于公众的知情利益应当予以保护,实质上也是对于个人
信息控制利益和公众知情利益之间做出的价值判断,具有合理性。

2. 客体限制因素:信息具有删除的必要性和技术可操作性

相较于以往欧盟和日本判例,任甲玉一案在客体因素方面体现出了独特性,
前者当事人主张的都是删除包含个人信息的文章链接,而后者当事人主张的是删
除搜索引擎通过特定算法显示出的提示搜索关键词。对于搜索关键词是否能够主
张删除值得探讨,笔者认为基于搜索关键词的生成原理,应当排除对于搜索关键
词适用被遗忘权的可能性。原因在于:其一,搜索关键词只是固定词语的组合,
与文章链接不同,其并非一种完整的信息载体,搜索关键词必须要经点击才能跳
转至相关页面。因此,删除提示词不具有必要性。其二,搜索关键词是根据特殊
算法,记录一定区域一定数量的搜索频次而统计显示的搜索常用词,是一种技术
中立的搜索提示,客观地反映公众的搜索情况,随着时间变化和公众搜索情况的
变化随时变化。在此情况下,删除搜索关键词在技术上无法实现,因为它是搜索
情况的客观反映,不存在人为干预的因素。其三,在理论上看,删除关键词也不
具有正当性。因为如果删除提示词,就等于对于客观的公众搜索情况进行干预,
而信息主体以及搜索引擎都没有控制和干预公众搜索的正当权利。因此,信息主
体的删除主张应当针对具有删除技术可能性和必要性的网页或链接,不应当包括
提示搜索关键词。

任甲玉一案中，审判法院注意到了这一问题，认为搜索关键词是搜索引擎技术中立的客观结果，从搜索引擎公司不具有主观过错和侵权行为的角度进行了解释，得出的结论是正确的。但是对于这种显示公众搜索频率的删除还具有技术上的不可操作性和价值上的不正当性，也应当作为一种被遗忘权的客体限制不予适用。

3. 主体限制因素

被遗忘权的适用应当区分主体特殊性，对于未成年人放宽保护，对于公众人物限制保护，这已经成为欧盟 GDPR 的立法条款，国内学者对此也纷纷赞同①，对于其理论基础，本书不再予以赘述。任甲玉一案，两审法院也均对此作出说明，认为任甲玉作为一般理性人，不存在针对未成年人和公众人物的特殊保护的法理基础，这一结论的得出毫无疑问。除此之外，任甲玉一案以及欧盟 Manni 一案表现出的对于一般理性人区分行为动机进行适用的倾向值得研究。任甲玉一案，法官认为任甲玉在陶氏教育供职期间自愿与陶氏教育联合宣传，作为理性人应当承担该行为带来的后果。Manni 一案，法官也有相似的论述，认为当事人加入公司并担任主管，对于需要进行个人身份信息和财产信息登记的事宜明知且同意，那么理应承担相应的后果。也就是说，对于一般理性人，法院事实上是对于个人自愿主动进行的信息利用排除了被遗忘权的适用。

个人信息的使用，分为主动利用和被动防御两种类型。② 权利人可以对个人信息进行积极主动的商品化利用，以获取经济利益，表现为主动利用型权利。个人也可以在他人未经许可收集、利用其个人信息时，有权请求行为人更改或者删除其个人信息，以排除他人的非法利用行为或者使个人信息恢复到正常的状态，此为被动防御型权利。被遗忘权赋予主体请求数据控制者删除网络社会中过时的不相关信息的权利，以维护个人信息安全，属于个人信息权中的一种消极防御权。③ 任甲玉在陶氏教育供职期间，自愿与陶氏教育绑定宣传，这是二者合作追

① 郑志峰：《网络社会的被遗忘权研究》，《法商研究》2015 年第 6 期，第 52 页。
② 王利明：《人格权法研究》，北京，中国人民大学出版社 2012 年版，第 632 页。
③ 王利明：《人格权法研究》，北京，中国人民大学出版社 2012 年版，第 634 页。

求经济利益的行为，是任甲玉对于自己的个人信息主动商业利用。对于信息主体主动利用追求经济利益的信息，如果信息主体又可以事后主张进行被动防御，无疑会造成社会经济成本和司法运行成本的浪费，作为社会的一般理性人，应当对自己的行为承担责任。所以，对于一般理性人，应当区分信息的主动利用与被动防御，如果信息是信息主体曾经主动的商业利用遗留的，应该限制删除权的使用。因此，任甲玉一案中，判决法院基于信息的主动商业利用而否定当事人信息的删除请求是正确的。

4. 特定公共利益的排除

即使满足上文所述的全部要件，适用被遗忘权也并非绝对，信息的内容还需不能涉及特定的公共利益，否则将作为免责事由排除被遗忘权的适用。主要包括：第一，出于保护言论自由的需要，该网络信息应被保留；第二，为了维护公共秩序和公共利益的需要，该信息不能被删除；第三，出于历史、统计和科学研究的目的，保留该网络信息是必须的。① 任甲玉一案并未涉及此种问题，但是这也是被遗忘权保护标准体系中的一个重要方面。

综上，任甲玉一案，两审法院判决对于被遗忘权不予保护的结论是正确的。判决思路符合我国现有的法律法规的规定，与国际司法经验相一致。被遗忘权的司法适用，应当坚持一般侵权损害与信息特殊限制性因素相结合的判断思路，由信息主体对于一般侵权责任承担举证责任。在证明实质损害的前提下，采用目的导向的思路判断信息是否具有删除的合理性，客体上是否具有删除的必要性和技术可操作性，主体上是否具有特殊保护的法理基础，并且对于一般理性人区别信息的主动利用与被动防御，最后考察是否具有排除被遗忘权适用的免责事由。只有在符合一般侵权责任构成要件且不具有信息特殊的限制性要素的基础上，才能适用被遗忘权对信息主体予以保护。

---

① 针对这一部分，可参见欧盟 GDPR 第 17 条的原文列举。此外，国内学者对于这一点观点较为统一，参见张里安、韩旭至：《"被遗忘权"：大数据时代下的新问题》，《河北法学》2017 年第 3 期；郑志峰：《网络社会的被遗忘权研究》，《法商研究》2015 年第 6 期；万方：《终将被遗忘的权利——我国引入被遗忘权的思考》，《法学评论》2016 年第 6 期；杨立新、韩煦：《被遗忘权的中国本土化及法律适用》，《法律适用》2015 年第 2 期。

不过，应当指出的是，原判决在认定被遗忘权的法律属性和法律保护路径上，认为被遗忘权属于一般人格利益，适用一般人格权进行保护，还存在值得斟酌的问题。理由是，个人信息的删除问题在《民法典》和《个人信息保护法》没有确认个人信息权之前，应当适用法律关于保护隐私权的规定，而不应当适用一般人格权进行保护。在《民法典》特别是《个人信息保护法》规定了个人信息权并确认被遗忘权之后，应当适用《民法典》和《个人信息保护法》的规定，保护个人信息权利人的权利。

四、《个人信息保护法》第 47 条规定了我国本土的被遗忘权

　　《个人信息保护法》的颁布实施，确立了我国处理个人信息中对个人信息权益保护的基本规则。在该法规定的个人信息权益中，究竟是否包含被遗忘权，意见不一。本书认为，该法第 47 条第 1 款第 1 项在对个人信息权益中有关删除权的规定，就规定了被遗忘权，实现了我国个人信息权益保护的被遗忘权的本土化。

　　（一）《个人信息保护法》第 47 条是否规定了被遗忘权的不同见解

　　《个人信息保护法》第 47 条规定："有下列情形之一的，个人信息处理者应当主动删除个人信息；个人信息处理者未删除的，个人有权请求删除：（一）处理目的已实现、无法实现或者为实现处理目的不再必要；（二）个人信息处理者停止提供产品或者服务，或者保存期限已届满；（三）个人撤回同意；（四）个人信息处理者违反法律、行政法规或者违反约定处理个人信息；（五）法律、行政法规规定的其他情形。""法律、行政法规规定的保存期限未届满，或者删除个人信息从技术上难以实现的，个人信息处理者应当停止除存储和采取必要的安全保护措施之外的处理。"

　　对于我国法律是否应当规定被遗忘权的问题，学者仁者见仁、智者见智，莫衷一是。由于《个人信息保护法》颁布实施不久，尚没有展开深入讨论，没有更多的见解发表。主张个人信息权益中的删除权包含被遗忘权的学者认为，我国

《个人信息保护法》没有单独规定被遗忘权。这是因为，在我国《民法典》《个人信息保护法》《网络安全法》等法律已经足以保护个人在具有正当利益的前提下，免受网络上负面或不良信息的不利影响，无须单独规定被遗忘权。《个人信息保护法》第47条规定了在符合一定条件下，个人信息处理者主动删除个人信息的义务或者个人要求个人信息处理者删除个人信息的权利。从该条规定的删除权的适用情形来看，范围相当广泛，足以将被遗忘权需要保护的情形涵盖进来，故无须单独规定被遗忘权。① 也有学者认为，本条规定的删除权与比较法上的被遗忘权较为相似。我国学者对被遗忘权的评价褒贬不一。在《个人信息保护法》实施后，应重视被遗忘权制度在域外的实践经验，认真对待审判实务中出现的新案件、新需求，审慎考虑删除权与被遗忘权之间的异同，以求实现不同利益之间的平衡。②

从总体上看，这两种观点都持比较谨慎的态度，但见解却有所不同。前者认为删除权中就包含了被遗忘权，不必另行规定；后者认为删除权与被遗忘权有所区别，只是比较相似而已。笔者认为，前者的意见更值得肯定。

（二）《个人信息保护法》确认了本土化的被遗忘权

《个人信息保护法》第47条规定了个人信息权益中的删除权，就是规定了被遗忘权，没有另行规定被遗忘权的必要，更没有必要审慎考虑删除权与被遗忘权之间的异同。其理由如下。

1. 被遗忘权的基本内容是对个人信息处理者处理的信息的删除

删除，是被遗忘权的基本内容，也是被遗忘权实现的基本手段。

对于删除，国内学者有诸多不同见解。如认为删除是为了避免信息在网络上进一步传播③、删除是为了与场景预期符合④、删除是为了擦去无合法性基础的信息⑤、删除是为了使信息和信息主体相脱离等。这些见解不无道理，但是，更

①　程啸：《个人信息保护法理解与适用》，北京，中国法制出版社2021年版，第370-371页。

②　龙卫球：《中华人民共和国个人信息保护法释义》，北京，中国法制出版社2021年版，第214-215页。

③　徐航：《个人信息保护法视域下信息删除权的建构》，《学习论坛》2021年第5期，第134-135页。

④　丁晓冬：《被遗忘权的基本原理与场景化界定》，《清华法学》2018年第6期，第105-106页。

⑤　刘学涛、李月：《大数据时代被遗忘权本土化的考量——兼以与个人信息删除权的比较为视角》，《科技与法律》2020年第2期，第80页。

应当重视的是，删除不仅是被遗忘权的基本内容，而且被遗忘权只有删除这一种实现手段，《个人信息保护法》第 47 条第 2 款规定的"停止除存储和采取必要的安全保护措施之外的处理"为例外。

删除权的根本目的是实现个人信息权利人对个人信息的自我决定，是在符合特定条件下可以删除个人信息的权利；而被遗忘权正是在删除权的范围内，直接清除具有特定法定事由的个人信息。因而，删除权与被遗忘权具有种属的逻辑关系。

（1）对删除权与被遗忘权关系的不同看法

删除权和被遗忘权的关系一直是学界讨论的重点，看法多有不同。

一是等同说，认为删除权和被遗忘权实质等同，只是名称不同。换言之，"被遗忘权"的权利名称过于文学化，充满感性色彩，无法反映被遗忘权的本质，应改名为删除权。[①] 或者认为被遗忘权就是删除权，二者在属性与地位、权利构成和技术安排上完全等同，只是称谓多元化而已。[②] 依据 GDPR 的规定，"被遗忘"是目的，"删除"是手段，二者只是站在不同角度对"擦除权"进行描述，并无本质差异。GDPR 将限制处理权（第 18 条）从擦除权（第 17 条）中移出形成独立的条款后，就可见删除权和被遗忘权没有本质区别。[③]

二是非等同说，认为删除权和被遗忘权并不等同，彼此独立。从客体上看，删除权范围过窄，仅包含《民法典》第 1195 条规定的"通知—删除"规则，即只有违法的侵权信息才能适用删除权。被遗忘权的客体包括：超出储存期限的信息、收集和处理目的已经失去的信息和不够完整、随着时间推移已经失效的信息。[④] 可见，被遗忘权的客体范围更广泛，且与删除权之间不存在交叉关系。从权能上看，被遗忘权不仅包含主体要求删除信息的内容，而且主体可以要求断开任何链接。从体系上看，应该坚持"统一立法，分类保护"的思路，将二者置于

① 郑志峰：《网络社会的被遗忘权研究》，《法商研究》2015 年第 6 期，第 59 页。

② 余筱兰：《民法典编纂视角下信息删除权建构》，《政治与法律》2018 年第 4 期，第 31-33 页。

③ 刘文杰：《被遗忘权：传统元素、新语境与利益衡量》，《法学研究》2018 年第 2 期，29 页。

④ 陈新平、何双：《我国被遗忘权构建基础与路径探析》，《河北工业大学学报（社会科学版）》，2021 年第 3 期，第 68-69 页。

不同的条文以示区别。①

三是包容说，认为删除权和被遗忘权不能等同，删除权包含被遗忘权。在GDPR第17条的标题中，被遗忘权是以括号的形式位于擦除权之后。根据标点符号的用语学理论，应认为被遗忘权是擦除权的一部分。换言之，删除权是根本，被遗忘权是补充。② 删除是被遗忘权的核心内容，被遗忘权的权利内涵是对业已存在的不利信息予以删除。此外，网络侵权中的"通知—取下"规则没有涵括被遗忘权的删除，不是被遗忘权的内容。③ 最后，我国网络运营商的实际做法已经包含了被遗忘权。④

（2）删除权与被遗忘权的逻辑关系是包容关系

删除权与被遗忘权既不是对立概念，也不是等同概念，包容说所揭示的删除权与被遗忘权的关系是正确的。

首先，被遗忘权不采"广义被遗忘权"的概念。广义被遗忘权包括对个人信息的彻底删除，也包括部分遗忘。在删除之外，还可以采取匿名化、设置访问限制、停止限制传播、信息的语境保留等其他技术手段，以实现被遗忘的效果。⑤这种观点的产生原因在于，有的技术人员认为从技术层面来看，法律试图以一种"物理式地摧毁一个有体物"的方式来实现被遗忘权的效果，是不可能实现的。例如，MySQL数据库是依据一定的方向和一定的顺序来搜索某个信息的，信息的删除不是一个直接从数据库消失的过程，而是依据算法将被删除的信息移入垃圾偏移站，从而留下一个信息空位，再次搜索时算法会跳过这个空位，直到新的数据进入系统。因此，与其说"删除"了某个信息，不如说在数据库中"隐藏"了这个信息。⑥ 换个角度来说，即使法院支持了信息主体的主张，删除了链接或

① 齐爱民：《中华人民共和国个人信息保护法学者建议稿》，《河北法学》2019年第1期，第35页。
② 薛丽：《GDPR生效背景下我国被遗忘权确立研究》，《法学论坛》2019年第2期，第102页。
③ 杨立新、韩煦：《被遗忘权的中国本土化及法律适用》，《法律适用》2015年第2期，第28页。
④ 刘学涛、李月：《大数据时代被遗忘权本土化的考量：兼以与个人信息删除权的比较为视角》，《科技与法律》2020年第2期，第83-84页。
⑤ 刘文杰：《被遗忘权：传统元素、新语境与利益衡量》，《法学研究》2018年第2期，第29页。
⑥ 翟凯：《论人工智能领域被遗忘权的保护：困局与破壁》，《法学论坛》2021年第5期，第145-147页。

者源文件，但是，其他网络用户仍然可以提前下载信息、直接跳转访问站点或使用外国搜索引擎来查询到相关的内容。为了规避单一删除手段造成的上述弊端，应该推行"广义被遗忘权"的概念。这种主张要求被遗忘权脱离删除权，应视被遗忘权为一种独立、崭新、综合的技术手段。这一观点的问题在于，割裂了删除权和被遗忘权的关系，使得被遗忘权脱离了其赖以生存的权利体系，不能得到我国现行法律与国家标准的支持。《信息安全技术公共及商用服务信息系统个人信息保护指南》（下称《指南》）5.1（d）规定："删除指个人信息在信息系统中不再可用。"结合《指南》关于"信息系统"的概念可知，删除是信息处理者在用以处理信息的计算机、关联网络和相关设备中使特定信息不再可用。在满足特定情况下，只要能使信息在储存媒介中消除且不再具有恢复可能的，就可定义为"删除"。"不再恢复"的要求直接表明了《指南》与广义被遗忘权的实现手段之间的对立，所以，广义被遗忘权不是被遗忘权的真正含义。

其次，个人信息匿名化也不是被遗忘权的实现手段。《个人信息保护法》第73条第4款对匿名化的定义，是"个人信息经过处理无法识别特定自然人且不能复原的过程"。就此而言，似乎除删除外，匿名化也能实现删除的目标，但其实不然。网络中的删除，可以分为"物理删除"和"逻辑删除"[①]，物理删除是将Data区内的二进制数据全部归零，删除后无法恢复。逻辑删除本质上就是一种修改操作，它不对Data区做根本处理，在表中以删除标识进行区别，所以信息存在恢复的可能。立法者显然意识到两种删除的区别，并在不同条文中进行了区分。《个人信息保护法》第21条第2款规定："委托合同不生效、无效、被撤销或者终止的，受托人应当将个人信息返还个人信息处理者或者予以删除，不得保留。"这里说的是物理删除。第47条规定："有下列情形之一的，个人信息处理者应当主动删除个人信息；个人信息处理者未删除的，个人有权请求删除。"此处没有"不得保留"的表述，因此近似于逻辑删除。这两种删除的灵活运用都足以打消认为删除作为一种信息保护手段过于狭窄的顾虑。而匿名化处理的手段

---

① lddfff_3a:《通俗理解逻辑删除和物理删除的区别》，https://blog.csdn.net/weixin_43860058/article/details/84713222，2021年10月31日访问。

包括泛化、压缩、分解和置换等，尽管与删除类似，但却仍然存在被"重构"和"突破"的风险，被匿名化的数据可以被逆转。[①] 随着近几年技术的突破，重标识手段（re-identification）得到了发展，第三方在某些情况下可以重新知晓被匿名化的信息[②]，所以无法确保某个匿名化手段在什么时候会被攻破。《个人信息保护法》第 47 条规定的是删除，而不是匿名化处理，因而不能把匿名化处理确认为被遗忘权的手段。

最后，删除权与被遗忘权具有共同性。一是，二者有共同的原则性要求。《个人信息保护法》第 8 条规定："处理个人信息应当保证个人信息的质量，避免因个人信息不准确、不完整对个人权益造成不利影响。"保证信息质量原则是个人信息保护的一般原则，无论是删除权、被遗忘权还是更正、修正权等，都需遵守。该条对"不准确、不合理"的不当信息的描述，与冈萨雷斯案欧盟法院所认定的被遗忘权的适用原则具有高度相似性。[③] 这是各国立法都重点关注的问题。二是，二者的适用前提存在包容关系。《个人信息保护法》第 47 条规定，当删除事由出现时，个人信息处理者应该及时主动删除信息，未及时删除的，信息主体可以请求删除。被遗忘权的行使同样如此，二者都可以通过请求的方式行使权利。三是，二者的权利起源与适用环境相同。虽然被遗忘权最原始的形态是罪犯在刑满释放之后可以反对公开其罪行和监禁情况的权利，但是，在《个人信息保护法》中讨论的是"数字被遗忘权"，这种权利与前者最明显的区别为是否只能在网络环境中行使。删除权和被遗忘权都是在网络环境下产生的，针对的都是个人信息易被侵犯的现实问题，当事人都无法对报纸、期刊等有形载体刊登的相关信息主张被遗忘权和删除。四是，二者的主体相同、客体具有关联性。删除权和被遗忘权都是个人信息权的内容，二者的权利主体都是自然人，法人和非法人组

---

① MottoIN：《个人隐私保护之殇：所谓的匿名化数据，十足可以演变成"Dark Data"》，https://www.sohu.com/a/161723833_804262，2021 年 10 月 20 日访问。

② 法足修行：《从 2020 年版〈个人信息安全规范〉看匿名化和去标识化的区别与应用场景》，www.360doc.com/content/20/0622/21/9863105_919975040.shtml，2022 年 6 月 22 日访问。

③ 杨立新、韩煦：《被遗忘权的中国本土化及法律适用》，《法律适用》2015 年第 2 期，第 25 页。

织不是合法的权利主体，具体来说，是利用互联网传播数据的所有个人。[1]义务主体都是宽泛意义上的信息处理者，包含网络服务提供商。

正因为被遗忘权的基本内容是删除，与删除权相一致，而被遗忘权的删除的范围小于删除权，且在删除权的范围之内，因而，被遗忘权和删除权既不是对立的，也不是完全相同的概念，而是包容和被包容的关系。

2. 处理目的已达、不达或者不再必要是被遗忘权的行使要件

《个人信息保护法》第47条规定的删除权的法定事由包括：一是处理目的已实现、无法实现或者为实现处理目的不再必要；二是个人信息处理者停止提供产品或者服务，或者保存期限已届满；三是个人撤回同意；四是个人信息处理者违反法律、行政法规或者违反约定处理个人信息；五是法律、行政法规规定的其他情形。在上述规定中，虽然没有明文规定被遗忘权，但是，"处理目的已实现、无法实现或者为实现处理目的不再必要"的法定事由，就是被遗忘权的行使要件。

《个人信息保护法》第47条规定的这一删除权的事由，可以概括为个人信息的处理目的已达、不达或者不再必要。处理目的已实现，就是目的已达；处理目的无法实现，就是目的不达；为实现处理目的不再必要，就是不再必要。与其纠结条文是否写有"被遗忘权"这四个字，不如将重点放在对法律条文规定进行准确的分析上。因处理个人信息的目的已达、不达或者不再必要而有权请求删除，包含的正是被遗忘权的内容。信息处理目的是处理个人信息的正当性基础。英国哥伦比亚省信息和隐私专员伊丽莎白·德纳姆认为："被遗忘权的内容要求组织在按照他们的需要保存信息时只能出于公事目的，当该目的已经达成或者不具备时，对相关信息就必须删除。"因此，目的性要素的丧失是被遗忘权得以适用的基础。以疫情为例：一旦发现感染者，须依据《个人信息保护法》和《传染病防治法》公布个人行踪信息。个人行踪是个人敏感信息，公开或者泄露会对信息主体产生重大不利影响。但是由于存在目的性要素，因而搜集和公开该信息是合法的、正当的。当这一目的性

---

① 何治乐、黄道丽：《大数据环境下我国被遗忘权之立法构建——欧盟〈一般数据保护条例〉被遗忘权之借鉴》，《网络安全技术与应用》2014年第5期，第172页。

要素即处理目的已达、不达或者不再必要，就不存在继续保留该信息的必要，个人信息处理者未主动删除的，权利人有权请求删除该信息。

笔者曾经将被遗忘权定义为：是指信息主体对已被发布在网络上的有关自身的不恰当的、过时的、继续保留会导致其社会评价降低的信息，要求信息控制者予以删除的权利。也有学者把被遗忘权界定为"个人信息的拥有主体基于隐私自主而拥有向个人信息收集者、发布者、索引者等随时要求删除遗留在网络当中的各种有关个人的数字痕迹，从而使其被其他人所忘记的权利"；或者界定为"数据主体有权要求数据控制者永久删除有关数据主体的个人数据，以使该数据被互联网所遗忘的权利"。这些对被遗忘权定义的基本内容是相通的，虽然随着研究的深入而对被遗忘权的定义也在发展，但是概括的基本内容是适当的。其中被遗忘权所要删除的个人信息是不恰当的、过时的、继续保留会导致其社会评价降低的要求，正是处理目的已达、不达或者不再必要，因而被遗忘权的法律依据就是《个人信息保护法》第47条第1项规定。个人信息权利人依照处理目的已达、不达或者不再必要的个人信息的规定，对被处理的不恰当的、过时的、继续保留不当的个人信息行使被遗忘权，完全没有障碍。反之，该条规定的其他各项删除权的事由，如个人信息处理者停止提供产品或者服务或者保存期限已届满、个人撤回同意、个人信息处理者违反法律行政法规或者违反约定处理个人信息，都与被遗忘权的内容不甚相合；而"法律、行政法规规定的其他情形"需要其他法律的规定，也不宜适用。

正因为如此，《个人信息保护法》第47条规定的第1项行使删除权的事由，规定的就是被遗忘权。在删除权与被遗忘权之间的逻辑关系上，是包容与被包容的关系，即被遗忘权包容在删除权之中，是删除权的内容之一。

3. 删除权的权利母体是个人信息权

删除权和被遗忘权都不是独立的民事权利，它们都归属于个人信息权益的概念之下，为个人信息权的具体内容。《民法典》规定个人信息及其保护使用的概念是"个人信息"，《个人信息保护法》使用的概念是"个人信息权益"，具有进一步完善个人信息权利内涵和外延的重大意义。从理论上揭示个人信息权益的权利和利益构造，澄清个人对其个人信息在人格尊严、人格财产安全以及通信自由和通信秘密等方面的利益及其个人信息的非财产性，对于保护个人的个人信息权益，具有重要意义。学者认为，个人信息权益的内部构造由"本权权益"与保护"本权权益"的权利构成。个人信息权益之本权权益主要包括人格尊严、人身财产安全以及通信自由和通信秘密等；保护本权权益的权利主要包括同意（或拒绝）的权利以及知情、查阅、复制、转移、更正、补充、删除、请求解释说明等权利。① 这些都在《民法典》第 1037 条和《个人信息保护法》第四章"个人在个人信息处理活动中的权利"中作出了规定。

学界对被遗忘权属性与地位性质的主要观点有隐私权说②、个人信息自决权说③、共同体信息合理流通说。④ 较为主流的观点是个人信息权权能说。⑤ 这些学说都从不同方面揭示了被遗忘权的特征，个人信息自决权说认为，被遗忘权的核心是删除，内容是信息主体有权要求删除或者隐去与自身相关的信息。支持共同体信息合理流通说的学者主要依据谷歌全球隐私顾问皮特·弗莱舍尔（Peter Fleischer）的观点，主张应根据信息发布的场景不同，确定被遗忘权的本质机制，明确个人信息和公共信息的边界，从而将其认定为是一种"社会遗忘权"而非"个人遗忘权"更为适宜。隐私权说认为，不仅应在法律适用上参照隐私权的规定，而且应承认在性质上被遗忘权就是隐私权的一部分。

在讨论被遗忘权的属性和地位时，笔者曾经主张，在理论上，应当将被遗忘权作为个人信息权的内容，以为将来的人格权立法或者个人信息保护法的立法做好理论准备；在司法实务上，目前宜将被遗忘权作为隐私权的内容，可以依据现

---

① 张新宝：《论个人信息权益的构造》，《中外法学》2021 年第 5 期，第 1144 页。
② 王凌暤：《"被遗忘"的权利及其要旨——对"被遗忘权"规范性基础的批判性考察》，华东政法大学学报 2021 年第 5 期，第 53 页。
③ 薛丽：《限制抑或扩张：我国被遗忘权权利主体研究之检视与证成》，《江汉论坛》2021 年第 10 期，第 121 页。
④ 丁晓冬：《被遗忘权的基本原理与场景化界定》，《清华法学》2018 年第 6 期，第 107 页。
⑤ 对于被遗忘权的性质，还有公法权利说（参见张浩：《"被遗忘"能否成为一项法律权利——兼与杨立新、韩煦教授商榷》一文），一般人格利益说（参见张建文、李倩：《被遗忘权的保护标准研究——以我国"被遗忘权第一案"为中心》一文）等。

有法律，以保护隐私权的法律规定对其进行保护。① 这个意见在今天被验证是正确的。既然《个人信息保护法》规定了个人信息权，个人信息权的内容包含删除权，被遗忘权又是删除权的内容，因此，被遗忘权就是个人信息权益的权利内容，其权利本源关系是：

个人信息权→删除权→被遗忘权

正是由于被遗忘权的实质内容是删除，而行使删除权的基本事由包含了处理目的已达、不达或者不再必要，因此，《个人信息保护法》第 47 条规定了删除权，并且将处理目的已达、不达和不再必要规定为删除权的行使要件，规定的就是被遗忘权。

五、《个人信息保护法》对我国本土被遗忘权概念的重新界定

《个人信息保护法》第 47 条规定的被遗忘权是个人信息权益的内容之一，同时也对我国本土的被遗忘权的概念及特征进行了重新界定。

（一）对本土化被遗忘权概念的重新定义

在《个人信息保护法》颁布实施之前，我国学界对被遗忘权概念的定义众说纷纭。《个人信息保护法》对被遗忘权作了准确界定，学界也应当依照其规定，对被遗忘权概念进行重新定义。

1995 年《欧洲数据保护指令》规定了"公民可以在个人数据不再需要时提出删除请求，以保护个人数据信息"，这是被遗忘权的最初形态。GDPR 于 2012 年制定，经过 2014 年修改后，第 17 条规定了"擦除权"（被遗忘权），成为研究被遗忘权制度的典型模板。② 在司法层面，欧盟法院在 2014 年"冈萨雷斯案"的

---

① 杨立新、韩熙：《被遗忘权的中国本土化及法律适用》，《法律适用》2015 年第 2 期，第 30 - 31 页。

② GDPR 第 17 条规定了数据主体享有"擦除权"（被遗忘权），可以请求数据控制者删除个人数据的几种情况，分别是：个人数据对实现数据收集或者处理的目的不再必要；处理数据是依据 6.1.a 或 9.2.a 而进行，且没有处理数据的其他法律依据，主体撤回同意的；主体反对 21（1）进行的处理，并且没有压倒性的正当理由可以处理，或者主体反对 21（2）的处理的；已经存在非法的数据处理的；为了履行欧盟或者成员国法律为控制者设定的法律责任；已经搜集了 8（1）规定的和提供信息社会服务相关的个人数据。

判决中，确定了被遗忘权的概念；2017 年判决的"Manni 主张删除职业信息"案[1]表明欧盟法院采取更加务实的标准和态度，在判断被遗忘权的适用条件上，不单单依据"数据生命周期"理论，更看重信息存储、公布之目的。即权利主体主张删除的数据是否符合信息公布之初始目的、是否具有个人隐私之敏感性，使其成为重要的判断因素。

美国对被遗忘权的确立和适用采取更谨慎的态度，基于美国宪法第一修正案的规定，司法界长久以来对被遗忘权的反对态度显而易见。随着网络的不断发展，因为不合时宜信息的留存所导致的恶劣案件不断增多——例如阿曼达·托德（Amanda Todd）的自杀[2]，美国不得不重新思考被遗忘权的价值。经过了数年的沉淀与讨论后，加州确立的"橡皮擦法案"[3] 被认为是美国被遗忘权发展历史上的里程碑事件，也是网络环境保护未成年人权益的新高度。

相对比而言，我国《个人信息保护法》第 47 条第 1 项规定的被遗忘权具有更扎实的社会基础和理论、实践依据。对这一概念的界定应当全面揭示其内涵。被遗忘权是指自然人在个人信息处理中，对处理目的已经实现、无法实现或者对实现处理目的不再必要的自己的个人信息，未被个人信息处理者主动删除时，所享有的请求删除的个人信息权利的内容。

（二）对本土化被遗忘权基本特征的重新界定

1. 被遗忘权的权利主体是个人信息处理活动中的自然人

被遗忘权的权利主体仅指自然人，是学界通说。有学者认为，法人和非法人组织享有有限的人格权，当法人、非法人组织的名誉权受到侵害时，应赋予其被遗忘权。如在"加多宝诉广药集团商业诋毁案"中，加多宝老板受贿潜逃。这一事实与商业品牌竞争无关，广药集团却将这一信息置于广告中宣传，构成商业诋

---

① 有关 Manni 案的具体案情介绍和裁判解读评析之详情请见杨立新、杜泽夏：《被遗忘权的权利归属与保护标准——任甲玉诉百度公司被遗忘权案裁判理由评述》，《法律适用》2017 年第 16 期。

② Aislinn O'Connell，"The Right to be Forgotten"，by Paul Lambert，*International Journal of Law and Information Technology*，2020（1），pp. 88-90.

③ "橡皮擦法案"，即加州参议院第 568 号法案，该法案要求 Facebook 等社交网站允许未成年人擦除自己的上网痕迹。

毁，加多宝可行使被遗忘权要求广药集团删除。[①] 这种看法并不正确。民事主体在经营中实施侵害其他法人、非法人组织人格权的行为，应当依据《民法典》第1195 条的规定行使通知权，要求网络服务平台提供者予以删除、屏蔽或者断开链接。这里的删除虽然也是一种删除，但属于"通知—删除"规则中通知权的内容，并不是《个人信息保护法》第 47 条规定的删除权，更不是被遗忘权的内容。本案广药集团的行为系在网络上发布违法信息的行为，加多宝有权依据"通知—删除"的通知权行使规则请求删除，以维护自己的名誉权，根本不是个人信息权中的被遗忘权的删除权。因此，被遗忘权的权利主体只能是个人信息处理活动中的自然人"个人"，不包括法人或者非法人组织。

2. 被遗忘权的权利本源是个人信息权

被遗忘权不是一项独立的权利，也不是一种可以凌驾于其他数字权利的超然权利。[②] 也就是说，从制度起点来看，被遗忘权不具备绝对高于数据可携权、数据修正权等其他权利的天然优势。正如学者所说，如果一种"新权利"的权能已经被其他现有权利所包含，将其认定为一种独立的权利就是一种冗余。[③] 显然，被遗忘权的权能只不过是其他权利簇中积极权能的集合。当一项民事利益需要独立保护，且没有上位的民事权利能将其涵盖，立法又作出明确规定的情况下，才可以认为它是一项独立的民事权利，被遗忘权显然不具有这一特征。[④] 在现有的具体人格权框架内，足以解决被遗忘权的理论与实际问题，也不应采用一般人格权的方法理解被遗忘权。被遗忘权是具体人格权的组成部分，这个具体人格权就是个人信息权。

3. 被遗忘权的内容是删除处理目的丧失的个人信息

个人信息处理者处理他人个人信息，须具有合法的处理目的。只有存在合法

① 薛丽：《限制抑或扩张：我国被遗忘权权利主体研究之检视与证成》，《江汉论坛》2021 年第 10 期，第 123 - 124 页。

② 万方：《终将被遗忘的权利——我国引入被遗忘权的思考》，《法学评论》2016 年第 6 期，第 155 页。

③ 王凌皞：《"被遗忘"的权利及其要旨——对"被遗忘权"规范性基础的批判性考察》，《华东政法大学学报》2021 年第 5 期，第 53 - 54 页。

④ 杨立新、杜泽夏：《被遗忘权的权利归属与保护标准——任甲玉诉百度公司被遗忘权案裁判理由评述》，《法律适用》2017 年第 16 期，第 33 页。

的处理目的时，个人信息处理者才具有处理他人个人信息的正当性。当个人信息处理者处理个人信息的处理目的已经丧失，其处理他人个人信息的正当性就不复存在，因此，就应当对正在处理的他人个人信息予以删除。处理他人个人信息的目的丧失，包括处理目的已达、目的不达或者不再必要。处理个人信息的目的已经实现（已达），个人信息处理者就没有继续处理个人信息的合法性，当然应当删除。处理个人信息的目的不能实现（不达），个人信息处理者丧失了继续处理个人信息的合法性，也应当予以删除。为实现处理目的不再必要，当然更不具有处理他人个人信息的必要性和正当性，更应当予以删除。这三种个人信息处理目的的丧失，都是被遗忘权行使的条件。当个人信息处理者处理他人个人信息出现上述处理目的丧失的三种情形之一的，权利人就享有被遗忘权，有权请求个人信息处理者删除这样的个人信息。"冈萨雷斯诉谷歌"案中，原告请求被告删除的个人曾经破产的信息，说到底，就是个人信息处理目的已经丧失，至于是否要具备已经过时、继续保留对自己有不利影响等，都不是必要的条件。

4. 被遗忘权行使的前提是个人信息处理者未对处理目的丧失的信息予以删除

个人信息权利人请求行使被遗忘权，须具备其权利行使的前提要件，即个人信息处理者未对处理目的丧失的信息主动删除。个人信息权益的权利内容，是当个人信息处理目的的丧失时，个人信息处理者应当主动将其删除，以保障权利人的权利不受侵害，《个人信息保护法》将其规定为个人信息处理者负有的保证权利人权利的法定义务。当这一义务不履行时，权利人才可以行使被遗忘权，请求义务人履行删除的义务。

个人信息处理者既包括网络服务运营商，也包括搜索引擎运营商。这是因为遗忘权有两大权能，即信息的内容删除权和索引（链接）删除权，它主要影响的是信息存档和信息获取两个方面。[1] 这两种权能在私法上对应两大义务主体，即网络服务运营商和搜索引擎运营商。在"冈萨雷斯诉谷歌"一案中，冈

---

[1] 连志英：《被遗忘权对图书馆档案馆信息存档及信息获取的影响》，《图书情报工作》2021年第16期，第36—37页。

萨雷斯就请求删除源网址的相关内容，同时要求谷歌删除链接。得不到实现的权利就是一纸空文，网络服务运营商和搜索引擎运营商是相依相伴的共同体，在当今的网络时代无法将二者割裂看待，如果只将其中一种类别作为义务主体，不仅民法的平等原则无法得到实现，而且会令被遗忘权的相关制度成为一纸空文，无法实现遗忘权的目的。所以，这两种网络运营商都是被遗忘权的义务主体。

5. 被遗忘权的双重权利属性

首先，被遗忘权的核心当然是个人信息自决权。《个人信息保护法》第44条规定："个人对其个人信息的处理享有知情权、决定权，有权限制或者拒绝他人对其个人信息进行处理。"在被遗忘权的行使过程中，信息主体有权对信息保存和删除情况知情，有权决定是否请求删除信息，删除不合时宜或者内容失实的信息实际上也是保证了主体的权益在现在和未来不会进一步减少，这些都是个人信息自决权的体现。个人信息权是人格权，《民法典》就将其规定在人格权编。个人信息权的自决权，包括在《民法典》第130条关于"民事主体按照自己的意思行使民事权利，不受干涉"的自我决定权①的规定中。

其次，个人信息自决权只是被遗忘权属性的一个方面。被遗忘权属性的另一个方面，是人格权请求权。这是因为，个人信息权作为人格权，一方面要确定其权利的内容，另一方面要确定权利的保护方法。《个人信息保护法》第47条规定的个人信息处理者对处理目的丧失的他人个人信息的删除，是其法定义务，对应的就是个人信息权利人的权利。个人信息处理者对处理目的丧失的个人信息予以删除，就保障了权利人的权利实现。当其不能主动删除处理目的丧失的个人信息时，权利人有权请求个人信息处理者删除处理目的丧失的个人信息，就不再是个人信息权的内容本身，而是保护个人信息权的人格权请求权，成为《民法典》第995条的内容。

因此，被遗忘权虽然是个人信息自决权的表达，但更是保护个人信息自决权的人格权请求权。对于被遗忘权的权利属性，揭示它的论述还不多见。后文还要

① 杨立新、李怡雯：《中国民法典新规则要点》，北京，法律出版社2021年版，第116页。

对此继续进行讨论。

（三）被遗忘权实现的其他变通方法与抗辩

1. 变通方法

《个人信息保护法》第 47 条第 2 款规定："法律、行政法规规定的保存期限未届满，或者删除个人信息从技术上难以实现的，个人信息处理者应当停止除存储和采取必要的安全保护措施之外的处理。"这一款规定的内容，在具备法律、行政法规规定的保存期限未届满，或者删除个人信息从技术上难以实现，不能采取或者难以采取删除措施的，即使应当删除，也可以采取存储和采取必要的安全措施，而停止这两个方面之外的其他个人信息处理，如收集、使用、加工、传输、提供、公开等。

这其实是对删除的变通规定。首先，法律、行政法规的保存期限未满，信息的保存就具有合法事由。关于保存期限，明文列举了法律规范的种类，并无一个"等"字，因此规章等即使具有效力，也不在此范围内。当法定的保存期限未满，虽然客体符合被遗忘权的要求，但是基于法律的强行性规定，信息主体也不能强制要求删除。其次，被遗忘权要求具有技术可操作性方可行使，对于无法删除的信息，信息处理者只能采取存储和必要安全措施的手段。

当出现这两种情形之一时，可以存储和采取必要的安全措施，其他的个人信息处理方法均须停止，存储和采取必要的安全措施须同时进行，即在存储的基础上，再加上必要的安全措施，是删除权和被遗忘权无法直接实现时变通的个人信息权的保护方法。

2. 抗辩事由

（1）公共利益目的

行使被遗忘权也有合法的抗辩事由，最主要的是公共利益目的。权利人行使被遗忘权，个人信息处理者或者国家机关具有公共目的时，可以拒绝删除。GDPR 第17 条第 3 款也规定，数据的处理是为了行使表达自由和信息自由，数据控制者为了执行基于公共利益的特定任务，出于科学、统计或历史研究目的和为了提起、行使或辩护主张时，擦除权（被遗忘权）不能得到适用。其中包含的道理便是，被遗忘权从来都不是一项绝对且任意的权利。并不是所有的信息都能依据被遗忘权予以删除，只有不存在免责事由且个人利益大于公共利益时，被遗忘权才有适用的空间。国内支持被遗忘权的学者一致认可，对于公众人物和罪犯应该赋予有限的被遗忘权，对于未成年人应该适用特殊的规则加强保护的力度。[①] 这也是公共利益的抗辩。

（2）公众知情权

满足公众知情权也是对行使被遗忘权的抗辩事由之一。被遗忘权和言论自由天生就带着适用上的矛盾——要么为了保护被遗忘权而限制他人的表达自由，要么为了实现表达自由而允许个人信息被他人自由地使用与处理。[②] 为了解决这一难题，国内学界对被遗忘权的适用标准进行了深入探讨，成果主要有：一是在承认"数据生命周期理论"[③] 的基础上，对个人信息的种类与使用场景进行细化，将个人信息类型化以进一步明确与完善该理论的适用条件。例如有学者提出，从信息的产生方式来看，信息可以分为被动信息和主动信息、自主发布信息和非自主发布信息；从信息的作用来看，可以分为通讯信息和知识信息；从信息的目的来看，可以分为即时信息和远期决策的信息。不同的信息种类对被遗忘权的适用有不同的影响，换言之，虽然美国一些学者认为公共利益不会随着时间的流逝而衰减，但是，国内学者普遍认为时间是良好的判定要素，上述两种变量会影响信息中公共利益的衰减速度。[④] 二是以信息发布的目的为切入点，已经公开的信息丧失原始目的的，应该予以删除。无论是前文提到的 Manni 案，还是 2015 年被称为我国被遗忘权第一案的"任甲玉诉百度公司案"，都体现了一个共同特征：

---

① 例如，《个人信息保护法》第 31 条规定："个人信息处理者处理不满十四周岁未成年人个人信息的，应当取得未成年人的父母或者其他监护人的同意。个人信息处理者处理不满十四周岁未成年人个人信息的，应当制定专门的个人信息处理规则。"

② 齐爱民、李仪：《论利益平衡视野下的个人信息权制度——在人格利益与信息自由之间》，《法学论坛》2011 年第 3 期，第 37 - 38 页。

③ 如谢远扬在《信息论视角下个人信息的价值——兼对隐私权保护模式的探讨》一文中所描述的那样，时间不仅能令公共利益下降，还会使个人利益下降。不过在二者同时下降的过程中，个人利益在绝大多数情况下总能在一个时间点超越公共利益。

④ 满洪杰：《被遗忘权的解析与构建：作为网络时代信息价值纠偏机制的研究》，《法制与社会发展》2018 年第 2 期，第 207 - 210 页。

即使案件的情况符合被遗忘权行使要件的要求，只要信息仍满足公布之初的原始目的，个人信息权就应该让位给公众知情权，除非信息具有相当大程度的个人敏感性。[1] Manni 与任甲玉的情况相同，信息都是由信息主体自主公布的，是正当、合法的职业信息（professional information）。尤其对于任甲玉案而言，信息主体任职于教育部门，公众对于其职业经历更有了解的必要，这一信息公布的目的始终生效，所以法院驳回了任甲玉的诉讼请求。

六、对被遗忘权的两种不同的保护方式

一项具有对世性的权利（权益）由"本权权益"与保护"本权权益"的权利两个方面组成。[2] 被遗忘权虽然不是一项完整的对世权，但是，个人信息权却是一个对世性权利，其中具有一定相对独立地位的被遗忘权，也具有本权权益和保护本权权益的权利。作为被遗忘权的权利保护的权利，包括请求删除的人格权请求权和请求损害赔偿的侵权请求权。

（一）被遗忘权的人格权请求权保护

人格权请求权是《民法典》第 995 条规定的保护人格权的固有请求权，与物权请求权、身份权请求权等一道，构成民事权利保护的第一种方法。它们是民事权利自己固有的保护自己的请求权。当自身权利受到他人侵害时，只要不请求以损害赔偿的方式进行保护，就可以直接行使固有请求权，救济自己，使自己的母权利恢复圆满状态。

不过，《民法典》第 995 条规定人格权请求权只规定了停止侵害、排除妨碍、消除危险、消除影响、恢复名誉、赔礼道歉，并没有规定删除这种责任方式。应当看到的是，人格权请求权并非只有《民法典》第 995 条规定的这几种责任方式，个人信息权益的固有请求权如删除，是在《民法典》第 1037 条第 2 款关于

---

① 杨立新、杜泽夏：《被遗忘权的权利归属与保护标准——任甲玉诉百度公司被遗忘权案裁判理由评述》，《法律适用》2017 年第 16 期，第 37 页。

② 张新宝：《论个人信息权益的构造》，《中外法学》2021 年第 5 期，第 1147 页。

"自然人发现信息处理这违反法律、行政法规的规定或者双方的约定处理其个人信息的，有权请求信息处理者及时删除"的规定中特别规定的人格权请求权的保护方式。因此，《个人信息保护法》第 47 条规定的删除权的上位法依据，就是《民法典》的上述规定。

依照《个人信息保护法》第 47 条规定，个人行使被遗忘权请求删除个人信息的前提要件，是"个人信息处理者应当主动删除个人信息；个人信息处理者未删除"。按照这一规定要求，个人信息处理者对于处理目的丧失的个人信息，负有主动删除的义务。这是个人信息权的权利人实现其权利的必要措施，也是个人信息处理者必须履行的义务。个人信息处理者没有履行这一法定义务，就侵害了权利人的个人信息权。因此，权利人就可以行使被遗忘权这一人格权请求权，请求个人信息处理者删除处理目的已达、不达或者不再必要的个人信息，维护自己个人信息权的完满性。

权利人可以自主选择请求删除处理目的丧失的个人信息的对象。依据被遗忘权的权能，当事人可以起诉搜索引擎运营商、网络服务运营商或将二者作为共同被告。欧盟法院在"冈萨雷斯案"判决中仅支持了请求搜索引擎运营商（谷歌）删除链接的主张，原因在于网络服务运营商享有新闻报道自由。为了进一步明确被遗忘权权能的行使规则，有的观点认为，信息主体应该先向出版者（网络服务运营商）申请，无法实现的才可以向搜索引擎运营商提出权利主张。[①] 这种意见不妥。被遗忘权是个人信息权益的固有请求权，其本质是信息自决。对于处理个人信息的法定义务人，硬性规定谁先谁后的顺序，不仅不能达到良好效果，而且有损于权利人的信息自决权。如果认为信息主体首先或只能向搜索引擎请求行使被遗忘权，即使链接被删除，其他用户就有可能不经搜索引擎直接进入源网址；反之，网络中每个人的下载行为是无法被规制的，一则信息可能被传播成千上万次，只要存在搜索引擎，其他网络用户就可以有效搜索信息。在被遗忘权受损的情况下，将选择权交予权利人，是最好的方法。信息主体可以根据自己的实际需要，选择起诉搜索引擎运营商或者网络服务运营商。

---

① 卜学民：《论我国被遗忘权的法律构造》，《运城学院学报》2021 年第 4 期，第 39 页。

（二）被遗忘权的侵权请求权保护

《个人信息保护法》第 69 条规定了对个人信息权的侵权请求权保护，个人信息处理者对处理目的丧失的个人信息未履行删除的法定义务，侵害个人信息权的，如果仅仅请求其删除，尚不足以救济权利人的个人信息权所受到的损害的，权利人可以既请求删除，也可以行使侵权请求权，主张个人信息处理者承担损害赔偿责任。

应当看到的是，《个人信息保护法》第 69 条规定的侵害个人信息权益的损害赔偿方法，是有局限性的。一是其针对的仅是个人信息处理者，不包括其他民事主体对个人信息权利人的权利侵害；二是损害赔偿救济的只是侵害个人信息权造成财产权益损害，不包括侵害个人信息权益的精神损害赔偿。对此，个人信息权益受到个人信息处理者以外的民事主体的侵害的，应当依照《民法典》第 1182 条规定和第 1183 条规定，保护个人信息权益。对于个人信息处理者侵害个人信息权益造成损害的，要区分受到损害的性质不同，分别适用《个人信息保护法》和《民法典》的有关规定，确定侵权损害赔偿责任。

1. 个人信息处理者侵害个人信息权造成财产利益的损害赔偿

《个人信息保护法》第 69 条规定了个人信息处理者侵害个人信息造成财产利益损失的损害赔偿责任。该条规定："处理个人信息侵害个人信息权益造成损害，个人信息处理者不能证明自己没有过错的，应当承担损害赔偿等侵权责任。""前款规定的损害赔偿责任按照个人因此受到的损失或者个人信息处理者因此获得的利益确定；个人因此受到的损失和个人信息处理者因此获得的利益难以确定的，根据实际情况确定赔偿数额。"这一规定的要点是：

第一，个人信息处理者侵害个人信息权益造成财产损害的损害赔偿责任，不适用过错责任，而是适用过错推定原则。这是在法律有特别规定的场合，从损害事实本身推定侵权人有过错，侵权人不能证明自己对损害结果的发生并无过错的，即为有过错，应该承担侵权责任。[1]

第二，侵害个人信息权的侵权损害赔偿请求权的构成，须具备的构成要件，

---

① 杨立新：《侵权责任法》，北京，法律出版社 2021 年版，第 51 页。

一是违法行为，二是损害事实，三是因果关系，四是过错。具备这四个要件，个人信息处理者就应当依照《个人信息保护法》第69条规定，承担赔偿责任。

第三，承担赔偿责任的方法，是"按照个人因此受到的损失或者个人信息处理者因此获得的利益确定；个人因此受到的损失和个人信息处理者因此获得的利益难以确定的，根据实际情况确定赔偿数额"。这一规定与《民法典》第1182条规定相比，更为简洁、明确，按照这一规定确定侵害个人信息权造成权利人财产利益的损害，就能够保障被侵权人的合法权益。

2. 个人信息处理者侵害个人信息权造成权利人精神损害的赔偿

个人信息处理者侵害个人信息权，造成权利人精神损害的，应当承担精神损害赔偿责任。对此，虽然《个人信息保护法》没有明文规定，但是，应当适用《民法典》第1183条第1款规定确定个人信息处理者侵害个人信息权的精神损害赔偿责任。这是因为，个人信息权是人格权，人格权包含精神利益和财产利益。侵害个人信息权使权利人受到精神利益损害的，当然要承担精神损害赔偿责任。《个人信息保护法》是《民法典》的特别法，《民法典》是《个人信息保护法》的一般法。当特别法没有规定的，依照《民法典》第11条关于"其他法律对民事关系有特别规定的，依照其规定"的规定反推适用，当然应当适用《民法典》的规定，不能因为《个人信息保护法》第69条没有规定侵害个人信息权的精神损害赔偿，而对权利人的精神损害赔偿请求予以拒绝。

3. 非个人信息处理者侵害个人信息的损害赔偿

自然人享有的个人信息权是绝对权，其义务主体不仅仅是个人信息处理者，还包括其他任何民事主体。个人信息处理者以外的其他民事主体作为个人信息权的义务主体违反对他人个人信息权的不可侵义务造成损害的，不在《个人信息保护法》的调整范围之内，属于《民法典》侵权责任编的调整范围。所以，其他民事主体侵害个人信息权的侵权责任，应当适用《民法典》第1165条第1款规定的过错责任原则，依照第1182条和第1183条规定，承担侵害个人信息权造成财产损害的赔偿责任，以及造成精神利益严重损害的精神损害赔偿责任。前一种损害赔偿责任与《个人信息保护法》第69条规定的损害赔偿责任的区别，在于归责原则的不同。后一种损害赔偿责任，适用第1183条第1款规定，没有不同之处。

参考文献

一、中文著作

睡虎地秦梦竹简整理小组：《睡虎地秦梦竹简》，北京，文物出版社 1978 年版

中国人民大学哲学系逻辑教研室：《形式逻辑》，北京，中国人民大学出版社 1979 年版

最高人民法院民法典贯彻实施工作领导小组编：《中华人民共和国民法典理解与适用·人格权编》，北京，人民法院出版社 2020 年版

马克思主义理论研究和建设工程重点教材《宪法学》编写组：《宪法学》，北京，高等教育出版社、人民出版社 2011 年版

梅仲协：《民法要义》，台北，1971 年自版

梅仲协：《民法要义》，北京，中国政法大学出版社 2000 年版

王利明主编：《民法典·人格权法重大疑难问题研究》，北京，中国法制出版社 2007 年版

王利明主编：《中国民法典草案建议稿及说明》，北京，中国法制出版社 2004 年版

王利明：《民法新论》（上册），北京，中国政法大学出版社 1988 年版

王利明：《民法总则研究》，北京，中国人民大学出版社 2004 年版

王利明主编：《中华人民共和国民法总则详解》，北京，中国法制出版社 2017 年版

王利明主编：《人格权法新论》，长春，吉林人民出版社 1994 年

王利明等：《人格权法》，北京，法律出版社 1997 年版

王利明：《人格权法》，北京，中国人民大学出版社 2009 年版

619

王利明：《人格权法》，北京，中国人民大学出版社 2010 年版

王利明：《人格权法研究》，北京，中国人民大学出版社 2005 年版

王利明：《人格权法研究》，北京，中国人民大学出版社 2012 年版

王利明：《人格权法研究》，北京，中国人民大学出版社 2018 年版

王利明：《人格权法研究》，北京，中国人民大学出版社 2019 年版

王利明：《侵权责任法研究》，北京，中国人民大学出版社 2018 年版

王利明主编：《民法·侵权行为法》，北京，中国人民大学出版社 1993 年版

王利明、杨立新主编：《人格权与新闻侵权》，北京，中国方正出版社 1995 年版

王利明主编：《新闻侵权法律辞典》，长春，吉林人民出版社 1995 年版

王利明主编：《人格权与新闻侵权》，北京，中国方正出版社 1998 年版

王利明主编：《人格权与媒体侵权》，北京，中国方正出版社 2000 年版

王利明主编：《人格权与新闻侵权》，北京，中国方正出版社 2010 年版

王利明：《法学方法论》，北京，中国人民大学出版社 2013 年版

王利明：《王利明学术文集·人格权编》，北京，北京大学出版社 2020 年版

王利明：《物权法论》，北京，中国政法大学出版社 1998 年版

王利明、杨立新：《侵权责任法》，北京，法律出版社 1995 年版

王利明、杨立新编著：《侵权行为法》，北京，法律出版社 1996 年版

王利明、杨立新、姚辉：《人格权法》，北京，法律出版社 1996 年版

王利明、杨立新、姚辉：《人格权法》，北京，法律出版社 1997 年版

王利明、程啸、朱虎：《中华人民共和国民法典人格权编释义》，北京，中国法制出版社 2020 年版

王利明、程啸：《中国民法典释评·人格权编》，北京，中国人民大学出版社 2020 年版

杨立新主编：《民事司法实务全书》，长春，吉林人民出版社 1994 年版

杨立新：《民法判解研究与适用》第 3 辑，北京，中国检察出版社 1997 年版

杨立新：《人身权法论》，北京，中国检察出版社 1996 年版

杨立新：《民法思维与司法对策》（上），北京，北京大学出版社 2017 年版

杨立新：《民法总则条文背后的故事与难题》，北京，法律出版社 2017 年版

杨立新主编：《中华人民共和国民法总则要义与案例解读》，北京，中国法制出版社 2017 年版

杨立新：《中华人民共和国民法典条文要义》，北京，中国法制出版社 2020 年版

杨立新主编：《中国人格权法立法报告》，北京，知识产权出版社 2005 年版

杨立新：《人格权法专论》，北京，高等教育出版社 2005 年版

杨立新：《人格权法》，北京，法律出版社 2011 年版

杨立新：《人格权法》，北京，法律出版社 2016 年版

杨立新：《人格权法》，北京，法律出版社 2020 年版

杨立新：《人身权法论》，北京，中国检察出版社 1994 年版

杨立新：《人身权法论》，北京，人民法院出版社 2002 年版

杨立新：《人身权法论》，北京，人民法院出版社 2006 年版

杨立新：《人身损害赔偿》，北京，中国检察出版社 1996 年版

杨立新：《杨立新品百案》，北京，中国法制出版社 2007 年版

杨立新：《民法总则》，北京，法律出版社 2013 年版

杨立新：《民法总则》，北京，法律出版社 2017 年版

杨立新：《杨立新民法讲义·人格权法》，北京，人民法院出版社 2009 年版

杨立新主编：《中国百年民法典汇编》，北京，中国法制出版社 2011 年版

杨立新：《共有权研究》，北京，人民出版社 2021 年版

杨立新：《侵权法论》，北京，人民法院出版社 2004 年版

杨立新：《侵权责任法专论》，北京，高等教育出版社 2005 年版

杨立新：《侵权损害赔偿》，长春，吉林人民出版社 1990 年版

杨立新：《侵权责任法》，北京，法律出版社 2018 年版

杨立新：《侵权责任法》，北京，法律出版社 2021 年版

杨立新主编：《中华人民共和国侵权责任法草案建议稿及说明》，北京，法律出版社 2007 年版

杨立新：《民法总论》，北京，高等教育出版社 2007 年版

杨立新：《精神损害赔偿疑难问题》，长春，吉林人民出版社 1991 年版

杨立新：《人格权法通义》，北京，商务印书馆 2021 年版

杨立新、李怡雯：《中国民法典新规则要点》，北京，法律出版社 2020 年版

杨立新、王轶等：《中国民法学三十年（1978—2008）》，北京，中国人民大学出版社 2008 年版

姚辉：《人格权法论》，北京，中国人民大学出版社 2011 年版

梁慧星主编：《中国民法典草案建议稿》，北京，法律出版社 2003 年版

梁慧星：《民法》，成都，四川人民出版社 1988 年版

梁慧星：《中国民法经济法诸问题》，北京，法律出版社 1991 年版

梁慧星：《中国民法经济法诸问题》，北京，法律出版社 1994 年版

梁慧星：《民法总论》，北京，法律出版社 2007 年版

梁慧星主编：《为权利而斗争》，北京，中国法制出版社 2000 年版

梁慧星主编：《民商法论丛》，第 2 卷，北京，法律出版社 1994 年版

梁慧星主编：《民商法论丛》，第 8 卷，北京，法律出版社 1999 年版

梁慧星主编：《民商法论丛》，第 12 卷，北京，法律出版社 2000 年版

梁慧星主编：《民商法论丛》，第 23 卷，香港，金桥文化出版（香港）有限公司 2002 年版

梁慧星：《民商法论丛》，第 24 卷，北京，法律出版社 2004 年版

王泽鉴：《法律思维与民法实例》，北京，中国政法大学出版社 2001 年版

王泽鉴：《民法实例研习丛书·民法总则》，台北，三民书局 1983 年版

王泽鉴：《民法总则》，台北，三民书局 2008 年修订版

王泽鉴：《民法物权（1）通则·所有权》，北京，中国政法大学出版社 2001 年版

王泽鉴：《民法学说与判例研究》（重排合订本），北京，北京大学出版社 2015 年版

王泽鉴：《人格权法》，台北，三民书局 2012 年版

王泽鉴：《侵权行为法》，第 1 册，北京，中国政法大学出版社 2001 年版

史尚宽：《民法总论》，台北，正大印书馆 1980 年版

史尚宽：《债法总论》，台北，荣泰印书馆 1972 年版

史尚宽：《债法总论》，台北，荣泰印书馆 1978 年版

史尚宽：《债法总论》，北京，中国政法大学出版社 2001 年版

周枏等：《罗马法》，北京，群众出版社 1985 年版

周枏：《罗马法原论》（上册），北京，商务印书馆 1994 年版

周枏主编：《外国法律知识译丛·民法》，上海，上海知识出版社 1981 年版

郑玉波：《民法总则》，台北，1971 年自版

郑玉波：《民法总则》，台北，1979 年自版

郑玉波：《民法总则》，台北，三民书局 1998 年版

江平主编：《十二铜表法》，北京，法律出版社 2000 年版

江平等：《罗马法基础》（修订本），北京，中国政法大学出版社 1991 年版

徐国栋主编：《绿色民法典草案》，北京，社会科学文献出版社 2004 年版

徐国栋：《中国民法典起草思路论战》，北京，中国政法大学出版社 2001 年版

曾世雄：《损害赔偿法原理》，北京，中国政法大学出版社 2001 年版

曾世雄：《民法总则之现在与未来》，北京，中国政法大学出版社 2001 年版

马俊驹：《人格和人格权理论讲稿》，北京，法律出版社 2009 年版

魏振瀛：《民事责任与债分离研究》，北京，北京大学出版社 2016 年版

苏天辅主编：《形式逻辑学》，成都，四川人民出版社 1981 年版

李建国：《关于〈中华人民共和国民法总则（草案）〉的说明——2017 年 3 月 8 日在第十二届全国人民代表大会第五次会议上》，载《中华人民共和国民法总则·含草案说明》，北京，中国法制出版社 2017 年版

何勤华等编：《新中国民法典草案总览》（增订本），北京，北京大学出版社 2017 年版

刘小枫、甘阳主编：《柏拉图注疏集·哲人与立法》，上海，华东师范大学出版社 2013 年版

张明楷：《刑法学》，北京，法律出版社 2011 年第 4 版

张红：《人格权总论》，北京，北京大学出版社 2012 年版

龙显铭：《私法上人格权之保护》，上海，中华书局 1948 年版

胡长清：《中国民法总论》，上海，商务印书馆 1933 年版

胡长清：《中国民法总论》，北京，中国政法大学出版社 1997 年版

胡长清：《中国民法债编总论》，上海，商务印书馆 1946 年版

李林启：《论发展着的人格权》，北京，法律出版社 2018 年版

沈屮、许文杰：《隐私权论兼析人格权》，上海，上海人民出版社 2010 年版

何孝元：《损害赔偿之研究》，台北，"商务印书馆" 1982 年版

郑永宽：《人格权的价值与体系研究》，北京，知识产权出版社 2008 年版

张晋藩：《中国古代法律制度》，北京，中国广播电视出版社 1992 年版

王伯琦：《民法总则》，台北，1971 年自版

李由义主编：《民法学》，北京，北京大学出版社 1994 年版

李由义主编：《民法学》，北京，北京大学出版社 1988 年版

马原主编：《中国民法教程》，北京，人民法院出版社 1989 年版

马原主编：《民事审判实务》，北京，中国经济出版社 1993 年版

佟柔主编：《中国民法》，北京，法律出版社 1990 年版

佟柔主编：《中国民法学·民法总则》，北京，中国人民公安大学出版社 1990 年版

徐显明主编：《自然人权利义务通论》，北京，群众出版社 1991 年版

谢在全：《民法物权论》，北京，中国政法大学出版社 2001 年版

胡锦光、韩大元：《中国宪法》，北京，法律出版社 2016 年版

邓曾甲：《日本民法概论》，北京，法律出版社 1995 年版

张俊浩主编：《民法学原理》，北京，中国政法大学出版社 1991 年版

张俊浩主编：《民法学原理》，北京，中国政法大学出版社 2000 年版

夏芸：《医疗事故赔偿法——来自日本法的启示》，北京，法律出版社 2007 年版

郑永宽：《人格权的价值与体系研究》，北京，知识产权出版社 2008 年版

林纪东：《战后日本法律》，台北，正中书局 1968 年版

魏振瀛：《民法学》，北京，北京大学出版社 2000 年版

黄薇主编：《中华人民共和国民法典总则编解读》，北京，中国法制出版社 2020 年版

黄薇主编：《中华人民共和国民法典总则编释义》，北京，法律出版社 2020 年版

黄薇主编：《中华人民共和国民法典人格权编释义》，北京，法律出版社 2020 年版

黄薇主编：《中华人民共和国民法典侵权责任编释义》，北京，法律出版社 2020 年版

陈甦主编：《民法总则评注》（上册），北京，法律出版社 2017 年版

陈甦、谢鸿飞主编：《民法典评注·人格权编》，北京，中国法制出版社 2020 年版

袁雪石：《民法典人格权编释论》，北京，中国法制出版社 2020 年版

马特、袁雪石：《人格权法教程》，北京，中国人民大学出版社 2007 年版

朱晓峰：《中国语境下人格尊严的民法保护》，北京，知识产权出版社 2019 年版

何孝元：《损害赔偿之研究》，台北，"商务印书馆" 1982 年版

李林启：《论发展着的人格权》，北京，法律出版社 2018 年版

江必新主编：《民法典重点修改及新条文解读》，北京，中国法制出版社 2020 年版

吕光：《大众传媒与法律》，台北，"商务印书馆" 1981 年版

李宜琛：《民法总则》，台北，正中书局 1952 年版

于敏：《日本侵权行为法》，北京，法律出版社 1998 年版

王伯琦：《民法总则》，台北，正中书局 1979 年版

郑成思：《WTO 知识产权协议逐条讲解》，北京，中国方正出版社 2001 年版

李龙：《宪法基础理论》，武汉，武汉大学出版社 1999 年版

沈达明：《衡平法初论》，北京，对外经济贸易出版社 1997 年版

宋惠昌：《现代人权论》，北京，人民出版社 1993 年版

潘维大：《英美侵权行为法案例解析》，北京，高等教育出版社 2005 年版

李秋零主编：《康德著作全集》（第 4 卷），北京，中国人民大学出版社 2005 年版

孙亚明主编：《民法通则要论》，北京，法律出版社 1991 年版

龙斯荣、龙翼飞：《中华人民共和国民法通则释义》，长春，吉林人民出版社 1987 年版

邱仁宗：《生命伦理学》，上海，上海人民出版社 1987 年版

刘春茂主编：《法律学全书·民法学》，北京，中国人民公安大学出版社 1992 年版

倪正茂等：《安乐死法研究》，北京，法律出版社 2005 年版

赵秉志等：《中国刑法的运用与完善》，北京，法律出版社 1989 年版

赵秉志编：《澳门民法典》，北京，中国人民大学出版社 1999 年版

黄丁全：《医疗、法律和生命伦理》，台北，宏文图书股份有限公司 1998 年版

曾隆兴：《现代损害赔偿法论》，台北，泽华彩色印刷事业有限公司 1996 年版

曾隆兴：《现代损害赔偿法论》，台北，泽华彩色印刷事业有限公司 1988 年版

李震山：《人性尊严与人权保障》，台北，元照出版社 2009 年第 3 版

徐宗良等：《生命伦理学：理论与实践探索》，上海，上海人民出版社 2002 年版

蔡敦铭：《生命与法律》，台北，翰芦出版社 2000 年版

周平：《生殖自由与公共利益的博弈——生殖医疗技术应用的法律规制》，北京，中国社会科学出版社 2015 年版

刘征峰：《论民法教义体系与家庭法的对立与融合：现代家庭法的谱系生成》，北京，法律出版社 2018 年版

费孝通：《乡土中国》，北京，北京大学出版社 2012 年版

孙森焱：《民法债编总论》，台北，文太印刷企业有限公司 1997 年版

陈聪富：《侵权行为法原理》，台北，元照出版社 2018 年版

中国政法大学民法教研室：《中华人民共和国民法通则讲话》，北京，中国政法大学出版社 1986 年版

黄宗乐监修：《六法全书·民法》，台北，保成文化事业出版公司 1991 年版

张鸣起主编：《民法总则专题讲义》，北京，法律出版社 2019 年版

李适时主编：《中华人民共和国民法总则释义》，北京，法律出版社 2017 年版

戴森雄：《民法案例实务》（第 1 册），台北，三民书局 1981 年版

关今华等：《精神损害赔偿实务》，北京，人民法院出版社 1992 年版

陈小川等：《文艺复兴史纲》，北京，中国人民大学出版社 1986 年版

张新宝：《名誉权的法律保护》，北京，中国政法大学出版社 1997 年版

张新宝：《中华人民共和国民法总则释义》，北京，中国人民大学出版社 2017 年版

刘清波：《商事法》，台北，"商务印书馆" 1986 年版

董安生编译：《英国商法》，北京，法律出版社 1991 年版

曹康：《人身权基本知识》，天津，天津大学出版社 1990 年版

刘歧山等：《民法问题新探》，北京，中国人民公安大学出版社 1990 年版

郑成思：《著作权法》，北京，中国人民大学出版社 1993 年版

尹田：《法国物权法》，北京，法律出版社 1998 年版

梅夏英：《财产权构造的基础分析》，北京，人民法院出版社 2002 年版

程合红：《商事人格权》，北京，中国人民大学出版社 2002 年版

齐爱民：《个人信息保护法原理及其跨国流通法律问题研究》，武汉，武汉大学出版社 2004 年版

陈汉章：《人身权》，北京，法律出版社 1987 年版

吴云贵：《伊斯兰教法概略》，北京，中国社会科学出版社 1993 年版

胡大武：《侵害信用权民事责任研究》，北京，法律出版社 2008 年版

杨振山主编：《民商法实务研究·侵权行为卷》，太原，山西经济出版社 1993 年版

龙卫球：《民法总论》，北京，中国政法大学出版社 2001 年版

马特：《隐私权研究——以体系构建为中心》，北京，中国人民大学出版社 2014 年版

杜涛主编：《民法总则的诞生——民法总则重要草稿及立法过程背景介绍》，北京，北京大学出版社 2017 年版

龙卫球、刘宝玉：《中华人民共和国民法总则释义与适用指导》，北京，中国法制出版社 2017 年版

张荣顺主编：《中华人民共和国民法总则解读》，北京，中国法制出版社 2017 年版

林诚二：《民法总则》（上册），北京，法律出版社 2008 年版

郭建利：《互联网＋法治思维与法律热点问题探析》，北京，法律出版社 2016 年版

周玉萍主编：《信息技术基础》，北京，清华大学出版社 2017 年版

洪海林：《个人信息的民法保护研究》，北京，法律出版社 2010 年版

陈忠五主编：《新学林分科六法——民法》，台北，新学林出版股份有限公司 2018 年版

黄茂荣：《法学方法与现代民法》，北京，中国政法大学出版社 2001 年版

二、中文论文

朱虎：《萨维尼法律关系理论研究——以私法体系方法作为观察重点》，中国政法大学2008年博士学位论文

吴科春：《论声音权的属性及保护》，吉林大学2010年硕士学位论文

易继明：《评财产权劳动学说》，《法学研究》2000年第3期

王泽鉴：《人格权保护的课题与展望》，《人大法律评论》2009年卷

王泽鉴：《人格权、慰抚金与法院造法》，《法令月刊》第44卷第12期

王泽鉴：《人格权的具体化及其保护范围·隐私权篇》（上），《比较法研究》2008年第6期

翁玉荣：《从法律观点谈病患之自己决定权及医师之说明义务》，《法律评论》第66卷第1-3期合刊

宁金成、田土城：《民法上之损害研究》，《中国法学》2002年第2期

郑成思：《中国侵权法理论的误区与进步》，《中国专利与商标》2000年第4期

邹海林：《再论人格权的民法表达》，《比较法研究》2016年第4期

王利明：《公众人物人格权的限制和保护》，《中州学刊》2005年第2期

王利明：《隐私权内容探讨》，《浙江社会科学》2007年第3期

王利明：《隐私权的新发展》，《人大法律评论》2009年第1期

王利明：《隐私权概念的再界定》，《法学家》2012年第1期

王利明：《再论人格权的独立成编》，《法商研究》2012年第1期

王利明：《论个人信息权在人格权法中的地位》，《苏州大学学报（哲学社会科学版）》2012年第6期

王利明：《我国未来民法典中人格权编的完善——2002年〈民法典草案〉第四编评述》，《中国政法大学学报》2013年第1期

王利明：《论个人信息权的法律保护——以个人信息权与隐私权的界分为中心》，《现代法学》2013年第4期

王利明：《人格权法中的人格尊严价值及其实现》，《清华法学》2013年第5期

王利明：《论民法总则不宜全面规定人格权制度——兼论人格权独立成编》，《当代法学》2015年第3期

王利明：《人文关怀与人格权独立成编》，《重庆大学学报（社会科学版）》2016年第1期

王利明：《人格权的积极确权模式探讨——兼论人格权法与侵权法之关系》，《法学家》2016 年第 2 期

王利明：《试论〈民法总则〉对人格尊严的保护》，《中国人民大学学报》2017 年第 4 期

王利明：《论人格权独立成编的理由》，《法学评论》2017 年第 6 期

王利明：《论我国〈民法总则〉的颁行与民法典人格权编的设立》，《政治与法律》2017 年第 8 期

王利明：《论人格权请求权与侵权损害赔偿请求权的分离》，《中国法学》2019 年第 1 期

王利明：《人格权法的新发展与我国民法典人格权编的完善》，《浙江工商大学学报》2019 年第 6 期

王利明：《人格尊严：民法典人格权编的首要价值》，《当代法学》2021 年第 1 期

杨立新、尹艳：《侵害肖像权及其民事责任》，《法学研究》1994 年第 1 期

杨立新：《论侵权行为的概念》，《政法学习》1994 年第 3 期

杨立新：《自由权之侵害及其民法救济》，《法学研究》1994 年第 4 期

杨立新：《公民身体权及其民法保护》，《法律科学》1994 年第 6 期

杨立新等：《论一般人格权及其民法保护》，《河北法学》1995 年第 2 期

杨立新：《人身权的延伸法律保护》，《法学研究》1995 年第 2 期

杨立新：《贾国宇诉北京国际气雾剂有限公司等人身损害赔偿案释评——兼论人身伤害慰抚金赔偿制度的内容及其实行》，《中国律师》1998 年第 2 期

杨立新：《见义勇为者为什么受委屈》，《检察日报》2001 年 6 月 19 日

杨立新、杨帆：《最高人民法院〈关于确定民事侵权精神损害赔偿责任若干问题的解释〉释评》，《法学家》2001 年第 5 期

杨立新、袁雪石：《论人格权请求权》，《法学研究》2003 年第 6 期

杨立新、朱呈义：《动物法律人格之否定——兼论动物之法律"物格"》，《法学研究》2004 年第 5 期

杨立新：《论人格利益准共有》，《法学杂志》2004 年第 6 期

杨立新、刘宗胜：《论抗辩与抗辩权》，《河北法学》2004 年第 10 期

杨立新：《使用合影当心侵权》，《检察日报》2004 年 3 月 1 日

杨立新：《民法该如何保护"相关隐私"》，《检察日报》2004 年 4 月 1 日

杨立新、张国宏：《论构建以私权利保护为中心的性骚扰法律规制体系》，《福建师范大学学报（哲学社会科学版）》2005 年第 1 期

杨立新、袁雪石：《论声音权的独立及其民事责任》，《法商研究》2005 年第 4 期

杨立新、曹艳春：《论民事权利保护的请求权体系及其内部关系》，《河南省政法管理干部学院学报》2005 年第 4 期

杨立新、马桦：《性骚扰行为的侵权责任形态分析》，《法学杂志》2005 年第 11 期

杨立新、张莉：《论连体人的法律人格》，《法学研究》2005 年第 5 期

杨立新、林旭霞：《论人格标识商品化权及其民法保护》，《福建师范大学学报（哲学社会科学版）》2006 年第 1 期

杨立新、曹艳春：《脱离人体的器官或组织的法律属性及其支配规则》，《中国法学》2006 年第 1 期

杨立新、林旭霞：《论形象权的独立地位及其基本内容》，《吉林大学社会科学学报》2006 年第 2 期

杨立新、袁雪石：《论医疗机构违反告知义务的医疗侵权责任》，《河北法学》2006 年第 12 期

杨立新：《论消费者权益小额损害的最低赔偿责任制度》，《甘肃政法学院学报》2010 年第 1 期

杨立新、刘召成：《论作为抽象人格权的自我决定权》，《学海》2010 年第 5 期

杨立新、刘召成：《论作为抽象人格权的一般人格权》，《广东社会科学》2010 年第 6 期

杨立新、刘召成：《抽象人格权与人格权体系之构建》，《法学研究》2011 年第 1 期

杨立新：《我国制定〈人格权法〉的必要性与现实性》，《光明日报》2012 年 5 月 15 日

杨立新：《多数人侵权行为与责任理论的新发展》，《法学》2012 年第 7 期

杨立新、陶盈：《人体变异物的性质及其物权规则》，《学海》2013 年第 1 期

杨立新：《侵害公民个人电子信息的侵权行为及责任》，《法律科学》2013 年第 3 期

杨立新：《修订后的〈消费者权益保护法〉经营者民事责任之解读》，《法律适用》2013 年第 12 期

杨立新：《人的冷冻胚胎的法律属性及其继承问题》，《人民司法》2014 年第 13 期

杨立新：《一份标志人伦与情理胜诉的民事判决——人的体外胚胎权属争议案二审判决释评》，《法律适用》2014 年第 14 期

杨立新、吴烨：《为同性恋者治疗的人格尊严侵权责任——兼论搜索引擎为同性恋者治疗宣传的虚假广告责任》，《江汉论坛》2015 年第 1 期

杨立新、韩煦：《被遗忘权的中国本土化及其法律适用》，《法律适用》2015 年第 2 期

杨立新：《企业法人名誉权侵权责任的界限判定》，《人民司法》2015 年第 16 期

杨立新、陈小江：《衍生数据是数据专有权的客体》，《中国社会科学报》2016 年 7 月 13 日

杨立新：《对民法典规定人格权法重大争论的理性思考》，《中国法律评论》2016 年第 1 期

杨立新：《适当放开代孕禁止与满足合法代孕正当要求——对全国首例人体冷冻胚胎权属纠纷案后续法律问题的探讨》，《法律适用》2016 年第 7 期

杨立新：《以十九大精神统一编纂民法典人格权立法思想》，载中国人民大学民商事法律科学研究中心：《编纂民法典参阅》（内参）2017 年第 20 期

杨立新：《以十九大精神统一编纂民法典的人格权立法思想》，《盛京法律评论》2017 年第 2 期

杨立新：《个人信息：法益抑或民事权利》，《法学论坛》2018 年第 1 期

杨立新：《人身自由与人格尊严：从公权利到私权利的转变》，《现代法学》2018 年第 3 期

杨立新：《对否定民法典人格权编立法决策意见的不同见解》，《河南财经政法大学学报》2018 年第 4 期

杨立新、李怡雯：《人格自由与人身自由的区别及价值——〈民法典人格权编草案〉第 774 条第 2 款、第 784 条及第 791 条的规范分工》，《财经法学》2019 年第 4 期

杨立新：《侵权责任法回归债法的可能及路径——对民法典侵权责任编草案二审稿修改要点的理论分析》，《比较法研究》2019 年第 2 期

杨立新：《从生命健康权到生命权、身体权、健康权》，《扬州大学学报》2020 年第 3 期

杨立新、李怡雯：《论〈民法典〉规定生命尊严的重要价值》，《新疆师范大学学报》2020 年第 6 期

杨立新：《私法保护个人信息存在的问题及对策》，《社会科学战线》2021 年第 1 期

杨立新：《民法典对侵权责任保护范围的准确界定——对〈民法典〉第 1164 条含义的进一步厘清》，《兰州大学学报》2021 年第 1 期

杨立新：《侵权责任：徘徊在债与责任之间的立法价值》，《现代法学》2021 年第 4 期

杨立新：《个人信息保护法规定的侵权责任》，《国家检察官学院学报》2021 年第 5 期

梁慧星：《中国人身权制度》，《中国法学》1989 年第 5 期

梁慧星：《中国民法典中不能设置人格权编》，《中州学刊》2016 年第 2 期

梁慧星：《民法典编纂中的重大争论——兼评全国人大常委会法工委两个民法典人格权编草案》，《甘肃政法学院学报》2018 年第 3 期

陈现杰：《我国人格权保护的司法维度》，载中国人民大学民商事法律科学研究中心：《中国民法人格权法 40 年研讨会论文集》，2018 年

陈现杰：《人格权司法保护的重大进步和发展》，《人民法院报》2001 年 3 月

姚辉：《论一般人格权》，《法学家》1995 年第 5 期

姚辉：《民法上的"停止侵害请求权"——从两个日本判例看人格权保护》，《检察日报》2002 年 6 月 25 日

姚辉、邱鹏：《论侵害生命权之损害赔偿》，《中国人民大学学报》2006 年第 4 期

尹田：《论一般人格权》，《法律科学》2002 年第 4 期

尹田：《自然人具体人格权的法律探讨》，《河南省政法管理干部学院学报》2004 年第 3 期

尹田：《论人格权独立成编的理论漏洞》，《法学杂志》2007 年第 5 期

尹田：《论人格权及其在我国民法典中的应有地位》，《人民法院报》2003 年 7 月 11 日

石佳友：《守成与创新的务实结合：〈中华人民共和国民法典〉人格权编（草案）评析》，《比较法研究》2018 年第 2 期

石佳友：《人格权立法的进步与局限——评〈民法典人格权编草案（三审稿）〉》，《清华法学》2019 年第 5 期

马俊驹、张翔：《人格权的理论基础及其立法体例》，《法学研究》2004 年第 6 期

马俊驹：《人与人格分离技术的形成、发展与变迁》，《现代法学》2006 年第 4 期

马俊驹：《关于人格权基础理论问题的探讨》，《法学杂志》2007 年第 5 期

马俊驹：《人格与人格权立法模式探讨》，《重庆大学学报》2016 年第 1 期

施启扬：《关于侵害人格权时非财产上损害赔偿制度的研究修正意见》，《法学丛刊》第 83 期

施启扬：《从个别人格权利到一般人格权》，《台大法学论丛》第 4 卷，第 1 期

吴汉东：《论信用权》，《法学》2002 年第 1 期

吴汉东：《形象的商品化与商品化的形象权》，《法学》2004 年第 10 期

吴汉东：《试论人格利益和无形财产利益的权力构造》，《法商研究》2012 年第 1 期

吴汉东：《人工智能时代的制度安排与法律规制》，《法律科学》2017 年第 5 期

林来梵：《人的尊严与人格尊严——兼论中国宪法第 38 条的解释方案》，《江苏社会科学》2008 年第 2 期

林来梵、骆正言：《宪法上的人格权》，《法学家》2008 年第 5 期

蒋继菲、王胜利：《公开权对我国人格权立法的启示》，《前沿》2010 年第 22 期

段卫利：《论被遗忘权的司法救济——以国内被遗忘权第一案的判决书为切入点》，《法律适用》2017 年第 16 期

唐昭红：《论人格权请求权与知识产权请求权的确立——对侵权的民事责任制度的再次诘难》，《法商研究》2002 年第 2 期

张新宝：《隐私权研究》，《法学研究》1990 年第 3 期

张新宝：《人格权法的内部体系》，《法学论坛》2003 年第 6 期

张新宝：《我国隐私权保护法律制度的发展》，《国家检察官学院学报》2010 年第 2 期

张新宝：《我国人格权立法：体系、边界和保护》，《法商研究》2012 年第 1 期

张新宝：《从隐私到个人信息：利益再衡量的理论与制度安排》，《中国法学》2015 年第 3 期

张新宝：《个人信息收集中的告知同意原则适用的限制》，《比较法研究》2019 年第 6 期

温世扬：《民法典人格权编草案评议》，《政治与法律》2019 年第 3 期

满洪杰：《荣誉权——一个巴别塔式的谬误？——"Right to Honour"的比较法考察》，《法律科学》2012 年第 4 期

江平：《人格权立法与民法典编纂体例》，《北京航空航天大学学报社会科学版》2018 年第 1 期

苏永钦：《中国民法典编纂的理由、最佳模式与基本功能》，《北京航空航天大学学报社会科学版》2018 年第 1 期

孙宪忠：《十九大科学立法要求与中国民法典编纂》，《北京航空航天大学学报社会科学版》2018 年第 1 期

孟勤国：《人格权独立成编是中国民法典的不二选择》，《东方法学》2017 年第 6 期

刘士国：《论主体地位人格与人格尊严人格》，《法律科学》2016 年第 2 期

严耿斌：《新闻媒体的侮辱性评论构成侵犯名誉权》，《人民司法》2015 年第 16 期

刘绥威、高建民：《编纂民法典应当制定一部什么样的人格权法——中国民法学研究会 2015 年年会侧记》，《企业与法》2015 年第 6 期

韩大元：《中国宪法学应当关注生命权问题的研究》，《深圳大学学报（人文社会科学版）》2004 年第 1 期

黄忠：《人格权法独立成编的体系效应之辨识》，《现代法学》2013 年第 1 期

张里安、韩旭至：《大数据时代下个人信息权的私法属性》，《法学论坛》2016 年第 3 期

吴国喆、梁琪：《不确定法律概念的界定、特征及其缺陷》，《甘肃理论学刊》2013 年第

5 期

乔新生：《"贞操权"有违权利法定原则》，《民主与法制》2007 年第 14 期

徐国栋：《寻找丢失的人格》，《法律科学》2004 年第 6 期

徐国栋：《出生与权利——权力冲突》，《东方法学》2009 年第 2 期

申政武：《论人格权及人格损害赔偿》，《中国社会科学》1990 年第 2 期

陈民：《论人格权》，《法律评论》第 28 卷第 8 期

张莉：《胎儿的准人格地位及其人格利益保护》，《政法论坛》2007 年第 4 期

陈爽：《浅论死者名誉和家庭名誉》，《研究生法学》1991 年第 9 期

郑新剑：《"人身"不能作为民事权利客体吗？》，《法学评论》1986 年第 6 期

郑立：《关于人格权概念的思考》，《法律学习与研究》1995 年 1 期

陈民：《论人格权（续）》，《法律评论》第 28 卷第 9 期

王锴：《论宪法上的一般人格权及其对民法的影响》，《中国法学》2017 年第 3 期

宋新：《人的尊严与人格尊严——基于德国基本法和我国宪法的讨论》，《上海政法学院学报（法治论坛）》2017 年第 5 期

叶金强：《一般人格权制度初论》，《南京大学法律评论》1999 年第 1 期

关今华：《关于人格尊严若干问题的探讨》，《福建论坛》1996 年第 1 期

蓝寿荣：《休息何以成为权利——劳动者休息权的属性与价值探析》，《法学评论》2014 年第 4 期

熊谓龙：《权利，抑或法益？——一般人格权本质再探讨》，《比较法研究》2005 年第 2 期

詹森林：《自由权之侵害与非财产上之损害赔偿——"最高法院"八十一年台上字二四六二号民事判决之研究（下）》，《万国法律》第 70 期

马桦、袁雪石：《"第三姓"的法律承认及规范》，《法商研究》2007 年第 1 期

陈桥妹：《景颇族姓名的文化解谈》，《保山师专学报》2008 年第 1 期

杨卫东、戴卫平：《中国人姓名文化特色》，《作家杂志》2008 年第 8 期

侯英泠：《从德国法论医师之契约上告知义务》，《月旦法学杂志》第 112 期

李明德：《美国形象权法研究》，《环球法律评论》2003 年冬季号

刘春霖：《公开权论》，《河北大学学报》1999 年第 4 期

董炳和：《论形象权》，《法律科学》1998 年第 4 期

熊进光：《商事人格权及其法律保护》，《江西财经大学学报》2001 年第 5 期

郝铁川：《权利冲突：一个不成问题的问题》，《法学》2004 年第 9 期

郭明瑞：《权利冲突是伪命题吗？——与郝铁川教授商榷》，《法学论坛》2006 年第 1 期

张平华：《权利冲突是伪命题吗？——与郝铁川教授商榷》，《法学论坛》2006 年第 1 期

邸灿：《公权力与私权利的冲突与平衡》，《合作经济与科技》2009 年 2 月号

苏力：《秋菊打官司案、邱氏鼠药案和言论自由》，《法学研究》1996 年第 3 期

张翔：《基本权利冲突的规范结构与解决模式》，《法商研究》2006 年第 4 期

余少祥：《论公共利益与个人权利的冲突与协调》，《清华法学》2008 年第 2 期

冯玉军：《单双号限行与公民社会中的权利冲突及其解决》，《法学家》2008 年第 5 期

蒋志培：《论我国立法和司法确认的知识产权请求权》，《中国律师》2001 年第 10 期

崔建远：《绝对权请求权抑或侵权责任方式》，《法学》2002 年第 11 期

陈猷龙：《人格权之保护》，载《首届海峡两岸民商法学研讨会成果报告》（台湾辅仁大学 2000 年刊印）

江伟、王景琦：《WTO 协议与中国民事司法制度的完善》，《中国法学》2001 年第 1 期

江伟、肖建国：《民事诉讼中的行为保全初探》，《政法论坛》1994 年第 3 期

徐晓光：《中日古代复仇问题比较》，《比较法研究》1994 年第 2 期

姚瑞先：《论人格权》，《法令月刊》第 43 卷第 5 期

郭林等：《试论我国民法对死者名誉权的保护》，《上海法学研究》1991 年第 6 期

魏振瀛：《侵害名誉权的认定》，《中外法学》1990 年第 1 期

史浩明：《关于名誉权法律保护的几个理论与实践问题》，《学术论坛》1990 年第 3 期

张良：《浅谈对尸体的法律保护》，《中外法学》1994 年第 3 期

高富平、王苑：《被遗忘权在我国移植的法律障碍——以任甲玉与百度公司被遗忘权案为例》，《法律适用》2017 年第 16 期

高富平：《个人信息使用的合法性基础——数据上利益分析视角》，《比较法研究》2019 年第 6 期

高富平：《个人信息处理：我国个人信息保护法的规范对象》，《法商研究》2021 年第 2 期

徐显明：《生存权论》，《中国社会科学》1992 年第 5 期

郑贤君：《生命权的新概念》，《首都师范大学学报（社会科学版）》2006 年第 5 期

罗秉祥：《儒家的生死价值观与安乐死》，《中外医学哲学》，第 1 卷第 1 期

包瑜、国惠霞：《安乐死与公民生命权的保障》，《法制与社会》2008 年第 5 期

祝敏：《安乐死与生命权》，《法制与经济》2008 年第 6 期

赵丽娜：《对安乐死与生命权问题的浅析》，《法制与社会》2010 年第 3 期

邵世星：《再论生命权的损害赔偿》，《国家检察官学院学报》2008 年第 1 期

王一土：《侵害生命权的精神损害赔偿性质探析》，《法治研究》2009 年第 9 期

朱岩：《社会基础变迁与民法双重体系建构》，《中国社会科学》2010 年第 6 期

张平华：《生命权价值的再探讨》，《法学杂志》2008 年第 1 期

韩跃红、孙书行：《人的尊严和生命的尊严释义》，《哲学研究》2006 年第 3 期

颜晓娜：《关于死亡预备的思考》，《黑河学刊》2012 年第 6 期

胡玉鸿：《人的尊严的法理疏释》，《法学评论》2007 年第 6 期

邝承华：《澳大利亚安乐死法律之探讨》，《台大法学论丛》1998 年第 4 期

李雅男：《代孕背景下亲子关系的确定》，《法律科学》2020 年第 2 期

朱晓峰：《非法代孕与未成年人最大利益原则的实现——全国首例非法代孕监护权纠纷案评释》，《清华法学》2017 年第 1 期

彭诚信：《确定代孕子女监护人的现实法律路径——全国首例代孕子女监护权案评析》，《法商研究》2017 年第 1 期

吕群蓉：《母亲之法律再构建——以代孕为视角》，《河北法学》2010 年第 6 期

张燕玲：《论人工生殖子女父母身份之认定》，《法学论坛》2005 年第 5 期

薛瑞元：《"代理孕母"所生子女的身份认定》，《月旦法学杂志》1998 年第 38 期

曹相见：《物质性人格权的尊严构成与效果》，《法治研究》2020 年第 4 期

刘召成：《生命尊严的规范构造与制度实现》，《河南社会科学》2019 年第 7 期

汪志刚：《生命科技时代民法中人的主体地位构造基础》，《法学研究》2016 年第 6 期

王旭：《宪法上的尊严理论及其体系化》，《法学研究》2016 年第 1 期

杨芳：《人工生殖模式下亲子法的反思与重建——从英国修订〈人类受精与胚胎学法案〉谈起》，《河北法学》2009 年第 10 期

刘成明：《论体内异质授精子女的身份确认》，《甘肃政法学院学报》2006 年第 11 期

吴文诩、李丽向：《代孕女童遭"退单"生物学父母需承担什么法律责任》，《经济参考报》2021 年 1 月 27 日

肖永平、张弛：《比较法视野下代孕案件的处理》，《法学杂志》2016 年第 4 期

谈婷：《价值冲突与选择：代孕亲子关系确认的困境破解》，《苏州大学学报（哲学社会科学版）》2020 年第 3 期

毛立新：《身体权理论与实践的再思考》，《河南社会科学》2006 年第 2 期

卢庆昌：《试论我国的人身权利制度体系》，《河北法学》1991 年第 2 期

施天涛：《生命健康权的损害赔偿新论》，《政治与法律》1991 年第 5 期

赵彤彤、杨智红：《试论健康权在我国的立法现状》，《法制与社会》2009 年第 9 期

焦洪昌：《论作为基本权利的健康权》，《中国政法大学学报》2010 年第 1 期

吴萍、江向琳：《论人身自由权的私法保护》，《江西行政学院学报》2003 年第 4 期

张敏：《论人身自由权与安全权》，《法制与社会》2009 年第 8 月号

何力：《完善公民人身自由权保障机制的构想》，《求实》2004 年第 6 期

王道发：《私法视角下的人身自由权：限制与保护》，《河南财经政法大学学报》2016 年第 5 期

李新天、孙聪聪：《人格伦理价值的民法保护——以体系化视角界定人格权的内涵》，《法商研究》2014 年第 4 期

王轶：《自由——民法典的灵魂》，《求索》2013 年第 1 期

许中缘：《论法律概念——以民法典体系构成为视角》，《法制与社会发展》2007 年第 2 期

段勇、冯鼎臣：《对贞操权应给予民法保护》，《人民司法·案例》2008 年第 12 期

陈运华：《论作为人格权的性权利及其法律限制》，《政治与法律》2008 年第 8 期

李璨：《略论性自主权的立法现状及民法规制》，《法制与经济》2011 年第 1 月号

马强：《试论贞操权》，《法律科学》2002 年第 5 期

袁雪石：《姓名权本质变革论》，《法律科学》2005 年第 2 期

张善斌等：《姓名权财产利益的法律保护》，《法商研究》2002 年第 4 期

葛少华等：《论姓名权法律属性的发展变迁之路》，《法学论丛》2008 年第 6 期

阮忠良、丁晓华：《论姓名变更权的法律保护》，《法治论丛》2005 年第 1 期

傅丽：《试论商号权的法律属性》，《法制与社会》2010 年 1 月（中）号

王冠：《论人格权》，《政法论坛》1991 年第 3 期

张蕾：《竞争法视角下的企业名称权保护》，《法制与社会》2010 年第 5 月（上）号

孙曼曼：《论企业名称权保护中的侵权行为和不正当竞争行为》，《宁夏大学学报（人文社会科学版）》2009 年第 1 期

李国泉等：《企业名称的司法救济》，《人民司法·案例》2009 年第 22 期

王成：《侵犯肖像权之加害行为及肖像权的保护原则》，《清华法学》2008 年第 2 期

姜新东、孙法柏：《形象权探讨》，《山东科技大学学报》2003 年第 3 期

熊进光：《商事人格权及其法律保护》，《江西财经大学学报》2001 年第 5 期

彭娟：《法律解释语境下的侵犯肖像权行为之界定》，《政法学刊》2004 年第 3 期

陈爽：《略论肖像权》，载最高人民法院办公厅编：《报刊资料》1992 年第 1 期

张亮：《声纹证据的应用》，《中国人民公安大学学报》2002 年第 4 期

周国平：《关于名誉权的若干问题探讨》，《法学天地》1991 年第 6 期

唐德华：《谈谈审理损害赔偿案件中的几个问题》，《人民司法》1989 年第 2 期

星光虎：《商业出资的合理性探讨》，《人民法院报》2014 年 7 月 18 日

王崇敏：《自然人名誉权研究》，《海南大学学报》1991 年第 1 期

杨孜：《法人名誉权问题探讨》，《政治与法律》1988 年第 4 期

胡大武：《信用权的产生》，《民主与法制》2007 年第 4 期

李红玲：《论信用权的若干问题》，《政治与法律》2006 年第 4 期

杨俊：《关于对我国信用权的若干思考》，《前沿》2008 年第 3 期

谢怀栻：《论民事权利体系》，《法学研究》1996 年第 2 期

周云涛：《存疑信用权》，《政法论丛》2008 年第 4 期

张献：《论外国信用权的保护及对我国的借鉴》，《湘潭师范学院学报》2007 年第 3 期

王满平：《论信用权》，《法制与社会》2008 年第 9 期

李新天、朱琼娟：《论个人信用权》，《中国法学》2003 年第 5 期

陈璐：《论个人信用权的保护》，《财经理论与实践》2009 年第 4 期

姚明斌：《褪去民法权利的外衣——"荣誉权"三思》，《中国政法大学学报》2009 年第 6 期

冯涛：《论荣誉权被侵害的样态与救济》，《洛阳大学学报》2006 年第 1 期

张再芝等：《荣誉权立法规制探究》，《东华理工学院学报（社会科学版）》2004 年第 4 期

唐启光：《荣誉权质疑》，《法学论坛》2004 年第 2 期

鲜晓、宁定一：《我国应取消荣誉权》，《四川经济管理学院学报》2009 年第 1 期

杨金丹：《从财产权到隐私权：一个历史流变的考察》，《法制与社会》2010 年第 2 月号

希伟明：《论英国隐私法的最新转向》，《比较法研究》2013 年第 3 期

石睿：《从"无私"到"隐私"》，《行政与法》2010 年第 4 期

张红：《侵害生活安宁利益之侵权责任》，《财经法学》2018 年第 6 期

张璐：《论隐私权的内涵》，《法治与社会》2010 年第 1 月号

杜渐、孙宏辉：《关于隐私权保护的法律思考》，《法学与实践》2009 年第 2 期

宋小卫：《略论我国自然人的知情权》，《法律科学》1994 年第 5 期

段卫利：《论被遗忘权的司法救济——以国内"被遗忘权第一案"的判决书为切入点》，

《法律适用》2017年第16期

程啸：《民法典编纂视野下的个人信息保护》，《中国法学》2019年第4期

王丽莎：《信息权的独立人格权地位及内容》，《国家检察官学院学报》2016年第3期

齐爱民：《论个人信息的法律保护》，《苏州大学学报》2005年第2期

张里安、韩旭至：《大数据时代下个人信息权的私法属性》，《法学论坛》2016年第3期

郑晓剑：《个人信息的民法定位及保护模式》，《法学》2021年第3期

王苑：《个人信息保护在民法中的表达——兼论民法与个人信息保护法之关系》，《华东政法大学学报》2021年第2期

郑维炜：《个人信息权的权利属性、法理基础与保护路径》，《法制与社会发展》2020年第6期

叶名怡：《个人信息的侵权法保护》，《法学研究》2018年第4期

张建文、李锦华：《欧盟个人数据保护法上的反自动化决策权研究》，《重庆邮电大学学报（社会科学版）》，2019年第2期

陈洪磊：《有限责任公司股东知情权行使中的利益衡量——基于〈公司法解释四〉实施后的291份裁判文书的整理分析》，《法律适用》2019年第6期

刘东亮：《技术性正当程序：人工智能时代程序法和算法的双重变奏》，《比较法研究》2020年第5期

张恩典：《大数据时代的算法解释权：背景、逻辑与构造》，《法学论坛》2019年第4期

张凌寒：《商业自动化决策的算法解释权研究》，《法律科学（西北政法大学学报）》2018年第3期

肖冬梅、成思雯：《欧盟数据保护官制度研究》，《图书情报工作》2019年第2期

江溯：《自动化决策、刑事司法与算法规制——由卢米斯案引发的思考》，《东方法学》2020年第3期

郑令晗：《GDPR中数据控制者的立法解读和经验探讨》，《图书馆论坛》2019年第3期

黄柏恒：《大数据时代下新的"个人决定"与"知情同意"》，《哲学分析》017年第6期

李晓辉：《算法商业秘密与算法正义》，《比较法研究》2021年第3期

陈天莹、陈剑锋：《大数据环境下的智能数据脱敏系统》，《通信技术》2016年第7期

姚万勤：《大数据时代人工智能的法律风险及其防范》，《内蒙古社会科学（汉文版）》2019年第2期

彭支援：《被遗忘权初探》，中北大学学报（社会科学版）2014年第1期

伍艳：《论网络信息时代的"被遗忘权"——以欧盟个人数据保护改革为视角》，《图书馆理论与实践》2013 年第 11 期

何治乐、黄道丽：《大数据环境下我国被遗忘权之立法构建——欧盟〈一般数据保护条例〉被遗忘权之借鉴》，《网络安全技术与应用》2014 年第 5 期

齐爱民：《中华人民共和国个人信息保护法示范法草案学者建议稿》，《河北法学》2005 年第 6 期

陈昶屹：《"被遗忘权"背后的法律博弈》，《北京日报》2014 年 5 月 21 日

彭支援：《被遗忘权初探》，《中北大学学报（社会科学版）》2014 年第 1 期

张建文、李倩：《被遗忘权的保护标准研究——以我国"被遗忘权第一案为中心"》，《晋阳学刊》2016 年第 6 期

杨芳：《个人信息自决权理论及其检讨——兼论个人信息保护法之保护客体》，《比较法研究》2015 年第 6 期

郑志峰：《网络社会的被遗忘权研究》，《法商研究》2015 年第 6 期

张里安、韩旭至：《"被遗忘权"：大数据时代下的新问题》，《河北法学》2017 年第 3 期

郑志峰：《网络社会的被遗忘权研究》，《法商研究》2015 年第 6 期

万方：《终将被遗忘的权利——我国引入被遗忘权的思考》，《法学评论》2016 年第 6 期

万方：《个人信息处理中的"同意"与"同意撤回"》，《中国法学》2021 年第 1 期

杨明仑：《论企业名称权》（续），《北京律师》1992 年第 2 期

三、中文译著

《俄罗斯联邦民法典》，黄道秀译，北京，北京大学出版社 2007 年版

《摩奴法论》，蒋忠新译，北京，中国社会科学出版社 1986 年版

《法国民法典》，罗结珍译，北京，北京大学出版社 2010 年版

《德国民法典》，台湾大学法学院、台大法学基金会编译，北京，北京大学出版社 2017 年版

《瑞士民法典》，殷生根、王燕译，北京，中国政法大学出版社 1999 年版

《瑞士民法典》，于海涌、赵希璇译，唐伟玲校，北京，法律出版社 2016 年版

徐国栋主编：《阿尔及利亚民法典》，尹田译，北京，中国法制出版社、香港，金桥文化出版（香港）有限公司 2002 年版

［美］John G Fleming：《民事侵权法概论》，何美欢译，香港，香港中文大学出版社 1992 年版

［美］美国法学会：《美国法律整编·侵权行为法》，刘兴善译，台北司法周刊杂志社 1986 年版

［美］E. A. 霍贝尔：《初民的法律》，周勇译，北京，中国社会科学出版社 1993 年版

［美］艾伦、托克音顿：《美国隐私权法学说、判例与立法》，冯建妹等译，北京，中国民主法制出版社 2004 年版

［美］彼得·斯坦等：《西方社会的法律价值》，王献平译，北京，中国人民公安大学出版社 1990 年版

［美］德沃金：《生命的自主权——堕胎、安乐死与个人自由的论辩》，郭贞伶、陈雅汝译，北京，中国政法大学出版社 2013 年版

［美］彼得·哈伊：《美国法概论》，沈宗灵译，北京，北京大学出版社 1983 年版

［美］胡·贝弗利-史密斯：《人格的商业利用》，李志刚、缪因知译，北京，北京大学出版社 2007 年版

［美］斯蒂芬·芒泽：《财产理论》，彭诚信译，北京，北京大学出版社 2006 年版

［美］欧文·戈夫曼：《日常生活中的自我呈现》，冯钢译，北京，北京大学出版社 2008 年版

［英］洛克：《政府论》（下），叶启芳、瞿菊农译，北京，商务印书馆 1964 年版

［英］约翰·密尔：《论自由》，程崇华译，北京，商务印书馆 1959 年版

［德］克里斯蒂安·冯·巴尔：《欧洲比较侵权行为法》（下卷），焦美华译，张新宝校，北京，法律出版社 2001 年版

［德］《国际比较法百科全书·侵权行为·为自己行为之责任》，纽约，海洋出版公司 1975 年版

［德］迪特尔·梅迪库斯：《德国民法总论》，邵建东译，北京，法律出版社 2001 年版

［德］卡尔·拉伦茨：《德国民法通论》，王晓晔等译，北京，法律出版社 2003 年版

［德］卡尔·拉伦茨：《法学方法论》，陈爱娥译，北京，商务印书馆 2003 年版

［德］萨维尼：《现代罗马法体系》，第 8 卷，李双元、张茂、郑远民、程卫东、吕国民等译，北京，法律出版社 1999 年版

［德］黑格尔：《法哲学原理》，范扬、张企泰译，北京，商务印书馆 1961 年版

［德］黑格尔：《法哲学原理》，北京，商务印书馆 1982 年版

［德］黑格尔：《法哲学原理》，范扬、张企泰译，北京，商务印书馆 2017 年版

［德］G. 拉德布鲁赫：《法哲学》，王朴译，北京，法律出版社 2005 年版

［德］康德：《道德形而上学》，（注释本），张荣、李秋零译，北京，中国人民大学出版社 2013 年版

［德］康德：《道德形而上学原理》，苗力田译，上海，上海人民出版社 2002 年版

［德］康德：《法的形而上学原理》，北京，商务印书馆 1991 年版

［德］康德：《实用人类学》，邓晓芒译，上海，上海人民出版社 2002 年版

［德］康德：《实践理性批判》，邓晓芒译，北京，人民出版社 2003 年版

［德］马克西米利安·福克斯《侵权行为法》，齐晓琨译，北京，法律出版社 2006 年版

［德］鲍尔、施蒂尔纳：《德国物权法》，北京，法律出版社 2004 年版

［德］曼弗雷德·沃尔夫：《物权法》，吴越、李大雪译，北京，法律出版社 2002 版

［德］耶林：《为权利而斗争》，郑永流译，北京，商务印书馆 2018 年版

［日］五十岚清：《人格权法》，铃木贤、葛敏译，北京，北京大学出版社 2009 年版

［日］星野英一：《私法中的人》，王闯译，北京，中国法制出版社 2004 年版

［日］《新版新法律学辞典》，北京，中国政法大学出版社 1991 年版

［日］植木哲：《医疗法律学》，冷罗生、陶芸、江涛等译，北京，法律出版社 2006 年版

［日］滋贺秀三：《中国家族法原理》，张建国、李力译，北京，商务印书馆 2013 年版

［意］彼得罗·彭梵得：《罗马法教科书》，黄风译，北京，中国政法大学出版社 1992 年版

［意］桑德罗·斯奇巴尼选编：《人法》，黄风译，北京，中国政法大学出版社 1995 年版

［古罗马］查士丁尼：《法学总论——法学阶梯》，张企泰译，北京，商务印书馆 1989 年版

［法］雅克·盖斯旦等：《法国民法总论》，陈鹏等译，北京，法律出版社 2004 年版

［法］卢梭：《社会契约论》，何兆武译，北京，商务印书馆 1987 年版

［法］米列尔·法布勒·玛尼安：《儿童利益衡量的三个层次——以第三人代孕为切入点》，载《法国家事法研究文集——婚姻家庭、夫妻财产制与继承》，李贝编译，马宏俊、王蔚审定，北京，人民法院出版社 2019 年版

［法］科霖·雷诺—布拉尹斯吉：《法国家庭法精要》（第 17 版），石雷译，北京，法律出版社 2019 年版

［法］于格·菲勒西隆：《论家庭纽带》，载《法国家事法研究文集——婚姻家庭、夫妻财产制与继承》，李贝编译，马宏俊、王蔚审定，北京，人民法院出版社 2019 年版

［奥］维克托·迈尔-舍恩伯格：《删除》，杭州，浙江人民出版社 2012 年版

四、外文专著

Larenz /Wolf, Allgemeiner Teil des Bürgerlichen Rechts, Verlag C. H. Beck , München 2004

Fritz Fabricius, Relativität der Rechtsfähigkeit, Verlag C. H. Beck, München 1963

Dieter Leuze, Die Entwicklung des Persönlichkeitsrechts im 19. Jahrhundert, Verlag Ernst und Werner Gieserking, Bielefeld 1962

Motive zu dem Entwurfe eines Bürgerlichen Gesetzbuches für das Deutsche Reich , Amtliche Ausgabe, Berlin Guttentag, 1888

Bürgi, Wesen und Entwicklung der Persönlichkeitsrechte nach Schweizerischem Privaterecht, ZSR, Band 66, 1947

Andreas Bucher, Natürliche Personen und Persönlichkeitsschutz, Helbing&Lichtenbahn Verlag, Basel 1986

Münchener Kommentar, Bürgerliches Gesetzbuch, Band 1, Verlag C. H. Beck, München 2001

Heiz Hauscheer/ Regina E. Aebi-Müller, Das Personenrecht des Schweizersichen Zivilge-setzbuches, 2 Auflag, 2008

Jürgen Gleichauf, Das postmortale Persönlichkeitsrecht im internationalen Privatrecht, Peter Lang Europäischer Verlag der Wissenschaften, 1999

Heinrich Hubman, Das Perönlichkeitsrecht, 2 Auflage, Böhlau Verlag 1967

Kötz/ Wagner, Deliktsrecht, 10 Auflage, Luchterhand Verlag 2006

Motive zu dem Entwurfe eines bürgerlichen Gesetzbuches für das Deutsche Reich, amtliche Ausgabe, Berlin Guttentag, 1888

Marion Baston-Vogt, Der sachliche Schutzbereich des zivilrechtlichen allgemeinen Persönlichkeitsrechts, Mohr Siebeck , 1997

Nimmer, The Right of Publicity, 19 Law & Contemporary Problems 203, 1954

Max Gutzwiller, Schweizerisches Privatrecht, Band 2, Einleitung und Personenrecht, Verlag von Helbing und Lichtenhahn, 1967

Gerhard Wagner, Neue Perspektiven im Schadensersatzrecht—Kommerzialisierung, Strafschadensersatz, Kollektivschaden, C. H. Beck Verlag 2006

Enneccerus-Nipperdey, Allgemeiner Teil des Bürgerlichen Rechts, 15. Aufl. 1959

Deutsch/ Ahrens, Deliktsrecht, 4. Auflage, 2002

Nipperdey, Das allgemeine Persönlichkeitsrecht, UFITA 1960

Stephen J. Schulhofer, Unwanted Sex: The Culture of Intimidation and the Failure of Law. Harvard University Press. 1998

五、外文期刊

Nehlsen-v. Stryk Karin, Schmerzensgeld ohne Genugtuung, JZ 1987

Scheying, Zur Geschichte des Persönlichkeitsrechtes im 19. Jahrhundert, AcP 158, 507

Richard Frank, Der Schutz der Persönlichkeit in der Zivilrechtsordnung der Schweiz, AcP 172, 61

Robert KirkWalker, The Right to Be Forgotten, Hastings Law Journal. Vol. 64

Srivastava and Scarlet Tsao, Remedies for Sexual Harassment, Asia Pacific Law Review, VI10 No 1

The Descendibility of the Right of Publicity : Memphis Development Foundation v . Factors Etc , Inc , Heinon line-14 Ga. L. Rev. 831

R. Jason Richards, How We Got Where We Are: A Look at Informed Consent in Colorado-Past, Present, and Future, 26 N. Ill. U. L. Rev. 69, 76 (2005)

Ken Marcus Gatter, Protecting Patient-Doctor Discourse: Informed Consent and Deliberative Autonomy, 78 Or. L. Rev. 941, 948 (1999)

Haelan Laboratories V. Topps Chewing Gum, 202 F2d 866 (2nd Cir 1953)

Hannes Rosler, Harmonizing the German Civil Code of the Nineteenth Century with a Modern Constitution—The Luth Revolution 50 Years Ago in Comparative Perspective, 23 Tul. Eur. & Civ. L. F. 1, (2008)

James Q. Whitman, the Two Western Cultures of Privacy: Dignity versus Liberty, 113 Yale L. J. 1151, 1187 (2004)

Edmund Wall, The Definition of Sexual Harassment, In EdmundWall (Eds.), Confrontations and Decisions: Sexual harassment (p109), Prometheus Books. 2000

Nimmer, The Right of Publicity, 19 Law & Contemp. Prob. 203, 216 (1954)

Eric H. Reiter, Personality and Patrimony: Comparative Perspectives on the Right to One's Image, 76 Tul. L. Rev. 673, (2002)

Steven J. Heyman, Righting the Balance: an Inquiry into the Foundations and Limits of Freedom of Expression, 78 B. U. L. Rev. 1275, (1998)

Samuel D. Warren & Louis Brandies, the Right to Privacy, 4 Harv. L. Rev. (1890)

图书在版编目（CIP）数据

中国人格权法研究.下卷/杨立新著.--北京：
中国人民大学出版社，2022.10
ISBN 978-7-300-31096-1

Ⅰ.①中… Ⅱ.①杨… Ⅲ.①人格-权利-法学-研
究-中国 Ⅳ.①D923.14

中国版本图书馆 CIP 数据核字（2022）第 189492 号

"十三五"国家重点出版物出版规划项目
中国当代法学家文库·杨立新法学研究系列

中国人格权法研究（下卷）

杨立新　著
Zhongguo Rengequanfa Yanjiu

出版发行	中国人民大学出版社			
社　　址	北京中关村大街 31 号		**邮政编码**	100080
电　　话	010 - 62511242（总编室）		010 - 62511770（质管部）	
	010 - 82501766（邮购部）		010 - 62514148（门市部）	
	010 - 62515195（发行公司）		010 - 62515275（盗版举报）	
网　　址	http://www.crup.com.cn			
经　　销	新华书店			
印　　刷	涿州市星河印刷有限公司			
规　　格	170 mm×228 mm　16 开本		**版　　次**	2022 年 10 月第 1 版
印　　张	40.5 插页 2		**印　　次**	2022 年 10 月第 1 次印刷
字　　数	609 000		**定　　价**	348.00 元（上、下卷）